תלמוד בבלי

— מהדורת נאה —

כתובות חלק ו

Steinsaltz
Center

KOREN

Please note that the number ranges that appear at the bottom of each daf of the Vilna pages indicate the corresponding pages of the Koren Talmud Bavli translation and commentary.

תלמוד בבלי

הוצאת קורן ירושלים

מהדורת נאה

מסכת כתובות
דף צ. עד דף קיב:

COMMENTARY BY
Rabbi Adin Even-Israel
Steinsaltz

EDITOR-IN-CHIEF
Rabbi Dr Tzvi Hersh Weinreb

EXECUTIVE EDITOR
Rabbi Joshua Schreier

•

STEINSALTZ CENTER
KOREN PUBLISHERS JERUSALEM

מתני׳ **מִי שֶׁהָיָה** ד נָשׂוּי שְׁתֵּי נָשִׁים וּמֵת — הָרִאשׁוֹנָה קוֹדֶמֶת לַשְּׁנִיָּה, וְיוֹרְשֵׁי הָרִאשׁוֹנָה קוֹדְמִין לְיוֹרְשֵׁי שְׁנִיָּה. *ה נָשָׂא אֶת הָרִאשׁוֹנָה וּמֵתָה, נָשָׂא שְׁנִיָּה וּמֵת הוּא — שְׁנִיָּה וְיוֹרְשֶׁיהָ קוֹדְמִין לְיוֹרְשֵׁי הָרִאשׁוֹנָה. **גמ׳** מִדְּקָתָנֵי: הָרִאשׁוֹנָה קוֹדֶמֶת לַשְּׁנִיָּה, וְלָא קָתָנֵי: הָרִאשׁוֹנָה יֵשׁ לָהּ וְהַשְּׁנִיָּה אֵין לָהּ — מִכְּלָל דְּאִי קָדְמָה שְׁנִיָּה וְתָפְסָה — לָא מַפְּקִינַן מִינָּהּ. שְׁמַע מִינַּהּ: *בַּעַל חוֹב מְאוּחָר שֶׁקָּדַם וְגָבָה — מַה שֶּׁגָּבָה גָּבָה. לְעוֹלָם אֵימָא לָךְ: מַה שֶּׁגָּבָה — לֹא גָּבָה, וּמַאי קוֹדֶמֶת — לְגַמְרֵי קָתָנֵי, כִּדְתְנַן: *בֵּן קוֹדֵם לְבַת. אִיכָּא דְּאָמְרִי, מִדְּלָא קָתָנֵי: אִם קָדְמָה שְׁנִיָּה וְתָפְסָה — אֵין מוֹצִיאִין מִיָּדָהּ, מִכְּלָל דְּאִי קָדְמָה שְׁנִיָּה וְתָפְסָה — מַפְּקִינַן מִינָּהּ. שְׁמַע מִינַּהּ: בַּעַל חוֹב מְאוּחָר שֶׁקָּדַם וְגָבָה — מַה שֶּׁגָּבָה לֹא גָּבָה. לְעוֹלָם אֵימָא לָךְ: מַה שֶּׁגָּבָה — גָּבָה, *אַיְּידֵי דְּתָנָא שְׁנִיָּה וְיוֹרְשֶׁיהָ קוֹדְמִין לְיוֹרְשֵׁי הָרִאשׁוֹנָה, תָּנָא

כתובות מח. | [לקמן נג. ב״ק לג. ערכין ז:] | [ב״ב קנט.] | [שבת ג. וש״נ]

מִי שֶׁהָיָה נָשׂוּי. יוֹרְשֵׁי הָרִאשׁוֹנָה. אִם מֵתוּ נָשָׁיו אַחֲרָיו, עַד שֶׁלֹּא הִסְפִּיקוּ לִגְבּוֹת. **נָשָׂא רִאשׁוֹנָה** וּמֵתָה. בְּחַיָּיו. נָשָׂא שְׁנִיָּה וּמֵת הוּא, וְיוֹרְשֵׁי הָרִאשׁוֹנָה בָּאִין וְתוֹבְעִין כְּתוּבַּת בְּנִין דִּכְרִין, כְּמוֹ שֶׁשָּׁנִינוּ (לעיל דף נב:): בְּנִין דִּכְרִין דְּיֶהֱוְיָין לִיכִי מִינָּאי כו׳, אוֹ רוֹצִים לַחֲלוֹק יְרוּשַּׁת אֲבִיהֶם. שְׁנִיָּה וְיוֹרְשֶׁיהָ קוֹדְמִין. שֶׁהִיא בַּעֲלַת חוֹב. אֲבָל רִאשׁוֹנִים בָּאִין לִירַשׁ אֶת אֲבִיהֶן, דְּהָא "אִינּוּן יִרְתּוּן" תְּנַן, לְפִיכָךְ פּוֹרְעִין אֶת הַחוֹב תְּחִילָּה, וְהַשְּׁאָר יְרוּשָּׁה. **גמ׳** מִדְּקָתָנֵי. לִישָּׁנָא דְּקוֹדֶמֶת, וְלָא קָתָנֵי כו׳ — וְעַל כָּרְחָךְ כְּשֶׁאֵין שָׁם אֶלָּא כְּדֵי כְּתוּבָּה אַחַת קָאָמַר. דְּאִי לָא, מַאי נַפְקָא מִינָּהּ דְּקוֹדֶמֶת? ש״מ. קוֹדֶמֶת לְבַתְּחִילָּה. אֲבָל אִם קָדְמָה שְׁנִיָּה וְתָפְסָה — לָא מַפְּקִינַן מִינָּהּ. לְגַמְרֵי. שֶׁאֵין לַשְּׁנִיָּה כְּלוּם. כִּדְתְנַן בֵּן קוֹדֵם לְבַת. וְעַל כָּרְחָךְ — קוֹדֵם לְגַמְרֵי הוּא. אַיְּידֵי. דְּבָעֵי לְמִיתְנֵי סֵיפָא: שְׁנִיָּה וְיוֹרְשֶׁיהָ, לִישָּׁנָא דְּקוֹדְמִין, וְלָא שַׁיָּיךְ לְמִיתְנֵי בָּהּ: אִם קָדְמוּ וְתָפְסוּ אֵין מוֹצִיאִין מִיָּדָם — דְּהָא וַדַּאי מוֹצִיאִין אִם תָּפְסוּ וְהֶחֱזִיקוּ בְּקַרְקַע, דְּהָא נִכְסֵי אִישְׁתַּעְבּוּד לִשְׁטָר דְּבַעַל חוֹב. תָּנָא

מכאן עד סוף העמוד מתוס׳ רבינו שמשון

***מי שהיה** · מדקתני הראשונה קודמת מכלל דאי קדמה שניה ותפסה לא מפקינן מינה. אע״ג דבסיפא קתני: קודמין ליורשי ראשונה, והתם אפי׳ קדמו יורשי ראשונ׳ ותפסו מפקינן מנייהו, כדמשמע בסמוך, דפשיטא ליה להש״ס דמוליאין מידה — ההוא ניחא, דאיכא למימר: דאיידי דתני רישא "קודמין" — תנא נמי בסיפא "קודמין". **שמע** מינה בעל חוב מאוחר שקדם וגבה מה שגבה גבה. תימה: מה סברא היא זו דלא יהא בעל חוב אלא כלוקח? דמלוקח גופיה קטריף בעל חוב ראשון! ותירץ רשב״ם: דבעל חוב מאוחר עדיף מלוקח — שלא תנעול דלת בפני לווין. וכן לכתובת אשה — משום חינא. וכי תימא: אי מה שגבה גבה — איכא נעילת דלת מבע״ח הראשון! לא היא, הואיל ויכול לקדום — לא ימנע מלהלוות. אבל אי מה שגבה לא גבה — איכא נעילת דלת, שמפסיד בע״ח מאוחר לגמרי. אע״ג דבריש פרק שני דערכין (דף ז:) אמרינן: היו בידו ה׳ סלעים, ואמר "ערכי עלי" וחזר ואמר "ערכי עלי" ונתן ד׳ לשניה ואחת לראשונה — יצא ידי שתיהן. מאי טעמא — בעל חוב מאוחר שקדם וגבה — מה שגבה גבה. פי׳: דכשנתן ד׳ לשניה — היינו "כפי אשר תשיג ידו" שלא היה יכול ליתן התמישית לערך שניה, לפי שהיה משועבד לראשונה. וכשנתן אחת לראשונה — נמי יצא, משום דהיינו נמי "כפי אשר תשיג ידו" — שלא היה לו יותר, שכבר נתן לשניה, ומה שגבה גבה. וה״ה — אחת לשניה וארבע לראשונה. ומ״מ חזינן התם דאמרי׳: בע״ח מאוחר שקדם וגבה — מה שגבה גבה, אע״ג דלא שייך התם נעילת דלת. ולקמן פריך לה ר״ח אהא דמסקי׳ בשילהי פירקין דמה שגבה לא גבה לכו״ע, והתם אמרינן: מה שגבה גבה! ותירץ: דגבי הקדש — ודאי מה שגבה גבה, דאין לחוש, הואיל והכל הקדש. עוד תירץ: דהתם במטלטלין, לפיכך מה שגבה גבה. אבל במקרקעי — מה שגבה לא גבה. והא דאמר בשילהי "המניח את הכד" (ב״ק דף לג: ושם): קדמו בעלי חובות והגביהו — בין תם עד שלא הזיק, בין הזיק עד שלא תם — לא עשו ולא כלום. ופריך: בשלמא הזיק עד שלא תם — ניזקין קדמו, אלא תם עד שלא הזיק — בעל חוב קדם! ואפי׳ הזיק עד שלא תם נמי — בעל חוב קדים וגבה. ש״מ בעל חוב מאוחר שקדם וגבה מה שגבה לא גבה, אע״ג דהתם במטלטלי מיירי! לא קשיא מידי: דשור תם שמזיק כמקרקעי דמי. כדאמר התם דאית ליה קלא, כיון דנגח — תורא נגחנא קרו ליה. וכענין זה היה רגיל רבינו תם לפרש: שמע מינה מה שגבה גבה — ממטלטלי, דלכל הפחות במטלטלי אית לן לאוקמא. ומוקמינן מתניתין כר״מ, דאמר: מטלטלי משתעבדי לכתובה. והא דמתמה עלה התלמוד, דמסיק נמי: שמע מינה מה שגבה לא גבה — היינו נמי בכתובה דוקא, ובבעל חוב, דאדעתא דהכי לא נחית לקנות שעבודא. אבל במטלטלין דלוקח, דאדעתא דהכי מטלטלי נחת — דינא הוא דאמרינן דאין יכול להוציא מידם. והא דבעו לאסוקי נמי לקמן פלוגתא דבן ננס ורבנן בבעל חוב מאוחר שקדם וגבה — הוי נמי במטלטלי, אבל במקרקעי — לא לימא שום תנא מה שגבה גבה. וצריכא למימר השתא דהא דאמר לקמן: לכולי עלמא מה שגבה לא גבה, ובערכין מסיק: מה שגבה גבה — הקדש שאני. דלא מצי לשנויי משום דבערכין מטלטלין, משום דלקמן נמי במטלטלי איירי, כדפירשנו. ועוד יש לומר: דבערכין מלוה על פה, הלכך מה שגבה — גבה, וקסבר: מלוה הכתובה בתורה — לאו ככתובה בשטר דמיא. וחזר רבינו תם מתירוץ זה, דלרבי מאיר גופיה מטלטלי דיתמי לא משתעבדי לכתובה, כמו שהוכחתי בשילהי "האשה שנפלו" (לעיל פא: ד״ה ר״מ). ומפרש ר״ת הך סוגיא במקרקעי, וה״ק: ש״מ מה שגבה גבה, ואתי הך סתמא כבן ננס, דמסיק שמואל לקמן דפלוגתייהו בבעל חוב מאוחר שגבה. ואע״ג דטריף מן הלקוחות — בעל חוב שאני, כדפירשנו לעיל, כדי שלא תנעול דלת. ולי נראה כתירוצו הראשון, דבמטלטלי איירי הכא. ואתיא כרבי טרפון דאמר לעיל (דף פד.): מי שמת והניח מלוה או פקדון ביד אחרים, ר׳ טרפון אומר: ינתן לכושל שבהן, מיהו, ק״ק לאיכא דאמרי, דמסיק שמע מינה מה שגבה לא גבה, היכי שמע מינה? דלמא מתני׳ במקרקעי, דלכולי עלמא לא גבה! **מדלא** קתני אם קדמה שניה ותפסה אין מוציאין מידה מכלל כו׳. תימה לי: אדרבה, אימא איפכא: מדלא קתני: קדמה שניה ותפסה מוציאין מידה — מכלל דאי קדמה שניה ותפסה — אין מוציאין מידה! ואומר רבי: דטפי הו״ל למיתני "אין מוציאין", כדי שלא נטעה לפרש קודמת לגמרי, דומיא דסיפא. הא

מי שהיה נשוי שתי נשים ומת הראשונה קודמת לשניה ויורשי הראשונה קודמת ליורשי הב׳ נשא את הא׳ ומתה נשא את הב׳ ומת הוא השניה ויורשיה קודמים ליורשי הא׳. פי׳ אם מת הוא ובאו ב׳ נשיו לגבות מן היורשים הא׳ שזמנה קודם קודמת לב׳ ואם הנשים מתו אחרי מות בעליהן יורשי הא׳ קודמין ליורשי הב׳. פי׳ בשלהי פ׳ כל הנשבעים אמר רב ושמואל אם מת הלוה בחיי מלוה שאם רוצה המלוה לגבות מיורשי הלוה א״ל שלא בשבועה כדתנן הבא ליפרע וכו׳ אם מת אח״כ המלוה ובאו יורשי המלוה לגבות מיורשי הלוה אין גובין כלום שאין אדם מוריש שבועה לבניו שכיון שחייב המלוה שבועה שבלא שבועה אי״ל מיורשי הלוה ולא הספיק לישבע עד שמת אין יורשיו יכולים לגבות מיורשי הלוה כלום שא״י לישבע הן שלא נפרע אביהן מן הלוה שמהיכן יודעים אם נפרע אם לאו ואחרי שא״י לישבע אותה השבועה שנתחייב המלוה אינם גובים כלום: ומותבינן להו מהא מתני׳ דתני ויורשי הא׳ קודמים ליורשי הב׳ והא הכא דדינם על יורשי הבעל הן דהא מת קתני ואילו באה ראשונה עצמה או שניה עצמה לגבות מיורשי הבעל אינם גובים אלא בשבועה שלא פרעה הבעל כדתנן אין אלמנה נפרעת מנ״י אלא בשבועה ועכשיו שמתו הן קודם שנשבעו האיך גובין יורשיהן ומוקמי׳ לה התם כשנשבעה ומתה דדוקא אם נשבעה קודם שתמות אז גובין יורשיה אבל אם לא נשבעה לא: ודייקו מדקתני הא׳ קודמת לב׳ ולא קתני הא׳ יש לה והב׳ אין לה מכלל דאי קדמה ב׳ ותפסה לא מפקינן מינה ש״מ בח״מ שקדם וגבה מש״ג. לעולם אימא לך מה שגבה ל״ג והאי קודמת לגמרי קתני כדתנן בן קודם לבת: ואי קשיא היכי מסתפק תלמודא במתני׳ אי גבה גבה ואי לא גבה ולא אוכח ממה דתנן בס״פ מי שהיה נשוי ב׳ נשים ומכר שדהו וכתבה הא׳ ללוקח דו״ד א״ל עמך השניה מוציאה מיד הלוקח. והא׳ מיד הב׳ וכו׳. אלמא אע״ג שקדמה ב׳ וגבתה לא עשתה כלום אלא הא׳ מוציאה מידה: תשובה הא אמר לקמן בפירקן דאמר שמואל דהוי פלוגתא דתנאי א) וכן מה שגבה גבה מ״ה דיקא הא מתני׳ היכי ס״ל ומה דאמר ברפ״ב דערכין ב) וב״ח מאוחר וכו׳. ההוא במטלטלין מיירי אבל לעולם במקרקע מ״ש ל״ג והכי אוקמי׳ ר״ח ז״ל דלא מיירי האי דערכין אלא במטלטלי. ארבא״א היה בידו ה׳ סלעים ואמר ערכי עלי וחזר ואמר ע״ע ונתן ד׳ לב׳ וא׳ לא׳ יוציא מידי שניהן מ״ט ב״ח מאוחר שקדם וגבה מש״ג בעידנא דיהיב לא׳ תו לית ליה נתן ד׳ לא׳ וא׳ לב׳ ידי ב׳ יצא ידי א׳ ל״י מ״ט דכלהו משועבדות לא׳: נשא את הא׳ ומתה וירשה בעלה ויש לבנים שלו תנאי דבנ״ד כדתנן לעיל בנ״ד דיהוין כו׳ נשא את הב׳ ומת הוא ובאין הב׳ ויורשיה ליטול כתובתה ובני הא׳ באין ליטול כתובת אמן כתנאי בנ״ד הב׳ ויורשיה קודמים וכו׳. פי׳ שתחלה נפרעת הב׳ שהיא כב״ח וכן יורשיה ואח״כ אם ישארו בנכסים יטלו בני הא׳ כתובת אמן שאין לה זכות ליטול

עין משפט נר מצוה

א ד מיי׳ פי״ט מה׳ אישות הל׳ ב סמג עשין מח ולאוין פא טוש״ע אה״ע סי׳ קיא סעיף יא:

ב ה מיי׳ שם הל׳ ז טוש״ע שם סעיף ח:

א) נראה דל״ל אי מה שגבה גבה או לא מ״ה רוצה לדייק הא מתני׳ היכי ס״ל וכו׳. ב) נראה דנ״ל ומה דאמר בפ״ב דערכין א״ר אבא היה בידו וכו׳ מ״ט דכולהו משועבדות לראשונה הואי במטלטלי מיירי וכו׳.

ג א ב מיי' פי"ט מהל' אישות הלכה ז טוש"ע אה"ע סימן קיא סעיף ח:
ד ג מיי' שם הלכה ט טוש"ע שם סעיף יג:
ה ד מיי' שם הלכה ו טוש"ע שם סעיף ו.

תָּנָא נַמִי. רֵישָׁא לִישָּׁנָא דִּלְכַתְּחִילָּה "קוֹדֶמֶת", וְלָא תָּנָא: אִם קָדְמָה וְתָפְסָה אֵין מוֹצִיאִין. שְׁמַע מִינָּהּ אַחַת בְּחַיָּיו וְאַחַת בְּמוֹתוֹ יֵשׁ לָהֶן. לָרִאשׁוֹנִים כְּתוּבַּת בְּנִין דִּכְרִין, וְלָא אָמְרִינַן: כִּי תַּקִּינוּ בְּנִין דִּכְרִין – הֵיכָא דְּמֵתוּ שְׁתֵּיהֶן בְּחַיָּיו, וּכְתוּבַּת הָאַחַת מְרוּבָּה מִשֶּׁל חֲבֶרְתָּהּ – אֵלּוּ נוֹטְלִין כְּתוּבַּת אִמָּן וְאֵלּוּ נוֹטְלִין כְּתוּבַּת אִמָּן, וְהַשְּׁאָר חוֹלְקִין בְּשָׁוֶה. דְּהָשְׁתָּא אָתוּ תַּרְוַיְיהוּ בְּתוֹרַת בְּנִין דִּכְרִין, שֶׁהוּא יְרוּשַּׁת הָאָב, וְלָא אָתֵי לְאִינְצוּיֵי. אֲבָל אַחַת בְּחַיָּיו וְאַחַת בְּמוֹתוֹ, דְּיוֹרְשֵׁי שְׁנִיָּה בָּאִין עַל כְּתוּבַּת אִמָּן בְּתוֹרַת יְרוּשַּׁת חוֹב אִמָּן, וְלֹא מֵאֲבִיהֶם בָּאָה לָהֶם, וּבְנֵי רִאשׁוֹנָה בָּאִין לִיטּוֹל חֵלֶק יָתֵר מִכֹּחַ יְרוּשַּׁת הָאָב, דְּהָא "יִרְתּוּן" תְּנַן – לָא שָׁקְלֵי, דִּלְמָא אָתוּ לְאִינְצוּיֵי, וְלוֹמַר: לֹא תִּטְּלוּ בִּירוּשַּׁת אָבִינוּ יוֹתֵר מִמֶּנּוּ – הָא לָא אָמְרִינַן. כְּתוּבָּה נַעֲשֵׂית מוֹתָר לַחֲבֶרְתָּהּ. דְּאַף עַל גַּב דְּלָא תַּקּוּן כְּתוּבַּת בְּנִין דִּכְרִין אֶלָּא אִם כֵּן יֵשׁ מוֹתָר עַל שְׁתֵּי הַכְּתוּבּוֹת דִּינָר, דְּלָא מִיעַקְרָא נַחֲלָה דְּאוֹרַיְיתָא, כִּדְתְנַן בְּפִרְקִין – וּפָרְשִׁינַן טַעְמָא בְּפֶרֶק "נַעֲרָה שֶׁנִּתְפַּתְּתָה" (לעיל דף נב:) – הָנֵי מִילֵּי כִּי מֵתוּ שְׁתֵּיהֶן בְּחַיָּיו, דְּתַרְוַיְיהוּ אָתוּ בְּתוֹרַת בְּנִין דִּכְרִין. אֲבָל אַחַת בְּחַיָּיו וְאַחַת בְּמוֹתוֹ, שֶׁהַשְּׁנִיָּה נִגְבֵּית בְּתוֹרַת חוֹב – אֵין לְךָ יְרוּשָּׁה גְּדוֹלָה מִזּוֹ, וְלָא מִיעַקְרָא נַחֲלָה דְּאוֹרַיְיתָא. שֶׁכְּשֶׁמֵּת נָפְלוּ נְכָסִים לִפְנֵי יוֹרְשִׁין, וּכְשֶׁיָּצָא שְׁטַר חוֹב עַל אֲבִיהֶן – אֵלּוּ וָאֵלּוּ עוֹשִׂין מִצְוָה לִפְרוֹעַ חוֹבַת אֲבִיהֶן, וְהִיא הִיא יְרוּשָּׁתָן. לְפִיכָךְ כְּתוּבָּה זוֹ נַעֲשֵׂית כְּמוֹתָר לַיְּרוּשָּׁה, וְגוֹבִין בְּנֵי הָרִאשׁוֹנָה כְּתוּבַּת בְּנִין דִּכְרִין. [לָא טָרְפִי מִמְּשַׁעְבְּדֵי. דְּלָא תֵּימָא "יִסְבּוּן" תְּנַן, וּבַעַל חוֹב הָווּ, וְשִׁעְבּוּדָם קוֹדֵם, וְיִטְרְפוּ מִבְּנֵי הַשְּׁנִיָּה שֶׁהֵן בַּעֲלֵי חוֹבוֹת מְאוּחָרִין. אֶלָּא יוֹרְשִׁין הֵן, וְ"יִרְתּוּן" תְּנַן, וְלָא גָּבוּ מִמְּשַׁעְבְּדֵי]. וּמַאי קוֹדְמִין. דְּמַשְׁמַע: הָא אִי אִיכָּא מִידֵּי לְמִשְׁקַל בָּתְרַיְיהוּ – שָׁקְלוּ. קוֹדְמִין לְנַחֲלָה. לֹא שֶׁיִּטְּלוּ הָרִאשׁוֹנִים אַחֲרֵיהֶם כְּתוּבַּת אִמָּן, אֶלָּא יִטְּלוּ אַחֲרֵיהֶם חֶלְקָם בַּמּוֹתָר, כְּדֶרֶךְ חוֹלְקֵי יְרוּשָּׁה. יוֹרְשֵׁי הָרִאשׁוֹנָה לָמָּה לִי. דְּקָרוּ לְהוּ "יוֹרְשֵׁי רִאשׁוֹנָה", הֲלֹא לֹא מִכֹּחָהּ וְלֹא מִתַּקָּנָתָהּ הֵן בָּאִין לִירַשׁ, וְאַמַּאי קָתָנֵי סֵיפָא לְיוֹרְשֵׁי הָרִאשׁוֹנָה? הָכִי גָּרְסִי'. אַיְּידֵי דִּתְנָא שְׁנִיָּה וְיוֹרְשֶׁיהָ תָּנָא נַמִי לְיוֹרְשֵׁי הָרִאשׁוֹנָה. אַיְּידֵי דְּקָרֵי לְהוּ לִבְנֵי שְׁנִיָּה יוֹרְשֵׁי הָאֵם, דְּאִינְהוּ מִינָּהּ קָא יָרְתִי, קָרֵינְהוּ לִבְנֵי רִאשׁוֹנָה נַמִי עַל שֵׁם יוֹרְשֶׁיהָ. וְלָאו מִשּׁוּם דְּמִדִּידָהּ קָא יָרְתִי, אֶלָּא שְׁמָא בְּעָלְמָא, כְּלוֹמַר לִבְנֵי הָרִאשׁוֹנָה. וְהָכָא בְּדְאִיכָּא מוֹתַר דִּינָר. קָאָמַר. אִי הַאי "קוֹדְמִין לְיוֹרְשֵׁי הָרִאשׁוֹנָה" קוֹדְמִין לִכְתוּבַּת בְּנִין דִּכְרִין הוּא – אִיכָּא לְאוֹקוּמַהּ בִּדְאִיכָּא מוֹתַר דִּינָר. וְאַף עַל גַּב דְּלָא תָּנֵי אִם יֵשׁ שָׁם מוֹתַר דִּינָר – הָא קָתָנֵי לַהּ לְקַמָּן: הָיָה שָׁם מוֹתַר דִּינָר כו'. וְתַרְתֵּי זִימְנֵי לָא אִיצְטְרִיךְ לְמִיתְנֵי. תַּנָּאֵי הִיא. אִי שָׁקְלֵי בְּנֵי רִאשׁוֹנָה כְּתוּבַּת בְּנִין דִּכְרִין אִי לָא. אַתֶּם בְּנֵי בַעֲלַת חוֹב אַתֶּם טְלוּ כְּתוּבַּת אִמְּכֶם וּצְאוּ. ע"כ בִּדְלֵיכָּא מוֹתַר דִּינָר קָמַיְירֵי מִדְּקָתָנֵי "וּצְאוּ". וְאִי דְּאִיכָּא נַחֲלָה יוֹתֵר עַל שְׁתֵּי כְּתוּבּוֹת – מַאי "וּצְאוּ" דְּקָא אָמְרֵי לְהוּ? נְהִי נַמִי דְּשָׁקְלֵי בְּנֵי רִאשׁוֹנָה כְּתוּבַּת בְּנִין דִּכְרִין – שְׁאָרָא מִיהָא פָּלְגֵי. אֶלָּא בִּדְלֵיכָּא, וְהָכִי קָאָמְרִי לְהוּ: אַתֶּם בְּנֵי בַעֲלַת חוֹב אַתֶּם, וּכְתוּבַּת אִמְּכֶם – הוֹאִיל וְחוֹב הִיא, וְאֵינְכֶם בָּאִין בְּתוֹרַת בְּנִין דִּכְרִין – לָא בָּעֵינַן מוֹתַר דִּינָר, דְּאֵין לְךָ נַחֲלָה דְּאוֹרַיְיתָא יָפָה מִזּוֹ שֶׁאָנוּ וְאַתֶּם פּוֹרְעִים חוֹבַת אָבִינוּ. הִלְכָּךְ, טְלוּ אוֹתָהּ וּצְאוּ, וְאָנוּ נִטּוֹל הַשְּׁאָר בִּכְתוּבַּת בְּנִין דִּכְרִין. רַבִּי עֲקִיבָא אוֹמֵר כְּבָר קָפְצָה נַחֲלָה כו'. מִשָּׁעָה שֶׁמֵּת הַבַּעַל בְּחַיֶּיהָ שֶׁל שְׁנִיָּה קָפְצָה נַחֲלַת בְּנִין דִּכְרִין מִלִּפְנֵי בְּנֵי הָרִאשׁוֹנָה. וְנָפְלָה. לִהְיוֹת נַחֲלָה, כִּשְׁאָר יְרוּשָּׁה, אַף לִבְנֵי הַשְּׁנִיָּה. וַאֲפִילּוּ הֲוֵי הָכָא מוֹתַר דִּינָר – לָא הֲווּ שָׁקְלֵי בְּנֵי הָרִאשׁוֹנָה כְּתוּבַּת בְּנִין דִּכְרִין, דְּבְאַחַת בְּחַיָּיו וְאַחַת בְּמוֹתוֹ לָא אִיתְקַן. דְּכוּ"עַ יֵשׁ לָהֶן. וְטַעְמָא דְּרַבִּי עֲקִיבָא הָכָא מִשּׁוּם דְּלֵיכָּא מוֹתַר דִּינָר הוּא, וְקָסָבַר: אֵין כְּתוּבָּה נַעֲשֵׂית מוֹתָר לַחֲבֶרְתָּהּ, וַאֲפִי' הַשְּׁנִיָּה חוֹב. וְה"ה לְבַע"ח הֵיכָא דְּמֵתוּ שְׁתֵּיהֶן בְּחַיָּיו, דְּתַרְוַיְיהוּ אָתוּ בְּתוֹרַת בְּנִין דִּכְרִין וְיֵשׁ שָׁם מוֹתַר דִּינָר, וְהוּא מְשׁוּעְבָּד לְבַעַל חוֹב – לָא הָוֵי מוֹתָר. בְּבַעַל חוֹב כּוּלֵּי עָלְמָא לָא פְּלִיגִי דְּהָוֵי מוֹתָר. הוֹאִיל וְהַשְּׁטָר יוֹצֵא עַל כּוּלָּם – נִמְצְאוּ כּוּלָּם פּוֹרְעִין, וְהִיא נַחֲלָה שֶׁלָּהֶן, שֶׁעָשׂוּ בָּהֶן מִצְוַת פְּרִיעַת חוֹב אֲבִיהֶם. כִּי פְּלִיגִי בִּכְתוּבָּה. בְּאַחַת בְּחַיָּיו וְאַחַת בְּמוֹתוֹ, שֶׁהַשְּׁנִיָּה חוֹב הִיא, פְּלִיגֵי; בֶּן נַנָּס סָבַר: הֲרֵי זוֹ כִּשְׁאָר חוֹב, וְהָוֵי מוֹתָר. וְר' עֲקִיבָא סָבַר: לָאו כִּשְׁאָר חוֹב דָּמֵי, כֵּיוָן דְּאִינְהוּ גּוּפַיְיהוּ קָא שָׁקְלֵי. וְהִלְכָּךְ, הָנָךְ בְּנֵי שְׁנִיָּה מְקַבְּלִין וְלֹא פּוֹרְעִין. נִמְצָא שֶׁאֵין כָּאן נַחֲלָה דְּאוֹרַיְיתָא, וְלָא אִיתְקַן יְרוּשַּׁת בְּנִין דִּכְרִין דְּרַבָּנַן לְמֵיעֲקַר נַחֲלָה דְּאוֹרַיְיתָא. אִי הָכִי. דִּבְהָא לְחוּדָא הוּא דִּפְלִיג רַבִּי עֲקִיבָא – מִשּׁוּם דְּלֵיכָּא מוֹתָר, וְאִי הֲוָה מוֹתָר – לָא פָּלֵיג, מַאי "כְּבָר קָפְצָה נַחֲלָה" דְּמַשְׁמַע: אֵין כָּאן תּוֹרַת בְּנִין דִּכְרִין כְּלָל, הָכִי אִבָּעֵי לֵיהּ לְמֵימַר: אִם יֵשׁ שָׁם מוֹתָר נוֹטְלִין וְאִם לָאו אֵין נוֹטְלִין. אֶלָּא אָמַר רַב יוֹסֵף כו'. כִּדְפָרְשִׁית בְּרֵישָׁא, דַּאֲפִי' הֲוָה בָּהּ מוֹתָר, אָתָא ר' עֲקִיבָא לְמֵימַר, דְּהוֹאִיל וְאַחַת בְּמוֹתוֹ לֵיכָּא כְּתוּבַּת בְּנִין דִּכְרִין לִבְנֵי רִאשׁוֹנָה, וְכָל שֶׁכֵּן כִּי לֵיכָּא. בָּאִים בָּנֶיהָ שֶׁל זוֹ. קָא סָלְקָא דַּעְתָּךְ אַבְּנֵי שְׁנִיָּה קָאֵי, וְהָכִי קָאָמַר: בָּאִים בְּנֵי הַשְּׁנִיָּה, שֶׁהִיא בַּעֲלַת חוֹב, וְנוֹטְלִין כְּתוּבַּת אִמָּם. אֲבָל לִבְנֵי רִאשׁוֹנָה – אֵין כָּאן כְּתוּבָּה, דְּקָסָבַר: אַחַת בְּחַיָּיו וְאַחַת בְּמוֹתוֹ אֵין לָהֶם. חוֹלְקִין בְּשָׁוֶה. אֶת הַמּוֹתָר עַל כְּתוּבַּת הַחוֹב. בְּדִינָר

הא איכא שקלי. מדקתני לשון קודמין. דהוה ליה למימר: שניה ויורשיה נוטלין, ולא יורשי הראשונה. ואע"ג דתנן: בן קודם לבת – הכא דאיכא למטעי, הוה ליה למידק. **מדלא** קתני אם יש שם מותר דינר. אף על גב דלא הוה קאי אלא אדיוקא, שפיר הוה ליה למיתני. **והכא** הוא דאיכא מותר דינר. לא הוה צריך להאי, דמטעמא קמא אדחי כולהו, הואיל ואוקימנא קודמין לנחלה. ומר

תָּנָא נַמִי הָרִאשׁוֹנָה קוֹדֶמֶת לַשְּׁנִיָּה.§ נָשָׂא אֶת הָרִאשׁוֹנָה.§ שְׁמַע מִינָּהּ תְּלָת; [א]שְׁמַע מִינָּהּ: אַחַת בְּחַיָּיו וְאַחַת בְּמוֹתוֹ יֵשׁ לָהֶן כְּתוּבַּת בְּנִין דִּכְרִין, וְלָא חָיְישִׁינַן לְאִינְצוּיֵי. מִמַּאי – מִדְּקָתָנֵי: שְׁנִיָּה וְיוֹרְשֶׁיהָ קוֹדְמִים לְיוֹרְשֵׁי רִאשׁוֹנָה. מִיקְדַּם הוּא דְּקָדְמִי, הָא אִיכָּא – שָׁקְלִי. [ב]וּשְׁמַע מִינָּהּ: כְּתוּבָּה נַעֲשֵׂית מוֹתָר לַחֲבֶרְתָּהּ. מִמַּאי – מִדְּלָא קָתָנֵי: אִם יֵשׁ שָׁם מוֹתַר דִּינָר. [ג]וּשְׁמַע מִינָּהּ: כְּתוּבַּת בְּנִין דִּכְרִין *לָא טָרְפָה מִמְּשַׁעְבְּדֵי. דְּאִי סָלְקָא דַעְתִּין טָרְפָה מִמְּשַׁעְבְּדֵי – לֵיתוּ בְּנֵי רִאשׁוֹנָה וְלִטְרְפִינְהוּ לִבְנֵי שְׁנִיָּה. מַתְקִיף לָהּ רַב אַשִׁי: מִמַּאי? דִּלְמָא לְעוֹלָם אֵימָא לָךְ: אַחַת בְּחַיָּיו וְאַחַת בְּמוֹתוֹ – אֵין לָהֶן כְּתוּבַּת בְּנִין דִּכְרִין, וּמַאי קוֹדְמִין – לְנַחֲלָה קָתָנֵי. וְכִי תֵּימָא: יוֹרְשֵׁי הָרִאשׁוֹנָה לָמָּה לִי – אַיְּידֵי דִּתְנָא שְׁנִיָּה וְיוֹרְשֶׁיהָ, תָּנָא נַמִי לְיוֹרְשֵׁי הָרִאשׁוֹנָה. וּדְקָאָמְרַתְּ: כְּתוּבָּה נַעֲשֵׂית מוֹתָר לַחֲבֶרְתָּהּ – דִּלְמָא לְעוֹלָם אֵימָא לָךְ: אֵין כְּתוּבָּה נַעֲשֵׂית מוֹתָר לַחֲבֶרְתָּהּ, וְהָכָא הוּא דְּאִיכָּא מוֹתַר דִּינָר. וְאַחַת בְּחַיָּיו וְאַחַת בְּמוֹתוֹ – תַּנָּאֵי הִיא. דְּתַנְיָא: מֵתוּ, אַחַת בְּחַיָּיו וְאַחַת בְּמוֹתוֹ, בֶּן נַנָּס אוֹמֵר: יְכוֹלִין בְּנֵי הָרִאשׁוֹנָה לוֹמַר לִבְנֵי הַשְּׁנִיָּה: (א)בְּנֵי בַעֲלַת חוֹב אַתֶּם, טְלוּ כְּתוּבַּת אִמְּכֶם וּצְאוּ. ר' עֲקִיבָא אוֹמֵר: כְּבָר קָפְצָה נַחֲלָה מִלִּפְנֵי בְּנֵי הָרִאשׁוֹנָה, וְנָפְלָה לִפְנֵי בְּנֵי הַשְּׁנִיָּה. מַאי לָאו בְּהָא קָא מִיפַּלְגִי; דְּמָר סָבַר: אַחַת בְּחַיָּיו וְאַחַת בְּמוֹתוֹ – יֵשׁ לָהֶן כְּתוּבַּת בְּנִין דִּכְרִין, וּמָר סָבַר: אַחַת בְּחַיָּיו וְאַחַת בְּמוֹתוֹ – אֵין לָהֶן כְּתוּבַּת בְּנִין דִּכְרִין. אֲמַר רַבָּה: אַשְׁכַּחְתִּינְהוּ לְרַבָּנַן דְּבֵי רַב, דְּיָתְבֵי וְקָאָמְרִי: דְּכוּלֵּי עָלְמָא אַחַת בְּחַיָּיו וְאַחַת בְּמוֹתוֹ – יֵשׁ לָהֶן כְּתוּבַּת בְּנִין דִּכְרִין, וְהָכָא – בִּכְתוּבָּה נַעֲשֵׂית מוֹתָר לַחֲבֶרְתָּהּ, וְהוּא הַדִּין לְבַעַל חוֹב, קָמִיפַּלְגִי. מָר סָבַר: כְּתוּבָּה נַעֲשֵׂית מוֹתָר לַחֲבֶרְתָּהּ, וְהוּא הַדִּין לְבַעַל חוֹב. וּמָר סָבַר: אֵין כְּתוּבָּה נַעֲשֵׂית מוֹתָר לַחֲבֶרְתָּהּ, וְהוּא הַדִּין לְבַעַל חוֹב. וְאָמִינָא לְהוּ אֲנָא: [ד]בְּבַעַל חוֹב – כּוּלֵּי עָלְמָא לָא פְּלִיגִי דְּהָוֵי מוֹתָר, כִּי פְּלִיגִי – בִּכְתוּבָּה. מַתְקִיף לָהּ רַב יוֹסֵף: אִי הָכִי, "רַבִּי עֲקִיבָא אוֹמֵר: כְּבָר קָפְצָה נַחֲלָה", "אִם יֵשׁ מוֹתַר דִּינָר" מִיבָּעֵי לֵיהּ! אֶלָּא אָמַר רַב יוֹסֵף: בְּאַחַת בְּחַיָּיו וְאַחַת בְּמוֹתוֹ קָא מִיפַּלְגִי, וְהָנֵי תַּנָּאֵי כִּי הָנֵי תַּנָּאֵי. דְּתַנְיָא: נָשָׂא אֶת הָרִאשׁוֹנָה וּמֵתָה, נָשָׂא אֶת הַשְּׁנִיָּה וּמֵת הוּא – בָּאִין בָּנֶיהָ שֶׁל זוֹ לְאַחַר מִיתָה, וְנוֹטְלִין כְּתוּבַּת אִמָּן. ר"ש אוֹמֵר: אִם יֵשׁ מוֹתַר דִּינָר – אֵלּוּ נוֹטְלִין כְּתוּבַּת אִמָּן, וְאֵלּוּ נוֹטְלִין כְּתוּבַּת אִמָּן. וְאִם לָאו – חוֹלְקִין בְּשָׁוֶה. מַאי לָאו בְּהָא קָא מִיפַּלְגִי; דְּמָר סָבַר: אַחַת בְּחַיָּיו וְאַחַת בְּמוֹתוֹ – יֵשׁ לָהֶן כְּתוּבַּת בְּנִין דִּכְרִין, וּמָר סָבַר: אַחַת בְּחַיָּיו וְאַחַת בְּמוֹתוֹ – אֵין לָהֶם כְּתוּבַּת בְּנִין דִּכְרִין. לָא, דְּכ"ע: אַחַת בְּחַיָּיו וְאַחַת בְּמוֹתוֹ – יֵשׁ לָהֶן כְּתוּבַּת בְּנִין דִּכְרִין, וְהָכָא

תוספות רי"ד

ליטול אלא לאחר מיתת אביהן דהא ירתון תנן הלכך פורעין תחלה חוב אביהן ואח"כ נוטלין כתובת אמן: ודייקי' ש"מ ג' ש"מ א' בחיין וא' במותו י"ל כתובת בנין דכרין ולא חיישי' לאנצויי ממאי מדקתני ב' ויורשיה קודמים ליורשי הא' מיקדם הוא דקדמי הא איכא שקלי פי' מדקתני קודמים ש"מ דאי איכא תו נכסים שקילי יורשי הא' כתובת אמן ולא פלגי בני ב' בהדייהו מכח ירושת אביהן וש"מ א' מתה בחייו וא' מתה במותו יש לבני הא' כבנ"ד ול"א כי תקון רבנן בנ"ד היכא דמתו שתיהן בחייו וכתובה הא' מרובה משל חברתה אלו נוטלין כ"א וא"נ כתובת אמן והשאר חולקין בשוה דהשתא אתו תרוייהו בתורת בנ"ד שהוא ירושת האב דלא אתו לאנצויי אבל א' בחייו וא' במותו דיורשי ב' באין על כתובת אמן ולא מאביהן באה להן ובני הא' באין ליטול חלק יתר מכח ירוש' האב דהא ירתון תנן לא שקילי דילמא אתי לאנצויי ולומר לא תטלו בירושת אבינו יותר ממנו הא לא אמרי'. וש"מ כתובה נעשה מותר לחברתה מדלא קתני אם יש שם מותר דינר ב' ויורש' קודמים. פי' אע"ג דלא תקון רבנן כבנ"ד אא"כ יש מותר דינר על ב' הכתובות כי היכי דלא מיעקרא נ"ד כדתנן לקמן בפירקן ה"מ כי מתו שתיהן בחייו תרוייהו אתו בתורת בנ"ד אבל א' בחייו וא' במותו שהב' שנגבת בתורת חוב אין לך ירושה גדולה מזו ולא מיעקרא נ"ד שכשמת נפלו נכסי קמי' יורשים וכשיצא שטר חוב על אביהן אלו ואלו עושין מצוה לפרוע חוב אביהן והיא היא ירושתו לפיכך כתובה זו נעשה מותר לחברתה לירושה וגובין בני הא' בתורת בנ"ד. וש"מ כתובת בנ"ד לא טרפא ממשעבדי דאי ס"ד טרפ' ממשעבדי ליתי בני הא' וליטרפו לבני ב' ואסיקנא.

[לעיל נב.]

נ"י כ"י

הגהות הב"ח

(א) גמ' לבני השניה אתם בני בעלת חוב:

וְהָכָא בְּדִינַר מְקַרְקְעֵי קָמִיפַּלְגִי. מָר סָבַר: מְקַרְקְעֵי – אִין, מְטַלְטְלֵי – לָא. וּמָר סָבַר: אֲפִילּוּ מְטַלְטְלֵי. וּמִי מָצֵית אָמְרַתְּ הָכִי? וְהָתְנַן: ר"ש אוֹמֵר: אֲפִי' יֵשׁ שָׁם נְכָסִים שֶׁאֵין לָהֶם אַחֲרָיוּת – אֵינָן כְּלוּם, עַד שֶׁיְּהֵא שָׁם נְכָסִים שֶׁיֵּשׁ לָהֶן אַחֲרָיוּת, יָתֵר עַל ב' כְּתוּבוֹת דִּינָר! אֶלָּא הָכָא בְּדִינָר מְשַׁעְבְּדֵי קָמִיפַּלְגִי; מָר סָבַר: מִבְּנֵי חוֹרִין – אִין, מִמְּשַׁעְבְּדֵי – לָא. וּמָר סָבַר: אֲפִי' מִמְּשַׁעְבְּדֵי. אִי הָכִי, ר"ש אוֹמֵר: אִם יֵשׁ שָׁם מוֹתַר דִּינָר?! "כֵּיוָן שֶׁיֵּשׁ שָׁם מוֹתַר דִּינָר" מִיבָּעֵי לֵיהּ! אֶלָּא, בְּפָחוֹת מִדִּינָר קָמִיפַּלְגִי. מָר סָבַר: דִּינָר – אִין, פָּחוֹת מִדִּינָר – לָא. וּמָר סָבַר: אֲפִילּוּ פָּחוֹת מִדִּינָר. וְהָא ר"ש דִּינָר קָאָמַר! וְכִי תֵּימָא: אֵיפוּךְ, ת"ק דְּמַתְנִי' נַמִי דִּינָר קָאָמַר! אֶלָּא, כִּי הָנָךְ תְּרֵי לִישָּׁנֵי קַמָּאֵי, וְאֵיפוּךְ. אָמַר מָר זוּטְרָא מִשְּׁמֵיהּ דְּרַב פַּפָּא: הִלְכְתָא, אַחַת בְּחַיָּיו וְאַחַת בְּמוֹתוֹ – יֵשׁ לָהֶן כְּתוּבַּת בְּנִין דִּכְרִין, וּכְתוּבָּה נַעֲשֵׂית מוֹתָר לַחֲבֶרְתָּהּ. בִּשְׁלָמָא אִי אַשְׁמְעִינַן: אַחַת בְּחַיָּיו וְאַחַת בְּמוֹתוֹ יֵשׁ לָהֶן כְּתוּבַּת בְּנִין דִּיכְרִין, וְלָא אַשְׁמְעִינַן: כְּתוּבָּה נַעֲשֵׂית מוֹתָר לַחֲבֶרְתָּהּ – הֲוָה אָמִינָא: אִי אִיכָּא מוֹתַר דִּינָר – אִין, אִי לָא – לָא. אֶלָּא לִישְׁמְעִינַן כְּתוּבָּה נַעֲשֵׂית מוֹתָר לַחֲבֶרְתָּהּ, וַאֲנָא יָדַעְנָא מִשּׁוּם דְּאַחַת בְּחַיָּיו וְאַחַת בְּמוֹתוֹ יֵשׁ לָהֶן כְּתוּבַּת בְּנִין דִּכְרִין! אִי אַשְׁמְעִינַן הָכִי, הֲוָה אָמִינָא: כְּגוֹן שֶׁנָּשָׂא שָׁלֹשׁ נָשִׁים, וּמֵתוּ שְׁתַּיִם בְּחַיָּיו וְאַחַת בְּמוֹתוֹ. וְהַךְ דְּמַיְיתָ לְאַחַר מִיתָה – יוֹלֶדֶת נְקֵבָה הִיא, וְלָאו בַּת יְרוּשָׁה הִיא. אֲבָל אַחַת בְּחַיָּיו וְאַחַת בְּמוֹתוֹ, וְהָא דִּלְאַחַר מִיתָה יוֹלֶדֶת זָכָר הִיא – אֵימָא לֵיחוּשׁ לְאִינְצוּיֵי, קמ"ל.§

מתני' [א]מִי שֶׁהָיָה נָשׂוּי שְׁתֵּי נָשִׁים וּמֵתוּ, וְאַחַר כָּךְ מֵת הוּא, וִיתוֹמִים מְבַקְשִׁין כְּתוּבַּת אִמָּן, וְאֵין שָׁם אֶלָּא שְׁתֵּי כְּתוּבּוֹת – חוֹלְקִין בְּשָׁוֶה. [ב]הָיָה שָׁם *מוֹתַר דִּינָר – אֵלּוּ נוֹטְלִים כְּתוּבַּת אִמָּן, וְאֵלּוּ נוֹטְלִים כְּתוּבַּת אִמָּן. [ג]אִם אָמְרוּ יְתוֹמִים: אֲנַחְנוּ מַעֲלִים עַל נִכְסֵי אָבִינוּ יָפֶה דִּינָר, כְּדֵי שֶׁיִּטְּלוּ כְּתוּבַּת אִמָּן – אֵין שׁוֹמְעִין לָהֶן. אֶלָּא שָׁמִין אֶת הַנְּכָסִים בְּבֵית דִּין. [ד]הָיוּ שָׁם נְכָסִים בָּרָאוּי – אֵינָן כְּבַמּוּחְזָק. [ה]ר"ש אוֹמֵר: אֲפִי' יֵשׁ שָׁם נְכָסִים שֶׁאֵין לָהֶם אַחֲרָיוּת – אֵינָן כְּלוּם, עַד שֶׁיִּהְיוּ שָׁם נְכָסִים שֶׁיֵּשׁ לָהֶן אַחֲרָיוּת, יוֹתֵר עַל שְׁתֵּי הַכְּתוּבּוֹת דִּינָר.§ **גמ'** ת"ר: לָזוֹ אֶלֶף וְלָזוֹ חֲמֵשׁ מֵאוֹת, אִם יֵשׁ שָׁם מוֹתַר דִּינָר – אֵלּוּ נוֹטְלִין כְּתוּבַּת אִמָּן, וְאֵלּוּ נוֹטְלִין כְּתוּבַּת אִמָּן. וְאִם לָאו – יַחְלְקוּ בְּשָׁוֶה.§ *פְּשִׁיטָא, [ו]מְרוּבִּין וְנִתְמַעֲטוּ – כְּבָר זָכוּ בָּהֶן יוֹרְשִׁין. מוּעָטִין וְנִתְרַבּוּ מַאי? ת"ש: דְּנִיכְסֵי דְּבֵי בַּר צַרְצוּר מוּעָטִין וְנִתְרַבּוּ הָווּ, וַאֲתוּ לְקַמֵּיהּ דְּרַב עַמְרָם. אֲמַר לְהוּ: זִילוּ פַּיְּיסִינְהוּ. לָא אַשְׁגַּחוּ. אֲמַר לְהוּ: אִי לָא מְפַיְּיסִיתוּ לְהוּ – *מָחֵינָא לְכוּ בְּסִילְוָא דְּלָא מַבַּע דָּמָא – שַׁדְּרִינְהוּ לְקַמֵּיהּ דְּרַב נַחְמָן. אֲמַר לְהֶן: [ז]כְּשֵׁם שֶׁמְּרוּבִּין וְנִתְמַעֲטוּ זָכוּ כך

רש"י

בְּדִינָר מִקַּרְקְעֵי קָמִיפַּלְגִי. אִי בָּעֵינַן הַהוּא מוֹתָר, שֶׁיְּהֵא שָׁם שְׁתֵּי כְּתוּבּוֹת וְדִינָר מִקַּרְקָעוֹת. וְהָכָא בִּדְלֵיכָּא מוֹתָר דִּינָר אֶלָּא מִטַּלְטְלֵי, מש"ה אָמַר ת"ק דְּאֵין בְּנֵי רִאשׁוֹנָה נוֹטְלִין, וַאֲתָא ר"ש לְמֵימַר: הוֹאִיל וְיֵשׁ מוֹתָר דִּינָר כָּל דְּהוּ – שָׁקְלִי. וּמַר סָבַר אֲפִי' מִמְּשַׁעְבְּדֵי. ר"ש סָבַר: חוֹב הָוֵי מוֹתָר. ה"ג: אִי הָכִי ר"ש אוֹמֵר אִם יֵשׁ מוֹתָר דִּינָר. וְאַבָּרַיְיתָא קָאֵי, הוֹאִיל וּבִדְאִיכָּא מוֹתָר מוֹקַמְתְּ לָהּ אֶלָּא שֶׁמְּשׁוּעְבָּד, וְר"ש לְקוּלָּא קָאָמַר – הָכִי אִיבָּעֵי לֵיהּ לְמֵימַר: הוֹאִיל וְיֵשׁ שָׁם מוֹתָר דִּינָר אֵלּוּ נוֹטְלִין כו'. וכ"ת אֵיפוּךְ. פֵּירוּשָׁא דְּפָרְשִׁי' בִּפְלוּגְתַּיְיהוּ אֵיפוּךְ, וְאֵימָא: "בָּאִין בָּנֶיהָ שֶׁל זוֹ" דְּקָאָמַר ת"ק – אַבְּנֵי רִאשׁוֹנָה קָאֵי, וְקָאָמַר דְּשָׁקְלִי כְּתוּבַּת בְּנִין דִּכְרִין. וַאֲתָא ר"ש לְמֵימַר: אִם יֵשׁ שָׁם מוֹתָר דִּינָר – כּוּלָּם נוֹטְלִין. וְאִם לָאו, אֶלָּא פָּחוֹת מִדִּינָר יֵשׁ – חוֹלְקִים בְּשָׁוֶה. וְהָא ת"ק דְּמַתְנִי'. דְּקָאָמַר ר"ש עֲלַייהוּ: אֲפִי' יֵשׁ שָׁם נְכָסִים שֶׁאֵין לָהֶם אַחֲרָיוּת אֵינָם כְּלוּם. דִּינָר קָאָמַר. דְּקָתָנֵי: הָיָה שָׁם יָתֵר דִּינָר כו', וְת"ק דְּמַתְנִי' הוּא ת"ק דְּבָרַיְיתָא. אֶלָּא כִּי הָנֵי תְּרֵי לִישָּׁנֵי קַמָּאֵי. בְּדִינָר מִקַּרְקַע אוֹ בְּדִינָר מְשַׁעְבְּדֵי. וְאֵיפוּךְ. תְּרִילוּתָא, וְת"ק: בָּאִין בָּנֶיהָ שֶׁל רִאשׁוֹנָה גַּם הֵם, וְנוֹטְלִין כְּתוּבַּת אִמָּן מִשּׁוּם תְּנַאי בְּנִין דִּכְרִין. וְאע"ג דְּלֵיכָּא אֶלָּא מוֹתָר דִּינָר מִטַּלְטְלֵי אוֹ מְשַׁעְבְּדֵי. וַאֲתָא ר"ש לְמֵימַר: אִם יֵשׁ מוֹתָר דִּינָר מִקַּרְקְעֵי וּבְנֵי חֹרֵי – אֵלּוּ נוֹטְלִין כו'. וְהַשְׁתָּא דְּר"ש לְחוּמְרָא, וְלָא שַׁיָּיךְ לְאוֹתוּבֵי: הוֹאִיל וְיֵשׁ שָׁם מִבָּעֵי לֵיהּ! וַאֲנָא יָדַעְנָא כו'. דְּאִי בִּשְׁתֵּיהֶן בְּחַיָּיו, דְּתַרְוַיְיהוּ בְּתוֹרַת בְּנִין דִּכְרִין אָתוּ – לָא מָצֵי לְמֵימַר כְּתוּבָּה נַעֲשֵׂית מוֹתָר לַחֲבֶרְתָּהּ – דְּהָא לָאו פְּרִיעַת חוֹב הוּא. וְאִי הָכָא לָא בָּעֵינַן מוֹתָר – הֵיכָא אִיתְקַן? דְּלָאו בַּת יְרוּשָׁה. וְלֵיכָּא לְמֵיחַשׁ לְאִינְצוּיֵי, דְּהָא לֵית לָהּ בַּנְּכָסִים כָּאן אֶלָּא כְּתוּבַּת אִמָּהּ. וּבְנֵי שְׁתַּיִם הָרִאשׁוֹנוֹת שֶׁהֵם זְכָרִים, וּבָאִים לִירַשׁ – יֵשׁ בָּהֶם שֶׁכְּתוּבַּת אִמָּן גְּדוֹלָה מִשֶּׁל חֲבֶרְתָּהּ, וְאוֹמְרִים: טְלוּ כְּתוּבַּת אִמְּכֶם כְּבִנְיַן דִּכְרִין, וְאָנוּ נִטּוֹל כְּתוּבַּת אִמֵּנוּ. וְאִי מִשּׁוּם דְּלֵיכָּא מוֹתָר דִּינָר – הֲרֵי פָּרַעְנוּ בֵּין שְׁנֵינוּ הַכְּתוּבָּה הַשְּׁלִישִׁית, וְהִיא נַעֲשֵׂית מוֹתָר לִשְׁתַּיִם שֶׁבְּחַיָּיו. וּמְרִיבָה אֵין כָּאן, דְּאֵלּוּ וָאֵלּוּ בְּתוֹרַת בְּנִין דִּכְרִין נוֹטְלִין הַכְּתוּבּוֹת. וְזוֹ שֶׁנִּטְּלָה מִשּׁוּם חוֹב – אֵין לָהּ לָרִיב, שֶׁהֲרֵי אֵינָהּ יוֹרֶשֶׁת, שֶׁתּוּכַל לוֹמַר: אַתֶּם יוֹרְשִׁים הַכְּתוּבּוֹת יָתֵר עַל הַחֲלוּקָה. לֵיחוּשׁ לְאִינְצוּיֵי. שֶׁיָּכוֹל לוֹמַר בְּנָהּ שֶׁל זוֹ: בַּעֲלַת חוֹב אַתֶּם, לָמָּה תִּירְשׁוּ אֶת חֶבְּה יוֹתֵר מִמֶּנִּי? שֶׁאַתֶּם בָּאִים לִיטּוֹל כְּתוּבַּת אִמְּכֶם יָתֵר עַל הַחֲלוּקָה, אִם נָטַלְתִּי אֲנִי כְּתוּבַּת אִמִּי – לֹא מֵאָבִי יָרַשְׁתִּי, אֶלָּא מֵאִמִּי. **מתני'** וִיתוֹמִים מְבַקְשִׁים כְּתוּבַּת אִמָּן. שֶׁכְּתוּבַּת אִמָּם מְרוּבָּה מִשֶּׁל חֲבֶרְתָּהּ, וְאוֹמְרִים בָּנֶיהָ: כְּתוּבַּת בְּנִין דִּכְרִין נִטּוֹל, וְכֵן אַתֶּם, וְהַשְּׁאָר נַחֲלוֹק. חוֹלְקִין בְּשָׁוֶה. כִּשְׁאָר כָּל יְרוּשָּׁה, לְפִי הַגּוּלְגּוֹלֶת. אִם אָמְרוּ יְתוֹמִים. בְּנֵי הַכְּתוּבָּה הַגְּדוֹלָה. הֲרֵי אָנוּ מַעֲלִין עַל נִכְסֵי אָבִינוּ. מַעֲלִין דְּמֵיהֶן לְקַבְּלָם עָלֵינוּ בְּיוֹקֶר כְּדֵי דִּינָר יָתֵר עַל שָׁוְויָין, כְּדֵי שֶׁיְּהֵא שָׁם מוֹתָר דִּינָר, וְיִטְּלוּ כְּתוּבַּת אִמָּם. הָיוּ שָׁם נְכָסִים בָּרָאוּי. שֶׁרְאוּיָה לִיפּוֹל לָהֶם יְרוּשָּׁה מֵאֲבִי אֲבִיהֶם אַחַר מוֹת אֲבִיהֶם, וְלִכְשֶׁתִּפּוֹל – יִהְיֶה שָׁם מוֹתָר דִּינָר בִּשְׁתֵּי הַיְרוּשּׁוֹת. אֵינָן כִּבְמוּחְזָק. אֵינָן נֶחְשָׁבִין עַכְשָׁיו לִהְיוֹת כְּאִילּוּ הֵן מוּחְזָקִין בָּהֶן כְּבָר, וְיֵשׁ כָּאן מוֹתָר דִּינָר. **גמ'** מְרוּבִּים. בִּשְׁעַת מִיתָה. וְאִילּוּ שְׁמָאוּם בְּאוֹתָהּ שָׁעָה – הָיָה שָׁם מוֹתָר דִּינָר. וְנִתְמַעֲטוּ. שֶׁהוּזְלוּ קוֹדֶם שֶׁשְּׁמָאוּ בְּבֵ"ד. כְּבָר זָכוּ בָּהֶם. יוֹרְשֵׁי כְּתוּבָּה הַגְּדוֹלָה, לִזְכּוֹת בִּכְתוּבַּת אִמָּם מִשְּׁעַת מִיתָה, שֶׁהָיָה שָׁם מוֹתָר דִּינָר. פַּיְּיסִינְהוּ. לְיוֹרְשֵׁי כְּתוּבָּה הַגְּדוֹלָה. סִילְוָא דְּלָא מַבַּע דָּמָא. קוֹץ שֶׁאֵינוֹ מוֹצִיא דָּם בְּנוֹקְבוֹ בַּבָּשָׂר. כְּלוֹמַר, שַׁמְתָּא וְנִדּוּי.

תוספות

ומר סבר אפי' מטלטלי. פי': ר"ש. וקשה לי: אם יש שם מותר דינר "כיון שיש שם מותר דינר" מיבעי ליה, כדפריך בסמוך! וי"ל: דעדיפא מינה פריך. **אלא** הכא בפחות מדינר קמיפלגי. והשתא בעי למימר דלר"ש ודאי סגי בפחות מדינר. ותימה: א"כ הדרא קשיא לדוכתיה: "אם יש שם"? "כיון שיש שם" מיבעי ליה! **וכי** תימא איפוך. פ"ה: ובניה של זו דקאמר ת"ק – אבני ראשונה קאי. משמע מתוך פירושו דל"ג לעיל: באים בניה של זו לאחר מיתת אמן, דמשמע בהדיא דאבני שניה קאי, אלא גרס: בניה של זו לאחר מיתה. וקשה: דבכל הספרים גרסינן ליה! ועוד: אי אבני ראשונה קאי – מה לו להזכיר לאחר מיתה? פשיטא ד"באין" דקאמר לאחר מיתה, דהא מתה קתני! ועוד קשה לי: דהואיל ובעי למימר איפוך – הוה ליה לאסוקי פלוגתייהו בכתובה נעשית מותר לחברתה. ועוד, גרסינן בפירוש ר"ח בהדיא: באין בניה של שניה לאחר מיתה! על כן פי' ר"ת: אבני שניה קאי לעולם, ואיפוך סברתייהו; דת"ק דאמר: באין בני שניה ולוקחין כתובת אמן, והראשונים אין להם – כשאין להם מותר כלל. אבל אם היה שם מותר, אפילו בפחות מדינר – יש להן כתובת בנין דכרין. ואתא ר"ש למימר: דוקא אם יש שם מותר דינר. ומדרבי שמעון נשמע לת"ק, דמדקאמ' "אם יש שם" – משמע לדקדק דברי ת"ק כשאין שם מותר כלל, קאמר דוקא. **כי** הנך תרי לישני קמאי ואיפוך. וכדפרישית, דת"ק אמר: בני שניה גובין ולא בני ראשונה – כשאין שם מותר כלל, אבל ממטלטלי או ממשעבדי – נוטלין. ואתא ר"ש למימר: דוקא דינר מקרקעי ובני חרי.

עין משפט נר מצוה

ו א ב מיי' פי"ט מהל' אישות הל' ג סמג עשין מח טוש"ע אה"ע סימן קיא סעיף ב:
ז ג מיי' שם הל' ה טור שו"ע שם סעיף ה:
ח ד טור שו"ע שם ס"ג:
ט ה טוש"ע שם סעי' יד:
י ו ז מיי' שם הלכה ה טוש"ע שם סעיף ה:

תוספות רי"ד

אמר מר זוטרא משמיה דר"פ [הלכתא] א' בחיוו וא' במותו י"ל כתובת בנין דכרין וכתובה נעשית מותר לחברתה פי' וכל שכן ב"ח דהוי מותר שאם מתו שתיהן בחייו ובאו הבנים של שתיהן ליטול אלו כתובת אמן ואלו כתובת אמן ויש על אביהן ב"ח שאם יגבה ב"ח ואלו (י"ל) [יטלו] כתובת אמן אין שם מותר דינר אמרי' שמה שגבה ב"ח הוא דירית במותר והוא ירושת אביהן שעל כל הבנים מוטל לפרוע חוב אביהן מממון אביהם והכי אמרי' בגמ' דאפילו מ"ד אין כתובה נעשה מותר לחברתה מודה הוא דבעל חובו נעשה מותר: **מתני'** מי שהיה נשוי ב' נשים ומתו ואח"כ מת הוא והיתומים מבקשים כתובת אמן ואין שם אלא כדי ב' כתובות חולקות בשוה הי' שם יתר דינר אלו נוטלין כתובת אמן ואלו נוטלין כתובת אמן. ואם אמרו היתומים הרי אנו מעלין על הנכסים יותר דינר כדי שיטלו כ"א אין שומעין להם אלא שמין את הנכסים בב"ד הי' נכסים בראוי אינן כבמוחזק רש"א אע"פ שיש שם נכסים שאין להם אחריות אינו כלום עד שיהיה שם נכסים שיש להם אחריות יתר על ב' כתובות דינר. פי' ומתו שתיהן בחייו וירשם הוא ואח"כ מת הוא היתומים מבקשים כתובת אמן כבנ"ד. וכגון שהיתה כתובה א' גדולה מחברתה ואין בכלן הנכסים שהניח בידן אלא כדי שתי הכתובות שלהן חולקות בשוה ירושת אביהן לפי הגולגולת כ"א חלקו כשאר ירושה דאורייתא כדאמרי' טעמא לעיל בפ' נערה דבמקום דמיעקרא ירושה דאורייתא לא תקינו רבנן ובטל שם תנאי בנ"ד. הי' שם יתר על ב' כתובות דינר א' דמקיימי' ביה ירושה דאורייתא אלו נוטלין כתובת אמן ואלו נוטלין כתובת אמן ואותו הדינר או אם יש שם יותר חולקין לפי הגולגולת ואם אמרו היתומים הרי אנו מעלים על נכסי אבינו יתר דינר אין שומעין להן אלא שמין את הנכסים בב"ד שמשעה שמת אביהן זכו שיתחלקו הנכסים בשוה כפי גולגולותם. היה שם נכסים בראוי שראוי ליפול להם ירושה מאבי אביהן אחרי מות אביהן ועם אותה הירושה יהיה שם מותר אינן כבמוחזק דבעי' שיהא מותר בנכסים בעת מות אביהן שהוחזק אביהן באותו מותר ור"ש סבר דאפי' מותר מטלטלי לא הוי מותר עד שיהא מותר דינר במקרקע דכי היכי דכתובת בנ"ד לא גביא ממטלטלי אלא ממקרקע אבל ת"ק סבר דבכל מידי דמקיימי ירושה דאורייתא אפי' מטלטלי הוי מותר ואין הל' כר"ש דיחיד ורבים הל' כרבים: ת"ר של זו אלף ושל זו ה' מאות. אם יש שם מותר דינר אלו נוטלין כתובת אמן ואם לאו חולקין בשוה (א) פי' אם בשעת מיתת אביהן וה' מרובים והי' שם מותר דינר קודם ששמאוהו ב"ד והוזלו ונתמעטו ועכשיו בשעת גבייתן אין שם מותר דינר כבר זכו יורשים המרובים ליטול כתובת אמן. מועטין ונתרבו מאי פי' אם בשעת מיתת אביהן לא היה שם מותר דינר וקודם שבאו לגבות ולשום בב"ד הוקרו ויש בהן מותר מאי ת"ש דנכסי דבי בר צרצור מועטין ונתרבו הוו אתו לקמי' דר"נ א"ל כשם שמרובין ונתמעטו

(א) אולי חסר כאן וצ"ל פשיטא מרובין ונתמעטו כבר זכו בהן יורשין פי' אם בשעת וכו'.

[לעיל נב:]
ב"ב קמ.
[שם קנח:]

יא א ב מיי' פי"ח מהל' מלוה ולוה הל' ט סמג עשין צד טוש"ע ח"מ סי' קיד סעיף ג:
יב ג ד מיי' שם הל' י טוש"ע שם סי' קז סעיף ו:
יג ה טוש"ע אה"ע סי' קה סעיף ז:

זָכוּ בָּהֶן יוֹרְשִׁין, כָּךְ מוּעָטִין וְנִתְרַבּוּ – זָכוּ בָּהֶן יוֹרְשִׁין. (סימן: אלף ומאה מצוה בכתבה יעקב זקף שדותיו בדברים עסיקין). § [א]הַהוּא גַּבְרָא דַּהֲוָה מַסְּקֵי בֵּיהּ אַלְפָּא זוּזֵי, הֲווּ לֵיהּ תְּרֵי אַפַּדְנֵי, זַבִּינְהוּ חֲדָא בַּחֲמֵשׁ מְאָה וַחֲדָא בַּחֲמֵשׁ מְאָה. אֲתָא בַּעַל חוֹב טַרְפָא לַחֲדָא מִינַּיְיהוּ. הֲדַר קָטָרֵיף לְאִידָךְ. שְׁקַל אַלְפָּא זוּזֵי וְקָא אָזֵיל לְגַבֵּיהּ, א"ל: אִי שַׁוְיָא לָךְ אַלְפָּא זוּזֵי – לְחַיֵּי, וְאִי לָא – שְׁקֵיל אַלְפָּא זוּזֵי, וְאִיסְתַּלַּק. סָבַר רָמִי בַּר חָמָא לְמֵימַר: הַיְינוּ מַתְנִי'; אִם אָמְרוּ יְתוֹמִים הֲרֵי אָנוּ מַעֲלִין עַל נִכְסֵי אָבִינוּ יָפֶה דִּינָר. א"ל רָבָא: מִי דָּמֵי? הָתָם – אִית לְהוּ פְּסֵידָא לְיַתְמֵי, הָכָא – מִי אִית לֵיהּ פְּסֵידָא? אַלְפָּא יָהֵיב, וְאַלְפָּא שָׁקֵיל. וְטִירְפָּא בְּכַמָּה כָּתְבִינַן? רָבִינָא אָמַר: בְּאַלְפָּא. רַב עֲוִירָא אָמַר: בַּחֲמֵשׁ מְאָה. [ב]וְהִלְכְתָא: בַּחֲמֵשׁ מְאָה. הַהוּא גַּבְרָא דַּהֲווּ מַסְּקֵי בֵּיהּ מְאָה זוּזֵי, הֲווּ לֵיהּ תְּרֵי קְטִינֵי דְּאַרְעָא. חַד זַבֵּינְהוּ בְּחַמְשִׁין, וְחַד בְּחַמְשִׁין. אֲתָא בַּעַל חוֹב טָרְפָא לְחַד מִינַּיְיהוּ, הֲדַר אֲתָא וְקָטָרֵיף לְאִידָךְ. שְׁקַל ק' זוּזֵי, וְקָאָזֵיל לְגַבֵּיהּ וְא"ל: אִי שַׁוְיָא לָךְ ק' זוּזֵי – לְחַיֵּי, וְאִי לָא – שְׁקוֹל ק' זוּזֵי וְאִיסְתַּלַּק. סָבַר רַב יוֹסֵף לְמֵימַר: הַיְינוּ מַתְנִי': אִם אָמְרוּ יְתוֹמִים כו'. א"ל אַבַּיֵי: מִי דָּמֵי? הָתָם – אִית לְהוּ פְּסֵידָא לְיַתְמֵי, הָכָא – מַאי פְּסֵידָא אִית לֵיהּ? מֵאָה יָהֵיב, מֵאָה שָׁקֵיל. וְטִירְפָּא בְּכַמָּה כָּתְבִינַן? רָבִינָא אָמַר: בְּמֵאָה, רַב עֲוִירָא אָמַר: בְּחַמְשִׁין. וְהִלְכְתָא: בְּחַמְשִׁין. [ג]הַהוּא גַּבְרָא דַּהֲווּ מַסְּקֵי בֵּיהּ מְאָה זוּזֵי. שְׁכֵיב, שְׁבַק *קְטִינָא דְּאַרְעָא דַּהֲוָה שַׁוְיָא חַמְשִׁין זוּזֵי. אֲתָא בַּעַל חוֹב וְקָטָרֵיף לֵיהּ. אֲזוּל יַתְמֵי יָהֲבוּ לֵיהּ חַמְשִׁין זוּזֵי, הֲדַר קָטָרֵיף לָהּ. אָתוּ לְקַמֵּיהּ דְּאַבַּיֵי. אָמַר לְהֶן: *מִצְוָה עַל הַיְתוֹמִים לִפְרוֹעַ חוֹב אֲבִיהֶן. הָנֵי קַמָּאֵי – מִצְוָה עֲבַדִיתוּ, הָשְׁתָּא – כִּי טָרֵיף – בְּדִין קָטָרֵיף. [ד]וְלָא אֲמַרַן דְּלָא אָמְרוּ לֵיהּ: הָנֵי חַמְשִׁין זוּזֵי דְּמֵי דְּאַרְעָא קְטִינָא, אֲבָל אָמְרוּ לֵיהּ: הָנֵי חַמְשִׁין זוּזֵי דְּמֵי אַרְעָא קְטִינָא – סַלּוֹקֵי סַלְּקוּהּ. [ה]הַהוּא גַּבְרָא דְּזַבְּנָהּ לִכְתוּבָּתָהּ דְּאִימֵּיהּ בְּטוֹבַת הֲנָאָה, וְא"ל: אִי אָתְיָא אֵם וּמְעַרְעֲרָא – לָא מְפַצֵּינָא לָךְ. שְׁכִיבָא אִימֵּיהּ וְלָא אִיעַרְעֲרָא, וַאֲתָא אִיהוּ וְקָא מְעַרְעֵר. סָבַר רָמִי בַּר חָמָא לְמֵימַר: אִיהוּ בִּמְקוֹם אִימֵּיהּ קָאֵי. א"ל רָבָא: נְהִי דְּאַחֲרָיוּת דִּידָהּ לָא קַבֵּיל עֲלֵיהּ, אַחֲרָיוּת דִּידֵיהּ – מִי לָא קַבֵּיל? אָמַר רָמִי בַּר חָמָא: רְאוּבֵן שֶׁמָּכַר שָׂדֶה לְשִׁמְעוֹן שֶׁלֹּא בְּאַחֲרָיוּת, וַאֲתָא שִׁמְעוֹן וּמְכָרָהּ לִרְאוּבֵן בְּאַחֲרָיוּת, וַאֲתָא

[גיטין ל:] [ב"ב קעד.]

זָכוּ בָּהֶן. יוֹרְשֵׁי כְּתוּבָּה הַקְּטַנָּה לַחֲלוֹק הַכֹּל בְּשָׁוֶה, הוֹאִיל וּבִשְׁעַת מִיתָה לֹא הָוָה בָּהּ מוֹתָר. מַסְּקֵי בֵּיהּ. נוֹשִׁים בּוֹ. שְׁקַל. לוֹקֵחַ, אַלְפָּא זוּזֵי. אִי שַׁוְיָא לָךְ. הַהִיא חֲדָא, לְקַבְּלָהּ בְּחוֹב שֶׁלְּךָ וְתַנִּיחַ לִי אֶת זוֹ. וְאִיסְתַּלַּק. מִתַּרְוַיְיהוּ. הַיְינוּ מַתְנִי'. מִמַּתְנִי' מָלֵינַן לְמִיגְמַר הַאי דִּינָא, דְּלָא מָצֵי טָעֵין לֵיהּ הַאי לוֹקֵחַ הָכִי, שֶׁהָיָה מַעֲלֶה עַל דָּמֶיהָ. אִית לְהוּ פְּסֵידָא. לִבְנֵי כְּתוּבָּה הַקְּטַנָּה בְּהַעֲלוֹתָן שֶׁל אֵלּוּ. וְטִירְפָא בְּכַמָּה כָּתְבִינַן. הֲרֵי לוֹקֵחַ זֶה מְכָרָהּ לַנּוֹשֶׁה בְּאֶלֶף זוּז לְפַטּוֹתוֹ מֵחוֹבוֹ, וְחוֹזֵר לְבַ"ד לִכְתּוֹב לוֹ שְׁטַר טִירְפָּא עַל זֶה שֶׁמְּכָרָהּ לוֹ בְּאַחֲרָיוּת. וַהֲרֵי טְרָפוּהָ מִמֶּנּוּ בִּדְמֵי אֶלֶף זוּז שֶׁהָיָה מְחוּיָּב, בְּכַמָּה כָּתְבִינַן לֵיהּ טִירְפָּא? בְּאַלְפָּא כְּשִׁיעוּר הַחוֹב, אוֹ בְּה' מֵאָה, שֶׁהֲרֵי כָּךְ קְנָאָהּ מִמֶּנּוּ? קְטִינֵי דְּאַרְעָא. שָׂדוֹת קְטַנּוֹת. מִצְוָה עַל הַיְתוֹמִים לִפְרוֹעַ חוֹב אֲבִיהֶן. מִשּׁוּם כְּבוֹד אֲבִיהֶן. אֶלָּא שֶׁאֵין לְבֵית דִּין *לְכוֹפָן עַל כָּךְ, דְּלָאו מִצְוַת עֲשֵׂה מְפוֹרֶשֶׁת הִיא כְּסוּכָּה וְלוּלָב, אֶלָּא מִצְוָה בְּעָלְמָא, דְּרַבָּנַן. בְּדִין קָא טָרֵיף. שֶׁנִּכְסֵי הַלֹּוֶה נִשְׁתַּעְבְּדוּ לוֹ. דְּלָא אָמְרוּ לֵיהּ. כְּשֶׁפָּרְעוּ אֶת הָרִאשׁוֹנִים. דְּמֵי קְטִינָא. כִּשְׁאָר מֶכֶר, וְלֹא כִּפְרִיעַת הַחוֹב. דְּזַבְּנָהּ לִכְתוּבָּתָהּ דְּאִימֵּיהּ. שֶׁהָיְתָה נְשׂוּאָה לְאַחֵר, וּמָכַר כְּתוּבָּתָהּ בְּחַיֵּי בַּעְלָהּ. בְּטוֹבַת הֲנָאָה. כְּדָבָר מוּעָט, מִפְּנֵי שֶׁהוּא סָפֵק: שֶׁמָּא תָּמוּת וְיִרָשֶׁנָּה בַּעְלָהּ, אוֹ אֲפִילּוּ יָמוּת בַּעְלָהּ בְּחַיֶּיהָ – שֶׁמָּא יָמוּת הַבֵּן בְּחַיֶּיהָ, וְלֹא תָּבֹא הַזְּכוּת לְיָדוֹ, וְאֵין לַלּוֹקֵחַ בָּהּ כְּלוּם, דְּלֹא הָיָה זֶה שְׁלוּחוֹ. א"ל אִי אָתְיָא אִימָּא וְקָא מְעַרְעֲרָא לָא מְפַצֵּינָא לָךְ. וְהַמָּעוֹת לֹא אַחֲזִיר לְךָ, דְּשֶׁלֹּא בְּאַחֲרָיוּת אֲנִי מוֹכֵר לְךָ. אֲתָא אִיהוּ וְקָא מְעַרְעֵר. לוֹמַר: אֲנִי תַּחַת אִמִּי עוֹמֵד, וְאֶטְּלֶנּוּ. וְאַף הַמָּעוֹת לֹא אַחֲזִיר, דְּשֶׁלֹּא בְּאַחֲרָיוּת סְבִירַתְּ וְקַבִּילַתְּ. אַחֲרָיוּת דְּנַפְשֵׁיהּ. אִם יָבֹא הוּא וִיעַרְעֵר – דִּין הוּא שֶׁיַּחֲזִיר לוֹ מְעוֹתָיו. וְגַבֵּי נַמִי דְּחוֹזֵר בִּמְכִירַת הַקַּרְקַע, דְּאֵין אָדָם מַקְנֶה דָּבָר שֶׁלֹּא זָכָה בּוֹ, כִּדְתַנְיָא (ב"מ דף טז.): מַה שֶּׁאִירַשׁ מֵאַבָּא מָכוּר לְךָ – לֹא אָמַר כְּלוּם. וְהָא לָא דָּמְיָא לְגוֹזֵל שָׂדֶה וּמְכָרָהּ, וְחָזַר וּלְקָחָהּ מִבְּעָלִים הָרִאשׁוֹנִים, דְּקַיְ"ל בָּהּ (שם טו:): מַה מָּכַר רִאשׁוֹן לַשֵּׁנִי – כָּל זְכוּת שֶׁתָּבֹא לְיָדוֹ. דְּהָתָם – לְקָחָהּ דַּוְקָא, דְּטָרַח אַבַּתְרָהּ וְזַבְּנָהּ, כִּי הֵיכִי דְּלֵיקוּם בְּהֵימָנוּתֵיהּ עִם לוֹקֵחַ. אֲבָל נָפְלָה זוֹ בִּירוּשָּׁה – אָמְרִינַן הָתָם: יְרוּשָּׁה מִמֵּילָא הֲוָה, וְלָא טָרַח לְמֵיקַם בְּהֵימָנוּתֵיהּ, וְחוֹזֵר בִּמְכִירָתוֹ וּמַחֲזִיר הַמָּעוֹת. לָשׁוֹן אַחֵר: דְּזַבְּנָהּ לִכְתוּבָּתָהּ דְּאִימֵּיהּ בְּטוֹבַת הֲנָאָה – שָׂדֶה שֶׁיִּיחֵד אָבִיו לְאִמּוֹ לִכְתוּבָּתָהּ, וּמֵת, וְנָפְלוּ נְכָסִים לִפְנֵי זֶה. וְכָל זְמַן שֶׁלֹּא עָמְדָה בַּדִּין, אִם מְכָרָהּ זֶה – הַמֶּכֶר קַיָּים, וְאֵינוֹ יָכוֹל לַחֲזוֹר, שֶׁהֲרֵי יוֹרֵשׁ הוּא, וְכָל הַנְּכָסִים לְפָנָיו – אֶלָּא שֶׁחַיָּיב לָתֵת כְּתוּבָּה לְאִמּוֹ כְּשֶׁתִּתְבָּעֶנּוּ. וְעַל שָׂדֶה זוֹ שִׁעְבּוּדָהּ מוּטָּל, וְהִיא יְכוֹלָה לְטוֹרְפָהּ מִיַּד הַלּוֹקֵחַ. וּמִשּׁוּם דְּא"ל הַאי: אִי אָתְיָא אִמִּי וּמְעַרְעֲרָא – לָא מְפַצֵּינָא לָךְ וְתַפְסִיד מְעוֹתֶיךָ, *) לֹא מְכָרָהּ אֶלָּא כְּדָבָר מוּעָט. שֶׁלֹּא בְּאַחֲרָיוּת. כָּל מִי שֶׁיִּטְרְפֶנָּה מִיָּדְךָ, אֲפִי' בַּדִּין – לֹא אַחֲזִיר לְךָ הַמָּעוֹת. וּמְכָרָהּ לִרְאוּבֵן. בְּעָלִים הָרִאשׁוֹנִים. בְּאַחֲרָיוּת. שֶׁכָּל מִי שֶׁיִּטְרְפֶנָּה בַּדִּין יְפַצֶּנָּה לוֹ. וַאֲתָא

*) [נ"ל כי לא מכרה כו' רש"ל]

כך מועטין ונתרבו זכו בהן יורשין. פי' בקונטרס: וחולקין בשוה. וכן פי' ר"ת. ואע"ג דבריש "מי שמת" (ב"ב דף קלט: ושם) גבי נכסים מועטים, דהבנות יזונו והבנים ישאלו על הפתחים אמרינן: דבין מועטין ונתרבו, בין מרובין ונתמעטו – יד הבנים על העליונה, והבנים ירשו והבנות יזונו. ולא אמרינן: מועטין ונתרבו – כבר זכו בהן הבנות. כדאמר הכא, דזכו בני כתובה הקטנה לחלוק בשוה – היינו משום דבכל דוכתא אזלינן טפי בתר נחלה דאורייתא. ועוד מפרש רבי: כשם שמרובין ונתמעטו זכו בהן יורשין – פי': בני כתובה גדולה, כך מועטין ונתרבו זכו בהן יורשין – בני כתובה גדולה. ואע"ג דאזלינן הכא בתר תקנתא דרבנן טפי מהתם, משום דאע"ג דאזלינן בתר תקנתא דרבנן – הכא לא מיעקר נחלה דאורייתא. אבל התם, אי אזלת בתר תקנתא דרבנן – מיעקר לגמרי נחלה דאורייתא, ולא ירשו הבנים כלל*. מ"ר.

מאי פסידא אית ליה אלפא יהיב אלפא קא שקיל. מכאן רגילין לומר: דהא דמסקינן ב"המקבל" (ב"מ קי: *ושם) הניחא למ"ד: אי אית ליה זוזי ללוקח לא מצי לסלוקי בזוזי, אלא למ"ד מצי לסלק כו' – היינו פלוגתא דרמי בר חמא ורבא דהכא; רמי בר חמא ס"ל: לא מצי לסלוקי לוקח, ורבא סבר: מצי לסלוקי. מיהו, לרמי בר חמא ניחא, אבל לרבא מנא לן? דלמא הא דהוה הכא מצי לסלוקי – משום שלא היה רוצה ליקח האפדנא אלא בה' מאות, והלוקח רוצה לתת אלפא, ולכך סילקו. אבל היכא דרוצה הבעל חוב ליקח הקרקע באותם דמים שרוצה הלוקח לסלקו – מצי למימר דמודה רבא דלא מצי לסלק! וי"ל: דמ"מ כל שעה יסלקנו, שישום לו הקרקע כפלים על שוויו.

והלכתא בחמש מאה. דלא חשבינן כמו שבח.

דזבנה לכתובתה דאימיה בטובת הנאה. מכאן נראה לר"ת, דהא דאמר*) ב"יש נוחלין" ובפ"ק דב"מ (דף טז. ושם): "מה שאירש מאבא מכור לך" – לא אמר כלום, הנ"מ – כשאמר "מה שאירש מאבא" סתם, אבל אם אמר "שדה זו שאירש" – קנה, ואפי' למ"ד: אין אדם מקנה דבר שלא בא לעולם. דאי לאו הכי – היאך מכר כל עיקר כתובת אמו, דהיינו מה שאירש מאימא, ללשון ראשון שפי' רש"י, שהיתה אמו נשואה לבעל, ולכך קאמר "בטובת הנאה", דמשמע: שאם תמות – יירשנה בעל. או אפי' ימות בעלה בחייה – שמא ימות גם הבן בחייה, ואין ללוקח בה כלום. הלכך, ודאי במקום שהוא מכיר את המכר – הוי מקח קיים. דאין סברא לומר דהא אתי כמ"ד אדם מקנה דשלב"ל, דהא קי"ל דאין אדם מקנה דבר שלא בא לעולם. ומיהו, ללשון אחר שפירש רש"י אין ראיה מכאן כלום. דפירש: דזבנה לכתובתה דאימא – שדה שייחד אביו לאמו לכתובתה, ומת, ונפלו נכסים לפני זה. וכל זמן שלא עמדה בדין, אם מכרה זה – המכר קיים, ואינו יכול לחזור, שהרי יורש הוא וכל הנכסים לפניו, אלא שחייב לתת כתובה לאמו כשתתבענו, ועל שדה זו שעבודה מוטל, והיא יכולה לטורפה מיד הלוקח. ומשום דא"ל האי: אי אתיא אימא ומערערא לא מפצינא לך, ותפסיד מעותיך – לא מכרה אלא בדבר מועט. ולפי לשון ראשון נמי לאו ראיה, כמו שפירש רש"י. עוד מייתי ראיה: מדאמר בשילהי "מי שמת" (ב"ב קנט. ושם): בן שמכר בנכסי אביו בחיי אביו, ומת – בנו מוציא מיד הלקוחות ומ"ט – משום דמכח אבוה דאבא קאתינא. והשתא בלאו האי טעמא נמי – הא אין המכר קיים כלל! אלא התם ודאי "בשדה זו שאירש מאבא" איירי, שבירר המכר (וע"ע תוס' יבמות צו: ד"ה הבעל).

שייך לדף צב. **ראובן** שמכר שדה לשמעון באחריות וזקפו עליו במלוה כו'. מקשינן: אמאי נקט באחריות? דכל מידי דאתא לאשמועינן השתא, דה"ל בני ראובן לשמעון: אנן מטלטלי שביק אבינו גבך כו' – והא שייך אפי' שלא באחריות נמי! ואומר רבי: זקפו עליו במלוה דווקא, דאי לא

*) [לא מצאתי בשום דוכתא אלא רק בפ"ק דב"מ טז.]

[ועי' תוס' ב"ב קמ. ד"ה יתומים]

[וכן בשנים אוחזין טו: ויותר מוקדם בב"ק לו. וע"ע תוס' ד"ה הניחא וע"ע תוס' ב"מ לה. ד"ה הניחא]

[הגהת תוס' על זה עי' לעיל פו. ד"ה פריעת]

תוספות רי"ד

ונתמעטו זכו בהן יורשין כתובה של מרובה כך מועטין ונתרבו זכו בהן יורשי כתובה מועטת לחלוק בשוה שהכל הולך אחר שעת מיתת האב: האי גברא דהוה מסיק בי' אלפא זוזי הו"ל תרי אפדני וזבינהו חדא בה' מאות וחדא בה' מאות אתא ב"ח טרפא לחד מינייהו הדר אתא קטריף לאידך שקיל חדא אלפא זוזי ואזיל לגביה א"ל אי שוויא לך הא דקטרפ' אלפי זוזי לחיי ואי לא שקיל אלפא זוזי ואיסתלק. סבר רמב"ח למימר היינו מתני' דתנן אם אמרו היתומים הרי אנו וכו' א"ל רבא מי דמי התם אית ליה פסידא ליתמי הכא מאי פסידא אית ליה אלפא יהיב ואלפא שקיל והל' כרבא דסבר דמצי הלוקח לסלק לב"ח בזוזי אבל רמב"ח סבר דל"מ לסלוקיה בזוזי ומאי דאמרי' בפ' הגוזל ובשנים אוחזין ובפ' המקבל הניחא אי אית לי' ללוקח זוזי לא מצי מסלק לב"ח שפיר אלא למ"ד וכו' זאת היא חלוקת רמב"ח ורבא: וטרפא בכמה כתבינן פי' אם נתרצה ב"ח לקבלה באלפא זוזי ובא הלוקח לב"ד שיכתבו לו טרפא על המוכר שמכרה לו באחריות בכמה כתבינן לי'. רבינא אמר באלפא שהרי כך הי' חובו ורב עוירא אמר בת"ק כפי הדמים שנתן הלוקח ותלמודא פסק כר"ע ומכאן יש להוכיח שאם יש לראובן שטר על שמעון בר' זוז ומכר ללוי בק' אינו גובה לוי משמעון אלא מנה כפי מה שקנאוהו ואע"פ שראובן מסרו לו בחוב במאתים דא"כ ה"נ ימסור לו בע"ח שטרו של אלף (כב"ח) [ללוקח]

תוספות רי"ד

בשומתה ממך וב"ח מוסיף דין הוא להוסיף הב"ח עד כדי חובו יתר אין שומעין לו אלא נותן לו הלוקח חוב כלו ומסלקו: ההוא גברא דהוי מסיק ביה ק' זוזי שכיב שביק קטינא [דארעא] דהוה שוה נ' אתא ב"ח קטריף לי' אזיל יתמי יהבי לי' נ' זוז אתא ב"ח וקטריף לי' אתו לקמי' דאביי א"ל מצוה על היתומים לפרוע חוב אביהן הנך קמאי מצוה עבדיתו השתא כי קא טריף בדין טריף פי' אע"ג דמטלטלי דיתמי לב"ח לא משתעבדי מצוה עליהן לפרוע משום כבוד אביהן. ולא דמיא האי מצוה למצוה דאמרן בפרקין דלעיל דההיא מצוה כייפינן לי' כמצות סוכה ולולב אבל הכא לא כייפינן להו דמטלטלי דיתמי לב"ח לא משתעבדי אלא מצוה בעלמא הוא דעבדי ואי לא לא ומשום דפרעי' ליה בסתם א"ל אביי מצוה קא עבדיתו ולא פרעתם אותן בפדיון השדה ובדין הוא חוזר וטורף השדה שהיה משועבד לו. ולא אמרן אלא דל"א הנך נ' זוז דמי קטינא נינהו אבל אמרו הני נ' זוז דמי קטינא נינהו סלוקי סלקינהו: ההוא דזבין לכתובה דאמיה בטובת הנאה וא"ל ללוקח אי אתיא אם ומערערא לא מפצינא לך שכיבא אמי' ולא ערערא אתא איהו וקא מערער סבר רמב"ח למימר איהו במקום אימא קאי א"ל רבא נהי דאחריות דאימיה לא קבל עליה אחריות דידיה מי לא קביל פי' מכר כתובת אמו שהיתה על אביו ללוקח בטובת הנאה שאם תמות אמו בחיי בעלה יפסיד מעותיו ואם תתאלמן או תתגרש שיבואו הנכסים ליד (האב) [האם] שיזכה בהן הלוקח דאילו היתה מוכרת אמו ללוקח בענין זה היה מכרה קיים שאילו תתאלמן או תתגרש היה זוכה הלוקח בנכסי כתובתה ולא יקרא זה מקנה לחבירו דבר שלא בא לרשותו שכיון ש"ל כתובה שלה הם

ויגבה ממנו אלף ואמאי אינו גובה אלא ת"ק. וקשה בעיני דין זה שאילו רוצה ליתן שט"ח זה מתנה ללוי אינו הולך לוי וגובהו משמעון כל מה שכתוב בתוכו ומ"ל יהבי' כולה ומ"ל יהבי' פלגא והנכון בעיני דאה"נ שאם ב"ח רוצה למסור לו שטרו עם כל כח וזכות שיש לו בו שהוא גובה מן המוכר כל האלף אלא הבמ"ע כגון שאינו רוצה להקנותו ולהפסיד ללוה והוא שואל מב"ד שיכתבו לו טרפא שאין כותב לו אלא בת"ק: ההוא גברא דהוו מסיק בי' ק' זוזי הו"ל תרי קטיני דארעא וזבינהו חד בחמשין וחד בחמשין אתא ב"ח טריף חד מינייהו הדר אתא קטריף לי' לאידך שקיל ק' זוזי ואזל לגבי' א"ל אי שוי' לך ק' זוזי ואי לא שקול ק' זוזי ואיסתלק סבר ר"י למימר היינו מתני' היא דתנן ואם אמרו היתומים הרי אנו מעלים על נכסי אבינו וכו' א"ל מי דמי התם איה פסידא ליתמי הכא מאי פסידא אית ליה ק' יהיב ק' שקיל וטרפא בכמה כתבינן רבינא אמר בק' ורב עוירא אמר בנ' והלכתא בנ' פי' ר"י ז"ל ... אם א"ל הלוקח אני פודה זו השדה בשומתה

הנכסים אלא שאין לה כח להגבותם בחיי בעלה ויכולה היא למכור מעכשיו מה שעתיד לבוא לה מבעלה שנכסי בעלה הן משועבדים לה אלא שאין כח לבן למכור כתובת אמו בלא חפצה וכך אמר ללוקח אני בוטח שאמי תסכים במכירתי ולא תערער מיהו מתנה אני עמך שאם תערער איני מחזיר לך מעותיך וקבל עליו הלוקח ד"ז וע"ד כן נתן לו המעות ואילו אתיא אם ומערערא הפסיד הלוקח מעותיו שהרי כך התנה עמו ואין זה מה שאירש מאבא מכור לך שהרי בחיי אמו מכרם לו שיזכה בהם הלוקח אם תתאלמן או תתגרש אלא שקנה ממנו שלא באחריות ובאו הנכסים ליד האם ... אני במקום אם אני עומד וכמו שאם היתה מערערת הי' מפסיד מעותיך גם עתה (פירידם) [תפסידם] בערעורי וסבר רמב"ח למימר הכי וא"ל רבא נהי דאחריות דידה לא קביל עליה אחריות דידיה מי לא קביל וכו' פי' מסתמא כשמכר לו כשמערער נהי שיכולה לבטל המכר מפני שכיון שהמכר כתובת אמו לא היתה שלו אבל הדמים חייב להחזיר לו: אמר

וַאֲתָא בַּעַל חוֹב דִּרְאוּבֵן וְקָטְרֵיף לֵיהּ מִינֵּיהּ – דִּינָא הוּא דְּאָזֵיל שִׁמְעוֹן וּמְפַצֵּי לֵיהּ. [א]א"ל רָבָא: נְהִי דְּאַחֲרָיוּת דְּעָלְמָא קַבֵּיל עֲלֵיהּ – אַחֲרָיוּת דְּנַפְשֵׁיהּ מִי קַבֵּיל עֲלֵיהּ? [ב]וּמוֹדֶה רָבָא בִּרְאוּבֵן שֶׁיָּרַשׁ שָׂדֶה מִיַּעֲקֹב, וּמְכָרָהּ לְשִׁמְעוֹן שֶׁלֹּא בְּאַחֲרָיוּת, וַאֲתָא שִׁמְעוֹן וּמְכָרָהּ לִרְאוּבֵן בְּאַחֲרָיוּת, וַאֲתָא בַּעַל חוֹב דְּיַעֲקֹב וְקָטְרֵיף לֵיהּ מִינֵּיהּ – דִּינָא הוּא דְּאָזֵיל שִׁמְעוֹן וּמְפַצֵּי לֵיהּ מִינֵּיהּ. מַאי טַעְמָא – בַּעַל חוֹב דְּיַעֲקֹב כְּבַעַל חוֹב דְּעָלְמָא דָּמֵי. *אָמַר רָמִי בַּר חָמָא: [ג]רְאוּבֵן שֶׁמָּכַר שָׂדֶה לְשִׁמְעוֹן בְּאַחֲרָיוּת, וְזָקַף עָלָיו בְּמִלְוֶה, וּמֵת רְאוּבֵן, וַאֲתָא בַּעַל חוֹב דִּרְאוּבֵן וְקָטְרֵיף לָהּ מִשִּׁמְעוֹן, וּפַיְּיסֵיהּ בְּזוּזֵי – דִּינָא הוּא דְּאָמְרִי לֵיהּ בְּנֵי רְאוּבֵן: אֲנַן מִטַּלְטְלֵי שְׁבַק אֲבוּן גַּבָּךְ, וּמִטַּלְטְלֵי דְּיַתְמֵי לְבַעַל חוֹב לָא מִשְׁתַּעְבְּדִי. אָמַר רָבָא: [ד]אִי פִּקֵּחַ אִידָךְ – מַגְבֵּי לְהוּ נִיהֲלַיְיהוּ אַרְעָא, וַהֲדַר גָּבֵי לָהּ מִינַּיְיהוּ, כְּרַב נַחְמָן. דְּאָמַר רַב נַחְמָן אָמַר *רַבָּה בַּר אֲבוּהּ: [ה]יְתוֹמִים שֶׁגָּבוּ קַרְקַע בְּחוֹבַת אֲבִיהֶן – בַּעַל חוֹב חוֹזֵר וְגוֹבֶה אוֹתָהּ מֵהֶן. *אָמַר רַבָּה: [ו]רְאוּבֵן שֶׁמָּכַר כָּל שְׂדוֹתָיו לְשִׁמְעוֹן, וְחָזַר שִׁמְעוֹן וּמָכַר שָׂדֶה אַחַת לְלֵוִי, וַאֲתָא בַּעַל חוֹב דִּרְאוּבֵן, רָצָה – מִזֶּה גּוֹבֶה, רָצָה – מִזֶּה גּוֹבֶה. וְלָא אֲמַרַן אֶלָּא דְּזַבְנָהּ בֵּינוֹנִית, אֲבָל זַבְנָהּ עִידִית וְזִבּוּרִית – מָצֵי אָמַר לֵיהּ: לְהָכִי טָרְחִי וּזְבִינִי אַרְעָא דְּלָא חַזְיָא לָךְ. וּבֵינוֹנִית נַמִּי לָא אֲמַרַן אֶלָּא דְּלָא שְׁבַק בֵּינוֹנִית דִּכְוָותָהּ, אֲבָל

וַאֲתָא בַּעַל חוֹב דִּרְאוּבֵן. שֶׁהָיָה שְׁטָרוֹ קוֹדֵם לִמְכִירָה רִאשׁוֹנָה שֶׁמְּכָרָהּ רְאוּבֵן לְשִׁמְעוֹן. וְאִילּוּ בָּא וּמְצָאָהּ בְּיַד שִׁמְעוֹן – הָכִי נַמִּי הֲוָה טָרֵיף לָהּ. **דִּינָא הוּא דְּאָזֵיל שִׁמְעוֹן וּמְפַצֵּי לֵיהּ.** כְּשֵׁם שֶׁאִילּוּ מְכָרָהּ שִׁמְעוֹן זֶה לְאִישׁ אַחֵר בְּאַחֲרָיוּת, וּבָא בַּעַל חוֹב דִּרְאוּבֵן וְטוֹרְפָהּ – הָיָה שִׁמְעוֹן מְפַצֵּהוּ, וְעַל רְאוּבֵן לֹא יוּכַל לַחֲזוֹר – שֶׁהֲרֵי שֶׁלֹּא בְּאַחֲרָיוּת לְקָחָהּ הֵימֶנּוּ. כָּךְ, כְּשֶׁמְּכָרָהּ לִרְאוּבֵן עַצְמוֹ – יְפַצֶּה לוֹ. **נְהִי דְּאַחֲרָיוּת דְּעָלְמָא.** כָּל הָעוֹרְרִים עָלֶיהָ שֶׁלֹּא מֵחֲמַת רְאוּבֵן, קִיבֵּל עָלֶיהָ שִׁמְעוֹן. **אַחֲרָיוּת דְּנַפְשֵׁיהּ.** עִרְעוּר הַבָּא לוֹ מֵחֲמַת עַצְמוֹ. **כְּבַעַל חוֹב דְּעָלְמָא דָּמֵי.** הַמְעוֹרֵר עָלֶיהָ שֶׁלֹּא מֵחֲמַת רְאוּבֵן, אֶלָּא מֵחֲמַת מִי שֶׁמָּכַר לוֹ לִרְאוּבֵן תְּחִלָּה. וּכְשֵׁם שֶׁאִם לְקָחָהּ רְאוּבֵן מִלֵּוִי וּמְכָרָהּ לְשִׁמְעוֹן, שֶׁאֵינוֹ אָחִיו, שֶׁלֹּא בְּאַחֲרָיוּת, וְחָזַר שִׁמְעוֹן וּמְכָרָהּ לִרְאוּבֵן בְּאַחֲרָיוּת, וּבָא בַּעַל חוֹב דְּלֵוִי, הַקּוֹדֵם לִשְׁטַר מְכִירָה רִאשׁוֹנָה, וְטוֹרְפָהּ מֵרְאוּבֵן – צָרִיךְ שִׁמְעוֹן לְפַצּוֹתוֹ, שֶׁהֲרֵי בְּאַחֲרָיוּת מְכָרָהּ, וְהוּא לְקָחָהּ שֶׁלֹּא בְּאַחֲרָיוּת. אַף כְּשֶׁיְּרָשָׁהּ רְאוּבֵן מִיַּעֲקֹב וּמְכָרָהּ, וּבָא בַּעַל חוֹב דְּיַעֲקֹב – יְפַצֶּנּוּ שִׁמְעוֹן, וְלָא אָמְרִי' דִּרְאוּבֵן כְּרַעֵיהּ דַּאֲבוּהּ הוּא וְאַחֲרָיוּת דִּרְאוּבֵן לֹא קִיבֵּל עָלֵיהּ שִׁמְעוֹן. **וְזָקְפָן עָלָיו בְּמִלְוֶה.** שֶׁלֹּא נָתַן לוֹ שִׁמְעוֹן דְּמֵי הַשָּׂדֶה, אֶלָּא כָּתַב לוֹ שְׁטַר חוֹב עֲלֵיהֶם. **וּפַיְּיסֵיהּ בְּזוּזֵי.** בְּמָעוֹת דְּמֵי הַשָּׂדֶה שֶׁהָיָה חַיָּיב לְיַתְמֵי, פִּיֵּס אֶת הַנּוֹשֶׁה, בִּשְׁבִיל רְאוּבֵן, שֶׁבְּאַחֲרָיוּת מְכָרָהּ לוֹ. **מְטַלְטְלֵי שְׁבֵיק אֲבוּן גַּבָּךְ.** וְהָיָה בַּעַל חוֹב שֶׁל אָבִינוּ מְסוּלָּק מִמֶּנּוּ, שֶׁאֵין לָנוּ קַרְקַע. וְהַמָּעוֹת לֹא הָיָה לְךָ לִיתֵּן, דִּמְטַלְטְלֵי דְּיַתְמֵי לָא מִשְׁתַּעְבְּדִי לְבַעַל חוֹב. וְעַתָּה גַּם אַתָּה אֵין לְךָ לַחֲזוֹר עָלֵינוּ עַל הָאַחֲרָיוּת, לְפִי שֶׁאֵין לָנוּ קַרְקַע מֵאָבִינוּ. **מַגְבֵּי לְהוּ אַרְעָא.** כְּשֶׁתְּבָעוּהוּ הַיְתוֹמִים יִפְרַע לָהֶן קַרְקַע בִּדְמֵי הַמָּעוֹת, וַהֲדַר גָּבֵי מִינַּיְיהוּ בִּשְׁבִיל אַחֲרָיוּת אֲבִיהֶם. וְלָא מָצוּ לְמֵימַר לֹא יָרַשְׁנוּ קַרְקַע זֶה מֵאָבִינוּ אֶלָּא לְקַחְנוּהוּ בְּמָעוֹת, דְּאָמַר לְהוּ: ע"י שִׁעְבּוּד חוֹב אֲבִיכֶם בָּאָה לָכֶם, וַהֲרֵי הִיא לָכֶם כִּירוּשַּׁת קַרְקַע שֶׁלָּקַח אֲבִיכֶם בְּחַיָּיו. **ב"ח.** שֶׁל אֲבִיהֶם. **חוֹזֵר וְגוֹבֶה אוֹתָהּ מֵהֶם.** כְּאִילּוּ נָפְלָה לָהֶם מַמָּשׁ בִּירוּשָּׁה. **כָּל שְׂדוֹתָיו.** בִּשְׁטָר אֶחָד. דְּבִשְׁנֵי שְׁטָרוֹת אֵין גּוֹבִין מִלֵּוִי, אֶלָּא א"כ לָקַח מִשִּׁמְעוֹן אוֹתָהּ שֶׁלָּקַח מֵרְאוּבֵן בָּאַחֲרוֹנָה, דְּמָצֵי א"ל: הִנַּחְתִּי לְךָ שִׁמְעוֹן מָקוֹם לִגְבּוֹת הֵימֶנּוּ כְּשֶׁלָּקַחְתָּ אֶת זוֹ, וְאֵין זוֹ בְּשִׁעְבּוּדְךָ, דְּאֵין נִפְרָעִין מִנְּכָסִים מְשׁוּעְבָּדִים בְּמָקוֹם שֶׁיֵּשׁ בְּנֵי חוֹרִין. **רָצָה מִזֶּה גּוֹבֶה רָצָה מִזֶּה גּוֹבֶה.** וּכְדִמְסַיֵּים וְאָזֵיל: דִּזְבַן לֵוִי מִשִּׁמְעוֹן בֵּינוֹנִית, שֶׁשִּׁעְבּוּד בַּעַל חוֹב עָלֶיהָ, וְלֹא שָׁבַק בֵּינוֹנִית מִשֶּׁל רְאוּבֵן אֵצֶל שִׁמְעוֹן. הִלְכָּךְ, רָצָה לִגְבּוֹת מִשִּׁמְעוֹן עִידִית – גּוֹבֶה, דְּאָמַר לֵיהּ: אַתָּה לָקַחְתָּ כָּל הַשָּׂדוֹת וְנִכְנַסְתָּ תַּחַת רְאוּבֵן לְהִשְׁתַּעְבֵּד לְחוֹבִי, וְכָל זְמַן שֶׁאֶמְצָא מִשֶּׁל רְאוּבֵן אֵלֵךְ כְּלוּס – לֹא אַטְרִיחַ אֶת לֵוִי, שֶׁהִנִּיחַ לִי מָקוֹם לִגְבּוֹת. רָצָה – מִלֵּוִי גּוֹבֶה, כְּגוֹן אִם לֹא יִמְצָא אֵצֶל שִׁמְעוֹן מִשֶּׁל רְאוּבֵן אֶלָּא זִיבּוּרִית – גּוֹבֶה בֵּינוֹנִית מִלֵּוִי. דְּא"ל: לָקַחְתָּ אֶת שִׁעְבּוּדִי בֵּינוֹנִית שֶׁדִּינִי מוּטָּל עָלֶיהָ. וְאע"ג דְּאִילּוּ לְקָחָהּ לֵוִי לְבֵינוֹנִית זוֹ מֵרְאוּבֵן, וְהִנִּיחַ אֶצְלוֹ זִיבּוּרִית – לֹא הָיָה יָכוֹל בַּעַל חוֹב דִּרְאוּבֵן לַחֲזוֹר עַל לֵוִי, כִּדְתְנַן: אֵין נִפְרָעִין מִנְּכָסִים מְשׁוּעְבָּדִים בְּמָקוֹם שֶׁיֵּשׁ בְּנֵי חוֹרִין, וַאֲפִי' הֵן זִיבּוּרִית. הָתָם הוּא – דִּרְאוּבֵן בַּעַל חוֹבוֹ הוּא, וַאֲמוּר רַבָּנַן: מִפְּנֵי תִּקּוּן הָעוֹלָם, כָּל זְמַן שֶׁיֵּשׁ אֵצֶל בַּעַל חוֹבוֹ כְּדֵי חוֹבוֹ – לֹא יִטְרוֹף לָקוֹחוֹת. אֲבָל כָּאן – שִׁמְעוֹן לָאו בַּעַל חוֹבוֹ הוּא, וְאַף עָלָיו מִכֹּחַ טִירְפָּא הוּא בָּא. דִּינָא

זקפו במלוה – לא מצי אמרי בני ראובן לשמעון מידי, דחשבינן הנך מעות כאילו הן מונחין בידו במשכון תחת השדה, אם יטרפוה ממנו. וא"כ אתי שפיר דנקט "באחריות", דשלא באחריות – אין חילוק בין זקפו ללא זקפו. ואפי' אם ת"ל: דזקפו – לאו דווקא, ולא נקט "זקפו" אלא משום לומר שנתקיים המכר, דכל זמן דעייל ונפיק אזוזי אין המכר קיים, וכשזוקפו עליו במלוה – תו לא עייל ונפיק אזוזי, ולא הוה צריך למימר אלא "ונתקיים המכר" ותו לא – אפ"ה אומר רבי: דאיצטריך למינקט "באחריות", דאי שלא באחריות – לא הוה שמעינן מינה אלא מאי דשמעינן ממתני'. דמה שאין הלוקח רשאי לתת המעות לב"ח – מתני' היא בפ' "הכותב" (לעיל פד.), ר"ע אומר: אין מרחמין בדין, אלא ינתנו ליורשים, שכולן צריכין שבועה ואין היורשים צריכין שבועה. אבל השתא קמ"ל: אע"פ שהוא מוחזק בהן, וס"ד, יעכבם לעצמו תחת אחריות שאביהן חייב – אפי' הכי לא יעכבם, דמטלטלי דיתמי נינהו. ועוד נראה לרבי: דזקפן במלוה – דווקא. דאי לאו הכי – מאי קאמר: דינא הוא דאמרי ליה בני ראובן לשמעון מטלטלי שבק אבינו גבך. עד כאן לא קאמר ר"ע ינתנו ליורשים – אלא משום דכולן צריכין שבועה, ואין היורשים צריכין שבועה. הא אי אחרים נמי לא הוו צריכין שבועה – משמע דמודה שיתנו לאחרים. והכא, האי לוקח, מאי שבועה צריך? הא ליכא למימר הכא שמא התפיסו צררי. דכל זמן שמעות המקח בידו עדיין – למה יתפיסו אחרים תחתיהם? הלכך נקט "זקפו במלוה", דהואיל וזקפו במלוה – איכא למיחש טפי שמא התפיסו צררי, שיעכב אם יטרפוה ממנו. דהך מלוה ישאל ממנו כל שעה שירצה שיכתוב עליו שטר מלוה. אבל לא זקפו – ליכא למיחש לשמא התפיסו צררי, וליכא שבועה. והואיל וכן – לא מצו יתמי למימר ליה ולא מידי. מ"ר. ותימה: הואיל ולא זקפו ליכא למיחש לצררי – א"כ למאן דמפרש טעמא בערכין פרק "שום היתומים" (דף כב.) דאין נזקקין לנכסי יתומים קטנים אא"כ רבית אוכלת בהן, משום צררי – משכחת לה דנזקקין, כמו ראובן שמכר שדה לשמעון באחריות ולא זקפו עליו במלוה, ומת, ושלם שמעון המעות ליתומים, ואח"כ נמצאת שאינה שלו – הרי עכשיו חוזר על היתומים ונזקקין, הואיל ולא חיישינן לצררי! ואמר לי רבי: נהי דביתומים גדולים לא הוה חיישינן לצררי כה"ג, ביתומים קטנים חיישינן טפי. **ופייסיה** בזוזי. אומר רבי: דרבותא הוא; לא מבעיא היכא דלא פייסיה – דאינו יכול לעכב המעות, אלא אפי' פייסיה, דסד"א הרי פרע חוב שלהם, וסילק בעל חוב זה מעליהן – קא משמע לן דאפ"ה אמרי ליה: אנן מטלטלין כו'. **אי** פיקח אידך מגבי להו ניהלייהו וכו'. מכאן יש להוכיח דאע"ג דאמרי' לעיל בפרק "הכותב" (דף פו.) דדינו דבעל חוב בזוזי היכא דאית ליה זוזי, מ"מ אם הפסיד הלוה בכך – לא יתן לו זוזי. כגון הכא, דמצי מגבי להו קרקע, ואינו עושה שלא כדין. **ראובן** שמכר כל שדותיו לשמעון. פי' בקונטרס: בשטר אחד. דבשני שטרות לא אמרי': רצה – מזה גובה, רצה – מזה גובה, משום דאינו יכול לגבות מלוי אא"כ לקח משמעון אותה שקנה באחרונה מראובן. דאי לקח אחת מאותן שלפני האחרונה – לא גבי בעל חוב מלוי, דא"ל: הניח לך שמעון מקום לגבות הימנו, כשקנה את שלי מראובן. ומשעה שקנאה שמעון – נסתלק שיעבודך, ונשאר שיעבודך על הנותרות. ולא נהירא לרבי: דמצי שמעון למימר ליה: מ"ט אמור רבנן אין נפרעין מנכסים משועבדים במקום שיש שם בני חורין, ואפי' הן זיבורית – משום תקנה דלוקח ראשון, אנא בהך תקנתא לא ניחא לי, כדרבא, בפ"ק דב"ק (דף ח:). הלכך, מצי לפרש: בשני שטרות וביותר. מ"ר. ולי נראה כפירוש הקונטרס: דדוקא בשטר א', אבל בשני שטרות, ולקח שמעון זיבורית באחרונה, ולוי לקח משמעון אותה שלפני אחרונה – אינו יכול לגבות מלוי. דא"ל: להכי טרחי וזבני ארעא דלא חזיא למיקם קמך, דודאי אם היא כולם ביד שמעון – אחרונה שהיא זיבורית היה מגבה לו. וכן אם לקח שמעון עידית באחרונה ולקח לוי אותה עידית – אינו יכול לגבות מלוי אותה עידית, מהאי טעמא, דלהכי טרחי וזבני ארעא דלא חזיא לך, דודאי אם היו כולם ביד שמעון, הבינונית והזיבורית שלקח לפני האחרונה שהיא עידית – היה מגבה לו, והיה הרשות בידו, כדמפרש טעמא בב"ק (שם). וכן אם זבן לוי בינונית ושבק בינונית – יכול לומר: הנחתי לך מקום לגבות ממנו, אע"פ שלקח שמעון בשני שטרות. ומיהו, יתכן להיות: רצה – מזה גובה, רצה – מזה גובה אפי' בשני שטרות, ואע"פ שלקח לוי משמעון אותה שלפני האחרונה, בענין שהאחרונה עידית והראשונה שלקח לוי בינונית ולא שבק בינונית דכוותה, ולא מצי למימר: השתא טרחי וזבני ארעא דלא חזיא לך. **רצה** מזה גובה רצה מזה גובה. ואע"ג דאמרינן: אין נפרעים מנכסים משועבדים במקום שיש נכסים בני חורין, ואפי' הן זיבורית – הכא שאני, דליכא בני חורין כלל, וכולהו משועבדים נינהו, שהרי זה הב"ח בא מכח ראובן.

אבל

פסחים לא.

שם לקמן קו. ב"ב קכה.

ב"ק ח: ע"ש

עין משפט נר מצוה

יד א ב מיי' פי"ט מהל' מכירה הל' י סמג לאוין קפ טוש"ע ח"מ סי' רכו סעיף ב:

טו ג ד מיי' פי"א מהל' מלוה ולוה הל' י סמג עשין לד טור ח"מ סימן קא:

טז ה מיי' שם הל' ט סמג שם טוש"ע ח"מ סי' קז סעיף א:

יז ו מיי' פי"ט מהל' מלוה ולוה הל' ג סמג עשין לד טוש"ע שם סי' קיט סעיף א:

תוספות רי"ד

אמר רמב"ח ראובן שמכר שדה לשמעון שלא באחריות וחזר שמעון ומכרה לראובן באחריות ואתא ב"ח דראובן וקטרי' לי' מניה דינא הוא דאזיל שמעון ומפצי לראובן פי' אתא ב"ח דראובן שהיה שטרו קודם למכירה ראשונה שמכר ראובן לשמעון ואילו בא ומצאה ביד שמעון ה"נ דהוה טריף ליה אמר רמב"ח דינא דאזיל שמעון ומפצי לי' שאילו מכרה שמעון זה לאחר באחריות ובא ב"ח דראובן וטרפה ממנו היה שמעון מפצהו ועל ראובן לא יוכל לחזור שהרי שלא באחריות לקחה ממנו כך כשמכרה לראובן עצמו יפצה לו: א"ל רבא נהי דאחריות דעלמא קבלי' עליה אחריות דנפשיה מי קביל עלייהו פי' כל העוררים עליו שלא מחמתו קבל עליו אבל ערעור הבא לו מחמתו לא קבל עליו ומודה רבא בראובן שירש שדה מיעקב ומכרה לשמעון שלא באחריות וחזר ומכרה לראובן באחריות ואתא ב"ח דיעקב וקטריף לה מיניה דינא הוא דאזיל שמעון ומפצי ליה מ"ט ב"ח דיעקב כב"ח דעלמא דמי: אמר רמב"ח ראובן שמכר שדה לשמעון באחריות וזקפן עליו במלוה פי' שלא נתן לו שמעון דמי השדה אלא כתב לו שט"ח עליהן ומת ראובן ואתא ב"ח דראובן וקטריף לה משמעון ופייסיה בזוזי דינא הוא דאמרי בני ראובן לשמעון אנן מטלטלי שביק אבון גבך ומטלטלי [דיתמי] לב"ח לא משתעבדי אמר רבא ואי פיקח הוא שמעון מגבי לי' ניהלי' והדר גבי לה מנייהו מדר"נ דאר"נ ארב"א יתומים שגבו קרקע בחוב אביהם ב"ח גובה אותה מהן פי' כיון דהוה משעבדא לאבוהון כאילו זבנא ממרא אבל השתא תיקון דמטלטלי דיתמי משעבדי לב"ח ואע"ג דקי"ל דהיכא דאית לי' זוזי ללוה לא מצי לסלוקי לב"ח בקרקע הכא שאני משום דא"ל אמאי פטריתו נפשייכו מלשלומי משום דלית לכו קרקע אנא עבידנא מילתא דתתהני לכו ותו דאמרי' להו האי ארעא משעבדא לדידכו ומשעבדא נמי לדידי מר"נ: אמר רבא ראובן שמכר כל שדותיו לשמעון וחזר שמעון ומכר שדה אחת ללוי ובא ב"ח דראובן רצה מזה גובה רצה מזה גובה ול"א אלא דזבן בינונית אבל זבן זיבורית ועידית לא

יח א מיי' פי"ט מהל' מכירה הל' ט סמג עשין סב טוש"ע ח"מ סי' רכו סעיף ח:

אֲבָל שְׁבַק בֵּינוֹנִית דִּכְוָותָהּ — מָצֵי א"ל: הִנַּחְתִּי לְךָ מָקוֹם לִגְבּוֹת הֵימֶנּוּ. *אָמַר אַבַּיֵי: רְאוּבֵן שֶׁמָּכַר שָׂדֶה לְשִׁמְעוֹן בְּאַחֲרָיוּת, וַאֲתָא בַּעַל חוֹב דִּרְאוּבֵן וְקָטָרֵיף לָהּ מִינֵּיהּ — דִּינָא הוּא דְּאָזֵיל רְאוּבֵן וּמְפַצֵּי לֵיהּ, וְלָא מָצֵי אָמַר לֵיהּ: לָאו בַּעַל דְּבָרִים דִּידִי אַתְּ. מִשּׁוּם דְּאָמַר לֵיהּ: דְּמַפְּקַתְּ מִינֵּיהּ — עֲלַי הָדַר. [א]וְאִיכָּא דְּאָמְרִי: אֲפִילּוּ שֶׁלֹּא בְּאַחֲרָיוּת נַמִי, דְּאָמַר לֵיהּ: לָא נִיחָא לִי דְּתֶהֱוֵי לֵיהּ לְשִׁמְעוֹן תַּרְעוֹמֶת עֲלַי. אָמַר אַבַּיֵי: רְאוּבֵן שֶׁמָּכַר שָׂדֶה לְשִׁמְעוֹן שֶׁלֹּא בְּאַחֲרָיוּת, וְיָצְאוּ עָלָיו עֲסִיקִין

דִּינָא הוּא דְּאָזֵיל רְאוּבֵן וּמְפַצֵּי לֵיהּ. אִם יֵשׁ לוֹ עָלָיו שׁוּם גִּלְגּוּל דְּבָרִים, לַחֲשׁוֹב חוֹב כְּנֶגֶד חוֹב, אוֹ: אִישְׁתַּבַּע לִי דְּלָא פְרַעְתִּיךְ. לָאו בַּעַל דְּבָרִים דִּידִי אַתְּ. אֵינִי טוֹרֵף מִמְּךָ כְּלוּם. דְּמַפְּקַתְּ מִינֵּיהּ עֲלַי הָדַר. מַה שֶּׁאַתָּה מוֹצִיא מִמֶּנּוּ, יַחֲזוֹר עָלַי. וְאִיכָּא דְּאָמְרִי אֲפִילּוּ שֶׁלֹּא בְּאַחֲרָיוּת נַמִי. מְכָרָהּ רְאוּבֵן לְשִׁמְעוֹן, לֹא מָצֵי אָמַר לֵיהּ בַּעַל חוֹב לִרְאוּבֵן: לָאו בַּעַל דְּבָרִים דִּידִי אַתְּ.

ב"ק ח: ע"ש ב"מ יד. ע"ש

אבל שבק בינונית דכוותה מצי א"ל הנחתי לך מקום לגבות ממנו. לאו דווקא קאמר האי לישנא, דלא שייך לומר הכי אלא לגבי בעלים ולא לגבי לוקח ראשון, ועיקר טעמא לא הוי אלא משום "מה מכר ראשון לשני – כל זכות שתבא לידו", והוא היה יכול לדחותו אצל בינונית אחרת דכוותה. אבל לא שביק בינונית דכוותה – לא מצי לדחותו אצל זיבורית, דראשון נמי לא היה יכול לדחותו אצל זיבורית. דאי משום "אי שתקת שתקת, ואי לאו מהדרנא שטרא דזיבורית למריה", כדאמרינן בפ"ק דב"ק (דף ח. ושם) גבי מכר לאחד או לשלשה כאחד נכנסו תחת הבעלים – הא אוקימנא התם ביתמי, והך דהכא מייתי בתר הכי, ומסתמא מיירי נמי ביתמי.

דינא הוא דאזיל ראובן ומפצי ליה. וקא משתעי דינא בהדיה. ומקשים: מאי נפקא מינה שיטעון עמו ראובן ולא שמעון? מה ירויח שמעון בכך, הלא כל מה שיטעון ראובן יטעון שמעון! וכ"ת, נ"מ כגון שיש עדים קרובים לשמעון ואינם קרובים לראובן, ורוצים לחייב בעל חוב – הרי לשמעון אינם יכולים להעיד, אבל לראובן יכולים להעיד – לא היא, דכיון דסוף סוף יש ריוח לשמעון, שיעמידו בידו הקרקע – פסולין להעיד אפי' לראובן, כדמוכח בסוף פ"ק דמכות (דף ז.) דאמר: אילעא וטוביה קריבי דערבא הוו, סבר רב פפא למימר: גבי לוה ומלוה רחיקי הוו. אמר ליה רב הונא בריה דרב יהושע לרב פפא: אי ליתיה ללוה – לאו בתר ערבא אזיל? ואין לומר דנפקא מינה: כגון שהעדים, המקיימין את השטר של בעל חוב, קרובים לראובן ואין קרובים לשמעון, ואי לא היה ראובן בעל דברים – יכולים לקיימו. הא נמי לאו מלתא היא מטעם דפרישית, דאפי' משתעי דינא בהדי שמעון לא מצו מקיימי ליה, כיון דאי טריף ליה מיניה – בתר ראובן אזיל. ועוד: דמסיק: איכא דאמרי אפי' שלא באחריות נמי כו', הא אפי' איהו גופיה אמרינן בב"ב (דף מג. ושם): המוכר שדה שלא באחריות – מעיד לו עליה אי אית ליה ארעא אחריתי, דליכא למימר להעמידה לפני בעל חוב עביד, ולא הוי פסול משום תרעומת, כ"ש קרובים, שלא יהיו פסולים משום תרעומת! וליכא למימר, דנפקא מיניה לעינין שבועה; דראובן יודע אם פרע לו אם לאו, ויכול לומר לו: אישתבע לי דלא פרעתיך, כדפי' הקונטרס. אבל שמעון אינו יודע, ואינו רוצה לטעון שקר. דהא בלאו הכי צריך שבועה, כדין הבא ליפרע מנכסים משועבדים, דלא יפרע אלא בשבועה. ומיהו, י"ל: דנ"מ דיכול לומר: אישתבע לי דלא פרעתיך, כדפירש בקונטרס. וכגון שמחל לו שמעון שבועה הבא ליפרע מנכסים משועבדים. ורבי היה מדקדק: דאי ב"ח אינו יכול למצוא עדים לקיים שטרו, ואמרי' דראובן יכול לטעון "מזויף הוא", לפי שהוא יודע בבירור אם הוא מזויף, אבל שמעון – מספק אינו יכול לטעון "מזויף הוא", אז נ"מ טובא. וכן היורשים, מספק אינן יכולים לטעון "מזויף הוא" על שטר שהוציאו על אביהן אע"פ שאין ב"ח יכול לקיימו. ואל תתמה: א"כ לא שבקת חיי לכל בריה – שהרי מן התורה אין צריך שום שטר קיום, דעדים החתומים על השטר נעשה כמי שנחקרה עדותן בב"ד. ואפי' גזלן מוחזק שהוציא שטר – אין נ"ל שצריך קיום, דלא אמרינן החתים עדים שאינן מעלמו. דאע"פ שהוא חשוד על הממון – מירתת לכתוב שטר מזויף, פן יכירו ב"ד זיופו. הלכך, כי תקינו רבנן קיום כנגד טענת שטר מזויף – ה"מ כי אמר לוה דקים ליה בגויה, אבל יתמי ולקוחות כנגד טענת של זיוף – לא הצריכו חכמים עדי קיום, הואיל ולא קים ליה בגויה אם הוא מזויף אם לאו. ומייתי רבי ראיה מהא דתנן בפ"ק דב"מ (דף יב:): מצא שטרי חוב, אם יש בהן אחריות נכסים – לא יחזיר לא לזה ולא לזה, מפני שב"ד נפרעין מהם. אין בהן אחריות נכסים – יחזיר למלוה, מפני שאין ב"ד נפרעין מהם, דברי ר"מ. ומוקי לה שמואל (שם יג.) שאין חייב מודה. ואין בהן אחריות – יחזיר, דאומר היה ר"מ: שטר שאין בו אחריות – אפי' מבני חרי לא גבי, ויחזיר למלוה ויצור על פי צלוחיתו. ופריך: וניהדר ליה ללוה לצור ע"פ צלוחיתו של לוה! לוה?! הא קאמר "לא היו דברים מעולם"! והשתא, את"ל דטענינן ליתמי ולקוחות "מזויף הוא", יש בו אחריות נכסים אמאי לא יחזיר? אי כשיכול לקיימו ויש לו למלוה עדי קיום – א"כ יחזיר, דקושטא קאמר, ודין יגבה, דלפריעה ליכא למיחש, דהא קאמר "לא היו דברים מעולם", וכל האומר "לא לויתי" – כאומר "לא פרעתי" דמי. ואם לא יוכל לקיים – מה נוכל להפסיד בחזרתו? והלא לא יוכל להוציא על ידו כלום מלוה, כי יטעון "מזויף". וגם מן הלקוחות ויתומים לא יוכל להוציא – כי נטעון בשבילם! אלא ודאי לא טענינן להו טענת זיוף. אע"ג דשאר טענות טוענין ליורש וטוענין ללוקח, הכא מוקמינן ליה אדאורייתא כל זמן שאין הלוה עצמו פוסלו. לכך לא יחזיר, שלא יגבה מן היתומים ומן הלקוחות. ומיהו קשה: דהכתי אמאי לא יחזיר? הא לא יוכל לעולם לגבות על ידו לא מיתומים ולא מלקוחות, דנהי ד"מזויף" לא טענינן להו – מיהו "פרוע הוא" טענינן להו, דאביהם היה נאמן לטעון "פרוע" מיגו דאי בעי אמר "מזויף הוא", כענין שמצינו ב"המוכר את הבית" בסופו (ב"ב ע. ושם) גבי המפקיד אצל חבירו בשטר, דקסבר רב חסדא דכי אמר "החזרתיו לך", דאע"ג דאיכא למימר "שטרך בידי מאי בעי" – נאמן, מיגו דאי בעי אמר "נאנסו". ומסיק: לימא בפלוגתא, שטר כיס היוצא על היתומים; דייני גולה אמרי: נשבע וגובה כולו. ודייני א"י אמרי: נשבע וגובה מחצה. ומפרש דמ"ד נשבע וגובה מחצה סבר: לא מצי א"ל "שטרך בידי מאי בעי", אית ליה דרב חסדא. פי': דטענינן ליתמי החזרתי לך הפלגא פקדון. הואיל ואביהן היה נאמן בכך, מיגו דאי בעי אמר "נאנסו". ואע"ג דליתמי לא טענינן "נאנסו", דהא למ"ד נשבע וגובה כולו, דמצי א"ל "שטרך בידי מאי בעי", ולית ליה דרב חסדא – מ"מ לפטרו, דנימא "נאנסו"! אלא, לא טענינן להו "נאנסו". והיינו טעמא – משום דלא שכיחא. ואפ"ה טענינן להו למ"ד: נשבע וגובה מחצה החזרתיו לך, אע"פ שאביהן לא היה נאמן אלא מחמת מיגו, דאי בעי אמר "נאנסו". וה"נ טענינן להו "פרוע הוא", אע"ג דאביהן לא היה נאמן אלא מיגו דאי בעי אמר "מזויף הוא"! ומיהו, הא לא קשיא מידי, אי ס"ל לשמואל: מודה בשטר שכתבו אין צריך לקיימו, שלא היה אביהן נאמן לומר "פרוע הוא", מיגו דאי בעי אמר "מזויף". אבל בהדיא ס"ל לשמואל ב"מי שמת" (שם קנד:) אליבא דר"מ דמודה בשטר שכתבו – צריך לקיימו. ועוד קשה הדבר: אם לא חשו להפסיד יתומים ולקוחות, שיוכל כל אדם להוציא מידם ע"י זיוף! ועל כן נראה לומר: שטוענין להם "מזויף הוא". וההיא דהתם – איכא לשנויי עלה דחיישי' שמא יוציא אפי' מלוה גופיה, ע"י שימלא קיום. וכיון דפסיל ליה ואיתרע ליה בנפילה – איכא למיחש ביה, אפי' אם יבאו ויכירו החתימות, כי שמא דימה וזייף עד שדימה את החתימה לחתימת עדים לגמרי, וטעו הדיינים בקיום השטר, כי ההיא ד"גט פשוט" (שם קסז.) דאנח ידיה אזרנוקא, וכדחיישינן לעיל ב"אלו נערות" (דף לו:) גבי שטר ריעא, דלא מגבינן ביה אע"ג דאית ליה עידי קיום, מכיון דקא מהדר אזיופא – אימר: זויפי זייף וכתב. ואם תאמר: אם כן המוצא שטר שכתוב בו הנפק, אמאי יחזיר? ניחוש שמא זייף ודימה החתימות לגמרי! הא לא קשיא, שהרי יש לנו לחלק בין היכא דטעין לוה "מזויף הוא", להיכא דלא טעין; דהיכא דלא טעין לית לן למיחש משום ריעותא דנפילה, ואיכא לאוקמא ההיא דשטר שכתוב בו הנפק – בדליתא ללוה, דלא טעין מידי. אבל אי הוה טעין זיוף – חיישינן. דהא אפי' תוקמא להניא דלא יחזיר דחיישינן לזיוף דווקא בלא עדי קיום השטר, משום הפסד יתומים ולקוחות הוא דחיישינן, דלא טענינן להו "מזויף". מ"מ תיקשי, מדאמר שמואל התם: המוצא שטר הקנאה בשוק – יחזיר לבעלים. ואמאי? ניחוש להפסידא דיתמי, כיון דלא מקויים! אלא: אית לן למימר: כגון דליתיה ללוה, דלא טעין "מזויף", ולהכי לא חיישינן לזיוף. והואיל וכן, כי מפרשין נמי דטעמא משום דחיישינן שמא יוציא אפי' מלוה עצמו ע"י קיום, והוא אינו ראוי להכשירו משום ריעותא דנפילה וטענת לוה – לא קשיא נמי ההיא דשטר שכתוב בו הנפק, דהא איכא נמי לאוקמא בדליתיה ללוה, ולא טעין מידי. אבל אי טעין לוה "מזויף הוא" – לא יחזיר, כיון דנפל איתרע ליה. אי נמי, כיון דמקויים – דקדקו ביה בית דין, ולא אתרע בנפילה. ואפילו פסיל ליה לוה ואמר "מזויף הוא" – יחזיר. וההיא דמצא שטר חוב – כשאינו מקויים, וכולי האי לא חיישינן שזייף חתימת העדים וחתימת הדיינים. מ"ר. ויש להביא ראיה דטענינן שפיר ליתמי "מזויף", מהא דאמרינן בסוף פרק "גט פשוט" (ב"ב קעד:) דאמר רב הונא: שכיב מרע שהקדיש כל נכסיו, ואמר מנה "לפלוני בידי" – נאמן, חזקה אין אדם עושה קנוניא על ההקדש. ופריך: וכי אדם עושה קנוניא על בניו? דרב ושמואל דאמרי תרוייהו: שכיב מרע שאמר מנה לפלוני בידי, אמר "תנו" – נותנין, לא אמר "תנו" – אין נותנין. ומסיק: דרב הונא מיירי בדנקיט שטר מקויים, ורב ושמואל בדנקיט שטר שאינו מקויים. אמר "תנו" – קיימיה לשטריה, לא אמר "תנו" – לא קיימיה לשטריה. פירוש: דשמא שלא להשביע את בניו אמר כן. ואם תמצא לומר דלא טענינן "מזויף", מ"מ יגבה, דהא נקיט שטרא, ולא מצי אמרי "מזויף הוא"! ואין נראה לדחות דמיירי בדלא מת, דהא "נותנין" קאמר, משמע דאיתמי קאמר.

עד

תוספות רי"ד

דא"ל להכי טרחי וזבני ארעא דלא חזיא לך ובינונית נמי לא אמרן אלא דלא שביק בינונית דכוותיה אבל שביק בינונית דכוותיה א"ל הנחתי לך מקום לגבות ממנו פי' כגון שמכרן ראובן לשמעון ביחד שאילו מכרן בזו אחר זו אין דינו של ב"ח אלא באחרונה כדתנן אין נפרעין מנכסים משועבדים במקום שיש בני חורין ואפילו הן זיבורית וכשקנה לוי הבינונית אפילו הניח אצל שמעון עידית רצה מזה גובה רצה מזה גובה שאם יאמר לו לוקח ראשון לך אצל שני דזבין בינונית אומר לו לא מצינא למיטרח שהוא אומר לו הנחתי לך מקום לגבות הימנו שהוא יותר טוב משלו הלכך אם הייתי מוצא הבינונית אצלך הייתי גובה ממנו. עכשיו שמכרת אותה אני גובה ממך מן העידית ובזיבורית א"י לדחותו מפני שהוא אומר אם לא היתה לך בינונית ומכרת הייתי גובה זיבורית אבל עכשיו שהיתה לך בינונית ומכרת לא אגבה אלא מן העידית ואם רצה גובה בינונית מלוקח שני ואם הוא יאמר לו הנחתי לך מקום לגבות הימנו אומר לו א"א ליטול יותר מדיני אע"פ שאני יכול שהוא כעין גזל ופחות מדיני איני רוצה ליטול הלכך גובה ממנו הבינונית ושינוי יש בין לוי שהוא לוקח שני לשמעון שהוא לוקח ראשון דשמעון שהוא לוקח ראשון אפילו קנה בינונית ושייר לראובן זיבורית אמרינן אין נפרעים מנכסים משועבדים במקום שיש נכסים בני חורין ואפי' הן זיבורית משום דנכסי ראובן הן בני חורין אבל נכסי שמעון אינן בנ"ח הילכך אי שוו כנכסי הזבן לוי שהן בינונית ובינונית מצי מדחי לי' ואי לאו לא מצי מדחי לי': אמר אביי ראובן שמכר שדה לשמעון באחריות ואתא ב"ח דראובן וקטריף מיני' דינא הוא דאזיל ראובן ומפצי ליה ולא מצי אמר ליה לאו בעל דברים דידי את משום דא"ל דאי מפקת מיניה עלי הדר. א"ד אפי' שלא באחריות נמי דא"ל לא ניחא לי דתהוי לי' תרעומות עלי: ואי קשיא מאי נפקא לן מיני' כל מאי דמצי למיטען על ב"ח לימא לי' לשמעון ושמעון לטעון לי' הא לאו מילתא היא דודאי אי טעין לי' ראובן פרעתיך ה"נ דשמעון מצי למיטען ליה ואע"ג דלא טעין לי' ב"ד טוענין בעבורו כדתנן הבא ליפרע מנכסים משועבדים לא יפרע אלא בשבועה אלא אי טעין לי' ראובן לב"ח טענה אחרת כגון שאומר לו אמת כי לא פרעתי אותך אבל אתה חייב לי כך וכך ממקום אחר או תוציאם בחובך או תשבע לי עליהם זו הטענה ראובן יכול ליטעון ולהשביעו מפני שהוא טענת ברי ואין ב"ח גובה חובו ממנו עד שישבע לו אבל שמעון שא"י לטעון טענות ברי אלא אומר לו כך וכך א"ל ראובן א"י לטעון במה שאינו ברור לו לשמעון אלא טורף וגובה ממנו בלא שבועה ודוקא כשבא ב"ח לגבות חובו מראובן אז יכול ראובן לטעון לו ולהשביעו ואי לא ישבע לו לא יגבה ממנו אבל אם ב"ח לא תבעו לראובן אלא ראובן תובע לב"ח ואומר לו השטר שיש לך עלי תקרע אותו לי מחמת שאתה חייב לי כך וכך תשבע שאינך חייב לי יכול ב"ח לומר אני איני תובעך עכשיו בשטרי אתה אומר לי שאקרענו לך מחמת אותה התביעה שאתה תובעני פרע אותי תחלה בשטרי ואח"כ תתבעני ותשביעני אך תמתין עד שאתבעך אני בשטרי ואז תטעון לי זאת הטענה ועד שלא אתבע לך לא תפרע לי ועכשיו שאינו תובע ראובן ותובע את שמעון ובא ראובן לטעון על ב"ח שיקרענו מחמת אותה התביעה הייתי אומר שיאמר לו ב"ח אני איני תובעך הנח לי לגבות משמעון ואח"כ תתבעני קמ"ל דא"ל ראובן דאי מפקת מיני' עלי דידי הדר וכאילו היית תובע אותי דמי וכמו שאם היית תובע אותי לא היית יכול לגבות ממני עד שתשבע לי באותה התביעה גם משמעון איני מניחך לגבות עד שתשבע לי

נ"ל במקום שכותבין

יט א ב מיי' פי"ט מהל' מכירה הל' ב טוש"ע ח"מ סימן רכו סעיף ה:

כ ג ד מיי' פי"ז מהל' אישות הל' ח ופ"כ מהלכות מלוה ולוה הל' ד ופכ"א שם הלכה א סמג עשין מח ולב טוש"ע אה"ע סי' נו סעיף יח וטוש"ע ח"מ סי' קד סעיף י וככל אלפס ביאור כל הסוגיא בשמקה ובחידושים בגבורות

עֲסִיקִין, [א]עַד שֶׁלֹּא הֶחֱזִיק בָּהּ – יָכוֹל לַחֲזוֹר בּוֹ, מִשֶּׁהֶחֱזִיק בָּהּ – אֵינוֹ יָכוֹל לַחֲזוֹר בּוֹ, מִשּׁוּם דְּאָמַר לֵיהּ: חַיְיתָא דְּקִיטְרֵי סָבְרַתְּ וְקַבִּילַתְּ, וּמֵאֵימַת מַחֲזִיק בָּהּ – מִכִּי דָּיֵישׁ אַמְּצְרֵי. [ב]אִיכָּא דְּאָמְרִי: אֲפִי' בְּאַחֲרָיוּת נַמִי, דְּאָמַר לֵיהּ: אַחְוֵי טִירְפָּךְ וְאֲשַׁלֵּם לָךְ. § **מתני'** [ג]מִי שֶׁהָיָה נָשׂוּי שָׁלֹשׁ נָשִׁים וּמֵת, כְּתוּבָּתָהּ שֶׁל זוֹ מָנֶה, וְשֶׁל זוֹ מָאתַיִם, וְשֶׁל זוֹ שְׁלֹשׁ מֵאוֹת, וְאֵין שָׁם אֶלָּא מָנֶה – חוֹלְקִין בְּשָׁוֶה. הָיוּ שָׁם מָאתַיִם – שֶׁל מָנֶה נוֹטֶלֶת חֲמִשִּׁים, שֶׁל מָאתַיִם וְשֶׁל שְׁלֹשׁ מֵאוֹת – שְׁלֹשָׁה שְׁלֹשָׁה שֶׁל זָהָב. הָיוּ שָׁם שְׁלֹשׁ מֵאוֹת – שֶׁל מָנֶה נוֹטֶלֶת חֲמִשִּׁים, וְשֶׁל מָאתַיִם מָנֶה וְשֶׁל שְׁלֹשׁ מֵאוֹת שִׁשָּׁה שֶׁל זָהָב. וְכֵן ג' שֶׁהִטִּילוּ לַכִּיס, פִּיחֲתוּ אוֹ הוֹתִירוּ – כָּךְ הֵן חוֹלְקִין. § **גמ'** שֶׁל מָנֶה נוֹטֶלֶת חֲמִשִּׁים?! תְּלָתִין וּתְלָתָא וְתִילְתָּא הוּא דְּאִית לָהּ! אָמַר שְׁמוּאֵל: בְּכוֹתֶבֶת בַּעֲלַת מָאתַיִם לְבַעֲלַת מָנֶה "דִּין וּדְבָרִים אֵין לִי עִמָּךְ בְּמָנֶה". אִי הָכִי, אֵימָא סֵיפָא: שֶׁל מָאתַיִם וְשֶׁל שְׁלֹשׁ מֵאוֹת – שָׁלֹשׁ שָׁלֹשׁ שֶׁל זָהָב. תֵּימָא לָהּ: הָא סָלְקַתְּ נַפְשָׁךְ מִינָּהּ! מִשּׁוּם דְּאָמְרָה לָהּ: "מִדִּין וּדְבָרִים הוּא דְּסַלִּיקִי נַפְשַׁאי". § הָיוּ שָׁם שְׁלֹשׁ מֵאוֹת וכו'. § שֶׁל מָאתַיִם מָנֶה?! שִׁבְעִים וַחֲמִשָּׁה הוּא דְּאִית לָהּ! אָמַר שְׁמוּאֵל: בְּכוֹתֶבֶת בַּעֲלַת שְׁלֹשׁ מֵאוֹת לְבַעֲלַת מָאתַיִם וּלְבַעֲלַת מָנֶה: "דִּין וּדְבָרִים אֵין לִי עִמָּכֶם בְּמָנֶה". רַב יַעֲקֹב מִנְּהַר פְּקוֹד מִשְּׁמֵיהּ דְּרָבִינָא אָמַר: רֵישָׁא בִּשְׁתֵּי תְפִיסוֹת, וְסֵיפָא בִּשְׁתֵּי תְפִיסוֹת. רֵישָׁא בִּשְׁתֵּי תְפִיסוֹת; דְּנָפְלוּ שִׁבְעִין וַחֲמִשָּׁה בְּחַד זִימְנָא, וּמֵאָה וְעֶשְׂרִים וַחֲמִשָּׁה בְּחַד זִימְנָא. סֵיפָא בִּשְׁתֵּי תְפִיסוֹת; דְּנָפְלוּ שִׁבְעִים וַחֲמִשָּׁה בְּחַד זִימְנָא, וּמָאתַיִם וְעֶשְׂרִים וַחֲמִשָּׁה בְּחַד זִימְנָא. תַּנְיָא: זוֹ מִשְׁנַת רַבִּי נָתָן, [ד]רַבִּי אוֹמֵר: אֵין אֲנִי רוֹאֶה דְּבָרָיו שֶׁל רַבִּי נָתָן בְּאֵלּוּ, אֶלָּא חוֹלְקוֹת בְּשָׁוֶה. § וְכֵן שְׁלֹשָׁה שֶׁהִטִּילוּ. § אָמַר שְׁמוּאֵל: שְׁנַיִם שֶׁהִטִּילוּ לַכִּיס, זֶה מָנֶה וְזֶה מָאתַיִם – הַשָּׂכָר

עֲסִיקִין. עוֹרְרִין. עַד שֶׁלֹּא הֶחֱזִיק בָּהּ יָכוֹל לַחֲזוֹר בּוֹ. אִם לֹא נָתַן מָעוֹת. אֵין יָכוֹל לַחֲזוֹר בּוֹ. שֶׁהַקַּרְקַע נִקְנֶה בַּחֲזָקָה כִּי א"ל "חֲזֵק וּקְנֵי". וְיֵשׁ שֶׁמַּחֲזִיקִין מִיָּד וְנוֹתְנִין מָעוֹת לְאַחַר זְמַן, וּמִשֶּׁהֶחֱזִיק בָּהּ נִתְחַיֵּיב הַמָּעוֹת. חַיְיתָא. שַׂק קָטָן. דְּקִיטְרֵי. מָלֵא קְשָׁרִים. סָבְרַתְּ וְקַבִּילַתְּ. בִּדְמֵי חֲתִיכוֹת כֶּסֶף. כְּלוֹמַר, נִתְרַצֵּיתָ לְאַבֵּד מְעוֹתֶיךָ מִסָּפֵק. אֲפִי' בְּאַחֲרָיוּת נַמִי. מְכָרָהּ לוֹ, אֵינוֹ יָכוֹל לַחֲזוֹר בּוֹ מֵחֲמַת עֲסִיקִין. וְלָא אָמְרִינַן: סוֹף סוֹף עֲלֵיהּ הָדַר, וְאַטְרוּחֵי דַּיָּינֵי לָמָּה לָן. דא"ל אַחְוֵי טִירְפָּךְ. שְׁטַר טִירְפָּא מִבּ"ד, שֶׁכָּתְבוּ לְךָ שֶׁיִּטְּלֶה הַשָּׂדֶה מִיָּדְךָ בַּדִּין, וְתַחֲזוֹר עָלַי לִטְרוֹף. וַאֲשַׁלֵּם לָךְ. וְכָל זְמַן שֶׁלֹּא יִטְּלֶה מִיָּדְךָ – לֹא אֲשַׁלֵּם, שֶׁהַרְבֵּה עוֹרְרִין שֶׁאֵין זוֹכִין בַּדִּין. **מתני'** שֶׁל זוֹ מָנֶה וְשֶׁל זוֹ מָאתַיִם כו'. וּשְׁלָשְׁתָּן נֶחְתְּמוּ בְּיוֹם אֶחָד. דְּאִי בִּתְלָתָא יוֹמֵי – הַקּוֹדֶמֶת בִּשְׁטָר קוֹדֶמֶת בִּגְבִיָּיה. חוֹלְקוֹת בְּשָׁוֶה. שֶׁהֲרֵי כֹּחַ שְׁלָשְׁתָּן שָׁוֶה בְּשִׁעְבּוּד מָנֶה, דְּבְכוּלְּהוּ אִיכָּא מָנֶה. הָיוּ שָׁם מָאתַיִם. אֵין לְבַעֲלַת מָנֶה שִׁעְבּוּד אֶלָּא בְּמָנֶה רִאשׁוֹן, אֲבָל בְּמָנֶה שֵׁנִי – אֵין שִׁעְבּוּד לִשְׁטָרָהּ שֶׁל מָנֶה. נוֹטֶלֶת חֲמִשִּׁים. בַּגְּמָרָא פָּרֵיךְ עֲלָהּ. שָׁלֹשׁ שֶׁל זָהָב. שְׁלֹשָׁה דִּינָרֵי זָהָב, וְכָל דִּינָר זָהָב עֶשְׂרִים וַחֲמִשָּׁה דִּינָרֵי כֶסֶף, כִּדְאָמַר בְּ"הַזָּהָב" (ב"מ דף מה:). וְשֶׁל מָאתַיִם כֹּחָהּ שָׁוֶה בְּמָאתַיִם לְבַעֲלַת שְׁלֹשׁ מֵאוֹת, שֶׁהֲרֵי מָאתַיִם מְשׁוּעְבָּדִים לִשְׁטָרָהּ. הָיוּ שָׁם שְׁלֹשׁ מֵאוֹת. מָנֶה רִאשׁוֹן מְשׁוּעְבָּד לְכוּלָּן, וְהַשֵּׁנִי לְבַעֲלַת מָאתַיִם וּלְבַעֲלַת שְׁלֹשׁ מֵאוֹת, וְהַשְּׁלִישִׁי לְבַעֲלַת שְׁלֹשׁ מֵאוֹת לְבַדָּהּ. שֶׁל מָנֶה נוֹטֶלֶת חֲמִשִּׁים. בַּגְּמָ' פָּרֵיךְ עֲלָהּ. וְשֶׁל מָאתַיִם מָנֶה. בַּגְּמָ' מְפָרֵשׁ לָהּ. שִׁשָּׁה שֶׁל זָהָב. הֵם מֵאָה וַחֲמִשִּׁים זוּז. שֶׁהִטִּילוּ לַכִּיס. מָעוֹת לִקְנוֹת סְחוֹרָה לְשָׂכָר. כָּךְ הֵן חוֹלְקִין. כָּל אֶחָד וְאֶחָד נוֹטֵל בַּשָּׂכָר וְהַהֶפְסֵד לְפִי מְעוֹתָיו. **גמ'** תְּלָתִין וּתְלָתָא וְתִילְתָּא הוּא דְּאִית לָהּ. דְּהַיְינוּ שְׁלִישׁ שֶׁל מָנֶה, שֶׁהֲרֵי אֵין לָהּ חֵלֶק בְּמָנֶה שֵׁנִי. דִּין וּדְבָרִים אֵין לִי עִמָּךְ בְּמָנֶה. כְּשֶׁתָּבוֹאִי לַדִּין לֹא אָרִיב עִמָּךְ בַּמָּנֶה הַמְשׁוּעְבָּד לָךְ, וְלֹא יִתְמַעֵט חֶלְקֵךְ בִּשְׁבִילִי. הִלְכָּךְ, הִיא וּבַעֲלַת שְׁלֹשׁ מֵאוֹת חוֹלְקוֹת אוֹתוֹ. תֵּימָא לָהּ. בַּעֲלַת שְׁלֹשׁ מֵאוֹת לְבַעֲלַת מָאתַיִם: הָא סְלִיקַתְּ נַפְשִׁיךְ מִמֶּנָּה, וְאֵין לָךְ לַחֲלוֹק אֶלָּא בְּמָנֶה שֵׁנִי. מִדִּין וּדְבָרִים סְלִיקַתְּ נַפְשַׁאי. לֹא נָתַתִּי חֶלְקִי בְּמַתָּנָה, וּמַה שֶּׁגָּבְתָה – לֹא בִּשְׁלִיחוּתִי גָּבְתָה, שֶׁתֹּאמַר לִי: נָטְלָה זוֹ חֶלְקֵךְ. אֲנִי סִילַּקְתִּי עַצְמִי מִלָּרִיב עִמָּהּ וּמִלְּמַעֵט חֶלְקָהּ בַּמָּנֶה, וְגָבַר יָדָהּ לִגְבּוֹת חֲצִי הַמָּנֶה בְּשִׁעְבּוּד שְׁטָרָהּ. עַכְשָׁיו אֲנִי בָּאָה לַחֲלוֹק עִמָּךְ בַּנּוֹתָר, שֶׁלֹּא סִילַּקְתִּי עַצְמִי מִלָּרִיב עִמָּךְ, וְשִׁעְבּוּדִי וְשִׁעְבּוּדֵךְ שָׁוִים. ע"ה הוּא דְּאִית לָהּ. דְּהָא כֵּיוָן דְּאוֹקִימְנָא בְּכוֹתֶבֶת בַּעֲלַת מָאתַיִם כו' – אֵין לָהּ לַחֲלוֹק מֵעַתָּה אֶלָּא בְּמֵאָה וַחֲמִשִּׁים, אֲבָל בְּמָנֶה שְׁלִישִׁי – אֵין לָהּ כְּלוּם. אָמַר שְׁמוּאֵל. סֵיפָא בְּכוֹתֶבֶת בַּעֲלַת שְׁלֹשׁ מֵאוֹת כו', וּבַעֲלַת מָאתַיִם לֹא כָּתְבָה כְּלוּם. הִלְכָּךְ, מָנֶה רִאשׁוֹן חוֹלְקוֹת בַּעֲלַת מָאתַיִם וּבַעֲלַת מָנֶה, וּמָנֶה שֵׁנִי חוֹלְקוֹת בַּעֲלַת מָאתַיִם וּבַעֲלַת שְׁלֹשׁ מֵאוֹת. וּמָנֶה שְׁלִישִׁי כּוּלָּהּ לְבַעֲלַת שְׁלֹשׁ מֵאוֹת. רָבִינָא אָמַר. לָא תּוֹקְמָהּ בְּכוֹתֶבֶת, אֶלָּא בִּשְׁתֵּי תְפִיסוֹת, שֶׁתָּפְסוּ מִטַּלְטְלִין לִכְתוּבָּתָן וְלֹא נִמְצְאוּ לָהֶן מָאתַיִם בְּפַעַם אַחַת, אֶלָּא בִּשְׁתֵּי פְעָמִים. דְּנָפְלוּ לָהֶן ע"ה בְּחַד זִימְנָא. וּבָאוּ לָדוּן עֲלֵיהֶם. אָמְרִינַן לְהוּ: חוֹלְקוֹת בְּשָׁוֶה, שֶׁהֲרֵי שִׁעְבּוּד שְׁלָשְׁתָּן עַל מָנֶה. וּמֵאָה וְעֶשְׂרִים וַחֲמִשָּׁה בְּחַד זִימְנָא. בַּעֲלַת מָנֶה כְּבָר גָּבְתָה כ"ה, וּבָאת לָרִיב עַל ע"ה. הִלְכָּךְ, ע"ה מְשׁוּעְבָּדִים לְכוּלָּנָה וְחוֹלְקִין אוֹתָן, הֲרֵי בְּיַד כָּל אַחַת חֲמִשִּׁים. וְהַמּוֹתָר אֵין לְבַעֲלַת מָנֶה חֵלֶק בּוֹ, הַיְינוּ דְּקָאָמַר: שֶׁל מָאתַיִם וְשֶׁל שְׁלֹשׁ מֵאוֹת – שְׁלֹשָׁה שְׁלֹשָׁה שֶׁל זָהָב. סֵיפָא בִּשְׁתֵּי תְפִיסוֹת כו' וּמָאתַיִם וְעֶשְׂרִים וַחֲמִשָּׁה בְּחַד זִימְנָא. ע"ה מִינַּיְיהוּ – יַד כּוּלָּן שָׁוִין בּוֹ. וּבַעֲלַת מָאתַיִם שֶׁלֹּא גָּבְתָה בִּתְפִיסָה רִאשׁוֹנָה אֶלָּא עֶשְׂרִים וַחֲמִשָּׁה, בָּאָה לָרִיב עַל שְׁנִיָּה עַל קע"ה, וּפָלְגִי ע"ה בֵּין שְׁלָשְׁתָּן, וְנִמְצָא בְּיַד כָּל אַחַת חֲמִשִּׁים. *)וּמֵאָה בֵּין בַּעֲלַת מָאתַיִם וּבַעֲלַת שְׁלֹשׁ מֵאוֹת, וַחֲצִי מֵאָה שֶׁנִּשְׁאַר כּוּלָּהּ לְבַעֲלַת שְׁלֹשׁ מֵאוֹת. נִמְצֵאת שֶׁל מָנֶה נוֹטֶלֶת חֲמִשִּׁים, וְשֶׁל מָאתַיִם מָנֶה, וְשֶׁל שְׁלֹשׁ מֵאוֹת ק"נ, שֶׁהֵן שִׁשָּׁה דִּינָרֵי זָהָב. אֵין אֲנִי רוֹאֶה דְּבָרָיו שֶׁל ר' נָתָן בְּאֵלּוּ. שֶׁאֵין זֶה דּוֹמֶה לִשְׁלֹשָׁה שֶׁהִטִּילוּ לַכִּיס. דְּהָתָם שֶׁבַח מָעוֹת שֶׁהִשְׁבִּיחוּ מְעוֹתֵיהֶן שָׁקְלֵי, הִלְכָּךְ כָּל אֶחָד יִטּוֹל לְפִי מְעוֹתָיו. אֲבָל הָכָא, טַעְמָא מִשּׁוּם שִׁיעְבּוּדָא הוּא, וְכָל נְכָסָיו אַחֲרָאִין לִכְתוּבָּתָהּ. הִלְכָּךְ, שְׁלֹשׁ הַמָּנִים מְשׁוּעְבָּדִין לְבַעֲלַת מָנֶה כִּשְׁאָר חַבְרוֹתֶיהָ, עַד שֶׁתִּגְבֶּה כָּל כְּתוּבָּתָהּ, לְפִיכָךְ חוֹלְקוֹת בְּשָׁוֶה.

*) [נ"ל חמשים חמשים ומאה בין כו' רש"ל]

עד שלא החזיק בה יכול לחזור בו. אומר ר"ת: ואפי' נתן מעות. וכגון דלא קנו בכספא, *שכותבין את השטר, דלא קנו עד שיכתוב את השטר. וקמשמע לן דיכול ומותר לחזור בו, דהואיל ומפסיד, שסבור שיגזלוה ממנו – קא הדר ביה. דאפי' "מי שפרע" ליכא, כדמוכח ב"הזהב" (ב"מ דף מט:) גבי ההוא גברא דזבן חמרא מחבריה, שמע דבעי לימנסביה בי פרזק רופילא, אתא לקמיה דרב חסדא, א"ל: כדרך שתקנו משיכה בשומרים כך תקנו משיכה בלקוחות. ולא קאמר ליה איבעי ליה לקבולי "מי שפרע", כדאמר התם אעודדא אחרינא, משום דלא תיקנו "מי שפרע" אלא איוקרא וזולא. והאי "יכול" – מותר, כדקתני נמי גבי מתנה התם. ובדין הוא דהוה ליה למיתני "מותר", אלא אגב דקתני סיפא "אין יכול" – תנא נמי רישא "יכול".

משהחזיק בה אין יכול לחזור בו. ואפילו למ"ד ב"חזקת הבתים" (ב"ב מד:) נמצאת שאינה שלו – חוזר עליו, הכא, כל זמן שלא טרפוה ממנו – מודה שאין יכול לחזור בו.

ומאימת הוי חזקה. תימה: מאי קא מיבעיא ליה? וכי אכתי לא אשמועינן דיני חזקה – הא מתני' היא (ב"ב דף מב.): נעל גדר ופרץ כל שהוא הרי זו חזקה! וי"ל: דהכי בעי: ומאימת הוי חזקה, היכא דיהיב כבר זוזי, מאימת מהניא חזקה – מכי דייש אמצרי. אע"ג דגריעא מנעל וגדר – הויא חזקה, הואיל ואיכא כסף, כדפי'. וריב"ס מפרש: שראובן מכר שדה לשמעון, וקנה ממנו קנין גמור; עד שלא החזיק בה אותה חזקה שתהא גילוי דעת שלא יחזור – יכול לחזור. דכי היכי דתקנו רבנן שיהא אדם יכול לחזור בו כל זמן שעסוקין באותו ענין, מפני שלדעת כן הוא קונה ומקנה – שיחזור כל זמן שירצה, כל זמן שעסוקין באותו ענין. ה"נ, דעתו לחזור בו אם יצאו עליה עסיקין קודם חזקה, בגילוי דעתו. משהחזיק בה – אינו יכול לחזור בו. ומאימת הויא חזקה, פי': מאימת הויא ההיא חזקה, דאמרי' גלי דעתיה שקיבלה בכל ענין – מכי דייש אמצרי, לידע מה היא צריכה.

איכא דאמרי אפילו באחריות. ללישנא קמא, באחריות – לא. דהואיל ובאחריות זבין – אית לן למימר שאין בדעתו לקנות אלא נכסים משופין מכל ערעור. ואע"פ שהיה מחזיר לו לבסוף כשגזלה, כדפרישית גבי שלא באחריות – דלא ניחא ליה דליקו בדינא ודיינא.

תימא הא סליקת נפשך וכו'. לא ידעתי אמאי לא משני כגון שכתבו בעלת שלש מאות ובעלת מאתים לבעלת מנה: "דין ודברים אין לנו עמך בעשרים וחמשה"*! (לעיל) **וכן** שלשה שהטילו לכים. לא הוי ממש דומיא דרישא. דהכא – כל אחד נוטל לפי מעותיו. ורבינו חננאל פי': דאבבא בתרייתא קאי. **דאמרה** לה מדין ודברים הוא דסליקי כו'. לא איתפרש שפיר טעמא דהא מילתא.

בכותבת בעלת שלש מאות. לא ידע רבי מאי קמ"ל מתניתין.

רבי אומר אין אני רואה דבריו של ר' נתן באלו אלא חולקות בשוה. פי' ר"ח: קי"ל בהא הלכתא כרבי. ואי אפשר להעמיד דבריו בזמן שיש שם שלש מאות חולקות בשוה. בעלת מאה – מאה, ובעלת מאתים – מאה, ובעלת שלש מאות – מאה, לפי שמדת הדין לוקה בזה. אלא העמידנו דברי רבי, שאמר שחולקות בשוה כל מנה ומנה נוטלות בשוה. הלכך, חולקין כל עזבון המת בששה חלקים: של מנה נוטלת חלק אחד, ושל מאתים שני חלקים, ושל שלש מאות ג' חלקים, כל אחת

תוספות רי"ד

לי עליך: אמר אביי ראובן שמכר שדה לשמעון שלא באחריות ויצאו עליה עסיקין עד שלא החזיק בה יכול לחזור בו משהחזיק בה אינו יכול לחזור בו. מ"ט דא"ל חייתא דקיטרא סברת וקבילת מכי דייש אמצרי א"ד אפי' באחריות נמי דא"ל אחוי טרפך ואשלם לך.

[...] חלקה במנה וגברה ידה לגבות חצי המנה בשיעבוד שטרה עכשיו אני באה לחלוק עמך מלריב עמך ושיעבודי ושיעבודך שוים. ואע"פ שיכולה בעלת ג' מאות לומר לבעלת ר' עד [...]

[...] בכותבת אליבא דר' זה הפתרון נ"ל יפה אע"פ שאינו דומה כרישא דמתני': וכן ג' שהטילו לכים קאי אבבא ג' דמתני' וקסבר ר"נ שלפי מעות חולקין ואע"ג דלגבי ג' נשים לא סבר (הכי) [רבי] [...] מרויחות קסבר כ"א נוטל בשבח כפי מעותיו וכמו שנוטל בשבח כך נוטל בהפסד אבל בג' נשים [...]

כא א ב ג מיי' פ"ד מהל' שותפין הל' ג סמג עשין פב טוש"ע ח"מ סי' קעו סעיף ה:

כב ד ה מיי' פי"ז מהל' אישות הל' א סמג עשין מח טוש"ע אה"ע סימן צו סעי' טז:

כג ו מיי' שם הל' ג טוש"ע שם סעיף ז:

א**הַשָּׂכָר לָאֶמְצַע.** אָמַר רַבָּה: מִסְתַּבְּרָא מִילְּתֵיהּ דִּשְׁמוּאֵל בְּשׁוֹר לַחֲרִישָׁה וְעוֹמֵד לַחֲרִישָׁה, אֲבָל בְּשׁוֹר לַחֲרִישָׁה וְעוֹמֵד לִטְבִיחָה — זֶה נוֹטֵל לְפִי מְעוֹתָיו, וְזֶה נוֹטֵל לְפִי מְעוֹתָיו. וְרַב הַמְנוּנָא באָמַר: אֲפִילּוּ שׁוֹר לַחֲרִישָׁה וְעוֹמֵד לִטְבִיחָה — הַשָּׂכָר לָאֶמְצַע. מֵיתִיבֵי: *שְׁנַיִ' שֶׁהִטִּילוּ לַכִּיס, זֶה מָנֶה וְזֶה מָאתַיִם — הַשָּׂכָר לָאֶמְצַע. מַאי לָאו — בְּשׁוֹר לַחֲרִישָׁה וְעוֹמֵד לִטְבִיחָה, וּתְיוּבְתָּא דְּרַבָּה! לָא, בְּשׁוֹר לַחֲרִישָׁה וְעוֹמֵד לַחֲרִישָׁה. אֲבָל שׁוֹר לַחֲרִישָׁה וְעוֹמֵד לִטְבִיחָה מַאי — זֶה נוֹטֵל לְפִי מְעוֹתָיו, וְזֶה נוֹטֵל לְפִי מְעוֹתָיו? אַדְּתָנֵי סֵיפָא "לָקַח זֶה בְּשֶׁלּוֹ וְזֶה בְּשֶׁלּוֹ וְנִתְעָרְבוּ — זֶה נוֹטֵל לְפִי מְעוֹתָיו וְזֶה נוֹטֵל לְפִי מְעוֹתָיו" — לִיפְלוֹג וְלִיתְנֵי בְּדִידֵיהּ: בַּמֶּה דְּבָרִים אֲמוּרִים — בְּשׁוֹר לַחֲרִישָׁה וְעוֹמֵד לַחֲרִישָׁה, אֲבָל בְּשׁוֹר לַחֲרִישָׁה וְעוֹמֵד לִטְבִיחָה — זֶה נוֹטֵל לְפִי מְעוֹתָיו וְזֶה נוֹטֵל לְפִי מְעוֹתָיו! הָכִי נַמִי קָאָמַר: בַּמֶּה דְּבָרִים אֲמוּרִים — בְּשׁוֹר לַחֲרִישָׁה וְעוֹמֵד לַחֲרִישָׁה, אֲבָל בְּשׁוֹר לַחֲרִישָׁה וְעוֹמֵד לִטְבִיחָה — נַעֲשָׂה כְּמִי שֶׁלָּקַח זֶה בְּשֶׁלּוֹ וְזֶה בְּשֶׁלּוֹ וְנִתְעָרְבוּ, זֶה נוֹטֵל לְפִי מְעוֹתָיו וְזֶה נוֹטֵל לְפִי מְעוֹתָיו. תְּנַן: וְכֵן שְׁלֹשָׁה שֶׁהִטִּילוּ לַכִּיס, פָּחֲתוּ אוֹ הוֹתִירוּ — כָּךְ הֵן חוֹלְקִין. מַאי לָאו, פָּחֲתוּ — פָּחֲתוּ מַמָּשׁ, הוֹתִירוּ — הוֹתִירוּ מַמָּשׁ! גאָמַר רַב נַחְמָן אָמַר רַבָּה בַּר אֲבוּהּ: לָא, הוֹתִירוּ — זוּזֵי חַדְתֵי, פָּחֲתוּ — אַסְתֵּירָא דְּצוֹנִיתָא.§ **מתני'** דמִי שֶׁהָיָה נָשׂוּי ד' נָשִׁים וּמֵת — הָרִאשׁוֹנָה קוֹדֶמֶת לַשְּׁנִיָּה, וּשְׁנִיָּה לַשְּׁלִישִׁית, וּשְׁלִישִׁית לָרְבִיעִית. וְרִאשׁוֹנָה נִשְׁבַּעַת לַשְּׁנִיָּה, וּשְׁנִיָּה לַשְּׁלִישִׁית, וּשְׁלִישִׁית לָרְבִיעִית, וְהָרְבִיעִית נִפְרַעַת שֶׁלֹּא בִּשְׁבוּעָה. בֶּן נַנָּס אוֹמֵר: וְכִי מִפְּנֵי שֶׁהִיא אַחֲרוֹנָה נִשְׂכֶּרֶת? האַף הִיא לֹא תִּפָּרַע אֶלָּא בִּשְׁבוּעָה. והָיוּ יוֹצְאוֹת כּוּלָּן בְּיוֹם אֶחָד — כָּל הַקּוֹדֶמֶת לַחֲבֶרְתָּהּ, אֲפִילּוּ שָׁעָה אַחַת — זָכְתָה. וְכָךְ הָיוּ כּוֹתְבִין בִּירוּשָׁלַיִם שָׁעוֹת. הָיוּ כּוּלָּן יוֹצְאוֹת בְּשָׁעָה אַחַת, וְאֵין שָׁם אֶלָּא מָנֶה — חוֹלְקוֹת בְּשָׁוֶה.§ **גמ'** בְּמַאי קָמִיפַּלְגִי? אָמַר שְׁמוּאֵל: כְּגוֹן

רש"י

הַשָּׂכָר לָאֶמְצַע. חוֹלְקִין בְּשָׁוֶה. שׁוֹר לַחֲרִישָׁה. שֶׁלְּקָחוּ בָּהֶן שׁוֹר לַחֲרוֹשׁ וְחוֹרְשִׁין בּוֹ, וְאֵין חֶלְקוֹ שֶׁל זֶה מוֹעִיל בְּלֹא חֶלְקוֹ שֶׁל זֶה כְּלוּם — הִלְכָּךְ חוֹלְקִין בְּשָׁוֶה. אֲבָל שׁוֹר לַחֲרִישָׁה, וְהִשְׁבִּיחַ בְּבָשָׂר, וּשְׁחָטוּהוּ. זֶה נוֹטֵל לְפִי מְעוֹתָיו כו'. שֶׁהֲרֵי מִתְחַלֵּק לַאֲבָרָיו. וְהָא דְּנָקַט רֵאשִׁית מִקְּמָן לַחֲרִישָׁה — רְבוּתָא אַשְׁמוּעִינַן, דְּאַף עַל גַּב דִּמְעִיקָּרָא אַדַּעְתָּא דְּלְמִיפְלַג בְּשָׁוֶה נָחוּת לְשׁוּתָּפוּת, הַשְׁתָּא דְּשָׁמַן בְּבָשָׂר וּשְׁחָטוּהוּ, וְהוּא מִתְחַלֵּק לַאֲבָרָיו — יִטּוֹל אִישׁ לְפִי מָעוֹתָיו. לָקַח זֶה בְּשֶׁלּוֹ. שְׁוָורִים בְּרִיאִים בְּמָאתַיִם. וְזֶה בְּשֶׁלּוֹ. שְׁוָורִים כְּחוּשִׁים בְּמָנֶה. זֶה נוֹטֵל לְפִי מְעוֹתָיו. דְּשׁוֹר כָּחוּשׁ אֵין עֲבוֹדָתוֹ דּוֹמָה לְשֶׁל בָּרִיא. לִיפְלוֹג בְּדִידֵיהּ. אַף כְּשֶׁהִטִּילוּ לַכִּיס מָעוֹת, וְלָקְחוּ בְּהֵמָה אַחַת, יַחֲלוֹקוּ. וְלֵימָא, זֶה נוֹטֵל לְפִי מָעוֹתָיו וְזֶה נוֹטֵל לְפִי מָעוֹתָיו כו'. פָּחֲתוּ פָּחֲתוּ מַמָּשׁ כו'. וְקָתָנֵי: כָּךְ הֵן חוֹלְקִין לְפִי הַמָּעוֹת, וּתְיוּבְתָּא דִּשְׁמוּאֵל. זוּזֵי חַדְתֵי. שֶׁמַּטִּילִין זוּזִים יְשָׁנִים, וְנָתְנוּ וְנָשְׂאוּ בָּהֶם עַד שֶׁנַּעֲשׂוּ חֲדָשִׁים, וְיוֹצְאִין הֵם בְּהוֹצָאָה. הִלְכָּךְ, חוֹלְקִים לְפִי הַמָּעוֹת, דְּכָל חַד מַאי דְּיָהֵיב שָׁקֵיל. אֲבָל אִם הוֹתִירוּ יוֹתֵר עַל הַחֶשְׁבּוֹן — הַשָּׂכָר לָאֶמְצַע. **אִסְתֵּירֵי דְּצוֹנִיתָא.** שֶׁנִּפְסְלָה הַמַּטְבֵּעַ, וְאֵין יוֹצֵאת בְּהוֹצָאָה, וּמִי שֶׁיֵּשׁ לוֹ מַכָּה בְּפִיסַּת רַגְלוֹ מִתַּחַת קוֹשֵׁר מֵהֶם שָׁם, דִּמְעַלְיָא לֵיהּ חֲלוּדָה דִּידְהוּ וְצוּרְתָא דִּידְהוּ, כִּדְאָמְרִינַן בְּמַסֶּכֶת שַׁבָּת (דף סה.): יוֹצְאִין בְּסֶלַע שֶׁעַל הַצִּינִית, וּמְפָרֵשׁ: מַאי צִינִית — בַּת חַרְעָא. דְּכֵיוָן דְּיֶשְׁנוֹ בָּעַיִן — נוֹטֵל כָּל אֶחָד כְּחֶשְׁבּוֹן שֶׁהִטִּיל. אֲבָל אִם פָּחֲתוּ מֵאָה אוֹ חֲמִשִּׁים זוּז — זֶה מַפְסִיד מֶחֱצָה, וְזֶה מֶחֱצָה, שֶׁהַשָּׂכָר וְהַהֶפְסֵד לָאֶמְצַע. **מתני'** הָרִאשׁוֹנָה נִשְׁבַּעַת לַשְּׁנִיָּה. אִם שְׁנִיָּה טוֹעֶנֶת: הוֹאִיל וְאַתְּ בָּאת לִיטּוֹל תְּחִלָּה — הִשָּׁבְעִי לִי שֶׁלֹּא גָּבִית מִשֶּׁל בַּעְלִי כְּלוּם, דִּלְמָא לֹא מִשְׁתַּיֵּיר לִי נְכָסִים כְּשִׁיעוּר כְּתוּבָּתִי. וְאַף שְׁלִישִׁית תֹּאמַר כֵּן לַשְּׁנִיָּה, וּרְבִיעִית לַשְּׁלִישִׁית. אֲבָל הָרְבִיעִית — נִפְרַעַת שֶׁלֹּא בִּשְׁבוּעָה. וּכְגוֹן שֶׁהַיְּתוֹמִים גְּדוֹלִים. וְקָסָבַר הַאי תַּנָּא: כִּי אָמְרוּ רַבָּנַן הַבָּא לִיפָּרַע מִנִּכְסֵי יְתוֹמִים לֹא יִפָּרַע אֶלָּא בִּשְׁבוּעָה — בִּיתוֹמִים קְטַנִּים אָמְרוּ, וְלֹא בִּגְדוֹלִים. אַף הִיא לֹא תִּפָּרַע כו'. וּבַגְּמָ' מְפָרֵשׁ פְּלוּגְתַּיְיהוּ בְּמַאי. הָיוּ כּוּלָּן יוֹצְאוֹת בְּיוֹם אֶחָד. כְּלוֹמַר, יוֹצְאוֹת לְפָנֵינוּ וּמְלַמְּדוֹת שֶׁכּוּלָּן נִכְתְּבוּ בְּיוֹם אֶחָד. כָּל הַקּוֹדֶמֶת לַחֲבֶרְתָּהּ שָׁעָה אַחַת. בִּכְתוּבָּתָהּ. זָכְתָה. אִם הַשָּׁעוֹת מְפוֹרָשׁוֹת בְּתוֹכָן. כְּגוֹן, בְּאַחַת כָּתוּב: בְּיוֹם פְּלוֹנִי בְּשָׁעָה שְׁלִישִׁית, וּבַשְּׁנִיָּה בְּשָׁעָה רְבִיעִית, וְכֵן בְּכוּלָּן. **גמ'** כְּגוֹן

[תוספתא פ"י]

תוספות

אחת נוטלת לפי מעותיה עד שתפרע כל אחת כתובתה, כי זה דין לדק. וזה שאמר רבי: אין אני רואה דבריו באלו — בבבא דרישא ובבבא דמליעא. אבל בסיפא דתנן: היו שם שלש מאות, של מנה נוטלת חמשים, ושל מאתים מנה, ושל שלש מאות ששה של זהב — לא חלק רבי. אלא, בין בתפיסה אחת בין בשתי תפיסות כך הוא הדין, כל אחת לפי מעותיה. ותו, אשכחן משנה שלמה בפרק "שור שנגח ד' וה'" (ב"ק לו.), ר"ש אומר: שור שוה מאתים שנגח שור שוה מאתים, ואין הנבלה יפה כלום — זה נוטל מנה, וזה מנה. חזר ונגח (את) שור אחר שוה מאתים — האחרון נוטל מנה. ושלפניו, זה נוטל חמשים זוז וזה נוטל חמשים זוז. חזר ונגח שור אחר שוה מאתים — האחרון נוטל מנה, ושלפניו חמשים זוז, ושנים הראשונים דינר זהב. ואקימנא כרבי עקיבא, דאמר: שותפי נינהו, וקיימא לן כוותיה. וחלוקה זו כל אחד לפי מעותיו. לפיכך העמדתי דברי רבי: כל מנה ומנה בשוה. שזו היא חלוקה לפי המעות, כי היכי דלא תקשי הלכתא אהלכתא. ותו גרסינן ב"יש נוחלין" (ב"ב דף קכד.), תניא: רבי אומר: אומר אני, הבכור נוטל פי שנים בשבח שהשביחו נכסים לאחר מיתת אביהן. ירשו שטר חוב — בכור נוטל פי שנים. הנה רבי סבר לפי מעותיו. ואם תעמיד דבריו בשוה ממש — קשה דרבי אדרבי. הלכך נראה להעמיד הדבר על בוריו אליבא דהלכתא, להיות דברי רבי לפי מעותיו, וכן ההלכות שוות. ויש לחלק: דלא דמי להיא ד"יש נוחלין". דהתם ליכא שום שעבוד, אלא כל אחד יש לו חלקו בקרקע, ובכור יש לו פי שנים — לכך נוטל כל מה שחלקו משביח. אבל הכא — משועבדים לכתובה, שכל שלשה מאות משועבדין לכתובת בעלת מנה ובעלת מאתים כמו לבעלת שלש מאות, שכל נכסיו אחראין לכתובתה עד שיהיה לה כל המנה שלה.

מאי לאו בשור לחרישה ועומד לטביחה איירי. מכח קושיא אדתני סיפא, דייק הכי. **מאי** לאו פחתו ממש. וקסבר דבשור לחרישה ועומד לטביחה איירי. דלטביחה ועומד לטביחה — מאי קמ"ל? אלא בכי האי גוונא מיירי, ותיובתא דרב המנונא.

הותירו זוזי חדתי. שלדעת כן נשתתפו יחד, שאם לא ירויחו אלא חילוף המעות — שבשביל ריוח מועט כזה לא יקפידו, אלא כל אחד ואחד יקח חשבון מעותיו. והאי חדתי לאו לאפוקי עתיקי, דב"הזהב" (ב"מ דף מה:) מוכיח בכמה דוכתי דישנים יוצאין בהוצאה יותר מחדשים, אלא לאפוקי אסתירי דצוניתא, שהם ישנים יותר מדאי. מ"ר. הא דאמרי' בפ"ק דבבא בתרא (דף יג. ושם) א"ל* רב יהודה לרב הונא: לדידך, דאמרת לית לך דינא דגוד או אגוד; בכור ופשוט שהניח להן אביהן עבד ובהמה טמאה, כילד הן עושין? א"ל: שאני אומר: עובד לזה יום אחד ולזה שני ימים. ומקשה ר"ת זצ"ל: אמאי קשיא ליה מבכור ופשוט? ליקשי ליה משניהם פשוטים! ואומר ר"ת: שניהם פשוטים ניחא ליה שיעבוד לזה יום אחד ולזה יום אחד, אבל בבכור ופשוט — קשיא ליה; שאם יעבוד הפשוט יום אחד והבכור שני ימים — הרי הבכור נוטל יותר פי שנים; שאם יש עיר רחוקה ממהלך יום אחד, ומשתכרים בה הרבה בסחורה, שיש שם סחורה בזול, פשוט שאין לו שהות אלא יום אחד — לא יוכל לילך שם, והבכור שיש לו שהות שני ימים — הולך שם ומשתכר כמה וכמה יותר מן הפשוט. ור' מפרש: דלהכי קשיא ליה בכור ופשוט — משום שור לחרישה ועומד לחרישה לכולי עלמא השכר לאמצע, משום הכי פריך כילד יעשו, דבזה אין נוטל הבכור פי שנים. ומשני: עובד לזה יום א' ולזה שני ימים. ולא דמי לשור לחרישה ועומד לחרישה, דמשום הכי הוי התם השכר לאמצע — דמעיקרא אדעתא דהכי נשתתפו, אבל גבי בכור דלא שייך האי טעמא — כל אחד נוטל לפי חלקו. מ"ר. **מי** שהיה נשוי ד' נשים. לא הוה מצי למנקט ב' נשים, אע"ג דשייכא בהו שפיר פלוגתא דתנא קמא ובן ננס — מ"מ לא הוה שמעינן מיניה "שבועה לאחד שבועה למאה", אבל השתא שמעי' ליה, דהא אין נשבעת ראשונה לשלישית משום שכבר נשבעה לשניה, כדמפ' בגמ'. מיהו, תימה: אמאי תנא "ארבע"? בשלש סגי, דבשלש נמי שמעי' "שבועה לאחד שבועה למאה"! ואיכא למימר: דהוה אמינא: דהתם הוא דאין נשבעת ראשונה לשלישית שהיא אחרונה, דלא חיישי' כולי האי כיון שכבר נשבעה לשניה. ושלישית, שמא כבר נתקבלה כתובתה שאין נשבעת — לא אחמור בה רבנן כולי האי. אבל אם היתה נשבעת אותה שלישית, כגון שיש רביעית, דהשתא ידעינן שלא נתקבלה כתובתה — הוה אמינא דנחמיר טפי, ותשבע לה הראשונה, להכי תנא "ארבע נשים". מ"ר. שנמלאת

[שם א' רבא לרב נחמן]

תוספות רי"ד

שהטילו לכים זה ק' וזה ר' השכר לאמצע פי' לא יחלוקו השכר לפי המעות אלא כך נוטל זה כמו זה שיש בני אדם שחריפים הם במו"מ יתר מחבריהם מפני שהוסיף זה להטיל מעותיו יותר או שמא מפני אהבתו לא חיישי הילכך כ"ז שלא פרשו אלא הרויחו בסתם חולקין השכר בין שניהם לאמצע אך אם פי' ליטול כ"א לפי מעותיו הכל כפי תנאם: אמר רבה מסתברא מילתיה דשמואל בשור לחרישה ועומד לחרישה פי' שכיון שהשכר שעושין הוא מובדל מן הקרן הוי הכל לאמצע וכן נמי אם שמו מעות בכים להשתכר בהן והותירו כיון שהשכר מובדל מן הקרן השכר לאמצע אבל שור העומד לטביחה (ועומד) [ולקחו] לחרישה זה נוטל לפי מעותיו וזה נוטל לפי מעותיו פי' שהשכר עומד על הקרן כל אחד ואחד לוקח קרנו וכ"ש אם לקחוהו מתחלה לטביחה או אם קנו עגלים לגדלן שכ"א הוא נוטל לפי מעותיו. ור"ה אמר אפי' שור לחרישה ועומד לטביחה השכר לאמצע פי' אע"פ שהשכר עומד על הקרן אם היו עתידים לחלקו לאיבריו ולהוליך כ"א הבשר לביתו הי' נוטלין לפי המעות אבל כיון דלמכירה קאי וסוף שיותירו במעות נמצא שהריוח הוא מובדל מן הקרן וכאילו נשתכרו בפרקמטיא דמי שהשכר לאמצע ול"ת דוקא שלקחוהו לחרישה תחלה אלא אפי' לקחוהו מתחלה לטביחה כיון דלמכירה קאי ולא לחלוק לאיבריו הוי השכר לאמצע אלא משום דנקט רבה שור לחרישה ועומד לטביחה נקטו נמי אינהו האי לישנא ולאו דוקא: מיתיבי ב' שהטילו לכים זה ק' וזה ר' השכר לאמצע מאי לאו בשור לחרישה ועומד לטביחה תיובתא דרבה לא בשור לחרישה ועומד לחרישה אבל שור לחרישה ועומד לטביחה מאי זה נוטל לפי מעותיו וזה נוטל לפי מעותיו אדתני סיפא לקח זה בשלו וזה בשלו ונתערבו זה נוטל לפי מעותיו וזה נוטל לפי מעותיו ניפלוג בדידה במד"א בשור לחרישה ועומד לחרישה אבל שור לחרישה ועומד לטביחה זה נוטל לפי מעותיו וזה נוטל לפי מעותיו פי' בוודאי כששמו בכים זה ק' וזה ר' וקונים בהם פרקמטיא כיון שאין סוחרי הק' לבד והר' לבד אלא הכל ביחד אבל לחרוש ולהשתכר בהן כיון שקרנו של זה מובדל תמיד מקרנו של זה כ"א נוטל לפי"מ ה"נ קאמר במה דברים אמורים בשור לחרישה ועומד לחרישה אבל שור לחרישה ועומד לטביחה נעשה כמי שלקח זה בשלו וזה בשלו ונתערבו שז"נ לפ"מ וז"נ לפ"מ. תנן וכן ג' שהטילו לכים פחתו או הותירו כך הן חולקין מאי לאו פחתו ממש הותירו ממש פי' וק' לשמואל בין אליבא דרבה בין אליבא דר"ה שהרי אם הותירו מעות אע"פ שאין השכר עומד על הקרן נוטלים לפ"מ אר"נ ארב"א הותירו זוזי חדתי פחתו אסתרא דצניתא פי' שהטילו זוזים ישנים ונשאו ונתנו בהם עד שנעשו חדשים ויוציאו בהוצאה הלכך חולקין לפי המעות דכל חד וחד שקיל מה דיהיב אבל אם הותירו יותר על החשבון השכר לאמצע פחתו איסתרא דצניתא שנפסל המטבע ואין יוצא בהוצאה ומי שיש לו מכה תחת עקבו קושרה שם כדאמרי' בשבת יוצאים בסלע שעל הצינית דכיון שישנן בעין נוטל כ"א כחשבון שהטיל אבל אם פחתו ק' או נ' זוז זה מפסיד מחצה וזה מפסיד מחצה שהשכר והפסד לאמצע א) ובהא לא מבעי' רבה אלא אפי' ר"ה מודי לאו למכירה קיימא שימצא בהן עודף על הקרן או פחות אלא כ"א מוליך זחיו או משובחים או מופסדים אבל שור לטביחה דקאי למכירה וסוף שיהי' יתרון במעות חולקין לאמצע והל' כשמואל וכפירוקא דר"נ דבכל מידי דמשתכרי ב) ולא קאי השכר או ההפסד על הזוזין כ"א נוטל לפ"מ או מושבחין או מופסדין. עיין בערך מ"ט בס"ה: **מתני'** מי שהיה נשוי ד' נשים ומת הא' קודמת להב' והב' להג' והג' להד' והד' נפרעת של"ב אמר בן ננס וכי מפני שהיא אחרונה נשכרה אף היא ל"ת א"ב היו כולן יוצאת ביום א' כל הקודמת לחברתה אפי' שעה א' זכתה כך הי' כותבין בירושלים

א) ר"ל בהא דמיירי מתני' בזוזי הדתי לא מבעי רבה. ב) אולי צ"ל ולא קאי השכר או ההפסד על הזוזין השכר לאמצע אבל אי קאי השכר או ההפסד על הזוזין וכו'.

כְּגוֹן שֶׁנִּמְצֵאת אַחַת מֵהֶן שָׂדֶה שֶׁאֵינָהּ שֶׁלּוֹ, וּבְבַעַל חוֹב מְאוּחָר שֶׁקָּדַם וְגָבָה קָמִיפַּלְגִי; *ת"ק סָבַר: מַה שֶּׁגָּבָה – לֹא גָּבָה, וּבֶן נַנָּס סָבַר: *מַה שֶּׁגָּבָה – גָּבָה. (אָמַר) ר"נ אָמַר רַבָּה בַּר אֲבוּהּ: דְּכוּלֵּי עָלְמָא, מַה שֶּׁגָּבָה – לֹא גָּבָה, וְהָכָא בְּחָיְישִׁינַן שֶׁמָּא תַּכְסִיף קָמִיפַּלְגִי; מָר סָבַר: חָיְישִׁינַן שֶׁמָּא תַּכְסִיף, וּמָר סָבַר: לָא חָיְישִׁינַן שֶׁמָּא תַּכְסִיף. אַבַּיֵי אָמַר: דְּאַבַּיֵי קַשִּׁישָׁא אִיכָּא בֵּינַיְיהוּ. *דְּתָנֵי אַבַּיֵי קַשִּׁישָׁא: א יְתוֹמִים שֶׁאָמְרוּ – גְּדוֹלִים, וְאֵין צ"ל קְטַנִּים. ת"ק – לֵית לֵיהּ דְּאַבַּיֵי קַשִּׁישָׁא, וּבֶן נַנָּס – אִית לֵיהּ דְּאַבַּיֵי קַשִּׁישָׁא. ב אָמַר רַב הוּנָא: הָנֵי תְּרֵי אַחֵי וּתְרֵי שׁוּתָּפֵי דְּאִית לְהוּ דִּינָא בַּהֲדֵי חַד, וַאֲזַל חַד מִינַּיְיהוּ בַּהֲדֵיהּ לְדִינָא, לָא מָצֵי אִידָּךְ לְמֵימַר לֵיהּ: אַתְּ לָאו בַּעַל דְּבָרִים דִּידִי אַתְּ, אֶלָּא שְׁלִיחוּתֵיהּ עֲבַד. אִקְלַע ר"נ לְסוּרָא, שַׁיְילוּהִי: כִּי הַאי גַּוְונָא מַאי? אֲמַר לְהוּ: מַתְנִי' הִיא: הָרִאשׁוֹנָה נִשְׁבַּעַת לַשְּׁנִיָּה, וּשְׁנִיָּה לַשְּׁלִישִׁית וּשְׁלִישִׁית, לָרְבִיעִית. וְאִילּוּ רִאשׁוֹנָה לַשְּׁלִישִׁית – לָא קָתָנֵי, מַאי טַעְמָא – לָאו מִשּׁוּם דִּשְׁלִיחוּתָהּ עָבְדָה? מִי דָּמֵי? הָתָם – ג שְׁבוּעָה לְאֶחָד וּשְׁבוּעָה לְמֵאָה, הָכָא אָמַר: אִילּוּ אֲנָא הֲוַאי – טָעֵינְנָא טְפֵי. ד וְלָא אֲמַרַן אֶלָּא דְּלָא אִיתֵיהּ בְּמָתָא, אֲבָל אִיתֵיהּ בְּמָתָא – אִיבָּעֵי לֵיהּ לְמֵיתֵי.§ *אִתְּמַר, ב' שְׁטָרוֹת הַיּוֹצְאִים בְּיוֹם אֶחָד. רַב אָמַר: חוֹלְקִין, ה וּשְׁמוּאֵל אָמַר: *שׁוּדָא דְּדַיָּינֵי. לֵימָא רַב דְּאָמַר כְּר"מ, דְּאָמַר: *עֵדֵי חֲתִימָה כָּרְתִי, וּשְׁמוּאֵל

רש"י

כְּגוֹן שֶׁנִּמְצֵאת אַחַת. מִן הַשָּׁלֹשׁ שָׂדוֹת שֶׁגָּבוּ ג' נָשִׁים רִאשׁוֹנוֹת. שָׂדֶה שֶׁאֵינָהּ שֶׁלּוֹ. שֶׁנּוֹדַע שֶׁגְּזָלָהּ, וְסוֹף שֶׁיָּבוֹאוּ בְּעָלִים וְיִטְּלוּהָ מִמֶּנָּה. וּכְשֶׁבָּאָה רְבִיעִית לִגְבּוֹת כְּתוּבָּתָהּ מִשָּׂדֶה רְבִיעִית – בָּאָה זוֹ וְעוֹמֶדֶת לֵאמֹר: לְמָחָר יָבֹא הַנִּגְזָל וְיִטּוֹל שָׂדֵהוּ מִיָּדִי, וְנִמְצֵאתִי קֵרַחַת. רְצוֹנִי שֶׁתִּשָּׁבְעִי שֶׁלֹּא גָּבִית כְּתוּבָּתֵיךְ בְּחַיֵּי הַבַּעַל. וּבְבַעַל חוֹב מְאוּחָר שֶׁקָּדַם וְגָבָה קָמִיפַּלְגִי. ת"ק סָבַר מַה שֶּׁגָּבָה לֹא גָּבָה. הִלְכָּךְ לָמָּה תִּשָּׁבַע? אִם יָבֹא הַנִּגְזָל וְיִטְרוֹף מִזּוֹ – תַּחֲזוֹר הִיא עַל הָרְבִיעִית, וְתִטּוֹל מִמֶּנָּה מַה שֶּׁגָּבְתָה, דַּהֲוְיָא לָהּ רְבִיעִית בַּעַל חוֹב מְאוּחָר. וּבֶן נַנָּס סָבַר מַה שֶּׁגָּבָה גָּבָה. וְאֵין הַשְּׁלִישִׁית חוֹזֶרֶת עָלֶיהָ, לְפִיכָךְ יְכוֹלָה לְהַשְׁבִּיעָהּ. דְּכוּלֵּי עָלְמָא מַה שֶּׁגָּבָה לֹא גָּבָה. וּשְׁבוּעָה דְּבֶן נַנָּס טַעְמָא מַאי – דְּקָסָבַר: חָיְישִׁינַן שֶׁמָּא תַּכְסִיף הָרְבִיעִית הַזֹּאת אֶת הַשָּׂדֶה שֶׁהִיא גּוֹבָה. דְּכִי חַזְיָא דְּלָא מַשְׁבְּעִינַן לַהּ יָדְעָא דְּהָדְרָא שְׁלִישִׁית עִילָּוַהּ כְּשֶׁיִּטְּלוּ מַה שֶּׁבְּיָדָהּ, וְלָא חָיְישָׁא הָךְ רְבִיעִית לְאַשְׁבּוּחֵי לְאַרְעָא, אֶלָּא שָׁמְטָה וְאָכְלָה. וְת"ק לָא חָיֵישׁ לְ"שֶׁמָּא תַּכְסִיף". דְּאַבַּיֵי קַשִּׁישָׁא אִיכָּא בֵּינַיְיהוּ. וְהַיְּתוֹמִים בָּאִים לְהַשְׁבִּיעָהּ. וְלֹא בְּנִמְצֵאת שָׂדֶה שֶׁאֵינָהּ שֶׁלּוֹ מַיְירֵי. יְתוֹמִים שֶׁאָמְרוּ. הַבָּא לִיפָּרַע מֵהֶם לֹא יִפָּרַע אֶלָּא בִּשְׁבוּעָה – אַף בִּגְדוֹלִים אָמְרוּ. תְּרֵי אַחֵי וּתְרֵי שׁוּתָּפֵי. אוֹ תְּרֵי שׁוּתָּפֵי. וַאֲזַל חַד מִינַּיְיהוּ בַּהֲדֵיהּ לְדִינָא. בִּדְבַר הַשּׁוּתָּפוּת, וְיָצָא הַשּׁוּתָּף חַיָּיב. לָא מָצֵי. שׁוּתָּף חֲבֵירוֹ, לְמֵימַר לְבַעַל הַדִּין. אַנְתְּ לָאו בַּעַל דְּבָרִים דִּידִי אַתְּ. בְּדִין זֶה שֶׁנִּתְחַיֵּיב חֲבֵרִי – אֲנִי אָדִין עִמְּךָ בְּחֶלְקִי. וְאִילּוּ רִאשׁוֹנָה לַשְּׁלִישִׁית לָא קָתָנֵי. דְּתִשָּׁבַע, לְפִי שֶׁנִּשְׁבְּעָה. וְלָא אֲמַרַן. שֶׁיַּחֲזִיר וְיָדוּן. אֶלָּא דְּלָא הֲוָה. הַאי שׁוּתָּף בְּמָתָא, כְּשֶׁבָּא חֲבֵירוֹ לַדִּין. ב' שְׁטָרוֹת. מָכַר שָׂדֶה אַחַת לִשְׁנֵי בְּנֵי אָדָם בְּיוֹם אֶחָד. שׁוּדָא דְּדַיָּינֵי. לְפִי רְאוֹת עֵינֵי הַדַּיָּינִין יַטִּילוּ הַזְּכוּת וְהַחוֹבָה. שׁוּדָא. לְשׁוֹן הַשְׁלָכָה, כְּמוֹ "יָרָה בַיָּם", דְּמִתַּרְגֵּם "שְׁדִי בְיַמָּא" (שמות טו). כְּרַבִּי מֵאִיר דְּאָמַר. לְעִנְיַן גֵּט, עֵדֵי חֲתִימָה עִיקַּר כְּרִיתוּת, וְכֵן לְעִנְיַן הַשְּׁטָרוֹת. וְאֵלּוּ שְׁנֵיהֶם נֶחְתְּמוּ בְּיוֹם אֶחָד וּבְמָקוֹם שֶׁאֵין כּוֹתְבִין שָׁעוֹת – גַּלּוּ דַּעְתַּיְיהוּ דְּאֵין מַקְפִּידִין עַל הַקּוֹדֵם לַחֲבֵירוֹ, וַאֲפִילּוּ זֶה שַׁחֲרִית וְזֶה בַּמִּנְחָה – אֵין זֶה גּוֹבֶה יוֹתֵר מִזֶּה. הִלְכָּךְ, מַאי שׁוּדָא דְּדַיָּינֵי אִיכָּא לְמֵימַר? אֵין אָדָם יָכוֹל לְיַפּוֹת כֹּחוֹ שֶׁל זֶה מִשֶּׁל זֶה! וּשְׁמוּאֵל

תוספות

שנמצאת אחת מהן שדה שאינה שלו. פי' הקונט': שנודע כבר שהיא גזולה. הלכך, כשבאה רביעית לגבות – משביעין לה, והדר יהבינן לה, לבן ננס, דהואיל מה שגבתה גבתה – צריכה שבועה, שהרי נפסדת אותה שיש לה שדה שאינה שלו. וקשה לרבי: דמסתמא כשמשביעין הרביעית – משמע שעדיין לא גבתה, מדקתני גבי רביעית "נפרעת" "לא תפרע". והואיל וכן – הקודמת לה למה אינה לוקחת אותה שדה דבבירור שלו? ואין סברא לומר שנמצאת אחת מהן שדה שאינה שלו, ואינו ידוע איזו. ועוד קשה לי: מאי קאמר בן ננס: וכי מפני שהיא אחרונה נשכרת? אטו מי קאמר ת"ק "נשכרה"? "נפסדה" קאמר, שאינה נשבעת – לפי שאין גבייתה כלום, שהקודמת לה נוטלת אותה שדה. והיכא שהאחרונה נפרעת, כגון שלא נמצאת אחת מהן שאינה שלו – התם מודה נמי בן ננס דנפרעת שלא בשבועה. על כן נראה כפי' ר"ת: דאפילו לא נמצאת פליגי, דקאמר בן ננס שנשבעת הרביעית. משום חשש שמא תמצא אחת מהן שדה שאינה שלו, ולא יוכלו אחרי כן לחזור עליה, דמה שגבתה גבתה. וה"ק: במאי פליגי, כלומר: במאי תלוי עיקר טעמא, שמחמת אותו טעם משביעה בן ננס לעולם – כגון שנמצאת כו'. ומשום הכי נשבעת אפילו לא נמצאת. והכא בחיישינן שמא תכסיף קמיפלגי, לפי שיראה שמא תמצא אחת מהן שדה שאינה שלו, ויחזרו עליה, ואינה חוששת להשביח השדה, ומפסידתו. ואומר ר"ת: דמשביעין אותה כדי שתפרוש אם התפיסה צררי. וא"ת: א"כ נשביע כל ב"ח, דניחוש שמא יכסיף לפי שמא יש בעל חוב קודם שיטרוף ממנו, ונשביענו כדי שיפרוש אם התפיסו צררי? לאו מילתא היא, דאטו יש לנו לעשות תקנה לבעל חוב דליתיה קמן? ושמא איננו בעולם. אבל הכא – אנו עושין תקנה בשביל הנשים הקודמות. וא"ת: ומה יועיל מה שיפרוש? גם היתומים שיפול השדה בידם יכסיפוה מחמת יראה זו שמא תמצא אחת מהן שדה שאינה שלו! ואומר רבי: דלא יכסיפוה בשביל כך, שחביבה בעיניהם. עוד אומר ר': הם למה יכסיפוה? אם אותה שדה ישביחו – יהא ריוח שלהן, שיכולין לסלקו בזוזי, דאין להן בשדה אלא כנכסים בעלמא. אבל אחרונה – תכסיף, דהואיל ומה שגבתה לא גבתה, אינה יכולה לסלקה בזוזי. וא"ת: לרבנן נמי, תהא האחרונה נמי צריכה שבועה כדין כל הבא ליפרע מנכסי יתומים! ופ"ה: דביתומים גדולים איירי, ודלא כאביי קשישא. ור' מפרש: אפי' לאביי קשישא, כגון שפטרה מן השבועה. וא"ת: למאן דלית ליה דאביי קשישא, היכי מפרש: הנפרעת מנכסי יתומים לא תפרע אלא בשבועה (לעיל פז.), והא דתנן (גיטין לד:): אין אלמנה נפרעת מנכסי יתומים אלא בשבועה? דביתומים גדולים – אינה צריכה שבועה, וביתומים קטנים – נמי ליכא לאוקמא, דאין נזקקין לנכסי יתומים קטנים אא"כ רבית אוכלת בהן! ואומר רבי: דס"ל כמ"ד בערכין פרק "שום היתומים" (דף כב.): אף לכתובה, משום מזוני. וקשה: מ"מ תיקשי מההיא דהנפרעת מנכסי יתומים לא תפרע אלא בשבועה. דהא לעיל ב"הכותב" (דף פז. ד"ה מקשים) פי' ר"י דמיירי בגרושה דלית לה מזוני, כי היכי דלא תיקשי אמאי איצטריך למיתני בגיטין: אין אלמנה נפרעת מנכסי יתומים אלא בשבועה! ואמר לי רבי: דמ"מ איצטריך אלמנה בגיטין, שלא נטעה לומר בגרושה, וניחא דנזקקין בכל ענין. דאילו באלמנה – ה"א דליכא לאוקמא דאקילו בה רבנן משום חינא, כדמפרש בערכין. וא"ת: אמאי לא אקשי מברייתא דאביי קשישא למ"ד: אין נזקקין אלא אם כן רבית אוכלת בהן? דהא קאמר אביי קשישא שגובין מיתומים קטנים בשבועה! וי"ל: דהוה מוקי לה בב"ח גוי, דשייכא ביה שבועה. כמו שרגיל ר"ת לפרש, שמותר לקבל שבועה מגוי. ואפי' לרבינו שמואל שאסר לקבל ממנו שבועה – איכא לאוקמא בגר תושב שקבל עליו שלא לעבוד עבודה זרה, שנשבע בשם. ומיהו, קשה לי: מדקאמר אביי קשישא "יתומים שאמרו" – משמע דאמתני' דגיטין או ד"הכותב" קאי, דמיירי בכתובת אשה, ע"כ נ"ל ודאי דהוה מוקי פלוגתא דבן ננס ורבנן כאביי קשישא, וס"ל כרבנן. **שני** שטרות היוצאים ביום א'. פי': של מכר, או של מתנה. שמואל אמר: שודא דדייני. דלא דמי להא דתנן: היו כולן יוצאות בשעה אחת ואין שם אלא מנה – חולקות בשוה. דהתם – בשעבוד איירי, דאין השעבוד חל אלא מאותה שעה שמוכיח מתוך השטר כשהתחיל השעבוד, דהיינו ממחרת יום שנכתב בו. דביום שנכתב – אין מוכיח מתוך השטר מתי התחיל, או בבקר או בערב. אבל מתנה או מכר – כל הקודם באותו יום עצמו זכה. מ"ר. **לימא** רב דאמר כר' מאיר דאמר עדי חתימה כרתי. וכיון דעיקר הוא השטר ומתוך עדים החתומים בשטר, אין ניכר שקדם קנינו של זה לקנינו של זה – הלכך קונין שניהם בבת אחת, אפי' נכתב ונחתם ונמסר לאחד תחלה, ואח"כ נכתב ונמסר לשני. אע"פ שמתוך עדי מסירה ניכר, דלא חשיב להו עדי מסירה עיקר. והכי מוכח בגטין, דתנן בפ' "כל הגט" (דף כד:): כתב לגרש את הגדולה לא יגרש בו את הקטנה. ודייק בגמ': הא גדולה – מצי מגרש. אמר רבה: זאת אומרת שני יוסף בן שמעון הדרים בעיר אחת מוציאין שט"ח על אחרים. א"ל אביי: אלא מעתה רישא דקתני "פסול לגרש בו" – ה"נ שני הוא דלא מגרש ביה, הא ראשון – מצי מגרש ביה? והא אמרת: אין אחר יכול להוציא שטר חוב עליהם! אלא מאי אית לך למימר – בעדי מסירה, ור' אלעזר. משמע, אבל לר"מ – אפי' ראשון לא מצי מגרש, אע"פ שניכר מתוך עדי מסירה – הואיל ומתוך עדי חתימה אין ניכר. מ"ר. ונראה לרבי: דמיירי הכא במתנה או במכר במקום שכותבין את השטר. דבמקום שאין כותבין, שהקרקע נקנה בכסף ובחזקה ובחליפין, והשטר אינו עומד אלא לראיה – התם כולי עלמא מודו דאמרינן שודא. דאין צריך התם שיהא ניכר מתוך עדי חתימה איזה קנה תחלה, הואיל ואינו אלא לראיה בעלמא. ור"ת מפרש הא מילתא בענין אחר, וז"ל: שני שטרות היוצאין ביום אחד, מכר שדה אחת לשני בני אדם – האחד עיקר. אבל שני שטרות של שני בעלי חובין – חולקין לכ"ע, כדתנן במתניתין: חולקות בשוה. ובעל כרחך כשכולן יוצאין ביום אחד. וטעמא – דשניהם אמת. ושעה אחת בירושלים – כיום אחד בעלמא דמי. לימא רב דאמר כר"מ דאמר: עדי חתימה כרתי, ואפשר דנחתם בבת אחת, דהנך סהדי חתום אהאי, והנך סהדי אהאי, בהדי הדדי. ומקחות, כיון שהחתימה עיקר – המסירה היתה לדעת חתימה, אע"פ שהיתה זו אחר זו, והוי כנמסר בבת א'. דהיכא דכתבי שעות תלינן

מסורת הש"ס

לעיל ג. [ב"ק לה. ערכין ז:]

גיטין ג. שבועות מב:

ב"ב לד:

[קדושין עד. וש"נ]

[קדושין מח. גיטין ג: כח. וש"נ]

גליון הש"ס

גמ' שודא דדייני. עיין לעיל נה ע"ב תוס' ד"ה שאם אמר:

עין משפט נר מצוה

כד א מיי' פי"ד מהל' מלוה ולוה הל' א סמג עשין מח ופד טוש"ע אה"ע סי' ט סעיף טז וטוש"ע ח"מ סי' קח סעי' ג ויז:

כה ב מיי' פ"ג מהל' שותפין הל' ג סמג עשין פב טוש"ע ח"מ סי' עז סעיף ט וסי' קכב סעיף ט וסי' קטו סעיף כה:

כו ג מיי' שם [בכ"מ] טוש"ע ח"מ סימן פז סעיף לו וסי' קטו סעיף כד:

כז ד מיי' שם טוש"ע שם סי' עז סעיף ט וסי' קכב סעיף ט וסימן קטו סעיף כה:

כח ה מיי' פ"ה מהל' זכיה הל' ו ופ"כ מהל' מלוה ולוה הל' ג סמג עשין סה טוש"ע ח"מ סי' רמ סעי' ג וסי' קד סעיף ח:

תוספות רי"ד

בירושלים שעות היו כולן יוצאות בשעה א' ואין שם אלא ק' חולקין בשוה במאי קמיפלגי אמר שמואל כגון שנמצאת שדה א' שאינו שלו ובב"ח מאוחר שקו"ג קא מיפלגי ת"ק סבר מ"ש ל"ג וב"נ סבר משג"ג פי' כגון שנמצא א' מן הג' שדות שגבו נשים ראשונות שדה שאינו שלו שנודע שגזלה וסוף שיבואו בעלים ויטלוה ממנה וכשבאה הד' לגבות בכתובתה שדה הד' באה זו ועוררת למחר יבא הנגזל ויטול שדהו מידי ונמצאתי קרח רצוני שתשבעי שלא גבית כתובתך בחיי הבעל ובבח"מ שקדם וגבה קמפלגי ת"ק סבר מ"ש ל"ג הילכך למה תשבע אם יבא הנגזל ויטרוף מידה היא תחזור על הד' ותטול ממנה מה שגבית דהוי לה ד' ב"ח מאוחר. וב"נ סבר משג"ג ואין הג' חוזרת עלי' לפי' היא יכולה להשביעה. ר"נ ארב"א דכ"ע מ"ש ל"ג והכא בחוששין שמא תכסיף זו הד' את השדה שהיא גובה דכי חזיא דלא משבענא לה ידעה דהדרה ג' עלה כשיטלו מה שבידה ולא חיישא הך הד' לאשבוחי לארעא אלא שמטא ואזלא ות"ק לא חייש לשמא תכסיף וכן הל' דבח"מ שקו"ג מ"ש לא גבה ומאי דאמרי' בפ"ב דערכין בח"מ שקדם וגבה מש"ג ההיא מיירי במטלטלין כדכתבינן בר"פ ומשום דמטלטלי לא משתעבדי לב"ח אבל קרקע שהם משועבדים לב"ח לא כל הימנו לאחרון לאבד זכותו של ראשון ואם קדם וגבה שלא כדין לא גבה ומוציאין מידו: אביי אמר דאביי קשישא א"ב דתני א"ק יתומים שאמרו גדולים ואצ"ל קטנים בין לשבועה בין לזיבורית ת"ק ל"ל דא"ק וב"נ א"ל דא"ק פי' וכגון שהי' היתומים גדולים ובאו היתומים להשביעה. ואע"ג דאוקי אביי דא"ק כב"נ ולא כת"ק הל' כוותי' דהכי פסק תלמודא בפרק הניזקין והל' יתומים שאמרו גדולים ואצ"ל קטנים בין לשבועה בין לזיבורית: אמר ר"ה הני תרי אחי ותרי שותפי דא"ל דינא בהדי חד ואזיל חד מינייהו בהדי' לדינא לא מצי אידך למימר לי' לבדד"א אלא שליחותי' עביד פי' אם יצא השותף חייב לא מצי שותף חברי' למימר לי' לבע"ד אנת לאו בדד"א בדין זה שנתחייב חבירו כאילו נתחייב וכאילו שלחו לדון עמו דמי: איקלע ר"נ לסורא שיילוהו כהאי גוונא מאי א"ל מתני' היא הא' נשבעת לב' וב' לג' וג' לד' ואילו הא' לג' לא קתני מ"ט לאו משום דשליחותה עבדה: מי דמי התם שבועה לא' שבועה לק' הכא א"ל אי הוה אנא הוה טעיננא טפי ול"א אלא דליתא במתא אבל איתא במתא איבעי' ליה למיתי: איתמר ב' שטרות היוצאים ביום א' רב אמר חולקין ושמואל אמר שודא דדיינא. פי' ב' שטרי מכר או שיעבוד להלואה או מתנה יוצאין על שדה א' וזמן שניהם שוה ביום א' אמר שי"ד כמו שדי בימא השלכת דעת הדיינים כפי שיאמרו הם למי היתה דעתו קרובה ליתן יותר לאותו נותנין ואסיקנא

כט א מיי' פ"ה מהל' זכיה הל' ו ז ופ"ח מהל' גירושין הל' טו ופ"ד הל' יח סמג עשין רמ טוש"ע ח"מ סימן רמ סעיף ז וסימן נח סעי' ז וטוש"ע אה"ע סי' קל סעיף ח וסי' קלג סעיף ה:
ל ב טוש"ע ח"מ סי' רמ סעי' ג בהג"ה:
לא ג מיי' פ"כ מהל' מלוה ולוה הל' ה סמג עשין צד טוש"ע ח"מ סי' מג סעיף כב:

וּשְׁמוּאֵל דְּאָמַר כְּרַבִּי אֶלְעָזָר, *דְּאָמַר: [א]עֵדֵי מְסִירָה כָּרְתִי? לָא, דְּכוּלֵּי עָלְמָא כְּרַבִּי אֶלְעָזָר. וְהָכָא בְּהָא קָמִיפַּלְגִי; רַב סָבַר: חֲלוּקָה עֲדִיפָא, וּשְׁמוּאֵל סָבַר: שׁוּדָא דְּדַיָּינֵי עֲדִיפָא. וּמִי מָצֵית מוֹקְמַתְּ לֵיהּ לְרַב כְּר' אֶלְעָזָר? *וְהָאָמַר רַב יְהוּדָה אָמַר רַב: הֲלָכָה כְּרַבִּי אֶלְעָזָר בְּגִיטִּין. כִּי אָמְרִיתָהּ קַמֵּיהּ דִּשְׁמוּאֵל אֲמַר: אַף בִּשְׁטָרוֹת. מִכְּלָל דְּרַב סָבַר – בִּשְׁטָרוֹת לָא! אֶלָּא, מְחַוַּורְתָּא: רַב – כְּר"מ, וּשְׁמוּאֵל – כְּרַבִּי אֶלְעָזָר. מֵיתִיבֵי: שְׁנֵי שְׁטָרוֹת הַיּוֹצְאִים בְּיוֹם אֶחָד – חוֹלְקִין, תְּיוּבְתָּא דִּשְׁמוּאֵל! אָמַר לָךְ שְׁמוּאֵל: הָא מַנִּי – ר"מ הִיא, וַאֲנָא דַּאֲמָרִי כְּר' אֶלְעָזָר. אִי ר"מ – אֵימָא סֵיפָא: כָּתַב לְאֶחָד וּמָסַר לְאַחֵר, זֶה שֶׁמָּסַר לוֹ, קָנָה. וְאִי רַבִּי מֵאִיר – אַמַּאי קָנָה? הָאָמַר: עֵדֵי חֲתִימָה כָּרְתִי! תַּנָּאֵי הִיא. דְּתַנְיָא, *וַחֲכָמִים אוֹמְרִים: יַחֲלוֹקוּ, וְכָאן אָמְרוּ: מַה שֶּׁיִּרְצֶה הַשָּׁלִישׁ יַעֲשֶׂה. *אִמֵּיהּ דְּרָמֵי בַּר חָמָא כְּתַבְתִּינְהוּ לְנִכְסַהּ לְרָמִי בַּר חָמָא בְּצַפְרָא, לְאוּרְתָּא כְּתַבְתִּינְהוּ לְמָר עוּקְבָא בַּר חָמָא. אֲתָא רָמִי בַּר חָמָא לְקַמֵּיהּ דְּרַב שֵׁשֶׁת, אוֹקְמֵיהּ בְּנִכְסָא. אֲתָא מָר עוּקְבָא לְקַמֵּיהּ דְּרַב נַחְמָן, אוֹקְמֵיהּ בְּנִכְסָא. אֲתָא רַב שֵׁשֶׁת לְקַמֵּיהּ דְּרַב נַחְמָן, א"ל: מ"ט עָבֵד מָר הָכִי? א"ל: וּמ"ט עֲבַד מָר הָכִי? א"ל: דְּקָדֵים. א"ל: אַטּוּ בִּירוּשָׁלַיִם יָתְבִינַן, דְּכָתְבִינַן שָׁעוֹת? אֶלָּא מָר מַאי טַעְמָא עֲבַד הָכִי? א"ל: שׁוּדָא דְּדַיָּינֵי. א"ל: אֲנָא נַמִּי – שׁוּדָא דְּדַיָּינֵי. א"ל: חֲדָא – [ב]דַּאֲנָא דַּיָּינָא וּמָר לָאו דַּיָּינָא, וְעוֹד: מֵעִיקָּרָא לָאו בְּתוֹרַת הָכִי אָתֵית לָהּ. [ג]הָנְהוּ תְּרֵי שְׁטָרֵי דְּאָתוּ לְקַמֵּיהּ דְּרַב יוֹסֵף, חַד הֲוָה כָּתוּב "בַּחֲמִשָּׁא בְּנִיסָן", וְחַד הֲוָה כָּתוּב בֵּיהּ "בְּנִיסָן" סְתָמָא, אוֹקְמֵיהּ רַב יוֹסֵף לְהַהוּא דַּחֲמִשָּׁא בְּנִיסָן בַּנְּכָסִים. אֲמַר לֵיהּ אִידָךְ: וַאֲנָא אַפְסִיד? אֲמַר לֵיהּ: אַתְּ יָדְךָ עַל הַתַּחְתּוֹנָה, אֵימָא בַּר כ"ט בְּנִיסָן אַתְּ. א"ל: וְנִכְתּוֹב לִי מָר טִירְפָּא

רש"י

וּשְׁמוּאֵל דְּאָמַר כְּרַבִּי אֶלְעָזָר דְּאָמַר. *אע"פ שֶׁאֵין עָלָיו עֵדִים אֶלָּא שֶׁנְּתָנוֹ בִּפְנֵי עֵדִים – גּוֹבֶה מִנְּכָסִים מְשׁוּעְבָּדִים. שֶׁאֵין הָעֵדִים חוֹתְמִין עַל הַגֵּט אֶלָּא מִפְּנֵי תִּיקּוּן הָעוֹלָם, שֶׁמָּא יָמוּתוּ עֵדֵי מְסִירָה אוֹ יֵלְכוּ לִמְדִינַת הַיָּם. אַלְמָא, עֵדֵי מְסִירָה עִיקָּר. וְהָכָא יֵשׁ לוֹמַר, שֶׁמָּא הָאֶחָד הָיָה חָבִיב עָלָיו יוֹתֵר, וְקָדַם וּמְסָרוֹ לוֹ, וְאֶת הַשֵּׁנִי הִטְעָה. וְכִי לָא יָדְעִינַן – יֵימָא שׁוּדָא דְּדַיָּינֵי, לְפִי מַה שֶּׁהֵם רוֹאִים מִי מֵהֶם הָיָה רָגִיל אֶצְלוֹ יוֹתֵר, דְּשׁוּדָא עֲדִיפָא מֵחֲלוּקָה. דְּכוּלֵּי עָלְמָא כְּר' אֶלְעָזָר. דְּקַיְימָא לָן כְּוָותֵיהּ בְּגִטִּין. וְאִיכָּא לְמֵימַר שׁוּדָא וְאִיכָּא לְמֵימַר חֲלוּקָה. וּבְהָא פְּלִיגֵי. חוֹלְקִין. אַלְמָא חֲלוּקָה עֲדִיפָא. ר"מ הִיא. וְלֵיכָּא לְמֵימַר שׁוּדָא בַּחֲתִימָתוֹ. *כָּתַב לְאֶחָד. הַשְּׁטָר, וְלֹא מָסַר לוֹ עַד שֶׁכָּתַב שְׁטָר שֵׁנִי לְאַחֵר עָלֶיהָ, וּמָסַר לוֹ. וְאִי ר"מ כו'. אֶלָּא לָאו, רַבִּי אֶלְעָזָר. וְאִיכָּא לְמֵימַר שׁוּדָא וְאִיכָּא לְמֵימַר חֲלוּקָה, וְקָתָנֵי חוֹלְקִין – אַלְמָא חֲלוּקָה עֲדִיפָא. תַּנָּאֵי הִיא. אִיכָּא לְמ"ד: שׁוּדָא עָדִיף, וְאִיכָּא לְמ"ד: חֲלוּקָה עֲדִיפָא. וַחֲכ"א כו'. בְּשִׁלְהֵי פ"ק דְּגִטִּין: הוֹלֵךְ מָנֶה לִפְלוֹנִי, וְהָלַךְ וּבִיקְּשׁוֹ וְלֹא מְצָאוֹ, שֶׁמֵּת – יַחְזְרוּ לַמְשַׁלֵּחַ. מֵת הַמְשַׁלֵּחַ – יַחְזְרוּ לַיּוֹרְשִׁים כו', עַד וַחֲכ"א: יַחֲלוֹקוּ יוֹרְשֵׁי מְשַׁלֵּחַ וְיוֹרְשֵׁי מִי שֶׁנִּשְׁתַּלְּחוּ לוֹ. *וְכָאן אָמְרוּ: מַה שֶּׁיִּרְצֶה שָׁלִישׁ יַעֲשֶׂה, דְּהַיְינוּ שָׁלִיחַ יַעֲשֶׂה, אַלְמָא שׁוּדָא עֲדִיפָא. אִמֵּיהּ דְּרָמֵי בַּר חָמָא כו'. וְלֹא נוֹדַע לְמִי מְסָרָהּ תְּחִלָּה שְׁטַר מַתָּנָה. אַטּוּ בִּירוּשָׁלַיִם יָתְבִינַן כו'. וְכֵיוָן דְּלֹא הִקְפִּידוּ בְּנֵי מָקוֹם לִכְתּוֹב שָׁעוֹת – גִּילּוּ מִנְהָגָם שֶׁאֵין הוֹלְכִים אַחַר הַקּוֹדֵם לְבוֹ בַּיּוֹם, וּשְׁנֵיהֶם שָׁוִים. אֶלָּא מַר מַאי טַעְמָא עֲבַד הָכִי. וְלֹא אָמַר: יַחֲלוֹקוּ. שׁוּדָא דְּדַיָּינֵי. כְּרַבִּי אֶלְעָזָר, דְּאָמַר: עֵדֵי מְסִירָה כָּרְתִי. וְלִי נִרְאֶה שֶׁזֶּה הָיָה חָבִיב לָהּ יוֹתֵר, וְקָדְמָה וּמְסָרָהּ לוֹ תְּחִלָּה. א"ל אֲנָא נַמִּי. תֶּיהֱוֵי דִּידִי שׁוּדָא דְּדַיָּינֵי. וְכֵיוָן שֶׁפָּסַקְתִּי אֲנִי הַדִּין – שׁוּב אֵין לְךָ כֹּחַ לְהוֹצִיא מִיָּדוֹ, שֶׁהֲרֵי יָצָא מִבֵּ"ד זַכַּאי בְּשׁוּדָא דְּדַיָּינֵי. אֲנָא דַּיָּינָא. עַל פִּי רֹאשׁ גָּלוּתָא וְהַיְשִׁיבָה. לָאו בְּתוֹרַת הָכִי אָתֵית לָהּ. לֹא אָמַרְתָּ טַעַם שֶׁלְּךָ מִשּׁוּם שׁוּדָא דְּדַיָּינֵי, אֶלָּא מִשּׁוּם דְּקָדֵים בַּחֲתִימָה כְּרַבִּי מֵאִיר, וְזוֹ טָעִית, דְּהָא לָאו בִּירוּשָׁלַיִם יָתְבִינַן. הָנְהוּ תְּרֵי שְׁטָרֵי. שֶׁל מֶכֶר, שֶׁיָּצְאוּ עַל שָׂדֶה אַחַת. טִירְפָּא

תוספות

תלינן מסירה אחר שעות חתימה – ה"נ תלינן המסירה בשעת חתימה. ואפי' אם תימצי לומר לצמצם אי אפשר, ואחד מהם נחתם קודם לחברו – איהו מיהו סבר דשניהם נחתמו בבת אחת, ואין דעתו כלל כשמוסר להם, אפי' בזה אחר זה, שיקנה אחד יותר מחברו. אלא דעתו שיקנה זה כמו זה, והוי כאילו מסר שניהם בבת אחת, ואין מועיל הקדמת החתימה כלום. ואי נמי העדים שוים בשני שטרות – אימא בשעה שעסוקין באותו ענין חתמו, דקנין יכול לחזור בו או לקיים שניהם. הלכך אמר רב: חולקין, ושמואל דאמר כרבי אלעזר דאמר עדי מסירה כרתי, וכיון שיוצא השטר מיד המוכר ליד הלוקח, נזהר הוא שלא למסור בבת אחת, אלא זה שלא בפני זה, דהמסירה ביד המוכר, דכותבין שטר למוכר אע"פ שאין לוקח עמו. אבל החתימה לר' אלעזר לאו עיקר הוא, ולא תלינן ביה. הלכך אמר שמואל: שודא דדייני; שיש כח ביד הדיינים מובהקים ליתן לכל מי שירצו, דהואיל וא"א לפי הענין להיות בבת אחת – אימור איתרמי לאותו שזכה. וכן (לעיל דף פה:) גבי שני טוביה, שניהם ת"ח דאיכא שודא, וכן גבי ההיא ד"כאן אמרו" בשילהי פ"ק דגיטין (דף יד: וש"נ) דמייתי הכא, וכן ב"י' יוחסין" (קדושין עד. וש"נ) גבי "נאמן הדיין", וכן ב"המוכר את הבית" (ב"ב סב:) גבי "רכבא דדקלי", וכן ב"שבועת העדות" ברישיה (שבועות לג:), וגבי "אמר רב נחמן" ב"חזקת הבתים" (ב"ב לה. וש"נ) מדמינן דינא דאלים גבר לשודא דדייני, ומשנינן: דמאן דאלים גבר – איכא למיקם עלה דמילתא. שודא דדיינא – ליכא למיקם עלה דמלתא. ולא משום אומדנא דעתא. אבל במקום שיכולין לזכות שניהם בבת אחת, א"נ ב' בעלי חובין ביום אחד, או שתי כתובות ביום אחד – כולי עלמא מודו דיחלוקו, דחשו רבנן להפסד בעלי חובין משום נעילת דלת, ולכתובת אשה משום חינא. אבל בלקוחות, א"נ במתנה – עבוד שודא היכא דאיכא למימר דחד קדים והאחר שקר. עד כאן לשון ר"ת. [וע"ע בתוס' לעיל פה: ד"ה שודא].

כתב לאחד ומסר לאחר לזה שמסר לו קנה. אע"פ שקדמה הכתיבה למסירה – ה"נ ס"ל לשמואל, דהא אית ליה שודא. והיינו אליבא דרבי אלעזר, דאמר: עדי מסירה כרתי. ותימה: הא משמע בפ"ק דב"מ (דף יג. וש"נ) דשמואל ס"ל כאביי, דאמר: עדיו בחתומיו זכין לו. דדחיק התם, שמואל דאמר: לא חיישינן לפרעון ולקנוניא, מתני' דקתני מלא שטרי חוב; בזמן שיש בהן אחריות נכסים – לא יחזיר, אי ס"ל כאביי – אמאי לא יחזיר? ומסיק: שמואל מוקי לה – בשאין חייב מודה. ופריך: אין בהם אחריות נכסים אמאי יחזיר? ומסיק, אמר שמואל: אומר היה ר"מ: שטר שאין בו אחריות נכסים – אינו גובה כו'. מדדחיק שמואל לומר הך סברא לר"מ – ש"מ כאביי ס"ל. דלרב אסי הוה מצי לאוקמא בשאין בו הקנאה. ואליבא דאביי משמע כתב לאחד ומסר לאחר – את שכתב לו, קנה. דאמתני' דקתני "כותבין שטר ללוה אע"פ שאין מלוה עמו", פריך התם: וליחוש דלמא כתב ללוות בניסן ולא לוה עד תשרי, ואתי למיטרף לקוחות שלא כדין, דמניסן ועד תשרי! ומשני, אמר אביי: עדיו בחתומיו זכין לו. אלמא, אע"ג דמסר ללקוחות קודם למלוה, לזה שמסר לו – לא קנה. ובסוף הפרק (שם כ. וש"נ) משני אביי בכהאי גוונא גבי מלא שובר; בזמן שהאשה מודה יחזיר לבעל, דלא חיישינן דלמא כתבה בניסן ולא נתנה עד תשרי כו'. וא"כ קשיא שמואל אדשמואל! ובלא שמואל איכא לאקשויי מאביי גופיה, דמשמע בפרק "זה בורר" (סנהדרין דף כח: וש"נ) דס"ל כרבי אלעזר, דמסקינן התם, אההיא מתנתא דהוו חתימי עלה תרי גיסי כו', א"ל רב יוסף: זיל קנייה בעדי מסירה, ומסיק, א"ל אביי: והא מודה רבי אלעזר במזוייף מתוכו שהוא פסול. משמע, דאי לא הוה מזוייף מתוכו – היה מכשר כרבי אלעזר! וזהו דוחק לומר דאביי – לדבריו דרב יוסף קאמר, וליה לא ס"ל. ובלאו אביי גופיה הוה קשה שם, הא דפסיק ר"ת הלכה כאביי, מדמהדר התלמוד לאוקמא מילתיה דשמואל כוותיה. ועוד, דאביי בתרא הוה, וקיי"ל כר' אלעזר דאמר: עדי מסירה כרתי, ואמרינן: כתב לאחד ומסר לאחר – את שמסר לו קנה! ותירץ רבי: דכי אמרינן "עדיו בחתומיו זכין לו" – ה"מ בשני ימים, שניכר מתוך השטר שקדם זכותו של זה לזכותו של זה. אבל הכא מיירי שנכתבו ביום אחד. הלכך, אע"פ שנכתב זה קודם – הקודם במסירה זכה, דלא אמרינן "עדיו בחתומיו זכין לו", הואיל ואין ניכר שקדם זכותו מתוך השטר. וקשיא לי: גבי מלא שובר, בזמן שהאשה מודה – יחזיר לבעל, דפריך: ניחוש דלמא כתבה ליתן בניסן ולא נתנה עד תשרי, ואזלא וזבינתה לכתובתה בטובת הנאה, ומפיק ליה לשובר דכתוב בניסן ואתי למיטרף לקוחות שלא כדין. מאי קא משני אביי: "עדיו בחתומיו זכין לו?" אכתי ניחוש: באותו יום שנכתב השובר מכרה כתובתה קודם מסירת השובר, דלא אמרינן התם "עדיו בחתומיו זכין לו", הואיל ואין ניכר מתוך השובר שנכתב קודם המסירה! ואמר לי רבי: דכולי האי לא חיישינן: דבאותו יום עצמו מכרה כתובתה. **אמיה** דרמי בר חמא כו'. אין זה ההוא עובדא ד"מי שמת" (ב"ב קנא.). פי' ר"ח: *)דקבלה בידינו דשודא דדייני דוקא במקרקעי, ודוקא דיין מומחה כרב נחמן בדורו. דהא רב ששת – גברא רבה הוה, ואמר ליה רב נחמן: איך דיין לעשות שודא דדייני. ולי נראה: שודא נמי במטלטלי, דגבי שליח מייתי לה בפרק קמא דגטין (דף יד:): [וע"ע תוס' ב"ב לה. ד"ה שודא].

*) [וכ"כ בערוך ערך שד ה ע"ש]

וכי

תוספות רי"ד

ואסיקנא רב דאמר כר"מ דאמר ע"ח כרתי אפילו כתב ומסר לשמעון שניהם קנו ביחד דכיון דעדי חתימה כרתי ואמרי' עדיו בחתומיו זכין לו כ"ז שמגיע השטר לידו קונה מעת החתימה ואע"פ שאחר למוסרו כדאמרי' בשנים אוחזין דאפי' כתב ללוות בניסן ולא לוה עד תשרי נשתעבדו לו נכסיו מניסן שכיון שהגיע השטר לידו למפרע קונה משעת חתימתו וה"נ כיון ששניהם נחתמו ביום א' שניהם קנו ביחד והלכך ליכא למיעבד בהו ש"ד למי מסר תחלה שכך קונה האחרון כמו הראשון וכיון ששניהם קונים ביחד חולקין ושמואל סבר כר"א דאמר ע"מ כרתי והעיקר המסירה היא ולא החתימ' ואילו ידענו למי מסר השטר תחלה אותו היה א) האחרון אינו אלא כמפליגו בדברים ועכשיו שאינו ידוע אומדים ב"ד בדעתם למי היתה דעתו קרובה עמו יותר לאותו מסר תחלה וקי"ל רב ושמואל הל' כשמואל בדיני כ"ש דס"ל כר"א דבמסכת [גיטין פו ע"ב] איפסקא הל' כוותי' הלכך כל שטר דעלמא בין שטרי מכר בין שטרי מתנה בין שטרי הלואה שיצאו על שדה א' בין שיש בהן קנין ובין שאין בהן קנין עבדינן שודא: אימיה דרמי בר חמא בצפרא כתבתינהו לנכסה לרמב"ח לאורתא כתבתינהו לרעב"ח אתא רמב"ח לקמי' דר"ש אוקמי' אנכסי' אתא ר"ע לקמי' דר"נ אוקמי' אנכסי' אתא ר"ש לקמי' דר"נ א"ל מ"ט עביד מר הכי א"ל דקדים א"ל אטו בירושלים יתבינן דכותבים שעות אלא מר מ"ט עביד הכי א"ל ש"ד א"ל אנא נמי ש"ד א"ל חדא דאנא דיינא ומר לאו דיינא ותו מעיקרא לאו בתורת הכי אתית לי' פי' העדים היו מעידים שזה השטר נכתב בבוקר וזה נכתב סמוך לערב אבל לא הי' יודעים למי נמסר תחלה ומתנות בריא היתה ובלא קנין שאילו היתה מתנת ש"מ הי' זוכה האחרון כדאמרי' בפרק מי שמת ולא הי' צריך ר"נ לש"ד אלא היה אומר לר"ש אדרבה מאן דאקדים הפסיד א"ו מתנות בריא היתה ובלא קנין שאילו היתה בקנין הקודם זכה ואע"פ שלא הגיע השטר לידו ולא היה יכול ר"נ לעשות שודא א"ו בלא קנין היתה והי' צריכים לקנות בקבלת השטר ומשום דקדים רמב"ח סבר ר"ש למימר מסתברא כי היכי דקדים בכתיבת השטר ה"נ קדים בחתימה וא"ל ר"נ אטו בירושלים יתבינן דכותבים שעות פי' כך הם להן השעות כמו שיש לנו הימים ואילו נכתב השט"ח האחד היום וא' למחר אע"פ שלא ידענו למי נמסר תחלה (דלא מסתפקין הכי) היינו אומרים מסתמא זה שזמנו קודם לו נמסר תחלה דלא מסתפקין הכי אלא כשזמניהן ביום א' אבל בזא"ז הקודם בזמנו הוא זוכה ולא אמרינן שמא לשני נמסר תחלה וה"נ בירושלים וכותבין שעות כל הקודם בכתיבתו אפי' שעה א' מסתמא הוא קדמו במסירתו כדתנן כל הקודם את חבירתה אפי'

א) נראה דצ"ל היה קונה והאחרון אינו אלא כמפליגו וכו'.

תוספות רי"ד

אפי' שעה א' זכתה אבל לדידן דלא קפדינן אשעות אע"פ שזה קדם את חבירו בשעות אין הקדמה זו מועלת לו לומר מסתמא זה קדם למסירה אלא שניהן שוין ודנין ביניהם ש"ד שמא הוא חביב בעיניהם יותר ולאותו מסר תחלה והוא זוכה בנכסים א"ל אנא נמי ש"ד פי' תהוי דידי נמי ש"ד וכיון שפסקתי הדין שוב אין לך כח להוציא מידו שהרי יצא מב"ד זכאי בש"ד א"ל חדא דאנא דיינא וכו' פי' שר"נ היה ממונה ע"פ ריש גלותא אבל ר"ש לא וש"מ דלאו כל דיינא עביד ש"ד אך אם הוא מומחה דנקיט רשותא ותו מעיקרא וכו' פי' שלא אמרת שלך משום שודא אלא משום דקדים בחתימה כר"מ ובזה טעית דהא לאו בירושלים יתבינן: וזה המעשה אינו דומה לאותו מעשה דגרסי' בפ' מ"ש אימי' דרמב"ח [באורתא] כתבתינהו לנכסיה לרמב"ח ובצפרא כתבתינהו למ"ע ב"ח ושכיבא אזיל רמב"ח לקמי' דר"ש אוקמי' בנכסי אזל ר"ע ב"ח לקמיה דר"נ אוקמי' בנכסי אזל ר"ש לקמיה דר"נ א"ל מ"ט אוקמיה מר לר"ע בנכסי אי משום דהדרה הא שכיבא

א"ל הכי א"ש כל שאילו עמד חוזר במתנתו אימור דאמר שמואל לעצמו לאחר מי אמר א"ל בפירוש אמר שמואל בין לו בין לאחר. ההיא מעשה הות מתנות ש"מ ולפיכך המאוחר זכה אבל זה היה מתנות בריא וכל הקודם זכה וכך מצאתי כתוב בפי' ר"ח וקי"ל דהא דרמי ור"ע תרי עובדי הוה הכא מתנות בריא והתם במי שמת מתנות ש"מ: הנהו תרי שטרי דאתו לקמיה דרב יוסף פי' שטרי מכר היה על שדה א' חד הוה כתוב ביה בה' בניסן וחד הוה כתוב ביה בניסן סתמא אוקמי' ר"י לההיא דה' בניסן בנכסי א"ל אידך ואנא אפסיד א"ל את ידך על התחתונה אימא בר כ"ט בניסן את א"ל ליכתוב לי מר טרפא מאחר

מסורת הש"ס

[גיטין פו:]
[גיטין ט: וש"נ]
גיטין פו:
[כתב לאחד ומסר לאחר. כתב לאחד השטר ולא כו' כל"ל]
גיטין יד:
[ב"ב קנו. ועי' תוס']
פי' בכבל

טִירְפָּא מֵאִיָּיר וְאֵילָךְ. א"ל: יָכְלֵי לְמֵימַר לָךְ: אַתְּ בַּר חַד בְּנִיסָן אַתְּ. מַאי תַּקַּנְתֵּיהּ? נִכְתְּבוּ הַרְשָׁאָה לַהֲדָדֵי.§ **מתני'** [א]מִי שֶׁהָיָה נָשׂוּי ב' נָשִׁים, וּמָכַר אֶת שָׂדֵהוּ. וְכָתְבָה רִאשׁוֹנָה לַלּוֹקֵחַ "דִּין וּדְבָרִים אֵין לִי עִמְּךָ" – הַשְּׁנִיָּה מוֹצִיאָה מֵהַלּוֹקֵחַ, וְרִאשׁוֹנָה מִן הַשְּׁנִיָּה, וְהַלּוֹקֵחַ מִן הָרִאשׁוֹנָה. וְחוֹזְרוֹת חֲלִילָה, עַד שֶׁיַּעֲשׂוּ פְּשָׁרָה בֵּינֵיהֶם. [ב]וְכֵן בַּעַל חוֹב, וְכֵן אִשָּׁה בַּעֲלַת חוֹב.§ **גמ'** וְכִי כָּתְבָה לֵיהּ מַאי הָוֵי? *וְהָתַנְיָא: הָאוֹמֵר לַחֲבֵירוֹ "דִּין וּדְבָרִים אֵין לִי עַל שָׂדֶה זוֹ" וְ"אֵין לִי עֵסֶק בָּהּ" וְ"יָדַי מְסוּלֶּקֶת הֵימֶנָּה" – לֹא אָמַר כְּלוּם! הָכָא בְּמַאי עָסְקִינַן – בְּשֶׁקָּנוּ מִיָּדָהּ. וְכִי קָנוּ מִיָּדָהּ מַאי הָוֵי? תֵּימָא: "נַחַת רוּחַ עָשִׂיתִי לְבַעְלִי!" מִי לָא תְּנַן: *[ג]לָקַח מִן הָאִישׁ וְחָזַר וְלָקַח מִן הָאִשָּׁה – מִקָּחוֹ בָּטֵל. אַלְמָא: יְכוֹלָה הִיא שֶׁתֹּאמַר "נַחַת רוּחַ עָשִׂיתִי לְבַעְלִי!" א"ר זֵירָא אָמַר רַב חִסְדָּא: לָא קַשְׁיָא; הָא – ר"מ, הָא – ר' יְהוּדָה. דְּתַנְיָא: *כָּתַב לָרִאשׁוֹן וְלֹא חָתְמָה לוֹ, לַשֵּׁנִי וְחָתְמָה לוֹ – אִיבְּדָה כְּתוּבָּתָהּ, דִּבְרֵי ר"מ. ר' יְהוּדָה אוֹמֵר: יְכוֹלָה הִיא שֶׁתֹּאמַר "נַחַת רוּחַ עָשִׂיתִי לְבַעְלִי, אַתֶּם מַה לָּכֶם עָלַי"? וְרַבִּי סָתַם לָהּ הָכָא כְּר"מ וְסָתַם לָהּ הָתָם כְּר' יְהוּדָה?! אָמַר רַב פָּפָּא: בִּגְרוּשָׁה, וְדִבְרֵי הַכֹּל. רַב אַשִׁי אָמַר: כּוּלָּהּ ר"מ הִיא; [ד]וְעַד כָּאן לָא קָאָמַר ר"מ הָתָם – אֶלָּא בִּשְׁנֵי לָקוֹחוֹת, דְּאָמְרִי לָהּ: אִי אִיתָא דְּנַחַת רוּחַ עֲבַדְתְּ – לְקַמָּא אִיבָּעֵי לָךְ לְמֶיעְבַּד, אֲבָל בְּלוֹקֵחַ אֶחָד – אֲפִילּוּ רַבִּי מֵאִיר מוֹדֶה. וּמַתְנִי' – דְּכָתַב לֵיהּ לְאַחֵר. *תְּנַן הָתָם: [ה]אֵין נִפְרָעִין מִנְּכָסִים מְשׁוּעְבָּדִים בְּמָקוֹם שֶׁיֵּשׁ נְכָסִים בְּנֵי חוֹרִין, וַאֲפִי' הֵן זִיבּוּרִית. אִיבַּעְיָא לְהוּ: אִישְׁתַּדּוּף בְּנֵי חָרֵי, מַהוּ דְּלִיטְרוֹף מִמְּשַׁעְבְּדֵי? ת"ש: כָּתַב לָרִאשׁוֹן וְלֹא חָתְמָה לוֹ, לַשֵּׁנִי וְחָתְמָה לוֹ – אִיבְּדָה כְּתוּבָּתָהּ, דִּבְרֵי ר"מ. וְאִי סָלְקָא דַּעְתָּךְ אִישְׁתַּדּוּף בְּנֵי חָרֵי טָרֵיף מִמְּשַׁעְבְּדֵי, נְהִי דְּאִיבְּדָה כְּתוּבָּתָהּ מִשֵּׁנִי – מֵרִאשׁוֹן מִיהָא תִּיגְבֵּי! אָמַר רַב נַחְמָן בַּר יִצְחָק: מַאי אִיבְּדָה – אִיבְּדָה מִשֵּׁנִי. אָמַר רָבָא: שְׁתֵּי תְשׁוּבוֹת בַּדָּבָר; חֲדָא – דְּ"אִיבְּדָה" לְגַמְרֵי מַשְׁמַע. וְעוֹד, תַּנְיָא: [ו]לָוָה מִן הָאֶחָד וּמָכַר נְכָסָיו לִשְׁנַיִם, וְכָתַב בַּעַל חוֹב לַלּוֹקֵחַ שֵׁנִי "דִּין וּדְבָרִים אֵין לִי עִמְּךָ" – אֵין לוֹ עַל לוֹקֵחַ רִאשׁוֹן כְּלוּם, מִפְּנֵי שֶׁיָּכוֹל לוֹמַר: הִנַּחְתִּי לְךָ מָקוֹם לִגְבּוֹת הֵימֶנּוּ. [ז]הָתָם אִיהוּ דְּאַפְסִיד נַפְשֵׁיהּ בְּיָדַיִם. א"ל רַב יֵימַר לְרַב אַשִׁי: וְהָא

טִירְפָּא. לִטְרוֹף לָקוֹחוֹת מֵר"ח אִיָּיר, שֶׁהֲרֵי מְכָרָהּ לוֹ בְּאַחֲרָיוּת. יָכְלֵי לְמֵימַר. לָקוֹחוֹת. אַתְּ בַּר חַד בְּנִיסָן אַתְּ. וּשְׁטָרְךָ קוֹדֵם, וְשֶׁלֹּא כַּדִּין נְטָלָהּ מִמְּךָ. מַאי תַּקַּנְתֵּיהּ. דְּהַאי. נִכְתְּבוּ הַרְשָׁאָה לַהֲדָדֵי. יְבַקֵּשׁ מֵאֵת חֲבֵרוֹ בַּר חֲמִשָּׁה בְּנִיסָן, וְיִמְסוֹר לוֹ שְׁטָרוֹ, וְיִכְתּוֹב לוֹ הַרְשָׁאָה עָלָיו לִטְרוֹף לָקוֹחוֹת. וְאִם יֹאמְרוּ לוֹ: בַּר חַד בְּנִיסָן אַתְּ – אוֹמֵר לָהֶם: אֲנִי בָּא לִטְרוֹף בִּשְׁבִיל מָעוֹת שֶׁל חֲמִשָּׁה בְּנִיסָן, שֶׁהֲרֵי לְשֵׁנִינוּ מְכָרָהּ בְּאַחֲרָיוּת, וַאֲנִי בָּא בְּהַרְשָׁאָה עֲלֵיכֶם מִכֹּחוֹ. וְאִם יֹאמְרוּ לוֹ: הוּא קָדַם, וְאַתְּ בַּר כ"ט בְּנִיסָן הָיִיתָ – אוֹמֵר לָהֶם: אֲנִי בָּא מֵחֲמַת עַצְמִי. **מתני'** וּמָכַר אֶת שָׂדֵהוּ. הַמְשׁוּעְבָּד *לַכְּתוּבּוֹת. הָרִאשׁוֹנָה. שֶׁנִּשָּׂאת תְּחִלָּה. הַשְּׁנִיָּה מוֹצִיאָה. כְּשֶׁיָּמוּת בַּעְלָהּ. וְכֵן בַּעַל חוֹב וְכֵן אִשָּׁה בַּעֲלַת חוֹב. מְפָרֵשׁ בַּגְּמָ'. **גמ'** בְּשֶׁקָּנוּ מִיָּדָהּ. וְאָמְרִי' בְּ"הַכּוֹתֵב לְאִשְׁתּוֹ", דְּהֵיכָא דְּקָנוּ מִיָּדוֹ – מִגּוּפָהּ שֶׁל קַרְקַע קָנוּ מִיָּדוֹ. מִקָּחוֹ בָּטֵל. מַשְׁמַע לְגַמְרֵי, וַאֲפִי' בְּחַיֵּי הַבַּעַל. וּבְבָבָא בַּתְרָא מוֹקְמִינַן לָהּ בְּאַחַת מֵאוֹתָן שָׁלֹשׁ שָׂדוֹת: אוֹ יִיחֲדָהּ לָהּ לִכְתוּבָּתָהּ, אוֹ כָּתַב לָהּ בְּתוֹךְ הַכְּתוּבָּה, אוֹ שֶׁהִכְנִיסָהּ לוֹ שׁוּם מִשֶּׁלָּהּ. כָּתַב לָרִאשׁוֹן. שְׁטַר מֶכֶר עַל שָׂדֶה אַחַת. וְלֹא חָתְמָה לוֹ. לֹא הוֹדִית בְּאוֹתוֹ מֶכֶר. וְכָתַב שְׁטָר אַחֵר לְלוֹקֵחַ שֵׁנִי עַל שָׂדֶה אַחֶרֶת, וְחָתְמָה לוֹ. אִבְּדָה כְּתוּבָּתָהּ. אִם אֵין שָׁם בְּנֵי חוֹרִין, שֶׁהֲרֵי הָרִאשׁוֹן אוֹמֵר: הִנַּחְתִּי לֵיךְ מָקוֹם לִגְבּוֹת הֵימֶנּוּ. יְכוֹלָה הִיא שֶׁתֹּאמַר כו'. מִן הַשֵּׁנִי תִּגְבֶּה. וְרַבִּי. דִּסְתָמִינְהוּ לְמִשְׁנָיוֹת; הָכָא בִּכְתוּבּוֹת סָתַם לָן כְּר"מ, וּבְמַסֶּ' גִּיטִּין סָתַם לָן מִקָּחוֹ בָּטֵל, כְּר' יְהוּדָה. אָמַר רַב פָּפָּא. מַתְנִי' כְּשֶׁהָיְתָה גְרוּשָׁה וְאַחַר כָּךְ כָּתְבָה לוֹ לַלּוֹקֵחַ כֵּן. רַב אַשִׁי אָמַר. אֲפִי' בְּיוֹשֶׁבֶת תַּחְתָּיו. וְתַרְוַויְהוּ סְתָמֵי כְּר"מ. וּמַתְנִי' דְּגִיטִּין, דְּלָקַח מִן הָאִישׁ וְחָזַר וְלָקַח מִן הָאִשָּׁה לְהָכִי מִקָּחוֹ בָּטֵל, דְּעַד כָּאן לָא קָאָמַר ר"מ בְּבָרַיְיתָא: אִיבְּדָה כְּתוּבָּתָהּ – אֶלָּא בִּשְׁנֵי לָקוֹחוֹת, וְהָא חָזֵינַן דְּבָרִאשׁוֹן לֹא עָשְׂתָה נַחַת רוּחַ לְבַעְלָהּ, הִלְכָּךְ לָא מָצֵית לְמֵימַר כִּי חָתְמָה לַשֵּׁנִי – נַחַת רוּחַ עָשִׂיתִי לְבַעְלִי. וּמַתְנִיתִין. דְּהָכָא, דְּאַשְׁמְעִינַן מִינָּהּ: חֲתִימָתָהּ קַיֶּימֶת. בִּדְכָתַב. הַבַּעַל לְאַחֵר קוֹדֶם לָזֶה, וְלֹא חָתְמָה לוֹ, וְלָזֶה חָתְמָה. אִישְׁתַּדּוּף בְּנֵי חָרֵי. לְאַחַר שֶׁלָּקְחוּ הַלָּקוֹחוֹת. אִישְׁתַּדּוּף. נִתְקַלְקְלוּ. מֵרִאשׁוֹן מִיהָא תִּגְבֵּי. שֶׁהֲרֵי נִתְקַלְקֵל זְכוּתָהּ בַּמָּקוֹם שֶׁהִנִּיחַ לָהּ לִגְבּוֹת, וְהָוֵה לֵיהּ כְּאִישְׁתַּדּוּף. וְעוֹד תַּנְיָא. דְּמֵרִאשׁוֹן לֹא תִּגְבֶּה. הָכִי גָּרְסִינַן: הָתָם אִיהוּ דְּאַפְסִיד אַנַּפְשֵׁיהּ. וְכוּלָּהּ רָבָא קָאָמַר לָהּ. לֹא תֵּימָא מַאי אִיבְּדָה כְּתוּבָּתָהּ – מִשֵּׁנִי, דְּאַף מֵרִאשׁוֹן אִיבְּדָה. אַפ"ה לָא נִפְשׁוֹט מִינָּהּ אִישְׁתַּדּוּף בְּנֵי חָרֵי לָא טָרֵיף מִמְּשַׁעְבְּדֵי. דְּהָתָם הִיא דְּאִבְּדָה כְּתוּבָּתָהּ, וְהָא דְּקָתָנֵי: אֵין לוֹ עַל לוֹקֵחַ רִאשׁוֹן כְּלוּם – חַד טַעְמָא הוּא. הַאי דְּלָא הָדַר גַּבֵּי מֵהָרִאשׁוֹן – מִשּׁוּם דְּאַפְסִיד נַפְשֵׁיהּ בְּיָדַיִם, שֶׁכָּתַב לַשֵּׁנִי "דִּין וּדְבָרִים אֵין לִי עִמְּךָ", וְלָא דָּמֵי לְאִישְׁתַּדּוּף. וְהָא

וכי כתבה ליה מאי הוי. תימה: מאי קא פריך? והלא לא בא עדיין לידה, והוי כמו כותב לה ועודה ארוסה! ואומר אני: דשפיר פריך, דהכא הוי כמו כותב לה והיא נשואה. ולא דמי לארוסה כלל, דארוסה, אם מכרה ונתנה – קיים, אבל הכא – אינו יכול למכור שלא תטרוף כל שעה. **הכא** במאי עסקינן בשקנו מידה. אע"ג דגבי נשואה אמר רב יוסף בריש "הכותב" (לעיל פג.): מדין ודברים קנו מידו, נשואה הוי טפי ידו כידה מהכא גבי לוקח ידה כידו. **תימא** נחת רוח עשיתי לבעלי מי לא תנן כו'. ליכא לשנויי כשלקח מהאשה תחלה, דאז הוי קיים, כדקתני בסיפא: לקח מן האשה וחזר ולקח מן האיש – מקחו קיים – דבמתני' משמע דאחר מכירת השדה כתבה ללוקח, דהכי קתני: ומכר שדהו וכתבה כו'. **הא** ר"מ הא רבי יהודה דתניא כו'. והא דקתני דלא אמרינן "נחת רוח עשיתי לבעלי" ר"מ היא. ופי' לנו רבי, דצריכין למימר דהשתא הא דנקט בברייתא "כתבה לראשון ולא חתמה לו" רבותא נקט דאע"ג דאיכא למימר הך אתתא כי חתמה נמי לשני לאו שהודית באותו מכר אלא לנחת רוח מכוונת דהא כבר ראינוה שלא חתמה לראשון אפ"ה אמרי' איבדה כתובתה וכ"ש סתמא וקשיא לי א"כ לבסוף דמסיק רב אשי כולה ר"מ היא ועד כאן לא קאמר ר"מ אלא בשני לקוחות כו' אמאי הדר ביה מאותה סברא ראשונה דס"ד דיותר יש לנו לומר אבדה כתובתה בחד לוקח מבשני לקוחות הל"ל כולה ר' יהודה היא, ובשני לקוחות דוקא א"ר יהודה יכולה שתאמר "נחת רוח עשיתי לבעלי", אבל בחד לוקח – לא! על כן נ"ל: לס"ד השתא נמי שייך יותר נחת רוח בלוקח אחד מבשני לקוחות, אבל לא משמע ליה שיחלוק ר"מ. ונקט שני לקוחות משום רבותא דר' יהודה. *[נ"ל כתב] **כתבה** לראשון ולא חתמה לו כו'. יש מקשין: והא ב"הנזקין" (גיטין נה. ושם) אמתני' דלקח מן האיש וחזר ולקח מן האשה – מקחו בטל, אמר רב: לא שנו אלא דא"ל "לך חזק וקני". אבל בשטר – קנה! ותירץ רבי: דהתם כשכתבה לו שטר בפני עצמו, דהואיל ויכול להוציא שטר שלה בלא שטר של בעל – לא אמרי' "נחת רוח", אבל הכא מיירי שחתמה לו בשטר של בעל, דהואיל ואינו יכול להוציא שטר שלה שלא יראו שטר של בעל עמו – יכולה היא ודאי שתאמר "נחת רוח עשיתי לבעלי". ועוד אמר לן רבי: דאפי' בשטר עצמו של בעל איירי, אלא שכתבה שהיא עצמה מכרה ללקוחות. אבל "חתמה לו" דמתניתין – היינו שמוחלת שיעבוד שיש לה על הקרקע. וכן משמע לשון "חתמה", כלומר שנתרצית במקח, ולא מחתה בו. עוד תירץ רבי: דהתם ה"ק: לא שנו אלא דא"ל "לך חזק וקני", אבל בשטר – קנה, בהדי "לך חזק וקני". ולא נתיישב לי תירוץ זה, דפריך התם לרב, מהא דתניא: לקח מן האיש וחזר ולקח מן האשה – מקחו בטל, עד שתכתוב לו אחריות נכסים. דקאמר: נימא תהוי תיובתא דרב. ומאי תיובתא? נמי האי דקתני דבשטר אינו מועיל עד שתכתוב אחריות נכסים – בדלא אמר "לך חזק וקני", וכי קאמר רב – בדאמר "לך חזק וקני" בהדי שטר! ולתירוץ ראשון לא קשה כולי האי. (וע"ע תוס' ב"ב מז: ד"ה אבל בשטר).

הכי איתא גירסא ישנה: מתני' דכתבה לאחר, וזה לאחר שני הוא. מכלל דמכר הבעל לראשון *)(שדה אחרת) ולא חתמה לו. וליסנא דהך משנה דקמשני נקט. דאי האי "אחר" ראשון הוא, וגרסינן "וכתב" – "דזבין ליה לאחר" הו"ל למימר.

התם איהו דאפסיד נפשיה. מה שפירש בקו': וכולה רבא קאמר לה – לא נהירא לר"ת. דא"כ הל"ל: אלא התם הוא דאפסיד אנפשיה. אלא התלמוד הוא דמתרץ: התם הוא בבעל חוב, דאפסיד נפשיה בידים, דידע דדיניה עלויה לפרוע, אבל אשה – ליכא למימר כל כך איהי היא דאפסידה נפשה, דהא בעת שכתבה לו לא היתה ראויה עדיין לגבות בברור, שהרי לא נתנה כתובה לגבות מחיים. וכן פי' רבינו חננאל, ובכמה מקומות בתלמוד דלא חייש ●לשנויי אלא קושיא אחרונה. ועוד: דאינה פירכא כל כך מקמייתא, דלר"נ בר יצחק לא משמע ליה לגמרי, אלא משני.

ומוקמינן

*) רש"ל מ"ז

[נ"ל לכתובתה]

לעיל פג. [וש"נ] גיטין עז.

גיטין נה: ב"ב מט:

ב"ק נט:

גיטין מח: [ב"ק ח:]

גליון הש"ס

תוס' ד"ה התם וכו' לשנויי אלא קושיא אחרונה. כעין זה כתבו תוס' שבת י ע"א ד"ה טריחותא וש"נ:

עין משפט נר מצוה

לב א מיי' פי"ז מהל' אישות הל' יב סמג עשין מח טוש"ע אה"ע סי' ק סעיף ד:

לג ב מיי' פי"ט מהל' מלוה ולוה הל' ח סמג עשין צד טוש"ע ח"מ סי' קיח סעיף ב:

לד ג ד מיי' פי"ז מהל' אישות הל' יא ופ"ל מהל' מכירה הל' ג סמג עשין מח טוש"ע אה"ע סי' צ סעיף יז וסי' ק סעיף ג:

לה ה מיי' פי"ח מהל' מלוה ולוה הל' א ופי"ט הל' ב סמג עשין צד טוש"ע ח"מ סי' קיא סעיף ח:

לו ו ז מיי' פי"ט שם הל' ח סמג שם טוש"ע ח"מ סי' קיח סעיף א וסי' קיא סעיף יב:

תוספות רי"ד

מאייר ואילך פי' לטרוף הלקוחות שלקחו ממנו מאייר ואילך שבאחריות מכרה לו א"ל יכלי לקוחות למימר לך את בר חד בניסן את ושטרך קודם ושלא כדין נטלה ממך מאי תקנתייהו יכתבו הרשאה זה לזה יבקש מאת חבירו בר ה' בניסן וימסר לו שטרו ויכתוב לו הרשאה עליו וילך זה לטרוף לקוחות ואם יאמרו לו בר חד בניסן את יאמר להם אני בא לטרוף עבור חבירי של ה' בניסן שהרי לשנינו מכרה באחריות ואני בא עליכם בהרשאה מכחו ואם יאמרו לך הוא קודם ואת בר כ"ט בניסן היית אומר להם אני בא מחמת עצמי: **מתני'** מי שהיה נשוי ב' נשים מכר את שדהו וכתבה הא' ללוקח דו"ד אין לי עמך הב' מוציאה מיד הלוקח והא' מיד הב' והלוקח מיד הא' וחוזרות חלילה עד שיעשו פשרה וכן ב"ח וכן אשה ב"ח. פי' מכר שדהו המשועבד להן לכתובתן ללוקח ומת והראשונה מסתלקת מעל הלוקח אבל הב' לא נסתלקה מעל הלוקח והא' ג"כ לא נסתלקה מעל הב' אלא בכל שעה היא קודמת לטרוף הלכך חוזרים חלילה עד שיעשו פשרה ביניהם: וכי כתבה לי' מאי הוי והתניא האומר לחבירו דו"ד אין לי על שדה זו ואין לי עסק בה וידי מסולקת הימנה לא"כ הב"ע בשקנו מידה וכי קנו מידה מאי הוי יכולה היא שתאמר נ"ר עשיתי לבעלי מי לא תנן לקח מן האיש וחזר ולקח מן האשה מקחו בטל אלמא יכולה היא שתאמר נ"ר ע"ל ה"נ יכולה היא שתאמר נ"ר ע"ל פי' ואע"ג דאוקימניה בחזקת הבתים באותן ג' שדות א' שכ' לה בכתובתה שהכניסה לו מבית אביה וא' שייחד לה בכתובתה וא' שכתב שום משלו שהיתה שלו וכתב בכתובה שהכניסתו מבית אבי' הא אמרי' התם אי למעוטי שאר נכסים כ"ש דהויא לה איבה אלמא בכל נכסי הבעל יכולה היא לומר נ"ר ע"ל ולא אוקימנא בג' שדות אלא משום דתני מקחו בטל דמשמע לגמרי שגם מקחו של איש בטל משא"כ בשאר נכסי הבעל דאילו בכל נכסיו מקח האיש קיים ומקח האשה בטל שכ"ז שהוא קיים ולא גירש אשתו מקחו קיים אבל

תוספות רי"ד

אבל אם נתאלמנה או נתגרשה היא יכולה לטרוף משם אם לא תמצא בני חורין וקנינה אינה כלום משום דאמרה נ"ר ע"ל. וה"ה נמי גבי ב"ח אם לוה מאחרים ומכר מנכסיו מקחו קיים אלא שב"ח גובה מהן אם לא ימצא ב"ח. ואם עשאן אפותיקי לחובו א"י למכרן כלל דומיא דייחד לה שדה לכתובה ואע"ג דאמרי לקוחות לכשתבא לגבות אם לא תמצא תחזור עלינו אינו כלום מפני שהוא אומר להם א"א לטרוח בב"ד ולהוציא מידכם אלא עד שלא יפרע אותו אי אפשר שימכור מה ששיעבד לו (ובזה חולק הרב ואומר דוקא אם עשאו אפותיקי לאשתו מכרו בטל אבל לב"ח מכרו קיים): אר"ז אר"ח ל"ק הא ר"מ והא ר"י דתניא כ' לראשון ולא חתמה לו לב' וחתמה לו אבדה כתובתה דברי ר"מ ר"י אומר יכולה היא שתאמר נ"ר ע"ל אתם מה לכם עלי. פי' מכר הבעל שדה א' ללוקח א' ולא הסכימה לו אשתו ואח"כ מכר שדה אחרת ללוקח ב' והסכימה לו אבדה כתובתה אם אין שם יותר ב"ח שהראשון שלא הסכימה לו אומר לה הנחתי לך מקום לגבות הימנו וכגון שהשדה הב' היא כשיעור כתובה ועל הב' אינה יכולה לילך שהרי הסכימה לו ור"י סבר הולכת לב' שהסכמתה אינו כלום שתוכל לומר נ"ר ע"ל: ומקשה ור' הכא סתם לן כר"מ והתם במס' גיטין סתם לן כר"י. אמר ר"פ בגרושה וד"ה פי' מתני' מיירי בגרושה ואח"כ כתבה ללוקח שאין לה לומר עכשיו נרע"ל: ר"א אמר כולה ר"מ היא וע"כ ל"ק ר"מ אלא בב' לקוחות דא"ל א"א דנ"ר עבדת מקמא איבעי' לך למיעבד אבל בחד לוקח אפילו ר"מ מודה ומתני' דהכא בדכתב לאחר שכ' הבעל ללוקח א' ולא חתמה לו ולזה חתמה לו וחתם בלוקח א' ולעולם מתני' ביושבת תחת בעלה מיירי שלא בגרושה. ואע"ג דפליגי ר"מ ור"י הל' (כר"י) [כר"מ] כיון דר"א דהוא בתרא אוקי סתם מתני' בב' לקוחות וכר"מ א) קי"ל מחלוקת דברייתא יסתם דמתני' הל' כסתם מתני': תנן התם אין נפרעין מנכסים משועבדים במקום שיש ב"ה אפי' הן זיבורית איבעי' להו אישתדוף בני חרי לאחר שלקחו הלקוחות מהו לטרוף ממשעבדי ומסיק תלמודא והל' אישתדוף בני חרי טריף ממשעבדי תניא בתוספתא בפרק מי שהיה נשוי המלוה את חבירו על החבילה גובה משאר נכסיו עשה שדהו אפותיקו לכתובת אשתו ושטפה נהר גובה משאר נכסים ואם א"ל לא יהא לך פרעון אלא

א) עי' בב"ק נט למבואר שם בהג"ה דלן רב כר"מ וצ"ע

לז א מיי' פי"ט מהל' מלוה ולוה הל' ב סמג עשין צד טוש"ע ח"מ סי' קיא סעיף יב [וברב אלפס גיטין פ"ה ד' קסח]:

[סוכה מד. וש"נ]

לח ב מיי' פי"ב מהל' זכיה הל' יב טוש"ע ח"מ סי' רמח סעי' ח וטוש"ע אה"ע סי' נא סעיף ב [וברב אלפס ב"ב פ"ח קף רכ]:

לט ג מיי' שם הל' ג טוש"ע אה"ע שם וטוש"ע ח"מ שם סע"א:

מ ד מיי' שם הל' ט טוש"ע ח"מ שם סעיף ג:

מא ה מיי' שם הל' יב טוש"ע אה"ע שם וטוש"ע ח"מ שם סעיף ח:

מב ו מיי' פי"ט מהל' מלוה ולוה הל' ח סמג עשין צד טוש"ע ח"מ סי' קיח סעיף ב:

א ז מיי' פי"ח מהל' אישות הל' א סמג עשין מח ולאוין פא טוש"ע אה"ע סימן צג סעיף ג:

ב ח מיי' שם הל' ו סמג שם טוש"ע אה"ע סי' נה סעי' א:

ג ט מיי' וסמג שם טוש"ע אה"ע סי' צד סעיף ז:

ד י מיי' וסמג שם טוש"ע אה"ע סי' פט סעיף ד:

*וְהָא מַעֲשִׂים בְּכָל יוֹם, *דְּהַהוּא גַּבְרָא דְּמִישְׁכֵּן לֵיהּ פַּרְדֵּיסָא לְחַבְרֵיהּ לְעֶשֶׂר שְׁנִין, וְקַשׁ לְחָמֵשׁ שְׁנִין, וַאֲתָא לְקַמַּיְיהוּ דְּרַבָּנַן, וְכָתְבוּ לֵיהּ טִירְפָּא! הָתָם נַמִּי אִינְהוּ הוּא דְּאַפְסִידוּ אַנַּפְשַׁיְיהוּ; כֵּיוָן דְּהָווּ יָדְעִי דְּפַרְדֵּיסָא עֲבִיד דְּקִישׁ — לָא אִיבָּעֵי לְהוּ לְמִיזְבַּן. אוְהִלְכְתָא: אִישְׁתַּדּוּף בְּנֵי חָרֵי — טָרְפָא מִמְּשַׁעְבְּדֵי. אָמַר אַבַּיֵי: ב"נְכָסַי לִיךְ וְאַחֲרַיִךְ לִפְלוֹנִי" וְעָמְדָה וְנִיסֵּת — בַּעַל לוֹקֵחַ הָוֵי, וְאֵין לְ"אַחֲרַיִךְ" בִּמְקוֹם בַּעַל כְּלוּם. כְּמַאן — כִּי הַאי תַּנָּא. *דְּתַנְיָא: "נְכָסַי לִיךְ וְאַחֲרַיִךְ לִפְלוֹנִי" יָרַד הָרִאשׁוֹן וּמָכַר — הַשֵּׁנִי מוֹצִיא מִיַּד הַלָּקוֹחוֹת, דִּבְרֵי רַבִּי. רשב"ג אוֹמֵר: גאֵין לַשֵּׁנִי אֶלָּא מַה שֶּׁשִּׁיֵּיר רִאשׁוֹן. וּמִי אָמַר אַבַּיֵי הָכִי? *וְהָאָמַר אַבַּיֵי: דאֵיזֶהוּ רָשָׁע עָרוּם — זֶה הַמַּשִּׂיא עֵצָה לִמְכּוֹר בִּנְכָסִים כְּרשב"ג! מִי קָאָמַר "תִּינָּשֵׂא"? "נִשֵּׂאת" קָאָמַר. וְאָמַר אַבַּיֵי: "נְכָסַי לִיךְ וְאַחֲרַיִךְ לִפְלוֹנִי", וּמָכְרָה וּמֵתָה — הַבַּעַל מוֹצִיא מִיַּד הַלָּקוֹחוֹת, וְ"אַחֲרַיִךְ" מִיַּד בַּעַל, וְלוֹקֵחַ מִיַּד "אַחֲרַיִךְ", וּמוֹקְמִינַן לְכוּלְּהוּ בִּידָא דְּלוֹקֵחַ מַאי שְׁנָא מֵהָא דִּתְנַן: וְחוֹזְרוֹת חֲלִילָה עַד שֶׁיַּעֲשׂוּ פְּשָׁרָה בֵּינֵיהֶן? *הָתָם אִית לְהוּ פְּסֵידָא לְכוּלְּהוּ, הָכָא — לוֹקֵחַ הוּא דְּאִית לֵיהּ פְּסֵידָא. אֲזַל רַפְרָם אֲמַר לִשְׁמַעְתָּא קַמֵּיהּ דְּרַב אַשִׁי: מִי אָמַר אַבַּיֵי הָכִי? וְהָאָמַר אַבַּיֵי: "נְכָסַי לִיךְ וְאַחֲרַיִךְ לִפְלוֹנִי", עָמְדָה וְנִיסֵּת — בַּעַל לוֹקֵחַ הָוֵי, וְאֵין לְ"אַחֲרַיִךְ" בִּמְקוֹם בַּעַל כְּלוּם. א"ל: הָתָם — דְּאָמַר לָהּ כְּשֶׁהִיא פְּנוּיָה, ההָכָא — דְּאָמַר לָהּ כְּשֶׁהִיא נְשׂוּאָה. מַאי קָאָמַר לָהּ: "אַחֲרַיִךְ" — לִיקְנֵי, בַּעַל — לָא לִיקְנֵי.§ וְכֵן בַּעַל חוֹב.§ ותָּנָא: וְכֵן בַּעַל חוֹב וּשְׁנֵי לָקוֹחוֹת, וְכֵן אִשָּׁה בַּעֲלַת חוֹב וּשְׁנֵי לָקוֹחוֹת.§

הדרן עלך מי שהיה נשוי

אַלְמָנָה *זנִיזּוֹנֶת מִנִּכְסֵי יְתוֹמִים — חמַעֲשֵׂה יָדֶיהָ שֶׁלָּהֶן, טוְאֵין חַיָּיבִין בִּקְבוּרָתָהּ. יוֹרְשֶׁיהָ, יוֹרְשֵׁי כְּתוּבָּתָהּ, חַיָּיבִין בִּקְבוּרָתָהּ.§ **גמ'** אִיבַּעְיָא לְהוּ: "נִיזּוֹנֶת" תְּנַן, אוֹ "הַנִּיזּוֹנֶת" תְּנַן? "נִיזּוֹנֶת" תְּנַן — *וּכְאַנְשֵׁי גָּלִיל, וְלָא סַגִּי דְּלָא יָהֲבֵי לָהּ. אוֹ דִּלְמָא: "הַנִּיזּוֹנֶת" תְּנַן, וּכְאַנְשֵׁי יְהוּדָה, וְאִי בָּעוּ — לָא יָהֲבֵי לָהּ? [לעיל נב:] תָּא

רש"י

וְהָא מַעֲשִׂים בְּכָל יוֹם. דְּדַיְינִין דָּנִין, דְּכֵיוָן דְּאִשְׁתַּדּוּף בְּנֵי חָרֵי — טָרֵיף מִמְּשַׁעְבְּדֵי. פַּרְדֵּיסָא. כֶּרֶם. לְעֶשֶׂר שָׁנִים. שֶׁיֹּאכְלֶנָּה עֶשֶׂר שָׁנִים וְתַחֲזוֹר לַבְּעָלִים בְּלֹא מָעוֹת, דְּכָתַב לֵיהּ: בְּמִשְׁלַם שְׁנַיָּא אִילֵּין תֵּיפּוֹק אַרְעָא דֵּין בְּלֹא כֶסֶף. וְקַשׁ. הִזְקִין. אִינְהוּ אַפְסִיד אַנַּפְשֵׁיהּ. לוֹקֵחַ שֶׁלָּקַח שָׂדֶה מִיַּד זֶה שֶׁמִּשְׁכֵּן כֶּרֶם זֶה בְּאַחֲרָיוּת לְאוֹכְלוֹ י' שָׁנִים. עֲבִיד דְּקִישׁ. וְהָדַר מַלְוֶה עַל הַלָּקוֹחוֹת. נְכָסַי לִיךְ. *אָמַר לִפְנוּיָה: נְכָסַי לִיךְ וְאַחֲרַיִךְ לִפְלוֹנִי. כִּי הַאי תַּנָּא. כְּר"ש דְּאָמַר: מְכִירָתוֹ מְכִירָה. וְאָמַר אַבַּיֵי נְכָסַי לִיךְ כו'. לְקַמָּן מוֹקֵי לְהָא שְׁמַעְתָּא *בַּתְרַיְיתָא, בְּאוֹמֵר לִנְשׂוּאָה. הַבַּעַל מוֹצִיא מִיַּד הַלּוֹקֵחַ. אִם בָּא לָדוּן עִמּוֹ יָכוֹל הוּא לִזְכּוֹת בַּדִּין — שֶׁהוּא לוֹקֵחַ רִאשׁוֹן. וְאַחֲרַיִךְ. יָכוֹל לְהוֹצִיא מִיַּד הַבַּעַל דְּכִי אָמַר אַבַּיֵי אֵין לְ"אַחֲרַיִךְ" בִּמְקוֹם הַבַּעַל כְּלוּם — שֶׁנָּתַן לָהּ כְּשֶׁהִיא פְּנוּיָה וְנִיסֵּת. אֲבָל בְּאוֹמֵר לִנְשׂוּאָה, ה"ק לָהּ: "אַחֲרַיִךְ" — לִיקְנֵי, בַּעַל — לֹא לִיקְנֵי. וְלוֹקֵחַ מִיַּד אַחֲרַיִךְ. כְּר"ש, דְּאָמַר דִּמְכִירַת הָרִאשׁוֹן מְכִירָה. וּמוֹקְמִינַן לָהּ בִּידָא דְּלוֹקֵחַ. אֵין ב"ד נִזְקָקִין [בַּפַּעַם הַזֹּאת אִם בָּא לְהוֹצִיאָן מִיַּד הַלּוֹקֵחַ. שֶׁאֵין הַפַּעַם הַזֹּאת דּוֹמָה לָרִאשׁוֹנָה, מִתְּחִלָּה, שֶׁנִּכְנַס לָהֶם לוֹקֵחַ זֶה מִכֹּחַ מְכִירַת הָאִשָּׁה, וּמִיַּד הָאִשָּׁה יָכוֹל הַבַּעַל לִטְעוֹן "אֲנִי לָקַחְתִּי רִאשׁוֹן". אֲבָל בָּזוֹ, שֶׁהוֹצִיאָן מִיַּד "אַחֲרַיִךְ", שֶׁאֵין הַבַּעַל זוֹכֶה אֶצְלוֹ בַּדִּין — אֵין בֵּית דִּין נִזְקָקִין] לַבַּעַל, כִּדְקָאָמַר טַעְמֵיהּ לְקַמֵּיהּ. וְכֵן בַּעַל חוֹב וּשְׁנֵי לָקוֹחוֹת. רְאוּבֵן נוֹשֶׁה בְּשִׁמְעוֹן מָנֶה, וְלוֹ שְׁתֵּי שָׂדוֹת, וּמְכָרָן לִשְׁנַיִם, זוֹ בַּחֲמִשִּׁים וְזוֹ בַּחֲמִשִּׁים. וְכָתַב ב"ח לְלוֹקֵחַ שֵׁנִי "דִּין וּדְבָרִים אֵין לִי עִמְּךָ". ב"ח נוֹטֵל מִיַּד הָרִאשׁוֹן, וְכָאן אֵין לוֹמַר "הִנַּחְתִּי מָקוֹם שֶׁתִּגְבֶּה הֵימֶנּוּ" — שֶׁהֲרֵי חוֹבוֹ כְּנֶגֶד שְׁתֵּיהֶן. וְלוֹקֵחַ רִאשׁוֹן מוֹצִיא מִיַּד הַשֵּׁנִי, וּב"ח חוֹזֵר וּמוֹצִיא אַף זוֹ מִן הָרִאשׁוֹן, וְלוֹקֵחַ שֵׁנִי מִבּ"ח, וְחוֹזְרִין חֲלִילָה עַד שֶׁיַּעֲשׂוּ פְּשָׁרָה. וְכֵן אִשָּׁה בַּעֲלַת חוֹב. שֶׁהָיָה לָהּ חוֹב כְּתוּבָּתָהּ עַל בַּעְלָהּ, וּמָכַר שְׁתֵּי שְׂדוֹתָיו לִשְׁנַיִם, וְאֵין בִּשְׁנֵיהֶם אֶלָּא כְּדֵי כְּתוּבָּתָהּ, וְכָתְבָה לַשֵּׁנִי: דִּין וּדְבָרִים אֵין לִי עִמְּךָ — הָאִשָּׁה מוֹצִיאָה מִיַּד לוֹקֵחַ רִאשׁוֹן, וְהוּא מִן הַשֵּׁנִי, *וְהָאִשָּׁה מִן הָרִאשׁוֹן, וְהַשֵּׁנִי מִן הָאִשָּׁה, וְלוֹקֵחַ רִאשׁוֹן מִיַּד הַשֵּׁנִי, וְחוֹזְרִין חֲלִילָה.

הדרן עלך מי שהיה נשוי

אַלְמָנָה נִיזּוֹנֶת. אֵין חַיָּיבִין בִּקְבוּרָתָהּ. אִם מֵתָה. שֶׁהֲרֵי יוֹרְשֶׁיהָ גּוֹבִין כְּתוּבָּתָהּ מִיּוֹרְשֵׁי הַבַּעַל, וַעֲלֵיהֶן לְקוֹבְרָהּ. שֶׁהֲרֵי בַּעְלָהּ תַּחַת כְּתוּבָּתָהּ חַיָּיב בִּקְבוּרָתָהּ, עַכְשָׁיו שֶׁאֵינוֹ יוֹרְשָׁהּ — הִיא תִּקָּבֵר עַצְמָהּ. **גמ'**. אַנְשֵׁי גָּלִיל הָיוּ כּוֹתְבִין: אַתְּ תְּהֵא יָתְבַת בְּבֵיתִי וּמִיתְזְנָא מִנְּכָסַי כָּל יְמֵי מֵיגַר אַרְמְלוּתֵיךְ בְּבֵיתִי. כְּאַנְשֵׁי יְהוּדָה. הָיוּ כּוֹתְבִין: עַד שֶׁיִּרְצוּ הַיּוֹרְשִׁין לִיתֵּן לִיךְ כְּתוּבָּתֵיךְ. לְפִיכָךְ, אִם רָצוּ הַיּוֹרְשִׁין — נוֹתְנִין לָהּ כְּתוּבָּתָהּ וּפוֹטְרִין אוֹתָהּ. הַנִּיזּוֹנֶת תְּנַן. וְהָכִי קָתָנֵי: אַלְמָנָה הַנִּיזּוֹנֶת מִנִּכְסֵי יְתוֹמִים — מַעֲשֵׂה יָדֶיהָ שֶׁלָּהֶם, כָּל זְמַן שֶׁהֵם רוֹצִים לְזוּנָהּ. אִי

תוספות

ומוקמינן לכולהו בידא דלוקח. תימה: מעיקרא נמי נוקמיה ביד הלוקח, אפוכי מטרתא למה לי? דאמר: הבעל מוליא מיד הלוקח ו"אחריך" מיד הבעל, ולוקח מיד "אחריך"! ואמר ר' דנפקא מינה: כשיוליא הבעל מיד הלוקח תחלה, אם יעשה פשרה בינו ל"אחריך" יפסיד הלוקח. ואין נראה לי. דא"כ הא דפריך: מאי שנא מהא דתנן? ומשני: התם — אית להו פסידא לכולהו, הכא — לוקח הוא דאית ליה פסידא. מה הועילו חכמים בתקנתם? כיון דמצי למיעבד פשרה בעל ו"אחריך" ויפסיד הלוקח! אלא נראה לי: דלאו דוקא קאמר שיוליא הבעל מיד הלקוחות, אלא מתוך שאם היה מוליא הבעל מיד הלוקח, היה "אחריך" מוליא מיד הבעל ולוקח מיד "אחריך", מעיקרא נמי מוקמינן ליה בידא דלוקח, משום דאית ליה פסידא, ולא יוכל בעל להוליא מידו.

וכן בעל חוב ושני לקוחות וכן אשה. יש לתמוה: אמאי איצטריך למיתני כל הנך גוונא? וי"ל: דצריכי; דאי מקמייתא, הוה אמינא, הראשונה מוליאה מיד השניה, כיון (א) דאין לשניה כל כך פסידא שתוכל לגבות מבעלה, ושיעבודא של ראשונה קודם, ובדין הוליאה, אבל בעל חוב מלוקח — לא. ואי אשמעינן בעל חוב מלוקח — כדי שלא תנעול דלת בפני לווין, אבל אשה בעלת חוב מלוקח — לא, להכי צריכי כולהו.

הדרן עלך מי שהיה נשוי

אלמנה ניזונת מנכסי יתומים מעשה ידיה שלהן. גרסי' בלא וי"ו, דאי גרסי' "ומעשה ידיה שלהן" בוי"ו, היכי מבעיא ליה בגמ' אי "ניזונת" תנן אי "הניזונת" תנן? על כרחך "ניזונת" תנן, מדקתני "ומעשה ידיה שלהן"! מ"ר. **ואין** חייבין בקבורתה. וא"ת: פשיטא, דהא בעל גופיה לא מיחייב בקבורתה היכא דלא ירית כתובתה, דקי"ל: קבורתה תחת כתובתה! וי"ל: דהיא גופה קמ"ל מתני', דקבורתה תחת כתובתה. דאכתי לא שמעי' ליה בשום מקום במשנה. מיהו, תימה: הא דלא קתני "ואין חייבין בפרקונה", ואי משום דבעי למיתני "יורשי כתובתה חייבין בקבורתה" — האי נמי פשיטא, אלא מי יקברנה? וכי תימא ביבמה אתא לאשמועינן, דיורשי כתובתה חייבין בקבורתה ולא יורשי נכסי מלוג — א"כ מאי איצטריך למידק לעיל מדקתני: יורשיה יורשי כתובתה — איזוהי אלמנה שיש לה שני יורשין. תיפוק ליה מדאיצטריך למיתני הך בבא כלל! וי"ל: דאיצטריך לאשמועינן אפי' היכא דלא שקלה אלמנה כתובה, כגון דליכא אלא מטלטלי — אינן חייבים בקבורתה. ואע"ג דהשתא הוו כיורשי כתובתה, כיון שאינה גובה אותה מהם.

ניזונת תנן וכאנשי גליל כו'. הא לא מבעיא ליה היכי סתם תנא דמתני', ולענין הלכתא כמאן — דהא אשכחן פלוגתא דרב ושמואל בהא לעיל, שילהי "נערה" (דף נד. ושם). ועוד: היכי פשיט בתר הכי מדשמואל? הא שמואל פסק לעיל כאנשי גליל! אלא נראה לי, הכי פירושו: "ניזונת תנן", וכאנשי גליל שהיא ניזונת על כרחן של יתומין, והלכך מעשה ידיה שלהן. אבל לאנשי יהודה, שמדעתם ניזונת ויכולין לסלקה — אין מעשה ידיה שלהן. או "הניזונת" תנן וכאנשי יהודה, דאפילו לאנשי יהודה דאי בעו לא יהבי לה — אפ"ה מעשה ידיה שלהן. מ"ר. תא

תוספות רי"ד

אלא מזו אינו גובה משאר נכסים: אמר אביי נכסיי לך ואחריך לפלוני ועמדה ונשאת בעל לוקח הוי ואין לאחריך במקום בעל כלום פי' בעודה פנויה א"ל וכיון שנשאת בעל לוקח הוי כדאמרינן בתקנות אושא דבעל שויוהו רבנן בנכסי אשתו כלוקח כמאן כי האי תנא דתניא נכסיי לך ואחריך לפלוני וירד הא' ומכר ואכל הב' מוציא מיד הלקוחות דברי ר' רשב"ג אומר אין לב' אלא מה ששייר הא' פי' אלמא היכא דמכר מכרו קיים ואין לשני כלום ה"נ כשנשאת כאילו מכרתן לו דמי ואין לאחריך במקום בעל כלום: ומי אמר אביי הכי והאמר אביי איזהו רשע ערום זה המשיא עצה למכור בנכסים כרשב"ג ומהדר מי קאמר תנשא נשאת קאמר: ואמר אביי נכסיי לך ואחריך לפלוני ומכרה ומתה הבעל מוציא מיד הלקוחות ומ"ש מהא דתנן וחחרות חלילה עד שיעשו פשרה ביניהם התם אית פסידא לכלהו הכא לוקח הוא דא"ל פסידא אזל רפרם אמר לשמעתי' קמי' דר"א ומי אמר אביי הכי והאמר אביי נכסיי לך ואחריך לפלוני ועמדה ונשאת בעל לוקח הוי ואין לאחריך במקום בעל כלום א"ל התם דא"ל כשהוא פנוי' הכא דא"ל כשהיא נשואה מאי קא"ל אחריך ליקני. בעל לא ליקני. פי' מילתא קמייתא דאביי דא"ל כשהיא פנוי' והלכך לכשנשאת בעל לוקח הוי וכאילו מכרתן לו דמי ואין לאחריך על הלוקח כלום כדאמר רשב"ג ומילתא בתרייתא דאביי דא"ל כשהיא נשואה דכי קא"ל ואחריך לפלוני הכי קא"ל אחריך לקני ולא בעל הלכך כשמכרה ללוקח ומתה הבעל מוציא מיד הלקוחות כדין כל אשה שמכרה (ללוקח) נכ"מ בחיי בעלה שהבעל מוציא מיד הלקוחות משום דהוא לוקח ראשון ואחריך יבוא ומוציא מיד הבעל דהא אמר לה אחריך ליקני בעל לא ליקני ולוקח יבוא ומוציא מיד אחריך כרשב"ג דאמר אין לאחריך במקום לוקח כלום ומוקמינן להו בידא דלוקח שאם יבא עוד הבעל להוציאם מיד הלוקח אין ב"ד נזקקים לו שאין הפעם הזאת דומה לראשונה שמתחלה כשנכנס להם לוקח זה מכח מכירת האשה יכול הבעל לטעון אני קניתי ראשון אבל בפעם הזאת שהוציאן הלוקח מיד אחריך שלא הי' הבעל זוכה אצלה בדין אין ב"ד נזקקין לבעל להוציאן מיד הלוקח ול"א שיחזרו חלילה כדתנן במתני' משום דלוקח הוא דיהיב זוזי אבל בעל ואחריך לא יהבו זוזי אבל במתני' דכלהו אית להו פסידא כלן שוין וצריכים לעשות פשרה ביניהן. ומכאן מוכח דמודה רשב"ג דפליג בפירקן דלעיל בכותב לאשתו דו"ד א"ל בנכסיך [illegible] דקאמר ת"ק שאם מתה אינו יורשה ורשב"ג אמר אם מתה יירשנה שהתנה עמש"ב ותנאו בטל במנהג שאנו מתנים שאם תמות האשה בלא בנים שתחזור הנדוניא ליורשי אבי' שהתנאי קיים דע"כ לא קאמר רשב"ג [illegible] דממילא נפל לה אבל היכא דדעת אחרת מקנה אותו שמתנה והכל לפי דעת המקנה דהא אביי הכא כרשב"ג ס"ל ואמר דאחריך קני ובעל לא ליקני: וכן ב"ח וכן אשה וב"ח. תנא וכן ב"ח וב' לקוחות וכן אשה ב"ח וב' לקוחות פי' ראובן לוה משמעון מנה ולו שתי שדות ומכרן לב' לקוחות זו בנ' וזו בנ' וכ' ב"ח ללוקח ב' דו"ד א"ל עמך ב"ח מוציא מיד הא' וכאן א"ל הנחתי לך מקום שתגבה ממנו שהרי חובו כנגד שתיהן ולוקח ב' וב"ח חוזר ומוציא אף זו מן הא' ולוקח ב' מב"ח וחוזר חלילה עד שיעשה פשרה ביניהן ואם רוצה לוקח שני מתפשר עם לוקח א' ולא יהי' לב"ח כלום שהוא אומר לו התפשרי עמי ואל תטרוף השדה מידי שאם תטרף אותה סוף שיבוא ב"ח ויטרפנה ממך ועלי אינו יכול לבוא אם יתפיים עמו לוקח א' במעות אין לו לבע"ח כלום וכן אשה ב"ח שהיה לה חוב כתובתה על בעלה ומכר ב' שדותיו לשנים ואין בשתיהן אלא כנגד כתובתה וכתבה לב' דו"ד אל"ע האשה מוציאה מיד לוקח א' והוא מן הב' והאשה מן הא' והשני מן האשה ולוקח א' מן הב' וחחרת חלילה עד שיעשו פשרה ביניהן: **פי"א אלמנה** נזונית מנכסי יתומים ומעשה ידיה שלהן ואינן חייבין בקבורתה יורשי' יורשי כתובתה חייבים בקבורתה. פי' אחרי שהן זנין אותה הן זוכים במע"י כמו שהיתה עושה לבעל שתקנו מזונות תחת מע"י ואין חייבים בקבורתה שאחרי מותה באין יורשי' ותובעים כתובתה מן היתומים

מסורת הש"ס

[עי' ב"מ קטו:]

נ"ל לקמן מוקי לה בשמעתין אמר לפנויה וכו' רש"ל

נ"ל בתרייתא דאביי באומר לנשואה רש"ל

ב"ב קלו. [סוטה כה:]

סוטה כה: ב"ב קלו. קעו: [ערכין כג.]

נ"י כ"י

[עי' תוס' ב"ב קלט: ד"ה התם]

לעיל מג. פה.

[נ"ל והאשה חוזרת ומוציאה אף זו מן הראשון והשני מן האשה וכו' רש"ל]

הגהות הב"ח

(א) תוס' ד"ה וכן כו' דאין לשניה. נ"ב עיין בב"ח סי' קב:

תָּא שְׁמַע, *אָמַר רַבִּי זֵירָא *אָמַר שְׁמוּאֵל: [א]מְצִיאַת אַלְמָנָה לְעַצְמָהּ. אִי אָמְרַתְּ בִּשְׁלָמָא "הַנִּיזּוֹנֶת" תְּנַן — שַׁפִּיר, אֶלָּא אִי אָמְרַתְּ "נִיזּוֹנֶת" תְּנַן — נֶיהֱווּ כְּבַעַל; מַה בַּעַל — מְצִיאַת אִשָּׁה לְבַעְלָהּ, הָכָא נַמִּי — מְצִיאַת אִשָּׁה לַיּוֹרְשִׁים! לְעוֹלָם אֵימָא לָךְ: "נִיזּוֹנֶת" תְּנַן. טַעְמָא מַאי אֲמוּר רַבָּנַן מְצִיאַת אִשָּׁה לְבַעְלָהּ — דְּלָא תֶּיהֱוֵי לָהּ אֵיבָה, הָנֵי — תֶּיהֱוֵי לְהוּ אֵיבָה. אָמַר רַבִּי יוֹסֵי בַּר חֲנִינָא: [ג]כָּל מְלָאכוֹת שֶׁהָאִשָּׁה עוֹשָׂה לְבַעְלָהּ אַלְמָנָה עוֹשָׂה לַיּוֹרְשִׁים, חוּץ מִמְּזִיגַת הַכּוֹס, וְהַצָּעַת הַמִּטָּה, וְהַרְחָצַת פָּנָיו יָדָיו וְרַגְלָיו. אָמַר רַבִּי יְהוֹשֻׁעַ בֶּן לֵוִי: [ג]כָּל מְלָאכוֹת שֶׁהָעֶבֶד עוֹשֶׂה לְרַבּוֹ תַּלְמִיד עוֹשֶׂה לְרַבּוֹ, חוּץ מֵהַתָּרַת (לוֹ) מִנְעָל. אָמַר רָבָא: [ד]לָא אֲמַרַן אֶלָּא בְּמָקוֹם שֶׁאֵין מַכִּירִין אוֹתוֹ, אֲבָל בְּמָקוֹם שֶׁמַּכִּירִין אוֹתוֹ — לֵית לָן בָּהּ. אָמַר רַב אַשִׁי: [ה]וּבְמָקוֹם שֶׁאֵין מַכִּירִין אוֹתוֹ — נַמִּי לָא אֲמַרַן אֶלָּא דְּלָא מַנַּח תְּפִלִּין, אֲבָל מַנַּח תְּפִלִּין — ל"ל בָּהּ, אָמַר ר' חִיָּיא בַּר אַבָּא אָמַר רַבִּי יוֹחָנָן: [ו]כָּל הַמּוֹנֵעַ תַּלְמִידוֹ מִלְּשַׁמְּשׁוֹ, כְּאִילּוּ מוֹנֵעַ מִמֶּנּוּ חֶסֶד, שֶׁנֶּא': °"לַמָּס מֵרֵעֵהוּ חָסֶד". *רַב נַחְמָן בַּר יִצְחָק אוֹמֵר: [ז]אַף פּוֹרֵק מִמֶּנּוּ יִרְאַת שָׁמַיִם, שֶׁנֶּאֱמַר: °"וְיִרְאַת שַׁדַּי יַעֲזוֹב". אָמַר רַבִּי אֶלְעָזָר: [ח]אַלְמָנָה שֶׁתָּפְסָה מִטַּלְטְלִין בִּמְזוֹנוֹתֶיהָ — מַה שֶּׁתָּפְסָה תָּפְסָה. תַּנְיָא נַמִּי הָכִי: אַלְמָנָה שֶׁתָּפְסָה מִטַּלְטְלִין בִּמְזוֹנוֹתֶיהָ — מַה שֶּׁתָּפְסָה תָּפְסָה. וְכֵן, כִּי אֲתָא רַב דִּימִי אֲמַר: מַעֲשֶׂה בְּכַלָּתוֹ שֶׁל ר' שַׁבְּתַי שֶׁתָּפְסָה דִּסְקַיָּא מְלֵאָה מָעוֹת, וְלֹא הָיָה כֹּחַ בְּיַד חֲכָמִים לְהוֹצִיא מִיָּדָהּ. אָמַר רָבִינָא: וְלָא אֲמַרַן אֶלָּא לִמְזוֹנֵי, אֲבָל לִכְתוּבָּה — מַפְּקִינַן מִינַּהּ. מַתְקִיף לָהּ מָר בַּר רַב אַשִׁי: מ"ש לִכְתוּבָּה — דִּמְמַקַּרְקְעֵי וְלָא מִמְּטַלְטְלֵי, מְזוֹנוֹת נַמִּי — מִמְּקַרְקְעֵי וְלֹא מִמְּטַלְטְלֵי! [ט]אֶלָּא, לִמְזוֹנֵי — מַאי דְּתָפְסָה תָּפְסָה, הָכִי נַמִּי לִכְתוּבָּה! אֲמַר לֵיהּ רַב יִצְחָק בַּר נַפְתָּלִי לְרָבִינָא: הָכִי אָמְרִינַן מִשְּׁמֵיהּ דְּרָבָא כְּוָותֵיךְ. אָמַר ר' יוֹחָנָן מִשְּׁמֵיהּ דְּרַבִּי יוֹסֵי בֶּן זִמְרָא. [י]אַלְמָנָה שֶׁשָּׁהֲתָה שְׁתַּיִם וְשָׁלֹשׁ שָׁנִים וְלֹא תָּבְעָה מְזוֹנוֹת — אִיבְּדָה מְזוֹנוֹת. *הַשְׁתָּא שְׁתַּיִם אִיבְּדָה, שָׁלֹשׁ מִיבַּעְיָא?! לָא קַשְׁיָא; [כ]כָּאן — בַּעֲנִיָּה, כָּאן — בַּעֲשִׁירָה. [ל]אִי נַמִּי: כָּאן — בִּפְרוּצָה, כָּאן — בִּצְנוּעָה. אָמַר רָבָא: [מ]לָא אֲמַרַן אֶלָּא לְמַפְרֵעַ, אֲבָל לְהַבָּא — יֵשׁ לָהּ. בָּעֵי ר' יוֹחָנָן: יְתוֹמִים אוֹמְרִים: נָתַנּוּ, וְהִיא אוֹמֶרֶת: לֹא נָטַלְתִּי, עַל מִי לְהָבִיא רְאָיָה?

נִכְסֵי

(רש"י)

אִי אָמְרַתְּ בִּשְׁלָמָא הַנִּיזּוֹנֶת תְּנַן. וְסָתַם לָן תַּנָּא כְּאַנְשֵׁי יְהוּדָה. שַׁפִּיר. אִיכָּא לְאוֹקְמֵי לְהָא דִּשְׁמוּאֵל — בְּשֶׁאֵינָהּ נִיזּוֹנֶת. אֶלָּא אִי אָמְרַתְּ נִיזּוֹנֶת תְּנַן. וְסָתַם לָן כְּאַנְשֵׁי גָּלִיל, וְלֵיכָּא אַלְמָנָה שֶׁאֵינָהּ נִיזּוֹנֶת — אַמַּאי מְצִיאָתָהּ לְעַצְמָהּ? נֶיהֱווּ. יוֹרְשִׁים כְּבַעַל. תֶּיהֱוֵי לְהוּ אֵיבָה. דְּעַל כָּרְחָם זָנִים אוֹתָהּ. אֲבָל מַעֲשֵׂה יָדֶיהָ שֶׁתִּקְּנוּ לְבַעְלָהּ תַּחַת מְזוֹנוֹת — הָוֵי לַיּוֹרְשִׁים. כָּל מְלָאכוֹת. הַשְּׁנוּיוֹת בְּפֶרֶק "אַף עַל פִּי" (לעיל נט:) טוֹחֶנֶת וְאוֹפָה כו'. חוּץ מִמְּזִיגַת הַכּוֹס כו'. שֶׁהֵן מְלָאכוֹת הַמְקָרְבוֹת חִיבָּה וְהֶרְגֵּל דָּבָר, כִּדְאָמְרִי' נַמִּי בְּהָא מַסֶּכְתָּא (דף ד:) שֶׁאֵין נִדָּה עוֹשָׂה אוֹתָן לְבַעְלָהּ. חוּץ מֵהַתָּרַת מִנְעָל. שֶׁהָרוֹאֶה אוֹמֵר: עֶבֶד כְּנַעֲנִי הוּא. מַנַּח תְּפִילִּין לֵית לָן בָּהּ. שֶׁאֵין דֶּרֶךְ עֲבָדִים לְהָנִיחַ תְּפִילִּין. לַמָּס מֵרֵעֵהוּ חָסֶד. הַמֵּמִיס עַצְמוֹ מֵרֵעֵהוּ — מֵמִיס מִמֶּנּוּ חֲסָדִים. וְאִית דְּמַפְּקָא לָהּ מִדִּכְתִיב לְעֵיל מִינֵּיהּ "וְתוּשִׁיָּה נִדְּחָה מִמֶּנִּי", וּסְמִיךְ לֵיהּ "לַמָּס מֵרֵעֵהוּ חָסֶד". מַה שֶּׁתָּפְסָה תָּפְסָה. וְלָא מַפְּקִינַן מִינָּהּ. וְאַע"ג דְּפָסְקִינַן הִלְכְתָא בְּפֶרֶק "מְצִיאַת הָאִשָּׁה" (לעיל סט:) מִמְּקַרְקְעֵי וְלֹא מִמְּטַלְטְלֵי, הוֹאִיל וְתָפְסָה — תָּפְסָה. דִּסְקַיָּא. שַׂק שֶׁל עוֹר, שֶׁקּוֹרִין טשינ"א. עֲשִׁירָה. הַיְכוֹלֶת בְּיָדָהּ לְהַמְתִּין. הִלְכָּךְ, אִי נַמִּי לֹא תָּבְעָה — לָאו מְחִילָה הִיא, עַד שָׁלֹשׁ שָׁנִים. אֲבָל עֲנִיָּה, מִדְּלָא תָּבְעָתַן — מְחָלָתַן. צְנוּעָה. בּוֹשָׁה לָבֹא לְבֵ"ד, הִלְכָּךְ בִּשְׁתֵּי שָׁנִים לָאו מְחִילָה הִיא. אֶלָּא לְמַפְרֵעַ. אוֹתָן שְׁתֵּי שָׁנִים שֶׁעָבְרוּ אִיבְּדָה. נָתַנּוּ. דְּמֵי מְזוֹנוֹת לַשָּׁנָה הַבָּאָה.

(תוספות)

תא שמע דאמר ר' זירא אמר שמואל: אלמנה מציאתה לעצמה אי אמרת בשלמא "הניזונת" תנן, שפיר. קאמר — שמואל מציאתה לעצמה, אפי' בשעה שהיא ניזונית, הואיל והן יכולין לסלקה — לא הוו כבעל, אע"ג דמעשה ידיה שלהן. אלא אי אמרת "ניזונת" תנן, וכאנשי גליל, אבל לאנשי יהודה מעשה ידיה לעצמה — א"כ הא דקאמר שמואל: אלמנה מציאתה לעצמה — על כרחך לאנשי גליל הוא דאיצטריך ליה לאשמועינן, דלאנשי יהודה — לאשמועינן מעשה ידיה לעצמה וכ"ש מציאתה. וכיון דלאנשי גליל קאמר — אמאי מציאתה לעצמה? והא לדידהו הוי, דהא אינהו כבעל, ולא סגי דלא יהבי לה! ואומר רבינו תם: דאלמנה דקאמר שמואל — קאי אמתני'. ולאו משום דבלאו הכי לא פשיט שפיר ד"הניזונת" תנן, כמו שהוכחתי, דעל כרחך איכא דאנשי יהודה קאמר שמואל. ודוקא מציאתה, אבל מעשה ידיה ליתומים. אלא כי היכי דלא תקשי דשמואל אדשמואל, דאיהו סבירא ליה כאנשי גליל לעיל (ד' נד.). ומה שפירש הקונטר': אי אמרת בשלמא "הניזונת" תנן — שפיר, דמוקמינן מילתא דשמואל בשאינה ניזונת — קשה: דאי בשאינה ניזונת — פשיטא! ועוד, לימא: מעשה ידיה לעצמה, וכל שכן מציאתה, דהויא כהעדפה שעל ידי הדחק, כדאמרינן לעיל בריש "מציאת האשה" (דף סו. ושם)! ועוד: דכי היכי דאי תנן "הניזונת" מוקמינן למילתיה דשמואל בשאינה ניזונת, כגון שנתנו לה היורשים כתובתה, הכי נמי אי תנן "ניזונת" וכאנשי גליל — מצינו למימר דמילתיה דשמואל איירי באותה שתבעה כתובתה בב"ד, או מכרה, שאינה ניזונת, שאותה — מציאתה לעצמה אפי' לאנשי גליל. מ"ר.

אבל מנח תפילין לית לן בה. אע"ג דבשלהי "האשה שנתארמלה" (לעיל כח:) תניא: או שהניח תפילין בפני רבו — לא יצא לחירות, מ"מ אינו רגיל להניח כל שעה. מ"ר.

אלמנה שתפסה מטלטלין במזונותיה מה שתפסה כו'. פי' הריב"ן דמיירי בתפסה לאחר מיתת הבעל. וא"ת: מאי שנא דלמזוני מהניא תפיסה טפי מכתובה? וי"ל: משום דמזוני לא טרפה ממשעבדי, אבל כתובה טרפה ממשעבדי. וא"ת: אלא מעתה תועיל תפיסת הלוקח שלא באחריות, ונמצאת שדה שאינה שלו לאחר מיתת המוכר! והלוקח נמי באחריות, ובא בעל חוב וטרפה עם השבח, קשה, שיועיל בו תפיסה! בשלמא ממלוה ע"פ לא קשיא, דאע"ג דלא טריף ממשעבדי — לא מהני תפיסה, משום דיכול לתבוע הלואתו מחיים. אבל מלוקח קשה; דלא טריף ממשעבדי, גם לא היה יכול לתבוע מחיים! ונראה לי: דדוקא מזוני דלא גביא ממשעבדי, והוי נמי תנאי ב"ד — אלמוה רבנן טפי, להועיל בה תפיסה. והודה רבי. וא"ת: כמאן? אי כרבי — בלא תפיסה נמי, דהא אמר בפרק "נערה" (לעיל נא.): אחד נכסים שיש להן אחריות ואחד נכסים שאין להן אחריות — מוציאין למזון האשה והבנות, ואי כר' שמעון בן אלעזר — כי תפסה מאי הוי? הא אמר: נכסים שאין להם אחריות — מוציאין לבנים מן הבנות! ואומר רבי: דלעולם כר"ש בן אלעזר. ודווקא לבנים מן הבנות מוציאין, אבל מן האשה — לא. והא דקא מותיב מר בר רב אשי: מאי שנא לכתובה כו', ובעי למימר: מאי דתפסה תפסה — לאו משום דהכי סבירא ליה, דהא אדרבי עקיבא לא פליג, דאמר: אין תפיסה מועלת לאחר מיתה. אלא הכי קאמר: מאי דתפסה תפסה, כלומר ברייתא דקתני דמועיל תפיסה למזונות לאחר מיתה — על כרחך כר' טרפון, דמאי דתפסה תפסה. ואם כן, לרבי טרפון בכתובה נמי — מאי דתפסה תפסה! ור"ח ו"הלכות גדולות" פירשו: דהכא מיירי בתפיסה מחיים, ודווקא למזוני מהניא, אבל לכתובה לא — משום דלא נתנה כתובה לגבות מחיים. ופסק ב"הלכות גדולות" כרבינא. וקשה: שהרי פסק בתשובת הגאונים: בכולי התלמוד הלכתא כמר בר רב אשי, בר ממיפך שבועה ואודיתא! וגם הערוך ור"ח פסקו כמר בר רב אשי, בר ממיפך שבועה וחיורי. וכתב: וסימנך — כלו הפך לבן טהור הוא. אף על פי שכתב הריב"ן שראה בתשובת הגאונים: לית הלכתא כמר בר רב אשי אלא במיפך שבועה ואודיתא — דומה הוא שה"ג עלמן תופסות כאותם שפסקו: לית הלכתא כמר בר רב אשי במיפך שבועה ואודיתא. וי"ל: דמר בר רב אשי דקאמר הכא אינו אלא אתקפתא בעלמא, ולאו דס"ל הכי. ור"ח פסק כמר בר רב אשי. והרבה הארכתי בו לעיל, בריש "הכותב" (דף פד: ושם*). מ"ר.

יתומים אמרו: נתננו. אומר רבי: דמיירי במזונות שעברו, דמוכח מילתא טפי משום דשתקה עד השתא, דיתמי קושטא קאמרי. אבל במזונות דלהבא — ודאי על היתומין להביא ראיה, דהא רבי יוחנן הוא דאמר בפ"ק דב"מ (דף יז. ושם): הטוען אחר מעשה ב"ד — לא אמר כלום. ואפילו למאן דלית ליה דר' יוחנן — הכא מודה דלא מהימני לומר "פרעתי", דאי מהימני — מה הועילו חכמים בתקנתם שתקנו לה מזונות! כל שעה יאמרו "פרעתי", מידי דהוה אכתובה במקום שאין כותבין, דכ"ע מודו דלא מצי אמר "פרעתי", מהאי טעמא דפרישית. מ"ר.

נכסי

תוספות רי"ד

היתומים הלכך אותן היורשין שיורשין כתובתה חייבים בקבורתה: א"ר זירא אמר שמואל מציאת אלמנה לעצמה פי' אע"פ שהיתומים זנין אותה דטעמא מאי אמרי רבנן מציאת האשה לבעלה משום איבה פי' ולא משום מזונות שתקנו מזונותיה תחת מע"י הכא תהוי לה איבה פי' מה חוששת האלמנה דמסתם בע"כ יזונו אותה בתנאי ב"ד: אריב"ח כל מלאכות שהאשה עושה לבעלה אלמנה עושה ליורשי' חוץ ממזיגת הכוס והצעת המטה והרחצת פי"ו פי' שדברים אלו מביאים לידי חיבה והרגל דבר ומכאן מוכח שהאלמנה חייבת להניק את בנה כמו שעושה בחיי בעלה: אריב"ל כל מלאכות שהעבד עושה לרבו תלמיד עושה לרבו חוץ מהתרת לו מנעל והנעלת לו מנעל פי' שהרואה אומר עבד כנעני הוא: א"ר ל"א אלא במקום שאין מכירין אותו אבל במקום שמכירין אותו ל"ל בה: אמר רבי חייא בר אבא אמר ר' יוחנן כל המונע תלמידו מלשמשו כאילו מונע ממנו חסד שנאמר למס מרעהו חסד: אר"א אלמנה שתפשה מטלטלין למזונותיה מה שתפסה תפסה א"ר ול"א אלא למזוני אבל לכתובה מפקינן מתקיף לה מבר"א מ"ש לכתובה דממקרקעי ולא ממטלטלי מזוני נמי ממקרקעי ולא מטלטלי אלא מאי דתפסה תפסה א"ל ר"נ לרבינא הכי אמרי' משמי' דרבא כותיך פי' האי תפיסה מחיים הוא דאי לאחר מיתה עסקי' היכי אמר מבר"א דאפי' לכתובה מה דתפס תפס אטו ל"ל ה"ל כר"ע מחבירו ולעיל בהכותב איפליגי בהאי מילתא ר"ט ור"ע בתפיסה דלא"מ דלר"ט מהני ולר"ע לא מהני ואפי' לר"ט נמי לא מהני אלא כ"ז שלא נכנסו לרשות היורשין אבל משנכנסו לרשות היורשין תו לא מהני וקי"ל בכולה תלמודא הל' כמר בר"א וקי"ל הל' כר"ע מחבירו א"ו בתפיסה דמחיים איירינן ורבא דאמר לכתובתה לא מהני הוה סבר דר"ע אמר בין לאחר מיתה בין מחיים וההיא דאשכחינן לקמן בההיא איתתא דתפסה כסא דכספא לכתובתה וכו' דהדר בי' לבתר דשמעה מר"נ כדאמרי' לעיל בפ' הכותב א"ל קאקי חוורי דמשלחי גלימא דאינשי הכי אר"נ והוא שתפס מחיים. והשתא דתקינו דמטלטלי דיתמי משתעבדי לכתובה בין תפסה בין לא תפסה גובה בין לכתובה בין למזונות: אר"י משום ריב"ז אלמנה ששהתה ב' וג' שנים ולא תבעה מזונותיה אבדה מזונותיה פי' דאמרינן מחלתן ואם עכשיו תובעת מתחרטת היא וכיון שכבר מחלתן א"י להתחרט ומתמה ב' אבדה ג' מיבעי' ל"ק כאן בעני' כאן בעשירה כאן בפרוצה כאן בצנועה א"ר ל"א אלא למפרע אבל להבא י"ל פי' השנים שעברו מחלה ולא מכאן ואילך ועכשיו שתובעת י"ל מכאן ואילך: בעי ר"י יתומים אומרים

(עין משפט נר מצוה)

ה א מיי' פי"ח מהל' אישות הל' ח סמג עשין מח ולאוין פא טוש"ע אה"ע סי' נה סעיף ד:
ו ב מיי' שם הל' ז טוש"ע שם סעי' ג:
ז ג ד ה מיי' פ"ה מהל' ת"ת הל' ח טוש"ע י"ד סי' רמב סעיף יט:
ח ו ז מיי' שם טוש"ע שם סעיף כ:
ט ח מיי' פי"ח מהל' אישות הל' י סמג לאוין פא טוש"ע אה"ע סימן נג סעיף כ וכג:
י ט מיי' שם הל' יח:
יא י כ מיי' פי"ח שם הל' כו טוש"ע שם סעיף יד:
יב ל טור אה"ע שם:
יג מ מיי' שם סמג שם טוש"ע שם:

(גליון)

[עי' תוס' גיטין לט. ד"ה הא מני ותוס' חולין לו. ד"ה מכלל]

תורה אור: איוב ו; שם

[צ"ל דאמר] ורי"ף ורא"ש ל"ג אר' זירא

שבת סג:

[עי' תוס' יומא כג. ד"ה שתים ותוס' שבת סג. ד"ה השתא]

[ד"ה והוא וכו']

נִכְסֵי בְּחֶזְקַת יַתְמֵי קַיְימֵי, וְעַל אַלְמָנָה לְהָבִיא רְאָיָה. אוֹ דִּלְמָא: נִכְסֵי בְּחֶזְקַת אַלְמָנָה קַיְימֵי, וְעַל הַיְתוֹמִים לְהָבִיא רְאָיָה? ת"ש, [א]דְּתָנֵי לֵוִי: אַלְמָנָה, כָּל זְמַן שֶׁלֹּא נִיסֵּת – עַל הַיְתוֹמִים לְהָבִיא רְאָיָה, נִיסֵּת – עָלֶיהָ לְהָבִיא רְאָיָה. א"ר שִׁימִי בַּר אַשִׁי, כְּתַנָּאֵי: [ב]מוֹכֶרֶת וְכוֹתֶבֶת "אֵלּוּ לִמְזוֹנוֹת מָכַרְתִּי, וְאֵלּוּ לִכְתוּבָּה מָכַרְתִּי", דִּבְרֵי רַבִּי יְהוּדָה. ר' יוֹסֵי אוֹמֵר: מוֹכֶרֶת וְכוֹתֶבֶת סְתָם, וְכֵן כֹּחָהּ יָפֶה. מַאי לָאו בְּהָא קָמִיפַּלְגִי; לְר' יְהוּדָה, דְּאָמַר: בָּעֵי לְפָרוּשֵׁי – סָבַר: נִכְסֵי בְּחֶזְקַת יַתְמֵי קַיְימֵי, וְעַל הָאַלְמָנָה לְהָבִיא רְאָיָה. וְרַבִּי יוֹסֵי סָבַר: לָא בָּעֵי לְפָרוּשֵׁי. נִכְסֵי בְּחֶזְקַת אַלְמָנָה קַיְימֵי, וְעַל הַיְתוֹמִים לְהָבִיא רְאָיָה. מִמַּאי? דִּלְמָא דְּכוּלֵּי עָלְמָא נִכְסֵי בְּחֶזְקַת אַלְמָנָה קַיְימֵי, וְעַל הַיְתוֹמִים לְהָבִיא רְאָיָה. [ג]וְרַבִּי יְהוּדָה – *עֵצָה טוֹבָה קמ"ל, דְּלָא לִיקְרוּ לָהּ *רַעַבְתָּנוּתָא. דְּאִי לָא תֵּימָא הָכִי – הָא דְּבָעֵי ר' יוֹחָנָן תִּפְשׁוֹט לֵיהּ מִמַּתְנִי': *מוֹכֶרֶת לִמְזוֹנוֹת שֶׁלֹּא בְּבֵית דִּין, וְכוֹתֶבֶת "אֵלּוּ לִמְזוֹנוֹת מָכַרְתִּי"! אֶלָּא, מִמַּתְנִי' לֵיכָּא לְמִשְׁמַע מִינַּהּ, דְּעֵצָה טוֹבָה קמ"ל. ה"נ – עֵצָה טוֹבָה קמ"ל. א"נ: דְּכוּלֵּי עָלְמָא נִכְסֵי בְּחֶזְקַת יַתְמֵי קַיְימֵי, וְהַיְינוּ טַעְמָא דְּר' יוֹסֵי – כְּדְאַבַּיֵּי קַשִּׁישָׁא. דְּאָמַר אַבַּיֵּי קַשִּׁישָׁא: מָשָׁל דְּר' יוֹסֵי לְמָה הַדָּבָר דּוֹמֶה? *[ד]לְשָׁכִיב מְרַע שֶׁאָמַר "תְּנוּ מָאתַיִם זוּז לִפְלוֹנִי בַּעַל חוֹבִי", רָצָה – בְּחוֹבוֹ נוֹטְלָן, רָצָה – בְּמַתָּנָה נוֹטְלָן.
אִם

נִכְסֵי. הַבַּעַל. בְּחֶזְקַת יַתְמֵי. וְהִיא הַמּוֹצִיאָה מֵהֶם, וְעָלֶיהָ לְהָבִיא עֵדִים שֶׁהוֹדוּ יְתוֹמִים בִּפְנֵיהֶם שֶׁלֹּא קִבְּלָה. וְכָל זְמַן שֶׁלֹּא תָּבִיא עֵדִים – לֹא תִּגְבֶּה. בְּחֶזְקַת אַלְמָנָה קַיְימֵי. שֶׁהֲרֵי נִשְׁתַּעְבְּדוּ בִּתְנַאי ב"ד. נִשֵּׂאת. וְהִיא בָּאָה לִתְבּוֹעַ מְזוֹנוֹת שֶׁל שָׁנִים שֶׁעָבְרוּ. עָלֶיהָ לְהָבִיא רְאָיָה. דְּמִשֶּׁנִּיסֵּת אֵין הַנְּכָסִים בִּרְשׁוּתָהּ. וְכוֹתֶבֶת אֵלּוּ לִמְזוֹנוֹת. בִּשְׁטָרוֹת הַמְּכִירָה שֶׁהִיא כּוֹתֶבֶת לַלָּקוֹחוֹת, כּוֹתֶבֶת אֶת הַמָּכוּר לִמְזוֹנוֹת. וּכְשֶׁהִיא מוֹכֶרֶת לְגִבּוּי כְּתוּבָּה – תְּפָרֵשׁ בְּתוֹךְ הַשְּׁטָר: לִכְתוּבָּה מָכַרְתִּי. וְכָךְ כֹּחָהּ יָפֶה. כִּדְבָעֵינַן לְפָרוּשֵׁי. מַאי לָאו בְּהָא פְּלִיגִי דְּר' יְהוּדָה דַּאֲמַר הַפֵּירוּשׁ יָפֶה לָהּ סָבַר נִכְסֵי בְּחֶזְקַת יַתְמֵי קַיְימֵי. וְאִי לֹא פֵּירְשָׁה מַה לִּכְתוּבָּה וּמַה לִּמְזוֹנוֹת, סוֹף כְּשֶׁתָּבֹא לִתְבּוֹעַ, יֹאמְרוּ לָהּ: מַה שֶּׁמָּכַרְתְּ – לִכְתוּבָּה מָכַרְתְּ, וְקִבַּלְתְּ כְּתוּבָּתֵךְ. וְאִם תֹּאמַר לָהֶם: א"כ תְּנוּ לִי מְזוֹנוֹת שֶׁאָכַלְתִּי – הֵם יֹאמְרוּ: נְתַנְּנוּ לֵיךְ מִטַּלְטְלִין תָּמִיד בִּמְזוֹנוֹתַיִךְ, וְהֵם נֶאֱמָנִים. וְרַבִּי יוֹסֵי סָבַר נִכְסֵי בְּחֶזְקַת אַלְמָנָה קַיְימֵי. וְהִיא תַּחֲזִיק בָּהֶם לְצוֹרֶךְ מְזוֹנוֹתֶיהָ וּכְתוּבָּתָהּ, וַעֲלֵיהֶם לְהָבִיא רְאָיָה. לְפִיכָךְ הַסְּתָם יָפֶה לָהּ, מִפְּנֵי לָקוֹחוֹת שֶׁלָּקְחוּ שָׂדוֹת מִבַּעְלָהּ, שֶׁאִם יִכְלוּ כָּל נִכְסֵי הַיְתוֹמִים – תַּחְשׁוֹב כָּל מַה שֶּׁמָּכְרָה לִמְזוֹנוֹת, וְעַל הַלָּקוֹחוֹת שֶׁלָּקְחוּ מִבַּעְלָהּ תַּחֲזוֹר עַל כְּתוּבָּתָהּ. שֶׁאִם תְּפָרֵשׁ "לִכְתוּבָּה מָכַרְתִּי" – לֹא תּוּכַל שׁוּב לְנַתְּקָן לִמְזוֹנוֹת, וְעַל הַלָּקוֹחוֹת לֹא תַּחֲזוֹר עַל מְזוֹנוֹתֶיהָ, דִּתְנַן (גיטין דף מח:): אֵין מוֹצִיאִין לִמְזוֹן הָאִשָּׁה וְהַבָּנוֹת מִנְּכָסִים מְשׁוּעְבָּדִים. דְּלָא לִיקְרוּ לָהּ רַעַבְתָּנוּתָא. הָרוֹאֶה שֶׁמּוֹכֶרֶת כָּל קַרְקָעוֹת אֵלּוּ, סָבוּר שֶׁמּוֹכַרְתָּן לִמְזוֹנוֹת, מוֹצִיא עָלֶיהָ שֵׁם רַעַבְתָּנוּתָא, וְשׁוּב אֵין אָדָם נוֹשְׂאָהּ. דְּאִי לָא תֵּימָא הָכִי. דְּטַעְמָא דְּר' יְהוּדָה לָאו מִשּׁוּם נִכְסֵי בְּחֶזְקַת יַתְמֵי הוּא. הָא דְּבָעֵי ר' יוֹחָנָן. עַל מִי לְהָבִיא רְאָיָה; נְהִי דְּמַתְנִיתָא דִּפְלוּגְתָּא דְּר"י וְרַבִּי יוֹסֵי לֹא שְׁמִיעַ לֵיהּ, מַתְנִי' מִיהָא שְׁמִיעַ לֵיהּ, שֶׁהַמִּשְׁנָה שְׁנוּיָה תָּמִיד בְּבֵית הַמִּדְרָשׁ. תִּפְשׁוֹט לֵיהּ מִמַּתְנִיתִין. דְּעַל אַלְמָנָה לְהָבִיא רְאָיָה, דְּמַתְנִיתִין נַמִי מַצְרְכָה לָהּ לְפָרוּשֵׁי, כְּר' יְהוּדָה. דְּעֵצָה טוֹבָה קָא מַשְׁמַע לָן. דְּלֹא לִיקְרוּ לָהּ רַעַבְתָּנוּתָא. אִי נַמִי דְּכוּלֵּי עָלְמָא. הֵיכָא דְּאָמְרוּ יְתוֹמִים "נְתַנּוּ" – עַל אַלְמָנָה לְהָבִיא רְאָיָה, וַאֲפִי' הָכִי לְר' יוֹסֵי הַסְּתָם יָפֶה לָהּ לִטְרִיפַת לָקוֹחוֹת שֶׁבְּחַיֵּי בַּעְלָהּ לִכְתוּבָּה, כְּמוֹ שֶׁפֵּירַשְׁתִּי, וְכִדְתָנֵי אַבַּיֵּי קַשִּׁישָׁא.
אִם

נכסי בחזקת אלמנה קיימי. וא"ת: מה טעם דלא חשבינן נכסי בחזקת הבעל חוב? ואמאי מהימני יתמי למימר "פרענו" במלוה על פה? וכי תימא דחשבינן ליה בחזקת אלמנה טפי, משום דמוכרת למזונות שלא בבית דין – אם כן לרב ושמואל, נהי דלית להו כל הטוען אחר מעשה ב"ד לא אמר כלום, מ"מ כשאיבדה כתובתה – לא יהיו יתומין נאמנין לומר "פרענו"; דכיון דמוכרת לכתובתה שלא בבית דין, נכסים בחזקתה כי הכא! וכי תימא אע"ג דנכסים בחזקתה, מיהו מהימני לומר "פרענו", דמוכחא מילתא, מדלית לה כתובה – דמחמת פריעה נקרעה. מיהו, היכא דאיכא עדים שנשרפה לא להימנו! ושמא י"ל: אי איכא עדים – אין הכי נמי. א"נ: מזונות שאני; דכתובה מיד שנפרעה – נסתלקה, אבל מזונות – לעולם יש לה מזונות עד שתתבע כתובתה. הלכך הוו נכסים בחזקתן טפי ממזונות. מ"ר. ולא דמי להא דאמרי' ב"המקבל" (ב"מ קי.): יתומים אמרו: אנו השבחנו, ובעל חוב אמר: אביכם השביח. ומסקנא דמילתא: ארעא, כיון דלגוביינא קיימא – כמאן דגביא דמי. דהתם מיירי, כגון שהיתומין מודים שהקרקע זה לבעל חוב, שאביהן עשאה אפותיקי. ולכך מסיק: כיון דלגוביינא קיימא – כמאן דגביא דמי, ותדע, מדמייתי עלה: ספק זה קודם ספק זה קודם – קוצץ ואינו נותן דמים. והיינו הטעם: כיון דלקוץ קאי – כמאן דקיץ דמי, ולשם מודה בעל האילן שיש לו לקצץ, אלא שואל דמים. אם כן, ארעא דלגוביינא קיימא – נמי מיירי כה"ג. מ"ר.

נשאת עליה להביא ראיה. מדלא משכח "עליה להביא ראיה" אלא בנשאת – ש"מ דנתקבלה כתובתה או דתבעה כתובתה בב"ד – אפי' במזונות שעברו, עליהן להביא ראיה. מ"ר. **ורבי** יוסי סבר נכסי בחזקת **אלמנה** קיימי. מה שפי' בקונטרס ד"וכן כחה יפה" דקאמר ר' יוסי – היינו, כשכלו נכסי היתומין תחשוב ללקוחות כל מה שמכרה למזונות – לא נהירא לרבי, מדאמר לקמן: אי נמי דכולי עלמא בחזקת יתמי קיימי, והיינו טעמא דר' יוסי כדאביי. מכלל, דעד השתא לא אסיק אדעתיה לר' יוסי האי טעמא! ונראה לרבי דהיינו יפוי כח השתא: דמתוך שהיא מוכרת סתם – היא מרווחת לומר: אלו מכרתי למזונות. ולא יוכלו היתומין לומר לה אם שהתה איבדה מזונות, כמו שהיו יכולים לומר לה אם היתה כותבת אלו למזונות ואלו לכתובה, ואז היו יכולין לומר: שאר המזונות מחלה. אבל לענין טריפת לקוחות – אכתי לא מסיק אדעתיה, עד דמסיק דכ"ע נכסי בחזקת יתמי קיימי, דאז לא מצי למימר האי יפוי כח דלגבי יתומים לא תהא נאמנת לומר: כלום למזונות מכרתי, שהרי בחזקת יתמי קיימי. וא"ת: מה יפוי כח הוא השתא, דקאמרה: הכל מכרתי למזונות ולא איבדה, וכי אין זו אונאה? דשקר הוא, שהרי גם לכתובה מכרה! וי"ל: מאי טעמא שהתה שתים או שלש שנים ולא תבעה מזונותיה איבדה מזונותיה – דמדלא תבעתה, א"כ מחלתה. והכא ליכא למימר הכי, דאיכא למימר דלא חששה לתובעם, משום שיכולה לומר: הכל מכרתי למזונות. וגם לפי' הקונטרס אין זו אונאה, שאומרת ללקוחות: הכל מכרתי למזונות. שהרי מן הדין גם מזונות היה לה לגבות ממשעבדי, אם לא לפי שאין קובין, כדפרשינן בגטין. והכא לעולם יש ללקוחות להם לאסוקי אדעתייהו משום כתובה, להניח מבני חרי כשיעור כתובה, אע"פ שמכרה לכתובה, כיון שיכולה לומר: למזונות מכרתי. מ"ר. וא"ת: והלא יכולין לומר לה: הנחנו ליך מקום לגבות ממנו! וי"ל: דהוי כמו אשתדוף בני חרי, דגביא ממשעבדי, כדאמרן לעיל. ולא שייך הכא למימר: אפסדה אנפשה בידים – שהרי עשתה לצורך מזונות. אי נמי, בלקוחות שלקחו אחר שמכרה. **דרבי** יהודה סבר נכסי בחזקת יתמי קיימי ועל **אלמנה להביא ראיה**. לטעמא דפרישית לעיל משום הא דשתקה, שלא תבעה מזונותיה – מוכח שהדין עם היתומים, שאומרים "נתננו", קשה מכאן: דהכא – אמאי עליה להביא ראיה? הא לא שייך הכא האי טעמא, דהאי דשתקה – לפי שמכרה נכסים! ונראה דהיינו טעמא לעיל, דעליה להביא ראיה – משום דלא שייך התם למימר: מה הועילו חכמים בתקנתם, אם נאמנים לומר: פרענו מזונות שעברו. שהרי היא יכולה לתבוע כל שעה תחילת מזונות הבאין. וכן הכא, יכולה היא לכתוב: אלו למזונות מכרתי ואלו לכתובה מכרתי. מ"ר. **תפשוט** ליה ממתניתין כו'. וא"ת: מאי סלקא דעתי' מעיקרא דלא תפשוט? י"ל: דסלקא דעתיה דמתני' ודאי משום עצה טובה, אבל ברייתא לא משמע משום עצה טובה אלא משום כחה יפה, דומיא דר' יוסי. נראה לי. **רצה** בחובו נוטלן רצה במתנה נוטלן. פי': שניהם נוטלן – אלא כלומר: רצה בחובו – נוטלן מבני חרי, ושוב לא יוכל לגבות המתנה ממשעבדי. משום הכי קאמר: אם נוטלן במתנה – לא כך יפה כחו. פירש: אם נוטלן במתנה מבני חרי, שיכול לטרוף החוב ממשעבדי. וכן משמע מתוך פירוש הקונט'. וקשה לר': דבשילהי "יש נוחלין" (ב"ב קלח:) תניא: שכיב מרע שאמר: תנו מאתים זוז לפלוני בעל חובי כראוי לו – נוטלן ונוטל את חובו כו'. ופריך: משום דאמר "כראוי לו" נוטלן ונוטל את חובו? ודלמא – כראוי לו בחובו קאמר! ומשני: הא מני – ר' עקיבא היא, דדייק לישנא יתירא. משמע דאם לא אמר אלא: תנו מאתים זוז לפלוני בעל חובי, ולא אמר "כראוי לו", אינו נוטל שניהם! ונראה: דאי הוה גרים התם "לבעל חובי" – הוה ניחא, דודאי כי לא אמר "לפלוני" אלא דקאמר "לבעל חובי" – משמע דבחובו קאמר, שיתנו לו, אם לא אמר "כראוי לו". ויש ספרים שכתוב בהן כך, ולא כתוב בהן "לפלוני". אבל היכא דכתב "לפלוני בעל חובי" – ניכר מהלשון דבמתנה קאמר שיתנו לו, ודבר זה תלוי בסברא.
או

עין משפט
נר מצוה

יד א מיי' פי"ח מהל' אישות הל' כז טוש"ע אה"ע סימן צג סעיף טו:
טו ב ג (מיי' שם הל' כ) טור אה"ע סי' קג:
טז ד מיי' פי"א מהלכ' זכיה ומתנה הל' טז
יז יח יט סמג עשין פב טוש"ע ח"מ סי' רנג סעיף ח:

תוספות רי"ד

אומרים נתננו והיא אומרת לא נטלתי על מי להביא ראי' נכסי בחזקת יתמי קיימי ועל האלמנה להביא ראי' שהודו לה בפני עדים שלא נתנו לה א"ד נכסי בחזקת אלמנה קאי א) אבל אם נשאת והיא תבוא לתבוע מזונות של שנים שעברו עליה להביא ראיה דמשנשאת אין הנכסים ברשותה: והמורה פי' יתומים אמרו נתננו דמי מזונות לשנה הבאה ואינו נ"ל דלהבא טוענים דמתני ב) לה לוי לא נטלתי משמע דלשעבר טענו דהא משנשאת שוב אין לה מזונות ואינה טוענת אלא לשעבר ובפ' המקבל אמרי' יתומים אומרים אנו השבחנו וב"ח אומר אביכם השביח סבר ר"ה למימר על ב"ח להביא ראי' מ"ט ארעא בחזקת יתמי קיימי וב"ח ליתי ראי' ולישקל א"ל האי סבא הכי אר"י על היתומים להביא ראיה מ"ט ארעא דלגוביינא קיימא כמאן דגבי דמי ויתמי ניתי ראי' ונשקלו ונ"ל דבתר דפשטא ליה ממתניתא דלוי סברה איהו למימר התם נכסי בחזקת הבעל [חוב] קיימו ולא בחזקת יתמי א"נ י"ל דאע"ג דהתם פשיטא לי' הכא מיבעי' לי' משום דטעמא דהתם כדמפרש ארעא כיון דלגובינא קיימו וכו' והלכך כולה ארעא קיימו בחזקת ב"ח אבל הכא דלא בעי' אלא מזוני לא קיימו כלהו נכסי בחזקת האלמנה שהמזונות אינו אלא דבר יום ביומו וכולהו נכסי בחזקת יתמי קיימו ואין כח באלמנה להוציא מידן בעבור מזונותי' כמו שיש כח לב"ח להוציא כל השדה מיד היתומים אלא היתומים הן מחזיקין הנכסים והולכים ומפרנסים אותה דבר יום ביומו משה"ה היה מסתפק הכא למיבעי אם יש כח וחזקה לאלמנה עליהן כנגד מזונותיה:

א) נראה דחסר כאן וצ"ל ועל היתומים להביא ראיה. ת"ש דתני לוי אלמנה כל זמן שלא ניסאת על היתומים להביא ראיה אבל אם ניסאת וכו'. ב) אולי צ"ל דמדתני לה לוי ניסת עליה להביא ראיה משמע דלשעבר טענו וכו'.

מסורת הש"ס

[לעיל פח: וש"נ]
ברכות לט: שבת קיז.
[לקמן לז:]
ב"ב קלח.

אם בְּמַתָּנָה נוֹטְלָן — לֹא כָּךְ יָפֶה כֹּחוֹ. כֵּיצַד מוֹכֶרֶת? אָמַר רַבִּי דָּנִיאֵל בַּר רַב קְטִינָא אָמַר רַב הוּנָא: מוֹכֶרֶת אַחַת לִשְׁנֵים עָשָׂר חֹדֶשׁ, וְלוֹקֵחַ מְפַרְנֵס אַחַת לִשְׁלֹשִׁים יוֹם. וְרַב יְהוּדָה אָמַר: מוֹכֶרֶת לְשִׁשָּׁה חֳדָשִׁים, וְלוֹקֵחַ מְפַרְנֵס אַחַת לִשְׁלֹשִׁים יוֹם. תַּנְיָא כְּווֹתֵיהּ דְּרַב הוּנָא: מוֹכֶרֶת לִשְׁנֵים עָשָׂר חֹדֶשׁ וְלוֹקֵחַ מְפַרְנֵס אַחַת לִשְׁלֹשִׁים יוֹם. תַּנְיָא כְּווֹתֵיהּ דְּרַב יְהוּדָה: מוֹכֶרֶת לְשִׁשָּׁה חֳדָשִׁים, וְלוֹקֵחַ מְפַרְנֵס אַחַת לִשְׁלֹשִׁים יוֹם. אָמַר אַמֵימָר: [א]הִלְכְתָא, מוֹכֶרֶת לְשִׁשָּׁה חֳדָשִׁים וְלוֹקֵחַ מְפַרְנֵס אַחַת לִשְׁלֹשִׁים יוֹם. אֲמַר לֵיהּ רַב אַשִׁי לְאַמֵימָר: דְּרַב הוּנָא מַאי? אֲמַר לֵיהּ: *לָא שְׁמִיעַ לִי. כְּלוֹמַר, לָא סְבִירָא לִי. בָּעוּ מִינֵּיהּ מֵרַב שֵׁשֶׁת: מוֹכֶרֶת לִמְזוֹנוֹת, מַהוּ שֶׁתַּחֲזוֹר וְתִטְרוֹף לִכְתוּבָּה? קָמִיבַּעְיָא לְהוּ בִּדְרַב יוֹסֵף. *דְּאָמַר רַב יוֹסֵף: [ב]אַרְמַלְתָּא דְּזַבֵּין — אַחֲרָיוּת אַיְתָמֵי, וּבֵי דִינָא דְּזַבֵּין — אַחֲרָיוּת אַיְתָמֵי. מַאי, כֵּיוָן דְּאַחֲרָיוּת אַיְתָמֵי — טָרְפָא, אוֹ דִלְמָא מָצֵי אָמְרִי לָהּ: נְהִי דְּאַחֲרָיוּת דְּעָלְמָא לָא קַבִּילַתְּ עִילָּוָךְ, אַחֲרָיוּת דְּנַפְשָׁךְ — מִי לָא קַבּוֹלֵי קַבִּילַתְּ? אֲמַר לֵיהּ: תְּנִיתוּהָ, מוֹכֶרֶת וְהוֹלֶכֶת עַד כְּדֵי כְּתוּבָּתָהּ, וְסֶמֶךְ לָהּ שֶׁתִּגְבֶּה כְּתוּבָּתָהּ מִן הַשְּׁאָר. שְׁמַע מִינָּהּ: שִׁיְּירָא — אִין, לָא שִׁיְּירָא — לָא. וְדִלְמָא *עֵצָה טוֹבָה קָא מַשְׁמַע לָן, דְּלָא לִיקְרוּ לָהּ הַדְרִינָתָא? א"כ לִיתְנֵי גּוֹבָה כְּתוּבָּתָהּ מִן הַשְּׁאָר, מַאי "סֶמֶךְ לָהּ" — [ג]שְׁמַע מִינָּהּ: שִׁיְּירָא — אִין, לָא שִׁיְּירָא — לָא. אִיבַּעְיָא לְהוּ: זַבֵּין וְלָא אִיצְטְרִיכוּ לֵיהּ זוּזֵי, הָדְרִי זְבִינֵי אוֹ לָא הָדְרִי זְבִינֵי? תָּא שְׁמַע: דְּהַהוּא גַּבְרָא דְּזַבֵּין אַרְעָא לְרַב פַּפָּא, דְּאִצְטְרִיכוּ לֵיהּ זוּזֵי לְמִיזְבַּן תּוֹרֵי. לְסוֹף לָא אִיצְטְרִיכוּ לֵיהּ, וְאַהַדְרֵיהּ נִיהֲלֵיהּ רַב פַּפָּא לְאַרְעֵיהּ — רַב פַּפָּא *לִפְנִים מִשּׁוּרַת הַדִּין הוּא דַּעֲבַד. ת"ש: דְּהַהוּא בַּצּוֹרְתָא דַּהֲוָה בִּנְהַרְדְּעָא, זַבְּנִינְהוּ כּוּלֵּי עָלְמָא לְאַפַּדְנַיְיהוּ. לְסוֹף אָתוּ חִיטֵּי. אֲמַר לְהוּ רַב נַחְמָן: דִּינָא הוּא דְּהָדְרִי אַפַּדְנֵי לְמָרַיְיהוּ. הָתָם נַמִי, זְבִינֵי בְּטָעוּת הָווּ, דְּאִיגַּלַּאי מִילְּתָא דְּאַרְבָּא בְּעִקּוּלֵי הֲוָה קַיְימָא. אִי הָכִי, הַיְינוּ דְּאָמַר לֵיהּ רָמִי בַּר שְׁמוּאֵל לְרַב נַחְמָן: אִם כֵּן נִמְצֵאתָ מַכְשִׁילָן לֶעָתִיד לָבֹא! אֲמַר לֵיהּ: אַטּוּ כָּל יוֹמָא בַּצּוֹרְתָא שְׁכִיחָא? אֲמַר לֵיהּ: אִין, בַּצּוֹרְתָא בִּנְהַרְדְּעָא מַשְׁכַּח שְׁכִיחָא. [ד]וְהִלְכְתָא: זַבֵּין וְלָא אִיצְטְרִיכוּ לֵיהּ זוּזֵי — הָדְרִי זְבִינֵי.§

מתני' *[ה]אַלְמָנָה, בֵּין מִן הָאֵירוּסִין בֵּין מִן הַנִּשּׂוּאִין — מוֹכֶרֶת שֶׁלֹּא בְּבֵית דִּין. ר' שִׁמְעוֹן אוֹמֵר: מִן הַנִּשּׂוּאִין — מוֹכֶרֶת שֶׁלֹּא בְּבֵית דִּין, מִן הָאֵירוּסִין — לֹא תִּמְכּוֹר אֶלָּא בְּבֵית דִּין, מִפְּנֵי שֶׁאֵין לָהּ מְזוֹנוֹת. וְכָל שֶׁאֵין לָהּ מְזוֹנוֹת — לֹא תִּמְכּוֹר אֶלָּא בְּבֵית דִּין.§

גמ' בִּשְׁלָמָא מִן הַנִּשּׂוּאִין — מִשּׁוּם מְזוֹנֵי, אֶלָּא

(ת"י כ"י)

[ערכין כב: וש"נ]

לקמן ק.

[לעיל פה: וש"נ]

[ברכות ז. מה: ב"ק לט: ב"מ כד: ל:]

ב"מ לב.

אם נטלן במתנה לא כך כחו יפה. שיוכל לטרוף לקוחות על החוב, ולא יוכל לטרוף על המתנה. אף זו – על המזונות לא תוכל לטרוף לקוחות, ועל הכתובה תטרוף אותם. ואם מפני היתומים, שלא יאמרו: הכל לכתובה מכרת, ונתקבלת כתובתיך – יכולה היא להעמיד עדים שיראו את הנמכר למזונות, ואם תצטרך לכך – יבאו ויעידו. ואת הנמכר לכתובה – לא תודיע, מפני הלקוחות. מוכרת לשנים עשר חודש. כדי מזונות של שנה תמכור יחד. והלוקח. לא ימסור לה כל המעות, אלא דמי מזונות של חדש בחדש. שאם תינשא – יחזיר מה שבידו ליורשים. מהו שתחזור ותטרוף. אותם הקרקעות עצמן. ארמלתא דזבין. שדה יתומים, למזונות או לכתובה, וקבלה עליה אחריות. אחריות איתמי. אחריות הלקוחות חוזר על היתומים, שהרי עליהן היה החוב. טרפא. והם יחזרו על היתומים. מוכרת והולכת. למזונות. עד. שלא יותר קרקע ליורשים, אלא שיעור כתובתה. וסמך לה. ואותו השאר יהא סמך לה לגבות משם כתובתה. זבין ולא איצטריכו ליה זוזי. מכר שדהו, ואנו יודעים שהיה חפץ לקנות שדה פלוני, או פרגמטיא פלונית באותן מעות. ולא איצטריכו ליה זוזי. שחזרו בהן המוכרים. בצורתא. יוקר הבא בשערים פתאום. זבנינהו לאפדנייהו. לקנות חטין. דארבי בעקולי הוו קיימי. שעל ידי שגדל הנהר הוצרכו הספינות ללכת עקלקלות. ואילו ידעו המוכרים כן – לא היו מוכרים בתיהם, ומשעת מכירה הוה ליה טעות. אבל היכא דמכירה לאו בטעות הואי, כגון חזרו בהן מוכרי החיטין לאחר שמכרו אלו בתיהם, או שבאו חיטין ממקום אחר, שעדיין לא נעקרו ממקומם – לא הדרי. אי הכי היינו ודאי דאמר ליה כו' נמצאת מכשילן. דאי בעי לזבוני קרקע, לא ימצאו קונים. ואמר ליה: אין, בצורתא בנהרדעא משכח שכיח. וחיישינן לדלמא אתו ארבי דקיימי בעקולי, והדרי זביניהו. שמע מינה: טעמא משום מקח טעות הוי. דאי בדאתו חטין ממקום קרוב, או שבאו לאלו לבדם, דטעמא משום זבין ולא איצטריכו ליה זוזי הוה – מידי דלא שכיח הוא, וליכא מכשול. **מתני'** בין מן הארוסין. שאין לה מזונות, ומוכרת לכתובה. בין מן הנשואין. שהיא מוכרת למזונות – מוכרת שלא בבית דין. רבי שמעון אומר מן הנשואין. שהיא מוכרת למזונות. מוכרת שלא בבית דין. שאי אפשר לה להיות יושבת ומתענה עד שיזדקקו לה בית דין. אבל מן האירוסין, שאין מכירתה אלא לכתובה – לא תמכור אלא בבית דין. **גמ'** אלא

או דלמא נהי דאחריות דעלמא כו'. ולא דמי להיא דלעיל (דף צב.): ראובן שמכר שדה לשמעון שלא באחריות, וחזר ראובן ולקחה משמעון באחריות, דמסקנא אמר רבא: נהי דאחריות דעלמא לא קביל עילויה – אחריות דנפשיה מי לא קביל עילויה – לא דמי, דהתם ודאי כיון שראובן לוה – דין הוא שיטרפו ממנו הקרקע, ואין על שמעון לפרוע, כיון דבאת לידי ראובן הנאה שקבל המעות. אבל הכא, שהיורשין חייבין לה מזונות – יכולה למכור ולחזור ולטרוף, שהרי כשחוזרת וטורפת – חוב שלה היא נפרעת, ואין כאן עיוות הדין כלל.

וסמך לה שתגבה כתובתה מן השאר. וא"ת: מאי נפקא לה מינה, בין מה שהיתה מוכרת למזונות ובין מה שתמכור לכתובה? נפקא מינה שתוכל למכור ביחד כדי כתובתה. אבל למזונות – אינה מוכרת אלא לששה חדשי', ולוקח מפרנס אחת לשלשים יום. ועוד: אם נשאת אחר שמכרה – הלוקח לא יתן כי אם אחת לל' יום, ולא תוכל לגבות מהן לכתובה, דהא מטלטלין נינהו, ומזונות אבדה.

מאי סמך לה ש"מ שיירא אין לא שיירא לא. וא"ת: תקשי מהכא לרמי בר חמא, דהוה בעי למימר לעיל; גבי ראובן שמכר שדה לשמעון, דאפילו אחריות דנפשיה לא קביל עילויה. והא בהך ברייתא אמרי' גבי אשה. אחריות דנפשה מיהא קיבלה עלה, וכ"ש התם, לפי מה שפירשנו לעיל! וי"ל: דמצי למימר רמי בר חמא: דהכא ודאי אחריות דנפשה מקבלת, [אע"ג דאחריות איתמי היינו מעלמא, אבל אנפשה מיהו קיבלה] [תוספות ישנים. כתב יד]. דהא אינה מוכרת בהדיא שלא באחריות. אבל התם, שמכר לו בהדיא שלא באחריות – אפילו אחריות דנפשיה לא קביל עילויה. מ"ר.

זבין ולא איצטריכו ליה זוזי הדרי זביני כו'. וכגון שגילה דעתו בשעת המכר, דאמר, דליזבן תורי קא זבין להו. דאי שתק – הוו להו דברים שבלב. וכן בפרק ב' דקידושין (דף מט:) גבי ההוא גברא דזבין נכסיה אדעתא למיסק לארעא דישראל – התם נמי בדגלי דעתיה. ויש דברים שאינו מועיל בהם גילוי דעת עד שיתנה, כגון אם היה מוכר מלבושיו אדעתא למיסק לארץ ישראל, דזהו דבר שאין רגילין למכור אדעתא דהכי – התם ודאי אין מועיל גילוי דעת. שאם לא תאמר כן – מעכשיו אין צריך לשום תנאי אלא גילוי דעת בעלמא, ובכל מקום בעינן דומיא דתנאי בני גד ובני ראובן, תנאי כפול. אלא ודאי גילוי דעת במילתא שאין רגילות לעשות כן – לא מהני, עד שיתנה. ויש דברים דאפילו גילוי דעת אין צריך, כגון שטר מברחת דלעיל, פרק "האשה שנפלו" (דף עט. וסס*), וכן ההיא דבפרק "מי שמת" (ב"ב קלג. וקמו:) דתניא: הרי שהלך בנו למדינת הים, ושמע שמת בנו ועמד וכתב כל נכסיו לאחרים, ואח"כ בא בנו – רבי שמעון בן מנסיא אומר: אין מתנתו מתנה, בידוע שאם היה יודע שבנו קיים לא היה כותב. מ"ר.

אי הכי היינו דא"ל רבי בר שמואל לרב נחמן: א"ב נמצאת מכשילן כו'. פי' רש"י: אי הכי, היינו ודאי דא"ל נמצאת מכשילן כו', א"ל: בצורתא משכח שכיחי, וחייש דלמא אתו ארבי בעקולי והדרי זביני. דאי בדאתו ממקום קרוב או שבאו לאלו לבדן, דטעמא משום דזבין ולא איצטריך ליה זוזי, הדרי זביני – מילתא דלא שכיח הוא, וליכא מכשול. וקשה לפירוש זה: דמאי הוכחה היא? לעולם אימא לך: משום דלא אצטריכו ליה זוזי הדרי זביני. ומיהו, כל שכן היכא דהוו בעקולי, כדמוכח שמעתא דאז הוי מקח טעות יותר. ואם כן, שפיר קאמר: דנמצאת מכשילן לעתיד, הואיל דבכל ענין הדרי זביני, כדפרשינן! הלכך נראה כמו שפירש רשב"ם: אי הכי – קושיא הוא: הואיל דאמר דהאי הדרי זביני דוקא משום דבעקולי הוו קיימי, היכי קאמר "בצורתא בנהרדעא משכח שכיח"? הלא זאת בצורתא דארבי בעקולי הוו קיימי, פשיטא דלא שכיח הוא! ובשלמא אי פשטינן מינה זבין ולא איצטריכו ליה זוזי הדרי זביני – היינו ודאי דשכיחא – דרוב פעמים היה להם בצורתא. וניחא נמי לפי זה הא דפסקינן הלכתא לפי פשיטת הבעיה.

אלמנה

יז א מיי' פי"ח מהלכות אישות הל' כא סמג עשין מח טוש"ע אה"ע סי' צג סעיף ל:

יח ב מיי' פי"ז שם הל' יג ופי"ב מהל' מלוה ולוה הל' ג סמג שם טוש"ע שם סעיף כט וסימן קג סעיף ב וטוש"ע ח"מ סי' קט סעיף ד:

יט ג טוש"ע אה"ע סי' צג סעיף כט:

כ ד מיי' פי"א מהל' מכירה הל' ח סמג עשין פב טוש"ע ח"מ סי' רז סעיף ג:

כא ה מיי' פי"ז מהל' אישות הל' יג סמג עשין מח טוש"ע אה"ע סי' קג סעיף א:

תוספות רי"ד

כיצד מוכרת אמר רבי דניאל בר רב קטינא אמר רב הונא לי"ב חודש ולוקח מפרנס א' לשלשים יום פי' מוכרת מן הנכסים כשיעור מזונות שנה א' ולא יתנו לה כל המעות ביחד שמא תמות אלא יתנו המעות להיתומים: אמר אמימר הל' [מוכרת] לו' חדשים ולוקח מפרנס א' לל' יום א"ל ר"א לאמימר הא דר"ה מאי א"ל לא שמיע לי כלומר לא ס"ל: בעא מיניה מר"ש. מוכרת למזונות מהו שתחזור ותטרוף לכתובתה. פי' אותן הקרקעות עצמן שמוכרן למזונותי' וקמבעי' להו בדר"י דאר"י ארמלתא דזבין אחריותא איתמי וב"ד דזבין אחריותא איתמי מאי מי אמרינן כיון דאחריותא איתמי טרפא א"ד מצי א"ל נהי דאחריותא דעלמא לא קבלת עלך אחריותא דנפשך קביל קבלית א"ל ר"ש תניתוה מוכרת והולכת עד כדי כתובתה וסמך לה שתגבה כתובתה מן השאר ש"מ שייר אין לא שייר לא פי' מוכרת והולכת למזונות עד שלא ישאר קרקע ליתומים אלא שיעור כתובתה שיהיה לה סמך לגבות כתובתה משם ש"מ מדקתני סמך לה שתגבה כתובתה מן השאר דוקא אם נשארו נכסים ליתומים אית לה סמך לגבות כתובתה אבל אם לא נשארו נכסים ליתומים אין לה סמך לגבות מן הלקוחות דאחריות דנפשה קבילה עלה עיין בערך נ"א בס"ה: איבעיא להו זבין ולא איצטריכו לי' זוזי הדרי זביני או לא ת"ש ההוא בצורתא דהות בנהרדעא וזבנינהו כ"ע לאפדנייהו לסוף אתו חיטי וא"ר נחמן דינא הוא דהדרי אפדני למרייהו ומסיק תלמודא והל' זבין ולא איצטריכו לי' זוזי הדרי זביני פי' ודוקא כגון שפירש בפיו דאדעת' דהכי קמזביננא דאי לא פירש דברים שבלב אין דברים אע"ג דידעי ביה שכנים ומוכחא מילתא דהכי אמרי' בפ' האיש מקדש ההוא גברא דזבנינהו לנכסי אדעתי' למיסק לא"י ובעידנא דזבין לא אמר מידי א"ר הוי דברים שבלב ודברים שבלב אינן דברים עיין מ"ש שם דאע"ג דמוכח מילתא לעלמא דאדעתא למיסק זבין כגון שידעו

בו שכנים שהי' בדעתו לעלות אפ"ה כיון שלא פי' בפיו בעת המכירה כי הוא רוצה לעלות אמרי' דברים שבלב אינן דברים: מתני' אלמנה בין מן האירוסין בין מן הנשואין מוכרת שלא בב"ד רש"א מן הנשואין מוכרת שלא בב"ד מן האירוסין לא תמכור אלא בב"ד מפני שאין לה מזונות [illegible] כתובה אינה רשאית למכור שלא בבית דין ואין הל' כר"ש דקי"ל יחיד ורבים הלכה כרבים ואמרינן עלה בפרק אלו מציאות אמר ר' יוסף אמר ר' נחמן אינה צריכה ב"ד מומחין אבל צריכה ב"ד הדיוטות בשלמא מן הנשואין משום מזוני וא' להמתין

עין משפט נר מצוה

כב א מיי' פי"ח מהל' אישות הל' כה טוש"ע אה"ע סימן נג סעיף ב:
כג ב מיי' פי"ז שם הל' יח סמג עשין מח טוש"ע אה"ע סי' קג סעיף א:
כד ג מיי' פי"ח שם הל' כ סמג שם טוש"ע אה"ע סי' נג סעיף כה:
כה ד מיי' פי"ז שם הל' יג סמג שם טוש"ע אה"ע סי' קג סעי' ג:
כו ה מיי' פי"ז מהל' איסורי ביאה הל' יג סמג עשין נז:

תורה אור

אֶלָּא מִן הָאֵירוּסִין מַאי טַעְמָא? אָמַר עוּלָּא: *מִשּׁוּם חִינָּא. ר' יוֹחָנָן אָמַר: *לְפִי שֶׁאֵין אָדָם רוֹצֶה שֶׁתִּתְבַּזֶּה אִשְׁתּוֹ בְּבֵית דִּין. מַאי בֵּינַיְיהוּ? אִיכָּא בֵּינַיְיהוּ גְּרוּשָׁה. לְמַאן דְּאָמַר: מִשּׁוּם חִינָּא – גְּרוּשָׁה נַמִי בָּעְיָא חֵן. לְמַאן דְּאָמַר: לְפִי שֶׁאֵין אָדָם רוֹצֶה שֶׁתִּתְבַּזֶּה אִשְׁתּוֹ בְּבֵית דִּין – גְּרוּשָׁה לָא אִיכְפַּת לֵיהּ. תְּנַן: וּגְרוּשָׁה לֹא תִּמְכּוֹר אֶלָּא בְּבֵית דִּין. בִּשְׁלָמָא לְמַאן דְּאָמַר לְפִי שֶׁאֵין אָדָם רוֹצֶה שֶׁתִּתְבַּזֶּה אִשְׁתּוֹ בְּבֵית דִּין – גְּרוּשָׁה לָא אִיכְפַּת לֵיהּ, אֶלָּא לְמַאן דְּאָמַר מִשּׁוּם חִינָּא – גְּרוּשָׁה נַמִי בָּעְיָא חֵן! הָא מַנִּי – ר' שִׁמְעוֹן הִיא. אִי רַבִּי שִׁמְעוֹן – הָא תָּנָא לֵיהּ רֵישָׁא: מִן הָאֵירוּסִין לֹא תִּמְכּוֹר כו'! מַהוּ דְּתֵימָא: אַלְמָנָה מִן הָאֵירוּסִין – הוּא דְּלָא נְפִישׁ חֵן דִּידָהּ, אֲבָל גְּרוּשָׁה דִּנְפִישׁ חֵן דִּידָהּ – אֵימָא תִּיבָּעֵי חֵן. הָא נַמִי תָּנֵינָא: כָּל שֶׁאֵין לָהּ מְזוֹנוֹת, לְאַתּוּיֵי מַאי? לָאו לְאַתּוּיֵי גְּרוּשָׁה? לָא, לְאַתּוּיֵי מְגוֹרֶשֶׁת וְאֵינָהּ מְגוֹרֶשֶׁת, כִּדְרַבִּי זֵירָא. *דְּאָמַר ר' זֵירָא: [א]כָּל מָקוֹם שֶׁאָמְרוּ "מְגוֹרֶשֶׁת וְאֵינָהּ מְגוֹרֶשֶׁת" – *בַּעַל חַיָּיב בִּמְזוֹנוֹתֶי'. ת"ש: כְּשֵׁם שֶׁמּוֹכֶרֶת שֶׁלֹּא בְּבֵ"ד – כָּךְ יוֹרְשֶׁיהָ, יוֹרְשֵׁי כְּתוּבָּתָהּ, מוֹכְרִים שֶׁלֹּא בְּבֵית דִּין. בִּשְׁלָמָא לְמַאן דְּאָמַר: לְפִי שֶׁאֵין אָדָם רוֹצֶה שֶׁתִּתְבַּזֶּה אִשְׁתּוֹ בְּבֵית דִּין, כִּי הֵיכִי דְּאִיהִי לָא נִיחָא לֵיהּ דְּתִתְבַּזֵּי – יוֹרְשֶׁיהָ נַמִי לָא נִיחָא לֵיהּ דְּלִיבַּזּוּ. אֶלָּא לְמַאן דְּאָמַר מִשּׁוּם חִינָּא – יוֹרְשֶׁיהָ מַאי חֵן אִיכָּא? תַּרְגְּמָהּ עוּלָּא: כְּגוֹן שֶׁיְּרָשַׁתָּה בִּתָּהּ אוֹ אֲחוֹתָהּ.§ **מתני'** מָכְרָה כְּתוּבָּתָהּ אוֹ מִקְצָתָהּ, מִשְׁכְּנָה כְּתוּבָּתָהּ אוֹ מִקְצָתָהּ, נָתְנָה כְּתוּבָּתָהּ לְאַחֵר אוֹ מִקְצָתָהּ – לֹא תִּמְכּוֹר אֶת הַשְּׁאָר אֶלָּא בְּבֵית דִּין. וַחכ"א: [ב]מוֹכֶרֶת הִיא אֲפִי' אַרְבָּעָה וַחֲמִשָּׁה פְּעָמִים, *[ג]וּמוֹכֶרֶת לִמְזוֹנוֹת שֶׁלֹּא בְּבֵית דִּין, וְכוֹתֶבֶת "לִמְזוֹנוֹת מָכַרְתִּי". [ד]וּגְרוּשָׁה לֹא תִּמְכּוֹר אֶלָּא בְּבֵית דִּין.§ **גמ'** מַתְנִיתִין מַנִּי – ר"ש הִיא, דְּתַנְיָא: *מָכְרָה כְּתוּבָּתָהּ, מִשְׁכְּנָה כְּתוּבָּתָהּ, עָשְׂתָה כְּתוּבָּתָהּ אַפּוֹתֵיקֵי לְאַחֵר – אֵין לָהּ מְזוֹנוֹת, *(דִּבְרֵי ר"מ). ר"ש אוֹמֵר: אע"פ שֶׁלֹּא מָכְרָה וְלֹא מִשְׁכְּנָה כְּתוּבָּתָהּ אֶלָּא מֶחֱצִיתָהּ – אִבְּדָה מְזוֹנוֹתֶיהָ. *לְמֵימְרָא דְּרַבִּי שִׁמְעוֹן סָבַר דְּלָא אָמְרִי': מִקְצַת כֶּסֶף כְּכָל כֶּסֶף[א], וְרַבָּנַן סָבְרִי אָמְרִי': מִקְצַת כֶּסֶף כְּכָל כֶּסֶף? הָא אִיפְּכָא שָׁמְעִינַן לְהוּ, *דְּתַנְיָא: °"וְהוּא אִשָּׁה בִבְתוּלֶיהָ" – [ה]פְּרָט לְבוֹגֶרֶת שֶׁכָּלוּ בְּתוּלֶיהָ, דִּבְרֵי ר"מ. ר' אֶלְעָזָר וְר' שִׁמְעוֹן מַכְשִׁירִין בְּבוֹגֶרֶת. הָתָם בִּקְרָאֵי פְּלִיגֵי; ר' מֵאִיר סָבַר: "בְּתוּלָה" – אֲפִי' מִקְצָת בְּתוּלִים, "בְּתוּלֶיהָ" – עַד דְּאִיכָּא כּוּלְּהוּ בְּתוּלִים, "בִּבְתוּלֶיהָ" – בְּכַדַרְכָּהּ אִין, שֶׁלֹּא כְּדַרְכָּהּ – לָא. ר' אֶלְעָזָר וְר' שִׁמְעוֹן סָבְרִי: "בְּתוּלָה" – שְׁלֵמָה מַשְׁמַע, "בְּתוּלֶיהָ" – אֲפִילּוּ מִקְצַת בְּתוּלִים, "בִּבְתוּלֶיהָ" (ויקרא כא)

רש"י

אֶלָּא מִן הָאֵירוּסִין מַאי טַעְמָא. לָא אַטְרְחוּהָ רַבָּנַן [לָבֹא] לְבֵית דִּין, כְּכָל שְׁאָר מוֹלִיאֵי שְׁטַר חוֹב? מִשּׁוּם חִינָּא. שֶׁיְּהוּ בַּעֲלֵיהֶן לְחֵן בְּעֵינֵיהֶן, וְלֹא יִמָּנְעוּ הַנָּשִׁים מִלִּינָּשֵׂא לַאֲנָשִׁים. גְּרוּשָׁה נַמִי בָּעְיָא חֵן. תַּקַּנְתָּא דְּמִשּׁוּם חִינָּא. שֶׁהֲרֵי תַּקָּנַת חֲכָמִים הִיא, וְלֹא מֵאַהֲבַת הָאִישׁ. הִלְכָּךְ מַה לִּי אֲהוּבָה מַה לִּי שְׂנוּאָה? ר"ש הִיא. דְּלֵית לֵיהּ חִינָּא. דְּגַבֵּי אַלְמָנָה מִן הָאֵירוּסִין נַמִי, מִשּׁוּם דִּלְכְתוּבָּה קָא מִזַּבְּנָה, אָמַר: לֹא תִּמְכּוֹר אֶלָּא בְּבֵ"ד. דְּלָא נְפִישׁ חֵן דִּידָהּ. שֶׁלֹּא הָיְתָה לָהּ חִיבַּת בִּיאָה, וְלֹא יֵרַע בְּעֵינֵי הַנָּשִׁים אִם הוּטְרְחָה זוֹ. אֵימָא תִּבָּעֵי חֵן. וַאֲפִי' לְרַבִּי שִׁמְעוֹן. הָא נַמִי תָּנֵינָא. בְּסֵיפָא דְּמִילְּתֵיהּ דְּרַבִּי שִׁמְעוֹן. לָאו לְאַתּוּיֵי גְּרוּשָׁה. מִן הַנִּשּׂוּאִין. דְּאִי מִן הָאֵירוּסִין – הָא אַשְׁמְעִינַן אַלְמָנָה, וְכ"ש גְּרוּשָׁה. מְגוֹרֶשֶׁת וְאֵינָהּ מְגוֹרֶשֶׁת. וּמִן הָאֵירוּסִין. וְלָא לְאַשְׁמְעִינַן דְּלֹא תִּמְכּוֹר לִכְתוּבָּתָהּ אֶלָּא בְּבֵ"ד, דְּהָא *מֵאַלְמָנָה שָׁמְעִינַן לָהּ. אֶלָּא אַגַּב אוֹרְחֵיהּ אַשְׁמְעִינַן דִּמְגוֹרֶשֶׁת וְאֵינָהּ מְגוֹרֶשֶׁת, כְּגוֹן זָרַק לָהּ גִּיטָּהּ, סָפֵק קָרוֹב לָהּ סָפֵק קָרוֹב לוֹ בְּרה"ר – אֵין לָהּ מְזוֹנוֹת מִן הַיְתוֹמִים אִם מֵת. כִּדְרַבִּי זֵירָא. דְּאָמַר: בַּעְלָהּ חַיָּיב בִּמְזוֹנוֹתֶיהָ בְּחַיָּיו. [וְאַשְׁמְעִינַן מַתְנִי' דְּדַוְקָא בְּחַיָּיו], מִשּׁוּם דִּמְעוּכֶּבֶת בִּשְׁבִילוֹ לְהִנָּשֵׂא. אֲבָל לְאַחַר מִיתָה – לָא, דְּדִלְמָא גְּרוּשִׁין הָווּ, וְאֵין לָהּ מְזוֹנוֹת, דְּמִסְּפֵיקָא לָא מַפְּקִי' מָמוֹנָא. יוֹרְשֶׁיהָ יוֹרְשֵׁי כְּתוּבָּתָהּ גָּרְסִינַן וְלָא גָּרְסִינַן וְיוֹרְשֵׁי. מַאי חֵן אִיכָּא. הֲרֵי הַנִּטְרָחִים לְבֵית דִּין אֲנָשִׁים הֵן. שֶׁיְּרָשַׁתָּה בִּתָּהּ אוֹ אֲחוֹתָהּ. דְּמִשּׁוּם דִּידָהּ בָּעֵינַן תַּקַּנְתָּא, שֶׁלֹּא תִּמָּנֵעַ מִלְּהִנָּשֵׂא. **מתני'** לֹא תִּמְכּוֹר אֶת הַשְּׁאָר כו'. ר"ש קָאָמַר לָהּ, דְּאָמַר: אֵין מוֹכֶרֶת שֶׁלֹּא בְּבֵ"ד אֶלָּא לִמְזוֹנוֹת. וְזוֹ, מִכֵּיוָן שֶׁגָּבְתָה מִקְצָתָהּ – אֵין לָהּ מְזוֹנוֹת. וְהָכִי מוֹקֵי לָהּ בַּגְּמָרָא כְּרַבִּי שִׁמְעוֹן. וַחֲכָמִים אוֹמְרִים מוֹכֶרֶת הִיא. לִכְתוּבָּתָהּ, אֲפִילּוּ לִפְרָקִים. וְאַף עַל פִּי כֵן – מוֹכֶרֶת בֵּינְתַיִים לִמְזוֹנוֹת שֶׁלֹּא בְּבֵ"ד. וְכוֹתֶבֶת. בִּשְׁטַר הַמְּכִירָה. לִמְזוֹנוֹת מָכַרְתִּי. מִשּׁוּם עֵצָה טוֹבָה, כִּדְאָמַר לְעֵיל. וּגְרוּשָׁה לֹא תִּמְכּוֹר. לִכְתוּבָּתָהּ. אֶלָּא בְּבֵ"ד. לְמ"ד טַעְמָא מִשּׁוּם אֵינוֹ רוֹצֶה שֶׁתִּתְבַּזֶּה כו' – הָא לָא אִיכְפַּת לֵיהּ, וְדִבְרֵי הַכֹּל הִיא. וּלְמַאן דְּאוֹקֵי טַעְמָא מִשּׁוּם חִינָּא הָא – ר"ש הִיא. **גמ'** מַתְנִי' מַנִּי. ת"ק דְּמַתְנִי'. מָכְרָה כְּתוּבָּתָהּ. כּוּלָּהּ, אֵין לָהּ מְזוֹנוֹת, דִּבְרֵי ר"מ. אֲבָל מָכְרָה מִקְצָתָהּ – יֵשׁ לָהּ מְזוֹנוֹת. לָא אָמְרִינַן מִקְצָת כֶּסֶף. מוֹהַר הַבְּתוּלוֹת, שֶׁיֵּשׁ לָהּ עֲדַיִין עֲלֵיהֶם – הֲרֵי הוּא כְּכוּלּוֹ, וְיִתֵּן לָהּ מְזוֹנוֹת. פְּרָט לְבוֹגֶרֶת. וְלָא אָמְרִינַן מִקְצָת בְּתוּלִים כְּכָל הַבְּתוּלִים. *בְּתוּלֶיהָ. אִי הֲוָה כְּתִיב "וְהוּא אִשָּׁה בְּתוּלָה יִקָּח". בִּבְתוּלֶיהָ. בִּמְקוֹם בְּתוּלִים הִקְפִּיד הַכָּתוּב, אֲבָל נִבְעֲלָה שֶׁלֹּא כְּדַרְכָּהּ, וְהִיא נַעֲרָה – כְּשֵׁרָה לְכה"ג.

בְּתוּלֶיהָ

[לעיל עד: עה. גיטין מו.]

מאלמנה מן האירוסין שמעינן לה כו' כצ"ל מהרש"א

גיטין עד. ב"מ יב: ב"ב מז:

נ"ל בעלה

[לעיל ג:]

[תוספתא פי"א] לעיל נד.

[בתוספתא ליתא]

והשאר לא תמכור אלא בב"ד למימרא כו' כצ"ל רש"ל

יבמות נט.

[נ"ל בתולה]

הגהות מהר"ב רנשבורג

א] גמ' ורבנן סברי אמרי' מקצת כסף ככל כסף. נ"ב עי' חולין דף פח. תוד"ה ור"י סבר וכו' ובכתובות יא: ד"ה ר"י וכו' ובכורות ג. ד"ה ר"י וכו'.

תוספות

אלמנה מן האירוסין הוא דלא נפיש חן דידה אבל גרושה כו'. פירש רבינו חננאל: גרושה נפיש חן דידה, דיש לה תוספת, והואיל ויש לה לגבות כל כך – אימא שתמכור שלא בבית דין. א"נ, יש לפרש: שהיא צריכה חן יותר לינשא, שהיא בזויה יותר מן האלמנה.

לאתויי מגורשת ואינה מגורשת. פירש הקונטרס: דאגב אורחיה קמ"ל דמגורשת ואינה מגורשת אינה גובה מזונות מן היתומים. וזו היא מילתא דפשיטא, דמספק שמא מגורשת גמורה היתה לא תוציא מזונות מן היתומין, הילכך נראה כפירוש רבינו חננאל: לאתויי מגורשת ואינה מגורשת. הא דתנן: כל שאין לה מזונות לא תמכור, הא יש לה מזונות – תמכור שלא בב"ד, ואי זו היא – זו אלמנה מן הנשואין. ומרבה מגורשת ואינה מגורשת. ואין לתמוה: מאי קמ"ל אם מוכרת שלא בבית דין – דמאי למימר דעיקרא דמילתא לאשמועינן דבת מזונות היא. אי נמי: מצינו למימר דאף המכירה שלא בב"ד קמ"ל, דאע"ג דלא מדינא היא ניזונת, אלא משום דאגידא ביה, ס"ד דלא תקנו לה רבנן למכור שלא בב"ד, דסגי לה אי אית לה אפי' בב"ד.

מכרה כתובתה. נראה לי לפרש: דהיינו מנה ומאתים. והשתא אתי שפיר דקאמר: לא תמכור השאר אלא בב"ד – דהיינו תוספת.

מתניתין מני רבי שמעון היא דתניא כו'. וא"ת: ממתניתין נמי תפשוט דאתיא כרבי שמעון, מדקתני: לא תמכור את השאר אלא בבית דין, דהיינו כר"ש דאמר: כל שאין לה מזונות לא תמכור אלא בבית דין! וי"ל: דחכמים נמי – כרבי שמעון סבירא להו בהא דאמר: כל שאין לה מזונות לא תמכור אלא בב"ד. ואי מדקתני: מוכרת אפילו ארבעה וחמשה פעמים, ומוכרת למזונות שלא בב"ד – משמע משום דאכתי לא הפסידה מזונות, הוא דמוכרת כתובתה שלא בב"ד.

בבתוליה בכדרכה אין שלא כדרכה לא. דליכא למימר: עד שיהו כולן קיימין בין כדרכה בין שלא כדרכה, דאם כן – לישתוק קרא מיניה, וממילא הוה ממעטינן בעולה שלא כדרכה מיו"ד של "בתוליה", כמו בוגרת. אבל מ"בתולה" בלא יו"ד – לא אפשר לומר דהוה ממעטינן ליה – דהא בקנס של נערה כתיב "בתולה", ואפי' הכי יש לה קנס, כדאיתא בפרק קמא דקדושין (דף י.): מודה רבי לענין קנס דכולהו משלמי. וכן גבי נערה המאורסה דכתיב "בתולה", אמרינן התם דכולהו בסקילה. ואפילו רבי לא פליג אלא משום דכתיב "לבדו". ומיהו, קשה לי: אימא "בבתוליה" אתא לרבות בוגרת, ולא בעולה שלא כדרכה! ונראה לי: דמשמע ליה טפי לאוקמיה בבעולה שלא כדרכה. משום דמשמע "בבתוליה" – במקום בתולים כלומר במקום בתולים בעינן שתהא בתולה.

בתולה שלמה משמע. קשה לרבי: אמאי איצטריך למכתב גבי קנס "נערה" למעוטי בוגרת? תיפוק ליה מ"בתולה" – שלמה משמע! ואפילו אם תמצא לומר: ההוא "בתולה" איצטריך לכדדרשינן ליה ב"אלו נערות" (לעיל דף כט:), אכתי קשה מהא דאמר בפרק "הבא על יבמתו" (יבמות דף סא: ושם): אין "בתולה" אלא נערה, וכן הוא אומר "והנערה טובת מראה מאד בתולה". ולהאי תנא – אמאי איצטריך למכתב "בתולה נערה" בכל מקום; כיון דכתב "בתולה" ידעינן שהיא נערה! ועוד קשה: מהא דאמר גבי נערה המאורסה: באו עליה עשרה ועדיין היא בתולה – כולן בסקילה. ואמאי? והא כתיב "בתולה" דמשמע שלמה, למעט שלא כדרכה. ואפילו רבי לא פליג מהאי טעמא ד"בתולה" שלמה משמע, ואמרינן נמי בקידושין (דף י.): מודה רבי לענין קנס דכולהו משלמי, ואמאי? והא כתיב ביה "בתולה"! ושמא י"ל: התם משום דדרשינן (שם ט:): "בעולת בעל" – בעל עושה אותה בעולה שלא כדרכה, ואין אחר עושה אותה בעולה שלא כדרכה.

שיהו

תוספות רי"ד

להמתין אלא מן האירוסין מ"ט עולא אמר משום חינא פי' כדי שיהא לה כתובתה מצוי' אולי תמצא חן בעיני האנשים ותנשא בה ר"י אמר אין אדם רוצה שתתבזה אשתו בב"ד. מ"ב א"ב גרושה לעולא דאמר משום חינא גרושה נמי צריכה חן ולר"י דאמר אין אדם רוצה כו' אגרושה אינו חושש בבזיונה הלכך אינה מוכרת אלא בב"ד (א) ועולא מדקדק ומוקי לה כר"ש: ת"ש כשם שמוכרת שלא בב"ד כך יורשיה יורשי כתובתה מוכרים שלא בב"ד בשלמא למ"ד אין אדם רוצה כו' כי היכי דאיהי לא ניחא לה שתתבזה יורשי' נמי לא ניחא ליה דליבזו אלא לעולא דאמר משום חינא יורשי' מאי חן איכא תרגמה עולא כגון שירשתה בתה או אחותה: ואלה הם שינויא דחיקא ואשינויא דחיקא לא סמכי' דסתם קתני יורשי' יורשי כתובתה משמע אפילו זכרים גם מה שהעמיד האי דתנן גרושה לא תמכור אלא בב"ד דהוא ר"ש שינויא דחיקא הוא דסתמא דמתני' רבנן הוא מדתני רישא וחכ"א מוכרת היא אפילו ד' וה' פעמים ומוכרת למזונות שלא בב"ד והדר תני וגרושה לא תמכור אלא בב"ד השתא איכא לדיוקא האי דאמרו חכמים שלא בב"ד אהיכא קאי אי אמוכרת למזונות פשיטא ודאי דמוכרת למזונות שלא בב"ד מוכרת וליכא מאן דפליג בהא והו"ל למימר מוכרת למזונות סתם והוה קמ"ל דאע"ג דמכרה ד' וה' פעמים לכתובתה לא אבדה מזונותי' אלא אכתי מוכרת למזונות [אלא] שלא בב"ד אכלהו קאי דמוכרת אפילו ד' וה' פעמים לכתובתה ואח"כ מוכרת למזונות וכלהו מוכרת שלא בב"ד ופליג עם ר"ש בתרתי (דהא) [והוא] ת"ק דפליג עם ר"ש ברישא והדר תני וגרושה ל"ת אלא בב"ד ומודים חכמים בגרושה שלא תמכור אלא בב"ד משום דטעמא הוא שלא תתבזה וגרושה תתבזה ותתבזה הכי משמע פשטא דמתני' ומאי דמוקי לה כר"ש שינויא הוא ואשינויא לא סמכי' ומ"ה הל' כר"י ולא כעולא. ב) אר"י אמר רב"י א"ש כ"מ שאמרו מגורשת ואינה מגורשת בעלה חייב במזונותי' וה"מ בחיי בעלה משום דמעכבה מלנשא אבל לאחר מיתתו שהיא ראוי' להנשא תביא ראי' ותטול ומספיקא לא (תנשא וגט) [תיטול דגט] דידה מפקא מחזקתה ואין מוציאין ממון מחזקתו בספק: **מתני'** מכרה כתובתה או מקצתה נתנה לאחר או מקצתה משכנה או מקצתה ל"ת את השאר אלא בב"ד וחכ"א מוכרת היא אפילו ד' וה' פעמים מעט מעט לצורך כתובתה וביני ביני עד שלא תפרע כל כתובתה מוכרת למזונות שלא אבדה מזונותי' אלא לאחר שתגבה כל כתובתה וכל מכירותי' היא עושה שלא בב"ד וכותבת למזונות מכרתי מה שהיא מוכרת למזונות שלא ישענו עלי' היתומים כי הכל מכרת לכתובתיך ונתקבלת כתובתך והלכך תפרש במכירה מה שהיא מוכרת למזונות כי למזונות מכרתי וגרושה ל"ת אלא בב"ד דמודי רבנן בגרושה שאינו חושש בבזיונה הילכך אין לה רשות אלא למכור בב"ד: **גמ'** מתני' מני ר"ש היא דתניא מכרה כתובתה משכנה כתובתה עשתה כתובתה אפותיקי לאחר א"ל מזונות דברי ר"מ ר"ש אומר אע"פ שלא מכרה אלא מקצת לא תמכור מן השאר אלא בב"ד ר"ש סבר ל"א מקצת כסף ככל כסף ור"מ סבר מקצת כסף ככל כסף פי' מקצת כסף של מוהר הבתולות שנשאר לה לגבות (שוה כסף) בכל כסף ויש לה מזונות עד שתגבה הכל ואין ה[illegible]

א) נראה לחסר כאן וג"ל וכן תנן לקמן בסמוך דגרושה לא תמכור אלא בב"ד ועולא מדקדק וכו'. ב) נראה דל"ל א"ר זירא אמר רבה בר ירמי' אמר שמואל וכ"ה בגיטין ע"ד אכן בב"ב מ"ז הגי' אמר רב ירמי' בר אבא.

ההיא

בתוליה קיימין. לענין בעילה, שלא נבעלה אפילו שלא כדרכה. דתפסה כסא דכספא. ולא היה בו שיעור כתובתה. צריכה שבועה. שלא גבתה יותר. ששמה לעצמה. לקחה שדה היתומים לעצמה בשומת כתובתה. לא עשתה ולא כלום. ואם רצו היתומים להגבותה מעות לאחר זמן – חוזרין ונוטלין אותה. מאן שם ליך. ממי קבלת מכירה זו? לא מבית דין ולא מיתומין, לפיכך לא יצא הקרקע מרשות היתומין. אבל היכא דשמתה לאחריני – נפק מרשות היורשין, שהרי נתנו לה חכמים רשות למכור. כיסתא. מספוא. לשון אחר: "כסיתא" גרס = עצי אלמוגים, שקורין קורא"ל. מתני' שוה מאתים במנה נתקבלה כתובתה. דאמרינן לה: את אפסדת. מכרה בטל. שאותו דינר אין לה רשות למכור, נמצא שכל הממכר טעות, שהרי בבת אחת היה. לעולם מכרה קיים. והיא תחזיר את הדינר ליורשין, (א) דמה הפסידתן. עד שיהא. באונאה, כדי שאילו לא היתה האונאה היה משתייר בשדה בת תשעה קבין, או האונאה עצמה תשעה קבין. והוא הדין אם נשאר ליתומים שם לבד האונאה ט' קבין. דכיון דיש ליתומים קרקע שם כשיעור שדה – יאמרו לה: אין רצוננו למכור קרקע הראוי לנו. אבל אם אין האונאה ראויה להצטרף לכדי שדה – לא הפסידתן כלום. ובגנה בת חצי קב. שזה שיעור גנה. וכדברי ר' עקיבא. ששמענו ממנו במקום אחר: *בבית רובע הוא שיעור גנה. גמ' כאן

[עי' תוס' לעיל פז: ד"ה והוא וכו'] [ב"ב יח.]

"בבתוליה" – שיהו כל בתוליה קיימין, [א]בין בכדרכה בין שלא כדרכה. ההיא איתתא דתפסה כסא דכספא בכתובתה, קתבעה מזוני. *אתאי לקמיה דרבא. אמר להו ליתמי: זילו הבו לה מזונות, לית דחש להא דר' שמעון, דאמר: לא אמרינן מקצת כסף ככל כסף. שלח ליה רבה בריה דרבא לרב יוסף: מוכרת שלא בב"ד צריכה שבועה או אין צריכה שבועה? ותבעי לך הכרזה? אמר ליה: הכרזה לא קמיבעיא לי, דא"ר זירא אמר רב נחמן: [ב]אלמנה ששמה לעצמה – לא עשתה ולא כלום. ה"ד? אי דאכרוז – אמאי לא עשתה ולא כלום? אלא לאו – דלא אכרוז, ולעצמה הוא דלא עשתה ולא כלום, [ג]הא לאחר – מה שעשתה עשתה. [ד]לעולם דאכרוז, ודאמרי לה: מאן שם ליך? כי האי דההוא גברא דאפקידו גביה כיסתא דיתמי. אזל שמה לנפשיה בארבע מאה זוזי, אייקר, קם בשית מאה. אתא לקמיה דרבי אמי. אמר ליה מאן שם לך? [ה]והלכתא: צריכה שבועה, ואינה צריכה הכרזה.§ **מתני'** [ו]אלמנה שהיתה כתובתה מאתים, ומכרה שוה מנה במאתים, או שוה מאתים במנה – נתקבלה כתובתה. [ז]היתה כתובתה מנה, ומכרה שוה מנה ודינר במנה – מכרה בטל. אפילו היא אומרת: אחזיר דינר ליורשין – מכרה בטל. רשב"ג אומר: לעולם מכרה קיים, עד שתהא שם כדי שתשייר בשדה *בת תשעה קבין, ובגנה בת חצי קב. וכדברי רבי עקיבא: בית רובע. [ח]היתה כתובתה ארבע מאות זוז, ומכרה לזה במנה ולזה במנה, ולאחרון יפה מנה ודינר במנה – של אחרון בטל, ושל כולן – מכרן קיים.§ **גמ'** מאי שנא שוה מאתים במנה – דאמרי לה: את אפסדת, שוה מנה במאתים נמי, תימא: אנא ארווחנא! אמר רב נחמן אמר רבה בר אבוה: כאן

ב"ב קג:

שיהו בתוליה קיימין בין כדרכה בין שלא כדרכה. פירוש: בעינן שאותן מקצת בתולים יהו קיימים בכל מקום, ולא מצי למימר: שלא כדרכה לא, דלשתוק קרא מיניה: **מוכרת** שלא בבית דין צריכה שבועה כו'. ואם תאמר: מתני' היא בפרק "השולח" (גיטין לד: ושם) דתנן: אין אלמנה נפרעת מנכסי יתומים אלא בשבועה! ואיכא למימר: ההיא – באלמנה מן האירוסין, כרבי שמעון, דאמר: כל שאין לה מזונות לא תמכור אלא בבית דין. ונראה לרבי דוחק. ועוד קשיא לי: דלפום סוגיא דשמעתא לא פשט ליה רב יוסף מידי, ואמאי? תפשוט ליה דעל כרחך – (ב) באלמנה מן הנשואין היא, מדקתני סיפא: נמנעו מלהשביעה. וא"ר זירא אמר שמואל: לא שנו אלא באלמנה, אבל גרושה משביעין אותה. וטעמא דאלמנה שאני – בההיא הנאה דקא טרחא קמי יתמי אתיא ומוריא התירא. אלמא הוה מצי למפשט ממילתיה דשמואל דבאלמנה מן הנשואין מיירי. דאי מן האירוסין מיירי – לא שייך למימר "קא טרחא קמי יתמי", שהיא עומדת בבית אביה! אלא אומר רבי: דהך שבועה לא משום צררי, אלא כדפי' בקונטרס: שלא גבתה יותר. ולא מיבעיא ליה במכרה למזונות שלא בב"ד – דהא לקמן פסיק הלכתא צריכה שבועה. ואנן קיימא לן: שני דברים שאמר חנן – הלכה כמותו. דתנן לקמן (דף קד.): מי שהלך למדינת הים ואשתו תובעת מזונות, חנן אומר: תשבע בסוף ולא תשבע בתחלה. וההוא "בסוף" – היינו בשעת גביית כתובה, דהא לעיל בשילהי "הכותב" (דף פח:) מוקי רבי ירמיה חנן כרבי שמעון, דאמר: כל זמן שתובעת כתובתה – יורשין משביעין אותה, אינה תובעת כתובתה – אין יורשין משביעין אותה. משמע דשום שבועה אין מזקיקין אותה עד זמן תביעת כתובתה! אלא נראה לרבי: דמוכרת לכתובה מיבעיא ליה. דתחלה קודם גביית כתובתה משביעין אותה שלא עכבה משל בעלה כלום. ולאחר שמכרה נכסים שלא בבית דין ליגבות מהן כתובתה – מיבעיא ליה אם חוזרין ומשביעין אותה שלא גבתה יותר. ועוד אומר רבי: דהך שבועה דמיבעיא ליה לא כפ"ה: שלא גבתה יותר, אלא מיבעיא ליה אי משביעין אותה שלא זלזלה בנכסים. וכן מוכח מדקאמר: תיבעי לך הכרזה. דהוי נמי שלא תוזל, וכן פי' ר"ת. מ"ר. **ותיבעי** לך הכרזה. דמדמבעיא לך שבועה מכלל דפשיטא לך דלא בעי הכרזה; דאי הוה בעי הכרזה – כ"ש דצריכה שבועה:(ג) **אמר** ליה: הכרזה לא קא מיבעיא לי. דפשיטא שאינה צריכה הכרזה. וא"ת: הא אמרינן לעיל (דף פז.) לכרגא למזוני ולקבורה – מזבנינן בלא אכרזתא, משמע: הא לשאר מילי – בעינן הכרזה! ועוד תנן בערכין (דף כא:): שום היתומים ל' יום! ואומר רבי: הני מילי – כשבית דין מוכרין, דאי טעו בפחות משתות – מכרן קיים, הלכך צריכי הכרזה, שלא להפסיד נכסי יתומים. אבל אלמנה, אפילו מכרה שוה מנה ודינר במנה – תנן דמכרה בטל ואין יכול לבוא לידי הפסד – מוכרת שלא בהכרזה. והא דאמרינן לקמן (דף ק:): ב"ד שמכרו שלא בהכרזה – נעשו כמי שטעו בדבר משנה וחוזרין, מאי קא משמע לן – תנינא: שום היתומין כו', ומסיק: הני מילי – שליח. אלמא דשליח גופיה צריך הכרזה, אע"ג דאי מוזיל – חוזר! לא קשה מידי, חדא: *דהא בשליח ב"ד מוקמינן לה, כמו שפי' רבינו תם. ועוד: אפי' שליח דעלמא – לא קשה מידי; דלא אלמוה רבנן לשליח שימכור בלא הכרזה כמו אלמנה. **אלא** לאו דלא אכרוז כו'. תימה לי: אכתי היכי פשיט מהכא, דלמא הא דקאמר רב נחמן: אלמנה ששמה לעצמה – לא עשתה ולא כלום, הא לאחר – עשתה, במכרה למזונות דאינה צריכה שבועה, כדפי' לעיל, והואיל וכן – אינה צריכה הכרזה! ואמר לי רבי: דלא מפליג רב נחמן בין מוכרת למזונות למוכרת לכתובה. **דאמרי** לה מאן שם ליך. כלומר, מי החזיק באלו הנכסים? שאין לך אדם שיכול לזכות בקרקע חבירו אם לא יחזיקוהו בה ב"ד. אבל הא לא קאמר: שומא ממש. דאע"ג דליכא ב"ד מומחין – ב"ד הדיוטות מיהא איכא, כדאיתא בהדיא ב"אלו מציאות" (ב"מ לב. ושם). ומה שמחזיקין אותה אותם ב"ד הדיוטות – לא חשיבא חזקה, דיושבי קרנות הם, ואינן אלא בקיאי בשומא בעלמא. ותימה לרבי: דהכא משמע דאם החזיקוה ב"ד – היתה יכולה לעכב הקרקע לעצמה, וב"המפקיד" (שם לח.) תניא: המפקיד אצל חבירו יין והחמיץ, דבש והדביש – עושה להם תקנה, ומוכרן בב"ד. וכשהוא מוכרן – מוכרן לאחרים, ואינו מוכרן לעצמו, כיוצא בו כו'. והא לא מצינו למימר דהא דקאמר בב"ד – היינו ברשות ב"ד, אבל אם ידעו ב"ד השומא – יכול לעכבם לעצמו, דבירושלמי מסיק על ההוא מעשה דיוחנן חקוקאה דמייתינן בפ"ק דפסחים (דף יג. ושם), א"ל: לא ומוכרן בב"ד. אלמא אע"ג דהוה רבי קא יהיב ליה רשותא ליוחנן חקוקאה – הוה מצריך ליה מכירה בב"ד! ואומר רבי: דהתם הוי טעמא משום חשדא, והלכך קאמר שלא יעכב לעצמו. ודוקא בדבר הנפקד כי התם שייך חשדא, דכולי עלמא לא ידעי שב"ד ידעו בשומא. אבל הכא – אלו הנכסים ידעו העולם שעל ידי ב"ד באו לידה. וגבי כיסתא דיתמי נמי, כמו כן ידעו, וליכא חשדא. אי נמי: הכא הבית דין עצמם הם המפקידים, הלכך יש לה לעכב על ידם, אבל התם, שהפקיד אחר אצלו – לא יעכבנו לעצמו. ומיהו, אההיא דירושלמי מתמה רבי: אמאי לא מועיל בפקדון רשות בית דין לעשות הנפקד שליח למכור שלא בב"ד לתקנת המפקיד, דקא בעי התם מכירה בבית דין? הלא גבי מכירת קרקעות לצורך האלמנה תקנו שליח, ואיכא נמי למ"ד דהוה כדיינין! ושמא התם בירושלמי בב"ד הדיוטות קאי. ואין לתמוה אי קרי ליה "בית דין", הואיל ולא קתני גבייהו "ב"ד גמור", דהא קרי מכירת אלמנה שלא בב"ד – אע"ג דאיכא הדיוטות, כדפרישית לעיל, היינו משום דקתני גבייהו "ב"ד גמור". **אלמנה** שמכרה שוה מנה במאתים או שוה מאתים במנה כו'. בירושלמי פריך: ויחזור המקח! ומוקי לה רבי יוחנן כשהוזל המקח, כשהוקיר המקח. וריש לקיש אומר: אין אונאה לקרקעות. אמר רבי יוחנן: אם היה דבר מופלג – יש לו אונאה. מתניתין פליגא אר' יוחנן: אלו דברים שאין להם אונאה, הקרקעות. פתר ליה: בדבר שאינו מופלג. פי' ר"ת: שלא הגיע אונאה עד כדי

עין משפט נר מצוה

כז א מיי' פי"ז מהל' איסורי ביאה הל' יד:

כח ב מיי' פי"ז מהל' אישות הל' יד ופי"ח הל' כ סמג עשין מח טוש"ע אה"ע סי' נג סעיף כז וסי' קג סעיף ה:

כט ג ד מיי' פי"ז שם הל' יד טוש"ע שם סי' נג סעיף כה וסי' קג סעיף א:

ל ה מיי' פי"ח שם הל' כ טוש"ע שם סי' קג סעי' א ד:

לא ו מיי' פי"ז מהל' אישות הל' יד סמג לאוין קע טוש"ע אה"ע סי' קג סעי' ו:

לב ז מיי' שם טוש"ע שם סעיף ז:

לג ח מיי' שם הל' ו טוש"ע שם סעי' ח:

תוספות רי"ד

ההיא איתתא דתפסה כסא דכספא בכתובתה פי' מחיים דבעל תפסה דמהני תפיסה דמחיים במטלטלי ולא היה בה שיעור כתובתה לסוף היא תבעה מזוני אתאי לקמיה דרבא א"ל ליתמי זילי הבו לה מזוני לית דחש לה לדר"ש דאמר ל"א מקצת כסף ככל כסף שלח לי' (רבא) [רבה] ב"ד לר"י מוכרת שלא בב"ד צריכה שבועה כדין כל אלמנה דלא אתפסה בעלה צררי וכ"ז שלא נשבעה אין מכירתה מכירה א"ד אין צריכה שבועה דשבועה זו הוא דב"ד משביעים אותה ומכירתה מכירה בלא שבועה והיתומים ישביעוה לכשירצו ותיבעי לך הכרזה אם היא צריכה הכרזה כמו ב"ד שאין רשאין למכור אלא בהכרזה ואם מכרו שלא בהכרזה אין מכירתן מכירה כדאמרי' לקמן א"ל הכרזה לא קמבעי' לי דאר"ז אר"נ אלמנה ששמה לעצמה לא עשתה כלום פי' אם שמה שדה א' ולקחתו לעצמה לא עשתה כלום שאם ירצו היתומים להגבותה מעות לאחר זמן חוזרים ונוטלים אותה מידה היכי דמי אי דאכריז אמאי לא עשתה כלום אלא לאו דלא אכריז ולעצמה הוא דלא עשתה כלום הא לאחר מה שעשתה עשתה לעולם דאכריז דאמרי' לה מאן שם לך פי' מאיזה קבלת מכירה זו לא מב"ד ולא מיתומים לפיכך לא יצא הקרקע מרשות היתומים אבל היכי דשמה לאחרים נפקי מרשות היתומים שהרי נתנו לה חכמים רשות למכור כי ההוא דאפקידו גביה כיסתא דיתמי פי' עצי אלמוגים אזל שמה לנפשי' בד' מאה זוז לסוף אייקר וקם בשית מאה אתו לקמי' דר"א א"ל מאן שם לך ומסיק תלמודא והל' צריכה שבועה ואין צריכה הכרזה פי' אבל צריכה היא למכור לפני בני אדם שהן בקיאין בשומא וזהו שאמרנו צריכה ב"ד הדיוטות שתמכור בפני ג' שהן בקיאין בשומא. (עיין לקמן בפ' שד"ג על מימרת חנן אומר תשבע בסוף ולא תשב"ע שהוכיח שם הרב דהאי דקאמר הכא והל' צריכה שבועה דוקא כשמוכרת כנגד כל כתובתה אבל אם מכרה כנגד מקצתה הואיל ומשיירת ממנה א"צ שבועה שכיון שצריכה לישבע בסוף על המותר אין משביעין אותה בתחלה דומיא דמזונות שכ"ז שתובעת מזונותי' נותנים לה בל"ש הואיל וצריכה לישבע בסוף על כתובתה): **מתני'** אלמנה שהיתה כתובתה ר' ומכרה שוה ק' בר' או שוה ר' בק' נתקבלה כתובתה היתה כתובתה ק' ומכרה שוה ק' ודינר בק' מכרה בטל ואפי' היא אומרת אחזיר את הדינר ליורשים מכ"ב פי' שאותו דינר א"ל רשות למכור נמצא שכל המכר בטעות היה שהרי בב"א הי' רשבג"א לעולם מכרה קיים עד שתהא שם כדי שתשייר בשדה בת ט"ק ובגינה חצי קב וכדברי ר"ע בית רובע קב פי' מכרה קיים והיא תחזור את הדינר ליורשין כמה שהפסידתן עד שיהא באותו אונאה שיעור שאם לא היתה האונאה הי' משתייר ליתומים קרקע שיעור ט"ק שהוא שדה חשוב (או אם נשאר ליתומים) א) וראוי זה המועט שנתאנת להצטרף עמו אז וודאי מכרה בטל שאומרים לה אין רצוננו למכור הקרקע שלנו: היתה כתובתה ד' מאות זוז ומכרה לזה בק' ולזה בק' ולאחרון שוה ק' ודינר בק' של אחרון בטל של כלן קיים: מ"ש שוה ר' בק' דאמרי' לה את אפסדת שוה ק' בר' נמי תימא אנא ארווחנא פי' תאמר ליתומים אני טרחתי והרוחתי וחזרתי אחר לוקח שקנאו ביוקר אותו הריוח יהי' שלי ולמה הוא ליתומים אמר ר"נ ארב"א

א) ליתומים שם לבד האונאה תשעה קבין. כצ"ל וכ"ה בכת"י.

הגהות הב"ח

(א) רש"י ד"ה לעולם וכו' דמה כ"ב ס"א דלמה ועיקר: (ב) תום' ד"ה מוכרת וכו' דע"כ ההיא באלמנה: (ג) ד"ה ותיבעי וד"ה אמר הד"א:

גליון הש"ס

תום' ד"ה אמר ליה וכו'. דהא בשליח ב"ד מוקמינן לה כמו שפי' ר"ת וכו'. תמוה לי הא קושייתם למ"ד שליח כאלמנה א"כ מה הועילו בזה הא לר"ת פלוגתייהו בשליח ב"ד וס"ל דגם בזה שליח כאלמנה ואדרבה בלאו שיטת ר"ת ניחא טפי די"ל דבשליח ב"ד לכ"ע שליח כדיינים וי"ל דהאי אי מהתם ה"א שליח היינו בשליח ב"ד וצ"ע:

כָּאן שָׁנָה רַבִּי: הַכֹּל לְבַעַל הַמָּעוֹת. כִּדְתַנְיָא: הוֹסִיפוּ לוֹ אַחַת יְתֵירָה — הַכֹּל לַשָּׁלִיחַ, דִּבְרֵי רַבִּי יְהוּדָה. רַבִּי יוֹסֵי אוֹמֵר: חוֹלְקִין. וְהָתַנְיָא: רַבִּי יוֹסֵי אוֹמֵר: הַכֹּל לְבַעַל הַמָּעוֹת! אָמַר רָמִי בַּר חָמָא: לָא קַשְׁיָא; כָּאן — בְּדָבָר שֶׁיֵּשׁ לוֹ קִצְבָה, כָּאן — בְּדָבָר שֶׁאֵין לוֹ קִצְבָה. אָמַר רַב פַּפָּא: [א]הִלְכְתָא, דָּבָר שֶׁיֵּשׁ לוֹ קִצְבָה — חוֹלְקִין, דָּבָר שֶׁאֵין לוֹ קִצְבָה — הַכֹּל לְבַעַל הַמָּעוֹת. מַאי קמ"ל? *שִׁינּוּיָא דְּשַׁנֵּינַן שִׁינּוּיָא הוּא. אִיבַּעְיָא לְהוּ: *אֲמַר לֵיהּ °"זַבֵּין לִי לִיתְכָא" וַאֲזַל וְזַבֵּין לֵיהּ כּוֹרָא, מַאי? מוֹסִיף עַל דְּבָרָיו הוּא — וְלִיתְכָא מִיהָא קָנֵי, אוֹ דִּלְמָא מַעֲבִיר עַל דְּבָרָיו הוּא — וְלִיתְכָא נַמִּי לָא קָנֵי? אֲמַר רַב יַעֲקֹב מִנְּהַר פְּקוֹד מִשְּׁמֵיהּ דְּרָבִינָא, ת"ש: [ב]אָמַר בעה"ב *לִשְׁלוּחוֹ "תֵּן לָהֶן חֲתִיכָה לָאוֹרְחִין", וְהוּא אוֹמֵר "טְלוּ שְׁתַּיִם", וְהֵן נָטְלוּ שָׁלֹשׁ — כּוּלָּן מָעֲלוּ. אִי אָמְרַתְּ בִּשְׁלָמָא: מוֹסִיף עַל דְּבָרָיו הָוֵי — מִשּׁוּם הָכִי בַּעַל הַבַּיִת מָעַל, אֶלָּא אִי אָמְרַתְּ: מַעֲבִיר עַל דְּבָרָיו הָוֵי — בַּעַל הַבַּיִת אַמַּאי מָעַל? *וְהָתְנַן: [ג]הַשָּׁלִיחַ שֶׁעָשָׂה שְׁלִיחוּתוֹ — בַּעַל הַבַּיִת מָעַל, לֹא עָשָׂה שְׁלִיחוּתוֹ — שָׁלִיחַ מָעַל. הָכָא בְּמַאי עָסְקִינַן — [ד]דְּאָמַר לְהוּ "טְלוּ אַחַת מִדַּעְתּוֹ שֶׁל בַּעַל הַבַּיִת וְאַחַת מִדַּעְתִּי" וְשָׁקְלוּ אִינְהוּ תְּלָת. ת"ש: הָיְתָה כְּתוּבָּתָהּ מָנֶה, וּמָכְרָה שָׁוֶה מָנֶה וְדִינָר בְּמָנֶה — מִכְרָהּ בָּטֵל. מַאי לָאו — דְּזַבֵּין שָׁוֶה מָנֶה וְדִינָר בְּמָנֶה וְדִינָר, וּמַאי "בְּמָנֶה" — מָנֶה שֶׁלָּהּ, וּמַאי "אֲפִי'" — אֲפִי' הִיא אוֹמֶרֶת אַחֲזִיר אֶת הַדִּינָר לַיּוֹרְשִׁים, בְּדִינָר מְקַרְקְעֵי. וְקָתָנֵי: מִכְרָהּ בָּטֵל. אֲמַר רַב הוּנָא בְּרֵיהּ דְּרַב נָתָן: לָא, בִּדְאוֹזִיל. הָא

רש"י

כָּאן שָׁנָה רַבִּי. בְּמִשְׁנָתֵינוּ לִמְּדָנוּ רַבִּי. הַכֹּל לְבַעַל הַמָּעוֹת. הַשּׁוֹלֵחַ שְׁלוּחוֹ לַשּׁוּק לִסְחוֹרָה וְלָקַח בְּזוֹל — הַכֹּל לְבַעַל הַמָּעוֹת, וְלָא מָצֵי לְמֵימַר אֲנָא אַרְוַוחִי. כִּדְתַנְיָא. דְּאִיכָּא פְּלוּגְתָּא דְּתַנָּאֵי בְּהָא מִילְּתָא, וּמַסְקָנָא שָׁמְעִינַן דִּבְדָבָר שֶׁאֵין לוֹ קִצְבָּה אִית לֵיהּ לְר' יוֹסֵי: הַכֹּל לְבַעַל הַמָּעוֹת. וְסָתַם לָן רַבִּי בְּמַתְנִי' דְּהִלְכְתָא — כְּר' יוֹסֵי. דְּמַתְנִיתִין נַמִּי — דָּבָר שֶׁאֵין לוֹ קִצְבָּה הוּא, דְּכָל קַרְקַע נִמְכָּר בְּאוֹמֶד, זֶה בְּפָחוֹת וְזֶה בְּיוֹקֶר. הוֹסִיפוּ לוֹ אַחַת יְתֵירָה. בַּתּוֹסֶפְתָּא דְּמַסֶּכֶת דְּמַאי (א)* הִיא. שֶׁיֵּשׁ לוֹ קִצְבָה. כְּגוֹן קִטְנִית הַנִּמְכָּר בַּחֲנוּת בְּמִדָּה, מְלֹא כְּלִי בִּפְרוּטָה. אִם הוֹסִיפוּ אַחַת יְתֵירָה — חוֹלְקִין, דְּמַתָּנָה הֲוַאי; יֵשׁ לוֹמַר לַשָּׁלִיחַ נְתָנָהּ, וְיֵשׁ לוֹמַר לְבַעַל מָעוֹת נְתָנָהּ. דָּבָר שֶׁאֵין לוֹ קִצְבָה. כְּגוֹן טַלִּית וְחָלוּק וְיָרָק הַנִּמְכָּרִים בְּאוֹמֶד, פְּעָמִים מְוַותֵּר לִמְכּוֹר בְּזוֹל וּפְעָמִים בְּגַלְמוּס — הַכֹּל לְבַעַל מָעוֹת, שֶׁאֵין כָּאן מַתָּנָה אֶלָּא מֶכֶר. אֲמַר לֵיהּ זַבֵּין לִי לִיתְכָא. אָמַר לִשְׁלוּחוֹ: מְכוֹר מִשְּׂדוֹתַי בֵּית חֲצִי כּוֹר. וְלִיתְכָא מִיהָא קָנֵי. לוֹקֵחַ, וְאִם בָּא בַּעַל הַבַּיִת לַחֲזוֹר — אֵינוֹ חוֹזֵר. תֵּן לָהֶם חֲתִיכָה. חֲתִיכָה מִבָּשָׂר שֶׁיֵּשׁ לִי בַּכְּלִי. וְהוּא אָמַר לָהֶם טְלוּ שְׁתַּיִם. שְׁתַּיִם כָּל אֶחָד מִכֶּם. וְהֵם נָטְלוּ שָׁלֹשׁ. וּלְבַסּוֹף נִמְצָא בָּשָׂר שֶׁל הֶקְדֵּשׁ. כּוּלָּן מָעֲלוּ. בַּעַל הַבַּיִת מָעַל — שֶׁהָאַחַת הָיְתָה מִדַּעְתּוֹ, וְהַשָּׁלִיחַ מָעַל בַּשְּׁנִיָּה, וְהָאוֹרְחִין בַּשְּׁלִישִׁית. אַחַת מִדַּעַת בַּעַל הַבַּיִת. וַהֲרֵי עָשָׂה בָּהּ שְׁלִיחוּתוֹ. מַאי לָאו דְּזַבֵּין שָׁוֶה מָנֶה וְדִינָר בְּמָנֶה וְדִינָר. שֶׁלֹּא הָיָה בְּמָנֶה וְדִינָר שׁוּם טָעוּת. וּמַאי בְּמָנֶה. דְּקָתָנֵי. בְּמָנֶה שֶׁלָּהּ. כְּלוֹמַר, בִּשְׁבִיל מָנֶה שֶׁהָיָה לָהּ לְהִתְקַבֵּל, מָכְרָה שָׁוֶה מָנֶה וְדִינָר וּבְשָׁוְויוֹ. וּמַאי אֲפִילוּ הִיא אוֹמֶרֶת. פְּשִׁיטָא דְּעַל כָּרְחָךְ שֶׁל יְתוֹמִים הוּא. דִּינָר מְקַרְקְעֵי. אַחֲזִיר, וְאֶקְנֶה מִן הַלּוֹקֵחַ שָׁוֶה הַדִּינָר, וְאַחֲזִירֶנּוּ לָהֶם. בִּדְאוֹזִיל. וּמִשּׁוּם הָכִי מִכְרָהּ בָּטֵל, דְּטָעֲתָה שֶׁמָּכְרָה שָׁוֶה מָנֶה וְדִינָר בְּמָנֶה. הָא

תוספות

כדי דמי החפץ, מכלל דבטול מקח לרבי יוחנן – הוי בכדי דמיהן. וכי האי גוונא מפרש ר"ת הא דאמר רב נחמן ב"הזהב" (ב"מ דף נו. ושם): הדא אמרה: אונאה – אין להן, ביטול מקח – יש להן. לאו דומיא דמטלטלין ביתר משתות, אלא בחצי, כגון שוה מאתים במנה, אבל פחות, אפילו שוה פרוטה – המקח קיים. והא דפסקינן ב"המקבל" (שם קח.): זבן במאתים ושוה מנה, אמרי נהרדעי משמיה דרב נחמן: אין אונאה לקרקעות – לאו דוקא מאתים, אלא מעט פחות, דבמאתים הוי ביטול מקח לרב נחמן, כדפרישית. ומאי דגרים ר"ת בריש "האיש מקדש" (קדושין דף מב: ושם) כמו שאפרש לקמן: והא דקאמרת יתר משתות בטל מקח, לא אמרן אלא במטלטלי, אבל במקרקעי – אין אונאה לקרקעות אפילו ביתר משתות עד החצי, כדפרישית. והא דקא"ר יוחנן בירושלמי: אם היה דבר מופלג יש לו אונאה – לאו דוקא, דהוא הדין ביטול מקח, כדפרישית. וטעמא דנתקבלה כתובתה גבי מכרה שוה מאתים במנה, תימה קצת: אע"ג דהוזיל המקח – מ"מ תחזור בה לגבי הלקוחות, שהרי המכר לא היה כלום, ותחזיר הקרקע ליתומים! ויש לומר: דהואיל ובשעה שקבלה הקרקע היה שוה מאתים מיד רצתה להוציא הקרקע מרשות היתומים ולהכניסה לרשות הלוקח, והרי היא כמו שנתכוונה לקנות הקרקע בכתובה באותה שעה.

כאן שנה רבי "הכל לבעל המעות". נראה לר"ת דבמתני' מודו, בין רבי יהודה בין רבי יוסי, דבדבר שאין לו קצבה נמי לא איפליגו דרבי יוסי סבר הכל לבעל המעות, ורבי יהודה סבר הכל לשליח, אלא בכה"ג שניתן לו מחמת תוספת, דקא"ל: קח זה עבור מקחך, ועוד אני מוסיף לך זה משלי. אבל אם מכר לו בזול מחמת מעות, כעין משנתנו, שוה מנה במאתים – אפי' ר' יהודה מודה דהכל לבעל המעות. דאי לא תימא הכי – קשיא דר' יהודה אדר' יהודה; דלקמן תניא, רבי יהודה אומר: אף בזה בעל הבית לא מעל, מפני שיכול לומר: חלוק גדול הייתי מבקש ואתה הבאת לי חלוק קטן ורע. ומסקינן: מאי רע – רע בדמים. דא"ל: אם מייתית לי בשית – כ"ש דהוה שוי תרתי סרי. ואם תמצא לומר דקסבר ר' יהודה: הכל לשליח – מאי נפקא ליה מיניה לבעל הבית? הלא אינו מרויח כלום, דהכל הוא לשליח! אלא ודאי כה"ג מודה ר' יהודה דהכל לבעל המעות. וכן מוכיח נמי מדקאמר: כאן שנה רבי: הכל לבעל המעות, ולא קאמר: מתני' מני – ר' יוסי היא, מכלל דכרבי יהודה נמי אתיא. והא דקאמר "כדתניא" – כלומר דאיכא מילתא אחריתי דאמרי': הכל לבעל המעות, ואפי' מאן דפליג התם – הכא מודה. רבינו תם.

כאן שנה רבי הכל לבעל המעות. אין לדחות לפי הירושלמי דמוקי לה כשהוזיל וכשהוקיר, הא לאו הכי – הדר, דהכא – משום דלא יצא הקרקע מרשות היתומים. דא"כ, גבי שוה מאתים במנה – תחזיר להו השדה! אלא ודאי, הכא והכא קנאתן, כדפרישית. **אמר** רב **פפא** כו'. הכי גריס רבינו חננאל: הלכתא, דבר שיש לו קצבה – חולקין, דבר שאין לו קצבה – הכל לבעל המעות. ותימה לפי גירסא זו: אדפריך ליה: מאי קמ"ל, הוה ליה למיפרך: ולימא "הלכה כר' יוסי"! ויש לפרש בדוחק, דה"נ קאמר: מאי קמ"ל במאי דקאמר: דבר שאין לו קצבה הכל לבעל המעות כו', לימא: הלכה כר' יוסי – הא קמ"ל דשינויא דשנינן שינויא הוא. ולפי הספרים דגרסי' בהו: הלכך דבר שאין לו קצבה – הכל לבעל המעות. דבר שיש לו קצבה – חולקין, מאי, קמ"ל כו' – אתי שפיר. דהא רב פפא כמאן אמרה לשמעתא – כר"י, ומאי חידוש אתא לאשמועי', ומשני: שנויא דשנינן שנויא הוא. ועל טעות שאינו בא בזולות המקח אלא שהטעה בחשבון שאל ר' יעקב ישראל את ר"ת, והשיב לו: ואשר שאלת על ראובן ששלח לשמעון לקבל מעותיו מן הגוי, וטעה הגוי בחשבון, ולא נמצא הגוי אח"כ – נראה לי שחולקים בין שניהם, דהוו המעות כדבר שיש לו קצבה. דאמרינן, הוסיפו לו אחת יתירה, ר' יוסי אומר: חולקים, ומוקמינן לה – בדבר שיש לו קצבה, אבל שאין לו קצבה – הכל לבעל המעות. וטעמא דחולקין – לפי שבעל המעות, כיון שקיבל קצבתו – מה לו בטעותו של שליח? אלא אמרינן: הואיל וע"י מעותיו נשתכר – יהיב ליה פלגא. ה"נ, גבי טעות חשבון, דהא שוה מנה במאתים טעות הוה. ומוקים לה בהתלמוד: ירושלמי כגון שקיבל עליו הלוקח. וטעמא דהכל לבעל המעות משום דאין לו קצבה – דזוזי דאיניש עבידו ליה זולא. הא בדבר שיש לו קצבה – חולקין אפי' בטעות חשבון. אע"ג דאיכא למימר טעמא אחרינא גבי חולקין – האי טעמא דפרישית הוא עיקר, (ב) דמוחזק ידו על העליונה, וחולקין, ואפי' אם היה שכיר שלו, כיון שהשכירים שלנו אינם שכירי יום – אין בעליהן מקפידין על הגבהת מציאותו עם מלאכתו, והוי כהגביה מציאה עם מלאכתו. תדע, דאם מצא ארנקי בשוק – לא זכה בו משכיר. ועוד: דמיהדר קא הדר ביה, שהרי אמר "אני זכיתי" – מכלל דהדר, ופועל יכול לחזור בו. עכ"ל. ושוב חזר בו: דכל טעות, בין ע"י מקח, בין שהטעה במנין – הכל לבעל המעות. *ולר"י נראה: שהכל לשליח. שאם גנב וגזל והטעה – מה טיבו של בעל הבית? ואפילו חולקין אין שייך לומר משום דע"י מעותיו נשתכר. דלא דמי לשאר טעות שנותן הכל בשביל המעות, שסבור שהמעות שוות כל מה שנתן לו, אבל הכא – טעות בעלמא הוא, ודבר בפני עצמו הוא. תדע, דהא סברא היא שאם היה רוצה – היה מחזיר לעובד כוכבים כל מה שהטעהו, דזהו תימה למימר שלא היה יכול להודיעו ולהחזיר לו. **דאמר** להו טלו אחד מדעתו של בעל הבית כו'. תימה: אכתי אם מעביר על דעתו הוי, שליח אמאי מעל? שהאורחין העבירו על דעתו של שליח! ואמר לי רבי: יכולני לומר שגם האורחין אמרו: הרי אנו נוטלין שתים לדעתך, ואחת מדעתינו. אבל אין צריך, דדוקא שליח בעינן דלימא הכי, שלא יסברו אורחין כשאומר סתם שלדעת בעל הבית אומר כן. אבל מה שהן לוקחין יותר ממה שאמר שליח – יודעין הן שעושין מדעתן, ולא מדעת שליח. הא

לד א מיי' פ"א מהל' שלוחין הל' ה סמג עשין פב טוש"ע ח"מ סי' קפג סעיף ו:

לה ב ג ד מיי' פ"ז מהל' מעילה הל' א סמג עשין רי:

תוספות רי"ד

ארב"א כאן שנה ר' הכל לבעל המעות דתניא הוסיפו לו מנה א' יתירה הכל לשליח דברי ר"י ר' יוסי אומר חולקין בשוה פי' ר"י סבר הכל לשליח דא"ל אנא ארוחי ור' יוסי אומר חולקין דאי לאו מעות לא יהיב לי' מידי הלכך נותנים מחצה לבעל המעות ומחצה לשליח שטרח והרויח והתניא ר' יוסי אומר הכל לבעל המעות אר"א ב"א אר"י ל"ק כאן בדבר שא"ב קצבה כאן בדבר שי"ל קצבה פי' אם הוא דבר שא"ל קצבה הכל הוא לבעל המעות שכל מה שנתן לו בעבור בעל המעות נתן לו ולא מצי למימר אנא ארוחי ואם הוא דבר שי"ל קצבה כגון פירות הנמכרים במנין חולקין שי"ל בעבור המעות עשה וי"ל פניו נשא הלכך חולקין ומתני' בקרקע שהוא דבר שא"ל קצבה הכל לבעל המעות מאי קמ"ל דשינויא דשנינן שנויא הוא פי' ודוקא כשדעת אחרת מקנה לו אז אמרי' שיהא הכל לבעל המעות דאמדינן דעתי' דלא יהיב אלא משום מעות אבל אם באיזה טעות בא להשליח יתרון בלא דעת אחרת מקנה הכל הוא לשליח שאם הרויח הוא בתחבולותיו למה יתן כלום כיון שעשה לו שליחותו משלם: איבעי' להו א"ל זבין לי מארעא ליתכא ואזל וזבין לי' כורא מאי מוסיף על דבריו הוי וליתכא מיהא קני א"ד מעביר על דבריו הוי וליתכא נמי לא קני ומסיק א"ד

הגהות הב"ח

(א) רש"י ד"ה הוסיפו וכו' דמס' דמאי נ"ב ריש פ' שמיני: (ב) תוס' ד"ה אמר כו' עיקר וכיון דמוחזק:

[חפצתי ולא מצאתי]

[פסחים יב:]

[עי' תוס' זבחים לד. ד"ה אלא כמעביר]

מעילה כ. ע"ש

חגיגה י: קדושין מב: נדרים נד. מעילה כ.

גליון הש"ס

גמ' זבין לי ליתכא. עיין בפ"ד מ"ד דתרומות בר"ש שם.

נ"ל ולר"י נראה. רש"ל

לו א מיי' פ"א מהל' שלוחין הלכה ד סמג עשין פב טוש"ע ח"מ סי' קפב סעיף ח:
לז ב מיי' שם טוש"ע שם סעיף ט:
לח ג מיי' פ"ז מהלכות מעילה הלכה ד סמג עשין רי:

הא מדסיפא בדאוזיל — הוי רישא בדלא אוזיל, דקתני סיפא: היתה כתובתה ארבע מאות זוז, מכרה לזה במנה ולזה במנה, ולאחרון יפה מנה ודינר במנה, של אחרון — מכרה בטל, ושל כולן — מכרן קיים! לא, רישא וסיפא בדאוזיל. וסיפא הא קא משמע לן: טעמא — דאוזיל בדיתמי, אבל בדידה — מכרה קיים. הא מדרישא שמעת מינה: היתה כתובתה מאתים, ומכרה שוה מנה במאתים, או שוה מאתים במנה — נתקבלה כתובתה! מהו דתימא: התם הוא דאיסתלקא לה מהאי ביתא לגמרי, אבל הכא — ניגזור מנה ראשון אטו מנה אחרון, קא משמע לן. ואיכא דאמרי: הא לא תיבעי לך, [א]היכא דאמר ליה "זיל זבין לי ליתכא" וזבין ליה כורא — דודאי מוסיף על דבריו הוי. כי תיבעי לך — דאמר ליה "זיל זבין לי כורא" ואזיל וזבין ליה ליתכא, מאי? מי אמרינן א"ל: דטבא לך עבדי לך, דאי לא מצטרכי לך זוזי — לא מצית הדרת ביה. או דלמא [ב]אמר ליה: לא ניחא לי דליפשו שטרי עילואי? אמר רבי חנינא מסורא, *תא שמע: נתן לו דינר של זהב, ואמר לו "הבא לי חלוק", והלך והביא לו בשלש חלוק, ובשלש טלית — שניהם מעלו. אי אמרת בשלמא שליח כי האי גוונא עושה שליחותו, ומוסיף על דבריו הוי — משום הכי בעל הבית מעל. אלא אי אמרת מעביר על דבריו הוי — אמאי מעל? [ג]הכא במאי עסקינן — דאייתי ליה שוה שש בשלש. אי הכי שליח אמאי מעל? אטלית. אי הכי אימא סיפא, *רבי יהודה אומר: אף בזה בעל הבית לא מעל, מפני שיכול לומר: חלוק גדול הייתי מבקש, ואתה הבאת לי חלוק קטן ורע! מאי רע — רע בדמים. דאמר ליה: אי אייתית לי בשית — כל שכן דהוה שוה תרתי סרי. דיקא נמי, דקתני: *מודה רבי יהודה בקטנית, ששניהם מעלו, שהקטנית

רש"י

הא מדסיפא כו'. דתרתי בדאוזיל למה לי לאשמועינן. **דאוזיל בדיתמי.** שלא היה לה עוד עליהם כלום, שהרי באחרון טעתה. **אבל בדידה.** כגון שטעתה אלא אחד מן הראשונים, שהיה הטעות עליה, שהרי יש לה עוד לגבות ולמכור מהן — מכרה קיים, דאין אונאה בקרקעות. וכ"ש שאין כאן שתות שיעור אונאה. **נתקבלה כתובתה.** ולא אמרינן: מכרה בטל. **התם הוא דאיסתלקא לה.** במכירה ראשונה מהאי ביתא לגמרי, וליכא למיגזר מידי. אבל הכא, דבמכירה ראשונה לא איסתלקא לה — אימא אם טעתה במנה ראשון נמי יהא מכרה בטל. **אטו מנה אחרון.** דלא ניתי למימר: מכרה קיים, קא משמע לן, דאפ"ה — דוקא דטעתה במנה אחרון, אבל במנה ראשון — מכרה קיים. **דאי לא מצטרכי לך זוזי.** ותתחרט במכירתך, לא היית יכול לחזור אם מכרתיה. **דינר של זהב.** שוה כ"ה דינרין כסף, כדאמרי' ב"הזהב" (ב"מ מד:), והם ששה סלעים. **והביא לו בשלש סלעים חלוק.** דהוי דומיא ד"זבין לי כורא" וזבין ליתכא, שהרי נוהו למכור כל הדינר בחלוק. **אמאי מעל.** אע"ג דליכא למימר הכא טעמא דאפושי שטרי, מיהו, אי בעלמא מעביר על דבריו הוי — על כרחין לא עשה שליחותו. **שוה שש.** דהוה ליה עשה שליחותו, דחלוק בת שש אמר ליה. **אטלית.** שהסלעים האחרונים מדעתו הוליאם, ולא מדעת בעל הבית. **רע בדמים.** שקנאו בדמים מועטים, והוא נוהו לקנותו בשש. וא"ת: מאי אכפת ליה. **דא"ל: אי אייתית לי בשית כל שכן.** דמרווחנא טפי, דהוי שוה תרתי סרי סלעים גדולים. שהלוקח הרבה ביחד מוזלי גביה טפי. **דיקא נמי.** "דרע" דקאמר ר' יהודה רע בדמים קאמר, ובדאייתי ליה שוה שש, וטעמא כדאמרן, מדקתני: מודה בקטנית. דהתם לא מצי למימר: כל שכן דאי מייתית בדינר זהב היה שוה יותר מכפלים, דהוו מוזלי גבך טפי. שהקטנית

תוספות

הא מדסיפא בדוילא כו'. דלא אפשר לפרש: לאחרון יפה מנה ודינר במנה ודינר ומאי במנה במנה שלה, דהא כתובתה ד' מאות זוזי. ותימה: אי בדזילא — מאי איריא זילא? בדלא זילא נמי מכרה בטל! ומצינו למימר: דתנא סיפא לגלויי רישא דבלא זילא. עוד מצינו למימר דהוה אמינא: טפי הוי מעביר לא זילא, דמכרה שוה מנה ודינר במנה ודינר, מהיכא דזילא. **נתן** לו דינר של זהב. תימה: לפי מה דאמרינן ב"הזהב" (ב"מ מד:): דינר של כסף אחד מעשרים וחמשה בדינר של זהב, היכי קאמר הכא: והביא לו בשלש חלוק ובשלש טלית? הל"ל: בשלש וחצי דינר חלוק, וכן טלית! ועוד: לא מצינו מנה הקדמוני מופלג משלנו כל כך להוקיר את הזהב ולהזיל את הכסף. דעכשיו לא מצינו שיהא יקר הזהב על הכסף יותר ממשקלו אלא שנים עשר שקלים! ועוד קשה ההיא דבכורות פרק "יש בכור" (דף נ.*) גבי פדיון הבן, דקאמר התם: דקא יהיב ליה דינרא טיריינא שייפא, ומהדר ליה שתותא וזוזא. ופריך: אי הכי — עשרים נכי דנקא הוו! אלא יהיב ליה זוזא ושתותא. והשתא תימה על הלשון דקאמר "זוזא ושתותא", הוה ליה למימר "חומשא מהדר ליה", דהכל אחד! אלא הכי פירושו, ועיקר: דדינר של זהב פי שנים בדינר של כסף, לפי שכבד וגם עב הוא מדינר של כסף, כדאמרינן ב"אלו טרפות" (חולין דף נה:) ובשילהי מסכת חגיגה (דף כז.): כעובי דינר זהב. וגם כבד מן הכסף, ושוקל דינר זהב פי שנים בדינר של כסף. לפיכך דינר של זהב נמכר בעשרים וד' של כסף. אבל משקל במשקל — אין שוה משקל של זהב אלא י"ב של כסף. וכן מוכח בהגדת דר' אליעזר בן הורקנוס (פרק לו*) דקאמר: כתיב "שקלי זהב שש מאות" וכתיב "וכסף שקלים חמשים" הא למדת ששקלים ג' של זהב שוים שש מאות של כסף. אם כן נמצאת למד שמשקל של זהב י"ב של כסף, וזה לפי משקל שלנו כשהוא מזוקק ושחוט. ואע"ג דבזבחים פ' בתרא (דף קטז:) פריך להני קראי, ומשני להו בענין אחר — מיהו לפי פשטות של מקראות משמעותם לפרש כמו בהגדה דר' אליעזר, ואין מקרא יוצא מידי פשוטו. והשתא אתי שפיר ההיא דבכורות (דף נ.) מהדר ליה זוזא של הכרעות, שנותן קולבון לכל *דינר של כסף. דדינר של זהב נמכר בכ"ד של כסף, ולכל ב' דינרין של כסף דהיינו חצי סלע, אדם נותן הכרעה. כדתנן בפ"ק דמסכת שקלים (דף ב.): הנותן סלע ונוטל שקל — נותן שני קולבונות. ומפרש בגמרא לפי שאחד הנותן ואחד (א) השוקל נותן קולבון. אלמא, בכל שקל ושקל נותן קולבון. ובסלע איכא ב' שקלים דרבנן. והתם בשקל דרבנן איירי, וכדתנן בפ"ק ד"שחיטת חולין" (דף כה:) ובפ"ק דשקלים (דף ב.) ומייתי לה בפ' בתרא דבילה (דף לט:): האחין והשותפין שחייבין בקולבון — פטורין ממעשר בהמה. ומפרש רש"י: האחין שחלקו, וחזרו ונשתתפו — חייבין בקולבון ככל ישראל, שהוזקקו ליתן מחצית השקל בראש חדש אדר לקרבנות צבור, והטילו עליהם חכמים על כל אחד ואחד להוסיף קולבון לכל חצי שקל שיביא, דהיינו שקל דרבנן. דסלע היינו שקל דאורייתא. ומפני שהם חצאי שקלים חתיכות דקות, ופעמים שמחליפין אותו במנים ונותנים הקולבון בהכרע, שכן מנהג כשמוכרין לשולחני — שוקלין לו בויתור, ואמרו חכמים: הויתור לקולבון לכל משקל ומשקל. ודין הוא דהני אחין שמביאין שקל שלם ביניהם לא יתנו כי אם קולבון אחד, לפי שאין שם אלא משקל אחד. אבל חכמים הטילו עליהם שני קולבונות שלא לפחות מחביריהם ולמעט ההקדש. הא חזינן מיהא, שלכל חצי שקל דהוא שקל דרבנן, כשפורעין לחנווני נותן קולבון להכרע. והקולבון הוא חצי מעה, כדפי' נמי במתני' בפ"ק דשקלים (דף ב.). הלכך לכ"ד של כסף ששוקל לקנות דינר של זהב שהוא י"ב שקלים דרבנן — נותן י"ב קולבונות, שהם שש מעה, ושש מעה כסף דינר. ולפיכך לא כלל ההוא זוזא בהדי שתותא ולימא "חומשא". כל זה דקדק ר"ת*: **אלא** אי אמרת מעביר על דבריו הוי בעל הבית **אמאי** מעל. דמה שהביא לו חלוק קטן ורע חשוב כמו לא ניחא ליה דליפשו שטרי עלויה. **א"ה** שליח **אמאי** מעל. וא"ת: מעיקרא נמי אין מעילת השליח אלא בטלית! ויש לומר, דסלקא דעתין: השתא כיון דאייתי ליה שוה שש בשלש — אפילו מוסיף על דבריו לא הוי, אלא שליחותיה קעביד. שכן היה דעתו, אם ימצא שש בשלש — שיקנה לו טלית במותר. אי נמי מעיקרא סלקא דעתיה מעל אחלוק, ומדרבנן מעל השליח. אבל עכשיו — אפילו מדרבנן אמאי ימעול? אי נמי: השתא לא משמע ליה מעילה אטלית, דסלקא דעתיה: הואיל וקנה שוה שש בשלש — אותם שלש שנשארו הרי הם כמו חולין. ומשני: אטלית, דמשום הכי לא נפקי לחולין.

כל שכן דהוה שוי תריסר. כן הוא ודאי כפירש הקונטרס: תרתי סרי גדולים יתר מכפלים, דהקונה הרבה ביחד מוזלי גביה טפי מהקונה מעט. ויש ספרים שכתוב בהן בהדיא, דהוה שוה טפי מתרתי סרי. ולפיכך לא מעל בעל הבית, שהרי העדיף על דעתו, דמפסיד בעל הבית בכך, שאם היה קונה בשש — הוה שוה יותר מכפלים. והשתא אתי שפיר דבקטנית מעל, שאפילו יקנה הרבה ביחד משום הכי לא מוזלי גביה טפי מאילו זבין בפרוטה. אבל אם נפרש דחשיב לה מעביר, אע"פ שלא היה שוה אלא תרתי סרי בצמצום — תימה: אם כן בקטנית אמאי מעל? דהא פשיטא בקטנית נמי, אם נתנו לו תחלה שוה שש בשלש — כמו כן בשלש הנשארים היו נותנים לו שוה שש. מ"ר. אמר

תוספות רי"ד

הא לא תבעי לך דודאי מוסיף על דבריו הוי. כי תיבעי לך דא"ל זבין לי כורא ואזל וזבין ליה ליתכא מאי. מי אמרינן א"ל דטבא לך עבדי לך ודלמא לא מצטרכי לך זוזי ואי מצטרכי לך זוזי הדרת וזבין. א"ד מצי א"ל לא ניחא לי דניפוש שטרי עלי וסוגין דמוסיף ע"ד הוי [הוא] דאמרי':

מסורת הש"ס

מעילה כא.

ג"ז שם

[תוספתא דמעילה פ"ב]

[וע"ש היטב]

[בפדר"א שלפנינו ליתא הכי אלא כך כתוב בזה"ל מה עשה לקח מכל שבט ג' שקלים הרי כולן שש מאות שקלים שנאמר ויתן דוד לארנן כו' עכ"ל הרי דמפרש ג"כ כמו דמסיק הש"ס בזבחים קטז: שהביאו תוס' בסמוך ואולם בתוס' שבועות מד: ד"ה התקבלת כתבו דבר זה בשם אגדת שמואל ובזבחים קטז: ד"ה גבה ובבכורות נ. ד"ה דמזדבנא כתבו בשם המדרש]

[נ"ל לכל שני דינרין של כסף מהרש"א]

[וע"ע תוס' שבועות מד: ד"ה התקבלת וכו' ותוס' בכורות נ. ד"ה דמזדבנא תוס' ב"מ מד: ותוס' זבחים קטז: ד"ה גבה]

הגהות הב"ח

(א) תוס' ד"ה נתן וכו' לפי שאחד הנותן ואחד הנוטל נותן קולבון:

שֶׁהַקְּטְנִית בְּסֶלַע, וּקְטְנִית בִּפְרוּטָה, שְׁמַע מִינַּהּ. הֵיכִי דָּמֵי? אִילֵימָא בְּאַתְרָא דְּמִזַּבְּנֵי בְּשׁוּמָא — הֵיכָא דְּיָהֵיב לֵיהּ סֶלַע מוֹזְלֵי גַּבֵּיהּ טְפֵי! אָמַר רַב פָּפָּא: בְּאַתְרָא דְּכָיְילֵי בְּכַנֵּי, דְּאָמַר לֵיהּ: כַּנָּא כַּנָּא בִּפְרוּטָה. ת"ש: הָיְתָה כְּתוּבָּתָהּ אַרְבַּע מֵאוֹת זוּז, מָכְרָה לָזֶה בְּמָנֶה וְלָזֶה בְּמָנֶה, וְלָאַחֲרוֹן יָפֶה מָנֶה וְדִינָר בְּמָנֶה, שֶׁל אַחֲרוֹן — בָּטֵל, וְשֶׁל כּוּלָּן — מִכְרָן קַיָּים. כִּדְאָמַר רַב שִׁישָׁא בְּרֵיהּ דְּרַב אִידִי: בִּקְטִינֵי, הָכָא נַמִי — בִּקְטִינֵי. [א]פְּשִׁיטָא, אָמַר "לְאֶחָד וְלֹא לִשְׁנַיִם" — הָאָמַר לֵיהּ לְאֶחָד וְלֹא לִשְׁנַיִם. א"ל "לְאֶחָד" סְתָמָא. מַאי? רַב הוּנָא אָמַר: לְאֶחָד וְלֹא לִשְׁנַיִם, [ב]רַב חִסְדָּא וְרַבָּה בַּר רַב הוּנָא דְּאָמְרִי תַּרְוַיְיהוּ: לְאֶחָד, וַאֲפִילּוּ לִשְׁנַיִם. לְאֶחָד, וַאֲפִילּוּ לְמֵאָה. אִיקְּלַע רַב נַחְמָן לְסוּרָא, עוּל לְגַבֵּיהּ רַב חִסְדָּא וְרַבָּה בַּר רַב הוּנָא. אָמְרוּ לֵיהּ: כִּי הַאי גַּוְונָא מַאי? אֲמַר לְהוּ: לְאֶחָד, וַאֲפִי' לִשְׁנַיִם. לְאֶחָד, וַאֲפִילּוּ לְמֵאָה. אָמְרוּ לֵיהּ: אע"ג דְּטָעָה שָׁלִיחַ? אֲמַר לְהוּ: דְּטָעָה שָׁלִיחַ לָא קָאָמִינָא. אָמְרוּ לֵיהּ, *וְהָאָמַר מָר: [ג]אֵין אוֹנָאָה לְקַרְקָעוֹת! [ד]הָנֵי מִילֵּי — הֵיכָא דְּטָעָה בַּעַל הַבַּיִת, אֲבָל טָעָה שָׁלִיחַ — אֲמַר לֵיהּ *"לְתַקּוֹנֵי שְׁדַרְתִּיךְ וְלָא לְעַוּוֹתֵי". וּמְנָא תֵּימְרָא דְּשָׁאנֵי בֵּין שָׁלִיחַ לְבַעַל הַבַּיִת — דִּתְנַן, *[ה]הָאוֹמֵר לִשְׁלוּחוֹ: צֵא וּתְרוֹם — תּוֹרֵם כְּדַעַת בַּעַל הַבַּיִת. וְאִם אֵינוֹ יוֹדֵעַ דַּעְתּוֹ שֶׁל בַּעַל הַבַּיִת — תּוֹרֵם בְּבֵינוֹנִית, אֶחָד מֵחֲמִשִּׁים. פִּיחֵת עֲשָׂרָה אוֹ הוֹסִיף עֲשָׂרָה — תְּרוּמָתוֹ תְּרוּמָה. וְאִילּוּ גַּבֵּי בַּעַל הַבַּיִת תַּנְיָא: [ו]תָּרַם וְעָלָה בְּיָדוֹ אֲפִילּוּ אֶחָד מֵעֶשְׂרִים — תְּרוּמָתוֹ תְּרוּמָה. תָּא שְׁמַע: הָיְתָה כְּתוּבָּתָהּ אַרְבַּע מֵאוֹת זוּז; מָכְרָה לָזֶה בְּמָנֶה וְלָזֶה בְּמָנֶה, וְלָאַחֲרוֹן שָׁוֶה מָנֶה וְדִינָר בְּמָנֶה, שֶׁל אַחֲרוֹן — בָּטֵל, וְשֶׁל כּוּלָּן — מִכְרָן קַיָּים! אָמַר רַב שִׁישָׁא בְּרֵיהּ דְּרַב אִידִי: בִּקְטִינֵי.§

מתני' *[ז]שׁוּם הַדַּיָּינִין שֶׁפִּיחֲתוּ שְׁתוּת אוֹ הוֹסִיפוּ שְׁתוּת — מִכְרָן בָּטֵל. רשב"ג אוֹמֵר: מִכְרָן קַיָּים, *אִם כֵּן מַה כֹּחַ בֵּית דִּין יָפֶה? [ח]אֲבָל אִם עָשׂוּ אִגֶּרֶת בִּקּוֹרֶת בֵּינֵיהֶן, אֲפִילּוּ מָכְרוּ שָׁוֶה מָנֶה בְּמָאתַיִם, אוֹ שָׁוֶה מָאתַיִם בְּמָנֶה — מִכְרָן קַיָּים.§ **גמ'** אִיבַּעְיָא לְהוּ: שָׁלִיחַ כְּמַאן? רָבָא

שֶׁהַקְּטְנִית בְּסֶלַע. הִיא קְטָנִית בִּפְרוּטָה, לְפִי חֶשְׁבּוֹן פְּרוּטוֹת בְּסֶלַע. דְּמִשּׁוּם דְּזַבֵּין טְפֵי לָא מוֹזְלֵי גַּבֵּיהּ, כִּדְמְסַיֵּים וְאָזֵיל: בְּאַתְרָא דְּמְזַבְּנֵי בְּכַנֵּי. כַּנָּא כַּנָּא בִּפְרוּטָה. אִם אַתָּה חָפֵץ יוֹתֵר — שְׁלַח עוֹד וְקַח. וְאִם רֵישָׁא חָלוּק רַע מַמָּשׁ קָאָמַר, שֶׁאֵינָהּ שָׁוָה אֶלָּא שָׁלֹשׁ. וּדְכְוָותָהּ גַּבֵּי קְטָנִית — דְּא"ל: הָבֵא לִי בְּסֶלַע פּוֹלִין, וְהֵבִיא לוֹ בַּחֲצִי סֶלַע כְּשָׁוֶה חֲצִי סֶלַע, וּבַחֲצִי סֶלַע אַחֵר הֵבִיא לוֹ מִין אַחֵר — אַמַּאי מָעַל בַּעַל הַבַּיִת? לֵימָא לֵיהּ: לְשָׁוֶה סֶלַע הָיִיתִי צָרִיךְ פּוֹלִין! בְּשׁוּמָא. בְּאוּמֶד. שֶׁל כּוּלָּן מִכְרָן קַיָּים. וְהָא הָכָא, דְּלְזַבּוּנֵי בְּאַרְבַּע מֵאָה שְׁדָרוּהָ, וּמָכְרָה לָרִאשׁוֹן בְּמָנֶה — דְּהַיְינוּ "זַבֵּין לִי כּוֹרָא" וְזַבֵּין לֵיהּ לִיתְכָא. בִּקְטִינֵי. לֹא הָיוּ שָׂדוֹת הַלָּלוּ יַחַד, וְאֵין רְאוּיִן לְאָדָם אֶחָד. דְּמֵעִיקָּרָא אַדַּעְתָּא דְּהָכִי נַעֲשֵׂית שָׁלִיחַ. פְּשִׁיטָא, אֲמַר. לִשְׁלוּחוֹ: מְכוֹר לִי בֵּית כּוֹר מִשְּׂדוֹתַי וּלְאֶחָד וְלֹא לִשְׁנַיִם. הָאָמַר לְאֶחָד וְלֹא לִשְׁנַיִם. וַאֲפִילּוּ אִם תִּמְצָא לוֹמַר זַבֵּין לִי כּוֹרָא וְזַבֵּין לֵיהּ לִיתְכָא מִכְרוֹ קַיָּים — הָכָא בָּטֵל, דְּגַלֵּי דַּעְתֵּיהּ דְּקָפֵיד בְּאַפּוּשֵׁי שְׁטָרֵי. אֲמַר "לְאֶחָד" סְתָמָא. וְלֹא פֵּירֵשׁ "וְלֹא לִשְׁנַיִם", מִי הָוֵי גִּלּוּי דַּעְתָּא אוֹ לָא? לְאֶחָד וַאֲפִי' לִשְׁנַיִם. דְּלָאו אוֹרְחַיְיהוּ דְּאֱינָשֵׁי דְּקָפְדִי. וְהַאי נַמִי לָא קָפֵיד, אֶלָּא אוֹרְחָא לְאִישְׁתַּעוּיֵי הָכִי. וְאִי הֲוָה קָפֵיד — הֲוָה מְפָרֵשׁ לֵיהּ: וְלֹא לִשְׁנַיִם. וְאע"ג דְּטָעָה שָׁלִיחַ. וּמָכַר בְּזוֹל, נֵימָא נַמִי דִּמְקָחוֹ קַיָּים? וְהָאָמַר מַר אֵין אוֹנָאָה לְקַרְקָעוֹת. גָּרְסִינַן. וּמִשְׁנָה הִיא בְּפֶרֶק "הַזָּהָב". תּוֹרֵם כְּדַעַת בַּעַל הַבַּיִת. כְּפִי מַה שֶּׁהוּא מַכִּיר בּוֹ; אִם עַיִן יָפָה — אֶחָד מֵאַרְבָּעִים, וְאִם עַיִן רָעָה — אֶחָד מִשִּׁשִּׁים. פִּיחֵת עֲשָׂרָה. שֶׁתָּרַם אֶחָד מֵאַרְבָּעִים. תְּרוּמָתוֹ תְּרוּמָה. דְּאָמַר לֵיהּ: בְּהָכִי אֲמַדְתִּיךְ. הוֹסִיף עֲשָׂרָה. אֶחָד מִשִּׁשִּׁים. וְאִילּוּ גַּבֵּי בַּעַל הַבַּיִת תַּנְיָא כו'. וְהָכָא תַּנְיָא: פִּיחֵת עֲשָׂרָה — תְּרוּמָתוֹ תְּרוּמָה, אֲבָל טְפֵי — לָא. ת"ש הָיְתָה כְּתוּבָּתָהּ כו'. וְאִי אַפּוּשֵׁי שְׁטָרֵי קְפֵידָא הִיא, נְהִי נַמִי דְּיָתוֹמִין לָא גַּלּוּ דַּעְתַּיְיהוּ — אֲנַן מִיהָא דְּיַד יְתוֹמִין בָּעֵינַן לְמֶיהֱוֵי, אִית לָן לְמֵימַר: מִכְרָן בָּטֵל. מתני' אִגֶּרֶת בִּקּוֹרֶת. הַכְרָזָה. וּלְשׁוֹן בִּקּוֹרֶת שֶׁמְּבַקְּרִין אוֹתָהּ בְּנֵי אָדָם ע"י הַכְרָזָה. גמ' שָׁלִיחַ כְּמַאן. שָׁלִיחַ דְּטָעָה, כְּמַאן דָּיְינִינַן לֵיהּ? כְּאַלְמָנָה דָּיְינִינַן לֵיהּ, שֶׁבְּטָעוּת כָּל דְּהוּ בָּטֵל, כִּדְתְנַן: שָׁוֶה מָנֶה וְדִינָר בְּמָנֶה — מִכְרָהּ בָּטֵל. אוֹ כְּדַיָּינִין הוּא — וְעַד דְּטָעָה בִּשְׁתוּת. לָאו

אמר לאחד סתמא מאי אמר רב הונא לאחד ולא לשנים. תימה: הא לעיל לא איפשיט בעיין אי חיישינן לאפושי דשטרי, והיכי פשיט ליה רב הונא ורב חסדא? ומפרש ר"ת: דהאי קפידא דאפושי שטרי דלעיל – לאו משום זילת נכסים, אלא משום שיצטרך לחזור לכל שטר אחר חתימת עדים וקניין. והכא מיירי בשכבר חתמו העדים על שני שטרות, דליכא קפידא דאפושי שטרי, אלא אפושי בעלי דינין, שטורח לו להיזקק היום ולמחר לבא עמהם לדין. ורבי מוקי לה סוגיא בשטר אחד, דליכא קפידא דשטר אלא קפידא דבעלי דינין. ובהא הוי פלוגתא, והכי פירושו: אמר "לאחד ולא לשנים" – קפידא שלא ימכור לשנים, ואפי' בשטר אחד. אמר "לאחד" סתמא, מאי? כלומר, מהו שימכור לשנים אפילו בשטר אחד. אבל דלעיל – מיירי בשני שטרות. ורבינו חננאל גרים: אמר לאחד – קפידא, דמשמע פשיטא בלא שנים, אמר סתמא מאי? והך בעיא דמלי א"ל "לא ניחא לי דליפשו שטרי עלואי" כתב רב אלפס: לא איפשיטא בהדיא, וסוגיין דמעביר על דבריו הוי. וכן כתב רבינו חננאל. ורב האי גאון כתב בספר המקח בשער [שני]: דמוסיף על דבריו הוי, מדאמרינן: פשיטא אמר לאחד – קפידא, סתמא מאי? ואסיקנא: לאחד ואפי' לשנים, ואפי' למאה. אלמא הלכתא כמאן דאמר מוסיף על דבריו הוי. כי הוא פירש האי "פשיטא" על דרך "מאי הוי עלה". **אמרו** לו אע"ג דטעה שליח. פירוש: הואיל וסבירא לך דהיכא דלא פירש דבריו הטיל דעתו על השליח לעשות כרצונו, דהכי אמרת לעיל: לאחד ואפי' למאה, הכי נמי לימא, דאף בטעותו נתרצה ללכת אחר דעתו. וקאמר *ליה: טעה שליח – לא קאמינא, דבטעותו לא מסיק אדעתיה להטיל עליו. **הכי** גרסי' בכל הספרים: והא מר הוא דאמר אין אונאה לקרקעות. פי' רבי: אפילו גבי שליח, דשמעינן ליה ב"המקבל" (ב"מ דף קח. ושם) דאמרי נהרדעי משמיה דרב נחמן: אין אונאה לקרקעות, אפי' זבין במאתים ושויא מאה. ולא מצי למימר "לתקוני שדרתיך ולא לעוותי", והוא כמו שליח של מלכן! ומשני: הני מילי – היכא דטעה בעל הבית. פי': דהשוה חשיבא ליה כבעל הבית, דאע"ג דלבסוף מיקניא ליה למלכן, מיהו תחלה כשקנה – לצורך עצמו קנה. והואיל וכן – לא שייך התם "לתקוני שדרתיך". אבל שליח גמור, שבתחלה בתורת שליחות קנה ולא לצורך עצמו – לא איבעי ליה למיטעי. וא"ת: ומאי קמייתי ראיה דשאני לן בין שליח לבעל הבית, מדתנן: האומר לשלוחו צא ותרום? דהתם – בעל הבית גמור הוא. וזה הם עצמם – רב חסדא ורבה בר רב הונא יודעין כן, מדלא פרכי ליה אלא ממלכן דדמי לשליח! וי"ל, דהכי קאמר להו: ומנא תימרא דשאני לן בין שליח לבעל הבית? דמדפרכיתו לי ממלכן, משום דחשיבתו ליה כשליח, אלמא סליקא אדעתייכו שאני משוה שליח לבעל הבית גמור. וזה אי אפשר להשוותם, כדמוכח מתני' דהאומר לשלוחו: צא ותרום. מ"ר. ולפי' הקונטרס קשה; חדא – שהוא מגיה הספרים, וגרים: והא אמר מר. ועוד: דהוה ליה למימר: "והא תנן", הואיל ופריך ממתני' ד"הזהב" (ב"מ דף נו.). ועוד: במאי הוו טעו רב חסדא ורבה דלא מפלגי בין שליח לבעל הבית? הלא כל עיקר שאילתם ששאלו בתחלה: אע"ג דטעה שליח, לא תמהו אלא בשליח, משום דאיכא למימר "לתקוני שדרתיך"! **פיחת** עשרה או הוסיף עשרה כו'. לא דמי לתורם מן היפות, דאמרי' ב"אלו מציאות" (ב"מ דף כב. ושם) דאין תרומתו תרומה, אי לא אמר ליה "כלך אצל יפות". דהכא איכא למימר: להכי אמדתיך, כדלקמן. אבל יפות ורעות – הוי כמו טעות. בפרק ד' דמסכת תרומות (מ"ג) תנן: שיעור תרומה, עין יפה – אחד מארבעים, בית שמאי אומרים: משלשים. והבינונית מחמשים, והרעה מששים. ומפיק טעמייהו בגמרא בירושלמי, דגרסינן התם: כתיב "זאת התרומה אשר תרימו ששית האיפה מחומר החטים וששיתם האיפה מחומר השעורים". יכול יתרום בחטים אחד מששים, ובשעורים אחד משלשים, פירוש: ששית האיפה הוא חצי סאה, דאיפה ג' סאין, וששית האיפה מחומר – היינו אחד מששים. דכור שלשים סאה, והיינו בחטין אחד מששים ובשעורים אחד מל', דגבי שעורים כתיב "וששיתם" – משמע שתי ששיות של איפה, דהיינו סאה מן הכור. תלמוד לומר: "וכל תרומות" – שיהו כל תרומות שוות. שמואל אמר: מן ששית על "וששיתם", ונמצא תורם א' מארבעים. פי': שלש ששיות, דהיינו סאה וחצי משני חומרין הכתוב בחטין ובשעורין, והיינו אחד מארבעים. בינונית מנין? אמר רבי לוי: כתיב "וממחצית בני ישראל אחד אחוז מן החמשים" כ"מ שאתה אוחז ממקום אחר – הרי הוא כזה; מה זה אחד מחמשים – אף מה שתאחוז ממקום אחר אחד מחמשים. והרעה מששים, דכתיב "ששית האיפה מחומר החטים". פירוש: קרא כפשטיה. ב"ש אומרים: משלשים, "וששיתם האיפה מחומר השעורים". וכל הנך קראי אסמכתא בעלמא, דשמואל הוא גופיה דאמר: חטה אחת פוטרת את הכרי. מ"ר.
רבא

תוספות רי"ד

פשיטא א"ל לא' ולא לב' קפידא הוי דהא אמר ליה ולא לב' פי' ולא' ואפי' אח"ל זבין לי כורא וזבין ליה לאיתכא מכרו קיים הכא בטל דגלי דעתיה דלא ניחא ליה באפושי שטרא. אמר סתמא מאי כגון שאמר לא' ולא לב' מי הוי גילוי דעתא אי לא. ר"ה אמר לא' ולא לב' ר"ח אמר לא' ואפילו לב' ואפילו לק' פי' אע"ג דאמר לא' אורחא דאינשי לאישתעויי הכי ולא הוי קפידא דאי הוי קפידא הוה א"ל ולא לב'. איקלע ר"נ לסורא עאל ר"ח ורבה בר רב הונא לגביה א"ל כהאי גוונא מאי א"ל לא' ואפילו לב' ואפילו לק' א"ל אע"ג דטעה. פי' כגון שנתאנה א"ל לא א"ל והא מר הוא דאמר אין אונאה לקרקעות ה"מ היכא דטעה הוא פי' בעה"ב אבל טעה שליח אמר ליה לתקוני שדרתיך ולא לעוותי וכו' עיין לקמן בסמוך [הונאת תשלומין] [אונאת שליח] בבמה הוי: מתני' שום הדיינים שפחתו שתות או הותירו שתות מכרן בטל רשב"ג אומר א"כ מה כח ב"ד יפה אבל אם עשו אגרת בקורת אפי' מכרו שוה ק' בר' או שוה ר' בק' מכרן קיים. פי' אגרת שמכרו בהכרזה ולשון בקורת שמבקרין אותה בני אדם ע"י ההכרזה אפילו מכרו ק' בר' וכו'. פי' ואפילו למ"ד אין אונאה לקרקעות אבל בטול מקח יש להן שהוא יותר משתות הכא משום דהוי מעשה ב"ד אלים טפי מב"ה א"כ טעו בשתות מכרן בטל ואע"ג דאמרינן אין אונאה לקרקעות ושתות הוי מחילה לגבייהו ה"מ בב"ה אבל בב"ד כיון דטעו איגלאי מילתא שאין זה מעשה ב"ד וגריעה מב"ה והלכך בין היתומים בין אם פחתו שתות בין הלקוחות אם הותירו שתות מכרן בטל ויכולין לחזור בהם (והרב הוכיח לקמן על מימרת והל' שליח כאלמנה שלקוחות א"י לחזור הואיל ומדעתם קנו אבל ודאי אם שמו הנכנסים למלוה או לאלמנה יכולים לחזור בהם הואיל ושלא קנו ונתאנו) וגבי אלמנה דתנן מכרה שוה ק' בר' או שוה ר' בק' מכרה קיים ונתקבלה כתובתה ולא תני מכרה בטל משום דלוקח לא בעי למיהדר ביה מצי הדר ב' לאו מ"ד ביטול מקח יש להן: איבעיא להו שליח כמאן
רבא

עין משפט נר מצוה

לט א מיי' פ"א מהל' שלוחין הלכה ד סמג עשין פב טוש"ע ח"מ סי' קפב סעיף ו:
מ ב מיי' שם טוש"ע שם סעיף יא:
מא ג ד מיי' שם הלכה ב ופי"ג מהל' מכירה הלכה ח ט סמג לאוין קע טוש"ע ח"מ סי' קפב סעיף ג וסי' רכז סעיף כט ל:
מב ה מיי' פ"ד מהל' תרומות הלכה ב סמג עשין קלג:
מג ו מיי' פ"ג שם הלכה ו:
מד ז ח מיי' פי"ג מהל' מכירה הלכה י יא ופי"ב מהל' מלוה ולוה הל' יא סמג עשין צד טוש"ע אה"ע סי' קד סעיף ג וטוש"ע ח"מ סי' קט סעיף ג:

מסורת הש"ס

ב"מ נו. ע"ש תוס' ודף קח. [קדושין מב: תמורה כז.]
[קדושין מב: וש"נ]
תרומות פ"ד מ"ד קדושין מא: בכורות נח. לקמן ק.
[צ"ל להו]
[קדושין מב.]
[שם. יבמות סז: גיטין לג.]

רָבָא אָמַר ר"נ: שָׁלִיחַ כְּדַיָּינִין. רַב שְׁמוּאֵל בַּר בִּיסְנָא אָמַר ר"נ: כְּאַלְמָנָה. רָבָא אָמַר ר"נ: שָׁלִיחַ כְּדַיָּינִין; מַה דַּיָּינִין – לָאו לְדִידְהוּ, אַף שָׁלִיחַ נַמִי – לָאו לְדִידֵיהּ, לְאַפּוֹקֵי אַלְמָנָה דִּלְדִידָהּ. רַב שְׁמוּאֵל בַּר בִּיסְנָא אָמַר ר"נ: כְּאַלְמָנָה, מָה אַלְמָנָה יְחִידָה – אַף שָׁלִיחַ יָחִיד, לְאַפּוֹקֵי ב"ד – דְּרַבִּים נִינְהוּ. [א]וְהִלְכְתָא: שָׁלִיחַ כְּאַלְמָנָה. וּמַאי שְׁנָא מֵהָא דִּתְנַן: *הָאוֹמֵר לִשְׁלוּחוֹ "צֵא וּתְרוֹם" – תּוֹרֵם כְּדַעַת בַּעַל הַבַּיִת. וְאִם אֵינוֹ יוֹדֵעַ דַּעְתּוֹ שֶׁל בַּעַל הַבַּיִת – תּוֹרֵם בְּבֵינוֹנִית, אֶחָד מֵחֲמִשִּׁים. פִּיחֵת עֲשָׂרָה אוֹ הוֹסִיף עֲשָׂרָה – תְּרוּמָתוֹ תְּרוּמָה? הָתָם, *כֵּיוָן דְּאִיכָּא דְּתוֹרֵם בְּעַיִן רָעָה, וְאִיכָּא דְּתוֹרֵם בְּעַיִן יָפָה – א"ל: לְהָכִי אֲמַדְתִּיךְ. אֲבָל הָכָא – טָעוּתָא הוּא, א"ל: לָא אִיבָּעֵי לָךְ לְמִיטְעֵי. אָמַר רַב הוּנָא בַּר חֲנִינָא אָמַר ר"נ: הֲלָכָה כְּדִבְרֵי חֲכָמִים. וְלֵית לֵיהּ לְר"נ מַה כֹּחַ ב"ד יָפֶה? *וְהָאָמַר ר"נ אָמַר שְׁמוּאֵל: [ב]יְתוֹמִים שֶׁבָּאוּ לַחֲלוֹק בְּנִכְסֵי אֲבִיהֶן – ב"ד מַעֲמִידִין לָהֶן אַפּוֹטְרוֹפּוֹס, וּבוֹרְרִין לָהֶם חֵלֶק יָפֶה. הִגְדִּילוּ – יְכוֹלִין לִמְחוֹת. וְר"נ דִּידֵיהּ אָמַר: [ג]הִגְדִּילוּ – אֵין יְכוֹלִין לִמְחוֹת, (א)א"כ מַה כֹּחַ ב"ד יָפֶה! לָא קַשְׁיָא: [ד]הָא – דְּטָעוּ, הָא – דְּלָא טָעוּ. אִי דְּלָא טָעוּ בְּמַאי יְכוֹלִין לִמְחוֹת? בְּרוּחוֹת. *כִּי אֲתָא רַב דִּימִי אָמַר: מַעֲשֶׂה וְעָשָׂה רַבִּי כְּדִבְרֵי חֲכָמִים. אָמַר לְפָנָיו פְּרָטָא בְּנוֹ שֶׁל רַבִּי אֶלְעָזָר בֶּן פְּרָטָא בֶּן בְּנוֹ שֶׁל ר' פְּרָטָא הַגָּדוֹל: א"כ מַה כֹּחַ ב"ד יָפֶה? וְהֶחֱזִיר רַבִּי אֶת הַמַּעֲשֶׂה. רַב דִּימִי מַתְנֵי הָכִי. רַב סַפְרָא מַתְנֵי הָכִי: מַעֲשֶׂה וּבִיקֵּשׁ רַבִּי לַעֲשׂוֹת כְּדִבְרֵי חֲכָמִים, אָמַר לְפָנָיו פְּרָטָא בְּנוֹ שֶׁל רַבִּי אֶלְעָזָר בֶּן פְּרָטָא בֶּן בְּנוֹ שֶׁל ר' פְּרָטָא הַגָּדוֹל: א"כ מַה כֹּחַ ב"ד יָפֶה? לֹא עָשָׂה רַבִּי אֶת הַמַּעֲשֶׂה. לֵימָא בְּהָא קָמִיפַּלְגִי; *מָר סָבַר: טָעָה בִּדְבַר מִשְׁנָה – חוֹזֵר, וּמָר סָבַר: אֵינוֹ חוֹזֵר. לָא, דְּכ"ע טָעָה בִּדְבַר מִשְׁנָה – חוֹזֵר. וּמָר סָבַר: הָכִי הֲוָה מַעֲשֶׂה, וּמָר סָבַר: הָכִי הֲוָה מַעֲשֶׂה. *אָמַר רַב יוֹסֵף: אַרְמַלְתָּא דְּזַבִּינָה – אַחֲרָיוּת אַיְתָמֵי, וּב"ד דְּזַבֵּין – אַחֲרָיוּת אַיְתָמֵי. פְּשִׁיטָא! אַלְמָנָה לָא אִיצְטְרִיכָא לֵיהּ, כִּי אִיצְטְרִיךְ לֵיהּ – בֵּי דִינָא. מַהוּ דְּתֵימָא:

כָּל

[לעיל לט: וש"נ] [בכורות סא.] יבמות סז: גיטין לד. קדושין מב. [גיטין לג:] לעיל פד: וש"נ לעיל נז. [לא. ד"ה אלמנה וכו']

רש"י

לָאו לְדִידְהוּ. לָאו לְצוֹרֶךְ עַצְמָן מוֹכְרִים. בֵּית דִּין מַעֲמִידִין לָהֶן אַפּוֹטְרוֹפּוֹס. לְכָל אֶחָד וְאֶחָד מִן הַקְּטַנִּים. וּבוֹרְרִין לָהֶם. כָּל אַפּוֹטְרוֹפּוֹס לַתִּינוֹק שֶׁלּוֹ. אִי דְּלָא טָעוּ. לָמָּה יִמְחוּ. בְּרוּחוֹת. טוֹב לִי לִיטּוֹל חֶלְקִי בַּמִּזְרָח, שֶׁיֵּשׁ לִי אֶצְלָהּ שָׂדֶה שֶׁנָּפְלָה לִי מִבֵּית אֲבִי אִמִּי. וְהֶחֱזִיר רַבִּי אֶת הַמַּעֲשֶׂה. דְּנִרְאָה בְּעֵינָיו טַעַם הָגוּן מַה שֶּׁשָּׁנִינוּ בְּמִשְׁנָתֵנוּ: א"כ מַה כֹּחַ ב"ד יָפֶה. לֵימָא בְּהָא פְּלִיגִי. רַב דִּימִי וְרַב סַפְרָא. רַב דִּימִי סָבַר: דַּיָּין הַטּוֹעֶה בִּדְבַר הַמִּשְׁנָה, שֶׁלֹּא עָשָׂה כַּמִּשְׁנָה – חוֹזֵר, וְלָא אָמְרִי' מַה שֶּׁעָשָׂה עָשׂוּי וִישַׁלֵּם מִבֵּיתוֹ, אֶלָּא בְּטוֹעֶה בְּשִׁיקּוּל הַדַּעַת, כְּמוֹ שֶׁמְּפוֹרָשׁ בְּסַנְהֶדְרִין. וְהַאי נַמִי – דְּבַר מִשְׁנָה הוּא, שֶׁאע"פ שֶׁנֶּחְלְקוּ חֲכָמִים עַל רַבָּן שִׁמְעוֹן – הֲרֵי נָתַן טַעַם לִדְבָרָיו. וְרַב סַפְרָא שֶׁאֵינוֹ שׁוֹנֶה עָשָׂה וְהֶחֱזִיר, סָבַר: אִם עָשָׂה – לֹא הָיָה יָכוֹל לַחֲזוֹר. אַחֲרָיוּתָא אַיְתָמֵי. אִם נִמְצֵאת הַשָּׂדֶה גְּזוּלָה אוֹ מְשׁוּעְבֶּדֶת לְאַחֵר, וּטְרָפָהּ מִן הַלּוֹקֵחַ בְּחוֹבוֹ – חוֹזֵר הַלּוֹקֵחַ עַל הַיְתוֹמִים. שֶׁהָאַלְמָנָה שְׁלִיחַ שֶׁל יְתוֹמִים הָיְתָה. וְכֵן בֵּי דִינָא דְּזַבֵּין. שְׂדֵה יְתוֹמִים לִמְזוֹן הָאִשָּׁה וְהַבָּנוֹת – אַחֲרָיוּת אַיְתָמֵי.

כָּל

תוספות

רבא אמר ר"נ שליח כדיינין. מה שפירש בקונט' שליח סתם, משמע דאפי' שליח דעלמא. וקשה לר"ת, דלעיל אר"נ: אבל טעה שליח – לא, דא"ל: לתקוני שדרתיך. ועוד הקשה: דבריש "האיש מקדש" (קידושין מב: ושם) אר"נ: האחין שחלקו – כלקוחות דמי; פחות משתות – נקנה מקח. אמר רבא: הא דאמרת "פחות משתות נקנה מקח" – לא אמרן אלא דלא משוי שליח, אבל משוי שליח – לא, דא"ל: לתקוני שדרתיך ולא לעוותי. אלמא, בשליח, אפי' בפחות משתות – מקחו בטל. ודוחה רבינו שמואל: דהתם רבא לפי סברתו קאמר, אבל רב נחמן לא ס"ל. ופי' ר"ת: דהכא מיירי בשליח דדיינים, דאלים כחו טפי, ומכרו קיים עד שתות. וכ"ל דהכא איירי אפי' בשליח דעלמא, ולעיל דאמר ר"נ דמצי א"ל "לתקוני שדרתיך" – ביתר משתות איירי. והא דקדושין הכי פירושא: הא דאמרת פחות משתות נקנה מקח, ואין צריך להחזיר אונאה – לא אמרן אלא דלא משוי שליח, אבל משוי שליח – מצי א"ל "לתקוני שדרתיך", לענין זה שצריך להחזיר האונאה, ומ"מ המקח קיים. והא דאמר ר"נ שליח כדיינים – היינו לענין הא דמקח קיים, אבל האונאה – צריך מיהא להחזיר. וכן הדיינים, דאין כח ב"ד יפה כלל טפי מבשליח דעלמא. **ומאי** שנא מהא דתנן כו'. הכי פריך: אלמא במידי דעביד שליח דטעה, אמרי' דמעשה שלו קיים, הכי נמי הוה לן למימר הכא; דבפחות משתות בשליח – מקחו קיים.

מה אלמנה יחידה. אע"ג שיש לה ב"ד הדיוטות, כדאיתא בשילהי "אלו מציאות" (ב"מ דף לב. ושם), מ"מ כחד חשיב להו. **אמר** ר"נ הלכה כדברי חכמים. בריש "האיש מקדש" (קדושין דף מב:) גרסי' אמילתיה דרב נחמן: הא דאמרן: יתר משתות בטל מקח – לא אמרן אלא דלא אמר "נפלוג בשומא דבי דינא", אבל אמר "נפלוג בשומא דבי דינא" – לא. דתנן: שום הדיינים שפחתו שתות או שהותירו שתות – מכרן בטל. רשב"ג אומר: מכרן קיים. ומייתי ראיה השתא ממילתא דרשב"ג. וקשה לר"ת: דהכא פסיק רב נחמן גופיה הלכה כדברי חכמים. ועוד, דמסיק בתר הכי: והא דאמרת שתות קנה ומחזיר אונאה – לא אמרן אלא במטלטלי, אבל במקרקעי – לא, דאין אונאה לקרקעות. משמע: דוקא בשתות, אבל יתר משתות – יש אונאה לקרקעות. ולעיל* הוכחתי מההיא ד"המקבל" (ב"מ דף קח.) ומההוא דירושלמי דאין אונאה לקרקעות אפי' ביתר משתות, עד פלגא. הלכך נראה לר"ת כמו שגורס רבינו חננאל והלכות גדולות ורב אלפס: הא דאמרת שתות קנה ומחזיר אונאה – לא אמרן אלא דלא אמר "נפלוג בשומא דבי דינא", אבל אמר "נפלוג בשומא דבי דינא" – מכרן בטל, דהא תנן: שום הדיינים שפחתו שתות כו' מכרן בטל. ומרבנן מייתי ראיה. והא דאמרת יתר משתות בטל מקח – לא אמרן אלא במטלטלי, אבל במקרקעי – אין אונאה לקרקעות אפי' ביתר משתות עד פלגא. **והא** אמר ר"נ אמר שמואל כו'. אי לאו דפסיק הלכה כחכמים לא הוה קשה מידי מהא דאמר ר"נ: שליח כאלמנה, אפי' מיירי בשליח דיינין, דלא שייך בדידיה כל כך "מה כח ב"ד יפה" כמו באפוטרופוס. מ"ר. **ובוררין** להם חלק יפה. היה רבי רגיל לפרש: מדנקט לשון "בוררין" אלמא, בלא גורל איירי. דאי בגורל – מאי "בוררין" שייך? כאשר יפול הגורל כן יהיה! ומתוך כך היה אומר: דאפילו מילתא דשייכא ביה "גוד או אגוד", כגון דתרוייהו צריכי (ב) להאי ולהאי – חולקין להם, אם ישר בעיניהם. שהרי העמידו אפוטרופוס במקום יתומין לחלוק בין שניהם בלא שומת ב"ד, ובלא גורל, ובורר כל אפוטרופוס ליתום שלו חלק הישר בעיניו. ולא נהירא לר"ת: וכי טריחותא להטיל גורלות? ועוד: דהא דקאמר בתר הכי: במאי יכולים למחות – ברוחות, הל"ל: יכולין למחות במילתא דשייכא ביה "גוד או אגוד". ומה שמדקדק נמי מ"בוררין" – בגורל נמי שייך לשון "בוררין", שלא יחלקו בענין רע לתת לאחד שתי שדות מרוחקות זו מזו. ומיהו, אומר רבי: דאין זו קושיא הא דלא אמר: יכולין למחות ב"גוד או אגוד", דה"נ הוה מצי למימר: יכולין למחות כשטעו בפחות משתות. אלא רבותא נקט – דאפי' ברוחות יכולין למחות. מ"ר. והא דאמר בפרק "בית כור" (ב"ב דף קו: ושם): שני אחין שחלקו ובא להם אח ממדינת הים, רב אמר: בטלה מחלוקת, ושמואל אמר: מקמצין. ומפרש רבינו שמואל: מקמצין – שכל אחד יתן לו שליש מחלקו. ופריך לרב דאמר בטלה מחלוקת: אלא מעתה הני בי תלתא דקיימי ואזלי בי תרי מנייהו, ופלגי, ה"נ דבטלה מחלוקת? ופי' רבינו שמואל: דעל כרחך לא בטלה מחלוקת, מדאמר ליה רבי אבא בשילהי "אלו מציאות" (ב"מ דף לא:) לרב ספרא דפליג בלא דעת דאיסור: זיל אייתי תלת דפלגת קמייהו, א"נ תרי מגו תלתא. ולא נהירא לר': שהרי היכי קאמר מקמצין – שיתן לו כל א' מה שירצה מחלקו? הם נטלו בגורל והוא יקח בלא גורל מה שירצו?! ומאי דקאמר נמי: אזלי תרי מינייהו ופלגי, למאי דמפרש ר"ת ד"בוררין" – בגורל קאמר – היכי מהניא התם חלוקה בלא דעתא דאידך? דהכא משמע דדוקא גבי יתומין מהני – משום דכח ב"ד יפה. אע"פ שיש לחלק, דלפי שאלו יתומין קטנים ואין אחד תובע לחלוק. אבל אם היה אחד מהם תובע לחלוק, כי התם – בלא כח ב"ד חולקין. מיהו, לא משמע הכי. ומה שהביא ראיה מאיסור ומרב ספרא – לא דמי, דהתם במטלטלי. אבל במקרקעי, דאיכא קפידא ברוחות – לא. ונראה לר' לפרש: מקמצין – כגון שהיה להם שלש שדות ולקחו האחין כל אחד שדה. והשלישי חלקו בגורל. וכשבא אחיהן – יפילו גורל בכל השדות, ובאיזה שיפול הגורל בו יזכה, ובענין זה לא בטלה מחלוקת; שאם יפול השדה השלישי לחלקו – זכו השנים בחלקם הראשון. וכן אזלי בי תרי מינייהו דפלגי כו'. שהגיע לזה שדה אחת ולזה שדה אחת והשלישי נשארה – פשיטא שכשיבא השלישי ויפיל גורל על כל השדות, אם תפול אותה שדה לחלקו – זכו האחרים בחלקם. מ"ר. **פרטא** בנו של רבי אלעזר בן פרטא. פי': דהוא בן בנו של רבי פרטא הגדול. פרטא, אביו של רבי אלעזר, הוא זקינו של זה.

אגרת

עין משפט נר מצוה

מה א מיי' פי"ג מהל' מכירה הלכה ט ופ"ח מהל' שותפין הלכה ב סמג עשין פב ולאוין קע טוש"ע אה"ע סי' קד סעיף ו וטוש"ע ח"מ סי' קט סעיף ו:

מו ב ג ד מיי' פ"י מהל' נחלות הל' ד סמג עשין נו טוש"ע ח"מ סי' רפט סעיף א:

תוספות רי"ד

רבא אר"נ שליח כדיינין ורשב"ב אמר ר"נ שליח כאלמנה רבא אר"נ שליח כדיינים מה דיינים לאו לדידהו אף שליח נמי לאו לדידיה לאפוקי אלמנה דלדידה הלכך איבעיא לה לדוקא וקנסינן לה לבטל מכרה באונאת משהו ור"ש ב"ב אר"נ שליח כאלמנה מה אלמנה יחידה אף שליח יחידי לאפוקי ב"ד דרבים נינהו והל' שליח כאלמנה. ודוקא המשלח והיתומים מבטלין מקח בכ"ש אם פחתו אבל אם הותירו אין הלוקח יכול לבטל המקח בכ"ש אלא דינו כלוקח מב"ה: כתב רב האי גאון ז"ל בשערים של מקח וממכר א) שחבר שליח כאלמנה בטעותו וצריך ג' הדיוטות כאלמנה וטעותו בכל שהו. ואינו נ"ל דלא פסיק תלמודא שליח כאלמנה אלא בטעותו ולא לענין ג' הדיוטות דכיון דברשות ב"ה קעביד הוא לבדו יכול למכור כב"ה אבל אלמנה שהיא מוכרת. שלא ברצון היתומים היא שצריכה בפני ג' ואין השליח דומה לאלמנה בזה: ואי קשיא דרבא אדרבא דהכא אמר שליח כדיינים וטעותו בשתות ובפ' האיש מקדש אמר דטעותו דשליח בכ"ש. הכא אמר משום דר"נ רבי' והתם אמר דידי' דאיהו סבר כדמסיק הכא ב) תלמודא שליח כאלמנה: אמר ר"ה ב"ח אר"נ הל' כדברי חכמים ול"ל לר"נ מה כח ב"ד יפה והאר"נ א"ש יתומים שבאו לחלוק בנכסי אביהם ב"ד מעמידים להם אפטרופוס ובוררין להם חלק יפה הגדילו יכולין למחות ור"נ דידי' אמר הגדילו א"י למחות א"כ מה כח ב"ד יפה ל"ק הא דטעו הא דלא טעו אי דלא טעו מה יכולין למחות ברוחות. פי' שי"ל א' לחבירו טוב לי ברוח פ' שיש לי שם שדה שנפל לי מבית אבי אמי והל' כר"נ: אמר ר"י ארמלתא דזבין אחריותא איתמא וב"ד דזבין אחריותא איתמי פי' ואי לא משכחי נכסי ליתמי מפסדי לקוחות. ופי' המורה אחריותא איתמי אם נמצאת השדה גזולה או משועבדים לאחר וטרפוה מן הלוקח ונ"ל שאם נמצאת השדה גזולה ול"ל נכסי ליתמי לא מפסדי לקוחות דהוא מקח טעות והדרי זביני ומהדרה אלמנה או ב"ח דפרעו ליה ב"ד מעות ללוקח דאיגלי מילתא שלא הי' מכרה מכר אבל אם טרפה ממנו ב"ח של יתומים אז ודאי מפסיד הלוקח: (פשיטא. פי' ודאי דאחריותו איתמי שהרי הן הן הנשכרים במכירה זו שפורעים את חובם אלמנה לא איצטריכא ליה למימר כי אצטריך ליה למימר ב"ד סד"א כל דזבין ב"ד אדעתא דנפיק עליה קלא קמ"ל). פי' פשיטא ודאי דאחריותו איתמי היא שהרי הן הנשכרין במכירה זו שפורעים את חובם. ומהדר אלמנה ודאי לא איצטריך לי' למימר כי איצטריך ליה למימר ב"ד סד"א כיון דהב"ד

א) הוא בספר המקח שלו בשער ו' ע"ש. ב) עי' בתוס' כאן ד"ה רבא מש"כ בשם הרשב"ם.

הגהות הב"ח

(א) גמ' דא"כ מה כח ב"ד: (ב) תום' ד"ה ובוררין וכו' כגון דתרוייהו צריכי. נ"ב בפ"ק דב"ב דף יג וע"ש:

כל דזבין מבי דינא — אדעתא למיפק ליה קלא הוא דזבין, קמ"ל.§ רשב"ג אומר כו'.§ ועד כמה? אמר רב הונא בר יהודה אמר רב ששת: עד פלגא. תניא נמי הכי, אמר רשב"ג: ב"ד שמכרו שוה מאתים במנה, או שוה מנה במאתים — מכרן קיים. אמר אמימר משמיה דרב יוסף: [א]ב"ד שמכרו בלא הכרזה — נעשו כמי שטעו בדבר משנה, וחוזרין. נעשו? ודאי טעו! דתנן: *[ב]שום היתומין שלשים יום, [ג]ושום ההקדש ששים יום, ומכריזין בבקר ובערב. אי מההיא הוה אמינא: ה"מ — שליח, אבל ב"ד — לא, קמ"ל. איתיביה רב אשי לאמימר: שום הדיינין, שפחתו שתות או הותירו שתות — מכרן בטל. הא שוה בשוה — מכרן קיים. מאי לאו — דלא אכרוז? לא, בדאכרוז. הא מדסיפא בדאכרוז — הוי רישא בדלא אכרוז. דקתני סיפא: אם עשו אגרת בקורת, אפי' מכרו שוה מנה במאתים, או שוה מאתים במנה — מכרן קיים! אלא לעולם בדלא אכרוז, ולא קשיא; [ד]כאן — בדברים שמכריזין עליהן, כאן — בדברים שאין מכריזין עליהן. [ה]ואלו הן דברים שאין מכריזין עליהן: העבדים, והמטלטלין, והשטרות. עבדים טעמא מאי — שמא ישמעו ויברחו, מטלטלין ושטרות — שמא יגנבו. [ו]ואיבעית אימא: כאן — בשעה שמכריזין, כאן — בשעה שאין מכריזין. *דאמרי נהרדעי: לכרגא, למזוני ולקבורה — מזבנינן בלא אכרזתא. [ז]ואב"א: כאן — במקום שמכריזין, כאן — במקום שאין מכריזין. דאמר רב נחמן: מעולם לא עשו אגרת בקורת בנהרדעא. סבור מינה משום דבקיאי בשומא. א"ל רב יוסף בר מניומי: לדידי מיפרשא לי מיניה דרב נחמן: משום דקרו להו "בני אכלי נכסי דאכרזתא". אמר רב יהודה אמר שמואל: מטלטלין של יתומים שמין אותן, ומוכרין אותן לאלתר. רב חסדא אמר אבימי: מוכרין אותן לשווקים. ולא פליגי; הא — [ח]דמיקרב שוקא, הא — דמרחק שוקא. רב כהנא הוה בידיה שכרא דרב משרשיא בר חילקאי יתמא. שהייה עד ריגלא. אמר: אע"ג דנפל ביה איצצתא — מייתי זוזא חריפא. רבינא הוה בידיה חמרא דרבינא זוטי יתמא, בר אחתיה. הוה לדידיה נמי חמרא, הוה קמסיק ליה לסיכרא. אתא לקמיה דרב אשי, א"ל: מהו לאמטויי בהדן? א"ל: זיל, לא עדיף מדידך.§

מתני' *[ט]הממאנת השניה, [י]והאילונית — אין להן כתובה, ולא פירות, ולא מזונות, ולא בלאות. אם מתחלה נשאה לשם אילונית — יש לה כתובה. *אלמנה לכ"ג, גרושה וחלוצה לכהן הדיוט, ממזרת ונתינה לישראל, בת ישראל לנתין ולממזר — יש להם כתובה.§

גמ' רב תני: קטנה יוצאה בגט — אין לה כתובה, וכל שכן ממאנת. שמואל תני: ממאנת — אין לה כתובה, אבל יוצאה בגט — יש לה כתובה. ואזדא שמואל לטעמיה, דאמר שמואל: ממאנת — [ל]אין לה כתובה. יוצאה בגט — יש לה כתובה. [מ]ממאנת — לא פסלה מן האחין, *[נ]ולא פסלה מן הכהונה. יוצאה בגט — פסלה מן האחין ופסלה מן הכהונה. *[ס]ממאנת אינה צריכה להמתין שלשה חדשים, יוצאה

אגרת בקורת. הא דתנן בפ"ק דב"מ (דף כ.): אגרות שום ואגרות מזון – רגיל ר"ת לומר: מדלא קאמר "שטרי שום" "שטרי מזון", כדאמר: "שטרי חליצה ומאונין", "שטרי בירורין" – נראה לו דקרי "אגרת" מה שב"ד שבמקום זה שולחין אגרותיו לב"ד אחר לשום ולמזון לפלוני. אבל הכא לא אפשר לפרושי הכי. ולעיל בשלהי "אף על פי" (דף סד.): כותבים אגרת מרד על ארוסה. מ"ר. **אלו** דברים שאין מכריזין עליהם העבדים והשטרות והמטלטלים. אית לן לאוקמא הני מטלטלין ושטרות – כגון שייחדן לה לכתובה. א"נ – דתפסן מחיים. דאי לאו הכי – לא גביא להו, לא אשה ולא בעל חוב. **והאילונית** אין לה כתובה. ואין לדייק: הא גיטא בעיא, כדפרישית בפרק "המדיר" (לעיל עב:*). **ולא** מזונות. לא תימא: שניה דאין לה מזונות – ה"מ לאחר מיתה, אבל מחיים – אית לה. דהשתא אלמנה לכ"ג, דאית לה לאחר מיתה לית לה מחיים, דלמא תתעכב גביה, כדאמרי' ב"יש מותרות" (יבמות דף פה. ושם) – כ"ש הך, דלית לה לאחר מיתה [דמחיים נמי לית לה]. ולא תימא נמי דמחיים לית לה, אבל לאחר מיתה אית לה, כאלמנה לכ"ג – דהא בהדיא קתני ב"יש מותרות" (ג"ז שם): אלמנה לכ"ג – אית לה מזונות, שניה – אין לה מזונות. ו"יש לה מזונות" דקאמר – היינו בעל כרחך לאחר מיתה. ודומיא דהכי אמרינן בשניה דאין לה. **ולא** בלאות. במקום אחר פרש"י: מה שנותר משחקי הבגדים. ואומר רבי: דא"כ ה"ל למימר "בלאותיה קיימין", כדאמרינן בכל דוכתא, לעיל בפ' "אע"פ" (דף סג:). ועוד: הא בלאות היינו בעל כרחיה מה שבלה, ולא השחקים שנותרו, דאמרינן בגמרא דממאנת אי דאיתנהו – אידי ואידי שקלה. מ"ר*. **רב** תני קטנה9 יוצאה בגט. פי': במתני'. **אינה** צריכה להמתין. להאי לישנא דגזר שמואל בזנות דקטנה, בשלהי "ד' אחין" (יבמות דף לד: ושם) דמיחלפא בגדולה – הכא שאני, דמיאונה מוכיח עליה.

תנינא

כל דזבין מבי דינא אדעתא דנפיק ליה קלא זבין. לפי שהן מוכרים בהכרזה, ובטוח הלוקח שאילו היו עליה עסיקין – היו יוצאין ומערערין. הלכך שלא באחריות הוא לוקח, קמ"ל. וחוזרין. ואין אומרין: מה שעשה עשוי וישלם מביתו, אלא הדרי זביני. נעשו. בתמיה, הא ודאי טעו בדבר השנוי במשנה! שום ההקדש. גזבר המוכר קרקע של הקדש. ששים יום. מושכים ימי הכרזה. שמא יגנבו. כשנאספין לראותם כדי ללוקחם. [השטרות. שמוכרין שט"ח של יתומים לאחרים]. בשעה שמכריזין. כדמפרש, שיש שעה שאין פנאי להמתין משך ימי הכרזה, כגון לכרגא ולמזוני ולקבורה. לכרגא. לפרוע למלך כסף גולגולת היתומים. משום דקרו להו כו'. גנאי וחרפה היא להם כשקונים נכסים שבית דין מוכרין. לפי שמחמת דוחק, שהנושה לוחץ את היתומים או את המלוה, לוקחים הלקוחות בזול. ומבזין אותן, וקורין להן: "אוכלי שדות הכרזה". לאלתר. סמוך למיתת אביהן, שלא ירקבו. דמקרב שוקא. יומא דשוקא. איצצא. טעם הקרוב להחמיץ, איגרו"ס בלע"ז. זוזא חריפא. ממהר לבא, לפי שהכל צריכין לכך, ומביאין מעות, ואין מקיפין להן באשראי. לסיכרא. שם מקום. מהו לאמטויי. שיש לחוש שלא תטבע הספינה. **מתני'** השניה. שניה לעריות, שהן מדברי סופרים, המפורש ביבמות בפ' ב' (דף כא.). אין להן כתובה. ממאנת – משום דמעצמה יוצאה, שניה – קנסא דרבנן הוא, כדאמרינן ביבמות בפרק "יש מותרות" (דף פה:): מפני שהיא מרגילתו לנושאה, שאינה מפסדת כלום בנשואין, שאינה נפסלת בהן, וולדה כשר. איילונית – משום דמקח טעות הוא. ולא פירות. דין פירות, והוא פירקונה שתקנו חכמים תחת פירות נכסי מלוג שהוא אוכל – אין לה, ואם נשבית – אינו חייב לפדותה. דתנאי כתובה ככתובה, וכיון דאין לה כתובה – אין לה תנאי כתובה. [ואית דאמרי: כלומר, אף לא פירות; אם אכלן – אין משלם לה פירות נכסי מלוג שאכל. ואע"ג דקיימא לן בפרקין דלעיל (דף מז:): תקנו פירקונה תחת פירות נכסי מלוג שהוא אוכל, כדתנן: לא כתב לה "אם תשתבאי אפרקינך" – חייב לפדותה. והאי לא קרינן בה "ואותבינך לי לאינתו" – אפי' הכי לא ישלם פירות, דתנאי כתובה ככתובה; כי היכי דקנסוה רבנן דלא גביא נכסי צאן ברזל שהכניסה לו משלה בתורת כתובה – קנסוה נמי דלא תגבה מיניה פירות שאכל בתנאי כתובה של פירי, שהוא תנאי בית דין שאינו כתוב בשטר הכתובה, ואף דין פירות], וכן מזונות נמי – תנאי כתובה נינהו. ולקמן בפרק בתרא (דף קז:) אמרינן: כיצד אמרו "ממאנת אין לה מזונות"? אי אתה יכול לומר ביושבת תחתיו – שהרי בעלה חייב במזונותיה. אלא שאם הלך למדינת הים ולוותה ואכלה, ועמדה ומיאנה – אינו משלם. ולא בלאות. שחקי בגדים שהביאה לו בשומא, ולבשן הוא – אינו מחזירן לה בילאתה. אלמנה לכהן גדול. יש לה כתובה, מפני שהיא פסולה וולדה פסול על ידי נשואין – לפיכך אינה מרגילתו, אלא הוא מרגילה ומשדלה לינשא לו, לפיכך קנסו אותו ליתן כתובה. **גמ'** רב תני קטנה היוצאה בגט אין לה כתובה. קסבר: אין נישואי קטנה אלא כמפותה בעלמא. לא פסלה מן האחין. שמותרת לקרוביו כאנוסה וכמפותה, דתנן (יבמות דף צז.): נושא אדם אנוסת אביו כו'. ולא פסלה מן הכהונה. משום גרושה. שאין אלו גירושין, אלא עקירת נשואים הראשונים, דאמרה: אי אפשי בקדושי אמי. ממאנת אינה צריכה להמתין שלשה חדשים. לאחר מיאונה. דעקרתינהו לנשואין, ואינה בכלל שאר תקנות שגזרו חכמים לכל שאר הנשואות, שצריכות להמתין אחר יציאתן מבעליהן שלשה חדשים.

יוצאה

עין משפט נר מצוה

מז א מיי' פי"ב מהלכ' מלוה ולוה הלכה י טוש"ע אה"ע סי' קד סעיף ב וטוש"ע ח"מ סי' קט סעיף ג:

מח ב מיי' שם הלכה ח טוש"ע אה"ע שם סעיף א וטוש"ע ח"מ שם סעיף א:

מט ג מיי' פ"ד מהלכ' ערכין הלכה כז סמג עשין קלא:

נ ד ה ו ז ח מיי' פי"ב מהלכ' מלוה ולוה הלכ' יא סמג עשין לד טוש"ע אה"ע סי' קד סעיף ד וטוש"ע ח"מ סי' קט סעיף ג:

נא ט מיי' פכ"ד מהלכ' אישות הלכה ה סמג עשין מח טוש"ע אה"ע סי' קטז סעיף ה [וסי' קנה סעיף י]:

נב י מיי' שם הלכה ב טוש"ע שם סעיף ד:

נג כ מיי' שם טוש"ע שם סעיף ג:

נד ל מיי' שם הלכה ה טוש"ע שם סעיף ה:

נה מ מיי' פי"א מהלכ' גירושין הלכ' יז סמג עשין נ טוש"ע אה"ע סי' קנה סעיף י:

נו נ מיי' שם הלכה טז סמג שם ועשין מח טוש"ע שם סעיף יוסי' ו סעיף ב:

נז ס מיי' שם הלכה כב סמג שם טוש"ע שם וסי' יג סעיף ו:

[סד"ה על מנת]

[וע"ע תוס' יבמות פה. ותוס' ב"מ סז. ד"ה בלאות]

מסורת הש"ס: ערכין כה: | לעיל פז. גיטין נב: ב"מ קח. | נ"י כ"" | יבמות קיג. [ב"מ סז.] | [יבמות פד.] | שם קח. | [שם לד: לה.]

תוספות רי"ד

דהב"ד הן מוכרים בהכרזה קלא אית ליה ובטוח הוא הלוקח כיון שלא יצא עליו ערעור שוב לא יצא והו"ל כלוקח שלא באחריות דלא ליהדר איתמי קמ"ל דכתבינן ליה אחריות על היתומים מסתמא אע"פ שלא פי' להן הלוקח שבאחריות אני לוקח ומכאן יש להוכיח שראובן שמכר שדה לשמעון בסתם שלא פי' לו לא באחריות לא שלא באחריות שכותבים לו אחריות דכל דזבין באחריות זבין ומה דאמרי' בשנים אוחזין עביד איניש דזבין ארעא ליומי דוקא בדחתם שטרא סתם ולוקח אמר ט"ס הוא דא"ל שלא באחריות זבין ומ"ה לא כתבם לך אחריות ולא תלינן בט"ס. אבל כ"ז דלא כתיב שטרא דין הוא דליכתיב ליה אחריות אע"ג דהוה סתם דכל דזבין באחריות זבין ואע"ג דאמר שמואל דשיעבוד צריך לימלך דלמא תנאה הוה בינייהו למיזבן שלא באחריות אבל כ"ז לעולם דהוה המכר סתם כותבין לו אחריות דסתם מאן דזבין באחריות זבין עד דמפרש שלא באחריות: אמר אמימר משמיה דר"י ב"ד שמכרו שלא בהכרזה נעשו כמי שטעה בדבר משנה וחוזרין פי' ואין אומרים מה שעשו עשוי וישלם הטעות מביתו אלא הדרי זביני שמכרן בטל ואע"פ שלא טעו דתנן בערכין שום היתומים ל' יום ושל הקדש ס' יום ומכריזין עליהם בבוקר ובערב איתיבי' ר"א לאמימר שום הדיינים שפיחתו שתות או הותירו שתות מכרן בטל הא שוה בשוה קיים מאי לאו בדלא אכריז לא בדאכריז והא מדסיפא בדאכריז רישא בדלא אכריז דקתני סיפא אם עשו אגרת ביקורת אפילו מכרו שוה ק' בר' או שוה ר' בק' מכרן קיים לא קשיא כאן בדברים שמכריזין עליהם כאן בדברים שאין מכריזין עליהן. פי' רישא דמתני' דמיירי בדלא אכריז הוא בדברים שאין מכריזין עליהם ואלו הן דברים שאין מכריזין עליהן העבדים והשטרות והמטלטלין וטעמא מאי אמר עולא עבדים שמא ישמעו ויברחו מטלטלים ושטרות שמא יגנבו ואבע"א כאן בשעה שמכריזין עליהם כאן בשעה שאין מכריזין עליהן דאמרי נה"נ לכרגא ולמזוני ולקבורה מוכרין בלא הכרזה. פי' שאין להם פנאי להמתין ימי משך הכרזה. ואב"ע כאן במקום שמכריזין כאן במקום שאין מכריזין דאר"נ מעולם לא עשו אגרת ביקורת בנהרדעא משום דבקיאין בשומא אר"י ב"מ לדידי מפרשי מני' דר"נ משום דקרי להו בני אכלי נכסי דאכרותא. פי' וזילא להו מילתא מפני שאין הבעלים מוכרים ברצונם: אר"י א"ש מטלטלין של יתומים שמים אותם ומוכרין אותם לאלתר ר"ח אמר אבימי מוליכים אותם לשוק. ולא פליגי הא דמיקרב יומא דשוקא הא דמרחק: ר"כ הוה בידי' שכרא דר"מ ב"ח יתמאי שהיי' עד ריגלא אמר אע"ג דהוה בי' איצצא כעין קיהא קצת ריגלא מייתי זוזא חריפא שלא יהא צריך למכור בהקפה רבינא הוה בידיה חמרא דרבינא זוטי יתמי ב"א הוה לדידיה נמי חמרא הוה מסיק ליה לסכרא אתא לקמיה דר"א א"ל אי (מסקנא) [משהינא] ליה הכא דלמא פסיד ויחמיץ מהו לאמטויי בהדאי מי חיישינן לאונסא דארחי' אי לא א"ל זיל לא עדיף מדידך: **מתני'** הממאנת והשני' והאיילונית אין להן כתובה ולא פירות ולא מזונות ולא בלאות. ואם נשאה מתחלה לשם איילונית י"ל כתובה אלמנה לכ"ג מ"ג לישראל בת ישראל לנו"מ י"ל כתובה. פי' ממאנת והשני' ואיילונית א"ל כתובה הממאנת משום דמעצמה יוצאה ואיילונית מפני שהוא מק"ט ושני' לערוה קנסוה כדאמרן בפ' י"מ מפני שהיא לנושאה שאינה מפסדת כלום בנשואין הללו שאינה נפסלת בכך לכהונה ולדה נמי כשר: רב תני קטנה יוצאה בגט א"ל כתובה שאין מעשה קטנה כלום וכ"ש ממאנת ושמואל תני ממאנת א"ל כתובה אבל יוצאה בגט יש לה כתובה י"ל כשמואל בדיני ואזדא שמואל לטעמיה דא"ש ממאנת א"ל כתובה ממאנת לא פסלה מן האחים ולא פסלה מן הכהונה יוצאה בגט פסלה מן האחין ופסלה מן הכהונה ממאנת א"צ להמתין ג' חדשים

יוצאה

יוֹצְאָה בְּגֵט — צְרִיכָה לְהַמְתִּין שְׁלֹשָׁה חֳדָשִׁים. מַאי קמ"ל? תָּנֵינָא כּוּלְּהוּ: *א הַמְמָאֶנֶת בָּאִישׁ — הוּא מוּתָּר בִּקְרוֹבוֹתֶיהָ, וְהִיא מוּתֶּרֶת בִּקְרוֹבָיו, וְלֹא פְּסָלָהּ מִן הַכְּהוּנָּה. נָתַן לָהּ גֵּט — הוּא אָסוּר בִּקְרוֹבוֹתֶיהָ, וְהִיא אֲסוּרָה בִּקְרוֹבָיו, וּפְסָלָהּ מִן הַכְּהוּנָּה! צְרִיכָה לְהַמְתִּין ג' חֳדָשִׁים, אִיצְטְרִיכָא לֵיהּ, דְּלָא תְּנַן. לֵימָא כְּתַנָּאֵי, *ר"א אוֹמֵר: אֵין מַעֲשֵׂה קְטַנָּה כְּלוּם, וְאֵין בַּעְלָהּ זַכַּאי בִּמְצִיאָתָהּ, וְלֹא בְּמַעֲשֵׂה יָדֶיהָ, וְלֹא בַּהֲפָרַת נְדָרֶיהָ, וְאֵינוֹ יוֹרְשָׁהּ, וְאֵינוֹ מִיטַּמֵּא לָהּ. כְּלָלוֹ שֶׁל דָּבָר: אֵינָהּ כְּאִשְׁתּוֹ לְכָל דָּבָר, אֶלָּא שֶׁצְּרִיכָה מֵיאוּן, רַבִּי יְהוֹשֻׁעַ אוֹמֵר: ב מַעֲשֵׂה קְטַנָּה כְּלוּם, וּבַעְלָהּ זַכַּאי בִּמְצִיאָתָהּ וּבְמַעֲשֵׂה יָדֶיהָ וּבַהֲפָרַת נְדָרֶיהָ, וְיוֹרְשָׁהּ, וּמִיטַּמֵּא לָהּ. כְּלָלוֹ שֶׁל דָּבָר: הֲרֵי הִיא כְּאִשְׁתּוֹ לְכָל דָּבָר, אֶלָּא שֶׁיּוֹצְאָה בְּמֵיאוּן. לֵימָא רַב דְּאָמַר כְּר"א, וּשְׁמוּאֵל דְּאָמַר כְּרַבִּי יְהוֹשֻׁעַ? אַלִּיבָּא דר"א — כּוּלֵּי עָלְמָא לָא פְּלִיגִי. כִּי פְּלִיגִי — אַלִּיבָּא דְּרַבִּי יְהוֹשֻׁעַ. שְׁמוּאֵל — כְּר' יְהוֹשֻׁעַ, וְרַב: עַד כָּאן לָא קָאָמַר ר' יְהוֹשֻׁעַ הָתָם אֶלָּא מִדִּידָהּ לְדִידֵיהּ, אֲבָל מִדִּידֵיהּ לְדִידָהּ — לָא.§ וְלֹא בְּלָאוֹת.§ א"ל רַב הוּנָא בַּר חִיָּיא לְרַב כָּהֲנָא: אָמַרְתְּ לַן מִשְּׁמֵיהּ דִּשְׁמוּאֵל: ג לֹא שָׁנוּ אֶלָּא נִכְסֵי מְלוֹג, אֲבָל נִכְסֵי צֹאן בַּרְזֶל — אִית לָהּ. הָוֵי בָּהּ רַב פָּפָּא: אַהַיָּיא? אִילֵימָא אַמְמָאֶנֶת, ד אִי דְּאִיתְנְהוּ — אִידֵי וְאִידֵי שָׁקְלָא, וְאִי דְּלֵיתְנְהוּ — אִידֵי וְאִידֵי לָא שָׁקְלָא! אֶלָּא אַאַיְילוֹנִית, אִי דְּאִיתְנְהוּ — אִידֵי וְאִידֵי שָׁקְלָא, אִי דְּלֵיתְנְהוּ — אִיפְּכָא מִיבְּעֵי לֵיהּ: נִכְסֵי מְלוֹג, דִּבְרְשׁוּתָהּ קָיְימֵי — אִית לָהּ, נִכְסֵי צֹאן בַּרְזֶל, דְּלָאו בִּרְשׁוּתָהּ קָיְימֵי — לֵית לָהּ. אֶלָּא ה אַשְּׁנִיָּה, וְקָנְסוּ רַבָּנַן לְדִידָהּ בְּדִידֵיהּ, וּלְדִידֵיהּ בְּדִידָהּ. אָמַר רַב שִׁימִי בַּר אַשִׁי: ש"מ מִדְּרַב כָּהֲנָא: עַיְּילָא לֵיהּ גְּלִימָא — קַרְנָא הָוֵי, וְלָא מְכַסֵּי לָהּ וְאָזֵיל עַד דְּבָלֵי. *וְהָאָמַר רַב נַחְמָן: פֵּירָא הָוֵי! דְּרַב נַחְמָן פְּלִיגָא.§ אֵין לָהֶן כְּתוּבָּה.§ אָמַר שְׁמוּאֵל: ו ל"ש אֶלָּא מָנֶה מָאתַיִם, אֲבָל תּוֹסֶפֶת — יֵשׁ לָהֶן. תנ"ה: נָשִׁים שֶׁאָמְרוּ חֲכָמִים "אֵין לָהֶן כְּתוּבָּה", כְּגוֹן הַמְמָאֶנֶת וַחֲבְרוֹתֶיהָ — אֵין לָהֶן מָנֶה מָאתַיִם, אֲבָל תּוֹסֶפֶת יֵשׁ לָהֶן. נָשִׁים שֶׁאָמְרוּ חֲכָמִים "יוֹצְאוֹת שֶׁלֹּא בִּכְתוּבָּה", ז כְּגוֹן עוֹבֶרֶת עַל דָּת וַחֲבְרוֹתֶיהָ — אֵין לָהֶן תּוֹסֶפֶת, וְכ"שׁ מָנֶה מָאתַיִם. ח וְהַיּוֹצֵאת מִשּׁוּם שֵׁם רַע — נוֹטֶלֶת מַה שֶּׁלְּפָנֶיהָ וְיוֹצְאָה. מְסַיֵּיעַ לֵיהּ לְרַב הוּנָא. דְּאָמַר רַב הוּנָא: ט זִינְּתָה — לֹא הִפְסִידָה בְּלָאוֹתֶיהָ

רש"י

יוֹצְאָה בְּגֵט צְרִיכָה לְהַמְתִּין. וְאַע"ג דְּלֵיכָּא לְסַפּוּקֵי קְטַנָּה בִּמְעוּבֶּרֶת — לֹא חִילְּקוּ חֲכָמִים בְּתַקָּנָתָן בִּנְשׂוּאוֹת. אַלִּיבָּא דר"א כ"ע לָא פְּלִיגִי. כְּלוֹמַר, הָא דְּאָמְרַתְּ שְׁמוּאֵל דְּאָמַר כְּר' יְהוֹשֻׁעַ וְלֹא כְּרַבִּי אֱלִיעֶזֶר — שַׁפִּיר קָאָמְרַתְּ, דְּמוֹדֶה שְׁמוּאֵל דְּלְרַבִּי אֱלִיעֶזֶר אֵין כְּתוּבָּה לְשׁוּם קְטַנָּה. דְּקַשְׁתָּא יְרוּשָּׁתָהּ וּמְצִיאָתָהּ, דְּמִדִּידָהּ לְדִידֵיהּ, קָאָמַר דְּלָא מִיתּוֹקְמָא בָּהּ תַּקַּנְתָּא דְּרַבָּנַן — כ"ש כְּתוּבָּתָהּ, דְּמִדִּידֵיהּ לְדִידָהּ. שֶׁהֲרֵי כְּשֶׁתִּקְּנוּ חֲכָמִים נִשּׂוּאִין לִיתוֹמָה ע"י אִמָּהּ וְאַחֶיהָ — לַהֲנָאָתָהּ וּמְזוֹנוֹתָהּ תִּקְּנוּ, כִּדְאָמְרִינַן בִּיבָמוֹת פ' "חֵרֵשׁ שֶׁנָּשָׂא אֶת הַפִּקַּחַת" — כְּדֵי שֶׁלֹּא יְהוּ נוֹהֲגִים בָּהּ הֶפְקֵר, שֶׁאֵין קְטַנָּה יוֹדַעַת לִשְׁמוֹר עַצְמָהּ מִלְּהִתְפַּתּוֹת. כִּי פְּלִיגִי אַלִּיבָּא דְּרַבִּי יְהוֹשֻׁעַ. כְּלוֹמַר הָא דְּאָמְרַתְּ דְּרַב כְּר"א וְלֹא כְּרַבִּי יְהוֹשֻׁעַ — לֵיתָא, דְּרַב — אֲפִילּוּ לְר' יְהוֹשֻׁעַ אֲמָרָהּ. ע"כ לא קָאָמַר ר' יְהוֹשֻׁעַ. דְּמַעֲשֶׂיהָ קַיָּימִין — אֶלָּא מִדִּידָהּ לְדִידֵיהּ, כְּגוֹן יְרוּשָּׁתָהּ וּמַעֲשֵׂה יָדֶיהָ וּמְצִיאָתָהּ שֶׁיְּהוּ לַבַּעַל, כִּי הֵיכִי דְּלָא לִימְנְעוּ מִלִּישָּׂא אוֹתָהּ. וַחֲכָמִים גָּזְרוּ שֶׁתִּנָּשֵׂא, כְּדֵי שֶׁלֹּא יִנְהֲגוּ בָּהּ הֶפְקֵר. אֲבָל מִדִּידֵיהּ לְדִידָהּ. כְּגוֹן כְּתוּבָּה וּתְנָאֵי כְּתוּבָּה. צֹאן בַּרְזֶל. צֹאן שֶׁהוּא קָשֶׁה וּמִתְקַיֵּים לָהּ כְּבַרְזֶל, לְפִי שֶׁקִּיבֵּל עָלָיו אַחֲרָיוּת. נִכְסֵי מְלוֹג. שֶׁהִכְנִיסָה לוֹ, וְלֹא שָׁמָאוּם בַּכְּתוּבָּה, וְהַקֶּרֶן לָאִשָּׁה וּפֵירוֹת לַבַּעַל. נִכְסֵי צֹאן בַּרְזֶל. שֶׁנִּישּׁוֹמִין בִּכְתוּבָּתָהּ "וְדָא נְדוּנְיָא דְּהַנְעֲלַת לֵיהּ מִבֵּית אֲבוּהָ". וְהוּא מְקַבֵּל עָלָיו אַחֲרָיוּת לְהַחֲזִירָן לָהּ כְּשֶׁתֵּצֵא מִמֶּנּוּ. אֲבָל. בְּלָאוֹת, דְּנִכְסֵי צֹאן בַּרְזֶל — אִית לָהּ. אִי דְּאִיתְנְהוּ. קַיָּימִין. אִידֵי וְאִידֵי אִית לָהּ. שֶׁאֵין לָנוּ לְקוֹנְסָהּ. וְאִי דְּלֵיתְנְהוּ. קַיָּימִין. אִידֵי וְאִידֵי. בֵּין נִכְסֵי מְלוֹג בֵּין דְּצֹאן בַּרְזֶל — לֵית לָהּ. שֶׁיָּכוֹל לוֹמַר: שֶׁלִּי הוֹצֵאתִי, שֶׁהֲרֵי בִּרְשׁוּת ב"ד נְשָׂאתִיהָ, וּכְשֶׁהוֹצֵיאתֶהָ — אַחֲזוֹר מַה שֶּׁקִּבַּלְתִּי עָלַי בַּכְּתוּבָּה. וּבְנִכְסֵי מְלוֹג נַמִי, אַע"פ שֶׁלֹּא בִּרְשׁוּת הוֹצִיאָם — מִיהוּ יָכוֹל לוֹמַר: אֵין לִי לְהַחֲזִירָן עַד שֶׁאֲגָרְשֶׁנָּה, שֶׁמָּא תָּמוּת בְּחַיַּי וְאִירָשֶׁנָּה. אִי דְּאִיתְנְהוּ אִידֵי וְאִידֵי שָׁקְלָא. שֶׁהֲרֵי הוּא מוֹצִיאָהּ מִדַּעַת. וְאִי דְּלֵיתְנְהוּ. מִפְּנֵי שֶׁלֹּא הָיָה לוֹ לְהַעֲלוֹת בְּדַעְתּוֹ שֶׁמָּא תְּמָאֵן. אַיְלוֹנִית אַתָּה פּוֹטְרוֹ, אִם בָּאתָ לַחֲלוֹק בָּהֶן. אִיפְּכָא מִבָּעֵי לֵיהּ: נִכְסֵי מְלוֹג דִּבְרְשׁוּתָהּ קָיְימִי. שֶׁלֹּא הָיָה לוֹ לְבַלּוֹתָן וּלְהוֹצִיאָן. אִית לָהּ. אִי סְבִירָא לָךְ עַיְּילָא לֵיהּ גְּלִימָא — קַרְנָא הָוֵי. נִכְסֵי צֹאן בַּרְזֶל. שֶׁהוּא קִבֵּל עָלָיו אַחֲרָיוּתָן, בִּרְשׁוּת הוֹצִיאָן. אַשְּׁנִיָּה. שֶׁהֵם נִשּׂוּאֵי עֲבֵירָה. וְטַעְמָא דִּידָהּ — מִשּׁוּם קְנָסָא, וּכְגוֹן דְּלֵיתְנְהוּ. וְקָנְסוּ רַבָּנַן כו'. כְּלוֹמַר, מִדִּינָא — אִיפְּכָא מִיבָּעֵי לֵיהּ, אֶלָּא חֲכָמִים הָפְכוּ אֶת הַדָּבָר לַעֲקוֹר מֵהֶן תּוֹרַת נִשּׂוּאִין — קָנְסוּ אוֹתָהּ מַה שֶּׁהָיָה רָאוּי לִגְבּוֹת מִשֶּׁלּוֹ, וּמַאי נִיהוּ — מָנֶה מָאתַיִם, וּמְזוֹנוֹת, וּבְלָאוֹת דְּנִכְסֵי מְלוֹג שֶׁהוֹצִיא שֶׁלֹּא בִּרְשׁוּת. וּלְדִידֵיהּ בְּדִידָהּ. וְאוֹתוֹ קָנְסוּ בְּמַה שֶּׁהָיָה רָאוּי לוֹ מִשֶּׁלָּהּ — בְּלָאוֹת דְּנִכְסֵי צֹאן בַּרְזֶל שֶׁהוֹצִיא בִּרְשׁוּת. ש"מ מִדְּרַב כָּהֲנָא. דְּאָמַר: שְׁנִיָּה אֵין לָהּ בְּלָאוֹת דְּנִכְסֵי מְלוֹג, וְטַעְמָא מִשּׁוּם דְּקָנְסוּ רַבָּנַן לְדִידָהּ בְּדִידֵיהּ. הָא אִשָּׁה כְּשֵׁרָה — גּוֹבָה אוֹתָן מִמֶּנּוּ, וְאַע"ג דְּלָא אִיתְנְהוּ. עַיְּילָא לֵיהּ גְּלִימָא. בְּנִכְסֵי מְלוֹג, שֶׁלֹּא שָׁמוּהָ עָלָיו בִּנְדוּנְיָיתָהּ. קַרְנָא הָוֵי. וְקַיָּים לָאִשָּׁה לִימָּכֵר וְלִיקַּח בּוֹ קַרְקַע, וְהוּא אוֹכֵל פֵּירוֹת, וְלָא אָמְרִינַן: לְבִישָׁתָהּ הֵן הֵן פֵּירוֹתֶיהָ, וְנִכְסֵי בָּהּ וְנֵיזִיל. וְהָאָמַר רַב נַחְמָן. בְּ"הָאִשָּׁה". אֲבָל תּוֹסֶפֶת יֵשׁ לָהּ. דְּמַתָּנָה בְּעָלְמָא יָהֵיב לָהּ בַּחִיבַּת בִּיאָה. [נָשִׁים שֶׁאָמְרוּ בָּהֶן חֲכָמִים. לְשׁוֹן "אֵין לָהֶן כְּתוּבָּה" — יֵשׁ לָהֶן תּוֹסֶפֶת]. נָשִׁים שֶׁאָמְרוּ חֲכָמִים לְשׁוֹן "יוֹצְאוֹת שֶׁלֹּא בִּכְתוּבָּה" — כָּל תּוֹרַת גִּיבּוּי הִפְקִיעוּ מֵהֶן. עוֹבֶרֶת עַל דָּת. בְּפֶ' "הַמַּדִּיר" (לעיל עב.). וַחֲבְרוֹתֶיהָ. נִמְצְאוּ עָלֶיהָ נְדָרִים אוֹ מוּמִין, וְהַמְקַלֶּלֶת יוֹלְדָיו בְּפָנָיו. וְהַיּוֹצֵאת מִשּׁוּם שֵׁם רַע. שֶׁזִּינְּתָה. מַה שֶּׁבְּפָנֶיהָ. בְּנִכְסֵי מְלוֹג קָאָמַר. בְּלָאוֹתֶיהָ

תוספות

תנינא כולהו. דכתובה נמי תנינא, דהא שמואל תני ממאנת. כללו של דבר אינה כאשתו כו'. מלינו למימר דאתיא לרבויי דאם היא בת ישראל לכהן – לא תאכל בתרומה, ואם היא בת כהן לישראל – תאכל, דהכי תנן בפ' "ב"ש" (יבמות קז:): ר' אליעזר אומר: אין מעשה קטנה כלום, בת ישראל לכהן – לא תאכל, בת כהן לישראל – תאכל. ובהפרת נדריה. היינו משהגיעה לעונת נדרים. דאי לאו הכי – אין נדרה נדר. ואפי' אם תמצא לומר מופלא הסמוך לאיש דאורייתא. דאיבעיא לן בנדה (דף מו:), אתי שפיר הא דיכול להפר, אע"ג דליכא הכא אלא נשואין דרבנן – דכל הנודרת – על דעת בעלה היא נודרת. דכי האי גוונא מתרץ התם אמילתא אחריתי. ולדברי רבי יהושע לא תיקשי: היאך מיטמא לה אם כהן הוא, הואיל והנשואין לא הוו אלא מדרבנן?! וי"ל: דמיטמא לה משום מת מצוה, הואיל ויורשיה לא ירתי לה, "קריא ולא עונו" היא, דהכי מתרץ ב"האשה רבה" (יבמות דף פט:) אמילתא אחריתא. אילימא אממאנת אי דליתנהו אידי ואידי לית לה. בהנך שבלה שלא כדין איירי, שכלה הקרן. דאי בבלה כדין – מאי מסיק בתר הכי גבי אילונית: אי דליתנהו – איפכא מיבעי ליה. למה יש לו לשלם פירות שאכל כדין? אלא ודאי שלא כדין איירי. והשתא נמי אתיא שפיר הא דאמרינן ביבמות פרק "ב"ש" (דף קז.): אי אמרת נשואה תמאן – שמיט ואכיל לה. ומה בכך? יתחייב לשלם מה שלא אכל כדין! והיה דוחק רבי: שמא היא לא תמצא עדים. אבל עכשיו א"ל, דפטור כדפרישית. והא דתנן דממאנת אין לה פירות – לא פירות שאכל קאמר, דאפי' קרן גופיה אם אכלו אין לה. אלא איצטריך לאשמועינן דאין לה פירות שליקט, אפילו הן מונחין בעין, בביתו. ואין לפרש פירות דממאנת – תקנת פירות, כגון פירקונה. דהיכי דמי? אם מיאנה ואח"כ נשבית – פשיטא. ונשבית נמי, ומיאנה בעודה שבויה – פשיטא, דבאלמנה נמי כי האי גוונא נשבית בחיי בעלה ומת אמרינן בפ' "נערה" (לעיל דף נג.) שאין יורשין חייבים לפדותה. מיהו, איכא לפרושי: [illegible] ולוותה ופדתה את עצמה ומיאנה. דכי האי גוונא מיירי דאין לה מזונות, כדמפרש לקמן בפ' בתרא (דף קז:). מ"ר. הכי גריס רבינו חננאל: וקנסו רבנן לדידיה בדידיה ולדידה בדידה. פי': אותה קנסו בנכסי מלוג שלה, ואותו קנסו בנכסי צאן ברזל שהן שלו, ברשותו. וקשיא לי: מאי קנס קנסו אותו? כך דין כל מגרשי נשותיהן לפרוע נכסי צאן ברזל! וי"ל: דזהו קנס, שהוא סבור להרויח ואין לו.

הדרן עלך אלמנה ניזונת

מסורת הש"ס

יבמות קח.

שם פט: קח.

עין משפט נר מצוה

נח א ב ג ד מיי' פי"א מהל' גירושין הלכה טז ופכ"ב מהל' אישות הלכה ד ופכ"ד הלכה ט סמג עשין נ טוש"ע אה"ע סי' קנה סעיף י:

נט ה מיי' פכ"ד מהל' אישות הלכה ז טוש"ע אה"ע סי' קטז סעיף ד:

ס ו מיי' שם הלכה ה טוש"ע שם סעיף א וס' וסי' קנה סעיף י:

סא ז ח ט מיי' שם הל' י טוש"ע אה"ע סי' קטו סעיף ה [וברב אלפס עוד ביבמות פרק י דף לג.]:

תוספות רי"ד

יוצאה בגט צריכה [להמתין ג"ח] תניא אין מעשה קטנה כלום ואין בעלה זכאי לא במציאתה ולא במעו"י ולא בהפ"נ ואינו יורשה ואינו מטמא לה כללו של דבר אינה כאשתו לכל דבר אלא שצריכה מיאון פי' לא מהני בה קדושין למידי אלא לענין זה שצריכה מיאון לעוקרן וכ"ז שלא מיאנה אינן עקורים שאם גדלה ולא מיאנה בקטנותה שוב לא תוכל למאן ואסורה להנשא בלא גט משום קידושי קטנותה א"נ אם לא מיאנה ונירשה בעלה בגט מגורשת היא והוא אסור בקרובותיה והיא אסורה בקרוביו ופסלה מן הכהונה דאית ליה לר"א תיקון חכמים שתקנו לקטנה קידושין אינן [א)] נפקעים אלא ע"י מיאון ואם לא מיאנה מקודשת היא לכל הני דאמרן: ר"י אומר יש מעשה קטנה כלום ובעלה זכאי במציאתה ובמע"י ובהפ"נ ויורשה ומיטמא לה כללו ש"ד ה"ה כאשתו לכ"ד אלא שיוצאה במיאון וקי"ל כר"א ור"י הל' בר"י: אין להן כתובה אמר שמואל ל"ש אלא מו"מ אבל תום' יש לה. פי' דוקא מו"מ שהן תנאי ב"ד אין להן דלא תקנו ב"ד כתובה לקטנה היכא דהדרה וממאנה וגם לא לשניה וגם לאיילונית שהוא מק"ט אבל תום' שהיא מתנה בעלמא דיהיב לה איהו מנפשיה משום חיבת ביאה הוא דקא יהיב לה והרי בא עליה ואע"ג דאמרן לעיל בפ' נערה גבי אלמנה שמין מה שעליה מ"מ כי אקני לה אדעתא למיקום קמיה למישקל ומיפוק לא אקני לה הכא לא אמרי' הכי דבוודאי גבי מלבושי' אמרי' הכי דלאו משום חיבת ביאה קעביד לה אבל תום' כתובתה קים להו לרבנן דמשום חיבת ביאה הוא דכתב לה וכבר בא עלי': ומורדת גם התוס' הפסידה כדאמרן בר"פ אע"פ התם משום דהיא בת דעת קנסוה רבנן להפסיד הכל אבל יתומה קטנה שאינה בת דעת לא קנסוה רבנן: תנ"ה נשים שאמרו א"ל כתובה כגון הממאנת וחברותיה דהיינו השניה ואיילונית א"ל כתובה אבל תום' י"ל ונשים שאמרו יוצאות שלא בכתובה כגון עוברת ע"ד משה ויהודית וחברותיה כגון נדרים ומומין דתני גבייהו בפ' המדיר תצא שלא בכתובה א"ל תום' וכ"ש מו"מ. פי' שלשון יוצאין הכי משמע שכל תורת גבוי הפקיעו מהן. והיוצאות משום ש"ר נוטלת מה שבפניה ויוצאת. פי' אם זינתה נוטלת הבלאות שהן קיימין ונכסי נדוניתה ויוצאה וכל מה שכלה ואבד אינו משלם לה וכ"ש שהיא נוטלת נ"מ שלה: מסייע ליה לר"ה דאמר ר"ה זנתה לא הפסידה בלאותי' הקיימים תני תנא קמיה דר"נ זנתה הפסידה בלאותיה הקיימים א"ל אם היא זנתה כלי' מי זנאי תני לא הפסידה בלאותיה קיימים: אמר רבבב"ח אר"י זו דברי ר"מ בר"י סתימתאה. פי' אותן הברייתות דתני תנא קמיה דר"נ אבל חכ"א זינתה לא הפסידה בלאותיה קיימין. ונ"ל דעוברת ע"ד וחברותיה י"ל בלאות קיימים דהשתא זנתה ממש לא הפסידה בלאותיה קיימים טווה בשוק ומדברת עם בני אדם דפריצותא בעלמא הוא לא כש"כ והכי אמרי' התם בירושלמי תנינא נשים שאמרו יוצאות שלא בכתובה צריכין התראה ואם לא התרה בהן יוציא ויתן כתובה ולא מו"מ בלבד אלא אפי' כתובתה אלף זוז מאבדת הכל ונוטלת בלאות שבפניה ויוצאה: גרסי' הכא בירושלמי כשם שקנסו אותה שא"ל כתובה כך קנסוהו שאם קדשה בליטרא זהב מאבד הכל: ולא פירות. אמרי' בפ' י"מ ת"ר אלמנה לכ"ג גרושה וחלוצה לכ"ה י"ל כתובה פירות מזונות ובלאות ולא פירות דמתני' מפרש בירושלמי שאינה יכולה להוציא ממנו פירות שאכל. פי' הממאנת אע"ג דעקרה לקידושיה דידה ואיגלי מילתא דלאו אשתו הות [אפ"ה] אינו משלם לה כלום שהרי מה שאכל בדין אכל. שני' נמי אין יכולה להוציא ממנו פירות שאכל אבל אלמנה יש לה. ומן הדין הי' שדין השני' כדין האלמנה שהיא להן פירות שאכל הבעל דכיון דבעמוד והוצא קאי אינו מן הדין שיאכל פירות ואם אכל יחזיר ולא דמי לכל מגרש את אשתו שאינו מחזיר פירות שאכל דהתם לאו בעמוד והוצא קאי וכשאכל בדין אכל אבל הכא דבעמוד והוצא קאי אינו מן הדין שיאכל ואם אכל יחזיר א"נ הפירות נתקנו משום פרקונא והכא אינו חייב לפדותה שאין אני קורא בשני' ואותבינך לי לאנתו ובאלמנה לכ"ג פליגי אביי ורבא לעיל בפ' נערה דאביי אמר חייב לפדותה ורבא אמר פטור והל' כרבא והלכך [כיון] שאינו חייב לפדותה אינו רשאי לאכול פירות ואם אכל שלא כדין אכל הלכך גבי אלמנה שלא קנסוה בכתובתה לא קנסוה גם בפירות שאכל הבעל אלא מחזירם לה. אבל שניה דקנסוה בכתובתה קנסוה בפירותי' ואינו משלם לה ואיילונית אע"פ שמקחו מק"ט הוא כיון דבשעה שאכל כדין אכל אינו משלם לה ולא מזונותיה. אבל לשני' א"ל מזונות לא בחיי הבעל ולא במותו מן היתומים דבחייו לא דבעמוד והוצא קאי וגם אי לותה ואכלה בעוד שהי' בעלה במד"ה אינו משלם לה דלמא תתעכב ותיתיב תותי' ותלוה ותאכל והוא ישלם ולאחר מיתה אין לה דתנאי כתובה בכתובה דמי וכי היכי דל"ל כתובתה ל"ל מזוני אבל אלמנה לכ"ג בחיים דבעל ל"ל דבעמוד והוצא קאי אבל לאחר מיתה י"ל דכיון דאית לה כתובה אית לה תנאי כתובה על היורשים ואיילונית כיון דל"ל כתובה ל"ל תנאי כתובה והלכך א"ל מזונות לא בחייו שהוא מק"ט ורוצה לגרשה וגם אם לותה אינו משלם לה כיון דנמצא מקחו מקח בטל ולא לאחר מיתה וממאנת שאין לה מזונות מפרש לפנים בפ' בתרא [דף קז ע"ב] ת"ש כיצד אמרו ממאנת אין לה מזונות אי אתה יכול לומר ביושבת תחת בעלה שהרי בעלה חייב במזונותיה אלא כגון שהלך בעלה למד"ה ולותה ואכלה ועמדה ומיאנה: ולא בלאות א"ל ר"ה ב"ח לרב כהנא אמרת לן משמיה דשמואל ל"ש אלא נכסי מלוג אבל נצ"ב אית לה. פי' נכסי מלוג הם נכסים שהכניסה לו ולא כתבתם בכתובה ולא קיבל הבעל אחריותם עליו שהקרן הוא לאשה והבעל אוכל פירות ונכסי צ"ב הם נכסי נדונייתה שכתבתן בכתובה והבעל קבל עליו אחריות והם קיימים לו שאם פחתו פחתו לו וקורא אותן צ"ב שנכסי' דומים לצאן שאדם חולבם וגוזם כך הבעל אוכל פירותיהן ואם תמות הצאן תמות לאשה אבל הנכסים שנכתבו בתוך שטר כתובה הבעל אוכל פירותיהן כמו הצאן ואם תמות הצאן חייב באחריותם והיא לאשה כמו של ברזל שאינו כלה. הוי בה ר"פ אהייא אילימא אממאנת ודאיתנהו אידי ואידי אית לה פי' שאינה מפסדת נכסיה במיאונה דלא דמיא למורדת משום דעקרה לנשואים לגמרי וזו אינה בת דעת שיקנום אותה ואי דליתנהו כגון שאבדו אידי ואידי נ"מ ל"ל דהא אינו חייב באחריותן נצ"ב ומי אינ"ו דקבל זנליה אחריות לא קבול עלי' אלא אדעתא למיקום קמי' ולא אדעתא שתמאן בו הלכך לא מחייב באחריותן אלא אאיילונית ה"נ אי דליתנייהו אידי ואידי ל"ל דאפי' נכסי צ"ב דקביל עליה אחריות ל"ל דאילו ידע דהיא איילונית לא הוה מקבל עלי' ואי דאיתנהו איפכא מבעי' ליה. פי' מן דינא הוא דאידי ואידי אית לה אלא לדבריך שבאת לחלוק ביניהן אדרבה איפכא הוי לך לחלק נ"מ דברשותה קיימו ואין לו כח ליגע בהן אית לה נכסי צ"ב דלאו ברשותה קיימי אלא הבעל שמאן עליו וחוב הוא עליו ל"ל כי היכי דלא מפקא מיני' כתובה ה"נ לא מפקא מיני' נדוניא אבל מיהו לפי דבריו השיבו אבל קושטא דדינא הכי הוא אידי ואידי אית לה. ואלא אשניה וקנסו רבנן לדידיה כדידה ולדידה כדידיה. פי' נכסי צ"ב שהן ברשות

א) נראה דל"ל לא תקנו אלא לענין שאינן נפקעים אלא ע"י מיאון ואם לא מיאנה והגדילה מקודשת היא וכו'.

בלאותיה קיימין. תני תנא קמיה דרב נחמן: זינתה – הפסידה בלאותיה קיימין. א"ל: אם היא זינתה, כליה מי זנאי? תני: לא הפסידה בלאותיה קיימין. אמר רבה בר בר חנה א"ר יוחנן: זו דברי רבי מנחם סתימתאה. אבל חכמים אומרים: זינתה – לא הפסידה בלאותיה קיימין.§ אם מתחלה נשאה כו'.§ אמר רב הונא: אילונית – אשה ואינה אשה, אלמנה – אשה גמורה. אילונית אשה ואינה אשה, הכיר בה – יש לה כתובה, לא הכיר בה – אין לה כתובה. אלמנה אשה גמורה, בין הכיר בה בין לא הכיר בה – יש לה כתובה. ורב יהודה אומר: אחת זו ואחת זו אשה ואינה אשה, הכיר בה – יש לה כתובה, לא הכיר בה – אין לה כתובה. מיתיבי: כנסה בחזקת שהיא כן, ונמצאת שהיא כן – יש לה כתובה. הא סתמא – אין לה כתובה! לא תימא: הא סתמא אין לה כתובה. אלא אימא: כנסה בחזקת שאינה כן, ונמצאת שהיא כן – אין לה כתובה. אבל סתמא מאי? אית לה. אדתני בחזקת שהיא כן ונמצאת שהיא כן יש לה כתובה, לשמעינן סתמא (א) וכ"ש הא! ועוד תני: כנסה בידוע, ונמצאת בידוע – יש לה כתובה, כנסה סתם – אין לה כתובה. תיובתא דרב הונא! רב הונא *מתני' אטעיתיה. הוא סבר: מדקא מפליג באילונית ולא קמפליג באלמנה – מכלל דאלמנה אפי' בסתמא נמי אית לה, ולא היא; כי קתני לה לאלמנה – אפלוגתא דאילונית קאי.§

הדרן עלך אלמנה ניזונת

הנושא [א]את האשה ופסקה עמו כדי שיזון את בתה חמש שנים – חייב לזונה חמש שנים. [ב]ניסת לאחר ופסקה עמו כדי שיזון את בתה חמש שנים – חייב לזונה חמש שנים. לא יאמר הראשון: לכשתבא אצלי אזונה, אלא מוליך לה מזונותיה *למקום שאמה. וכן לא יאמרו שניהם: הרי אנו זנין אותה כאחד. אלא, אחד זנה ואחד נותן לה דמי מזונות. [ג]ניסת – הבעל נותן לה מזונות, והן נותנין לה דמי מזונות. *מתו – בנותיהן ניזונות מנכסים בני חורין, והיא ניזונת מנכסים משועבדים, מפני שהיא כבעלת חוב. *[ד]הפקחים היו כותבים: ע"מ שאזון את בתך חמש שנים כל זמן שאת עמי.§ **גמ'** איתמר, האומר לחבירו: חייב אני לך מנה, [ה]רבי יוחנן אמר: חייב, ור"ל אמר: פטור. ה"ד? אי דאמר להו "אתם עדיי" – מ"ט דר"ל דקפטר? אי דלא אמר להו "אתם עדיי" – מ"ט דרבי יוחנן דקמחייב? לעולם דלא קאמר להו "אתם עדיי", והכא במאי עסקינן – [ו]דא"ל: חייב אני לך מנה בשטר. רבי יוחנן אמר: חייב, אלימא מילתא דשטרא כמאן דאמר להו "אתם עדים" דמי. ר"ל אמר: פטור, לא אלימא מילתא דשטרא. תנן: הנושא את האשה ופסקה עמו לזון את בתה חמש שנים – חייב לזונה חמש שנים. מאי לאו כי האי גוונא? לא

רש"י

בלאותיה קיימין. בלאות שהן קיימין לא הפסידה. זו דברי רבי מנחם. הא סתמא דתני תנא קמיה דר"נ הפסידה – ר' מנחם אמרה. דסתימתאה הוא – הרבה משמועותיו נשנו סתם במשנה ובברייתא. אשה ואינה אשה. פעמים היא כאשתו פעמים אינה כאשתו. אלמנה. לכ"ג. בחזקת שהיא כן. שהודיעתו שהיא אלמנה. הא סתמא. הוה ליה – לא הכיר בה. אין לה. תיובתא דרב הונא. בחזקת שאינה כן. שהטעתו, ואמרה לו: לא נתקדשתי לאדם מעולם. אבל סתמא. שלא התנה עמה, ומיהו לא הכיר בה – יש לה. כנסה בידוע. שהיא אלמנה. מדקא מפליג באיילונית. דאם מתחלה נשאה לשם איילונית יש לה. כי קתני לה לאלמנה. וקאמר יש לה כתובה. אפלוגתא דאיילונית קאי. לאחר שחילק באיילונית, ופירש הכיר בה יש לה כתובה, שנאה לאלמנה אצלה, וקאמר: אף אלמנה נמי, שהכיר בה ונשאה לשם אלמנה – יש לה כתובה.

הדרן עלך אלמנה ניזונת

הנושא את האשה. לזון את בתה. שהיה לה מאיש אחר. נשאת. האם, לאחר שגירשה הראשון. לכשתבא אצלי. כלומר, אם הייתי מקיים את אמה – הייתי זנה. בנותיהן ניזונות מנכסים בני חורין. ולא ממשועבדים, דתנן (גיטין דף מח:): אין מוציאין לאכילת פירות ולשבח קרקעות ולמזון האשה והבנות מנכסים משועבדים. והיא ניזונת. אותה הבת. שהיא כבעלת חוב. שיש לה עליהן שטר מזונות. כל זמן שאת עמי. ולא אם אמות, או תמותי, או אגרשיך. **גמ'** אי דאמר להו. לשומעין. אתם עדיי. שאני מודה לו. מאי טעמא דר"ל דפטר. הא אנן תנן בסנהדרין (דף כט:): עד שיאמרו: בפנינו הודה לו, אלמא: הודה בפני עדים – חייב. אי לא אמר להו. לשומעין "אתם עדיי". מאי טעמא דרבי יוחנן. הא קיימא לן התם בסנהדרין: וצריך שיאמר אתם עדיי! ה"ג. לעולם דלא אמר להו "אתם עדיי", והכא במאי עסקינן – בשטרא. שמסר לו שטר בפנינו, וכתוב בו: אני חייב לך מנה. ואע"פ שכתב ידו הוא, הואיל ולא חתם – פטור. והא דתנן (לעיל דף כא.): הוציא עליו כתב ידו שהוא חייב לו, גובה מנכסים בני חורין – כגון שחתם בו "אני פלוני לויתי מנה מפלוני", כדמוכח בפרק "האשה שנתארמלה" (שם), דאמר אביי: לכתוב חתימת ידיה אאספלא, אבל אמגילתא – לא. מאי טעמא – דלמא משכח ליה כו', ותנן: הוציא עליו כתב ידו כו'. אלמא בחתימת ידיה קמיירי. אבל הכא הכי כתב ליה: חייב אני לך מנה, ולא חתם בו. אלימא מלתא דשטרא. הואיל ובפני עדים מסר לו. מאי לאו כי האי גוונא. [מה עדות יש לה לאחר זמן בדבר זה? לאו כי האי גוונא], שמוסר לה שטר בפני עדים, וכתוב בו: פלוני קבל עליו כך. ואין שם לא קנין ולא חתימה. דאי הוה שטר חתום בידה – מאי למימרא? לא

תוספות

הנושא את האשה: נשאת הבעל חייב במזונותיה. סלקא דעתין דלא מחייב, דכיון דיש לה מזונות מאחר – כאילו התנה עמה: על מנת שאין לה עליו מזונות, קמ"ל. **והן** נותנין לה דמי מזונות. איצטריך, ס"ד דלא פסקו אלא כל זמן שלא נשאת.

והיא ניזונת מנכסים משועבדים. אע"ג דלעיל (דף נא: ושם) תניא: חמשה גובין מן המשוחררים: המקבל עליו לזון את בת אשתו למ"ד ב"הניזקין" (גיטין נא.): קלובין לחוד טרפה – לא קשיא מידי, דהכא משום קלבה. ולמ"ד כתובין בעינן – מוקי לה בשקנו מידו, וא"ת: למ"ד קלובין אע"פ שאין כתובין, אמאי לא חשיב להו קלבה למזון הבנות, דהוי עד דתבגרן? ומיהו, מן האב אין קשה כל כך, דלא ידעינן כמה בנות יהיו לו – לפיכך אין קלובין. אלא האחין ששעבדו*[א] – בההיא שעתא קלובין ניניהו עד דתבגרן.

אי דלא אמר להו "אתם עדיי" מאי טעמא דרבי יוחנן. הוה ליה למפטריה, או משום "משטה אני בך", או משום "אדם עשוי שלא להשביע את עצמו". **דאמר** ליה חייב אני לך מנה בשטר. דאלימא מילתא דשטרא לרבי יוחנן, וחשיבא הודאה אע"ג דלא אמר "אתם עדיי". ולא מיירי כשכתב לו "חייב אני לך מנה" וחתם תחתיו – דהיינו הוציא עליו כתב ידו, וגובה לכולי עלמא מנכסים בני חורין. ולא מיירי נמי כשכתב לו "אני פלוני חייב לך מנה" – דהא נמי כחתם תחתיו דמי. ואע"ג דבריש מגילתא מוכיח "בגט פשוט" (ב"ב דף קסז.) דיכול לחתום, ולא חיישינן דלמא משכח לה אינש דלא מעלי וכתיב מאי דבעי – התם ודאי לא גבי כלל, הואיל ואינו מכתיבה אחת ד"חייב אני לך מנה" כתב האי אינש דלא מעלי. מ"ר.

חייב לזונה חמש שנים מאי לאו כי האי גוונא. דאי בשטר גמור, מה חדוש דחייב? ואע"ג דלא הוי שטר גמור – גבי ממשעבדי, דאית ליה קלא.

תא

תוספות רי"ד

ברשות של בעל והם שלו קנסוהו כשלה לשלם לה אף ע"ג דליתנהו ולדידה כדידיה פי' נ"מ שברשותה הן קנסוה כשלו דאע"ג דאיתנהו לא משלם לה וכ"ז הוא להיפך כדי לקלקל נשואין וקם ליה מתני' הכי הממאנת והאילונית אין להן בלאות דנכסי צ"ב אם נאבדו (אבל אלמנה לכ"ג דיש לה כלי בלאות שהיא ככל הנשים ואם אבדו נצ"ב שלה חייב באחריותן) והשני' אין לה בלאות דנ"מ אע"ג דאיתנהו. אבל אלמנה לכ"ג אמרי' ביבמות (דף פה.) די"ל בלאות שהיא ככל הנשים (וי"ל ככל הנשים) וזה שקוראים אותן כלי בלאות מפני שדרך הבגדים להיות בלים ואינן חדשים כעת שהביאתם מבית אביה (נמצא לפי דברי הגאון שהממאנת והאילונית בין בנכ"מ בין בנצ"ב אי דאיתנהו אידי ואידי א"ל ואי דלית נהו אידי ואידי ל"ל אבל בשני' בנכ"מ בין איתנהו בין ליתנהו ל"ל ובנצ"ב בין איתנהו בין ליתנהו אית לה כך משמע הפסק של גאון. אבל הרב פירש השטה בענין אחר והפסק בין בממאנת בין האיילונית בין השניה בין בנכ"מ בין בנצ"ב אי דאיתנהו כלהו אית להו ואי דליתנהו כלהו ל"ל. ומאי דתנן במתני' ולא בלאות כגון דליתנהו (וכ"ז) [והיינו] שאין הבעל חייב לקנותן לה ואין לחלק בין נכ"מ לנצ"ב אבל מה שבפניה נוטלת ויוצאת) ואם מתחילה נשאה לשם אילונית וכו'. אמר ר"ה אילונית אשה ואינה אשה הכיר בה י"ל כתובה ככל הנשים לא הכיר בה א"ל כתובה. אלמנה אשה גמורה בין הכיר בה בין לא הכיר בה י"ל כתובה ור"י אמר א' זה וא' זה אשה ואינה אשה הכיר בה י"ל כתובה לא הכיר בה א"ל כתובה ואקשי' ליה לר"ה ואסיקנא דר"ה מתני' אטעיתיה הוא סבר מדקמפליג באילונית ולא קמפליג באלמנה מכלל דאלמנה אפילו בסתמא נמי י"ל ולא היא כי קתני לאלמנה אפלוגתא דאילונית קתני לה ואם לא הכיר בה אין לה כתובה ודוקא כתובה הוא דל"ל לאילונית אם לא הכיר בה מפני שמקח ו מק"ט אבל גיטא בעי שאין אדם עושה בעילתו בעילת זנות. עיין בערך ל"ד בס"ה:

פרק שנים עשר

הנושא את האשה ופסקה עמו שיזון את בתה ה' שנים חייב לזונה ה' שנים נשאת לאחר ופסקה עמו שיזון את בתה ה' שנים חייב לזונה ה' שנים לא יאמר הראשון לכשתבוא אצלי אזונה אלא מוליך לה מזונותי' במקום שהיא אמה וכן לא יאמרו שניהם הרי אנו זנין אותה כאחד אלא א' זונה וא' נותן לה דמי מזונות נשאת הבעל חייב במזונותי' והם נותנין לה דמי מזונות מתו בנותיהן ניזונות מנכב"ח והיא נזונית מנכסים משועבדים מפני שהיא כבעלת חוב הפקחים הי' כותבים ע"מ שאזון את בתך כ"ז שאת עמי. פי' [בנותיהן] ניזונות מנכסי ב"ח כדתנן בהניזקין אין מוציאים למזון האשה והבנות מנכסים משועבדים מפני תה"ע והיא ניזונית מנכסים משועבדים כדאמרן לקמן בשקנו מידו: איתמר האומר לחבירו חייב אני לך מנה ר"י אמר חייב ר"ל אמר פטור ה"ד אי דא"ל אתם עדי מ"ט דר"ל דפטר ואי דלא א"ל אתם עדי מ"ט דר"י דאמר חייב לעולם דל"א א"ע והב"ע כגון דא"ל מנה אני חייב לך בשטר. פי' הדיבור הזה שהודה לו לא בפה הודה לו אלא בשטר כתב לו כי אני חייב לך מנה ומסרו בידו וכ"י היא לו לראיה שהודה לו שר"י אמר חייב אלימא ליה מלתא דשטרא כמאן דא"ל אתם עדי דמי ור"ל אמר פטור לא אלימא מילתא דשטרא ולא כמאן דא"ל א"ע דמי (והרב אומר אפילו כ' לו מכ"י אפילו אם מסרו לו בינו לבין עצמו ליכא מאן דפליג שהוא כשטר חתום בב' עדים אצל בני חורין ופלוגתא דר"י ור"ל פי' בשכ' לו ע"י השטר מנה אני חייב לך ומסר לו אותה הכתיבה בפני ב' עדים והשטר אינו חתום בחת"י העדים. ר"ל סבר מ"ל הודאה בפה מ"ל הודאה בשטר כיון שהשטר אינו חתום י"ל השטיתי בך ור"י סבר כיון שע"י כתיבה הודה לו ומסר לו אותה הכתיבה בפני עדים אלימא מלתא דשטרא כמאן דאמר א"ע ופלוגתיה הויא בין שהודה לו על מה שהיה מחויב לו מקודם לכן ובין שהודה לו על מה שלא הי' מחויב לו מקודם לכן אלא רוצה לשעבד עצמו בכך. אבל אין הלכה כר"י אלא כשרוצה להודות לו על מה שהוא מחויב לו מקודם לכן אבל אם אינו מחויב לו ורוצה להתחייב לו מכאן ולהבא א"י עד שיקנו ממנו כמו שמוכיח מדברי ר' גידל דלקמן) ואי קשיא ממאי דתנן בגט פשוט הוציא עליו כת"י שהוא חייב לו גובה מנכסים ב"ח אין זה דומה לזה שאותה הכתיבה אינה הודאה אלא עדות שהלוהו וכיון שעל סמך אותה הכתיבה ליוהו כתיבתו ככתיבת עדים דמיא אצל ב"ח ואילו הלוהו בפני עדים כלום צ"ל א"ע גם עכשיו נמי שכתב בכת"י אין צ"ל א"ע אבל זו הכתיבה אינה [אלא] הודאה שמודה לו כי הלוהו (לו עכשיו אלא) מקודם לכן וכיון שהלואה לא על סמך כתיבה

מסורת הש"ס

[לעיל סט.]

[לעיל ל. בכורות מ: חולין קלג:]

[במשנה שבמשניות וברי"ף איתא למקום אמה וברא"ש למקום שהיא אמה]

[גיטין נח. לקמן קב:]

[לקמן קב:]

הגהות הב"ח

(א) גמ' סתמא יש לה כתובה וכ"ש:

הגהות מהר"ב רנשבורג

א] תוס' ד"ה והיא וכו' בההיא שעתא קלובין ניניהו עד דתבגרן. עי' לעיל דף נ: בתוס' ד"ה ומאי עלייה וכו' בסה"ד ודו"ק:

עין משפט נר מצוה

א א מיי' פכ"ג מהל' אישות הלכה יז ופי"א מהל' מכירה הלכה טז יז סמג לאוין פא טוש"ע אה"ע סי' קיד סעיף א וטור ח"מ סי' רז:

ב ב מיי' פכ"ג מהלכ' אישות הלכ' יז טוש"ע אה"ע סי' קיד סעיף ח:

ג ג מיי' שם הלכה יח טוש"ע שם סעיף י:

ד ד שם בח"מ טוש"ע שם סעיף יא:

ה ה ו מיי' פי"א מהל' מכירה הל' טו טוש"ע ח"מ סי' מ סעיף א:

לָא, בִּשְׁטָרֵי פְּסִיקְתָּא וְכִדְרַב גִּידֵּל. *דְּאָמַר רַב גִּידֵּל אָמַר רַב: "כַּמָּה אַתָּה נוֹתֵן לְבִנְךָ"? "כָּךְ וְכָךְ", "וְכַמָּה אַתָּה נוֹתֵן לְבִתְּךָ"? "כָּךְ וְכָךְ". *עָמְדוּ וְקִידְּשׁוּ — קָנוּ, [א] הֵן הֵן הַדְּבָרִים הַנִּקְנִין בַּאֲמִירָה. תָּא שְׁמַע: *אכָּתַב לְכֹהֵן "שֶׁאֲנִי חַיָּיב לְךָ חָמֵשׁ סְלָעִים" — חַיָּיב לִיתֵּן לוֹ חָמֵשׁ סְלָעִים, וּבְנוֹ אֵינוֹ פָּדוּי! שָׁאנֵי הָתָם, דְּמִשְׁוּעְבָּד לֵיהּ מִדְּאוֹרַיְיתָא. אִי הָכִי אַמַּאי כָּתַב? כְּדֵי לְבָרֵר לוֹ כֹּהֵן. אִי הָכִי בְּנוֹ אַמַּאי אֵינוֹ פָּדוּי? כִּדְעוּלָּא. *דְּאָמַר עוּלָּא: דְּבַר תּוֹרָה — פָּדוּי לִכְשֶׁיִּתֵּן, וּמ"ט אָמְרוּ: בְּנוֹ אֵינוֹ פָּדוּי — גְּזֵירָה שֶׁמָּא יֹאמְרוּ: פּוֹדִין בִּשְׁטָרוֹת. אָמַר רָבָא: כְּתַנָּאֵי, *בעָרֵב הַיּוֹצֵא אַחַר חִיתּוּם שְׁטָרוֹת — גּוֹבֶה מִנְּכָסִים בְּנֵי חוֹרִין. מַעֲשֶׂה בָּא לִפְנֵי רַבִּי יִשְׁמָעֵאל וְאָמַר: גּוֹבֶה מִנְּכָסִים בְּנֵי חוֹרִין. אָמַר לוֹ בֶּן נַנָּס: אֵינוֹ גּוֹבֶה לֹא מִנְּכָסִים בְּנֵי חוֹרִין וְלֹא מִנְּכָסִים מְשׁוּעְבָּדִים. אָמַר לוֹ: לָמָּה? אָמַר לוֹ: הֲרֵי שֶׁהָיָה חוֹנֵק אֶת חֲבֵירוֹ בַּשּׁוּק, וּמָצָא חֲבֵירוֹ וְאָמַר לוֹ: הַנַּח לוֹ וַאֲנִי אֶתֵּן לָךְ — פָּטוּר, שֶׁלֹּא עַל אֱמוּנָתוֹ הִלְוָהוּ. לֵימָא רַבִּי יוֹחָנָן דְּאָמַר כְּרַבִּי יִשְׁמָעֵאל, וְרֵישׁ לָקִישׁ דְּאָמַר כְּבֶן נַנָּס? אַלִּיבָּא דְּבֶן נַנָּס — כ"ע לָא פְּלִיגִי, כִּי

לָא בִּשְׁטָרֵי פְּסִיקְתָּא. הֶחָתָן וְהַכַּלָּה פּוֹסְקִין תְּנָאִים שֶׁבֵּינֵיהֶם בִּפְנֵי עֵדִים, וְהָעֵדִים חוֹתְמִים עֵדוּת גְּמוּרָה. וְא"ת: א"כ מַאי לְמֵימְרָא? אִיצְטְרִיךְ, כְּגוֹן דְּלֵיכָּא קִנְיָן אֶלָּא דְּבָרִים, וְאַשְׁמְעִינַן כִּדְרַב גִּידֵּל, דְּלָא בָּעֵי קִנְיָן. לְבָרֵר לוֹ כֹּהֵן. שֶׁלֹּא יִתְּנוּ לְכֹהֵן אַחֵר. אִי הָכִי. דְּטַעְמָא מִשּׁוּם שִׁיעְבּוּדָא דְּאוֹרַיְיתָא הוּא, וְהָוֵה לֵיהּ כְּמֵעִיד עֵדִים וְחוֹתְמִים — אַמַּאי אֵין בְּנוֹ פָּדוּי? שֶׁמָּא יֹאמְרוּ פּוֹדִין. אֶת הַבְּכוֹר בִּשְׁטָרֵי חוֹב שֶׁיֵּשׁ לוֹ עַל אַחֵר, וּמְסָרוֹ לְכֹהֵן בְּפִדְיוֹנוֹ. דְּאָתֵי לְמֵימַר: מַה לִּי הַאי שְׁטָרָא, וּמַה לִּי הַאי שְׁטָרָא? וַאֲנַן תְּנַן בְּמַסֶּכֶת בְּכוֹרוֹת: אֵין פּוֹדִין לֹא בַּעֲבָדִים וְלֹא בִּשְׁטָרוֹת וְלֹא בְּקַרְקָעוֹת. וְיָלְפִינַן לָהּ הָתָם מִקְּרָאֵי, בְּפֶרֶק "יֵשׁ בְּכוֹר לְנַחֲלָה". לְאַחַר חִיתּוּם שְׁטָרוֹת. תַּחַת חֲתִימַת הָעֵדִים כָּתוּב: פְּלוֹנִי עָרֵב, וְהוּא מוֹדֶה בַּדָּבָר. גּוֹבֶה מִנְּכָסִים בְּנֵי חוֹרִין. הַמַּלְוֶה מִן הֶעָרֵב, וְלֹא מִנְּכָסִים מְשׁוּעְבָּדִים. כֵּיוָן דִּלְאַחַר חִיתּוּם הַשְּׁטָר הוּא, הָוְיָא לָהּ כְּמִלְוֶה עַל פֶּה. אַלִּיבָּא דְּבֶן נַנָּס כּוּלֵּי עָלְמָא לָא פְּלִיגִי. כְּלוֹמַר, בְּהָא שַׁפִּיר קָאָמְרַתְּ דְּר' יוֹחָנָן כְּרַבִּי יִשְׁמָעֵאל וְלָא כְּבֶן נַנָּס, דְּמוֹדֶה רַבִּי יוֹחָנָן דִּלְבֶן נַנָּס פָּטוּר. דְּהַשְׁתָּא, וּמָה עָרֵב דְּשִׁיעְבּוּדָא דְּאוֹרַיְיתָא הוּא, דִּכְתִיב *"אָנֹכִי אֶעֶרְבֶנּוּ" (בראשית מג) כִּי לֵיכָּא עֵדִים — פָּטוּר, כ"ש כה"ג. כִּי

תא שמע כתב לכהן שאני חייב כו' חייב ליתן לו חמש סלעים. השתא סלקא דעתין דהאי חייב – משום שנתחייב לו, ונשתעבד ע"י השטר, ולהכי בנו אינו פדוי. ומשני: שאני התם דמשועבד ליה מדאורייתא. פירוש: להכי יכול הכא להתחייב ע"י השטר, שיש עליו קצת שעבוד. אבל במקום דליכא שעבוד – לא מצי למשתעבד בשטרא.

חייב ליתן לו חמש סלעים. ובכי האי גוונא מיירי. דאי לאו הכי – מאי קמ"ל דמיחייב?

לברור לו כהן. אפי' במכירי כהונה מיירי, דמסתמא קנה בלא כתיבה, כדמוכח בשלהי "כל הגט" (גיטין ל.). ומיהו, צריך כתיבה, דלא ליהדר ביה. ומיהו מצי לשנויי: שכתב לו משום דלא לימא ליה פרעתי, הואיל ובשטר גמור מיירי.

אי הכי בנו אמאי אינו פדוי. כלומר הוה ליה למימר דליהוי פדוי לכשיבא ליד כהן; דנהי דקודם שבא לידו דינא הוא דאינו פדוי, דהא ליכא עליה אלא שעבוד בעלמא, מ"מ כשיגיעו לידו אמאי אין בנוי פדוי? ובברייתא משמע דאינו פדוי לגמרי.

אמאי אינו פדוי כדעולא כו'. וא"ת: עולא לית ליה דרבי יוחנן דאמר חייב, דאיצטריך ליה לפרושי טעמא משום שלא יאמרו פודין בשטרות! וי"ל: דאיצטריך לפרושי הכי, משום דמיירי בכל ענין, אפילו כתב לו: שאני חייב לו ה' סלעים לפדיון ואפי' לא כתב לו הכי – סתמא דמילתא לפדיון בנו הוא דקאמר, ולעולם אית ליה דר' יוחנן. מ"ר.

כתנאי ערב היוצא אחר חיתום שטרות. ולא חתם עצמו היטב, אלא "ואני ערב" בעלמא, כעין שלמעלה. והשתא משמע הכא דערב היוצא אחר חיתום שטרות מיחייב, משום דחשיב כמודה שנעשה ערב בשעת מתן מעות. וקשה לרבי: דלא משמע הכי בסוף פ"ב דגיטין (דף כא. ושם) דאמרינן התם: בעי רמי בר חמא: היו מוחזקין בטבלא שהיא שלה, וגט כתוב עליה, והרי היא יוצאה מתחת ידו כו' מהו? מי אמרינן אקנויי אקניתא ניהליה, או דלמא כו'. ובעי למיפשט רבא מערב היוצא אחר חיתום שטרות גובה מנכסים בני חורין, אלמא דחייב משום דשיעבד נפשיה כשחתם עלמו בשטר. ומשום הכי פשיט שפיר, דהא האי שטרא כשחתם בו הערב לאחר זמן כבר היה מסור למלוה, והיאך נכסי הערב משועבדין בו? והא בעינן "ספר מקנה", אי לאו דאקנייה ניהליה מלוה לערב, וחתם, והדר מסר ניהליה. ואי מטעם הודאה מיחייב – א"כ לא צריך שיהא קנוי לערב! ואומר רבי: לעולם מחמת הודאה מיחייב, והכי פשט רבא: דאי אמרת בשלמא בעלמא קני כה"ג – משום הכי מיחשב הודאה, דאלימא מילתא דשטר, וחשיבא הודאה. אלא אי אמרת בעלמא לא מיחייב כה"ג, אם כן הכא נמי – לא אלימא מילתא דהאי שטרא, ולא חשיב הודאה. מ"ר(א).

אליבא דבן ננס כ"ע לא פליגי. פירוש: רבי יוחנן לא מצי סבר כבן ננס. ותימה: לר"י דהואיל ובן ננס פליג אדרבי יוחנן, דלא חשיב ליה הודאה, מנא ליה לרבי יוחנן דרבי ישמעאל סבירא ליה כותיה? דהא בשלהי ב"ב (דף קעו.) *אמר רבי יוחנן גופיה: חלוק היה רבי ישמעאל אף בחנוק. ולמא דוקא בחנוק הוא דפליגי, דרבי ישמעאל סבר: משעבד נפשיה. ובן ננס סבר: דחנוק לא משעבד נפשיה. אבל בהודאה – ל"פ כלל, דמודה רבי ישמעאל דאינה הודאה! ונראה לי דיש לדקדק, מדקתני רישא: ערב היוצא אחר חיתום שטרות. ואי לא פליג רבי ישמעאל בהודאה – לא הוה ליה למיתני הכי, אלא הוה ליה למימר דערב שלא בשעת מתן מעות משתעבד נפשיה. אלא לא הא קמשמע לן, דאפילו תמצי לומר דלא מיחייב משום דלא משעבד נפשיה, הואיל ולא הוי בשעת מתן מעות – מכל מקום מחמת הודאה מיחייב. וכי תימא: ומנלן דבחנוק פליגי? דלמא בהא דוקא פליגי? יש לדקדק: מדקאמר רבי ישמעאל: למה? והשיב לו: הרי שהיה חונק. ואם תמצי לומר דמודה רבי ישמעאל בחנוק דלא מיחייב – א"כ היכי קאמר ליה: למה לא יתחייב מטעם הודאה, ומה השיבו: הרי שהיה חונק? אין הנדון דומה לראייה! אלא ודאי בחנוק נמי פליגי, והכי קאמר לו: למה לא יתחייב, משום דמעכשיו הוא דמשעבד נפשיה, ושוב שמעתי מר' כדברי. ור"ת מפרש כולה סוגיא בלא הודאה, שלא היה חייב לו כלום מתחלה. והא דקאמר "חייב אני לך מנה בשטר" – היינו בשטר גמור, שחתמו היטב, שרוצה להשתעבד ולהתחייב לו מנה בשטר זה. ובהא פליגי: רבי יוחנן סבר: אלימא מילתא דשטרא לאקנויי ביה בשטר זה כמו שהודה בפני עדים. ואין הדמיון טוב, אלא איידי דנקט לעיל דאמר להו "אתם עדי" נקט נמי הכא כמ"ד להו "אתם עדי" דמי. ואין לתמוה: היכי משתעבד בשטר זה – הא אין מטלטלין נקנין בשטר? דיש לומר: דהואיל וטרח למכתב שטרא – גמר ומשעבד נפשיה. שהרי אפילו באמירה בעלמא יש דברים שנקנים, כדקאמר בסמוך. ועוד: דשמעינן ליה לרבי יוחנן ב"הזהב" (ב"מ דף מט.): הנותן מתנה מועטת לחבירו – קנה, אע"פ שלא הגיע לידו, דגמר ומקני. הכא נמי, מתוך שטרח ליתנס בשטר, בכה"ג – גמר ומקנה. ומסיק: כתנאי, ערב היוצא אחר חיתום שטרות וחתם עלמו היטב "אני פלוני בן פלוני ערב". ומעכשיו הוא משתעבד. ועכשיו אתיא שפיר ההיא דגיטין (דף כא. ושם). אבל לפי' הקונטרס, דמטעם הודאה, לא כתב בו אלא "ואני ערב" ומסר לו השטר בפני עדים, ופליגי בן ננס ורבי ישמעאל אי הויא הודאה אי לאו. ואם תאמר: אמאי לא הוי שיעבוד בזה השטר כעדי מסירה? י"ל: דלא חשיב האי שטר לאשתעבודי ביה, כיון שאין כתוב בו שם הערב אלא כתיבתו, דכיון שאין מוכיח מכתיבתו שהוא מסרו – לא מצי לאישתעבודי ביה, וא"ת: אמאי נקט "אחר חיתום שטרות"? ה"ה קודם חיתום דהוו מיפלגי! וי"ל: דלהכי נקט "אחר חיתום", דקודם חיתום אין רגילות לכתוב לשון גרוע, אבל לאחר חיתום – רגילות הוא לכתוב לשון גרוע בשטר, משום שההלוואה כבר נעשית. ולפי' ר"ת דמיירי בשטר גמור – ליכא למימר, דהא דנקט "לאחר חיתום" משום דקודם חיתום גבי לכ"ע, אפי' שלא בשעת מתן מעות – דהא בן ננס כריש לקיש, ולדידיה לא מצי לאישתעבודי בשטרא. אלא להכי נקט "לאחר חיתום" – דאז מוכחא מילתא דלאחר מתן מעות היה, אבל קודם חיתום – מוכח מילתא דקודם מתן מעות הוא, ובהא מודה בן ננס דמשתעבד, אבל לאחר חיתום – פליג, דמוכחא מילתא דלאחר מתן מעות הוא, דאי קודם מתן מעות – הוה להו לאקדומי לחיתום, אלא לא יכלו להקדימו. וכ"ת: משום הא ליכא הוכחה, דלהכי לא הקדימו לחיתום – דלא ליגבי ממשעבדי, שהרי *אי הוה קודם מתן מעות – הוה ליה לפרושי, אי נמי למיכתב הערבות בלא וא"ו. דהיכא דלא כתב וא"ו – לא קיימי העדים עליה, אלא מלתא באפי נפשה הוא, כדמסיק בב"ב בסופו (דף קעו.)(ב). *וקשה לפי' ר"ת: הואיל ומוקי להאי כתיבת ערבות שהוא שטר גמור להתחייב בו כשמוסר לו בפני עדים, מהאי טעמא שמחוייב שום דבר – יתחייב לו שיעבוד נכסים נמי ע"י עדי מסירה, כמו אם לוה ממנו – דעדי מסירה מפקי ליה לקלא, כדמוכח בכמה דוכתי! ור"ת הביא ראיה לדבריו מירושלמי, דרבי יוחנן וריש לקיש אמרי בכה"ג שלא נתחייב לו קודם לכך. דפריך: במה נתחייב זה לזון את בת אשתו? לא כן אמר רבי יוחנן ורשב"ל: הכותב שטר חוב לחבירו בחזקת שהוא חייב, ונמצא שאינו חייב – אינו חייב לו כלום. ואף על פי שלפי הירושלמי קשה דרבי יוחנן אדרבי יוחנן – אין לחוש, דבכמה דוכתי פליג אגמרא שלנו.

יתנו

ו [א] מיי' פכ"ג מהל' אישות הל' יג ופ"ו מהל' זכיה הל' יז טוש"ע אה"ע סימן נח:
ו א מיי' פי"א מהל' בכורים ה"ז טוש"ע יו"ד סי' שה סעיף ד:
ז ב מיי' פכ"ו מהל' מלוה ולוה הלכ' א סמג עשין לד טוש"ע ח"מ סי' קכט סעיף ד:

תוספות רי"ד

כתיבה זו הלוהו אלא בינו לבינו בלא דבר ועכשיו בא להודות לו כך הוא אם הודה לו בכתב כמו שהודה לו בפה ולא אלימא הודאת כתיבתו מהודאת פיו דכת"י הוא כאילו הודה לו בפני עדים דמי אבל לא אלימא כמ"ד להו אתם עדי וקי"ל דר"ל ור"י הלכתא כר"י. עיין בערך נ"ב בס"ה:

מ"ק יח: קדושין ט:

[עי' בתוס' לעיל נג. ד"ה השתא ובתוס' דלקמן קט. ד"ה תשב]

בכורות נא.

[שם נא:]

גיטין כא. ב"ב קעה:

[עי' היטיב סוגיא דב"ב קעג:]

[עי' בתוס' שם ד"ה והלכה]

[נ"ל אי הוה בשעת מתן מעות ה"ל לפרושי כו' רש"ל]

[נ"ל וקשה לר"י לפירוש הקונטרס הואיל ומוקי לה כו' רש"ל]

הגהות הב"ח

(א) תום' ד"ה כתנאי הד"א עם ד"ה אליבא: (ב) שם ד"ה אליבא. וקשה לפי' הקונט' הואיל ומוקי לה להאי:

כי פליגי – אליבא דרבי ישמעאל. רבי יוחנן – כרבי ישמעאל. וריש לקיש – עד כאן לא קאמר רבי ישמעאל התם אלא דשייך ליה לשיעבודא דאורייתא, אבל הכא – לא שייך שיעבודא דאורייתא. גופא, אמר רב גידל אמר רב: *[א] "כמה אתה נותן לבנך"? "כך וכך". "וכמה אתה נותן לבתך"? "כך וכך". עמדו וקידשו – קנו. הן הן הדברים הנקנים באמירה. אמר רבא: מסתברא מילתא דרב – בבתו נערה, דקא מטי הנאה לידיה. אבל בוגרת, דלא מטי הנאה לידיה – לא. והאלהים! אמר רב אפילו בוגרת. דאי לא תימא הכי – אבי הבן מאי הנאה אתא לידיה? אלא, בההיא הנאה דקמיחתני אהדדי – גמרי ומקני להדדי. א"ל רבינא לרב אשי: דברים הללו ניתנו ליכתב? או לא ניתנו ליכתב? [ב] א"ל: לא ניתנו ליכתב. איתיביה: *הפקחין היו כותבין "על מנת שאזון את בתך חמש שנים כל זמן שאת עמי"! מאי "כותבין" – אומרים. וקרי ליה לאמירה "כתיבה"? אין, והתנן: *הכותב לאשתו "דין ודברים אין לי בנכסיך" ותני ר' חייא: האומר לאשתו. ת"ש: *[ג] אין כותבין שטרי אירוסין ונשואין אלא מדעת שניהם. הא מדעת שניהם – כותבין. מאי לאו – [ד] שטרי פסיקתא! לא, שטרי אירוסין ממש, כדרב פפא ורב שרביא. דאיתמר, *כתבו לשמה ושלא מדעתה, *רבה ורבינא אמרי: מקודשת, [ה] רב פפא ורב שרביא אמרי: אינה מקודשת. תא שמע: *מתו – בנותיהן ניזונות מנכסים בני חורין, והיא ניזונת מנכסים משועבדים, מפני שהיא כבעלת חוב. הכא במאי עסקינן – [ו] בשקנו מידו. אי הכי, בנות נמי! בשקנו לזו ולא קנו לזו. ומאי פסקא? איהי דהואי בשעת קנין – מהני לה קנין, בנות דלא הוו בשעת קנין – לא מהני להו קנין. מי לא עסקינן דהואי בשעת קנין, והיכי דמי – כגון דגרשה ואהדרה! אלא, איהי דליתא בתנאי ב"ד – מהני לה קנין, בנות דאיתנהו בתנאי ב"ד – לא מהני להו קנין. מגרע גרעי?! אלא, בנותיו היינו טעמא: כיון דאיתנהו בתנאי ב"ד, אימר צררי אתפסינהו.§ לא יאמר הראשון.§ אמר רב חסדא: • [ז] זאת אומרת בת אצל אמה. ממאי דבגדולה עסקינן? דלמא בקטנה עסקינן, ומשום מעשה שהיה. דתניא: מי שמת והניח בן קטן לאמו, יורשי האב אומרים: יהא גדל אצלנו, ואמו אומרת: יהא בני גדל אצלי – מניחין אותו אצל אמו, ואין מניחין אותו אצל ראוי ליורשו. מעשה היה ושחטוהו *ער"ה! אם כן, ליתני למקום שהיא, מאי

כי פליגי כו'. כלומר, הא דמוקמת ריש לקיש כבן ננס ולא כר' ישמעאל – ליתא, דאמר לך ר"ל: אנא אפילו לרבי ישמעאל קא פליגנא אדרבי יוחנן. ערב. שיעבודא דאורייתא. אבל הכא. "פלוני חייב" – ליכא שיעבודא דאורייתא. דקא מטי הנאה לידיה. כסף קידושיה לאביה. אבי הבן. אביו של חתן. ניתנו ליכתב. נתנו חכמים כתיבה לדבר, אם באו להחתים עדים בדברים הללו שהן בלא קנין. לא ניתנו ליכתב. דלא ליטרוף ממשעבדי. וכיון דליכא קנין – לא משתעבדי נכסי. שטרי אירוסין ממש. שטר שמקדש בו את האשה "הרי את מקודשת לי" כותב בשטר ומוסר לה. ואשמעינן דצריך לכתוב על פיה, כדרב פפא ורב שרביא, דאמרי: כתבו שלא מדעתה – אינה מקודשת. שהיא כבעלת חוב. ואי לא דנקיטא שטר מי טרפא ממשעבדי? מאי פסקא. בתמיה: וכי דבר פסוק הוא לחכמים שקונין לבת האשה ולא לבנות? ששנו סתם במשנה: בנותיהן ניזונות מבני חורין והיא ניזונת ממשועבדים. מי לא עסקינן כו'. וכי אי אפשר שיהו אף הבנות בשעת קנין? כגון דגרשה והחזירה וכתב לה התנאים הללו. ואפילו הכי תנן סתמא: בנותיהן ניזונות מבני חורין ולא ממשועבדים. בתנאי ב"ד. "בנן נוקבן דיהוין ליכי מינאי" כו'. מיגרע גרעי. בתמיה. צררי אתפסינהו. לפני מותו מסר להם צרורות כספים למזונותיהן. זאת אומרת הבת אצל האם. דקתני "למקום שאמה", ולא קתני "לבית אחיה" – למדנו שכן הוא הדין, שתגדל הבת אצל אמה. ובת הניזונת מן הבנים – זנין אותה בבית אמה, ואין כופין אותה לדור אצלם. דלמא בקטנה עסקינן. ומשום הכי לא קתני בת אצל אחין. משום מעשה שהיה. [ואיכא למיחש נמי שמא] יהרגוה בשביל לירש עישור נכסים שלה. אבל גדולה, דלא חיישינן לרציחה – אימא לך דתשב אצל האחין. אם כן. דיש חילוק בין גדולה לקטנה. ניתני מוליך לה מזונות למקום שהיא. דמשמע לגדולה במקום שהיא, ולקטנה במקום שהיא.

ניתנו ליכתב או לא ניתנו ליכתב. פי': משום דסתם קנין לכתיבה עומד, שמא משום הכי ניתנו ליכתב, דכי קנו מידו דמי. וקשה: דמאי קפריך מההיא ד"אין כותבין שטרי אירוסין ונשואין אלא מדעת שניהם", הא מדעת שניהם – כותבין. דלמא הכי קאמר: הא מדעת שניהם – כשאומר לו לכתוב. וקמ"ל דאין כותבין בסתמא! והיה מפרש רבי דמשמע ליה להתלמוד: "אין כותבין אלא מדעת שניהם" – היינו בידיעת שניהם, ששניהם נתרצו בדבר, דידעו גמר הפסיקה, אבל לא ידעו בכתיבה. דומיא דהך דלעיל מיניה: כותבין שטר ללוה אע"פ שאין מלוה עמו – דהיינו אע"ג דאין יודע עכשיו מן ההלואה כלום. וכותבין שטר למוכר אע"פ שאין לוקח עמו – דהיינו אע"פ שאין הלוקח יודע במקח כלום. ואין כותבין שטרי אירוסין אלא מדעת שניהם – מדעת גמר הפסיקה. הא מדעת שניהם – כותבין אף בלא ידיעת השטר נמי[(א)]. **הכא** במאי עסקינן בשקנו מידו. הוה מצי לשנויי בדכתב ליה. ור"ח ור"ת מפרשים: ניתנו ליכתב – ניתנו לגבות ע"י כתיבה דווקא, או לא ניתנו ליכתב – שאף בלא כתיבה תקנו לה קנין. איתיביה: הפיקחין היו כותבין. מדקתני כתיבה – ש"מ בעי כתיבה, דלא קני באמירה בלא כתיבה. ואין כותבין שטרי אירוסין ונשואין נמי, מדקתני כתיבה – ש"מ בעי כתיבה, דלא קני באמירה בלא כתיבה. והשתא לא גרסינן "הא מדעת שניהן כותבין". וברוב ספרים אינו. ת"ש: והיא ניזונת מנכסים משועבדים – אלמא דכותבין, דאי אין כותבין – אמאי הוה גביא ממשעבדי? דס"ד דכך הוא רגילות כל שעה לכתוב לה. ומשני: בשקנו מידו. כלומר דבלא כתיבה יכולין לגבות מן המחוררין, והכא כך אירע הדבר שהקנה לה. **רבה** ורבינא אמרי מקודשת. תימה: לרבינא דאמר מקודשת מיבעי ליה לאוקמה להיא דאין כותבין שטרי אירוסין בשטרי פסיקתא, ואם כן מאי קמיבעיא ליה לעיל: דברים הללו ניתנו ליכתב? תפשוט ליה מהך! **תא** שמע מתו בנותיהם נזונות. תימה: אמאי לא מייתי הך מעיקרא, מקמי דמייתי ההיא דהפקחין? דההיא נשנית תחלה במשנתנו! וי"ל: שכן דרך התלמוד, משום דאי הוה מייתי הך מעיקרא, והוה משני "בשקנו מידו" – תו לא הוה מצי למפרך מההיא דהפקחין, דאיכא לאוקמה נמי כשקנו מידו*. **הב"ע** בשקנו מידו. בפ' "הנזקין" (גיטין דף נא. ושם) מוקי להך נמי – בשקנו מידו. וההיא דהמקבל עליו לזון בן אשתו ובת אשתו – בשלא קנו מידו איירי. ולפי מאי דמשמע בגיטין, דלמאן דלא בעיא אלא קלובין – אתי שפיר הך דהיא ניזונת מנכסים משועבדים, אפילו דלא קנו מידו – מצינו לאוקמה ההיא דחמשה גובה מן המחוררין [לעיל נא:] – כשאין שם קלבה. **אימר** צררי אתפסינהו. תימה לרבי: דבגיטין פ' "הנזקין" (דף מח:) תנן: אין מוציאין לאכילת פירות ולשבח קרקעות ולמזון האשה והבנות מנכסים משועבדים מפני תיקון העולם. ומפרש ר"ל בגמ' (שם נ:): טעמא, לפי שאין כתובין. והיינו טעמא נמי דמזון הבנות. והכא מפרש טעמא: משום אימר צררי אתפסה! וי"ל: דאיצטריך טעמא לפי שאין כתובין, היכא שהודה האב שלא התפיס צררי. ועוד תימה לרבי: דהכא משמע דמתפיס צררי לקטנה, ולקמן בפ' בתרא (דף קז.) אמר שמואל: אין פוסקין מזונות לאשת איש, מ"ט? רב זביד אמר: אימר צררי אתפסה, רב פפא אמר: חיישינן שמא אמר לה "לאי מעשה ידיך במזונותיך". מאי בינייהו? איכא בינייהו קטנה וספקה. פי': דלרב זביד לא חיישינן – דצררי לקטנה לא מתפיס! ותירץ רבי: דודאי לענין דלא גבי ממשעבדי – לא חיישינן כי התם. אבל הכא, למיגבי ממשעבדי – אמרינן. עוד תירץ: דהתם כשהלך למדינת הים מיירי, ואינו חושש להתפיסה צררי, דמעלה בדעתו שתהא לוה ואוכלת, וכשיחזור יפרע. אבל הכא, דמיית – אתפסה צררי. עוד תימה לרבי: כיון דהיינו טעמא דלא גבו בנות ממשעבדי – משום דכיון דאיתנהו בתנאי ב"ד אימר אתפסינהו צררי – כתובה נמי מהאי טעמא לא תגבי ממשעבדי ותירץ רבי דטפי מתפיס צררי לבתו כדאמרינן לעיל בפרק נערה (דף מג. ושם) לענין הרווחה דבתו עדיפא ליה ואמרתי לפני רבי דמשמע הכא דבת אשתו אי הוה גובה בתנאי ב"ד לא היתה גובה ממשעבדי דהוה חיישינן להתפיס צררי אע"ג דלא ניחא ליה בהרווחה ואמר לי רבי דודאי הוה מצי למימר בתה לא ניחא ליה בהרווחה בתו ניחא ליה אלא איצטריך טעמא דתנאי ב"ד שאם פסקה עמו לזון את בתה מחיים דאז לא אכלה בתנאי ב"ד א"נ לאחר מיתה ולאחר שתבגר היתה גובה ממשעבדי דלא חיישינן לצררי אלא היכא דאיכא תרי טעמי דאכלה בתנאי ב"ד וניחא ליה בהרווחה ובהאי שינויא מיתרצא נמי ההיא פירקא דלקמן משמע דצררי לקטנה לא מתפיס עוד תירץ דה"ק כיון דאיתנהו בתנאי ב"ד פי' שכל כך יפה כחה שהקנה לה אע"ג דאיתנהו בתנאי ב"ד ודאי איכא למיחש לצררי ובהאי שינויא מתורצין לגמרי כל הנך פירכי; ההיא דגיטין, וההיא דקטנה, וההיא דכתובה. מ"ר. ולא

ח א ב מיי' פכ"ג מהל' אישות הלכה יג ופ"ו מהל' זכיה ומתנה הלכה יז סמג עשין מח טוש"ע אה"ע סי' נח:
ט ג ד מיי' פכ"ד מהל' מלוה ולוה הלכה א סמג עשין לד טור אה"ע שם:
י ה מיי' פ"ג מהל' אישות הלכה ד סמג עשין מח טוש"ע אה"ע סי' לב סעיף א:
יא ו מיי' פכ"ג שם הל' יח טוש"ע אה"ע סי' קיד סעיף ד:
יב ז מיי' פכ"א שם הל' יח סמג לאוין פא טוש"ע אה"ע סי' פב סעיף ז:

[מ"ק יח: קדושין ט:]
[לעיל קא:]
לעיל פג.
ב"ב קסז: קדושין ט:
קדושין ט: מח.
גיטין נא. כל הענין [לעיל קא:]
[בקדושין איתא רבא וכן הועתק בכל הפוסקים]
[וע"ע תוס' יבמות לא: ד"ה ת"ש כנסה]

נ"ל ערב הראשון והמדפיסים שלפנינו שגו בבאור הר"ת לבארו בדבר שאין לו שייכות כלל להענין:

הגהות הב"ח

(א) תוס' ד"ה ניתנו הד"א עם ד"ה הכא:

גליון הש"ס

גמ' זאת אומרת בת וכו'. עי' שיטה מקובצת בב"מ קב. ד"ה אר"ח ז"ל בשם רב סעדיה גאון:

תוספות רי"ד

אמר ר"ג א"ר כמה אתה נותן לבתך כך וכך וכמה אתה נותן לבנך כך וכך עמדו וקדשו הן הן הדברים הנקנים באמירה אמר רבא מסתברא מילתא דרב בבתו נערה דקמטי הנאה לידיה אבל בוגרת לא והאלהים א"ר אפילו בבוגרת דאלת"ה אבי הבן מאי הנאה קאתי לידיה אלא בההיא הנאה דמתחתני אהדדי גמרו ומקנו אהדדי (פי' הרב על מימרת והב"ע כגון דא"ל מנה אני חייב לך בשטר דדוקא הכא דאיכא למימר בההיא הנאה דקא מתחתני אהדדי גמרו ומקנו בלא קנין אבל בשאר דברים אין אדם יכול לחייב עצמו באמירה ואע"ג דא"ל א"ע ואינו משתעבד אלא אם קנו מידו) א"ל רבינא לר"א דברים הללו ניתנו לכתוב או לא. פי' אם אומר החתן לפני העדים כתבו לי שטר על הנכסים שנדר חמי לתת לבתו בפניכם כותבים לו או לא. א"ל לא ניתנו לכתוב פי' דא"ל (כוה) [דזה לא] קבילית עלוי דתיטרף ממשעבדי ומתוך כך לא אוכל למכור נכסי ועד שלא יאמר להן אין כותבים לו ת"ש: מתו בנותיו ניזונות מנכב"ח והיא ניזונית מנכ"מ מפני שהיא כב"ח אא"ב דכתב לה היינו דניזונית מנכ"מ אלא אי אמרת דלא כ' לה אמאי ניזונית מנכ"מ הב"ע בשקנו מידו דסתם קנין לכתיבה עומד. אי הכי בנותיו נמי ומסיק איהי דליתא בתנאי ב"ד מהני לה קנין בנות דאיתנהו בתנאי ב"ד לא מהני להו קנין: מיגרע גרע בתמי' כיון דאיתנהו בתנאי ב"ד אימא צררא אתפסי': לא יאמר הראשון וכו'. אר"ח זאת אומרת הבת אצל האם פי' בת הניזונית מן האחים זנין אותה בבית אמה ואין כופין אותה לדור אצלם ל"ש גדולה ל"ש קטנה. פי' מדלא קתני למקום שהיא סתם וקתני למקום שהיא אמה ש"מ כך הדין נותן שתדור עם אמה ולא עם אחיה בין אם היא קטנה בין אם היא גדולה: תניא מי שמת והניח בן קטן יורשי האב אומרים יהא גדל אצלנו והאם אומרת יהא גדל אצלי א) אין מניחים (אלא) אצל מי שהוא ראוי ליורשיו מעשה הי' ושחטוהו ע"ה וכן

א) נ"ל מניחין אותו אצל אמו ואין מניחין אותו אצל מי שראוי ליורשו.

מאי למקום שאמה. דקתני מילתא פסיקתא, ש"מ: כל בת אצל האם. דאוגר ליה ריחיא לחבריה לטחינה. לא התנה שוכר לתת מעות למשכיר, אלא שיטחון לו למזונות ביתו בשכרו. לסוף איעתר. משכיר. זבין ריחיא וחמרא. לטחון בה מזונות ביתו. אחד זנה ואחד נותן לה דמי מזונות. ולא אמרינן: שניהם יתנו לה מזונות, ואע"פ שלא פסק לה דמים מתחלה אלא מזונות – חייבוהו לתת דמיהם, כשיש לה מזונות ממקום אחר. הכא נמי, אע"פ שלא פסק אלא טחינה, עכשיו שאינו צריך – יתן דמים. טחון וזבין. באותה שלקחת. טחון ואותיב. למזונותיך באותה שאצלי. ולא אמרן. דלא יהיב דמי. אלא דלית ליה טחינא לריחיא. שאין שוכר מוצא לטחון בשכר כל שעה, לפיכך אומר לו: אני יושב בטל, אטחון לך ולא אתן דמים. אבל. כל זמן שמוצא לטחון טוחן בשכר, ונותן לזה דמים. מדת סדום. זה נהנה וזה לא חסר, לא היו עושין טובה. **מתני'** אי אפשי לזוז מבית בעלי. לצאת מבית בעלי. **גמ'** ולא בבקתי. בית צר כעין צריף. כדאמרינן במסכת שבת (דף עז:): בקתא = בי עקתא. אם היה מדור שלו צר – לא קבל עליו להוציא את בניו ולהושיבה. בנכסים מועטין. שהבנות זוכות בהן, כדתנן (לקמן דף קח:): הבנות יזונו והבנים ישאלו על הפתחים. וקדמו. קודם שיבואו לב"ד, ומכרום. שיפצה. חזקה בדקיה. מאי. מי אמרינן: לא מפקינן לה כל ימים שיכול להתקיים, או דלמא אמרי' לה: לאו כל כמינך. ברכת הבית ברובה. בני אדם שעוזרין זה את זה משתכרין, ומזל דרבים עדיף. וליתבו לה. לפי מה שנתמעטה ברכת הבית ביציאתה. לשון חכמים. יש ללמוד ממנה ברכה, ועושר, ורפואה. אם היה פקח. זה שלוקח פירות הרבה, ואין לו שהות למושכם, אלא נתן מעות. שוכר את מקומו. דהוי לה כי חצירו, וחצירו קונה לו. הרי אתה למד מכאן סחורה, שלא יוכל המוכר לחזור – הרי לך עושר למוד מלשון חכמים. לא ילעום כו'. למדך שהחטים הלעוסין יפה למכה. נר יהא דלוק במקומו. אצל השולחן כמו בחיי. דכל ע"ש היה בא לביתו משנפטר, כדלקמן. יוסף חפני. דמן חיפא. את אביך. כל אתין רבויין. וי"ו יתירה. ד"ואת אמך". ה"מ. דחייב בכבוד אשת אביו בחיי אביו. בי שמשי. ערב שבת. *ונראה בעיני: לפי שבין השמשות שלו שגור בפי כל, והכל חרידים אליו לגמור מלאכתן עד שלא תחשך, קרו ליה בי שמשי. שלא להוציא לעז כו'. לומר: לא צדיקים היו, שלא היה להן רשות לבא לביתם כמו רבי. סבור מינה בהדין עלמא. שהיה מלוה שיתעסקו בקבורתו. דקדים ערסייהו לערסי'. הם נקברו תחלה. והאי דאמר הכי. שנזקק להודיע שימותו וישרתוהו. דלא לימרו. אינשי עלייהו, כשימותו: מילתא דאיסורא הוה בהו, שלא זכו להתעסק בו. ואיגלאי מילתא דהאי דלא שכיבו בשני דרבי – זכותיה דרבי אגנא עלייהו. עיירות. גדולות על הכפרים, וכרכין גדולים מהם.

תורה אור

מאי למקום שאמה? שמעת מינה: בת אצל האם, לא שנא גדולה ולא שנא קטנה.§ לא יאמרו שניהם וכו'.§ [א]ההוא גברא דאוגר ליה ריחיא לחבריה לטחינה, לסוף איעתר, זבין ריחיא וחמרא. אמר ליה: עד האידנא – הוה טחיננא גבך, השתא – הב לי אגרא. א"ל: מיטחן טחיננא לך. סבר רבינא למימר: היינו מתניתין, לא יאמרו שניהם "הרי אנו זנין אותה כאחד" אלא אחד זנה ואחד נותן לה דמי מזונות. א"ל רב עוירא: מי דמי? התם – חד כריסא אית לה, תרתי כריסתא לית לה. הכא – מצי א"ל: טחון וזבין, טחון ואותיב. [ב]ולא אמרן אלא דלית ליה טחינא לריחיא. אבל אית ליה טחינא לריחיא – כגון זו *כופין אותו על מדת סדום.§ **מתני'** אלמנה שאמרה: אי אפשי לזוז מבית בעלי – אין היורשין יכולין לומר לה: לכי לבית אביך ואנו זנין אותך. אלא זנין אותה ונותנין לה מדור לפי כבודה. [ג]אמרה: אי אפשי לזוז מבית אבא – יכולין היורשין לומר לה: אם את אצלנו – יש ליך מזונות, ואם אין את אצלנו – אין ליך מזונות. אם היתה טוענת מפני שהיא ילדה והן ילדים – זנין אותה והיא בבית אביה.§ **גמ'** [ד]תנו רבנן: *משתמשת במדור כדרך שמשתמשת בחיי בעלה, בעבדים ושפחות כדרך שמשתמשת בחיי בעלה, בכרים וכסתות כדרך שמשתמשת בחיי בעלה, בכלי כסף ובכלי זהב כדרך שמשתמשת בחיי בעלה, שכך כתב לה: *ואת תהא יתבת בביתי ומיתזנא מנכסי כל ימי מגר ארמלותיך בביתי. תני *רב יוסף: [ה]בביתי – ולא בבקתי. אמר רב נחמן: [ו]יתומים שמכרו מדור אלמנה – לא עשו ולא כלום. ומ"ש מדרבי אסי א"ר יוחנן? *דא"ר אסי אמר ר' יוחנן: [ז]יתומים שקדמו ומכרו בנכסים מועטין, מה שמכרו – מכרו. התם לא משתעבדי לה מחיים, הכא – משתעבדי לה מחיים! אמר אביי: *נקיטינן, מדור אלמנה שנפל – אין היורשין חייבין לבנותו. תניא נמי הכי: [ח]מדור אלמנה שנפל – אין היורשין חייבין לבנותו. ולא עוד אלא, אפילו היא אומרת "הניחוני ואבננו משלי" – אין שומעין לה. בעי אביי: [ט]שיפצה מאי? תיקו.§ אמרה: אי אפשי.§ וליתבו לה כי יתבה התם! מסייע ליה לרב הונא, דאמר רב הונא: *ברכת הבית ברובה. וליתבו לה לפי ברכת הבית! ה"נ. אמר רב הונא: לשון חכמים ברכה, לשון חכמים עושר, *לשון חכמים מרפא. ברכה – הא דאמרן. עושר – דתנן: *המוכר פירות לחבירו, משך ולא מדד – קנה, מדד ולא משך – לא קנה, [י]ואם היה פקח – שוכר את מקומו. מרפא – דתנן: *[כ]לא ילעום אדם חטין ויניח על גבי מכתו בפסח, מפני שמחמיצות. ת"ר: בשעת פטירתו של רבי, אמר: לבני אני צריך. נכנסו בניו אצלו, אמר להם: הזהרו בכבוד אמכם, נר יהא דלוק במקומו, שולחן יהא ערוך במקומו, מטה תהא מוצעת במקומה. יוסף חפני, שמעון אפרתי – הם שמשוני בחיי, והם ישמשוני במותי.§ הזהרו בכבוד אמכם.§ דאורייתא היא, דכתיב: °"כבד את אביך ואת אמך"! אשת אב הואי. אשת אב נמי דאורייתא היא, דתניא: [ל]"כבד את אביך ואת אמך", "את אביך" – זו *אשת אביך, "ואת אמך" – זו בעל אמך! [מ]וי"ו יתירה – לרבות את אחיך הגדול, הני מילי – [נ]מחיים, אבל לאחר מיתה – לא.§ נר יהא דלוק במקומו, שולחן יהא ערוך במקומו, מטה תהא מוצעת במקומה.§ מאי טעמא? כל בי שמשי הוה אתי לביתיה. ההוא בי שמשא אתאי שבבתא, קא קריה אבבא. אמרה אמתיה: שתיקו, דרבי יתיב. כיון דשמע – שוב לא אתא, שלא להוציא לעז על צדיקים הראשונים.§ יוסף חפני שמעון אפרתי הם שמשוני בחיי והם ישמשוני במותי.§ סבור מינה – בהדין עלמא הוא דקאמר. כיון דחזו דקדים ערסייהו לערסיה – אמרי: שמע מינה – להעוא עלמא הוא דקאמר. והאי דאמר הכי – דלא לימרו: מילתא הואי להו, ועד האידנא נמי זכותו דרבי הוא דאהניא להו. אמר להן: לחכמי ישראל אני צריך. נכנסו אצלו חכמי ישראל, *אמר להן: אל תספדוני בעיירות, והושיבו

ולא אמרן אלא דלית ליה טחינה לריחיא. תימה: הואיל והאי עובדא בדלית טחינה לריחיא, אמאי איצטריך רב עוירא למימר: התם תרי כריסתא לית לה, הכא טחון וזבין? (א) אפי' לא הוה משכח משכיר למיטחן ומיזבן, דהוה חד כריסא – לא הוה דמי למתני'. דבמתניתין ליכא פסידא דבעל כי יהיב לה דמי מזונות, ממה שהיה נותן מזונות עצמן. אבל השוכר – אית ליה פסידא אם יתן שכר הטחינה, שהרי אינו מוצא לטחון. ומכיסו יצטרך לפרוע! ואמר רבי: דבלאו האי טעמא דטחון וזבין טחון ואותיב הוה מצי לבטולי המקח, שלא יצטרך ליתן לו אגרא, הואיל ואית ליה פסידא, אבל מ"מ המשכיר יאמר: כמו כן לדידי אית לי פסידא – שכר ריחיא שלי, ויכול לבטל המקח קודם הזמן. ונהי דשוכר לא יצטרך ליתן לו שכר מכיסו – אבל לעכב הריחים עד זמן שהתנו ביניהן – לא יוכל השוכר, הואיל ומשכיר אית ליה פסידא. אבל השתא דמצי למימר: ליה טחון וזבין, טחון ואותיב, ולית לך פסידא – על כורחיך תניא לי הריחים עד הזמן, שהרי לי הוה פסידא ולך אין פסידא.

ה"ג שיפצא מאי. ושם דבר הוא, כלומר: מהו שתשפץ? וכן פי' ר"ת:

ברכת הבית ברובה. פי' ר"ת: כגון הא דאמרינן (שבת דף קכב.): נר לאחד נר למאה. וכן כל כהאי גוונא – אין נותנין*. מזומן

תוספות רי"ד

וכן לא יאמרו שניהם וכו': ההוא גברא דאוגיר רחיא לחבריה לטחינה פי' שיטחין בו בשכרם כל מה שצריך לו לביתו לסוף איעתר זבין ריחיא וחמרא א"ל עד האידנא הוה טחיננא גבך השתא הב לי אגרא דטחינה סבר רבינא למימר היינו מתני' דתנן אחד זנה ואחד נותן לה דמי מזונות א"ל ר"ע מי דמי התם חדא כריסא אית לה תרי כריסתא לית לה אבל הכא מצי א"ל טחון וזבין [טחון] ואותיב פי' באותו שקנית תטחון בשכרה לאחרים ובאותו שהשכרת תטחון ותותיב (כריסך) [בביתך] כפי התנאי וה"מ היכא דלא שכיחא טחינה לריחיא אבל היכא דשכיחא טחינה לריחיא כגון זה כופין על מדת סדום: **מתני'** אלמנה שאמרה אי אפשי לזוז מבית בעלי אין היורשים יכולים לומר לה לכי לבית אביך ואנו זנים אותך אלא זנים אותה ונותנים לה מדור לפי כבודה אמרה אי אפשי לזוז מבית אבא יכולים היורשים לומר לה אם את אצלנו י"ל מזונות אי אין את אצלנו א"ל מזונות ואם היתה טוענת מפני שהיא ילדה והן ילדים זנין אותה והיא בבית אביה: תנינא להא דת"ר משתמשת במדור [כדרך] שנשתמשה בחיי בעלה בכרים וכסתות כדרך שנשתמשה בחיי בעלה שכך כתב לה. כל ימי מיגר אלמנותיך בביתי [ואת תהא יתבא וכו'] תני ר"י בביתי ולא בביקתי פי' אם הבית צר ודחוק שא"י להשתמש עם היתומים ואין לה מדור דאדעתא דהיתקא להו לזילותא לא רחר לה אמר ר"נ יתומים שקדמו ומכרו מדור אלמנה לא עשו ולא כלום ומ"ש (א) מדר"י אר"נ דאר"י אר"נ יתומים שקדמו ומכרו בנכסים מועטים מה שמכרו מכרו התם לא תפים מחיים הכא תפים מחיים אמר אביי נקטינן מדור אלמנה שנפל אין היורשים חייבים לבנותו פי' שבית זה שיעבד לה כ"ז שהוא קיים ולא יותר תניא נמי הכי מדור אלמנה שנפל לבנותו ולא עוד אלא היא אומרת הניחו לי ואני אבננו משלי אין שומעים לה פירוש דכיון דנפל פקע שיעבודה. בעי אביי שפצה מאי פי' שרוצה לשפץ ולהחזיק (הבדק) [הבית] שלא יפול מהו תיקו וכל תיקו דממונא לקולא אצל המחזיק הלכך אינה רשאי לשפץ אלא יפול ויפקע שיעבודה (לפי פתרון הגאון הבית עומד בחזקת היתומים לפיכך אין האשה יכולה לשפץ אבל הרב פי' שהבית הוא בחזקת אלמנה ויכולה לשפץ): אמרה אי אפשי לזוז מב"א וכו' וליתבו לה כי יתבו התם מסייע ליה לר"ה דאר"ה ברכת הבית ברובה פי' ברוב ב"א מתמעטת הוצאה שיותר צריך אדם יחידי למזונותיו ממה שצריך אם יתחבר עם אחרים. וליתבו לה לפי ברכת הבית אה"נ והא דתני אין לה מזונות הצריכים ליחיד אבל כפי שצריך לפי רוב בני הבית יהבו לה: מתני'

(א) לפנינו בגמ' הגירסא אר"נ אמר ר"י יתומים שקדמו וכו' התם לא משתעבדי לה מחיים הכא לא משתעבדי לה מחיים וגירסת רבינו התם לא תפים מחיים צ"ע.

יג א ב מיי' פ"ז מהל' שכירות הלכה ח טור ש"ע ח"מ סימן שיח:
יד ג מיי' פי"ח מהלכות אישות הלכה ד סמג לאוין פא טוש"ע אה"ע סי' נד סעיף ו:
טו ד מיי' שם הלכה ב טוש"ע שם סעיף א:
טז ה מיי' שם הלכה ג טוש"ע שם סעיף ה:
יז ו מיי' שם הלכה ב טוש"ע שם סעיף ד:
יח ז מיי' פי"ט שם הל' יט סמג לאוין פא טוש"ע אה"ע סימן קיב סעיף יד:
יט ח ט מיי' פי"ח שם הלכה ב טוש"ע שם סימן נד סעיף ב:
כ י מיי' פ"ג מהלכות מכירה הלכה ו ז סמג עשין פב טוש"ע ח"מ סימן קצח סעיף ה:
כא כ מיי' פ"ה מהלכות חמץ ומצה הלכה יט סמג לאוין עט טוש"ע א"ח סימן תסו סעיף א:
כב ל מיי' פ"ו מהלכות ממרים הל' טו סמג עשין קיב טוש"ע י"ד סי' רמ סעיף כא:
כג מ מיי' שם טוש"ע שם סעיף כב:
כד נ מיי' שם טוש"ע שם סעיף כא:

[וע"ע תוס' ב"ב קנב:]
[תוספתא פי"א]

גליון הש"ס

גמ' את אביך זו אשת אביך. עי' בכורות דף ו' ע"א תוס' ד"ה ור"ש: **שם** ה"מ מחיים. עי' רשב"ם ב"ב דף קלא ע"ב ד"ה ואשה אלא בני הבעל וצ"ע: **שם** כל בי שמשי הוה אתי לביתיה. והיה נראה בבגדי חמודות שהיה לובש בשבת ופוטר את רבים בקידוש היום ולא כשאר מתים שהם חפשים ממצות כי צדיקים חיים ופוטרים בקידוש. ספר חסידים סי' תת שכ"ז: **שם** לחכמי ישראל אני צריך. עי' מדרש רבה פ' ויחי:

[ב"ב יב: וש"נ]

הגהות הב"ח

(א) תד"ה ולא אמרן כו'. טחון וזבין טחון ואותיב כו':

לעיל נב:
[שם נג.]
יבמות סז: סוטה כא: ב"ב קמ.
[עיין פירש"י בעירובין ה. ד"ה נקטינן]
[תוספתא פי"ב ב"ב קמז:]
נדרים כב. עירובין סד:
ב"ב פד:
פסחים לט:
שמות כ
[ועי' רש"י שבת פו: ד"ה וליטבלו וכו' וע"ע רש"י תענית כה. ד"ה בי שמשי]
[בכ"י יו"ד סו"ס ר"מ איתא על נכון בזה"ל את אביך לרבות אשת אביך את אמך לרבות בעל אמך וי"ו יתירה דואת אמך לרבות אחיך הגדול]
סנהדרין מז.

כה א ב מיי' פי"ג מהל' אבל הלכה י סמג עשין דרבנן ב טוש"ע י"ד סימן שלד סעיף ב:

[שבת קיח:]

כו ג ד ה מיי' פ"ד מהל' כלי המקדש הלכה כ ופ"א מהלכות מלכים הלכה ז סמג עשין קטו טוש"ע י"ד סימן רמד סעיף יח וסימן רמה סעיף כב בהג"ה:

כז ו מיי' פי"ט מהלכות שבת הלכה י סמג לאוין סה טוש"ע א"ח סימן שג סעיף ה:

כח ז מיי' פ"ד מהלכות ת"ת הלכה ה טוש"ע י"ד סימן רמו סעיף יח:

מזומן לחיי העולם הבא. תימה: והלא כל ישראל יש להם חלק לעוה"ב! ופירש הרב ר' מאיר: כל היכא דאמר "מזומן לחיי העולם הבא" היינו בלא דין ובלא יסורין. **אותו** היום שמת רבי בטלה קדושה. שהיו קורין אותו "רבינו הקדוש". *והא דתניא בשילהי סוטה (דף מט.): משמת ר' בטלה ענוה ויראה – י"ל קדושה בכלל. והרב רבי חיים כהן היה אומר: אילמלי הייתי כשנפטר ר"ת – הייתי מטמא לו, דהאי בטלה קדושה דקאמר הכא – היינו קדושת כהונה. וכן מוכח, מדקאמר "אותו היום" – משמע אותו היום דוקא, ותו לא. ובהדיא אמר בירושלמי דמס' ברכות בפ' "מי שמתו" דכשמת רבי אמרו: אין כהונה היום. ואין נראה לרבי, דכמדומה לרבי דהתם איירי בטומאת בית הפרס דרבנן, אבל טומאה דאורייתא – לא. ומנח

וְהוֹשִׁיבוּ יְשִׁיבָה לְאַחַר שְׁלֹשִׁים יוֹם. שִׁמְעוֹן בְּנִי חָכָם, גַּמְלִיאֵל בְּנִי נָשִׂיא, חֲנִינָא בַּר חָמָא יֵשֵׁב בָּרֹאשׁ.§ אַל תִּסְפְּדוּנִי בָּעֲיָירוֹת.§ סְבוּר מִינָּהּ מִשּׁוּם טִרְחָא הוּא דְּקָאָמַר, כֵּיוָן דַּחֲזוּ דְּקָסָפְדֵי בִּכְרַכִּים וְקָאָתוּ כּוּלֵּי עָלְמָא, אָמְרוּ: שְׁמַע מִינָּהּ מִשּׁוּם יְקָרָא הוּא דְּקָאָמַר. א"הוֹשִׁיבוּ יְשִׁיבָה לְאַחַר שְׁלֹשִׁים יוֹם" – דְּלָא עֲדִיפְנָא מִמֹּשֶׁה רַבֵּינוּ, דִּכְתִיב: °"וַיִּבְכּוּ בְנֵי יִשְׂרָאֵל אֶת מֹשֶׁה בְּעַרְבוֹת מוֹאָב שְׁלֹשִׁים יוֹם", תְּלָתִין יוֹמִין סָפְדִין בִּימָמָא וְלֵילְיָא, מִכָּאן וְאֵילָךְ – סָפְדוּ בִּימָמָא, וְגָרְסִי בְּלֵילְיָא אוֹ סָפְדוּ בְּלֵילְיָא וְגָרְסִי בִּימָמָא, בעַד דְּסָפְדֵי תְּרֵיסַר יַרְחֵי שַׁתָּא. הַהוּא יוֹמָא דְּאַשְׁכַּבְתֵּיהּ דְּרַבִּי נְפַקָא בַּת קָלָא וְאָמְרָה: כָּל דַּהֲוָה בְּאַשְׁכַּבְתֵּיהּ דְּרַבִּי – מְזוּמָּן הוּא לְחַיֵּי הָעוה"ב. הַהוּא כּוֹבֵס, כָּל יוֹמָא הֲוָה אָתֵי קַמֵּיהּ, הַהוּא יוֹמָא לָא אֲתָא. כֵּיוָן דִּשְׁמַע הָכִי – סְלֵיק לְאִיגְּרָא וְנָפַל לְאַרְעָא וּמִית, יָצְתָה בַּת קוֹל וְאָמְרָה: אַף הַהוּא כּוֹבֵס מְזוּמָּן הוּא לְחַיֵּי הָעוֹלָם הַבָּא.§ שִׁמְעוֹן בְּנִי חָכָם.§ מַאי קָאָמַר? הָכִי קָאָמַר: גאע"פ שֶׁשִּׁמְעוֹן בְּנִי חָכָם – גַּמְלִיאֵל בְּנִי נָשִׂיא. אָמַר לֵוִי: צְרִיכָא לְמֵימַר? אָמַר רַבִּי שִׁמְעוֹן בַּר רַבִּי: צְרִיכָא לָךְ וּלְמִטַלַּעְתָּךְ. מַאי קַשְׁיָא לֵיהּ? הָא קְרָא קָאָמַר: °"וְאֶת הַמַּמְלָכָה נָתַן לִיהוֹרָם כִּי הוּא הַבְּכוֹר"! דהַהוּא מְמַלֵּא מְקוֹם אֲבוֹתָיו הֲוָה, וְרַבָּן גַּמְלִיאֵל אֵינוֹ מְמַלֵּא מְקוֹם אֲבוֹתָיו הֲוָה. וְרַבִּי מַאי טַעְמָא עֲבַד הָכִי? נְהִי דְּאֵינוֹ מְמַלֵּא מְקוֹם אֲבוֹתָיו בְּחָכְמָה, הבְּיִרְאַת חֵטְא – מְמַלֵּא מְקוֹם אֲבוֹתָיו הֲוָה.§ "חֲנִינָא בַּר חָמָא יֵשֵׁב בָּרֹאשׁ". לָא קִיבֵּל רַבִּי חֲנִינָא, שֶׁהָיָה ר' אָפֵס גָּדוֹל מִמֶּנּוּ שְׁתֵּי שָׁנִים וּמֶחֱצָה. יָתֵיב רַבִּי אָפֵס בְּרֵישָׁא, וְיָתֵיב רַבִּי חֲנִינָא אַבְּרָאי, וַאֲתָא לֵוִי וְיָתֵיב גַּבֵּיהּ. נָח נַפְשֵׁיהּ דְּרַבִּי אָפֵס, וְיָתֵיב רַבִּי חֲנִינָא בְּרֵישָׁא, וְלָא הֲוָה לֵיהּ לְלֵוִי אִינִישׁ לְמֵיתַב גַּבֵּיהּ, וְקָאֲתָא לְבָבֶל. וְהַיְינוּ דְּאָמְרֵי לֵיהּ לְרַב: *גַּבְרָא רַבָּה אִקְלַע לִנְהַרְדְּעָא וּמְטַלַּע, וְדָרֵישׁ: כְּלִילָא ושָׁרֵי. אֲמַר: שְׁמַע מִינָּהּ נָח נַפְשֵׁיהּ דְּרַבִּי אָפֵס, וְיָתֵיב רַבִּי חֲנִינָא בְּרֵישָׁא, וְלָא הֲוָה לֵיהּ לְלֵוִי אִינִישׁ לְמֵיתַב גַּבֵּיהּ, וְקָאֲתָא. וְאֵימָא רַבִּי חֲנִינָא נָח נַפְשֵׁיהּ, וְר' אָפֵס כִּדְיָתֵיב יָתֵיב, וְלָא הֲוָה לֵיהּ לְלֵוִי אִינִישׁ לְמֵיתַב גַּבֵּיהּ, וְקָאֲתָא? אִיבָּעֵית אֵימָא: לֵוִי לְר' אָפֵס מֵיכַף הֲוָה כָּיֵיף לֵיהּ, וְאִי בָּעֵית אֵימָא: כֵּיוָן דְּאָמַר ר' "חֲנִינָא בַּר חָמָא יֵשֵׁב בָּרֹאשׁ" – לָא סַגִּי דְּלָא מָלֵיךְ, דִּכְתִיב בְּהוּ בְּצַדִּיקִים: °"וְתִגְזַר אוֹמֶר וְיָקָם לָךְ". וְהָא הֲוָה ר' חִיָּיא! נָח נַפְשֵׁיהּ. וְהָאָמַר ר' חִיָּיא: אֲנִי רָאִיתִי קִבְרוֹ שֶׁל רַבִּי וְהוֹרַדְתִּי עָלָיו דְּמָעוֹת! אֵיפוּךְ. וְהָאָמַר רַבִּי חִיָּיא: אוֹתוֹ הַיּוֹם שֶׁמֵּת רַבִּי בָּטְלָה קְדוּשָּׁה! אֵיפוּךְ. וְהָתַנְיָא, כְּשֶׁחָלָה רַבִּי נִכְנַס ר' חִיָּיא אֶצְלוֹ וּמְצָאוֹ שֶׁהוּא בּוֹכֶה, אָמַר לוֹ: רַבִּי מִפְּנֵי מָה אַתָּה בּוֹכֶה? וְהָתַנְיָא: מֵת מִתּוֹךְ הַשְּׂחוֹק – סִימָן יָפֶה לוֹ, מִתּוֹךְ הַבְּכִי – סִימָן רַע לוֹ, *פָּנָיו לְמַעְלָה – סִימָן יָפֶה לוֹ, פָּנָיו לְמַטָּה – סִימָן רַע לוֹ, פָּנָיו כְּלַפֵּי הָעָם – סִימָן יָפֶה לוֹ, כְּלַפֵּי הַכּוֹתֶל – סִימָן רַע לוֹ, פָּנָיו יְרוּקִּין – סִימָן רַע לוֹ, פָּנָיו צְהוּבִּין וַאֲדוּמִּים – סִימָן יָפֶה לוֹ, מֵת בְּע"ש – סִימָן יָפֶה לוֹ, בְּמוֹ"ש – סִימָן רַע לוֹ, מֵת בְּעֶרֶב יוהכ"פ – סִימָן רַע לוֹ, בְּמוֹצָאֵי יוהכ"פ – סִימָן יָפֶה לוֹ, מֵת מֵחוֹלִי מֵעַיִים – סִימָן יָפֶה לוֹ, *מִפְּנֵי שֶׁרוּבָּם שֶׁל צַדִּיקִים מִיתָתָן בְּחוֹלִי מֵעַיִים. א"ל: אֲנָא אַתּוֹרָה וּמִצְוֹת קָא בָּכֵינָא. אִיבָּעֵית אֵימָא: אֵיפוּךְ, וְאִיבָּעֵית אֵימָא: *לְעוֹלָם לָא תֵּיפוּךְ, ר' חִיָּיא עָסוּק בְּמִצְוֹת הֲוָה, וְרַבִּי סָבַר: לָא אַפַּגְרֵיהּ, וְהַיְינוּ *דְּכִי הָווּ מִינְּצוּ ר' חֲנִינָא וְר' חִיָּיא: א"ל ר' חֲנִינָא לְר' חִיָּיא בַּהֲדֵי דִּידִי מִינְּצַתְּ, דְּאִם חַס וְשָׁלוֹם נִשְׁתַּכְּחָה תּוֹרָה מִיִּשְׂרָאֵל – מַהֲדַרְנָא לֵיהּ מִפִּלְפּוּלִי! א"ל ר' חִיָּיא: אֲנָא עָבְדִי דְּלָא מִשְׁתַּכְּחָה תּוֹרָה מִיִּשְׂרָאֵל, דְּאַיְיתִינָא כִּיתָּנָא וְשָׁדֵינָא, וּמְגַדַּלְנָא נִישְׁבֵּי, וְצָיְידְנָא טַבְיָא, וּמַאֲכִילְנָא בִּישְׂרָא לְיַתְמֵי, וַאֲרִיכְנָא מְגִילָּתָא מִמַּשְׁכֵי דְּטַבְיָא, וְסָלֵיקְנָא לְמָתָא דְּלֵית בָּהּ מַקְרֵי דַּרְדְּקֵי, וְכָתֵיבְנָא חַמְשָׁה חוּמְשֵׁי לְחַמְשָׁה יָנוּקֵי, וּמַתְנֵינָא שִׁיתָּא סִדְרֵי לְשִׁיתָּא יָנוּקֵי, לְכָל חַד וְחַד אָמְרִי לֵיהּ: אַתְנֵי סִדְרָךְ לְחַבְרָךְ. וְהַיְינוּ דְּאָמַר רַבִּי: כַּמָּה גְּדוֹלִים מַעֲשֵׂה חִיָּיא! א"ל ר"ש ב"ר: אֲפִילּוּ מִמְּךָ? א"ל: אִין. א"ל רַבִּי יִשְׁמָעֵאל בְּרַבִּי יוֹסֵי: אֲפִילּוּ מֵאַבָּא? א"ל: חַס וְשָׁלוֹם! לֹא תְּהֵא כָּזֹאת בְּיִשְׂרָאֵל. אָמַר לָהֶן: לִבְנִי קָטָן אֲנִי צָרִיךְ. נִכְנַס ר' שִׁמְעוֹן אֶצְלוֹ, מָסַר לוֹ סִדְרֵי חָכְמָה. אָמַר לָהֶן: לִבְנִי גָּדוֹל אֲנִי צָרִיךְ. נִכְנַס רַבָּן גַּמְלִיאֵל אֶצְלוֹ, וּמָסַר לוֹ סִדְרֵי נְשִׂיאוּת. אָמַר לוֹ: בְּנִי, נְהוֹג נְשִׂיאוּתְךָ *בְּרָמִים, וזְרוֹק מָרָה בַּתַּלְמִידִים. אִינִי?! וְהָא כְּתִיב: °"וְאֶת יִרְאֵי ה' יְכַבֵּד", וְאָמַר מָר: *זֶה יְהוֹשָׁפָט מֶלֶךְ יְהוּדָה, •כְּשֶׁהָיָה רוֹאֶה תַּלְמִיד חָכָם הָיָה עוֹמֵד מִכִּסְאוֹ, וּמְחַבְּקוֹ וּמְנַשְּׁקוֹ, וְקוֹרֵא לוֹ: רַבִּי רַבִּי, מָרִי מָרִי! לָא קַשְׁיָא, הָא – בְּצִינְעָא, הָא – בְּפַרְהֶסְיָא. תַּנְיָא, רַבִּי מוּטָּל בְּצִיפּוֹרִי, וּמָקוֹם מוּכָן לוֹ בְּבֵית שְׁעָרִים. *וְהָתַנְיָא: °"צֶדֶק צֶדֶק תִּרְדֹּף" – הֵלֵךְ אַחַר ר' לְבֵית שְׁעָרִים: *)ר' בְּבֵית שְׁעָרִים הֲוָה, אֶלָּא כֵּיוָן דַּחֲלַשׁ – אַמְטְיוּהִי לְצִיפּוֹרִי, דְּמִדַּלְיָא

*) בע"י ליתא תיבות רבי בבית שערים הוה

[בע"י ליתא תיבות לעולם לא תיפוך]

[יש גורסין בדמים עיין ערוך ערך דם ב]

סנהדרין לב:

דברים לד · דה"ב כא · איוב כב · תהלים טו · דברים טז

שבת נט. · [אדר"נ פרק כה] · [שבת קיח:] · ב"מ פה. · [מכות כד.]

וְהוֹשִׁיבוּ יְשִׁיבָה. לַעֲסוֹק בַּתּוֹרָה. לְאַחַר שְׁלֹשִׁים יוֹם. שֶׁל פְּטִירָתִי מִיָּד, וְלֹא תִּהְיוּ עֲסוּקִין בְּהֶסְפֵּד. שִׁמְעוֹן בְּנִי חָכָם. הוּא. וּלְקַמָּן פָּרֵיךְ: מַאי קָאָמַר? חֲנִינָא בַּר חָמָא יֵשֵׁב בָּרֹאשׁ. הַיְשִׁיבָה. סְבוּר מִינָּהּ מִשּׁוּם טוֹרַח. דִּבְנֵי כְּפָרִים דִּסְמִיכוּ לָעֲיָירוֹת וְאָתוּ לְמִסְפְּדֵיהּ. כֵּיוָן דַּחֲזוּ דְּקָא מַסְפְּדוּהוּ בִּכְרַכִּין, וְקָא אָתוּ כּוּלֵּי עָלְמָא מֵעֲיָירוֹת וּמִכְּפָרִים, אָמְרֵי: מִשּׁוּם יְקָרָא הוּא דְּקָאָמַר. יוֹמָא דְּאַשְׁכַּבְתֵּיהּ. יוֹם פְּטִירָתוֹ. צְרִיכָא לְמֵימַר. דְּר"ג דִּבְכוֹר הָוֵי נְשִׂיאָה. לָךְ וּלְמִטַלַּעְתָּךְ. פִּסֵּחַ הָיָה, כִּדְאָמְרִינַן בְּעָלְמָא (סוכה דף נג.): לֵוִי אַחֲוֵי קִידָּה וְאִטַּלַּע. מַאי קַשְׁיָא לֵיהּ. לְר"ש בְּרַבִּי, דַּאֲמַר: צְרִיכָא לְמֵימַר, אַמַּאי צְרִיכָא – הָא קְרָא כְּתִיב! הַהוּא מְמַלֵּא מְקוֹם אֲבוֹתָיו הֲוָה. כְּלוֹמַר, אֵין בְּאֶחָיו חָשׁוּב מִמֶּנּוּ. אֲבָל כָּאן – הֲרֵי אָחִיו חָכָם מִמֶּנּוּ. יָתֵיב רַבִּי חֲנִינָא אַבְּרָאי. חוּץ לְבֵית הַמִּדְרָשׁ, שֶׁלֹּא הָיָה נִכְפָּף לְר' אָפֵס. וְקָאֲתָא. לְבָבֶל. כְּלִילָא שָׁרֵי. לָצֵאת בּוֹ בְּשַׁבָּת. מַאי טַעְמָא – מַאן דְּדַרְכָּהּ לְמֵיפַּק בִּכְלִילָא – אִשָּׁה חֲשׁוּבָה, וְאִשָּׁה חֲשׁוּבָה לֹא שָׁלְפָא וּמַחֲוְיָא, בְּפֶרֶק "בַּמֶּה אִשָּׁה יוֹצְאָה" (שבת דף נט:). מֵיכַף הֲוָה כָּיֵיף לֵיהּ. קוֹדֶם שֶׁיִּגְלֶה מִמְּקוֹמוֹ, אֲבָל לְר' חֲנִינָא לֹא כָּיֵיף. וְהָא הֲוָה ר' חִיָּיא. וְלִמַנְיֵיהּ רַבִּי רֹאשׁ יְשִׁיבָה. קִבְרוֹ שֶׁל רַבִּי. אֲרוֹנוֹ שֶׁל רַבִּי, הוֹרַדְתִּי עָלָיו דְּמָעוֹת. בְּעֶרֶב שַׁבָּת סִימָן יָפֶה. שֶׁיִּכָּנֵס לִמְנוּחָה מִיָּד. בְּמוֹצָאֵי יוהכ"פ. נִמְחֲלוּ עֲוֹנוֹתָיו, וְסִימָן יָפֶה לוֹ. לָא אַפַּגְרֵיהּ. לֹא הִבְטִילוֹ מִמִּצְוֹת. שָׁדֵינָא. זוֹרְעָנָא. וּמְגַדַּלְנָא נִישְׁבֵּי. מְקַלֵּעַ אֲנִי מִכְמוֹרֶת. וְדוֹמֶה לוֹ: אֵין פּוֹרְסִין נִשְׁבִּין לְיוֹנִים (ב"ב דף כג.). וְצָיְידְנָא טַבְיֵי. לְבָיִים. וַאֲרִיכְנָא מְגִילָּתָא. וּמְתַקֵּן אֲנִי קְלָפִים. אֲרִיכְנָא – לְשׁוֹן תִּיקּוּן, כִּדְאָמַר בְּמַסֶּכֶת סוּכָּה (דף מד:): אָרִיךְ אוֹ לָא אָרִיךְ, כְּלוֹמַר: מְתוּקָּן אוֹ אֵינוֹ מְתוּקָּן. וּבְסֵ' עֶזְרָא (סימן ד) נַמִי כְּתִיב "וְעַרְוַת מַלְכָּא לָא אֲרִיךְ לַנָא לְמֶחֱזֵא". לֹא תְּהֵא כַּדָּבָר הַזֶּה בְּיִשְׂרָאֵל. כְּלוֹמַר, שֶׁלֹּא אוֹמַר כְּדָבָר זֶה לְעוֹלָם. נְהוֹג נְשִׂיאוּתְךָ בְּרָמִים. שֶׁתְּהֵא יוֹשֵׁב בֵּין הַגְּדוֹלִים. זְרוֹק מָרָה. אֵימָה, שֶׁתְּהֵא אֵימָתְךָ עֲלֵיהֶם. בְּצִינְעָא. מְכַבֵּד כָּל אֶחָד וְאֶחָד. בְּפַרְהֶסְיָא. מֵטִיל עֲלֵיהֶם אֵימָה, לְהוֹדִיעַ נְשִׂיאוּתוֹ. רַבִּי מוּטָּל. בְּחָלְיוֹ בְּצִפּוֹרִי, וּמְקוֹם קִבְרוֹ מוּכָן לוֹ בְּבֵית שְׁעָרִים. דְּמִדַּלְיָא

תורה אור

גליון הש"ס

גמ' כשהיה רואה ת"ח. בילקוט מלכים ב' א' סי' רכ"ד אית' תנא דבי אליהו מ"מ זכה אליהו ז"ל שהחיה את המת לפי שעשה וכו' וכשהיה רואה ב"א לדיקים היה מגפפן ומחבקן ומנשקן:

דְּמַדַּלְיָא, וּבְסִים אֲוִירָא. הַהוּא יוֹמָא דְּנָח נַפְשֵׁיהּ דְּרַבִּי גָּזְרוּ רַבָּנַן תַּעֲנִיתָא, וּבָעוּ רַחֲמֵי, וְאָמְרִי: כָּל מַאן דְּאָמַר "נָח נַפְשֵׁיהּ דְּר'" — יִדָּקֵר בַּחֶרֶב. סְלִיקָא אַמְתֵיהּ דְּרַבִּי לְאִיגְּרָא, אָמְרָה: עֶלְיוֹנִ' מְבַקְּשִׁין אֶת רַבִּי, וְהַתַּחְתּוֹנִ' מְבַקְּשִׁין אֶת רַבִּי — יְהִי רָצוֹן שֶׁיָּכוֹפוּ תַּחְתּוֹנִים אֶת הָעֶלְיוֹנִים. כֵּיוָן דַּחֲזַאי כַּמָּה זִימְנֵי דְּעָיֵיל לְבֵית הַכִּסֵּא, וְחָלַץ תְּפִילִּין, וּמַנַּח לְהוּ, וְקָמִצְטַעֵר, אָמְרָה: יְהִי רָצוֹן °שֶׁיָּכוֹפוּ עֶלְיוֹנִים אֶת הַתַּחְתּוֹנִים, וְלָא הָווּ שָׁתְקִי רַבָּנַן מִלְּמִיבְעֵי רַחֲמֵי. שְׁקַלָה כּוּזָא שָׁדְיָיא מֵאִיגְּרָא [לְאַרְעָא], אִישְׁתִּיקוּ מֵרַחֲמֵי, וְנָח נַפְשֵׁיהּ דְּרַבִּי. אֲמַרוּ לֵיהּ רַבָּנַן לְבַר קַפָּרָא: זִיל עַיֵּין. אֲזַל, אַשְׁכְּחֵיהּ דְּנָח נַפְשֵׁיהּ. קַרְעֵיהּ לִלְבוּשֵׁיהּ, וְאַהַדְרֵיהּ לְקִרְעֵיהּ לַאֲחוֹרֵיהּ. פָּתַח וְאָמַר: אֶרְאֶלִּים וּמְצוּקִים אָחֲזוּ בַּאֲרוֹן הַקֹּדֶשׁ, נִצְּחוּ אֶרְאֶלִּים אֶת הַמְּצוּקִים, וְנִשְׁבָּה אֲרוֹן הַקֹּדֶשׁ. אֲמַרוּ לֵיהּ: נָח נַפְשֵׁיהּ? אֲמַר לְהוּ: אַתּוּן קָאָמְרִיתוּ, וַאֲנָא לָא קָאָמִינָא. בִּשְׁעַת פְּטִירָתוֹ שֶׁל רַבִּי זָקַף עֶשֶׂר אֶצְבְּעוֹתָיו כְּלַפֵּי מַעְלָה, אָמַר: רבש"ע, גָּלוּי וְיָדוּעַ לְפָנֶיךָ שֶׁיָּגַעְתִּי בְּעֶשֶׂר אֶצְבְּעוֹתַי בַּתּוֹרָה, וְלֹא נֶהֱנֵיתִי אֲפִילּוּ בְּאֶצְבַּע קְטַנָּה, יְהִי רָצוֹן מִלְּפָנֶיךָ שֶׁיְּהֵא שָׁלוֹם בִּמְנוּחָתִי. יָצְתָה ב"ק וְאָמְרָה: °"יָבֹא שָׁלוֹם יָנוּחוּ עַל מִשְׁכְּבוֹתָם" (ישעיה נז). עַל מִשְׁכָּבְךָ מִיבְּעֵי לֵיהּ! מְסַיֵּיעַ לֵיהּ לְר' חִיָּיא בַּר גַּמְדָּא. דְּאָמַר רַבִּי חִיָּיא בַּר גַּמְדָּא אָמַר ר' יוֹסֵי בֶּן שָׁאוּל: בְּשָׁעָה שֶׁהַצַּדִּיק נִפְטָר מִן הָעוֹלָם, אוֹמְרִים מַלְאֲכֵי הַשָּׁרֵת לִפְנֵי הקב"ה: רבש"ע צַדִּיק פְּלוֹנִי בָּא. אוֹמֵר לָהֶם: יָבוֹאוּ צַדִּיקִים וְיֵצְאוּ לִקְרָאתוֹ, וְאוֹמְרִים לוֹ: יָבֹא בְשָׁלוֹם יָנוּחוּ עַל מִשְׁכְּבוֹתָם. [א]אָמַר ר' אֶלְעָזָר: בְּשָׁעָה שֶׁהַצַּדִּיק נִפְטָר מִן הָעוֹלָם, שָׁלֹשׁ כִּיתּוֹת שֶׁל מַלְאֲכֵי הַשָּׁרֵת יוֹצְאוֹת לִקְרָאתוֹ, אַחַת אוֹמֶרֶת לוֹ *"בֹּא בְשָׁלוֹם" וְאַחַת אוֹמֶרֶת "הוֹלֵךְ נְכֹחוֹ" וְאַחַת אוֹמֶרֶת לוֹ "יָבֹא שָׁלוֹם יָנוּחוּ עַל מִשְׁכְּבוֹתָם". בְּשָׁעָה שֶׁהָרָשָׁע נֶאֱבָד מִן הָעוֹלָם — שָׁלֹשׁ כִּיתּוֹת שֶׁל מַלְאֲכֵי חַבָּלָה יוֹצְאוֹת לִקְרָאתוֹ, אַחַת אוֹמֶרֶת °"אֵין שָׁלוֹם °אָמַר ה' לָרְשָׁעִים" (שם מח), וְאַחַת אוֹמֶרֶת לוֹ °"לְמַעֲצֵבָה *יִשְׁכָּב" (שם נ), וְאַחַת אוֹמֶרֶת לוֹ °"רְדָה וְהָשְׁכְּבָה אֶת עֲרֵלִים" (יחזקאל לב).§

מתני' כָּל זְמַן שֶׁהִיא בְּבֵית אָבִיהָ — גּוֹבָה כְּתוּבָּתָהּ לְעוֹלָם, כָּל זְמַן שֶׁהִיא בְּבֵית בַּעְלָהּ — גּוֹבָה כְּתוּבָּתָהּ עַד עֶשְׂרִים וְחָמֵשׁ שָׁנִים, שֶׁיֵּשׁ בְּכ"ה שָׁנִים שֶׁתַּעֲשֶׂה טוֹבָה כְּנֶגֶד כְּתוּבָּתָהּ, דִּבְרֵי ר' מֵאִיר, שֶׁאָמַר מִשּׁוּם רשב"ג. [ב]וחכ"א: כָּל זְמַן שֶׁהִיא בְּבֵית בַּעְלָהּ — גּוֹבָה כְּתוּבָּתָהּ לְעוֹלָם, כָּל זְמַן שֶׁהִיא בְּבֵית אָבִיהָ — גּוֹבָה כְּתוּבָּתָהּ עַד עֶשְׂרִים וְחָמֵשׁ שָׁנִים. *מֵתָה — יוֹרְשֶׁיהָ מַזְכִּירִין כְּתוּבָּתָהּ עַד עֶשְׂרִים וְחָמֵשׁ שָׁנִים.§

גמ' אָמַר לֵיהּ אַבַּיֵי לְרַב יוֹסֵף: עֲנִיָּה שֶׁבְּיִשְׂרָאֵל — עַד עֶשְׂרִים וְחָמֵשׁ שָׁנִים, וּמָרְתָא בַּת בַּיְתוֹס — עַד עֶשְׂרִים וְחָמֵשׁ שָׁנִים? אֲמַר לֵיהּ: *לְפוּם גַּמְלָא שִׁיחְנָא. אִיבַּעְיָא לְהוּ: לְרַבִּי מֵאִיר, מַהוּ שֶׁתְּשַׁלֵּשׁ? תֵּיקוּ.§ וַחֲכָמִים אוֹמְרִים כָּל זְמַן.§ אֲמַר לֵיהּ אַבַּיֵי לְרַב יוֹסֵף: אֲתַאי קוֹדֶם שְׁקִיעַת הַחַמָּה — גּוֹבָה כְּתוּבָּתָהּ, לְאַחַר שְׁקִיעַת הַחַמָּה — לָא גָּבְיָא, בְּהַהִיא פּוּרְתָּא אַחֵילְתָּא?! אֲמַר לֵיהּ: אִין, *כָּל מִדַּת חֲכָמִים כֵּן הִיא: בְּאַרְבָּעִים סְאָה — טוֹבֵל, בְּאַרְבָּעִים סְאָה חָסֵר קוֹרְטוֹב — אֵינוֹ יָכוֹל לִטְבּוֹל בָּהֶן. אָמַר רַב יְהוּדָה אָמַר רַב, הֵעִיד רַבִּי יִשְׁמָעֵאל בְּרַבִּי יוֹסֵי לִפְנֵי רַבִּי, שֶׁאָמַר מִשּׁוּם אָבִיו: [ג]לֹא שָׁנוּ אֶלָּא שֶׁאֵין שְׁטַר כְּתוּבָּה יוֹצֵא מִתַּחַת יָדֶיהָ, אֲבָל שְׁטַר כְּתוּבָּה יוֹצֵא מִתַּחַת יָדֶיהָ — גּוֹבָה כְּתוּבָּתָהּ לְעוֹלָם. וְרַבִּי אֶלְעָזָר אָמַר: אֲפִילּוּ שְׁטַר כְּתוּבָּה יוֹצֵא מִתַּחַת יָדֶיהָ — אֵינָהּ גּוֹבָה אֶלָּא עַד עֶשְׂרִים וְחָמֵשׁ שָׁנִים. מְתִיב רַב שֵׁשֶׁת: [ד]ב"ח גּוֹבֶה שֶׁלֹּא בְּהַזְכָּרָה. הֵיכִי דָּמֵי? אִי דְּלָא נָקֵט שְׁטָרָא — בְּמַאי גָּבֵי? אֶלָּא דְּנָקֵיט שְׁטָרָא, וּב"ח הוּא דְּלָאו בַּר אַחוּלֵי הוּא, הָא אַלְמָנָה — אַחֵילְתָּא! הוּא מוֹתִיב לָהּ, וְהוּא מְפָרֵק לָהּ: [ה]לְעוֹלָם דְּלָא נָקִיט שְׁטָרָא, וְהָכָא בְּמַאי עָסְקִינַן — כְּשֶׁחַיָּיב מוֹדֶה. וְהָאָמַר ר' אֶלְעָא, שׁוֹנִין: [ו]גְּרוּשָׁה הֲרֵי הִיא כְּבַעַל חוֹב. הֵיכִי דָּמֵי? אִי דְּלָא נְקִיטָא כְּתוּבָּה — בְּמַאי גָּבְיָא? אֶלָּא לָאו — דִּנְקִיטָא כְּתוּבָּה, וּגְרוּשָׁה הִיא דְּלָאו בַּת אַחוּלֵי הִיא, הָא אַלְמָנָה — אַחֵילְתָּא! הָכָא נַמִי, כְּשֶׁחַיָּיב מוֹדֶה. [ז]אָמַר רַב נַחְמָן בַּר יִצְחָק, תָּנֵי רַב יְהוּדָה בַּר קָזָא בְּמַתְנִיתָא דְּבֵי בַּר קָזָא: תָּבְעָה כְּתוּבָּתָהּ

הֲרֵי

דְּמַדַּלְיָא. דְּאָמְרִינַן בְּמַסֶּכֶת מְגִילָּה (דף ו.): לָמָּה נִקְרָא שְׁמָהּ צִפּוֹרִי — שֶׁיּוֹשֶׁבֶת בְּרֹאשׁ הָהָר, כְּצִיפּוֹר. דְּעָל כַּמָּה זִימְנִין לְבֵית הַכִּסֵּא. דְּחוֹלִי מֵעַיִם הֲוָה לֵיהּ. וְחָלַץ תְּפִילִּין וּמַנַּח לְהוּ. וְקָא מִצַּעֵר לַחֲלוֹץ וּלְהַנִּיחַ. פָּתַח וְאָמַר. הֶסְפֵּד. אֶרְאֶלִּים וּמְצוּקִים. מַלְאָכִים וְצַדִּיקִים מְצוּקֵי אֶרֶץ. וְלֹא נֶהֱנֵיתִי בָּעוֹלָם הַזֶּה. [אֲפִילּוּ] לְפִי טוֹרַח שֶׁיָּגַעְתִּי בְּאֶצְבַּע קְטַנָּה שֶׁלִּי. יָבוֹאוּ צַדִּיקִים וְיֵצְאוּ לִקְרָאתוֹ וְיָבֹא בְּשָׁלוֹם. וְאַחַר כָּךְ יָנוּחוּ צַדִּיקִים עַל מִשְׁכְּבוֹתָם. הוֹלֵךְ נְכֹחוֹ. בְּדֶרֶךְ יְשָׁרָה. **מתני'** כָּל זְמַן שֶׁהִיא בְּבֵית אָבִיהָ. וְהַיּוֹרְשִׁים זָנוּהָ שָׁם. גּוֹבָה כְּתוּבָּתָהּ. כְּשֶׁתִּרְצֶה. שֶׁתַּעֲשֶׂה טוֹבָה. מִנִּכְסֵי יְתוֹמִים נוֹתֶנֶת לֶחֶם וּמֶלַח לִשְׁכֵנֶיהָ. וַחֲכָמִים אוֹמְרִים. לֹא הוּזְכְּרוּ עֶשְׂרִים וְחָמֵשׁ לְעִנְיַן הַטּוֹבָה שֶׁתַּעֲשֶׂה, וְלֹא הִפְסִידוּהָ רַבָּנַן כְּתוּבָּה. וּכְשֶׁהוּזְכְּרוּ עֶשְׂרִים וְחָמֵשׁ — לְעִנְיַן הַמְּחִילָה הוּזְכְּרוּ; דְּהוֹאִיל וְשָׁתְקָה וְלֹא תָּבְעָה כָּל הַשָּׁנִים הַלָּלוּ — מְחַלְתָּהּ. הִלְכָּךְ, כָּל זְמַן שֶׁהִיא בְּבֵית בַּעְלָהּ — אֵין שְׁתִיקָתָהּ מְחִילָה, אֶלָּא מִפְּנֵי שֶׁמְּכַבְּדִין אוֹתָהּ הִיא בּוֹשָׁה לִמְחוֹת עַל כְּתוּבָּתָהּ. אֲבָל בְּבֵית אָבִיהָ, מִשֶּׁשָּׁתְקָה כ"ה שָׁנִים — מְחִילָה הִיא. מֵתָה יוֹרְשֶׁיהָ מַזְכִּירִין כְּתוּבָּתָהּ כו'. כְּלוֹמַר, צְרִיכָה לִמְחוֹת עַל כְּתוּבָּתָהּ בְּתוֹךְ כ"ה שָׁנִים. **גמ'** עֲנִיָּה שֶׁבְּיִשְׂרָאֵל. שֶׁכְּתוּבָּתָהּ מוּעֶטֶת, אִיבְּדָה לְרַבִּי מֵאִיר בַּטּוֹבָה שֶׁעוֹשָׂה בְּכ"ה שָׁנִים. וּמָרְתָא בַּת בַּיְיתוֹס. שֶׁהָיְתָה עֲשִׁירָה, וּכְתוּבָּתָהּ מְרוּבָּה — תַּפְסִיד כְּתוּבָּתָהּ בַּטּוֹבָה שֶׁל כ"ה שָׁנִים? לְפוּם גַּמְלָא שִׁיחְנָא. הַמַּשּׂוֹי לְפִי הַגָּמָל. אַף כָּאן, לְפִי עָשְׁרָהּ טוֹבָתָהּ. מַהוּ שֶׁתְּשַׁלֵּשׁ. לְר"מ, דְּטַעְמָא מִשּׁוּם טוֹבָה. שֶׁתְּשַׁלֵּשׁ. שֶׁנַּחְשׁוֹב טוֹבָתָהּ לְחֶשְׁבּוֹן כְּתוּבָּתָהּ לְפִי חֶשְׁבּוֹן הַשָּׁנִים, לְהַפְסִיד לְכָל שָׁנָה אַחַת מֵעֶשְׂרִים וְחָמֵשׁ בִּכְתוּבָּתָהּ, אִם לֹא שָׁהֲתָה כ"ה שָׁנִים אֶלָּא חֶצְיָין, אוֹ שְׁלִישִׁית אוֹ רְבִיעִית. תְּשַׁלֵּשׁ — לְשׁוֹן חֲלוּקָה לְפִי חֶשְׁבּוֹן הוּא, כִּדְתְנַן (מכות דף ה.): מְשַׁלְּשִׁין בְּמָמוֹן וְאֵין מְשַׁלְּשִׁין בְּמַכּוֹת. כָּל מִדַּת חֲכָמִים כֵּן. הֶעֱמִידוּהָ יָתֵד וְלֹא תִּמּוֹט. אֲבָל שְׁטַר כְּתוּבָּה יוֹצֵא. בְּבֵית דִּין מִתַּחַת יָדָהּ. גּוֹבָה כְּתוּבָּתָהּ לְעוֹלָם. שֶׁאִילּוּ מְחַלְתָּהּ הָיְתָה מוֹסֶרֶת לָהֶם שְׁטַר הַכְּתוּבָּה. שֶׁלֹּא בְּהַזְכָּרָה. אִם שָׁתַק עֶשְׂרִים וְחָמֵשׁ שָׁנִים, וְלֹא מִיחָה עַל חוֹבוֹ — לֹא הִתְחִיל דָּרָךְ. אַלְמָנָה בַּת אַחוּלֵי הִיא. שֶׁנֶּהֱנֵית מֵהֶן כָּל הַשָּׁנִים הַלָּלוּ, וּכְתוּבָּתָהּ אֵינָהּ מִלְוֶה, וְלֹא חִיסְּרָה בָּהּ מָמוֹן. לְעוֹלָם דְּלָא נָקִיט. הִלְכָּךְ דַּוְקָא בַּעַל חוֹב, הָא אַלְמָנָה דְּלָא נָקְטָא שְׁטָרָא — אַחֵילְתָּ'. וּדְקַשְׁיָא לָךְ: בְּמַאי גָּבְיָא? — כְּשֶׁחַיָּיב מוֹדֶה. שׁוֹנִין. בַּעֲלֵי בָּרַיְיתָא. גְּרוּשָׁה הֲרֵי הִיא כְּבַעַל חוֹב. לִגְבּוֹת לְעוֹלָם שֶׁלֹּא בְּהַזְכָּרָה, דְּוַדַּאי לֹא מָחֲלָה. כְּשֶׁחַיָּיב מוֹדֶה. שֶׁלֹּא נִתְקַבְּלָה כְּתוּבָּתָהּ. בַּר קָזָא. שֵׁם חָכָם.

הֲרֵי

ומנח תפילין. ואע"ג שחולי מעיים *פטורין מן התפילין, לפי שאין יכולין ליזהר היטב — אבל ר' היה מנהיג עצמו בקדושה יותר מדאי, והיה יודע היטב ליזהר. מ"ר. **לא** נהניתי אפילו באצבע קטנה. דאמרינן במדרש: עד שאדם מתפלל שיכנס תורה לתוך גופו יתפלל שלא יכנסו מעדנים לתוך גופו, ומייתי הא עובדא דרבי.

ומרתא בת ביתוס עשרים וחמש שנים. אמר לי רבי: דהך פירכא ליתא אליבא דבר קפרא, דאמר לקמן: לא שנו אלא מנה ומאתים, אבל תוספת אית לה. דלענין כתובה דאורייתא — מרתא בת בייתוס וענייה שבישראל שוות. אלא אליבא דר' יוחנן, דאמר דאפילו תוספת אין לה, איירי הכא. ולי נראה: דאליבא דכו"ע איתא. דהכא — אליבא דרבי מאיר איירי, ולקמן לא קאי בר קפרא אלא אליבא דרבנן, דאמרי: גובה כתובתה בבית אביה עד כ"ה שנים, והואיל ושהתה כל כך, מחלתה. ואמר בר קפרא: דדוקא מנה ומאתים מחלה, אבל תוספת דהויא כמו מתנה בעלמא — לא מחלה, כמו שאר בעל חוב דלא מחיל. אבל לרבי מאיר דמפסדה משום שיש בעשרים וחמש שנה שתעשה טובה כנגד כתובה — אין חילוק בין תוספת למנה ומאתים, דלפום גמלא שיחנא. דאי לא תימא הכי, אלא אדר"מ קאי — אם כן מדקאמר דתוספת יש לה, אלמא לית ליה דלפום גמלא שיחנא — אם כן קשה לדידיה: אלמנה דכתובתה מנה עד כ"ה שנים, ובתולה דכתובתה מאתים עד כ"ה שנים! ודומה לי דבר פשוט: דאליבא דרבנן קאי לקמן, דכולה סוגיא דלקמן מיירי אליבא דרבנן.

היכי דמי אי דלא נקיטא כתובה במאי גביא? תימה: אמאי לא דייק כמו כן במתניתין: במאי גביא בשלא שהתה כ"ה? אלא לאו — בנקיטא כתובה, וקתני דמחלה בכ"ה! וי"ל: דאמתני' ליכא למיפרך, דאיכא למימר דמתני' בעידי מיתה. והא אליבא דרב קיימא, דלדידיה (לעיל פט:) אלמנה גביא בעדי מיתה. והא דקאמר: אי דלא נקיט' כתובה בידה במאי גביא — היינו גט, דכמאן דכתב ביה מנה ומאתים דמי, דלרב (שם) גרושה לא גביא אלא בגט.

מר

תוספות רי"ד

מתני' כל זמן שהיא בבית אביה גובה כתובתה לעולם וכ"ז שהיא בבית בעלה גובה כ' עד כ"ה שנה שיש בכ"ה שנה שתעשה טובה כנגד כ' דברי ר"מ שאמר משום רשב"ג וחכ"א כ"ז שהיא בבית בעלה גובה כ' לעולם וכ"ז שהיא בבית אביה גובה כתובתה עד כ"ה שנה מתה יורשיה מזכירים כ' עד כ"ה שנה פי' כ"ז שהיא בבית אביה שאינה נוגעת בנכסי בעלה גובה כ' לעולם בין אם נותנים לה מזונות בין אם אין נותנים לה כ"ז שהיא בבית בעלה וניזונית שם גובה כ' עד כ"ה שנה אבל אם עברה כ"ה שנים אבדה כ' שיש באלו הכ"ה שנה שיעור שתעשה טובה וג"ח לעניים המחזירים בבתים כנגד כתובה ואינה רשאית ליתן לעניים מנכסי יתומים וכל מה שנתנה אנו מחשיבים לה בכ' ושיערו חכמים שמה שנותנת בכ"ה שנים עולה לה שיעור כ' ובגמרא בעי לר"מ מהו שתשלש פי' שאם לא שהתה כ"ה ושהתה חציה מהו שתפסיד חצי כ' בעבור טובה שעשת' רורחי רזולה ואחריון מפסדת לפי חשבון א"ד דוקא כשעולה הטובה כנגד כתובתה דלאו בת גבי' היא כלל אז מפסדת כתובתה אבל קודם שישלימו הכ"ה שנים דבת גבי' היא מתוך שגובה מקצת גובה הכל ואין מחשבין הטובה שעשת ואיתוקם בתיקו וחכ"א כ"ז וכו' פירוש שמה שאמרו הראשונים שבכ"ה שנים מפסדת כ' אין הטעם מפני טובה שעשת דההיא טובה שגמלה עם עניים ניחא להו ליתמי משום מצוה ואין מחשבים ממנה כלום אלא טעם איבוד כ' היא מפני שכ"ז הזמן מחלה להן כתובתה והלכך כ"ז שהיא בבית בעלה וניזונית מנכסיו גובה כ' לעולם שזה ששתקה לא מפני שמחלה אלא בעבור מזונותיה שאף אם היה רוצים להגבותה כתובתה לא היתה מקבלת היא כדי שלא תפסיד מזונות וכ"ז שהיא בבית אביה ולא היה זנין אותה שם גובה כתובתה עד כ"ה שנים אבל אם שהתה כ"ה שנים ולא תבעה כ' מחלתה ודוקא כשלא היה זונן אותה שם אבל אם היה זונן אותה שם זה ששתקה מפני המזונות שתקה שאפילו אם היה רוצים להגבותה כ' היא לא היתה מקבלת שלא תפסיד למזונותיה וכ"כ גם ר"ח ז"ל הא דאמרינן כ"ז שהיא בב"א גובה כתובתה עד כ"ה שנים דוקא בשאינה ניזונית מהם אבל אם היתה ניזונית מהם גובה כ' לעולם וכך פי' המורה בריש פ' אע"פ דאמרן תוספת כתובה ככתובה למאי נ"מ וכו' עד כ"ז שהיא בב"א תנן בהנושא כ"ז שהיא בבית בעלה במשך אלמנותה גובה כתובתה לעולם וכ"ז שהיא בב"א שלא היו עובדים אותה היתומים ולא זנין גובה כתובתה עד כ"ח שנים ואם שחתח יותר מכאן מחלתו וכן כתובה והבא דפי' המורה כ"ז שהיא בב"א והיורשים זנין אותה וזה זה פי' לר"ח שאין שזנו בעבור מחילה אלא בעבור הטובה שעשת מנכסי יתומים ואם היא בב"א אע"פ שזנים אותה שם אם עשת טובה ממזונותיה שלה הן ואין עולים לה בכתובתה אבל בדברי חכמים דטעמייהו משום מחילה אין לפרש אלא כגון שלא היו זנים אותה. מתה יורשיה מזכירים כתובתה עד כ"ה שנה בפ' כל הנשבעים מוקי לה כשנשבעה ומתה שאין אדם מוריש שבועה לבניו מפני שאינו ממון: א"ל אביי לרבה אתא קודם שקיעת החמה גביא כ' לאחר שקיעות החמה לא גביא כ' בהאי פורתא אחליתי' א"ל אין כל מדות חכמים כך היא במ' סאה הוא טובל במ' חסר קורטוב א"ט. אר"י א"ר העיד ר"ש לפני רבי שאמר משום אביו ל"ש אלא שאין שטר כתובה יוצא מת"י אבל שטר כתובה יוצא מת"י גובה כ' לעולם פי' ל"ש שבכ"ה שנים מחלה כתובתה אלא כשאין לה כתובה כגון במקום שאין כותבין כתובה וסומכים על תנאי ב"ד א"נ שאבדתה אבל אם שטר וכו' פי' שאילו מחלתה היתה מוסרת להן שטר כתובתה ור"א אמר אפילו שטר כתובה יוצא מת"י אינו גובה אלא עד כ"ה שנה מתיב ר"ש ב"ח גובה שלא (בהכרזה) [בהזכרה] פי' אם שתק כ"ה שנים ולא מיחה על חובו אינו מפסיד בכך ה"ד אי דלא נקט שטרא במאי גבי אלא לאו דנקט שטרא וב"ח הוא דלאו בר אחולי הוא הא אלמנה אחילתא פירוש האלמנה היא בת מחילה מפני שנהנית כל השנים וכתובתה אינה מלוה ולא חסרה בה ממון אבל בע"ח למה הוא רוצה למחול חובו הוא מותיב לה והוא מפרק לה בשחייב מודה:

שלח

עין משפט נר מצוה

[חולין קז. ע"ש פירש"י]

כט א טוש"ע י"ד סימן תג סעיף ו בהג"ה:

ל ב ג מיי' פט"ז מהל' אישות הלכה כב סמג עשין מח טוש"ע אה"ע סימן קא סעיף א:

לא ד ה טוש"ע ח"מ סימן לח סעיף א:

לב ו מיי' שם הלכה כא סמג שם טוש"ע אה"ע סימן קא סעיף ב:

לג ז מיי' שם טוש"ע שם סעיף א:

מסורת הש"ס

תורה אור

שבועות מח.

לעיל סז. סוטה יג:

ר"ה יג. מנחות קג:

גליון הש"ס

גמ' שיכופו עליונים. עיין בר"ן נדרים דף מ' ע"א: שם אין שלום אמר ה'. נ"ל אלהי (ישעיה נז).

הֲרֵי הִיא כְּבַתְּחִלָּה. וְאִם הָיָה שְׁטַר כְּתוּבָּה יוֹצֵא מִתַּחַת יָדֶיהָ — גּוֹבָה כְּתוּבָּתָהּ לְעוֹלָם. שָׁלַח לֵיהּ רַב נַחְמָן בַּר רַב חִסְדָּא לְרַב נַחְמָן בַּר יַעֲקֹב: יְלַמְּדֵנוּ רַבֵּינוּ, כְּשֶׁשְּׁטַר כְּתוּבָּה יוֹצֵא מִתַּחַת יָדָהּ מַחֲלוֹקֶת, אוֹ כְּשֶׁאֵין שְׁטַר כְּתוּבָּה יוֹצֵא מִתַּחַת יָדָהּ, וַהֲלָכָה כְּדִבְרֵי מִי? שָׁלַח לֵיהּ: בְּשֶׁאֵין שְׁטַר כְּתוּבָּה יוֹצֵא מִתַּחַת יָדָהּ מַחֲלוֹקֶת, אֲבָל שְׁטַר כְּתוּבָּה יוֹצֵא מִתַּחַת יָדָהּ — גּוֹבָה כְּתוּבָּתָהּ לְעוֹלָם, וַהֲלָכָה כְּדִבְרֵי חֲכָמִים. כִּי אֲתָא רַב דִּימִי א"ר שִׁמְעוֹן בֶּן פַּזִּי א"ר יְהוֹשֻׁעַ בֶּן לֵוִי מִשּׁוּם בַּר קַפָּרָא: לֹא שָׁנוּ אֶלָּא מָנֶה מָאתַיִם, אֲבָל תּוֹסֶפֶת — יֵשׁ לָהּ. [א]וְרַבִּי אַבָּהוּ א"ר יוֹחָנָן: אֲפִילּוּ תּוֹסֶפֶת אֵין לָהּ. דְּאָמַר *רַבִּי אַיְבוּ אָמַר רַבִּי יַנַּאי: תְּנַאי כְּתוּבָּה — כִּכְתוּבָּה דָּמֵי. אִתְּמַר נַמִּי, א"ר אַבָּא אָמַר רַב הוּנָא אָמַר רַב: לֹא שָׁנוּ אֶלָּא מָנֶה מָאתַיִם, אֲבָל תּוֹסֶפֶת — יֵשׁ לָהּ. *אֲמַר לֵיהּ רַבִּי אַבָּא לְרַב הוּנָא: אֲמַר רַב הָכִי? אֲמַר לֵיהּ: אִישְׁתִּיקַן קָאָמְרַתְּ אוֹ אַשְׁקְיַין קָאָמְרַתְּ? אֲמַר לֵיהּ: אִישְׁתִּיקַן קָאָמֵינָא.§ חֲמָתֵיהּ דְּרַב חִיָּיא אֲרִיכָא אִינְתַּת אֲחוּהּ הֲוַאי, וְאַלְמָנָה בְּבֵית אָבִיהָ הֲוַאי, וְזָנָהּ עֶשְׂרִים וְחָמֵשׁ שְׁנִין בְּבֵי נָשָׁא. לְסוֹף אָמְרָה לֵיהּ: הַב לִי מְזוֹנֵי. אֲמַר לָהּ: לֵית לָךְ מְזוֹנֵי. הַב לִי כְּתוּבָּה! אֲמַר לָהּ: לָא מְזוֹנֵי אִית לָךְ, וְלָא כְּתוּבָּה אִית לָךְ. תַּבְעָתֵיהּ לְדִינָא קַמֵּיהּ דְּרַבָּה בַּר שֵׁילָא. אֲמַר לֵיהּ: אֵימָא לִי אִיזִי גּוּפָא דְּעוּבְדָא הֵיכִי הֲוָה? אֲמַר לֵיהּ: זַנְיתָהּ עֶשְׂרִים וְחָמֵשׁ שָׁנִים בְּבֵי נָשָׁא, בְּחַיֵּי דְּמָר דִּבְכַתְפַאי אַמְטַאי לָהּ. [ב]אֲמַר לֵיהּ: טַעְמָא מַאי אָמוּר רַבָּנַן: כָּל זְמַן שֶׁהִיא בְּבֵית בַּעְלָהּ גּוֹבָה כְּתוּבָּתָהּ לְעוֹלָם — דְּאָמְרִינַן מִשּׁוּם כִּיסוּפָא הוּא דְּלָא תָּבְעָה, הָכָא נַמִּי — מִשּׁוּם כִּיסוּפָא הוּא דְּלָא תָּבְעָה, זִיל הַב לָהּ. לָא אַשְׁגַּח. כְּתַב לָהּ אַדְרַכְתָּא אַנִּיכְסֵיהּ. אֲתָא לְקַמֵּיהּ דְּרָבָא, א"ל: חֲזִי מָר הֵיכִי דָּנַן! א"ל: שַׁפִּיר דָּנָךְ. אָמְרָה לֵיהּ: אִי הָכִי — לֵיזִיל לֶיהֱדַר לִי פֵּירֵי דְּמִן הַהוּא יוֹמָא עַד הָאִידָּנָא! אֲמַר לָהּ: אַחֲוִי לִי אַדְרַכְתֵּיךְ. חַזְיֵיהּ דְּלָא הֲוָה כָּתוּב בָּהּ "וְאִישְׁתְּמוֹדַעְנָא דִּנְכָסִים אִלּוּ דְּמִיתְנָא אִינּוּן". [ג]אֲמַר לָהּ: אַדְרַכְתָּא לָאו שַׁפִּיר כְּתִיבָא. אָמְרָה לֵיהּ: תֵּיזִיל אַדְרַכְתָּא, [ד]אֶישְׁקוֹל מִיּוֹמָא דִּשְׁלִימֵי יוֹמָא אַכְרַזְתָּא עַד הַשְׁתָּא. אֲמַר לָהּ: הָנֵי מִילֵּי — [ה]הֵיכָא דְּלָא כְּתִיב טָעוּתָא בְּאַדְרַכְתָּא, אֲבָל הֵיכָא דִּכְתִיב טָעוּתָא בְּאַדְרַכְתָּא — לֵית לָן בָּהּ. אָמְרָה לֵיהּ: וְהָא מָר הוּא דְּאָמַר: *אַחֲרָיוּת טָעוּת סוֹפֵר הוּא! אֲמַר לָהּ רָבָא: בְּהָא לֵיכָּא לְמֵימַר טָעוּת סוֹפֵר הוּא, דִּבְהָא אֲפִי' רַבָּה בַּר שֵׁילָא טָעֵי. מֵעִיקָּרָא הוּא סְבוּר: הָנֵי וְהָנֵי דִּידֵיהּ, מַה לִּי מֵהָנֵי מַה לִּי מֵהָנֵי? וְלָא הִיא; זִימְנִין דְּאָזְלָה וּמַשְׁבְּחָה לְהוּ, וּדְבַעְלָהּ מִכְּסְפֵי, וַאֲמַר לָהּ: שְׁקֵיל דִּידָךְ וְהַב לִי דִּידִי, וְאָתֵי לְאַפּוֹקֵי לַעַז עַל בֵּי דִינָא.§

הדרן עלך הנושא

שְׁנֵי דַיָּינֵי גְזֵירוֹת הָיוּ בִּירוּשָׁלַיִם, אַדְמוֹן וְחָנָן בֶּן אֲבִישָׁלוֹם. חָנָן אוֹמֵר שְׁנֵי דְבָרִים, אַדְמוֹן אוֹמֵר שִׁבְעָה. *מִי שֶׁהָלַךְ לִמְדִינַת הַיָּם וְאִשְׁתּוֹ תּוֹבַעַת מְזוֹנוֹת, חָנָן אוֹמֵר: תִּשָּׁבַע לעיל פח:

אמר רב הונא אמר רב לא שנו אלא מנה מאתים אבל תוספת יש לה. תימה: א"כ אמאי קאמר רב לעיל: לא שנו אלא כשאין שטר כתובה יוצאה מתחת ידה, אבל כששטר כתובה יוצאה מתחת ידה – גובה כתובתה לעולם. ומאי ראיה היא משום שטר כתובה, הואיל *ואינה גובה בה לרבו!

ה"ג אתיא לקמיה דרבה. דרבה מיבעי ליה למיהדר פירי מיומא דכתיבא אדרכתא. דהכי סבירא ליה לרבה בפ' "המפקיד" (ב"מ דף לה: ושם). אבל רבא סבירא ליה: מכי שלימו יומי אכרזתא. מיהו, מדקאמרה: והא מר הוא דאמר אחריות טעות סופר הוא – נראה דגרסינן "רבא", דרבא הוא דאמר הכי בפ"ק דב"מ (דף טו: ושם). ומצינן למימר דשפיר גרים "רבא", והאי דקאמרה ליה: ליזיל ולהדר פירי מן ההוא יומא דכתיבא אדרכתא עד האידנא – היא אמרה כן, אבל לרבא לא סבירא ליה הכי. ומאי דקאמר לה רבא: אחוי לי אדרכתא – נראה לי: לאו משום דאי הוה שפיר כתיבא אדרכתא דליהדר מיומא דכתיבא אדרכתא, אלא משום דאי לא כתיבא אדרכתא שפיר – דלא מיחייב לאהדורי פירי אפילו מכי שלמו יומי דאכרזתא, כיון דבטעות כתיבא אדרכתא, כדמסיק.

הדרן עלך הנושא

שני דייני גזירות היו בירושלים אדמון וחנן בן אבישלום. הכי גורס ר"ת. דהא לר"ת, דאמר בפ' "חלק" (סנהדרין דף קג:) דאבשלום אין לו חלק לעולם הבא – היכי מסקינן בשמיה? הא אמרינן ביומא בפ' "הממונה" (דף לח:) "ושם רשעים ירקב" – דלא מסקינן בשמייהו. ואבישלום שם אדם, כדכתיב *(אביה בן אבישלום). והכי נמי הא דאמר בפ"ק דשבת (דף יב: ושם): שבנא איש ירושלים – לא גרסינן "שבנא" אלא "שכנא", (א) דשבנא רשע הוה. ויש מפרש דתרי שבנא היו, דכתיב בישעיה (כ"ב) "כה אמר ה' צבאות לך בא אל הסוכן הזה אל שבנא אשר על הבית" וכתיב בתריה "מה לך פה וגו' הנה ה' מטלטלך וגו'" הרי משמע שהיה רשע, ואחריו כתוב בסוף (שם לז) "ויהי כשמוע המלך חזקיהו ויקרע את בגדיו ויתכס בשק ויבא בית ה' וישלח [את] אליקים אשר על הבית ואת שבנא הסופר ואת זקני העם מתכסים בשקים וגו'" הרי משמע דשבנא אחרינא היה. ולאו מילתא היא, דהוא נמי שבנא הראשון, ואין מוקדם ומאוחר. דבעל כורחיך ההוא בתרא דהיה במעשה דסנחריב רשע הוה, דאמרי' (סנהדרין דף כו.) ששלח לסנחריב: שבנא וסיעתו – השלימו, חזקיה וסיעתו – לא השלימו. וכשרצה לצאת הוא וסיעתו חוץ לחומה – יצא הוא תחלה, ובא גבריאל וסגר הדלת, והרגו סנחריב, ואז נתנבא עליו ישעיה "הנה ה' מטלטלך". ואף על גב דהכא קרי ליה סופר, והתם על הבית – מכל מקום אחד הוא. מ"ר.

קשיא

הֲרֵי הִיא כְּבַתְּחִלָּה. וּמוֹנָה כ"ה שָׁנִים מִשָּׁעַת תְּבִיעָה. וַהֲלָכָה כְּדִבְרֵי מִי. כְּדִבְרֵי ר' מֵאִיר, אוֹ כְּדִבְרֵי חֲכָמִים? לֹא שָׁנוּ. דִּבְכ"ה שָׁנִים מָחֲלָה. אֶלָּא מָנֶה מָאתַיִם. שֶׁהֵם שֵׁם כְּתוּבָּה. אֲבָל תּוֹסֶפֶת יֵשׁ לָהּ. דְּמַתָּנָה הִיא, וְלָאו כְּתוּבָּה. תְּנַאי כְּתוּבָּה. תּוֹסֶפֶת. אִישְׁתִּיקַן קָאָמְרַתְּ אוֹ אַשְׁקְיַין קָאָמְרַתְּ. הַאי דְּמַתְמַהַתְּ וְאָמְרַתְּ "אָמַר רַב הָכִי"? – מִשּׁוּם דְּלָא סְבִירָא לָךְ הוּא, וּלְאִשְׁתִּיקַן קָאָמְרַתְּ, אוֹ מִשּׁוּם דַּחֲבִיבָה עֲלָךְ, וּלְאַשְׁקְיַין קָאָמְרַתְּ? דְּאִי אָמְרָהּ רַב – מַשְׁקֵית לִי חַמְרָא, דְּשַׁפִּיר אָמַר. אִינְתַּת אֲחוּהּ הֲוַאי. וּמֵת בְּלֹא בָּנִים, וִירָשׁוֹ רַב חִיָּיא אָחִיו. לֹא כְּתוּבָּה וְלֹא מְזוֹנֵי. דְּאַלְמָנָה בְּבֵית אָבִיהָ אֵינָהּ גּוֹבָה אֶלָּא עַד כ"ה שָׁנִים, כְּרַבָּנַן. בְּכַתְפַאי אַמְטַאי לָהּ. מְזוֹנוֹתֶיהָ מִיּוֹם לְיוֹם. הָא נַמִּי מִשּׁוּם כִּיסוּפָא. מֵחֲמַת הַכָּבוֹד הַזֶּה שֶׁעָשִׂיתָ לָהּ. אַדְרַכְתָּא. פְּסַק דִּין לִגְבּוֹת נְכָסָיו בְּכָל אֲשֶׁר תִּמְצָא. אָמְרָה לֵיהּ. לְרָבָא. לִיהֲדַר לִי פֵּירֵי. דְּאַרְעָא, דְּשִׁיעוּר כְּתוּבָּתַאי, דַּאֲכַל מִיּוֹמָא דְּאִיכְתִּיבָא לִי אַדְרַכְתָּא עֲלַיְיהוּ, שֶׁמֵּאוֹתוֹ הַיּוֹם הֵם בִּרְשׁוּתִי. דְּהָכִי אָמַר רַבָּה בְּפֶ' "הַמַּפְקִיד" (ב"מ דף לה:) גַּבֵּי שׁוּמַת ב"ד: לוֹקֵחַ מֵאֵימָתַי אָכֵיל פֵּירֵי? אָמַר רַבָּה: מִכִּי מָטֵי אַדְרַכְתָּא לִידֵיהּ, אַבַּיֵּי אָמַר: מִשֶּׁנֶּחְתְּמָה, רָבָא אָמַר: מִכִּי שָׁלְמוּ יוֹמֵי אַכְרַזְתָּא. אִישְׁתְּמוֹדַעְנָא. הִכַּרְנוּ שֶׁהַנְּכָסִים הַלָּלוּ שֶׁכָּתַבְנוּ אַדְרַכְתָּא זוֹ עֲלֵיהֶם – שֶׁל מֵת הָיוּ, שֶׁשִּׁיעְבּוּד כְּתוּבָּתָהּ שֶׁל זוֹ עֲלֵיהֶם. לָאו שַׁפִּיר כְּתִיבָא. שֶׁנִּכְתְּבָה עַל כָּל שָׂדוֹת שֶׁל זֶה, וְשָׂדוֹת שֶׁלּוֹ אֵינָן מְשׁוּעְבָּדוֹת לִכְתוּבָּתֵיךְ, אֶלָּא אוֹתָן שֶׁיָּרַשׁ מִבַּעֲלֵיךְ. תֵּיזִיל אַדְרַכְתָּא. דְּלָא שַׁפִּיר כְּתִיבָא. אֶשְׁקוֹל. פֵּירֵי מִיּוֹם שֶׁמָּצָאתִי שָׂדֶה מִשְּׂדוֹת הַמֵּת, וְהֶרְאֵיתִי אַדְרַכְתָּא שֶׁבְּיָדִי לְבֵית דִּין, וּשְׁמָאוּהָ, וְהִכְרִיזוּ עָלֶיהָ ל' יוֹם כַּמִּשְׁפָּט. דַּאֲפִילּוּ לְרָבָא דְּמֵרַע כֹּחַ הַלּוֹקֵחַ טְפֵי בְּפֶרֶק "הַמַּפְקִיד" (שם דף לה:), מוֹדֶה דְּמִכִּי שָׁלְמוּ יוֹמֵי אַכְרַזְתָּא – אָכֵיל לוֹקֵחַ פֵּירֵי. אֲבָל הֵיכָא. דְּאַדְרַכְתָּא בְּטָעוּת כְּתִיבָא – לֹא זָכִית בָּהּ עַד דְּמָטְיָא אַרְעָא לִידָךְ, שֶׁהֲרֵי מִכֹּחַ אַדְרַכְתָּא שְׁמָאוּהָ בֵּית דִּין וְהִכְרִיזוּ. וְהָא מַר הוּא דְּאָמַר. בְּפֶרֶק "שְׁנַיִם אוֹחֲזִין" (שם דף טו:). אַחֲרָיוּת טָעוּת סוֹפֵר הוּא. שְׁטָר שֶׁאֵין בּוֹ אַחֲרָיוּת גּוֹבֶה מִנְּכָסִים מְשׁוּעְבָּדִים, שֶׁלֹּא הִלְוָה זֶה מָעוֹת אֶלָּא בְּאַחֲרָיוּת שִׁיעְבּוּד נְכָסָיו, וְהַסּוֹפֵר טָעָה. הָכָא נַמִּי, ב"ד לִוּוּ לַסּוֹפֵר לִכְתּוֹב אַדְרַכְתָּא הוֹגֶנֶת, וְהוּא טָעָה דְּלָא כָּתַב "אִישְׁתְּמוֹדַעְנָא", וְהַכֹּל יוֹדְעִים שֶׁלֹּא נִכְתְּבָה אֶלָּא עַל נִכְסֵי הַמֵּת. בְּהָא רַבָּה בַּר שֵׁילָא. שֶׁצִּוָּה לִכְתּוֹב לֵיךְ אַדְרַכְתָּא, טָעָה וְסָבוּר שֶׁתִּגְבֶּה מִנְּכָסִים שֶׁלּוֹ. דְּאָזְלָה וּמַשְׁבְּחָה לְהוּ. לַשָּׂדֶה שֶׁשָּׁמוּ לָהּ ב"ד. וּדְבַעְלָהּ מִכְּסְפֵי. שֶׁלֹּא יַשְׁבִּיחַ הַיּוֹרֵשׁ, שֶׁהוּא בָּטוּחַ שֶׁיַּחֲזוֹר וְיִקַּח אֶת שֶׁלּוֹ מִיָּדָהּ, וְיֹאמַר לָהּ: טְלִי שֶׁלִּי הַמְשׁוּעְבָּד לֵיךְ. וְאָתֵי לְאַפּוֹקֵי לַעַז עַל בֵּית דִּין. שֶׁלֹּא עִיְּינוּ בְּתַקַּנְתָּא שֶׁל זוֹ.

הדרן עלך הנושא

שְׁנֵי דַיָּינֵי גְזֵירוֹת. מְפָרֵשׁ בַּגְּמָרָא. חָנָן אוֹמֵר שְׁנֵי דְבָרִים. שֶׁלֹּא הָיוּ חֲכָמִים מוֹדִים לוֹ.

בעלה גובה כתובתה לעולם דאמרינן מחמת כסיפא הוא דלא תבעה פי' מפני שזנים אותה ובעבור זה שתקה ולא תבעה ה"נ מפני שזנה שם לא תבעה ולא אשגח בה כתב לה אדרכתא אנכסי' פי' שטר שומא על נכסיו אתא לקמיה דרבא א"ל חזי מר היכי דנן א"ל שפיר דנך א"ל ליהדר לי פירי מן ההיא יומא עד האידנא פי' א"ל לרבא למיהדר לי ר"ח פירי דארעא דשמי לי בכתובתי דאכל מיומא דמטת אדרכתא לידי דהכי אמרינן בפ' המפקיד מאימתי אכיל פירי מכי מטא אדרכתא לידיה. ואדרכתא לא שפיר כתיבי ולאו אדרכתא היא פי' לא היתה כתובה כהוגן דאיבעי' ליה למיכתב בה הכרנו שהנכסים הללו שכתבנו אדרכתא זו עליהם של מת היה ששיעבוד כתובתה עליהם מוטלת ולא על כל נכסיו של זה א"ל תיזיל אדרכתא אישקול מיומא דשלמת יומא אכרזתא א"ל ה"מ היכא דליכא טעות באדרכתא אבל הכא כיון דאיכא טעות באדרכתא לא פי' שכל מה שעשו בטעות עשו כיון שלא עשו על נכסי המת א"ל והא מר הוא דאמר אחריות ט"ס הוא פי' ה"נ שמא הסופר טעה שב"ד אדרכתא יפה צוו לו לכתוב והוא טעה ולא כתב בה אשתמודענא והדבר ברור שלא נכתבה כ"א על נכסי המת א"ל דהא אפילו רבה בר"ש הוא סבר הני והני דידיה נינהו ולא היא זמנין דאזלא ומשבחו לה וא"ל שקול דידך והב לי דידי פי' אזלא האשה ומשבחה לשדה ששמו לה ב"ד ודבעלה מיכספו שלא ישביחם היורש שהוא בטוח שיחזור ויקח את שלו מידה ויאמר לה טלי שלי המשועבדים ליכי ואתי לאפוקי לעז על בית דין שלא עיינו בתקנתה של זו:

פי"ג שני דייני גזילות היו בירושלים אדמון וחנן בן אבשלום חנן אומר שני דברים ואדמון אומר שבעה מי שהלך למדינת הים ואשתו תובעת מזונות חנן אומר תשבע בסוף ולא תשבע בתחלה נחלקו עליו בני כהנים גדולים ואמרו תשבע בתחלה ובסוף אר"ד ב"ה כדבריהם. אר"י ב"ז יפה אמר חנן לא תשבע אלא בסוף פי' מומחין היו ומוסכמין לדין דיני גזילות. חנן אומר ב' דברים ואין חכמים מודים לו ואדמון ז' חנן אומר תשבע

לד א מיי' פט"ז מהל' אישות הלכה כג טור ש"ע אה"ע סימן קא סעיף ג:

כן הוא בכל הספרים וכ"כ מהרש"ל וגירסת מהרש"ל הואיל וגובה בה לרב

לה ב מיי' שם טוש"ע שם סעיף כ:

לו ג מיי' פי"ב מהלכות מלוה ולוה הלכה ט סמג עשין צד טוש"ע ח"מ סימן קט סעיף ב:

לז ד מיי' פכ"ב שם הלכה יב סמג שם טוש"ע ח"מ סימן לח סעיף ט:

לח ה מיי' פי"ב שם הל' ט סמג שם טוש"ע ח"מ סימן קט סעיף ב וסימן לח סעיף ט:

[ל"ל גבי אביה (מ"א טו) ושם אמו מעכה בת אבישלום]

תוספות רי"ד

שלח ליה ר"נ ב"ח לר"נ ב"י ילמדנו רבינו בששטר כתובה יוצא מת"י מחלוקת או בשאין שטר יוצא מת"י מחלוקת והל' כדברי מי שלח ליה כשאין שטר יוצא מת"י מחלוקת אבל שטר כתובה יוצא מת"י גובה כתובתה לעולם והל' כחכמים: כי אתא ר"ד אר"ש ב"פ אריב"ל משום ב"ק ל"ש אלא מו"מ אבל תוספת י"ל. ור"א אר"י אפילו תוספת א"ל דאר"א אר"י תנאי כ' ככתובה דמי וכך הל' ודוקא תוספת כתובה דדמיא לכתובה היא דשקלי מנכסי בעלה ולא חסרא בהו מידי אבל נדוניתה שהביאה מבית אביה חוב גמור הוא וגובה לעולם: חמתי' דר"ח מדיפתי איתת אחוה הויא זנה כ"ה שנין בבי נשא פי' שמת אחיו בלא בנים וירש אותו הוא לסוף א"ל הב לי מזוני א"ל ל"ש כתובה תבעתיו לדינא לקמיה דרבא בר"ש א"ל זנתה כ"ה שנים בבי נשא ובחיי דמר דבכתפאי אמטי לה א"ל טעמא מאי אמרו רבנן כ"ז שהיא בבית

[לעיל נד:]

[נדרים עז. ע"ש היטיב בפי' הרא"ש]

[ב"מ יז. טו: ב"ב קסט:]

הגהות הב"ח

(א) תום' ד"ה שני. לא גרסינן אלא שכנא. נ"ב לשון תום' בפ"ק דשבת ושכנא נמי הוי שם אדם כדאמרינן בסוטה אלא כשכנא והלל כו' ועיין בפרק היה נוטל דף כח:

גליון הש"ס

גמ' אמר רב הכי. בתשובות הר"י מיגש סי' לח הגירסא א"ל אישתיק א"ל אישתיק קאמרת אי אשקיין קאמרת וע"ש פירושו: **תום'** ד"ה שני דייני כו' לא גרסינן שבנא. עיין מגילה דף י ע"ב תוס' ד"ה רבה:

תשבע בסוף ולא תשבע בתחלה, נחלקו עליו בני כהנים גדולים, ואמרו: תשבע בתחלה ובסוף. אמר רבי דוסא בן הרכינס: כדבריהם. אמר רבן יוחנן בן זכאי: יפה אמר חנן: לא תשבע אלא בסוף.§ **גמ'** ורמינהי: שלשה דייני גזילות היו בירושלים: אדמון בן גדאי, וחנן המצרי, וחנן בן אבישלום. קשיא תלת אתרין, קשיא גזירות אגזילות! בשלמא תלת אתרין לא קשיא, דחשיב ליה — קתני, דלא חשיב ליה — לא קתני. אלא גזירות אגזילות קשיא! אמר רב נחמן בר יצחק: שהיו גוזרין גזירות על גזילות. כדתניא: *קיטמה נטיעה, ר' יוסי אומר: גוזרי גזירות שבירושלים אומרים: נטיעה, בת שנתה — שתי כסף, בת שתי שנים — ארבע כסף. ורמינהי: שלשה דייני גזירות היו בירושלים: אדמון, וחנן, ונחום! א"ר פפא: מאן תנא נחום — ר' נתן היא. דתניא, רבי נתן אומר: אף נחום המדי מגוזרי גזירות שבירושלים היה, ולא הודו לו חכמים. ותו ליכא? והאמר ר' פנחס אמר רבי אושעיא: שלש מאות ותשעים וארבעה בתי דינין היו בירושלים, כנגדן בתי כנסיות, וכנגדן בתי מדרשות, וכנגדן בתי סופרים! דיינין — טובא הוו, וכי קאמרינן — אגוזרי גזירות קאמרינן. *אמר רב יהודה אמר רב אסי: [א]גוזרי גזירות שבירושלים היו נוטלין שכרן תשעים ותשע מנה מתרומת הלשכה, לא רצו — מוסיפין להם. לא רצו? אטו *ברשיעי עסקינן? אלא, [ב]לא ספקו אע"פ שלא רצו — מוסיפין עליהן. קרנא הוה שקיל איסתירא מזכאי ואיסתירא מחייב, ודאין להו דינא, והיכי עביד הכי? והכתי': °"ושוחד לא תקח"! וכ"ת: ה"מ — היכא דלא שקיל מתרווייהו, דלמא אתי לאצלויי דינא — קרנא, כיון דשקיל מתרווייהו — לא אתי לאצלויי דינא. וכי לא אתי לאצלויי דינא מי שרי? והתניא: [ג]"ושוחד לא תקח" מה ת"ל? אם ללמד שלא לזכות את החייב ושלא לחייב את הזכאי — הרי כבר נאמר: °"לא תטה משפט". אלא אפי' לזכות את הזכאי ולחייב את החייב, אמרה תורה "ושוחד לא תקח"! הני מילי — היכא דשקיל בתורת שוחד, קרנא — בתורת אגרא הוה שקיל. ובתורת אגרא מי שרי? והתנן, *[ד]הנוטל שכר לדון — דיניו בטלין! הנ"מ — אגר דינא, קרנא — אגר בטילא הוה שקיל. ואגר בטילא מי שרי? והתניא: מכוער הדיין שנוטל שכר לדון, אלא שדינו דין. ה"ד? אילימא אגר דינא — דינו דין? (א)והתניא: הנוטל שכר לדון — דיניו בטלין! אלא — אגר בטילא, וקתני: מכוער הדיין! [ה]הני מילי בטילא דלא מוכחא, קרנא — בטילא דמוכחא הוה שקיל, דהוה תהי באמברא דחמרא, ויהבי ליה זוזא. כי הא דרב הונא, כי הוה אתי דינא לקמיה, [ו]אמר להו: הבו לי גברא דדלי לי *בחריקאי, ואידון לכו דינא. אמר רבי אבהו: בא וראה כמה סמויות עיניהן של מקבלי שוחד; אדם חש בעיניו — נותן ממון לרופא, ספק מתרפא ספק אינו מתרפא. והן נוטלין שוה פרוטה, ומסמין עיניהן, שנאמר: °"כי השוחד יעור פקחים". תנו רבנן: °"כי השוחד יעור עיני חכמים" — קל וחומר לטפשין. "ויסלף דברי צדיקים" — קל וחומר לרשעים. מידי טפשים ורשעים בני דינא נינהו? אלא הכי קאמר: "כי השוחד יעור עיני חכמים", אפילו חכם גדול ולוקח שוחד — אינו נפטר מן העולם בלא סמיות הלב. "ויסלף דברי צדיקים" אפילו

רש"י

תשבע בסוף. כשישמעו בו שמת, ותבא לגבות כתובתה — תשבע שלא עכבה בידה משל בעלה כלום. ולא תשבע בתחלה. בשעת גיבוי מזונות. **גמ'.** אדמון בן גדאי. גוזרין גזירות. קנסות. קיטמה נטיעה גרסינן, בב"ק גבי בהמה שנכנסה לרשות הניזק והזיקה, קטמה נטיעת אילן כמה שמין אותה? שתי כסף. שתי מעות. בתי דינין. של עשרים ושלשה. בתי כנסיות. להתפלל. בתי מדרשות. למשנה ולתלמוד. בתי סופרים. ללמוד תינוקות. נוטלין שכרן. ומתפרנסין הימנו, לפי שלא היו עסוקין במלאכתן. ברשיעי עסקינן. שנוטלין שכר לדון יותר מכדי חייהן? לא ספקו. למזונות. אע"פ שלא רצו. ליטול. איסתירא. סלע. בתורת שוחדא. שלא תחייבני אם זכאי אני. בתורת אגרא. שכר טורח. הנוטל שכר לדון. משנה היא במס' בכורות (דף כט.). אגר דינא. לא אומר לכם הדין, כי אם בשכר כך וכך. אגר בטילא. שהיה בטל ממלאכתו. דהוה תהי באמברי דחמרא. מריח באוצרות יין, אי זה ראוי להתקיים. והקרוב להתקלקל — ימכרוהו מיד, ושכר זה היה מלוי לו בכל יום. כי הא. דבטילא דמוכח שרי. הבו לי גברא דדלי. מיא, משקה שדותי. בחריקאי. במקומי. חריקאי — אומר אני שהוא לשון (ב) פגום, כמו קרניים חרוקות ד"שחיטת חולין" (נט:), כלו': שאני מסתלק, ונפגם מקומי.

אינו

תוספות

קשיא תלתא אתרין קשיא גזילות אגזירות. וא"ת: אדרבה, אי גזילה וגזירה תרי מילי נינהו — תלתא אתרי לא קשיא; דדייני גזילה הוו תלתא, דייני גזירות לא הוו אלא תרי! ואמר רבי: חדא — דאינו סברא שתהא לדיין א' שתי שררות, דכמה אנשים חשובים היו בירושלים שהיו יכולין לעמוד לכל שררה ושררה. ועוד: אי לאחד מהם הוו שתי שררות — לחנן המצרי היה לו להיות, שהיה חשוב יותר מחנן בן אבישלום, כמו שפי' ר"ת. מ"ר. **דחשיב** ליה קתני. ואין לפרש: דחשיב ליה יותר, דהא מוכח בברייתא דחנן המצרי היה חשוב יותר מחנן בן אבישלום, מדקתני ליה ברישא. אלא ה"פ: דחשיב ליה בתר הכי, דאיירי בהו מתני'; חנן אומר שני דברים אדמון אומר שבעה — קתני. דלא חשיב ליה, כגון חנן המצרי שלא דבר כלום — לא קתני. ולי נראה: דחשיב ליה — החשוב יותר. ואף על גב דקתני חנן המצרי ברישא — הכי נמי אשכחן *מעשה ברבי אליעזר ור' יהושע ורבי אלעזר בן עזריה ור"ע, אע"פ שר"ע היה חשוב מרבי אלעזר בן עזריה, שהוא היה ראש לחכמים, ובכל דוכתי אמרינן (פסחים ג.) "כגון ר"ע וחבריו". ובשילהי פ"ק דיבמות (דף טז.) גבי מעשה דרבי דוסא בן הרכינס דאמר להם רבי יהושע: אני אלך, ואחריו מי — רבי אלעזר בן עזריה, ואחריו מי — ר"ע. וכשנכנסו אלו אמר לר' יהושע: יש בן לעזריה חברינו? הרי לא היה יודע שר' אלעזר בעולם, ולר' עקיבא אמר: "אתה הוא שמך הולך מסוף העולם ועד סופו". ואפ"ה מזכיר ר' אלעזר ברישא. והיינו טעמא — *שהיה ממשפחה מיוחסת יותר מר"ע, שהיה עשירי לעזרא, וגם בשביל נשיאותו. הכא נמי, דקתני חנן המצרי ברישא — לא בשביל שהיה חשוב יותר, אלא מפני שהוא ממשפחה מיוחסת יותר מחנן בן אבישלום. ואומר רבי: דמ"מ תקשי לן: אמאי לא משני כדמשני ר"ת? ולאו פירכא היא, דאי תנא להו לפי שדברו במשנתנו — הוה ליה למיתני "שני דייני גזירות שהיו בירושלים". אבל מדקתני "היו בירושלים" — משמע שנים היו, ותו לא. ועוד: מדתניא בסמוך: רבי נתן אומר אף נחום המדי אחד מדייני גזירות שבירושלים היה, ועל כרחך אברייתא לא קאי, דא"כ לר' נתן ארבע הוו, ואנן מוקמינן דההיא דקתני שלשה אדמון וחנן ונחום המדי לרבי נתן. אלא ודאי דחשיב ליה החשובין יותר, משום הכי קאמר אף נחום המדי היה אחד מגוזרי גזירות, והיה חשוב כמותם. מ"ר. **גוזרי** גזירות שבירושלים היו נוטלין שכרן מתרומת הלשכה. הא דלא פריך הכא: והיכי עבדי הכי? והכתיב "ושוחד לא תקח", כדפריך עליה דקרנא! אומר ר"ת: משום דלא אסור אלא מבעלי דינים, אבל הכא — משל צבור. ורבי מפרש: דהכא לאו בתורת שכר היו נוטלין, אלא הכא כל שעה היו יושבין בדין, ולא היו עוסקין בשום מלאכה, ולא היה להם במה להתפרנס והיה מוטל על הצבור לפרנסן. אבל קרנא — אקראי בעלמא היה יושב, ולא היה לו ליטול שכר. ומהאי טעמא נמי אתי שפיר הא דקאמר לקמן (דף קו.): מלמדי הלכות שחיטה והלכות קמיצה היו נוטלין שכרן מתרומת הלשכה, אף על פי ששכר תלמוד תורה אסור, כדאיתא בפרק "אין בין המודר" (נדרים דף לז.). מ"ר.

אפילו

עין משפט נר מצוה

א א ב מיי' פ"ד מהל' שקלים הלכה ז סמג עשין מה טור ש"ע ח"מ סימן ט סעיף ג:

ב ג מיי' פכ"ג מהלכות סנהדרין הלכה א סמג לאוין רם טוש"ע שם סעיף א וסימן לד סעיף יח בהגה"ה:

ג ד ה ו מיי' שם הלכה ה טור ש"ע שם סע"ה:

[בהגדה של פסח]

[ועי' היטב תוספות ע"ז מה. ד"ה אר"ע ותוס' סוטה ד. ד"ה בן עזאי וכו' ומה שנרשם שם בגליון]

מסורת הש"ס

ב"ק נח:

שקלים ז. [ע"ש]

[יומא ו. יבמות לג: וש"נ]

שמות כג

דברים טז

קידושין נח. בכורות כט.

[גי' הערוך בערך הרק בהריקאי]

שמות כג דברים טז

הגהות הב"ח

(א) גמ' והתנן הנוטל שכר: (ב) רש"י ד"ה בחריקאי וכו' לשון פגוס. וכן לעיל בדף סא. ורש"י פי' שם חדיקאי בדלי"ת:

תוספות רי"ד

תשבע בסוף פירוש כשישמעו בו שמת ותבא לגבות כתובת' אז תשבע שלא עכבה בידה משל בעלה כלום ולא תשבע בתחלה עכשיו בעת גיבוי מזונות ובני כהנים גדולי' אמרו גם עכשיו תשבע שאין בידה משל בעלה כלום ובלא שבועה אין נותנים לה מזונות. קרנא הוה שקיל אסתירא מכל חד וחד ודאין להו דינא והיכי עביד הכי והכתיב ושוחד לא תקח וכ"ת ה"מ היכא דשקיל מחד ומחבריה לא שקיל דלמא אתי לאצלויי דינא קרנא כיון דשקיל מתרוייהו לא אתי לאצלויי דינא וכי לא אתי לאצלויי מי שרי והתניא ושוחד לא תקח מת"ל אם ללמד שלא לזכות את החייב ושלא לחייב את הזכאי הרי כבר נאמר לא תטה משפט אלא אפילו לזכות את הזכאי ולחייב את החייב אמרה תורה לא תקח שוחד הני מילי היכא דשקיל בתורת שוחדא קרנא בתורת אגרא הוה שקיל ובתורת אגרא מי שרי והתנן הנוטל שכרו לדון דיניו בטלין ה"מ אגר דינא קרנא אגר בטלה הוה שקיל ואגר בטילה מי שרי והתניא מכוער הדיין שנוטל שכרו אלא שדינו דין ה"ד אילימא אגר דינא דינו דין מי שרי והתניא הנוטל שכרו לדון דיניו בטלין אלא לאו אגר בטלה וקתני מכוער הדיין ה"מ בטלה דלא מוכחא קרנא בטילה מוכח כזה דהוה תהי בחמרא ויהבו ליה זוזי כי הא דר"ה הוה דלי דולא כי אתא לקמיה לדינא א"ל הב לי גברא דדלי בהריקאי פי' במקומי ואדון לכו דינא אמר

תורה אור

אֲפִילּוּ צַדִּיק גָּמוּר וְלוֹקֵחַ שׁוֹחַד — אֵינוֹ נִפְטָר מִן הָעוֹלָם בְּלֹא טֵירוּף דַּעַת. *כִּי אֲתָא רַב דִּימִי אָמַר: דָּרַשׁ רַב נַחְמָן בַּר כֹּהֵן: מַאי דִּכְתִיב °"מֶלֶךְ בְּמִשְׁפָּט יַעֲמִיד אָרֶץ וְאִישׁ תְּרוּמוֹת יֶהֶרְסֶנָּה" (משלי כט) אִם דּוֹמֶה דַּיָּין לְמֶלֶךְ, שֶׁאֵינוֹ צָרִיךְ לִכְלוּם — יַעֲמִיד אָרֶץ, וְאִם דּוֹמֶה לְכֹהֵן שֶׁמְּחַזֵּר עַל הַגְּרָנוֹת — יֶהֶרְסֶנָּה. אָמַר רַבָּה בַּר רַב שֵׁילָא: אהַאי דַּיָּינָא דְּשָׁאֵיל שְׁאֵילְתָּא — פָּסוּל לְמֵידַן דִּינָא. וְלָא אֲמָרַן — באֶלָּא דְּלֵית לֵיהּ לְאוֹשׁוֹלֵי, אֲבָל אִית לֵיהּ לְאוֹשׁוֹלֵי — לֵית לָן בָּהּ. אִינִי? וְהָא רָבָא שָׁאֵיל שְׁאֵילְתָּא מִדְּבֵי בַּר מָרְיוֹן, אע"ג דְּלָא שָׁיְילֵי מִינֵּיהּ! גהָתָם לְאַחְשׁוּבִינְהוּ הוּא דְּבָעֵי. אָמַר רָבָא: מַאי טַעְמָא דְּשׁוּחֲדָא? כֵּיוָן דְּקַבֵּיל לֵיהּ שׁוּחֲדָא מִינֵּיהּ — אִיקַּרְבָא לֵיהּ דַּעְתֵּיהּ לְגַבֵּיהּ, *וְהָוֵי כְּגוּפֵיהּ, וְאֵין אָדָם רוֹאֶה חוֹבָה לְעַצְמוֹ. מַאי שׁוֹחַד — שֶׁהוּא *חַד. דא"ר פַּפָּא: לָא לֵידוּן אִינִישׁ דִּינָא לְמַאן דְּרָחֵים לֵיהּ, וְלָא לְמַאן דְּסָנֵי לֵיהּ. דְּרָחֵים לֵיהּ — לָא חָזֵי לֵיהּ חוֹבָה, דְּסָנֵי לֵיהּ — לָא חָזֵי לֵיהּ זְכוּתָא. אָמַר אַבַּיֵי: הַאי צוּרְבָא מֵרַבָּנַן דִּמְרַחֲמִין לֵיהּ בְּנֵי מָתָא — לָאו מִשּׁוּם דְּמַעֲלֵי טְפֵי, אֶלָּא מִשּׁוּם דְּלָא מוֹכַח לְהוּ בְּמִילֵּי דִּשְׁמַיָּא. אָמַר רָבָא: מֵרֵישׁ הֲוָה אָמֵינָא: הָנֵי בְּנֵי מְחוֹזָא כּוּלְּהוּ רַחֲמוּ לִי, כֵּיוָן דַּהֲוַאי דַּיָּינָא, אָמֵינָא: מִינַּיְיהוּ סָנוּ לִי, וּמִינַּיְיהוּ רַחֲמוּ לִי. כֵּיוָן דַּחֲזַאי דְּמַאן דְּמִיחַיַּיב לֵיהּ הָאִידָּנָא קָא זָכֵי לְמָחָר, אָמֵינָא: אִם מְרַחֵם — כּוּלְּהוּ רַחֲמוּ לִי, אִי מְסַנּוּ — כּוּלְּהוּ סָנוּ לִי. ת"ר: °"וְשׁוֹחַד לֹא תִקָּח" (שמות כג) — אֵינוֹ צָרִיךְ לוֹמַר שׁוֹחַד מָמוֹן, האֶלָּא אֲפִילּוּ שׁוֹחַד דְּבָרִים נַמִי אָסוּר. מִדְּלָא כְּתִיב "בֶּצַע לֹא תִקָּח". הֵיכִי דָּמֵי שׁוֹחַד דְּבָרִים? וכִּי הָא דִּשְׁמוּאֵל הֲוָה עָבַר בְּמַבְרָא, אֲתָא הַהוּא גַּבְרָא יָהֵיב לֵיהּ יְדֵיהּ. אֲמַר לֵיהּ: מַאי עֲבִידְתֵּיךְ? אֲמַר לֵיהּ: דִּינָא אִית לִי. א"ל: פְּסִילְנָא לָךְ לְדִינָא. זאַמֵימָר הֲוָה יָתֵיב וְקָא דָּאֵין דִּינָא, פָּרַח גַּדְפָּא אַרֵישֵׁיהּ, אֲתָא הַהוּא גַּבְרָא שְׁקַלֵיהּ, א"ל: מַאי עֲבִידְתֵּיךְ? א"ל: דִּינָא אִית לִי. אֲמַר לֵיהּ: פְּסִילְנָא לָךְ לְדִינָא. חמָר עוּקְבָא הֲוָה שְׁדִי רוּקָא קַמֵּיהּ, אֲתָא הַהוּא גַּבְרָא כַּסְיֵיהּ. א"ל: מַאי עֲבִידְתֵּיךְ? א"ל: דִּינָא אִית לִי. א"ל: פְּסִילְנָא לָךְ לְדִינָא. *טר' יִשְׁמָעֵאל בְּר' (מכות כ.) יוֹסֵי הֲוָה רָגִיל אֲרִיסֵיהּ דַּהֲוָה מַיְיתִי לֵיהּ כָּל מַעֲלֵי שַׁבְּתָא כַּנְתָּא דְּפֵירֵי. יוֹמָא חַד אַיְיתֵי לֵיהּ בְּה' בְּשַׁבְּתָא. א"ל: מַאי שְׁנָא הָאִידָּנָא? א"ל: דִּינָא אִית לִי, וְאָמֵינָא: אַגַּב אוֹרְחִי אַיְיתֵי לֵיהּ לְמָר. לָא קַבֵּיל מִינֵּיהּ, א"ל: פְּסִילְנָא לָךְ לְדִינָא. אוֹתֵיב זוּזָא דְּרַבָּנַן, וְקָדַיְינִין לֵיהּ. בַּהֲדֵי דְּקָאָזֵיל וְאָתֵי אָמַר: אִי בָּעֵי טָעֵין הָכִי, וְאִי בָּעֵי טָעֵין הָכִי, אָמַר: תִּיפַּח נַפְשָׁם שֶׁל מְקַבְּלֵי שׁוֹחַד! וּמָה אֲנִי, שֶׁלֹּא נָטַלְתִּי, וְאִם נָטַלְתִּי — שֶׁלִּי נָטַלְתִּי, כָּךְ, מְקַבְּלֵי שׁוֹחַד — עַל אַחַת כַּמָּה וְכַמָּה.§ *ר' יִשְׁמָעֵאל בַּר אֱלִישָׁע אַיְיתֵי (שם) לֵיהּ הַהוּא גַּבְרָא רֵאשִׁית הַגֵּז. אֲמַר לֵיהּ: מֵהֵיכָא אַתְּ? א"ל: מִדּוּךְ פְּלָן. וּמֵהָתָם לְהָכָא לָא הֲוָה כֹּהֵן לְמֵיתְבָא לֵיהּ? א"ל: דִּינָא אִית לִי, וְאָמֵינָא: אַגַּב אוֹרְחַאי אַיְיתֵי לֵיהּ לְמָר. א"ל: פְּסִילְנָא לָךְ לְדִינָא. לָא קַבֵּיל מִינֵּיהּ, אוֹתֵיב לֵיהּ זוּגָא דְּרַבָּנַן וְקָדַיְינֵי לֵיהּ. בַּהֲדֵי דְּקָאָזֵיל וְאָתֵי אָמַר: אִי בָּעֵי טָעֵין הָכִי, וְאִי בָּעֵי טָעֵין הָכִי, אָמַר: תִּיפַּח נַפְשָׁם שֶׁל מְקַבְּלֵי שׁוֹחַד! וּמָה אֲנִי שֶׁלֹּא נָטַלְתִּי, וְאִם נָטַלְתִּי — שֶׁלִּי נָטַלְתִּי, כָּךְ, מְקַבְּלֵי שׁוֹחַד — עַל אַחַת כַּמָּה וְכַמָּה.§ רַב עָנָן אַיְיתֵי לֵיהּ הַהוּא גַּבְרָא כַּנְתָּא דְּגִילְדָנֵי דְּבֵי גִּילֵי, א"ל: מַאי עֲבִידְתֵּיךְ? א"ל: דִּינָא אִית לִי. לָא קַבֵּיל מִינֵּיהּ, א"ל: פְּסִילְנָא לָךְ לְדִינָא. אֲמַר לֵיהּ: דִּינָא דְּמָר לָא בָּעֵינָא, קַבּוּלֵי לְקַבֵּיל מָר, דְּלָא לִמְנְעַן מָר מֵאַקְרוּבֵי בִּכּוּרִים. דְּתַנְיָא: °"וְאִישׁ בָּא מִבַּעַל שָׁלִישָׁה וַיָּבֵא לְאִישׁ (מ"ב ד) הָאֱלֹהִים לֶחֶם בִּכּוּרִים עֶשְׂרִים לֶחֶם שְׂעוֹרִים וְכַרְמֶל בְּצִקְלוֹנוֹ", וְכִי אֱלִישָׁע אוֹכֵל בִּכּוּרִים הֲוָה? אֶלָּא לוֹמַר לָךְ: כָּל הַמֵּבִיא דּוֹרוֹן לְתַלְמִיד חָכָם — כְּאִילּוּ מַקְרִיב בִּכּוּרִים. אֲמַר לֵיהּ: קַבּוּלֵי לָא בָּעֵינַן דְּאִיקַּבֵּיל, הָשְׁתָּא דְּאָמַרְתְּ לִי טַעְמָא — מְקַבֵּילְנָא. כשְׁדַרֵיהּ לְקַמֵּיהּ דְּרַב נַחְמָן, שְׁלַח לֵיהּ: נִידַיְינֵיהּ מָר לְהַאי גַּבְרָא, דַּאֲנָא עָנָן פְּסִילְנָא לֵיהּ לְדִינָא. אָמַר: מִדְּשָׁלַח לִי הָכִי, שְׁמַע מִינָּהּ קְרֵיבֵיהּ הוּא, הֲוָה קָאֵים דִּינָא דְיַתְמֵי קַמֵּיהּ, אָמַר:
הַאי

רש"י

אינו נפטר מן העולם. והכי קאמר: ק"ו שיסמא את עיניו כשיהא טפש בסופו ויצא לדון. שאינו צריך כלום. שהוא עשיר, ואין צריך להחניף. דשאיל שאילתא. דרגיל לישאל מבני עירו בהמות וכלים. מאי טעמא דשוחדא. למה אסור ליטלו לזכות את הזכאי? אין אדם רואה חובה לעצמו. אין דעתו מתקרב לצד החובה לחייב את עצמו, ואפילו מתכוין לדין אמת. שהוא חד. הנותן והמקבל נעשים לב אחד. (סנהדרין ז:) בני מחוזא. עירו של רבא. מינייהו. מקצתם אוהבים אותי, אותם שזכיתי. אם מרחם. אם אוהבים — נעשו כולם אוהבי. במברא. גשר. יהיב ליה ידא. לסומכו. כנתא דפירי. סל פירות, מפרדס של רבי ישמעאל. זוזא. זוג. בהדי דאזיל ואתי. בכל אשר הולך ובא היה לבו לזכותו של אותו אריס, ובאין לו פתחי זכיות, ואומר בלבו: הלואי ויטעון כך וכך ויזכה בדין. ראשית הגז. בכל שנה שגוזז אותן חייב ליתן לכהן אחד מששים. גילדני דבי גילי. דגים קטנים. וכי אלישע אוכל ביכורים היה. והלא לא כהן היה, [שבת קיט.] שהרי מצינו בדברי הימים שנתייחס אביו על שבט גד, דכתי' [גי' הערוך אחר] "ויעני ושפט בבשן", ומצינו במסכת פסחים ב"אלו דברים" (דף סח.) דשפט דהאי קרא הוא אביו של אלישע. שמע מינה קריביה הוא. להכי פסול ליה לדינא.
האי

תוספות

אפילו צדיק גמור ונוטל שוחד. וסיינו ק"ו לרשעים, שכבר נטל שוחד בפעם ראשונה; דבפעם ראשונה כשנוטל – אכתי לדיק הוי, שעדיין לא נטלו. וק"ו לטפשים – בפעם שניה, שנוטל שוחד שכבר נעשה טפש מפעם ראשונה שנטלו. מ"ר. ורשב"ם פי': דהאי קל וחומר לטפשים אינו מן הברייתא אלא מדתניא חכמים ולדיקים משמע שרולה לומר ק"ו לטפשים ולכך מתמה וכי הם בני דינא ומשני הכי קאמר ולא נידוק כמו שאמר והכי נמי אמרינן ב"המקבל" בסופו (ב"מ דף קיד:): ת"ר: "אם איש עני הוא לא תשכב בעבוטו" ומשמע, הא עשיר – שכב, ומשני: הכי קאמר. **מאי** דכתיב מלך במשפט יעמיד ארץ אם דומה דיין למלך שאינו צריך לכלום. הכא משמע דלריכות ממון קאמר, משום שוחד. מדמסיק עליה: האי דיינא דשאיל שאילתא, ולעיל נמי – ממילי דשוחד איירי. ובסנהדרין בפ"ק (דף ז: ושם) מייתי הך דרשא גופה דרב נחמן בר כהן אדיין שאינו בקי, וצריך לשאול הוראות ודינין, דמסיק התם: דרש רב נחמן בר כהן: מאי דכתיב "מלך במשפט יעמיד ארץ"? ובתר הכי מסיק: דכי נשיאה אוקמו דיינא דלא גמיר. וכולה שמעתא דהתם מיירי בדיינא שאינו הגון מחמת שאינו בקי! ואומר ר"ת: דמהאי קרא איכא למידק שאינו צריך לא לממון ולא לדברי תורה. מ"ר. **לא** למאן דסני ליה ולא למאן דרחים ליה. לא באוהב ושונא דאיירי ביה רבי יהודה ורבנן *גבי עדות איירי. [סנהדרין כז:] דלגבי דיין אפי' רבנן מודו דפסול, כדמסיק מקרא בפ' "זה בורר" (סנהדרין דף כט.). דא"כ הוה ליה לאתויי הכא קרא דהתם. אלא התם באוהב – כגון שושבינו, ושונא – שלא דיבר עמו שלשה ימים. אבל הכא – באוהב כי הנך דפרח גדפא ארישא אתא ההוא גברא שקליה, דאינו אלא חומרא בעלמא, שהיו מחמירין על עצמן, כדאשכחן בכמה דברים. אבל פסולין לא הוו. מ"ר. **וכי אלישע** אוכל בכורים היה? אין צריך לדחוק כפי' הקונטרס. דהכי פי': וכי אלישע אוכל בכורים היה? והלא בשומרון היה, ואין בכורים נאכלין חוץ לחומה, כדמוכח בריש "אלו הן הלוקין" (מכות יז.) ובפ' "בהמה המקשה" (חולין דף סח: ושם). והכי איתא בהדיא בסדר אליהו זוטא: דתלמידי חכמים כפרה להם לישראל בכל מקום מושבותיהם, שנא': "תקריב מנחת בכורים" ואומר "ואיש בא מבעל שלישה וגו'" וכי אלישע אוכל בכורים היה? והלא אין שם מקדש ולא מזבח ולא כהן גדול! אלא אלישע ותלמידיו יושבין לפניו, מכאן אמרו וכו'.
והיינו

עין משפט נר מצוה

ד א ב מיי' פכ"ג מהל' סנהדרין הלכה ד טור ש"ע ח"מ סימן ט סעיף א [וברב אלפס סנהדרין פ"א דף רנח אמר רבה בר רב הונא האי דיינא כו']:
ה ג טור ח"מ סימן ט:
ו ד מיי' שם הלכה ו טוש"ע שם סי' ז סע"ז [וברב אלפס שם]:
ז ה ו ז מיי' שם הלכה ג טוש"ע שם סימן ט סעיף א [וברב אלפס שם]:
ח ח ט י מיי' שם הל' ג טור ח"מ שם:
ט כ טוש"ע שם סימן ז סעיף ז בהג"ה:

תוספות רי"ד

אמר רב פפא לא לידון איניש לא למאן דרחים ליה ולא למאן דסני ליה דרחים ליה לא חזי ליה חובא ודסני ליה לא חזי ליה זכותא ת"ר ושוחד לא תקח אינו צ"ל שוחד ממון אלא אפילו שוחד דברים אסור מדלא כתיב בצע לא תקח ה"ד שוחד דברים כי הא דשמואל הוה עבר במעברא אתא האי גברא והב ליה ידי' א"ל מאי עבידתיך א"ל דינא אית לי א"ל פסילנא לך לדינא. אמימר הוה יתיב גדפא אריש' אתא ההוא גברא שקילי' מרישי' א"ל אמאי הא א"ל אית לי דינא א"ל פסילנא לך לדינא מר עוקבא הוה יתיב ושדי רוקא קמיה אתא ההוא גברא כסיי' א"ל מאי האי א"ל דינא אית לי א"ל פסילנא לך לדינא. ר"י בר"י הוה רגיל אריסי' למיתי ליה כנתא דפירי כל מעלי דשבתא זימנא חדא אייתי ליה בחמשה [בשבתא] א"ל מ"ש האידנא א"ל דינא אית לי ואמינא אגב אורחי אייתי ליה למר א"ל פסילנא לך לדינא ולא קביל מיניה אותיב זוגא מרבנן וקדייני ליה בהדי דאזיל ואתי אמר אי בעי טעון הכי ואי בעי טעון הכי אמר תפח רוחן של מקבלי שוחד ומה אני שלא נטלתי ואם נטלתי שלי נטלתי כך מקבלי שוחד על אחת כמה וכמה. וכן עשה נמי ר' ישמעאל בן אלישע רב ענן אייתי ליה ההוא גברא כנתא דגילדני דבי גילא פי' דגים קטנים של נהר פלוני א"ל מאי עבידתיך א"ל דינא אית לי א"ל פסילנא לך לדינא ולא קביל מיניה א"ל דינא דמר לא בעינא קבולי לקביל מר דלא מימנען מלאקרובי בכורים דכתיב ואיש בא מבעל שלישה ויבא לאיש האלהים לחם בכורים עשרים לחם שעורים וכרמל בצקלונו וכי אלישע אוכל בכורים היה אלא לומר לך כל המביא דורון לתלמיד חכם כאילו הקריב בכורים א"ל קבולי לא בעאי לאקבולי השתא דאמרת לן טעמא מקבילנא קביל מידן לא דאיננא לך שדריה לקמיה דרב נחמן א"ל לידייניה מר להאי גברא דאנא ענן פסילנא ליה לדינא אמר מדשלח לי הכי ש"מ קריביה הוא הוה קאים דינא דיתמי קמיה
אחתיה

הַאי עֲשֵׂה וְהַאי עֲשֵׂה! *[א]עֲשֵׂה דִּכְבוֹד תּוֹרָה עָדִיף. סַלְּקֵיהּ לְדִינָא דְּיַתְמֵי, וְאַחְתֵּיהּ לְדִינֵיהּ. כֵּיוָן דַּחֲזָא בַּעַל דִּינֵיהּ יְקָרָא דְּקָא עָבֵיד לֵיהּ – אִיסְתַּתַּם טַעֲנָתֵיהּ.§ רַב עָנָן הֲוָה רָגִיל אֵלִיָּהוּ דְּאָתֵי גַּבֵּיהּ, דַּהֲוָה מַתְנֵי לֵיהּ סֵדֶר דְּאֵלִיָּהוּ. כֵּיוָן דַּעֲבַד הָכִי – אִיסְתַּלַּק. יְתֵיב בְּתַעֲנִיתָא וּבְעָא רַחֲמֵי, וַאֲתָא. כִּי אֲתָא הֲוָה מַבְעֵית לֵיהּ בָּעוּתֵי, וַעֲבַד תֵּיבוּתָא וִיתֵיב קַמֵּיהּ, עַד דְּאַפֵּיק לֵיהּ סִידְרֵיהּ. וְהַיְינוּ דְּאָמְרִי: סֵדֶר דְּאֵלִיָּהוּ רַבָּה. סֵדֶר אֵלִיָּהוּ זוּטָא. בִּשְׁנֵי דְּרַב יוֹסֵף הֲוָה רִיתְחָא, אָמְרִי לֵיהּ רַבָּנַן לְרַב יוֹסֵף: לִיבָּעֵי מָר רַחֲמֵי! אֲמַר לְהוּ: הַשְׁתָּא, וּמָה אֱלִישָׁע דְּכִי הָווּ רַבָּנַן מִיפַּטְרִי מִקַּמֵּיהּ הָווּ פָּיְישֵׁי תְּרֵי אַלְפָּן וּמָאתָן רַבָּנַן, בְּעִידַּן רִיתְחָא לָא הֲוָה בָּעֵי רַחֲמֵי – אֲנָא אִיבָּעֵי רַחֲמֵי? וּמִמַּאי דְּפָיְישֵׁי הָכִי? דִּכְתִיב: °"וַיֹּאמֶר מְשָׁרְתוֹ מָה אֶתֵּן זֶה לִפְנֵי מֵאָה אִישׁ". מַאי "לִפְנֵי מֵאָה אִישׁ"? אִילֵימָא דְּכוּלְּהוּ לִפְנֵי מֵאָה אִישׁ – בִּשְׁנֵי בַצּוֹרֶת טוּבָא הָווּ! אֶלָּא, דְּכָל חַד וְחַד קַמֵּי מֵאָה אִישׁ. כִּי הָווּ מִיפַּטְרִי רַבָּנַן מִבֵּי רַב הָווּ פָּיְישֵׁי אַלְפָּא וּמָאתָן רַבָּנַן, מִבֵּי רַב הוּנָא – הָווּ פָּיְישֵׁי תְּמָנֵי מֵאָה רַבָּנַן. רַב הוּנָא הֲוָה דָּרֵישׁ בִּתְלֵיסַר אֲמוֹרָאֵי, כִּי הָווּ קַיְימִי רַבָּנַן מִמְּתִיבְתָּא דְּרַב הוּנָא וְנַפְצֵי גְּלִימַיְיהוּ – הֲוָה סָלֵיק אֲבָקָא וְכָסֵי לֵיהּ לְיוֹמָא. וְאָמְרִי בְּמַעַרְבָא: קָמוּ לֵיהּ מִמְּתִיבְתָּא דְּרַב הוּנָא בַּבְלָאָה. כִּי מִיפַּטְרִי רַבָּנַן מִבֵּי רַבָּה וְרַב יוֹסֵף הָווּ פָּיְישֵׁי אַרְבַּע מֵאָה רַבָּנַן, וְקָרוּ לְנַפְשַׁיְיהוּ יַתְמֵי. כִּי הָווּ מִיפַּטְרִי רַבָּנַן מִבֵּי אַבַּיֵי, וְאָמְרִי לָהּ מִבֵּי רַב פָּפָּא, וְאָמְרִי לָהּ מִבֵּי רַב אַשִׁי, הָווּ פָּיְישֵׁי מָאתַן רַבָּנַן, וְקָרוּ נַפְשַׁיְיהוּ יַתְמֵי דְּיַתְמֵי. *א"ר יִצְחָק בַּר רְדִיפָא א"ר אַמֵּי: [ב]מְבַקְּרֵי מוּמִין שֶׁבִּירוּשָׁלַיִם הָיוּ נוֹטְלִין שְׂכָרָן מִתְּרוּמַת הַלִּשְׁכָּה. אָמַר רַב יְהוּדָה אָמַר שְׁמוּאֵל: [ג]ת"ח הַמְלַמְּדִין הִלְכוֹת שְׁחִיטָה לַכֹּהֲנִים הָיוּ נוֹטְלִין שְׂכָרָן מִתְּרוּמַת הַלִּשְׁכָּה. אָמַר רַב גִּידֵּל אָמַר רַב: [ד]ת"ח הַמְלַמְּדִים הִלְכוֹת קְמִיצָה לַכֹּהֲנִים נוֹטְלִין שְׂכָרָן מִתְּרוּמַת הַלִּשְׁכָּה. אָמַר רַבָּה בַּר בַּר חָנָה אָמַר ר' יוֹחָנָן: [ה]מַגִּיהֵי סְפָרִים שֶׁבִּירוּשָׁלַיִם הָיוּ נוֹטְלִין שְׂכָרָן מִתְּרוּמַת הַלִּשְׁכָּה. אָמַר רַב נַחְמָן אָמַר רַב: נָשִׁים הָאוֹרְגוֹת בַּפָּרֹכוֹת נוֹטְלוֹת שְׂכָרָן מִתְּרוּמַת הַלִּשְׁכָּה. [ו]וַאֲנִי אוֹמֵר: מִקָּדְשֵׁי בֶּדֶק הַבַּיִת, הוֹאִיל וּפָרֹכוֹת תַּחַת בִּנְיָן עֲשׂוּיוֹת. מֵיתִיבֵי: נָשִׁים הָאוֹרְגוֹת בַּפָּרֹכוֹת, וּבֵית גַּרְמוּ עַל מַעֲשֵׂה לֶחֶם הַפָּנִים, וּבֵית אַבְטִינָס עַל מַעֲשֵׂה הַקְּטֹרֶת – כּוּלָּן הָיוּ נוֹטְלוֹת שְׂכָרָן מִתְּרוּמַת הַלִּשְׁכָּה. [ז]הָתָם בִּדְבָבֵי, דְּאָמַר רַבִּי זֵירָא אָמַר רַב: *שְׁלֹשָׁה עָשָׂר פָּרֹכוֹת הָיוּ בְּמִקְדָּשׁ שֵׁנִי, שִׁבְעָה כְּנֶגֶד שִׁבְעָה שְׁעָרִים, אֶחָד לְפִתְחוֹ שֶׁל הֵיכָל, וְאֶחָד לְפִתְחוֹ שֶׁל אוּלָם, (א)ב' בַּדְּבִיר, ב' כְּנֶגְדָּן בַּעֲלִיָּה.§ ת"ר: [ח]נָשִׁים הַמְגַדְּלוֹת בְּנֵיהֶן לַפָּרָה הָיוּ נוֹטְלוֹת שְׂכָרָן מִתְּרוּמַת הַלִּשְׁכָּה. אַבָּא שָׁאוּל אוֹמֵר: נָשִׁים יְקָרוֹת שֶׁבִּירוּשָׁלַיִם הָיוּ זָנוֹת אוֹתָן וּמְפַרְנְסוֹת אוֹתָן. בְּעָא מִינֵּיהּ רַב הוּנָא מֵרַב:

כְּלֵי

רש"י

הַאי עֲשֵׂה וְהַאי עֲשֵׂה. מִצְוַת הַדַּיָּינִים עֲשֵׂה "וּשְׁפַטְתֶּם צֶדֶק". עֲשֵׂה דִּכְבוֹד תּוֹרָה. דִּינֵיהּ דְּהַאי גַּבְרָא דְּהוּא עֲשֵׂה, דְּאִיכָּא כְּבוֹד תּוֹרָה דְּרַב עָנָן בַּהֲדֵיהּ – עָדִיף. סֵדֶר אֵלִיָּהוּ רַבָּה. שֶׁלָּמַד חוּץ לַתֵּיבָה, סֵדֶר אֵלִיָּהוּ זוּטָא – שֶׁלָּמַד בְּתוֹךְ הַתֵּיבָה. הֲוָה רִיתְחָא. כַּעַס שֶׁל מָקוֹם, וּבָא רָעָב לָעוֹלָם. דְּכִי מִיפַּטְרִי. תַּלְמִידָיו מִמֶּנּוּ, לַעֲמוֹד מִבֵּית הַמִּדְרָשׁ. הָווּ פָּיְישֵׁי גַּבֵּיהּ. אוֹכְלֵי שֻׁלְחָנוֹ, תְּרֵי אֲלָפִים וּמָאתַיִם. דִּכְתִיב "עֶשְׂרִים לֶחֶם וְלֶחֶם בִּכּוּרִים" – הָא עֶשְׂרִים וְחַד, וְכַרְמֶל – הֲרֵי עֶשְׂרִים וְתַרְתֵּין. וְכָל אֶחָד לִפְנֵי מֵאָה אִישׁ – הֲרֵי תְּרֵי אַלְפִין וּמָאתַיִם. בִּתְלֵיסַר אֲמוֹרָאֵי. הַשּׁוֹמְעִין מִפִּיו וּמַשְׁמִיעִין לָרַבִּים, זֶה מִכָּאן וְזֶה מִכָּאן, וּמִלְּפָנִים וּמִלְּאָחוֹר. וּמִתְחַלְּקִין לִמְקוֹמוֹת הַרְבֵּה, שֶׁהָיָה הָעָם רַב. וְכָסֵי לֵיהּ לְיוֹמָא. מַאֲפִיל אֶת הַחַמָּה, וְהָיָה נִיכָּר בְּא"י. מַגִּיהֵי סְפָרִים. שֶׁל כָּל אָדָם וְאָדָם, שֶׁאָסוּר לְהַשְׁהוֹת סֵפֶר שֶׁאֵינוֹ מוּגָּה, מִשּׁוּם "אַל תַּשְׁכֵּן בְּאֹהָלֶיךָ עַוְלָה". וְרָאוּ בֵּית דִּין שֶׁהָיוּ מִתְעַצְּלִין בַּדָּבָר, וְהִפְקִירוּ תְּרוּמַת הַלִּשְׁכָּה לְכָךְ: בֵּית אַבְטִינָס וּבֵית גַּרְמוּ בְּמַסֶּכֶת יוֹמָא (דף לח.). בִּדְבָבֵי. בַּפָּרֹכוֹת שֶׁכְּנֶגֶד הַפְּתָחִים, דִּלְצְנִיעוּתָא עֲבִידֵי, וְאֵינָן תַּחַת בִּנְיָן. אֲבָל כָּל לוֹרֶךְ בִּנְיָן, כְּגוֹן פָּרֹכוֹת הַמַּבְדִּילוֹת בֵּין הֵיכָל לְקָדְשֵׁי הַקֳּדָשִׁים, שֶׁהָיוּ בְּמִקְדָּשׁ שֵׁנִי בִּמְקוֹם אַמָּה טְרַקְסִין שֶׁעָשָׂה שְׁלֹמֹה בְּבִנְיָן רִאשׁוֹן. וְאַנְשֵׁי הַגּוֹלָה עָשׂוּ אֶת הַהֵיכָל גָּבוֹהַּ מְאֹד, וְלֹא יָכוֹל בִּנְיָן בְּעוֹבִי אַמָּה לְהִתְקַיֵּים בְּגוֹבַהּ כָּזֶה. וּלְהַרְחִיבוֹ לֹא יָכְלוּ – לְפִי שֶׁמְּקַצְּרִים אֶת הַהֵיכָל אוֹ אֶת קָדְשֵׁי הַקֳּדָשִׁים. וְעָשׂוּ שְׁתֵּי פָּרֹכוֹת וּבֵינֵיהֶם אַמָּה, כִּדְאָמְרִינַן בְּמַסֶּכֶת יוֹמָא (דף נא:). וְאוֹתָן פָּרֹכוֹת נַעֲשׂוּ מִקָּדְשֵׁי בֶּדֶק הַבַּיִת. ז' שְׁעָרִים. לָעֲזָרָה. שְׁתַּיִם בַּדְּבִיר. תַּחַת אַמָּה טְרַקְסִין. וּשְׁתַּיִם כְּנֶגְדָּן בָּעֲלִיָּה. לְהַבְדִּיל בֵּין עֲלִיַּית הֵיכָל לַעֲלִיַּית קָדְשֵׁי הַקֳּדָשִׁים, וְגַם הֵן בִּמְקוֹם אַמָּה טְרַקְסִין. הַמְגַדְּלוֹת בְּנֵיהֶן לַפָּרָה. בַּחֲצֵרוֹת הַבְּנוּיוֹת בִּסְלָעִים בִּירוּשָׁלַיִם, וְתַחְתֵּיהֶם חָלָל מִפְּנֵי קֶבֶר הַתְּהוֹם. כִּדְתְנַן בְּמַסֶּ' פָּרָה (פ"ג משנה ב), וּמַיְיתִינַן לָהּ בְּפֶרֶק "הַיָּשֵׁן תַּחַת הַמִּטָּה" (סוכה דף כא.). וּבָאִין נָשִׁים עוּבָּרוֹת וְיוֹלְדוֹת שָׁם, וּמְגַדְּלוֹת שָׁם בְּנֵיהֶם לְצׇרְכֵי פָּרָה אֲדוּמָּה, לַעֲסוֹק בִּשְׂרֵיפָתָהּ וּמִילּוּי מֵימֶיהָ וּלְהַזּוֹת כָּל שִׁבְעָה עַל כֹּהֵן הַשּׂוֹרְפָהּ, כִּדְאָמְרִינַן בְּמַסֶּכֶת יוֹמָא (דף ד.). וּמַעֲלָה זוֹ עָשׂוּ לָהּ, לְהִתְעַסֵּק בָּהּ תִּינוֹקוֹת שֶׁלֹּא נִטְמְאוּ מִימֵיהֶם, מִפְּנֵי שֶׁזִּלְזְלוּ בָּהּ לַעֲשׂוֹתָהּ בִּטְבוּל יוֹם, כִּדְתְנַן: מְטַמְּאִין הָיוּ הַכֹּהֵן הַשּׂוֹרֵף אֶת הַפָּרָה, וּמַטְבִּילִין אוֹתוֹ, לְהוֹצִיא מִלִּבָּן שֶׁל צְדוֹקִין שֶׁהָיוּ אוֹמְרִין: בִּמְעוֹרְבֵי שֶׁמֶשׁ הָיְתָה נַעֲשֵׂית. נָשִׁים יְקָרוֹת. עֲשִׁירוֹת. מְפַרְנְסוֹת. בִּלְבוּשׁ וּכְסוּת.

כְּלֵי

תוספות

והיינו דאמרינן סדר אליהו רבה וסדר אליהו זוטא. א"ר: לפי שהפסיק בלמודו לרב ענן חלקו לשני סדרים, ובפעם ראשון למד ממנו יותר מן הארבע ידות – קרי לראשון סדר אליהו רבה, ולבתרא קרי זוטא. **מבקרי** מומין שבירושלים היו נוטלין שכרן. תימה: דהתנן בבכורות פרק "עד כמה" (דף כט: ושם): הנוטל שכר להיות רואה בכורות – אין שוחטין אותן על פיו! וי"ל: כמו שתרלתי למעלה. ועוד: דהתם דוקא בבכורות, שיש לחוש שמא משום שכר יתירנו. אבל הכא איירי בבדיקת מומי שאר קדשים. והכי איתא בשילהי פרק "התרומה" בשקלי' (דף ז.) דאמר: מבקרי מומי קדשים נוטלים שכרן מתרומת הלשכה. **מלמדין** הלכות קמיצה. והא דלא חשיב הלכות מליקה – שבכלל הלכות שחיטה הן. **שבעה** כנגד ז' שערים. לשבעה שערי עזרה קאמר. אומר רבי: דס"ל כתנא דמתני' דמס' מדות בפ"ק (משנה ד), דתנן: ז' שערים היו בעזרה ג' בצפון וג' בדרום ואחד במזרח. והא דתנן התם לעיל: בשלשה מקומות הכהנים שומרים כו' על חמשה שערי העזרה כו' – במס' תמיד בפ"ק (דף כז.) – פריך להו, ומשני אביי: תרי מנייהו לא בעי שימור. ורבא משני: תנאי היא, דתניא: אין פוחתין [מג' גזברין וז' אמרכלין, רבי נתן אומר: אין פוחתין] מי"ג גזברים כנגד י"ג שערים. דל חמשה דהר הבית – פשו להו תמניא, אלו ח' דעזרה – אלמא: איכא תנא דאמר: תמניא הוו, (ב) ואיכא תנא דאמר: חמשה הוו. תימה: אמאי מייתי רבא הנך תנאי? (ג) ממתניתין דמדות היה יכול להביא, דתנן התם בפ' שני (משנה ו): שלש עשרה השתחוואות היו שם, אבא יוסף בן חנן אומר: כנגד י"ג שערים. ועוד תימה: דהרי כאן מחלוקת רביעי; דעל כרחין להאי תנא דס"ל די"ג שערים היו בעזרה – לא מצי למימר דקסבר ח' ודל חמשה דהר הבית, דהא מפרש התם שמם של אותן שערים, ואין מזכירין אפי' אחד מאותן שערים דהר הבית המפורש בפ"ק דמדות: שני שערי חולדה מן הדרום, וקיפונוס מן המערב, וטדי מן הצפון, שער מזרחי שושן הבירה עליו צורה. ואומר ר"ת: דלעולם ס"ל להאי תנא דז' שערים היו בעזרה, והא דחשיב י"ג – היינו עם השערים הקטנים, דהכל חשיב. תדע: דהא חשיב פישפשין שהיו לשער נקנור. אבל גדולים לא היו בעזרה אלא ז'. והן אותן המפורשים בפ"ק. והמעיין שם ימצא דשער הקרבן דפ"ק הוא שער הבכורות דפ"ב, ואותן י"ג שערים דמדות שנויים נמי במסכת שקלים כל אותה משנה ממש בפ' י"ג שופרות, אבל אין שנוי בה אבא יוסף בן חנן כמו ששנוי במס' מדות. ובגמרא דירושלמי קאמר: מתני' אבא יוסף בן חנן, דקאמר כנגד י"ג שערים. דלרבנן ז' שערים הוו בעזרה. דעתייהו דרבנן היכן היו השתחוואות הללו – כי ההיא דתנינן תמן: י"ג פרצות היו בה, שפרצו מלכי יון וחזרו וגדרום, וגזרו כנגדם י"ג השתחוואות. ואם תאמר: לרבנן נמי, דתני שבעה שערים, מאי קמתמה: כנגד מי הוו השתחוואות? אינהו נמי מודו דעם הקטנים היו שלשה עשר, כדפרישית! ואומר רבינו תם: כיון דלא חשיבי בעינייהו כל כך שיקראו אותם שערים – אין נראה שיהא השתחוואות כנגדם. אבל אבא יוסף בן חנן קרא אותם שערים. מ"ר.

וכי

עין משפט נר מצוה

י א מיי' פכ"א מהל' סנהדרין הל' ו ופ"ו מהל' ת"ת הל' י סמג לאוין רס טוש"ע ח"מ סי' טו סעי' א ובהג"ה וסעיף ב:
יא ב ג ד מיי' פ"ד מהל' שקלים הל' ד:
יב ה מיי' שם הל' ז:
יג ו ז מיי' שם הלכה א ב:
יד ח מיי' שם הלכה ד:

תוספות רי"ד

אחתיה קמיה אמר האי עשה והאי עשה עשה דכבוד תורה עדיף סלקיה לדינא דיתמי ואחתיה לדיניה כיון דחזי בעל דיניה הכי איסתתים טענתיה. רב ענן הוה רגיל אליהו דהוה מתני ליה סדר אליהו כיון דעביד הכי לא אתא יתיב בתעניתא ובעא רחמי ואתא ואפ"ה הוה מבעית הוי יתיב בתיבותא ומתני והיינו דאמרי סדר אליהו רבה וסדר

מסורת הש"ס

[שבועות לו:]
מ"ב ד
שקלים ז. ע"ש
[יומא נב. ע"ש]

הגהות הב"ח

(א) גמ' ב' בדביר. נ"ב פי' רש"י במגילה י ע"ב דביר היא המחיצה המבדלת בין הקדש ובין קדש הקדשים: (ב) תוס' ד"ה שבעה כו' תמניא הוו ואיכא תנא דאמר שבעה הוו ואיכא תנא דאמר חמשה וכו': (ג) בא"ד הנך תנאי מברייתא ממתני' דמדות כו':

עין משפט נר מצוה

טו א מיי' פ"ד מהלכות שקלים הלכה א:
טז ב מיי' שם הלכה ט וי"א:

תורה אור

כלי שרת מהו שיעשו מקדשי בדק הבית? צורך מזבח נינהו – ומקדשי בדק הבית אתו, או צורך קרבן נינהו – ומתרומת הלשכה היו עושין אותן? א"ל: אין נעשין אלא מתרומת הלשכה. איתיביה: °"וככלותם הביאו לפני המלך ויהוידע (הכהן) את שאר הכסף ויעשהו כלים לבית ה' כלי שרת וגו'". א"ל: דאקרייך כתובי לא אקרייך נביאי: °"אך לא יעשה בית ה' ספות וגו' כי לעשי המלאכה יתנהו" – אי הכי קשו קראי אהדדי! לא קשיא: כאן – שגבו והותירו. כאן – שגבו ולא הותירו. וכי גבו והותירו מאי הוי? א"ר אבהו: *לב ב"ד מתנה עליהן, אם הוצרכו – הוצרכו, ואם לאו – יהו לכלי שרת. תנא דבי רבי ישמעאל: כלי שרת באין מתרומת הלשכה, שנאמר: "את שאר הכסף", איזהו כסף שיש לו שיריים – הוי אומר זה תרומת הלשכה. ואימא שיריים גופייהו! כדאמר רבא: *"העולה" – עולה ראשונה, ה"נ: "הכסף" – כסף ראשון. מיתיבי: [א]הקטורת וכל קרבנות צבור באין מתרומת הלשכה, מזבח הזהב [א]ולבונה וכלי שרת – באין ממותר נסכים, *מזבח העולה, הלשכות והעזרות – באין מקדשי בדק הבית, חוץ לחומת העזרה – באין משירי הלשכות. זו היא ששנינו: חומת העיר ומגדלותיה וכל צרכי העיר באין משירי הלשכה! תנאי היא; דתנן: *מותר תרומה מה היו עושין בה – ריקועי זהב ציפוי לבית קדשי הקדשים. ר' ישמעאל אומר: מותר פירות – לקיץ המזבח, מותר תרומה – לכלי שרת. [ב]ר"ע אומר: *מותר תרומה – לקיץ המזבח, מותר נסכים – לכלי שרת. רבי חנינא סגן הכהנים אומר: *מותר נסכים – לקיץ המזבח, מותר תרומה – לכלי שרת. וזה וזה לא היו מודים בפירות. פירות מאי היא? דתניא: מותר תרומה מה היו עושין בה – לוקחין פירות בזול, ומוכרין אותם ביוקר, והשכר מקיצין בו את המזבח. וזו היא ששנינו: מותר פירות לקיץ המזבח. מאי "זה וזה לא היו מודין בפירות"? דתנן: *מותר שירי לשכה מה היו עושין בהן – לוקחין בהן יינות, שמנים וסלתות, והשכר להקדש, דברי ר' ישמעאל. רבי עקיבא אומר: אין משתכרין בשל הקדש, אף לא בשל עניים. בשל הקדש מאי טעמא לא – *אין עניות במקום עשירות. בשל עניים מאי טעמא לא – דלמא מתרמי להו עניא, וליכא למיתבא ליה. § מי שהלך למדינת הים. § איתמר, רב אמר: פוסקין

דה"ב כד | מ"ב יב

כלי שרת. שמשרתין בהן במזבח החיצון, שהוא בנין של אבנים. וככלותם. לחזק את בדק הבית בימי יהואש. ופסוק זה בדברי הימים. שגבו. לצורך בדק הבית. והותירו, שאין צריכין לכולו – עושין מן המותר כלי שרת. מאי הוי. הא לא לקדושת קרבן גבו. כסף שיש לו שיריים. כסף הקופות שהוא נתרם מן הלשכה, ושיריים נשארים בלשכה. זה תרומת הלשכה. כסף שבקופות. ואימא שיריים גופייהו. משיריים הנותרים בלשכה כלי שרת באין, ולא מן התרומה עצמה. העולה עולה ראשונה. מנין שלא יהא דבר קודם על המערכה לתמיד של שחר – ת"ל "וערך עליה העולה". והוינן בה: מאי תלמודא? ואמר רבא: "העולה" משמע העולה האמורה ראשון בסדרי קרבנות, והיא עולת הבקר. שנא' "ואמרת להם זה האשה" כו', והא"א יתירא קא דריש. וה"נ "את שאר הכסף" – בכסף שיש לו שאר. מזבח הזהב. כלי הוא ולא בנין, שאינו מחובר לאדמה, ויכולין לטלטלו, לפיכך נידון ככלי. ולבונה. של לחם הפנים. מותר נסכים. פליגי בה במס' מנחות בפרק "שתי מדות" (דף צ.): רבי חייא ב"ר יוסף אמר: בירוצי מדות, שהמספקין סלתות שקבלו מעות הקדש לספק סלתות כל ימות השנה מודדין להקדש במדה מבורצת – טפופה ולא מחוקה, והמקריבין מוחק המדה, והם מותר נסכים, ומוכרים אותן. ור' יוחנן אמר: כאותה ששנינו: המקבל עליו לספק [כל ימות השנה להקדש] סלתות מארבע סאין בסלע ועמדו משלש, שנתייקרו – מספק מארבע. והמקבל לספק משלש והוזלו ועמדו מד' – מספק ד'. וזו היא ששנינו: מותר נסכים לקיץ המזבח. מזבח העולה. שהוא בנין, בא מקדשי בדק הבית. חוץ לחומת העזרה. כגון עזרת נשים, והחיל, וחומת העיר ומגדלותיה – באים משיריים הנותרים בלשכה כשתרמוה בקופות. תנאי היא. דאיכא למאן דאמר כלי שרת מתרומת הלשכה באין. מותר תרומה. הנשאר בקופות בר"ח ניסן. שמכאן ואילך אין לוקחין קרבנות צבור אלא מתרומה חדשה, כדאמרינן בר"ה (דף ז.): קרבנות צבור הבאין באחד בניסן – מצוה להביא מן החדש. ציפוי לבית קדשי הקדשים. מחפין בהם הרצפה והכתלים. מותר. ריוח פירות. ולקמן מפרש מאי ניהו. לקיץ המזבח. כשהוא בטל מנדרים ונדבות לוקחין עולות ומקריבין; בשר למזבח ועורות לכהנים. וזה וזה. ר' עקיבא ור' חנינא. לא היו מודין. שיהא שום מותר בפירות. והשכר מקיצין בהן. והקרן לכלי שרת, כדקאמר רבי ישמעאל. מאי "זה וזה לא היו מודים". מאי פירושא ד"לא היו מודים" – כדתנן, דפליג ר"ע אדרבי ישמעאל, ולא הודה לו שיהו משתכרין בשל הקדש.
פוסקין

וכי גבו והותירו מאי הוי? אבל אהנך דלעיל לא פריך בית גרמו ובית אבטינס – דבכל הנהו היו בית ישראל מקדישין אותן לצורך כך כמו לצורך קרבנות, שכל אותן דברים רגילות הן. והיינו דקתני דבאין מתרומת הלשכה עצמה, ולא קתני "מותר" – היינו משום דלאו מחמת "לב ב"ד" מישתרו, אלא מחמת ישראל. אבל להך תירוצא פריך, דמסיק היכא דלא הותירו – אסירי, והיכא דהותירו – שרי, פריך: מאי שנא? דהא פשיטא שלא לדעת כן מקדישין, כיון דלא שרית ליה כי לא הותירו. ומשני: לב ב"ד מתנה עליהן, והן מקדישין לדעת ב"ד. תנא דבי רבי ישמעאל: כלי שרת באין מתרומת הלשכה. הא תרומת הלשכה היינו מותר תרומת הלשכה, כדמוכח במתני' דפליג אר"ע, דקתני: מותר תרומה לכלי שרת. וא"ת: כי פריך התלמוד: ואימא שיריים גופייהו? והיינו משום דכתיב "שאר", ולישני: דהא "שאר הכסף" – היינו מותר תרומה! י"ל: דבמילתא דפסיקא ליה בעי לאוקמי קרא, דהיינו שיריים, דבכל שנה איתנהו. אבל במותר דלא פסיקא ליה – לא ניחא ליה לאוקמי לקרא. כדאמר רבא העולה עולה ראשונה. תימה: אמאי איצטריך האי דרשא דרבא? תיפוק ליה מהיכא דמפקא מתניתין דזבחים בפרק "כל התדיר" (דף פט. ושם) דקתני: כל התדיר מחבירו קודם לחברו; התמידים קודמין למוספים כו'. וקא בעי בגמרא: מנ"ל? ומתמה: מנא לן?! כדקתני טעמא "מלבד עולת הבקר אשר לעולת התמיד". וכ"ת: דהתם איצטריך – היכא דליכא אלא חד, דאשמעינן קרא דעקרינן לגמרי מוספין מקמי תמידין – לא היא, דמהתם נפקא לן בכ"מ דתדיר ושאינו תדיר תדיר קודם, כדמפיק התם מ"כאלה תעשו" – שיהו כל עשיות שוות. ואי בכי האי גוונא מיירי – מהתם לא נפקא לן. ועוד, מסברא רישא, דכל התדיר מחבירו קודם לחבירו, מיתניא דומיא דבבא שאחריה, דקתני: כל המקודש מחבירו קודם לחבירו; דם חטאת קודם לדם עולה, מפני שהוא מרצה כו' – וכל הנך בקדימה ממש מיירי. והא נמי ליכא לתרולי דאי מהתם ד"מלבד עולת הבקר" הוה אמינא: דווקא עולה דקדמה למוספין – משום דתדירא ומוספין לא תדירי. אבל תמידין לעולת נדבה, דהויא ליה נמי תדירא – לעולם אימא לך לא תקדום. להכי איצטריך קרא ד"העולה" – עולה ראשונה. דבמנחות פרק "התכלת" (דף מט. ושם) מייתי לקרא דרבא אקדימה דעולה למוספין, דאמרי' התם: בעא מיניה רב חייא בר *אבא מרב חסדא: צבור שאין להם תמידין ומוספין אי זה מהם קודם כו' ומסיק, אמר ליה, תניתוה: התמידין אין מעכבין את המוספין, ולא המוספין את התמידים. ה"ד; אילימא דאית ליה וליקדם – והתניא: מנין שלא יהא דבר קודם לתמיד של שחר – ת"ל "וערך עליה העולה" ואמר רבא כו'. אלא בדלית ליה. ואי בתמידין ומוספין דהיום – פשיטא שתדיר קודם. אלא במוספין דהיום ותמידין דלמחר. אלמא אקדימה דעולה למוספין מייתי לה. ותימה: דרשת המשנה הוה ליה לאיתויי, דקתני בהדיא "מלבד עולת הבקר"! ובההיא דשילהי "הגוזל קמא" (ב"ק דף קיא. ושם) קשה יותר, דקתני: הביא אשמו עד שלא הביא גזילו – לא יצא. ומפרש בגמ': "מלבד איל הכפורים" – מכלל דכסף קדים. ופריך: אלא מעתה "מלבד עולת הבקר" – ה"נ דמוספין ברישא? והא תניא: מנין שלא יהא דבר כו', ואמר רבא: העולה עולה ראשונה. והשתא הוה ליה לאתויי מתני' ד"כל התדיר", דאדרבה מדכתי' "מלבד" – מכלל דעולה קדמה! ונרא' לפרש: דודאי מדכתי' "העולה" נפקא דהקטרת תמיד קדמה להקטרת מוספין. דגבי הקטרה הוא דכתי' "מלבד עולת הבקר אשר לעולת התמיד תעשו את אלה" – התם עשוי דדם ניהו. והשתא בב"ק לא הוה מצי לאתויי מתני' ד"כל התדיר", דודאי גבי איל הכפורים משמע לשון "מלבד" דכסף קדים, כיון דהוא כתוב תחלה בפרשה, והדר כתיב "איל הכפורים" אבל גבי עשיות – ליכא למידק דמוספין קדמי, כיון דכתיב "עולה" ברישא והדר עשיה דדם דמוספין. אבל הקטרה דמוספין כתיב ברישא, להכי פריך שפיר מההוא דרבא. ומיהו, בההוא דמנחות ודאי הוה מצי לאתויי ההיא ד"כל התדיר".
שמעו

תוספות רי"ד

אליהו זוטא: תנן התם מותר שירי הלשכה מה היו עושין בהן לוקחים בהן יינות שמנים וסלתות והשכר להקדש דברי ר' ישמעאל ר' עקיבא אומר אין משתכרין בשל הקדש ולא בשל עניים בשל הקדש אין עניות במקום עשירות בשל עניים דלמא מיתרמי עניא וליכא למיתבא ליה: חנן אומר וכו' והלכתא כחנן כדאמרי' לקמן דדוקא כשתבוא לגבות כתובתה אז לא תגבה בלא שבועה אבל כשתובעת מזונות יהבינן לה בלא שבועה איתמר רב אמר

הגהות הגר"א

[א] גמ' (ולבונה ו)כלי. מלת ולבונה עם הוא"ו ממלת וכלי מוקפים ונ"ב וכל כ"ה בירושלמי דשקלים (פ"ד ה"ג):

גליון הש"ס

גמ' מותר תרומה לקיץ המזבח. אם לא היה מותר היו עושים נדבה שלא יהיה המזבח בטלה. רבינו יונה פ"ג דברכות:

נ"א אבין

מסורת הש"ס

[שבועות יא. מנחות עט:]

פסחים נח: יומא לד. ב"ק קיא. מנחות מט. תמיד כח: [ב"מ נח. זבחים קג.]

[עי' תוס' קדושין נג: ד"ה תרי]

שקלים ו.

[מנחות נ.]

שקלים ו.

[שבת קב: זבחים פח: מנחות פט. תמיד כט. לה:]

א פוסקין מזונות לאשת איש, ושמואל אמר: אין פוסקין מזונות לאשת איש. אמר שמואל: מודה לי *ב אבא בשלשה חדשים הראשונים, (א) לפי שאין אדם מניח ביתו ריקן. ג בששמעו בו שמת — כולי עלמא לא פליגי. כי פליגי — בשלא שמעו בו שמת; רב אמר: פוסקין, דהא משועבד לה. ושמואל אמר: אין פוסקין. מ"ט? רב זביד אמר: אימא צררי אתפסה, רב פפא אמר: חיישינן שמא אמר לה "צאי מעשה ידיך במזונותיך". מאי בינייהו? איכא בינייהו גדולה ולא ספקה, אי נמי קטנה וספקה. תנן: מי שהלך למדינת הים, ואשתו תובעת מזונות, ד חנן אמר: תשבע בסוף, ולא תשבע בתחלה. נחלקו עליו בני כהנים גדולים, ואמרו: תשבע בתחלה ובסוף. עד כאן לא פליגי — אלא לענין שבועה, אבל מזוני — יהבינן לה! תרגמה שמואל — בששמעו בו שמת. תא שמע: מי שהלך למדינת הים ואשתו תובעת מזונות, בני כהנים גדולים אומרים: תשבע. חנן אומר: לא תשבע. ה ואם בא ואמר: פסקתי לה מזונות — נאמן! הכא נמי — בששמעו בו שמת. והא "אם בא ואמר" קאמר! אם בא לאחר שמועה. ת"ש: *ו מי שהלך למדינת הים ואשתו תובעת מזונות *ואם [נ"ל אם] בא ואמר צאי מעשה ידיך במזונותיך — רשאי. קדמו בית דין ופסקו — מה שפסקו פסקו! הכא נמי, בששמעו בו שמת. ת"ש: *מי שהלך למדינת הים ואשתו תובעת מזונות — ב"ד יורדים לנכסיו, וזנין ומפרנסין לאשתו, אבל לא בניו ובנותיו, ולא דבר אחר. אמר רב ששת: במשרה את אשתו ע"י שליש. אי הכי בניו ובנותיו נמי! כשהשרה לזו, ולא השרה לזו. מאי פסקא? אלא אמר רב פפא: כששמעה בו שמת בעד אחד; היא, דאי בעית אינסובי בעד אחד, מצי מינסבא — מזוני נמי יהבינן לה. בניו ובנותיו, דאי בעו למיחת לנכסיו בעד אחד לא מצו נחתי — מזוני נמי לא יהבינן להו. *מאי "דבר אחר"? רב חסדא אמר: תכשיט, רב יוסף אמר: צדקה. מ"ד תכשיט — כל שכן

צדקה

רש"י

פוסקין מזונות. ב"ד יורדין לנכסי מי שהלך למדינת הים, ופוסקין מזונות לאשתו. בששמעו בו שמת כ"ע לא פליגי. דפוסקין, דלמאי ניחוש לה? אי לצררי — הרי סופה לגבות כתובתה, ותשבע שלא עיכבה משלהם כלום. ואי לשמא אמר לה "צאי מעשה ידיך במזונותיך" וקבלה עליה — משמת אינה משועבדת לו מעשה ידיה. וא"ת: והרי היא משועבדת ליתומים, ואף הם יאמרו לה כן? אף הוא לא היה יכול לומר לה אלא א"כ היא מתרצה. צררי. צרורות כספים נתן בידה למזונות. חיישי' שמא אמר לה צאי מעשה ידיך במזונותיך. וקבלה עליה. איכא בינייהו גדולה. הראויה להתפיסה מעות, ולא ספקה מזונות במעשה ידיה, שהן שני בצורת או שאינה בעלת מלאכה. לצררי — איכא למיחש, ל"צאי מעשה ידיך במזונותיך" — ליכא למיחש, דכיון דלא ספקה — לא קבלה עליה. אי נמי קטנה. ובעלת מלאכה, והשנים כתקנן. וספקה. לרב זביד פוסקין, דלא עביד איניש דמתפיס צררי לקטנה. לרב פפא אין פוסקין, דאיכא למימר: "צאי מעשה ידיך למזונותיך" אמר לה. ואם בא ואמר פסקתי לה מזונות. אתפסתיה צררי. נאמן. ובשבועה. ומחזרת מה שנתנו לה ב"ד. לאחר שמועה. לאחר ששמעו בו שמת בא. ולא דבר אחר. מפרש לקמיה. במשרה אשתו ע"י שליש. העמיד אפוטרופוס לזונה, ועכשיו משך האפוטרופוס את ידו, דהשתא ודאי לצררי ליכא למיחש, ולא לשמא אמר לה "צאי מעשה ידיך למזונותיך". אי הכי. דהשרה אותה ע"י שליש — אפי' בניו ובנותיו נמי, דהא גלי דעתיה דניחא ליה שיהו נזונין משלו.

צדקה

תוספות

ששמעו בו שמת. פירש הקונטרס: דלמאי ניחוש לה? אי לצררי — הרי סופה ליטול כתובתה, ולישבע שלא עיכבה משלהם כלום. והשתא בעי למימר דפליגי בלא שמעו בו שמת — היינו בלא שבועה, דאי בשבועה — אמאי לא תטול? וזה אינו, דהא בסמוך פריך: עד כאן לא פליגי — אלא לשבועה, אבל למזונות — יהבינן לה. אלמא לשמואל — אפילו בשבועה אין לה! ונראה לרבי דהיינו טעמא: דבשמעו בו שמת — לכולי עלמא פוסקין — דאין כאן שום הוכחה לאשה דתפסה צררי ולא שאמר לה "צאי מעשה ידיך במזונותיך". אבל בלא שמעו שמת אמר שמואל דאין פוסקין, דמוכחא מילתא מדאינו חוזר שנסתלק ממנה בשום ענין; לרב זביד — בצררי, ולרב פפא — דאמר לה צאי כו'. והלכך אפי' בשבועה לא מהימנא. מ"ר. ולבי מגמגם לפירושו. דפריך בסמוך מהא דתניא: מי שהלך למדינת הים ואשתו תובעת מזונות, בני כהנים גדולים אומרים תשבע כו'. ואם בא כו', ומשני: בששמעו בו שמת. ודוחק לשנויי: בא לאחר שמועה, ונמצא שהיה שקר מה ששמעו בו שמת! והוה מצי לשנויי: בלא שמעו בו שמת, וכגון דפסקיה מברא או שום אונס, שאינו יכול לשוב, דמודה שמואל דפוסקין לה מזונות כיון דהשתא ליכא הוכחה. ואמר לי רבי: דהא מילתא לא שכיח הוא שיארע אונס או יפסיקו הנהר יותר מיום או יומים.

בששמעו בו שמת כולי עלמא לא פליגי. נראה לרבי: דהאי שמעו בו שמת — בשני עדים. מדקאמר לקמן: ששמעו בו שמת בעד אחד, מכלל דעד השתא ס"ד בשני עדים. ובקול נמי ליכא למימר, מדפריך לקמן, ת"ש: האשה שהלכה היא ובעלה למדינת הים כו', ובאה ואמרה גירשני בעלי — מתפרנסת והולכת עד כדי כתובתה. ומשני: כששמעו בו שמת. פירוש: שמת קודם אותו הזמן שאמרה שנתגרשה. ופריך: מ"ש עד כדי כתובתה? אפילו לעולם נמי! ואי שמעו בו שמת — בקול קאמר, מאי קושיא? וכי יש להאמין הקול, הואיל והיא אמרה שגירשה ולא מת? ולא דמיא להיא דפרק "המפקיד" (ב"מ דף לח: ושם): שבוי שנשבה, רב אמר: אין מורידים קרוב לנכסיו ושמואל אמר: מורידין. כששמעו בו שמת — כולי עלמא לא פליגי דמורידין. והתם שמעו בו שמת — היינו בעד אחד, דאי בשני עדים — מאי חידוש הוא? הלא הם יורשים אותו! וא"ת: ובעד אחד היאך מורידין? והתנן ביבמות בפרק "האשה שהלכה" (דף קטז: ושם) גבי האשה שאמרה "מת בעלי" — שאין האחים נכנסים לנחלה על פיה. ומדהיא לא מהימנא עד אחד נמי לא מהימן! וי"ל: דהתם מיירי לירד ולמכור, אבל ב"המפקיד" מיירי לירד על מנת שלא למכור, כדמוכח התם. והא דתניא לקמן: ב"ד יורדין לנכסיו וזנין ומפרנסין את אשתו, אבל לא בניו ובנותיו. ומוקמינן לה: בששמעו בו שמת — בעד אחד. וקאמר "בניו ובנותיו", דאי בעו מיחת לנכסים בעד אחד — לא מצו נחתי, מזוני נמי לא יהבינן להו. התם נמי — למכור, אבל בפירות הגדלים בשדה — אכלי להו שפיר. **חיישינן** שמא אמר לה כו'. וקיבלה עליה, ופטרתו. ופטור הוא בכך, אע"ג דהשתא לא ספקה. **קטנה** וספקה. וא"ת: הואיל וספקה נימרו לה ב"ד: צאי מעשה ידיך למזונותיך ולמה יורדים לנכסיו למאן דחייש לצררי? ואי לא ספקה — א"כ היכי מחלה למ"ד "צאי מעשה ידיך"? והא אין מחילת קטנה כלום! וי"ל: כגון דספקה לדברים גדולים, ולא ספקה לדברים קטנים — דלדברים קטנים מהני מחילתה. אי נמי בפעוטות, דמקחן מקח ומתנתן מתנה. מ"ר.

תרגמה שמואל בששמעו בו שמת. תימה: א"כ מאי טעמא דבני כהנים גדולים? דמה לי דמת בביתו, דמה לי ששמעו בו שמת ע"פ עדים! ואין נראה לפרש ששמעו בו ע"פ עד אחד. וי"ל: דאפי' מת בביתו פליגי בני כהנים גדולים. והא דנקט — למי שהלך למדינת הים — רבותא נקט, דס"ד: ניחוש כ"כ לצררי דאפילו בשבועה לית לה. מ"ר. **ואם** בא ואמר פסקתי לה מזונות נאמן. פירש רש"י: אף להוציא מידה מה שנתנו לה ב"ד בשבועה. דהכי משמע — דאנשבעה קאי. והיינו טעם: דסתמא דמילתא — מתפיס לה צררי, הלכך מוציאין מידה בשבועה. ונראה לרבי: *להצריכה שבועה, ובשבועה תגבה מה שלוותה ואכלה. דאי לאו הכי — לא תמצא מי שילוה לה, שיראים להפסיד, אבל עכשיו שהיא נשבעת — אין יראים כלום, שסומכין עליה שתשבע. מ"ר. **ואם** בא ואמר לה "צאי מעשה ידיך במזונותיך" רשאי. כלומר, אם לוותה ואכלה — לא אפרע. שאם לא היו מלוים לזו — היתה דוחקת עצמה, אף ע"ג דלא ספקה. והאי דאמרינן לקמן: לוותה ואכלה, עמדה ומיאנה, ודייקינן: טעמא דמיאנה, הא לא מיאנה יהבינן לה, התם שפסקו לה ב"ד.

מאי פסקא. תימה לרבי: אין, סתמא דמילתא אשתו דחייב במזונותיה — משרה על ידי שליש, בניו ובנותיו דלא מיחייב במזונותיהם — לא משרה. ורבינו שמשון מפרש הסוגיא: אי הכי בניו ובנותיו נמי? אי אמרת בשלמא דלא איירי מתני' במשרה אשתו ע"י שליש, אלא אשתו ובניו סמוכין על שולחנו — ניחא; דאשתו מפרנסין, הואיל והוא חייב לזונה — משום חשש דשמא התפיסה צררי אין ב"ד נמנעין מלזונה. אבל בניו ובנותיו, דאינו חייב במזונותיהן — אין לירד לנכסיו לפרנסם, דבקל יש לחוש שמא התפיסם צררי, והניח להם מעות לפרנסם עד שישוב. אבל השתא, דמוקמת במשרה ע"י שליש — ליכא למיחש לצררי! ומשני: במשרה אשתו ע"י שליש, אבל בניו סמוכין על שולחנו ולא השרה ע"י שליש, ולהכי חיישינן לצררי. ופריך: מאי פסקא? דזה אין רגילות דאשתו ישרה ע"י שליש, ובניו יהיו סמוכין על שולחנו.

עמד

עין משפט נר מצוה

יז א מיי' פי"ב מהל' אישות הל' טז סמג לאוין פא טוש"ע אה"ע סי' ע סעי' ה:

יח ב מיי' שם טור שו"ע שם סעיף י:

יט ג מיי' פי"ח שם הל' יט טוש"ע שם סי' נה סעי' ו:

כ ד מיי' פי"ב שם הל' טז טוש"ע שם סימן ע סעיף ה:

כא ה מיי' שם הלכה כא טור שו"ע שם סעיף י:

כב ו מיי' שם טור שו"ע שם סעיף ט וסעיף י יא:

תוספות רי"ד

פוסקין מזונות לא"א ושמואל אמר אין פוסקין פי' מי שהלך למדינת הים ואשתו תובעת מזונות רב סבר ב"ד יורדין לנכסיו ופוסקין מזונות לאשתו ושמואל אמר אין פוסקין כששמעו בו שמת כ"ע לא פליגי שפוסקין כי פליגי בשלא שמעו בו שמת רב אמר פוסקין דמשועבד לה ושמואל אמר אין פוסקין מ"ט רב זביד אמר אימור צררי אתפשה רב פפא אמר חיישינן שמא אמר לה צאי מעשה ידיך למזונותיך. פי' והיא קבלה עליה אבל כששמעו בו שמת פוסקין וליכא למיחש לצררי שהרי סופה לגבות כתובתה ואז תשבע שלא עכבה בידה משלהם כלום ולצאי מעשה ידיך למזונותיך נמי ליכא למיחש שכבר מת ואינה משועבדת לו. וא"ת הרי היא משועבדת ליתומים ואף הם יאמרו לה כן. תשובה אף הוא אינו יכול לומר לה אא"כ תתרצה היא והרי עכשיו אינה רוצה. אמר שמואל ומודה לי אבא בשלשה חדשים הראשונים שאין פוסקין לפי שאין אדם מניח את ביתו ריקם: תנן מי שהלך למדינת הים וכו' ע"כ לא פליגי אלא לענין שבועה אבל מזוני יהבינן לה תרגמ' שמואל כששמעו בו שמת: ומהכא שמעינן שאין היתומים יכולין להשביע האלמנה כל זמן שהיא נזונית דילמא אתפשה בעלה צררי דהא פסקי' לקמן הלכתא כחנן כ"ש דק"ל כרב דאמר פוסקין מזונות לא"א ומוקי' למתני' מחיים דבעל ואיכא למימר התם הוא דפליגי עליה דחנן ואמרי תשבע דמאן לימא לן דאתא לידי גיבוי כתובתה ותשבע דילמא מייתא היא ברישא הלכך תשבע השתא דלמא צררי אתפשה אבל באלמנה הניזונית כ"ע לא פליגי דתשבע בסוף ולא תשבע בתחילה: בני כהנים גדולים אומרים תשבע חנן אומר לא תשבע ואם בא בעלה ואמר פסקתי לה מזונות נאמן פי' ובשבועה ומחזרת לו מה שנתנו לה ב"ד ה"נ כששמעו בו שמת והא אם בא קאמר אם בא לאחר שמועה.

מסורת הש"ס

[עי' פרש"י ברכות מז. ד"ה אילו]

[תוספתא פי"ב]

לעיל מח.

ג"ז שם

[נ"ל דנאמן להצריכה]

הגהות הב"ח

(א) גמ' אמר שמואל וכו' הראשונים שאין פוסקין מה טעם לפי שאין אדם:

צְדָקָה, מ"ד צְדָקָה – אֲבָל תַּכְשִׁיט יָהֲבִינַן לָהּ, דְּלָא נִיחָא לֵיהּ דְּתִתְנַוְּול. *תָּא שְׁמַע: [א]הַיְּבָמָה, ג' חֳדָשִׁים הָרִאשׁוֹנִים – נִיזּוֹנֶת מִשֶּׁל בַּעְלָהּ, מִיכָּן וְאֵילָךְ – אֵינָהּ נִיזּוֹנֶת לֹא מִשֶּׁל בַּעְלָהּ וְלֹא מִשֶּׁל יָבָם. עָמַד בַּדִּין וּבָרַח – נִיזּוֹנֶת מִשֶּׁל יָבָם. אָמַר לָךְ שְׁמוּאֵל: לְמַאי נֵיחוּשׁ לָהּ לְהַאי? אִי מִשּׁוּם צְרָרֵי – לָא מִיקַּרְבָא דַּעְתֵּיהּ לְגַבָּהּ, אִי מִשּׁוּם מַעֲשֵׂה יָדֶיהָ – לָא מִשְׁתַּעְבְּדָא לֵיהּ. תָּא שְׁמַע: *[ב]הָאִשָּׁה שֶׁהָלְכָה הִיא וּבַעְלָהּ לִמְדִינַת הַיָּם, וּבָאת וְאָמְרָה: מֵת בַּעְלִי, רָצְתָה – נִיזּוֹנֶת, רָצְתָה – גּוֹבָה כְּתוּבָּתָהּ. *"גֵּירְשַׁנִי בַּעְלִי" – מִתְפַּרְנֶסֶת וְהוֹלֶכֶת עַד כְּדֵי כְתוּבָּתָהּ. הָכָא נַמִי כְּשֶׁשָּׁמְעוּ בּוֹ שֶׁמֵּת. וּמַאי שְׁנָא עַד כְּדֵי כְתוּבָּתָהּ? דְּאִיהִי הִיא דְּאַפְסִידָה אַנַּפְשָׁהּ. תָּא שְׁמַע: [ג]כֵּיצַד אָמְרוּ מְמָאֶנֶת אֵין לָהּ מְזוֹנוֹת? אִי אַתָּה יָכוֹל לוֹמַר בְּיוֹשֶׁבֶת תַּחַת בַּעְלָהּ – שֶׁהֲרֵי בַּעְלָהּ חַיָּיב בִּמְזוֹנוֹת. אֶלָּא כְּגוֹן שֶׁהָלַךְ בַּעְלָהּ לִמְדִינַת הַיָּם; לָוְתָה וְאָכְלָה, עָמְדָה וּמֵיאֲנָה. [ד]טַעְמָא – דְּמֵיאֲנָה, הָא לָא מֵיאֲנָה – יָהֲבִינַן לָהּ! אָמַר לָךְ שְׁמוּאֵל: הָכָא לְמַאי נֵיחוּשׁ לָהּ? אִי מִשּׁוּם צְרָרֵי – צְרָרֵי לִקְטַנָּה לָא מַתְפִּיס, וְאִי מִשּׁוּם מַעֲשֵׂה יָדֶיהָ – קְטַנָּה לָא סַפְקָה. מַאי הֲוָה עֲלָהּ? כִּי אֲתָא רַב דִּימִי אֲמַר: מַעֲשֶׂה בָּא לִפְנֵי רַבִּי בְּבֵית שְׁעָרִים, וּפָסַק לָהּ מְזוֹנוֹת. לִפְנֵי רַבִּי יִשְׁמָעֵאל בְּצִפּוֹרִי, וְלֹא פָּסַק לָהּ מְזוֹנוֹת. תָּהֵי בָּהּ רַבִּי יוֹחָנָן: וְכִי מָה רָאָה רַבִּי יִשְׁמָעֵאל שֶׁלֹּא פָּסַק לָהּ מְזוֹנוֹת? הָא לֹא נֶחְלְקוּ בְּנֵי כֹּהֲנִים גְּדוֹלִים וְחָנָן אֶלָּא לְעִנְיַן שְׁבוּעָה, אֲבָל מְזוֹנֵי – יָהֲבִינַן לָהּ! א"ל רַב שֶׁמֶן בַּר אַבָּא: כְּבָר תִּרְגְּמָהּ רַבֵּינוּ שְׁמוּאֵל בְּבָבֶל: כְּשֶׁשָּׁמְעוּ בּוֹ שֶׁמֵּת. א"ל: פָּתְרִיתוּ בָּהּ כּוּלֵּי הַאי? כִּי אֲתָא רָבִין אֲמַר: מַעֲשֶׂה בָּא לִפְנֵי רַבִּי בְּבֵית שְׁעָרִים וְלֹא פָּסַק לָהּ מְזוֹנוֹת, לִפְנֵי רַבִּי יִשְׁמָעֵאל בְּצִיפּוֹרִי וּפָסַק לָהּ מְזוֹנוֹת. א"ר יוֹחָנָן: מָה רָאָה רַבִּי שֶׁלֹּא פָּסַק לָהּ? דְּהָא לֹא נֶחְלְקוּ חָנָן וּבְנֵי כֹּהֲנִים גְּדוֹלִים אֶלָּא לְעִנְיַן שְׁבוּעָה, אֲבָל מְזוֹנוֹת – יָהֲבִינַן לָהּ! אָמַר לֵיהּ רַב שֶׁמֶן בַּר אַבָּא: כְּבָר תִּרְגְּמָהּ שְׁמוּאֵל בְּבָבֶל – כְּשֶׁשָּׁמְעוּ בּוֹ שֶׁמֵּת. אֲמַר לֵיהּ: פָּתְרִיתוּ בָּהּ כּוּלֵּי הַאי? וְהִלְכְתָא כְּוָתֵיהּ דְּרַב, וּפוֹסְקִין מְזוֹנוֹת לְאֵשֶׁת אִישׁ. וְהִלְכְתָא כְּוָתֵיהּ דְּרַב הוּנָא אָמַר רַב. *דְּאָמַר רַב הוּנָא אָמַר רַב: יְכוֹלָה אִשָּׁה שֶׁתֹּאמַר לְבַעְלָהּ: אֵינִי נִיזּוֹנֶת וְאֵינִי עוֹשָׂה. וְהִלְכְתָא כְּוָתֵיהּ דְּרַב זְבִיד בְּקוּנְיָא. דְּאָמַר רַב זְבִיד: *[ה]הָנֵי מָאנֵי דְּקוּנְיָא, [ו]חִיוָּרֵי וְאוּכָּמֵי – שָׁרוּ, יְרוּקֵּי – אֲסִירֵי. וְלָא אֲמַרַן [ז]אֶלָּא דְּלֵית בְּהוּ קַרְטוּפְנֵי, אֲבָל אִית בְּהוּ קַרְטוּפְנֵי – אֲסִירֵי.§

מתני' *מִי שֶׁהָלַךְ לִמְדִינַת הַיָּם, וְעָמַד אֶחָד וּפִירְנֵס אֶת אִשְׁתּוֹ. חָנָן אוֹמֵר: אִיבֵּד אֶת מְעוֹתָיו. נֶחְלְקוּ עָלָיו בְּנֵי כֹהֲנִים גְּדוֹלִים, וְאָמְרוּ: יִשָּׁבַע כַּמָּה הוֹצִיא, וְיִטּוֹל. א"ר דּוֹסָא בֶּן הָרְכִּינָס כְּדִבְרֵיהֶם. א"ר יוֹחָנָן בֶּן זַכַּאי: [ח]יָפֶה אָמַר חָנָן: הִנִּיחַ מְעוֹתָיו עַל קֶרֶן הַצְּבִי.§ **גמ'** *תְּנַן הָתָם: הַמּוּדָּר הֲנָאָה מֵחֲבֵירוֹ – שׁוֹקֵל

צְדָקָה. אֵין ב"ד פּוֹסְקִין לִצְדָקָה לַעֲנִיִּים מִנְּכָסָיו, בִּזְמַן שֶׁאַחֵר בְּנֵי הָעִיר פּוֹסְקִין עֲלֵיהֶן לִצְדָקָה. תַּכְשִׁיט. בְּשָׂמִים, לְהִתְקַשֵּׁט בָּהֶן אִשְׁתּוֹ. שְׁלֹשָׁה חֳדָשִׁים הָרִאשׁוֹנִים. שֶׁאֵינָהּ יְכוֹלָה לֹא לְהִנָּשֵׂא וְלֹא לְהִתְיַיבֵּם – נִיזּוֹנֶת מִשֶּׁל בַּעְלָהּ. עָמַד בַּדִּין. וְאָמְרָה לוֹ "כְּנוֹס אוֹ חֲלוֹץ". רָצְתָה נִיזּוֹנֶת כו'. שֶׁהָאִשָּׁה נֶאֱמֶנֶת לוֹמַר "מֵת בַּעְלִי", וְתִינָּשֵׂא. וּכְשֵׁם שֶׁנֶּאֱמֶנֶת לִינָּשֵׂא – כָּךְ נֶאֱמֶנֶת לִיטּוֹל כְּתוּבָּתָהּ, כִּדְאָמְרִינַן בְּמַסֶּכֶת יְבָמוֹת*: מִסֵּפֶר כְּתוּבָּתָהּ נִלְמַד – "לִכְשֶׁתִּנָּשְׂאִי לְאַחֵר תִּטְלִי מַה שֶּׁכָּתוּב לִיכִי". מִתְפַּרְנֶסֶת וְהוֹלֶכֶת כו'. כְּתוּבָּה לָא גָּבְיָא – שֶׁמָּא לֹא גֵּירְשָׁהּ, וּבְגֵירוּשִׁין לֹא הֶאֱמִינוּהָ. אֲבָל מְזוֹנֵי יָהֲבִינַן לָהּ. וּבְפֵירָעוֹן כְּתוּבָּה, מִמָּה נַפְשָׁךְ; אִם גֵּירְשָׁהּ – הֲרֵי נָטְלָתָן בִּכְתוּבָּתָהּ, וְאִם לָאו – הֲרֵי הוּא חַיָּיב בִּמְזוֹנוֹתֶיהָ. אִיהִי הִיא דְּאַפְסְדָה אַנַּפְשָׁהּ. שֶׁאָמְרָה "גֵּרְשַׁנִי", וּגְרוּשָׁה אֵין לָהּ מְזוֹנוֹת. וְכִי תֵּימָא: כֵּיוָן (א) דְּשָׁמְעָה שֶׁמֵּת תִּגְבֶּה כְּתוּבָּתָהּ יַחַד – אֵין הָכִי נַמִי. וְהַאי דְּקָאָמַר מִתְפַּרְנֶסֶת וְהוֹלֶכֶת – אִם אֵינָהּ רוֹצָה לִיטּוֹל כְּתוּבָּתָהּ, דִּסְבוּרָה שֶׁמָּא לֹא מֵת, וְנוֹחַ לָהּ לִיטּוֹל לְשֵׁם מְזוֹנוֹת. שֶׁאִם יָבֹא בַּעְלָהּ – תְּהֵא כָּל כְּתוּבָּתָהּ קַיֶּימֶת. וּמִתְפַּרְנֶסֶת עַד כְּדֵי כְּתוּבָּתָהּ, וְתוּ לֹא יָהֲבִינַן לָהּ. מָאנֵי דְּקוּנְיָא. כְּלֵי חֶרֶס שֶׁמְּחַפִּין עֲלֵיהֶם עוֹפֶרֶת, שֶׁקּוֹרִין פלומבלי"ר בְּלַעַ"ז. יְרוּקֵּי אֲסִירֵי. לְעִנְיַן חָמֵץ בְּפֶסַח, וְגִיעוּלֵי גּוֹיִם, וְיֵין נֶסֶךְ. חִיוָּרֵי שָׁרוּ. לְפִי שֶׁהָעוֹפֶרֶת מַחֲלִיק אֶת הַחֶרֶס, וְאֵינוֹ מַנִּיחוֹ לִבְלוֹעַ. אֲבָל הַיְרוּקִּים – מְעוֹרָב לָרִיף שֶׁקּוֹרִין אלו"ס בְּתוֹךְ הָעוֹפֶרֶת, וְהוּא עַז, וּמְחַלְחֵל אֶת הַחֶרֶס וּבוֹלֵעַ. וְהָכִי אָמְרִי' בְּמַסֶּכֶת ע"ז (דף לג:): דִּמְצָרְפִי וּבָלְעֵי. קַרְטוּפְנָא. בִּיקוּעֵי, קירויינ"ש בְּלַעַ"ז. **מתני'** חָנָן אוֹמֵר אִיבֵּד אֶת מְעוֹתָיו. שֶׁלֹּא אָמַרְתִּי לְךָ: הַלְוֵוינִי וַאֲנִי אֶפְרַע. אֲבָל אִם הִלְוָה אֶת הָאִשָּׁה מָעוֹת לִמְזוֹנוֹתֶיהָ עַל מְנָת שֶׁתְּשַׁלֵּם לוֹ, הוּא תּוֹבְעָהּ, וְהִיא תּוֹבַעַת הַבַּעַל, וִישַׁלֵּם, כִּדְאָמַר לְעֵיל בִּמְמָאֶנֶת וְלָוְותָה וְאָכְלָה וְעָמְדָה וּמֵיאֲנָה: טַעְמָא – דְּמֵיאֲנָה, הָא לֹא מֵיאֲנָה – מְשַׁלֵּם. **גמ'** שׁוֹקֵל

עמד בדין וברח. בפרק "החולץ" (יבמות דף מא: ושם) פרש"י: דוקא ברח, אבל חלה הוא או חלתה היא – לא. משמע לפי דבריו דקנס הוא. ותימה: אם כן מאי קפריך? הואיל ומשום קנס מתפרנסת! ויש לומר: דאי חיישינן כולי האי לצררי, כדחייש שמואל – לא היה לקונסו כל כך. ור"ח פירש, שמצא בירושלמי בריש אף "ע"פ" – דברח – לאו דוקא אלא ה"ה חלה דניזונת משלו ואע"ג והא אמרינן חלה הוא או היא אינו מעלה לה מזונות לחד לישנא גבי הגיע זמן ולא נשאו יש לומר שאני הכא שהיה לו לכנוס מיד אחר הגעת הזמן אחר שלשה חדשים אבל התם כשהתחיל חליו לפני שהגיע זמן מאי הוה ליה למיעבד ומיהו קשה אי בחלה נמי מעלה לה מזונות אמאי אמרי' בסמוך דלא משעבדא ליה למעשה ידיה וי"ל דבחלה נמי קנסינן ליה משום דלא כנס מיד אחר שלשה חדשים ואחר שעמד בדין מיד ואם תאמר לפרש"י, דמפרש: דוקא ברח אבל חלה לא – בפ"ק (דף ב.) דמיבעיא לן: חלה מהו? אמאי לא פשיט מהכא, דאמרי': דוקא ברח אבל חלה לא? וכל שכן הוא, דהא הכא דאין לה מזונות, אף על פי שפשע קצת, שהיה לו לכונסה מיד אחר שעמד בדין. אבל התם – חלה קודם שהגיע הזמן, מאי הוה ליה למיעבד? דעל כורחין בהכי איירי, דאי חלה הוא אחר כך – פשיטא דאין להפסידה! ואיכא למימר: דיבמה שאני, דלאו אגידא ביה כולי האי כמו ארוסתו, ואינה עומדת כל כך לכונסה – לא מיחייב מזונות כולי האי. ומיהו, קשה לפירוש רש"י: דעל כורחין מוקי האי ברח – שלא מחמת מרדין אלא מחמתה. דאי לאו הכי – היינו חלה. ואם כן מאי קפריך הכא למ"ד אין פוסקין מזונות לאשת איש? הרי הכא לא שייך התפסת צררי, הואיל ומחמתה ברח!

הני מאני דקוניא. פי' בקונטרס: "פלומי"ר בלע"ז, כלי חרס שמתיכין לתוכו עופרת. ואין נראה לר"ת, דבזבחים פרק "איזהו מקומן" (דף נד.) גבי עשיית מזבח תניא: מביא סיד וקוניא (ב) וממחה ושופך. הוה ליה למימר "אבר", שהוא לשון ברייתא. ועוד אמר רבי: מדמסיק עלייהו בפ"ב דמסכת ע"ז (דף לג: ושם) ובפרק "כל שעה" (פסחים דף ל: ושם): משום דמצרפי, פירוש: שמעורב בהם צריף, שקורין אלו"ס בלע"ז. על כן נראה כדפירש ה"ערוך": *דקוניא היינו כלי חרס המחופה בהתכת זכוכית. ולהכי מסיק עליה דמצרפי, משום דזכוכית תחילת ברייתו מן החול, ובאותו חול מעורב צריף ולהכי בלעי. וכן מורה רבינו תם באותם פלומי"ר שלנו שמתיכין לתוכן עופרת – אינן נאסרין בי"נ יותר משאר כלי חרס. ועוד מדקדק ר"ת: אף אם היה כולו מעופרת לא היה נאסר, ועכשיו שאין בו אלא עופרת מעט יאסר? אבל בהתכת זכוכית ניחא, דאפי' כולן של זכוכית אינו נאסר, לפי שנתבשל היטב ואינו נבלע. אבל קוניא לא נתבשל כל כך, ובלע טפי. **ירוקי**. פירש בקונטרס: לענין חמץ בפסח וגיעולי גוים ויין נסך. ולא משום דאיצטריך למיפסק הלכה כרב זביד לענין חמץ בפסח, דהא מרימר דפליג עליה ושרי ירוקי – דוקא לענין יין נסך, אבל לענין חמץ בפסח – מודה דאסירי אפי' חיורי, כדאיתא בהדיא בפ' "אין מעמידין" (ע"ז דף לג:), ומפרש התם טעמא – דתשמישו בחמין.

חנן אומר: איבד מעותיו. ליכא לאקשויי מהא דקיימא לן (לעיל פ.): היורד לתוך שדה של חבירו ונטעה שלא ברשות דשמין לו כאריס, ולבונה חורבתו של חבירו דנותן לו מה שההנהו (ב"מ קא. ע"ש)! דהתם השבח בעין הוא, ודין הוא שיטול, אבל הכא – לא השביח לו שום שבח נכסים, אלא שהצילו מגביית בעל חובו, ולא מידי יהיב ליה. והוה כמבריח ארי מנכסי חבירו, דאע"ג דמהנה אותו – לא מתחייב מידי, כדמסיק בנדרים ב"אין בין המודר" (דף לג:). וא"ת: הא אמרי' ב"השוכר את הפועלים" (ב"מ דף לג:): שומר חנם שהיה לו

עין משפט נר מצוה

כג א מיי' פי"ח מהל' אישות הל' טו סמג עשין מח טור ש"ע אה"ע סי' קס סעיף א:

כד ב מיי' שם הל' כד סמג שם טוש"ע שם סימן נג סעיף יז [וברב אלפס עוד פי"א דמכילתין דף קכ:]

כה ג מיי' פכ"ד מהל' אישות הל' ה סמג עשין נא טוש"ע שם סי' קטז סעיף ה [וברב אלפס פי"א דמכילתין דף קכה.]

כו ד מיי' פי"ב שם הל' יט סמג עשין מח ולאוין פא טוש"ע שם סי' ע סעיף א:

כז ה מיי' פ"ה מהל' חמץ ומצה הל' כה ופי"ז מהל' מאכלות אסורות הל' ב סמג לאוין עח וקמח טוש"ע א"ח סי' תנא סעי' כג וטוש"ע יו"ד סי' קכ סעיף א:

כח ו ז מיי' פי"א מהל' מאכלות אסורות הל' יט סמג לאוין קמח טוש"ע י"ד סימן קלה סעיף ו:

כט ח מיי' פי"ב מהל' אישות הל' יט סמג עשין מח ולאוין פא טור ש"ע אה"ע סי' ע סעיף א:

תוספות רי"ד

ת"ש האשה שהלכה היא ובעלה למדינת הים ובאה ואמרה מת בעלי רצתה ניזונית רצתה גובה כתובתה פי' שהאשה שאמרה מת בעלי נאמנת להנשא וכמו שנאמנת להנשא כך נאמנת ליטול כתובה כדאמרינן ביבמות בהאשה בש"א תנשא ותטול כתובה וכו' עד חזרו ב"ה להודות כב"ש וכמו שנאמנת לגבות כתובתה כך היא נאמנת על המזונות גרשני בעלי מתפרנסת והולכת עד כדי כתובתה פי' כשאומרת גרשני בעלי אינה נאמנת על הגירושין והלכך אינה יכולה לגבות כתובתה דשמא לא גורשה אבל מזונות אית לה ממה נפשך דאי גירשה כל כתובתה יש לה ואי לא גירשה יש לה מזונות כדין כל אשה שהלך בעלה למדינת הים ודוקא עד שיעור כתובתה אבל יותר משיעור כתובתה לא דהא אמרה גירשני שאין מזונות לגרושה. בשלמא למ"ד פוסקין מזונות לא"א שפיר פי' היינו דמתפרנסת עד כדי כתובתה ממה נפשך אי גרשה יש לה כתובה אי לא גרשה מזוני אית לה אלא למ"ד אין פוסקין מזונות לא"א מאי איכא למימר פי' דילמא לא גירשה וא"א היא וכיון דאין פוסקין מזונות לא"א (איהי שקילא) [היכי שקלא] מזונות (א) פי' כששמעו בו שמת דממה נפשך גירשה כתובתה אית לה לא גירשה מזוני נמי אית לה. ומ"ט עד כדי כתובתה אפילו טובא נמי פי' דכיון ששמעו בו שמת הרי היא ככל אלמנה דעלמא ותתפרנס לעולם אפילו יותר משיעור כתובתה פי' דתנן כל זמן שהיא בבית בעלה גובה כתובה לעולם שאני הכא דאיהי היא דאפסידא אנפשה דאמרה גירשני בעלי פי' ואין לגרושה מזונות הלכך עד שיעור כתובתה שקלא ממה נפשך אבל טפי לא ומהכא מוכח דכל אלמנה דעלמא מתפרנסת והולכת לעולם אפילו יותר משיעור כתובתה והדר גביא כתובתה ולאפוקי ממ"ד שאין אלמנה יכולה ליקח מזונות יותר משיעור כתובה כדכתבי' לעיל בפ' אלמנה ניזונת: ת"ש כיצד אמרו ממאנת אין לה מזונות אי אתה יכול לומר ביושבת תחת בעלה שהרי בעלה חייב במזונותיה אלא כגון שהלך בעלה למדינת הים ולותה ואכלה ועמדה ומיאנה טעמא דמיאנה הא לא מיאנה יהבינן לה ושמואל הכא למאי ניחוש אי משום צררי צררי לקטנה לא מתפיש ואי משום מעשה ידיה התם קטנה לא ספקה ומהכא מוכח דמי שהלך בעלה למדינת הים ולותה ואכלה הבעל חייב לפרוע מה שלותה דדוקא ממאנת היא דלית לה אבל אשה דעלמא אית לה ודכותיה אמרינן בפ' יש מותרות ומאי דאמרינן לקמן מי שהלך למדינת הים ועמד אחד ופרנס את אשתו הניח מעותיו על קרן הצבי דוקא כשפרנס הוא מאליו שלא אמרה לו אשתו הלויני והוא מאליו היה מספיק לה מזונות דאמרינן רצה לכבדה מאליו ואין הבעל חייב לפורעו אבל היכא דהיא אמרה לו הלויני והלוה לה כיון שע"ד הלוואה נתן לה חייב הוא לפורעו ומסיק תלמודא והלכתא פוסקין מזונות לא"א פי' ולסוף ג' חדשים הראשונים כדאמרן לעיל ובלא שבועה כחנן. והלכתא כרב הונא אמר רב דאמר רב הונא אמר רב יכולה אשה שתאמר לבעלה איני ניזונית ואיני עושה. והלכתא כותיה דרב זביד בקוניא דאמר רב זביד הני מני דקוניא אוכמי וחיורי שרו ירוקי אסירי פי' דמצרפי ואי אית בהו קרטופני כולהו אסירי פי' קערות של חרס מחופות בעופרת אוכמי וחיורי שרו לענין חמץ בפסח וגיעולי עובדי כוכבים ויין נסך. לפי שהעופרת מחליק את החרס ואינו מניחו לבלוע אבל הירוקים מערב בהן צריף בתוך העופרת והוא עז ומלחלח את החרס ובולע ואי אית בהו קרטופני פי' בקעים וסדקים כלהו אסירי שדרך אותן הסדקים לבלוע החרס מתוכן ואין לו תקנה לעולם עי' בפ' אין מעמידין: **מתני'** מי שהלך למדינת הים ועמד א' ופרנס את אשתו חנן אומר אבד מעותיו נחלקו עלי' בני כהנים גדולים ואמרו ישבע כמה הוציא ויטול א"ר דוסא בן הרכינס כדבריהם אריב"ז יפה אמר חנן הניח מעותיו על קרן הצבי פי' חנן אומר אבד את מעותיו שהוא אומר לו רצוני היה לכבד את אשתי או משום כבודה או משום כבודי ולא ע"מ שתתבע אותה עשית אבל היכא דלותה ממנו כיון שבתורת הלואה נתן לה חייב לפרוע כדכתבינן לעיל והלכתא כחנן כדמסקינן לקמן בהלכות הפוסק מעות לחתנו: תנן התם המודר הנאה מחברו שוקל

(א) נ"ל היכי שקלא מזונות ומשני דהכא נמי כששמעו בו שמת פי' דממ"נ וכו'.

מסורת הש"ס

יבמות מח: [דף קיז.]

[תוספתא פ"י]

[עי' תוס' ב"מ יז: ד"ה הוליאה ותוס' לעיל פט: ד"ה יכול]

לעיל נח: [ודף עו: פג. ב"ק ח: ע"ש ב"מ מט: גיטין עז:]

ע"ז לג: פסחים ל:

[נדרים לג:]

שם לג.

[ערך קוניא]

הגהות הב"ח

(א) רש"י ד"ה איהי וכו' כיון דשמעו: (ב) תוס' ד"ה הני וכו' סיד וקוניא וזפת וממחה.

[א]שׁוֹקֵל לוֹ אֶת שִׁקְלוֹ, [ב]וּפוֹרֵעַ (א) אֶת חוֹבוֹ, [ג]וּמַחֲזִיר לוֹ אֲבֵידָתוֹ. וּבְמָקוֹם שֶׁנּוֹטְלִין שָׂכָר — תִּפּוֹל הֲנָאָה לַהֶקְדֵּשׁ. בִּשְׁלָמָא שׁוֹקֵל לוֹ אֶת שִׁקְלוֹ — מִצְוָה קָעָבֵיד, *דִּתְנַן: *[ד]תּוֹרְמִין עַל הָאָבוּד וְעַל הַגָּבוּי וְעַל הֶעָתִיד לִגָּבוֹת. וּמַחֲזִיר לוֹ אֲבֵידָתוֹ — נַמִי מִצְוָה קָעָבֵיד. אֶלָּא פּוֹרֵעַ לוֹ אֶת חוֹבוֹ — הָא קָמִשְׁתָּרְשִׁי לֵיהּ! *אָמַר רַב אוֹשַׁעְיָא: הָא מַנִּי? חָנָן הִיא, דְּאָמַר: [ה]אִיבֵּד אֶת מְעוֹתָיו. וְרָבָא אָמַר: אֲפִי' תֵּימָא רַבָּנַן, הָכָא בְּמַאי עָסְקִינַן — שֶׁלָּוָה עַל מְנָת שֶׁלֹּא לִפְרוֹעַ. בִּשְׁלָמָא רָבָא לָא אָמַר כְּרַב אוֹשַׁעְיָא — דְּמוֹקֵים לָהּ כְּרַבָּנַן, אֶלָּא רַב אוֹשַׁעְיָא מ"ט לָא אָמַר כְּרָבָא? אָמַר לָךְ רַב אוֹשַׁעְיָא: נְהִי דַּהֲנָאָה לֵית לֵיהּ, כִּיסּוּפָא

רש"י

שׁוֹקֵל לוֹ אֶת שִׁקְלוֹ. שׁוֹקֵל בִּשְׁבִילוֹ שֶׁקֶל, שֶׁהוּא חַיָּיב לְכָל שָׁנָה לְקָרְבְּנוֹת צִבּוּר. וּפוֹרֵעַ לוֹ אֶת חוֹבוֹ. אִם חַיָּיב מָמוֹן לְנוֹשֶׁה – מוּתָּר לָזֶה שֶׁיִּפְרָעֶנּוּ בִּשְׁבִילוֹ. וּמַחֲזִיר לוֹ אֲבֵידָתוֹ. אִם רָאָה חֲמוֹרוֹ תּוֹעֶה – מוּתָּר לַהֲשִׁיבוֹ. בְּמָקוֹם שֶׁנּוֹטְלִין שָׂכָר. עַל טוֹרַח הֲשָׁבָתָהּ. תִּפּוֹל. הֲנָיַית הַשָּׂכָר לְהֶקְדֵּשׁ. שֶׁהֲרֵי שְׁנֵיהֶן מוּדָּרִין בַּהֲנָאָה זֶה מִזֶּה. מִצְוָה קָא עָבֵיד. כְּלוֹמַר: מִלְוָה בְּעָלְמָא קָא עָבֵיד, וְאֵינוֹ מְהַנֵּהוּ לָזֶה. שֶׁאִם לֹא שָׁקַל עָלָיו – לֹא הִפְסִיד כְּלוּם, שֶׁיֵּשׁ לוֹ חֵלֶק בַּקָּרְבָּנוֹת. דִּתְנַן תּוֹרְמִין. אֶת הַלִּשְׁכָּה בְּשָׁלֹשׁ קוּפּוֹת. עַל הָאָבוּד. אַף עַל מִי שֶׁשָּׁלַח שִׁקְלוֹ וְאָבַד. וְעַל הַגָּבוּי. שֶׁעֲדַיִין לֹא הִגִּיעַ כָּאן. וְעַל הֶעָתִיד לִגָּבוֹת. וַאֲפִילּוּ לֹא נִגְבָּה לְאַחַר מִכָּאן – יֵשׁ לוֹ חֵלֶק בַּתְּרוּמָה וּבַקָּרְבָּנוֹת, אֶלָּא שֶׁחִיסֵּר מִלְוָה. נִמְצָא שְׂכַר הַמִּלְוָה עַל הַנּוֹתֵן. מִשְׁתָּרְשֵׁי לֵיהּ. מַרְוִיחוֹ. חָנָן הִיא דְּאָמַר: אִיבֵּד מְעוֹתָיו. זֶה שֶׁפִּרְנֵס אֶת אֵשֶׁת חֲבֵירוֹ, וְנִתְכַּוֵּון לְשֵׁם הַלְוָאָה, שֶׁיְּשַׁלֵּם לוֹ בַּעְלָהּ – אִיבֵּד מְעוֹתָיו. וְאֵין יָכוֹל לוֹמַר לוֹ: אֶת חוֹבְךָ פָּרַעְתִּי, שַׁלֵּם לִי. וְהוּא הַדִּין נַמִי לְכָל חוֹב שֶׁעָלָיו וְעָמַד חֲבֵרוֹ וּפְרָעוֹ, וְזֶה לֹא אָמַר לוֹ "הַלְוֵינִי" – אֵינוֹ חַיָּיב לוֹ כְּלוּם. וְכֵיוָן דְּאִילּוּ פְּרָעֵיהּ לְשֵׁם הַלְוָאָה – לָאו הַלְוָאָה הִיא, כִּי פְּרָעֵיהּ נַמִי לְשֵׁם מְחִילָה – לָאו מִידֵי יָהֵיב לֵיהּ. אֲפִילּוּ תֵּימָא רַבָּנַן. דְּאָמְרֵי: חַיָּיב, אע"פ שֶׁלֹּא אָמַר לוֹ הַלְוֵינִי. וְגַבֵּי שְׁאָר חוֹב נַמִי – חַיָּיב לְשַׁלֵּם, וְכִי מָחֵיל – אָסוּר בְּמוּדַּר הֲנָאָה. וְהָכָא דְּקָתָנֵי פּוֹרֵעַ לוֹ אֶת חוֹבוֹ – בְּשֶׁלָּוָה זֶה תְּחִלָּה הַלְוָאָה מִן הַמַּלְוֶה עַל מְנָת שֶׁלֹּא לִפְרוֹעַ עַד שֶׁיִּרְצֶה, לֹא יוּכַל הַנּוֹשֶׁה לְנָגְשׂוֹ, הִלְכָּךְ לָאו מִידֵי יָהֵיב לֵיהּ. כִּיסּוּפָא.

תוספות

לו לקדם ברועים ומקלות ולא קידם – חייב. ומפרש: שומר חנם בחנם, שומר שכר בשכר. ומסיק: דחוזר ונוטל מבעל הבית. משמע דשומר חנם נמי, אם קדם ברועים ומקלות בשכר – חוזר ונוטל מבעל הבית. ואמאי? אברוחי אריא בעלמא הוא! וכן הא דתנן בפ' "אלו מציאות" (ב"מ דף לא: ושם): היה בטל מסלע – לא יאמר לו: תן לי סלע, אלא נותן לו שכרו כפועל בטל של אותה מלאכה דבטיל מינה. ופירש בקונטרס: שאם היה עוסק במלאכה חמורה, ונוטל שכר מרובה, כמה היה פוחת משכרו ויעסוק במלאכה קלה כמו השבת אבידה, וכך יתנו לו. ואמאי? אברוחי אריא בעלמא הוא! ולפי מה שפירש רבינו תם: דדוקא במפרנס את אשתו קאמר חנן, לפי שיכולה לגמגם ולהתפרנס בדוחק, אבל שאר פורע לו חובו – לא, כמו שאמר לקמן – לא קשיא מידי. ואומר רבי: כי מן הדין היה ודאי פטור, כדמשמע הכא. אלא תקנת חכמים התם שישלמו לו, כדי שישיב אבידתו של חבירו. וכן בקדם ברועים ומקלות בשכר, דחוזר ונוטל שכר מבעל הבית – כדי שיעסוק להבריח את הארי, ואפי' עולה השכר כדי דמיהן – נפקא מינה לכושרא דחיותא. אבל פורע חובו, ועמד אחר ופרנס את אשתו – למה לנו לעשות תקנה על זה? ומהאי טעמא נמי, הא דאמר ב"הנזקין" (גיטין נח:): הבא מחמת חוב ומחמת אנפרות – אין בו משום סיקריקון. פירוש: אם שהתה בידו י"ב חדש – אין נותן רביע לבעלים, ויחזיק בקרקעות, אלא מחזיר לו הקרקע. נראה לרבי דלא בחנם מחזיר, אלא משלם לו מה שהוציא להוציאה מיד הגוי. ורבינו גרשון פי' בתשובותיו כמו כן, דאע"ג דלא הוי אלא כמבריח ארי בעלמא – יש לו לשלם, מידי דהוה אקדם ברועים ומקלות בשכר, וגבי משיב אבידה. דאל"כ – אין לך אדם מציל של חבירו מיד הגוים. ולא כפי' הקונטרס שפירש בגיטין שמחזיר לו בחנם. וא"ת: והא דתנן ב"הגוזל בתרא" (ב"ק דף קטו:): שטף נהר חמורו וחמור חבירו, שלו יפה מנה ושל חבירו מאתים, והניח זה את שלו והציל את של חבירו – אין לו אלא שכרו. ואמאי? דמי חמורו היה לו לשלם! והיה רבי רוצה לומר: דמשום הכי אין לו אלא שכרו – דמיירי כגון שבעל החמור בפניו. וכי עשו חכמים תקנה – ה"מ שלא בפניו, אבל בפניו – לא. וקשה: א"כ אפי' שכרו לא יהא לו, דהא תנן בפ' "הכונס" (שם דף נח. ושם): נפלה לגינה ונהנית – משלמת מה שנהנית. ומפרש רב בגמרא: אפי' נחבטה. דס"ד: מבריח ארי מנכסי חבירו, ומה שנהנית נמי לא משלם – קמ"ל. ופריך: אימא ה"נ! ומשני: מבריח ארי מנכסי חבירו – מדעתו, והאי – שלא מדעתו. א"נ; מבריח ארי – לית ליה פסידא, האי – אית ליה פסידא. ומשמע לישנא קמא: מדעתו – אע"ג דאית ליה פסידא פטור. ועל כורחין לא אפשר לפרש כן מההיא ד"אלו מציאות" (ב"מ דף לא:) וד"השוכר את הפועלים" (שם דף עג:). אלא הכי פירושו: מבריח ארי – מדעתו, היכא דלית ליה פסידא. האי – שלא מדעתו, לאו משום דאי לא הוי פסידא יהא חייב, דפשיטא אם נחבטה ולא נתקלקלו הפירות – למה יהא חייב? אלא, כלומר: האי שלא מדעתו – שעל כרחו הוא מבריח ארי. ואם דוחקים את האדם על כרחו להבריח את הארי ממגרו של חבירו אע"ג דלית ליה פסידא – חייב לשלם לו שכר טורחו. והשתא בההיא ד"הגוזל בתרא" אם נפרש דדמי חמורו אינו חייב לשלם, לפי שהוא בפניו – אלמא חשבינן כאילו לית ליה פסידא, א"כ לא יהא לו אפי' שכרו, כיון דמדעתו הוא, ולית ליה פסידא. על כן נראה לרבי: דהיינו טעמא דאינו משלם דמי חמורו – שלא תקנו חכמים שיהא חייב לשלם אלא מה שהוא מהנה אותו, ואינו מהנה אותו אלא כדי שכרו, שהרי גם הוא היה מוצא להציל בכדי שכרו. דעל כרחך מיירי שיכול להציל, שלא יזכה אותו מן ההפקר. **ובמקום** שנוטלין שכר תפול ההנאה להקדש. בפ' "אין בין המודר" (נדרים דף לג:) מוקי לה: בין בשנכסי שניהם אסורין זה על זה – משום הכי תפול הנאה להקדש, דלא מני מחזיר ליטול שכר, ולא מני בעל אבידה לעכבו, בין בשנכסי מחזיר דוקא אסורין על בעל אבידה ולא נכסי בעל אבידה אסורין על המחזיר. ואם אין המחזיר רוצה לקבל שכר – בעל אבידה אינו יכול לעכבו, ותפול הנאה להקדש. **ועל** העתיד לגבות. פי' בקונטרס: אפי' לא נגבה לבסוף. וקשה לרבי: חדא – דהוה ליה למיתני "ועל העתיד לגבות" ותו לא, דהוי אבוד וגבוי בכלל. ועוד, דתנן (בשקלים דף ג:), ומייתי לה ב"הזהב" (ב"מ דף נח. ושם): בני העיר ששלחו שקליהם ונגנבו מהשלוחין, או שאבדו השלוחין, אם עד שלא נתרמה התרומה – נשבעים השלוחים לבני העיר, ובני העיר שוקלים ומביאים אחרים תחתיהם. אבל משנתרמה – אחריות אהקדש. ואם כפירוש הקונטרס, דאפי' לא נגבו לבסוף תורמין עליהם – אמאי בני העיר שוקלים ומביאין אחרים תחתיהם? אי משום מלוה – אפי' משנתרמה נמי! ועוד פירש רש"י: על האבוד – מי ששלח שקלו ואבד, ועל הגבוי – שעדיין לא הגיע. וקשה: דא"כ "זו ואין צ"ל זו" קתני! אלא נראה לפרש: על האבוד – שבא ליד גבאי ואבד. ועל הגבוי – ביד השליח, ונאבד מיד השליח לאחר שנתרמה התרומה. דאי נאבד קודם שנתרמה התרומה – חייבין בעלים באחריות. ועל העתיד לגבות – שיבא לידי גבוי לבסוף. והא דאמר הכא שוקל לו את שקלו – באבוד וגבוי, דלא מיחייבי בעלים באחריות. **הא** מני חנן היא דאמר איבד מעותיו. הואיל וכן, שאינו יכול עתה לתובעו ממנו, אע"פ שמ"מ מהנהו, משום הכי לא מיתסר, שאינו אלא גרמא בעלמא, שעל ידי שפורע זה לבעל חובו – מיפטר. ודמי להא דתנן ב"אין בין המודר" (נדרים דף מג.): המודר הנאה מחבירו ואין לו מה יאכל – ילך אצל חנוני הרגיל אצלו כו' ויתן לשום מתנה, אע"ג דעל ידו משתרשי ליה מזוני – שרי, הואיל ולא עביד אלא גרמא בעלמא. ולא דמי לעושה לו מלאכה, דאסור אע"ג דלא מצי תבע ליה מיניה. דהתם – מדידיה לדידיה קא מיתהני, אבל הכא – גרמא בעלמא הוא. ורבינו תם מפרש: דאיירי דוקא במזונות אשתו. ומשום הכי פטור, דאין הדבר ברור שהיה מתחייב זה הבעל מזונות – שמא היה יכול להפטר, שהאשה עצמה היתה מגלגלת אם לא היתה מוצאה מי שממציא לה מעות. אע"ג דפסקו לה ב"ד מיירי, דאי לאו הכי – לא הוי מיחייב לכ"ע, שאף לאשה עצמה לא היה מיחייב בלא פסק ב"ד, מכ"מ היתה מגלגלת דלא ליקרו לה רעבתנותא. אבל גבי שטר חוב – אפי' חנן מודה דלא איבד מעותיו, דהנאה גמורה היא, הואיל ולא היה יכול להפטר בשום ענין. והכי פי': הא מני חנן היא, כלומר האי פורע מיירי באותו חוב דאיירי בה חנן, דהיינו במזון האשה דוקא, וחנן היא. וכן פירש רבינו חננאל: ושני רבי אושעיא: הא דתנן ופורע את חובו – מזונות אשתו הן, ואליבא דחנן. וריב"א הביא ראיה מירושלמי דה"ה בשאר חובין. דגרסינן התם בפירקין: אבא בר ממל בעי: הפורע שטר חוב של חבירו שלא מדעתו בפלוגתא דחנן ובני כהנים גדולים. א"ר אסי: טעמא דבני כהנים גדולים – תמן לא עלה בדעתו שתמות אשתו ברעב. ברם הכא – מפייסא ליה ומחיל לי. הגע בעצמך דהוה גביה משכון – מפייס הוינא ליה ויהיב לי משכוני. עד כאן בבעל חוב שאינו דוחק. ואפי' בבעל חוב דוחק, נשמעינה מן הדא: שוקל לו את שקלו, לא שקיל אין ממשכנא? הדא אמרת: אפי' בעל חוב דוחק, אלמא מחלוקת בבעל חוב כמו למזונות. ואומר רבינו תם: על כרחך פליג גמרא ירושלמית אגמרא שלנו, דמוקים ההוא טעמא דשוקל את שקלו כבני כהנים גדולים, אע"ג דממשכנין על השקלים, ורב אושעיא מוקי לה כחנן, ופליג לגמרי, דלית ליה הך סברא. ומפרש: דלא פליגי אלא במזון האשה, כדפרשינן. ועוד: דעל כרחין סוגיא דירושלמי לא אתיא כסוגיא דהכא, דלדברי רבא צריך לפרש דשוקל לו שקלו – היינו באבוד וגבוי, דאי לאו הכי – שוקל לו שקלו אמאי? הא קא משתרשי ליה! ובירושלמי משמע דלא מיירי באבוד, דפשיט מיניה בעל חוב דוחק.
אדמון

מסורת הש"ס

[נ"ל דתניא וכן גי' תוס' בב"מ נח.]

[נדרים לג. כל הענין ע"ש היטב]

הגהות הב"ח

(א) גמ' ופורע לו את חובו.

עין משפט נר מצוה

ל א מיי' פ"ו מהלכות נדרים הלכה ד סמג לאוין מג:

לא ב מיי' וסמג שם טוש"ע י"ד סי' רכא סעיף ב:

לב ג מיי' פ"ז שם הל' א סמג שם טוש"ע שם סעיף ג:

ב"מ נח. (שקלים ג.)

לג ד מיי' פ"ג מהלכות שקלים הלכה ט:

לד ה מיי' פכ"ו מהל' מלוה ולוה הל' ו סמג עשין צד טוש"ע ח"מ סי' קכח סעי' א:

תוספות רי"ד

שוקל לו את שקלו ופורע לו את חובו ומחזיר לו את אבידתו ובמקום שנוטלין עליה שכר תפול הנאה להקדש במקום שנוטלין שכר על טורח השבתה תפול הנאה להקדש שלא יהנה ממנו. פי' המורה תפול הנאה להקדש כגון ששניהם מודרים הנאה זה מזה: בשלמא שוקל לו את שקלו דתנן תורמין על האבוד ועל הגבוי ועל העתיד לגבות פי' ונמצא שלא נהנה כלום שבלא הא היה לו חלק בקרבנות מחזיר לו אבדתו נמי מצוה קעביד פי' ואע"ג שהוא נהנה הוא יכול לומר אני איני מתכוין להנהותו אלא לקיים המצוה. אלא פורע לו את חובו הא קמישתרשי ליה אמר רב אושעיא מני חנן הוא דאמר אבד מעותיו פי' ואע"ג דמטי ליה הנאה מיניה דהא מיפצי ליה מב"ח כיון דשלא מדעתו עשה ואיבעי לתובעו כדין לא מצי תבע ליה ולאפוקי מיניה בדינא שרי דבודאי אי מצי תבע ליה לדינא ולאפוקי מיניה אסור דהויא מחילה גביה והנהנתו אבל כיון דלא מצי לאפוקי מיניה בדינא שרי והכי נמי אמרינן התם דמקריב עליו קיני זבין וקיני זבות ויולדות ומתירו לאכול בקדשים וזן את אשתו ואת בניו אף על פי שהוא חייב במזונותיהן דאף ע"ג דמטי ליה הנאה מיניה כיון דלאו מדעתו קעבד ולא מצי תבע ליה בדינא שרי ואין אנו צריכים לומר עכשיו בשוקל לו את שקלו דטעמא משום דתורמין על האבוד ונמצא שלא ההנהו אלא אע"ג דההנהו כיון דלאו מדעתיה קעביד ואינו יכול לתובעו בדין לחנן שרי:

עין משפט
נר מצוה

לה א מיי' פי"א מהל' אישות הלכ' יז סמג עשין מח ולאוין פא טוש"ע אה"ע סי' קיב סעי' יא:

נ"ל ר' אבא א"ר יוסי

לו ב מיי' פ"ג מהלכות טוען ונטען הלכה יא סמג עשין נה טור ש"ע ח"מ סימן פח סעיף יב:
לז ג ד מיי' שם הלכה יג טוש"ע שם סעיף יח ובהגה"ה:

[ועי' היטב תוס' ב"ב קלט: סד"ה אמר ר"ג רואה אני]

כיסופא מי לית ליה? (א) [א]התם נמי אית ליה הנאה – בההיא הנאה דמיכסיף מיניה.§ **מתני'** אדמון אומר שבעה: *מי שמת והניח בנים ובנות, [א]בזמן שהנכסים מרובין – הבנים יורשים והבנות נזונות. ובנכסים מועטים – הבנות יזונו, והבנים יחזרו על הפתחים. אדמון אומר: בשביל שאני זכר הפסדתי? אמר רבן גמליאל: רואה אני את דברי אדמון.§ **גמ'** מאי קאמר? אמר אביי, ה"ק: בשביל שאני זכר, וראוי לעסוק בתורה הפסדתי? *אמר ליה רבא: מאן דעסיק בתורה הוא דירית, מאן דלא עסיק בתורה לא ירית? אלא אמר רבא, הכי קאמר: בשביל שאני זכר וראוי לירש בנכסים מרובין, הפסדתי בנכסים מועטין?§ **מתני'** *הטוען את חבירו כדי שמן והודה בקנקנים, אדמון אומר: הואיל והודה במקצת הטענה – ישבע, וחכ"א: אין הודאת מקצת ממין הטענה. אמר רבן גמליאל: רואה אני את דברי אדמון.§ **גמ'** שמע מינה לרבנן: טענו חטין ושעורין והודה בשעורין – פטור. לימא תהוי תיובתא דרב נחמן אמר שמואל, *דא"ר נחמן אמר שמואל: [ב]טענו חטין ושעורים והודה לו באחד מהן – חייב! אמר רב יהודה אמר רב: בטוענו מדה. אי הכי, מ"ט דאדמון? אלא אמר רבא: דכולי עלמא, [ג]היכא דאמר ליה "מלא עשרה כדי שמן יש לי בבורך" – שמן קטעין ליה, קנקנים – לא קטעין ליה. "עשרה כדי שמן מלאים יש לי אצלך" – שמן וקנקנים קטעין ליה. כי פליגי – היכא דאמר ליה "עשרה כדי שמן יש לי אצלך"; אדמון אומר: יש בלשון הזה לשון קנקנים, ורבנן סברי: [ד]אין בלשון הזה לשון קנקנים. אלא טעמא – דאין בלשון הזה לשון קנקנים, הא יש בלשון הזה לשון קנקנים – חייב. לימא תיהוי תיובתא דר' חייא בר אבא, *דא"ר חייא בר אבא: טענו חטין ושעורים והודה לו באחד מהם – פטור! אמר רב שימי בר אשי: נעשה כמי שטענו רימון בקליפתו. מתקיף לה רבינא: רימון בלא קליפתו – לא מינטר, שמן – מינטר בלא קנקנים! אלא הכא במאי עסקינן! דאמר ליה: עשרה כדי שמן יש לי אצלך, ואמר ליה אידך: שמן – לא היו דברים מעולם, קנקנים נמי, חמשה – אית לך, וחמשה לית לך. אדמון אומר: יש בלשון הזה לשון קנקנים, ומגו דקמשתבע אקנקנים – משתבע נמי אשמן, על ידי גלגול, ורבנן סברי: אין בלשון הזה לשון קנקנים, מה שטענו – לא הודה לו, ומה שהודה לו – לא טענו.§ **מתני'** הפוסק מעות לחתנו, ופשט לו את הרגל – תשב

תוספות

אדמון אומר וכי בשביל שאני זכר הפסדתי. אע"ג דאמר לקמן: כל מקום שאמר רבן גמליאל: רואה אני את דברי אדמון, הלכה כמותו, ומההוא פיסקא פריך התלמוד לקמן, אלמא דהכי הוי עיקר – מ"מ אומר ר"ת דלית הלכתא כוותיה בהא. דהא סוגיא דגמרא דלא כוותיה, לעיל בפרק "נערה" (דף מג. ושם) אמר *רבי אסי א"ר יוחנן: עשו אלמנה אצל הבת כבת אצל אחין בנכסים מועטים. אלמא, סתם דבריו כרבנן. ועוד: דלעיל פ' "הנושא" (דף קג.) אמרי': יתומים שקדמו ומכרו בנכסים מועטים – מה שמכרו מכרו. וסתמא דהתלמוד כרבנן בריש "מי שמת". (ב"ב דף קלט:). ואומר ר"ת: דהיינו טעמא: דאדמון – לאו לאיפלוגי אמלתא דחכמים אתא, אלא מתמה בעלמא הוא. ור"ג נמי דאמר בההיא: רואה אני את דברי אדמון – לאו משום פסק דין, אלא משום שיש ודאי לתמוה*.

אמר רבא דעסיק באורייתא ירית. בתמיה. מקשים: מאי קמתמה רבא? אין ה"נ, כדאמר לעיל בפרק "נערה" (דף מט. ושם): מצוה לזון את הבנות, וק"ו לבנים דעוסקין בתורה! ואר"ת: דלא דמי; דלעיל גבי מצוה – יש מצוה לזון הבנים יותר מן הבנות, אבל הכא שמת האב וירושתן קא שקלי מן התורה – קא מתמה רבא אמילתיה דאדמון, דקא בעי למימר דכשיעסוק בתורה – יטול ירושה, ואם לא יעסוק – לא יטלנה. וי"מ: דהכא מיירי בבנים גדולים, ולהכי פריך: מאן דעסיק כו'. אבל לעיל, מצוה לזון את הבנים – בבנים קטנים מיירי; משום דכולם עומדים לעסוק בתורה קאמר: ק"ו לבנים. ולהכי לא פריך: מאן דעסיק – דכולם הן עומדים לעסוק בתורה.

שמע מינה מדרבנן טענו חטין ושעורים וכו'. תימה: מאי פריך לר"נ מדרבנן? והלא איכא אדמון דקאי כוותיה? וכי תימא: משום דרבים נינהו. אדרבה, אית לן למימר כאדמון, דהלכתא כוותיה! ואומר רבי: דמכולהו פריך. דמשמע דאדמון מודה בחטין ושעורים דמיפטר, מדלא נקט חטין ושעורים, אלא נקט כדי (*יין ושמן) [נ"ל שמן] דכרימון בקליפתו דמי, כדבעי למימר לקמן רב שימי בר אשי, שאינו יודע הגמרא אמאי הוי נקיט האי לישנא דכדי שמן. ומיהו, לאחר שידע דאיכא לאפלוגינהו ב"יש בלשון הזה לשון קנקנים" – פריך איפכא: נימא תיהוי תיובתא דרב חייא בר אבא, ואפילו הכי משני: נעשה כמי שטענו רימון בקליפתו. **אי** הכי מ"ט דאדמון? תימה: מאי קא קשיא ליה? הא אשכחן ר"ג דאית ליה האי סברא, דמיחייב בטען לו חטין והודה לו בשעורים כדתנן, בפ' "שבועת הדיינין" (שבועות לח: ושם)! ונראה דה"ק: אי הכי מ"ט דאדמון אליבא דר"נ? דהא בעינן למימר דלהוי אדמון כרב נחמן, דכוותיה קי"ל, ור"נ דוקא בטענו חטין ושעורים והודה לו באחד מהן מיחייב, אבל טענו חטין והודה לו בשעורין – פטור! **הפוסק** מעות לחתנו. מוקי לה בירושלמי: כשפסק במעמדה, אבל לא פסק במעמדה – אפי' רבנן מודו. והשתא אתי שפיר הא דאמר בגמרא: כופין למאן? אילימא כופין לאב – איפכא איבעי ליה למימר, הואיל ופסק במעמדה – הוי תנאי גדולה ותנאי קטנה – לאו כלום! ומסיק: כופין לבעל ליתן את הגט לקטנה, משום דלאו תנאה. אבל גדולה, הואיל ובמעמדה התנה – הרי הוא כמו שהיא עצמה התנית.

רש"י

כיסופא מי לית ליה. דקא מיכסיף מן המלוה תמיד. הלכך, אי רבנן היא, דאמרי דלעניין חוב לוה ע"מ לפרוע ופרע חברו בשבילו – חייב לשלם, וגבי מודר הנאה מחילה היא, ואסיר. כי לוה ע"מ שלא לפרוע – נמי הנאה היא, ומחילה מחיל גביה, ואסיר. אלא חנן היא, ודין בחוב העומד לפרוע, בין בעומד שלא לפרוע לית ליה גביה מידי. ולאו מחילה היא, ואע"ג דסלקיה מפרעון ומכיסופא. **מתני'** נכסים מועטין. מפרש בבבא בתרא: שאין בהן פרנסת שנים עשר חדש לזכרים ולנקבות. הבנות יזונו והבנים ישאלו על הפתחים. תקנת חכמים היא. הפסדתי. בתמיה. **גמ'** מאי קאמר. "אם בשביל שאני זכר הפסדתי", משמע אם בשביל שאני זכר ולאי יפה הפסדתי, ומהו יפוי כחו? **מתני'** והודה לו בקנקנים. רקים בלא שמן. **גמ'** בטוענו מדה. לא תבע ממנו קנקנים, אלא: שמן הפקדתי אצלך. ומאי "כדי שמן" דקתני מתני' – מדה; מלא עשרה כדי שמן, דהוי ליה טענו חטים והודה לו בשעורים. בבורך. בור שלפני הבד. קנקנים לא טעין ליה. וכי הודה לו בקנקנים – לאו הודאה היא. כדים מלאים. כדים ושמן משמע. עשרה כדי שמן. ולא אמר "מלאים". יש בלשון הזה לשון קנקנים. כיון דלא אמר ליה "מלא עשרה" – אין זה טוענו מדה, אלא עשרה כדים מלאים, והוה ליה טענו חטים ושעורים. אלא טעמא כו'. לשון קושיא הוא, לאותובי למאן דאמר פטור. דדוקיא דמתני' כרב נחמן, מדקתני: הטוען את חבירו כדי שמן, ולא קתני: כדים מלאים שמן – שמעינן מינה דמשום דאין בלשון הזה לשון קנקנים פטרי רבנן, הא אם תבעו שניהם – חייב. נעשה כמי שתבעו רימון בקליפתו. לא דמו כדים ושמן לחטים ושעורים, דכולי חדא מילתא הוא, וממין הטענה הוא. שמן. בלא קנקנים, מינטר בבור. אלא הכא במאי עסקי' כו'. אלא לא תימא כמו שטענו רימון, אלא ר' חייא מוקי למתניתין – כגון שהודה במקצת קנקנים ומקצתם כפר, דבקנקנים גופייהו איכא כפירה והודאה. ואי יש בלשון התביעה לשון קנקנים – מיחייב עלייהו שבועה. ושבועה דשמן דקא מחייב אדמון – משום גלגול היא, דקסבר: יש בלשון התביעה לשון קנקנים. **מתני'** ופשט לו את הרגל. לשון בזיון הוא, ואמר נואש, שאינו חש לדבריו; טול טיט שעל גבי רגלי. [ב]ואני שמעתי: תלה אותי על עץ, ואין לי מה ליתן. **גמ'** במה

מסורת הש"ס
ב"ב קלט:
שם קמ.
שבועות לח:
(ב"ק לה: ב"מ ה. ודף ק: שבועות מ.
[שבועות מ:]

הגהות הב"ח
(א) גמ' מי לית ליה ליסנא אחרינא התם נמי אית ליה:

הגהות מהר"ב רנשבורג
א] גמ' התם נמי אית ליה הנאה בההיא הנאה דמיכסיף מיניה. לכאורה ליסנא יתירה הוא והר"ן בנדרים דף ל"ג ע"ב בהעתיקו תירוץ זה לא זכרו וכן נראה מפרש"י כאן שלא היה זה בגירסתו אבל ראיתי למהרש"ל גריס ליסנא אחרינא התם נמי וכו' עכ"ל והנ"מ בין שתי הלשונות דלליסנא קמא לא חשיב הנאה גמורה אבל לליסנא בתרא אף כיסופא חשיב הנאה: ב] רש"י ד"ה ופשט לו את הרגל כו' ואני שמעתי תלה אותי ברגל על עץ וכו' כצ"ל. וכ"ה בשיטה מקובצת:

תוספות רי"ד

מתני' אדמון אומר מי שמת והניח בנים ובנות בזמן שהנכסים מרובין הבנים ירשו והבנות יזונו ובזמן שהנכסים מועטין הבנות נזונות והבנים ישאלו על הפתחים אדמון אומר בשביל שאני זכר הפסדתי אר"ג רואה אני את דברי אדמון פי' אם היו הנכסים מרובין כשיעור שנאמר אין כח לבנות לומר הרי אנו מוציאין לעצמנו מזונות עד שנבגור והשאר יהיה לכם אלא כל הנכסים עומדים בחזקת הבנים ונושאים ונותנים ומתעסקין בהן ואין לבנות עליהן אלא מזונות דבר יום ביומו וכך משמע הבנים יירשו כלומר הרי כל הנכסים בחזקת הבנים ואם היו הנכסים מועטים מזה השיעור נוטלין הבנות מזונות לעצמן עד שיבגרו והשאר יתנו לבנים ואח"כ ישאלו על הפתחים ובעי' בפ' מי שמת וכמה הן מרובין אמר רב יהודה אמר שמואל כל שיזונו מהן אלו ואלו עד שיבגרו. איתמר נמי כי אתא רבין אמר ר' יוחנן ואמרי לה אמר רבה בר בר חנה א"ר יוחנן כל שיזונו מהן אלו ואלו עד שיבגרו הן הן מרובין ואינך מועטין ומתמהינן ואי ליכא כדי שיזונו מהן אלו ואלו עד שיבגרו שקילן להו בנות לכלהו אמר רבא מוציאין להן מזונות לבנות עד שיבגרו והשאר לבנים: ואע"ג דאמרינן לקמן כל מקום שאמר ר"ג רואה אני את דברי אדמון הלכה כמותו כאן אין הלכה כמותו ובפ' מי שמת אזלא כל סוגיא דשמעתא כרבנן וכלהו אמוראי סבירא להו התם דנכסים מועטין כולהו דבנות נינהו ואין הלכה בזה כאדמון: **מתני'** הטוען את חבירו כדי יין וכדי שמן והודה לו בקנקנים אדמון אומר הואיל והודה מקצת הטענה ישבע וחכ"א אין ההודאה ממין הטענה אמר ר"ג רואה אני את דברי אדמון ש"מ טענו חטין ושעורין והודה לו באחד מהן חייב פי' כי הוא טוענו על השמן ועל הקנקנים והוא הודה לו על הקנקנים בלבד אמר רב יהודה אמר שמואל בטוענו מדה פי' שאמר לו עשרה שמן ולא קנקנים אי הכי מ"ט דאדמון אלא אמר רבא דכ"ע היכא דטענו ואמר לו מלא עשרה כדי שמן יש לי אצלך שמן קטען ליה קנקנים לא טען ליה ואי הודה לו בקנקנים פטור עשרה כדים מלאים שמן וקנקנים קטעין ליה ואי הודה לו בקנקנים חייב כי פליגי היכי דאמר ליה עשרה כדי שמן יש לי אצלך אדמון סבר יש בלשון הזה לשון קנקנים והלכך כי הודה בקנקנים חייב ורבנן סברי אין בלשון הזה לשון קנקנים והלכתא כאדמון שיש בלשון הזה לשון קנקנים וכי הודה לו בקנקנים חייב והיכא דטענו חטין ושעורין והודה לו באחד מהן חייב כרב נחמן אמר שמואל ואע"ג דפליג עליה ר' חייא בר אבא א"ר יוחנן דא"ר חייא בר אבא טענו חטים ושעורין והודה לו באחד מהן פטור הא רב פפא דהוא בתרא סבירא ליה כרב נחמן והלכתא כוותיה כדכתבינן בפרק שבועת הדיינין: **מתני'** הפוסק מעות לחתנו ופשט לו את הרגל

תֵּשֵׁב עַד שֶׁתַּלְבִּין רֹאשָׁהּ. [א]אַדְמוֹן אוֹמֵר: יְכוֹלָה הִיא שֶׁתֹּאמַר: אִילּוּ אֲנִי פָּסַקְתִּי לְעַצְמִי — אֵשֵׁב עַד שֶׁתַּלְבִּין רֹאשִׁי, עַכְשָׁיו שֶׁאַבָּא פָּסַק — מָה אֲנִי יְכוֹלָה לַעֲשׂוֹת? אוֹ כְּנוֹס אוֹ פְּטוֹר. אָמַר רַבָּן גַּמְלִיאֵל: רוֹאֶה אֲנִי אֶת דִּבְרֵי אַדְמוֹן.§ **גמ'** מַתְנִי' דְּלָא כִּי הַאי תַּנָּא דְּתַנְיָא, *אָמַר רַבִּי יוֹסֵי בְּרַבִּי יְהוּדָה: לֹא נֶחְלְקוּ אַדְמוֹן וַחֲכָמִים עַל הַפּוֹסֵק מָעוֹת לַחֲתָנוֹ, וּפָשַׁט לוֹ אֶת הָרֶגֶל, שֶׁיְּכוֹלָה הִיא שֶׁתֹּאמַר: אַבָּא פָּסַק עָלַי, מָה אֲנִי יְכוֹלָה לַעֲשׂוֹת? עַל מַה נֶּחְלְקוּ — עַל שֶׁפָּסְקָה הִיא עַל עַצְמָהּ. שֶׁחֲכָמִים אוֹמְרִים: תֵּשֵׁב עַד שֶׁתַּלְבִּין רֹאשָׁהּ, אַדְמוֹן אוֹמֵר: יְכוֹלָה הִיא שֶׁתֹּאמַר: כִּסְבוּרָה אֲנִי שֶׁאַבָּא נוֹתֵן עָלַי, וְעַכְשָׁיו שֶׁאֵין אַבָּא נוֹתֵן עָלַי — מָה אֲנִי יְכוֹלָה לַעֲשׂוֹת? אוֹ כְּנוֹס אוֹ פְּטוֹר. אָמַר רַבָּן גַּמְלִיאֵל: רוֹאֶה אֲנִי אֶת דִּבְרֵי אַדְמוֹן. תָּנָא: [ב]בַּמֶּה דְּבָרִים אֲמוּרִים — בִּגְדוֹלָה. אֲבָל בִּקְטַנָּה — כּוֹפִין. כּוֹפִין לְמַאן? אִילֵימָא לְאָב — אִיפְּכָא מִיבְּעֵי לֵיהּ! אֶלָּא אָמַר רָבָא: [ג]כּוֹפִין לַבַּעַל לִיתֵּן גֵּט. אָמַר ר' יִצְחָק בֶּן אֶלְעָזָר מִשְּׁמֵיהּ דְּחִזְקִיָּה: כָּל מָקוֹם שֶׁאָמַר רַבָּן גַּמְלִיאֵל "רוֹאֶה אֲנִי אֶת דִּבְרֵי אַדְמוֹן" — הֲלָכָה כְּמוֹתוֹ. אֲמַר לֵיהּ רָבָא לְרַב נַחְמָן: אֲפִי' בְּבָרַיְיתָא? א"ל: *מִי קָאָמְרִינַן בְּמִשְׁנָה? בְּכָל מָקוֹם שֶׁאָמַר רַבָּן גַּמְלִיאֵל קָאָמְרִינַן. אָמַר ר' זֵירָא אָמַר רַבָּה בַּר יִרְמְיָה: ב' דְּבָרִים שֶׁאָמַר חָנָן — הֲלָכָה כַּיּוֹצֵא בּוֹ, שִׁבְעָה דְּבָרִים שֶׁאָמַר אַדְמוֹן — אֵין הֲלָכָה כַּיּוֹצֵא בּוֹ. מַאי קָאָמַר? אִילֵימָא הָכִי קָאָמַר: שְׁנֵי דְּבָרִים שֶׁאָמַר חָנָן הֲלָכָה כְּמוֹתוֹ וְכַיּוֹצֵא בּוֹ, וְשִׁבְעָה דְּבָרִים שֶׁאָמַר אַדְמוֹן — אֵין הֲלָכָה כְּמוֹתוֹ וְלֹא כַּיּוֹצֵא בּוֹ, וְהָאָמַר רַבִּי יִצְחָק בֶּן אֶלְעָזָר מִשְּׁמֵיהּ דְּחִזְקִיָּה: כָּל מָקוֹם שֶׁאָמַר רַבָּן גַּמְלִיאֵל רוֹאֶה אֲנִי אֶת דִּבְרֵי אַדְמוֹן — הֲלָכָה כְּמוֹתוֹ! אֶלָּא ה"ק: שְׁנֵי דְּבָרִים שֶׁאָמַר חָנָן — הֲלָכָה כְּמוֹתוֹ וְכַיּוֹצֵא בּוֹ, שִׁבְעָה דְּבָרִים שֶׁאָמַר אַדְמוֹן — אֵין הֲלָכָה כַּיּוֹצֵא בּוֹ, הָא כְּמוֹתוֹ — הֲלָכָה בְּכוּלְּהוּ, וְהָאָמַר רַבִּי יִצְחָק בֶּן אֶלְעָזָר מִשְּׁמֵיהּ דְּחִזְקִיָּה: כ"מ שֶׁאָמַר רַבָּן גַּמְלִיאֵל "רוֹאֶה אֲנִי אֶת דִּבְרֵי אַדְמוֹן" — הֲלָכָה כְּמוֹתוֹ. אָמַר — אִין, לֹא אָמַר — לָא! אֶלָּא ה"ק: שְׁנֵי דְּבָרִ' שֶׁאָמַר חָנָן הֲלָכָה כְּמוֹתוֹ וְכַיּוֹצֵא בּוֹ, שִׁבְעָה דְּבָרִים שֶׁאָמַר אַדְמוֹן יֵשׁ מֵהֶן שֶׁהֲלָכָה כְּמוֹתוֹ וְכַיּוֹצֵא בּוֹ וְיֵשׁ מֵהֶן שֶׁאֵין הֲלָכָה כְּמוֹתוֹ *אֶלָּא כַּיּוֹצֵא בּוֹ. בְּכ"מ שֶׁאָמַר רַבָּן גַּמְלִיאֵל "רוֹאֶה אֲנִי אֶת דִּבְרֵי אַדְמוֹן" — הֲלָכָה כְּמוֹתוֹ, אִינָךְ — לָא.§ **מתני'** *הָעוֹרֵר עַל הַשָּׂדֶה וְהוּא חָתוּם עָלֶיהָ בְּעֵד, אַדְמוֹן אוֹמֵר: *)"הַשֵּׁנִי נוֹחַ לִי וְהָרִאשׁוֹן קָשֶׁה הֵימֶנּוּ". וַחֲכָמִים אוֹמְרִים: [ד]אִיבֵּד אֶת זְכוּתוֹ. *[ה]עֲשָׂאָהּ סִימָן לְאַחֵר — אִיבֵּד אֶת זְכוּתוֹ.§ **גמ'** אָמַר אַבַּיֵי: [ו]לֹא שָׁנוּ אֶלָּא עֵד, אֲבָל דַּיָּין — לֹא אִיבֵּד אֶת זְכוּתוֹ. דְּתָנֵי ר' חִיָּיא: [ז]אֵין הָעֵדִים חוֹתְמִין עַל הַשְּׁטָר אֶלָּא א"כ קְרָאוּהוּ, אֲבָל

*) [גי' סדר המשנה וכן ברי"ף ורא"ש יכול הוא שיאמר השני וכו']

רש"י

בַּמֶּה דְּבָרִים אֲמוּרִים. אַבָּרַיְיתָא קָאֵי. **אִיפְּכָא** מִיבְּעֵי לֵיהּ. אִם בָּאתָ לָכוֹף אֶת הָאָב — אִיפְּכָא מִסְתַּבְּרָא טְפֵי, לְפִי שֶׁהַגְּדוֹלָה תְּנָאָהּ תְּנַאי. **אֲפִי' בְּבָרַיְיתָא.** כְּשֶׁפָּסְקָה הִיא לְעַצְמָהּ. הָכִי גָּרְסִינַן: א"ר זֵירָא אָמַר רַבָּה בַּר יִרְמְיָה שְׁנֵי דְבָרִים שֶׁאָמַר חָנָן הֲלָכָה כַּיּוֹצֵא בּוֹ שִׁבְעָה דְּבָרִים שֶׁאָמַר אַדְמוֹן אֵין הֲלָכָה כַּיּוֹצֵא בּוֹ. מַאי קָאָמַר כו'. כַּיּוֹצֵא בּוֹ דְּחָנָן — רַבָּן יוֹחָנָן בֶּן זַכַּאי, כַּיּוֹצֵא בּוֹ דְּאַדְמוֹן — רַבָּן גַּמְלִיאֵל. **אֵין הֲלָכָה כַּיּוֹצֵא בּוֹ.** שֶׁלֹּא רָאָה אֶת דְּבָרָיו אֶלָּא בִּשְׁלֹשָׁה, שֶׁהָיָה לוֹ לִרְאוֹת אֶת דְּבָרָיו בְּכוּלָּם. **מתני'** הָעוֹרֵר עַל הַשָּׂדֶה כו'. [תוספתא פי"ב] רְאוּבֵן מְעַרְעֵר עַל שָׂדֶה שֶׁבְּיַד שִׁמְעוֹן, וְאוֹמֵר: לֵוִי שֶׁמְּכָרָהּ לְךָ — גְּזָלָהּ מִמֶּנִּי. **וְהוּא חָתוּם.** עַל שְׁטַר הַמְּכִירָה שֶׁכָּתַב לֵוִי לְשִׁמְעוֹן, כְּשֶׁמְּכָרָהּ לוֹ. **אַדְמוֹן אוֹמֵר.** יָכוֹל הוּא שֶׁיֹּאמַר: מַה שֶּׁלֹּא עִרְעַרְתִּי בְּשָׁעָה שֶׁלְּקַחְתָּהּ מִלֵּוִי, וְחָתַמְתִּי בְּתוֹךְ הַשְּׁטָר עֵד — לְפִי שֶׁלֵּוִי אָדָם חָזָק, וְקָשֶׁה לְהוֹצִיאָהּ מִיָּדוֹ, וְנוֹחַ לִי שֶׁתְּהֵא בְּיָדְךָ, שֶׁאוֹצִיאֶנָּה מִמְּךָ בַּדִּין. **אִיבֵּד אֶת זְכוּתוֹ.** דְּהוֹאִיל וְחָתַם — הוֹדָה שֶׁאֵין לוֹ עֵסֶק בָּהּ. **עֲשָׂאָהּ.** הַמּוּחְזָק בָּהּ סִימָן לְאַחֵר, שֶׁלֹּא מָכַר לִרְאוּבֵן זֶה הָעוֹרֵר עָלֶיהָ אֶלָּא לְאִישׁ אַחֵר הָיָה מוֹכֵר שָׂדֶה מִצַּד זוֹ, וּמָכַר לוֹ אַרְבַּעַת מְצָרֵי הַשָּׂדֶה, וְכָתַב לוֹ בַּמְּצָרִים: מֶצֶר פְּלוֹנִי שָׂדֶה שֶׁלִּי, וְעָשָׂה שָׂדֶה זוֹ סִימָן מֶצֶר לַלּוֹקֵחַ, וּבִשְׁמוֹ שֶׁל מוֹכֵר. וְזֶה חָתַם עַל אוֹתוֹ שְׁטָר, וְלֹא עִרְעֵר. **אִיבֵּד אֶת זְכוּתוֹ.** אֲפִילּוּ לְאַדְמוֹן. דְּאֵין לוֹמַר כָּאן: הַשֵּׁנִי נוֹחַ לִי. [ברכות יט. וש"נ] **גמ'** אֲבָל דַּיָּין. שֶׁהוּבָא שְׁטַר הַמְּכִירָה בְּבֵית דִּין לְקַיְּימוֹ, כְּמִשְׁפַּט קִיּוּם שְׁטָרוֹת, שֶׁהָעֵדִים בָּאִין וּמְעִידִין עַל כְּתַב יָדָם, וְהַדַּיָּינִין כּוֹתְבִין: שְׁטָרָא דְּנַן נְפַקָא לְקָדָמָנָא וְאַסְהִידוּ סָהֲדֵי אַחֲתִימוֹת יְדַיְיהוּ, וְאִישַּׁרְנוּהִי וְקַיַּימְנוּהִי. **לֹא אִיבֵּד זְכוּתוֹ.** שֶׁלֹּא יָדַע מַה כָּתוּב בּוֹ, שֶׁיְּעַרְעֵר עָלָיו. **דְּתָנֵי** רַבִּי חִיָּיא אֵין הָעֵדִים חוֹתְמִין עַל הַשְּׁטָר אֶלָּא א"כ קְרָאוּהוּ. שֶׁהֲרֵי עַל דִּבְרֵי הַשְּׁטָר הֵם בָּאִים לְהָעִיד. אֲבָל

תוספות

תשב עד שתלבין ראשה. פי' רשב"ם: הא דאמר רב גידל בריש "הנושא" (לעיל דף קב:): עמדו וקדשו – קנו, הני מילי דקדשו מיד מתוך התנאי, או לאחר זמן והזכירו התנאים בשעת קידושין. אבל התנו עתה, וקדש לאחר זמן, ולא הזכירו התנאים – לאו דברים הנקנים באמירה הם ובכי האי גוונא (א) הכא תשב עד שתלבין ראשה, ולא מצי תבע ליה בדינא. והלשון משמע כן: ועמדו וקדשו – משמע מתוך התנאי. וקשה לי מירושלמי, אהא דתנן: הפוסק מעות לחתנו ומת חתנו, אמרו חכמים: יכול הוא שיאמר לאחיך הייתי רוצה ליתן ולך אי אפשי ליתן. ופריך: ולאו דברים הנקנים באמירה הן? ומשני: כשפסק על מנת לכנוס. ומאי קשה? אפי' פסק על מנת שלא לכנוס, אפ"ה יכול שיאמר לו: לך אי אפשי ליתן. דמיירי בשלא עמדו וקדשו מתוך התנאי? ומיהו, לא קשה כולי האי; דאי כשלא עמדו מתוך התנאי – היכי קאמר: לאחיך הייתי רוצה ליתן. מ"מ אין נראה לרבי פירושו, דמכאן אין שום ראיה. דהא דקאמר: תשב עד שתלבין ראשה – כשאין לו לאב כלום ליתן, או הבעל אינו רוצה לטרוח ולהביאו לדין. אבל אם היה רוצה להביאו בדין – הוה ליה ליתן. ומיהו, הא לא משמע הכי לרבי לפרש – כשאין לו כלום ליתן, מדבעי למימר: כופין לאב. *ור"ש בירושלמי מוקי דרב גידל בנשואין ראשונים, ומתניתין דהכא בנשואין שניים. ואני חפשתי בירושלמי, ומצאתי בריש "אע"פ" דהך דרב גידל – דוקא בנשואין הראשונים, ודוקא באב הפוסק ע"י בתו, ולא אשה ע"י בתה ולא אח על ידי אחותו. **ואפילו** בברייתא אמר ליה? אין, כל מקום קאמרינן. תימה: היכי מצי למיפסק הלכתא כתרווייהו כברייתא וכמתני'? והלא דברים סותרין זה את זה, דבמתני' קתני? אילו אני פסקתי כו', וברייתא קתני. כסבורה אני! י"ל: הכי פי': ואפי' בברייתא. כלומר, למאי דסבירא ליה לתנא דברייתא דבפסקה היא בעצמה פליגי, קא אמרת דהלכתא כוותיה? וא"ל: כל מקום קאמרינן, למר כדאית ליה ולמר כדאית ליה. **שני** דברים שאמר חנן הלכה כמותו וכיוצא בו. פי' בקונטרס: כיוצא בו דחנן – רבן יוחנן בן זכאי, כיוצא בו דאדמון – ר"ג. וקשה לרבי: חדא – דלישנא לא משמע הכי. ועוד: מה לו להזכיר בדברי חנן "כיוצא בו"? והא לא מיירי חנן אלא באותן שני דברים דוקא, והוה ליה למימר: הלכה כחנן, ותו לא! הלכך נראה לרבי כפר"ח: (ב) כיוצא בו – בדינים אחרים הדומין לאלו. והלכה כמותו ולא כיוצא בו – כלומר, בדינין הדומין לאלו אין הלכה כמותו. ודומה להא דאמר בפרק "כל הנשבעין" (שבועות דף מח:) דאמר להו רב נחמן: הבו דלא לוסיף עלה. פי': הכינו עצמכם שלא תוסיפו עליה, ללמד ממנו דבר הדומה לו.

אדמון אומר: השני נוח לי והראשון קשה הימנו. אע"ג דלית הלכתא כאדמון בהא, דהא לא קתני בה "רואה אני את דברי אדמון" – לא תיקשי דמסקינן ב"חזקת הבתים" (ב"ב דף מג.) עלה דהסיא: מכר לו שדה אין מעיד לו עליה, ומוקי לה בראובן שגזל משמעון ומכרה ללוי, ואתא יהודה וקא מערער, דלא ליזיל שמעון לאסהודי ללוי – משום דניחא ליה דתיקום ארעא ביד לוי, דאמר: הראשון נוח לי והשני קשה הימנו! הכא לא היה לו לחתום ולעשות דבר הנראה הודאה משום ניחותא דשני, אבל התם – לאו הודאה היא.

לא שנו אלא עד אבל דיין לא, דתני רבי חייא כו'. הקשה ה"ר יצחק ב"ר ברוך: דהכא משמע דאין הדיינים מעידין על מה שכתוב בשטר, אלא על חתימת העדים. וקשה מהא דאמר ב"חזקת הבתים" (שם דף נב.): אחד מן האחין שהיה נושא ונותן בתוך הבית, והיו אונות ושטרות יוצאות על שמו. אמר רב: עליו להביא ראיה. ומסיק: ראיה בקיום השטר. אלמא: דעל ידי חתימת הדיינים אנו יודעים שהשטרות שלו הם, אלמא אכולה מילתא קמסהדי! ותירץ רבי: דהתם ודאי אית לן למימר דדיינים רמו אנפשייהו לאסהודי לגמרי, שהרי היו יודעים שהיה נושא ונותן בתוך הבית, וסתמא דמילתא לאו דידיה הוא, הלכך אי לאו דידעי דשלו היה לא היו מקיימין אלא בשם היתומים.

עשאה

עין משפט נר מצוה

לח א ב ג מיי' פרק כג מהל' אישות הל' טז סמג עשין מח טור ש"ע אה"ע סי' נב סעיף א:

לט ד מיי' פט"ז מהל' טוען הל' א טוש"ע ח"מ סי' קמז סעיף א:

מ ה מיי' שם טוש"ע ח"מ שם סעיף ב:

מא ו מיי' שם הלכה ב טור ש"ע ח"מ שם סעיף ד:

מב ז מיי' שם ופכ"ד מהל' מלוה הל' ו ופכ"ז הלכה א סמג עשין לב טוש"ע ח"מ סימן מה סעיף ב וסעיף ה וסי' סח סעיף ב:

נ"ל ורבי שמע דבירושלמי מוקי כו' מהרש"א

[נ"ל וכיוצא בו בכ"מ שאמר ר"ג וכו' וזהו לפי גי' התוס' רש"ל]

ב"ב לג:

[עי' תוס' ע"ד ד"ה עשאה]

הגהות הב"ח

(א) תד"ה תשב כו' האי גוונא קאמר הכא: (ב) ד"ה שני כו' וכיוצא בו וכו' הלכה כמותו:

תוספות רי"ד

תהא יושבת עד שתלבין ראשה אדמון אומר [יכולה היא שתאמר] אילו אני פסקתי לעצמי אהא יושבת עד שילבין ראשי [עכשיו] שאבא פסק עלי מה אני יכולה לעשות או כנוס או פטור אר"ג רואה אני את דברי אדמון: מתניתין דלא כי האי תנא דתניא א"ר יוסי בר יהודה לא נחלקו אדמון וחכמים על הפוסק מעות לחתנו ופשט לו את הרגל שהיא יכולה לומר אבא פסק עלי מה אני יכולה לעשות על מה נחלקו על (מה) שפסקה לעצמה שחכ"א שתשב עד שתלבין ראשה אדמון אומר [יכולה היא שתאמר] כסבורה אני שאבא נותן לי עכשיו שאין אבא נותן לי מה אני יכולה לעשות או כנום או פטור אר"ג רואה אני את דברי אדמון א"ר יצחק בן אלעזר משמיה דחזקיה כל מקום שאמר ר"ג רואה אני את דברי אדמון הלכה כמותו א"ל רבא לרב נחמן אפילו בברייתא א"ל מי קאמר במשנתנו כל מקום קאמר ומהכא משמע דהיכא דהיא פסקה על עצמה ולית לה אב ומרדה ביה ולא בעיא לאינסובי תהא יושבת עד שתלבין ראשה אבל השתא דתקון רבנן למורדת דכפינן ליה ויהיב לה גיטא ולא מיפסדא נדונייתה כ"ש זו שעדיין לא נשאת שהיא יכולה למרוד וכפינן ליה למיתב לה גיטא א"ר זירא א"ר אבא בר ירמיה שני דברים שאמר חנן הלכה כיוצא בו ז' דברים שאמר אדמון יש מהן שהלכה כמותו ויש מהן שאין הלכה כמותו כל מקום שאמר ר"ג רואה אני את דברי אדמון הלכה כמותו ובמקום שלא אמר אין הלכה כמותו לבד מנכסים מועטין שאע"פ שאר"ג רואה אני את דברי אדמון אין הלכה כמותו כדכתבינן לעיל: **מתני'** העורר על השדה והוא חתום עליה עד אדמון אומר השני נוח לי והראשון קשה ממנו וחכ"א איבד את זכותו עשאה סימן לאחר איבד את זכותו פי' ראובן מערער על שמעון על שדה א' שמכר לו לוי ואומר לו כי לוי שמכרה לך גזלה ממני ויש לי עדים שהיתה שלי וראובן המערער הוא חתום עד על השטר של מכירה שעשה לשמעון א) אילו היתה שלך איך היית חותם על השטר שעשה לי לוי ולא היית מערער אלא ודאי כיון שחתמת בה הודית שאינה שלך אלא של לוי היתה שמכרה לי היה אומר אדמון יכול לומר עכשיו ראובן המערער זה שלא ערערתי בעת המכירה וחתמתי עליה עד לפי שלוי הוא גברא אלמא וקשה לי להוציאה מידו וזה שמעון השני נוח לי בעבור זה חתמתי כדי שתצא מיד לוי ותהיה ביד שמעון ואבא ואוציאנה מידו בעדים המכירים שהיתה שלי או של אבותי וחכ"א אבד את זכותו דהואיל וחתם שם הודה שאין לו עסק בה ועכשיו הוא בא ומערער דבריו בטלים: **עשאה סימן לאחר.** פי' עשאה ראובן זה המערער על זו השדה סימן לאחר בחתימתו אבד את זכותו כגון שזה שמעון המחזיק בשדה זו מכר שדה אחרת שבצדה ליהודה וכשבא לכתוב המצרים ליהודה כתב לו שלשת המצרים והמיצר הרביעי שהיה סמוך לשדהו כתב לו מיצר רביעי השדה שלי וחתם זה ראובן בשטר מכר שעשה שמעון ליהודה ולא ערער מודה בזה אדמון שאבד את זכותו שאומר לו שמעון אילו שלך היתה זו השדה היאך חתמת בשטר מכר שעשיתי ליהודה על שדה שבצדה וכתוב שם שהיא בצד שדה שלי ולא ערערת לומר כי אינה שלך כ"א שלי כיון שחתמת שם הודית שאינה שלך ואין לומר כאן שהשני נוח לי וכיון דלא אמר הכא ר"ג רואה אני את דברי אדמון אין הלכה כמותו דיחיד ורבים הלכה כרבים: אמר אביי לא שנו אלא עד אבל דיין לא אבד את זכותו דתני ר' חייא אין העדים חותמין על השטר אלא א"כ קראוהו והדיינין חותמין על השטר אע"פ שלא קראוהו. פי' אם הובא שטר זה שמכר לוי לשמעון זו השדה בפני ב"ד לקיימו כדין כל קיום שטרות דעלמא שהעדים באים ומעידין על חתימתם והדיינים כותבין למטה שטרא דין נפק לקדמנא ומיגו דאשהידו שהדי אחתימות ידיהו אשרנוהו וקיימנוהו כדחזי וחותמין שם ג' דיינין וזה ראובן

א) נראה דצ"ל והכא טוען אילו היתה שלך וכו'.

שייך לעמוד א' במתני'

מג א מיי' פט"ז מהל' טוען הל' ב ופ"ו מהל' עדות הל' ח סמג עשין לג טוש"ע ח"מ סימן מו סעיף כ וסימן קמז סעי' ד:

מד ב מיי' פט"ז מהל' טוען ונטען הלכה א ב"י ח"מ סימן קמז:

מה ג מיי' שם הל' ב טוש"ע ח"מ סימן קמז סעי' ג:

מו ד טוש"ע שם בהג"ה:

מז ה מיי' פ"י מהלכות נחלות הלכה ו סמג עשין צו טור ש"ע ח"מ סימן רל סעי' כ:

[גיטין נח: ב"ב כג.]

מח ו מיי' פט"ו מהל' טוען ונטען הל' יא טוש"ע ח"מ סימן קמח סעיף ב:

מט ז ח ט מיי' שם טור ש"ע שם וסעיף א:

נ י מיי' פ"י מהלכות נחלות הלכה ב סמג עשין צו טוש"ע ח"מ סי' רפח סעיף ב:

נא כ ל מיי' פי"א מהל' זכיה הל' כב סמג עשין פב טוש"ע ח"מ סי' רנג סעי' כב [וברב אלפס ב"ב פ"ע ד' רכג:]:

א אֲבָל הַדַּיָּינִין חוֹתְמִים אע"פ שֶׁלֹּא קְרָאוּהוּ.§ עֲשָׂאָהּ סִימָן לְאַחֵר.§ אָמַר אַבַּיֵי: ב לֹא שָׁנוּ אֶלָּא לְאַחֵר, אֲבָל לְעַצְמוֹ — לֹא אִיבֵּד אֶת זְכוּתוֹ. דְּאָמַר: אִי דְּלָא עֲבַדִי לֵיהּ הָכִי — לָא הֲוָה מְזַבֵּין לָהּ נִיהֲלִי. מַאי אִית לָךְ לְמֵימַר — אִיבָּעֵי לִי לְמִימְסַר מוֹדָעָא — *חַבְרָךְ חַבְרָא אִית לֵיהּ, וְחַבְרָא דְּחַבְרָךְ חַבְרָא אִית לֵיהּ. הַהוּא דַּעֲשָׂאָהּ סִימָן לְאַחֵר, עַרְעֵר וּשְׁכִיב, וְאוֹקִים אַפּוֹטְרוֹפָּא. אֲתָא אַפּוֹטְרוֹפּוֹס לְקַמֵּיהּ דְּאַבַּיֵי. א"ל: עֲשָׂאָהּ סִימָן לְאַחֵר — אִיבֵּד אֶת זְכוּתוֹ. אֲמַר: אִי הֲוָה אֲבוּהוֹן דְּיַתְמֵי קַיָּים הֲוָה טָעֵין וְאָמַר: תֶּלֶם אֶחָד עָשִׂיתִי לְךָ. א"ל: שַׁפִּיר קָאָמְרַתְּ, דְּאָמַר ר' יוֹחָנָן: ג אִם טָעַן וְאָמַר תֶּלֶם אֶחָד עָשִׂיתִי לְךָ — נֶאֱמָן, זִיל הַב לֵיהּ מִיהַת תֶּלֶם אֶחָד. הֲוָה עֲלָהּ רִיכְבָּא דְּדִיקְלֵי, אֲמַר לֵיהּ: אִי הֲוָה אֲבוּהוֹן דְּיַתְמֵי קַיָּים — הֲוָה טָעֵין וְאָמַר: חָזַרְתִּי וְלָקַחְתִּי מִמֶּנּוּ. א"ל: שַׁפִּיר קָאָמְרַתְּ, דְּא"ר יוֹחָנָן: ד אִם טָעַן וְאָמַר חָזַרְתִּי וּלְקַחְתִּיו מִמֶּנּוּ — נֶאֱמָן. ה אָמַר אַבַּיֵי: הַאי מַאן דְּמוֹקֵים אַפּוֹטְרוֹפָּא — נוֹקִים כִּי הַאי, דְּיָדַע לְאַפּוֹכֵי בִּזְכוּתָא דְּיַתְמֵי.§ **מתני'** *מִי שֶׁהָלַךְ לִמְדִינַת הַיָּם וְאָבְדָה דֶּרֶךְ שָׂדֵהוּ, אַדְמוֹן אוֹמֵר: יֵלֵךְ לוֹ בַּקְּצָרָה. וַחֲכָמִים אוֹמְרִים: יִקְנֶה לוֹ דֶּרֶךְ בְּמֵאָה מָנֶה, אוֹ יִפְרַח בָּאֲוִיר.§ **גמ'** מ"ט דְּרַבָּנַן? ו שַׁפִּיר קָאָמַר אַדְמוֹן! *אָמַר רַב יְהוּדָה אָמַר רַב: ז כְּגוֹן שֶׁהִקִּיפוּהָ אַרְבָּעָה בְּנֵי אָדָם מֵאַרְבַּע רוּחוֹתֶיהָ. אִי הָכִי מַאי טַעְמָא דְּאַדְמוֹן? אָמַר רָבָא: ח בְּאַרְבָּעָה דְּאָתוּ מִכֹּחַ אַרְבָּעָה, וְאַרְבָּעָה דְּאָתוּ מִכֹּחַ חַד — כּוּלֵּי עָלְמָא לָא פְּלִיגִי, דְּמָצֵי מַדְחֵי לֵיהּ. כִּי פְּלִיגִי — בְּחַד דְּאָתֵי מִכֹּחַ אַרְבָּעָה. אַדְמוֹן סָבַר: מִכָּל מָקוֹם דַּרְכָּא אִית לִי גַּבָּךְ, וְרַבָּנַן סָבְרִי: ט אִי שָׁתְקַתְּ — שָׁתְקַתְּ, וְאִי לָא — מַהַדְרְנָא שְׁטָרָא לְמָרַיְיהוּ, וְלָא מָצֵית לְאִשְׁתַּעוּיֵי דִּינָא בַּהֲדַיְיהוּ. הַהוּא דַּאֲמַר לְהוּ: דִּיקְלָא לִבְרַת. אֲזוּל יַתְמֵי פְּלוּג לְנִכְסֵי, לָא יָהֲבוּ לָהּ דִּיקְלָא. סָבַר רַב יוֹסֵף לְמֵימַר: הַיְינוּ מַתְנִיתִין. א"ל אַבַּיֵי: מִי דָּמֵי? הָתָם — כָּל חַד וְחַד מָצֵי מַדְחֵי לֵיהּ, הָכָא — דִּיקְלָא גַּבַּיְיהוּ הוּא. י מַאי תַּקַּנְתַּיְיהוּ — לֵיתְבוּ לָהּ דִּיקְלָא, וְלִיהַדְרוּ וְלִיפַלְגוּ מֵרֵישָׁא.§ כ הַהוּא דַּאֲמַר לְהוּ: דִּיקְלָא לִבְרַת. שְׁכִיב, וְשָׁבֵיק תְּרֵי פַּלְגֵי דְּדִיקְלָא, יָתֵיב רַב אַשִׁי וְקָא קַשְׁיָא לֵיהּ: מִי קָרוּ אֱינָשֵׁי לִתְרֵי פַּלְגֵי דִּיקְלֵי דִּיקְלָא, אוֹ לָא? אֲמַר לֵיהּ רַב מָרְדְּכַי לְרַב אַשִׁי, הָכִי אָמַר אֲבִימִי מֵהַגְרוֹנְיָא מִשְּׁמֵיהּ דְּרָבָא: ל קָרוּ אֱינָשֵׁי לִתְרֵי פַּלְגֵי דִּיקְלֵי דִּיקְלָא.§

מתני'

תוספות

*עשאה סימן לאחר. מתוך הלשון משמע דאעורר קאי, כגון שמכר אחת משדותיו ועשאה סי' בשם המוחזק. ובגמ' הכי פי': לא שנו אלא לאחר, אבל לעצמו – לא איבד. כלומר, אם מכר מערער אחת משדותיו למוחזק – לאו הודאה היא, דאי לאו דעבדי הכי – לא היה המוחזק קונה שדה ממני, ואני הייתי צריך למעות. ולא גרסי' "מזבין" אלא "זבין". ובירושלמי משמע כרש"י, שהביא בפי' ר"ת: ולא סוף דבר שעשאה (א) העורר סימן לאחר, אלא אפילו עשאה *אחר לאחר, והעורר חתום בעד – איבד זכותו. **אמר** ליה שפיר קאמרת דאמר ר' יוחנן כו'. אביי לא היה זכור בדברי ר' יוחנן עד שהזכירו האפוטרופוס. דאילו היה זכור – היה הוא עצמו טוען בשביל היתומים, כדקיימא לן*: טוענין ליורשין. **אם** טען ואמר: חזרתי ולקחתי ממנו – מהימן. תימה: אמאי נאמן? הואיל והודה דלאו שלו הוא – היאך יכול לטעון שוב: חזרתי ולקחתי? וכ"ת דנאמן במיגו, דאי בעי לא הוה חתם ולא הוה מודה – לאו מילתא היא, דבכי האי גוונא לא אמרי' מיגו, כדפירשנו לעיל בפרק "הכותב" (דף פה. ושם) גבי ההיא אתתא דאפקידו גבה מלוגא דשטרי, כמו שפירשנו שם. ולפי מה שפירשנו ב"מי שהיה נשוי" (לעיל לב: ושם ד"ה דינא) דלא טענינן ליתמי: מזוייף הוא, אומר רבי: דמצינן לפרש הכא דמיירי, כגון שאין כתב ידי העדים יוצא ממקום אחר, ולכך נאמן לומר: חזרתי ולקחתי ממנו; מיגו דאי בעי אמר מזוייף הוא, ולא נחתם ולא עשיתי סימן – מהימן הוא לומר עשיתי סימן וחזרתי ולקחתי ממנו. והא דלא קאמר: אי הוה אבוהון הוה טעין "מזוייף הוא" – דלא טענינן ליתמי מזוייף הוא. מיהו, "חזרתי ולקחתי ממנו" – טענינן להו, כיון דקסבר דאבוהון הוה מהימן בהך טענה, מיגו דאי בעי אמר "מזוייף הוא", כדפרישית ב"מי שהיה נשוי". **ורבנן** סברי: אי צייתת צייתת ואי לא מהדרנא שטרא למרייהו. אבל הא לא מצי למימר בחד דאתי מכח חד: מזבנינא ליה לארבעה, דלא מצית לאשתעויי דינא בהדייהו – שלא יכול להפקיע דינו על ידי מכירתו, הואיל וקודם שבא לידו לא היה ראוי לומר כן. אבל בחד דאתי מכח ד' – יכול לומר: מהדרנא שטרא למרייהו, (ב) וזכות הבא על ידו הוא יכול להפקיעו, ולהעמידו בזכותו שהיה לו קודם שבאו לו אלו השדות לידו. והא דקאמר בפ"ק דב"ק (דף ח.): מכר לאחד או לג' בני אדם כאחד, פירוש: עידית ובינונית וזיבורית – כולן נכנסו תחת הבעלים, ומוקי לה התם: בשלקח עידית באחרונ'. ופריך: וליתו כולהו וליגבו מעידית! משום דאמר להו: אי שקליתו כדינייכו – שקליתו, ואי לא – מהדרנא שטרא דזיבורית למריה. ופריך: נזקין נמי, נימא הכי? אלמא התם אמרי' הך טעמא לכולי עלמא! לא קשה מידי; דהתם לית ליה פסידא לגמרי, דהא גבי מזיבורית, ולהכי מודה התם דמצי אמר: מהדרנא שטרא למריה. אבל הכא, דאיכא פסידא לגמרי – סבירא ליה דלא אמרי': מהדרנא שטרא למרייהו. והא דפריך: אי הכי נזקין נמי נימא הכי – הוא הדין דאבעל חוב מצי פריך: אמאי גובה מן הבינונית, אלא רבותא קפריך, דאפי' נזקין דדינו מן התורה בעידית לימא הכי. ורש"י פי' לשם: דווקא מנזקין קפריך, אבל מבעל חוב ניחא ליה דגובה מן הבינונית. דאי א"ל מהדרנא שטרא דזיבורית למריה מצי א"ל: לכי תהדר. אבל נזקין ניתיב בינונית, ולא מצי אמר ליה לכי תהדר. וכ"ת: כתובת אשה נמי אמאי גובה מן הזיבורית? תימא ליה: לכי תהדר! הא לאו מילתא היא, דבהך טענה ליכא לאפקועי יותר ממה שגובה אם היו כולן ברשות הבעלים הראשונים. ולפי זה שפיר הוצרך לפרש כאן: אי צייתת צייתת ואוזיל לגבך, דהשתא מרויח במה שאינו מחזירו לו. ולא משמע כלל הלשון כך, ועוד: דקתני במתני': יקח לו דרך במאה מנה, משמע כמו שירצה מוכר.

ורבנן

גי' רש"ל אחר לאחר

רש"י

אֲבָל הַדַּיָּינִים חוֹתְמִין. בְּקִיּוּם אע"פ שֶׁלֹּא קְרָאוּהוּ, שֶׁהֲרֵי אֵינָן מְעִידִין אֶלָּא שֶׁשְּׁטָר זֶה בָּא לְפָנֵינוּ וְהָעֵדִים הִכִּירוּ שֶׁהִיא חֲתִימָתָן. **לֹא שָׁנוּ אֶלָּא לְאַחֵר.** דַּוְקָא נָקַט מַתְנִי' סִימָן לְאַחֵר. אֲבָל עֲשָׂאָהּ הַמּוּחְזָק בָּהּ סִימָן לְעַצְמוֹ שֶׁל רְאוּבֵן זֶה הָעוֹרֵר עָלֶיהָ, שֶׁהָיָה שִׁמְעוֹן מוֹכֵר שָׂדֶה שֶׁבְּגַבָּהּ לִרְאוּבֵן זֶה הָעוֹרֵר עָלָיו, וּכְשֶׁמָּכַר לוֹ סִימְנֵי הַמְּצָרִים כָּתַב עַל שָׂדֶה זוֹ "מֵיצַר פְּלוֹנִי שֶׁלִּי", וְלֹא מִיחָה רְאוּבֵן. **אִי לָאו דַּעֲבַדִי הָכִי.** אִם לֹא שָׁתַקְתִּי. **לְמִימְסַר מוֹדָעָא.** לוֹמַר לָעֵדִים בַּסֵּתֶר: הֱווּ יוֹדְעִין שֶׁעַל שָׂדֶה זוֹ שֶׁאֵצֶל זוֹ שֶׁאֲנִי לוֹקֵחַ אֲנִי מְעַרְעֵר, וּמַה שֶּׁשָּׁתַקְתִּי לְמַה שֶּׁכְּתָבָהּ בִּמְצָרֶיהָ בִּשְׁמוֹ – שֶׁאִם אֲנִי מוֹחֶה לֹא יִמְכּוֹר לִי זֹאת. **חַבְרָךְ חַבְרָא אִית לֵיהּ.** וְיוֹדִיעוּהוּ, וְשׁוּב לֹא יִמְכּוֹר לִי. **תֶּלֶם אֶחָד.** מַעֲנִית הַמַּחֲרֵישָׁה עַל פְּנֵי כָּל הַשָּׂדֶה שֶׁמָּכַר הוֹדֵיתִי לוֹ, בֵּין שָׂדֶה זוֹ שֶׁאֲנִי עוֹרֵר וּבֵין אוֹתָהּ שֶׁמָּכַר. וְעַל אוֹתוֹ תֶּלֶם כָּתַב: מֵיצַר פְּלוֹנִי שֶׁלִּי, וְחָתַמְתִּי עַל הַשְּׁטָר וְלֹא מָחִיתִי. **הַב לֵיהּ מִיהַת תֶּלֶם אֶחָד.** לְאַחַר שֶׁהֵבִיא אַפּוֹטְרוֹפּוֹס שֶׁל יְתוֹמִים רְאָיָה שֶׁהָיְתָה שֶׁל אֲבִיהֶם וּגְזָלָהּ הֵימֶנּוּ, וְלֹא הָיָה לַמַּחֲזִיק זְכוּת בָּהּ אֶלָּא לְפִי שֶׁעֲשָׂאָהּ אֲבִיהֶן סִימָן בִּשְׁמוֹ שֶׁל מַחֲזִיק, א"ל אַבַּיֵי לָאַפּוֹטְרוֹפּוֹס: זִיל הַב לֵיהּ לַמַּחֲזִיק מִיהַת תֶּלֶם אֶחָד. **הֲוָה.** עַל אוֹתוֹ תֶּלֶם. **רִיכְבָּא דְּדִיקְלָא.** שׁוּרַת דְּקָלִים מוּרְכָּבִין זֶה עַל גַּב זֶה. **חֲזַרְתִּי וּלְקַחְתִּיו הֵימֶנּוּ.** לְאַחַר שֶׁעֲשִׂיתִיו סִימָן בִּשְׁמוֹ. **נֶאֱמָן.** דְּהַפֶּה שֶׁאָסַר הוּא הַפֶּה שֶׁהִתִּיר. דְּמֵאַחַר שֶׁאֵין עֵדִים שֶׁהָיְתָה שֶׁלּוֹ וְנִגְזְלָה הֵימֶנּוּ – אֵין לָזֶה זְכוּת בְּאוֹתוֹ תֶּלֶם אֶלָּא עַל פִּיו שֶׁל זֶה, שֶׁעֲשָׂאָהּ סִימָן לְאַחֵר, וַהֲרֵי חָזַר וְאָמַר: לְקַחְתִּיו. **מתני' וְאָבְדָה דֶּרֶךְ שָׂדֵהוּ.** שֶׁהֶחְזִיקוּ בָּהּ בַּעֲלֵי הַשָּׂדוֹת שֶׁבִּמְצָרָיו. **יֵלֵךְ לוֹ בַּקְּצָרָה.** עַל כָּרְחָם יִטּוֹל לוֹ דֶּרֶךְ לְשָׂדֵהוּ. אֲבָל דֶּרֶךְ קְצָרָה יִבְרוֹר לוֹ, שֶׁלֹּא יַרְבֶּה לִיטּוֹל. **גמ' שַׁפִּיר קָאָמַר אַדְמוֹן.** דְּקַסָּ"ד כְּשֶׁאַרְבַּעַת הַשָּׂדוֹת שֶׁסְּבִיבוֹתָיו שֶׁל אָדָם אֶחָד הֵן, דְּמִמָּה נַפְשָׁךְ אוֹרְחֵיהּ גַּבֵּיהּ הוּא. **אַרְבָּעָה בְּנֵי אָדָם.** דְּכָל חַד וְחַד מַדְחֵי לֵיהּ: דַּרְכְּךָ לָאו גַּבַּאי הוּא. **וְאַרְבָּעָה דְּאָתוּ מִכֹּחַ חַד.** שֶׁלְּקָחוּהָ מֵאִישׁ אֶחָד, אַחַר שֶׁהָלַךְ זֶה. **אִי שָׁתְקַתְּ שָׁתְקַתְּ.** וְאוֹזִיל גַּבָּךְ כְּשֶׁתִּקְנֶה הַדֶּרֶךְ מִמֶּנִּי. **הַהוּא דַּאֲמַר.** בִּשְׁעַת מִיתָתוֹ. **הַיְינוּ מַתְנִי'.** דְּקָאזְלָא גַּבֵּי כָּל חַד וְחַד, וּמָצֵי מַדְחֵי לַהּ, כְּרַבָּנַן. **כָּל חַד וְחַד מָצֵי מַדְחֵי לֵיהּ.** שֶׁל מִזְרָח אוֹמֵר לוֹ: בַּצָּפוֹן דֶּרֶךְ שֶׁלְּךָ, וְאֵין לְךָ אֶצְלִי כְּלוּם. וְכֵן כָּל אֶחָד וְאֶחָד. **הָכָא דִּקְלָא גַּבַּיְיהוּ הוּא.** שֶׁהֲרֵי כָּל הַנְּכָסִים הָיוּ יַחַד בִּשְׁעַת צַוָּואָה, וְעַל כּוּלָּם הִטִּיל הַדֶּקֶל, וְלֹא פֵּירֵשׁ אֵיזֶהוּ. **וְשָׁבֵק תְּרֵי פַּלְגֵי דְּדִיקְלָא.** שֶׁהָיָה לוֹ בְּשׁוּתָּפוּת. וּשְׁאָר דְּקָלִים הַרְבֵּה הָיוּ לוֹ. וְהַיְּתוֹמִים הָיוּ נוֹתְנִין לָהּ אוֹתָן שְׁנֵי חֲצָאִין, שֶׁיֵּשׁ טוֹרַח בָּהֶן יוֹתֵר. **קָרוּ אֱינָשֵׁי כו'.** וְעַל כָּרְחָהּ יָדָהּ עַל הַתַּחְתּוֹנָה, שֶׁהַנְּכָסִים בְּחֶזְקַת הַיְּתוֹמִים, וְזוֹ אֵינָהּ בָּאָה עֲלֵיהֶם אֶלָּא מִכֹּחַ הַצַּוָּואָה.

מתני'

[לקמן קי. ב"ב כח: לג: ערכין טז.]

יבמות לז:

ג"ז שם

הגהות הב"ח

(א) תד"ה עשאה כו' שעשאה סימן כצ"ל ותיבת העורר נמחק: (ב) ד"ה ורבנן כו' למרייהו לזכות:

תוספות רי"ד

ראובן היה אחד מג' הדיינין וחתם שם לא אבד את זכותו שאין הדיינים צריכים לראות מה שכתוב בשטר שלא על מה שכתוב בתוכו מעידים אלא על חתימות העדים והלכך לא אבד את זכותו שהוא יכול לומר כשחתמתי דיין על האשרתא לא ראיתי מה שכתוב בשטר שאילו הייתי רואה מיד הייתי מערער ששדה זו היתה שלי והשטר זה בטל הוא ולא הייתי חותם: עשאה סימן וכו' אמר אביי ל"ש אלא לאחר אבל לעצמו לא אבד את זכותו דא"ל אי לאו דעבדי הכי לא הוה מצינא לך (ס"א מיזבן לי) מאי אית לך למימר אי בעי לך למימסר מודעא חברך חברא אית לך. פי' אם זה שמעון מכר השדה האחרת שבצד זו לראובן וכתב לו במצרים שהיא סמוכה לשדה שלי ועכשיו אומר לו שמעון לראובן אילו היתה שלך היאך שתקת וקבלת זה השטר אילולי שהודית כי היא שלי ואינה שלך לא אבד בזה ראובן זכותו שהוא אומר לו אם הייתי מערער מיד היית חוזר בך מלמכור לי אותה השדה ולא הייתי יכול לכוף כדי שתמכור לי מפני שהייתי חפץ בקניינך אותה שדה שתקתי וזה שלא עשיתי מודעא בפני עדים מתחלה כי זה שאני שותק ומקבל שטר זה לא שאני מודה אלא מפני השדה האחרת שהוא מוכר לי אני שותק עכשיו מפני שאני ירא שמא יגידו העדים הדברים ויגיעו לאזניך ותמנע מלמכור לי. ההוא דעשאה סימן לאחר שכיב ואיקום אפוטרופא אתא לקמיה דאביי א"ל עשאה סימן לאחר אבד את זכותו. א"ל אילו הוה אבוהון דיתמי הוה טעין ואמר תלם אחד עשיתי לו א"ל שפיר קאמרת דא"ר יוחנן אם טען ואמר תלם א' עשיתי נאמן. פי' מה שהודית על תלם א' שיש על פני כל השדה שמכר בין שדה זו שאני עורר ובין אותה השדה שמכר ועל אותו התלם כתב מצר פלוני סמוך לשדה שלי וחתמתי ולא מחיתי א"ל זיל הב ליה תלם א' פי' לאחר שהביא אפוטרופוס של יתומים ראיה שהיתה שדה של אביהם ונגזלה ממנו ולא היה בה כלום זכות למחזיק אלא שעשאה סימן לאחר א"ל אביי לאפוטרופוס זיל הב ליה למחזיק מיהת תלם א'. הוה (איכא) עליה ריכבא דדקלא א"ל אילו הוה אבוהון קיים הוה טעין ואמר חזרתי ולקחתיו ממנו א"ל שפיר קאמרת דא"ר יוחנן אם אמר חזרתי ולקחתיו ממנו נאמן אמר אביי האי מאן דמוקי אפטרופא לוקים כי האי דידע להפוכי בזכותא דיתמי. פי' המורה דהפה שאסר הוא הפה שהתיר ואינו נ"ל דלא אמר דהפה שאסר הוא הפה שהתיר אלא כדטעי' האיסור וההיתר ביחד אבל אם אסר עצמו היום אינו יכול להתיר עצמו למחר אלא הטעם הוא מפני שיש לו עדים שהיתה שלו או של אביו ומשום דחתם בההוא סימנא אתה עושה אותו כאילו הודה לו ואע"פ שלא הודה לו בפי' לפיכך כל טענה שיאמר אנו מאמינים לו כיון שיש לו עדים ואי אמרת טעמא דטען אפוטרופוס הא לא טען לא הוה טעין אביי הכי בעבור היתומים והא דק"ל כל מילתא דהוה מצי למיטען אביהם של יתומים ב"ד טוענים בעבורם שהרי אין נפרעין מנכסי יתומים אלא בשבועה ואע"פ שיש ביד המלוה שטר חתום ויתמי לא טעני מידי טעני ב"ד בעבורם דלמא פרעיה י"ל דוקא גבי פרעון דשכיחי אינשי דלא קרעי לשטרא או משום דמאמינו שיקרענו או שמא ישאר מעט לפורעו או שמא אפשיטי דספרא שייריה טוענין בעבורם אבל בחזרתי ולקחתיו א) דהוה מילתא דלא שכיחא אי נמי בתלם א' עשיתי לו דלא מוכחא מילתא אי טענו יתמי אין ואי לא לא טענו להו ב"ד. והרב אומר שאפילו באלו הטענות טוענין ב"ד בשבילם שכל טענה שיכולין לטעון טוענין ואביי דלא טען הכא בשבילם משום דלאו אדעתיה ב): **מתני'** מי שהלך למדינת הים ואבדה לו דרך שדהו אדמון אומר ילך לו בקצרה וחכ"א יקח לו דרך בק' מנה או יפרח באויר. פי' אבדה לו דרך שדהו שהחזיקו בה בעלי השדות שבמצריו אדמון אומר וכו' פי' בעל כרחם יתנו לו דרך ללכת בשדהו ויבחרו לו הקצרה שבהן. וחכ"א הפסיד דרכו כיון שאינו מכירה ומתמה שפיר קאמר אדמון פי' דקס"ד שד' השדות שסביבותיו הם של אחד דממה נפשך אורחיה גביה אמר רב יהודה אמר רב כגון שהקיפוהו ד' בני אדם מד' רוחותיה דכל חד וחד מדחה ליה אורחך לאו גבאי הוא אי הכי מ"ט דאדמון אמר רבא בד' דאתו מכח ד' וד' דאתו מכח חד כ"ע לא פליגי דמצו מדחו ליה כי פליגי בחד דאתי מכח ד' אדמון סבר מ"מ אורחי גבך הוא ורבנן סברי אי ציית ציית ואי לא מהדרנא שטרא למרייהו דלא מצית לאישתעויי דינא בהדייהו. פי' אי צייתת אתפשר עצמך בדמי הדרך ולא ארבה עליך דמים ואי לא ציית ותרצה אותו בחנם אני אלך לאותם שמכרו לי באחריות אומר לכל א' וא' אתה מכרת לי שדה שלימה וזה בא ותובע ממני דרך בואו וסייעו לי והם יבואו ויטענו עמך ולא (קובל לה דיין) [תוכל להתדיין] עם א' מהן ואלה הם דברים בעלמא לרווחא דמילתא אע"פ שלא הלך להם כך הדין נותן להן כיון שמזכותם הוא בא שכמו שהם היו דוחים אותו כך הוא דוחה אותם שכל זכות שהיה להן

מכרו

א) וכ"כ הרא"ש בתשובה כריש כלל פ"ו לחלק בזה וכ"ה בשו"ע בסי' ר"ל סעיף י"ב אבן הרא"ש בפסקיו כאן והר"ן כתב תי' אחר דבמקום דאיכא אפוטרופוס אין יכולים ב"ד לטעון מתחילה דשמא יודע האפטרופוס בברי והובא ג"כ בשו"ע בסי' ק"ח סעיף ד' והדבר צ"ע. ב) וכ"כ התוס' כאן בד"ה אמר ליה

נב א ב מיי' פכ"ד מהל' מלוה ולוה הל"א טוש"ע חו"מ סי' פה סעי' א:
נג ג ד ה ו ז מיי' שם הל"י טוש"ע שם סעי' ג:
נד ח טוש"ע שם סעי' ה:
נה ט מיי' פי"ג מהל' אישות הל' יז סמג לאוין פא טוש"ע אה"ע סי' עה סעי' א:

מתני' הַמּוֹצִיא שְׁטַר חוֹב עַל חֲבֵרוֹ, וְהַלָּה הוֹצִיא שֶׁמָּכַר לוֹ אֶת הַשָּׂדֶה. אַדְמוֹן אוֹמֵר: יָכוֹל הוּא שֶׁיֹּאמַר: אִילּוּ הָיִיתִי חַיָּיב לְךָ הָיָה לְךָ לְהִפָּרַע אֶת שֶׁלְּךָ כְּשֶׁמָּכַרְתָּ לִי אֶת הַשָּׂדֶה! וַחכ"א: זֶה הָיָה פִּקֵּחַ, שֶׁמָּכַר לוֹ אֶת הַקַּרְקַע, מִפְּנֵי שֶׁהוּא יָכוֹל לְמַשְׁכְּנוֹ.§ **גמ'** מ"ט דְּרַבָּנַן? שַׁפִּיר קָאָמַר אַדְמוֹן! [א]בְּאַתְרָא דְּיָהֲבִי זוּזֵי וַהֲדַר כָּתְבֵי שְׁטָרָא – כ"ע לָא פְּלִיגִי דְּמָצֵי א"ל: הָיָה לְךָ לִפְרוֹעַ אֶת שֶׁלְּךָ כְּשֶׁמָּכַרְתָּ לִי אֶת הַשָּׂדֶה. כִּי פְּלִיגִי – בְּאַתְרָא דְּכָתְבֵי שְׁטָרָא וַהֲדַר יָהֲבֵי זוּזֵי; אַדְמוֹן סָבַר: אִיבָּעֵי לֵיהּ לְמִימְסַר מוֹדָעָא, וְרַבָּנַן סָבְרִי: *[ב]חַבְרָךְ חַבְרָא אִית לֵיהּ, וְחַבְרָא דְּחַבְרָךְ חַבְרָא אִית לֵיהּ.§ **מתני'** שְׁנַיִם שֶׁהוֹצִיאוּ שְׁטַר חוֹב זֶה עַל זֶה, אַדְמוֹן אוֹמֵר: אִילּוּ הָיִיתִי חַיָּיב לְךָ כֵּיצַד אַתָּה לֹוֶה מִמֶּנִּי? [ג]וַחכ"א: זֶה גּוֹבֶה שְׁטַר חוֹבוֹ וְזֶה גּוֹבֶה שְׁטַר חוֹבוֹ.§ **גמ'** אִתְּמַר, שְׁנַיִם שֶׁהוֹצִיאוּ שְׁטַר חוֹב זֶה עַל זֶה, רַב נַחְמָן אָמַר: זֶה גּוֹבֶה וְזֶה גּוֹבֶה, רַב שֵׁשֶׁת אָמַר: הַפּוּכֵי מַטְרָתָא לָמָּה לִי? אֶלָּא זֶה עוֹמֵד בְּשֶׁלּוֹ וְזֶה עוֹמֵד בְּשֶׁלּוֹ. [ד]דְּכוּלֵּי עָלְמָא, עִידִית וְעִידִית, בֵּינוֹנִית וּבֵינוֹנִית, זִיבּוּרִית וְזִיבּוּרִית – וַדַּאי הַפּוּכֵי מַטְרָתָא הוּא. כִּי פְּלִיגִי – דְּאִית לֵיהּ לְחַד בֵּינוֹנִית וּלְחַד זִיבּוּרִית. רַב נַחְמָן סָבַר: [ה]זֶה גּוֹבֶה וְזֶה גּוֹבֶה, קָסָבַר: בְּשֶׁלּוֹ הֵן שָׁמִין, אָתֵי בַּעַל זִיבּוּרִית וְגָבֵי לֵיהּ לְבֵינוֹנִית דַּהֲוָה גַּבֵּיהּ עִידִית, וַאֲתָא הַהוּא וְשָׁקֵיל זִיבּוּרִית. וְרַב שֵׁשֶׁת אָמַר: הַפּוּכֵי מַטְרָתָא לָמָּה לִי, קָסָבַר: בְּשֶׁל כָּל אָדָם הֵן שָׁמִין. סוֹף סוֹף, כִּי אָתֵי – הַהוּא בֵּינוֹנִית דְּנַפְשֵׁיהּ קָשָׁקֵיל. וּלְרַב נַחְמָן, מַאי חָזֵית דְּאָתֵי בַּעַל זִיבּוּרִית בְּרֵישָׁא? לֵיתֵי בַּעַל בֵּינוֹנִית בְּרֵישָׁא וְלִיגְבֵּי זִיבּוּרִית, וְלִיהֲדַר וְלִיגְבֵּי נִיהֲלֵיהּ! לָא צְרִיכָא, דְּקָדֵים תְּבָעֵיהּ. סוֹף סוֹף, כִּי אָתוּ לְמִגְבֵּי בַּהֲדֵי הֲדָדֵי קָאָתוּ! אֶלָּא לָא צְרִיכָא דְּאִית לֵיהּ לְחַד עִידִית וּבֵינוֹנִית, וְאִית לֵיהּ לְחַד זִיבּוּרִית. מָר סָבַר: *בְּשֶׁלּוֹ הֵן שָׁמִין, וּמָר סָבַר: בְּשֶׁל כָּל אָדָם הֵן שָׁמִין. תְּנַן: וַחכ"א: זֶה גּוֹבֶה וְזֶה גּוֹבֶה. *תַּרְגְּמָהּ רַב נַחְמָן אַלִּיבָּא דְּרַב שֵׁשֶׁת: [ו]כְּגוֹן שֶׁלָּוָה זֶה לְעֶשֶׂר וְזֶה לְחָמֵשׁ. ה"ד? אִילֵימָא: רִאשׁוֹן לְעֶשֶׂר וְשֵׁנִי לְחָמֵשׁ – בְּהָא לֵימָא אַדְמוֹן: אִילּוּ הָיִיתִי חַיָּיב לְךָ כֵּיצַד אַתָּה לֹוֶה מִמֶּנִּי? הָא לָא מְטָא זִמְנֵיהּ! אֶלָּא, רִאשׁוֹן לְחָמֵשׁ וְשֵׁנִי לְעֶשֶׂר. ה"ד? אִי דִּמְטָא זִמְנֵיהּ – מ"ט דְּרַבָּנַן, וְאִי דְּלָא מְטָא זִמְנֵיהּ – הָא לָא מְטָא זִמְנֵיהּ, וּמ"ט דְּאַדְמוֹן? לָא צְרִיכָא דַּאֲתָא בְּהַהוּא יוֹמָא דְּמִשְׁלַם חָמֵשׁ. מָר סָבַר: [ז]עָבֵיד אִינִישׁ דְּיָזֵיף לְיוֹמֵיהּ, וּמ"ס: לָא עָבֵיד אִינִישׁ דְּיָזֵיף לְיוֹמֵיהּ. רָמֵי בַּר חָמָא אָמַר: הָכָא בְּיַתְמֵי עָסְקִינַן, דְּיַתְמֵי מִיגְבָּא גָּבֵי, אַגְבּוֹיֵי לָא מַגְבִּינַן מִינַּיְיהוּ. וְהָא זֶה גּוֹבֶה וְזֶה גּוֹבֶה קָתָנֵי! זֶה גּוֹבֶה וְזֶה רָאוּי לִגְבּוֹת, וְאֵין לוֹ. אָמַר רָבָא: שְׁתֵּי תְשׁוּבוֹת בַּדָּבָר; חֲדָא – דְּזֶה גּוֹבֶה וְזֶה גּוֹבֶה קָתָנֵי, וְעוֹד: לַגְבִּינְהוּ אַרְעָא לְיַתְמֵי, וְלִיהֲדַר וְלִיגְבִּינְהוּ מִינַּיְיהוּ, כְּדְרַב נַחְמָן, *דְּאָמַר ר"נ אָמַר רַבָּה בַּר אֲבוּהּ: יְתוֹמִים שֶׁגָּבוּ קַרְקַע בְּחוֹבַת אֲבִיהֶן – בַּעַל חוֹב חוֹזֵר וְגוֹבֶה אוֹתָן מֵהֶן, קַשְׁיָא! וְלוֹקְמָהּ דְּאִית לְהוּ לְיַתְמֵי זִיבּוּרִית וְאִית לֵיהּ לְדִידֵיהּ *עִידִית וּבֵינוֹנִית, דְּאָזְלֵי יַתְמֵי גָּבוּ בֵּינוֹנִית וּמַגְבּוּ לֵיהּ זִיבּוּרִית. דְּאִי נַמִי בְּשֶׁל כָּל אָדָם הֵן שָׁמִין – הָא *)אֵין נִפְרָעִין מִנִּכְסֵי יְתוֹמִים אֶלָּא מִזִּיבּוּרִית! [ח]הָנֵי מִילֵּי הֵיכָא דְּלָא תָּפַס, אֲבָל הֵיכָא דְּתָפַס – תָּפַס.§

מתני' [ט]שָׁלֹשׁ אֲרָצוֹת לְנִשּׂוּאִין: יְהוּדָה, וְעֵבֶר הַיַּרְדֵּן, וְהַגָּלִיל. אֵין מוֹצִיאִין מֵעִיר לְעִיר וּמִכְּרַךְ לִכְרַךְ, אֲבָל בְּאוֹתָהּ הָאָרֶץ מוֹצִיאִין מֵעִיר לְעִיר וּמִכְּרַךְ לִכְרַךְ, אֲבָל

א) מלת הכא בטעות נפל בדברי תוס' וצ"ל אבל גבי מכירת שדה כו' מהרש"א ע"ש

מתני' וְהַלָּה הוֹצִיא שֶׁמָּכַר לוֹ שָׂדֶה. הַלֹּוֶה הוֹצִיא עָלָיו שְׁטַר מְכִירָה מְאוּחֶרֶת לִשְׁטַר הַהַלְוָאָה, וְאוֹמֵר: שְׁטָרְךָ מְזוּיָּיף אוֹ פָּרוּעַ, שֶׁאִם הָיִיתִי חַיָּיב לְךָ – לֹא הָיִיתָ מוֹכֵר לִי אֶת הַשָּׂדֶה, שֶׁהָיָה לְךָ לִגְבּוֹת אֶת חוֹבְךָ. זֶה הָיָה פִּקֵּחַ שֶׁמָּכַר לוֹ אֶת הַשָּׂדֶה. לְפִי שֶׁהָיָה זֶה מַבְרִיחַ מִטַּלְטְלָיו וְלֹא הָיָה לוֹ מֵהֵיכָן יְמַשְׁכְּנֶנּוּ עַל חוֹבוֹ, וְעַכְשָׁיו יִטּוֹל אֶת הַקַּרְקַע. **גמ'** בְּאַתְרָא שֶׁהַלּוֹקֵחַ יָהֵיב זוּזֵי וַהֲדַר כָּתְבֵי שְׁטַר מְכִירָה כּוּלֵּי עָלְמָא לָא פְּלִיגֵי. שֶׁהָיָה לַמּוֹכֵר לְעַכֵּב בְּחוֹבוֹ הַמָּעוֹת שֶׁקִּיבֵּל, וְלֹא יִכְתּוֹב לוֹ הַשְּׁטָר. וְכֵיוָן שֶׁכְּתָבוֹ – הוֹכִיחַ שֶׁאֵין לוֹ עָלָיו חוֹב. לְמִימְסַר מוֹדָעָא. וְאֵינִי מוֹכֵר לוֹ אֶלָּא שֶׁאוּכַל לְמַשְׁכְּנוֹ. חַבְרָא אִית לֵיהּ. וְיוֹדִיעֵהוּ, וְלֹא יִקַּח עוֹד הַשָּׂדֶה. **מתני'** שְׁנַיִם שֶׁהוֹצִיאוּ שְׁטַר חוֹב זֶה עַל זֶה. רְאוּבֵן עַל שִׁמְעוֹן וְשִׁמְעוֹן עַל רְאוּבֵן, שְׁטָר שֶׁהוֹצִיא רְאוּבֵן מוּקְדָּם וְשֶׁל שִׁמְעוֹן מְאוּחָר. אַדְמוֹן אוֹמֵר. יָכוֹל שִׁמְעוֹן לוֹמַר לִרְאוּבֵן. אִילּוּ חַיָּיב הָיִיתִי לְךָ. כְּדִבְרֵי שְׁטָרְךָ, כֵּיצַד אַתָּה לֹוֶה מִמֶּנִּי אַחֲרֵי כֵן? הָיָה לְךָ לִתְבּוֹעַ אֶת חוֹבְךָ מִמֶּנִּי! זֶה גּוֹבֶה וְזֶה גּוֹבֶה. אֲפִילּוּ הַחוֹב שָׁוֶה, אֵין אוֹמְרִים: יְעַכֵּב זֶה מִלְוֶה שֶׁל חֲבֵרוֹ בִּשְׁבִיל מִלְוֶה שֶׁהִלְוָהוּ, אֶלָּא ב"ד יוֹרְדִין לְנִכְסֵי כָּל אֶחָד, וּמַגְבִּין לְשֶׁכְּנֶגְדּוֹ אֶת חוֹבוֹ. **גמ'** הַפּוּכֵי מַטְרָתָא לָמָּה לִי. הַנּוֹשֵׂא שְׁנֵי מַרְצוּפִין שֶׁל עוֹר וּמַשָּׂאָן שָׁוֶה, מַה יִּתְרוֹן לוֹ לַהֲפוֹךְ שֶׁל יָמִין לִשְׂמֹאל וְשֶׁל שְׂמֹאל לְיָמִין? בְּשֶׁלּוֹ הֵן שָׁמִין. מַה שֶּׁאָמְרוּ חֲכָמִים: בַּעַל חוֹב בְּבֵינוֹנִית – בְּקַרְקָעוֹת הַלֹּוֶה שָׁמִין. שֶׁאִם יֵשׁ לַלֹּוֶה שָׂדֶה שֶׁהִיא בֵּינוֹנִית לְכָל אָדָם, וְאֶצְלוֹ הִיא עִידִית, שֶׁשְּׁאָר שְׂדוֹתָיו גְּרוּעוֹת הֵימֶנָּה – אֵין ב"ח גּוֹבֶה הֵימֶנָּה. וְרַב שֵׁשֶׁת סָבַר בְּשֶׁל כָּל אָדָם הֵן שָׁמִין. וְסוֹף סוֹף, כִּי הֲדַר אָתֵי הַאי לְמִיגְבֵּי – בֵּינוֹנִית שֶׁהָיְתָה שֶׁלּוֹ שָׁקֵיל. וּלְרַב נַחְמָן. נְהִי נַמִי דִּבְשֶׁלּוֹ הֵן שָׁמִין, מַאי חָזֵית כו'. סוֹף סוֹף כִּי אָתוּ לְמִיגְבֵּי בַּהֲדֵי הֲדָדֵי אָתוּ. שֶׁהֲרֵי שְׁנֵיהֶן הוֹצִיאוּ שְׁטָרוֹתֵיהֶן בְּבֵית דִּין. מַר סָבַר בְּשֶׁלּוֹ הֵן שָׁמִין. וְלָאו הַפּוּכֵי מַטְרָתָא הוּא. דְּמִמַּה נַפְשָׁךְ אִיכָּא רַוְוחָא לְבַעַל זִיבּוּרִית, דְּאִי חַבְרֵיהּ קָדֵים בְּרֵישָׁא וְגָבֵי – אִיכָּא גַּבֵּיהּ עִידִית וּבֵינוֹנִית וְזִיבּוּרִית, וּמַגְבֵּי לְהָאֵיךְ בֵּינוֹנִית. וְאִי אִיהוּ קָדֵים וְגָבֵי בֵּינוֹנִית – הָוְיָא גַּבֵּיהּ עִידִית, וּמַגְבֵּי לְחַבְרֵיהּ זִיבּוּרִית. וּמַר סָבַר בְּשֶׁל עוֹלָם הֵן שָׁמִין. וְכֵיוָן דִּבַהֲדָדֵי אָתוּ לְמִיגְבֵּי, יָהֲבִי בֵּית דִּין בֵּינוֹנִית לְבַעַל זִיבּוּרִית בְּרֵישָׁא, וַהֲדַר גָּבֵי לַהּ מִינֵּיהּ – הִלְכָּךְ הַפּוּכֵי מַטְרָתָא הוּא. תְּנַן זֶה גּוֹבֶה וְזֶה גּוֹבֶה. נְהִי נַמִי דְּאִית לְהוּ לְרַבָּנַן שֶׁשְּׁנֵיהֶם הַשְּׁטָרוֹת כְּשֵׁרִים יַעֲמוֹד זֶה בְּשֶׁלּוֹ וְזֶה בְּשֶׁלּוֹ, אַלְמָא ס"ל: בְּשֶׁלּוֹ הֵן שָׁמִין, וְלָאו הַפּוּכֵי הוּא. כְּגוֹן שֶׁלָּוָה זֶה לְעֶשֶׂר. שֶׁלֹּא יוּכַל הַנּוֹשֶׁה לְתוֹבְעוֹ עַד עֶשֶׂר שָׁנִים, דְּאִיכָּא רַוְוחָא דְּהַמְתָּנָה. אִילֵימָא רִאשׁוֹן לְעֶשֶׂר. וְשֵׁנִי בָּא אֶצְלוֹ לְסוֹף שָׁנָה, וְלָוָה לְחָמֵשׁ. בְּהָא לֵימָא אַדְמוֹן כו' הָא לָא מְטָא זִמְנֵיהּ. וְנוֹחַ הָיָה לוֹ לָזֶה שֶׁהִלְוָהוּ *וְיִתְבָּעֶנּוּ לְסוֹף חָמֵשׁ, וַעֲדַיִין יְהֵא חוֹבוֹ מְעוּכָּב בְּיָדוֹ עַד הַשְׁלָמַת עֶשֶׂר, מִשֶּׁיְּהֵא פּוֹרֵעַ לוֹ בְּחוֹבוֹ. אִי דִּמְטָא זִמְנֵיהּ. אִם שָׁלְמוּ חֲמֵשֶׁת הַשָּׁנִים כְּשֶׁבָּא הַמַּלְוֶה לִלְווֹת מִן הַלֹּוֶה. מ"ט דְּרַבָּנַן. דְּמַכְשְׁרֵי שְׁטָרוֹ שֶׁל מַלְוֶה רִאשׁוֹן? הֲרֵי הִגִּיעַ זְמַנּוֹ וְהָיָה לוֹ לְתוֹבְעוֹ וְלֹא לִלְווֹת, דְּ"עֶבֶד לֹוֶה לְאִישׁ מַלְוֶה". לָא צְרִיכָא דַּאֲתָא. לְגַבֵּיהּ וְלָוָה הֵימֶנּוּ בְּיוֹמָא דְּמִשְׁלַם חָמֵשׁ. בְּיַתְמֵי עָסְקִינַן. שֶׁמֵּת אֶחָד מֵהֶן, וְהַיְתוֹמִים בָּאִים וְתוֹבְעִים, וְאֵין לָהֶם קַרְקַע שֶׁיְּהֵא שֶׁכְּנֶגְדָּם גּוֹבֶה שְׁטָרוֹ מֵהֶן, דְּלָא מְשַׁעְבְּדֵי מִטַּלְטְלֵי דְּיַתְמֵי לְבַעַל חוֹב. ה"ג: וְלוֹקְמַהּ דְּאִית לְהוּ לְיַתְמֵי זִיבּוּרִית וְאִית לֵיהּ לְדִידֵיהּ עִידִית וּבֵינוֹנִית דְּאִי נַמִי בְּשֶׁל כָּל אָדָם הֵן שָׁמִין אֵין נִפְרָעִים כו'. **מתני'** ג' אֲרָצוֹת לְנִשּׂוּאִין. שָׁלֹשׁ אֲרָצוֹת הֵן בְּאֶרֶץ יִשְׂרָאֵל חֲלוּקוֹת לְעִנְיַן נִשּׂוּאֵי אִשָּׁה, שֶׁאִם נָשָׂא אִשָּׁה בְּאַחַת מֵהֶן אֵינוֹ יָכוֹל לְכוֹפָהּ לֵילֵךְ אַחֲרָיו מֵאֶרֶץ אֶל אֶרֶץ. אֵין מוֹצִיאִין. מִזּוֹ לָזוֹ לֹא מֵעִיר לְעִיר וְלֹא מִכְּרַךְ לִכְרַךְ. כְּרַךְ גָּדוֹל מֵעִיר, וְהוּא מְקוֹם שְׁוָוקִים, וּמִכָּל סְבִיבָיו בָּאִים שָׁם לִסְחוֹרָה, וְכָל דָּבָר מָצוּי בּוֹ. אֲבָל

ורבנן חברך חברא אית ליה. והא דמסקינן לעיל אליבא דכולי עלמא, דלא איבעי ליה למימסר מודעא, גבי: לעצמו לא איבד זכותו, דאמרינן: חברך חברא אית ליה! יש לומר דלא דמי, דמה שעשאה סימן לא הוה כל כך הודאה כמו הכא שהוציא שמכר לו את השדה, הילכך לא איבעי ליה למימסר מודעא. אבל בהך הודאה פליגי דדמיא טפי להודאה. ולפרש"י אתי שפיר, דלעיל ודאי לא הוה ליה למערער למימסר מודעא – דדלמא שמע המוכר לו שדה מהא וימנע למוכרה ויהיה לו הפסד שלא ימצא שדות לקנות. אבל א) הכא, גבי מכירת שדה, אינו כל כך הפסד, דהרבה לוקחים ימצא דאמרי אינשי "זבין – קנית, זבינת – אפסדת"*.

סוף סוף כי אתו למיגבי בהדדי קאתו. אע"ג דנזקקין לתובע תחילה, היכא דאית ליה פסידא – אין נזקקין כדמוכח התם (ב"ק דף מו: ושם) טעמא, כגון דזילי נכסיה.

שלש ארצות לנשואין. תוספתא: בד"א בזמן שהיה מיהודה ואירס ביהודה או בן גליל שאירס בגליל. אבל בן יהודה שאירס בגליל או בן גליל שאירס ביהודה – כופין אותה לצאת, שעל מנת כן נשאה. הכי

תוספות רי"ד

מכרו לו והלכה כחכמים. ההוא דאמר דקלא לברתי. פי' ציוה בשעת מיתתו שיתנו דקל א' לבתו ולא פירש באיזה רוח יתנוהו לה אזול יתמי איפלוג ולא יהבו לה דקלא אזלא היא לגבי אחי וקדחו לה סבר רב יוסף למימר היינו מתני' א"ל אביי מי דמי התם כל חד וחד מצי מדחי ליה הכא דקלא גביהו הוא פי' התם כל א' וא' אומר אין דרכך אצלי אלא אצל חברי אבל הכא לכל אחד יש לו מן הדקל חלק שאילו היו נותנים לה הדקל קודם שיחלוקו היה מתמעט חלקו של כל א' וא'. מאי תקנתייהו ליתבו לה דקלא ולהדרי ליפלגו מרישא. ההוא דאמר דקלא לברתי שכיב ושבק תרי פלגי דיקלי יתיב רב אשי וקהוי בה מיקרו אינשי לתרי פלגי דקלי דקלא אי לא כי הוא לא סימן איזה דקל יתנו לה והלכך יכולים היתומים לסלקה באיזה דקל שירצו והניח הרבה דקלים וגם הניח שני חצאי דקלים שהיה לו בשותפות עם א' מיבעיא ליה לרב אשי אם יכולין לסלקה באותן שני חצאי דקלים או דלמא דיקלא א' משמע ולא שני חצאי דקלים א"ל רב מרדכי לרב אשי הכי אמר אבימי מהגרוניא משמיה דרבינא קרו אינשי לתרין פלגי דיקלי דיקלא: **מתני'** המוציא שטר חוב על חברו והלה הוציא שמכר לו את השדה אדמון אומר אילו הייתי חייב לך היה לך להפרע את שלך כשמכרת לי את השדה וחכ"א זה היה פקח שמכר לו את השדה שיכול למשכנו. פי' המלוה הוציא שטר חוב על הלוה והלוה הוציא שטר למלוה בפניהם שמכר לו המלוה שדהו ואומר שטרך הוא מזוייף או פרוע שאילו חייב הייתי לך למה מכרת השדה שלך ולא גבית המעות בחובך וחכ"א זה המלוה היה פקח שמכר לו את שדהו מפני שלא היו לו אלא מטלטלין ואם היה בא למשכנו היה מסתירן לפיכך מכר שדהו לו שיוכל למשכנו ואע"פ שהיה לו שדה אחרת היה ירא שמא היה משועבד לאחרים אבל אם המלוה קנה לאחר מכאן שדה מן הלוה מודו רבנן שיוכל לומר לו אילו חייב הייתי לך למה נתת לי מעות ולא גבית אותן בחובך ולית ליה למלוה שום טענה לומר לו: באתרא דיהבי זוזי והדר כתיבי שטרא כ"ע לא פליגי דמצי א"ל היה לך להפרע את שלך כי פליגי באתרא דכתיבי שטרא והדר יהבי זוזי אדמון סבר איבעי לך למימסר מודעא אשטרא ורבנן אמרי חברך חברא אית ליה וחברא דחברך חברא אית ליה והלכה כחכמים: **מתני'** שנים שהוציאו ש"ח זה על זה אדמון אומר אילו חייב הייתי לך כיצד אתה לוה ממני וחכ"א זה גובה שטר חובו וזה גובה שטר חובו. פי' ראובן הוציא שטר חוב על שמעון שהלוהו מנה ושמעון הוציא שטר חוב על ראובן שהלוהו מנה שטרו של שמעון הוא מאוחר לשטרו של ראובן אדמון אומר יכול שמעון לומר לראובן אילו חייב הייתי לך כמו שכתוב בשטרך למה חזרת ולוית ממני מנה ולא גבית אותו המנה ממני בחובך מי הביאך לקחת ממני בהלואה ולעשות עצמך עבד לוה לאיש מלוה ולא גבית אותו בחובך אלא ודאי נראין הדברים ששטרך מזוייף הוא ואינו גובה ראובן בשטרו כלום. וחכ"א בעבור זה לא יפסל שטרו של ראובן אלא זה גובה שטר חובו וזה גובה שטר חובו. היכי דמי אי דלא מטא זמניה הא לא מטא זמניה ומ"ט דאדמון ואי דמטא זמניה הא מטא זמניה ומ"ט דרבנן פי' ההלואה האחרונה שהלוה שמעון לראובן מנה מתי היתה אם היתה עד דלא מטא זמניה דשטרא דראובן ששטרו היה עד שנה א' וקודם השנה אינו יכול לתבעו את שמעון מאותו מנה ועד שלא השלימה השנה בא ראובן אצל שמעון והלוהו מנה בהא לימא אדמון אילו חייב הייתי לך כיצד אתה לוה ממני והרי עדיין לא הגיע זמן שטרו של ראובן לגבות משמעון ובעבור זה חזר ולוה ממנו ולא יכול לגבות אותו המנה בחובו ולקח ממנו בהלואה ולא יתבטל שטרו של ראובן מפני שחזר ולוה משמעון ואי דמטא זמניה כגון שהגיעה השנה ואח"כ לוה ראובן משמעון מנה. א"כ מ"ט דרבנן שפיר קאמר אדמון א) דילמא א"ל שמעון אילו שטרך אמת למה לא גבית ממני המנה בחובך כיון שהגיע זמן שטרך לגבות ולקחת ממני בהלואה ועשית עצמך עבד לוה לאיש מלוה: לא צריכה ביומא דמישלם זמניה מר סבר עביד איניש דזייף ביומיה. פי' ביום שמשלמת השנה בא ראובן ולוה משמעון אדמון סבר לא עביד איניש דזייף ביומיה שכיון שלמחר יכול לתבוע את חובו מי הביאך ליקח ממנו בהלואה היום ימתין זה היום ולמחר יגבה חובו אלא ודאי מזוייף הוא. וחכמים סברי עביד דזייף ביומיה שמא היה דחוק למעות ביותר ולא יכול להמתין עד למחר ולקח ממנו היום בהלואה הילכך שני השטרות קיימים וזה גובה שטר חובו בזמנו וזה גובה שטר חובו בזמנו. אתמר שנים שהוציאו שטר חוב זה על זה רב נחמן אמר זה גובה וזה גובה ורב ששת אמר הפוכי משרתא למה לי אלא זה עומד בשלו וזה עומד בשלו פי' כגון ראובן שהוציא שטר על שמעון שהלוהו מנה בניסן מכאן ועד שנה ושמעון הוציא שטר על ראובן שהלוהו מנה באייר מכאן ועד שנה דאליבא דכ"ע שטרות שניהן קיימים שהרי כשחזר שמעון והלוה מנה לראובן באייר עדיין לא הגיע זמנו של ראובן לגבות משמעון ומודה בזה אדמון דזה גובה וזה גובה כדאמרן ואירע הדבר שהמתין ראובן מלתבוע את שמעון עד שהשלימה שנתו של שמעון ועכשיו אנו רואין שזמן שני השטרות הגיע לגבות קסבר רב נחמן זה גובה וזה גובה שב"ד נזקקין לנכסי כל אחד ואחד לפרוע למי שכנגדו ורב ששת סבר הפוכי משרתא למה לי כאדם שטעון שתי משואות אחד בכתף ימינו וא' בכתף שמאלו מה נהנה להפך מזה לזה כיון שכובד שניהם שוה גם עכשיו נמי כיון שההלואות שוות ושתיהן הגיע זמנן לגבות יחד תצא הלואה כנגד הלואה וזה יעמוד בשלו וזה יעמוד בשלו ואמרינן דכולי עלמא עידית ועידית בינונית ובינונית זבורית וזבורית ודאי הפוכי משראתא הוא כי פליגי דאית ליה לחד עידית ובינונית ואית ליה לחד זיבורית מר סבר בשלו הן שמין ומר סבר בשל כל אדם הן שמין פי' אם היו קרקעות שוות לא פליגי דהפוכי משראתא הוא אלא כי פליגי בשאין שוות כגון שהיה לו לראובן עידית ובינונית ושמעון אין לו אלא זיבורית דאתי שמעון וגבי מראובן בינונית כדין ב"ח והדר ראובן ושקיל משמעון זיבורית דאותה בינונית שגבה מראובן נעשה אצלו עידית ולא שקיל ראובן מיניה אלא זיבורית שאין בעל חוב דינו בעידית וקסבר רב נחמן בשלו הן שמין דאע"ג דהאי

א) נראה דצ"ל דלימא ליה שמעון אילו שטרך אמת

ב"ב כח: [לעיל קט: וש"נ]

[ב"ק ז: ת.]

[שבת נב: וש"נ]

לעיל נב. פסחים נא. [ב"ק קט.] ב"ב קכב.

בר"ן לא גרס הכא עידית אלא בינונית לחוד דלדידיה לא בעי למימר דאית ליה עידית וטעות הוא שנפל בספרים מהא דלעיל ולוקמה כו' וק"ל. מהרש"א

*) [גיטין מח: וש"נ]

נ"ל ויחזור ויתבענו כו' לסוף ה' שנים. רש"ל

עין משפט נר מצוה

נו א מיי' פי"ג מהל' אישות הל' יט טוש"ע אה"ע סי' עה סעי' ב:
נז ב מיי' שם הל' יז טוש"ע שם סעי' א:
נח ג מיי' פ"ד מהל' דעות הל' כא:
נט ד מיי' פי"ג מהל' אישות הל' יט טוש"ע אה"ע סי' עה סעי' ג ד:
ס ה מיי' פ"ח מהל' עבדים הל"ט סמג עשין פז טוש"ע יו"ד סי' רסז סעי' פד:
סא ו מיי' פי"ג מהל' אישות הל' יט טוש"ע אה"ע סי' עה סעי' ג:
סב ז מיי' פ"ח מהל' עבדים הל"י סמג עשין פז טוש"ע יו"ד סי' רסז סעי' פה:
סג ח מיי' פי"ג מהל' אישות הל"כ טוש"ע אה"ע סי' עה סעי' ד:
סד ט מיי' שם טוש"ע שם:
סה י כ מיי' פט"ז מהל' אישות הל"ו סמג עשין עח טוש"ע שם סי' ק סעי' ה:
סו ל מיי' פי"ז מהל' מלוה ולוה הל"ט סמג עשין נד טוש"ע חו"מ סי' מב סעי' יד:
סז נ מיי' שם טוש"ע שם סעי' יג:
סח ס ע מיי' פי"ג מהל' אישות הל' יט ופ"ה מהל' מלכים הל' יב טוש"ע אה"ע סי' עה סעי' ג:
סט פ מיי' פ"ה מהל' מלכים הל' יב:

תוספות

הכי גרסי' בכל הספרים דאמרינן ליה: זבניה הכא וזיל, משום ישוב ארץ ישראל. מפרש ה"ר יוסף בן ה"ר יום טוב: אע"ג דגרסינן ב"השולח" (גיטין דף מה. ושם): ההוא עבדא דברח לא"י אתא מריה אבתריה, אתא לקמיה דרבי אמי. אמר ליה: ניכתוב לך שטרא אדמיה ואי לא מפקענא לך מדרבי אחי בר יאשיה דדריש "לא תסגיר עבד אל אדוניו" – בעבד שברח מחוצה לארץ לארץ. ישראל והכא לא מפקענא ליה מיניה אלא אמרי' ליה: זיל זבניה. התם מיירי כשלא היה מוצא בארץ ישראל למי ימכור, לכך קאמר: נכתוב לך שטרא אדמיה, דאל"כ כל העבדים יפקיעו עצמן מידי אדוניהם שיברחו לארץ. ור"ת פירש: דהאי "זבניה" דהכא, לאו מכירה ממש לאחרים, אלא לעצמו. והיינו נכתוב שטרא אדמיה.

ואין הכל מוציאין לאתויי מאי. ואם תאמר: אמאי לא משני: לאתויי עבד שברח לירושלים, כדדרשינן לעיל "ואין הכל מוציאין" דרישא? ויש לומר: דבירושלים ליכא למימר הכי, דאין אנו רוצים שיהיו עבדים בירושלים יותר מדאי אלא מיוחסים. ר"ת.

הוא אומר לעלות כו'. אינו נוהג בזמן הזה דאיכא סכנת דרכים. והיה אומר רבינו חיים: דעכשיו אינו מצוה לדור בא"י. כי יש כמה מצות התלויות בארץ וכמה עונשין דאין אנו יכולין ליזהר בהם ולעמוד עליהם. **היא** אומרת לצאת כופין אותה. תימה: מאי איריא בא"י אפי' בשאר ארצות נמי היאך תוכל לדוחקו לצאת ממקומו? וי"ל: דהכא – אפי' מנוה הרע לנוה היפה.

ואימא נסכא. מהכא משמע דנסכא עדיפא ממעות ודינרין של כסף, דאי פחותה – מאי קושיא? דאין ה"נ דהא קאמר: מה שירצה מגבהו. אלא ודאי עדיפא. ואפילו הכי פריך: ואימא נסכא? כיון שכתוב בו כסף סתמא לא משמע שהוא חייב לו מטבע, ואמאי מגבהו מה שירצה דמשמע שיתן לו ממטבע הפחות*)? בבלה

*) [וע"ע תו' ב"ב קסה: ותו' מנחות קז. ד"ה ולמאי]

גמרא

תורה אור

אֲבָל לֹא מֵעִיר לִכְרַךְ וְלֹא מִכְּרַךְ לְעִיר. מוֹצִיאִין מִנָּוֶה הָרָעָה לְנָוֶה הַיָּפָה, אֲבָל לֹא מִנָּוֶה הַיָּפָה לְנָוֶה הָרָעָה. [א]רשב"ג אוֹמֵר: אַף לֹא מִנָּוֶה רָעָה לְנָוֶה יָפָה, מִפְּנֵי שֶׁהַנָּוֶה הַיָּפָה בּוֹדֵק.§ **גמ'** בִּשְׁלָמָא מִכְּרַךְ לְעִיר – דִּבִכְרַךְ שְׁכִיחִי כָּל מִילֵּי, בְּעִיר לָא שְׁכִיחִי כָּל מִילֵּי. אֶלָּא מֵעִיר לִכְרַךְ מ"ט? מְסַיַּיע לֵיהּ לְרַבִּי יוֹסֵי בַּר חֲנִינָא, דְּא"ר יוֹסֵי בַּר חֲנִינָא: [ב]מִנַּיִן שֶׁיְּשִׁיבַת כְּרַכִּים קָשָׁה – שֶׁנֶּאֱמַר: °"וַיְבָרְכוּ הָעָם לְכֹל הָאֲנָשִׁים הַמִּתְנַדְּבִים לָשֶׁבֶת בִּירוּשָׁלִָם".§ (נחמיה יא) רשב"ג אוֹמֵר כו'.§ מַאי בּוֹדֵק? כִּדְשְׁמוּאֵל, *דְּאָמַר שְׁמוּאֵל: [ג]שִׁינּוּי וֶסֶת תְּחִלַּת חוֹלִי מֵעַיִם. כָּתוּב בְּסֵפֶר בֶּן סִירָא: °"כָּל יְמֵי עָנִי רָעִים". (משלי טו) וְהָאִיכָּא שַׁבָּתוֹת וְיָמִים טוֹבִים! כִּדְשְׁמוּאֵל, דְּאָמַר שְׁמוּאֵל: שִׁינּוּי וֶסֶת תְּחִלַּת חוֹלִי מֵעַיִם. *בֶּן סִירָא אוֹמֵר: "אַף לֵילוֹת, בְּשֵׁפֶל גַּגִּים גַּגּוֹ וּבִמְרוֹם הָרִים כַּרְמוֹ, מִמְּטַר גַּגִּים לְגַגּוֹ וּמֵעֲפַר כַּרְמוֹ לִכְרָמִים".§ **מתני'** *[ד]הַכֹּל מַעֲלִין לְאֶרֶץ יִשְׂרָאֵל *וְאֵין הַכֹּל מוֹצִיאִין, הַכֹּל מַעֲלִין לִירוּשָׁלַיִם וְאֵין הַכֹּל מוֹצִיאִין, אֶחָד הָאֲנָשִׁים וְאֶחָד הַנָּשִׁים. נָשָׂא אִשָּׁה בְּא"י וְגֵרְשָׁהּ בְּאֶרֶץ יִשְׂרָאֵל – נוֹתֵן לָהּ מִמְּעוֹת אֶרֶץ יִשְׂרָאֵל. נָשָׂא אִשָּׁה בְּא"י וְגֵרְשָׁהּ בְּקַפּוֹטְקִיָּא – נוֹתֵן לָהּ מִמְּעוֹת אֶרֶץ יִשְׂרָאֵל, נָשָׂא אִשָּׁה בְּקַפּוֹטְקִיָּא וְגֵרְשָׁהּ בְּאֶרֶץ יִשְׂרָאֵל – נוֹתֵן לָהּ מִמְּעוֹת אֶרֶץ יִשְׂרָאֵל. *רַבָּן שִׁמְעוֹן בֶּן גַּמְלִיאֵל אוֹמֵר: נוֹתֵן לָהּ מִמְּעוֹת קַפּוֹטְקִיָּא. נָשָׂא אִשָּׁה בְּקַפּוֹטְקִיָּא וְגֵרְשָׁהּ בְּקַפּוֹטְקִיָּא – נוֹתֵן לָהּ מִמְּעוֹת קַפּוֹטְקִיָּא.§ **גמ'** *"הַכֹּל מַעֲלִין" לְאַתּוּיֵי מַאי? [ה]לְאַתּוּיֵי עֲבָדִים. וּלְמַאן דְּתָנֵי עֲבָדִים בְּהֶדְיָא, לְאַתּוּיֵי מַאי? לְאַתּוּיֵי [ו]מִנָּוֶה הַיָּפָה לְנָוֶה הָרָעָה. "וְאֵין הַכֹּל מוֹצִיאִין" לְאַתּוּיֵי מַאי? לְאַתּוּיֵי [ז]עֶבֶד שֶׁבָּרַח מִחוּצָה לָאָרֶץ לָאָרֶץ, דְּאָמְרִינַן לֵיהּ: זַבְּנֵיהּ הָכָא וְזִיל, מִשּׁוּם יְשִׁיבַת אֶרֶץ יִשְׂרָאֵל. *"הַכֹּל מַעֲלִין לִירוּשָׁלַיִם" לְאַתּוּיֵי מַאי? לְאַתּוּיֵי מִנָּוֶה הַיָּפָה לְנָוֶה הָרָעָה. "וְאֵין הַכֹּל מוֹצִיאִין" לְאַתּוּיֵי מַאי? לְאַתּוּיֵי אֲפִי' מִנָּוֶה הָרָעָה לְנָוֶה הַיָּפָה. וְאַיְּידֵי דְּתָנָא רֵישָׁא "אֵין מוֹצִיאִין", תָּנָא סֵיפָא נַמִי "אֵין מוֹצִיאִין".§ ת"ר: *[ח]הוּא אוֹמֵר לַעֲלוֹת וְהִיא אוֹמֶרֶת שֶׁלֹּא לַעֲלוֹת – כּוֹפִין אוֹתָהּ לַעֲלוֹת, וְאִם לָאו – תֵּצֵא בְּלֹא כְּתוּבָּה. [ט]הִיא אוֹמֶרֶת לַעֲלוֹת וְהוּא אוֹמֵר שֶׁלֹּא לַעֲלוֹת – כּוֹפִין אוֹתוֹ לַעֲלוֹת, וְאִם לָאו – יוֹצִיא וְיִתֵּן כְּתוּבָּה. הִיא אוֹמֶרֶת לָצֵאת וְהוּא אוֹמֵר שֶׁלֹּא לָצֵאת – כּוֹפִין אוֹתָהּ שֶׁלֹּא לָצֵאת, וְאִם לָאו – תֵּצֵא בְּלֹא כְּתוּבָּה. הוּא אוֹמֵר לָצֵאת וְהִיא אוֹמֶרֶת שֶׁלֹּא לָצֵאת – כּוֹפִין אוֹתוֹ שֶׁלֹּא לָצֵאת, וְאִם לָאו – יוֹצִיא וְיִתֵּן כְּתוּבָּה.§ [י]נָשָׂא אִשָּׁה כו'.§ הָא גּוּפָא קַשְׁיָא; קָתָנֵי: נָשָׂא אִשָּׁה בְּאֶרֶץ יִשְׂרָאֵל וְגֵרְשָׁהּ בְּקַפּוֹטְקִיָּא נוֹתֵן לָהּ מִמְּעוֹת אֶרֶץ יִשְׂרָאֵל – אַלְמָא בָּתַר שִׁיעְבּוּדָא אָזְלִינַן. אֵימָא סֵיפָא: נָשָׂא אִשָּׁה בְּקַפּוֹטְקִיָּא וְגֵרְשָׁהּ בְּאֶרֶץ יִשְׂרָאֵל נוֹתֵן לָהּ מִמְּעוֹת אֶרֶץ יִשְׂרָאֵל, אַלְמָא בָּתַר גּוּבַיְינָא אָזְלִינַן! אָמַר רַבָּה: *[כ]מִקּוּלֵּי כְּתוּבָּה שָׁנוּ כָּאן, קָסָבַר כְּתוּבָּה דְּרַבָּנַן.§ רַבָּן שִׁמְעוֹן בֶּן גַּמְלִיאֵל אוֹמֵר: נוֹתֵן לָהּ מִמְּעוֹת קַפּוֹטְקִיָּא.§ קָסָבַר: א) כְּתוּבָּה דְּאוֹרַיְיתָא. תָּנוּ רַבָּנַן: [ל]*הַמּוֹצִיא שְׁטַר חוֹב עַל חֲבֵירוֹ, כָּתוּב בּוֹ בָּבֶל – מַגְבֵּהוּ מִמְּעוֹת בָּבֶל, כָּתוּב בּוֹ אֶרֶץ יִשְׂרָאֵל – מַגְבֵּהוּ מִמְּעוֹת אֶרֶץ יִשְׂרָאֵל. כָּתוּב בּוֹ סְתָם, הוֹצִיאוֹ בְּבָבֶל – מַגְבֵּהוּ מִמְּעוֹת בָּבֶל, הוֹצִיאוֹ בְּאֶרֶץ יִשְׂרָאֵל – מַגְבֵּהוּ מִמְּעוֹת אֶרֶץ יִשְׂרָאֵל. [מ]כָּתוּב בּוֹ כֶּסֶף סְתָם – מַה *שֶּׁיִּרְצֶה לֹוֶה מַגְבֵּהוּ, מַה שֶּׁאֵין כֵּן בִּכְתוּבָּה. אַהַיָּיא? אָמַר רַב מְשַׁרְשְׁיָא: אַרֵישָׁא, לְאַפּוּקֵי מִדְּרשב"ג, דְּאָמַר כְּתוּבָּה דְּאוֹרַיְיתָא.§ כָּתוּב בּוֹ כֶּסֶף סְתָם מַה שֶּׁיִּרְצֶה לֹוֶה מַגְבֵּהוּ. [נ]*וְאֵימָא נַסְכָא? א"ר אֶלְעָזָר: דִּכְתִיב בֵּיהּ מַטְבֵּעַ. וְאֵימָא פְּרִיטֵי? אָמַר רַב פַּפָּא: פְּרִיטֵי דְּכַסְפָּא לָא עָבְדִי אֱינָשֵׁי. ת"ר: [ס]*לְעוֹלָם יָדוּר אָדָם בְּא"י, אֲפִי' בְּעִיר שֶׁרוּבָּהּ גּוֹיִם וְאַל יָדוּר בְּחוּ"ל וַאֲפִילּוּ בְּעִיר שֶׁרוּבָּהּ יִשְׂרָאֵל. [ע]שֶׁכָּל הַדָּר בְּאֶרֶץ יִשְׂרָאֵל דּוֹמֶה כְּמִי שֶׁיֵּשׁ לוֹ אֱלוֹהַּ, וְכָל הַדָּר בְּחוּצָה לָאָרֶץ דּוֹמֶה כְּמִי שֶׁאֵין לוֹ אֱלוֹהַּ, שֶׁנֶּא': °"לָתֵת לָכֶם אֶת אֶרֶץ כְּנַעַן לִהְיוֹת לָכֶם לֵאלֹהִים". (ויקרא כה) ב)וְכָל שֶׁאֵינוֹ דָּר בָּאָרֶץ אֵין לוֹ אֱלוֹהַּ?! אֶלָּא לוֹמַר לָךְ: כָּל הַדָּר בְּחוּ"ל – כְּאִילּוּ עוֹבֵד עֲבוֹדָה זָרָה, וְכֵן בְּדָוִד הוּא אוֹמֵר: °"כִּי גֵרְשׁוּנִי הַיּוֹם מֵהִסְתַּפֵּחַ בְּנַחֲלַת ה' לֵאמֹר לֵךְ עֲבֹד אֱלֹהִים אֲחֵרִים", (שמואל א כו) וְכִי מִי אָמַר לוֹ לְדָוִד: לֵךְ עֲבוֹד אֱלֹהִים אֲחֵרִים? אֶלָּא לוֹמַר לָךְ: כָּל הַדָּר בְּחוּ"ל – כְּאִילּוּ עוֹבֵד עֲבוֹדָה זָרָה. *ר' זֵירָא הֲוָה קָמִשְׁתַּמֵּיט מִינֵּיהּ דְּרַב יְהוּדָה, דְּבָעָא לְמִיסַּק לְאֶרֶץ יִשְׂרָאֵל. דְּאָמַר רַב יְהוּדָה: [פ]כָּל הָעוֹלֶה מִבָּבֶל לְאֶרֶץ יִשְׂרָאֵל – עוֹבֵר בַּעֲשֵׂה, שֶׁנֶּאֱמַר: בָּבֶלָה

א) [ע' תוס' לעיל י. ד"ה א"ר נחמן וע"ע היטב תוס' סוטה כז. ד"ה אין] ב) [נ"ל וכי כל גוי' הע"י]

רש"י

אֲבָל לֹא מֵעִיר לִכְרַךְ. בַּגְּמָ' מְפָרֵשׁ טַעְמָא. שֶׁהַנָּוֶה הַיָּפֶה בּוֹדֵק. אֶת הַגּוּף, לְמִי שֶׁבָּא מִנָּוֶה רַע, וּמִתּוֹךְ כָּךְ חֳלָאִים בָּאִים עָלָיו. **גמ'** יְשִׁיבַת כְּרַכִּין קָשָׁה. שֶׁהַכֹּל מִתְיַישְּׁבִין שָׁם, וְדוֹחֲקִין וּמְקָרְבִים הַבָּתִּים זוֹ לָזוֹ וְאֵין שָׁם אֲוִיר. אֲבָל בָּעִיר יֵשׁ גַּנּוֹת וּפַרְדֵּסִים סְמוּכִים לַבָּתִּים, וַאֲוִירָן יָפֶה. שִׁנּוּי וֶסֶת. אֲפִילּוּ לְטוֹבָה. בִּמְרוֹם הָרִים כַּרְמוֹ. שֶׁאֵין בְּיָדוֹ מָמוֹן לִקְנוֹת בְּמָקוֹם טוֹב, וְקוֹנֶה בְּרֹאשׁ הָהָר, וְכָל זְבָלִים שֶׁהוּא מוֹלִיךְ לוֹ נוֹפֵל וְזָב לַכְּרָמִים שֶׁתַּחְתָּיו. **מתני'** הַכֹּל מַעֲלִין. אֶת כָּל בְּנֵי בֵּיתוֹ אָדָם כּוֹפֶה לַעֲלוֹת וְלֵישֵׁב עִמּוֹ בִּירוּשָׁלַיִם. אֶחָד הָאֲנָשִׁים וְאֶחָד הַנָּשִׁים. אַף הָאִשָּׁה כּוֹפָה אֶת בַּעְלָהּ לַעֲלוֹת וְלָדוּר שָׁם, וְאִם לָאו – יוֹצִיא וְיִתֵּן כְּתוּבָּה, כִּדְקָתָנֵי בְּבָרַיְיתָא בַּגְּמָ' בְּהֶדְיָא. מָעוֹת קַפּוֹטְקִיָּא. גְּדוֹלוֹת וְשׁוֹקְלוֹת יוֹתֵר מִשֶּׁל א"י. **גמ'** לְאַתּוּיֵי עֲבָדִים. הָיָה לוֹ עֶבֶד עִבְרִי יֵלֵךְ הָעֶבֶד אַחֲרָיו עַל כָּרְחוֹ. וְאַיְּידֵי דְּתָנָא כו'. דְּאִילּוּ מִשּׁוּם מִנָּוֶה הָרַע לְנָוֶה הַיָּפֶה לָא אִיצְטְרִיךְ, כֵּיוָן דְּאַשְׁמְעִינַן דְּמַעֲלִין מִנָּוֶה הַיָּפֶה לְנָוֶה הָרַע – כָּל שֶׁכֵּן דְּאֵין מוֹצִיאִין, אֲפִילּוּ מִן הָרַע לַיָּפֶה. לַעֲלוֹת. מִחוּצָה לָאָרֶץ לָאָרֶץ, וְכֵן מִשְּׁאָר גְּבוּלִין לִירוּשָׁלַיִם. לָצֵאת. מִירוּשָׁלַיִם לִגְבוּלִין, אוֹ מֵאֶרֶץ לְחוּצָה לָאָרֶץ. מִקּוּלֵּי כְּתוּבָּה שָׁנוּ כָּאן. כָּאן הֵקֵלּוּ בִּכְתוּבָּה, וְזוֹ אַחַת מִקּוּלֵּי כְּתוּבָּה. קָסָבַר כְּתוּבָּה דְּאוֹרַיְיתָא. הִילְכָּךְ בָּתַר שִׁיעְבּוּד אָזְלִינַן כְּדִין כָּל שִׁטְרֵי חוֹב. כָּתוּב בּוֹ כֶּסֶף סְתָם. מֵאָה כֶּסֶף, וְלֹא פֵּירֵשׁ אִם סְלָעִין אִם דִּינָרִין אִם פּוּנְדְּיוֹנִין. מַה שֶּׁיִּרְצֶה לֹוֶה מַגְבֵּהוּ. וַאֲפִילּוּ אִיסָּרִין. וְאֵימָא נַסְכָא. חֲתִיכוֹת כֶּסֶף הָיָה, לְכָךְ לֹא פֵּירֵשׁ? וְאֵימָא פְּרִיטֵי. וְתֹאמַר שֶׁיִּתֵּן לוֹ נְחֹשֶׁת, אוֹ כֶּסֶף שָׁוֶה מֵאָה פְּרוּטוֹת? וְכִי מִי אָמַר לוֹ לְדָוִד כֵּן. אֶלָּא מִפְּנֵי שֶׁהָיָה צָרִיךְ לִבְרוֹחַ וְלָצֵאת מֵאֶרֶץ יִשְׂרָאֵל אֶל מֶלֶךְ מוֹאָב וְאֶל אָכִישׁ. דְּבָעֵי ר' זֵירָא לְמֵיסַק. וְרַב יְהוּדָה מוֹחֶה בְּיָדוֹ, לְהָכִי הֲוָה מִשְׁתַּמֵּיט מִינֵּיהּ. בִּכְלֵי

מסורת הש"ס

נדרים לז: ב"ב קמו. סנהדרין קח. ע"ש
[סנהדרין קז:]
[ערכין ג.]
[גיטין מד:]
לעיל י. [ע"ש בתוס' ד"ה נותן לה]
[ערכין ג:]
[שם ע"ש]
[תוספתא פי"ב ע"ש]
[ב"ב קלב: בכורות נב.]
[תוספתא פי"ב]
[ע' תוס' מנחות קז. ד"ה ולמאי וכו' דאין מהכא סתירה וסוגיא דב"ב קסה. ע"ש]
ב"ב קסה: מנחות קז.
[תוספ' ע"ז פ"ה]
ויקרא כה
שמואל א כו
שבת מא. ברכות כד:

תוספות רי"ד

דהאי בינונית דגבה שמעון מראובן לכ"ע הוה בינונית אין ראובן חוזר וגובה ממנה דלגבי דידיה דלית ליה אלא זיבורית נעשה עידית ואין ב"ח גובה ממנה אלא מן הזיבורית ונמצא שמעון משתכר שגבה בינונית והגבה זיבורית ואע"פ שבשומא הן גובים נוח לו לאדם להיות לו מעט בינונית מהרבה זיבורית. וכגון שאין מעות לראובן שאילו היה לו מעות היה מגבהו לשמעון מעות ועוד היה חוזר וגובה אותן ממנו ולא היה יכול להגבותו קרקע כיון שיש לו מעות כדכתבינן לעיל בפ' הכותב. ורב ששת סבר בשל עולם הם שמין שאע"פ שאלו נעש' עידית כיון דלכ"ע חשיבא בינונית ממנה גובה ראובן ונמצא שלא הרויח כלום הפוכי משרתא הוא הילכך זה יעמוד בשלו וזה יעמוד בשלו והאי דאמרי רבנן זה גובה וזה גובה כגון שזמנו של שני לגבות הוא מאוחר מזמנו של ראשון שהראשון גובה חובו בזמנו מן השני והשני ממתין עד שיגיע זמנו לגבות מן הראשון ונמצא הראשון משתכר בהמתנת זמן אבל לעולם היכא דזמן גבייתם שוה זה יעמוד בשלו וזה יעמוד בשלו. וקי"ל רב נחמן ורב ששת הלכה כרב נחמן בדיני והכי נמי אמרינן בהלכתא קמייתא דב"ק דבשלו הן שמין: **מתני'** שלש ארצות לנישואין יהודה עבר הירדן והגליל אין מוציאין מעיר לעיר ומכרך לכרך אבל באותה הארץ מוציאין מעיר לעיר ומכרך לכרך אבל לא מעיר לכרך ומכרך לעיר מוציאין מנוה הרע לנוה היפה אבל לא מנוה היפה לנוה הרע רשב"ג אומר אף לא מנוה הרע לנוה היפה שהנוה היפה בודק. פי' ג' ארצות הן בא"י חלוקות זו מזו לנשואי אשה שאם נשא אשה בא' מהן אינו יכול לכופה לצאת אחריו מארץ לארץ אין מוציאין מזו לזו לא מעיר לעיר ולא מכרך לכרך כרך גדול מעיר והוא מקום שוקים ומכל סביבותיה באים שם לסחורה וכל דבר מצוי בו אבל באותה הארץ מוציאין מראשה ועד סופה מעיר לעיר ומכרך לכרך אבל לא מעיר לכרך ולא מכרך לעיר. בשלמא מכרך לעיר לא דבכרך שכיחי כל מילי אלא מעיר לכרך מ"ט לא מפני שישיבת כרכים קשה דא"ר יוסי מנין שישיבת כרכים קשה שנאמר ויברכו העם לכל האנשים המתנדבים לשבת בירושלים פי' ומפני זה ישיבתן קשה שהכל מתיישבין שם והבתים דחוקים זה לזה ואין שם אויר אבל בעיר יש גנות ופרדסים סמוכין לבתים ואוירן יפה. רשבג"א וכו' מאי בודק כשמואל דאמר שמואל שינוי וסת תחילת חולי ואפילו מרעה לטובה בודק את הגוף ומעורר עליו חלאים. תוספתא ג' ארצות לנישואין יהודה עבר הירדן והגליל במד"א בזמן שהיה מיהודה ואירש אשה ביהודה או בן גליל שאירשה בגליל אבל בן יהודה שאירש אשה בגליל כופין אותו לצאת שע"מ כן נשאה. מוציאין מעיר שרובה עובדי כוכבים לעיר שרובה ישראל ולא מעיר שרובה ישראל לעיר שרובה עובדי כוכבים. ושאל רב צמח גאון ז"ל ראובן יש לו בית בארצו ועסקו וסחורתו בה ונשא אשה ממדינה אחרת ויש בניהם מהלך ב' ימים ומחצה כשיעור יהודה וגליל ולאחר זמן אמר לאשתו בואי עמי למדינתי שעסקי וסחורתי בה ואע"פ שהמדינה שלי קטנה מזו יש בה ב"ה ומרחץ וריחים וחומה ולא רצתה ללכת עמו ומה יש מן הדין והשיב שאלה זו כבר שאלתם אותה בימי גאון אבא מרי ז"ל וכך צוה וכתב לכם. שנינו ג' ארצות לנישואין יהודה ועבר הירדן והגליל מיהודה לגליל ומגליל ליהודה אין מוציאין מראש יהודה לסוף יהודה מראש הגליל לסוף הגליל מוציאין וכשמוציאין אין מוציאין אלא מעיר לעיר ומכרך לכרך ואם אמרה איני יוצאה אין לה כתובה אבל מעיר לכרך ומכרך לעיר אין מוציאין ואם אינה יוצאה יש לה כתובה. כל מקום שהוא כשיעור יהודה וגליל כך אנו עושי' ואם יש בעיר שמוליכה לשם מרחץ ובית הכנסת ויש בה כל מילי אם אינה יוצאה אין לה כתובתה ואם יש בין עירו לעיר אביה מהלך יום אחד צריך להוליכה לבית אביה בכל שנה שמצאנו בפ' המדיר בדרך רחוקה שאמרו חכמים מהלך יום א': **מתני'** הכל מעלין לא"י ואין הכל מוציאין הכל מעלין לירושלים ואין הכל מוציאין א' אנשים וא' נשים וא' עבדים. הכל לאתויי מאי לאתויי מנוה היפה לנוה הרע ואין הכל מוציאין לאתויי עבד כנעני שברח מח"ל לארץ פי' דכפינן לרביה וכתבינן ליה גיטא דחירותא דכתיב ליה שטר אדמיה הכל מעלין מירושלים אפילו מנוה היפה לנוה הרע ואין הכל מוציאין לאתויי מאי דאפילו מנוה הרע לנוה היפה: ת"ר הוא אומר לעלות והיא אומרת שלא לעלות כופין אותה לעלות ואם לא יוציא (ויתן) [בלא] כתובה. היא אומרת לעלות והוא אומר שלא לעלות כופין אותו לעלות ואם לא יוציא ויתן כתובה. הוא אומר לצאת והיא אומרת שלא לצאת כופין אותו שלא לצאת ואם לא יוציא

ע א ב ג מיי' פ"ה מהל' מלכים הל' יא:
עא ד מיי' שם הל' ט:
עב ה מיי' שם הל' יב:
עג ו מיי' שם הל' יא:

בבלי שרת כתיב. קרא דלעיל מיניה כתיב "כי כה אמר ה' אל העמודים ועל הים ועל המכונות" וגו'. שלא יעלו בחומה. יחד, ביד חזקה. אם תעירו ואם תעוררו. שתי שבועות בכל אחת. שלא יגלו את הקץ. נביאים שביניהם. ושלא ירחקו את הקץ. בעונם. ל"א: "שלא ידחקו" גרסינן – לשון דוחק. שלא ירבו בתחנונים על כך יותר מדאי. ושלא יגלו את הסוד. אמרי לה סוד העיבור, ואמרי לה סוד טעמי התורה. מתיר את בשרכם. לשון הפקר. ובל יאמר שכן חליתי. כלומר: אל יתרעם לומר: צר לי, כי כולם נשואי עון. אתה על אדמה טמאה תמות. מקרא הוא בנבואת עמוס. ארונו בא. לקוברו בא"י. כך אסור לצאת מבבל. לפי שיש שם ישיבות המרבילות תורה תמיד. דנפק מפומבדיתא לבי כובי. לגור שם. א"י קולטתן. כדמפרש. אילימא ליוחסין. שפוסלין נשים מא"י והא בבל מיוחס טפי דאמר מר בפרק "עשרה יוחסין" (קדושין דף עא.). כל הארצות. הרי הן אצל בבל. בעיסה. המעורבת, שאין ניכר בה מה בתוכה. כך כל המשפחות ספק*. אלא לענין קבורה. של בבל מוליכין ארונותיהם ליקבר בא"י, ושל שאר ארצות הרחוקים מא"י וקרובים לבבל – קוברים בבבל, שיש שם זכות תורה. וקרו ליה. לימות המשיח. לעם עליה. על א"י. ההוא בנפלים כתיב. ולעולם בא"י. אינן חיים. בתמיה. ע"י גלגול. מתגלגלים העצמות עד א"י, וחיין שם. מחילות נעשה להם בקרקע. ועומדים על רגליהם והולכים במחילות עד א"י, ושם מגלגלין ויוצאים. דברים בגו. יש כאן דברים מסותרים בדבר זה, וצריך לתת להם לב. שצדיק גמור היה. ולא היה צריך לזכות א"י. שלחו ליה אחוהי לרבה. רבה בר נחמני בפומבדיתא היה, והיו לו אחים בא"י, ושלחו אגרת זו כדי שיעלה אצלם. אילפא מוסיף בה דברים. עוד שלחו לו כן. מעשה באחד שהיה מצטער על אשה אחת. שנתן בה עיניו, והיא בח"ל. ואע"פ שחכם אתה. יפה לך לעלות כאן ללמוד מפי רב, שאין דומה הלומד מעצמו כו'. וא"ת אין לך רב. כאן שיוכל ללמדך. שאין

בבלה יובאו ושמה יהיו. אע"ג דהאי קרא בגלות ראשון כתיב – י"ל: דבגלות שני נמי קפיד קרא. שלא יגלו סוד. העיבור. כדאמרינן (שבת דף עה.): "כי היא חכמתכם ובינתכם". זהו סוד העיבור.

בלבושיהן

ירמיה כז "בבלה יובאו ושמה יהיו עד יום פקדי אותם נאם ה'". ורבי זירא: ההוא בכלי שרת כתיב. ורב יהודה: כתיב קרא אחרינא
שיר ב "השבעתי אתכם בנות ירושלים בצבאות או באילות השדה וגו'". ורבי זירא: ההוא שלא יעלו ישראל *בחומה. ורב יהודה: "השבעתי" אחרינא כתיב. ורבי זירא: ההוא מיבעי ליה לכדרבי יוסי ברבי חנינא. דאמר: ג' שבועות הללו למה? אחת – שלא יעלו ישראל בחומה, ואחת – שהשביע הקדוש ברוך הוא את ישראל שלא ימרדו באומות העולם, ואחת – שהשביע הקדוש ברוך הוא את הגוים שלא ישתעבדו בהן
שם בישראל יותר מדאי. ורב יהודה: "אם תעירו ואם תעוררו" כתיב. ורבי זירא: מיבעי ליה לכדרבי לוי, דאמר: שש שבועות הללו למה? תלתא – הני דאמרן, אינך: שלא יגלו את הקץ, ושלא ירחקו את הקץ, ושלא יגלו הסוד לגוים.
שם "בצבאות או באילות השדה" אמר רבי אלעזר: אמר להם הקב"ה לישראל: אם אתם מקיימין את השבועה – מוטב, ואם לאו – אני מתיר את בשרכם כצבאות וכאילות השדה. אמר רבי אלעזר: [א]כל הדר בארץ
ישעיה לג ישראל שרוי בלא עון, שנאמר: "ובל יאמר שכן חליתי העם היושב בה נשוא עון". א"ל *רבא לרב אשי: אנן בסובלי חלאים מתנינן לה. אמר רב ענן:
שמות כ א) [ב]כל הקבור בארץ ישראל – כאילו קבור תחת המזבח, כתיב הכא: "מזבח
דברים לב אדמה תעשה לי", וכתיב התם: "וכפר אדמתו עמו". עולא הוה רגיל דהוה סליק לארץ ישראל, נח נפשיה בחוץ לארץ. אתו אמרו ליה לרבי אלעזר,
עמוס ז אמר: אנת עולא "על אדמה טמאה תמות". אמרו לו: ארונו בא. אמר להם: [ג]אינו דומה קולטתו מחיים לקולטתו לאחר מיתה. ההוא גברא דנפלה ליה יבמה בי חוזאה, אתא לקמיה דר' חנינא, א"ל: מהו למיחת וליבמה? [ד]א"ל: *אחיו נשא כותית ומת – ברוך המקום שהרגו, והוא ירד אחריו? אמר רב יהודה אמר שמואל: [ה]כשם שאסור לצאת מארץ ישראל לבבל – כך אסור לצאת מבבל לשאר ארצות. רבה ורב יוסף דאמרי תרווייהו: אפילו מפומבדיתא לבי כובי. ההוא דנפק מפומבדיתא לבי כובי, שמתיה רב יוסף. ההוא דנפק מפומבדיתא [יבמות קכב.] לאסתוניא – שכיב. אמר אביי: *אי בעי האי צורבא מרבנן הוה חיי. רבה ורב יוסף דאמרי תרווייהו: כשרין שבבבל – א"י קולטתן, כשרין שבשאר ארצות – בבל קולטתן. למאי? אילימא ליוחסין – והאמר מר: *כל הארצות עיסה לארץ ישראל, וארץ ישראל עיסה לבבל! אלא לענין קבורה. אמר רב יהודה: כל הדר
זכריה ב בבבל – כאילו דר בארץ ישראל, שנאמר: "הוי ציון המלטי יושבת בת בבל". אמר אביי: נקטינן, בבל לא חזיא חבלי דמשיח. תרגמה אהוצל דבנימין וקרו ליה "קרנא דשיזבתא". א"ר
יחזקאל כו אלעזר: מתים שבחוץ לארץ אינם חיים, שנאמר: "ונתתי צבי בארץ חיים" ארץ שצביוני בה – מתיה חיים,
ישעיה כו שאין צביוני בה – אין מתיה חיים. מתיב ר' אבא בר ממל: "יחיו מתיך נבלתי יקומון" מאי לאו "יחיו מתיך" – מתים שבא"י, "נבלתי יקומון" – מתים שבחוץ לארץ, ומאי "ונתתי צבי בארץ חיים" – אנבוכד נצר הוא דכתיב, דאמר
שם מב רחמנא: מייתינא עלייהו מלכא דקליל כי טביא! א"ל: רבי, מקרא אחר אני דורש: "נותן נשמה לעם עליה ורוח להולכים בה". ואלא הכתיב "נבלתי יקומון"? ההוא בנפלים הוא דכתיב. ורבי אבא בר ממל, האי "נותן נשמה לעם עליה" מאי עביד ליה? מיבעי ליה לכדרבי אבהו. דאמר ר' אבהו: אפילו שפחה כנענית שבא"י מובטח
בראשית כב לה שהיא בת העולם הבא, כתיב הכא: "לעם עליה", וכתיב התם: "שבו לכם פה עם החמור" – ג)עם הדומה לחמור. "ורוח להולכים בה" – א"ר ירמיה בר אבא א"ר יוחנן: [ו]כל המהלך ארבע אמות בארץ ישראל מובטח לו שהוא בן העולם הבא. ולר' אלעזר צדיקים שבחוץ לארץ אינם חיים?! אמר רבי אילעא: *ע"י גלגול. מתקיף לה ר' אבא סלא
שם מז רבא: גלגול לצדיקים צער הוא! אמר אביי: מחילות נעשות להם בקרקע. "ונשאתני ממצרים וקברתני בקבורתם" אמר קרנא: דברים בגו, יודע היה יעקב אבינו שצדיק גמור היה, ואם מתים שבחוצה לארץ חיים – למה הטריח
שם נ את בניו? *שמא לא יזכה למחילות. כיוצא בדבר אתה אומר: "וישבע יוסף את בני ישראל וגו'". א"ר חנינא: דברים בגו, יודע היה יוסף בעצמו שצדיק גמור היה, ואם מתים שבחוצה לארץ חיים – למה הטריח את אחיו ארבע מאות פרסה? *שמא לא יזכה למחילות. שלחו ליה אחוהי לרבה: יודע היה יעקב שצדיק גמור היה וכו'. אילפא מוסיף בה דברים: מעשה באחד שהיה מצטער על אשה אחת וביקש לירד, כיון ששמע כזאת – גלגל בעצמו עד יום מותו. אף על פי שחכם גדול אתה – אינו דומה לומד מעצמו ללומד מרבו. וא"ת: אין לך רב – יש לך רב, ומנו – רבי יוחנן. ואם אין אתה עולה – הזהר בשלשה דברים: אל תרבה בישיבה – שישיבה קשה לתחתוניות, ואל תרבה בעמידה – שעמידה קשה ללב, ואל תרבה בהליכה – שהליכה קשה לעינים. אלא, שליש בישיבה, שליש בעמידה, שליש בהילוך. כל ישיבה שאין עמה סמיכה – עמידה נוחה הימנה. עמידה ס"ד? והאמרת: עמידה קשה ללב! אלא: ישיבה שאין

א) [תוספתא למסכת ע"ז פ"ה] ב) קדושין סח. [יבמות סב.] ג) ב"ק מט. נדה יז.

נ"ל בחומה וכן בסמוך. יעב"ץ

[וע"ע רש"י קדושין סט: ועא. ד"ה עיסה]

[אפשר דצ"ל רבינא וכ"א בע"י דהא כשמת רבא נולד רב אשי כדאיתא קדושין עב: ובילקוט איתא ר' אבא]

[נ"ל אם אחיו של זה נשא רש"ל]

[קדושין סט: ודף עא.]

נ"א שלא קיבל עליו צער מחילות [וכן גי' הילקוט וכ"א בע"י]

נ"א שלא קיבל עליו וכו'

גליון הש"ס

גמ' ע"י גלגול. עיין סוטה ה ע"א תוס' ד"ה כל אדם:

תוספות רי"ד

יוציא ויתן כתובה. היא אומרת לצאת והוא אומר שלא לצאת כופין אותה שלא תצא ואם לאו תצא שלא בכתובה: מתני' נשא אשה בארץ ישראל וגירשה בארץ ישראל נותן לה ממעות ארץ ישראל. נשא אשה בארץ ישראל וגירשה בקפודקיאה נותן לה ממעות ארץ ישראל. נשא אשה בקפודקיאה וגירשה בארץ ישראל נותן לה ממעות ארץ ישראל. רשב"ג אומר נותן לה ממעות קפודקיאה. נשא אשה בקפודקיאה וגירשה בקפודקיאה נותן לה ממעות קפודקיאה. פי' מעות קפודקיאה הן גדולות ממעות ארץ ישראל. ואמרי' הא גופא קשיא קתני נשא אשה בארץ ישראל וגירשה בקפודקיאה נותן לה ממעות ארץ ישראל אלמא בתר שעבודא אזלינן והדר תני נשא אשה בקפודקיאה וגירשה בארץ ישראל נותן לה ממעות ארץ ישראל אלמא בתר גוביינא אזלינן אמר רבא מקולי כתובה שנו כאן פי' זו היא א' מקולות שהעלו חכמים בכתובה וקסבר ת"ק כתובת אשה מדרבנן ורשב"ג סבר כתובת אשה דאורייתא פלוגתא היא בשמעתא קמייתא דמכלתין: ת"ר המוציא שט"ח על חבירו כתוב בבבל מגבהו ממעות בבל כתוב בארץ ישראל מגבהו ממעות ארץ ישראל כתוב בו סתם הוציאו בבבל מגבהו ממעות בבל הוציאו בארץ ישראל מגבהו ממעות ארץ ישראל. מה שאין כן בכתובה. אהייא אמר רב משרשיא ארישא ולאפוקי מדרשב"ג דאמר כתובה דאורייתא. פי' ארישא קאי דתני כתוב בו בבבל וכו' אלמא בתר שעבודא אזלי' ולאו בתר גוביינא משא"כ בכתובה דלא אזלינן בתר שעבודא אלא להקל שאם היה השעבוד במקו' שהמטבע גדול והגוביינא במקום שהמטבע פחות ממנו אזלינן בתר גוביינא דכתובה היא מדרבנן ולא דמיא לב"ח. ולאפוקי מדרשב"ג דאמר כתובה דאורייתא ודינה כדין ב"ח ואין הלכה כרשב"ג חדא דהא מתניתא מפקא מיניה. ותו דתנן סתמא בפ' יש בכור לנחלה דלא כותיה דתנן התם הבכור נוטל פי שנים בנכסי האב ואינו נוטל פי שנים בנכסי האם ואינו נוטל בשבח ולא בראוי כבמוחזק ולא האשה בכתובתה ולא בנות במזונותיהן ולא היבם וכולן אינן נוטלין בשבח ולא בראוי כבמוחזק ואקשי' בגמ' על מאי דתני ולא האשה בכתובתה איני והאמר שמואל ב"ח גובה את השבח. א"ר אבא מקולי כתובה שאנו כאן. אלמא קילא כתובה מב"ח דב"ח טריף משבחא דלוקח שאע"פ שהלוקח השביחה לאחר שקנאה אתי ב"ח וטריף לה כאשר היא משובחת ולא יהיב ליה מידי ואילו בכתובה תנן דלא שקלא שבחא שאם באה לטרוף מן הלקוחות ואם השביחו את השדה אינה יכולה לטרוף את השבח ש"מ כתובה דרבנן ומ"ח לא דמיא לב"ח והלכתא כסתם משנה ועוד דתני לה גבי הלכתא פסיקתא התם דכל הני דמתנו בהא מתני' הלכות פסוקות הן עיין בערך מ"ב בס"ה: ת"ר לעולם ידור אדם בארץ ישראל ואפילו בעיר שרובה עובדי כוכבים ולא ידור בח"ל ואפילו בעיר שרובה ישראל שכל הדר בארץ ישראל דומה כמי שיש לו אלוה וכו' *) שנאמר לתת לכם את ארץ כנען להיות לכם לאלהים וכך בדוד הוא אומר כי גירשוני [היום] מהסתפח בנחלת ה' לאמר לך עבוד אלהים אחרים: א"ר אלעזר כל הדר בא"י שרוי בלא עון שנאמר העם היושב בה נשוי עון: אמר רב ענן כל הקבור בא"י כאילו קבור תחת המזבח כתיב הכא מזבח אדמה תעשה לי וכתיב התם וכפר אדמתו עמו: עולא הוה רגיל דהוה סליק לא"י נח נפשיה בחו"ל אתו אמרי ליה לר' אלעזר קרי עליה [אנת עולא] על אדמה טמאה תמות אמרו לו אתא ארונו אמר להן אינו דומה קולטתו מחיים לקולטתו לאחר מיתה. ההוא גברא דנפלה ליה יבמה (כי הויא) [בי חוזאה] אתא לקמיה דר' חנינא א"ל מהו למיחת ליבומה התם א"ל אם אחיו נשא גויה ברוך המקום שעקרו אחיו ירד תחתיו אמר רב יהודה אמר שמואל כשם שאסור לצאת מא"י לבבל כך אסור לצאת מבבל לשאר ארצות: סליק מסכת כתובות

*) כך היה הדין בזמן שהיו ישראל על אדמתם.

שֶׁאֵין בָּהּ סְמִיכָה, עֲמִידָה שֶׁיֵּשׁ בָּהּ סְמִיכָה נוֹחָה הֵימֶנָּה. וְכֵן אָמְרוּ: יִצְחָק וְשִׁמְעוֹן וְאוֹשַׁעְיָא אָמְרוּ דָּבָר אֶחָד: הֲלָכָה כְּרַ' יְהוּדָה בִּפְרָדוֹת. *דְּתַנְיָא, רַבִּי יְהוּדָה אוֹמֵר: [א]פִּרְדָּה שֶׁתָּבְעָה — אֵין מַרְבִּיעִין עָלֶיהָ לֹא סוּס וְלֹא חֲמוֹר, אֶלָּא מִינָהּ. אָמַר רַב נַחְמָן בַּר יִצְחָק: יִצְחָק — זֶה רַבִּי יִצְחָק נַפָּחָא, שִׁמְעוֹן — זֶה ר"ש בֶּן פָּזִי. וְאָמְרִי לַהּ: ר"ל. אוֹשַׁעְיָא — זֶה רַבִּי אוֹשַׁעְיָא בְּרַבִּי. אָמַר ר' אֶלְעָזָר: עַמֵּי הָאֲרָצוֹת אֵינָן חַיִּים, שֶׁנֶּאֱמַר: °"מֵתִים בַּל יִחְיוּ וגו'". תַּנְיָא נַמִי הָכִי: "מֵתִים בַּל יִחְיוּ", יָכוֹל לַכֹּל — ת"ל: "רְפָאִים בַּל יָקוּמוּ", בִּמְרַפֶּה עַצְמוֹ מִדִּבְרֵי תוֹרָה הַכָּתוּב מְדַבֵּר. א"ל ר' יוֹחָנָן: *לָא נִיחָא לְמָרַיְיהוּ דְּאָמְרַתְּ לְהוּ הָכִי, הַהוּא בִּמְרַפֶּה עַצְמוֹ לַעֲבוֹדָה זָרָה הוּא דִּכְתִיב. א"ל: מִקְּרָא אַחֵר אֲנִי דּוֹרֵשׁ, דִּכְתִיב: °"כִּי טַל אוֹרוֹת טַלֶּךָ וָאָרֶץ רְפָאִים תַּפִּיל", כָּל הַמִּשְׁתַּמֵּשׁ בְּאוֹר תּוֹרָה — אוֹר תּוֹרָה מְחַיֵּיהוּ, וְכָל שֶׁאֵין מִשְׁתַּמֵּשׁ בְּאוֹר תּוֹרָה — אֵין אוֹר תּוֹרָה מְחַיֵּיהוּ. כֵּיוָן דַּחֲזַיֵיהּ דְּקָמִצְטַעֵר, א"ל: רַבִּי, מָצָאתִי לָהֶן תַּקָּנָה מִן הַתּוֹרָה: °"וְאַתֶּם הַדְּבֵקִים בַּה' אֱלֹהֵיכֶם חַיִּים כֻּלְּכֶם הַיּוֹם", וְכִי אֶפְשָׁר לְדָבוּקֵי בַּשְּׁכִינָה? וְהָכְתִיב: °"כִּי ה' אֱלֹהֶיךָ אֵשׁ אוֹכְלָה"! אֶלָּא, כָּל הַמַּשִּׂיא בִּתּוֹ לְתַלְמִיד חָכָם, וְהָעוֹשֶׂה *פְּרַקְמַטְיָא לְתַלְמִידֵי חֲכָמִים, וְהַמְהַנֶּה תַּלְמִידֵי חֲכָמִים מִנְּכָסָיו — מַעֲלֶה עָלָיו הַכָּתוּב כְּאִילּוּ מִדַּבֵּק בַּשְּׁכִינָה. כַּיּוֹצֵא בַּדָּבָר אַתָּה אוֹמֵר: °"לְאַהֲבָה אֶת ה' אֱלֹהֶיךָ וּלְדָבְקָה בוֹ" וְכִי אֶפְשָׁר לָאָדָם לִידָּבֵק בַּשְּׁכִינָה? אֶלָּא, כָּל הַמַּשִּׂיא בִּתּוֹ לְתַלְמִיד חָכָם, וְהָעוֹשֶׂה פְּרַקְמַטְיָא לְתַלְמִידֵי חֲכָמִים, וְהַמְהַנֶּה תַּלְמִידֵי חֲכָמִים מִנְּכָסָיו — מַעֲלֶה עָלָיו הַכָּתוּב כְּאִילּוּ מִדַּבֵּק בַּשְּׁכִינָה. א"ר חִיָּיא בַּר יוֹסֵף: עֲתִידִין צַדִּיקִים שֶׁמְּבַצְבְּצִין וְעוֹלִין בִּירוּשָׁלַיִם, שֶׁנֶּאֱמַר: °"וְיָצִיצוּ מֵעִיר כְּעֵשֶׂב הָאָרֶץ", וְאֵין "עִיר" אֶלָּא יְרוּשָׁלַיִם, שֶׁנֶּאֱמַר: °"וְגַנּוֹתִי אֶל הָעִיר הַזֹּאת". וְא"ר חִיָּיא בַּר יוֹסֵף: עֲתִידִים צַדִּיקִים שֶׁיַּעַמְדוּ בְּמַלְבּוּשֵׁיהֶן, *ק"ו מֵחִטָּה. מָה *חִטָּה שֶׁנִּקְבְּרָה עֲרוּמָה — יוֹצְאָה בְּכַמָּה לְבוּשִׁין, צַדִּיקִים שֶׁנִּקְבְּרוּ בִּלְבוּשֵׁיהֶן — עַל אַחַת כַּמָּה וְכַמָּה. וְא"ר חִיָּיא בַּר יוֹסֵף: *עֲתִידָה א"י שֶׁתּוֹצִיא גְּלוּסְקָאוֹת וּכְלֵי מֵילָת, שֶׁנֶּאֱמַר: °"יְהִי פִסַּת בַּר בָּאָרֶץ". ת"ר: "יְהִי פִסַּת בַּר בָּאָרֶץ בְּרֹאשׁ הָרִים", אָמְרוּ: עֲתִידָה חִטָּה שֶׁתִּתַּמֵּר כְּדֶקֶל, וְעוֹלָה בְּרֹאשׁ הָרִים. וְשֶׁמָּא תֹּאמַר יֵשׁ צַעַר לְקוֹצְרָהּ? תַּלְמוּד לוֹמַר: °"יִרְעַשׁ כַּלְּבָנוֹן פִּרְיוֹ" — הקב"ה מֵבִיא רוּחַ מִבֵּית גְּנָזָיו, וּמְנַשְּׁבָהּ עָלֶיהָ, וּמַשְׁרָה אֶת סָלְתָּהּ, וְאָדָם יוֹצֵא לַשָּׂדֶה וּמֵבִיא מְלֹא פִּיסַּת יָדוֹ, וּמִמֶּנָּה פַּרְנָסָתוֹ וּפַרְנָסַת אַנְשֵׁי בֵּיתוֹ. °"עִם חֵלֶב כִּלְיוֹת חִטָּה", אָמְרוּ: עֲתִידָה חִטָּה שֶׁתְּהֵא כִּשְׁתֵּי כִּלְיוֹת שֶׁל שׁוֹר הַגָּדוֹל. וְאַל תִּתְמַהּ, שֶׁהֲרֵי שׁוּעָל קִינֵּן בְּלֶפֶת, וְשָׁקְלוּהוּ וּמָצְאוּ בוֹ שִׁשִּׁים לִיטְרִין בְּלִיטְרָא שֶׁל צִפּוֹרִי. תַּנְיָא, אָמַר *רַב יוֹסֵף: מַעֲשֶׂה בְּשִׁיחִין בְּאֶחָד שֶׁהִנִּיחַ לוֹ אָבִיו שְׁלֹשָׁה בַּדֵּי חַרְדָּל, וְנִפְשַׁח אֶחָד מֵהֶן, וְנִמְצְאוּ בוֹ תִּשְׁעָה קַבִּין חַרְדָּל, וְעֵצָיו סִיכְּכוּ בוֹ סוּכַּת יוֹצְרִין.§ אָמַר ר"ש בֶּן [א]תַּחְלִיפָא: קֶלַח שֶׁל כְּרוּב הִנִּיחַ לָנוּ אַבָּא, וְהָיִינוּ עוֹלִים וְיוֹרְדִים בּוֹ בְּסוּלָּם. °"וְדַם עֵנָב תִּשְׁתֶּה חָמֶר", אָמְרוּ: לֹא כָּעוֹלָם הַזֶּה הָעוֹלָם הַבָּא; הָעוֹלָם הַזֶּה — יֵשׁ בּוֹ צַעַר לִבְצוֹר וְלִדְרוֹךְ, הָעוֹלָם הַבָּא — מֵבִיא עֲנָבָה אַחַת בְּקָרוֹן אוֹ בִּסְפִינָה, וּמַנִּיחָהּ בְּזָוִית בֵּיתוֹ, וּמְסַפֵּק הֵימֶנָּה כְּפִטּוּס גָּדוֹל, וְעֵצָיו מַסִּיקִין תַּחַת הַתַּבְשִׁיל. וְאֵין לְךָ כָּל עֲנָבָה וַעֲנָבָה שֶׁאֵין בָּהּ שְׁלֹשִׁים גַּרְבֵּי יַיִן, שֶׁנֶּא': °"וְדַם עֵנָב תִּשְׁתֶּה חָמֶר", אַל תִּקְרֵי "חָמֶר" אֶלָּא חוֹמֶר. כִּי אֲתָא רַב דִּימִי אֲמַר: מַאי דִּכְתִיב: °"אֹסְרִי לַגֶּפֶן עִירֹה" — אֵין לְךָ כָּל גֶּפֶן וְגֶפֶן שֶׁבְּא"י שֶׁאֵין צָרִיךְ עִיר אַחַת לִבְצוֹר, °"וְלַשֹּׂרֵקָה בְּנִי אֲתֹנוֹ" — אֵין לְךָ כָּל אִילָן סְרָק שֶׁבְּא"י שֶׁאֵינוֹ מוֹצִיא מַשּׂוֹי שְׁתֵּי אֲתוֹנוֹת. וְשֶׁמָּא תֹּאמַר: אֵין בּוֹ יַיִן — ת"ל: °"כִּבֵּס בַּיַּיִן לְבֻשׁוֹ", וְשֶׁמָּא תֹּאמַר אֵינוֹ אָדוֹם — *ת"ל: "וְדַם עֵנָב תִּשְׁתֶּה חָמֶר", וְשֶׁמָּא תֹּאמַר אֵינוֹ מַרְוֶה — ת"ל: "סוּתֹה", וְשֶׁמָּא תֹּאמַר אֵין בּוֹ טַעַם — ת"ל: "חַכְלִילִי עֵינַיִם מִיָּיִן" כָּל חֵיךְ שֶׁטּוֹעֲמוֹ אוֹמֵר: לִי לִי. וְשֶׁמָּא תֹּאמַר לִנְעָרִים יָפֶה וְלִזְקֵנִים אֵינוֹ יָפֶה — ת"ל: "וּלְבֶן שִׁנַּיִם מֵחָלָב", אַל תִּיקְרֵי "לְבֶן שִׁנַּיִם" אֶלָּא "לְבֶן שָׁנִים". *פְּשַׁטֵיהּ דִּקְרָא בְּמַאי כְּתִיב? כִּי אֲתָא רַב דִּימִי אֲמַר: אָמְרָה כְּנֶסֶת יִשְׂרָאֵל לִפְנֵי הקב"ה: רִבּוֹנוֹ שֶׁל עוֹלָם, רְמוֹז בְּעֵינֶיךָ דִּבְסִים מֵחַמְרָא, וְאַחֲוֵי לִי שִׁינָּיךְ דִּבְסִים מֵחַלְבָּא. מְסַיַּיע לֵיהּ לְר' יוֹחָנָן, דְּאָמַר ר' יוֹחָנָן: טוֹב הַמַּלְבִּין שִׁינַּיִם לַחֲבֵירוֹ יוֹתֵר מִמַּשְׁקֵהוּ חָלָב, שֶׁנֶּאֱמַר: "וּלְבֶן שִׁנַּיִם מֵחָלָב", אַל תִּקְרֵי "לְבֶן שִׁינַּיִם" אֶלָּא "לִבּוּן שִׁינַּיִם". רַב חִיָּיא בַּר אַדָּא מַקְרֵי דַּרְדְּקֵי דְּר"ל הֲוָה, אִיפַּגַּר תְּלָתָא יוֹמֵי וְלָא אֲתָא. כִּי אֲתָא, א"ל: אַמַּאי אִיפַּגַּרְתְּ? א"ל: דָּלִית אַחַת הִנִּיחַ לִי אַבָּא, וּבָצַרְתִּי מִמֶּנָּה יוֹם רִאשׁוֹן ג' מֵאוֹת אֶשְׁכּוֹלוֹת אֶשְׁכּוֹל לְגָרָב, יוֹם שֵׁנִי בָּצַרְתִּי ג' מֵאוֹת אֶשְׁכּוֹלוֹת שְׁתֵּי אֶשְׁכּוֹלוֹת לְגָרָב, יוֹם שְׁלִישִׁי בָּצַרְתִּי מִמֶּנָּה ג' מֵאוֹת אֶשְׁכּוֹלוֹת שָׁלֹשׁ אֶשְׁכּוֹלוֹת לְגָרָב, וְהִפְקַרְתִּי יוֹתֵר מֶחֶצְיָהּ. א"ל: אִי לָאו דְּאִיפַּגַּרְתְּ — הֲוָה עָבְדָא טְפֵי. רָמֵי בַּר יְחֶזְקֵאל אִיקְלַע לִבְנֵי בְרַק, חַזְנְהוּ לְהָנְהוּ עִיזֵּי דְּקָאָכְלָן תּוּתֵי תְאֵינֵי, וְקָנָטֵיף דּוּבְשָׁא מִתְּאֵינֵי, וְחַלְבָא טָיֵיף מִנַּיְיהוּ, וּמִיעָרַב בַּהֲדֵי הֲדָדֵי. אֲמַר: הַיְינוּ "זָבַת חָלָב וּדְבָשׁ". א"ר יַעֲקֹב בֶּן דּוֹסְתַּאי: מִלּוֹד לְאוֹנוֹ שְׁלֹשָׁה מִילִין, פַּעַם אַחַת קִדַּמְתִּי בַּנֶּשֶׁף וְהָלַכְתִּי עַד קַרְסוּלַּיי בִּדְבַשׁ שֶׁל תְּאֵנִים. *אֲמַר ר"ל: לְדִידִי חֲזִי לִי זָבַת חָלָב וּדְבַשׁ שֶׁל צִפּוֹרִי, וְהָוֵי שִׁיתְּסַר מִילִין אַשִּׁיתְּסַר מִילִין. *אֲמַר רַבָּה בַּר בַּר חָנָה: לְדִידִי חֲזִי לִי זָבַת חָלָב וּדְבַשׁ שֶׁל כָּל אֶרֶץ יִשְׂרָאֵל, וְהָוְיָא

רש"י

שֶׁאֵין בָּהּ סְמִיכָה. כְּמוֹ בְּמִטּוֹת אוֹ בְּקַתֶּדְרָאוֹת יֵשׁ סְמִיכָה, בְּסַפְסָלִין וְכִסְאוֹת — אֵין סְמִיכָה. אֵין מַרְבִּיעִין עָלֶיהָ לֹא סוּס וְלֹא חֲמוֹר. מְסַפְּקָא לֵיהּ אִי חוֹשְׁשִׁין לְזֶרַע הָאָב אִי לָא. הִלְכָּךְ, אֲפִי' הִיא בַּת חֲמוֹרָה נְקֵבָה — אֵין מַרְבִּיעִין עָלֶיהָ חֲמוֹר, שֶׁמָּא חוֹשְׁשִׁין לְזֶרַע הָאָב וְנִמְצָא מַרְבִּיעַ כִּלְאַיִם. וְרַבָּנַן פְּלִיגִי עֲלֵיהּ, וְאָמְרֵי: אֵין חוֹשְׁשִׁין לְזֶרַע הָאָב, וְאִם בַּת סוּסְיָא הִיא מַרְבִּיעִין עָלֶיהָ סוּס, וְאִם בַּת חֲמוֹרָה הִיא — מַרְבִּיעִין עָלֶיהָ חֲמוֹר, הָכִי אִיתָא בְּפֶרֶק "אוֹתוֹ וְאֶת בְּנוֹ". רְפָאִים בַּל יָקוּמוּ. *מְרַפֶּה עַצְמוֹ מִדִּבְרֵי תוֹרָה. וָאָרֶץ רְפָאִים תַּפִּיל. וְאֶרֶץ לִרְפָאִים תַּפִּיל. מָצָאתִי לָהֶם תַּקָּנָה. יַהֲנוּ לְתַלְמִידֵי חֲכָמִים מִנִּכְסֵיהֶם. הָעוֹשֶׂה פְּרַקְמַטְיָא. מִתְעַסֵּק בְּמָמוֹן ת"ח כְּדֵי לְהַגִּיעַ לְיָדָם שָׂכָר, וְהֵם פְּנוּיִין לַעֲסוֹק בַּתּוֹרָה ע"י אֵלּוּ. וּכְתִיב "חַיִּים כּוּלְּכֶם הַיּוֹם" — ע"י דִּיבּוּקָן שֶׁל תַּלְמִידֵי חֲכָמִים יִזְכּוּ לִחְיוֹת. גְּלוּסְקָאוֹת וּכְלֵי מֵילָת. דְּרוֹשׁ "פִּסַּת בַּר" לְשׁוֹן פִּיסַּת הַיָּד שֶׁהִיא רְחָבָה, וְחִטָּה רְחָבָה לֹא מַשְׁכַּחַתְּ אֶלָּא פַּת אֲפוּיָה. וּכְלֵי מֵילָת דְּרוֹשׁ "פִּסַּת" לְ' כְּתוֹנֶת פַּסִּים. שֶׁתִּתַּמֵּר. לְשׁוֹן תּוֹמֶר — דֶּקֶל. קִינֵּן בְּלֶפֶת. נִיקֵּב בּוֹ עַד שֶׁעָשָׂה לֵידָתוֹ בְּתוֹכוֹ. וְאעפ"כ — שָׁקְלוּ אֶת הַמּוֹתָר שִׁשִּׁים לִיטְרִין. נִפְשַׁח. נִגְדַּל אֶחָד מֵהֶן מִן הַקֶּלַח. וְהָיִינוּ עוֹלִים בְּסוּלָּם. לְלַקֵּט עָלָיו הָעֶלְיוֹנִים. וְדַם עֵנָב תִּשְׁתֶּה. מִתּוֹךְ הָעֲנָבָה תִּשְׁתֵּהוּ, וְלֹא תִּצְטָרֵךְ לְדוֹרְכוֹ. חוֹמֶר. כּוֹר, וְהוּא שְׁלֹשִׁים סְאִין. גַּרְבֵי. סְאָה. אֵין לְךָ כָּל אִילָן סְרָק. שֶׁלֹּא יַעֲשֶׂה פְּרִי. אֵין בּוֹ יַיִן. אֵין בּוֹ לֵיחוֹלוּחַ בַּפְּרִי. סוּתֹה. לְשׁוֹן הֲסָתָה, שֶׁהַיַּיִן מֵסִית אֶת הַשִּׁכּוֹר. רְמוֹז לִי בְּעֵינֶיךָ. וְתַרְגֵּם לְשׁוֹן שְׂחוֹק וּמָחוֹךְ: חוֹךְ לִי בָּעֵינַיִם שֶׁלְּךָ, וְטוֹב לִי מִיַּיִן כְּשֶׁתַּרְאֵנִי פָּנִים צְהוּבוֹת וְשׂוֹחֲקוֹת. וְאַחֲוֵי לִי שִׁינָּךְ. אַף זוֹ לְשׁוֹן שְׂחוֹק, שֶׁהַשּׂוֹחֵק — שִׁינָּיו נִגְלִין. אִיפַּגַּר. לְשׁוֹן בִּטּוּל. דָּלִית. כֶּרֶם הַמּוּדְלָה עַל גַּבֵּי כְּלוֹנְסוֹת, טרייליי"ה בְּלַעַ"ז. הֲוָה עָבְדָא טְפֵי. שֶׁהֲרֵי רָאִיתָ שֶׁבְּכָל יוֹם הַיַּיִן מִתְמַעֵט מִן הָאֶשְׁכּוֹלוֹת, וְזֶהוּ עוֹנֶשׁ הַבִּטּוּל. קִדַּמְתִּי בַּנֶּשֶׁף. קוֹדֶם עַמּוּד הַשַּׁחַר. וְהָוְיָא

תוספות

בלבושיהן. מַשְׁמַע בִּלְבוּשֵׁיהֶן שֶׁנִּקְבְּרוּ, דְּהַיְינוּ תַּכְרִיכִין. אֲבָל בִּירוּשַׁלְמִי דְּ"הַנּוֹשֵׂא" אָמַר רַבִּי לְבָנָיו: מַעֲטוּ בְּתַכְרִיכִין, שֶׁעֲתִידִין לַדִּיקִים שֶׁיַּעַמְדוּ בִּלְבוּשֵׁיהֶן. מַשְׁמַע: מַעֲטוּ בְּתַכְרִיכִין, שֶׁעֲתִידִין לַדִּיקִים שֶׁלֹּא יַעַמְדוּ בְּתַכְרִיכִין אֶלָּא בִּלְבוּשֵׁיהֶן מֵחַיִּים.

מנשק

תורה אור

ישעיה כו | שם | דברים ד | שם | שם ל | תהלים עב | מ"ב יט | תהלים עב | שם | דברים לב | שם | בראשית מט | שם | שם

[נ"ל במרפה עצמו]

עד א מיי' פ"ט מהל' כלאים הל' ד סמג לאוין רפא טוש"ע י"ד סימן רצז סעיף ז וט.

חולין עט. [תוספתא כלאים פ"א]

[ברכות לד: סנהדרין צט.]

[סנהדרין קיא]

[סנהדרין צ:]

[שבת סב. פסחים נג:]

[עי' תוס' חולין קיז: ד"ה חטה]

[שבת ל:]

[נ"ל ר' יוסי וכ"א בע"י]

[נ"ל ת"ל ובדם ענבים ושמא כו' וכ"ה בע"י]

[עירובין כג: וש"נ]

מגילה ו. ע"ש

[שם ע"ש]

הגהות הגר"א

[א] גמ' אר"ש בן תחליפא. נ"ל חלפתא:

גליון הש"ס

תוס' ד"ה בלבושיהן וכו' בלבושיהן מחיים. ובירושלמי שם אמר על ההיא דרבי אמר לא כמו דבר נש אזיל הוא אתי ורבנן אמרי כמו דבר נש אזיל הוא אתי מבואר דפליגי בזה רבי ורבנן וס"ל לרבנן דעומדין בלבושיהן שנקברו. וצ"ע:

עה א מיי' פ"ה מהל' מלכים הלכה יא:
עו ב שם הלכה י:

וַהֲוָה כְּמִבֵּי מִיכְסִי עַד אַקְרָא דְּתוּלְבַּנְקִי. כְּשֶׁתְּלָךְ כָּל הַמְּקוֹמוֹת יִשְׁתָּעֵר לְכָךְ. נַקְטוֹ בִּידֵיהּ. מְלָאָן קְטַנּוֹת, נֶאֱחָזוֹת בְּיָדוֹ אַחַת. קְטָפֵי. אֶשְׁכּוֹלוֹת, כִּדְמְתַרְגְּמִינַן (ויקרא כה) "לֹא תְבַצֵּר" – לָא תִּקְטוֹף. לְשָׁנָה. לְסוֹף שָׁנָה. בִּבְרַכוֹתֶיהָ. כְּשֶׁהַשָּׁנָה מְבוֹרֶכֶת. בִּישִׁיבָתָהּ שֶׁל צוֹעַן. כְּלוֹמַר, כִּדְמְפָרֵשׁ וְאָזֵיל, וּמִצּוֹעַן אַתָּה לָמֵד לְאֶרֶץ יִשְׂרָאֵל, כִּדְמְפָרֵשׁ וְאָזֵיל. אֲנִי רָאִיתִי בְּבִקְעַת בֵּית שְׁאָן. שֶׁהִיא מִשְׁחָר חֲרֵלוֹת. בֵּית סְאָה עוֹשָׂה שִׁבְעִים כּוֹרִים. וְכֵיוָן דִּבְשְׁחָר חֲרֵלוֹת יֵשׁ שִׁבְעִים כּוֹרִים, כָּל שֶׁכֵּן בְּאֶרֶץ מִצְרַיִם. שֶׁאֵין לְךָ מְעוּלָּה בְּכָל הָאֲרָצוֹת כְּמִצְרַיִם, שֶׁהֲרֵי נִמְשְׁלָה לְגַן ה', וְאֵין בְּמִצְרַיִם מְדִינָה מְעוּלָּה כְּצוֹעַן. דִּמְרַבּוּ בָּהּ מַלְכֵי. מִצְרַיִם, שֶׁנֶּאֱמַר "כִּי הָיוּ בְצוֹעַן שָׂרָיו". עַל מַלְכֵי יִשְׂרָאֵל הַכָּתוּב מְדַבֵּר לִגְנַאי, שֶׁמָּרְדוּ בְּהקב"ה וְסָמְכוּ עַל מַלְכֵי מִצְרַיִם, וְתָמִיד הָיוּ שָׂרֵיהֶם וּשְׁלוּחֵיהֶם מְצוּיִין בְּצוֹעַן, שְׁלוּחִים לְמֶלֶךְ מִצְרַיִם, מְבִיאִין תְּשׁוּרָה. מְבוּנָּה. בְּנוּיָה בְּכָל טוּב. מְבוּנָּה – לְשׁוֹן פְּרִי, כִּדְכְתִיב (בראשית ל) "וְאִבָּנֶה גַם אָנֹכִי מִמֶּנָּה". לִבְנוֹ הַקָּטָן. לִכְנַעַן. לִבְנוֹ גָּדוֹל. לְמִצְרַיִם. עַל אַחַת מִשִּׁבְעָה. הֲרֵי שֶׁבַע פְּעָמִים שִׁבְעִים כּוֹרִים, הֲרֵי ד' מֵאוֹת וְתִשְׁעִים. וּבְמָקוֹם שֶׁאֵינוֹ טְרָשִׁים כְּחֶבְרוֹן – יֵשׁ לְהוֹסִיף עַד חֲמֵשׁ מֵאוֹת. וּבְבִרְכוֹתֶיהָ כְּתִיב "מֵאָה שְׁעָרִים", עַל אַחַת שֶׁבִּשְׁאָר שָׁנִים נִתְבָּרֵךְ לְמֵאָה. מֵאָה פְּעָמִים חֲמֵשׁ מֵאוֹת – הֲרֵי חֲמֵשֶׁת רִיבּוֹא. סְאָה קֶמַח. הוּא אָבָק דַּק הַיּוֹצֵא מִן הַנָּפָה. וְהַחִטִּין טְחוּנִין בְּרֵחַיִים שֶׁל גְּרִיסִין וְאֵינָן טְחוּנִין דַּקִּין, וְהַנָּפָה מוֹצִיאָה הַקֶּמַח וְקוֹלֶטֶת פְּסוֹלֶת, וּמַחֲזִיר מַה שֶּׁבַּנָּפָה לָרֵחַיִם. סוּבִּין. שֶׁהַמַּכְתֶּשֶׁת מוֹצִיאָה, כְּשֶׁלּוֹתְתִין חִטִּין לְסוֹלֶת כּוֹתְשִׁין אוֹתָן בְּמַכְתֶּשֶׁת. מוּרְסָן. הֵן סוּבִּין הַיּוֹצְאִין בָּאַחֲרוֹנָה. קִיבּוּרְיָא. קֶמַח שֶׁאֵינוֹ יָפֶה, שֶׁעוֹשִׂים מִמֶּנּוּ פַּת קִבּוֹר, וְקוֹרִין שאנדי"ר. יָאֶה מַשְׁבְּחִיתוּ בָּהּ בְּאַרְעֲכוֹן. יָפֶה אַתֶּם מְשַׁבְּחִין אוֹתָהּ. בֵּית סְאָה הִנִּיחַ לִי אַבָּא. בְּאֶרֶץ יִשְׂרָאֵל. א"ל הַהוּא בַּר אֲמוֹרָאָה. אֶחָד מִבְּנֵי הָאֱמוֹרִי אָמַר לִיהוּדִי, תְּחִלַּת בִּיאָתוֹ לָאָרֶץ. הָךְ תָּאלְתָא דְּקַיְימָא אַגּוּדָא דְּיַרְדְּנָא. דֶּקֶל פְּלוֹנִי הָעוֹמֵד עַל שְׂפַת הַיַּרְדֵּן. כַּמָּה גָּדְרִיתוּ מִינָּהּ. כַּמָּה תְּמָרִים אַתֶּם גּוֹדְרִים הֵימֶנּוּ? לְקִיטַת תְּמָרִים קְרוּיָה גְּדִירָה בִּלְשׁוֹן [מִשְׁנָה, וְגוּזְרָא בִּלְשׁוֹן] אֲרַמִּי. אֵין עוֹרוֹ מַחֲזִיק אֶת בְּשָׂרוֹ. שֶׁהָעוֹר כָּווּץ וְגוּמָּד לְאַחַר הֶפְשֵׁטוֹ. אֵינָהּ מַחֲזֶקֶת פֵּירוֹתֶיהָ. עוֹשָׂה פֵּירוֹתֶיהָ מְרוּבִּין, עַד אֵין מָקוֹם לְהַכְנִיסָן. פַּלְטִי לִי מֵחֲדָא. נִצַּלְתִּי מֵאַחַת מֵהֶן, מִן הַקְּלָלוֹת הָאֲמוּרוֹת בַּמִּקְרָא. נָקֵט בְּמִצְרָא. יֵשׁ מָקוֹם שֶׁאֵין גֶּשֶׁר, וּמַשְׁלִיכִין עֵץ עַל רוֹחַב הַנָּהָר מִשָּׂפָה לְשָׂפָה, וְאֵינוֹ רָחָב לֵילֵךְ עָלָיו, כִּי אִם אוֹחֵז בְּיָדָיו בְּחֶבֶל הַמָּתוּחַ לְמַעְלָה הֵימֶנּוּ, קָשׁוּר שְׁנֵי רָאשָׁיו בִּשְׁתֵּי יְתֵידוֹת, אַחַת מִכָּאן וְאַחַת מִכָּאן, בִּשְׁנֵי עֶבְרֵי הַנָּהָר. עַמָּא פְּזִיזָא. עַם בָּהוּל. דְּקַדְמִיתוּ פּוּמַיְיכוּ לְאוּדְנַיְיכוּ. מִתְּחִלַּתְכֶם הֱיִיתֶם בְּהוּלִים, שֶׁהִקְדַּמְתֶּם נַעֲשֶׂה לְנִשְׁמַע, וְעוֹדְכֶם בְּבֶהָלַתְכֶם כְּבַתְּחִלָּה, לְמַהֵר לַעֲשׂוֹת דָּבָר בְּלֹא עֵתּוֹ. כֵּיפֵי. אַלְמוּגִים. לִישָּׁנָא אַחֲרִינָא: כֵּיפֵי דְעַכּוֹ – סְלָעִים. מְתַקֵּן מַתְקַלְיָה. מַשְׁוֶה וּמְתַקֵּן מִכְשׁוֹלֵי הָעִיר. מֵחֲמַת חִיבַּת הָאָרֶץ, שֶׁהָיְתָה חֲבִיבָה עָלָיו, וּמְחַזֵּר שֶׁלֹּא יֵצֵא שֵׁם רַע עַל הַדְּרָכִים.

מְנַשֵּׁק כֵּיפֵי דְעַכּוֹ. משמע דמארץ ישראל הוא, וכן בשילהי "מי שאחזו" (גיטין דף עו:). ותימה: דבפ"ק דגיטין (דף ב. ושם) תנן: עכו כארץ ישראל לגיטין, משמע דהוי מחוץ לארץ! ומפרש בירושל': חליה בארץ וחליה בחוץ לארץ. רַבִּי חנינא הוה מתקל מתקליה. פירוש: שוקל אבנים ומוצאן קלות, אמר: עדיין לא נכנסתי לארץ ישראל. כיון ששקלן ומצאן כבידות – אמר: כבר נכנסתי לארץ ישראל. וכן מפרש בתנחומא בפרשת שלח לך: כשעלה ר' חנינא הגדול מבבל בקש לידע אם נכנס לא"י והיה שוקל אבנים, כל זמן שהיו קלות – אמר: עדיין לא נכנסתי לארץ ישראל, כיון שמצאן כבידות – אמר: אין אלו אלא אבני ארץ ישראל. והיה מנשקן, וקרא עליהן את הפסוק הזה "כי רצו עבדיך את אבניה". דור

תורה אור

וַהֲוָיא כְּמִבֵּי מִיכְסִי עַד אַקְרָא דְּתוּלְבַּנְקִי, כ"ב פַּרְסֵי אוּרְכָּא, וּפוּתְיָא שִׁיתָּא פַּרְסֵי. רַבִּי חֶלְבּוֹ וְר' עֲוִירָא וְר' יוֹסֵי בַּר חֲנִינָא אִיקְלְעוּ לְהַהוּא אַתְרָא. אַיְיתוּ קַמַּיְיהוּ אֲפַרְסְקָא דַּהֲוָה כְּאִילְפַּס כְּפַר הִינוֹ, וְאִילְפַּס כְּפַר הִינוֹ כַּמָּה הָוֵי – ה' סְאִין. אָכְלוּ שְׁלִישׁ, וְהִפְקִירוּ שְׁלִישׁ, וְנָתְנוּ לִפְנֵי בְהֶמְתָּן שְׁלִישׁ. לְשָׁנָה אִיקְלַע ר' אֶלְעָזָר לְהָתָם וְאַיְיתוּ לְקַמֵּיהּ, נַקְטוֹ בִּידֵיהּ וַאֲמַר: °"אֶרֶץ פְּרִי לִמְלֵחָה מֵרָעַת יוֹשְׁבֵי בָהּ". רַבִּי יְהוֹשֻׁעַ בֶּן לֵוִי אִיקְלַע *לְגַבְלָא, חֲזַנְהוּ לְהָנְהוּ קְטוּפֵי דַּהֲווּ קַיְימֵי כִּי עִיגְלֵי, אֲמַר: עֲגָלִים בֵּין הַגְּפָנִים? אָמְרוּ לֵיהּ: קְטוּפֵי נִינְהוּ. אֲמַר: אֶרֶץ אֶרֶץ, הַכְנִיסִי פֵּירוֹתַיִךְ! לְמִי אַתְּ מוֹצִיאָה פֵּירוֹתַיִךְ – לַגּוֹיִם הַלָּלוּ שֶׁעָמְדוּ עָלֵינוּ בְּחַטָּאתֵינוּ? לְשָׁנָה אִיקְלַע ר' חִיָּיא לְהָתָם, חֲזַנְהוּ דַּהֲווּ קַיְימֵי כְּעִיזֵּי. אֲמַר: עִזִּים בֵּין הַגְּפָנִים? אָמְרוּ לֵיהּ: זִיל, לָא תַּעֲבֵיד לָן כִּי חַבְרָךְ.§ תָּנוּ רַבָּנַן: בְּבִרְכוֹתֶיהָ שֶׁל אֶרֶץ יִשְׂרָאֵל – בֵּית סְאָה עוֹשָׂה חֲמֵשֶׁת רִיבּוֹא כּוֹרִין. בִּישִׁיבָתָהּ שֶׁל צוֹעַן – בֵּית סְאָה עוֹשָׂה שִׁבְעִים כּוֹרִין. דְּתַנְיָא, אָמַר רַבִּי מֵאִיר: אֲנִי רָאִיתִי בְּבִקְעַת בֵּית שְׁאָן בֵּית סְאָה עוֹשָׂה שִׁבְעִים כּוֹרִין. וְאֵין לְךָ מְעוּלָּה בְּכָל אֲרָצוֹת יוֹתֵר מֵאֶרֶץ מִצְרַיִם, שֶׁנֶּאֱמַר: °"כְּגַן ה' כְּאֶרֶץ מִצְרַיִם", וְאֵין לְךָ מְעוּלָּה בְּכָל אֶרֶץ מִצְרַיִם יוֹתֵר מִצּוֹעַן, דַּהֲווּ מְרַבּוּ בָהּ מְלָכִים, דִּכְתִיב: °"כִּי הָיוּ בְצוֹעַן שָׂרָיו". וְאֵין לְךָ טְרָשִׁים בְּכָל א"י יוֹתֵר מֵחֶבְרוֹן, דַּהֲווּ קָבְרִי בָּהּ שִׁיכְבֵי, וַאֲפִילּוּ הָכִי – חֶבְרוֹן מְבוּנָּה עַל אַחַת מִשִּׁבְעָה בְּצוֹעַן, דִּכְתִיב: °"וְחֶבְרוֹן שֶׁבַע שָׁנִים נִבְנְתָה לִפְנֵי צוֹעַן מִצְרָיִם", *מַאי "נִבְנְתָה"? אִילֵימָא נִבְנְתָה מַמָּשׁ – אֶפְשָׁר אָדָם בּוֹנֶה בַּיִת לִבְנוֹ קָטָן קוֹדֶם שֶׁיִּבְנֶה לִבְנוֹ גָּדוֹל? שֶׁנֶּאֱמַר: °"וּבְנֵי חָם כּוּשׁ וּמִצְרַיִם וּפוּט וּכְנָעַן" – אֶלָּא שֶׁמְּבוּנָּה עַל אַחַת מִשִּׁבְעָה בְּצוֹעַן. וְהָנֵי מִילֵּי – בִּטְרָשִׁים, אֲבָל שֶׁלֹּא בִּטְרָשִׁים – חֲמֵשׁ מֵאָה. וְהָנֵי מִילֵּי – שֶׁלֹּא בְּבִרְכוֹתֶיהָ, אֲבָל בְּבִרְכוֹתֶיהָ – כְּתִיב: °"וַיִּזְרַע יִצְחָק בָּאָרֶץ הַהִיא וגו'". תַּנְיָא, אָמַר רַבִּי יוֹסֵי: סְאָה בִּיהוּדָה הָיְתָה עוֹשָׂה חָמֵשׁ סְאִין; סְאָה קֶמַח, סְאָה סֹלֶת, סְאָה סוּבִּין, סְאָה מוּרְסִין, וּסְאָה קִיבּוּרַיָּא. א"ל הַהוּא צְדוֹקִי לְרַ' חֲנִינָא: יָאֶה מַשְׁבְּחִיתוּ בָּהּ בְּאַרְעֲכוֹן; *בֵּית סְאָה אַחַת הִנִּיחַ לִי אַבָּא; מִמֶּנָּה מִשְׁחָ, מִמֶּנָּה חֲמַר, מִמֶּנָּה עִיבּוּר, מִמֶּנָּה קִיטְנִיּוֹת, מִמֶּנָּה רוֹעוֹת מִקְנָתִי. א"ל הַהוּא בַּר אֱמוֹרָאָה לְבַר אַרְעָא דְּיִשְׂרָאֵל: הַאי [תָּאלְתָא] דְּקַיְימָא אַגּוּדָא דְּיַרְדְּנָא – כַּמָּה גָּדְרִיתוּ מִינָּהּ? אֲמַר לֵיהּ: שִׁיתִּין כּוֹרֵי. א"ל: (א) אַכַּתִּי לָא עַיְילִיתוּ בָּהּ אַחֲרִיבְתּוּהָ! אֲנַן מֵאָה וְעֶשְׂרִים כּוֹרֵי הֲוָה גָּזְרִינַן מִינָּהּ. אֲמַר לֵיהּ: אֲנָא נַמִּי – מֵחַד גִּיסָא קָאָמִינָא לָךְ. אָמַר רַב חִסְדָּא, מַאי דִּכְתִיב: °"וָאֶתֶּן לָךְ אֶרֶץ חֶמְדָּה נַחֲלַת צְבִי", לָמָּה אֶרֶץ יִשְׂרָאֵל נִמְשְׁלָה לִצְבִי – לוֹמַר לָךְ: מָה צְבִי זֶה אֵין עוֹרוֹ מַחֲזִיק בְּשָׂרוֹ, אַף אֶרֶץ יִשְׂרָאֵל אֵינָהּ מַחֲזֶקֶת פֵּירוֹתֶיהָ. דָּבָר אַחֵר: מָה צְבִי זֶה קַל מִכָּל הַחַיּוֹת – אַף *אֶרֶץ יִשְׂרָאֵל קַלָּה מִכָּל הָאֲרָצוֹת לְבַשֵּׁל אֶת פֵּירוֹתֶיהָ. אִי מָה צְבִי זֶה קַל וְאֵין בְּשָׂרוֹ שָׁמֵן – אַף אֶרֶץ יִשְׂרָאֵל קַלָּה לְבַשֵּׁל וְאֵין פֵּירוֹתֶיהָ שְׁמֵנִים? תַּלְמוּד לוֹמַר: "זָבַת חָלָב וּדְבַשׁ" – שְׁמֵנִים מֵחָלָב, וּמְתוּקִים מִדְּבַשׁ. [א]רַבִּי אֶלְעָזָר כִּי הֲוָה סָלֵיק לְאֶרֶץ יִשְׂרָאֵל אֲמַר: פְּלִטִי לִי מֵחֲדָא, כִּי סַמְכוּהוּ אֲמַר: פְּלִטִי לִי מִתַּרְתֵּי, כִּי אוֹתְבוּהוּ בְּסוֹד הָעִיבּוּר, אֲמַר: פְּלִטִי לִי מִתְּלָת, שֶׁנֶּאֱמַר °"וְהָיְתָה יָדִי אֶל הַנְּבִיאִים הַחוֹזִים שָׁוְא וגו'". "בְּסוֹד עַמִּי לֹא יִהְיוּ" – זֶה סוֹד עִיבּוּר, "וּבִכְתָב בֵּית יִשְׂרָאֵל לֹא יִכָּתֵבוּ" – זֶה סְמִיכָה, "וְאֶל אַדְמַת יִשְׂרָאֵל לֹא יָבוֹאוּ" – כְּמַשְׁמָעוֹ. רַבִּי זֵירָא כִּי הֲוָה סָלֵיק לְא"י לָא אַשְׁכַּח מַבְרָא לְמֶעְבַּר, נְקַט בְּמִצְרָא וְקָעָבַר. אֲמַר לֵיהּ הַהוּא צְדוֹקִי: *עַמָּא פְּזִיזָא, דְּקַדְמִיתוּ פּוּמַיְיכוּ לְאוּדְנַיְיכוּ אַכַּתִּי בִּפְזִיזוּתַיְיכוּ קַיְימִיתוּ! אֲמַר לֵיהּ: דּוּכְתָּא דְמֹשֶׁה וְאַהֲרֹן לָא זָכוּ לָהּ, אֲנָא מִי יֵימַר דְּזָכֵינָא לָהּ?§ [ב]ר' אַבָּא מְנַשֵּׁק כֵּיפֵי דְעַכּוֹ, ר' חֲנִינָא מְתַקֵּן מַתְקַלְיָה, ר' אַמִּי וְרַבִּי אַסִּי קַיְימֵי

תהלים קז | בראשית יג | ישעיה ל | במדבר יג | בראשית י | שם כו | ירמיה ג | יחזקאל יג

[עי' תוס' ע"ז נט. ד"ה איקלע]
סוטה לד:
[עי' תוס' ב"ב יח. ד"ה ולא אתן]
[עי' ר"ה יג. וברש"י שם ולע"ק וע"ע גיטין כז.]
[שבת פח.]

הגהות הב"ח
(א) גמ' אמר ליה לא עייליתו בה אכתי אחריבתוה אנן:

דור שבן דוד בא. אידי דאיירי בברכת העולם הבא, דהיינו לימות המשיח, נקט לה נמי הכא:

עתידין כל אילני סרק שבארץ ישראל שיטענו פירות כו'. לפי שרוצה לסיים בדבר טוב נקט לה הכא, ולא קאמרה לעיל, דאיירי בהני מילי.

הדרן עלך שני דייני גזירות

קָיְימֵי מִשִּׁמְשָׁא לְטוּלָּא, וּמִטּוּלָּא לְשִׁמְשָׁא. ר' חִיָּיא בַּר גַּמְדָּא מִיגַּנְדַּר בַּעֲפָרָהּ, שֶׁנֶּאֱמַר: °"כִּי תהלים קב
רָצוּ עֲבָדֶיךָ אֶת אֲבָנֶיהָ וְאֶת עֲפָרָהּ יְחוֹנֵנוּ". אָמַר רַבִּי זֵירָא אָמַר רַבִּי יִרְמְיָה
בַּר אַבָּא: דּוֹר שֶׁבֶּן דָּוִד בָּא — קָטֵיגוֹרְיָא בְּתַלְמִידֵי חֲכָמִים. כִּי אֲמָרִיתָהּ קַמֵּיהּ
דִּשְׁמוּאֵל אֲמַר: צֵירוּף אַחַר צֵירוּף, שֶׁנֶּאֱמַר: °"וְעוֹד בָּהּ עֲשִׂירִיָּה וְשָׁבָה וְהָיְתָה ישעיה ו
לְבָעֵר". תָּנֵי רַב יוֹסֵף: בָּזוֹזֵי וּבָזוֹזֵי דְּבָזוֹזֵי. אָמַר רַב חִיָּיא בַּר אַשִׁי אָמַר רַב:
עֲתִידִין כׇּל אִילָנֵי סְרָק שֶׁבְּאֶרֶץ יִשְׂרָאֵל שֶׁיִּטְעֲנוּ פֵּירוֹת, שֶׁנֶּאֱמַר: °"כִּי עֵץ יואל ב
נָשָׂא פִרְיוֹ תְּאֵנָה וָגֶפֶן נָתְנוּ חֵילָם".§

הדרן עלך שני דייני גזירות וסליקא לה מסכת כתובות

קָיְימֵי מִשִּׁמְשָׁא לְטוּלָּא. כְּשֶׁהַשֶּׁמֶשׁ הִגִּיעַ לַמָּקוֹם שֶׁהֵן יוֹשְׁבִין וְגוֹרְסִין, וְחַמָּה מַקְדֶּרֶת עֲלֵיהֶן — עוֹמְדִין מִשָּׁם לֵישֵׁב בַּצֵּל. וּבִימֵי הַצִּנָּה עוֹמְדִין מִן הַצֵּל וְיוֹשְׁבִין בַּחַמָּה, כְּדֵי שֶׁלֹּא יוּכְלוּ לְהִתְרָעֵם עַל יְשִׁיבַת אֶרֶץ יִשְׂרָאֵל. כִּי רָצוּ עֲבָדֶיךָ אֶת אֲבָנֶיהָ וְאֶת עֲפָרָהּ יְחוֹנֵנוּ. **קָטֵיגוֹרְיָא.** הַרְבֵּה מַסְטִינִים וּמְלַמְּדִים חוֹבָה יַעַמְדוּ עֲלֵיהֶם. **צֵירוּף אַחַר צֵירוּף.** גְּזֵירוֹת עַל גְּזֵירוֹת. **וְעוֹד בָּהּ עֲשִׂירִיָּה.** כְּשֶׁתִּשְׁעָה הַחֲלָקִים יִהְיוּ אֲבוּדִין, וְלֹא נוֹתַר כִּי אִם הָעֲשִׂירִית — אַף הִיא תָּשׁוּב וְהָיְתָה לְבָעֵר. **בָּזוֹזֵי וּבָזוֹזֵי דְּבָזוֹזֵי.** שׁוֹלְלִים אַחַר שׁוֹלְלִים. **כִּי עֵץ נָשָׂא פִרְיוֹ.** מִדִּכְתִיב "תְּאֵנָה וָגֶפֶן נָתְנוּ חֵילָם" — הֲרֵי עֵץ פְּרִי אָמוּר, מַה תַּלְמוּד לוֹמַר "כִּי עֵץ נָשָׂא פִרְיוֹ" — אַף אִילָנֵי סְרָק יִשְּׂאוּ פְּרִי.

תורה אור

הדרן עלך שני דייני גזירות

The following paragraph is recited three times:

הַדְרָן עֲלָךְ מַסֶּכֶת כְּתֻבּוֹת וְהַדְרָךְ עֲלָן, דַּעְתָּן עֲלָךְ מַסֶּכֶת כְּתֻבּוֹת וְדַעְתָּךְ עֲלָן, לָא נִתְנְשֵׁי מִנָּךְ מַסֶּכֶת כְּתֻבּוֹת וְלָא תִתְנְשֵׁי מִנָּן, לָא בְּעָלְמָא הָדֵין וְלָא בְּעָלְמָא דְאָתֵי.

יְהִי רָצוֹן מִלְּפָנֶיךָ יהוה אֱלֹהֵינוּ וֵאלֹהֵי אֲבוֹתֵינוּ, שֶׁתְּהֵא תוֹרָתְךָ אֻמָּנוּתֵנוּ בָּעוֹלָם הַזֶּה, וּתְהֵא עִמָּנוּ לָעוֹלָם הַבָּא. חֲנִינָא בַּר פַּפָּא, רָמֵי בַּר פַּפָּא, נַחְמָן בַּר פַּפָּא, אֲחַאי בַּר פַּפָּא, אַבָּא מָרִי בַּר פַּפָּא, רַפְרָם בַּר פַּפָּא, רָכִישׁ בַּר פַּפָּא, סוּרְחַב בַּר פַּפָּא, אַדָּא בַּר פַּפָּא, דָּרוּ בַּר פַּפָּא.

הַעֲרֶב נָא יהוה אֱלֹהֵינוּ אֶת דִּבְרֵי תוֹרָתְךָ בְּפִינוּ וּבְפִי עַמְּךָ בֵּית יִשְׂרָאֵל, וְנִהְיֶה אֲנַחְנוּ וְצֶאֱצָאֵינוּ (וְצֶאֱצָאֵי צֶאֱצָאֵינוּ) וְצֶאֱצָאֵי עַמְּךָ בֵּית יִשְׂרָאֵל, כֻּלָּנוּ יוֹדְעֵי שְׁמֶךָ וְלוֹמְדֵי תוֹרָתְךָ לִשְׁמָהּ. תהלים קיט מֵאֹיְבַי תְּחַכְּמֵנִי מִצְוֹתֶךָ כִּי לְעוֹלָם הִיא־לִי: יְהִי־לִבִּי תָמִים בְּחֻקֶּיךָ לְמַעַן לֹא אֵבוֹשׁ: לְעוֹלָם לֹא־אֶשְׁכַּח פִּקּוּדֶיךָ כִּי־בָם חִיִּיתָנִי: בָּרוּךְ אַתָּה יהוה לַמְּדֵנִי חֻקֶּיךָ: אָמֵן אָמֵן אָמֵן סֶלָה וָעֶד.

מוֹדִים אֲנַחְנוּ לְפָנֶיךָ יהוה אֱלֹהֵינוּ וֵאלֹהֵי אֲבוֹתֵינוּ שֶׁשַּׂמְתָּ חֶלְקֵנוּ מִיּוֹשְׁבֵי בֵּית הַמִּדְרָשׁ, וְלֹא שַׂמְתָּ חֶלְקֵנוּ מִיּוֹשְׁבֵי קְרָנוֹת. שֶׁאָנוּ מַשְׁכִּימִים וְהֵם מַשְׁכִּימִים, אָנוּ מַשְׁכִּימִים לְדִבְרֵי תוֹרָה, וְהֵם מַשְׁכִּימִים לִדְבָרִים בְּטֵלִים. אָנוּ עֲמֵלִים וְהֵם עֲמֵלִים, אָנוּ עֲמֵלִים וּמְקַבְּלִים שָׂכָר, וְהֵם עֲמֵלִים וְאֵינָם מְקַבְּלִים שָׂכָר. אָנוּ רָצִים וְהֵם רָצִים, אָנוּ רָצִים לְחַיֵּי הָעוֹלָם הַבָּא, וְהֵם רָצִים לִבְאֵר שַׁחַת, שֶׁנֶּאֱמַר: תהלים נה וְאַתָּה אֱלֹהִים תּוֹרִדֵם לִבְאֵר שַׁחַת אַנְשֵׁי דָמִים וּמִרְמָה לֹא־יֶחֱצוּ יְמֵיהֶם וַאֲנִי אֶבְטַח־בָּךְ:

יְהִי רָצוֹן מִלְּפָנֶיךָ יהוה אֱלֹהַי, כְּשֵׁם שֶׁעֲזַרְתַּנִי לְסַיֵּם מַסֶּכֶת כְּתֻבּוֹת כֵּן תְּעַזְּרֵנִי לְהַתְחִיל מַסֶּכְתּוֹת וּסְפָרִים אֲחֵרִים וּלְסַיְּמָם, לִלְמֹד וּלְלַמֵּד לִשְׁמֹר וְלַעֲשׂוֹת וּלְקַיֵּם אֶת כָּל דִּבְרֵי תַלְמוּד תּוֹרָתְךָ בְּאַהֲבָה, וּזְכוּת כָּל הַתַּנָּאִים וְאָמוֹרָאִים וְתַלְמִידֵי חֲכָמִים יַעֲמֹד לִי וּלְזַרְעִי שֶׁלֹּא תָמוּשׁ הַתּוֹרָה מִפִּי וּמִפִּי זַרְעִי וְזֶרַע זַרְעִי עַד עוֹלָם, וְיִתְקַיֵּם בִּי: משלי ו בְּהִתְהַלֶּכְךָ תַּנְחֶה אֹתָךְ בְּשָׁכְבְּךָ תִּשְׁמֹר עָלֶיךָ וַהֲקִיצוֹתָ הִיא תְשִׂיחֶךָ: משלי ט כִּי־בִי יִרְבּוּ יָמֶיךָ וְיוֹסִיפוּ לְּךָ שְׁנוֹת חַיִּים: משלי ג אֹרֶךְ יָמִים בִּימִינָהּ בִּשְׂמֹאולָהּ עֹשֶׁר וְכָבוֹד: תהלים כט יהוה עֹז לְעַמּוֹ יִתֵּן יהוה יְבָרֵךְ אֶת־עַמּוֹ בַשָּׁלוֹם:

The following paragraph is recited three times:

הַדְרָן We shall return to you, tractate *Ketubot,* and your glory is upon us. Our thoughts are upon you, tractate *Ketubot,* and your thoughts are upon us. We will not be forgotten from you, tractate *Ketubot,* and you will not be forgotten from us; neither in this world nor in the World-to-Come.

יְהִי רָצוֹן May it be Your will, Lord our God and God of our ancestors, that Your Torah will be our avocation in this world and will accompany us to the World-to-Come. Ḥanina bar Pappa, Ramei bar Pappa, Naḥman bar Pappa, Aḥai bar Pappa, Abba Mari bar Pappa, Rafram bar Pappa, Rakhish bar Pappa, Surḥav bar Pappa, Adda bar Pappa, Daru bar Pappa.

הַעֲרֶב נָא Please, Lord our God, make the words of Your Torah sweet in our mouths and in the mouths of Your people, the house of Israel, so that we, our descendants (and their descendants), and the descendants of Your people, the house of Israel, may all know Your name and study Your Torah for its own sake. Psalms 119 Your commandments make me wiser than my enemies, for they are ever with me. Let my heart be undivided in Your statutes, in order that I may not be put to shame. I will never forget Your precepts, for with them You have quickened me. Blessed are You, O Lord; teach me Your statutes. Amen, Amen, Amen, Selah, Forever.

מוֹדִים We give thanks before You, Lord Our God and God of our ancestors, that You have placed our lot among those who sit in the study hall and that you have not given us our portion among those who sit idly on street corners. We rise early and they rise early. We rise early to pursue matters of Torah and they rise early to pursue frivolous matters. We toil and they toil. We toil and receive a reward and they toil and do not receive a reward. We run and they run. We run to the life of the World-to-Come and they run to the pit of destruction, as it is stated: Psalms 55 But You, God, will bring them down into the pit of destruction; men of blood and deceit shall not live out half their days; but as for me, I will trust in You.

יְהִי רָצוֹן May it be Your will, Lord my God, just as you have assisted me in completing tractate *Ketubot* so assist me to begin other tractates and books and conclude them to learn and to teach, to observe and to perform, and to fulfill all the teachings of Your Torah with love. And may the merit of all the *tanna'im* and *amora'im* and Torah scholars stand for me and my descendants so that the Torah will not move from my mouth and from the mouths of my descendants and the descendants of my descendants forever. And may the verse: Proverbs 6 When you walk, it shall lead you, when you lie down, it shall watch over you; and when you awaken, it shall talk with you be fulfilled in me. Proverbs 9 For in the Torah your days shall be multiplied, and the years of your life shall be increased. Proverbs 3 Length of days is in her right hand; in her left hand are riches and honor. Psalms 29 May the Lord give strength to His people; the Lord will bless His people with peace.

The following קדיש *requires the presence of a* מנין.

יִתְגַּדַּל וְיִתְקַדַּשׁ שְׁמֵהּ רַבָּא
בְּעָלְמָא דְּהוּא עָתִיד לְאִתְחַדָּתָא
וּלְאַחֲיָאָה מֵתַיָּא, וּלְאַסָּקָא יָתְהוֹן לְחַיֵּי עָלְמָא
וּלְמִבְנֵא קַרְתָּא דִּירוּשְׁלֵם, וּלְשַׁכְלָלָא הֵיכְלֵהּ בְּגַוַּהּ
וּלְמֶעְקַר פָּלְחָנָא נֻכְרָאָה מֵאַרְעָא
וּלְאָתָבָא פָּלְחָנָא דִשְׁמַיָּא לְאַתְרֵהּ
וְיַמְלִיךְ קֻדְשָׁא בְּרִיךְ הוּא בְּמַלְכוּתֵהּ וִיקָרֵהּ
(נוסח ספרד: וְיַצְמַח פֻּרְקָנֵהּ וִיקָרֵב מְשִׁיחֵהּ)
בְּחַיֵּיכוֹן וּבְיוֹמֵיכוֹן וּבְחַיֵּי דְכָל בֵּית יִשְׂרָאֵל
בַּעֲגָלָא וּבִזְמַן קָרִיב, וְאִמְרוּ אָמֵן.

יְהֵא שְׁמֵהּ רַבָּא מְבָרַךְ לְעָלַם וּלְעָלְמֵי עָלְמַיָּא.

יִתְבָּרַךְ וְיִשְׁתַּבַּח וְיִתְפָּאַר וְיִתְרוֹמַם וְיִתְנַשֵּׂא
וְיִתְהַדָּר וְיִתְעַלֶּה וְיִתְהַלָּל
שְׁמֵהּ דְּקֻדְשָׁא בְּרִיךְ הוּא
לְעֵלָּא מִן כָּל בִּרְכָתָא
/בעשרת ימי תשובה: לְעֵלָּא לְעֵלָּא מִכָּל בִּרְכָתָא/
וְשִׁירָתָא, תֻּשְׁבְּחָתָא וְנֶחֱמָתָא, דַּאֲמִירָן בְּעָלְמָא
וְאִמְרוּ אָמֵן. (קהל: אָמֵן)

עַל יִשְׂרָאֵל וְעַל רַבָּנָן
וְעַל תַּלְמִידֵיהוֹן וְעַל כָּל תַּלְמִידֵי תַלְמִידֵיהוֹן
וְעַל כָּל מָאן דְּעָסְקִין בְּאוֹרַיְתָא
דִּי בְאַתְרָא (בארץ ישראל: קַדִּישָׁא) הָדֵין, וְדִי בְכָל אֲתַר וַאֲתַר
יְהֵא לְהוֹן וּלְכוֹן שְׁלָמָא רַבָּא
חִנָּא וְחִסְדָּא, וְרַחֲמֵי, וְחַיֵּי אֲרִיכֵי, וּמְזוֹנֵי רְוִיחֵי
וּפֻרְקָנָא מִן קֳדָם אֲבוּהוֹן דִּי בִשְׁמַיָּא
וְאִמְרוּ אָמֵן.

יְהֵא שְׁלָמָא רַבָּא מִן שְׁמַיָּא
וְחַיִּים (טוֹבִים) עָלֵינוּ וְעַל כָּל יִשְׂרָאֵל
וְאִמְרוּ אָמֵן.

Bow, take three steps back, as if taking leave of the Divine Presence, then bow, first left, then right, then center, while saying:

עֹשֶׂה שָׁלוֹם/ בעשרת ימי תשובה: הַשָּׁלוֹם/ בִּמְרוֹמָיו
הוּא יַעֲשֶׂה בְרַחֲמָיו שָׁלוֹם, עָלֵינוּ וְעַל כָּל יִשְׂרָאֵל
וְאִמְרוּ אָמֵן.

The following Kaddish requires the presence of a minyan.

Magnified and sanctified may His great name be,
in the world that will in future be renewed,
reviving the dead and raising them up to eternal life.
He will rebuild the city of Jerusalem
and in it re-establish His Temple.
He will remove alien worship from the earth
and restore to its place the worship of Heaven.
Then the Holy One, blessed be He,
will reign in His sovereignty and splendor.
May it be in your lifetime and in your days,
(*Nusaḥ Sepharad:* make His salvation flourish,
and hasten His messiah,)
and in the lifetime of all the House of Israel,
swiftly and soon – and say: Amen.

May His great name be blessed for ever and all time.

Blessed and praised,
glorified and exalted,
raised and honored,
uplifted and lauded
be the name of the Holy One,
blessed be He,
beyond any blessing,
song, praise and consolation uttered in the world –
and say: Amen.

To Israel, to the teachers,
their disciples and their disciples' disciples,
and to all who engage in the study of Torah,
in this (*in Israel add:* holy) place or elsewhere,
may there come to them and you great peace,
grace, kindness and compassion,
long life, ample sustenance and deliverance,
from their Father in Heaven –
and say: Amen.

May there be great peace from heaven,
and (good) life for us and all Israel –
and say: Amen.

Bow, take three steps back, as if taking leave of the Divine Presence, then bow, first left, then right, then center, while saying:

May He who makes peace in His high places,
in His compassion make peace for us and all Israel –
and say: Amen.

Koren Talmud Bavli

THE NOÉ EDITION

KETUBOT

Steinsaltz Center

KOREN

תלמוד בבלי

KOREN TALMUD BAVLI

THE NOÉ EDITION

כתובות

KETUBOT

Daf 90a through Daf 112b

COMMENTARY BY

Rabbi Adin Even-Israel Steinsaltz

EDITOR-IN-CHIEF

Rabbi Dr Tzvi Hersh Weinreb

SENIOR CONTENT EDITOR

Rabbi Dr Shalom Z Berger

EXECUTIVE EDITOR

Rabbi Joshua Schreier

•

STEINSALTZ CENTER

KOREN PUBLISHERS JERUSALEM

Supported by the Matanel Foundation

Koren Talmud Bavli, The Noe Edition
Vol. 15f: Tractate Ketubot, Daf 90a through Daf 112b
Paperback, ISBN, 978-965-7765-76-0

First Hebrew/English paperback edition, 2021

Koren Publishers Jerusalem Ltd.
PO Box 4044, Jerusalem 91040, ISRAEL
PO Box 8531, New Milford, CT 06776, USA
www.korenpub.com

Steinsaltz Center

Steinsaltz Center is the parent organization of institutions established by Rabbi Adin Even-Israel Steinsaltz

PO Box 45187, Jerusalem 91450 ISRAEL
Telephone: +972 2 646 0900, Fax +972 2 624 9454
www.steinsaltz-center.org

הִנֵּה יָמִים בָּאִים, נְאֻם אֲדֹנָי יֱהֹוִה, וְהִשְׁלַחְתִּי רָעָב בָּאָרֶץ,
לֹא־רָעָב לַלֶּחֶם וְלֹא־צָמָא לַמַּיִם, כִּי אִם־לִשְׁמֹעַ אֵת דִּבְרֵי יהוה.

Behold, days are coming – says the Lord God – I will send a hunger to the land, not a hunger for bread nor a thirst for water, but to hear the words of the Lord. (AMOS 8:11)

The Noé edition of the Koren Talmud Bavli
with the commentary of Rabbi Adin Even-Israel Steinsaltz
is dedicated to all those who open its covers
to quench their thirst for Jewish Knowledge,
in our generation of Torah renaissance.

This beautiful edition is for the young, the aged,
the novice and the savant alike,
as it unites the depth of Torah knowledge
with the best of academic scholarship.

Within its exquisite and vibrant pages,
words become worlds.

It will claim its place in the library of classics,
in the bookcases of the Beit Midrash,
the classrooms of our schools,
and in the offices of professionals and business people
who carve out precious time to grapple with its timeless wisdom.

For the Student and the Scholar

DEDICATED BY LEO AND SUE NOÉ

Steinsaltz Center

Executive Director, Steinsaltz Center

Rabbi Meni Even-Israel

Managing Editor

Rabbi Jason Rappoport

Senior Content Editor

Rabbi Dr. Shalom Z. Berger

Editors

Rabbi Joshua Amaru, *Coordinating Editor*
Rabbi Avishai Magence, *Content Curator*
Rabbi Alan Haber
Gila Hoch
Stephen Lauber
Eli Ozarowski
Avi Steinhart
Rabbi David Strauss
Rabbi Abe Y. Weschler

Copy Editors

Aliza Israel, *Coordinator*
Bracha Hermon
Ita Olesker
Debbie Ismailoff
Shira Finson
Ilana Sobel
Deena Nataf
Eliana Kurlantzick Yorav
Erica Hirsch Edvi
Nava Wieder

Language Consultants

Dr. Stephanie E. Binder, *Greek & Latin*
Rabbi Yaakov Hoffman, *Arabic*
Dr. Shai Secunda, *Persian*
Shira Shmidman, *Aramaic*

KOREN

Design & Typesetting

Dena Landowne Bailey, *Typesetting*
Tani Bayer, *Jacket Design*
Raphaël Freeman, *Design & Typography*

Images

Eliahu Misgav, *Illustration & Image Acquisition*

Introduction by the Publisher

The Talmud has sustained and inspired Jews for thousands of years. Throughout Jewish history, an elite cadre of scholars has absorbed its learning and passed it on to succeeding generations. The Talmud has been the fundamental text of our people.

Beginning in the 1960s, Rabbi Adin Even-Israel Steinsaltz שליט״א created a revolution in the history of Talmud study. His translation of the Talmud, first into modern Hebrew and then into other languages, as well the practical learning aids he added to the text, have enabled millions of people around the world to access and master the complexity and context of the world of Talmud.

It is thus a privilege to present the *Koren Talmud Bavli*, an English translation of the talmudic text with the brilliant elucidation of Rabbi Steinsaltz. The depth and breadth of his knowledge are unique in our time. His rootedness in the tradition and his reach into the world beyond it are inspirational.

Working with Rabbi Steinsaltz on this remarkable project has been not only an honor, but a great pleasure. Never shy to express an opinion, with wisdom and humor, Rabbi Steinsaltz sparkles in conversation, demonstrating his knowledge (both sacred and worldly), sharing his wide-ranging interests, and, above all, radiating his passion. I am grateful for the unique opportunity to work closely with him, and I wish him many more years of writing and teaching.

Our intentions in publishing this new edition of the Talmud are threefold. First, we seek to fully clarify the talmudic page to the reader – textually, intellectually, and graphically. Second, we seek to utilize today's most sophisticated technologies, both in print and electronic formats, to provide the reader with a comprehensive set of study tools. And third, we seek to help readers advance in their process of Talmud study.

To achieve these goals, the *Koren Talmud Bavli* is unique in a number of ways:

- The classic *tzurat hadaf* of Vilna, used by scholars since the 1800s, has been reset for great clarity, and opens from the Hebrew "front" of the book. Full *nikkud* has been added to both the talmudic text and Rashi's commentary, allowing for a more fluent reading with the correct pronunciation; the commentaries of *Tosafot* have been punctuated. Upon the advice of many English-speaking teachers of Talmud, we have separated these core pages from the translation, thereby enabling the advanced student to approach the text without the distraction of the translation. This also reduces the number of volumes in the set. At the bottom of each *daf*, there is a reference to the corresponding English pages. In addition, the Vilna edition was read against other manuscripts and older print editions, so that texts which had been removed by non-Jewish censors have been restored to their rightful place.
- The English translation, which starts on the English "front" of the book, reproduces the *menukad* Talmud text alongside the English translation (in bold) and commentary and explanation (in a lighter font). The Hebrew and Aramaic text is presented in logical paragraphs. This allows for a fluent reading of the text for the non-Hebrew or non-Aramaic reader. It also allows for the Hebrew reader to refer easily to the text alongside. Where the original text features dialogue or poetry, the English text is laid out in a manner appropriate to the genre. Each page refers to the relevant *daf*.

- Critical contextual tools surround the text and translation: personality notes, providing short biographies of the Sages; language notes, explaining foreign terms borrowed from Greek, Latin, Persian, or Arabic; and background notes, giving information essential to the understanding of the text, including history, geography, botany, archaeology, zoology, astronomy, and aspects of daily life in the talmudic era.
- Halakhic summaries provide references to the authoritative legal decisions made over the centuries by the rabbis. They explain the reasons behind each halakhic decision as well as the ruling's close connection to the Talmud and its various interpreters.
- Photographs, drawings, and other illustrations have been added throughout the text – in full color in the Standard and Electronic editions, and in black and white in the Daf Yomi edition – to visually elucidate the text.

This is not an exhaustive list of features of this edition, it merely presents an overview for the English-speaking reader who may not be familiar with the "total approach" to Talmud pioneered by Rabbi Steinsaltz.

Several professionals have helped bring this vast collaborative project to fruition. My many colleagues are noted on the Acknowledgments page, and the leadership of this project has been exceptional.

RABBI MENACHEM EVEN-ISRAEL, DIRECTOR OF THE STEINSALTZ CENTER, was the driving force behind this enterprise. With enthusiasm and energy, he formed the happy alliance with Koren and established close relationships among all involved in the work.

RABBI DR. TZVI HERSH WEINREB שליט״א, EDITOR-IN-CHIEF, brought to this project his profound knowledge of Torah, intellectual literacy of Talmud, and erudition of Western literature. It is to him that the text owes its very high standard, both in form and content, and the logical manner in which the beauty of the Talmud is presented.

RABBI JOSHUA SCHREIER, EXECUTIVE EDITOR, assembled an outstanding group of scholars, translators, editors, and proofreaders, whose standards and discipline enabled this project to proceed in a timely and highly professional manner.

RABBI MEIR HANEGBI, EDITOR OF THE HEBREW EDITION OF THE STEINSALTZ TALMUD, lent his invaluable assistance throughout the work process, supervising the reproduction of the Vilna pages.

RAPHAËL FREEMAN, EXECUTIVE EDITOR OF KOREN, created this Talmud's unique typographic design which, true to the Koren approach, is both elegant and user friendly.

It has been an enriching experience for all of us at Koren Publishers Jerusalem to work with the Steinsaltz Center to develop and produce the *Koren Talmud Bavli*. We pray that this publication will be a source of great learning and, ultimately, greater *avodat Hashem* for all Jews.

Matthew Miller, Publisher
Koren Publishers Jerusalem
Jerusalem 5772

Contents

For the vocalized Vilna Shas layout, please open as a Hebrew book.

Introduction to **Perek X**

This chapter deals extensively with a problem initially discussed in the previous chapter: In the case of a man who was married to a number of women and then died, how do the wives and their heirs distribute the property of the deceased to which they are entitled as payment for their respective marriage contracts?

Obviously, if the value of the estate of the deceased husband exceeds the total amount claimed by all the wives or their heirs, there is no problem distributing the funds. However, several questions arise when the sum required to pay out all the claims is higher than the value of the estate: First, which of the wives takes priority in collecting payment of her marriage contract, and how is this priority determined in practice? Additionally, how is the property to be distributed when the value of each of the marriage contracts is different, meaning that one woman's claim is for a higher sum than that of the other wives? In such a case, as in a case where a partnership is dissolved and each partner has a different share in the business, there are several possibilities: Either each claimant receives an equal share, or the assets are divided in proportion to the amounts of the different claims, or preference is given to one of the claimants.

A third issue concerns the stipulation in the marriage contract which states that each male offspring inherits his mother's marriage settlement, in addition to his fair share of his father's estate. Because the amounts specified in the different marriage contracts are not always identical, and because one of the wives may have fewer sons than the others, it is essential to clarify how the claims of the sons of the different wives are to be settled.

All of these issues become even more complex in a case where one of the wives waives her rights toward just one of the parties. This can bring about a set of lawsuits where different claimants have relative rights of priority, and a practical solution is necessary.

These issues and similar ones comprise the central topic of this chapter.

מתני׳ מִי שֶׁהָיָה נָשׂוּי שְׁתֵּי נָשִׁים וּמֵת – הָרִאשׁוֹנָה קוֹדֶמֶת לַשְּׁנִיָּה, וְיוֹרְשֵׁי הָרִאשׁוֹנָה קוֹדְמִין לְיוֹרְשֵׁי שְׁנִיָּה.

MISHNA In the case of **one who was married to two women and died,**[H] **the first** woman he married **precedes the second**[N] in collecting the payment specified in her marriage contract if there are insufficient funds to pay both, because her document is dated earlier. So too, if the wives died after their husband before they received payment for their marriage contracts, **the heirs of the first** wife **precede the heirs of the second** wife in collecting these payments.

נָשָׂא אֶת הָרִאשׁוֹנָה וּמֵתָה, נָשָׂא שְׁנִיָּה וּמֵת הוּא – שְׁנִיָּה וְיוֹרְשֶׁיהָ קוֹדְמִין לְיוֹרְשֵׁי הָרִאשׁוֹנָה.

If **he married a first** woman **and she** subsequently **died,**[H] and he then **married a second** woman **and he** subsequently **died, the second** wife **and her heirs precede the heirs of the first** wife. This is because the marriage contract of the second wife is considered a debt that the estate of the deceased is required to pay, whereas the claim of the heirs of the first wife is based on the stipulation in the marriage contract that male children inherit their mother's marriage contract. Heirs receive their share of the estate only from property that remains after all debts have been settled.

גמ׳ מִדְּקָתָנֵי: הָרִאשׁוֹנָה קוֹדֶמֶת לַשְּׁנִיָּה, וְלָא קָתָנֵי: הָרִאשׁוֹנָה יֵשׁ לָהּ וְהַשְּׁנִיָּה אֵין לָהּ – מִכְּלָל דְּאִי קָדְמָה שְׁנִיָּה וְתָפְסָה – לָא מַפְּקִינַן מִינַּהּ.

GEMARA From the fact **that it teaches: The first** woman he married **precedes the second** in collecting the payment of her marriage contract, **and it does not teach** simply that **the first** woman **has** the right to receive payment of her marriage contract **and the second does not have** that right, the mishna thereby teaches **by inference that if the second preceded** the first **and seized** property in payment of her marriage contract, **we do not expropriate it from her,** because her rights to the property are not completely canceled.

שְׁמַע מִינַּהּ: בַּעַל חוֹב מְאוּחָר שֶׁקָּדַם וְגָבָה – מַה שֶּׁגָּבָה גָּבָה.

The Gemara suggests: **Learn from** the mishna the following principle: In the case of **a creditor** holding a promissory note dated **later** than the notes of other creditors **who preceded** the other creditors **and collected**[N] his debt, **whatever he collected, he has collected,** and it is not expropriated from him even if the debtor does not have the means to pay back all his creditors.

HALAKHA

One who was married to two women and died – מִי שֶׁהָיָה נָשׂוּי שְׁתֵּי נָשִׁים וּמֵת: If someone was married to two women and died, and then his wives subsequently died, and the wives had taken the widow's oath, i.e., an oath that they did not receive any payment for their marriage contracts, then each son can collect his mother's marriage settlement. The sons' rights in this case are not due to the stipulation in the marriage contract that the male offspring inherit their mother's marriage settlement, but are due to the standard biblical laws of inheritance that entitle them to inherit their mother's property. The heirs of the first wife take precedence over the heirs of the second wife if there are insufficient funds to pay both marriage contracts. If the women did not take an oath, then neither marriage contract is inherited, as a widow does not receive payment for her marriage contract until she takes the widow's oath. In such a case, all the sons divide their father's estate equally. This ruling is in accordance with the mishna and the conclusion of the Gemara in tractate *Shevuot*, 48a (Rambam *Sefer Nashim, Hilkhot Ishut* 19:8; *Shulḥan Arukh, Even HaEzer* 111:11).

He married a first woman and she subsequently died, etc. – נָשָׂא אֶת הָרִאשׁוֹנָה וּמֵתָה וכו׳: If someone was married to two women and the first one died during his lifetime, and the other died following his death, and he had male heirs from both women: If the second wife took the widow's oath prior to her death, then her children are first in line to claim payment of their mother's marriage contract. This is because they are claiming the debt owed to their mother, which they have inherited by Torah law, while the claim of the first wife's sons is due to the stipulation in the marriage contract that the male offspring inherit their mother's dowry. If any of the father's property remains after the collection of the two marriage contracts, it is distributed equally among all the male heirs. If the second wife did not take the widow's oath, then the children of the first wife collect her marriage contract according to the stipulation in the marriage contract that the male offspring inherit their mother's marriage contract, while the rest of the property is distributed equally among all the male heirs. These *halakhot* are in accordance with the mishna and the Gemara in tractate *Shevuot* (Rambam *Sefer Nashim, Hilkhot Ishut* 19:7; *Shulḥan Arukh, Even HaEzer* 111:8).

NOTES

The first woman he married precedes the second – הָרִאשׁוֹנָה קוֹדֶמֶת לַשְּׁנִיָּה: It is explained in the Jerusalem Talmud and the *Tosefta* that the first wife takes precedence only with regard to collecting the payment of the marriage contract itself, and not to receiving financial support from the husband's estate following his death, with regard to which both women are considered equal.

A creditor holding a promissory note dated later than the notes of other creditors who preceded and collected, etc. – בַּעַל חוֹב מְאוּחָר שֶׁקָּדַם וְגָבָה וכו׳: The Ramban explains at length that the dispute concerning a later creditor who collected his debt before earlier creditors, which is a tannaitic dispute that appears later in the Gemara (94a), is connected to the fundamental debate about whether the property of a debtor is liened by Torah law. Those who are of the opinion that the property is not expropriated from the later creditor maintain that the property of the debtor is not liened by Torah law, but only by rabbinic law. The reason the Sages enacted this lien, which enables a creditor to repossess property sold by his debtor, was in order to lower the risk taken by creditors when they lend money and thereby ensure that loans would be available to those who need them. Had they not instituted this measure, one would be able to borrow money and then sell his property, leaving the creditor with no way of recovering the money he lent (see *Tosafot*). Although an ordinance was instituted on behalf of creditors entitling them to repossess property from purchasers, no such ordinance was instituted entitling a creditor to repossess property from another creditor, as in such instances the reason for the rabbinic enactment does not apply.

Some authorities say that the reason the Sages decreed that a creditor can repossess property from a purchaser is because the latter may be considered as having acted wrongly by purchasing liened property. However, this logic does not hold in the case of a woman's marriage contract (Meiri).

The opinion that a later creditor who collects his debt before earlier creditors must return the property he collected is premised on one of the following assumptions: When the Sages instituted the ordinance placing a lien on a debtor's property, they did not distinguish between purchasers and creditors; both are expected to take into account that there are others with prior obligations that precede theirs. Alternatively, the property of a debtor is liened by Torah law and therefore the creditor has the right to repossess the property from anyone with a later claim, regardless of whether the individual with the later claim on the property is a purchaser or a creditor.

לְעוֹלָם אֵימָא לָךְ: מַה שֶּׁגָּבָה – לֹא גָּבָה, וּמַאי קוֹדֶמֶת – לְגַמְרֵי קָתָנֵי, כִּדְתְנַן: בֵּן קוֹדֵם לְבַת.

The Gemara rejects this conclusion: **Actually, I will say to you** that **what he collected, he has not collected,** i.e., he must restore the property to the debtor so that the latter can pay the other creditors. **And what** does the mishna mean when it teaches that the first wife **precedes** the second? It **teaches** that the first wife **completely** precedes the second and is granted exclusive rights to collect the payment of her marriage contract. **As we learned** in a mishna (*Bava Batra* 115a): **A son precedes a daughter** in matters of inheritance. Were she to come first and take part of the inheritance, it would not become hers; the son completely precedes her, so that in cases where there is a male heir, the daughter receives nothing. The same understanding of the word precedes applies in this matter as well.

אִיכָּא דְּאָמְרִי: מִדְּלָא קָתָנֵי: אִם קָדְמָה שְׁנִיָּה וְתָפְסָה – אֵין מוֹצִיאִין מִיָּדָהּ, מִכְּלָל דְּאִי קָדְמָה שְׁנִיָּה וְתָפְסָה – מַפְּקִינַן מִינַּהּ.

There are those **who say** that the discussion was as follows: **From the fact that it does not teach: If the second** wife **preceded** the first wife **and seized** property **it is not expropriated from her,** it proves **by inference that if the second** wife **preceded** the first **and seized** property as payment for her marriage contract, **we do appropriate it from her.**

שְׁמַע מִינַּהּ: בַּעַל חוֹב מְאוּחָר שֶׁקָּדַם וְגָבָה – מַה שֶּׁגָּבָה לֹא גָּבָה.

The Gemara suggests: **Learn from** the mishna the following rule: In the case of **a creditor** holding a promissory note dated **later** than the notes of other creditors **who preceded** the other creditors **and collected** his debt, **whatever he collected, he has not collected,** i.e., it is expropriated from him.

לְעוֹלָם אֵימָא לָךְ: מַה שֶּׁגָּבָה – גָּבָה, אַיְּידֵי דִּתְנָא שְׁנִיָּה וְיוֹרְשֶׁיהָ קוֹדְמִין לְיוֹרְשֵׁי הָרִאשׁוֹנָה,

The Gemara rejects this conclusion: **Actually, I will say to you** that **what** the later creditor **collected, he has collected,** but **since the mishna taught** later: **The second** wife **and her heirs precede the heirs of the first,** so that even if the heirs of the first wife seize property, they do not legally acquire it and it is expropriated from them, because they are collecting an inheritance rather than a debt,

Perek **X**
Daf **90** Amud **b**

תְּנָא נַמֵי הָרִאשׁוֹנָה קוֹדֶמֶת לַשְּׁנִיָּה.

it taught the first clause **as well** with the same wording: **The first** woman **precedes the second,** without elaborating that the property would not be expropriated from the second if she were to seize it in payment of her marriage contract.

״נָשָׂא אֶת הָרִאשׁוֹנָה״. שְׁמַע מִינַּהּ תְּלָת; שְׁמַע מִינַּהּ: אַחַת בְּחַיָּיו וְאַחַת בְּמוֹתוֹ יֵשׁ לָהֶן כְּתוּבַּת בְּנִין דִּכְרִין, וְלָא חָיְישִׁינַן לְאִינְצוּיֵי.

§ The mishna taught: If **he married the first** woman, etc. The Gemara notes: **Conclude three** conclusions **from this** statement: **Conclude from it** that if **one** of the man's wives died **in his lifetime and** the other **one** died following **his death,**[H] then the sons of the first wife **are entitled to** collect the **marriage contract concerning male children**[B] **and we are not concerned** that this would lead to **quarreling.**[N]

מִמַּאי – מִדְּקָתָנֵי: שְׁנִיָּה וְיוֹרְשֶׁיהָ קוֹדְמִים לְיוֹרְשֵׁי רִאשׁוֹנָה. מִיקְדָּם הוּא דְּקָדְמִי, הָא אִיכָּא – שָׁקְלִי.

The Gemara asks: **From where** is it known that this is correct? **From** the fact **that it teaches:** The **second** wife **and her heirs precede the heirs of the first** wife, it can be inferred that **they precede** the heirs of the first, **but** if **there are** enough funds in the estate for all the claims against it, then the children of the first wife do **take** their share of the dowry.

HALAKHA

One died in his lifetime and one died following his death – אַחַת בְּחַיָּיו וְאַחַת בְּמוֹתוֹ: If someone was married to two women, one of whom died during his lifetime and the other following his death, the children of both wives inherit their mother's respective marriage contracts, and no concerns are raised that such an arrangement may lead to quarreling among the heirs. This is the case even if the father left no more than the sum total of the two marriage contracts, since one marriage contract can be considered the surplus for the other (Rambam *Sefer Nashim*, *Hilkhot Ishut* 19:7; *Shulḥan Arukh*, *Even HaEzer* 111:8).

BACKGROUND

The marriage contract concerning male children – כְּתוּבַּת בְּנִין דִּכְרִין: One of the clauses of the marriage contract guarantees that if the wife predeceases her husband and therefore does not collect her marriage settlement, the sons born of this marital union will inherit their mother's marriage settlement, in addition to their share in their father's estate. The Gemara (52b) explains that the purpose of this stipulation is to encourage fathers to give their daughters generous dowries, since they know that the money will eventually reach their own grandchildren. The woman receives as part of her marriage settlement the property that her father gave as a dowry at the time of the marriage. Had the marriage contract concerning male children not existed and the woman died before her husband, her dowry would have been inherited by her husband, and upon his death, it would have been divided equally among all his sons. This clause is a rabbinic requirement, so that it applies even if it is not actually written into the marriage contract.

NOTES

And we are not concerned that this would lead to quarreling – וְלָא חָיְישִׁינַן לְאִינְצוּיֵי: Since the second wife was alive when her husband died, she has a right to collect her marriage settlement from his estate, and if she dies before collecting it, her sons inherit that right from their mother. Conversely, the sons of the first wife are entitled to their mother's marriage settlement as inheritance from their father, due to the marriage contract concerning male children. One might have thought that this would lead to quarreling, because the sons of the second wife do not receive any comparable additional share of property as inheritance from their father. In fact, after the payment of the marriage contract concerning male children, there may not be anything left at all for the sons of the second wife to inherit from their father. The mishna indicates that this concern was not significant enough for the Sages to abolish the marriage contract concerning male children in a case such as this.

וּשְׁמַע מִינָּהּ: כְּתוּבָּה נַעֲשֵׂית מוֹתָר לַחֲבֶרְתָּהּ.

The second point one can **conclude from it is** that **one marriage contract becomes surplus for the other.** The Sages ruled that each son may claim his mother's marriage settlement only when the value of the estate exceeds the sum total of the marriage contracts by at least one dinar, so that the biblical laws of inheritance can be fulfilled. Since the marriage settlement collected by the heirs of the second wife is considered a debt owed by the estate, this sum is considered to have been paid equally by all the heirs. The biblical laws of inheritance have thereby been fulfilled, and the sons of the first wife can claim the marriage contract concerning male children even if nothing will be left in the estate after they have collected their payment.

מִמַּאי – מִדְּלָא קָתָנֵי: אִם יֵשׁ שָׁם מוֹתַר דִּינָר.

The Gemara asks: **From where** is it known that this is correct? The Gemara answers: **From the fact that it does not teach** in the mishna: **If there is a surplus of a dinar** in addition to the value of all the marriage contracts.

וּשְׁמַע מִינָּהּ: כְּתוּבַּת בְּנִין דִּכְרִין לָא טָרְפָה מִמְּשַׁעְבְּדֵי. דְּאִי סָלְקָא דַּעְתִּין טָרְפָה מִמְּשַׁעְבְּדֵי – לֵיתוּ בְּנֵי רִאשׁוֹנָה וְלִטְרְפִינְהוּ לִבְנֵי שְׁנִיָּה.

And conclude from it a third point, that when one collects the payment for **the marriage contract concerning male children, he cannot seize liened** property[H] that his father sold to others, as one can when collecting a debt. **As, if it should enter your mind that it can be repossessed from liened** property, then **let the sons of the first** wife **come and repossess** land already claimed **by the sons of the second** wife as payment for their mother's marriage contract, since the land the sons of the second wife took was previously liened, due to the marriage contract of the first wife. Rather, the children of the first wife are viewed not as creditors but as heirs, who cannot repossess property sold by their father.

מַתְקִיף לָהּ רַב אַשִׁי: מִמַּאי? דִּלְמָא לְעוֹלָם אֵימָא לָךְ: אַחַת בְּחַיָּיו וְאַחַת בְּמוֹתוֹ – אֵין לָהֶן כְּתוּבַּת בְּנִין דִּכְרִין, וּמַאי קוֹדְמִין – לְנַחֲלָה קָתָנֵי.

Rav Ashi objects to two of the three conclusions stated above: **From where** is it known that all of this is correct? **Perhaps I** could **actually say to you** that if **one** wife died **in his lifetime and one** died following **his death,** then **no one is entitled to** collect the **marriage contract concerning male children. And what does** the mishna mean when it says **precede?** It does not mean that if there are enough assets remaining, the sons of the first wife receive the sum of their mother's marriage settlement. Rather, **it is teaching** that after the sons of the second wife receive the sum of their mother's marriage settlement, the sons from both marriages **inherit** equal shares of the remaining estate.

וְכִי תֵּימָא: יוֹרְשֵׁי הָרִאשׁוֹנָה לָמָּה לִי – אַיְּידֵי דְּתָנָא שְׁנִיָּה וְיוֹרְשֶׁיהָ, תָּנָא נַמִי לְיוֹרְשֵׁי הָרִאשׁוֹנָה.

And if you would say that if the mishna is referring to the inheritance of the remainder of the estate, **why do I** need the mishna to mention **the heirs of the first** wife; since it is teaching a *halakha* concerning their inheritance from their father and not their inheritance from their mother, why refer to them as the heirs of the first wife? One could reply that **since it taught: The second** wife **and her heirs,** the mishna **also taught** the parallel phrase: **The heirs of the first** wife, but no halakhic conclusions should be drawn from this.

וּדְקָאָמְרַתְּ: כְּתוּבָּה נַעֲשֵׂית מוֹתָר לַחֲבֶרְתָּהּ – דִּלְמָא לְעוֹלָם אֵימָא לָךְ: אֵין כְּתוּבָּה נַעֲשֵׂית מוֹתָר לַחֲבֶרְתָּהּ, וְהָכָא הוּא דְּאִיכָּא מוֹתַר דִּינָר.

And concerning **what you said** that **one marriage contract becomes surplus for the other,** this too can be rejected: **Perhaps I** could **actually say to you** that **one marriage contract does not become surplus for the other, and** that the case under discussion **here is where there is a surplus of** an additional **dinar,** and the reason why it was not explicitly mentioned is because it is not the subject of our mishna.

וְאַחַת בְּחַיָּיו וְאַחַת בְּמוֹתוֹ – תַּנָּאֵי הִיא. דְּתַנְיָא: מֵתוּ, אַחַת בְּחַיָּיו וְאַחַת בְּמוֹתוֹ, בֶּן נַנָּס אוֹמֵר: יְכוֹלִין בְּנֵי הָרִאשׁוֹנָה לוֹמַר לִבְנֵי הַשְּׁנִיָּה: בְּנֵי בַּעֲלַת חוֹב אַתֶּם, טְלוּ כְּתוּבַּת אִמְּכֶם וּצְאוּ.

§ The Gemara notes that in a case where **one** wife died **in his lifetime and one** died following **his death,** there **is** a dispute between *tanna'im* if the sons of the wife who died in her husband's lifetime are entitled to collect their mother's marriage settlement. **As it is taught** in a *baraita*: **If they died, one in his lifetime and one** following **his death, ben Nanas says: The sons of the first** wife **can say to the sons of the second** wife: **You are the children of a creditor,** so **collect your mother's marriage contract and leave,**[N] and we will inherit the rest of the estate due to the marriage contact concerning male children.

HALAKHA

He cannot seize liened property – **לָא טָרְפָה מִמְּשַׁעְבְּדֵי**: When a son collects the marriage settlement of his mother who died during his father's lifetime, he cannot repossess property sold by his father; he is entitled to this sum only from unsold property, like all other heirs (Rambam *Sefer Nashim, Hilkhot Ishut* 19:9; *Shulḥan Arukh, Even HaEzer* 111:13).

NOTES

Collect your mother's marriage contract and leave – **טְלוּ כְּתוּבַּת אִמְּכֶם וּצְאוּ**: Rashi notes that the case is where there would be nothing left to the estate after the sons of the first wife inherited their mother's marriage settlement due to the marriage contract concerning male children. Nevertheless, according to ben Nanas, since the marriage settlement of the second wife is collected as a debt rather than as an inheritance, it is considered the surplus enabling the sons of the first wife to collect their mother's marriage settlement.

רַבִּי עֲקִיבָא אוֹמֵר: כְּבָר קָפְצָה נַחֲלָה מִלִּפְנֵי בְּנֵי הָרִאשׁוֹנָה, וְנָפְלָה לִפְנֵי בְּנֵי הַשְּׁנִיָּה.

Rabbi Akiva says: When the husband died, the **inheritance already eluded the sons of the first** wife **and came into** the possession of **the sons of the second** wife as an inheritance, i.e., the Sages did not institute the marriage contract concerning male children in a case where one of the wives was alive when the husband died. Consequently, after the sons of the second wife collect their mother's marriage settlement, the remainder of the estate is divided evenly between all the man's sons.

מַאי לָאו בְּהָא קָא מִיפַּלְגִי; דְּמָר סָבַר: אַחַת בְּחַיָּיו וְאַחַת בְּמוֹתוֹ – יֵשׁ לָהֶן כְּתוּבַּת בְּנִין דִּכְרִין, וּמָר סָבַר: אַחַת בְּחַיָּיו וְאַחַת בְּמוֹתוֹ – אֵין לָהֶן כְּתוּבַּת בְּנִין דִּכְרִין.

The Gemara comments: **What, is it not that they disagree about this: One Sage,** ben Nanas, **holds** that in a case where **one** wife died **in his lifetime and one** died following **his death,** the first wife's sons **are entitled to** collect the **marriage contract concerning male children. And** the other **Sage,** Rabbi Akiva, **holds** that in a case where **one** wife died **in his lifetime and one** died following **his death,** the first wife's sons **are not entitled to** collect the **marriage contract concerning male children.**

אָמַר רַבָּה: אַשְׁכַּחְתִּינְהוּ לְרַבָּנַן דְּבֵי רַב, דְּיָתְבִי וְקָאָמְרִי: דְּכוּלֵּי עָלְמָא אַחַת בְּחַיָּיו וְאַחַת בְּמוֹתוֹ – יֵשׁ לָהֶן כְּתוּבַּת בְּנִין דִּכְרִין, וְהָכָא – בִּכְתוּבָּה נַעֲשֵׂית מוֹתָר לַחֲבֶרְתָּהּ, וְהוּא הַדִּין לְבַעַל חוֹב, קָמִיפַּלְגִי.

Rabba said: I found the Sages of the school of Rav sitting and saying: Everyone agrees that in a case where **one** wife died **in his lifetime and one** died following **his death,** the first wife's sons **are entitled to** collect the **marriage contract concerning male children. Here,** however, **they disagree with regard to** the question of whether or not one **marriage contract becomes surplus for the other** in a case where there is no surplus of an additional dinar with which to fulfill the biblical laws of inheritance. **And the same is true** with regard to payment made **to a creditor,** i.e., they disagree whether paying a creditor of their father is a sufficient fulfillment of the biblical laws of inheritance to allow collection of the marriage contract concerning male children.

מָר סָבַר: כְּתוּבָּה נַעֲשֵׂית מוֹתָר לַחֲבֶרְתָּהּ, וְהוּא הַדִּין לְבַעַל חוֹב. וּמָר סָבַר: אֵין כְּתוּבָּה נַעֲשֵׂית מוֹתָר לַחֲבֶרְתָּהּ, וְהוּא הַדִּין לְבַעַל חוֹב.

One **Sage,** ben Nanas, **holds** that one **marriage contract becomes surplus for the other, and the same is true** with regard to payment made **to a creditor, and** one **Sage,** Rabbi Akiva, **holds** that one **marriage contract does not become surplus for the other, and the same is true** with regard to the debt owed **to a creditor.**

וְאָמֵינָא לְהוּ אֲנָא: בְּבַעַל חוֹב – כּוּלֵּי עָלְמָא לָא פְּלִיגִי דְּהָוֵי מוֹתָר, כִּי פְּלִיגִי – בִּכְתוּבָּה.

Rabba continues: **And I said to them: With regard to** payment made to **a creditor, everyone agrees**[H] **that it is** considered **surplus** and fulfills the biblical laws of inheritance, even given the lien attached to it. **When they disagree** it is **with regard to** whether **a marriage contract** can be considered surplus.

מַתְקִיף לַהּ רַב יוֹסֵף: אִי הָכִי: ״רַבִּי עֲקִיבָא אוֹמֵר: כְּבָר קָפְצָה נַחֲלָה״, ״אִם יֵשׁ מוֹתָר דִּינָר״ מִיבְּעֵי לֵיהּ!

Rav Yosef objects to this. If that is so, then why did it say in the *baraita* that **Rabbi Akiva says: The inheritance already eluded** them? Rather, **it should have said: If there is a surplus of a dinar,** since that is the actual focal point of the disagreement.

אֶלָּא אָמַר רַב יוֹסֵף: בְּאַחַת בְּחַיָּיו וְאַחַת בְּמוֹתוֹ קָא מִיפַּלְגִי,

Rather, Rav Yosef said: They disagree with regard to the basic issue of whether the Sages instituted the marriage contract concerning male children in a case where **one** wife died **in his lifetime and one** died following **his death,** as was explained initially.

וְהָנֵי תַּנָּאֵי כִּי הָנֵי תַּנָּאֵי. דְּתַנְיָא: נָשָׂא אֶת הָרִאשׁוֹנָה וּמֵתָה, נָשָׂא אֶת הַשְּׁנִיָּה וּמֵת הוּא – בָּאִין בָּנֶיהָ שֶׁל זוֹ לְאַחַר מִיתָה, וְנוֹטְלִין כְּתוּבַּת אִמָּן. רַבִּי שִׁמְעוֹן אוֹמֵר: אִם יֵשׁ מוֹתָר דִּינָר – אֵלּוּ נוֹטְלִין כְּתוּבַּת אִמָּן, וְאֵלּוּ נוֹטְלִין כְּתוּבַּת אִמָּן. וְאִם לָאו – חוֹלְקִין בְּשָׁוֶה.

And these *tanna'im,* ben Nanas and Rabbi Akiva, **are like those** other *tanna'im,* who debated this very same point, **as it is taught** in a *baraita:* If **he married a first** woman **and she** subsequently **died,** and he then **married a second** woman **and he** subsequently **died, the sons of this** woman, i.e., the second wife, **come after** her **death and collect** payment of **their mother's marriage contract** if she did not collect it while she was alive, while the rest of the estate is distributed equally between all the sons. **Rabbi Shimon says: If there is a surplus of a dinar, these** sons of the first wife **collect their mother's marriage contract,** namely, the marriage contract concerning male offspring, **and these** sons of the second wife **collect their mother's marriage contract, and if not, they divide** the entire estate **equally** among themselves.

HALAKHA

With regard to a creditor everyone agrees – בְּבַעַל חוֹב כּוּלֵּי עָלְמָא לָא פְּלִיגִי: If the deceased left an estate whose value is equal to the value of the two marriage contracts plus at least one additional dinar, then even if there is an outstanding promissory note for this surplus, it is still considered a surplus, and all the sons may inherit their mother's respective marriage contracts (Rambam *Sefer Nashim, Hilkhot Ishut* 19:6; *Shulḥan Arukh, Even HaEzer* 111:6).

מַאי לָאו בְּהָא קָא מִיפַּלְגִי; דְּמָר סָבַר: אַחַת בְּחַיָּיו וְאַחַת בְּמוֹתוֹ – יֵשׁ לָהֶן כְּתוּבַּת בְּנִין דִּכְרִין, וּמָר סָבַר: אַחַת בְּחַיָּיו וְאַחַת בְּמוֹתוֹ – אֵין לָהֶם כְּתוּבַּת בְּנִין דִּכְרִין.

What, is it not that they disagree with regard to the following: One Sage, Rabbi Shimon, holds that in a case where one wife died in his lifetime and one died following his death, the sons of the first wife are entitled to collect the marriage contract concerning male children; and one Sage, the first *tanna*, holds that in a case where one wife died in his lifetime and one died following his death, the sons of the first wife are not entitled to collect the marriage contract concerning male children, and only the second wife's sons collect their mother's marriage contract.

לָא, דְּכוּלֵּי עָלְמָא: אַחַת בְּחַיָּיו וְאַחַת בְּמוֹתוֹ – יֵשׁ לָהֶן כְּתוּבַּת בְּנִין דִּכְרִין,

The Gemara rejects this: No, it is possible to say that everyone agrees that in a case where one wife died in his lifetime and one died following his death, the sons of the first wife are entitled to collect the marriage contract concerning male children,

Perek **X**
Daf **91** Amud **a**

וְהָכָא בְּדִינָר מְקַרְקְעֵי קָמִיפַּלְגִי. מָר סָבַר: מְקַרְקְעֵי – אִין, מְטַלְטְלֵי – לָא. וּמָר סָבַר: אֲפִילּוּ מְטַלְטְלֵי.

and here they disagree about a dinar's worth of real estate: One Sage, the first *tanna*, holds that if the surplus was in the form of real estate, meaning that there was sufficient real estate to cover the sums specified in the marriage contracts and one dinar's worth of land was still left over, then yes, each can claim his mother's marriage contract, but if the surplus of the dinar was only in movable property, then no, they cannot; and one Sage, Rabbi Shimon, holds that the heirs may claim the marriage contracts even if the surplus is in movable property.

וּמִי מָצֵית אָמְרַתְּ הָכִי? וְהָתְנַן: רַבִּי שִׁמְעוֹן אוֹמֵר: אֲפִילּוּ יֵשׁ שָׁם נְכָסִים שֶׁאֵין לָהֶם אַחְרָיוּת – אֵינָן כְּלוּם, עַד שֶׁיְּהֵא שָׁם נְכָסִים שֶׁיֵּשׁ לָהֶן אַחְרָיוּת, יָתֵר עַל שְׁתֵּי כְתוּבּוֹת דִּינָר!

The Gemara asks: But how can you say that? Didn't we learn in the mishna (91a) that Rabbi Shimon says: Even if there is property that does not serve as a guarantee for a loan, i.e., movable property, it is considered as nothing, unless there is property that serves as a guarantee for a loan with a promissory note, i.e., land, exceeding the value of the two marriage contracts by at least one additional dinar.

אֶלָּא הָכָא בְּדִינָר מְשַׁעְבְּדֵי קָמִיפַּלְגִי; מָר סָבַר: מִבְּנֵי חוֹרִין – אִין, מִמְּשַׁעְבְּדֵי – לָא. וּמָר סָבַר: אֲפִילּוּ מִמְּשַׁעְבְּדֵי.

Rather, here they disagree about a dinar of liened property:[N] One Sage, the first *tanna*, holds that if the surplus was in the form of unsold property, then yes, each can claim the sum specified in his mother's marriage contract, but if the surplus was only in liened property then no, he cannot. And one Sage, Rabbi Shimon, holds that it is deemed a surplus even if it was in the form of liened property.

אִי הָכִי, רַבִּי שִׁמְעוֹן אוֹמֵר: אִם יֵשׁ שָׁם מוֹתָר דִּינָר?! ״כֵּיוָן שֶׁיֵּשׁ שָׁם מוֹתָר דִּינָר״ מִיבָּעֵי לֵיהּ!

The Gemara asks: If that is so, the *baraita* should not have stated Rabbi Shimon's opinion using the conditional: Rabbi Shimon says: If there is a surplus of a dinar. In this case such a surplus certainly exists, and therefore it should have said: Since there is a surplus of a dinar.

אֶלָּא, בְּפָחוֹת מִדִּינָר קָמִיפַּלְגִי. מָר סָבַר: דִּינָר – אִין, פָּחוֹת מִדִּינָר – לָא. וּמָר סָבַר: אֲפִילּוּ פָּחוֹת מִדִּינָר.

Rather, the dispute can be explained differently: They disagree about a case where there is less than a dinar of surplus: One Sage, the first *tanna*, holds that if the surplus was worth a dinar, then yes, each can claim his mother's marriage contract, but if it was less than a dinar then no, he cannot. And one Sage, Rabbi Shimon, holds that it is deemed a surplus even if it was less than a dinar.

וְהָא רַבִּי שִׁמְעוֹן דִּינָר קָאָמַר! וְכִי תֵּימָא: אֵיפּוּךְ, תַּנָּא קַמָּא דְּמַתְנִיתִין נַמִּי דִּינָר קָאָמַר!

The Gemara asks: But Rabbi Shimon said: If there is a surplus of a dinar, and not less. And if you would say: Reverse[N] the interpretation of the opinion of the first *tanna* in the *baraita* cited above, that would be unacceptable, because the first *tanna* of the mishna (91a), who is presumably identical to the first *tanna* of the *baraita*, also said that the surplus must be at least one dinar.

NOTES

A dinar of liened property – **בְּדִינָר מְשַׁעְבְּדֵי**: Most of the commentaries explain in accordance with Rashi, cited in *Shita Mekubbetzet*, that the disagreement concerns a case where a portion of the father's property is liened due to an outstanding debt. A student of the Rashba, also cited in *Shita Mekubbetzet*, offers another explanation: The case here is one where the father received the right to benefit from the property of another individual as payment for a loan, as in a mortgage according to the custom of Sura (see *Bava Metzia* 67b). The question is whether this property should be included in the evaluation of the estate due to the fact that the heirs benefit from it. The Rashash suggests yet another approach. The case under discussion is that of an outstanding debt owed to the father by a third party, and the disagreement is similar to the tannaitic disagreement in tractate *Bava Batra* (124a), as to whether the expected payment is to be viewed as a potential holding or as an actual asset of the estate.

Reverse – **אֵיפּוּךְ**: According to *Tosafot*, this means that instead of explaining that the first *tanna* cited in the *baraita* (90b) holds that if one wife died during the husband's lifetime and a second wife died after the husband's death, the sons of the first wife are not entitled to payment of their mother's marriage settlement, a different interpretation is to be offered: They are not entitled to collect this amount only in the event that there would be no surplus left in their father's estate. However, if there would be any surplus, even if it is less than one dinar, they can collect. Rabbi Shimon holds that there must be a surplus of at least one dinar in order for them to be able to collect. See Rashi, who offers an alternative interpretation of this passage. Most of the early authorities accepted the interpretation of *Tosafot*.

אלא, כי הנך תרי לישנאי קמאי, ואיפוך.

The Gemara concludes: **Rather,** the dispute in the *baraita* must be explained **according to those first two formulations** cited above, that they disagree about a surplus in movable property or about a surplus in liened property. **And reverse** the interpretation of the opinion of the first *tanna*, so that he holds that the sons of the first wife may collect her marriage settlement if there is a surplus in their father's estate of one dinar worth of movable property or liened property, whereas Rabbi Shimon holds that there must be a surplus of one dinar worth of land that is not liened.

אמר מר זוטרא משמיה דרב פפא: הלכתא, אחת בחייו ואחת במותו – יש להן כתובת בנין דכרין, וכתובה נעשית מותר לחברתה.

Mar Zutra said in the name of Rav Pappa: The ***halakha*** in the case where **one** wife died **in his lifetime and one** died following **his death** is that the sons of the first wife **are entitled to the** collect the **marriage contract concerning male children, and** furthermore, that one **marriage contract becomes surplus for the other.**

בשלמא אי אשמעינן: אחת בחייו ואחת במותו יש להן כתובת בנין דיכרין, ולא אשמעינן: כתובה נעשית מותר לחברתה – הוה אמינא: אי איכא מותר דינר – אין, אי לא – לא.

The Gemara wonders: **Granted,** if Mar Zutra **would have taught us** only that in a case where **one** wife died **in his lifetime and one** died following **his death,** the sons of the first wife **are entitled to** collect the **marriage contract concerning male children, and he** would **not have taught us** that one **marriage contract becomes surplus for the other, I would say** that **if there is a surplus of a dinar** after the payment of both marriage settlements, then **yes,** the sons of the first wife can claim their mother's marriage settlement, but **if not,** then **no,** they cannot.

אלא לישמעינן כתובה נעשית מותר לחברתה, ואנא ידענא משום דאחת בחייו ואחת במותו יש להן כתובת בנין דכרין!

However, let him teach us only that one **marriage contract becomes surplus for the other, and I would know** that it is **due to** the fact that if **one** wife died **in his lifetime and one** died following **his death,** the sons of the first wife **are entitled to** claim payment of the **marriage contract concerning male children.**

אי אשמעינן הכי, הוה אמינא: כגון שנשא שלש נשים, ומתו שתים בחייו ואחת במותו. והך דמיית לאחר מיתה – יולדת נקבה היא, ולאו בת ירושה היא.

The Gemara answers: **If he** would have **taught us** only **that,** that a marriage contract can serve as a surplus, **I would say** that this applies specifically in a case **where** an individual **married three women,** and **two** of them **died in his lifetime and one** after **his death, and that** wife **who died** after **his death** had **given birth to a daughter** but no sons, **and the daughter does not inherit** any part of the estate. Although the daughter is entitled to be sustained from her father's estate, she has no claim to a share in the inheritance. Consequently, there is no concern for quarreling, as all the heirs are in the same situation.

אבל אחת בחייו ואחת במותו, והא דלאחר מיתה יולדת זכר היא – אימא ליחוש לאינצויי, קא משמע לן.

However, in a case where **one** wife died **in his lifetime and one** died after **his death, where the one who** died **after his death** had **given birth to a son** who is suing for his portion of the estate, one could **say** that there is a **concern about quarreling** arising from the complaints of the son of the second wife. Therefore, Mar Zutra mentions both *halakhot* explicitly in order **to teach us** that this concern is not taken into account.

מתני׳ מי שהיה נשוי שתי נשים ומתו, ואחר כך מת הוא, ויתומים מבקשין כתובת אמן, ואין שם אלא שתי כתובות – חולקין בשוה.

MISHNA In the case of **one who was married to two women and** the women **died, and subsequently he died, and the orphans** of one of the wives **are** now **seeking** to collect the payment specified in **their mother's marriage contract,** i.e., the marriage contract concerning male children, **but there is only enough** in the estate to pay the value of the **two marriage contracts,**[H] the marriage contract concerning male children cannot be collected, and the sons **distribute** the estate **equally** among themselves according to the biblical laws of inheritance.

היה שם מותר דינר – אלו נוטלים כתובת אמן, ואלו נוטלים כתובת אמן.

If **there was a surplus of a dinar**[N] left **there,** in the estate, beyond the value of the two marriage contracts, then **these** sons **collect their mother's marriage contract and those** sons **collect their mother's marriage contract,** and the remaining property valued at a dinar is divided equally among all the sons.

HALAKHA

There is only enough in the estate to pay the value of the two marriage contracts – אין שם אלא שתי כתובות: If someone was married to two women who both died, and he himself subsequently died, as long as the value of the estate is less than the sum total of the two marriage contracts plus one additional dinar, the ordinance of the marriage contract concerning male children is voided and all the sons divide the estate equally, in accordance with the mishna (Rambam *Sefer Nashim, Hilkhot Ishut* 19:3; *Shulḥan Arukh, Even HaEzer* 111:2).

NOTES

A surplus of a dinar – מותר דינר: The rationale for this requirement can be found in an earlier discussion in this tractate (52b) and in the parallel discussion in the Jerusalem Talmud: The property a father gives his daughter for her dowry is used by her husband once they are married. However, the marriage contract includes a list of this property, and it is returned to the woman as part of her marriage settlement upon divorce or her husband's death. If the woman were to predecease her husband, he would inherit the property from her. Upon his death, that property would be inherited equally by all his sons, including those born from other wives. The Sages instituted the ordinance of the marriage contract concerning male children in order to ensure that the property a father gives for his daughter's dowry will benefit his own grandchildren. That will motivate the father to increase the amount of his daughter's dowry. However, if the fulfillment of a rabbinic ordinance would cause a Torah law to be entirely uprooted, the rabbinic ordinance is set aside in favor of fulfilling the Torah law. In the case under discussion, if there is no surplus of a dinar, the biblical laws of inheritance supersede the ordinance of the marriage contract concerning male children.

It is noted in the *Tosefot Yom Tov* that the value of a dinar in various contexts does not always denote a precise sum but rather an approximate one. In the discussion here, however, according to the *Beit Yosef* and others, it appears to be a precise sum, as is evident from the fact that the Gemara suggested that the *tanna'im* dispute whether a surplus of less than a dinar is sufficient. The reason why this particular value was set is, according to *Gilyonei HaShas*, due to the fact that each heir must receive something of at least nominal value, i.e., the value of one *peruta*. Since the surplus had to be more than a *peruta*, the Sages established that it must be the value of a dinar.

אִם אָמְרוּ יְתוֹמִים: אֲנַחְנוּ מַעֲלִים עַל נִכְסֵי אָבִינוּ יָפֶה דִּינָר, כְּדֵי שֶׁיִּטְלוּ כְּתוּבַּת אִמָּן – אֵין שׁוֹמְעִין לָהֶן. אֶלָּא שָׁמִין אֶת הַנְּכָסִים בְּבֵית דִּין.

If **the orphans** who are entitled to receive the marriage settlement of greater value **say: We inflate** the value of **our father's property**[H] **by a dinar,** i.e., we agree to evaluate the property we will receive for our mother's marriage settlement at a value higher than the market value so that there will be a dinar left in the estate after the two marriage contracts have been paid, **so that they can collect their mother's marriage contract,** the court does **not listen to them. Rather,** the value of **the property is appraised in court,** and the distribution of the estate is based on that evaluation.

הָיוּ שָׁם נְכָסִים בְּרָאוּי – אֵינָן כְּבַמּוּחְזָק.

If **there was potential** inheritance[N] **there,**[H] meaning that there was no surplus of a dinar in the existing properties of the estate, but there was property that was expected to be paid to the estate and which would increase the overall value of the estate so that there would be a surplus of a dinar after the payment of the marriage contracts, these properties **are not** considered to be **in** the **possession** of the estate in determining the total value of the estate.

רַבִּי שִׁמְעוֹן אוֹמֵר: אֲפִילּוּ יֵשׁ שָׁם נְכָסִים שֶׁאֵין לָהֶם אַחֲרָיוּת – אֵינָן כְּלוּם, עַד שֶׁיִּהְיוּ שָׁם נְכָסִים שֶׁיֵּשׁ לָהֶן אַחֲרָיוּת, יוֹתֵר עַל שְׁתֵּי הַכְּתוּבּוֹת דִּינָר.

Rabbi Shimon says:[N] **Even if there is property that does not** serve as **guarantee** for a loan, i.e., movable property, there in the estate, **it does not** have **any** impact on the value of the estate. The marriage contracts concerning male children are not collected **unless there is property that** serves as **a guarantee,** i.e., land,[H] **exceeding the** value of the **two marriage contracts** by at least one additional **dinar.**

גמ׳ תָּנוּ רַבָּנַן: לָזוֹ אֶלֶף וְלָזוֹ חֲמֵשׁ מֵאוֹת, אִם יֵשׁ שָׁם מוֹתַר דִּינָר – אֵלּוּ נוֹטְלִין כְּתוּבַּת אִמָּן, וְאֵלּוּ נוֹטְלִין כְּתוּבַּת אִמָּן. וְאִם לָאו – יַחְלְקוּ בְּשָׁוֶה.

GEMARA **The Sages taught** in a *baraita*: If **this** wife had a marriage contract valued at **one thousand** dinars and **that** wife had a marriage contract valued at **five hundred** dinars, **if there is a surplus of one dinar,** then **these** sons **collect their mother's marriage contract and those** sons **collect their mother's marriage contract. And if not, they divide** the inheritance **equally.**

פְּשִׁיטָא, מְרוּבִּין וְנִתְמַעֲטוּ – כְּבָר זָכוּ בָּהֶן יוֹרְשִׁין. מוּעָטִין וְנִתְרַבּוּ מַאי?

The Gemara notes: It **is obvious** that if there were **abundant** properties,[N] i.e., there was a surplus of a dinar above the value of the two marriage settlements at the time of the man's death, **but they depreciated**[H] before the sons collected the marriage settlements, **the heirs have already acquired rights to** the marriage settlements. However, **what** is the *halakha* if the estate's holdings were **few,** i.e., there was no surplus at the time of the man's death, **but they appreciated** before the sons divided the estate, so that there was a surplus? Do the sons collect the mothers' marriage settlements?

HALAKHA

We inflate the value of our father's property – אֲנַחְנוּ מַעֲלִים עַל נִכְסֵי אָבִינוּ: If the orphans said: We inflate the value of our father's property by one dinar, in order to enable themselves to collect their mother's marriage settlement, the court does not listen to them. Instead, the property is assessed in court in order to determine its value at the time of their father's death, in accordance with the mishna (Rambam *Sefer Nashim, Hilkhot Ishut* 19:5; *Shulḥan Arukh, Even HaEzer* 111:5).

There was potential inheritance there – הָיוּ שָׁם נְכָסִים בְּרָאוּי: If, at the time of the father's death the value of his real estate did not exceed that of the two marriage contracts plus an additional dinar, his sons divide the estate equally. Even if additional property was expected to come into their possession, e.g., inheritance from their paternal grandfather, they are not considered a surplus for this purpose, in accordance with the mishna (*Shulḥan Arukh, Even HaEzer* 111:3).

Property that serves as a guarantee, i.e., land – נְכָסִים שֶׁיֵּשׁ לָהֶם אַחֲרָיוּת: Some authorities hold that the *halakha* of the marriage contract concerning male children applies only with regard to real estate and not to movable property. Therefore, if the estate of the deceased includes no real estate, the heirs cannot claim their mother's marriage settlement. However, concerning the surplus, even if it is only in movable property, it is still considered a surplus for the purposes of the distribution of property, in accordance with the first *tanna* in the mishna and contrary to the opinion of Rabbi Shimon (*Shulḥan Arukh, Even HaEzer* 111:14).

Were abundant but they depreciated, etc. – מְרוּבִּין וְנִתְמַעֲטוּ: The court assesses the value of the estate according to its worth at the time of the father's death. Even if its value changed, whether it increased or decreased, the assessment is still based on the value of the property at the time of death. This is in accordance with the opinion of Rav Naḥman. The Rema writes that this *halakha* applies specifically to a case where the property depreciated in value, and not to a case where it was later discovered that a certain property did not truly belong to the father, because according to the Ran and others, such a case is considered an error and requires a reevaluation of the entire estate (Rambam *Sefer Nashim, Hilkhot Ishut* 19:5; *Shulḥan Arukh, Even HaEzer* 111:5).

NOTES

Potential inheritance – רָאוּי: Most of the commentaries explain this in accordance with Rashi's comment that this refers to property that the sons expect to inherit from their paternal grandfather. Upon the grandfather's death, his property is viewed as being inherited by his son, despite the fact that he is already dead, and the grandsons immediately inherit the property from him. The Rambam explains in his Commentary on the Mishna that the category of potential inheritance includes outstanding debts that are due to be repaid to the father or money that he owns in a distant location. Rabbi Ovadya of Bartenura offers a similar explanation.

Rabbi Shimon says, etc. – רַבִּי שִׁמְעוֹן אוֹמֵר וכו׳: There is a difference of opinion cited in the Jerusalem Talmud with regard to this dispute between the first *tanna* and Rabbi Shimon. One *amora* holds that the dispute relates to the value of the marriage settlements; however, all agree that the surplus of a dinar may be in the form of movable property. The other *amora* holds that all agree that the value of the marriage settlements must exist in the form of land, and the dispute pertains to the surplus of a dinar.

It is obvious that if there were abundant properties, etc. – פְּשִׁיטָא מְרוּבִּין וכו׳: The early authorities wondered why the *halakha* in a case where the properties were of high value and subsequently depreciated should be more obvious than in the opposite case, where they were of low value and their value subsequently increased. They explained the reason for this as follows: If the value of the properties at the time of death was sufficient to cover the two marriage contracts plus the additional dinar, the sons are considered to have instantly inherited their respective shares of the property. These shares are based upon the amounts of the mothers' marriage settlements and an equal division of the surplus, in accordance with the *halakhot* of inheritance according to Torah law. When the property depreciates, it depreciates for each of the sons according to his share. Conversely, if there was no surplus when their father died, the sons automatically inherit rights to equal shares of the estate. The question is if the Sages still imposed their enactment of the marriage contract concerning male children in this case given that at the time of the distribution the *halakhot* of inheritance according to Torah law can still be fulfilled with the surplus (Ramban; Ra'ah; Ritva). The Meiri explains differently: While it is clear that high-valued property that depreciated is considered actual property, it is uncertain whether low-valued property whose value increased is deemed potential or actual property, as the increase in value did not yet exist at the time of the father's death.

תָּא שְׁמַע: דְּנִיכְסֵי דְּבֵי בַּר צַרְצוּר מוּעָטִין וְנִתְרַבּוּ הֲווֹ, וַאֲתוֹ לְקַמֵּיהּ דְּרַב עַמְרָם. אֲמַר לְהוּ: זִילוּ פַּיְּיסִינְהוּ. לָא אַשְׁגַּחוּ.

The Gemara suggests: **Come** and **hear** a solution based upon the following case: The **properties of the house of bar Tzartzur were few,** i.e., there was no surplus beyond his wives' marriage settlements, **and they appreciated.** The sons of the two wives **came before Rav Amram** to discuss the matter. **He said to** the sons of the wife who had the more valuable marriage contract: **Go appease** the sons of the other wife and give them some of your share. **They did not heed** his advice.

אֲמַר לְהוּ: אִי לָא מְפַיְּיסִיתוּ לְהוּ – מָחֵינָא לְכוּ בְּסִילְוָא דְּלָא מַבַּע דָּמָא – שַׁדְּרִינְהוּ לְקַמֵּיהּ דְּרַב נַחְמָן. אֲמַר לְהֶן: כְּשֵׁם שֶׁמְּרוּבִּין וְנִתְמַעֲטוּ

He said to them: If you will not appease them, I will strike you with a thorn [*silva*][L] **that does not draw blood,** i.e., I will excommunicate you. **He sent them before Rav Naḥman.** Rav Naḥman **said to them: Just as** the *halakha* is that if the properties were **abundant but depreciated,**

LANGUAGE

Thorn [*silva*] – סִילְוָא: Similar to the Arabic سُلاء, *sullā*, meaning the thorn of a palm tree. These are the small leaves on the palm fronds that become hard and thorny over time and whose stabs cause great pain. *Silva* is apparently synonymous with the word *sol* in the Mishna, and it may be connected to the words *salon* and *silon* that appear in Ezekiel (2:6, 28:24), which also refer to a prickly thorn.

Perek **X**
Daf **91** Amud **b**

זָכוּ בָּהֶן יוֹרְשִׁין, כָּךְ מוּעָטִין וְנִתְרַבּוּ – זָכוּ בָּהֶן יוֹרְשִׁין.

the heirs acquired rights to the mothers' marriage contracts due to the value of the estate when their father died, **so too,** in a case where the properties were **few and** the value subsequently **appreciated,**[N] **the heirs have acquired rights** to divide the entire estate equally, due to the value of the estate when their father died.

(סִימָן: אֶלֶף וּמֵאָה מִצְוָה בִּכְתוּבָּה יַעֲקֹב זָקַף שְׂדוֹתָיו בִּדְבָרִים עֲסִיקִין.)

§ This is **a mnemonic** device[B] for the following *halakhot*, which are connected in one way or another to the problem being dealt with in the mishna: **One thousand, and one hundred, mitzva, in the marriage contract, Ya'akov, set up, his fields, with words, disputants.**

הָהוּא גַּבְרָא דַּהֲווֹ מַסְּקִי בֵּיהּ אַלְפָּא זוּזֵי, הֲוָה לֵיהּ תְּרֵי אַפַּדְנֵי, זַבְּינִנְהוּ חֲדָא בְּחַמְשׁ מְאָה וַחֲדָא בְּחַמְשׁ מְאָה. אֲתָא בַּעַל חוֹב טְרַפָא לַחֲדָא מִינַּיְיהוּ. הֲדַר קָטָרֵיף לְאִידָּךְ.

There was **a certain man who** had a creditor with **a claim of one thousand dinars against him. He had two mansions** [*appedanei*].[L] **He sold them, one for five hundred and the other** one also **for five hundred. The creditor came and repossessed one of them** from the purchaser, as the repayment of part of his debt. **He subsequently** sought to **repossess the other** mansion as well, in payment for the remainder of his debt.

שְׁקַל אַלְפָּא זוּזֵי וְקָא אָזֵיל לְגַבֵּיהּ, אֲמַר לֵיהּ: אִי שָׁוְיָא לָךְ אַלְפָּא זוּזֵי – לְחַיֵּי, וְאִי לָא – שְׁקִיל אַלְפָּא זוּזֵי, וְאִיסְתַּלֵּק.

The purchaser **took one thousand dinars and went to** the creditor. **He said to him: If** the first mansion that you repossessed is **worth one thousand dinars to you, very well,** let it be yours in exchange for the entire sum that is owed to you, **and if not, take** these **one thousand dinars and abrogate** your rights to both of the mansions, leaving them both in my possession.

סְבַר רָמִי בַּר חָמָא לְמֵימַר: הַיְינוּ מַתְנִיתִין; אִם אָמְרוּ יְתוֹמִים הֲרֵי אָנוּ מַעֲלִין עַל נִכְסֵי אָבִינוּ יָפֶה דִּינָר.

Rami bar Ḥama thought to say that **this** case **is** identical to that which is taught in **the mishna: If the orphans say: We inflate** the value of **our father's property by a dinar,** the court does not listen to them. This appears to be the case here as well, and the value of the mansion should not be assessed at higher than its market value.

אֲמַר לֵיהּ רָבָא: מִי דָּמֵי? הָתָם – אִית לְהוּ פְּסֵידָא לְיַתְמֵי, הָכָא – מִי אִית לֵיהּ פְּסֵידָא? אַלְפָּא יְהֵיב, וְאַלְפָּא שָׁקֵיל.

Rava said to him: Are the two cases **comparable? There,** in the mishna, **the** other **orphans** whose mother's marriage contract was of lesser value will suffer a financial **loss** if the property is assessed at a value greater than it is actually worth. **Here,** in the case of the creditor, **does he incur a loss? He lent one thousand** dinars **and took one thousand** dinars; consequently, it would be cruel on his part to refuse to take the money and to insist on taking the second mansion from the purchaser.

NOTES

So too in a case where the properties were few and subsequently appreciated – כָּךְ מוּעָטִין וְנִתְרַבּוּ: Rashi explains that in a case where the value of the property was initially low and subsequently increased, the assessment of its value is also based on the time of the husband's death. Since at the time of death it was not yet possible to collect the marriage contract concerning male children, the sons of each of the wives have in fact already acquired an equal portion of the inheritance. Rabbeinu Ḥananel explains this similarly, as do the Rambam and other authorities (see *Nimmukei Yosef*). *Tosafot*, however, offer an opposite interpretation, suggested by the Ri, who explains that even in a case of an estate of low value whose value increased, the heirs are entitled to the marriage contract concerning male children. According to this understanding of the passage, the meaning of the phrase: The heirs have acquired rights, refers to the right of each heir to collect his mother's marriage settlement. It appears that the Rivan also follows this interpretation.

BACKGROUND

A mnemonic device – סִימָן: Because the Talmud was studied orally for many generations, mnemonic devices were often employed as an aid to remember a series of statements and the order in which they were taught.

LANGUAGE

Mansions [*appedanei*] – אַפַּדְנֵי: Originally from the Old Persian word apadāna, which means a palace or audience hall. The term came into Aramaic well before the talmudic period and appears in the book of Daniel (11:45).

וְטִירְפָּא בְּכַמָּה כָּתְבִינַן?

The Gemara asks: If the creditor decided to hold on to the first mansion and to forgive the remainder of the debt, **what amount is written** in the document of **authorization to repossess** liened property, through which the purchaser will claim compensation from the seller? The purchaser had paid only five hundred dinars for the mansion that was repossessed, but the repossession of that mansion earned the seller one thousand dinars, as his entire debt was paid off.

רָבִינָא אֲמַר: בְּאַלְפָּא. רַב עֲוִירָא אֲמַר: בַּחֲמֵשׁ מְאָה. וְהִלְכְתָא: בַּחֲמֵשׁ מֵאָה.

Ravina said: It is written **for one thousand** dinars. **Rav Avira said:** It is written **for five hundred** dinars; the fact that the creditor forgave the full amount of the debt in exchange for this house was his own personal decision and does not reflect an increase in the property value of the house. The Gemara concludes: **The *halakha* is** that it is written **for five hundred** dinars.

הַהוּא גַּבְרָא דַּהֲווּ מַסְּקֵי בֵּיהּ מְאָה זוּזֵי, הָווּ לֵיהּ תְּרֵי קְטִינֵי דְּאַרְעָא. חַד זַבֵּינְהוּ בְּחַמְשִׁין, וְחַד בְּחַמְשִׁין. אֲתָא בַּעַל חוֹב טָרְפָא לְחַד מִינַּיְיהוּ, הֲדַר אֲתָא וְקָטָרֵיף לְאִידָּךְ.

It is also related that there was **a certain man who** had a creditor with **a claim**[H] **of one hundred dinars against him. He had two small** tracts **of land. He sold one for fifty and** he also sold the other **one for fifty.**[N] **The creditor came and repossessed one of them** from the purchaser as the collection of part of his debt. **He subsequently came,** seeking to **repossess the other** tract of land as well, as payment for the rest of the debt owed to him.

שְׁקַל מְאָה זוּזֵי, וְקָאָזֵיל לְגַבֵּיהּ וְאָמַר לֵיהּ: אִי שַׁוְיָא לָךְ מְאָה זוּזֵי – לְחַיֵּי, וְאִי לָא – שְׁקוֹל מְאָה זוּזֵי וְאִיסְתַּלֵּק.

The purchaser **took one hundred dinars and went to** the creditor. **He said to him: If** this tract **is worth one hundred dinars to you, very well, and if not, take one hundred dinars and abrogate** your rights to both of the tracts, leaving them both in my possession.

סָבַר רַב יוֹסֵף לְמֵימַר: הַיְינוּ מַתְנִיתִין: אִם אָמְרוּ יְתוֹמִים כו׳. אָמַר לֵיהּ אַבָּיֵי: מִי דָּמֵי? הָתָם – אִית לְהוּ פְּסֵידָא לְיַתְמֵי, הָכָא – מַאי פְּסֵידָא אִית לֵיהּ? מְאָה יָהֵיב, מְאָה שָׁקֵיל.

Rav Yosef thought to say that this case **is** identical to that which is taught in **the mishna,** whereby **if the orphans say:** We inflate the value of our father's property by a dinar, the court does not listen to them. **Abaye said to him: Are** the two cases **comparable? There,** in the mishna, **the** other **orphans** suffer **a** financial **loss** if the property is assessed at a value greater than it is actually worth; **here, what loss** does the creditor **incur? He lent one hundred** dinars **and took one hundred** dinars. It would be cruel on his part to refuse to take the money and to insist on taking the land from the purchaser.

וְטִירְפָּא בְּכַמָּה כָּתְבִינַן? רָבִינָא אֲמַר: בְּמֵאָה, רַב עֲוִירָא אֲמַר: בְּחַמְשִׁין. וְהִלְכְתָא: בְּחַמְשִׁין.

The Gemara asks: If the creditor decided to hold on to the first mansion and to forgive the remainder of the debt, **what amount is written** in the document of **authorization to repossess** liened property, through which the purchaser will claim compensation from the seller? **Ravina said** that it is written **for one hundred. Rav Avira said** it is written **for fifty.** The Gemara concludes: **The *halakha* is** that it is written **for fifty** dinars.

הַהוּא גַּבְרָא דַּהֲווּ מַסְּקֵי בֵּיהּ מְאָה זוּזֵי. שְׁכֵיב, שְׁבַק קְטִינָא דְּאַרְעָא דַּהֲוָה שַׁוְיָא חַמְשִׁין זוּזֵי. אֲתָא בַּעַל חוֹב וְקָטָרֵיף לֵיהּ. אֲזוּל יַתְמֵי יָהֲבוּ לֵיהּ חַמְשִׁין זוּזֵי, הֲדַר קָטָרֵיף לָהּ.

The Gemara relates that there was **a certain man who** had a creditor with **a claim of one hundred dinars against him. He died** and **left a small** tract **of land worth fifty dinars. The creditor came and repossessed it. The orphans came** and **gave him fifty dinars** and redeemed the property from him. **He returned** and **repossessed it** again in order to collect the remainder of the debt.

HALAKHA

There was a certain man who had a creditor with a claim, etc. – **הַהוּא גַּבְרָא דַּהֲווּ מַסְּקֵי וכו׳**: In the case of one who purchased two tracts of land, each for the price of one hundred dinars, and he owed two hundred dinars to a certain creditor, and that creditor came and repossessed the first tract that the purchaser bought; when he came to repossess the second tract to collect the remaining one hundred dinars of the outstanding debt, the purchaser came to him with two hundred dinars and said to him: If you would like to accept the first tract as payment for the entire two hundred dinars of the loan, very well, and if not, take these two hundred dinars and abrogate your claim; then the creditor must either accept the money or suffice with one tract of land.

If the creditor accepted the first tract as payment for the entire debt of two hundred dinars, then when the purchaser sues the seller for a refund, he collects no more than one hundred dinars, in accordance with the opinion of Rav Avira.

The Rema writes that this *halakha* applies only in a case where one person purchased both tracts of land. However, if two people purchased one tract of land each, neither one of them can force the creditor to either accept the other field at higher than its market value or accept money. This is because neither of the purchasers has anything to do with the tract purchased by the other individual (Rambam *Sefer Mishpatim*, *Hilkhot Malve VeLoveh* 18:9; *Shulḥan Arukh*, *Ḥoshen Mishpat* 114:3).

NOTES

He sold one for fifty and he also sold the other one for fifty – **חַד זַבֵּינְהוּ בְּחַמְשִׁין וְחַד בְּחַמְשִׁין**: Most commentaries explain that in the case of the mansions and this case of the tracts of land, the debtor sold both items to the same purchaser. If they had been sold to different purchasers, the second purchaser could not demand that the creditor abrogate his claim to the mansion or tract of land that he had already repossessed from someone else.

However, the Meiri explains that the *halakha* would apply equally regardless of whether the creditor sold his mansions or tracts of land to a single purchaser or to multiple purchasers. He therefore claims that the reason this case is stated, despite the fact that it does not seem to add anything that was not stated in the previous case, is because the case of the mansions was where the debtor sold the mansions to a single purchaser, whereas in this case he sold the tracts of land to two separate purchasers, and the novelty is that the same *halakha* applies.

Other commentaries offer different explanations as to the need for the case of the tracts of land. One is that while the first case relates to a mansion, whose price is not entirely fixed, the second case relates to a field, which has a fixed price. In the case of a mansion, the purchaser can argue that the value of the property did increase, so that he has a right to receive a document of authorization for the entire amount (Ḥaver ben Ḥayyim).

אָתוּ לְקַמֵּיהּ דְּאַבַּיֵי. אֲמַר לְהֶן: מִצְוָה עַל הַיְּתוֹמִים לִפְרוֹעַ חוֹב אֲבִיהֶן. הָנֵי קַמָּאֵי – מִצְוָה עֲבַדִיתוּ, הָשְׁתָּא – כִּי טָרֵיף – בְּדִין קָטָרֵיף.

They came before Abaye to complain. **He said to them: It is a mitzva for orphans to settle their father's debt.** Consequently, with the money you paid the creditor **initially, you performed a mitzva,** as you partially settled a debt your father owed. However, this payment did not cancel the lien on the property, and so **now, when he repossesses** the land, **he is repossesses** it **lawfully.**

וְלָא אֲמָרַן דְּלָא אָמְרוּ לֵיהּ: הָנֵי חַמְשִׁין זוּזֵי דְּמֵי דְּאַרְעָא קְטִינָא, אֲבָל אָמְרוּ לֵיהּ: הָנֵי חַמְשִׁין זוּזֵי דְּמֵי אַרְעָא קְטִינָא – סַלּוֹקֵי סַלְקוּהּ.

The Gemara notes: **And we said** this ruling only in a case **where** the orphans **did not say to** the creditor: **These fifty dinars are payment** for **the small** tract **of land. However,** if **they said to him: These fifty dinars are payment** for **the small** tract **of land,**[H] **they have** successfully **removed him** from the land and he has no further claim to it.

הַהוּא גַּבְרָא דִּזְבְנָהּ לִכְתוּבָּתָהּ דְּאִימֵּיהּ בְּטוֹבַת הֲנָאָה, וְאָמַר לֵיהּ: אִי אָתְיָא אֵם וּמְעַרְעֲרָא – לָא מְפַצֵּינָא לָךְ.

§ The Gemara relates that there was **a certain man who sold** the rights to **his mother's marriage contract**[HN] **for** a certain **financial advantage,** i.e., he received a certain sum on the condition that if he would inherit his mother's marriage contract, which would occur if his mother's husband would die prior to his mother, the purchaser would obtain the right to collect the money. **And he told** the purchaser: **If** my **mother comes and objects** to the sale, **I will not reimburse you** for your purchase.

שְׁכִיבָא אִימֵּיהּ וְלָא אִיעַרְעֲרָא, וַאֲתָא אִיהוּ וְקָא מְעַרְעֵר. סָבַר רָמִי בַּר חָמָא לְמֵימַר: אִיהוּ בִּמְקוֹם אִימֵּיהּ קָאֵי. אֲמַר לֵיהּ רָבָא: נְהִי דְּאַחֲרָיוּת דִּידָהּ לָא קַבֵּיל עֲלֵיהּ, אַחֲרָיוּת דִּידֵיהּ – מִי לָא קַבֵּיל?

His mother died after her husband died, **and** had **not objected** to the sale. **He,** however, **came and contested** the sale. **Rami bar Ḥama thought to say** that **he stands in his mother's place** and since he is her proxy, he has the right to object to the sale. **Rava said to him: Granted that he did not take upon himself** to **guarantee** the sale against his mother's objections, but **did he not take upon himself** to **guarantee** it against **his own** objections? When he sold the right to collect the marriage contract, he most certainly guaranteed that he would not renege on the sale.

אָמַר רָמִי בַּר חָמָא: רְאוּבֵן שֶׁמָּכַר שָׂדֶה לְשִׁמְעוֹן שֶׁלֹּא בְּאַחֲרָיוּת, וַאֲתָא שִׁמְעוֹן וּמְכָרָהּ לִרְאוּבֵן בְּאַחֲרָיוּת,

The Gemara relates a similar discussion. Rami **bar Ḥama said:** If **Reuven sold a field to Shimon without a guarantee, and Shimon came and sold** the field back **to Reuven,** but he sold it **with a guarantee** that if the field is repossessed, he will compensate the buyer for his loss,

HALAKHA

Payment for the small tract of land – דְּמֵי דְאַרְעָא קְטִינָא: If a man died and left a field worth one hundred dinars, and a creditor repossessed it as a partial payment for a debt, and the orphans gave him one hundred dinars, which is the price of the field, in order that he abrogate his rights to the field rather than repossess it, he may still repossess the field a second time as payment of the remaining debt, in accordance with the opinion of Abaye.

However, if upon paying the creditor the orphans stated that the money they were giving him was in payment for the field that he repossessed, and he accepted it, he can no longer repossess the field a second time, in accordance with the conclusion of the Gemara (Rambam *Sefer Mishpatim, Hilkhot Malve VeLoveh* 18:10; *Shulḥan Arukh, Ḥoshen Mishpat* 107:6; see *Sefer Me'irat Einayim* and *Shakh*).

Who sold the rights to his mother's marriage contract for a financial advantage – דִּזְבְנָהּ לִכְתוּבָּתָהּ דְּאִימֵּיהּ בְּטוֹבַת הֲנָאָה: If someone sold the rights to his mother's marriage contract during his father's lifetime, so that if his father dies and then his mother dies, and he inherits the right to collect her marriage settlement, this right will then transfer to the purchaser; and he added the condition that if his mother objects to the sale and cancels it he will not reimburse the purchaser; then, if his mother dies without objecting to the sale, the son cannot object to the sale on her behalf. Rather, he is considered to have taken it upon himself to guarantee the sale against any objections he may wish to put forth, in accordance with the opinion of Rava (*Shulḥan Arukh, Even HaEzer* 105:7).

NOTES

Sold the rights to his mother's marriage contract – זַבְנָהּ לִכְתוּבָּתָהּ דְּאִימֵּיהּ: Rashi initially offers a simple explanation that fits well with the wording of the text. The case discussed here is that of a person who, while his stepfather was still alive, sold the right to collect his mother's marriage contract; should his stepfather die during his mother's lifetime, the purchaser would own the right to collect payment of the mother's marriage contract. The son sells the rights to collect his mother's marriage contract for financial gain. The Talmud understands the transaction as involving a rather small sum, due to the uncertainty involved. There are several possible scenarios: The mother may die before her husband, in which case the husband would inherit her assets, or the son himself may die before the mother, in which case he would never attain the right to her marriage contract in order to be able to transfer that right to the purchaser.

The early commentaries were faced with a great difficulty here: Ostensibly, the sale is meaningless, since the rights to the marriage contract do not yet belong to the son, and therefore it should be considered the sale of an entity that has not yet come into the world, which is not valid. This difficulty is perhaps why Rashi himself explains that the discussion is not whether the purchaser attains rights to the marriage contract, which he certainly does not; it is only about whether the seller must refund his money. Rabbeinu Tam (see *Tosafot*) argues that if one sells the rights to a specific item that he will inherit, rather than his general rights to the property he will inherit, the sale is legally binding.

In an alternate interpretation, Rashi explains that in this case, the son sold a field that had been set aside to serve as payment for his mother's marriage contract following his father's death. In that case, the acquisition applies to a specific object, although the mother has not yet acquired full rights to it. The field remains with the purchaser until the seller's mother decides to collect her marriage contract. The Ri interprets the matter in a similar manner, and the Ra'ah and Ritva are main proponents of this opinion. The Ra'avad explains that the case is one where the son sold property that was liened by virtue of the mother's marriage contract, and due to the lien he was not able to sell the land for its full value but only for a lesser amount, referred to as the financial advantage. A similar opinion can be found in the Meiri.

One of the later authorities explains that the son sold his right to the marriage contract concerning male children (*Eshel Avraham*). Rav Hai Gaon, who was also concerned about the issue of an entity that has not yet come to the world, is of the opinion that in this case, the mother was dying and the son sold the property in order to pay for her burial; in such a case, the Sages instituted an ordinance enabling the son to sell property that does not yet belong to him. However, in this case, the son stipulated that the transaction would be voided were the mother to recover from her illness.

וַאֲתָא בַּעַל חוֹב דִּרְאוּבֵן וְקָטְרֵיף לֵיהּ מִינֵּיהּ – דִּינָא הוּא דְּאָזֵיל שִׁמְעוֹן וּמְפַצֵּי לֵיהּ.

and Reuven's creditor came and repossessed the field from him, i.e., from Reuven, the law is that Shimon must go and compensate [*mefatzei*][L] Reuven, since he sold him the field with a guarantee, while Reuven owes Shimon nothing, since he sold him the field without a guarantee.

אָמַר לֵיהּ רָבָא: נְהִי דְּאַחֲרָיוּת דְּעָלְמָא קַבֵּיל עֲלֵיהּ – אַחֲרָיוּת דְּנַפְשֵׁיהּ מִי קַבֵּיל עֲלֵיהּ?

Rava said to him: Granted, that Shimon **took upon himself** to **guarantee** the sale in **general**, i.e., if the field were to be repossessed by his own creditors or those of a previous owner of the field; **did he** also **take upon himself** to **guarantee** the sale if it were to be repossessed by the purchaser's **own** creditors?[H]

וּמוֹדֶה רָבָא בִּרְאוּבֵן שֶׁיָּרַשׁ שָׂדֶה מִיַּעֲקֹב, וּמְכָרָהּ לְשִׁמְעוֹן שֶׁלֹּא בְּאַחֲרָיוּת, וַאֲתָא שִׁמְעוֹן וּמְכָרָהּ לִרְאוּבֵן בְּאַחֲרָיוּת, וַאֲתָא בַּעַל חוֹב דְּיַעֲקֹב וְקָטְרֵיף לֵיהּ מִינֵּיהּ – דִּינָא הוּא דְּאָזֵיל שִׁמְעוֹן וּמְפַצֵּי לֵיהּ מִינֵּיהּ.

The Gemara notes: **And Rava concedes** to Rami bar Ḥama **in** the following case: **Reuven inherited**[H] **a field from** his father, **Ya'akov, and sold it to Shimon**[N] **with no guarantee. Shimon came and sold it back to Reuven with a guarantee.** Then, **Ya'akov's creditor came and repossessed the field from** Reuven. In this case, Rava would concede that **the law is that Shimon** must **go and compensate** Reuven for his loss.

מַאי טַעְמָא – בַּעַל חוֹב דְּיַעֲקֹב כְּבַעַל חוֹב דְּעָלְמָא דָּמֵי.

The Gemara asks: **What is the reason** for this *halakha*? The Gemara answers: **Ya'akov's creditor is comparable to a general** case of a creditor, i.e., a creditor of a previous owner. Even Rava would agree that this is not comparable to a case where Reuven's creditor repossessed the field. Consequently, Shimon bears responsibility to compensate Reuven.

אָמַר רָמִי בַּר חָמָא: רְאוּבֵן שֶׁמָּכַר שָׂדֶה לְשִׁמְעוֹן בְּאַחֲרָיוּת, וְזָקַף עָלָיו בְּמִלְוֶה, וּמֵת רְאוּבֵן, וַאֲתָא בַּעַל חוֹב דִּרְאוּבֵן וְקָטְרֵיף לַהּ מִשִּׁמְעוֹן, וּפַיְּיסֵיהּ בְּזוּזֵי.

Rami bar Ḥama said: Consider a case where **Reuven sold a field to Shimon with a guarantee** that if it is repossessed he will compensate Shimon for his loss. Shimon did not pay for the purchase, **and** instead **set up** the value of the field **as a loan** by writing a promissory note for this amount. **Reuven** subsequently **died, and a creditor of Reuven came and repossessed** the field **from Shimon.** Shimon, not wanting the creditor to take the field from him, tried to **appease him with money** so the creditor would allow him to keep the field.

דִּינָא הוּא דְּאָמְרִי לֵיהּ בְּנֵי רְאוּבֵן: אֲנַן מִטַּלְטְלֵי שְׁבַק אֲבוּן גַּבָּךְ, וּמִטַּלְטְלֵי דְּיַתְמֵי לְבַעַל חוֹב לָא מִשְׁתַּעְבְּדֵי.

The law is that the sons of Reuven can **say to** Shimon that he must pay them the money he owes for the field, and they are not required to pay Shimon if he demands compensation for the repossession of the field. They may say to him: **Our father left us movable property with you,** i.e., the money you owe us for the field, **and the movable property of orphans is not liened to a creditor.** The orphans can claim that the field belongs to Shimon, and as there is no land left for the orphans, there is no way for Shimon to recover the compensation that he is owed. The money he owes Reuven is considered movable property, and therefore he cannot recover his losses from these funds.

NOTES

And sold it to Shimon – וּמְכָרָהּ לְשִׁמְעוֹן: It appears that when the Gemara speaks of Shimon in this context it means any person, not necessarily Reuven's brother, in keeping with the general usage of the names Reuven and Shimon as a reference to two ordinary, random people (Rivan; Rabbeinu Yehonatan). The Rivan also explains how it is possible to claim that Reuven and Shimon are brothers: When they divided their father's estate, they stipulated that Shimon would be released from responsibility for their father's debts.

LANGUAGE

Compensate [*mefatzei*] – מְפַצֵּי: The general definition of this verb is to rescue, as the verse states: "Who rescues [*hapotze*] David your servant" (Psalms 144:10). Here too, it refers to someone who rescues his fellow from claims raised against him. With time, the meaning of this word evolved to refer to compensation for damages.

HALAKHA

Did he also take upon himself to guarantee the sale if it were to be repossessed by the purchaser's own creditors – אַחֲרָיוּת דְּנַפְשֵׁיהּ מִי קַבֵּיל: If Reuven sold Shimon a field with no guarantee, and then bought the same field back from Shimon with a guarantee, and then one of Reuven's creditors came and repossessed the field from him, Reuven cannot return to Shimon and sue him for reimbursement of the cost of the field. The reason for this is that even though he did not guarantee his initial sale of the land to Shimon, he nevertheless guaranteed the sale from the claims of his own creditors. This is in accordance with the opinion of Rava (Rambam *Sefer Kinyan*, *Hilkhot Mekhira* 19:10; *Shulḥan Arukh*, *Ḥoshen Mishpat* 226:2).

And Rava concedes to Rami bar Ḥama in the following case: Reuven inherited, etc. – וּמוֹדֶה רָבָא בִּרְאוּבֵן שֶׁיָּרַשׁ וכו׳: If Reuven inherited a field from his father and sold it to Shimon with no guarantee, and he then purchased it back from him with a guarantee, and subsequently, a creditor of Reuven's father repossessed the field, Reuven can sue Shimon for reimbursement, as Reuven did not take it upon himself to guarantee his father's debts (Rambam *Sefer Kinyan*, *Hilkhot Mekhira* 19:10; *Shulḥan Arukh*, *Ḥoshen Mishpat* 226:2).

אֲמַר רָבָא: אִי פִּקֵּחַ אִידָךְ – מַגְבֵּי לְהוּ נִיהֲלַיְיהוּ אַרְעָא, וַהֲדַר גָּבֵי לָהּ מִינַּיְיהוּ, כְּרַב נַחְמָן. דְּאָמַר רַב נַחְמָן אָמַר רַבָּה בַּר אֲבוּהּ: יְתוֹמִים שֶׁגָּבוּ קַרְקַע בְּחוֹבַת אֲבִיהֶן – בַּעַל חוֹב חוֹזֵר וְגוֹבֶה אוֹתָהּ מֵהֶן.

Rava said with regard to this case: **If the other** individual, Shimon, **is clever**[H] **he will pay them** what he owes with **real estate** and not with money. Since they now have real estate inherited from their father's estate, Shimon **can then collect** the field **from them** as compensation for the repossession of the original field that Reuven sold to Shimon. This is **in accordance with** the opinion of **Rav Naḥman** said that **Rabba bar Avuh said:** When **orphans collect real estate**[H] **for a debt owed to their father** from one person, their father's **creditor** can **come and seize this** land **from them.**

אָמַר רַבָּה: רְאוּבֵן שֶׁמָּכַר כׇּל שְׂדוֹתָיו לְשִׁמְעוֹן, וְחָזַר שִׁמְעוֹן וּמָכַר שָׂדֶה אַחַת לְלֵוִי, וַאֲתָא בַּעַל חוֹב דִּרְאוּבֵן, רָצָה – מִזֶּה גּוֹבֶה, רָצָה – מִזֶּה גּוֹבֶה.

The Gemara addresses a similar matter. **Rabba said:** If **Reuven sold all his fields to Shimon,** and **Shimon then sold one field to Levi, and** then **Reuven's creditor came** to repossess one of the fields that was mortgaged to him: If **he desires, he can collect from this one,**[HN] Shimon, and if **he desires, he can collect from that one,** Levi, since he has a lien that applies equally to all the properties that once belonged to Reuven.

וְלָא אֲמַרַן אֶלָּא דְּזַבְנָהּ בֵּינוֹנִית, אֲבָל זַבְנָהּ עִידִּית וְזִבּוּרִית – מָצֵי אֲמַר לֵיהּ: לְהָכִי טְרַחִי וּזְבִינִי אַרְעָא דְּלָא חַזְיָא לָךְ.

And we said this **only** if Shimon **sold** Levi **land of intermediate quality, but** if **he sold** him **land of superior quality or inferior quality,**[B] Levi **can say to** the creditor: It was **for this** reason that **I made an effort** to **buy land that is not fit for you,** as a creditor is supposed to repossess land of intermediate quality. Therefore, go to Shimon and collect your debt from the land of intermediate quality that is in his possession.

וּבֵינוֹנִית נַמִי לָא אֲמַרַן אֶלָּא דְּלָא שְׁבַק בֵּינוֹנִית דִּכְווֹתָהּ,

The Gemara notes further: **And** even if Shimon sold Levi **land of intermediate quality, we said** that the creditor may repossess Levi's land **only** in a case **where** Levi **did not leave** Shimon with **equivalent land of intermediate quality.**

HALAKHA

If the other individual is clever – אִי פִּיקֵּחַ אִידָךְ: If Shimon is clever, he will pay off the debt that he owes the orphans with the land that he purchased from their father, and then subsequently repossess the land as reimbursement for the money he used to pay their father's creditor. This is in accordance with the opinion of Rava (Rambam *Sefer Mishpatim*, *Hilkhot Malve VeLoveh* 11:10).

When orphans collect real estate, etc. – יְתוֹמִים שֶׁגָּבוּ קַרְקַע וכו׳: If orphans collected real estate from an individual who owed money to their father, their father's creditor can repossess this land in payment of a debt owed to him. This is in accordance with the statement of Rabba bar Avuh (Rambam *Sefer Mishpatim*, *Hilkhot Malve VeLoveh* 11:9).

If he desires he can collect from this one, etc. – רָצָה מִזֶּה גּוֹבֶה וכו׳: If Reuven sold all of his fields to Shimon in a single transaction (*Sefer Me'irat Einayim*), and Shimon sold one of the fields to Levi, when Reuven's creditor comes to repossess a field in payment of the debt owed to him, he may repossess land either from Shimon or from Levi, as he desires. This is the case when Levi purchased land of intermediate quality and Shimon did not retain any land of comparable quality. However, if Levi purchased land of inferior quality or of superior quality, or even if Levi purchased land of intermediate quality but Shimon still has intermediate quality land left in his possession, the creditor can collect only from Shimon (Rambam *Sefer Mishpatim*, *Hilkhot Malve VeLoveh* 19:3; *Shulḥan Arukh*, *Ḥoshen Mishpat* 119:1).

NOTES

If he desires he can collect from this one – רָצָה מִזֶּה גּוֹבֶה: According to the *ge'onim* and Rashi, this is the case only if Shimon purchased all the fields from Reuven in a single transaction. However, if he purchased them separately, the lien is attached to the last field that he purchased from Reuven, as this field was unencumbered while all the others were already mortgaged. Although some authorities disagree with this (see *Tosafot*), most of the commentaries concur with this opinion.

BACKGROUND

Land of superior quality, intermediate quality, and inferior quality – עִידִּית, בֵּינוֹנִית וְזִבּוּרִית: Landed property falls into three categories: Superior quality, intermediate quality, and inferior quality. If the *halakha* requires one to make a payment and he lacks the funds to pay it, his land may be confiscated as payment. In such circumstances the following principles apply: Compensation for damage must be paid from land of superior quality; debts must be paid from land that is at least of intermediate quality; and one's obligations to his wife resulting from her marriage contract may be paid from land of inferior quality.

אֲבָל שְׁבַק בֵּינוֹנִית דִּכְוָותָהּ – מָצֵי אָמַר לֵיהּ: הִנַּחְתִּי לְךָ מָקוֹם לִגְבּוֹת הֵימֶנּוּ.

However, if Levi **left similar land of intermediate quality** with Shimon, **he can say to the creditor: I have left you a place from which to collect;** go and collect from Shimon.

אֲמַר אַבַּיֵי: רְאוּבֵן שֶׁמָּכַר שָׂדֶה לְשִׁמְעוֹן בְּאַחֲרָיוּת, וַאֲתָא בַּעַל חוֹב דִּרְאוּבֵן וְקָטְרֵיף לָהּ מִינֵּיהּ – דִּינָא הוּא דְּאָזֵיל רְאוּבֵן וּמְפַצֵּי לֵיהּ, וְלָא מָצֵי אָמַר לֵיהּ: לָאו בַּעַל דְּבָרִים דִּידִי אַתְּ. מִשּׁוּם דַּאֲמַר לֵיהּ: דְּמַפְּקַתְּ מִינֵּיהּ – עֲלַי הָדַר.

Abaye said: In a case **where Reuven sold a field to Shimon with a guarantee** that if the field is repossessed, he will compensate Shimon for his loss **and Reuven's creditor comes and repossesses** the land **from Shimon, the law is that Reuven goes**[N] **and rescues** Shimon[H] by attempting to forestall the repossession,[N] and the creditor **cannot say to** Reuven: **I am not legally answerable to you** since I am taking the field from Shimon. This is **because** Reuven **can retort: What you take from him comes back to me:** Since I guaranteed the sale and will ultimately have to compensate Shimon, you cannot claim that I am not a legal party in this matter.

וְאִיכָּא דְּאָמְרִי: אֲפִילּוּ שֶׁלֹּא בְּאַחֲרָיוּת נַמִי, דְּאָמַר לֵיהּ: לָא נִיחָא לִי דְּתֶהֱוֵי לֵיהּ לְשִׁמְעוֹן תַּרְעוֹמֶת עֲלַי.

And there are those **who say** that **even** if Reuven sold Shimon the field **with no guarantee,** he can **also** join in the deliberations and attempt to forestall the repossession of the land. This is **because** Reuven can **say to** the creditor: It is **not amenable to me that Shimon will have a grievance against me** for having sold him land that was then repossessed.

אֲמַר אַבַּיֵי: רְאוּבֵן שֶׁמָּכַר שָׂדֶה לְשִׁמְעוֹן שֶׁלֹּא בְּאַחֲרָיוּת, וְיָצְאוּ עָלָיו

Abaye said: In a case **where Reuven sold a field to Shimon with no guarantee, and it emerged** that **he had**

HALAKHA

That Reuven goes and rescues Shimon – דְּאָזֵיל רְאוּבֵן וּמְפַצֵּי לֵיהּ: If Reuven sold a field to Shimon, even if he sold it without a guarantee, and his creditor then repossesses the field from Shimon, if Reuven so desires, he can take up the matter with the creditor, and the latter cannot object to his involvement by saying that he is not a legal party to the proceedings. This follows the principle that the *halakha* is decided in accordance with opinions introduced by the phrase: There are those who say (Rambam *Sefer Kinyan, Hilkhot Mekhira* 19:9; *Shulḥan Arukh, Ḥoshen Mishpat* 226:1).

NOTES

The law is that Reuven goes – דִּינָא הוּא דְּאָזֵיל רְאוּבֵן: The Netziv, in his novellae on tractate *Bava Kamma*, claims that Reuven is legally obligated to assist Shimon, as this assistance to Shimon is included in the guarantee that Reuven provided to him. It appears that the wording of the Gemara supports this understanding, as it states: The law is, denoting an obligation. However, the Ritva, in his commentary on this passage, expressly writes that this assistance does not constitute a legal requirement. This may be indicated by the Gemara's statement (93a): Show me the document of authorization and I will pay you. Rather, the Gemara's intention is that Reuven has the right to provide such assistance. Rabbeinu Crescas Vidal agrees with the Ritva.

That Reuven goes, etc. – דְּאָזֵיל רְאוּבֵן וכו׳: The early commentaries discuss the following question extensively: What difference does it make whether Reuven or Shimon litigates with the creditor? What advantage is there if Reuven does so? Rashi is of the opinion that Reuven can demand that the creditor take an oath confirming that he has not yet received payment for the debt. Alternatively, Reuven may have a counterclaim against the creditor that will cancel out the debt. *Tosafot* and others question the first explanation since in any event, a creditor cannot extract payment from liened property without taking an oath. The author of *Penei Yehoshua* defends Rashi by pointing out a distinction between Reuven and Shimon: It is possible that if Reuven himself presents the claim against the creditor, the latter may be shamed into admitting the truth. The Rivan writes that Reuven can claim that the due date for the loan has not yet arrived.

Tosafot offer an additional argument which only Reuven would be able to put forth: That the promissory note is a forgery. Other commentaries question this because it is obvious that the document would, in any event, be authenticated before the debt was repaid. *Tosafot* in *Bava Kamma* (8b) write that Reuven's ability to take the creditor to court is relevant to cases in which Shimon has declared that he does not have any further evidence and is therefore banned by legal procedure from submitting any further evidence. This restriction would not apply to Reuven. Others explain that in this case, Shimon trusted the creditor and did not require him to take an oath; Reuven may still come and require him to take the oath. Alternatively, Shimon may have agreed to accept the reliability of a particular individual without further litigation, whereas Reuven is not bound by this agreement. Some commentaries say that if the creditor must take an oath to Reuven with regard to some other matter, Reuven can require him to extend the oath to this matter as well.

The Ramban suggests another possibility: Over the course of time, the price of the land changed, and now Reuven prefers to pay off his debt with cash rather than real estate. The Rosh offers yet another solution: It is possible for Reuven to insist that the case be litigated by the High Court, whereas Shimon may be unable to travel there.

A completely different opinion is offered by the author of *Sefer HaIttur*, also cited by the Ramban and his students. The situation under discussion is one where Reuven defined this tract of land as designated repayment for that particular debt, and the purchaser enhanced the property. Under these circumstances, the purchaser cannot fend off the creditor with cash in order to keep the enhanced property. He must give up the property and then receive compensation from the creditor for his expenses related to enhancing the property, and compensation from Reuven for the value of the field including the enhancements. Reuven, however, can pay off the debt with cash, thereby saving himself from having to pay Shimon for his enhancements to the field, and saving Shimon the trouble of losing land that he took pains to enhance. The Ritva is of the opinion that this approach is the most correct.

The Rosh cites Rabbi Yitzḥak ben Mordekhai's fairly simple explanation, that there is no legal difference between Reuven and Shimon. Rather, it is known that some people are more clever and experienced than others when it comes to presenting their arguments in court. Should Reuven be the more experienced one, it is preferred that he handle the deliberations with the creditor.

עֲסִיקִין, עַד שֶׁלֹּא הֶחֱזִיק בָּהּ – יָכוֹל לַחֲזוֹר בּוֹ, מִשֶּׁהֶחֱזִיק בָּהּ – אֵינוֹ יָכוֹל לַחֲזוֹר בּוֹ, מִשּׁוּם דְּאָמַר לֵיהּ: חַיְיתָא דְּקִיטְרֵי סְבַרְתְּ וְקַבֵּילַתְּ. וּמֵאֵימַת מַחֲזִיק בָּהּ – מִכִּי דָּיֵישׁ אַמְצְרֵי.

disputants[N] i.e., individuals who dispute Reuven's ownership of the field, **as long as** Shimon **has not** yet **taken possession of it,**[HN] **he can renege** on the deal. However, **once he has taken possession,** Shimon **cannot renege** on the deal, **because** at that point the seller, Reuven, **can say to him: You agreed** to **a sack** [*ḥaita*][L] **of knots**[N] **and you received it,** i.e., since you purchased the field with no guarantee, you understood that it was a risky investment. The Gemara asks: **And from when** is Shimon considered to have **taken possession of** the property?[N] The Gemara answers: It is **from when he walks the boundaries**[N] of the land to inspect it.

אִיכָּא דְּאָמְרִי: אֲפִילּוּ בְּאַחֲרָיוּת נַמִי, דְּאָמַר לֵיהּ: אַחֲוֵי טִירְפָּךְ וַאֲשַׁלֵּם לָךְ.

There are those who say that **even** if Reuven sold him the field **with a guarantee,** Shimon may not demand a refund immediately when he discovers that there are disputants, **as** Reuven **can say to** Shimon: **Show me your** document of **authorization to repossess** property from me, **and I will pay you.**[N]

מתני׳ מִי שֶׁהָיָה נָשׂוּי שָׁלֹשׁ נָשִׁים וּמֵת, כְּתוּבָּתָהּ שֶׁל זוֹ מָנֶה, וְשֶׁל זוֹ מָאתַיִם, וְשֶׁל זוֹ שְׁלֹשׁ מֵאוֹת, וְאֵין שָׁם אֶלָּא מָנֶה – חוֹלְקִין בְּשָׁוֶה.

MISHNA In the case of **one who was married** to **three women and died** and **the marriage contract of this** wife was for **one hundred dinars and** the marriage contract **of this** second wife was for **two hundred** dinars, **and** the marriage contract **of this** third wife was for **three hundred,** and all three contracts were issued on the same date so that none of the wives has precedence over any of the others, **and** the total value of the estate is **only one hundred dinars,** the wives **divide** the estate **equally.**

HALAKHA

As long as Shimon has not yet taken possession of it – עַד שֶׁלֹּא הֶחֱזִיק בָּהּ וכו׳: If one purchases a parcel of land from another by means of one of the accepted methods of acquisition, but before he makes use of the land disputants arise to challenge the seller's ownership of the property, the purchaser may cancel the sale, and the seller must refund his money. However, according to the Rosh, the purchaser can only renege on the transaction if he has not yet paid for the property (see *Sefer Me'irat Einayim*). If the purchaser already made use of the land, even if he merely walked its perimeter and leveled it with the rest of the property, he can no longer withdraw from the transaction. It appears that this is the case even if the sale was guaranteed, as the *halakha* generally follows statements introduced with the phrase: There are those who say (Rambam *Sefer Kinyan*, *Hilkhot Mekhira* 19:2; *Shulḥan Arukh*, *Ḥoshen Mishpat* 226:5).

LANGUAGE

Sack [*ḥaita*] – חַיְיתָא: The *Arukh* explains this word to mean a skin that was normally used to carry wine or water.

NOTES

It emerged that he had disputants [*asikin*] – יָצְאוּ עָלָיו עֲסִיקִין: The meaning of the term *asikin* is unclear. Some commentaries explain that creditors of Reuven came to repossess the field from the purchaser. The author of *Sefer HaIttur* cites *ge'onim* who explain that *asikin* are individuals who dispute the seller's claim of ownership to the tract of land. In that case, the purchaser can claim that although he purchased the land with no guarantee and consequently took upon himself the risk that creditors may come and repossess the land from him, he did not take it upon himself to litigate with disputants (see *Beit Yosef*, citing Rabbeinu Yeruḥam).

As long as Shimon has not yet taken possession of it – עַד שֶׁלֹּא הֶחֱזִיק בָּהּ: According to Rashi, this refers to a case where the purchaser has not yet paid for the property. Consequently, the purchaser is not the legal owner of the property, and Abaye's point is that although the Sages cursed one who reneges on a verbal pledge to carry out a transaction (see *Bava Metzia* 44a), that does not apply here, because the purchaser is backing out because of the concern that the property will be taken from him (*Tosafot*; see *Talmidei Rabbeinu Yona*). However, most early authorities (see Ramban and Ra'ah) explain that this refers to a case where the purchaser has already paid for the land, and Abaye's point is that even though he has already acquired it, he can still force the seller to take back his land and return the money.

It is explained in the *Sefer HaIttur* that while land is normally acquired with money or a deed, in this case, because the purchaser could be facing a potential loss, it was determined that the transaction would not be considered complete until the purchaser performs an act denoting ownership.

A sack of knots – חַיְיתָא דְּקִיטְרֵי: Rashi understood this to mean a sack full of knots. The Rivan interprets it as an empty, tied sack. In his commentary on tractate *Bava Kamma* (9a), Rashi explains that it is a tied sack full of air. This is also the interpretation of Rabbeinu Yehonatan. In the *Nimmukei Yosef* on *Bava Kamma* it is interpreted as a tied sack whose contents are unknown.

And from when is Shimon considered to have taken possession of the property – וּמֵאֵימַת מַחֲזִיק בָּהּ: *Tosafot* wondered why this question is necessary here, as the *halakhot* of property possession and acquisition are clearly delineated in a mishna in tractate *Bava Batra* (42a). They cite the opinion of the Rabbi Yitzḥak ben Mordekhai, that what is being discussed here is not how the purchaser can acquire the property. Rather, although he has already acquired the property, he may still renege on the deal until he takes action to begin to tend to it, which demonstrates his intention to keep the property; it is this action that is being defined here. Many other early authorities (see Meiri) offer a similar explanation.

Walks the boundaries – דָּיֵישׁ אַמְצְרֵי: The commentaries suggest various explanations of this expression. Some explain it to mean that the purchaser walks around the boundaries of the field to see what kind of work needs to be done (*Tosafot*). Others say that he repairs the boundary markers (Ritva). The Rif and Rambam explain that the neighboring field belongs to the purchaser as well, and he removes the boundary markers between the two fields in order to conjoin them.

Show me your document of authorization to repossess property from me and I will pay you – אַחֲוֵי טִירְפָּךְ וַאֲשַׁלֵּם לָךְ: Once Shimon has taken possession of the field, he may not renege on the deal until the field is actually repossessed by Reuven's creditors, as it is not clear in advance that Reuven's creditors will be granted the right to repossess the field. Once Reuven's creditors legally repossess the field, the court must write a document authorizing Shimon to repossess property belonging to Reuven as compensation for his loss.

הָיוּ שָׁם מָאתַיִם – שֶׁל מָנֶה נוֹטֶלֶת חֲמִשִּׁים, שֶׁל מָאתַיִם וְשֶׁל שְׁלֹשׁ מֵאוֹת – שְׁלֹשָׁה שְׁלֹשָׁה שֶׁל זָהָב. הָיוּ שָׁם שְׁלֹשׁ מֵאוֹת – שֶׁל מָנֶה נוֹטֶלֶת חֲמִשִּׁים, וְשֶׁל מָאתַיִם מָנֶה וְשֶׁל שְׁלֹשׁ מֵאוֹת שִׁשָּׁה שֶׁל זָהָב.

If **there were two hundred** dinars[N] in the estate, the one whose marriage contract was **for one hundred dinars takes fifty** dinars, while those whose contracts were **for two hundred and three hundred** dinars take **three** dinars **of gold each,** which are the equivalent of seventy-five silver dinars. If **there were three hundred** dinars in the estate, the one whose marriage contract was **for one hundred** dinars **takes fifty** dinars, the one whose contract was **for two hundred** dinars **takes one hundred** dinars, **and the one whose** contract was **for three hundred** dinars takes **six** dinars **of gold,** the equivalent of one hundred and fifty silver dinars.

וְכֵן שְׁלֹשָׁה שֶׁהֵטִילוּ לַכִּיס, פִּיחֲתוּ אוֹ הוֹתִירוּ – כָּךְ הֵן חוֹלְקִין.

Similarly, three individuals **who deposited** money **into a purse,**[N] i.e., invested different amounts of money into a joint business venture: If they **incurred a loss or earned a profit,** and now choose to dissolve the partnership, **they divide** the assets **in this manner,** i.e., based upon the amount that each of them initially invested in the partnership.

גמ׳ שֶׁל מָנֶה נוֹטֶלֶת חֲמִשִּׁים?! תְּלָתִין וּתְלָתָא וְתִילְתָּא הוּא דְּאִית לַהּ!

GEMARA The Gemara asks about the *halakha* in the case where the estate has two hundred dinars, in which case the wife whose marriage contract was for one hundred dinars receives fifty dinars. Why should the wife whose marriage contract was **for one hundred take fifty? She should have** the right to collect only **thirty-three and one-third** dinars.[N] Since her claim is only for the first hundred dinars, and all three women have an equal right to this first hundred, it stands to reason that it should be divided equally between the three of them.

NOTES

If there were two hundred dinars, etc. – הָיוּ שָׁם מָאתַיִם וכו׳: This ruling is based on the assumption that each of the marriage contracts imposes a lien on a different amount of the husband's property, and each woman has a right to collect her share only from the amount of property that is liened to her marriage contract. However, the details of the mishna do not reconcile well with this assumption, and consequently Shmuel and Rav Ya'akov of Nehar Pekod had to interpret the mishna as addressing a special case in which the property is divided in a non-standard way, either due to an agreement between the wives or due to the manner in which the property became available.

Rav Sa'adia Gaon writes that there is a way to interpret the mishna in accordance with one uniform principle without having to rely on the solutions offered in the Gemara. He posits the following: Each woman whose marriage contract is either equal to or greater than the value of the estate divides the assets with the others based on the total number of women, while the amounts exceeding the value of the marriage contract are divided based on the respective ratios of the marriage contracts. Therefore, if the estate consists of just one hundred dinars, it is divided equally among the three wives, since the least valuable contract is equal to the value of the estate. If the inheritance consists of two hundred, the first hundred is divided equally among the wives, while the second hundred is split as follows: The first woman, whose marriage contract is one-sixth of the total amount owed to all the women for their marriage contracts, receives one-sixth of the amount above one hundred dinars, which is sixteen and two-thirds dinars, bringing her total to fifty dinars. The remainder of the second hundred dinars is divided equally between the other wives, which brings their totals to seventy-five dinars each. If three hundred dinars are available, a sum equal to the largest of the marriage contracts, they divide the entire sum based on their respective ratios: The first woman receives one-sixth, which is fifty dinars; the second receives one-third, which is one hundred dinars; and the third woman receives one-half, which is one hundred and fifty dinars.

Similarly, three individuals who deposited money into a purse – וְכֵן שְׁלֹשָׁה שֶׁהֵטִילוּ לַכִּיס: The commentaries agree that in the case of dissolving a partnership, the partners divide the assets in proportion to their respective shares. However, this interpretation does not fit well with the word similarly in the mishna, which indicates that the partners divide their business assets in the same way that wives would divide their husband's estate. Rabbeinu Ḥananel explains that the word similarly in the mishna indicates only that the case of the business partners is similar to the case of the wives in that the assets are distributed based upon the amounts of their initial investments; however, it is not meant to indicate that the methods of dividing the assets are identical.

Thirty-three and one-third dinars, etc. – תְּלָתִין וּתְלָתָא וכו׳: Most of the commentaries follow the opinion of Rashi and the Rif, who explain that according to the mishna, each woman has a lien on a sum corresponding to the value of her marriage contract, but not on the entire estate. For this reason, when the estate is valued at one hundred dinars, the lien imposed by each marriage contract is for the entire sum, and all the women divide that amount equally. When the estate is worth two hundred, all the women have a lien on the first hundred dinars, which are divided equally among them.

However, the woman whose marriage contract was for only one hundred dinars has no claim on the estate's second hundred dinars, and that second hundred is divided equally among the other two women. Consequently, the first woman should receive thirty-three and one-third, and the others should each receive eighty-three and one-third. When the estate consists of three hundred dinars, the first wife still only receives thirty-three and one-third and the second wife eighty-three and one-third. The third wife receives one-third of the first hundred, one half of the second hundred, and the entire third hundred, adding up to a total of one hundred and eighty-three and one-third.

NOTES

Where the wife whose contract was for two hundred writes, etc. – **בְּכוֹתֶבֶת בַּעֲלַת מָאתַיִם וכו׳**: According to the Ritva, the wife whose contract was for three hundred dinars must have also agreed to this arrangement, because she should not be forced to incur a loss due to the fact that another wife waived some of her own rights. The Meiri holds that since the third wife saw that the second wife consented and remained silent, it is as if she also agreed to relinquish some of her share.

אָמַר שְׁמוּאֵל: בְּכוֹתֶבֶת בַּעֲלַת מָאתַיִם לְבַעֲלַת מָנֶה ״דִּין וּדְבָרִים אֵין לִי עִמָּךְ בְּמָנֶה״.

Shmuel said: This is a case **where** the wife **whose** contract **was for two hundred writes**[N] a document **to** the wife **whose** contract **was for one hundred** dinars: **I do not have** any **legal** dealings **or involvement with you with regard to** the first **hundred dinars.** Since she relinquished her share in the first hundred dinars, only two claimants remain, the one whose contract was for one hundred and the one whose contract was for three hundred, and they divide it equally between them.

אִי הָכִי, אֵימָא סֵיפָא: שֶׁל מָאתַיִם וְשֶׁל שְׁלֹשׁ מֵאוֹת – שָׁלֹשׁ שָׁלֹשׁ שֶׁל זָהָב. תֵּימָא לַהּ: הָא סַלְּקַתְּ נַפְשָׁךְ מִינַּהּ!

The Gemara asks: **If that is so, say the latter clause** of that very same statement in the mishna, where it states that the wife **whose** contract **was for two hundred and** the one **whose** contract **was for three hundred take three** dinars **of gold each.** This is difficult, because the wife whose contract was for three hundred **should** be able to **say to** the wife whose contract was for two hundred: **You have removed yourself from** the first hundred dinars, and so you have a claim only against the remaining hundred. It should follow that the wife whose contract was for three hundred should take one hundred in total, fifty from the first hundred and fifty from the second hundred, and the one whose contract was for two hundred should receive only fifty, which is half of the second hundred.

מִשּׁוּם דְּאָמְרָה לַהּ: ״מִדִּין וּדְבָרִים הוּא דְּסַלִּיקִי נַפְשַׁאי״.

The Gemara answers: This is not so, **because** the wife whose contract was for two hundred **can say to** the wife whose contract was for three hundred: **I have removed myself** only **from legal** dealings **or involvement,** i.e., I have not completely relinquished my rights to the first hundred; I only agreed not to become involved in litigation with the wife whose marriage contract was for one hundred dinars. However, I maintain my rights to the first hundred dinars with regard to my involvement with you. Consequently, both women have equal rights to the remaining one hundred and fifty dinars, and they divide it equally between them.

״הָיוּ שָׁם שְׁלֹשׁ מֵאוֹת״ וכו׳.

The mishna teaches that if **there were three hundred** dinars in the estate, the money is divided so that the wife whose marriage contract was for one hundred receives fifty dinars, the wife whose contract was for two hundred receives one hundred, and the one whose contract was for three hundred receives one hundred and fifty dinars.

שֶׁל מָאתַיִם מָנֶה?! שִׁבְעִים וַחֲמִשָּׁה הוּא דְּאִית לַהּ!

The Gemara asks: Why does the one **whose** contract **was for two hundred** receive **one hundred dinars? She should have** the right to receive only **seventy-five.** As Shmuel explained above, since she agreed not to litigate with the wife whose contract was for one hundred with regard to the first hundred, it turns out that she has a claim only for one hundred and fifty of the remaining sum, since she clearly has no rights at all to the third hundred; therefore, she should receive half of what she is suing for, which is seventy-five dinars.

אָמַר שְׁמוּאֵל: בְּכוֹתֶבֶת בַּעֲלַת שְׁלֹשׁ מֵאוֹת לְבַעֲלַת מָאתַיִם וּלְבַעֲלַת מָנֶה: ״דִּין וּדְבָרִים אֵין לִי עִמָּכֶם בְּמָנֶה״.

The Gemara answers that **Shmuel said:** The case is **where** the one **whose** contract **was for three hundred writes** a document **to** the one **whose** contract **was for two hundred and to** the one **whose** contract **was for one hundred** dinars: **I have no legal** dealings **or involvement with you with regard to** the first **hundred dinars.** Due to this agreement, the first hundred is divided between the wife whose contract was for one hundred and the wife whose contract was for two hundred, with each receiving fifty. The second hundred is divided between the wife whose contract was for two hundred and the wife whose contract was for three hundred. As a result of this, the wife whose contract was for two hundred ends up with a full hundred. The third hundred goes exclusively to the wife whose contract was for three hundred, bringing her total to one hundred and fifty dinars.

רַב יַעֲקֹב מִנְּהַר פְּקוֹד מִשְּׁמֵיהּ דְּרָבִינָא אָמַר: רֵישָׁא בִּשְׁתֵּי תְפִיסוֹת, וְסֵיפָא בִּשְׁתֵּי תְפִיסוֹת.

Rav Ya'akov of Nehar Pekod[B] **said in the name of Ravina:** The mishna is not referring to cases where one of the women waived her rights, but rather to cases in which they did not receive the inheritance all at once, but in installments; each time an installment became available, the women repossessed a portion of the estate. **The first clause** is referring to a case **where** there were **two seizures** of property, **and the latter clause** is similarly referring to **a case where** there were **two seizures** of property.

רֵישָׁא בִּשְׁתֵּי תְפִיסוֹת; דְּנָפְלוּ שִׁבְעִין וַחֲמִשָּׁה בְּחַד זִימְנָא, וּמֵאָה וְעֶשְׂרִים וַחֲמִשָּׁה בְּחַד זִימְנָא.

The Gemara explains: **The first clause** of the mishna, where two hundred dinars were available, is referring to a case **where** there were **two seizures** of property, **as seventy-five** dinars became available **at one time and one hundred and twenty-five** dinars **at another time.** When the first installment became available, each of the women had an equal claim to the money and they divided it equally, each receiving twenty-five dinars. When the second installment became available, the woman whose contract was for one hundred dinars had a claim to seventy-five dinars, and received one-third of that amount, bringing her total to fifty. The other women also received an equal share of those seventy-five dinars, and divided equally the remaining fifty dinars, bringing their totals to seventy-five dinars apiece.

סֵיפָא בִּשְׁתֵּי תְפִיסוֹת; דְּנָפְלוּ שִׁבְעִים וַחֲמִשָּׁה בְּחַד זִימְנָא, וּמָאתַיִם וְעֶשְׂרִים וַחֲמִשָּׁה בְּחַד זִימְנָא.

The latter clause, where three hundred dinars were available, is also referring to a case **where** there were **two seizures** of property,[N] **as seventy-five** dinars **became available** to them **at one time and two hundred and twenty-five dinars at another time.**

תַּנְיָא: זוֹ מִשְׁנַת רַבִּי נָתָן, רַבִּי אוֹמֵר: אֵין אֲנִי רוֹאֶה דְּבָרָיו שֶׁל רַבִּי נָתָן בְּאֵלּוּ, אֶלָּא חוֹלְקוֹת בְּשָׁוֶה.

It is taught in a *baraita*: **This is the teaching of Rabbi Natan.** Rabbi Yehuda HaNasi **says: I do not agree with Rabbi Natan's statement with regard to these** women; **rather, they divide** the estate **equally.**[HN]

״וְכֵן שְׁלֹשָׁה שֶׁהִטִּילוּ״. אָמַר שְׁמוּאֵל: שְׁנַיִם שֶׁהִטִּילוּ לַכִּיס, זֶה מָנֶה וְזֶה מָאתַיִם

It was taught in the mishna: **Similarly, three** individuals **who deposited** money **into a purse,** i.e., invested different amounts in a joint business venture, divide the assets in a similar manner. **Shmuel said:** In a case of **two** individuals **who deposited** money **into a purse,** where **this** individual invested **one hundred dinars and that** individual invested **two hundred,**

BACKGROUND

Nehar Pekod – נְהַר פְּקוֹד: Nehar Pekod was a town located on the Tigris River. It was situated north of Ctesiphon, which was the imperial capital of the Parthian and Sasanian Empires.

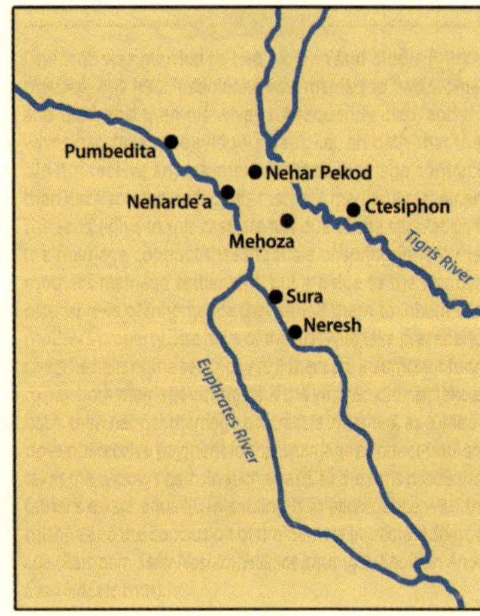

Location of Nehar Pekod

HALAKHA

They divide the estate equally – חוֹלְקוֹת בְּשָׁוֶה: If a man was married to four women, and the marriage contract of the first was for one hundred dinars, that of the second was for two hundred, that of the third was for three hundred, and that of the fourth was for four hundred, and all of the contracts were signed on the same date, and the man died and there are insufficient funds to pay out all of the marriage contracts, his estate is distributed in the following manner: The funds are divided equally among all the women until the woman whose contract is worth the least has been paid in full. The remainder of the money is divided equally among the remaining women until the woman whose contract is worth two hundred has been paid in full, etc. The same *halakha* of distribution applies where a person had several creditors, none of whom have precedence over the others, and the individual did not have sufficient funds to pay all of them. The *halakha* was decided in accordance with the ruling of Rabbi Yehuda HaNasi, as interpreted by the Rif (Rambam *Sefer Nashim, Hilkhot Ishut* 17:8, *Sefer Mishpatim, Hilkhot Malve VeLoveh* 20:4; *Shulḥan Arukh, Even HaEzer* 96:18, *Ḥoshen Mishpat* 104:10).

NOTES

The latter clause is also referring to a case where there were two seizures of property, etc. – סֵיפָא בִּשְׁתֵּי תְפִיסוֹת וכו׳: When the first installment became available and each of the women had an equal claim to the money, they divided it equally, receiving twenty-five dinars apiece. When the second installment became available, the three women had an equal claim to seventy-five of the two hundred and twenty-five dinars, since the woman whose marriage contract was for one hundred still needs seventy-five dinars to complete the full amount of her marriage contract. These seventy-five dinars were therefore divided equally between them, bringing the first woman's total to fifty dinars. The second woman, whose contract was for two-hundred dinars, had a claim to one hundred and seventy-five dinars. As stated above, she received twenty-five of the first seventy-five of the second installment. The remaining one hundred dinars are divided between the second and third wives, bringing the second woman's total to one hundred dinars. The final fifty dinars belong solely to the third woman, whose marriage contract was for three-hundred dinars, bringing her total to one hundred and fifty dinars.

Rather, they divide the estate equally – אֶלָּא חוֹלְקוֹת בְּשָׁוֶה: Rashi explains Rabbi Yehuda HaNasi's statement in a straightforward manner: The wives divide the estate equally, so that if three hundred dinars are available, each woman receives one hundred dinars. Once the first wife has received her entire payment, the rest of the money is divided equally among the other two wives. According to this opinion, Rabbi Yehuda HaNasi and Rabbi Natan disagree only with regard to the two latter cases relating to marriage in the mishna; however, in the first case, where the estate is valued at one hundred dinars, they both agree that all the wives receive an equal share of the estate. This is also the opinion of the Rif, who has a lengthy discussion on this topic, including a detailed explanation in Arabic. The Rambam accepts this opinion as well.

Tosafot cite the opinion of Rabbeinu Ḥananel, who argues that dividing the estate equally is unjust. He interprets Rabbi Yehuda HaNasi's statement to mean that each part of the estate is divided in the same manner, according to the proportional value of the marriage contracts. Consequently, the wife whose marriage contract is worth one hundred dinars receives one-sixth of the estate, the woman whose contract is for two hundred dinars receives one-third, and the woman whose contract is for three hundred receives one-half of the estate. Once the first woman's contract has been fully paid, the remainder is divided among the other two women. According to this approach, Rabbi Yehuda HaNasi disputes the opinion of Rabbi Natan only in the first two cases, but not in the third case mentioned in the mishna.

Perek **X**
Daf **93** Amud **b**

הַשָּׂכָר לָאֶמְצַע.

the earnings are divided equally.[N]

אֲמַר רַבָּה: מִסְתַּבְּרָא מִילְּתֵיהּ דִּשְׁמוּאֵל בְּשׁוֹר לַחֲרִישָׁה וְעוֹמֵד לַחֲרִישָׁה, אֲבָל בְּשׁוֹר לַחֲרִישָׁה וְעוֹמֵד לִטְבִיחָה – זֶה נוֹטֵל לְפִי מְעוֹתָיו, וְזֶה נוֹטֵל לְפִי מְעוֹתָיו. וְרַב הַמְנוּנָא אָמַר: אֲפִילּוּ שׁוֹר לַחֲרִישָׁה וְעוֹמֵד לִטְבִיחָה – הַשָּׂכָר לָאֶמְצַע.

Rabba said: Shmuel's statement stands to reason in a case **where** they bought **an ox for plowing and it was used for plowing,** and now they wish to divide the earnings from the work of the ox. Since each part of the ox is necessary in order to plow, each partner's contribution is equally necessary. **However,** in a case **where** they purchased **an ox for plowing, but it was used for slaughter** and they wish to divide their income from the sale of the meat, **this** partner **takes** his portion **according to his monetary** investment **and that** partner **takes** his portion **according to his monetary** investment. **And Rav Hamnuna said: Even** in a case where they purchased **an ox for plowing and used** it **for slaughter,**[N] **the earnings are divided equally.**

מֵיתִיבֵי: שְׁנַיִם שֶׁהִטִּילוּ לַכִּיס, זֶה מָנֶה וְזֶה מָאתַיִם – הַשָּׂכָר לָאֶמְצַע. מַאי לָאו – בְּשׁוֹר לַחֲרִישָׁה וְעוֹמֵד לִטְבִיחָה, וּתְיוּבְתָּא דְּרַבָּה! לָא, בְּשׁוֹר לַחֲרִישָׁה וְעוֹמֵד לַחֲרִישָׁה.

The Gemara **raises an objection** to Rabba's statement from the following *Tosefta*: In the case of **two** individuals **who deposited** money **into a purse,**[H] i.e., invested in a joint business venture, **this** one invested **one hundred dinars and that** one invested **two hundred, the earnings are divided equally.** The Gemara comments: **What, is it not** referring to the case **of an ox** that was purchased **for plowing and was used for slaughter, and** it is **a conclusive refutation of** the opinion of **Rabba?** The Gemara responds: **No,** the *Tosefta* is referring only to the case **of an ox** that was purchased **for plowing and used for plowing.**

אֲבָל שׁוֹר לַחֲרִישָׁה וְעוֹמֵד לִטְבִיחָה מַאי – זֶה נוֹטֵל לְפִי מְעוֹתָיו, וְזֶה נוֹטֵל לְפִי מְעוֹתָיו? אַדְּתָנֵי סֵיפָא "לָקַח זֶה בְּשֶׁלּוֹ וְזֶה בְּשֶׁלּוֹ וְנִתְעָרְבוּ – זֶה נוֹטֵל לְפִי מְעוֹתָיו וְזֶה נוֹטֵל לְפִי מְעוֹתָיו",

The Gemara asks: **But in** the case of **an ox purchased for plowing and used for slaughter, what** is the opinion of the *Tosefta*; is it that **this** partner **takes** his portion **according to his monetary** investment **and that** partner **takes** his portion **according to his monetary** investment? If so, **rather than teaching the latter clause** of that same *Tosefta*, which reads as follows: If **this** partner **purchased** oxen **with his own** funds **and that** partner also purchased oxen **with his own** funds, **and they became mixed** when the two owners entered a joint business venture, **this** partner **takes** his portion **according to his monetary** investment **and that** partner **takes** his portion **according to his monetary** investment, it should teach a different case.

HALAKHA

Two individuals who deposited money into a purse, etc. – שְׁנַיִם שֶׁהִטִּילוּ לַכִּיס וכו׳: In a case of multiple business partners who invested varying sums of money into a joint venture, and over time they either earned profits or suffered losses, then the earnings or the losses are shared equally among them and not in proportion to their initial investments. If they purchased an ox for slaughter and actually slaughtered it, they would divide the money in proportion to their initial investments. However, if they sold it for slaughter, the profit or loss is shared equally among them. This ruling is in accordance with the opinions of Shmuel and Rav Hamnuna. It is explained in the *Kesef Mishne* that this is because the Gemara raised a question in opposition to Rabba's opinion; although it resolved the question, the simple reading of the *Tosefta* is in accordance with the opinion of Rav Hamnuna (Rambam *Sefer Mishpatim, Hilkhot Sheluḥin VeShutafin* 4:3; *Shulḥan Arukh, Ḥoshen Mishpat* 176:5).

NOTES

The earnings are divided equally – הַשָּׂכָר לָאֶמְצַע: Rashi touches upon the reason for this *halakha* as do other early authorities, most of whom relied on the discussion cited in the Jerusalem Talmud, which explains as follows: In all cases comparable to that of the ox purchased for plowing, the profits are split equally, because the ox would not exist without the investment of the minor partner. The Jerusalem Talmud provides a comparable example of partners who purchased a large jewel that a single investor alone would not have been able to afford. The problem becomes more complex when investors enter a partnership and purchase merchandise that is comprised of separate units that can be separated and divided between the investors. The dispute between Rabba and Rav Hamnuna relates to this type of partnership. It is explained in the Jerusalem Talmud why one could argue that two partners should divide the assets equally even in such a case. First, one does not necessarily earn more when dealing with more expensive items, as the turnover for cheaper items is higher than for more expensive ones, and in the time it takes to sell the more expensive merchandise one can sell a greater quantity of less expensive goods and earn the same profit. Furthermore, the partner who provided the smaller financial investment may be a more qualified salesman and, all in all, contribute just as much to the business as the partner who provided the larger financial investment. Additionally, two individuals working together and assisting each other can often accomplish more than one working alone.

In the Jerusalem Talmud there is also a discussion about whether the implied conditions of a business partnership are that the earnings are divided equally among the partners unless there are mitigating factors, in accordance with the opinion of Shmuel, or whether the earnings are divided in proportion to each partner's initial investment, unless stated otherwise.

Even in a case where they purchased an ox for plowing and used it for slaughter – אֲפִילּוּ שׁוֹר לַחֲרִישָׁה וְעוֹמֵד לִטְבִיחָה: The early commentaries disagree with regard to the correct understanding of Rav Hamnuna's opinion (see Ritva). Some hold that the reason Rav Hamnuna cited the case of an ox purchased for plowing was in order to emulate Rabba's wording, but Rav Hamnuna would hold that the income is divided equally even if they had originally purchased an ox for slaughter. Others argue that Rav Hamnuna's wording is precise, and that he differentiates between a case where the ox was originally purchased for plowing and one where it was originally purchased for slaughter. If it was purchased for plowing, then even when the owners decide to slaughter it, the money is divided equally. However, if the ox was initially purchased for slaughter, it demonstrates their intent to share the profits in proportion to their investments. According to all opinions, the partners may stipulate from the outset that they will split the profits in proportion to their respective investments. In the Jerusalem Talmud, with regard to a case where the partnership is forced upon the individuals rather than formed of their own free will, e.g., where an ox belonging to a third party gored their oxen, in which case the ox that gored may be paid to the two of them as compensation for the damage, the case is treated as if they initially agreed to split the assets in proportion to their shares.

Even among the commentaries who hold that Rav Hamnuna would rule that the ox is divided equally even if it was originally purchased for slaughter, there is a dispute about the details of this ruling. According to Rabbeinu Ḥananel, the Rif, and the Rambam, the money is split equally only when the ox was sold alive; but if it was slaughtered and the meat was sold, the earnings are divided in proportion to the monetary investment of each partner. The same is true with regard to any merchandise that can be divided. Conversely, the Rosh and the Ra'ah are of the opinion that the money is split evenly in any event. This is also the opinion of the Ritva.

לִיפְלוֹג וְלִיתְנֵי בְּדִידֵיהּ: בַּמֶּה דְּבָרִים אֲמוּרִים: בְּשׁוֹר לַחֲרִישָׁה וְעוֹמֵד לַחֲרִישָׁה, אֲבָל בְּשׁוֹר לַחֲרִישָׁה וְעוֹמֵד לִטְבִיחָה – זֶה נוֹטֵל לְפִי מְעוֹתָיו וְזֶה נוֹטֵל לְפִי מְעוֹתָיו!

The Gemara explains: Let the *Tosefta* **distinguish and teach within the case** of the first clause **itself,** as follows: **In what case is this statement said,** that the earnings are divided equally? **In the case of an ox** purchased **for plowing and used for plowing, but in** the case of **an ox** purchased **for plowing and used for slaughter, this** partner **takes** his portion **according to his monetary** investment **and that** partner **takes** his portion **according to his monetary** investment. Since the *Tosefta* did not make that distinction, it appears that it is dealing with both cases.

הָכִי נַמִּי קָאָמַר: בַּמֶּה דְּבָרִים אֲמוּרִים – בְּשׁוֹר לַחֲרִישָׁה וְעוֹמֵד לַחֲרִישָׁה, אֲבָל בְּשׁוֹר לַחֲרִישָׁה וְעוֹמֵד לִטְבִיחָה – נַעֲשֶׂה כְּמִי שֶׁלָּקַח זֶה בְּשֶׁלּוֹ וְזֶה בְּשֶׁלּוֹ וְנִתְעָרְבוּ, זֶה נוֹטֵל לְפִי מְעוֹתָיו וְזֶה נוֹטֵל לְפִי מְעוֹתָיו.

The Gemara answers: **That is indeed what** the *Tosefta* **is saying: In what** case **is this statement said? In the** case **of an ox** purchased **for plowing and used for plowing, but in** the case of **an ox** purchased **for plowing but used for slaughter, it becomes like** a case **where this** partner **purchased** oxen **with his own** funds **and that** partner purchased oxen **with his own** funds, **and they became mixed** when the two owners entered a joint business venture. The *halakha* in such a case is that **this** partner **takes** his portion **according to his monetary** investment **and that** partner **takes** his portion **according to his monetary** investment.

תְּנַן: וְכֵן שְׁלֹשָׁה שֶׁהִטִּילוּ לַכִּיס, פָּחֲתוּ אוֹ הוֹתִירוּ – כָּךְ הֵן חוֹלְקִין.

The Gemara presents another proof: **We learned** in the mishna: **Similarly, three** individuals **who deposited** money **into a purse,** i.e., invested different amounts of money into a joint business venture: If they **incurred a loss or earned a profit**[H] and now choose to dissolve the partnership, **they divide** the assets **in this manner,** i.e., based upon the amount that each of them initially invested in the partnership.

מַאי לָאו, פָּחֲתוּ – פָּחֲתוּ מַמָּשׁ, הוֹתִירוּ – הוֹתִירוּ מַמָּשׁ!

What, is it not that when the mishna says: **They incurred a loss,** it means that **they incurred an actual loss,** and when it says: **They earned a profit,** it means that **they earned an actual profit,** and it says that they divide the assets proportionally and not equally? This poses a difficulty for Shmuel, who is of the opinion that they should divide the assets equally.

אֲמַר רַב נַחְמָן אֲמַר רַבָּה בַּר אֲבוּהּ: לָא, הוֹתִירוּ – זוּזֵי חֲדָתֵי, פָּחֲתוּ – אַסְתֵּירָא דְּצוּנִיתָא.

Rav Naḥman said that **Rabba bar Avuh said: No,** when the mishna says **they earned a profit,** it means that they received **new dinars,** i.e., coins, in place of the old ones they had started with, and these new coins were of greater value than the original ones. Similarly, when it says that **they incurred a loss,** it means that they received defective **coins** useful only **for a wound.**[B] When they were dividing the money between themselves, they found some old coins, which had become rusty or invalidated by the government and therefore lost some or all of their value and were good for nothing other than scrap metal. When dividing the coins they are left with, they do so in proportion to their monetary stakes, but this does not apply to the actual profits they earned.

מתני׳ מִי שֶׁהָיָה נָשׂוּי אַרְבַּע נָשִׁים וּמֵת – הָרִאשׁוֹנָה קוֹדֶמֶת לַשְּׁנִיָּה, וּשְׁנִיָּה לַשְּׁלִישִׁית, וּשְׁלִישִׁית לָרְבִיעִית. וְרִאשׁוֹנָה נִשְׁבַּעַת לַשְּׁנִיָּה, וּשְׁנִיָּה לַשְּׁלִישִׁית, וּשְׁלִישִׁית לָרְבִיעִית, וְהָרְבִיעִית נִפְרַעַת שֶׁלֹּא בִּשְׁבוּעָה. בֶּן נַנָּס אוֹמֵר: וְכִי מִפְּנֵי שֶׁהִיא אַחֲרוֹנָה נִשְׂכֶּרֶת? אַף הִיא לֹא תִּפָּרַע אֶלָּא בִּשְׁבוּעָה.

MISHNA In the case of **one who was married to four women and died, the** woman he married **first precedes the** woman he married **second**[H] in claiming her marriage contract, **the second** precedes **the third, and the third** precedes **the fourth. And** the **first** wife **takes an oath to the second** that she has taken nothing from the jointly owned properties of the estate in an unlawful manner, **and the second** takes an oath **to the third, and** the **third to the fourth. The fourth** wife **is paid** her share **without** having to take **an oath. Ben Nanas says: Should she gain** this advantage merely **because she is last?** After all, she too is being paid from property that would otherwise go to the orphans. Rather, **she too is not paid without an oath.**

הָיוּ יוֹצְאוֹת כּוּלָּן בְּיוֹם אֶחָד – כָּל הַקּוֹדֶמֶת לַחֲבֶרְתָּהּ, אֲפִילּוּ שָׁעָה אַחַת – זָכְתָה. וְכָךְ הָיוּ כּוֹתְבִין בִּירוּשָׁלַיִם שָׁעוֹת. הָיוּ כּוּלָּן יוֹצְאוֹת בְּשָׁעָה אַחַת, וְאֵין שָׁם אֶלָּא מָנֶה – חוֹלְקוֹת בְּשָׁוֶה.

However, **if all of** the marriage contracts **were issued on the same day,**[H] **whichever** wife's marriage contract **precedes** that of **another, even by a single hour, has acquired** the right to be paid first. **And so,** the practice **in Jerusalem** was that **they would write the hours**[N] when the documents had been signed on the documents, in order to enable the document holder to demonstrate that his or her document preceded that of another. If **all** the contracts **were issued in the same hour and there is only one hundred dinars** from which to pay all of them, all of the women **divide** the money **equally.**

HALAKHA

They incurred a loss or earned a profit – פָּחֲתוּ אוֹ הוֹתִירוּ: In cases where partners conducted business using shared funds, the profits and losses are divided equally between them. However, if they did not spend the money and still have the exact coins that were invested, but the government has changed their value, the coins are divided accordingly based on the initial investment of each partner.

The Rema writes, based on the *Tur*, that if they entered into a business venture involving produce, and this produce is still intact, it should certainly be split proportionally (Rambam *Sefer Mishpatim, Hilkhot Sheluḥin VeShutafin* 4:3; *Shulḥan Arukh, Ḥoshen Mishpat* 176:5).

The woman he married first precedes the woman he married second, etc. – הָרִאשׁוֹנָה קוֹדֶמֶת לַשְּׁנִיָּה וכו׳: If someone was married to many wives and died, the wives claim their marriage contracts in the order in which they were married. Each wife claims her share only after taking an oath. The wife he married last will only be able to collect her settlement from what remains in the estate after the shares are distributed to those who preceded her, and she too is required to take an oath, in accordance with the opinion of ben Nanas (Rambam *Sefer Nashim, Hilkhot Ishut* 17:1; *Shulḥan Arukh, Even HaEzer* 96:16).

If all of the marriage contracts were issued on the same day – הָיוּ יוֹצְאוֹת כּוּלָּן בְּיוֹם אֶחָד: If the various marriage contracts were written on the same date, or the same hour, in places where it is customary to note the hour, the women divide the estate equally, because in this case none of the wives takes precedence over another (Rambam *Sefer Nashim, Hilkhot Ishut* 17:3; *Shulḥan Arukh, Even HaEzer* 96:17).

BACKGROUND

Coins useful only for a wound [*tzunita*] – אַסְתֵּירָא דְּצוּנִיתָא: Apparently, *tzinit*, or *tzunita*, is a swelling or an infected wart on the sole of the foot. A coin applied to such an area served to prevent chafing. Contact with the metal itself may have helped to heal the wound. Even today, various powdered metals are used for healing wounds. In the Jerusalem Talmud, however, it is explained that *tzinit* means gout, a very painful condition usually affecting the joints of the toes.

NOTES

And so the practice in Jerusalem was that they would write the hours – וְכָךְ הָיוּ כּוֹתְבִין בִּירוּשָׁלַיִם שָׁעוֹת: According to *Talmidei Rabbeinu Yona*, it can be concluded from here that in a place where the custom is that the hours are not written in the document, no notice is taken of the hours at all. Therefore, even if one is certain that the writing of one document preceded the writing of another by an hour or two, it makes no difference, and all documents issued on that day are assumed to create a lien on the property beginning from the end of that day.

גמ׳ בְּמַאי קָמִיפַּלְגִי? אָמַר שְׁמוּאֵל:

GEMARA The Gemara asks: **With regard to what do** the first *tanna* and ben Nanas **disagree? Shmuel said:**

כְּגוֹן שֶׁנִּמְצֵאת אַחַת מֵהֶן שָׂדֶה שֶׁאֵינָהּ שֶׁלּוֹ, וּבְבַעַל חוֹב מְאוּחָר שֶׁקָּדַם וְגָבָה קָמִיפַּלְגִי;

The case is **where it is discovered that one of the** fields in the estate **is not his** field, e.g., the husband had stolen it from someone else. Consequently, it is likely that the field will be repossessed, and if it is used to pay the marriage contract of one of the first three wives, that wife stands to lose out. **And they disagree with regard to a creditor** whose promissory note was dated **later** than that of another creditor, and yet **he collected** his debt **before** the other creditor, leaving nothing for the other creditor to collect. This is parallel to the case of the wives if the fourth wife collects her marriage contract and then one of the earlier wives loses the field she has been paid.

תַּנָּא קַמָּא סָבַר: מַה שֶּׁגָּבָה – לֹא גָּבָה,

The first *tanna* holds that **what** the creditor **has collected, he has not** fully **collected,** i.e., he will have to give up the property he collected so that the creditor with the earlier promissory note can collect his debt. Similarly, if the property given to one of the first three wives is repossessed and there is nothing left for her to collect, the fourth wife will have to relinquish the property that she had been paid to accommodate the wife who preceded her.

וּבֶן נַנָּס סָבַר: מַה שֶּׁגָּבָה – גָּבָה.

And ben Nanas holds that what the creditor **has collected, he has collected,** i.e., it is not taken from him in order to pay the earlier creditor. Consequently, according to the first *tanna*, there is no need for the fourth wife to take an oath before she collects the property, because whatever she collects can be taken from her in order to pay the other wives. According to ben Nanas, since the property the fourth wife collects cannot be taken from her, she must take an oath that she is collecting this property legally in order to ensure that none of the other wives will lose out because of what she collects.

(אָמַר) רַב נַחְמָן אָמַר רַבָּה בַּר אֲבוּהּ: דְּכוּלֵּי עָלְמָא, מַה שֶּׁגָּבָה – לֹא גָּבָה, וְהָכָא בְּחָיְישִׁינַן שֶׁמָּא תַּכְסִיף קָמִיפַּלְגִי;

Rav Naḥman said that **Rabba bar Avuh said: Everyone agrees** that **what** the later creditor **has collected, he has not collected,**[H] i.e., it may be repossessed by the earlier creditor. Rather, **they disagree here** as to whether **we are concerned** that **perhaps she will deplete** the field[N] and cause its value to depreciate.

מָר סָבַר: חָיְישִׁינַן שֶׁמָּא תַּכְסִיף, וּמָר סָבַר: לָא חָיְישִׁינַן שֶׁמָּא תַּכְסִיף.

One **Sage,** ben Nanas, **holds** that **we are concerned** that **perhaps she will deplete** the field. If she is not required to take the oath, she will understand that her hold on the land is uncertain, as it is possible that one of the other wives will repossess it. Consequently, she will try to reap the maximum benefit from the field in the short term without investing in the field for the long term, and thereby depleting the field. The Sages therefore imposed an oath upon the fourth wife. **And one Sage,** the first *tanna*, **holds that we are not concerned** that **perhaps she will deplete** the field and we can assume that it will retain its original value. Therefore, there is no reason to impose an oath upon the fourth wife.

אַבַּיֵּי אָמַר: דְּאַבַּיֵּי קַשִּׁישָׁא אִיכָּא בֵּינַיְיהוּ. דְּתָנֵי אַבַּיֵּי קַשִּׁישָׁא: יְתוֹמִים שֶׁאָמְרוּ – גְּדוֹלִים, וְאֵין צָרִיךְ לוֹמַר קְטַנִּים.

Abaye said: There is a practical difference **between them,** the first *tanna* and ben Nanas, with regard to the ruling **of Abaye the Elder, as Abaye the Elder taught:** The **orphans** with regard to whom the Sages **said** that one cannot collect property from them without taking an oath include **adult** orphans,[H] **and, needless to say,** orphans who are **minors.** Even adult orphans are not necessarily aware of the business affairs of their parents, and one can easily press claims against the estate that take advantage of their ignorance. Therefore, anyone who wishes to collect money from the estate is required to take an oath.

Perek **X**
Daf **94** Amud **a**

HALAKHA

What the later creditor has collected, he has not collected – מַה שֶּׁגָּבָה לֹא גָּבָה: If an individual owes money to multiple creditors, the creditors collect from him in the order that the debts were incurred. If a later creditor collects payment of a debt in the form of real estate prior to the creditors that preceded him, and the debtor does not have enough money to pay back all his creditors, the earlier creditors may repossess the property that the later creditor has taken as payment. The *halakha* follows the first opinion cited in the mishna; the later *ge'onim* agreed with this ruling as well (*Maggid Mishne*; Rambam *Sefer Mishpatim*, *Hilkhot Malve VeLoveh* 20:1; *Shulḥan Arukh*, *Ḥoshen Mishpat* 104:1).

The orphans with regard to whom the Sages said… include adult orphans – יְתוֹמִים שֶׁאָמְרוּ גְּדוֹלִים: One does not collect payment from the estate of a debtor after his death without taking an oath. This applies even if the debtor's heirs are adults. This is in accordance with the opinion of Abaye the Elder and the conclusion of the Gemara in tractate *Gittin*, 50b (Rambam *Sefer Mishpatim*, *Hilkhot Malve VeLoveh* 14:1; *Shulḥan Arukh*, *Ḥoshen Mishpat* 108:17).

NOTES

We are concerned that perhaps she will deplete [*takhsif*] the field – בְּחָיְישִׁינַן שֶׁמָּא תַּכְסִיף: Rashi explains that the concern is that the fourth wife, who is not required to take an oath, will understand that her hold on the field is tenuous and will consequently decide to take maximum advantage of it in the short term, which will cause damage to the field. The Ramban finds this approach difficult because it indicates that the Sages require her to take an oath merely in order to trick her into thinking that she has a secure hold on the field, which is not true because the earlier wives can repossess her field if necessary. Instead, the Ramban explains that any one of the wives can prevent the fourth wife from taking the field because she may need to repossess it from her, and the fourth wife might ruin it in the interim. However, once the fourth wife takes the oath and then takes possession of the field, the other wives can no longer prevent her from holding on to it until a third party actually repossesses property that one of the earlier wives has taken. The Ra'ah interpreted the matter in a similar way. Alternatively, Rav Sherira Gaon explains that the word *takhsif* is from the same root as *kisufa*, meaning shame. The Gemara means to say that we are concerned about embarrassing the other women by forcing them to take an oath while the fourth wife is exempt from this requirement.

תַּנָּא קַמָּא – לֵית לֵיהּ דְּאַבַּיֵי קַשִּׁישָׁא, וּבֶן נַנָּס – אִית לֵיהּ דְּאַבַּיֵי קַשִּׁישָׁא.

The first ***tanna*** **does not** accept the ruling **of Abaye the Elder** and therefore holds that the fourth wife does not have to take an oath when collecting her marriage contract. **And ben Nanas accepts** the ruling **of Abaye the Elder** and therefore holds that the fourth wife must take an oath before collecting part of the estate.

אָמַר רַב הוּנָא: הָנֵי תְּרֵי אַחֵי וּתְרֵי שׁוּתָּפֵי דְּאִית לְהוּ דִּינָא בַּהֲדֵי חַד, וַאֲזַל חַד מִינַּיְיהוּ בַּהֲדֵיהּ לְדִינָא, לָא מָצֵי אִידָּךְ לְמֵימַר לֵיהּ: אַתְּ לָאו בַּעַל דְּבָרִים דִּידִי אַתְּ, אֶלָּא שְׁלִיחוּתֵיהּ עָבֵד.

§ **Rav Huna said:** In a case of **two brothers or two partners**[H] **who have legal** proceedings **against** another **individual, and one of them went to** attend to the **legal** proceedings **against him** and lost, **the other** brother or partner **cannot say** to the litigant: **I am not legally answerable to you,** i.e., I am not bound by the verdict because I was not represented in the legal proceedings. **Rather,** the brother or partner who appeared in court is considered to have **acted as his agent.**

אִיקְּלַע רַב נַחְמָן לְסוּרָא, שַׁיְילוּהִי: כִּי הַאי גַּוְונָא מַאי?

The Gemara relates that **Rav Naḥman** once **happened** to come **to Sura. They asked him: What** is the *halakha* **in a case like this** one presented by Rav Huna, where only one of the two brothers or partners attends the court proceedings?

אָמַר לְהוּ: מַתְנִיתִין הִיא: הָרִאשׁוֹנָה נִשְׁבַּעַת לַשְּׁנִיָּה, וּשְׁנִיָּה לַשְּׁלִישִׁית וּשְׁלִישִׁית, לָרְבִיעִית. וְאִילּוּ רִאשׁוֹנָה לַשְּׁלִישִׁית – לָא קָתָנֵי, מַאי טַעְמָא – לָאו מִשּׁוּם דִּשְׁלִיחוּתָהּ עָבְדָה?

He said to them: It is taught in **a mishna: The** woman he married **first takes an oath to the** woman he married **second, the second to the third, and the third to the fourth. But it does not teach** that **the first** wife takes an oath **to the third** or the fourth. **What is the reason? Is it not due to** the fact that when the second wife requires the first to take an oath, **she is acting as** the third wife's **agent** as well, since they both share the same concern regarding the first wife?

מִי דָּמֵי? הָתָם – שְׁבוּעָה לְאֶחָד וּשְׁבוּעָה לְמֵאָה, הָכָא אָמַר: אִילּוּ אֲנָא הֲוַאי – טְעֵינְנָא טְפֵי.

The Gemara responds: **Is it comparable? There,** in the case of the mishna, **an oath to one is** equal to **an oath to one hundred,**[H] and there is no need for the first wife to take multiple oaths about the same matter. **Here,** however, in the case of the brothers or business partners, the second brother or partner can **say: Had I been** there, **I would have** presented **a more** convincing **claim.**

וְלָא אֲמָרַן אֶלָּא דְּלָא אִיתֵיהּ בְּמָתָא, אֲבָל אִיתֵיהּ בְּמָתָא – אִיבְּעִי לֵיהּ לְמֵיתֵי.

The Gemara notes: **We said** that this doubt is taken into account **only** if the second brother or partner **is not in town**[H] when the legal proceedings take place. **However, if he is in town, he should come** to court to participate in the legal proceedings, and if he fails to do so, it is clear that he is content to allow his brother or partner to represent him in court.

אִתְּמַר, שְׁנֵי שְׁטָרוֹת הַיּוֹצְאִים בְּיוֹם אֶחָד. רַב אָמַר: חוֹלְקִין, וּשְׁמוּאֵל אָמַר: שׁוּדָא דְּדַיָּינֵי.

§ **It was stated** that in a case of **two deeds that are issued,** i.e., dated, **on the same day,**[H] e.g., where an individual gave or sold the same item to two different people, **Rav said: They divide** it between them, as it is impossible to determine who it belongs to, **and Shmuel said:** The item is awarded according to **the discretion** [*shuda*][L] **of the judges.**

לֵימָא רַב דְּאָמַר כְּרַבִּי מֵאִיר, דְּאָמַר: עֵדֵי חֲתִימָה כָּרְתִי,

The Gemara asks: **Shall we say** that **Rav said** his ruling **in accordance with** the opinion of **Rabbi Meir, who said** that **signatory witnesses** on the document **effect** the transaction?[N] Here, since the seller or the giver of the field did not ask the signatory witnesses to note the exact time, it implies that he wished to give it to two people, but did not want to reveal that he was giving it to both of them.

NOTES

Signatory witnesses on the document effect [*karti*] the transaction – עֵדֵי חֲתִימָה כָּרְתִי: The main discussion with regard to this issue, including the interpretation of the word *karti*, literally, to cut, appears in the context of the *halakhot* of bills of divorce. Rabbi Meir holds that the bill of divorce takes effect when the witnesses sign the document, even though it has not yet been physically handed over to the woman. Although the document does need to be handed to her, this need not be done in the presence of witnesses. According to Rabbi Elazer, the bill takes effect when it is given to the woman in the presence of witnesses, and the only reason that witnesses are required to sign the document is to prevent people from contesting the authenticity of the divorce by claiming that it is forged. This same debate applies with regard to other types of contracts and documents as well.

Tosafot have a long discussion in which they explain, in different ways, the connection between the opinion of Rav, who holds that if two documents were issued on the same day the property is divided equally, and the opinion of Rabbi Meir. The Ra'ah explains that according to Rabbi Meir, the document does not take effect until it is transferred to the other party, but at that point it takes effect retroactively from the time it was signed. Consequently, if two documents were signed on the same day, it is apparent that they were meant to take effect simultaneously, and this is why both parties split the field.

HALAKHA

Two brothers or two partners – תְּרֵי אַחֵי וּתְרֵי שׁוּתָּפֵי: In the case of brothers who have not yet divided their father's estate, or partners in a joint business venture, if one brother or partner presses legal charges against another individual, he is considered to be doing so on behalf of all the brothers or all the partners. This applies even if he did not obtain special permission from the other brothers or partners, in accordance with the opinion of Rav Huna (Rambam *Sefer Kinyan, Hilkhot Sheluḥin VeShutafin* 3:3; *Shulḥan Arukh, Ḥoshen Mishpat* 122:9).

An oath to one is equal to an oath to one hundred – שְׁבוּעָה לְאֶחָד וּשְׁבוּעָה לְמֵאָה: If two partners had a claim against a third party, and one of the partners sued him and forced him to take an oath in court, and he took the oath and was exempted from having to make any kind of payment, the second partner cannot sue him again and force him to take an oath a second time. This is because an oath to one is equal to an oath to one hundred (*Shulḥan Arukh, Ḥoshen Mishpat* 176:24).

We said this only if the second brother or partner is not in town – וְלָא אֲמָרַן אֶלָּא דְּלָא אִיתֵיהּ בְּמָתָא: If two partners have a claim against a third party and one of them sues him, he can sue for the full amount and does not need special permission from the other partner to do so. Furthermore, the second partner cannot say that had he been in court he would have offered other arguments and won the case, as the other litigant can say to him: Why did you not come to court and present your claims? Therefore, if the second partner was out of town at the time of the court case, he can sue the other litigant in order to present his arguments, and he need not agree with the arguments of the first partner. For this reason, a disputant may refuse to go to court with the first partner alone unless that partner has authorization from the other partner to represent both of them.

The Rema rules that all of the above applies when the partners are the ones suing a third party. However, if the partners are being sued and only one of them appeared in court, the other can argue that the verdict is not binding because the partner acted independently without his authorization (Ra'avya). Similarly, if the partner who came to court said that he has no further evidence, or if the court ruled in accordance with the other litigant, the partner who was absent from the case may offer further evidence and demand that the case be reopened (Rosh). See *Shakh*, where it is noted that the Rosh's ruling differs from the Rambam's, and that the opinion of the Rosh is not accepted as the final *halakha* in this matter (Rambam *Sefer Kinyan, Hilkhot Sheluḥin VeShutafin* 3:3; *Shulḥan Arukh, Ḥoshen Mishpat* 122:9, 176:25–26).

Two deeds that are issued on the same day – שְׁנֵי שְׁטָרוֹת הַיּוֹצְאִים בְּיוֹם אֶחָד: If two documents, either bills of sale or deeds of gifts, for the same piece of property are issued on the same day, the matter is subject to the discretion of the judges and they can decide to award the property to whomever they choose. This ruling is in accordance with Shmuel and is based on the principle that in monetary matters, the *halakha* is generally ruled according to the opinion of Shmuel and not that of Rav (Rambam *Sefer Kinyan, Hilkhot Zekhiya UMattana* 5:6; *Shulḥan Arukh, Ḥoshen Mishpat* 240:3).

LANGUAGE

Discretion [*shuda*] – שׁוּדָא: Just as the early commentaries were divided as to the halakhic meaning of this term, so too, were they divided as to its linguistic meaning. According to Rashi, who uses this interpretation in his halakhic opinion, *shuda* is related to the root *shin, dalet, alef*, which means to throw. According to *Tosafot*, it is a shortened form of *shoḥada*, meaning bribery; the guttural letter is contracted, as is the case in several places in the Babylonian Talmud, due to Babylonian influence. Its meaning here would therefore be that the judges may issue their decision without explanation, as though they had received some benefit from one of the parties. A strong proof for this interpretation is the fact that in a parallel discussion in the Jerusalem Talmud (*Ketubot* 10:5), also in the name of Shmuel, the expression appears with the word *shoḥada* instead of *shuda*.

וּשְׁמוּאֵל דְּאָמַר כְּרַבִּי אֶלְעָזָר, דְּאָמַר: עֵדֵי מְסִירָה כָּרְתִי?

And Shmuel said his ruling **in accordance with** the opinion of **Rabbi Elazar,**[N] **who said** that **witnesses of the transmission effect** the transaction,[H] i.e., the act of transferring the legal document to the beneficiary causes the transaction to take effect. Therefore, the fact that the two documents bear the same date is of no consequence because the documents were presumably not given to their beneficiaries simultaneously, and the property belongs exclusively to the individual who received his document first. Consequently, there is no reason to divide the property.

לָא, דְּכוּלֵּי עָלְמָא כְּרַבִּי אֶלְעָזָר. וְהָכָא בְּהָא קָמִיפַּלְגִי; רַב סָבַר: חֲלוּקָה עֲדִיפָא, וּשְׁמוּאֵל סָבַר: שׁוּדָא דְּדַיָּינֵי עֲדִיפָא.

The Gemara responds: **No,** it is possible to say **that everyone** holds **in accordance with** the opinion of **Rabbi Elazar, and here they disagree about the following: Rav holds** that in a case of a doubt that cannot be resolved with regard to monetary law, **division is preferable, and Shmuel holds** that leaving the decision to **the discretion of the judges is preferable.**[N]

וּמִי מָצֵית מוֹקְמַתְּ לֵיהּ לְרַב כְּרַבִּי אֶלְעָזָר? וְהָאָמַר רַב יְהוּדָה אָמַר רַב: הֲלָכָה כְּרַבִּי אֶלְעָזָר בְּגִיטִּין. כִּי אָמְרִיתָהּ קַמֵּיהּ דִּשְׁמוּאֵל אֲמַר: אַף בִּשְׁטָרוֹת. מִכְּלָל דְּרַב סָבַר – בִּשְׁטָרוֹת לָא! אֶלָּא, מְחַוַּורְתָּא: רַב – כְּרַבִּי מֵאִיר, וּשְׁמוּאֵל – כְּרַבִּי אֶלְעָזָר.

The Gemara asks: **Can you really establish** that the opinion **of Rav** is **in accordance with** the opinion of **Rabbi Elazar? Didn't Rav Yehuda say** that **Rav said: The** ***halakha*** **is in accordance with** the opinion of **Rabbi Elazar with regard to bills of divorce?**[H] And Rav Yehuda related further: **When I said this** ***halakha*** **in the presence of Shmuel, he said:** The *halakha* is in accordance with the opinion of Rabbi Elazar **even with regard to** other legal **documents** as well. **By inference,** it is apparent **that Rav holds** that with regard to other legal **documents, no,** the *halakha* is not in accordance with Rabbi Elazar. **Rather, it is clear** that **Rav** holds **in accordance with** the opinion of **Rabbi Meir, and Shmuel** holds **in accordance with** the opinion of **Rabbi Elazar.**

מֵיתִיבֵי: שְׁנֵי שְׁטָרוֹת הַיּוֹצְאִים בְּיוֹם אֶחָד – חוֹלְקִין, תְּיוּבְתָּא דִּשְׁמוּאֵל! אָמַר לָךְ שְׁמוּאֵל: הָא מַנִּי – רַבִּי מֵאִיר הִיא, וַאֲנָא דַּאֲמַרִי כְּרַבִּי אֶלְעָזָר.

The Gemara **raises an objection** from a *baraita*: In the case of **two deeds that are issued** dated **the same day,** the recipients of the deeds **divide** the property equally. Is this not **a conclusive refutation of** the opinion of **Shmuel?** The Gemara answers that **Shmuel** could have **said to you:** In accordance with **whose** opinion **is this** *baraita*? **It is** in accordance with the opinion of **Rabbi Meir, and I said** my opinion **in accordance with** the opinion of **Rabbi Elazar.**

אִי רַבִּי מֵאִיר – אֵימָא סֵיפָא: כָּתַב לְאֶחָד וּמָסַר לְאַחֵר, זֶה שֶׁמָּסַר לוֹ, קָנָה. וְאִי רַבִּי מֵאִיר – אַמַּאי קָנָה? הָאָמַר: עֵדֵי חֲתִימָה כָּרְתִי!

The Gemara continues to ask: **If** this *baraita* is in accordance with the opinion of **Rabbi Meir, say the latter clause** of that same *baraita*: **If he wrote** a deed **to one** individual **and** then **transmitted it to another** individual, **the one to whom** the deed **was transmitted has acquired** the property. **If** the *baraita* is following the opinion of **Rabbi Meir, why** did the latter individual **acquire** the property? **Didn't** Rabbi Meir **say** that **the signatory witnesses** on the document **effect the transaction** and not the witnesses to its transmission?

HALAKHA

Witnesses of the transmission effect the transaction – עֵדֵי מְסִירָה כָּרְתִי: If an individual wrote two deeds to two different people pertaining to the same property, with the purpose of selling the property or giving it as a gift, and if one of them brought witnesses who testified that the deed was handed to him first, he is considered to have acquired the property. This is in accordance with the opinion of Rabbi Elazar, who holds that witnesses of the transmission effect the transaction (Rambam *Sefer Kinyan, Hilkhot Zekhiya UMattana* 5:7; *Shulḥan Arukh, Ḥoshen Mishpat* 240:4).

The ***halakha*** **is in accordance with the opinion of Rabbi Elazar with regard to bills of divorce – הֲלָכָה כְּרַבִּי אֶלְעָזָר בְּגִיטִּין:** Although the Sages required that a bill of divorce be signed by witnesses, the main component of the legal procedure of divorce is effected when witnesses observe the bill being transmitted to the recipient. If there were signatory witnesses but no witnesses to the transmission of the bill of divorce to its intended recipient, some authorities still validate the bill of divorce after the fact. However, some *ge'onim* hold that it is invalid even after the fact. In general, unless known otherwise, it can be assumed that a signed bill of divorce was properly transferred in the presence of witnesses (Tur, based on Rosh). If there were witnesses to the transmission of the bill of divorce but no signatory witnesses, it is valid according to all opinions. This ruling is in accordance with Rabbi Elazar since both Rav and Shmuel follow his ruling with regard to bills of divorce (Rambam *Sefer Nashim, Hilkhot Geirushin* 1:15; *Shulḥan Arukh, Even HaEzer* 133:1).

NOTES

And Shmuel said his ruling in accordance with the opinion of Rabbi Elazar, etc. – וּשְׁמוּאֵל דְּאָמַר כְּרַבִּי אֶלְעָזָר וכו׳: The Ritva explains as follows: According to Rabbi Meir, if two deeds that had the same date were given to two recipients at the same time, both recipients acquire rights to the property at the same time. If they were given to their recipients at different times on the day they were written, the one who received his deed first acquires rights to the property. If they were given at different times on a later date, both recipients acquire rights to the property retroactively from the end of the day when the deeds were issued. Consequently, since it is not known whether the deeds were given at the same time or at different times, or whether they were given on the day they were written or on a later date, and in most of the scenarios, both recipients would acquire rights to the property, it makes sense to divide the property between the two recipients. Consequently, the Gemara suggests that Rav agrees with the opinion of Rabbi Meir.

Conversely, according to Rabbi Elazar, since the transaction takes effect when the deed is given to the recipient, if the deeds are given after the date on which they were written, they are thereby invalidated, because the date specified in the deed is earlier than the date of the transaction. Therefore, there are only two possibilities: Either the deeds were given to the recipients simultaneously, in which case both of them acquire rights to the property, or the deeds were given one after the other, in which case only the first recipient acquires rights to the property. Since there is a high likelihood that only one of the recipients has acquired rights to the property, the matter is left to the discretion of the judges.

And Shmuel holds that leaving the decision to the discretion of the judges is preferable – וּשְׁמוּאֵל סָבַר שׁוּדָא דְּדַיָּינֵי עֲדִיפָא: The Rosh explains the rationale for each side of this debate: Rav holds that division of the property is preferable because this ensures that the rightful owner receives at least a portion of the property. Shmuel is of the opinion that it is better to leave the matter to the discretion of the judges, since in this way the chances are high that the true owner will receive the entire property, whereas if it is divided, the true owner will definitely lose half of what he deserves.

תַּנָּאֵי הִיא. דְּתַנְיָא, וַחֲכָמִים אוֹמְרִים: יַחֲלוֹקוּ, וְכָאן אָמְרוּ: מַה שֶּׁיִּרְצֶה הַשָּׁלִישׁ יַעֲשֶׂה.

The Gemara responds: The *baraita* cited above is entirely in accordance with the opinion of Rabbi Elazar. However, there **is** a dispute between ***tanna'im*** with regard to money whose ownership is uncertain, **as it is taught** in a *baraita*: In a case where an individual sent a sum of money to another via a messenger, and by the time the messenger arrived, the intended recipient had died, and in the meantime, the individual who had sent the money also died, the *tanna'im* disagree about what to do with the money. **The Rabbis say:** The heirs of the sender and the heirs of the intended recipient **should divide** the money.[N] **And here,** in Babylonia, **they said: The third** party, i.e., the messenger, **can do as he pleases**[N] with the money, a ruling that is comparable to the solution of leaving the decision to the discretion of the judges.

אִמֵּיהּ דְּרָמִי בַּר חָמָא כְּתַבְתִּינְהוּ לְנִכְסַהּ לְרָמִי בַּר חָמָא בְּצַפְרָא, לְאוּרְתָּא כְּתַבְתִּינְהוּ לְמָר עוּקְבָא בַּר חָמָא.

The Gemara relates that **the mother of Rami bar Ḥama wrote** a deed **in the morning** transferring ownership of **her property to Rami bar Ḥama, and in the evening she wrote** another deed transferring **her property to** another of her sons, **Mar Ukva bar Ḥama.**[P]

אֲתָא רָמִי בַּר חָמָא לְקַמֵּיהּ דְּרַב שֵׁשֶׁת, אוֹקְמֵיהּ בְּנִכְסָא. אֲתָא מָר עוּקְבָא לְקַמֵּיהּ דְּרַב נַחְמָן, אוֹקְמֵיהּ בְּנִכְסָא. אֲתָא רַב שֵׁשֶׁת לְקַמֵּיהּ דְּרַב נַחְמָן, אֲמַר לֵיהּ: מַאי טַעֲמָא עֲבַד מָר הָכִי? אֲמַר לֵיהּ: וּמַאי טַעֲמָא עֲבַד מָר הָכִי?

Rami bar Ḥama came before Rav Sheshet and the latter **established his** right **to the property. Mar Ukva,** his brother, **came before Rav Naḥman** and the latter **established his** right to **the property. Rav Sheshet came before Rav Naḥman** and **said to him: What is the reason that the Master did this,** i.e., why did you issue this ruling? Rav Naḥman **said to him: And what is the reason that the Master did this,** i.e., why did you rule as you did?

אֲמַר לֵיהּ: דְּקָדֵים. אֲמַר לֵיהּ: אַטּוּ בִּירוּשָׁלַיִם יָתְבִינַן, דְּכָתְבִינַן שָׁעוֹת? אֶלָּא מָר מַאי טַעְמָא עֲבַד הָכִי? אֲמַר לֵיהּ: שׁוּדָא דְּדַיָּינֵי.

Rav Sheshet **said to him: Because** Rami bar Ḥama's deed **preceded** that of Mar Ukva. Rav Naḥman **said to** Rav Sheshet: **Is that to say** that **we are sitting in Jerusalem,**[H] **that we write the hours** on our legal documents? The *halakha* is that in any place where the hours are not recorded on legal documents, it does not matter when during the day a document was written. Rav Sheshet asked Rav Naḥman: **But what is the reason that the Master did this,** ruling as you did? Rav Naḥman **said to him:** It was **the discretion of the judges,** i.e., I ruled this way since it seemed to me that this is the way the mother wanted it.

אֲמַר לֵיהּ: אֲנָא נַמִי – שׁוּדָא דְּדַיָּינֵי. אֲמַר לֵיהּ: חֲדָא – דַּאֲנָא דַּיָּינָא וּמָר לָאו דַּיָּינָא, וְעוֹד: מֵעִיקָּרָא לָאו בְּתוֹרַת הָכִי אָתֵית לַהּ.

Rav Sheshet **said to** Rav Naḥman: **I also** applied the principle of **the discretion of the judges** and ruled as I did. Rav Naḥman **said to him: One** response to your point is **that I am a judge,**[NH] **and the Master is not a judge,** as Rav Sheshet did not serve in the official capacity of a judge. **Furthermore, at the outset, you did not arrive at** your conclusion **for this** reason, but due to your own theory with regard to the dating of the documents, which proved to be incorrect.

NOTES

The Rabbis say: The heirs of the sender and the heirs of the intended recipient should divide the money, etc. – וַחֲכָמִים אוֹמְרִים יַחֲלוֹקוּ וכו׳: This case, which is discussed more extensively in tractate *Gittin* (14b), hinges on the following point: When the sender gives the money to his messenger and tells him to give the money to a particular individual, does the messenger acquire the money on behalf of the intended recipient, in which case, if the recipient dies before receiving the money, the money belongs to the recipient's heirs? Or, perhaps the messenger does not acquire it on behalf of the intended recipient, and therefore, if the recipient dies, the messenger must return the money to the sender or to the sender's heirs.

The third party can do as he pleases – מַה שֶּׁיִּרְצֶה הַשָּׁלִישׁ יַעֲשֶׂה: The Ritva proves from here that discretion of the judges, as explained by Rabbeinu Tam, means that the judges award the money to whomever they please, for whatever reason, similar to the messenger, who may give the money to whichever side he pleases. However, the Rivan accepts Rashi's understanding of this principle, which is that the judges attempt to determine what the original owner actually wanted. The Rivan explains that this is what the Gemara means here as well: If the messenger estimates that the sender would have wanted him to give the money to the heirs of the intended recipient, he gives them the money. Conversely, if the messenger thinks that the sender would not have wanted him to the give the money to the heirs of the recipient, he gives the money to the heirs of the sender.

That I am a judge, etc. – דַּאֲנָא דַּיָּינָא וכו׳: The early commentaries asked how Rav Naḥman could say that Rav Sheshet was not a judge when it is known that he was one of the greatest scholars of his generation. Some explain that while Rav Naḥman was an expert judge certified by the Exilarch, Rav Sheshet lacked this official certification (Rashi; Rid). Others suggest that Rav Naḥman regularly adjudicated cases pertaining to monetary law, and therefore in this area he was more authoritative than Rav Sheshet (Ra'ah; see Rabbeinu Ḥananel). Alternatively, Rabbeinu Ḥananel explains that this case occurred in the area of Rav Naḥman's jurisdiction, and therefore Rav Sheshet should not have become involved. The Meiri explains that since Rav Sheshet was blind, he was disqualified by Torah law from serving as a judge unless both claimants willingly accepted his jurisdiction. Although it is possible that he could have directed one of his students to formally serve as the judge and issue the ruling, he himself could not have served as a judge.

Rabbeinu Ḥananel, based on the opinion of Rav Paltoi Gaon, concludes from this incident that only an expert judge is allowed to employ the discretion of the judges; not every court is able to employ this legal principle. Rabbeinu Ḥananel further writes that there is a tradition that the discretion of the judges is only applied in matters relating to real estate. This tradition is recorded by the *ge'onim* as well. *Tosafot*, however, disagree with this tradition.

PERSONALITIES

Rami bar Ḥama and Mar Ukva bar Ḥama – רָמִי בַּר חָמָא וּמָר עוּקְבָא בַּר חָמָא: These two brothers were both Torah scholars and were also both sons-in-law of Rav Ḥisda. It appears that Rami bar Ḥama was the older of the two and the greater Torah scholar. He was known for his sharpness, and it was even said that at times he overlooked details due to this attribute. He would frequently keep company with the great scholars of the previous generation and became their disciple-colleague. He was most frequently to be found in the company of his father-in-law, Rav Ḥisda, as well as Rav Naḥman and Rav Sheshet, who valued him greatly and spoke his praises often. His debates with Rava were numerous. After his death, Rava married his widow, the daughter of Rav Ḥisda.

The teachings of Mar Ukva bar Hama, who was sometimes called Rav Ukva bar Hama, are also mentioned several times in the Talmud.

HALAKHA

Is that to say that we are sitting in Jerusalem – אַטּוּ בִּירוּשָׁלַיִם יָתְבִינַן: If two deeds were written on the same date awarding the same property to two different individuals in a place where the time of day when the document was written is recorded on the document, the time is taken into account, and the individual whose deed was written first is awarded the property. In a place where the time of day is not recorded in the document, the decision is left to the discretion of the judges, in accordance with the opinion of Rav Naḥman (Rambam *Sefer Kinyan, Hilkhot Zekhiya UMattana* 5:6; *Shulḥan Arukh, Ḥoshen Mishpat* 240:3).

I am a judge – אֲנָא דַּיָּינָא: Some say that only an expert judge can apply the legal principle of the discretion of the judges (*Tur* citing Rabbeinu Ḥananel; *Shulḥan Arukh, Ḥoshen Mishpat* 240:3, and in the comment of Rema).

הָנְהוּ תְּרֵי שְׁטָרֵי דְּאָתוּ לְקַמֵּיהּ דְּרַב יוֹסֵף, חַד הֲוָה כְּתוּב "בַּחֲמְשָׁא בְּנִיסָן", וְחַד הֲוָה כְּתוּב בֵּיהּ "בְּנִיסָן" סְתָמָא, אוֹקְמֵיהּ רַב יוֹסֵף לְהַהוּא דַּחֲמְשָׁא בְּנִיסָן בְּנִכְסִים.

The Gemara relates another incident in which an individual wrote two deeds about the same piece of property: There were **these two deeds**[N] **that came before Rav Yosef.** In **one** deed, **it was written** that the owner of the field sold it to a particular individual **on the fifth of Nisan, and in** the other **one it was written** that he sold the same property to someone else **in Nisan, without specifying** on which day in Nisan the sale took place. **Rav Yosef established** that **the one** whose deed said **the fifth of Nisan** had the right **to the property.**

אֲמַר לֵיהּ אִידָךְ: וַאֲנָא אַפְסֵיד? אֲמַר לֵיהּ: אַתְּ יָדְךָ עַל הַתַּחְתּוֹנָה, אֵימָא בַּר עֶשְׂרִים וְתִשְׁעָה בְּנִיסָן אַתְּ.

The other claimant **said to** Rav Yosef: **Should I lose?** After all, it is possible that my deed was written prior to the other deed. Rav Yosef **said to him: You are at a disadvantage,** because there is no specific date in your deed, allowing one to **say** that **your deed is from the twenty-ninth of Nisan.** Since you have no way to prove otherwise, the property is awarded to the one who has a more specific date recorded in his deed.

אֲמַר לֵיהּ: וְנִכְתּוֹב לִי מָר

The man **said to him: Let the Master write me**

Perek **X**
Daf **95** Amud **a**

טִירְפָּא מֵאִייָר וְאֵילָךְ. אֲמַר לֵיהּ: יָכְלִי לְמֵימַר לָךְ: אַתְּ בַּר חַד בְּנִיסָן אַתְּ.

a document of **authorization to repossess** liened property of the seller from anyone who purchased property from him **from** the first of the month of **Iyyar and on.** Rav Yosef **said to him:** A purchaser **can say to you: Your** deed is from **the first of Nisan,** so that the field that you purchased is rightfully yours and it is the other man, whose deed was dated on the fifth of Nisan, who took it illegally. Therefore, you should take possession of that field rather than repossessing other property.

מַאי תַּקַּנְתֵּיהּ? נִכְתְּבוּ הַרְשָׁאָה לַהֲדָדֵי.

The Gemara asks: If so, **what is his remedy?** The Gemara answers: **Let** the deed holders **write** a document of **authorization to each other.** If the individual whose deed was written on the fifth of Nisan authorizes the other individual to repossess property on his behalf, then he will be able to repossess property sold after the end of Nisan, because regardless of when his deed was written and whose deed was written first, he now has the right to repossess liened property.

מתני׳ מִי שֶׁהָיָה נָשׂוּי שְׁתֵּי נָשִׁים, וּמָכַר אֶת שָׂדֵהוּ. וְכָתְבָה רִאשׁוֹנָה לַלּוֹקֵחַ "דִּין וּדְבָרִים אֵין לִי עִמָּךְ" – הַשְּׁנִיָּה מוֹצִיאָה מֵהַלּוֹקֵחַ, וְרִאשׁוֹנָה מִן הַשְּׁנִיָּה, וְהַלּוֹקֵחַ מִן הָרִאשׁוֹנָה. וְחוֹזְרוֹת חֲלִילָה, עַד שֶׁיַּעֲשׂוּ פְּשָׁרָה בֵּינֵיהֶם. וְכֵן בַּעַל חוֹב, וְכֵן אִשָּׁה בַּעֲלַת חוֹב.

MISHNA In a case of **one who was married**[H] to **two women and sold his field, and the** wife whom he married **first wrote to the purchaser: I do not have** any **legal** dealings **or involvement with you,** then **the second** wife, who did not relinquish her claim to repossess this property, **may appropriate** the field **from the purchaser** as payment of her marriage contract. This is because the property was liened for the payment of her marriage contract before it was sold to this purchaser. Then, **the first** wife can appropriate the field **from the second** as payment for her marriage contract, since her marriage contract predates that of the second wife. **The purchaser** can then appropriate the field **from the first** wife, due to the fact that she relinquished her rights vis-à-vis the purchaser. They **continue** to do so according to this **cycle** [*ḥalila*][LN] **until they** agree on a **compromise between them. And so too,** with regard to **a creditor, and so too,** with regard to **a female creditor.**

NOTES

Those two deeds, etc. – הָנְהוּ תְּרֵי שְׁטָרֵי וכו׳: Rashi explains that these were two bills of sale for the same property. The Rosh explains that these were both promissory notes, and there was enough property left in the debtor's possession to pay back only one of the loans. The Ra'ah states that the Gemara can be understood according to either of the above explanations, and that there is no halakhic difference between them. He writes further, citing Rabbi Shlomo min HaHar, that it is even possible to say that the document dated for the fifth of Nisan was a bill of sale while the other one was a promissory note.

HALAKHA

One who was married, etc. – מִי שֶׁהָיָה נָשׂוּי וכו׳: In a case of one who had two wives and sold his field, and the first wife gave up her right to repossess it from the purchaser and affirmed this waiver with a valid act of acquisition, if the husband then died or divorced both his wives and was not in possession of other properties, the second wife may repossess the sold property from the purchaser. The first wife can then repossess it from the second wife, since her lien predates that of the second wife. Subsequently, the purchaser may repossess the field from the first wife, since she transferred her rights to him by means of her waiver. This cycle continues until they agree to a compromise (Rambam *Sefer Nashim*, *Hilkhot Ishut* 17:12; *Shulḥan Arukh*, *Even HaEzer* 100:4).

LANGUAGE

Cycle [*ḥalila*] – חֲלִילָה: This word is interpreted similarly to the word *maḥol*, which is something found in a circle that continuously turns, e.g., dancers who continuously turn around in a circle. Likewise, in this case, the legal rights of each party would continuously supersede those of another and forestall a settlement until they come to a compromise.

NOTES

They continue to do so according to this cycle – וְחוֹזְרוֹת חֲלִילָה: The Ritva, quoting Rabbeinu Shimshon, says that the mishna does not mean that the cycle where one repossesses the property from the other is actually repeated again and again, as there is no reason to trouble the court and the litigants to go through all these proceedings. Rather, the mishna means that since the parties have the legal right to keep repossessing the field from each other, the court immediately suggests that they find a compromise.

גמ׳ וְכִי כָּתְבָה לֵיהּ מַאי הָוֵי? וְהָתַנְיָא: הָאוֹמֵר לַחֲבֵירוֹ ״דִּין וּדְבָרִים אֵין לִי עַל שָׂדֶה זוֹ״ וְ״אֵין לִי עֵסֶק בָּהּ״ וְ״יָדַי מְסוּלֶּקֶת הֵימֶנָּה״ – לֹא אָמַר כְּלוּם! הָכָא בְּמַאי עָסְקִינַן – בְּשֶׁקָּנוּ מִיָּדָהּ.

GEMARA The Gemara asks: **And if** the first wife **wrote** this **to him, what of it? Isn't it taught** in a *baraita*: **One who says to another,** e.g., if a field is jointly owned and one partner says to the other: **I have no legal dealings or involvement with regard to this field, or: I have no connection to it, or: I have withdrawn from it, has said nothing,** as such declarations have no legal validity. The Gemara answers: **With what are we dealing here?** It is a case **where he acquired it from her possession** by performing an act of acquisition in order to validate her relinquishing the field, in which case her statement is legally valid.

וְכִי קָנוּ מִיָּדָהּ מַאי הָוֵי? תֵּימָא: ״נַחַת רוּחַ עָשִׂיתִי לְבַעְלִי״! מִי לָא תְּנַן: לָקַח מִן הָאִישׁ וְחָזַר וְלָקַח מִן הָאִשָּׁה – מִקָּחוֹ בָּטֵל. אַלְמָא: יְכוֹלָה הִיא שֶׁתֹּאמַר ״נַחַת רוּחַ עָשִׂיתִי לְבַעְלִי״!

The Gemara asks: **And if they acquired it from her, what of it?** Let the woman **say** afterward: I did it only to **please my husband,** as I saw that he wished to sell the field and I did not want to quarrel with him, but I did not mean it seriously. **Didn't we learn** in a mishna (*Gittin* 55b): If one **purchased** property **from a man,** even if he later **went back**[H] **and purchased** rights to that property **from the** man's **wife, the transaction is nullified? Apparently,** the wife **can say:** I did it only to **please my husband** but did not mean it, and that claim is accepted.

אָמַר רַבִּי זֵירָא אָמַר רַב חִסְדָּא: לָא קַשְׁיָא; הָא – רַבִּי מֵאִיר, הָא – רַבִּי יְהוּדָה.

Rabbi Zeira said that **Rav Ḥisda said:** This is **not difficult: This** mishna here **is** in accordance with the opinion of **Rabbi Meir, and that** mishna in tractate *Gittin* is in accordance with the opinion of **Rabbi Yehuda.**

דְּתַנְיָא: כָּתַב לָרִאשׁוֹן וְלֹא חָתְמָה לוֹ, לַשֵּׁנִי וְחָתְמָה לוֹ – אִיבְּדָה כְּתוּבָּתָהּ, דִּבְרֵי רַבִּי מֵאִיר.

As it is taught in a *baraita*: In a case where a husband **wrote** a bill of sale **to one** purchaser, **but** his wife **did not sign** it **for him** because she did not agree to the sale, and later he sold a different property **to a second** purchaser, **and** this time his wife **signed** the bill of sale **for him,**[N] the *halakha* is that **she has lost** the settlement promised to her in **her marriage contract** in the event that the husband is left without property from which she can collect; **this is the statement of Rabbi Meir.** According to Rabbi Meir, not only is the wife unable to sue the second purchaser after she signed his deed, but she cannot sue the first buyer either since he can say to her: When I purchased the field, I left you a field from which you could have collected, and you brought this loss upon yourself.

רַבִּי יְהוּדָה אוֹמֵר: יְכוֹלָה הִיא שֶׁתֹּאמַר ״נַחַת רוּחַ עָשִׂיתִי לְבַעְלִי, אַתֶּם מַה לָּכֶם עָלַי״?

Rabbi Yehuda says that **she can say: I** did it only to **please my husband** but did not mean to ratify the second sale either; **and you, what** claim **do you have against me?**

וְרַבִּי סָתַם לָהּ הָכָא כְּרַבִּי מֵאִיר וְסָתַם לָהּ הָתָם כְּרַבִּי יְהוּדָה?!

The Gemara asks: Is it possible that **Rabbi** Yehuda HaNasi, the redactor of the Mishna, presented the **unattributed** mishna **here in accordance with** the opinion of **Rabbi Meir and** presented the **unattributed** mishna **there in accordance with** the opinion of **Rabbi Yehuda?** Such a dichotomy is unlikely.

אֲמַר רַב פַּפָּא: בִּגְרוּשָׁה, וְדִבְרֵי הַכֹּל.

Rav Pappa offered another answer to the question and **said:** The mishna here is referring **to a divorcée** who wrote a note to the purchaser relinquishing her rights to the field after her divorce, **and everyone agrees** that her statement is binding, as she cannot claim to have acted in order to please her husband.

רַב אַשִׁי אֲמַר: כּוּלָּהּ רַבִּי מֵאִיר הִיא; וְעַד כָּאן לָא קָאָמַר רַבִּי מֵאִיר הָתָם – אֶלָּא בִּשְׁנֵי לָקוֹחוֹת, דְּאָמְרִי לָהּ: אִי אִיתָא דְּנַחַת רוּחַ עָבְדַתְּ – לְקַמָּא אִיבָּעֵי לָךְ לְמֶיעֱבַד, אֲבָל בְּלוֹקֵחַ אֶחָד – אֲפִילּוּ רַבִּי מֵאִיר מוֹדֶה. וּמַתְנִיתִין – דִּכְתַב לֵיהּ לְאַחֵר.

Rav Ashi said: It is all in accordance with the opinion of **Rabbi Meir, and Rabbi Meir states** his opinion **there only in** a case where the husband sold property to **two** different **purchasers,**[H] **as they** can **say to her: If it is** true **that you acted** only in order to **please** your husband, **you should have done so with regard to the first** purchaser and not just the second. **However,** in a case **where** there is only **one purchaser, even Rabbi Meir concedes** that she can claim to have acted only out of the desire to please her husband. **And the mishna** here is referring to a case **where** the husband previously **wrote** a bill of sale **to another** purchaser and the wife did not ratify the sale, and the second time he sold a property she did ratify the sale. Consequently, even Rabbi Meir concedes that the woman cannot claim that she acted only in order to please her husband.

HALAKHA

If one purchased property from a man, even if he later went back, etc. – לָקַח מִן הָאִישׁ וְחָזַר וכו׳: If a husband sold or gave away land to which his wife has rights, either because she brought it to the marriage, or because he added it to the marriage contract, or because he designated it as the property from which the marriage contract would be paid, then even if she subsequently agrees to the sale and even if the purchaser acquired her share of the rights from her, the transaction is void, as the wife can argue that she only agreed in order to please her husband (Rambam *Sefer Nashim, Hilkhot Ishut* 17:11, *Sefer Kinyan, Hilkhot Mekhira* 30:3; *Shulḥan Arukh, Even HaEzer* 90:17).

Only in a case where the husband sold property to two different purchasers – אֶלָּא בִּשְׁנֵי לָקוֹחוֹת: If a husband sold property and asked his wife to waive her right to repossess it from the purchaser, and she refused to do so, and then later he sold other property and his wife waived her right to repossess it from the purchaser, she is no longer able to repossess the second piece of property. She is unable to claim that she waived her rights in order to please her husband, since by refusing her husband's request with regard to the first sale, she demonstrated that she is capable of refusing him. This is in accordance with the opinion of Rabbi Meir as well as Rav Ashi, since he is the last of the *amora'im* (Rambam *Sefer Nashim, Hilkhot Ishut* 17:11; *Shulḥan Arukh, Even HaEzer* 90:17).

NOTES

He sold to a second purchaser and his wife signed the bill of sale for him, etc. – לַשֵּׁנִי וְחָתְמָה לוֹ וכו׳: The commentaries and halakhic authorities explained that Rabbi Meir's rationale here is simple: Since the woman did not sign for the first purchaser, she has already demonstrated that she is capable of refusing her husband's request and not pleasing him; it is therefore clear that when she signs for the second she does so of her own volition. The Rivan explains the rationale behind Rabbi Yehuda's ruling as follows: The woman can claim that after her husband asked her to sign once and she did not give in, were she to refuse his request a second time it would lead to animosity between them.

תְּנַן הָתָם: אֵין נִפְרָעִין מִנְּכָסִים מְשׁוּעְבָּדִים בְּמָקוֹם שֶׁיֵּשׁ נְכָסִים בְּנֵי חוֹרִין, וַאֲפִילּוּ הֵן זִיבּוּרִית. אִיבַּעְיָא לְהוּ: אִישְׁתַּדּוּף בְּנֵי חָרֵי, מַהוּ דְּלִיטְרוֹף מִמְּשַׁעְבְּדֵי?

§ **We learned** in a mishna **elsewhere** (*Gittin* 48b): **One does not collect** a debt **from liened property**[H] that has been sold to a third party **where there is unsold property** available, **even** if the unsold property **is of inferior quality. A dilemma was raised before** the Sages: If **the unsold** property **became blighted** and is no longer of sufficient value to pay off the debt, **what is** the *halakha*? Would the creditor be allowed **to repossess liened** property that has been sold to a third party?

תָּא שְׁמַע: כָּתַב לָרִאשׁוֹן וְלֹא חָתְמָה לוֹ, לַשֵּׁנִי וְחָתְמָה לוֹ – אִיבְּדָה כְּתוּבָּתָהּ, דִּבְרֵי רַבִּי מֵאִיר.

Come and **hear** a solution to this dilemma based upon the following *baraita*: In a case where a husband **wrote** a bill of sale **to one** purchaser, **but** his wife **did not sign** it **for him,** and later he sold a different property **to a second** purchaser **and** his wife **signed** the bill of sale **for him,** the *halakha* is that **she has lost** the settlement specified in **her marriage contract** in the event that the husband is left without property from which she can collect; **this is the statement of Rabbi Meir.**

וְאִי סָלְקָא דַּעְתָּךְ אִישְׁתַּדּוּף בְּנֵי חָרֵי טָרֵיף מִמְּשַׁעְבְּדֵי, נְהִי דְּאִיבְּדָה כְּתוּבָּתָהּ מִשֵּׁנִי – מֵרִאשׁוֹן מִיהָא תִּיגְבֵּי!

Now, **if it should enter your mind** that in a case where **the unsold** property **became blighted** the creditor would be able to **repossess liened** property, then even **though she lost** her ability to collect **her marriage contract from the second** purchaser, **she should at least** be able to **collect from the first** purchaser, because she never relinquished her right to the property he purchased. Although there was unsold property left at the time that the first purchase was made, that property is inaccessible to her because she relinquished her right to it. Consequently, her inability to repossess property from the first purchaser indicates that it is not possible to repossess liened property in the event that unsold property is blighted.

אֲמַר רַב נַחְמָן בַּר יִצְחָק: מַאי אִיבְּדָה – אִיבְּדָה מִשֵּׁנִי.

Rav Naḥman bar Yitzḥak said: It is possible to explain that **what** Rabbi Meir meant when he said: **She has lost** her marriage contract, is that **she has lost** her rights **from the second** purchaser alone, but not from the first.

אֲמַר רָבָא: שְׁתֵּי תְּשׁוּבוֹת בַּדָּבָר; חֲדָא – דְּ״אִיבְּדָה״ לְגַמְרֵי מַשְׁמַע. וְעוֹד, תַּנְיָא: לָוָה מִן הָאֶחָד וּמָכַר נְכָסָיו לִשְׁנַיִם, וְכָתַב בַּעַל חוֹב לְלוֹקֵחַ שֵׁנִי ״דִּין וּדְבָרִים אֵין לִי עִמְּךָ״ – אֵין לוֹ עַל לוֹקֵחַ רִאשׁוֹן כְּלוּם, מִפְּנֵי שֶׁיָּכוֹל לוֹמַר: הִנַּחְתִּי לְךָ מָקוֹם לִגְבּוֹת הֵימֶנּוּ.

Rava said: There are **two responses** with which your **statement** can be rejected. **One** is that the expression: **She has lost, indicates** that she has lost her rights **entirely,** even with regard to the first purchaser. **And furthermore, it is** explicitly **taught** in a *baraita*: If an individual **borrowed from one** creditor **and sold his property to two** purchasers[H] **and the creditor wrote** a note **to the second** purchaser saying: **I do not have** any **legal** dealings **or involvement with you, he has no** claims **toward the first purchaser** either. This is **because** the first purchaser is **able to say** to the creditor: **I left you a place from** where **to collect** your debt, since when I purchased the land, unsold property still remained in the debtor's possession, and therefore you have no claims against me.

הָתָם אִיהוּ דְּאַפְסֵיד נַפְשֵׁיהּ בְּיָדַיִם.

The Gemara rejects the attempt to solve the dilemma with regard to collecting from liened property when the unsold property was blighted: **There,** in the case of a woman or man who wrote to the second purchaser: I do not have any legal dealings or involvement with you, it is **he who causes a loss to himself**[N] **by** his own direct **action** of signing away his rights. It cannot be proven what the *halakha* would be in the case of a blighted field, where the reason he cannot make use of the field is not due to his own action.

אֲמַר לֵיהּ רַב יֵימָר לְרַב אַשִׁי:

Rav Yeimar said to Rav Ashi:

HALAKHA

One does not collect a debt from liened property, etc. – **אֵין נִפְרָעִין מִנְּכָסִים מְשׁוּעְבָּדִים וכו׳**: A creditor may not collect from liened property if he is able to collect from unsold property. This is the case even if the unsold lands are of inferior quality and the liened properties are of intermediate or superior quality (Rambam *Sefer Mishpatim, Hilkhot Malve VeLoveh* 19:2; *Shulḥan Arukh, Ḥoshen Mishpat* 111:8).

If an individual borrowed from one creditor and sold his property to two purchasers – **לָוָה מִן הָאֶחָד וּמָכַר נְכָסָיו לִשְׁנַיִם**: In the case of one who borrowed money from one individual and then sold his property to two different people, and the creditor waived his right to repossess the property sold to the second purchaser, he forfeits his right to repossess the property sold to the first purchaser as well. This is because the first purchaser can claim: I left you a place from which you could collect your debt, i.e., the property later sold to the second purchaser; now you have gone and caused yourself a loss. However, if the creditor waived his right to repossess the property sold to the first purchaser, he can still collect from the second.

If a husband sold property and the wife did not waive her lien on it, and he then went and sold land to another purchaser, and this time the woman agreed to waive her lien, she can no longer appropriate the land from the second purchaser. *Tosafot* say that she can still collect from the first purchaser and that her case is not comparable to that of a creditor, while other authorities (Rashi) rule that she cannot collect from the first purchaser (Rambam *Sefer Mishpatim, Hilkhot Malve VeLoveh* 19:8; *Shulḥan Arukh, Ḥoshen Mishpat* 118:1, *Even HaEzer* 100:3).

NOTES

There, it is he who causes a loss to himself – **הָתָם אִיהוּ דְּאַפְסֵיד נַפְשֵׁיהּ**: Rashi explains that this answer was offered by Rava and is a continuation of his opinion. However, *Tosafot* object to Rashi's explanation, arguing that if that had been the case, it would have been appropriate to preface this last remark with the word: However. The difference between the explanations has halakhic ramifications. In the *Sefer HaIttur*, an early version of this passage is cited, which includes the phrase: However, Rava said. The author of that work is of the opinion that even without that phrase, however, the intention of the Gemara is to report this answer citing Rava.

וְהָא מַעֲשִׂים בְּכָל יוֹם, דְּהַהוּא גַּבְרָא דְּמִישְׁכֵּן לֵיהּ פַּרְדֵּיסָא לְחַבְרֵיהּ לְעֶשֶׂר שְׁנִין, וְקָשׁ לְחָמֵשׁ שְׁנִין, וַאֲתָא לְקַמַּיְיהוּ דְּרַבָּנַן, וְכָתְבוּ לֵיהּ טִירְפָּא!

But it is a daily occurrence that courts permit creditors to collect from liened property in cases where the unsold property became ruined, **as** in the case **of a certain man who mortgaged his orchard** [*pardeisa*][L] **to another** person **for ten years,** thereby allowing the latter to consume the produce as payment of the loan that the owner of the orchard owed him. After **five years** the orchard **grew old** and no longer produced as it once did. The creditor **came before the Sages** to argue his claim, **and they wrote him** a document of **authorization to repossess** liened property from those who purchased land from the debtor after the giving of the loan. This proves that if unsold property becomes unproductive, a creditor may collect his debt from liened property.

הָתָם נַמִּי אִינְהוּ הוּא דְּאַפְסִידוּ אַנַּפְשַׁיְיהוּ; כֵּיוָן דְּהָווּ יָדְעִי דְּפַרְדֵּיסָא עָבֵיד דְּקָיֵישׁ – לָא אִיבָּעֵי לְהוּ לְמִיזְבַּן.

The Gemara answers: **There too, it was they,** the purchasers, **who brought this loss upon themselves since they know that an orchard tends to age.** Therefore, **they should not have purchased** the land from the debtor because they should have realized that there was a chance that he would be unable to pay off his debt with the fruits of the orchard, and the creditor would repossess the land they were purchasing.

וְהִלְכְתָא: אִישְׁתַּדּוּף בְּנֵי חָרֵי – טָרְפָא מִמְּשַׁעְבְּדֵי.

The Gemara concludes: **And the *halakha*** is that if **unsold** property **became blighted,**[H] the creditor **may repossess liened** property that has been sold to a third party.

אָמַר אַבָּיֵי: "נְכָסַי לִיךְ וְאַחֲרַיִךְ לִפְלוֹנִי" וְעָמְדָה וְנִיסֵּת – בַּעַל לוֹקֵחַ הָוֵי, וְאֵין לְ"אַחֲרַיִךְ" בִּמְקוֹם בַּעַל כְּלוּם.

Abaye said: If a man said to an unmarried woman: **My property** is hereby bequeathed **to you, and after you** die it will pass **to so-and-so, and** the woman **went and married**[H] someone and then died, **her husband** takes possession of the property and **is** considered **a purchaser,** i.e., it is as if the woman sold him the property. **And** the individual that the man had designated to receive the property **after you,** i.e., after the woman, receives **nothing** in a case **where there is a husband.** This is because during the time that the property belongs to the woman it is hers completely, and all transactions she performs are considered valid. Consequently, her husband, who is considered a purchaser, may keep the property after her death.

כְּמַאן – כִּי הַאי תַּנָּא. דְּתַנְיָא: "נְכָסַי לְךָ וְאַחֲרֶיךָ לִפְלוֹנִי" יָרַד הָרִאשׁוֹן וּמָכַר – הַשֵּׁנִי מוֹצִיא מִיַּד הַלָּקוֹחוֹת, דִּבְרֵי רַבִּי. רַבָּן שִׁמְעוֹן בֶּן גַּמְלִיאֵל אוֹמֵר: אֵין לַשֵּׁנִי אֶלָּא מַה שֶּׁשִּׁיֵּיר רִאשׁוֹן.

The Gemara asks: **In accordance with whose** opinion did Abaye rule? The Gemara answers: **In accordance with** the opinion of **this *tanna*, as it is taught** in a *baraita* that if one says: **My property** is hereby bequeathed **to you, and after you** die it will pass **to so-and-so,** and **the first** beneficiary **entered,** i.e., took possession of the field, **and sold** it, **the second** beneficiary has the right to **repossess** that property **from the purchasers** upon the death of the first beneficiary. This is **the statement of Rabbi** Yehuda HaNasi, who holds that the first beneficiary had the right to use the property, but not to permanently transfer it to someone else. **Rabban Shimon ben Gamliel says: The second** beneficiary **has** a claim **only** to **that which the first** beneficiary **left** in his possession[H] and did not transfer to anyone else. Abaye ruled in accordance with the opinion of Rabban Shimon ben Gamliel.

וּמִי אָמַר אַבָּיֵי הָכִי? וְהָאָמַר אַבָּיֵי: אֵיזֶהוּ רָשָׁע עָרוּם – זֶה הַמַּשִּׂיא עֵצָה לִמְכּוֹר בִּנְכָסִים כְּרַבָּן שִׁמְעוֹן בֶּן גַּמְלִיאֵל!

The Gemara asks: **And did Abaye** actually **say so? Didn't Abaye** himself **say: Who is a wily, wicked person?**[H] **One who gives** his fellow **advice to sell** his **property in accordance with** the ruling of **Rabban Shimon ben Gamliel** in order to prevent the second beneficiary from taking possession of the property.

מִי קָאָמַר "תִּינָּשֵׂא"? "נִשֵּׂאת" קָאָמַר.

The Gemara answers: **Did he say** that the woman **should** be advised to **marry** in order to deprive the second beneficiary? **He said** his ruling with regard to a case where the woman **married** because it is the way of the world that a woman gets married. She did not do this in order to deprive the second heir of his property; it is merely a consequence of the fact that she did get married that her properties ended up in her husband's possession.

LANGUAGE

Orchard [*pardeisa*] – פַּרְדֵּיסָא: This word, which appears in the Bible in the Song of Songs (4:13) and Nehemiah (2:8), apparently derives from the Old Persian paridaida, which literally means enclosure but refers to a garden or orchard.

HALAKHA

Unsold property became blighted – אִישְׁתַּדּוּף בְּנֵי חָרֵי: If a debtor's unsold fields were blighted, the creditor can repossess property that the debtor has sold, because once the fields are ruined it is as if they do not exist. This applies even if the creditor did not collect payment for his debt immediately on the date designated for repayment (Rashba).

This *halakha* applies only if the fields were ruined. However, if they were stolen, the creditor cannot repossess property the debtor has sold, because it is likely that the robbers will eventually be caught and then he will be able to collect his debt from unsold property (Rashba). If the debtor converted to another religion and now the creditor is unable to collect from him according to the laws of the non-Jewish courts, he is entitled to repossess property that the debtor has sold to others (Rosh; Rambam *Sefer Mishpatim, Hilkhot Malve VeLoveh* 19:2; *Shulḥan Arukh, Ḥoshen Mishpat* 111:12–13).

My property is hereby bequeathed to you, and after you die it will pass to so-and-so, and the woman went and married – נְכָסַי לִיךְ וְאַחֲרַיִךְ לִפְלוֹנִי וְעָמְדָה וְנִיסֵּת: If an individual on his deathbed said to an unmarried woman: My property is hereby bequeathed to you, and after you die it will pass to so-and-so, and she went and married someone, her husband is considered as though he purchased the property, and the second beneficiary receives nothing. The same *halakha* applies if the woman sold these properties and then died in her husband's lifetime: The properties remain in the possession of the purchaser.

However, if the first beneficiary was a married woman, and she sold the property and later died, the second beneficiary can appropriate the land from the husband, in accordance with Abaye's second statement (Rambam *Sefer Kinyan, Hilkhot Zekhiya UMattana* 12:12; *Shulḥan Arukh, Ḥoshen Mishpat* 248:8).

The second beneficiary has a claim only to that which the first beneficiary left in his possession – אֵין לַשֵּׁנִי אֶלָּא מַה שֶּׁשִּׁיֵּיר רִאשׁוֹן: If a person on his deathbed said: I hereby bequeath my property to so-and-so, and after him it shall pass to so-and-so, the first beneficiary is not permitted to sell the property *ab initio*; he may consume the produce until his death, at which point the second beneficiary takes possession of the property. If the first beneficiary transgressed this guideline and sold or gave away some of the property, the second beneficiary loses his claim to that part of the property. This follows the opinion of Rabban Shimon ben Gamliel, in accordance with the general principle that the *halakha* follows the rulings of Rabban Shimon ben Gamliel in his disputes with other Sages (Rambam *Sefer Kinyan, Hilkhot Zekhiya UMattana* 12:3, 8–9; *Shulḥan Arukh, Ḥoshen Mishpat* 248:1, 3).

A wily, wicked person – רָשָׁע עָרוּם: One who counsels another to sell property that he received under the stipulation that after his demise it should pass to someone else, is considered a wicked person, in accordance with the statement of Abaye (Rambam *Sefer Kinyan, Hilkhot Zekhiya UMattana* 12:3, 8–9; *Shulḥan Arukh, Ḥoshen Mishpat* 248:1, 3).

NOTES

He spoke to her when she was already married – אָמַר לָהּ כְּשֶׁהִיא נְשׂוּאָה: Some commentaries prove from the Gemara here that when one gives a gift of a field to a married woman, the intent of the giver is that although her husband is entitled to the produce, the field should actually belong to the woman alone. Consequently, the principle that a husband acquires whatever his wife has acquired is not applied (see *Shulḥan Arukh*, *Ḥoshen Mishpat* 248:8 and *Sefer Meirat Einayim*).

HALAKHA

And so too in a case where a creditor sells to two purchasers – וְכֵן בַּעַל חוֹב וּשְׁנֵי לָקוֹחוֹת: If a debtor sold fields, whose combined value is equal to his debt, to two purchasers, and his creditor waived the right to repossess property from the second purchaser, he can still repossess the field sold to the first purchaser. The first purchaser can then repossess the field sold to the second purchaser, and the creditor can then repossess that property from him. The second purchaser can then take back from the creditor the field that he had purchased. The first purchaser may then repossess it again. This cycle continues until the parties reach a compromise. This is in accordance with the Gemara as interpreted by Rashi.

The same *halakha* would apply if the debt was for one hundred dinars and the debtor sold two fields for one hundred dinars each to two separate purchasers, the creditor had waived his right to repossess the land sold to the second purchaser, and it was later discovered that the field purchased by the first had not truly belonged to the debtor. The same applies if the field sold to the first purchaser had been designated to serve as the repayment of a loan to a previous creditor. In such cases, the first purchaser can repossess the land sold to the second purchaser, the second creditor can repossess it from him, and the second purchaser can repossess it from the creditor, until they reach a compromise (Rambam *Sefer Mishpatim*, *Hilkhot Malve VeLoveh* 19:8, and *Maggid Mishne* there; *Shulḥan Arukh*, *Ḥoshen Mishpat* 118:2–4).

וְאָמַר אַבָּיֵי: ״נְכָסַי לִיךְ וְאַחֲרַיִךְ לִפְלוֹנִי״, וּמָכְרָה וּמֵתָה – הַבַּעַל מוֹצִיא מִיַּד הַלָּקוֹחוֹת, וְ״אַחֲרַיִךְ״ מִיַּד בַּעַל, וְלוֹקֵחַ מִיַּד ״אַחֲרַיִךְ״, וּמוֹקְמִינַן לְכוּלְּהוּ בִּידָא דְּלוֹקֵחַ.

The Gemara presents another statement of Abaye with regard to this subject: **And Abaye said:** If one says to a married woman: **My property** is hereby bequeathed **to you, and after you** die it will pass **to so-and-so, and she sold** the property **and** subsequently **died, the husband** can **repossess** the property **from the purchasers.** Because he himself is considered a purchaser, he is the first purchaser in line, and is therefore entitled to repossess property from other purchasers. **And** the individual originally designated to receive the property **after you,** i.e., after the woman, can repossess the property **from the possession** of **the husband** since he had the right to receive the property after the woman. **And** then **the purchaser may repossess** it **from the possession** of the individual designated to receive it **after you,** since he purchased it from the first beneficiary, i.e., the woman. Finally, **the property is established in the possession of the purchaser.**

מַאי שְׁנָא מֵהָא דִּתְנַן: וְחוֹזְרוֹת חָלִילָה עַד שֶׁיַּעֲשׂוּ פְּשָׁרָה בֵּינֵיהֶן? הָתָם אִית לְהוּ פְּסֵידָא לְכוּלְּהוּ, הָכָא – לוֹקֵחַ הוּא דְּאִית לֵיהּ פְּסֵידָא.

The Gemara asks: In **what** way **is** this case **different from that which we learned in the mishna:** They **continue** to do so according to this **cycle until they** agree on a **compromise between them?** The Gemara answers: **There,** in the case of the mishna, **they all** stand to **incur a loss,** as the purchasers paid money for their property and the woman has a monetary claim to collect her marriage settlement. **Here, it is** only the **purchaser who** stands to **incur a loss,** as he paid for the property, while the others received it as a gift.

אֲזַל רַפְרָם אֲמַר לִשְׁמַעְתָּא קַמֵּיהּ דְּרַב אָשֵׁי: מִי אָמַר אַבָּיֵי הָכִי? וְהָאָמַר אַבָּיֵי: ״נְכָסַי לִיךְ וְאַחֲרַיִךְ לִפְלוֹנִי״, עָמְדָה וְנִיסֵּת – בַּעַל לוֹקֵחַ הָוֵי, וְאֵין לְ״אַחֲרַיִךְ״ בִּמְקוֹם בַּעַל כְּלוּם.

Rafram went and stated this *halakha* before Rav Ashi and then asked him: **Did Abaye** actually **say this? Didn't Abaye say:** If a man said to a woman: **My property** is hereby bequeathed **to you, and after you** die it will pass **to so-and-so,** and the woman **went and married** someone, **her husband is** considered **a purchaser, and** the individual that the man had designated to receive the property **after you,** i.e., after the woman, receives **nothing** in a case **where there is a husband.** If the husband is considered to be a purchaser, why, according to Abaye's second ruling, does the later purchaser receive the property?

אֲמַר לֵיהּ: הָתָם – דַּאֲמַר לָהּ כְּשֶׁהִיא פְּנוּיָה, הָכָא – דַּאֲמַר לָהּ כְּשֶׁהִיא נְשׂוּאָה. מַאי קָאָמַר לָהּ: ״אַחֲרַיִךְ״ – לִיקְנֵי, בַּעַל – לָא לִיקְנֵי.

Rav Ashi **said to him: There,** in the case where the husband acquires exclusive rights to the property, it is **where** the original owner **spoke to** the woman **while she was** still **unmarried,** while **here,** in the latter case, **he spoke to her when she was** already **married.**[N] **What he is saying to her** by making this statement even though she is already married and her husband is her heir, is that the individual designated to receive the property **after you shall acquire** the property, and your **husband shall not acquire** it. Consequently, the husband does not attain rights to this property.

״וְכֵן בַּעַל חוֹב״. תָּנָא: וְכֵן בַּעַל חוֹב וּשְׁנֵי לָקוֹחוֹת,

§ The mishna taught: **And so too,** with regard to **a creditor,** and so too, with regard to a female creditor. The Gemara explains this phrase based upon what was **taught** in a *baraita*: **And so too,** in a case where one owes one hundred dinars to **a creditor** and he sells property worth fifty dinars each to **two purchasers.**[H] If the creditor waives his right to repossess the property from the second purchaser, he can still repossess the property from the first purchaser. The first purchaser can then repossess from the second purchaser, the creditor can repossess that property from the first purchaser, and the second purchaser can reclaim it from the creditor. This cycle continues until they reach a compromise.

וְכֵן אִשָּׁה בַּעֲלַת חוֹב וּשְׁנֵי לָקוֹחוֹת.

And so too, in the case of **a female creditor,** i.e., a woman who seeks to collect her marriage contract from her husband's estate, **and two purchasers** who purchased his property from him.

הדרן עלך מי שהיה נשוי

Summary of **Perek X**

This chapter discussed the priorities in collecting payment for marriage contracts where there are several wives. It was determined that the woman whose marriage contract was written on an earlier date takes priority over the women who hold marriage contracts written on later dates. This *halakha* is similar to cases where an individual owes money to multiple creditors. The time of a document's issue is determined according to the day, month, and year it was written. Documents written on the same day are considered as if they were written at the same time, unless they were issued at a location where it was customary to explicitly state the hour of issue as well.

This order of priorities exists only when all the wives are still alive or when they are all deceased. However, if one wife is alive and another is deceased, the one who is alive collects her marriage settlement as a creditor and takes priority over the sons of the wife who is deceased, whose claim to their mother's marriage settlement is through the *halakhot* of inheritance.

There is a range of opinions with regard to a case where the marriage contracts are not of equal value and none of the wives takes priority over the others. Most of the authorities were of the opinion that the holder of the marriage contract of the lowest value ends up receiving the highest percentage of her claim, while the holder of the marriage contract of the highest value collects more than the others only after the others have collected the full amounts of their claims. Conversely, in the case of partners who invested different amounts in a joint business endeavor and decide to dissolve their partnership, they split the assets and profits in proportion to the amounts they invested.

With regard to the stipulation in the marriage contract that each male offspring inherits his mother's marriage settlement, it was determined that this stipulation applies only when there was a surplus of one dinar, in the form of real estate, belonging to the estate after deducting the amounts owed for each of the marriage contracts. If such a surplus does not exist, the biblical laws of inheritance cannot be left completely unfulfilled. Consequently, the sons divide the entire estate equally among themselves. Furthermore, this stipulation in the marriage contract applies only to property already in the estate and does not apply to potential property expected in the future.

In a case in which one of the wives waived her lien on her husband's property vis-à-vis a particular creditor, a situation is created where several counterclaims exist that cannot be resolved unless the parties agree to a compromise.

Introduction to **Perek XI**

This chapter deals primarily with the ways in which a widow collects payment of what is due her from her late husband's property. In principle, a widow is entitled to receive two financial benefits from her late husband's estate. The first is sustenance, which is provided only in cases where the husband died after the couple was fully married, not only betrothed. The second is payment of her marriage contract. A widow is entitled to sustenance only as long as she has not collected payment of her marriage contract. Once she has collected payment, her husband's heirs have no monetary obligation toward her.

The central issue concerning the widow's collection of payment and marriage contract is the process by which she can collect payment. When the husband's heirs are adults, they allocate these payments to the widow. When they are minors, the widow must collect payment herself, and it is necessary to ascertain how and under what conditions she sells the estate's property to receive her due. This leads to other questions relating to what happens in a case where the widow sells property for a price that is different from its market value: When would such a sale be valid; under what circumstances would it be void; and who bears the burden of responsibility in these situations?

Another issue discussed in this chapter concerns cases where there is a halakhic problem with the marital relationship. In such cases, when is the woman entitled to a marriage contract? These issues and the secondary discussions that arise from treatment of them are the primary focus of this chapter.

מתני׳ אַלְמָנָה נִיזּוֹנֶת מִנִּכְסֵי יְתוֹמִים - מַעֲשֵׂה יָדֶיהָ שֶׁלָּהֶן, וְאֵין חַיָּיבִין בִּקְבוּרָתָהּ. יוֹרְשֶׁיהָ, יוֹרְשֵׁי כְתוּבָּתָהּ, חַיָּיבִין בִּקְבוּרָתָהּ.

MISHNA **A widow is sustained**[H] **from the property of orphans. Her earnings belong to them,**[H] **and they are not obligated** to see **to her burial.**[H] **Her heirs,** who **inherit her marriage contract,**[N] **are obligated** to see **to her burial.**

גמ׳ אִיבַּעְיָא לְהוּ: "נִיזּוֹנֶת" תְּנַן, אוֹ "הַנִּיזּוֹנֶת" תְּנַן? "נִיזּוֹנֶת" תְּנַן - וּכְאַנְשֵׁי גָלִיל, וְלָא סַגִּי דְּלָא יָהֲבִי לַהּ.

GEMARA **A dilemma was raised before** the Sages: Did **we learn** in the mishna: A widow **is sustained, or** did **we learn** in the mishna: A widow **who is sustained?** There is a difference between the two versions. If **we learned** in the mishna: A widow **is sustained,** that means that every widow is sustained by her husband's heirs. **And** the mishna is **in accordance with** the custom of **the people of Galilee,** who write a clause in the marriage contract stipulating that it is the widow's right to remain in her husband's house after his death and to be supported from his estate as long as she does not remarry. **And it is impossible** for the heirs **not to give her** sustenance.

אוֹ דִּלְמָא: "הַנִּיזּוֹנֶת" תְּנַן, וּכְאַנְשֵׁי יְהוּדָה, וְאִי בָּעוּ - לָא יָהֲבִי לַהּ?

Or perhaps, we learned in the mishna: A widow **who is sustained,** meaning that not all widows are sustained by their husbands' heirs. **And** the mishna is **in accordance with** the custom of **the people of Judea,** who write a clause in the marriage contract stipulating that it is the widow's right to remain in her husband's house and be sustained by the heirs until they pay her marriage contract. **And if they** so **desire,** they can pay her marriage contract and then **they** need **not give her** sustenance any longer.

HALAKHA

A widow is sustained – אַלְמָנָה נִיזּוֹנֶת: A widow is entitled to receive her sustenance from the property of her husband's heirs as long as she does not remarry. This is the *halakha* even if this is not expressly stated in the marriage contract, as it is one of the basic conditions of the marriage contract. This *halakha* is in accordance with the conclusion of the Gemara on 52b and 54a (Rambam *Sefer Nashim, Hilkhot Ishut* 18:1; *Shulḥan Arukh, Even HaEzer* 93:3).

Her earnings belong to them – מַעֲשֵׂי יָדֶיהָ שֶׁלָּהֶן: Any money earned by a widow belongs to her husband's heirs. The heirs cannot rid themselves of the responsibility to support her by telling her to keep her earnings and provide for herself. However, she can make this stipulation with them if she so desires. This ruling is in accordance with the mishna (Rambam *Sefer Nashim, Hilkhot Ishut* 18:6; *Shulḥan Arukh, Even HaEzer* 95:1).

They are not obligated to see to her burial – אֵין חַיָּיבִין בִּקְבוּרָתָהּ: If a widow dies her husband's heirs are not responsible for her burial, rather, the heirs of her marriage contract are responsible for it. The Rambam holds that if she dies before taking an oath that she had not received payment of her marriage contract, her husband's heirs are responsible for her burial, but the Ra'avad, *Tur*, and *Tosafot* did not accept this ruling (Rambam *Sefer Nashim, Hilkhot Ishut* 18:6; *Shulḥan Arukh, Even HaEzer* 89:4, 94:7).

NOTES

Her heirs, who inherit her marriage contract – יוֹרְשֶׁיהָ, יוֹרְשֵׁי כְתוּבָּתָהּ: The syntax of this phrase is discussed earlier in the Gemara (81a). This phrase is used to stress that in the case of a woman who has several heirs, e.g., a widow awaiting levirate marriage, who bequeaths to both her children from a previous marriage and to the *yavam*, the responsibility for her funeral falls specifically to those heirs who will inherit her marriage contract.

The Rambam concludes from here that the obligation for the widow's heirs to bury her is dependent on whether or not they actually receive the marriage contract. If for any reason her heirs do not receive the marriage contract and the money remains with the heirs of the husband, the latter are responsible for her burial. This could occur, for example, in a case where the woman did not have the opportunity to take an oath that she had not received payment of her marriage contract. Other commentaries conclude from here that if no one inherited the marriage contract, for example, if the widow passed away without leaving any assets, then no one is obligated to pay for her burial, and she is buried with money from charitable funds. The Ra'avad and others disagree and explain that when the mishna speaks of those who inherit her marriage contract, it means those who are designated to inherit her marriage contract, even if in actuality they do not inherit it (see *Shita Mekubbetzet*, citing *Talmid HaRashba*).

תָּא שְׁמַע, אָמַר רַבִּי זֵירָא אָמַר שְׁמוּאֵל: מְצִיאַת אַלְמָנָה לְעַצְמָהּ. אִי אָמְרַתְּ בִּשְׁלָמָא "הַנִּיזּוֹנֶת" תְּנַן – שַׁפִּיר, אֶלָּא אִי אָמְרַתְּ "נִיזּוֹנֶת" תְּנַן – נֶיהֱווּ כְּבַעַל; מַה בַּעַל – מְצִיאַת אִשָּׁה לְבַעְלָהּ, הָכָא נַמִי – מְצִיאַת אִשָּׁה לַיּוֹרְשִׁים!

The Gemara suggests: **Come** and **hear** a proof from that which **Rabbi Zeira said** that **Shmuel said:** Any lost **article found by the widow** she acquires **for herself.**[H] **Granted, if you say** that we **learned** in the mishna: A widow **who is sustained,**[N] Shmuel's principle is **well** understood. Then, according to the mishna, there are cases where a widow is supported by her husband's heirs and other cases where she is not. Shmuel is referring to a case where the heirs do not sustain her, and therefore any earnings and articles that she may find belong to her. **However, if you say** that **we learned** in the mishna: A widow **is sustained** by the heirs in place of her husband, then **let** the heirs **be like the husband** in every sense. **Just as** in the case of **the husband,** any lost **article found by** the **wife** belongs **to the husband, here too,** any lost **article found by** the widowed **wife** should belong **to the heirs.**

לְעוֹלָם אֵימָא לָךְ: "נִיזּוֹנֶת" תְּנַן. טַעְמָא מַאי אֲמוּר רַבָּנַן מְצִיאַת אִשָּׁה לְבַעְלָהּ – דְּלָא תֶּיהֱוֵי לָהּ אֵיבָה, הָנֵי – תֶּיהֱוֵי לְהוּ אֵיבָה.

The Gemara rejects this proof: **Actually, I will say to you** that **we learned** in the mishna: A widow **is sustained**, and this does not contradict Shmuel's statement. **What is the reason** that **the Sages said** that any lost **article found by** the **wife** belongs **to her husband?** It is **so that she should not be subject to** her husband's **enmity.** The Sages were concerned that if the husband saw that his wife had come into possession of money and did not know the source of that money, they would quarrel. However, **these** heirs, **let them have enmity** toward the widow.

אָמַר רַבִּי יוֹסֵי בַּר חֲנִינָא: כָּל מְלָאכוֹת שֶׁהָאִשָּׁה עוֹשָׂה לְבַעְלָהּ אַלְמָנָה עוֹשָׂה לַיּוֹרְשִׁים, חוּץ מִמְּזִיגַת הַכּוֹס, וְהַצָּעַת הַמִּטָּה, וְהַרְחָצַת פָּנָיו יָדָיו וְרַגְלָיו.

Rabbi Yosei bar Ḥanina said: All tasks that a wife performs for her husband, a widow performs for the husband's **heirs, except for filling** his **cup; and making** his **bed; and washing his face, hands, and feet,** which are expressions of affection that a woman performs specifically for her husband.[H]

אָמַר רַבִּי יְהוֹשֻׁעַ בֶּן לֵוִי: כָּל מְלָאכוֹת שֶׁהָעֶבֶד עוֹשֶׂה לְרַבּוֹ תַּלְמִיד עוֹשֶׂה לְרַבּוֹ, חוּץ מֵהַתָּרַת (לוֹ) מִנְעָל.

Rabbi Yehoshua ben Levi said: All tasks that a Canaanite **slave performs for his master, a student performs for his teacher, except for untying his shoe,** a demeaning act that was typically performed by slaves and would not be appropriate for a student to do.[H]

אֲמַר רָבָא: לָא אֲמָרַן אֶלָּא בְּמָקוֹם שֶׁאֵין מַכִּירִין אוֹתוֹ, אֲבָל בְּמָקוֹם שֶׁמַּכִּירִין אוֹתוֹ – לֵית לָן בָּהּ. אֲמַר רַב אַשִׁי: וּבְמָקוֹם שֶׁאֵין מַכִּירִין אוֹתוֹ – נַמִי לָא אֲמָרַן אֶלָּא דְּלָא מַנַּח תְּפִלִּין. אֲבָל מַנַּח תְּפִלִּין – לֵית לָן בָּהּ.

Rava said: We said this only if the teacher and the student are **in a place where** people are **not familiar with** the student and he could be mistaken for a slave. **However, in a place where** people are **familiar with** the student, **we have no** problem **with it** as everyone knows that he is not a slave. **Rav Ashi said: And in a place where** people are **not familiar with** the student, **we said** this *halakha* **only** if **he is not donning phylacteries, but if he is donning phylacteries, we have no** problem **with it.** A slave does not don phylacteries, and since this student is donning phylacteries, even if he unties his teacher's shoes he will not be mistaken for a slave.[B]

HALAKHA

Any lost article found by the widow she acquires for herself – מְצִיאַת אַלְמָנָה לְעַצְמָהּ: Any article found by a widow is legally hers and the heirs have no rights to it, in accordance with the opinion of Shmuel (Rambam *Sefer Nashim, Hilkhot Ishut* 18:8; *Shulḥan Arukh, Even HaEzer* 95:4).

Tasks that a widow performs for the heirs – מְלָאכוֹת שֶׁעוֹשָׂה אַלְמָנָה לַיּוֹרְשִׁים: All of the tasks that a wife performs for her husband, a widow performs for the orphans, except for filling their cup; making their bed; and washing their face, hands, and feet, as these are acts of affection. This ruling is in accordance with the opinion of Rabbi Yosei bar Ḥanina (Rambam *Sefer Nashim, Hilkhot Ishut* 18:7; *Shulḥan Arukh, Even HaEzer* 95:3).

Tasks that a student performs for his teacher – מְלָאכוֹת שֶׁהַתַּלְמִיד עוֹשֶׂה לְרַבּוֹ: All of the tasks that a slave performs for his master, a student performs for his teacher. However, if they are in a place where the student is not recognized and is not wearing phylacteries, he does not put on or take off his master's shoes, due to the concern that people might believe him to be a slave. This is in accordance with the opinion of Rabbi Yehoshua ben Levi, as explained by Rava and Rav Ashi (Rambam *Sefer HaMadda, Hilkhot Talmud Torah* 5:8; *Shulḥan Arukh, Yoreh De'a* 242:19).

NOTES

If you say that we learned in the mishna: A widow who is sustained – אִי אָמְרַתְּ...הַנִּיזּוֹנֶת תְּנַן: *Tosafot* and many early commentaries explain that the Gemara is not just interested in ascertaining the precise formulation of the mishna. It is also interested in understanding the rights that the heirs have to the widow's earnings.

It is possible to say that according to the custom of the people of Judea, which dictates that the woman stays in her husband's house only if the heirs do not pay her marriage contract, they have no rights to her earnings because they can drive her away any time they choose. If the mishna is understood to be referring to a widow who is sustained by the heirs in accordance with the Judean custom, it is understood why any article she finds belongs to her. This is why Shmuel's statement is linked with the mishna, though he does not rule this way. However, if the mishna were referring to all widows, it would mean that Shmuel's opinion is not accepted by *halakha* nor does it clarify the mishna (see Ritva).

BACKGROUND

Removing shoes and phylacteries – הַתָּרַת מִנְעָל וּתְפִלִּין: It appears from several sources in the Bible and the Talmud that shoes were considered to be especially distasteful objects. For this reason, it was prohibited to enter the Temple wearing shoes (see Exodus 3:5). Being hit with a shoe or throwing a shoe at someone was seen as a serious insult (see Psalms 60:10). For this reason, removing someone else's shoe was seen as an action that only a slave would do for his master.

By contrast, wearing phylacteries fulfills a positive mitzva that a slave is exempt from and they were a sign of great honor, as the Sages understood the verse "Bind your pride upon yourself" (Ezekiel 24:17) as referring to phylacteries (see *Moed Katan* 15a).

אָמַר רַבִּי חִיָּיא בַּר אַבָּא אָמַר רַבִּי יוֹחָנָן: כָּל הַמּוֹנֵעַ תַּלְמִידוֹ מִלְּשַׁמְּשׁוֹ, כְּאִילּוּ מוֹנֵעַ מִמֶּנּוּ חֶסֶד, שֶׁנֶּאֱמַר ״לַמָּס מֵרֵעֵהוּ חָסֶד״. רַב נַחְמָן בַּר יִצְחָק אוֹמֵר: אַף פּוֹרֵק מִמֶּנּוּ יִרְאַת שָׁמַיִם, שֶׁנֶּאֱמַר ״וְיִרְאַת שַׁדַּי יַעֲזוֹב״.

Rabbi Ḥiyya bar Abba said that Rabbi Yoḥanan said: Anyone who prevents his student from serving him,[HN] **it is as if he withheld from him kindness, as it is stated: "To him that is ready to faint [*lamas*], from his friend kindness is due"** (Job 6:14). Rabbi Yoḥanan interprets this to mean that one who prevents [*memis*] another from performing acts on his behalf, prevents him from performing the mitzva of kindness. **Rav Naḥman bar Yitzḥak says: He even removes from** the student **the fear of Heaven, as it is stated** in the continuation of the verse: **"Even to one who forsakes the fear of the Almighty."**

אָמַר רַבִּי אֶלְעָזָר: אַלְמָנָה שֶׁתָּפְסָה מִטַּלְטְלִין בִּמְזוֹנוֹתֶיהָ – מַה שֶּׁתָּפְסָה תָּפְסָה. תַּנְיָא נָמֵי הָכִי: אַלְמָנָה שֶׁתָּפְסָה מִטַּלְטְלִין בִּמְזוֹנוֹתֶיהָ – מַה שֶּׁתָּפְסָה תָּפְסָה.

Rabbi Elazar said: In the case of **a widow who seized movable property**[HN] **for her sustenance, that which she seized, she seized** and it remains in her possession. **That** *halakha* **is also taught** in a *baraita*: **A widow who seized movable property** to provide **for her sustenance, that which she seized, she seized.**

וְכֵן, כִּי אֲתָא רַב דִּימִי אָמַר: מַעֲשֶׂה בְּכַלָּתוֹ שֶׁל רַבִּי שַׁבְּתַי שֶׁתָּפְסָה דִּסְקַיָּא מְלֵאָה מָעוֹת, וְלֹא הָיָה כֹּחַ בְּיַד חֲכָמִים לְהוֹצִיא מִיָּדָהּ.

And likewise, when Rav Dimi came[B] from Eretz Yisrael **he said:** There was **an incident involving Rabbi Shabbtai's daughter-in-law, who seized a saddlebag [*diskayya*]**[L] **full of coins** for her sustenance, **and the Sages did not have the authority to remove it from her possession.**

אָמַר רָבִינָא: וְלָא אֲמָרַן אֶלָּא לִמְזוֹנֵי, אֲבָל לִכְתוּבָּה – מַפְּקִינַן מִינַּהּ.

Ravina said: We said the *halakha* that we do not remove from her possession that which she seized **only** in a case where she seized the assets **for her sustenance. However,** if she seized the assets as payment of **her marriage contract, we remove it from her.**[H]

מַתְקִיף לַהּ מָר בַּר רַב אָשֵׁי: מַאי שְׁנָא לִכְתוּבָּה – דִּמִמְּקַרְקְעֵי וְלָא מִמִּטַּלְטְלֵי, מְזוֹנוֹת נָמֵי – מִמְּקַרְקְעֵי וְלָא מִמִּטַּלְטְלֵי! אֶלָּא, לִמְזוֹנֵי – מַאי דְּתָפְסָה תָּפְסָה, הָכִי נָמֵי לִכְתוּבָּה!

Mar bar Rav Ashi objects to this: What is different about seizing assets **as payment of her marriage contract,** that they are removed from her possession? If it is **that** a marriage contract is paid only **from real estate and not from movable property,** there is a rabbinic enactment that **sustenance** is **also** paid only **from real estate and not from movable property. Rather,** just as you say that if she seizes assets **for her sustenance, that which she seized, she seized, so too,** her seizure is effective if she does so as payment of **her marriage contract.**

NOTES

Anyone who prevents his student from serving him, etc. – כָּל הַמּוֹנֵעַ תַּלְמִידוֹ מִלְּשַׁמְּשׁוֹ וכו׳: This difficult verse was explained by interpreting the word *lamas* in the same way as *yimmas* in the following verse: "He should not melt [*yimmas*] the heart of his brethren" (Deuteronomy 20:8). Here melt is understood to be a synonym of remove (Rivan).

With regard to the matter itself, since one is supposed to fear one's teacher as one fears Heaven, it is proper for students to serve their teacher through the performance of all sorts of tasks without intending to receive any recompense for doing so, just as one ought to do for God (*Iyyun Ya'akov*). Furthermore, through the performance of this service the student will often find himself in the company of his teacher, affording him the opportunity to learn from him both matters of *halakha* and matters of conduct. Therefore, if the teacher prevents the student from doing these things for him, he is withholding from him the kindness of the Torah and this will cause the student's fear of Heaven to decline (*Ir Binyamin*; see Rashi).

A widow who seized movable property – אַלְמָנָה שֶׁתָּפְסָה מִטַּלְטְלִין: The early commentaries argue over whether the Gemara is referring to a woman who seized property during her husband's lifetime or after his death. Rabbeinu Ḥananel holds that the seizure took place specifically during his lifetime, in keeping with the principle explained earlier that seizure following death is not considered legal seizure. This explains why, according to Mar bar Rav Ashi, the seizure of assets for payment for the marriage contract as well as for sustenance is effective. This is also the opinion of the Rid and others, who rule in accordance with Mar bar Rav Ashi, based on the principle that the *halakha* is in accordance with his opinion whenever he argues with Ravina, except for in three specific cases.

However, according to the Rif, the Rivan, and others, the Gemara is speaking of a seizure following the husband's death. They provide several explanations for why seizing assets after the husband's death to provide for the widow's sustenance is legally effective. One explanation is that a widow is unable to collect payment for her sustenance from liened property that was sold to a third party, whereas she can collect payment for her marriage contract from it. Therefore, if she could not seize assets she would lose out and never receive payment for her sustenance. Rabbeinu Crescas Vidal explains similarly. Since the heirs have the ability to mortgage their lands and avoid having to pay the widow money for her sustenance, she has the right to seize movable property. These commentaries further explain that since her goal is to be able to sustain her daily living, she is granted the right to seize assets from her husband's estate.

BACKGROUND

When Rav Dimi came – כִּי אֲתָא רַב דִּימִי: Rav Dimi was one of the Sages who descended, or who would often travel, from Eretz Yisrael to Babylonia, primarily to transmit the Torah of Eretz Yisrael to the Torah centers of the Diaspora, although occasionally he traveled for business as well. Many questions, particularly those concerning the Torah of Eretz Yisrael, remained unresolved in Babylonia until the messenger from Zion would arrive and elucidate the *halakha*, the novel expression, or the unique circumstances pertaining to a particular statement that required clarification.

HALAKHA

Anyone who prevents his student from serving him – כָּל הַמּוֹנֵעַ תַּלְמִידוֹ מִלְּשַׁמְּשׁוֹ: Whoever prevents his student from serving him withholds from him the opportunity to perform kindness and causes his fear of Heaven to decline. This directive is in accordance with Rabbi Yoḥanan and Rav Naḥman bar Yitzḥak (Rambam *Sefer HaMadda, Hilkhot Talmud Torah* 5:8; *Shulḥan Arukh, Yoreh De'a* 242:20).

A widow who seized movable property – אַלְמָנָה שֶׁתָּפְסָה מִטַּלְטְלִין: According to talmudic law, a widow is not provided sustenance from her deceased husband's movable property. However, if she seized his movable property it is not removed from her possession. This *halakha* applies whether she did so during his lifetime or after his death, and even if she seized a gold bar worth more than the money owed to her at the time she seized it.

The court writes her a receipt noting the amount she seized and calculates the amount of sustenance she ought to be receiving, and she then lives off of what she holds in her possession. In a situation where she dies or the heirs are no longer responsible for providing her sustenance, the remaining value of the movable property that she seized returns to the heirs. This ruling is in accordance with the opinion of Rabbi Elazar and Rav Dimi.

In the present, after the *ge'onim* enacted that a woman may collect her marriage settlement from movable property, she is supported from movable property even if she did not seize it (Rambam *Sefer Nashim, Hilkhot Ishut* 18:10; *Shulḥan Arukh, Even HaEzer* 93:20, 23).

As payment of her marriage contract, we remove it from her – לִכְתוּבָּה, מַפְּקִינַן מִינַּהּ: If a widow seized movable property as payment for her marriage contract during her husband's lifetime, it is not removed from her possession. If she seized it after his death, the court removes it from her. This ruling is in accordance with the opinion of Ravina, and the Rif rules accordingly. Although the *halakha* is usually in accordance with Mar bar Rav Ashi, here Ravina has the support of Rava. Some commentaries dispute the ruling and others dispute the reasons for the ruling (*Ba'al Halakhot Gedolot*; Rabbeinu Ḥananel).

There are some who understand from the words of the Rambam that even after the enactment of the *ge'onim*, seizing movable property after the owner's death is not legally effective (Mahari Mintz). According to the opinions of most halakhic authorities, it is effective in the present (*Beit Yosef*; Rambam *Sefer Nashim, Hilkhot Ishut* 18:11).

LANGUAGE

Saddlebag [*diskayya*] – דִּיסְקַיָּא: From the Greek δισάκκιον, *disakkion*, meaning double sack, a saddlebag placed on an animal.

Donkey with saddlebag

אֲמַר לֵיהּ רַב יִצְחָק בַּר נַפְתָּלִי לְרָבִינָא: הָכִי אָמְרִינַן מִשְּׁמֵיהּ דְּרָבָא כְּוָותֵיךְ.

Rav Yitzḥak bar Naftali said to Ravina: We say this *halakha* **in the name of Rava, in accordance with your** teaching that if she seized movable property as payment of her marriage contract, it is removed from her possession.

אָמַר רַבִּי יוֹחָנָן מִשְּׁמֵיהּ דְּרַבִּי יוֹסֵי בֶּן זִימְרָא. אַלְמָנָה שֶׁשָּׁהֲתָה שְׁתַּיִם וְשָׁלֹשׁ שָׁנִים וְלֹא תָּבְעָה מְזוֹנוֹת – אִיבְּדָה מְזוֹנוֹת.

Rabbi Yoḥanan said in the name of Rabbi Yosei ben Zimra: A widow who waited[N] **two or three years** after her husband's death **and did not demand sustenance**[H] from the heirs **has forfeited** the right to receive **sustenance** from them. Since she did not demand her sustenance, it is assumed that she must have forgone this right.

הַשְׁתָּא שְׁתַּיִם אִיבְּדָה, שָׁלֹשׁ מִיבַּעְיָא?! לָא קַשְׁיָא; כָּאן – בַּעֲנִיָּה, כָּאן – בַּעֲשִׁירָה.

The Gemara discusses the language of Rabbi Yosei ben Zimra's statement: **Now** that it was stated that after **two** years **she forfeited** her rights to receive sustenance, **is** it **necessary** to state that she also forfeited her rights after **three** years? The Gemara answers: This is **not difficult. Here,** the first statement is referring **to a poor woman** for which two years is a long time. If she does not demand sustenance for two years, it is clear that she has forgiven the heirs this obligation. **There,** the second statement is referring **to a rich woman** who can support herself for two years. It is only clear after three years that she forgave the obligation.

אִי נַמִי: כָּאן – בִּפְרוּצָה, כָּאן – בִּצְנוּעָה.

Alternatively, here it is referring **to an unabashed woman,** who is not ashamed to demand her rights from the heirs. If she does not demand sustenance within two years, it is assumed that she has forgone this right. **There,** it is referring **to a modest woman,** who is embarrassed to demand sustenance from the heirs and who waits until the third year to claim this right.

אֲמַר רָבָא: לָא אֲמָרַן אֶלָּא לְמַפְרֵעַ, אֲבָל לְהַבָּא – יֵשׁ לָהּ.

Rava said: We said this *halakha* **only retroactively;**[H] the widow cannot demand to be reimbursed for the past years in which she paid for her own sustenance. **However, from** here **onward,** once she demands sustenance **she has** the right to receive it from the heirs.

בָּעֵי רַבִּי יוֹחָנָן: יְתוֹמִים אוֹמְרִים: נָתַנּוּ, וְהִיא אוֹמֶרֶת: לֹא נָטַלְתִּי, עַל מִי לְהָבִיא רְאָיָה?

Rabbi Yoḥanan raises a dilemma: If the **orphans say: We gave** her sustenance, **and she says: I took none, upon whom** is it incumbent **to bring proof** to support his argument?

NOTES

A widow who waited, etc. – אַלְמָנָה שֶׁשָּׁהֲתָה וכו׳: This *halakha* is found in the Jerusalem Talmud with an important difference. The version there is: A widow who waited for two or three months, not years. Some commentaries point out that it makes sense to accept this formulation, since the widow's sustenance is paid on a monthly basis. The Ramban and his students ruled that this *halakha* applies specifically in the case of a widow, but not in the case of a married woman. It is possible that the widow has other sources of support and chose to delay demanding sustenance from the husband's estate. However, a married woman has no alternate sources of support. If she does not immediately demand sustenance from her husband, it is understood that she has forgiven him this obligation.

HALAKHA

A widow who waited…and did not demand sustenance – אַלְמָנָה שֶׁשָּׁהֲתָה...וְלֹא תָּבְעָה מְזוֹנוֹת: A poor widow who waited for two years without demanding sustenance, or a rich widow who waited for three years, has forfeited her right to receive sustenance for those years. If she waited even one day less than that period, she did not forfeit her rights. In addition, if she held a security for the payment of her sustenance in her possession or if she borrowed money for her support, she did not waive her rights. This ruling is in accordance with the opinion of Rabbi Yosei ben Zimra and the first explanation of the Gemara (*Maggid Mishne*).

According to the Vilna Gaon, the Rambam had a different version of the text, in which the distinction made between a rich and a poor widow appeared after the distinction between an unabashed and a modest widow. Based on the principles used in deciding the *halakha*, he ruled in accordance with the second distinction. According to other authorities, the *halakha* reflects both distinctions, and only a woman who is both poor and unabashed loses two years of her sustenance (Rosh; *Tur*; Rambam *Sefer Nashim, Hilkhot Ishut* 18:26; *Shulḥan Arukh, Even HaEzer* 93:14).

We said this only retroactively – לָא אֲמָרַן אֶלָּא לְמַפְרֵעַ: A widow who waited and did not demand sustenance and lost two years of her support nevertheless retains her right to receive sustenance from the time that she finally comes to demand it. This *halakha* is in accordance with the opinion of Rava (Rambam *Sefer Nashim, Hilkhot Ishut* 18:26; *Shulḥan Arukh, Even HaEzer* 93:14).

נִכְסֵי בְּחֶזְקַת יָתְמֵי קַיְימֵי, וְעַל אַלְמָנָה לְהָבִיא רְאָיָה. אוֹ דִּלְמָא: נִכְסֵי בְּחֶזְקַת אַלְמָנָה קַיְימֵי, וְעַל הַיְּתוֹמִים לְהָבִיא רְאָיָה?

The Gemara presents the different options: Does one say that **the property is in the possession of the orphans and** it is incumbent **upon the widow to bring proof**[N] of her claim, in accordance with the principle that the burden of proof rests on the claimant? **Or, perhaps** one says that the **property is in the widow's possession** given that it has a lien attached to it by virtue of her marriage contract, **and** it is incumbent **upon the orphans to bring proof**[N] of their claim.

תָּא שְׁמַע, דְּתָנֵי לֵוִי: אַלְמָנָה, כׇּל זְמַן שֶׁלֹּא נִיסֵּת – עַל הַיְּתוֹמִים לְהָבִיא רְאָיָה, נִיסֵּת – עָלֶיהָ לְהָבִיא רְאָיָה.

Come and hear proof from a *baraita* **that Levi taught:** In the case of a **widow, as long as she has not married** again, it is incumbent **upon the orphans to bring proof** that they provided sustenance for her. Once **she** has **married** and comes to demand the sustenance that she was supposed to receive in the past, it is incumbent **upon her to bring proof** that she never received anything.[H]

אָמַר רַב שִׁימִי בַּר אַשִׁי: כְּתַנָּאֵי: מוֹכֶרֶת וְכוֹתֶבֶת ״אֵלּוּ לִמְזוֹנוֹת מָכַרְתִּי, וְאֵלּוּ לִכְתוּבָּה מָכַרְתִּי״, דִּבְרֵי רַבִּי יְהוּדָה. רַבִּי יוֹסֵי אוֹמֵר: מוֹכֶרֶת וְכוֹתֶבֶת סְתָם, וְכֵן כֹּחָהּ יָפֶה.

Rav Shimi bar Ashi said: Rabbi Yoḥanan's question is **subject to** a dispute between *tanna'im* in the following *baraita*: A widow **sells** parts of her deceased husband's property **and writes: These I sold for my sustenance**[H] **and these I sold** as payment **for my marriage contract;** this is **the statement of Rabbi Yehuda. Rabbi Yosei says: She sells and writes** how much she sold **without specification** of the purpose for which it was sold. **And so her power** to support herself **is enhanced,**[N] as she will be able to decide if what she took was payment for her marriage contract or if it was for her sustenance, based on the status of other claims to her husband's property.

מַאי לָאו בְּהָא קָמִיפַּלְגִי: לְרַבִּי יְהוּדָה, דְּאָמַר: בָּעֵי לְפָרוּשֵׁי – סָבַר: נִכְסֵי בְּחֶזְקַת יָתְמֵי קַיְימֵי, וְעַל הָאַלְמָנָה לְהָבִיא רְאָיָה. וְרַבִּי יוֹסֵי סָבַר: לָא בָּעֵי לְפָרוּשֵׁי. נִכְסֵי בְּחֶזְקַת אַלְמָנָה קַיְימֵי, וְעַל הַיְּתוֹמִים לְהָבִיא רְאָיָה.

What, is it not that **they disagree with regard to this** question? **According to Rabbi Yehuda, who said** that **she is required to specify** the purpose for which it was sold, it is implied that **he holds** that **the property is in the possession of the orphans, and** it is incumbent **upon the widow to provide proof.** This is why she needs to write precisely for what purpose the property was sold. **And Rabbi Yosei holds** that **she does not need to specify** the purpose for which it was sold because **the property is in the widow's possession, and** it is incumbent **upon the orphans to provide proof.**

HALAKHA

Upon whom is it incumbent to bring proof – עַל מִי לְהָבִיא רְאָיָה: If a widow demands sustenance from her husband's heirs, claiming that they never provided her with anything, and they claim that they already gave her what she is supposed to receive, until she remarries it is incumbent upon the heirs to provide proof that they provided her sustenance. Alternatively, she can take an oath of inducement and then take what she claims to be hers. If she makes this demand after she has remarried, it is incumbent upon her to provide proof that she never received sustenance. Alternatively, the heirs can take an oath of inducement that they have given her what is hers and thereby exempt themselves from having to pay. This ruling is in accordance with the opinion of Levi (Rambam *Sefer Nashim, Hilkhot Ishut* 18:27; *Shulḥan Arukh, Even HaEzer* 93:15).

Sells and writes: These I sold for my sustenance, etc. – מוֹכֶרֶת וְכוֹתֶבֶת אֵלּוּ לִמְזוֹנוֹת מָכַרְתִּי וכו׳: The Sages advised the widow to specify what she sells for her sustenance and what she sells as payment of her marriage contract. This is so that the heirs will not complain how gluttonous she is to sell so much for her sustenance. This directive is in accordance with the conclusion of the Gemara. If, however, she is not worried about this, then for several reasons it is better for her not to specify the purpose for which it was sold (*Tur, Even HaEzer* 103).

NOTES

And it is incumbent upon the widow to bring proof – וְעַל אַלְמָנָה לְהָבִיא רְאָיָה: There are some *ge'onim* who explain this entire issue in a different manner. In their opinion, the monetary dispute between the orphans and the widow pertains to her marriage contract. The orphans claim that they paid her marriage contract, and the widow claims that she never received it.

And it is incumbent upon the orphans to bring proof – וְעַל הַיְּתוֹמִים לְהָבִיא רְאָיָה: All the halakhic authorities ruled that the widow must take an oath under these circumstances. However, they do debate which type of oath she takes. Some say that she needs to take only an oath of inducement, an oath instituted by the Sages in a case where a defendant completely denies a claim.

The Rambam, however, appears to hold that she is required to take an oath by Torah law. His reasoning seem to be as follows: Although the property is in the widow's possession, as long as she has not remarried her situation is not like that of someone who is in full possession of his own property, but like a claimant who wishes to appropriate property from another. This ruling is in accordance with the principle that as long as one does not claim ownership, regardless of any other rights or claims he or she may have, he is considered to be a claimant. Since the widow here is claiming only that she has a lien on the property, but not that she owns it, she is considered a claimant (see Rabbeinu Crescas Vidal).

And so her power is enhanced – וְכֵן כֹּחָהּ יָפֶה: Rashi explains that her position is strengthened by not stating why she sold her husband's property. Even if she sells her marriage contract, she can claim that she sold it for her sustenance and then claim payment for her marriage contract from liened properties.

Tosafot note that while that explanation may be true, it is discussed only later, with regard to the opinion of Abaye the Elder. Here, it can be explained that she has an advantage should the orphans come and say that she has not demanded sustenance and that she has waived her rights, as she can respond that she sold property for her sustenance.

It is explained in the Jerusalem Talmud that if someone who lent money to a widow's late husband after they were married, without a contract, comes and demands repayment from unsold property, the widow can claim that she sold the property as payment for her marriage contract, since her claim predates his. If someone who lent money to her late husband before they were married and received a promissory note from him comes and demands repayment, she can claim that she sold the property for her support, and he is not be able to appropriate from her what she has already taken (see Ramban and Jerusalem Talmud).

מְמַאי? דִּלְמָא דְּכוּלֵּי עָלְמָא נִכְסֵי בְּחֶזְקַת אַלְמָנָה קַיְימֵי, וְעַל הַיְתוֹמִים לְהָבִיא רְאָיָה. וְרַבִּי יְהוּדָה – עֵצָה טוֹבָה קָא מַשְׁמַע לָן, דְּלָא לִיקְרוּ לָהּ רַעַבְתָּנוּתָא.

The Gemara rejects this proof: **From where** do you arrive at this conclusion? **Perhaps everyone** agrees that **the property is in the widow's possession and** it is incumbent **upon the orphans to provide proof. And Rabbi Yehuda** simply **teaches us** a measure of **good advice, so that they will not call her a glutton** if they think that she spends excessively on her sustenance. He therefore advises her to specify the purpose for which everything was sold so that she can prove that she did not spend excessively on her sustenance.

דְּאִי לָא תֵּימָא הָכִי – הָא דְּבָעֵי רַבִּי יוֹחָנָן תִּפְשׁוֹט לֵיהּ מִמַּתְנִיתִין: מוֹכֶרֶת לִמְזוֹנוֹת שֶׁלֹּא בְּבֵית דִּין, וְכוֹתֶבֶת "אֵלּוּ לִמְזוֹנוֹת מָכַרְתִּי"! אֶלָּא, מִמַּתְנִיתִין לֵיכָּא לְמִשְׁמַע מִינַּהּ, דְּעֵצָה טוֹבָה קָא מַשְׁמַע לָן. הָכִי נַמִי – עֵצָה טוֹבָה קָא מַשְׁמַע לָן.

As, if you do not say so, then with regard to **the dilemma raised** by **Rabbi Yoḥanan,** why not **resolve** the dilemma **from the mishna** that states (97b): A woman **sells** her husband's property **for** her **sustenance when not in court, and writes: These I sold for** my **sustenance?** Based on the reasoning used earlier, one could have resolved the question by proving from here that the property is in the possession of the orphans, and it is incumbent upon the widow to bring proof for her claim. **Rather,** it must be that this *halakha* **cannot be derived from this mishna, as it teaches us only good advice** to keep the heirs from complaining about her. **So too,** in the *baraita,* Rabbi Yehuda **teaches us** a measure of **good advice,** not a *halakha.*

אִי נַמִי: דְּכוּלֵּי עָלְמָא נִכְסֵי בְּחֶזְקַת יַתְמֵי קַיְימֵי, וְהַיְינוּ טַעְמָא דְּרַבִּי יוֹסֵי – כִּדְאַבַּיֵּי קַשִּׁישָׁא. דְּאָמַר אַבַּיֵּי קַשִּׁישָׁא: מָשָׁל דְּרַבִּי יוֹסֵי לְמָה הַדָּבָר דּוֹמֶה? לִשְׁכִיב מְרַע שֶׁאָמַר "תְּנוּ מָאתַיִם זוּז לִפְלוֹנִי בַּעַל חוֹבִי", רָצָה – בְּחוֹבוֹ נוֹטְלָן, רָצָה – בְּמַתָּנָה נוֹטְלָן.

Alternatively, one can say the opposite: **Everyone** agrees that **the property is in the possession of the orphans, and this is the reasoning** of **Rabbi Yosei,** as explained by **Abaye the Elder,**[P] as **Abaye the Elder said a parable to** illustrate the opinion of **Rabbi Yosei: To what is this matter comparable?** To a person **on his deathbed**[B] **who said: Give**[H] **two hundred dinars to so-and-so, my creditor.** Because the word give is usually used in the context of a gift, the creditor can decide: If **he desires, he takes** the money **as payment of** the **debt** owed to **him.**[N] This gives the creditor the advantage of being able to collect his debt from liened properties that were sold to a third party. Or, if he so **desires, he takes** the money **as a gift.**

PERSONALITIES

Abaye the Elder – אַבַּיֵּי קַשִּׁישָׁא: This *amora*, mentioned only a few times in the Talmud, apparently lived during the second generation of Babylonian *amora'im*. The appellation: The Elder, was given to him in order to distinguish between him and Abaye, Rava's colleague, who was much younger than he and lived during the fourth generation of *amora'im*.

BACKGROUND

A person on his deathbed – שְׁכִיב מְרַע: According to Jewish law, someone on his deathbed is given exceptional powers to assign his property to others, without many of the ordinary requirements that such a transfer usually entails. The Sages recognized the unique physical and emotional state of a dying person and were concerned with the possibility that such a person would become distraught that his final wishes would not be fulfilled. To alleviate this concern, the Sages ruled that a deathbed gift is considered to have been signed and delivered. Therefore, the stated desire of someone on his deathbed for his property to be transferred would take effect even if witnesses were not formally appointed and an official act of acquisition was not performed.

HALAKHA

To a person on his deathbed who said: Give, etc. – שְׁכִיב מְרַע שֶׁאָמַר תְּנוּ וכו׳: If a man on his deathbed said: Give two hundred dinars to my creditor as befits him, the creditor receives both the money owed to him by the dying man as well as the two hundred dinars. If the dying man neither said: As befits him, nor mentioned that the money was payment for a debt owed, the creditor can choose whether to receive this money as a gift or as payment of the debt. This ruling is based on a combination of the conclusion of the Gemara in tractate *Bava Batra* (138b) and its conclusion here. Some disagree and say that if the dying man uttered generally: To so-and-so, my creditor, the money is a gift (*Tur*). The Rema concludes that the first opinion seems more reasonable (Rambam *Sefer Kinyan, Hilkhot Zekhiya UMattana* 11:19; *Shulḥan Arukh, Ḥoshen Mishpat* 253:8).

NOTES

If he desires, he takes the money as payment of the debt owed to him – רָצָה, בְּחוֹבוֹ נוֹטְלָן: According to most commentaries, one who is given money in this particular way takes both the money that is owed to him as a debt as well as this money that was given to him as a gift. However, according to some opinions, the creditor can decide if he wishes to take this sum as payment for his debt or as a gift. There are instances in which it is preferable for him to take the money as a gift, as then he need not take any oath. In other instances, e.g., when the debt owed to him precedes that which is owed to the other creditors, it is preferable for him to receive this money as payment for a debt in order to take precedence over the other creditors who succeeded him (Ra'avad; see Ritva). The Rashba explains that he takes the sum spoken on the deathbed, and if it is a larger amount than the amount owed to him, he takes the balance as a gift.

אִם בְּמַתָּנָה נוֹטְלָן – לֹא כָּךְ יָפֶה כֹּחוֹ.

If he takes it as a gift, his power as a creditor **is not enhanced** in **this manner.** He is not served well because he would not be able to seize property sold to a third party in order to receive his gift. So too, the widow can sell property and then decide later for what purpose she sold it.

כֵּיצַד מוֹכֶרֶת? אָמַר רַבִּי דָּנִיאֵל בַּר רַב קְטִינָא אָמַר רַב הוּנָא: מוֹכֶרֶת אַחַת לִשְׁנֵים עָשָׂר חֹדֶשׁ, וְלוֹקֵחַ מְפַרְנֵס אַחַת לִשְׁלֹשִׁים יוֹם. וְרַב יְהוּדָה אָמַר: מוֹכֶרֶת לְשִׁשָּׁה חֳדָשִׁים, וְלוֹקֵחַ מְפַרְנֵס אַחַת לִשְׁלֹשִׁים יוֹם.

§ The Gemara asks: **How does** a widow **sell** property to earn money for her support? **Rabbi Daniel bar Rav Ketina said** that **Rav Huna said: She sells** her late husband's property **once every twelve months and the buyer** who purchased the property from her **provides** her with money **once every thirty days.**[N] **And Rav Yehuda said: She sells** once **every six months and the buyer provides** her with money **once every thirty days.**

תַּנְיָא כְּוָותֵיהּ דְּרַב הוּנָא: מוֹכֶרֶת לִשְׁנֵים עָשָׂר חֹדֶשׁ וְלוֹקֵחַ מְפַרְנֵס אַחַת לִשְׁלֹשִׁים יוֹם. תַּנְיָא כְּוָותֵיהּ דְּרַב יְהוּדָה: מוֹכֶרֶת לְשִׁשָּׁה חֳדָשִׁים, וְלוֹקֵחַ מְפַרְנֵס אַחַת לִשְׁלֹשִׁים יוֹם.

The Gemara notes: It **is taught** in a *baraita* **in accordance with** the opinion of **Rav Huna: She sells** once **every twelve months, and the buyer provides** her with support **once every thirty days.** So too, it **is taught** in a *baraita* **in accordance with** the opinion of **Rav Yehuda: She sells** once **every six months, and the buyer provides** her with money **once every thirty days.**

אֲמַר אַמֵּימָר: הִלְכְתָא, מוֹכֶרֶת לְשִׁשָּׁה חֳדָשִׁים וְלוֹקֵחַ מְפַרְנֵס אַחַת לִשְׁלֹשִׁים יוֹם. אֲמַר לֵיהּ רַב אַשִׁי לְאַמֵּימָר: דְּרַב הוּנָא מַאי? אֲמַר לֵיהּ: לָא שְׁמִיעַ לִי. כְּלוֹמַר, לָא סְבִירָא לִי.

Ameimar said: The *halakha* is that **she sells** once **every six months and the buyer provides** her with money **once every thirty days,** in accordance with the opinion of Rav Yehuda.[H] **Rav Ashi said to Ameimar: What** do you have to say about the opinion **of Rav Huna? He said to him: I did not hear** about this statement; **that is to say, I do not hold** in accordance with it.

בָּעוּ מִינֵּיהּ מֵרַב שֵׁשֶׁת: מוֹכֶרֶת לִמְזוֹנוֹת, מַהוּ שֶׁתַּחֲזוֹר וְתִטְרוֹף לִכְתוּבָּה?

§ The students **raised a dilemma to Rav Sheshet:** If a woman **sells** property **for her sustenance, what is the** *halakha*? **Can she return and seize** those very properties that she had sold, as payment **for her marriage contract?**

קָמִיבַּעְיָא לְהוּ בִּדְרַב יוֹסֵף. דַּאֲמַר רַב יוֹסֵף: אַרְמַלְתָּא דְּזַבִּין – אַחֲרָיוּת אַיְתָמֵי, וּבֵי דִינָא דְּזַבִּין – אַחֲרָיוּת אַיְתָמֵי. מַאי,

The Gemara explains: **They raised this dilemma in** reference to a *halakha* established **by Rav Yosef, as Rav Yosef said:** In the case of **a widow who sold** liened property to a third party, **the** property **guarantee rests upon the orphans.** If the property was seized from the purchasers in payment of a previous debt, then the purchasers are reimbursed by the orphans. **And** so too, in the case of **a court that sold** property belonging to the deceased, **the** property **guarantee rests upon the orphans.**[H] It is in light of this *halakha* that the dilemma was raised to Rav Sheshet: **What** is the *halakha* in this case?

NOTES

Once every thirty days – אַחַת לִשְׁלֹשִׁים יוֹם: It is explained in the Jerusalem Talmud that she does not sell the property at larger intervals because it is possible that she would then be depriving the heirs of their rights. During the time between sales, she may marry or want to collect her marriage contract, in which case she no longer has the rights to claim support from the property of her former husband. On the other hand, the Sages did not want to inconvenience her to go to court every single day to receive sustenance. The Rivan explains similarly that she does not sell property once every thirty days because that would be too troublesome, and it would be difficult to find buyers for such a small plot of land.

HALAKHA

How does she sell for her sustenance – כֵּיצַד מוֹכֶרֶת לִמְזוֹנוֹת: Property is sold so that the widow will be provided sustenance from the sale for six months and no more. The terms of the sale call for the buyer to provide her with that support every thirty days. Then she can once again sell property for another period of six months. This ruling is in accordance with the opinion of Ameimar. The Rema writes that there are some who say that this was said only with regard to the sale of land, but in the present, when she sells movable property, she should sell only one item at a time (*Tur*, citing *Sefer HaIttur*).

If she cannot find a buyer who will make the purchase for a term of six months, she may sell for a longer period, based on the decision of the judges (Ritva, citing Rabbi Meir HaLevi; Rambam *Sefer Nashim, Hilkhot Ishut* 18:21; *Shulḥan Arukh, Even HaEzer* 93:30–31).

The guarantee rests upon the orphans – אַחֲרָיוּת אַיְתָמֵי: If a widow sold property that belonged to her deceased husband, whether she sold out of court or whether the court sold it on her behalf, the guarantee for the sale is provided by the heirs, in accordance with the statement of Rav Yosef (Rambam *Sefer Nashim, Hilkhot Ishut* 17:13; *Shulḥan Arukh, Even HaEzer* 93:29, 103:2).

NOTES

Until the value of her marriage contract – עַד כְּדֵי כְּתוּבָּתָהּ: The Rif explains that the Gemara intends to say that the woman can sell property for her sustenance only to the point where the aggregate amounts of the individual sales are equal to but not more than the value of her marriage contract. Some explain the rationale for this by saying that since the woman's sustenance is one of the terms of the marriage contract, it cannot be that the subordinate clause should have a greater value than the primary clause. Others explain that as long as she sells only up to the sum of her marriage contract, even in the event that she ends up taking more than what is allotted to her, the court can withdraw the balance from her when she comes to collect payment for her marriage contract. However, if she took more than she should, there is no way to withdraw the balance from her (see Rabbeinu Ḥananel). Some of the early commentaries are of the opinion that even the Rif changed his mind about this toward the end of his life.

Sold and he did not need, etc. – זַבֵּין וְלָא אִיצְטְרִיכוּ וכו׳: The connection between the dilemma with regard to one who sells then realizes he does not need money and the previous discussion is unclear, and various explanations are presented by the commentaries. One explanation is that this connects with the *halakha* concerning the intervals at which the widow sells her late husband's property, as that *halakha* is associated with the possibility that her circumstances will change, as explained in the earlier note.

This suggestion is found in the *Ayelet Ahavim*, where it is explained that this is a case of a widow who thought that she was about to remarry and sold property to collect payment of her marriage contract, only to find out that she was mistaken. A similar case is described in the Jerusalem Talmud, where the orphans deceived the widow and made her believe that someone wanted to marry her, to prevent her from demanding sustenance. There it is explained that because both the sale and the widow's waiver were done in error, the sale is void.

כֵּיוָן דְּאַחֲרָיוּת אַיְּתָמֵי – טָרְפָא, אוֹ דִּלְמָא מָצֵי אָמְרִי לַהּ: נְהִי דְּאַחֲרָיוּת דְּעָלְמָא לָא קַבֵּילְתְּ עִילָּוָךְ, אַחֲרָיוּת דְּנַפְשָׁךְ – מִי לָא קַבּוֹלֵי קַבֵּילְתְּ?

Is the *halakha* that **since the** property **guarantee** rests **on the orphans, she** is able to **seize** the property? **Or perhaps** the buyers **are able to say to her: Granted, you did not accept upon yourself** a property **guarantee for everyone,** and it is the heirs and not you who have to reimburse us if our property is seized; however, **did you not accept a guarantee** about **your own** actions, that you as the seller will not return and seize the property from us?

אֲמַר לֵיהּ: תְּנֵיתוּהָ, מוֹכֶרֶת וְהוֹלֶכֶת עַד כְּדֵי כְּתוּבָּתָהּ, וְסָמְכָה לָהּ שֶׁתִּגְבֶּה כְּתוּבָּתָהּ מִן הַשְּׁאָר. שְׁמַע מִינַּהּ: שַׁיְּירָא – אִין, לָא שַׁיְּירָא – לָא.

Rav Sheshet **said to** the one who raised the dilemma: **You learned** in a *baraita*: A widow **sells** the deceased's property for her sustenance, and **she continues** to do so **until** there is nothing left except **the value of her marriage contract,**[NH] **and she relies upon** the fact **that she will collect** payment of **her marriage contract from the remainder** of the property. **Learn from this** that if **she left** property equal in value to her marriage contract, then **yes,** she can sell it as payment of her marriage contract; but if **she did not leave** property, then **no,** she cannot collect her marriage contract. If she could simply seize the land from the buyers, she would not need to set aside part of her husband's property to use as payment for her marriage contract. She could sell all the land for sustenance and afterward return and seize the property from the purchasers.

וְדִלְמָא עֵצָה טוֹבָה קָא מַשְׁמַע לַן, דְּלָא לִיקְרוּ לַהּ הַדְּרָנִיתָא? אִם כֵּן לִיתְנֵי גּוֹבָה כְּתוּבָּתָהּ מִן הַשְּׁאָר, מַאי ״סָמְכָה לָהּ״ – שְׁמַע מִינַּהּ: שַׁיְּירָא – אִין, לָא שַׁיְּירָא – לָא.

The Gemara rejects this proof: **But perhaps** the *baraita* **teaches us good advice, so that they will not call her a retractor** and say that she is an untrustworthy individual who goes back on agreements into which she entered. However, legally, she is able to seize the property from the buyers. The Gemara answers: **If** that is **so,** and the *baraita* intended only to give advice, **let it** simply **teach: She collects** payment of **her marriage contract from the remainder. What** is the purpose of the added emphasis of: **She relies? Learn from** this that the *baraita* is worded in a precise manner and teaches that if **she left** property, **yes,**[H] she can collect payment of her marriage contract. If **she did not leave over, no,** she cannot collect payment of her marriage contract.

אִיבַּעְיָא לְהוּ: זַבֵּין וְלָא אִיצְטְרִיכוּ לֵיהּ זוּזֵי, הָדְרִי זְבִינֵי אוֹ לָא הָדְרִי זְבִינֵי?

§ **A dilemma was raised before** the scholars: If someone **sold** properties because he needed money for a certain purpose **and** in the end **he did not need**[N] **the money**[H] for that purpose, is this considered a sale conducted in error, so that the seller can renege on the deal and **the sale is reversed? Or, is the sale not reversed** and what is done is done?

HALAKHA

She continues to do so until there is nothing left except the value of her marriage contract – מוֹכֶרֶת וְהוֹלֶכֶת עַד כְּדֵי כְּתוּבָּתָהּ: A widow may sell properties belonging to her husband to provide herself with sustenance until the point where what is left of his properties is equal to the value of her marriage contract. She may then collect her marriage contract from the rest of his properties. This ruling is in accordance with the explanation of Rashi. Some commentaries are of the opinion that if the produce of the husband's fields is not sufficient to provide her sustenance, she receives sustenance through selling the properties themselves, but only up to the value of her marriage contract and no more (Rif). The Rambam, the Rosh, and other early commentaries disagree with this opinion. The Ra'avad wrote that the Rif later retracted this opinion (Rambam *Sefer Nashim*, *Hilkhot Ishut* 18:21; *Shulḥan Arukh*, *Even HaEzer* 93:13).

If she left property, yes, etc. – שַׁיְּירָא, אִין וכו׳: If a widow sold properties belonging to her deceased husband, the guarantee rests on the orphans. Nevertheless, when she comes to collect payment of her marriage contract, she cannot seize lands that she previously sold. This ruling is in accordance with the opinion of Rav Sheshet (*Shulḥan Arukh*, *Even HaEzer* 93:29).

He sold and he did not need the money – זַבֵּין וְלָא אִיצְטְרִיכוּ לֵיהּ זוּזֵי: One who sold his property and expressly stated during the transaction that he is selling it so that he should be able to go to a certain destination or because he needs money for some other reason, it is as if he sold the property conditionally. Therefore, if in the end he did not need the money, he returns the money to the buyer and receives his property in return. This *halakha* is in accordance with the conclusion of the Gemara. However, if one did not state the reason for the sale at the time of the transaction, the sale is final even if it was apparent to all why he was selling the property. This is in accordance with the conclusion of the Gemara in tractate *Kiddushin* (50a). The Rema writes that even with regard to unstated intentions, if there is an assessment that proves that one truly sold for a particular purpose, the transaction is voided (*Tosafot*; Rosh). Some say that with regard to gifts, unspoken intentions are always taken into consideration (*Haggahot Altasi*).

The Rema writes that this *halakha* applies only in the case of the sale of land and not in a sale of movable property. In the latter case, making one's intentions known and public at the time of the transaction is not enough. To allow the possibility of reversing the transaction, one must make an effective condition (*Tur*, citing Rashi and Rabbeinu Ḥananel; Rambam *Sefer Kinyan*, *Hilkhot Mekhira* 11:8–9; *Shulḥan Arukh*, *Ḥoshen Mishpat* 207:3–4).

תָּא שְׁמַע: דְּהַהוּא גַּבְרָא דְּזַבֵּין אַרְעָא לְרַב פַּפָּא, דְּאִצְטְרִיכוּ לֵיהּ זוּזֵי לְמִיזְבַּן תּוֹרֵי. לְסוֹף לָא אִיצְטְרִיכוּ לֵיהּ, וְאַהַדְרֵיהּ נִיהֲלֵיהּ רַב פַּפָּא לְאַרְעֵיהּ – רַב פַּפָּא לִפְנִים מִשּׁוּרַת הַדִּין הוּא דַּעֲבַד.

The Gemara suggests: **Come and hear** a proof: There was a **certain man who sold land to Rav Pappa**[P] **because he needed money to buy oxen. In the end, he did not need** the money[N] and regretted having sold the land, **and Rav Pappa returned his land to him.** The Gemara rejects this: This is not a proof, as **Rav Pappa acted** in a manner that was **beyond the letter of the law.**

תָּא שְׁמַע: דְּהַהוּא בַּצּוֹרְתָּא דַּהֲוָה בִּנְהַרְדְּעָא, זַבְּנִינְהוּ כּוּלֵּי עָלְמָא לְאַפַּדְנַיְיהוּ. לְסוֹף אָתוּ חִיטֵּי. אֲמַר לְהוּ רַב נַחְמָן: דִּינָא הוּא דְּהָדְרִי אַפַּדְנֵי לְמָרַיְיהוּ.

Come and **hear** another proof: There **was a certain drought in Neharde'a**[B] during which **everyone sold his mansion** [*appadna*] in order to buy **wheat. In the end, wheat arrived,** driving down the price, rendering their sale unnecessary. **Rav Naḥman said to them: The *halakha* is that the mansions are returned to their** previous **owners.** It is evident that he holds that a sale that was prompted by the need for money is voided if it becomes clear that the seller no longer needs the money.

הָתָם נַמִי, זְבִינֵי בְּטָעוּת הָווּ, דְּאִיגַּלַּאי מִילְּתָא דְּאַרְבָּא בְּעִקּוּלֵי הֲוָה קַיְימָא.

The Gemara answers: **There too, the sale was** conducted **in error, as it became known that the ship** with the wheat **was** already **in the bays of the river** at the time when the mansions were sold. Had they known that the ship was so close, they would not have sold their property. This is a case of an error at the time of the sale, which is different from a case where the circumstances changed after the sale.

אִי הָכִי, הַיְינוּ דַּאֲמַר לֵיהּ רָמִי בַּר שְׁמוּאֵל לְרַב נַחְמָן. אִם כֵּן נִמְצֵאתָ מַכְשִׁילָן לֶעָתִיד לָבֹא! אֲמַר לֵיהּ: אַטּוּ כָּל יוֹמָא בַּצּוֹרְתָּא שְׁכִיחָא? אֲמַר לֵיהּ: אִין, בַּצּוֹרְתָּא בִּנְהַרְדְּעָא מַשְׁכַּח שְׁכִיחָא.

The Gemara offers proof that the error was already present at the time of the transaction: **If so, this is what Rami bar Shmuel said**[N] **to Rav Naḥman** when he questioned his ruling: **If this is so,** and the mansions need to be restored to their previous owners, **you find yourself obstructing them for the future.** As a result of this ruling, people will not want to buy land because they will worry that the seller will change his mind. Rav Naḥman **said to him: Is that to say** that it is so **common,** that there is **a drought every day?** I said that the properties are returned only in these specific circumstances. **He said to him: Yes, in Neharde'a drought is a frequent** occurrence.

וְהִלְכְתָא: זַבֵּין וְלָא אִיצְטְרִיכוּ לֵיהּ זוּזֵי – הָדְרִי זְבִינֵי.

The Gemara concludes: **And the *halakha*** is that if one **sold** properties for a certain purpose **and** in the end **did not need the money** for that reason, **the sale is reversed.**

BACKGROUND

Drought in Neharde'a – בַּצּוֹרְתָּא...בִּנְהַרְדְּעָא: Although the city of Neharde'a was situated on the watershed where the Malka River drained into the Euphrates, it was still on the edge of the Syrian desert. Therefore, though the fields were well irrigated by canals that flowed from the rivers, a year without precipitation and the resulting decrease in water levels could lead to only some of the fields being irrigated, causing shortages in food supply.

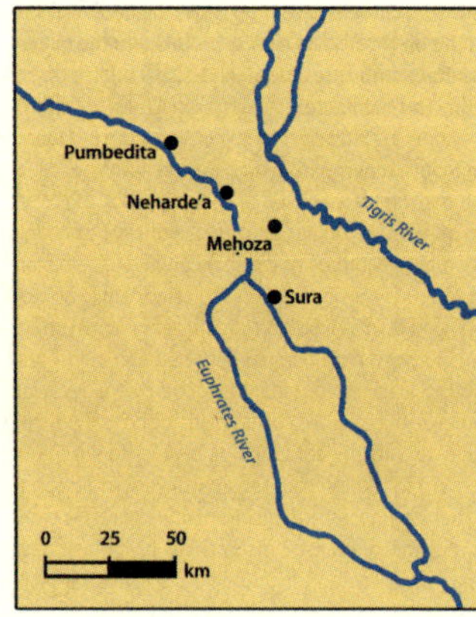

Map of central Babylonia

PERSONALITIES

Rav Pappa – רַב פַּפָּא: Rav Pappa belonged to the fifth generation of the *amora'im* of Babylonia. He was a student of both Abaye and Rava in Pumbedita. Rav Pappa established an academy in Neresh, where he was joined by his close friend Rav Huna, son of Rav Yehoshua, who was appointed chief lecturer. After Rava's death, many of his students came to study under Rav Pappa, who had more than two hundred students attending his lectures. Rav Pappa's father was a wealthy merchant and supported him throughout many years of Talmud study. Rav Pappa became a wealthy businessman in his own right, a successful brewer of date beer. He also prospered in other business ventures. The Talmud records that he engaged in trade with both Jews and gentiles and had a reputation for fairness and generosity in his business dealings.

Rav Pappa was blessed with ten sons, all of whom were Torah scholars. Traditionally, the names of the ten sons of Rav Pappa are recited as part of the ceremony at the completion of the study of a tractate. While the source of this tradition is unclear and the identities of the sons are uncertain as well, the Rema suggests that it commemorates the celebrations made by Rav Pappa with his sons upon completing a course of study.

NOTES

He did not need the money – לָא אִיצְטְרִיכוּ לֵיהּ: Rashi, the Rivan, and others are of the opinion that this is a case in which it was clear and known to all that the one from whom Rav Pappa purchased land was selling his property in order to purchase the oxen. The Ra'ah explains similarly.

However, Rav Hai Gaon, other *ge'onim*, *Tosafot*, and most of the commentaries maintain that even if the matter is public knowledge it is still considered an unspoken thought that has no legal significance. Rather, here the Gemara is referring to a case where the seller said explicitly at the time of the transaction that he was selling his property for that purpose.

If so, this is what he said, etc. – אִי הָכִי, הַיְינוּ דַּאֲמַר וכו׳: Rashi explains this line of the Gemara in a somewhat unusual manner, as a statement supporting the previous statement. *Tosafot* cites the Rashbam, who explains that this is a refutation of the previous statement, which said that the decision was based on the ships being delayed in the bays of the river. That type of an occurrence is certainly uncommon. Rather, it must be said the transaction was voided because they sold for a certain purpose that later on became unnecessary.

NOTES

A widow from marriage sells when not in court – מִן הַנְּשׂוּאִין מוֹכֶרֶת שֶׁלֹּא בְּבֵית דִּין וכו׳: Rashi and most commentaries explain that a widow from marriage may sell out of court because the Sages did not want to inconvenience her to have to go to the court every time that she needed money for her sustenance. However, a betrothed woman who is selling property to receive payment of her marriage contract needs to do so in court.

The Ritva disagrees and explains that if this is truly the distinction between the cases, then the distinction in the mishna should have been between the marriage contract and sustenance, and not between a woman widowed from betrothal and a woman widowed from marriage. He explains that the reason a married woman sells out of court is related to her sustenance, but it is to benefit the heirs and not to help her. Once she collects payment of her marriage contract, the heirs no longer have to provide her sustenance, so it is in their interest that the sale not be delayed. This reason does not apply in the case of a betrothed woman, who is not provided sustenance by the heirs.

מתני׳ אַלְמָנָה, בֵּין מִן הָאֵירוּסִין בֵּין מִן הַנְּשׂוּאִין – מוֹכֶרֶת שֶׁלֹּא בְּבֵית דִּין.

MISHNA **A widow,** whether widowed **from betrothal or from marriage, sells** her husband's property **when not in court.**

רַבִּי שִׁמְעוֹן אוֹמֵר: מִן הַנְּשׂוּאִין – מוֹכֶרֶת שֶׁלֹּא בְּבֵית דִּין, מִן הָאֵירוּסִין – לֹא תִּמְכּוֹר אֶלָּא בְּבֵית דִּין, מִפְּנֵי שֶׁאֵין לָהּ מְזוֹנוֹת. וְכׇל שֶׁאֵין לָהּ מְזוֹנוֹת – לֹא תִּמְכּוֹר אֶלָּא בְּבֵית דִּין.

Rabbi Shimon says: A widow **from marriage sells when not in court,**[NH] but a widow **from betrothal may sell only in court, because she does not receive sustenance** from her husband's property. She receives only her marriage contract, **and anyone who does not receive sustenance may sell only in court.**

גמ׳ בִּשְׁלָמָא מִן הַנְּשׂוּאִין – מִשּׁוּם מְזוֹנֵי,

GEMARA The Gemara elaborates: **Granted,** a widow **from marriage** may sell when not in court **due to** the fact that **her sustenance** is a pressing concern, so one does not make her wait until she finds a court that will oversee her sale.

HALAKHA

A widow from marriage sells when not in court – מִן הַנְּשׂוּאִין מוֹכֶרֶת שֶׁלֹּא בְּבֵית דִּין: A widow, whether from marriage or from betrothal, may sell property both in and out of court, provided that she sells in the presence of three credible individuals who are experts in the assessment of land values. This *halakha* is in accordance with the anonymous opinion presented in the mishna, and with the conclusion of the Gemara in tractate *Bava Metzia*, Chapter Two.

The Rambam rules that if she sold the property to someone in a private sale, with only her and the buyer present, at fair market value, the sale is effective, while others disagree (Rambam *Sefer Nashim, Hilkhot Ishut* 17:13; *Shulḥan Arukh, Even HaEzer* 103:1).

Perek **XI**
Daf **97** Amud **b**

NOTES

Due to desirability – מִשּׁוּם חִינָּא: Most commentaries explain, as Rabbeinu Ḥananel does, that the intent is that various rights were given to women so that men would desire to marry them. However, Rashi explains otherwise, that the intent is to make the men desirable in the eyes of the women so that the women will want to marry the men. If women know that they will have troubles after they wed, they will not wish to marry. Not only does Rashi's opinion not fit well with the Gemara here (see Ritva), it also stands in contradiction to the Gemara (86a) that states that women wish to be married more than men wish to marry them (see Meiri).

A man does not care if his ex-wife is disgraced – גְּרוּשָׁה לָא אִיכְפַּת לֵיהּ: This is the opinion of the Gemara here. However, in the Jerusalem Talmud it is explained at length that one does not want his ex-wife to be disgraced either. What is more, there is even a mitzva to care for her, based on the verse: "Do not disregard your own flesh" (Isaiah 58:7). Some say the verse is referring to a divorcée from betrothal, with whom one did not have an intimate relationship. It can also be explained that even if he does not wish to disgrace her, he is nevertheless unconcerned about the slight embarrassment involved in her going to court (see *Hatam Sofer*).

אֶלָּא מִן הָאֵירוּסִין מַאי טַעְמָא? אָמַר עוּלָּא: מִשּׁוּם חִינָּא. רַבִּי יוֹחָנָן אָמַר: לְפִי שֶׁאֵין אָדָם רוֹצֶה שֶׁתִּתְבַּזֶּה אִשְׁתּוֹ בְּבֵית דִּין.

However, what is the reason that a widow **from betrothal** may sell property when not in court? **Ulla said: Due to desirability.**[N] The Sages enacted several ordinances on behalf of women, so that men will want to marry them. **Rabbi Yoḥanan said: Because a man does not want his wife to be disgraced** by being involved **in court** proceedings.

מַאי בֵּינַיְיהוּ? אִיכָּא בֵּינַיְיהוּ גְּרוּשָׁה. לְמַאן דְּאָמַר: מִשּׁוּם חִינָּא – גְּרוּשָׁה נַמִי בָּעְיָא חֵן. לְמַאן דְּאָמַר: לְפִי שֶׁאֵין אָדָם רוֹצֶה שֶׁתִּתְבַּזֶּה אִשְׁתּוֹ בְּבֵית דִּין – גְּרוּשָׁה לָא אִיכְפַּת לֵיהּ.

The Gemara asks: **What is** the practical difference **between** the two opinions? The Gemara answers: The practical difference **between them** is in the case of **a divorcée. According to the one who says** that it is **due to desirability, a divorcée also requires desirability.** But **according to the one who says** that it is **because a man does not want his wife to be disgraced in court,** a man **does not care** if his **ex-wife** is disgraced.[N]

תְּנַן: וּגְרוּשָׁה לֹא תִּמְכּוֹר אֶלָּא בְּבֵית דִּין. בִּשְׁלָמָא לְמַאן דְּאָמַר לְפִי שֶׁאֵין אָדָם רוֹצֶה שֶׁתִּתְבַּזֶּה אִשְׁתּוֹ בְּבֵית דִּין – גְּרוּשָׁה לָא אִיכְפַּת לֵיהּ, אֶלָּא לְמַאן דְּאָמַר מִשּׁוּם חִינָּא – גְּרוּשָׁה נַמִי בָּעְיָא חֵן!

We learned in the mishna (97b): **And a divorcée may sell only in court.**[H] The Gemara asks: **Granted, according to the one who says** that this is **because a man does not want his wife to be disgraced in court,** here **he does not care** if his **ex-wife** is disgraced. **However, according to the one who says** that it is **due to desirability, a divorcée also requires desirability,** so why should she be required to sell in court?

HALAKHA

A divorcée may sell only in court – גְּרוּשָׁה לֹא תִּמְכּוֹר אֶלָּא בְּבֵית דִּין. Although a widow sells property out of court, a divorcée must sell only in court. This ruling is in accordance with the opinion of Rabbi Yoḥanan. A widow who has remarried may also sell only in court. It is explained in the *Ḥelkat Meḥokek* that once she remarries her first husband would not be concerned about her denigration. However, it is explained in the *Be'er HaGola* and by the Vilna Gaon that the *halakha* was decided in accordance with Ulla and in accordance with Rabbeinu Ḥananel's interpretation of the word desirability (Rambam *Sefer Nashim, Hilkhot Ishut* 17:13; *Shulḥan Arukh, Even HaEzer* 103:3).

הָא מַנִּי – רַבִּי שִׁמְעוֹן הִיא.

The Gemara answers: In accordance with **whose** opinion **is this** continuation of the mishna? **It is** according to the opinion of **Rabbi Shimon** in the mishna, who explains that anyone who is selling property to receive payment of her marriage contract and not for sustenance is required to sell only in court, and a divorcée does not receive sustenance.

אִי רַבִּי שִׁמְעוֹן – הָא תָּנָא לֵיהּ רֵישָׁא: מִן הָאֵירוּסִין לֹא תִּמְכּוֹר כו׳!

The Gemara asks: **If** this is according to the opinion of **Rabbi Shimon,** then wasn't **it** already **taught in the first clause** that a widow **from betrothal sells** only in court because she does not receive sustenance? Since the same reasoning applies to a divorcée, why would the mishna have to teach the *halakha* again in this case?

מַהוּ דְּתֵימָא: אַלְמָנָה מִן הָאֵירוּסִין – הוּא דְּלָא נְפִישׁ חֵן דִּידַהּ, אֲבָל גְּרוּשָׁה דִּנְפִישׁ חֵן דִּידַהּ – אֵימָא תִּיבָּעֵי חֵן.

The Gemara answers: It was necessary, **lest you say:** In the case of **a widow from betrothal,**[N] **she is not** in **great** need of **her desirability,** as she has not been tarnished through sexual relations and men will not hold back from marrying her, and therefore she can go to the court to manage her affairs; **however, a divorcée, who is** in **great** need of **her desirability** and needs assistance in getting remarried, **say** that she **requires desirability** so that she will not be disgraced and she is allowed to take care of her affairs out of court. Lest you make this argument, the *halakha* was clearly stated in the mishna.

הָא נַמִי תְּנֵינָא: כֹּל שֶׁאֵין לָהּ מְזוֹנוֹת, לְאַתּוֹיֵי מַאי? לָאו לְאַתּוֹיֵי גְּרוּשָׁה?

The Gemara asks: Didn't **we** already **learn** this *halakha*, as it **also** says in the mishna the following generalization: **And anyone who does not receive sustenance** may sell only in court? This *halakha* was intended **to add what? Was it not** meant **to add** the case of a **divorcée** and teach that she can sell only in court, in which case the concluding remark of the mishna about the divorcée is superfluous?

לָא, לְאַתּוֹיֵי מְגוֹרֶשֶׁת וְאֵינָהּ מְגוֹרֶשֶׁת, כִּדְרַבִּי זֵירָא. דְּאָמַר רַבִּי זֵירָא: כׇּל מָקוֹם שֶׁאָמְרוּ ״מְגוֹרֶשֶׁת וְאֵינָהּ מְגוֹרֶשֶׁת״ – בַּעַל חַיָּיב בִּמְזוֹנוֹתֶיהָ.

The Gemara rejects this: **No,** it is **to include** a woman about whom there is uncertainty whether **she is divorced or** whether **she is not divorced,**[NH] **and it is in accordance with** the opinion **of Rabbi Zeira, as Rabbi Zeira said: Wherever it was said:** A woman that there is uncertainty whether **she is divorced** or whether **she is not divorced,** her **husband is obligated** to provide **her sustenance** until the divorce is final, and a woman in this situation may sell out of court as well.

תָּא שְׁמַע: כְּשֵׁם שֶׁמּוֹכֶרֶת שֶׁלֹּא בְּבֵית דִּין – כָּךְ יוֹרְשֶׁיהָ, יוֹרְשֵׁי כְּתוּבָּתָהּ, מוֹכְרִים שֶׁלֹּא בְּבֵית דִּין. בִּשְׁלָמָא לְמַאן דְּאָמַר: לְפִי שֶׁאֵין אָדָם רוֹצֶה שֶׁתִּתְבַּזֶּה אִשְׁתּוֹ בְּבֵית דִּין, כִּי הֵיכִי דְּאִיהִי לָא נִיחָא לֵיהּ דְּתִתְבַּזֵּי – יוֹרְשֶׁיהָ נַמִי לָא נִיחָא לֵיהּ דְּלִיבַּזּוּ. אֶלָּא לְמַאן דְּאָמַר מִשּׁוּם חִינָּא – יוֹרְשֶׁיהָ מַאי חֵן אִיכָּא? תַּרְגְּמַהּ עוּלָּא: כְּגוֹן שֶׁיְּרֵשַׁתָּה בִּתָּהּ אוֹ אֲחוֹתָהּ.

The Gemara suggests: **Come** and **hear** proof: **Just as** the widow **sells when not in court, so too, her heirs,** those who **inherit her marriage contract, sell when not in court. Granted, according to the one who says** that the reason why she may sell out of court is **because a man does not want his wife to be disgraced** by having to appear **in court,** it is possible to say that **just as he is not amenable** to the idea **that she will be disgraced, he also is not amenable** to the idea **that her heirs will be disgraced. However, according to the one who says** that she sells out of court **due to desirability, what desirability do her heirs** need to **have? Ulla interpreted it:** This could take place, **for example,** when **her daughter or her sister inherited** from **her,** and they too need desirability.

מתני׳ מָכְרָה כְּתוּבָּתָהּ אוֹ מִקְצָתָהּ, מִשְׁכְּנָה כְּתוּבָּתָהּ אוֹ מִקְצָתָהּ, נָתְנָה כְּתוּבָּתָהּ לְאַחֵר אוֹ מִקְצָתָהּ – לֹא תִּמְכּוֹר אֶת הַשְּׁאָר אֶלָּא בְּבֵית דִּין. וַחֲכָמִים אוֹמְרִים: מוֹכֶרֶת הִיא אֲפִילּוּ אַרְבָּעָה וַחֲמִשָּׁה פְּעָמִים, וּמוֹכֶרֶת לִמְזוֹנוֹת שֶׁלֹּא בְּבֵית דִּין, וְכוֹתֶבֶת ״לִמְזוֹנוֹת מָכַרְתִּי״. וּגְרוּשָׁה לֹא תִּמְכּוֹר אֶלָּא בְּבֵית דִּין.

MISHNA If a woman **sold all or part of her marriage contract,**[H] or if **she mortgaged all or part of her marriage contract,** or if **she gave** away as a gift **all or part of her marriage contract to another, then she sells the remainder only in court. And the Rabbis say: She sells even four or five times,** and she is not obligated to sell everything at one time. **And** despite selling several times, she **sells for her sustenance**[N] even **when not in court,**[H] **and she writes** in the bill of sale: **I sold this for my sustenance. And a divorcée,** who does not receive sustenance, **sells only in court.**

NOTES

A widow from betrothal, etc. – אַלְמָנָה מִן הָאֵירוּסִין וכו׳: There is an alternate version of this Gemara that states that a widow from betrothal has more desirability. Since she is a virgin and does not have the deficiency of being a divorcée, she has a lot of desirability, unlike a divorcée. The version that appears in this Gemara can be explained as referring to the desirability that she needs, not to the desirability that she possesses. Rabbeinu Ḥananel interprets the phrase here as referring to the money in her ownership. A widow from betrothal receives at most one or two hundred dinars, whereas a divorcée receives the supplementary sums of the marriage contract as well, and she is more appealing in the eyes of her suitors.

To include…uncertainty whether she is divorced or whether she is not divorced – לְאַתּוֹיֵי מְגוֹרֶשֶׁת וְאֵינָהּ מְגוֹרֶשֶׁת: Rashi understands that the phrase here serves to teach that in a situation where it is uncertain whether a wife is divorced or whether she is not divorced, she does not receive sustenance from her husband should he die.

Rabbeinu Ḥananel and others are of the opinion that the intent is to include a case where it is uncertain whether a wife is divorced or whether she is not divorced, and to teach that since she receives sustenance until the divorce is finalized, she may sell out of court.

And she sells for her sustenance, etc. – וּמוֹכֶרֶת לִמְזוֹנוֹת וכו׳: One should not say that the reason the widow is able to sell her marriage contract when not in court is because doing so benefits the orphans, who are then freed from the obligation to provide her sustenance, as she is able to sell her late husband's property for her sustenance when not in court as well. She is granted the freedom to sell out of court primarily so that she not be disgraced by having to appear in court (*Talmidei Rabbeinu Yona*).

HALAKHA

Uncertainty whether she is divorced or whether she is not divorced – מְגוֹרֶשֶׁת וְאֵינָהּ מְגוֹרֶשֶׁת: If there is uncertainty with regard to the status of a woman's divorce, as long as her husband is alive, she receives sustenance from him until the divorce is finalized. After his death, however, she is not sustained from his estate, as one does not appropriate funds from the heirs in cases of uncertainty. This ruling is in accordance with the opinion of Rabbi Zeira here and the conclusion of the Gemara (Rambam *Sefer Nashim, Hilkhot Ishut* 18:25; *Shulḥan Arukh, Even HaEzer* 93:2).

She sold part of her marriage contract – מָכְרָה מִקְצָת כְּתוּבָּתָהּ: A woman who sold, mortgaged, or gave away part of her marriage contract may sell the rest either in court or in the presence of three trustworthy individuals. She may sell her marriage contract piecemeal. This is in accordance with the opinion of the Rabbis in the mishna and the Gemara (Rambam *Sefer Nashim, Hilkhot Ishut* 17:18; *Shulḥan Arukh, Even HaEzer* 103:1).

She sells for sustenance when not in court – מוֹכֶרֶת לִמְזוֹנוֹת שֶׁלֹּא בְּבֵית דִּין: A widow may sell property for her sustenance when not in court and without a public announcement, as long as she does so in the presence of three credible individuals, in accordance with the mishna (Rambam *Sefer Nashim, Hilkhot Ishut* 18:20; *Shulḥan Arukh, Even HaEzer* 93:25).

HALAKHA

To exclude a grown woman – פְּרָט לְבוֹגֶרֶת: It is a positive mitzva for a High Priest to marry a young virgin, and he is prohibited from marrying a grown woman, in accordance with the opinion of Rabbi Meir, as the *halakha* is decided in his favor in tractate *Yevamot*, 60a (Rambam *Sefer Kedusha*, *Hilkhot Issurei Bia* 17:13).

NOTES

There they disagree with regard to verses – הָתָם בִּקְרָאֵי פְּלִיגִי: It would appear that the dispute is dependent on the definition of the term "her virginity." Should it be understood in the sense of the physical sign of her virginity, i.e., the hymen, as Rabbi Meir understood it, or it should be understood as referring to a status, i.e., the status of a woman who has not engaged in sexual intercourse, as understood by Rabbi Elazar and Rabbi Shimon?

גמ׳ מַתְנִיתִין מַנִּי – רַבִּי שִׁמְעוֹן הִיא, דְּתַנְיָא: מָכְרָה כְּתוּבָּתָהּ, מִשְׁכְּנָה כְּתוּבָּתָהּ, עָשְׂתָה כְּתוּבָּתָהּ אַפּוֹתֵיקִי לְאַחֵר – אֵין לָהּ מְזוֹנוֹת, דִּבְרֵי רַבִּי מֵאִיר. רַבִּי שִׁמְעוֹן אוֹמֵר: אַף עַל פִּי שֶׁלֹּא מָכְרָה וְלֹא מִשְׁכְּנָה כְּתוּבָּתָהּ אֶלָּא מֶחֱצִיתָהּ – אִבְּדָה מְזוֹנוֹתֶיהָ.

GEMARA The Gemara asks: **Whose** opinion is expressed in the **mishna?** The Gemara answers: **It is** in accordance with the opinion of **Rabbi Shimon, as it is taught** in a *baraita*: If **she sold** all of **her marriage contract,** or **mortgaged her marriage contract,** or if **she made her marriage contract designated repayment to another, she does not** receive **sustenance** any longer; this is **the statement of Rabbi Meir. Rabbi Shimon says: Although she has not sold or mortgaged her** entire **marriage contract, but only half of it, she has lost her** right to **sustenance.** Therefore, she can only sell the rest of her marriage contract in court.

לְמֵימְרָא דְּרַבִּי שִׁמְעוֹן סָבַר דְּלָא אָמְרִינַן: מִקְצָת כֶּסֶף כְּכָל כֶּסֶף, וְרַבָּנַן סָבְרִי אָמְרִינַן: מִקְצָת כֶּסֶף כְּכָל כֶּסֶף?

The Gemara asks: **Is this to say that Rabbi Shimon holds that we do not say** that **part of the money** has a status **like the entire** sum of **money?** Since she no longer has a claim to the entire sum of her marriage contract, it is as though she no longer has a marriage contract and loses her right to sustenance, **and the Rabbis hold that we** do **say part of the money is like the entire money.**

הָא אִיפְּכָא שָׁמְעִינַן לְהוּ, דְּתַנְיָא: ״וְהוּא אִשָּׁה בִּבְתוּלֶיהָ״ – פְּרָט לְבוֹגֶרֶת שֶׁכָּלוּ בְּתוּלֶיהָ, דִּבְרֵי רַבִּי מֵאִיר. רַבִּי אֶלְעָזָר וְרַבִּי שִׁמְעוֹן מַכְשִׁירִין בְּבוֹגֶרֶת.

Didn't **we hear them say the opposite? As it is taught** in a *baraita* concerning the verse that speaks about the High Priest (Leviticus 21:13): **"And he** shall take **a wife in her virginity," to exclude a grown woman**[H] **whose** sign of **virginity has diminished** because when a girl goes through puberty her hymen wears away; this is **the statement of Rabbi Meir. Rabbi Elazar and Rabbi Shimon declare as fit even a grown woman** for the High Priest. This implies that they are of the opinion that the absence of a part is not considered the absence of the whole, and although part of her sign of virginity has been diminished, it is still present.

הָתָם בִּקְרָאֵי פְּלִיגִי; רַבִּי מֵאִיר סָבַר: ״בְּתוּלָה״ – אֲפִילּוּ מִקְצָת בְּתוּלִים; ״בְּתוּלֶיהָ״ – עַד דְּאִיכָּא כּוּלְּהוּ בְּתוּלִים; ״בִּבְתוּלֶיהָ״ – בִּכְדַרְכָּהּ אִין, שֶׁלֹּא כְּדַרְכָּהּ – לָא.

The Gemara answers: **There they disagree** with regard to the interpretation of the **verses.**[N] **Rabbi Meir holds** that were it stated in the verse **a virgin,** this general term would have indicated that as long as she is a virgin, **even if** she has only **part** of her sign of **virginity,** she could marry the High Priest. However, since the verse states: **"Her virginity,"** it means to say **until there is** a sign of **virginity in its entirety.** The addition of the prefix "in" to the phrase **"in her virginity"** teaches that if she engaged in sexual intercourse **in the typical manner,** i.e., in the place where her sign of virginity lies, then **yes,** it is considered that she has engaged in sexual intercourse and is no longer considered a virgin. But if she engaged in **sexual intercourse in an atypical manner,** i.e., anal intercourse, then she is **not** considered to have engaged in sexual intercourse.

רַבִּי אֶלְעָזָר וְרַבִּי שִׁמְעוֹן סָבְרִי: ״בְּתוּלָה״ – שְׁלֵמָה מַשְׁמַע; ״בְּתוּלֶיהָ״ – אֲפִילּוּ מִקְצָת בְּתוּלִים,

By contrast, **Rabbi Elazar and Rabbi Shimon hold** that the word **virgin implies a complete virgin,** whose sign of virginity is completely intact. Therefore, when the verse says: **"Her virginity,"** it indicates that **even if** she has only **part of** her sign of **virginity,** in this regard she is still considered a virgin.

״בִּבְתוּלֶיהָ״ – שֶׁיְּהוּ כׇּל בְּתוּלֶיהָ קַיָּימִין, בֵּין בִּכְדַרְכָּהּ בֵּין שֶׁלֹּא כְּדַרְכָּהּ.

When the verse states **"in her virginity,"** the intent is **that her** sign of **virginity should be fully intact,** with her not having engaged in sexual intercourse of any kind, **whether in the typical manner**[H] **or through atypical** sexual intercourse. Therefore, this dispute is not relevant to the dispute with regard to whether part of the money can be considered akin to all of the money.

HALAKHA

Whether in the typical manner, etc. – בֵּין בִּכְדַרְכָּהּ וכו׳: A woman who has had intercourse, whether in the typical manner or through atypical intercourse, is no longer considered a virgin and is forbidden to a High Priest, in accordance with the opinion of Rav in tractate *Yevamot* (Rambam *Sefer Kedusha*, *Hilkhot Issurei Bia* 17:14).

הַהִיא אִיתְּתָא דְּתָפְסָה כָּסָא דְּכַסְפָּא בִּכְתוּבָּתָהּ, קָתָבְעָה מְזוֹנֵי. אֲתַאי לְקַמֵּיהּ דְּרָבָא. אֲמַר לְהוּ לְיָתְמֵי: זִילוּ הֲבוּ לָהּ מְזוֹנוֹת, לֵית דְּחָשׁ לְהָא דְּרַבִּי שִׁמְעוֹן, דְּאָמַר: לָא אָמְרִינַן מִקְצָת כֶּסֶף כְּכָל כֶּסֶף.

§ The Gemara relates: There was a **certain woman who seized a silver cup** as partial payment of **her marriage contract** and who also **demanded sustenance. She came before Rava** for judgment. **He said to the orphans: Go and give her sustenance,** as there are **none who are concerned about the** ruling **of Rabbi Shimon, who said** that **we do not say that part of the money** has a status **like the entire** sum of **money.**

שָׁלַח לֵיהּ רַבָּה בְּרֵיהּ דְּרָבָא לְרַב יוֹסֵף: מוֹכֶרֶת שֶׁלֹּא בְּבֵית דִּין צְרִיכָה שְׁבוּעָה אוֹ אֵין צְרִיכָה שְׁבוּעָה? וְתִבָּעֵי לָךְ הַכְרָזָה?

§ **Rabba, son of Rava, sent** this question **to Rav Yosef:** Does a woman who **sells** her late husband's property **when not in court need** to take **an oath**[N] that she has not taken more than she deserves, **or does she not need** to take **an oath?** Rav Yosef replied to him: **But you should have raised the dilemma** if prior to the sale she needs to make **a public announcement**[N] in order to properly assess the value of the property.

אֲמַר לֵיהּ: הַכְרָזָה לָא קָמִיבַּעְיָא לִי, דְּאָמַר רַבִּי זֵירָא אָמַר רַב נַחְמָן: אַלְמָנָה שֶׁשָּׁמָה לְעַצְמָהּ – לֹא עָשְׂתָה וְלֹא כְלוּם.

He said to him in response: **I am not raising the dilemma** as to whether there needs to be **a public announcement, as Rabbi Zeira said that Rav Naḥman said: A widow who assessed** the property **for herself**[H] and took from the property according to her own calculation **has accomplished nothing.**

הֵיכִי דָּמֵי? אִי דְּאַכְרוּז – אַמַּאי לֹא עָשְׂתָה וְלֹא כְלוּם? אֶלָּא לָאו – דְּלָא אַכְרוּז, וּלְעַצְמָהּ הוּא דְּלָא עָשְׂתָה וְלֹא כְלוּם, הָא לְאַחֵר – מַה שֶּׁעָשְׂתָה עָשְׂתָה.

Now **what are the circumstances** here? **If they publicly announced** that this property was for sale and arrived at an agreed upon assessment of its value, **why is it that she has accomplished nothing?** The same *halakha* that applies to any purchaser should apply to her. **Rather, is it not that no public announcement was made; and** doesn't this teach that if she took it **for herself, she has accomplished nothing,** but if she sold it **to someone else,** then **her action is effective,** despite there not being any public announcement?[H]

לְעוֹלָם דְּאַכְרוּז, וּדְאָמְרִי לָהּ: מַאן שָׁם לִיךְ?

The Gemara rejects this: **Actually,** this is a case **where they made a public announcement and where they said to her: Who assessed** this **for you?**[N] Although the sale was conducted publicly, there was still no assessment of the property value.

כִּי הַאי דְּהַהוּא גַּבְרָא דְּאַפְקִידוּ גַּבֵּיהּ כִּיסְתָּא דְּיַתְמֵי. אֲזַל שָׁמָהּ לְנַפְשֵׁיהּ בְּאַרְבַּע מְאָה זוּזֵי, אִייַּקַר, קָם בְּשִׁית מְאָה.

That case **is similar to this** incident **of a certain man with whom** someone **had deposited coral belonging to orphans. He went** and **assessed** the value of the coral **for himself at four hundred dinars** and then took it for himself. The coral **appreciated** in value and its value now **stood at six hundred dinars.**

אֲתָא לְקַמֵּיהּ דְּרַבִּי אַמִּי. אֲמַר לֵיהּ מַאן שָׁם לָךְ?

He came before Rabbi Ammi to determine whether the profit belonged to the orphans or to him. Rabbi Ammi **said to him: Who assessed this for you?** Since you never had it assessed, neither the court nor the orphans sold it to you. Therefore, you never acquired the coral, and it remained in the possession of the orphans and the profit is theirs.

וְהִלְכְתָא: צְרִיכָה שְׁבוּעָה, וְאֵינָהּ צְרִיכָה הַכְרָזָה.

The Gemara concludes: **And the *halakha*** is that **she is required** to take **an oath, but she is not required** to make **a public announcement.**[H]

NOTES

Need to take an oath – **צְרִיכָה שְׁבוּעָה**: The early authorities disagreed about the nature of this oath. Rashi explains that she must take an oath that she has not collected more than she is entitled to. *Tosafot* explain that she is required to take an oath that she has not sold the properties for less than their market value.

There were some commentaries who asked: Since in any event she sells the property in the presence of three people, what concern is there that she has collected more than her fair share? The Ramban understands simply that the oath discussed here is the widow's oath. A widow is required to take an oath that she has taken nothing from her husband's property, as one does not collect debts from orphans without taking an oath. In his opinion, the question of the Gemara is not whether or not she is required to take an oath, but whether or not she can begin to sell property before taking the oath. The Rid explained the Gemara along similar lines.

But you should have raised the dilemma if she needs a public announcement – **וְתִבָּעֵי לָךְ הַכְרָזָה**: There are some who explain that the public announcement precedes the oath, and that is why Rabba should have inquired about that first. The Ra'ah and the Ritva explain that if a public announcement is made, there is no longer a need for an oath to be taken. The property value will be properly assessed, and there is no longer any concern that she may collect more than is rightfully hers.

Who assessed this for you – **מַאן שָׁם לִיךְ**: The early authorities discuss the meaning of this phrase. According to Rashi and *Tosafot* it is not to be understood literally, but rather as follows: Who gave permission to this woman to take the property, as according to Rashi, she neither received the property from the court nor from the orphans? This seems to be the opinion of Rav Hai Gaon in *Sefer HaMikna* as well.

However, the *ge'onim* and the Rivan explain the phrase literally. The question is who assessed the value of this property, as perhaps it was worth more than the sale price you asked for. Alternatively, perhaps, since you assessed the value of this property in the presence of laymen, not experts, it could be that they were not so exact in their appraisal, thinking that you will be taking it for yourself in any event (see Ritva).

HALAKHA

A widow who assessed for herself – **אַלְמָנָה שֶׁשָּׁמָה לְעַצְמָהּ**: In the case of widow who sold properties out of court in order to collect payment of her marriage contract, if she assessed the property value and then claimed the property for herself, she has accomplished nothing and the sale is voided. This is true even if she made a public announcement prior to the sale. This *halakha* is in accordance with the conclusion of the Gemara. If there were three laymen present, the sale is effective (*Maggid Mishne*). Others say that even if there were three laymen in attendance, nothing has transpired until an expert court is present (*Tur*; see Rabbeinu Ḥananel; Rambam *Sefer Nashim, Hilkhot Ishut* 17:14; *Shulḥan Arukh, Even HaEzer* 93:27–28, 103:5).

A widow who sold to someone else – **אַלְמָנָה שֶׁמָּכְרָה לְאַחֵר**: In the case of a widow who sold properties out of court to another in order to collect payment of her marriage contract, if she sold them for their market value, the sale is effective. Following the sale, she is required to take the widow's oath. This ruling is in accordance with the conclusion of the Gemara, and it applies to cases dealing with movable property. But in the case of land, neither her selling it nor her giving it away as a gift is effective unless its value was assessed by others, even by laymen (Rashba). Some say that the court has to collect for her (Rosh). The Rema writes that even in the case of movable property, if she did not take the oath beforehand, according to some opinions, the sale is voided, even if she took the oath afterward (*Halakhot Gedolot*; Rabbi Yosef Tuv-Elem; Rambam *Sefer Nashim, Hilkhot Ishut* 17:14; *Shulḥan Arukh, Even HaEzer* 96:5).

She is not required to make a public announcement – **אֵינָהּ צְרִיכָה הַכְרָזָה**: A woman who sells out of court in order to collect payment of her marriage contract does not need to make a public announcement, although she does require the presence of three expert assessors. This is in accordance with the conclusion of the Gemara (Rambam *Sefer Nashim, Hilkhot Ishut* 17:13; *Shulḥan Arukh, Even HaEzer* 103:1).

HALAKHA

She sold property that was worth one hundred dinars for two hundred dinars, etc. – מָכְרָה שָׁוֶה מָנֶה בְּמָאתַיִם וכו׳: If a widow whose marriage contract was worth two hundred dinars sold property worth one hundred dinars for two hundred dinars, or property worth two hundred dinars for one hundred dinars, she has received her marriage contract through these transactions. This ruling is in accordance with the mishna (Rambam *Sefer Nashim*, *Hilkhot Ishut* 17:15; *Shulḥan Arukh*, *Even HaEzer* 103:6).

She sold property worth one hundred dinars and a dinar for one hundred dinars – מָכְרָה שָׁוֶה מָנֶה וְדִינָר בְּמָנֶה: If a widow sold property that was worth one hundred dinars and a dinar for one hundred dinars, the sale is voided. This is the case even if she says that she is willing to return the extra dinar to her husband's heirs. This is in accordance with the unattributed opinion of the mishna (Rambam *Sefer Nashim*, *Hilkhot Ishut* 17:15; *Shulḥan Arukh*, *Even HaEzer* 103:7).

If her marriage contract was four hundred dinars, etc. – הָיְתָה כְּתוּבָּתָהּ אַרְבַּע מֵאוֹת זוּז וכו׳: If her marriage contract was worth four hundred dinars and she sold plots of land at their correct value of one hundred dinars to three different individuals, and she then sold to a fourth person a plot of land worth one hundred dinars and a dinar for one hundred dinars, the first sales are effective while the last one is void, in accordance with the mishna (Rambam *Sefer Nashim*, *Hilkhot Ishut* 17:16; *Shulḥan Arukh*, *Even HaEzer* 103:8).

מתני׳ אַלְמָנָה שֶׁהָיְתָה כְּתוּבָּתָהּ מָאתַיִם, וּמָכְרָה שָׁוֶה מָנֶה בְּמָאתַיִם, אוֹ שָׁוֶה מָאתַיִם בְּמָנֶה – נִתְקַבְּלָה כְּתוּבָּתָהּ.

MISHNA In the case of **a widow whose marriage contract was worth two hundred** dinars **and she sold** property that was **worth one hundred dinars for two hundred** dinars,[H] **or** if she sold property **worth two hundred** dinars **for one hundred dinars, she has received** payment of **her marriage contract** and can demand nothing more.

הָיְתָה כְּתוּבָּתָהּ מָנֶה, וּמָכְרָה שָׁוֶה מָנֶה וְדִינָר בְּמָנֶה – מִכְרָהּ בָּטֵל. אֲפִילּוּ הִיא אוֹמֶרֶת: אַחֲזִיר דִּינָר לַיּוֹרְשִׁין – מִכְרָהּ בָּטֵל.

If **her marriage contract was** worth **one hundred dinars and she sold** property **worth one hundred dinars and a dinar for one hundred dinars,**[H] **the sale is void** because she sold property that did not belong to her. **Even if she says: I will return** the additional **dinar to the heirs,** the **sale is** nevertheless **void.**

רַבָּן שִׁמְעוֹן בֶּן גַּמְלִיאֵל אוֹמֵר: לְעוֹלָם מִכְרָהּ קַיָּים, עַד שֶׁתְּהֵא שָׁם כְּדֵי שֶׁתְּשַׁיֵּיר בְּשָׂדֶה בַּת תִּשְׁעָה קַבִּין, וּבְגִנָּה בַּת חֲצִי קַב. וּכְדִבְרֵי רַבִּי עֲקִיבָא: בֵּית רוֹבַע.

Rabban Shimon ben Gamliel says: Actually, the sale is valid. It is not considered an invalid sale **until there is** an error so extreme that had there been no mistake, **there would have remained in the field an area required for sowing nine *kav* of seed,**[B] the smallest area of land worth working. In that case, the orphans can reasonably claim that they are unwilling to give up on the land that belongs to them. However, if the error is less than this, it is enough if she returns the remainder to the orphans. **And** in the case of **a garden,** the sale is void if, had there been no error, there would have remained **an area required for sowing a half-*kav* of seed,** as this is the smallest size of garden worth working. **Or, according to the statement of Rabbi Akiva, an area required for sowing a quarter-*kav* of seed.**

הָיְתָה כְּתוּבָּתָהּ אַרְבַּע מֵאוֹת זוּז, וּמָכְרָה לָזֶה בְּמָנֶה וְלָזֶה בְּמָנֶה, וְלָאַחֲרוֹן יָפֶה מָנֶה וְדִינָר בְּמָנֶה – שֶׁל אַחֲרוֹן בָּטֵל, וְשֶׁל כּוּלָּן – מִכְרָן קַיָּים.

If **her marriage contract was** worth **four hundred dinars,**[H] **and she sold** property **to this** one **for one hundred dinars, and** she sold property **to that** one **for one hundred dinars,** and again to a third one, **and** she sold property **to the last one worth one hundred dinars and a dinar for** only **one hundred dinars,** the sale **of the last** property **is void,**[N] as the price she charged was below the market value. **And all of the others, their sale is valid,** as they were sold for the correct price.

גמ׳ מַאי שְׁנָא שָׁוֶה מָאתַיִם בְּמָנֶה – דְּאָמְרִי לַהּ: אַתְּ אַפְסֵדְתְּ, שָׁוֶה מָנֶה בְּמָאתַיִם נָמֵי, תֵּימָא: אֲנָא אַרְוַוחְנָא!

GEMARA The Gemara questions the first *halakha* mentioned in the mishna, which teaches that if the widow sold property worth two hundred dinars for one hundred dinars, or if she sold property worth one hundred dinars for two hundred dinars, in either case she can no longer demand any payment of her marriage contract. The Gemara asks: **What is different** about the case where she sold property **worth two hundred** dinars **for one hundred dinars,** where the *halakha* is that she has received her entire marriage contract, **as** the heirs **can say to her: You** caused yourself to **lose out** since you received from the estate the value of your entire marriage contract, but because you sold it improperly, you did not receive its full value. Why then, in the case where she sold property **worth one hundred dinars for two hundred** dinars, can she not **also say** to the heirs: **I profited** from the sale, but I received only the value of one hundred dinars from the estate, and I am entitled to another one hundred dinars?

אָמַר רַב נַחְמָן אָמַר רַבָּה בַּר אֲבוּהּ:

Rav Naḥman said that **Rabba bar Avuh said:**

BACKGROUND

An area required for sowing nine *kav* of seed – בַּת תִּשְׁעָה קַבִּין: Measurements of area in the Talmud were based on estimating the area of a field sown with this amount of wheat seed. The ratio between the exact area and the seeds is based on one *beit se'a* equaling 2,500 square cubits. Accordingly, and in keeping with the different opinions as to the length of the cubit, the area of nine *kav* equals 950–1,400 sq m. The area of one half-*kav* equals 50–60 sq m.

NOTES

The sale of the last property is void – שֶׁל אַחֲרוֹן בָּטֵל: However, were this sale not to have been the last one, it would not have been void. It would then have been possible to say that what she sold was from property liened to her marriage contract, as stated in the first clause of the mishna in the case where she sold land worth two hundred dinars for one hundred dinars. However, since in this case there is nothing still owed to her as payment of her marriage contract, what she sold belonged to the orphans. Since she sold something that is not rightfully hers, the sale is void (Rivan; Meiri).

כָּאן שָׁנָה רַבִּי: הַכֹּל לְבַעַל הַמָּעוֹת. כִּדְתַנְיָא: הוֹסִיפוּ לוֹ אַחַת יְתֵירָה – הַכֹּל לַשָּׁלִיחַ, דִּבְרֵי רַבִּי יְהוּדָה. רַבִּי יוֹסֵי אוֹמֵר: חוֹלְקִין.

Here Rabbi Yehuda HaNasi **taught,** i.e., it can be learned from this mishna that it is Rabbi Yehuda HaNasi's opinion that **everything** belongs **to the owner of the money.** If one earned a profit through the actions of his agent, the profit belongs to him and not to the agent, **as it is taught** in a *baraita* where the Sages debate this matter: In a case where one sent an agent to the marketplace to purchase merchandise at a certain price, if in addition to items that the agent purchased **they added for him one extra item, the entire** profit belongs **to the agent;** this is **the statement of Rabbi Yehuda. Rabbi Yosei says:** The owner of the money and the agent **split**[N] the profit.

וְהָתַנְיָא: רַבִּי יוֹסֵי אוֹמֵר: הַכֹּל לְבַעַל הַמָּעוֹת! אָמַר רָמִי בַּר חָמָא: לָא קַשְׁיָא; כָּאן – בְּדָבָר שֶׁיֵּשׁ לוֹ קִצְבָה, כָּאן – בְּדָבָר שֶׁאֵין לוֹ קִצְבָה.

The Gemara asks: **But isn't it taught** in a *baraita* that **Rabbi Yosei says: Everything** belongs **to the owner of the money? Rami bar Ḥama said:** This is **not difficult. Here** the *baraita* is referring **to an item that has a fixed** price. If the seller added something, it is clear that the additional item is a gift, but it is unclear if the gift is meant for the agent or for the owner of the money, so it is split between the two. Whereas **there,** the *baraita* is referring to **an item that does not have a fixed** price, and one can say that any additional items that were given were not intended for the agent, but were part of the overall deal and belong to the owner of the money.

אָמַר רַב פַּפָּא: הִלְכְתָא, דָּבָר שֶׁיֵּשׁ לוֹ קִצְבָה – חוֹלְקִין, דָּבָר שֶׁאֵין לוֹ קִצְבָה – הַכֹּל לְבַעַל הַמָּעוֹת. מַאי קָא מַשְׁמַע לַן? שִׁינּוּיָא דְּשַׁנֵּינַן שִׁינּוּיָא הוּא.

Rav Pappa said: The *halakha* is that **an item that has a fixed** price[H] **is split,** and with regard to **an item that does not have a fixed** price, **the entire** profit belongs **to the owner of the money.** The Gemara asks: **What is he teaching us** with that statement? That is exactly what Rami bar Ḥama said. The Gemara explains: He wanted to say that **the answer that we taught is the** correct **answer,** and one can issue practical halakhic rulings based on it.

אִיבַּעְיָא לְהוּ: אָמַר לֵיהּ "זַבֵּין לִי לִיתְכָא" וְאָזַל וְזַבֵּין לֵיהּ כּוֹרָא, מַאי? מוֹסִיף עַל דְּבָרָיו הוּא – וְלִיתְכָא מִיהָא קָנֵי, אוֹ דִּלְמָא מַעֲבִיר עַל דְּבָרָיו הוּא – וְלִיתְכָא נַמִי לָא קָנֵי?

§ **A dilemma was raised before** the Sages: If **one said to** his agent: **Sell** on **my** behalf **a half-*kor*, and** the agent **went and sold for him a *kor*, what** is the *halakha*? Is **he** considered to be **adding to the words** of his employer? In that case, though he also performed an action that he was not assigned to do, part of his action was performing his assigned agency, and the buyer **at least acquired a half-*kor*. Or perhaps he is** considered to be **disregarding his** employer's **words,** since he did not perform exactly what he was told to do, in which case the entire transaction was performed by his own volition, without the authorization of his employer, **and even the half-*kor* is not acquired** by the buyer.

אָמַר רַב יַעֲקֹב מִנְּהַר פְּקוֹד מִשְּׁמֵיהּ דְּרָבִינָא, תָּא שְׁמַע: אָמַר בַּעַל הַבַּיִת לִשְׁלוּחוֹ "תֵּן לָהֶן חֲתִיכָה לָאוֹרְחִין", וְהוּא אוֹמֵר "טְלוּ שְׁתַּיִם", וְהֵן נָטְלוּ שָׁלֹשׁ – כּוּלָּן מָעֲלוּ.

Rav Ya'akov of Pekod River said in the name of Ravina: Come and hear proof from a mishna (*Me'ila* 20a): The mishna teaches with regard to the *halakhot* of misuse of consecrated property:[NB] **If the host said to his agent: Give the guests a piece**[H] of meat, **and** the agent went and **said** to the guests: **Take two** pieces, **and they** went and **took three,** and in the end it was ascertained that the meat was consecrated, **they are all guilty of misusing consecrated property.**

BACKGROUND

Misuse of consecrated property – מְעִילָה: The *halakhot* of misuse of consecrated property are stated in the Torah (Leviticus 5:14–16) and discussed in greater detail in tractate *Me'ila*. The basic principle is that anyone who derives benefit from consecrated property unwittingly, i.e., without the knowledge that it was consecrated property, transgresses this prohibition. One who does so is obligated to bring an offering and pay to the Temple the value of the object from which he benefited. In addition, he must pay an extra one-fifth of the value as a fine. After one uses such an item, it loses its consecrated status, which is transferred to the money that he pays to the Temple.

The Torah does not discuss one who derives benefit intentionally. Therefore, such a person cannot atone for deriving benefit by sacrificing an offering or by paying the additional one-fifth of the value.

NOTES

Split – חוֹלְקִין: The early authorities disagree about Rabbi Yosei's reasoning. According to Rashi, the Rivan, and the Ramban, the reason that the employer and the agent split the additional item is due to the fact that it is unclear if the merchant intended it for the agent or for the employer. Because of this uncertainty, it is split between the two. The *ge'onim* and the Rif explain that the item is not split because of any uncertainty. Even if it is clear that the item was presented as a gift to the agent, it was given to him only because of the purchase that he made on behalf of the employer. Therefore, the employer and the agent are partners in this matter.

There are halakhic differences between these two opinions. The differences manifest themselves in cases where the merchant stated expressly that the additional item was for the agent, or if the agent misled the merchant. Another example is where the agent received the additional item because of an error on the part of the merchant, in a case where the buyer does not need to return the item due to such an error. According to Rashi, in all of these cases the item would belong to the agent as there is no uncertainty as to whether or not the additional item was intended for the employer. However, as the *ge'onim* clearly explain, since nothing would have happened if the agent had not been assigned by the employer to make the sale, the employer is a partner to the entire venture.

The later commentaries wrote that the opinion of the Rif is consistent with the discussion in the Jerusalem Talmud, tractate *Demai*, Chapter Six.

Misuse of consecrated property – מְעִילָה: There is a special principle with regard to misuse of consecrated property. Unlike with other transgressions, if one appoints an agent to perform a task that later proves to be an act of misuse of consecrated property, the employer is responsible for the misuse performed by the agent. The case here is one where both were completely unaware of the misuse being performed at the time, as the obligation to bring an offering applies only where the act was perpetrated unintentionally. However, as noted here in the Gemara, the employer is responsible only in the case where the agent performs exactly what he was assigned to do. If the agent did not follow his assignment in any way, the agent is responsible.

HALAKHA

An item that has a fixed price, etc. – דָּבָר שֶׁיֵּשׁ לוֹ קִצְבָה וכו׳: In a case where one sent an agent to purchase merchandise, and the store owner gave the agent more than what was requested, if the merchandise has a fixed price, then the additional items belong to them both and are split between the agent and the employer. If the item does not have a fixed price, then it belongs to the employer. This is in accordance with the opinion of Rav Pappa. The Rema writes, based on the Ramban and Rabbeinu Nissim, that if the store owner stated expressly that the additional items are for the agent, then they all belong to the agent (Rambam *Sefer Kinyan, Hilkhot Sheluḥin VeShutafin* 1:4; *Shulḥan Arukh, Ḥoshen Mishpat* 183:6).

Give the guests a piece, etc. – תֵּן לָהֶן חֲתִיכָה לָאוֹרְחִין וכו׳: One said to his agent: Give a piece of meat to each of the guests, and the agent went and said to them: Each of you take two pieces. If it is later discovered that the meat was consecrated, the host is guilty of the misuse of consecrated property, while the agent is viewed as one who merely added to the wishes of the host. If the agent said to them: Take two as per my request, then both the host and the agent are guilty of the misuse of consecrated property. If the guests happened to take three pieces in the latter case, then everyone is responsible for the transgression (see *Kesef Mishne*; Rambam *Sefer Avoda, Hilkhot Me'ila* 7:1).

NOTES

Where she reduced its price – בְּדְאוֹזִיל: Since she is considered an agent of the orphans, the sale is void. An agent who misrepresents his employer and causes him to suffer a loss is no longer considered his representative (Rivan).

אִי אָמְרַתְּ בִּשְׁלָמָא: מוֹסִיף עַל דְּבָרָיו הָוֵי – מִשּׁוּם הָכִי בַּעַל הַבַּיִת מָעַל, אֶלָּא אִי אָמְרַתְּ: מַעֲבִיר עַל דְּבָרָיו הָוֵי – בַּעַל הַבַּיִת אַמַּאי מָעַל? וְהָתְנַן: הַשָּׁלִיחַ שֶׁעָשָׂה שְׁלִיחוּתוֹ – בַּעַל הַבַּיִת מָעַל, לֹא עָשָׂה שְׁלִיחוּתוֹ – שָׁלִיחַ מָעַל.

Granted, if you say that the agent **is adding to the words** of the host, this *halakha* is understandable, because then, when the agent said to the guests: Take two pieces, he presented one of the pieces as the agent of the host. It is **due to that** reason that **the host is guilty of misusing consecrated property. However, if you say** that the agent **is disregarding the words** of the host, **why** is **the host guilty of misusing consecrated property? Didn't we learn** in a mishna (*Me'ila* 20a): If **an agent who performed his** assigned **agency** caused consecrated property to be misused, it is **the host** who appointed him who **is guilty of misusing consecrated property;** however, if the agent **did not perform his** assigned **agency,** and did not act in accordance with his instructions, it is **the agent** who **is guilty of the misuse** and not the employer?

הָכָא בְּמַאי עָסְקִינַן – דַּאֲמַר לְהוּ ״טְלוּ אַחַת מִדַּעְתּוֹ שֶׁל בַּעַל הַבַּיִת וְאַחַת מִדַּעְתִּי״ וְשָׁקְלוּ אִינְהוּ תְּלָת.

The Gemara answers: **With what are we dealing here?** This is a case **where** the agent **said** explicitly **to** the guests: **Take one** piece **with the consent of the host, and one** piece **with my consent, and they took three** pieces. Since every piece of meat was taken with the consent of someone else, they are all guilty of the misuse of consecrated property.

תָּא שְׁמַע: הָיְתָה כְּתוּבָּתָהּ מָנֶה, וּמָכְרָה שָׁוֶה מָנֶה וְדִינָר בְּמָנֶה – מִכְרָהּ בָּטֵל.

The Gemara suggests: **Come** and **hear** an understanding of the mishna: If **her marriage contract was** worth **one hundred dinars, and she sold** property **worth one hundred dinars and a dinar for one hundred dinars, the sale is void.**

מַאי לָאו – דְּזַבֵּין שָׁוֶה מָנֶה וְדִינָר בְּמָנֶה וְדִינָר, וּמַאי ״בְּמָנֶה״ – מָנֶה שֶׁלָּהּ, וּמַאי ״אֲפִילּוּ״ – אֲפִילּוּ הִיא אוֹמֶרֶת אַחֲזִיר אֶת הַדִּינָר לַיּוֹרְשִׁים, בְּדִינָר מִקַּרְקְעֵי. וְקָתָנֵי: מִכְרָהּ בָּטֵל.

The Gemara interprets the case of the mishna: **What, is it not that she sold** property **worth one hundred dinars and a dinar for one hundred dinars and a dinar,** and there was no error in the sale? **And what** does it mean when the mishna says that she sold the property **for one hundred dinars?** It means that she sold it in order to receive the **one hundred dinars** owed to **her** because of her marriage contract. **And what** does it mean when it says in the mishna: **Even** if she says: I will return the one extra dinar to the heirs, nevertheless the sale is voided? It means that **even if she says: I will return the dinar to the heirs by** giving them **a dinar's** worth **from my land,** the heirs will not be losing anything at all. The Gemara concludes the proof: **And** the mishna **teaches** that even so the **sale is void,** implying that not just what she added is void, but the entire sale is voided.

אֲמַר רַב הוּנָא בְּרֵיהּ דְּרַב נָתָן: לָא, בִּדְאוֹזִיל.

Rav Huna, son of Rav Natan, said: No, the correct understanding of the mishna is not that she sold the land for its proper price. Rather, the mishna is referring to a situation **where she reduced** its price[N] and sold the property for less than its worth, and there was an error in the sale itself.

Perek **XI**
Daf **99** Amud **a**

הָא מִדְּסֵיפָא בִּדְאוֹזִיל – הָוֵי רֵישָׁא בִּדְלָא אוֹזִיל, דְּקָתָנֵי סֵיפָא: הָיְתָה כְּתוּבָּתָהּ אַרְבַּע מֵאוֹת זוּז, מָכְרָה לָזֶה בְּמָנֶה וְלָזֶה בְּמָנֶה, וְלָאַחֲרוֹן יָפֶה מָנֶה וְדִינָר בְּמָנֶה, שֶׁל אַחֲרוֹן – מִכְרָהּ בָּטֵל, וְשֶׁל כּוּלָּן – מִכְרָן קַיָּים!

The Gemara asks: **Since the last clause** of the mishna deals with a case **where she reduced** the price, it stands to reason that **the first clause** of the mishna **is** a case **where she did not reduce** the price. Why would the mishna repeat itself for no reason? **As it teaches** in **the last clause** of the mishna: If **her marriage contract was** worth **four hundred dinars** and **she sold** property **to this** one **for one hundred dinars, and** she sold property **to that** one **for one hundred dinars,** and again to a third one, **and** she sold property **to the last one worth one hundred dinars and a dinar for** only **one hundred dinars, the** sale **of the last** property **is void. And** as for **all of the others, their sale is valid** because they were sold for the correct price.

לָא, רֵישָׁא וְסֵיפָא בִּדְאוֹזִיל. וְסֵיפָא הָא קָא מַשְׁמַע לַן: טַעְמָא – דְּאוֹזִיל בִּדְיָתְמֵי, אֲבָל בְּדִידָהּ – מִכְרָהּ קַיָּים.

The Gemara rejects this: No, both the **first and the last clauses** discuss cases **where she reduced** the price of the land and sold it for less than its worth. **And the last clause teaches us this: The reason** that the sale is void is that in that case, since she had already received full payment of her marriage contract, **she reduced** the price in a sale that she made **with** property **of the orphans** and at their expense. However, when she reduced the price of the land **in** the sale of **her own** property, as in the earlier clauses of the mishna, **her sale is valid.**

הָא מִדְּרֵישָׁא שָׁמְעַתְּ מִינָּהּ: הָיְתָה כְּתוּבָּתָהּ מָאתַיִם, וּמָכְרָה שָׁוֶה מָנֶה בְּמָאתַיִם, אוֹ שָׁוֶה מָאתַיִם בְּמָנֶה – נִתְקַבְּלָה כְּתוּבָּתָהּ!

The Gemara asks: How can it be that this is what the last clause of the mishna is teaching? It can already be **concluded from the first clause** of the mishna, which states: In the case of **a widow whose marriage contract was** worth **two hundred** dinars **and she sold** property that was **worth one hundred dinars for two hundred** dinars, **or** if she sold property **worth two hundred** dinars **for one hundred dinars, she has received** payment of **her marriage contract** and can demand nothing more. This teaches that although she reduced the price of her own property by half, the sale is valid.

מַהוּ דְּתֵימָא: הָתָם הוּא דְּאִיסְתַּלְּקָא לָהּ מֵהַאי בֵּיתָא לְגַמְרֵי, אֲבָל הָכָא – נִיגְזוֹר מָנֶה רִאשׁוֹן אַטּוּ מָנֶה אַחֲרוֹן, קָא מַשְׁמַע לַן.

The Gemara answers: **Lest you say: There,** in the first clause of the mishna, the sale is valid because through the sale **she has left this house entirely,** i.e., she no longer has anything to do with her husband's estate, as her entire claim has been paid off; **however, here,** in the latter clause, **decree** that the **first** sale for **one hundred dinars** will be void **due to the last one hundred dinars.** If the first sale is allowed to take effect, this may lead to the error of the last sale taking effect as well. Therefore, the first sale should be void if she reduces the price. Lest you make this argument, the mishna **teaches us** that this is not the case.

וְאִיכָּא דְּאָמְרִי: הָא לָא תִּיבָּעֵי לָךְ, הֵיכָא דַּאֲמַר לֵיהּ "זִיל זַבֵּין לִי לִיתְכָּא" וְזָבִין לֵיהּ כּוֹרָא – דְּוַדַּאי מוֹסִיף עַל דְּבָרָיו הָוֵי.

The Gemara returns to the question asked earlier (98b): **And there are those who say: Don't raise this dilemma** in a case **where** the employer **said to** his agent: **Go** and **sell** on **my** behalf **a half-*kor*, and** the agent **sold for him a *kor*,**[H] **as he was certainly adding to the** employer's **words,** and the sale of the first half-*kor* is valid.

כִּי תִּיבָּעֵי לָךְ – דַּאֲמַר לֵיהּ "זִיל זַבֵּין לִי כּוֹרָא" וְאָזֵיל וְזַבֵּין לֵיהּ לִיתְכָּא, מַאי? מִי אָמְרִינַן: אָמַר לֵיהּ דְּטָבָא לָךְ עֲבַדִי לָךְ, דְּאִי לָא מִצְטָרְכֵי לָךְ זוּזֵי – לָא מָצֵית הָדְרַתְּ בֵּיהּ.

Where you should **raise the dilemma** is a case in **which** the employer **said to** his agent: **Go sell** on **my** behalf **a *kor*, and he went and sold for him a half-*kor*.**[H] **What** is the *halakha* in that case? **Do we say** that the agent can **say to** the employer: **I did what is good for you**[N] by not selling everything, because you now have the opportunity to determine if you are truly in need of more money. If you decide that you do not need the money then you will not have to sell more property, **because if** you will realize that **you do not need the money** after the sale has been completed, **you will not be able to reverse** the sale. I therefore did you a favor by selling as little as I could.

HALAKHA

Sell on my behalf a half-*kor*, and the agent sold for him a *kor* – זַבֵּין לִי לִיתְכָּא וְזָבִין לֵיהּ כּוֹרָא: If one says to his agent: Sell on my behalf a *beit se'a* from my land, and the agent sells two *beit se'a*, the agent added to the intent of the man and the buyer acquired only one *beit se'a*. This is in accordance with the conclusion of the Gemara. However, the buyer may revoke the sale by saying that he intended to buy the land only if he could buy the two *beit se'a* together (Rambam *Sefer Kinyan*, *Hilkhot Sheluḥin VeShutafin* 1:4; *Shulḥan Arukh*, *Ḥoshen Mishpat* 182:8).

Sell on my behalf a *kor*, and he went and sold for him a half-*kor* – זַבֵּין לִי כּוֹרָא וְאָזֵיל וְזָבִין לֵיהּ לִיתְכָּא: If one told his agent to sell two *beit se'a* of his field and the agent sold only one *beit se'a*, the agent is considered to have disregarded his employer's instructions and the buyer has not acquired any land.

According to the Rif, this ruling follows from the discussion in the Gemara. The *Maggid Mishne* adds that since the problem was not resolved in the Gemara, it remains a matter of uncertainty, and the court does not take property away from the land owner in a situation of uncertainty (Rambam *Sefer Kinyan*, *Hilkhot Sheluḥin VeShutafin* 1:4; *Shulḥan Arukh*, *Ḥoshen Mishpat* 182:9).

NOTES

I did what is good for you – דְּטָבָא לָךְ עֲבַדִי לָךְ: The Ra'ah and the Ritva said that the intent here is not to say that the agent on his own decided to deviate from the employer's instructions for the employer's own good. In that case, the agent certainly violated the employer's intention. Rather, the case here is one where the employer instructed the agent in a way that the agent understood that he was to sell up to one *kor* of property. For this reason, the agent thought he was doing his employer a favor by selling only a half-*kor*, as in ordinary circumstances one would rather not have to sell his property (Rivan). Most of the authorities feel that even in that case, the agent violated his employer's intent (see Rif and Ramban). Others rule that one who sells less than he was told to is still considered to be performing his agency and his actions are effective (Rav Hai Gaon).

NOTES

This will increase the number of bills of sale that I have – דְּלִיפְשׁוּ שְׁטָרֵי עִילָּוַאי: There are several opinions concerning how to understand why one would not want to be swamped with numerous bills of sale. According to Rabbeinu Yitzḥak, cited in *Tosafot* (99b), one does not wish to create a situation in which he would become involved in a court case, and the more people he sells property to, the more suits he may find himself facing, as each one is a potential litigant. This is also the approach of the *ge'onim*.

Rabbeinu Tam, cited in *Tosafot* (99b), is of the opinion that a person simply does not wish to have to write out so many contracts, find witnesses for each one, and provide warranties for each of the sales. Another explanation is that if there are many bills of sale originating from the same seller, he will earn a reputation as a person who needs money, and this may hurt his business (Meiri). See HALAKHA, where it is explained that there is a legal difference between these different explanations, for example in a case where he would have to write for a single person multiple bills of sale.

A gold dinar, etc. – דִּינָר שֶׁל זָהָב וכו׳: Rashi briefly explains that a gold dinar is equal in value to twenty-five silver dinars, which are equivalent to six *sela*. This calculation is based on the discussion in tractate *Bava Metzia* and the Gemara here, which says that the agent bought one item with three *sela* and a second item with another three *sela*. This calculation, however, is not precise, as a *sela* is equivalent in value to four dinars, in which case a gold dinar is only equal to twenty-four silver dinars. The Rivan answers that the *tanna* was not concerned with being precise, and the mishna is describing a case where the agent spent an additional half of a dinar. *Tosafot* explain that a gold dinar is worth exactly six *sela*, and the twenty-five dinars refers to the exact sum plus an extra dinar, which must be paid to the moneychanger when he exchanges a large coin for smaller coins.

אוֹ דִּלְמָא אָמַר לֵיהּ: לָא נִיחָא לִי דְּלִיפְשׁוּ שְׁטָרֵי עִילָּוַאי?

Or perhaps the employer can **say to** the agent: I do not agree to this. **I am not amenable** to the fact **that** this **will increase the** number of **bills** of sale that I have[N] because I will have to write a separate promissory note for each sale, and if I will have to go to court then I may earn a reputation as someone who has many mortgages.

אָמַר רַבִּי חֲנִינָא מִסּוּרָא, תָּא שְׁמַע: נָתַן לוֹ דִּינָר שֶׁל זָהָב, וְאָמַר לוֹ ״הָבֵא לִי חָלוּק״, וְהָלַךְ וְהֵבִיא לוֹ בְּשָׁלֹשׁ חָלוּק, וּבְשָׁלֹשׁ טַלִּית – שְׁנֵיהֶם מָעֲלוּ.

Rabbi Ḥanina of Sura said: Come and **hear** a proof from the mishna for that which we learned about the *halakhot* of misusing consecrated property (*Me'ila* 21a): If **one gave** his agent **a gold dinar,**[NH] which is equal in value to twenty-five dinars or six *sela*, **and said to him: Get me a robe. And he went and brought him a robe that** cost **three** *sela*, **and a cloak that** also cost **three** *sela*, after which it was discovered that the original dinar was consecrated property, the *halakha* is that **both are guilty of misusing consecrated property.**

אִי אָמְרַתְּ בִּשְׁלָמָא שָׁלִיחַ כִּי הַאי גַּוְונָא עוֹשֶׂה שְׁלִיחוּתוֹ, וּמוֹסִיף עַל דְּבָרָיו הָוֵי – מִשּׁוּם הָכִי בַּעַל הַבַּיִת מָעַל. אֶלָּא אִי אָמְרַתְּ מַעֲבִיר עַל דְּבָרָיו הָוֵי – אַמַּאי מָעַל?

Granted, if you say that the **agent in a case like this** is considered to be **performing his** assigned **agency, and he was** merely **adding to the words** of the employer, it is **due to that** reason that **the homeowner is guilty of misusing consecrated property. However, if you say** that the agent is **disregarding the words** of the employer, as the employer intended for him to buy a robe with all six *sela*, **why** is the employer **guilty of misusing consecrated property?** In this instance, the agent did not fulfill his assignment.

הָכָא בְּמַאי עָסְקִינַן – דְּאַיְיתֵי לֵיהּ שָׁוֶה שֵׁשׁ בְּשָׁלֹשׁ.

The Gemara answers: **Here we are dealing with** a case **where he brought him** a robe **worth six** *sela* that he had succeeded in buying **for** only **three** *sela*, so that the employer received exactly what he wanted. And the agent did not deviate from his intentions, he merely added to them because he also bought him a cloak.

אִי הָכִי שָׁלִיחַ אַמַּאי מָעַל? אַטַּלִּית.

The Gemara asks: **If that is so,** if the employee did exactly what the employer had asked him to do, then **why** is the agent **guilty of misusing consecrated property?** The Gemara answers: He is guilty of misusing consecrated property because he spent three *sela* of consecrated property to buy **the cloak,** which the employer never requested from him.

אִי הָכִי אֵימָא סֵיפָא, רַבִּי יְהוּדָה אוֹמֵר: אַף בָּזֶה בַּעַל הַבַּיִת לֹא מָעַל, מִפְּנֵי שֶׁיָּכוֹל לוֹמַר: חָלוּק גָּדוֹל הָיִיתִי מְבַקֵּשׁ, וְאַתָּה הֵבֵאתָ לִי חָלוּק קָטָן וָרַע!

The Gemara asks: **If that is so,** then **say the last clause** of the mishna quoted by Rabbi Ḥanina of Sura (*Me'ila* 21b): **Rabbi Yehuda says: Even in this** case **the homeowner is not guilty of misusing consecrated property because he is able to say: I would have requested a large robe and you brought me a robe that is small and bad.** If the agent had brought him a robe worth six *sela* as requested, then this should not be a bad robe.

מַאי רַע – רַע בְּדָמִים. דְּאָמַר לֵיהּ: אִי אַיְיתִית לִי בְּשֵׁית – כׇּל שֶׁכֵּן דַּהֲוָה שָׁוֶה תַּרְתֵּי סְרֵי.

The Gemara answers: **What** is meant by **bad? It is bad** in its **monetary** value because the agent spent on the robe less than what the employer instructed him. That is why the agent is considered to have violated the wishes of his employer, as the employer can **say to him:** Since you chanced upon a merchant who reduced his prices to such a degree, **if you had brought me** a robe **for six** *sela* as I asked you, it would **all the more so** have **been worth twelve** *sela*, and it would have been a much finer robe.

דַּיְקָא נַמִי, דְּקָתָנֵי: מוֹדֶה רַבִּי יְהוּדָה בְּקִטְנִית, שֶׁשְּׁנֵיהֶם מָעֲלוּ,

The Gemara notes: The language of the mishna **is also precise** when understood in this way, **as it teaches: Rabbi Yehuda concedes** that **both are guilty of misusing consecrated property** in the following case: The agent purchased only part of what the employer requested **in** the case of **legumes,** which are sold for a set price under all circumstances,

HALAKHA

Gave him a…dinar, etc. – נָתַן לוֹ דִּינָר וכו׳: If one gave his agent two *peruta* and instructed him to use the money to purchase an *etrog*, and the agent brought him an *etrog* purchased with one *peruta* and a pomegranate purchased with the second *peruta*, and then the money turned out to be consecrated property, then the agent and not the employer is responsible for misusing consecrated property. This is because the agent is considered to have disregarded his employer's instructions. But if he purchased an *etrog* worth two *peruta* with the one *peruta*, then they are both guilty of misusing consecrated property (Rambam *Sefer Avoda, Hilkhot Me'ila* 7:4).

שֶׁהַקִּטְנִית בְּסֶלַע, וְקִטְנִית בִּפְרוּטָה, שְׁמַע מִינַּהּ.

As, whether he bought **legumes for a** ***sela***[N] **or** whether he bought **legumes for a** ***peruta,*** the price would have been the same even if he bought in bulk. The Gemara concludes: **Learn from here** that this is the proper interpretation of the mishna.

הֵיכִי דָּמֵי? אִילֵימָא בְּאַתְרָא דִּמְזַבְּנֵי בְּשׁוּמָא – הֵיכָא דְּיָהֵיב לֵיהּ סֶלַע מוֹזְלֵי גַּבֵּיהּ טְפֵי!

The Gemara asks about the sale of legumes: **What are the circumstances** where the price stays the same even if one bought in bulk? **If we say** that it occurs **in a locale where they sell** legumes **by appraisal** of an article's value, **then when he gives the merchant a** ***sela*** as payment, the seller **reduces the price for him more** than if he had bought less. In such a place the buyer profits, and it is clear that even legumes do not have a fixed price.

אֲמַר רַב פַּפָּא: בְּאַתְרָא דְּכָיְילֵי בְּכַנֵּי, דְּאָמַר לֵיהּ: כַּנָּא כַּנָּא בִּפְרוּטָה.

Rav Pappa said: It is referring to **a locale where one measures with vessels** and to a case where the merchant **said to him:** Fill each **vessel for a** ***peruta.*** The buyer then receives the product in accordance to how much he pays, and does not pay less if he buys in bulk.

תָּא שְׁמַע: הָיְתָה כְּתוּבָּתָהּ אַרְבַּע מֵאוֹת זוּז, מָכְרָה לָזֶה בְּמָנֶה וְלָזֶה בְּמָנֶה, וְלָאַחֲרוֹן יָפֶה מָנֶה וְדִינָר בְּמָנֶה, שֶׁל אַחֲרוֹן – בָּטֵל, וְשֶׁל כּוּלָּן – מִכְרָן קַיָּים.

The Gemara suggests: **Come** and **hear** a proof from the mishna: If **her marriage contract was** worth **four hundred dinars,** and **she sold** property **to this** one **for one hundred dinars, and** she sold property **to that** one **for one hundred dinars,** and again to a third one, **and** she sold property **to the last** one **worth one hundred dinars and a dinar for** only **one hundred dinars, the** sale of **the last** property **is void, and all of the others, their sale is valid,** as they were sold for the correct price. Here, the widow was appointed as an agent to sell property worth four hundred dinars, and she initially sold property worth only one hundred dinars, and nevertheless the sale is valid. The mishna does not say that she disregarded the orphan's instructions and the sale is void.

כְּדַאֲמַר רַב שֵׁישָׁא בְּרֵיהּ דְּרַב אִידִי: בִּקְטִינֵי, הָכָא נַמִי – בִּקְטִינֵי.

The Gemara answers: **It is as Rav Sheisha, son of Rav Idi, said** in another context: This is stated **with regard to small** tracts of land that are geographically separated and do not form one land mass that can be sold as a single unit. **Here too,** the ruling of the mishna is stated **with regard to small** tracts of land that are not part of one larger field, and so this case is not proof that an agent who sells less than he was instructed to is considered to be adding to and not disregarding his employer's instructions.

פְּשִׁיטָא, אֲמַר ״לְאֶחָד וְלֹא לִשְׁנַיִם״ – הָאֲמַר לֵיהּ לְאֶחָד וְלֹא לִשְׁנַיִם. אֲמַר לֵיהּ ״לְאֶחָד״ סְתָמָא. מַאי?

§ In continuation of the previous discussion, the Gemara raises another problem: **It is obvious** that if the employer **said to** his agent: Sell my property **to one**[N] person, **but not to two,** and the agent sold the property to two people, since **he said to him: To one, but not to two,**[H] it is certain that the agent has disregarded his instructions and is no longer considered an agent. However, if the employer **said to** the agent: Sell **to one** person, **without specifying**[H] that he should not sell to two people, **what** is the *halakha* if the agent did sell the property to two people?

NOTES

As whether he bought legumes for a *sela*, etc. – שֶׁהַקִּטְנִית בְּסֶלַע וכו׳: Many explanations have been offered as to why Rabbi Yehuda's *halakha* in the case of the legumes shows that when the mishna speaks of a bad robe it means that the robe was purchased at a discounted rate and not a robe of inferior quality (see Ritva). Rashi explains that if Rabbi Yehuda had said that the employer was not guilty of the misuse of consecrated property because the agent brought him a small, inferior robe and not what was requested, then there would be no difference between that case and the case of the legumes. In the case of the legumes, the agent also brought him less than the amount requested and bought with the remaining money some other product that the employer had no interest in. Rather, it is certain that the agent bought a robe worth six *sela* for only three *sela*.

The Ra'ah questioned Rashi's interpretation by pointing out that even if the agent bought another product that the employer was not interested in, he could always sell it and buy something else in its stead. The Ritva replied in defense of Rashi that the employer does not want to have to act like a merchant and begin buying and selling merchandise.

The Ra'ah himself explains simply that the reason is because the only case where Rabbi Yehuda concedes that both the agent and the employer are guilty of misusing consecrated property is in a case of legumes. Had he conceded that both are guilty where the agent bought an item worth six *sela* for only three *sela*, he would have offered that as his example (see Rabbeinu Crescas Vidal).

It is obvious that if the employer said to his agent: Sell my property to one, etc. – פְּשִׁיטָא, אֲמַר לְאֶחָד וכו׳: There are two versions found in the early commentaries of the text of this statement and the following dispute. The version found here, which is that of Rashi, has the Gemara asserting as obvious that if the homeowner instructed: Sell my property to one person but not to two people, and the agent sold it to two people, the sale is void. According to this version, the dispute between Rav Huna and Rav Ḥisda is in a case where the homeowner instructed: Sell to one person, without adding: And not to two people. The dispute is if he meant, as Rav Huna understands, that he may sell to only one person, or, as Rav Ḥisda understands, that he said the phrase: To one person, as that is the norm, but he is not particular how many purchasers there are.

By contrast, the version of the Gemara before Rabbeinu Ḥananel and the Rif has the Gemara asserting as obvious that if the homeowner instructed: Sell my property to one person, even without adding: But not to two, and the agent sold it to two people, that the sale is void. According to this version, the dispute between Rav Huna and Rav Ḥisda is in a case where the homeowner instructed: Sell my field, without any mention of the amount of purchasers. According to the opinion of Rav Huna, the assumption is that the homeowner prefers that there be only one purchaser, even if he did not state so explicitly. Therefore, if the agent sold to two people, the sale is void. According to the opinion of Rav Ḥisda, the fact that he did not mention the amount of purchasers indicates that he is not particular about this matter, so the agent's sale will be valid even if it is to more than one purchaser.

HALAKHA

To one but not to two – לְאֶחָד וְלֹא לִשְׁנַיִם: If one said to his agent: Sell my field to one person, and the agent went and sold it to two people, the sale is void because the agent disregarded his employer's instructions, in accordance with Rabbeinu Ḥananel and the Rif's version of the initial statement of the Gemara, which reads: It is obvious (*Kesef Mishne*). The Rema writes that some say that the sale is void only in a case where the agent sold the field to the two individuals using two separate bills of sale (*Tur*), in accordance with the standard version of the text (Rambam *Sefer Kinyan, Hilkhot Sheluḥin VeShutafin* 1:4; *Shulḥan Arukh, Ḥoshen Mishpat* 182:10).

To one, without specifying, what is the *halakha* – לְאֶחָד סְתָמָא מַאי: If one said to his agent: Sell my field, without specifying to how many purchasers, then even if the agent sold the field to one hundred people, the sale is valid. This is in accordance with the opinion of Rav Ḥisda and Rav Naḥman, according to Rabbeinu Ḥananel and the Rif's version of the Gemara. This is the *halakha* if the agent sold to all of the purchasers using a single bill of sale (Rabbeinu Yitzḥak cited in *Tosafot*), or if he sold using more than one bill of sale but went to the trouble himself to find witnesses to sign all of the documents (Rabbeinu Tam). It is explained in the *Sma* that, in accordance with the opinion of Rabbeinu Yitzḥak, the *halakha* is primarily that the sale is valid only if there was one bill of sale (Rambam *Sefer Kinyan, Hilkhot Sheluḥin VeShutafin* 1:4; *Shulḥan Arukh, Ḥoshen Mishpat* 182:11).

רב הונא אמר: לאחד ולא לשנים, רב חסדא ורבה בר רב הונא דאמרי תרוייהו: לאחד, ואפילו לשנים. לאחד, ואפילו למאה.

Rav Huna said: The employer meant to sell **to one** person and **not to two** people. It is **Rav Ḥisda and Rabba, son of Rav Huna, who both say:** He meant **to one** person **and even to two** people. When he said **to one** person, he meant **and even to one hundred** people, as he did not mean one person specifically.

איקלע רב נחמן לסורא, עול לגביה רב חסדא ורבה בר רב הונא. אמרו ליה: כי האי גוונא מאי? אמר להו: לאחד, ואפילו לשנים. לאחד, ואפילו למאה.

Rav Naḥman happened to come **to Sura.**[B] **Rav Ḥisda and Rabba bar Rav Huna entered before him. They said to him: In a case like this** one, which was discussed above in the Gemara, **what** is the *halakha*? **He said to them:** When he said **to one** person, he meant **and even to two** people. When he said **to one** person, he meant **and even to one hundred** people.

אמרו ליה: אף על גב דטעה שליח? אמר להו: דטעה שליח לא קאמינא. אמרו ליה, והאמר מר: אין אונאה לקרקעות!

Rav Ḥisda and Rav Huna **said to him:** Is **the agent** considered to be performing his assigned agency **even though he erred,** e.g., by selling property for less than its value? Rav Naḥman **said to them: I do not say** so in a case **where the agent erred.**[H] **They said to him: But didn't the Master say** that **there is no** prohibition against **fraud** in the sale **of land,**[H] and land does not have a set value?

הני מילי – היכא דטעה בעל הבית, אבל טעה שליח – אמר ליה "לתקוני שדרתיך ולא לעוותי".

He replied to them: **This applies only where the homeowner erred,** e.g., where he sold land for less than its market value. In that case, he cannot claim that the sale is invalid because of fraud. **However,** in a case where **the agent erred,** the homeowner can **say to** the agent: **I sent you to** act for **my benefit and not to my detriment,** and his appointment as an agent is nullified.

ומנא תימרא דשאני בין שליח לבעל הבית,

The Gemara explains: **And from where do you say that** there is a legal **difference between** an error made by **an agent and** an error made by **a homeowner?**

דתנן, האומר לשלוחו: צא ותרום – תורם כדעת בעל הבית. ואם אינו יודע דעתו של בעל הבית – תורם בבינונית, אחד מחמשים. פיחת עשרה או הוסיף עשרה – תרומתו תרומה.

As we learned in a mishna (*Terumot* 4:4): In the case of **one who says to his agent: Go out and separate** the portion of the produce designated for the priest [*teruma*], the agent **separates** *teruma*[B] **in accordance with the mind-set of the homeowner.**[H] He must separate the amount that he assumes the owner would want to give, as there is no fixed fraction for the amount that one must set aside as *teruma*. A generous person would give as much as a fortieth of the produce as *teruma*, while a stingy person would give a sixtieth. **And if he does not know the mind-set of** the **homeowner, he separates an intermediate** measure, i.e., **one-fiftieth** of the produce. **If he subtracted ten** from the denominator and separated one-fortieth, **or added ten** to the denominator and separated one-sixtieth of the produce, **his** ***teruma*** is considered ***teruma.***

HALAKHA

The agent erred – **טעה שליח:** If an agent mistakenly sold property for any amount less than its value, whether he sold land or movable property, the transaction is void, as his employer can say to him that he sent him to mend things and not to ruin them. This ruling is in accordance with the opinion of the Gemara (Rambam *Sefer Kinyan, Hilkhot Sheluḥin VeShutafin* 1:2; *Shulḥan Arukh, Ḥoshen Mishpat* 182:2–3).

There is no fraud in the sale of land – **אין אונאה לקרקעות:** There is no fraud with regard to the sale of land. Even if one sold a tract of land worth a thousand dinars for a single dinar, or land worth a single dinar for one thousand dinars, no fraud can be claimed, in accordance with the opinion of the Gemara here.

The Rema writes that there are some who say that there is no fraud with regard to the sale of land as long as the difference between the sale price and the fair market value is no more than half of the value of the land, as this is implied in several sources (*Tur*, citing Rabbeinu Ḥananel and Rosh; Rambam *Sefer Kinyan, Hilkhot Mekhira* 13:8; *Shulḥan Arukh, Ḥoshen Mishpat* 227:29).

Separates *teruma* in accordance with the mind-set of the homeowner – **תורם כדעת בעל הבית:** If one tells his agent to separate *teruma* from his produce on his behalf, the agent must separate *teruma* in exactly the manner that his employer would have done himself. If he is a generous giver, the agent sets aside one-fortieth of the produce, and if the employer is miserly, the agent sets aside one-sixtieth. If the agent does not know his employer's wishes, he sets aside an intermediate amount of one-fiftieth. This ruling is in accordance with the mishna cited here (Rambam *Sefer Zera'im, Hilkhot Terumot* 4:7).

BACKGROUND

Sura – **סורא:** A town in southern Babylonia, Sura did not become an important Jewish community until the great *amora*, Rav, moved and established the yeshiva there, c. 220 CE. From then until the end of geonic period, c. 1000 CE, Sura was a major Torah center. The yeshiva in Sura, under the leadership of Rav and his closest disciples, was influenced by the halakhic traditions of Eretz Yisrael and was renowned for its unique approach to Torah study. Among the great Sages and leaders in Sura were Rav, Rav Huna, Rav Ḥisda, Ravina, and Rav Ashi. The Babylonian Talmud was, for the most part, redacted in Sura. There was another city with the same name. In order to distinguish between them, the other city was called Sura on the Euphrates.

Teruma – **תרומה:** Whenever this term appears without qualification, it refers to *teruma gedola*, the portion of the produce designated for the priest. In the book of Numbers (18:12), the Torah commands that "the first fruit of your oil, your wine, and your grain" be given to the priest. The Sages extended the scope of this mitzva to include all produce. This mitzva applies only in Eretz Yisrael. After the first fruits have been separated, a certain portion of the produce must be separated for the priests. The Torah does not specify the amount that must be separated. Theoretically, one may fulfill his obligation by separating a single kernel of grain from an entire crop. The Sages established a measure: One-fortieth for a generous gift, one-fiftieth for an intermediate gift, and one-sixtieth for a miserly gift. Nowadays, *teruma* is not given to the priests because they have no definite proof of their priestly lineage. Nevertheless, the obligation to separate *teruma* remains, although only a small portion of the produce is separated.

וְאִילּוּ גַּבֵּי בַּעַל הַבַּיִת תַּנְיָא: תָּרַם וְעָלָה בְּיָדוֹ אֲפִילּוּ אֶחָד מֵעֶשְׂרִים – תְּרוּמָתוֹ תְּרוּמָה.

Whereas with regard to the homeowner himself **it is taught** in a *baraita*: If **he separated** ***teruma*** **and even one-twentieth** of the produce **came up in his hand,**[H] **his donation** is effective and is considered ***teruma*****.** The agent may deviate from the intention of the homeowner only within certain parameters. If he misunderstood the homeowner's wishes and separated an unusually large percentage of the produce, his action accomplished nothing. The same action, however, when performed by the homeowner, is effective; if the homeowner himself mistakenly separated an unusually large percentage of his produce, it becomes *teruma*.

תָּא שְׁמַע: הָיְתָה כְּתוּבָּתָהּ אַרְבַּע מֵאוֹת זוּז; מָכְרָה לָזֶה בְּמָנֶה וְלָזֶה בְּמָנֶה, וְלָאַחֲרוֹן שָׁוֶה מָנֶה וְדִינָר בְּמָנֶה, שֶׁל אַחֲרוֹן – בָּטֵל, וְשֶׁל כּוּלָּן – מִכְרָן קַיָּים!

The Gemara returns to discuss whether a person is particular about having too many documents with his name on them. The Gemara suggests: **Come and hear** a proof from the mishna: If **her marriage contract was** worth **four hundred dinars,** and **she sold** property **to this one for one hundred dinars,**[N] **and** she sold property **to that** one **for one hundred dinars,** and again to a third one, **and** she sold property **to the last one worth one hundred dinars and a dinar** for only **one hundred dinars, the** sale **of the last** property **is void, and all of the others, their sale is valid,** as they were sold for the correct price. She should have sold the land to one individual and not increased the number of documents bearing guarantees for the orphans to worry about. Still, if she did sell to several people, the sales are all valid.

אָמַר רַב שֵׁישָׁא בְּרֵיהּ דְּרַב אִידִי: בִּקְטַנֵּי.

The Gemara answers: **Rav Sheisha, son of Rav Idi, said:** This is stated **with regard to small** tracts of land that are geographically separated and do not form one land mass that can be sold as a single unit.

מַתְנִי׳ שׁוּם הַדַּיָּינִין שֶׁפִּיחֲתוּ שְׁתוּת אוֹ הוֹסִיפוּ שְׁתוּת – מִכְרָן בָּטֵל.

MISHNA The *halakha* with regard to **the assessment of the judges** of the value of a piece of property in order to sell it is as follows: **Where they decreased**[H] the price by **one-sixth** of its market value **or added one-sixth** to its market value, **their sale is void.**[N]

רַבָּן שִׁמְעוֹן בֶּן גַּמְלִיאֵל אוֹמֵר: מִכְרָן קַיָּים, אִם כֵּן מַה כֹּחַ בֵּית דִּין יָפֶה? אֲבָל אִם עָשׂוּ אִגֶּרֶת בִּקּוֹרֶת בֵּינֵיהֶן, אֲפִילּוּ מָכְרוּ שָׁוֶה מָנֶה בְּמָאתַיִם, אוֹ שָׁוֶה מָאתַיִם בְּמָנֶה – מִכְרָן קַיָּים.

Rabban Shimon ben Gamliel says: Their sale is valid. If it were **so** that the sale is void, then **what advantage** is there to **the power of the court** over an ordinary person? **However, if they made a document of inspection,**[H] i.e., an announcement that people should come to inspect the field and bid on the property, then **even if they sold** property **worth one hundred dinars for two hundred** dinars, **or** sold property **worth two hundred** dinars **for one hundred dinars, their sale is valid,** as the transaction was agreed upon and done publicly.

גמ׳ אִיבַּעְיָא לְהוּ: שָׁלִיחַ כְּמַאן?

GEMARA **A dilemma was raised before** the Sages: **An agent** who mistakenly sold land for less than its value is **like whom?**[N] Is he comparable to a judge, whose sale is effective if he did not err by more than one-sixth of the market price, or is he comparable to a widow, whose sale is void if she sold for anything less than the market price?

HALAKHA

If he separated *teruma* and even one-twentieth of the produce came up in his hand, etc. – **תָּרַם וְעָלָה בְּיָדוֹ אֲפִילּוּ אֶחָד מֵעֶשְׂרִים וכו׳**: If one separated *teruma* and it turned out that he had separated more than the usual percentage for *teruma*, that which he separated is considered *teruma*. This *halakha* applies even if he ended up apportioning one-twentieth of his produce, in accordance with the *baraita* cited here (Rambam *Sefer Zera'im*, *Hilkhot Terumot* 3:6).

The assessment of the judges where they decreased – **שׁוּם הַדַּיָּינִין שֶׁפִּיחֲתוּ**: If a court sells property owned by orphans, regardless of whether it is land or movable property, if they erred in their sale price and the error was less than a difference of one-sixth of the actual price, then the error is overlooked. If however, they erred and deviated from the correct price by one-sixth or more of the correct price, then the sale is void. This is in accordance with the unattributed mishna (Rambam *Sefer Kinyan*, *Hilkhot Mekhira* 13:10; *Shulḥan Arukh*, *Ḥoshen Mishpat* 109:3).

If they made a document of inspection – **אִם עָשׂוּ אִגֶּרֶת בִּקּוֹרֶת**: If a court wrote a document of inspection by making a proper announcement, investigating accordingly, and assessing the value carefully, and the court nevertheless erred and sold property worth one hundred dinars for two hundred dinars, or property worth two hundred dinars for one hundred dinars, then the sale is valid. This is in accordance with the mishna (Rambam *Sefer Mishpatim*, *Hilkhot Malve VeLoveh* 12:11; *Shulḥan Arukh*, *Ḥoshen Mishpat* 109:3 and *Even HaEzer* 104:3).

NOTES

She sold to this one for one hundred dinars, etc. – **מָכְרָה לָזֶה בְּמָנֶה וכו׳**: The Rivan stresses that the widow is considered the orphans' agent, as there is a lien on their property stemming from her marriage contract, and she is essentially selling land off for them.

Their sale is void – **מִכְרָן בָּטֵל**: The Ramban questions this *halakha*. It is understood why, when the judges sold the property for one-sixth less than its market value, the sale was void, as the judges misrepresented the orphans. What is unclear is why, when their mistake is to the detriment of the buyer, the sale is voided, as there is no fraud with regard to the sale of land. In fact, some explain that this *halakha* is referring only to the sale of movable property (see Meiri). The Ramban explains that whereas the transaction would be valid in the case of a sale, the ruling of this mishna is stated with regard to a case where the court forces the creditor to accept the land in payment for his debt at the price at which the court had evaluated it. Since the creditor is not taking the land of his own volition, if the land was assessed to his detriment, the transaction is void. The Ra'ah claims that since the sale is void if the judges overvalued the property, they did not distinguish between the cases and voided the sale even if they undervalued the property. The Rid explains that once the judges erred, they demonstrated that they are not a proper court of law and therefore their sale is void.

An agent is like whom – **שָׁלִיחַ כְּמַאן**: Rabbeinu Tam, quoted in *Tosafot* on 100a, explains that this discussion is not with regard to an ordinary agent, as it can be seen earlier in the Gemara that his agency is voided even if the error is minimal. Rather, the discussion of the Gemara is with regard to an agent of the court. Most early commentaries agree with this interpretation.

רָבָא אֲמַר רַב נַחְמָן: שָׁלִיחַ כְּדַיָּינִין. רַב שְׁמוּאֵל בַּר בִּיסְנָא אֲמַר רַב נַחְמָן: כְּאַלְמָנָה.

Rava said that **Rav Naḥman said:** The *halakha* with regard to the **agent is like** the *halakha* pertaining to the **judges. Rav Shmuel bar Bisna** said that **Rav Naḥman said:** The *halakha* with regard to the agent is **like** the *halakha* with regard to **a widow.**

רָבָא אֲמַר רַב נַחְמָן: שָׁלִיחַ כְּדַיָּינִין; מַה דַּיָּינִין – לָאו לְדִידְהוּ, אַף שָׁלִיחַ נַמִי – לָאו לְדִידֵיהּ, לְאַפּוּקֵי אַלְמָנָה דִּלְדִידָהּ.

Rava said that **Rav Naḥman said:** The *halakha* with regard to the **agent is like** the *halakha* with regard to the **judges. Just as the judges** have an advantage because they **do not** assess the value of property **for their** own benefit, **so too, the agent also does not** act **for his** own benefit; this is **to the exclusion of a widow** who sells **for her own** benefit.

רַב שְׁמוּאֵל בַּר בִּיסְנָא אֲמַר רַב נַחְמָן: כְּאַלְמָנָה, מָה אַלְמָנָה יְחִידָה – אַף שָׁלִיחַ יָחִיד, לְאַפּוּקֵי בֵּית דִּין – דְּרַבִּים נִינְהוּ. וְהִלְכְתָא: שָׁלִיחַ כְּאַלְמָנָה.

Rav Shmuel, son of Bisna, said that **Rav Naḥman said:** The *halakha* with regard to the agent is **like** the *halakha* with regard to **a widow.**[N] **Just as a widow is an individual, so too the agent is an individual.** This is **to the exclusion of the court, which is** composed of **many** people. The Gemara concludes: **And the** ***halakha*** **is** that with regard to this matter, **an agent is like a widow.**[H]

וּמַאי שְׁנָא מֵהָא דִּתְנַן: הָאוֹמֵר לִשְׁלוּחוֹ "צֵא וּתְרוֹם" – תּוֹרֵם כְּדַעַת בַּעַל הַבַּיִת. וְאִם אֵינוֹ יוֹדֵעַ דַּעְתּוֹ שֶׁל בַּעַל הַבַּיִת – תּוֹרֵם בְּבֵינוֹנִית, אֶחָד מֵחֲמִשִּׁים. פִּיחֵת עֲשָׂרָה אוֹ הוֹסִיף עֲשָׂרָה – תְּרוּמָתוֹ תְּרוּמָה?

The Gemara asks: **And** in **what** way **is** that case **different from this** case? **As we learned in a mishna** (*Terumot* 4:4): In the case of **one who says to his agent: Go out and separate** ***teruma***, the agent **separates** ***teruma*** **in accordance with the mind-set of the homeowner. And if he does not know the mind-set of homeowner, he separates an intermediate** measure, i.e., **one-fiftieth** of the produce. If **he subtracted ten** from the denominator and separated one-fortieth **or added ten** to the denominator and separated one-sixtieth of the produce, **his** ***teruma*** is considered ***teruma***. If the agent is comparable to a widow, then why isn't the *halakha* that the *teruma* that he has separated is nullified, since he did not act in accordance with the wishes of the homeowner?

הָתָם, כֵּיוָן דְּאִיכָּא דְּתוֹרֵם בְּעַיִן רָעָה, וְאִיכָּא דְּתוֹרֵם בְּעַיִן יָפָה – אָמַר לֵיהּ: לְהָכִי אֲמַדְתִּיךְ. אֲבָל הָכָא – טָעוּתָא הוּא, אָמַר לֵיהּ: לָא אִיבָּעֵי לָךְ לְמִיטְעֵי.

The Gemara answers: **There, since there are** those **who separate**[N] **in a miserly fashion** one-sixtieth, **and there are** those **who separate generously** one-fortieth, the agent can **say to** his employer: **I estimated you** to be generous or miserly. **However, here** there is no logical reason for the mistake made by the agent. **It is** simply **an error** on the part of the agent, and so the homeowner can **say to him: You ought not to have erred.**

אָמַר רַב הוּנָא בַּר חֲנִינָא אָמַר רַב נַחְמָן: הֲלָכָה כְּדִבְרֵי חֲכָמִים. וְלֵית לֵיהּ לְרַב נַחְמָן מַה כֹּחַ בֵּית דִּין יָפֶה? וְהָאָמַר רַב נַחְמָן אָמַר שְׁמוּאֵל: יְתוֹמִים שֶׁבָּאוּ לַחֲלוֹק בְּנִכְסֵי אֲבִיהֶן – בֵּית דִּין מַעֲמִידִין לָהֶן אַפּוֹטְרוֹפּוֹס, וּבוֹרְרִין לָהֶם חֵלֶק יָפֶה. הִגְדִּילוּ – יְכוֹלִין לִמְחוֹת. וְרַב נַחְמָן דִּידֵיהּ אָמַר: הִגְדִּילוּ – אֵין יְכוֹלִין לִמְחוֹת, אִם כֵּן מַה כֹּחַ בֵּית דִּין יָפֶה!

§ **Rav Huna bar Ḥanina said** that **Rav Naḥman said:** The ***halakha*** **is in accordance with the statement of** the **Rabbis** in the mishna. The Gemara asks: **Does Rav Naḥman not** agree with the argument: **What** advantage is there to **the power of the court? Didn't Rav Naḥman say** that **Shmuel said:** In a case of **orphans who came to divide**[H] **their father's property, the court appoints a steward** [*apotropos*] **for them**[N] **and selects** for the orphans **appropriate portions** and divides the property accordingly. Afterward, once the orphans have **matured, they are able to protest** this division of the property. **And Rav Naḥman said** his **own** statement: Once the orphans have **matured, they are not able to protest, as if** they were able to do so, **what advantage** would there be to **the power of the court?** This proves that Rav Naḥman agrees with Rabban Shimon ben Gamliel.

לָא קַשְׁיָא: הָא – דְּטָעוּ, הָא – דְּלָא טָעוּ.

The Gemara answers: This is **not difficult.** The case of the mishna was one **where** the judges **erred** in their assessment, and therefore Rav Naḥman said that the sale is void in accordance with the Rabbis. However, the case of the division of property among the orphans is one **where they did not err,** and so he ruled in accordance with the principle of Rabban Shimon ben Gamliel, that the court is given an advantage and the orphans are not able to protest the division.

NOTES

The agent is like a widow – שָׁלִיחַ כְּאַלְמָנָה: Rav Hai Gaon concluded, apparently from here, that an agent, like a widow, may not sell on his own and must have three laymen with him. However, most authorities did not accept this opinion.

Since there are those who separate, etc. – כֵּיוָן דְּאִיכָּא דְּתוֹרֵם וכו׳: The author of *Ḥatam Sofer* explains that since the homeowner knows that there are three types of donors, by not telling the agent how much he would like him to separate, he indicates that he relies upon the agent's judgment to guess the amount that he wishes to be separated. By contrast, the land has an objective value, and the land owner has no reason to assume that his agent will err in evaluating property. Therefore, it is in no way left to the agent's discretion.

The court appoints a steward for them – מַעֲמִידִין לָהֶן אַפּוֹטְרוֹפּוֹס: Rashi and Rabbeinu Ḥananel explain that a steward is appointed for each of the minors to look out for each orphan's interests, and it is the stewards who select the portions for his charge. The Rosh explains that it could be that there is only one steward appointed for all of the orphans, and it is the court that selects the property for the orphans. This would explain why at first the singular is used for the word steward, while the verb selecting appears in the plural.

HALAKHA

An agent is like a widow – שָׁלִיחַ כְּאַלְמָנָה: If an agent disregarded his employer's instructions or if he erred, even by a very small amount, then the sale that he conducted is void. This is true even if he was an agent of the court (Rosh; *Tur*, citing Rabbeinu Tam).

The Rema writes that there are opinions that if one acting as a state-appointed judge sold property through an agent, his agent has the same advantages as a court (Rivash; Rambam *Sefer Kinyan*, *Hilkhot Mekhira* 13:9, *Hilkhot Sheluḥin VeShutafin* 1:2; *Shulḥan Arukh*, *Even HaEzer* 104:6, *Ḥoshen Mishpat* 109:6).

Orphans who came to divide, etc. – יְתוֹמִים שֶׁבָּאוּ לַחֲלוֹק וכו׳: If both adult and minor orphans wish to divide up their father's estate so that the adults can claim their share, then the court appoints a steward for the minors who selects a fair portion for them. Once they have matured, they are not able to protest the division, since the matter took place in the courts.

However, if the court erred in their assessment and underestimated the value of the share of the orphans by one-sixth, then they are able to protest, and the property will be redistributed once they have grown. This is in accordance with the opinion of Rav Naḥman and the conclusion of the Gemara (Rambam *Sefer Mishpatim*, *Hilkhot Naḥalot* 10:4; *Shulḥan Arukh*, *Ḥoshen Mishpat* 289:1).

אִי דְּלָא טָעוּ בְּמַאי יְכוֹלִין לְמְחוֹת? בָּרוּחוֹת.

The Gemara asks: If the case is one **where the judges did not err,** with regard **to what could** the orphans **protest?** After all, the judges acted correctly. The Gemara answers: They can protest **with regard to the locations;** one of the orphans can contend that he prefers property in a different location than he was given.

כִּי אֲתָא רַב דִּימִי אָמַר: מַעֲשֶׂה וְעָשָׂה רַבִּי כְּדִבְרֵי חֲכָמִים. אָמַר לְפָנָיו פְּרָטָא בְּנוֹ שֶׁל רַבִּי אֶלְעָזָר בֶּן פְּרָטָא בֶּן בְּנוֹ שֶׁל רַבִּי פְּרָטָא הַגָּדוֹל: אִם כֵּן מַה כֹּחַ בֵּית דִּין יָפֶה? וְהֶחֱזִיר רַבִּי אֶת הַמַּעֲשֶׂה.

When Rav Dimi came from Eretz Yisrael, **he said:** A similar **incident** occurred **and Rabbi** Yehuda HaNasi **acted in accordance with the statement of the Rabbis** of the mishna. **Perata,**[P] **son of Rabbi Elazar ben Perata, grandson of Rabbi Perata the Great, said before him:** If that is the case, **what advantage** is there to **the power of the court** over an ordinary person? **And Rabbi** Yehuda HaNasi **reversed** his ruling about **the incident.**

רַב דִּימִי מַתְנֵי הָכִי. רַב סַפְרָא מַתְנֵי הָכִי: מַעֲשֶׂה וּבִיקֵּשׁ רַבִּי לַעֲשׂוֹת כְּדִבְרֵי חֲכָמִים, אָמַר לְפָנָיו פְּרָטָא בְּנוֹ שֶׁל רַבִּי אֶלְעָזָר בֶּן פְּרָטָא בֶּן בְּנוֹ שֶׁל רַבִּי פְּרָטָא הַגָּדוֹל: אִם כֵּן מַה כֹּחַ בֵּית דִּין יָפֶה? לֹא עָשָׂה רַבִּי אֶת הַמַּעֲשֶׂה.

Rav Dimi would **teach** the incident in **this** way, as described above. **Rav Safra** would **teach** it in **this** slightly altered way: There was **an incident, and Rabbi** Yehuda HaNasi **wished to act in accordance with the statement of the Rabbis** of the mishna. **Perata, son of Rabbi Elazar ben Perata, grandson of Rabbi Perata the Great, said before him: If** that is the case, **what advantage** is there to the **power of the court** over an ordinary person? Consequently, **Rabbi** Yehuda HaNasi **did not take action** according to the statement of the Rabbis.

לֵימָא בְּהָא קָמִיפַּלְגִי; מָר סָבַר: טָעָה בִּדְבַר מִשְׁנָה – חוֹזֵר, וּמָר סָבַר: אֵינוֹ חוֹזֵר.

The Gemara suggests: **Let us say that they disagree about this:** One **Sage,** Rav Dimi, **holds** that if one **erred in a matter** that appears in the **Mishna,** the decision is **revoked. And** one **Sage,** Rav Safra, **holds** that if one erred in this manner the decision **is not revoked.** This is why, in Rav Safra's version, Rabbi Yehuda HaNasi changed his mind before issuing his ruling.

לָא, דְּכוּלֵּי עָלְמָא טָעָה בִּדְבַר מִשְׁנָה – חוֹזֵר. וּמָר סָבַר: הָכִי הֲוָה מַעֲשֶׂה, וּמָר סָבַר: הָכִי הֲוָה מַעֲשֶׂה.

The Gemara rejects this: **No, everyone** agrees that if one **erred in a matter** that appears in the **Mishna,** the decision **is revoked.**[H] There is no fundamental dispute between them, only a disagreement as to the details of the case. One **Sage holds** that the **incident** occurred **in this way, and** one **Sage holds** that the **incident** occurred **in this** way.

אָמַר רַב יוֹסֵף: אַרְמַלְתָּא דְּזַבִּינָה – אַחְרָיוּת אַיְתָמֵי, וּבֵית דִּין דְּזַבִּין – אַחְרָיוּת אַיְתָמֵי.

§ **Rav Yosef said:** In the case of **a widow who sold** property to support herself or as payment of her marriage contract, the property **guarantee** rests **upon the orphans.** Therefore, if she sold liened property that was then seized from the purchasers in payment of a previous debt, the buyers are entitled to be reimbursed from the property of the orphans. **And** so too, if the **court sold** property for the same purpose, the property **guarantee** rests **upon the orphans.**

פְּשִׁיטָא!

The Gemara asks: **Isn't this obvious?** The widow does not sell her own property, but rather she sells property from her husband's estate to pay off his debts to her, and so clearly the guarantee rests on his properties that now belong to the orphans.

אַלְמָנָה לָא אִיצְטְרִיכָא לֵיהּ, כִּי אִיצְטְרִיךְ לֵיהּ – בֵּי דִּינָא. מַהוּ דְּתֵימָא:

The Gemara answers: In truth, **it was not necessary** for Rav Yosef to mention this with regard to the **widow,** as it is clear that the property guarantee rests upon the orphans. **Where** it **was necessary for** him to mention this *halakha* was with regard to the **court. Lest you say:**

PERSONALITIES

Perata – פְּרָטָא: Perata came from a family of Sages, three generations of which are mentioned here: Rabbi Perata the Great, who apparently lived at the time of the destruction of the Temple; his son, Rabbi Elazar ben Perata, who was among the Sages of the Sanhedrin in Yavne and who lived long enough to see the harsh decrees of the emperor Hadrian and was miraculously saved from execution; and his son Perata, who lived in the time of Rabbi Yehuda HaNasi. It is possible that there was another Rabbi Elazar ben Perata, who was the son of this Perata and who lived during the first and second generations of the *amora'im* in Eretz Yisrael.

HALAKHA

If one erred in a matter that appears in the Mishna it is revoked – טָעָה בִּדְבַר מִשְׁנָה, חוֹזֵר: If a judge who adjudicated a case of monetary matters errs in a well-known detail of the *halakha*, e.g., any *halakha* clearly stated in the Mishna, Gemara, or in the books of the halakhic authorities, then the ruling that he issued is reversed. Everything reverts to its status when the case first arrived in court, and the case is then retried.

The Rema cites the opinion that if the judge and his contemporaries are of the opinion that the *halakha* is different than that which is recorded in the books of the halakhic authorities, in a matter that is not clearly recorded in the Mishna or Gemara, then they are able to disagree with the decision of the early halakhic authorities (*Tur*, citing Rosh). However, it is noted in the *Piskei Maharai* that one may not be lenient in a matter that the authorities were stringent about once the stringency has become well accepted by the majority of the Jewish people, unless one's teachers taught him that what is recorded in the books is not the accepted practice (Rambam *Sefer Shofetim, Hilkhot Sanhedrin* 6:1; *Shulḥan Arukh, Ḥoshen Mishpat* 25:1).

כָּל דְּזָבֵין מִבֵּי דִינָא – אַדַּעְתָּא לְמֵיפַּק לֵיהּ קָלָא הוּא דְּזָבֵין, קָא מַשְׁמַע לַן.

Everyone who buys from the court buys with the implicit **understanding that** the sale **generates publicity,**[N] as a court sale is conducted in public with notices. The buyer could therefore think to himself that if no claimants came forward until the time of the actual purchase, then it is certain that there can be no problem with his purchase and he forgoes his property guarantee. Lest you say this, Rav Yosef **teaches us** that there is nevertheless a guarantee on the property, and it rests upon the orphans and not on the court.

״רַבָּן שִׁמְעוֹן בֶּן גַּמְלִיאֵל אוֹמֵר״ כו׳. וְעַד כַּמָּה? אֲמַר רַב הוּנָא בַּר יְהוּדָה אָמַר רַב שֵׁשֶׁת: עַד פַּלְגָא.

§ The mishna teaches: **Rabban Shimon ben Gamliel says** that even if the judges err, the transaction is not void because of the prerogative of the court. The Gemara asks: **And to what** extent can they err without causing the deal to be reversed? **Rav Huna bar Yehuda said** that **Rav Sheshet said: Until half** of the value.

תַּנְיָא נַמִּי הָכִי, אָמַר רַבָּן שִׁמְעוֹן בֶּן גַּמְלִיאֵל: בֵּית דִּין שֶׁמָּכְרוּ שָׁוֶה מָאתַיִם בְּמָנֶה, אוֹ שָׁוֶה מָנֶה בְּמָאתַיִם – מִכְרָן קַיָּים.

That is also taught in a *baraita*: **Rabban Shimon ben Gamliel said: A court that sold** property **worth one hundred dinars for two hundred** dinars, **or** property **worth two hundred** dinars **for one hundred dinars, their sale is valid.** Since he doesn't give as an example a larger gap between the market value and the sale price, this must be the most extreme case in which the transaction is not reversed.

אָמַר אַמֵּימָר מִשְּׁמֵיהּ דְּרַב יוֹסֵף: בֵּית דִּין שֶׁמָּכְרוּ בְּלֹא הַכְרָזָה – נַעֲשׂוּ כְּמִי שֶׁטָּעוּ בִּדְבַר מִשְׁנָה, וְחוֹזְרִין.

Ameimar said in the name of Rav Yosef: With regard to **a court that sold without an announcement,**[H] **it is considered as if they erred in a matter** that appears in the **Mishna and** their decision is **reversed.**

נַעֲשׂוּ? וַדַּאי טָעוּ! דִּתְנַן: שׁוּם הַיְּתוֹמִין שְׁלֹשִׁים יוֹם, וְשׁוּם הַהֶקְדֵּשׁ שִׁשִּׁים יוֹם, וּמַכְרִיזִין בַּבֹּקֶר וּבָעֶרֶב.

The Gemara asks: Why does Rav Yosef say that it **is considered as** if the court erred in a matter that appears in the Mishna, when **it certainly erred** in this manner? **As we learned** in a mishna (*Arakhin* 21b): The **assessment of the orphans** is for **thirty days,**[H] **and the assessment** for **consecrated property**[H] is for **sixty days, and they make announcements** during the thirty and the sixty days respectively both **in the morning and in the evening.**[N] The mishna states explicitly that announcements must be made. If the court did not make the announcements, it clearly erred in a matter that appears in the Mishna.

אִי מֵהַהִיא הֲוָה אָמִינָא: הָנֵי מִילֵּי – שָׁלִיחַ, אֲבָל בֵּית דִּין – לָא, קָא מַשְׁמַע לַן.

The Gemara answers: **If** all the information that I had were **from that** mishna, **I would say** that **this applies** to **an agent but not to a court.** Therefore, Rav Yosef **teaches us** that even a court that sold property without making announcements has erred.

אֵיתִיבֵיהּ רַב אַשִׁי לְאַמֵּימָר: שׁוּם הַדַּיָּינִין, שֶׁפָּחֲתוּ שְׁתוּת אוֹ הוֹתִירוּ שְׁתוּת – מִכְרָן בָּטֵל. הָא שָׁוֶה בְּשָׁוֶה – מִכְרָן קַיָּים. מַאי לָאו – דְּלָא אַכְרִיזוּ? לָא, בְּדְאַכְרִיזוּ.

Rav Ashi raised an objection to the statement of **Ameimar:** The mishna teaches that the *halakha* with regard to **the assessment** of the value of a piece of property in order to sell it through **the judges** is as follows: In a case **where they decreased** the price by **one-sixth** of its market value **or added one-sixth** to its market value, **their sale is void.** One can see from here that if the judges sold the property **for its value, their sale is valid. What, is** the mishna **not** discussing a case where **no announcement was made?** Ameimar replied: **No,** the case under discussion is one **where they did make an announcement.**

הָא מִדְּסֵיפָא בִּדְאַכְרִיזוּ – הָוֵי רֵישָׁא בִּדְלָא אַכְרִיזוּ. דְּקָתָנֵי סֵיפָא: אִם עָשׂוּ אִגֶּרֶת בִּקּוֹרֶת, אֲפִילּוּ מָכְרוּ שָׁוֶה מָנֶה בְּמָאתַיִם, אוֹ שָׁוֶה מָאתַיִם בְּמָנֶה – מִכְרָן קַיָּים!

The Gemara asks: Since **the last clause is** referring to a case **where** the court **made an announcement, the first clause** must be referring to a case **where they did not make announcements, as it teaches in the final clause: If they made a document of inspection** and announced the sale publicly, then **even if they sold** property **worth one hundred dinars for two hundred** dinars **or** property **worth two hundred** dinars **for one hundred dinars, their sale is valid.**

NOTES

With the understanding that the sale generates publicity – אַדַּעְתָּא לְמֵיפַּק לֵיהּ קָלָא: Rashi, whose opinion was accepted by most of the commentaries, explains as follows. One who bought from the court assumes that there can be no problem with his purchase, since the transaction took place with announcements and with much publicity and no one came forward to protest the sale. Therefore, if one did not state explicitly that he wants to buy the land with a guarantee, it considered as if he purchased the land without a guarantee (see Rid). The Rivan explains this differently. He says that one who buys from the court assumes that the transaction has the same force behind it as an act of the court and therefore no one is able to appeal or nullify it (see Rashash and *Eshel Avraham*).

Announcement – הַכְרָזָה: In tractate *Arakhin* it is taught how this announcement was made. For orphans selling land they would either make an announcement for thirty consecutive weekdays or they would do so over the course of sixty days, making announcements each Monday and Thursday, when people came to town to hear the Torah read, to go to the courts, and for other purposes.

Although in the second scenario they make announcements only for a total of eighteen days, since this takes place over the course of two months, one can nevertheless reasonably assume that all interested parties will have had an opportunity to hear about the sale. The court will conduct an early assessment of the value of the land. Part of the announcement is also for the potential buyer of the land, as there are times that a buyer will prefer to purchase from the widow or from the orphans because he can make special arrangements with them. This announcement is made in the morning, when workers leave for their jobs, so that they can tell their employers about the property for sale. It is also made in the evening, when they come home from work, so that if someone wants to see the land for himself he can decide to get up early the following morning in order to do so.

HALAKHA

Sold without an announcement – מָכְרוּ בְּלֹא הַכְרָזָה: A court that sold without making an announcement is considered to have made an error in a matter that appears in the Mishna. The sale is void and the property is resold with an announcement, in accordance with the opinion of Rav Yosef.

The Rema wrote that if they sold the property at a time when people are not buying, for example during a time of war or of plague, some say that what is done is done and the sale is valid. Others say that it is considered like a case where they sold without making an announcement (Rambam *Sefer Mishpatim*, *Hilkhot Malve VeLoveh* 12:10; *Shulḥan Arukh*, *Even HaEzer* 104:2 and *Ḥoshen Mishpat* 109:3).

The assessment of the orphans is for thirty days – שׁוּם הַיְּתוֹמִין שְׁלֹשִׁים יוֹם: When the court needs to sell property belonging to orphans, they assess the value of the land and then make announcements over the course of thirty consecutive days. Alternatively, they do so every Monday and Thursday over the course of sixty days. The announcements are made both in the morning and in the evening, at times when the workers go to and return home from work. This is in accordance with the opinion expressed in the mishna cited here (Rambam *Sefer Mishpatim*, *Hilkhot Malve VeLoveh* 12:8; *Shulḥan Arukh*, *Even HaEzer* 104:1 and *Ḥoshen Mishpat* 109:1).

The assessment for consecrated property – שׁוּם הַהֶקְדֵּשׁ: If the court comes to sell a field that had been consecrated, they first assess its value and then they make announcements over the course of sixty consecutive days, in the morning and in the evening. This is in accordance with the mishna cited here (Rambam *Sefer Hafla'a*, *Hilkhot Arakhin* 4:27).

אֶלָּא לְעוֹלָם בִּדְלָא אַכְרִיז, וְלָא קַשְׁיָא; כָּאן – בִּדְבָרִים שֶׁמַּכְרִיזִין עֲלֵיהֶן, כָּאן – בִּדְבָרִים שֶׁאֵין מַכְרִיזִין עֲלֵיהֶן.

Rather, this should be understood differently. **Actually,** the first clause of the mishna is referring to a case **where they did not make an announcement,** and this is **not difficult. Here,** Ameimar is referring **to items for which one makes an announcement,**[N] and if this was not done then the sale is void. **There,** the mishna is speaking of **items for which one does not make announcements.**[H]

וְאֵלּוּ הֵן דְּבָרִים שֶׁאֵין מַכְרִיזִין עֲלֵיהֶן: הָעֲבָדִים, וְהַמִּטַּלְטְלִין, וְהַשְּׁטָרוֹת. עֲבָדִים טַעְמָא מַאי – שֶׁמָּא יִשְׁמְעוּ וְיִבְרְחוּ, מִטַּלְטְלִין וּשְׁטָרוֹת – שֶׁמָּא יִגָּנְבוּ.

And these are the items for which one does not make an announcement:[H] **Slaves,**[N] **movable property, and contracts.**[N] The Gemara explains: **What is the reason** that **slaves** are sold without an announcement? Slaves are sold without an announcement **lest they hear** that they are about to be sold **and escape.** Why is the sale of **movable property and contracts** also not announced? **Lest they be stolen.**

וְאִיבָּעֵית אֵימָא: כָּאן – בְּשָׁעָה שֶׁמַּכְרִיזִין, כָּאן – בְּשָׁעָה שֶׁאֵין מַכְרִיזִין.

And if you wish, say instead that **here** Ameimar is referring to **a time when one makes an announcement,** while **there** the mishna is referring to **a time when one does not make an announcement.**[H]

דְּאָמְרִי נְהַרְדָּעֵי: לְכְרָגָא, לִמְזוֹנֵי וְלִקְבוּרָה – מְזַבְּנִינַן בְּלָא אַכְרָזְתָּא.

When does one not make an announcement? **As the Sages of Neharde'a**[B] **say: For** the purpose of paying **head tax, and for** payment to provide for children's **sustenance, and for burial,**[N] the court **sells** property inherited by orphans **without an announcement** because these are pressing needs. There is no time to wait for an announcement.[H]

וְאִיבָּעֵית אֵימָא: כָּאן – בְּמָקוֹם שֶׁמַּכְרִיזִין, כָּאן – בְּמָקוֹם שֶׁאֵין מַכְרִיזִין. דְּאָמַר רַב נַחְמָן: מֵעוֹלָם לֹא עָשׂוּ אִגֶּרֶת בִּקּוֹרֶת בִּנְהַרְדְּעָא.

And if you wish, say instead that **here,** Ameimar is referring to **a locale where one makes an announcement,** while **there,** the mishna is referring to **a locale where one does not make an announcement,**[H] **as Rav Naḥman said: They never made a document of inspection in Neharde'a.**

NOTES

Here, referring to items for which one makes an announcement, etc. – כָּאן בִּדְבָרִים שֶׁמַּכְרִיזִין עֲלֵיהֶן וכו׳: Rav Hai Gaon and the Rosh, following his opinion, hold that this is how to understand matters here: In cases where no announcement is made, either because the item is one for which no announcement need be made; or the court is selling it at a time when no announcement need be made; or the court is selling it in a locale where it is not customary to announce the sale of property, if the court made an announcement anyway, then the sale is treated like any other property sold with an announcement. This means that the sale is not void unless the court erred in their assessment by more than half the value of the property.

However, the Rif, the Rambam, and others explain that when there is no obligation to make an announcement about the impending sale of property, then if the court makes an announcement, the sale is reversed, even if the error was only by one-sixth of the value of the property (see Ra'ah).

Slaves, etc. – הָעֲבָדִים וכו׳: The Rosh explains that even though one cannot collect a debt from orphans in any way other than by taking land they inherited from the deceased, sometimes the court or the steward will decide that it is better to sell slaves, movable property, or contracts instead of selling land. *Tosafot* explain that the Gemara is discussing a case where these items were seized while the debtor was still alive.

And contracts – וּשְׁטָרוֹת: The reason one would sell a contract rather than collect on it is possibly because the due date for payment has not yet arrived and the orphans need the money. Another possibility is that the debtor is a difficult person and they are concerned that they will not be able to collect from him. Since in these cases one usually sells the contract for less than the amount recorded in the document, it was necessary for the Gemara to state that one still does not need to announce their sale.

And for burial – וְלִקְבוּרָה: The Ramban explains that it is obvious that one does not wait the entire thirty-day period required for the announcements when it comes to burying someone who died. It is clear that the burial would never be held up for that long. Rather, the Gemara wishes to teach that one does not even have to make a single announcement.

Tosafot and the other halakhic authorities explain that the sale still takes place without announcements, although money was borrowed to pay for the burial, so that there is no urgency to sell immediately. The reason for this leniency is explained by the Ramban. Since the lender performed an act of kindness for the orphans and gave them the required funds right away in their time of need, he should not have to wait an extensive period of time so that the announcements could be made. If one were forced to wait, people would refrain from lending out money in these circumstances.

BACKGROUND

The Sages of Neharde'a – נְהַרְדָּעֵי: The Gemara states elsewhere that anonymous statements attributed to the Sages of Neharde'a were authored by Rav Ḥama from Neharde'a, who served as the head of the yeshiva of Neharde'a for several years following the passing of Rav Naḥman bar Yitzḥak. It is also possible that this is the same Rav Ḥama who met with the king of Persia and discussed Torah matters with him.

HALAKHA

Of items for which one does not make announcements – בִּדְבָרִים שֶׁאֵין מַכְרִיזִין עֲלֵיהֶן: In a situation where the court sold items that do not require an announcement and they erred in their assessment, if the error is up to one-sixth of the value of the item, the sale is valid. If it exceeded that amount, then the sale is void.

The Rema writes that there are some (*Tur*, citing Rosh) who say that this is true only if the court did not make an announcement. However, if they did make an announcement, then as long as their error did not exceed the equivalent of half of the value of the property, the sale is valid (Rambam *Sefer Mishpatim, Hilkhot Malve VeLoveh* 12:11; *Shulḥan Arukh, Even HaEzer* 104:4 and *Ḥoshen Mishpat* 109:3).

Items for which one does not make an announcement – דְּבָרִים שֶׁאֵין מַכְרִיזִין עֲלֵיהֶן: One does not make an announcement for the sale of slaves, movable property, or contracts. This ruling is in accordance with the Gemara here (Rambam *Sefer Mishpatim, Hilkhot Malve VeLoveh* 12:11; *Shulḥan Arukh, Even HaEzer* 104:4 and *Ḥoshen Mishpat* 109:3).

At a time when one does not make an announcement – בְּשָׁעָה שֶׁאֵין מַכְרִיזִין: If the court sold property during a time when no announcement is required, and they erred by one-sixth of the value of the land, the sale is void even if they made an announcement. If they erred by less than one-sixth, the sale is valid even if they did not make any announcement. According to the Rosh and the *Tur*, since they announced the sale, it is valid as long as they did not err by more than double the actual value of the property (Rambam *Sefer Mishpatim, Hilkhot Malve VeLoveh* 12:11; *Shulḥan Arukh, Even HaEzer* 104:4 and *Ḥoshen Mishpat* 109:3).

When does one not make announcements – מָתַי אֵין מַכְרִיזִים: No announcement is made when land is sold in order to pay for a burial, to provide sustenance for a wife and daughters, or to pay taxes due to the king, in accordance with the opinion of the Sages of Neharde'a.

Similarly, if money was borrowed for the above-mentioned purposes, when the creditors come to take payment of the loans, no announcement is be made (*Tur* and *Maggid Mishne* citing *Tosafot*) (Rambam *Sefer Mishpatim, Hilkhot Malve VeLoveh* 12:11; *Shulḥan Arukh, Even HaEzer* 104:4 and *Ḥoshen Mishpat* 109:3).

A locale where it is not the custom to make announcements – מָקוֹם שֶׁאֵין נוֹהֲגִים לְהַכְרִיז: If the court sold property in a locale where no announcement is required and they erred by one-sixth of the property's value, the sale is void. The Rema writes that according to the Rosh and the *Tur*, if they announced the sale despite the fact that they were not required to do so, the sale is valid, provided the error is not more than double the actual value of the property (Rambam *Sefer Mishpatim, Hilkhot Malve VeLoveh* 12:11; *Shulḥan Arukh, Ḥoshen Mishpat* 109:3 and *Even HaEzer* 104:4, and in the comment of Rema).

סבור מינה משום דבקיאי בשומא. אמר ליה רב יוסף בר מניומי: לדידי מיפרשא לי מיניה דרב נחמן: משום דקרו להו "בני אכלי נכסי דאכרזתא".

Someone **understood from** Rav Naḥman's statement that no announcements were made in Neharde'a **because** the Sages there were all **expert in the appraisal** of an article's value. **Rav Yosef bar Minyumi said to him:** This **was explained to me** personally **by Rav Naḥman himself:** It was **because** those who purchase the property **are called:**[N] **People** who **consume property that was publicly announced.** This disparaging nickname was given because the purchasers were perceived as taking advantage of the distress of others by running to buy the property of someone in trouble. Since decent, honest people did not wish to buy property whose sale had been announced, they stopped making announcements.

אמר רב יהודה אמר שמואל: מטלטלין של יתומים שמין אותן, ומוכרין אותן לאלתר. רב חסדא אמר אבימי: מוכרין אותן לשווקים.

Rav Yehuda said that **Shmuel said: Movable property that belongs to orphans is appraised and sold immediately**[H] so that it not deteriorate over time. **Rav Ḥisda** said that **Avimi said:** The movable property **is sold on a market** day, when there are many potential buyers and the items will sell for a proper price.

ולא פליגי; הא – דמיקרב שוקא, הא – דמרחק שוקא.

The Gemara notes: **And** they do **not disagree** with each other. Rather, **this** opinion, that the items are sold on a market day, applies **when** the **market** day **is approaching,**[N] so the property is not sold immediately. **That** opinion, that the items are sold immediately, applies **when** the **market** day **is far off.**

רב כהנא הוה בידיה שכרא דרב משרשיא בר חילקאי יתמא. שהייה עד ריגלא. אמר: אף על גב דנפל ביה איצצתא – מייתי זוזא חריפא.

Rav Kahana was in possession of beer that belonged **to Rav Mesharshiyya bar Ḥilkai,** who was **an orphan.**[N] **He delayed** selling **it until the Festival.** He explained the rationale for his actions and **said: Although** it is possible **that it may deteriorate** [*itzatzta*][L] and sour a little, **it** nevertheless **brings** in **money** at the time of the Festival, as it will sell for a higher price and for money, not credit. Consequently, it is in the best interests of Rav Mesharshiyya bar Ḥilkai to hold off and sell the beer at the next Festival.

רבינא הוה בידיה חמרא דרבינא זוטי יתמא, בר אחתיה. הוה לדידיה נמי חמרא, הוה קמסיק ליה לסיכרא.

It is also related that **Ravina was in possession of wine** belonging **to the orphan Ravina the younger,**[P] who **was his sister's son. He also had wine of his own,** which **he was taking to Sikhra** to sell.

אתא לקמיה דרב אשי, אמר ליה: מהו לאמטויי בהדן? אמר ליה: זיל, לא עדיף מדידך.

He came before Rav Ashi and **said to him: What is** the *halakha* here, am **I** able **to bring** his wine along **with** my wine, or must I wait for a more opportune time to sell it? **He said to him: Go** to Sikhra and take his wine along as well, as his **is no better than yours,**[N] and if you sell your own wine in this manner, it is clear that you think this is the best way to sell, and it is permitted for you to sell his wine in this manner.

HALAKHA

Is…sold immediately, etc. – 'מוכרין אותן לאלתר וכו: Movable property that belongs to orphans is assessed by the court and is sold immediately. If the market is not too distant, the items are taken there. This ruling is in accordance with the conclusion of the Gemara (Rambam *Sefer Mishpatim*, *Hilkhot Malve VeLoveh* 12:11; *Shulḥan Arukh*, *Even HaEzer* 104:4 and *Ḥoshen Mishpat* 109:3).

LANGUAGE

Deteriorate [*itzatzta*] – איצצתא: According to Rashi, this word means a slight souring. Some have found a source for this word in the Greek **ὀξύτης**, *oxutēs*, but while it bears a similar meaning, it is apparently not its linguistic source. To this day there are cheap wines that over time become somewhat sour, and even completely turn into vinegar. However, Rabbeinu Gershom, quoted in the *Arukh*, explains *itzatzta*, or in his version, *utza*, as meaning depreciation of monetary value, since when everyone comes to sell their wines, they are sold for less. Even so, there is still a certain profit from selling at this time as then other things can likewise be bought for less.

PERSONALITIES

Ravina the younger – רבינא זוטי: Ravina the younger is Ravina the later *amora*. It is explained in the *Iggeret Rav Sherira Gaon* that his name was Ravina bar Rav Huna. He was a student of Rav Ashi and his successor in the job of redacting the Talmud. The tenure of Ravina and Rav Ashi marked the conclusion of organized teaching. With the death of Ravina, the period of the *amora'im* ended and the period of the *savora'im* began.

As described here in the Gemara, Ravina's father died when he was young and left him an orphan under the aegis of his uncle, who was also named Ravina and who had been a student of Rava and a colleague of Rav Ashi.

NOTES

Because they are called – משום דקרו להו: Most of the commentaries explain along the lines of Rashi that this was a denigrating nickname for the people buying property whose sale had been announced. The transaction gave the purchaser a bad name, as he was suspected of taking advantage of the sellers who needed to sell these properties and of paying less than the full price for them. The Rivan offers two other explanations for this: In one interpretation, this was a nickname given to the sellers who were seen as poor unfortunates needing to sell land by making announcements. Alternatively, this was a nickname given to the ones making the announcements.

The market day is approaching – דמיקרב שוקא: Rashi, the Rivan, and others explain that the Gemara means that if the market day is approaching, the court or steward waits until then to sell the movable property, as it is certainly easier to sell the items on a market day. The Rambam explains differently, that the Gemara means that if the market is located nearby, then the movable property is sold there; but if it is far away, it is preferable to sell where they are, lest the items become damaged en route.

Orphan – יתמא: This took place when Rav Mesharshiyya bar Ḥilkai was an orphaned minor, before he grew up and became one of the leading Sages of his day (see Rivan).

Is no better than yours – לא עדיף מדידך: The Rambam explains that the steward may transport the orphans only if they may become ruined if they are left waiting for buyers. However, if the items will not spoil if they are left until buyers are found, the steward is prohibited from jeopardizing them by taking them along on a journey. Although one is permitted to assume this risk with his own money, he may not risk the orphan's money in this way.

מתני׳ הַמְמָאֶנֶת הַשְּׁנִיָּה, וְהָאַיְלוֹנִית – אֵין לָהֶן כְּתוּבָּה, וְלֹא פֵּירוֹת, וְלֹא מְזוֹנוֹת, וְלֹא בְּלָאוֹת.

MISHNA An orphan girl who was married off by her mother or brother before reaching the age of majority may refuse to continue living with her husband upon reaching the age of majority, thereby retroactively annulling their marriage. In the case of **one who refuses** to continue living with her husband[H] in this manner; and in the case of a woman who is **a secondary** forbidden **relative**[H] by rabbinic law; **and** in the case **of a sexually underdeveloped woman** [*ailonit*], who is incapable of bearing children, each of these women **is not entitled to** payment of **a marriage contract; and** they are **not** entitled to remuneration for the **produce**[N] that the husband consumed; **and** they are **not** entitled to **sustenance; and** they are **not** entitled to their **worn clothes** that were brought in to the marriage as part of their dowry and became worn out during the marriage.

אִם מִתְּחִלָּה נְשָׂאָהּ לְשֵׁם אַיְלוֹנִית – יֵשׁ לָהּ כְּתוּבָּה.

If, from the start, he married her with the understanding that she is an *ailonit*, then **she is entitled to** payment of **a marriage contract.**

אַלְמָנָה לְכֹהֵן גָּדוֹל, גְּרוּשָׁה וַחֲלוּצָה לְכֹהֵן הֶדְיוֹט, מַמְזֶרֶת וּנְתִינָה לְיִשְׂרָאֵל, בַּת יִשְׂרָאֵל לְנָתִין וּלְמַמְזֵר – יֵשׁ לָהֶם כְּתוּבָּה.

In the case of **a widow** who married **a High Priest;**[HN] or **a divorcée or a *yevama* who performed *ḥalitza*** and later married **a common priest;** or **a daughter born from an incestuous or adulterous relationship** [*mamzeret*] who married an Israelite; **or a Gibeonite woman** who married **an Israelite;** or **a Jewish woman** who married **a Gibeonite or a *mamzer*,** although each of these unions is prohibited by Torah law, the woman is still **entitled to** payment of **a marriage contract.**

גמ׳ רַב תָּנֵי: קְטַנָּה יוֹצְאָה בְּגֵט – אֵין לָהּ כְּתוּבָּה, וְכָל שֶׁכֵּן מְמָאֶנֶת.

GEMARA Rav taught that **a minor girl** who was married off by her mother or by her brother and who **is divorced with a bill of divorce is not entitled to** her **marriage contract.** According to Torah law, this marriage never took effect, and it was never established that in this situation she would receive a marriage contract. **And all the more so, one who refuses** to continue living with her husband and annuls the marriage herself is not entitled to payment of a marriage contract.

שְׁמוּאֵל תָּנֵי: מְמָאֶנֶת – אֵין לָהּ כְּתוּבָּה, אֲבָל יוֹצְאָה בְּגֵט – יֵשׁ לָהּ כְּתוּבָּה.

Shmuel taught that **one who refuses** to continue living with her husband **is not entitled to** her **marriage contract, but one who is divorced with a bill of divorce is entitled to** her **marriage contract.**

וְאַזְדָּא שְׁמוּאֵל לְטַעֲמֵיהּ, דְּאָמַר שְׁמוּאֵל: מְמָאֶנֶת – אֵין לָהּ כְּתוּבָּה. יוֹצְאָה בְּגֵט – יֵשׁ לָהּ כְּתוּבָּה.

The Gemara notes: **And Shmuel follows** his line of **reasoning, as Shmuel said: One who refuses** to continue living with her husband **is not entitled to** her **marriage contract,** but **one who is divorced with a bill of divorce is entitled to** her **marriage contract.**

מְמָאֶנֶת – לֹא פְּסָלָהּ מִן הָאַחִין, וְלֹא פְּסָלָהּ מִן הַכְּהוּנָּה. יוֹצְאָה בְּגֵט – פְּסָלָהּ מִן הָאַחִין וּפְסָלָהּ מִן הַכְּהוּנָּה.

Shmuel also said: **One who refuses** to continue living with her husband is **not disqualified**[H] **from** marrying one of **the brothers** of her husband. Her refusal annuls the marriage, and it is as if it never happened. **And** for the same reason, unlike a divorcée, this girl **is not disqualified from** marrying a member of **the priesthood.** However, **one who is divorced with a bill of divorce**[H] is **disqualified from** marrying one of **the brothers and** is also **disqualified from** marrying a member of **the priesthood.**

HALAKHA

A minor girl who refuses to continue living with her husband etc. – **הַמְמָאֶנֶת וכו׳**: A minor who was betrothed during her childhood and then refuses to remain with her husband does not receive the principal of her marriage contract, but she does receive any additional sums that were incorporated into the document. If the husband consumed produce from her property, he is not compelled to reimburse her. If she borrowed money to pay for her sustenance or to ransom herself, after which she exercised her right of refusal, the husband is not compelled to reimburse her for this expense (Rambam *Sefer Nashim, Hilkhot Ishut* 24:5; *Shulḥan Arukh, Even HaEzer* 116:5).

A woman who is a secondary forbidden relative etc. – **הַשְּׁנִיָּה וכו׳**: A woman who marries a secondary relative forbidden by rabbinic law is not entitled to the principle of her marriage contract, she does not receive benefit from any of the additional conditions, she is not entitled to receive sustenance, and her husband does not have to reimburse her for produce that he consumed from her property while they were married. However, she does receive the additional sum stipulated in her marriage contract (Rambam *Sefer Nashim, Hilkhot Ishut* 24:2; *Shulḥan Arukh, Even HaEzer* 116:4).

A widow who married a High Priest, etc. – **אַלְמָנָה לְכֹהֵן גָּדוֹל וכו׳**: If one marries a woman who is forbidden to him by Torah law, and if he knew that she was forbidden to him at the time when they were wed, then she is entitled to her marriage contract. This *halakha* is in accordance with the mishna here (Rambam *Sefer Nashim, Hilkhot Ishut* 24:4; *Shulḥan Arukh, Even HaEzer* 116:1).

One who refuses to continue living with her husband is not disqualified, etc. – **מְמָאֶנֶת לֹא פְּסָלָהּ וכו׳**: A minor girl who exercises her right of refusal is not entitled to collect payment of her marriage contract. She is not disqualified from marrying one of the brothers or other relatives of her previous husband, nor is she disqualified from marrying a priest. She also does not need to wait three months before remarrying. This is in accordance with the opinion of Shmuel (Rambam *Sefer Nashim, Hilkhot Geirushin* 11:16–17, 22; *Shulḥan Arukh, Even HaEzer* 155:10).

One who is divorced with a bill of divorce, etc. – **יוֹצְאָה בְּגֵט וכו׳**: If a minor who was married off by her mother or her brother was divorced from her husband with a bill of divorce, then she is entitled to payment of her marriage contract, and he is prohibited from marrying any of her relatives. She is also prohibited from marrying his relatives and from marrying a priest, and she needs to wait three months before remarrying. This is in accordance with the opinion of Shmuel (Rambam *Sefer Nashim, Hilkhot Geirushin* 11:16–17, 22; *Shulḥan Arukh, Even HaEzer* 155:10).

NOTES

And not the produce – **וְלֹא פֵּירוֹת**: The commentaries disagree with regard to the meaning of this phrase, since it cannot be understood literally, as the husband and not the wife has the right to the produce of the wife's property. Rashi and others explain that it is referring to her right, enacted by the Sages, that in exchange for receiving the produce from her property, the husband must pay her ransom if she is taken captive. These women, however, are not entitled to this benefit. Another explanation is that she is not reimbursed for the produce that her husband used (Jerusalem Talmud; Rashi; Rambam).

A widow who married a High Priest – **אַלְמָנָה לְכֹהֵן גָּדוֹל**: It is confusing that in the cases where the marriage is prohibited by rabbinic law, a women loses all of her rights and privileges, but there are cases where the marriage is prohibited by Torah law, e.g., when a widow marries a High Priest, in which the woman does not lose her rights. There are two solutions to this problem offered by the Jerusalem Talmud and the Babylonian Talmud (*Yevamot* 85b). One explanation is that people are careful about a Torah prohibition. The Sages therefore chose to reinforce rabbinic prohibitions to a greater extent than Torah law prohibitions, so that people not think lightly of them. Another explanation is that in cases where the marriage is prohibited by rabbinic law, it is primarily the woman who is interested in the marriage. Although it is a prohibited union, she is not discouraged from entering it because she will not be disqualified from marrying a priest and her children will not be *mamzerim*. Therefore, the Sages penalized her as a deterrent. However, in cases where there is a prohibition by Torah law, it is primarily the man who is interested in the marriage, as through the marriage she becomes disqualified from marrying a priest, and her children will be *mamzerim*. For this reason, the Sages had no reason to penalize her, and she retains her rights.

מְמָאֶנֶת אֵינָהּ צְרִיכָה לְהַמְתִּין שְׁלֹשָׁה חֳדָשִׁים,

Another difference between a woman who refuses to continue living with her husband and a woman who was divorced normally is the following: **One who refuses** to continue living with her husband **does not need to wait three months** before remarrying, as other women who separate from their husbands must.

Perek **XI**
Daf **101** Amud **a**

יוֹצְאָה בְּגֵט – צְרִיכָה לְהַמְתִּין שְׁלֹשָׁה חֳדָשִׁים.

One who leaves the marriage union **through a bill of divorce is required to wait three months** before remarrying.

מַאי קָא מַשְׁמַע לַן? תְּנֵינָא כּוּלְּהוּ: הַמְמָאֶנֶת בְּאִישׁ – הוּא מוּתָּר בִּקְרוֹבוֹתֶיהָ, וְהִיא מוּתֶּרֶת בִּקְרוֹבָיו, וְלֹא פְּסָלָהּ מִן הַכְּהוּנָּה. נָתַן לָהּ גֵּט – הוּא אָסוּר בִּקְרוֹבוֹתֶיהָ, וְהִיא אֲסוּרָה בִּקְרוֹבָיו, וּפְסָלָהּ מִן הַכְּהוּנָּה!

The Gemara asks: **What is** Shmuel **teaching us** by telling us all of this? **We** already **learned it all** in *Yevamot* (108a): In the case of **one who refuses** to continue living **with** a certain **man, he is permitted to her relatives and she is permitted to his relatives, and she is not disqualified from** marrying into **the priesthood. If he gave her a bill of divorce,** then **he is forbidden to her relatives and she is forbidden to his relatives, but she is not disqualified from** marrying into **the priesthood.**

צְרִיכָה לְהַמְתִּין שְׁלֹשָׁה חֳדָשִׁים, אִיצְטְרִיכָא לֵיהּ, דְּלָא תְּנַן.

The Gemara answers: **It was necessary for him** to mention that if she receives a bill of divorce, **she is required to wait three months** before remarrying, **as we did not learn** that *halakha* in the mishna. Once Shmuel mentioned the difference between one who refuses to continue living with her husband and one who is divorced, he mentioned the other differences between the two cases.

לֵימָא כְּתַנָּאֵי, רַבִּי אֱלִיעֶזֶר אוֹמֵר: אֵין מַעֲשֵׂה קְטַנָּה כְּלוּם, וְאֵין בַּעְלָהּ זַכַּאי בִּמְצִיאָתָהּ, וְלֹא בְּמַעֲשֵׂה יָדֶיהָ, וְלֹא בַּהֲפָרַת נְדָרֶיהָ, וְאֵינוֹ יוֹרְשָׁהּ, וְאֵינוֹ מִיטַּמֵּא לָהּ. כְּלָלוֹ שֶׁל דָּבָר: אֵינָהּ כְּאִשְׁתּוֹ לְכָל דָּבָר, אֶלָּא שֶׁצְּרִיכָה מֵיאוּן,

The Gemara suggests: **Let us say** that this dispute between Rav and Shmuel is **parallel to** a dispute between *tanna'im*, as the *baraita* teaches: **Rabbi Eliezer says: The act of** marriage by **a minor girl is nothing,** i.e., has no legal impact, when she is married off not by her father, **and her husband is not entitled to** any lost **article that she finds, and not to her earnings; and** he is **not** able **to annul her vows; and he does not inherit** from **her; nor does he become impure for her** if he is a priest. The **principle is** that her legal status is **not that of his wife in every sense, only that she requires a refusal** in order to leave the marriage.

רַבִּי יְהוֹשֻׁעַ אוֹמֵר: מַעֲשֵׂה קְטַנָּה כְּלוּם, וּבַעְלָהּ זַכַּאי בִּמְצִיאָתָהּ וּבְמַעֲשֵׂה יָדֶיהָ וּבַהֲפָרַת נְדָרֶיהָ, וְיוֹרְשָׁהּ, וּמִיטַּמֵּא לָהּ. כְּלָלוֹ שֶׁל דָּבָר: הֲרֵי הִיא כְּאִשְׁתּוֹ לְכָל דָּבָר, אֶלָּא שֶׁיּוֹצְאָה בְּמֵיאוּן.

Rabbi Yehoshua says: The act of marriage by **a minor girl is something,**[H] i.e., has legal impact, **and her husband is entitled to** any lost **article that she finds and to her earnings; and** he is able **to annul her vows;**[N] **and he inherits** from **her; and he becomes impure** for **her,** even if he is a priest. The **principle**[N] **is that** her legal status is **that of his wife in every sense, except** for the fact **that she leaves** this union **through refusal** and does not need a bill of divorce.

לֵימָא רַב דְּאָמַר כְּרַבִּי אֱלִיעֶזֶר, וּשְׁמוּאֵל דְּאָמַר כְּרַבִּי יְהוֹשֻׁעַ?

Shall we say that Rav said that she does not receive payment of her marriage contract **in accordance with** the opinion of **Rabbi Eliezer,** who holds that her marriage did not take effect, **and that Shmuel said** that she does receive payment of her marriage contract **in accordance with** the opinion of **Rabbi Yehoshua,** who holds that her marriage did take effect?

אַלִּיבָּא דְּרַבִּי אֱלִיעֶזֶר – כּוּלֵּי עָלְמָא לָא פְּלִיגִי.

The Gemara rejects this: **According to** the opinion **of Rabbi Eliezer, everyone agrees** that a minor girl's marriage has no legal standing and, as Rav said, she is not entitled to payment of her marriage contract.

כִּי פְּלִיגִי – אַלִּיבָּא דְּרַבִּי יְהוֹשֻׁעַ. שְׁמוּאֵל – כְּרַבִּי יְהוֹשֻׁעַ, וְרַב: עַד כָּאן לָא קָאָמַר רַבִּי יְהוֹשֻׁעַ הָתָם אֶלָּא מִדִּידָהּ לְדִידֵיהּ, אֲבָל מִדִּידֵיהּ לְדִידָהּ – לָא.

When they disagree, they disagree **in accordance with** the opinion of **Rabbi Yehoshua. Shmuel** is **in accordance with** the literal opinion of **Rabbi Yehoshua. And Rav** says that when **Rabbi Yehoshua said there** that a minor girl has a legal status of his wife in every sense, it was **only** with regard **to her** obligations **toward him. But** with regard **to his** obligations **toward her,** since according to Torah law they are not married, the Sages could **not** obligate the husband to pay her anything.

HALAKHA

The act of a minor girl is something, etc. – מַעֲשֵׂה קְטַנָּה כְּלוּם וכו׳: In the case of a minor girl who was married off by her mother or brother, while she is married her husband has rights to any lost object that she finds and to any wages that she earns. If she dies while married to him, he is the one to inherit her possessions. This ruling is in accordance with the opinion of Rabbi Yehoshua, as the *halakha* is in accordance with his opinion in disputes between him and Rabbi Eliezer (Rambam *Sefer Nashim, Hilkhot Ishut* 22:4; *Shulḥan Arukh, Even HaEzer* 155:10).

NOTES

And he is able to annul her vows, etc. – וּבַהֲפָרַת נְדָרֶיהָ וכו׳: Rabbi Yehoshua's statement that a husband of a minor girl has monetary rights to her property should be understood as a rabbinic enactment, as the Sages have the authority to enact monetary ordinances and to confiscate money from one person to give it to another.

What is more difficult to understand is this husband's special status outside of the monetary realm, as he is able to annul her vows and is allowed to become ritually impure for her. In tractate *Nidda*, it is explained that since she is a minor, her vows have no efficacy according to Torah law, and they take effect on a rabbinic level. The Sages, therefore, have the authority to grant the husband the ability to annul her vows. This is problematic according to the opinion that within one year of reaching the age of maturity, the vows of a minor are effective according to Torah law, provided that the child understands the concept of vows and how they operate. In that case, one must follow the opinion of Rava, that any wife who takes a vow does so on the condition that it meets her husband's approval. This same reasoning applies in the case of a minor girl.

With regard to the husband being allowed to become ritually impure for her, *Tosafot* explain, based on the Gemara, that since he is the one who inherits from her, the wife's relatives are unwilling to take care of her. She is then considered a *met mitzva*, a corpse with no one to bury it, and the *halakha* is that even a priest is obligated to bury a *met mitzva*.

The principle – כְּלָלוֹ שֶׁל דָּבָר: The Maharsha asks what else is included by stating a principle that was not already stated explicitly by Rabbi Yehoshua. He answers that it teaches that the husband is obligated to provide her with a marriage contract. *Tosafot* in tractate *Yevamot* explain that it teaches that if she were the daughter of an Israelite who is married to a priest, she may also partake of the *teruma* given to her husband.

״וְלֹא בְּלָאוֹת״. אָמַר לֵיהּ רַב הוּנָא בַּר חִיָּיא לְרַב כָּהֲנָא: אָמְרַתְּ לַן מִשְּׁמֵיהּ דִּשְׁמוּאֵל: לֹא שָׁנוּ אֶלָּא נִכְסֵי מְלוֹג, אֲבָל נִכְסֵי צֹאן בַּרְזֶל – אִית לַהּ.

§ The mishna teaches that a girl who refuses to continue living with her husband, a woman who is forbidden by rabbinic law as a secondary relative, and an *ailonit* are not entitled to payment of a marriage contract **and** are **not** entitled to their **worn clothes. Rav Huna bar Ḥiyya said to Rav Kahana: You told us in the name of Shmuel: They taught** that she is not entitled to her worn clothes **only** with regard to the worn-out items of **usufruct property** [***nikhsei melog***],[L] **but she does have** rights to the worn-out items of her **guaranteed property** [***tzon barzel***].[L]

הֲוֵי בָּהּ רַב פַּפָּא: אַהַיָּיא? אִילֵימָא אַמְמָאֶנֶת, אִי דְּאִיתְנְהוּ – אִידִי וְאִידִי שָׁקְלָא, וְאִי דְּלֵיתְנְהוּ – אִידִי וְאִידִי לָא שָׁקְלָא!

Rav Pappa discussed it and wondered: **To which** part of the mishna is this referring? **If we say** that it is referring **to one who refuses** to continue living with her husband, then **if** the worn-out articles **are still** in existence, **she takes both** the usufruct and the guaranteed properties. Since the marriage is annulled, she takes whatever belongs to her. **And if they are no longer** in existence and were completely worn out over the course of time, **then she does not take** compensation for **either** of them, as the husband was within his rights to make use of them.[H]

אֶלָּא אַאַיְילוֹנִית, אִי דְּאִיתְנְהוּ – אִידִי וְאִידִי שָׁקְלָא, אִי דְּלֵיתְנְהוּ – אִיפְּכָא מִיבָּעֵי לֵיהּ: נִכְסֵי מְלוֹג, דִּבְרְשׁוּתָהּ קַיְימֵי – אִית לַהּ, נִכְסֵי צֹאן בַּרְזֶל, דְּלָאו בִּרְשׁוּתָהּ קַיְימֵי – לֵית לַהּ.

Rather, it must be that Shmuel's statement is in reference **to an *ailonit*.** This too is difficult as, in that case, **if** the articles **are still** in existence **she takes both** the usufruct and the guaranteed properties. **If they are no longer** in existence, then Shmuel **should have** stated the **opposite** and said: With regard to the **usufruct property, which remains in her possession** during the marriage, **she does** receive compensation for it in the event that the marriage is annulled. However, **she does not** receive compensation for **the guaranteed property, which does not remain in her possession** during the marriage but in the possession of her husband.[H]

אֶלָּא אַשְׁנִיָּה, וְקָנְסוּ רַבָּנַן לְדִידָהּ בְּדִידֵיהּ, וּלְדִידֵיהּ בְּדִידָהּ.

Rather, it must be that Shmuel's statement is in reference **to a secondary** forbidden **relative,**[H] **and** the rationale for this *halakha* is that the **Sages penalized** both the husband and the wife for violating a rabbinic prohibition. The Sages assigned a penalty **to her with regard to his** obligations to her, and she is not reimbursed for the worn-out usufruct property. **And** they assigned a penalty **to him with regard to her** obligations to him so that he is responsible for reimbursing her for the worn-out guaranteed property.

LANGUAGE

Usufruct property [*nikhsei melog*] – נִכְסֵי מְלוֹג: The early commentaries found it difficult to explain the source of this word. There are those who said that it is connected to the root *mem*, *lamed*, *gimmel*, meaning scalding in order to remove hair from skin. In a similar vein, the husband removes the profits from the properties. Others explain that it is derived from the Greek λόγος, *logos*, meaning word, or speech, in the sense that these are properties acquired by a person through the power of speech and agreement. However, it seems that the most likely explanation is that this word has its own inherent meaning, as it was demonstrated that it has its parallel in Akkadian, where it meant properties that the wife brings to the husband.

Guaranteed property [*tzon barzel*] – צֹאן בַּרְזֶל: The Hebrew literally means iron sheep. It is an evocative expression, similar to a term found in Roman law, which describes the legal standing of these properties. The property serves as a flock of iron sheep for its owner in that its value is guaranteed by someone, in this case the husband. The metaphor is apt in another way as well, as these properties bring no profit to their owners but only preserve their own value.

HALAKHA

The worn-out articles of one who refuses to remain married to her husband – בְּלָאוֹת מְמָאֶנֶת: The husband of a minor girl who refuses to remain married is not obligated to reimburse her for any property that was lost or was stolen during the period in which they were married, regardless of whether the property was usufruct or guaranteed property. She takes with her only whatever remains from her possessions and leaves him. In the *Shulḥan Arukh*, it is explained that the husband has to return her guaranteed property. This is in accordance with the opinion of the Ran, that it is only in cases where the articles were worn out through use that he does not have to recompense her for them. But if he takes over the property itself, then he must provide her with compensation (Rambam *Sefer Nashim, Hilkhot Ishut* 24:9; *Shulḥan Arukh, Even HaEzer* 155:10).

The worn-out articles of an *ailonit* – בְּלָאוֹת אַיְילוֹנִית: If a man's wife is discovered to be an *ailonit* or to be forbidden to him by Torah law, and he was unaware of this, he is not obligated to reimburse her for any of the guaranteed properties that were lost, stolen, or worn out during their marriage. However, he is obligated to reimburse her for anything that was lost or stolen from the usufruct property (Rambam *Sefer Nashim, Hilkhot Ishut* 24:8; *Shulḥan Arukh, Even HaEzer* 116:1).

In reference to a secondary forbidden relative – אֶלָּא אַשְׁנִיָּה: In the case of a woman who is forbidden to her husband as a secondary relative by rabbinic law, although she is not entitled to payment of a marriage contract, she has the same rights as all other women with regard to her dowry. The husband is responsible for the guaranteed property that she brings to the marriage, but not for the usufruct property. If the usufruct property is stolen or lost, it is her loss, and he is not obligated to reimburse her (Rambam *Sefer Nashim, Hilkhot Ishut* 24:7–8; *Shulḥan Arukh, Even HaEzer* 116:4).

אֲמַר רַב שִׁימִי בַּר אַשִׁי: שְׁמַע מִינָּהּ מִדְּרַב כָּהֲנָא: עַיְּילָא לֵיהּ גְּלִימָא – קַרְנָא הָוֵי, וְלָא מְכַסֵּי לָהּ וְאָזֵיל עַד דְּבָלֵי.

Rav Shimi bar Ashi said: Conclude from the statement **of Rav Kahana**[N] that if a wife **brought** home **to** her husband **a cloak**[H] after they were already married, **it is** viewed as **capital, and he may not go and cover himself with it until it wears out.** With regard to land that the wife obtains during the marriage, the husband has the right to benefit from it by consuming its produce. From the fact that Rav Kahana stated that it is only in this particular case that the woman is not reimbursed for clothing that became worn out through her husband's use, one can infer that generally, the husband does not have the right to use a garment she obtains, to the degree that it becomes worn out.

וְהָאָמַר רַב נַחְמָן: פֵּירָא הָוֵי! דְּרַב נַחְמָן פְּלִיגָא.

The Gemara asks: **But didn't Rav Naḥman say** that use of the cloak **is** considered **the produce** of her property, to which the husband is entitled? The Gemara answers: The statement **of Rav Naḥman** is in **disagreement** with that opinion.

"אֵין לָהֶן כְּתוּבָּה". אָמַר שְׁמוּאֵל: לֹא שָׁנוּ אֶלָּא מָנֶה מָאתַיִם, אֲבָל תּוֹסֶפֶת – יֵשׁ לָהֶן.

§ The mishna teaches that these specific women **are not entitled to** payment of **a marriage contract. Shmuel said: They taught this only** with regard to the principal of the marriage contract, which the Sages instituted for all women, amounting to **one hundred dinars** for a widow and **two hundred** dinars for a virgin. **However,** the **additional** sum listed in the marriage contract, which their husband specified for them of his own accord, is considered a gift and **they are entitled to it.**[H]

תַּנְיָא נַמִּי הָכִי: נָשִׁים שֶׁאָמְרוּ חֲכָמִים "אֵין לָהֶן כְּתוּבָּה", כְּגוֹן הַמְּמָאֶנֶת וַחֲבְרוֹתֶיהָ – אֵין לָהֶן מָנֶה מָאתַיִם, אֲבָל תּוֹסֶפֶת יֵשׁ לָהֶן.

The Gemara notes: **That is also taught** in a *baraita*: **Women** with regard to **whom the Sages said: They are not entitled to** payment of **a marriage contract, for example, one who refused** to remain married to her husband, **and her companions,**[N] **they are not entitled** to the principal of **one hundred dinars** or **two hundred** dinars. **But** as for the **additional** sum stipulated in the marriage contract that the husband added of his own accord, **they are entitled to** it.

נָשִׁים שֶׁאָמְרוּ חֲכָמִים "יוֹצְאוֹת שֶׁלֹּא בִּכְתוּבָּה", כְּגוֹן עוֹבֶרֶת עַל דָּת וַחֲבְרוֹתֶיהָ – אֵין לָהֶן תּוֹסֶפֶת, וְכָל שֶׁכֵּן מָנֶה מָאתַיִם. וְהַיּוֹצֵאת מִשּׁוּם שֵׁם רַע – נוֹטֶלֶת מַה שֶּׁלְּפָנֶיהָ וְיוֹצְאָה.

However, **women** with regard to **whom the Sages said: They are divorced**[N] **without** receiving payment for their **marriage contract, for example, a woman who violates** the **precepts** of *halakha* or Jewish custom, **and her companions,**[H] **are not entitled to the additional** sum stipulated by their husbands in the marriage contract. **And** since they violated and transgressed the mitzvot, it is **all the more so** that they are not entitled to receive the principal **one hundred dinars** or **two hundred** dinars, as the Sages penalized them and negated all of their husband's obligations that are recorded in the marriage contract. **And one who is divorced because** she received **a bad reputation** for licentiousness **takes what is left** of her usufruct property **and is divorced.**

מְסַיֵּיעַ לֵיהּ לְרַב הוּנָא. דְּאָמַר רַב הוּנָא: זִינְּתָה – לֹא הִפְסִידָה

The Gemara notes: This *baraita* **supports** the opinion **of Rav Huna, as Rav Huna said:** A woman who **was licentious has not lost**

NOTES

Conclude from the statement of Rav Kahana – שְׁמַע מִינָּהּ מִדְּרַב כָּהֲנָא: Rashi explains that the inference is from Rav Kahana's statement that is only in the case of a secondary forbidden relative that the woman is not reimbursed for clothing that became worn out through her husband's use. The Ra'ah and his students explained differently: Since Rav Kahana explained that the worn-out articles referred to in the mishna are usufruct property, it is implied that the use of the cloak is considered the principal. It could not be considered the produce or profits of the principal, as it has already been explained in the mishna that the wife is not entitled to the produce, meaning that the husband does not reimburse her for the produce that he consumed from her property. The Ritva wrote that Rashi did not explain the Gemara in this way, although it is arguably a simpler way to understand the Gemara. Rashi explained differently, as according to his opinion the produce in the mishna is referring to the husband's obligation to redeem his wife if she is taken captive, which is an obligation enacted by the Sages in exchange for his rights to the produce of her property.

One who refused to remain married to her husband, and her companions – הַמְּמָאֶנֶת וַחֲבְרוֹתֶיהָ: The Rif is of the opinion that the phrase: Her companions, is referring to the other women listed in the mishna together with her and includes the *ailonit*. The Rambam is of the same opinion. Several of the early commentaries, including the Ra'avad, questioned this opinion, as it is clear that in the case of an *ailonit* the whole marriage was a transaction conducted in error, and there is no reason for her to receive the additional sums stipulated in the marriage contract. The Ramban, although not wholly satisfied with the opinion of the Rif, nevertheless tries to explain it by saying that since he married her and wants to be with her, as long as she is married to him one is able to say that he agrees to give her this additional amount as a gift. The Ra'ah and others are of the opinion that this *halakha* applies only in the case of a woman who is a forbidden secondary relative, but it does not apply in the case of a mistaken transaction, e.g., with an *ailonit* or with a woman found to possess flaws.

Women with regard to whom the Sages said: They are divorced, etc. – נָשִׁים שֶׁאָמְרוּ חֲכָמִים יוֹצְאוֹת וכו׳: According to Rashi, it seems that the distinction between the two groups is based on the difference between the phrase: They are not entitled to payment of a marriage contract, and: They are divorced without a marriage contract. The Ramban and his students explain that the distinction is not because of the different phrases and is not derived from the differences between the phrases. It is inferred from the differences between the two types of situations themselves. One situation is where the woman was never supposed to marry this man and is not entitled to the rabbinic enactment of the marriage contract. However, any additional sums that the husband added of his own accord and independent of the enactment of the Sages belong to her. By contrast, those women who are divorced because they received a reputation for licentiousness and the others about whom the Sage said that they are divorced without receiving payment of their marriage contracts were originally entitled to payment of a marriage contract. They were penalized by the Sages for misdeeds committed during their marriage, and the Sages instituted an ordinance that they forfeit both the principal and the additional amounts of the marriage contract. It is explained in the *Nimmukei Yosef* that this reason is not applicable to women that are being divorced because they possess deficiencies or because they had taken certain types of vows (see 72b). One must say, otherwise, that with regard to women who are forbidden to their husbands, although they are not entitled to payment of a marriage contract, the husband nevertheless wants to be with them and that is why the additional amounts in the contract can be seen as a gift to the woman. However, with regard to one who performed misdeeds or one in whom a deficiency of one kind or another was discovered, one can't say that the husband is interested in remaining married to her. As such, he certainly did not intend to present her with any gifts, so she loses both the principal and the additional amounts.

HALAKHA

A wife brought home to her husband a cloak – עַיְּילָא לֵיהּ גְּלִימָא: If a wife brings to the marriage articles or utensils as part of her usufruct property, the husband can use them until they become worn out. If they divorce, he is not obligated to reimburse her for the wear and tear on the usufruct property that she brought to the marriage. This ruling is in accordance with the opinion of Rav Naḥman, who says that the use one derives from articles and utensils is considered profit and is not considered benefit from the principal (Rambam *Sefer Nashim, Hilkhot Ishut* 22:34; *Shulḥan Arukh, Even HaEzer* 85:13).

The additional sum, they are entitled to it – תּוֹסֶפֶת יֵשׁ לָהֶן: If one marries a woman without realizing that she is an *ailonit* or that she is prohibited by Torah law from marrying him, or one marries a secondary forbidden relative, or one's minor wife refuses to remain married to him, although these women are not entitled to receive the principal of the marriage contract or to take advantage of the stipulations of the marriage contract, they nevertheless receive the additional sum awarded them by their husband in the contract. This is in accordance with the opinion of Shmuel (Rambam *Sefer Nashim, Hilkhot Ishut* 24:2, 5; *Shulḥan Arukh, Even HaEzer* 116:1, 5, 155:10).

A woman who violates the precepts of *halakha* or Jewish custom, and her companions – עוֹבֶרֶת עַל דָּת וַחֲבְרוֹתֶיהָ: Neither an adulterous woman, nor a woman who transgresses Torah law or custom, nor a woman who is divorced because she received a reputation for licentiousness are entitled to the principal, the stipulations of, or the additional sum added to the marriage contract. These women receive whatever is left of their dowry, and the husband is not obligated to reimburse them for anything that either lost value or was lost from their property. This is in accordance with the *baraita* cited here (Rambam *Sefer Nashim, Hilkhot Ishut* 24:10; *Shulḥan Arukh, Even HaEzer* 115:5).

בְּלָאוֹתֶיהָ קַיָּימִין.

her right to **her worn clothes** that are in **existence.** She retains possession of her clothes and all of the other items that she brought with her to the marriage that have not been worn out.

תָּנֵי תַּנָּא קַמֵּיהּ דְּרַב נַחְמָן: זִינְּתָה – הִפְסִידָה בְּלָאוֹתֶיהָ קַיָּימִין. אֲמַר לֵיהּ: אִם הִיא זִינְּתָה, כֵּלֶיהָ מִי זַנַּאי? תְּנֵי: לֹא הִפְסִידָה בְּלָאוֹתֶיהָ קַיָּימִין.

The ***tanna*** **teaches** a ***baraita*** **before Rav Naḥman:** A woman who **was licentious lost** her right to **her extant, worn clothes,** i.e., when they divorce, she does not keep her clothing. **He said to him: If she** was unfaithful and **engaged in sexual intercourse** with another, **were her items** also **licentious?** Certainly she is not penalized by losing her right to her property, and therefore **teach** the opposite: A woman who was licentious **has not lost** her right to **her extant worn clothes.**

אָמַר רַבָּה בַּר בַּר חָנָה אָמַר רַבִּי יוֹחָנָן: זוֹ דִּבְרֵי רַבִּי מְנַחֵם סְתִימְתָאָה. אֲבָל חֲכָמִים אוֹמְרִים: זִינְּתָה – לֹא הִפְסִידָה בְּלָאוֹתֶיהָ קַיָּימִין.

Similarly, **Rabba bar bar Ḥana said** that **Rabbi Yoḥanan said: This** *baraita* taught by the *tanna* **is the statement of Rabbi Menaḥem,**[N] **the unattributed,** as his opinion is cited in several places as the unattributed mishna. **However, the Rabbis say** that if **she was licentious, she has not lost** her right to **her extant worn clothes.**

"אִם מִתְּחִלָּה נְשָׂאָהּ" כו׳. אָמַר רַב הוּנָא: אַיְילוֹנִית – אִשָּׁה וְאֵינָהּ אִשָּׁה, אַלְמָנָה – אִשָּׁה גְּמוּרָה.

§ The mishna teaches that **if, from the start, he married** her with the understanding that she is an *ailonit*, she is entitled to payment of her marriage contract. **Rav Huna said: An** ***ailonit***[B] **is a wife and she is not a wife,** while **a widow** who is married to a High Priest is **entirely a wife.**

אַיְילוֹנִית אִשָּׁה וְאֵינָהּ אִשָּׁה, הִכִּיר בָּהּ – יֵשׁ לָהּ כְּתוּבָּה, לֹא הִכִּיר בָּהּ – אֵין לָהּ כְּתוּבָּה. אַלְמָנָה אִשָּׁה גְּמוּרָה, בֵּין הִכִּיר בָּהּ בֵּין לֹא הִכִּיר בָּהּ – יֵשׁ לָהּ כְּתוּבָּה.

The Gemara explains: **An** ***ailonit*** is sometimes treated as **a wife and she** is sometimes **not** treated as **a wife.** How so? If **he knew about her** that she was an *ailonit* before marrying her, **she is entitled to** payment of her **marriage contract** like any other wife. But if **he did not know about her** that she was an *ailonit* before marrying her, **she is not entitled to** payment of her **marriage contract. A widow** is **entirely** considered **a wife. Whether he knew about her** that she was a widow before marrying her **whether he did not know** this **about her, she is entitled to** payment of her **marriage contract.**

וְרַב יְהוּדָה אוֹמֵר: אַחַת זוֹ וְאַחַת זוֹ אִשָּׁה וְאֵינָהּ אִשָּׁה, הִכִּיר בָּהּ – יֵשׁ לָהּ כְּתוּבָּה, לֹא הִכִּיר בָּהּ – אֵין לָהּ כְּתוּבָּה.

And Rav Yehuda says: Both the ***ailonit*** **and the** widow are sometimes treated as **a wife and** sometimes **not** treated as **a wife.** Even in the case of a widow who marries a High Priest, if **he knew about her** that she was a widow before marrying her, **she is entitled to** payment of her **marriage contract.** But if **he did not know about her** that she was a widow, **she is not entitled to** payment of her **marriage contract.**

מֵיתִיבֵי: כְּנָסָהּ בְּחֶזְקַת שֶׁהִיא כֵּן, וְנִמְצֵאת שֶׁהִיא כֵּן – יֵשׁ לָהּ כְּתוּבָּה. הָא סְתָמָא – אֵין לָהּ כְּתוּבָּה!

The Gemara raises an objection to Rav Huna's statement from a *baraita*: If **he married** the woman **with the presumption that she is so,** that she has some deficiency or that she is forbidden to him, **and it is found that she is so** as he thought from the start, then **she is entitled to** payment of her **marriage contract.** One can infer from here: If he married her **without specification,** and it turns out that she has a deficiency or that she is forbidden to him, **she is not entitled to** payment of her **marriage contract.**

NOTES

This is the opinion of Rabbi Menaḥem – **זוֹ דִּבְרֵי רַבִּי מְנַחֵם:** The Ritva wrote that there is no dispute here with Rav Naḥman, who changed the formulation of the *baraita*. Rav Naḥman changed the *baraita* to ensure that it reflected the *halakha*, since when the *tanna* teaches it in an anonymous fashion, the implication is that the *halakha* is in accordance with it. This is why it was important for Rav Naḥman to make the change, so that the correct *halakha* is taught. Rabbi Yoḥanan is cited in order to teach that the *tanna* was not incorrect in what he said as far as the *baraita* goes, as there is this alternative halakhic opinion.

BACKGROUND

Ailonit **– אַיְילוֹנִית:** From the detailed discussions in the Talmud, mainly in tractate *Yevamot*, it appears that an *ailonit* suffers from a genetic disorder that does not allow her to have children, in contrast to a barren woman, whose physical and sexual development is ordinarily normal, but she cannot have children because of some other deficiency or impediment. From those descriptions, it appears that an *ailonit* can be recognized by certain unique physical traits, including a lack of secondary sex characteristics, like pubic hairs. Furthermore, it appears from the Gemara that there are different types of *ailoniyyot*, ranging from women who have an overabundance of male hormones to those who suffer from Turner syndrome, where only one X chromosome is present and fully functioning. Approximately 98 percent of all fetuses with Turner syndrome spontaneously abort. The incidence of Turner syndrome in live female births is believed to be about one in 2,500.

Within Jewish law, there are many discussions about the status of an *ailonit*, mainly concerning her lack of secondary female sex characteristics and her physical development at a relatively advanced age. The Gemara therefore raises questions about when an *ailonit* is considered to have reached the age of adulthood, which *halakha* ordinarily defines as physical maturity.

לָא תֵּימָא: הָא סְתָמָא אֵין לָהּ כְּתוּבָּה. אֶלָּא אֵימָא: כְּנָסָהּ בְּחֶזְקַת שֶׁאֵינָהּ כֵּן, וְנִמְצֵאת שֶׁהִיא כֵּן – אֵין לָהּ כְּתוּבָּה.

The Gemara answers: **Do not say** this implies **that** if he married her **without specification she is not entitled to** payment of her **marriage contract. Rather, say** the following inference: If **he married her with the presumption that she is not so and it is found that she is so, she is not entitled to** payment of her **marriage contract.**

אֲבָל סְתָמָא מַאי? אִית לָהּ. אַדְּתָנֵי בְּחֶזְקַת שֶׁהִיא כֵּן וְנִמְצֵאת שֶׁהִיא כֵּן יֵשׁ לָהּ כְּתוּבָּה, לַשְׁמְעִינַן סְתָמָא וְכׇל שֶׁכֵּן הָא!

The Gemara asks: **But** if he married her **without specification, what** would the *halakha* be? The *halakha* would be that **she is entitled** to payment of her marriage contract. If that is the case, instead **of teaching** the case where he married her **with the presumption that she is so and she is found to be so** and **she is entitled to** payment of her **marriage contract, let him teach us** the case where he marries her **without specification.** If in a case where he marries her without specification she is entitled to payment of her marriage contract, then **all the more so** in **this** case, where he marries her knowingly, she must be entitled to it.

וְעוֹד תָּנֵי: כְּנָסָהּ בְּיָדוּעַ, וְנִמְצֵאת בְּיָדוּעַ – יֵשׁ לָהּ כְּתוּבָּה, כְּנָסָהּ סְתָם – אֵין לָהּ כְּתוּבָּה. תְּיוּבְתָּא דְּרַב הוּנָא!

And further, it **is taught** explicitly in another *baraita*: If **he married her knowing** that she has a deficiency, **and it is found** that she does have the deficiency **as was known, she is entitled to** payment of her **marriage contract.** If he married her **without specification, she is not entitled to** payment of her **marriage contract.** This is **a conclusive refutation of** the opinion of **Rav Huna.**

רַב הוּנָא מַתְנִיתִין אַטְעֵיתֵיהּ. הוּא סְבַר: מִדְּקָא מַפְלִיג בְּאַיְלוֹנִית וְלָא קָמַפְלִיג בְּאַלְמָנָה – מִכְּלָל דְּאַלְמָנָה אֲפִילּוּ בִּסְתָמָא נָמֵי אִית לָהּ, וְלָא הִיא; כִּי קָתָנֵי לָהּ לְאַלְמָנָה – אַפְּלוּגְתָּא דְּאַיְלוֹנִית קָאֵי.

The Gemara explains: **Rav Huna was misled by** the language of **the mishna** and made an inference that caused him to say something that is not in keeping with the *halakha*. **He thought that since** the mishna **differentiates** between a case where the husband was aware of her situation and a case where he was not aware **with** regard to **an *ailonit*, but** the mishna **does not differentiate with** regard to **a widow, by inference** one can say **that** with regard to **a widow, even where** one merely marries her without knowing that she is a widow, **she is entitled** to payment of her marriage contract. In truth, however, **that is not so. When** the mishna **teaches** the *halakha* **of the widow, it** is based **on the differentiation** stated **with** regard to **the *ailonit*.** The mishna intended for the distinction between whether the husband was aware of her situation before the marriage, which was stated in the case of an *ailonit*, to apply in the case of the widow as well.

הדרן עלך אלמנה ניזונת

Summary of
Perek XI

A widow is provided sustenance from her deceased husband's property. Once every six months, the widow sells enough property to provide for her sustenance for the upcoming six months. The purchaser gives her the money for the purchase in six monthly payments, so that each month she receives the amount necessary to provide her sustenance for that month. If the widow did not demand sustenance for an extended period of two or three years, she forfeits her right to receive sustenance for that period of time. However, she is entitled to provisions for her sustenance from that point forward. A widow may sell her deceased husband's property in order to receive payment of her marriage contract, and she can choose either to sell property as payment of the entire marriage contract or to sell property in increments. She does not have to sell the property in court but can simply sell it in the presence of three people who are experienced in assessing the prices of property.

If a widow sold property for less than its value, the sale is void. The same is true in the case of one who sold property as an agent on behalf of another. However, a sale of the court is void only if the judges erred by one-sixth of the value of the property, and if they made an announcement before the sale, then the sale is valid in any event. There is a principle that an agent's actions are ineffective and void when he deviates from the wishes of his employer. However, there are situations where he is seen as supplementing the instructions of the employer and not completely disregarding them.

With regard to cases where there is a defect in the marriage, the Sages established the following: If the woman is forbidden to her husband by rabbinic law as a secondary prohibited relative; or if the woman is an *ailonit* whose husband was not aware of her condition before the marriage; or if a minor orphan girl who was married off by her mother or her brother refuses to continue living with her husband, then she is not entitled to the principal or to the money specified in the stipulations of the marriage contract. However, women whose marriage, though effective, is prohibited by Torah law, are entitled to payment of their marriage contracts. Women who are divorced because of their transgressions are not entitled to the principal or additional sums of the marriage contract.

Introduction to **Perek XII**

This chapter begins with the *halakha* concerning one who promises to support his wife's daughter from a previous marriage, the halakhic ramifications of such a guarantee, and its relationship to other stipulations in the marriage contract. However, the main subject of this chapter is a continuation of the previous chapter's discussion of the rights and privileges of a widow.

Two aspects of this subject will be discussed here. The first is the housing to which a widow is entitled, including where she may live and how she may make use of her living quarters. The second relates to the length of time during which a widow may demand payment of her marriage contract from the heirs of her husband's estate. Whereas a regular promissory note never expires and can always be claimed, in this situation, where the widow benefits from her husband's estate, there is room to suspect that she may have waived her rights to her marriage contract.

The chapter will deal with clarifying these subjects as well as related matters.

מתני׳ הַנּוֹשֵׂא אֶת הָאִשָּׁה וּפָסְקָה עִמּוֹ כְּדֵי שֶׁיָּזוּן אֶת בִּתָּהּ חָמֵשׁ שָׁנִים – חַיָּיב לְזוּנָהּ חָמֵשׁ שָׁנִים.

MISHNA **One who marries a woman, and she stipulated with him that he would sustain her daughter** from another man **for five years,**[H] **is obligated to sustain her** daughter **for five years.**

נִיסֵּת לְאַחֵר וּפָסְקָה עִמּוֹ כְּדֵי שֶׁיָּזוּן אֶת בִּתָּהּ חָמֵשׁ שָׁנִים – חַיָּיב לְזוּנָהּ חָמֵשׁ שָׁנִים. לֹא יֹאמַר הָרִאשׁוֹן: לִכְשֶׁתָּבֹא אֶצְלִי אֲזוּנָהּ, אֶלָּא מוֹלִיךְ לָהּ מְזוֹנוֹתֶיהָ לְמָקוֹם שֶׁאִמָּהּ.

If, in the course of those five years they were divorced and the woman **was married to another** man, **and she stipulated with him**[H] **that he would sustain her daughter for five years, he** too **is obligated to sustain her for five years. The first** husband **may not say: When she comes to me, I will sustain her. Rather, he brings her sustenance to her, to the place where her mother** lives.

וְכֵן לֹא יֹאמְרוּ שְׁנֵיהֶם: הֲרֵי אָנוּ זָנִין אוֹתָהּ כְּאֶחָד. אֶלָּא, אֶחָד זָנָהּ וְאֶחָד נוֹתֵן לָהּ דְּמֵי מְזוֹנוֹת.

And likewise, both of them may not jointly **say: We will sustain** the girl **as one** in a partnership. **Rather, one sustains her,** providing her with food, while **the other gives her the monetary** value **of the sustenance.**

נִיסֵּת – הַבַּעַל נוֹתֵן לָהּ מְזוֹנוֹת, וְהֵן נוֹתְנִין לָהּ דְּמֵי מְזוֹנוֹת. מֵתוּ – בְּנוֹתֵיהֶן נִיזּוֹנוֹת מִנְּכָסִים בְּנֵי חוֹרִין, וְהִיא נִיזּוֹנֶת מִנְּכָסִים מְשׁוּעְבָּדִים, מִפְּנֵי שֶׁהִיא כְּבַעֲלַת חוֹב.

If the daughter **was married** during this period, her **husband provides**[H] her with the **sustenance** customarily provided by a husband for his wife, **and** the two men obligated to sustain her due to agreements with her mother **provide her with the monetary value of the sustenance.** If the two husbands of the mother **died, their daughters are sustained from unsold property, and she,** their wife's daughter, whom they agreed to sustain, **is sustained** even **from liened property** that was sold. This is **due** to the fact **that her** legal status **is like** that of **a creditor,** given that he is contractually obligated to support her.

הַפִּקְחִים הָיוּ כּוֹתְבִים: עַל מְנָת שֶׁאָזוּן אֶת בִּתֵּךְ חָמֵשׁ שָׁנִים כׇּל זְמַן שֶׁאַתְּ עִמִּי.

The perspicacious ones **would write**[H] an explicit stipulation into the agreement: I agree **on the condition that I will sustain your daughter for five years** only **as long as you are with me.** Then they would not be obligated to sustain a girl who is not their daughter when they are no longer married to the girl's mother.

גמ׳ אִתְּמַר, הָאוֹמֵר לַחֲבֵירוֹ: חַיָּיב אֲנִי לְךָ מָנֶה, רַבִּי יוֹחָנָן אָמַר: חַיָּיב, וְרֵישׁ לָקִישׁ אָמַר: פָּטוּר.

GEMARA **It was stated** with regard to **one who says to another: I am obligated to** pay **you one hundred dinars,**[HN] that **Rabbi Yoḥanan said:** He is **obligated** to pay, **and Reish Lakish said:** He is **exempt.**

הֵיכִי דָּמֵי? אִי דַּאֲמַר לְהוּ ״אַתֶּם עֵדַיי״ – מַאי טַעְמָא דְּרֵישׁ לָקִישׁ דְּקָפָטַר? אִי דְּלָא אֲמַר לְהוּ ״אַתֶּם עֵדַיי״ – מַאי טַעְמָא דְּרַבִּי יוֹחָנָן דְּקָמְחַיֵּיב?

The Gemara seeks to clarify: **What are the circumstances** of this case? **If he said to** the people present: **You are my witnesses, what is the reasoning of Reish Lakish, who exempts** him from payment? He confessed before witnesses that he owes the money. **If he did not say to them: You are my witnesses,**[N] **what is the reasoning of Rabbi Yoḥanan, who obligates** him to pay?

HALAKHA

She stipulated with him that he would sustain her daughter for five years – פָּסְקָה עִמּוֹ כְּדֵי שֶׁיָּזוּן אֶת בִּתָּהּ חָמֵשׁ שָׁנִים: If one marries a woman and agrees to provide support for her daughter for a period of five years, he is obligated to support her with food and drink for the first five years after the wedding, regardless of the price of these commodities (Rambam *Sefer Nashim*, *Hilkhot Ishut* 23:17; *Shulḥan Arukh*, *Even HaEzer* 114:1).

The woman was married to another man and she stipulated with him – נִיסֵּת לְאַחֵר וּפָסְקָה עִמּוֹ: If a woman stipulated with her husband that he will support her daughter for five years and was then divorced from him and was married to another man and came to the same terms with him, one of the two husbands provides the daughter with the actual sustenance, while the other gives her money equal to the value of the sustenance (Rambam *Sefer Nashim*, *Hilkhot Ishut* 23:17; *Shulḥan Arukh*, *Even HaEzer* 114:8).

If the daughter was married, her husband provides, etc. – נִיסֵּת, הַבַּעַל נוֹתֵן וכו׳: If the daughter marries during the time period in which her mother's two husbands agreed to provide her with support, the husband of the girl provides her with the actual sustenance, while her mother's two husbands give her money equal to the value of the sustenance (Rambam *Sefer Nashim*, *Hilkhot Ishut* 23:18; *Shulḥan Arukh*, *Even HaEzer* 114:10).

The perspicacious ones would write, etc. – הַפִּקְחִים הָיוּ כּוֹתְבִים וכו׳: If a man wrote to his wife that he will support her daughter as long as his wife is with him, then, if the mother dies or is divorced, he is no longer obligated to support the girl (*Shulḥan Arukh*, *Even HaEzer* 114:11).

I am obligated to pay you one hundred dinars – חַיָּיב אֲנִי לְךָ מָנֶה: One may accept upon himself an obligation to pay money to another individual. Consequently, if one says to witnesses: Be my witnesses that I owe so-and-so one hundred dinars; or if one writes in a contract to someone else: I owe you one hundred dinars, and gives it to him in the presence of witnesses; or if one tells someone in front of witnesses: I owe you one hundred dinars as recorded in a document, even if he did not say to them: You are my witnesses, he is liable to pay. In all these cases, even if both agree that he did not previously owe the other any money, and the witnesses know that as well, since he obligated himself to pay, he must pay. This is in accordance with the opinion of Rabbi Yoḥanan (Rambam *Sefer Kinyan*, *Hilkhot Mekhira* 11:15; *Shulḥan Arukh*, *Hoshen Mishpat* 40:1).

NOTES

I am obligated to pay you one hundred dinars – חַיָּיב אֲנִי לְךָ מָנֶה: There are two basic approaches to understanding this passage. According to Rashi and *Tosafot*, the passage is attempting to determine the conditions under which an individual's admission of liability causes him to be obligated to pay. The conclusion of the Gemara is that according to Rabbi Yoḥanan, he becomes obligated if he gives the other individual a contract that was not signed (Rashi) and not written in his own handwriting (*Tosafot*), in which it states that he is obligated to pay. However, according to the Rif and many others, the main topic of discussion is whether one can obligate himself to pay money that he does not actually owe (see Ritva). In the Jerusalem Talmud it seems that the discussion is understood as it is explained by the Rif, as it goes on to address the issue of one who obligates himself to do something that he is not really obligated to do. However, it is stated there that Rabbi Yoḥanan and Reish Lakish both agree that one cannot obligate himself in such a case.

If he did not say to them: You are my witnesses – אִי דְּלָא אֲמַר לְהוּ אַתֶּם עֵדַיי: *Tosafot* and other early authorities explain that if he said: I owe you one hundred dinars, on his own accord without the other having sued him for it first, he could claim that he said it only because: A person is in the habit of disclaiming wealth for himself (*Bava Batra* 175a), i.e., one may not want others to know how wealthy he is, and he might therefore pretend to owe money to others. If he said this after the other sued him for the money, he could contend that since he did not confess to owing him the money in the presence of proper witnesses, he was not being serious when he admitted to owing the money.

לְעוֹלָם דְּלָא קָאָמַר לְהוּ ״אַתֶּם עֵדַיי״, וְהָכָא בְּמַאי עָסְקִינַן – דְּאָמַר לֵיהּ: חַיָּיב אֲנִי לְךָ מָנֶה בִּשְׁטָר. רַבִּי יוֹחָנָן אָמַר: חַיָּיב, אַלִּימָא מִילְּתָא דִּשְׁטָרָא כְּמַאן דַּאֲמַר לְהוּ ״אַתֶּם עֵדִים״ דָּמֵי. רֵישׁ לָקִישׁ אֲמַר: פָּטוּר, לָא אַלִּימָא מִילְּתָא דִּשְׁטָרָא.

The Gemara answers: **Actually,** it is a case **where he did not say to** those present: **You are my witnesses.** However, **here we are dealing with** a case **where he said to** the other: **I am obligated to** give **you one hundred dinars,** and he did so **in a contract,** i.e., he gave him an unsigned contract in which he stated that he is obligated to give him one hundred dinars. **Rabbi Yoḥanan said: He is obligated** to pay, since his **word** given through **a contract is** legally **as authoritative**[N] **as one who said to** the bystanders: **You are my witnesses. Reish Lakish said: He is exempt** from payment, because his **word** given through **a contract is** legally **not** sufficiently **authoritative** to be considered a bona fide admission.

תְּנַן: הַנּוֹשֵׂא אֶת הָאִשָּׁה וּפָסְקָה עִמּוֹ לָזוּן אֶת בִּתָּהּ חָמֵשׁ שָׁנִים – חַיָּיב לְזוּנָהּ חָמֵשׁ שָׁנִים. מַאי לָאו כִּי הַאי גַּוְונָא?

The Gemara presents a challenge to the opinion of Reish Lakish. **We learned** in the mishna: **One who marries a woman, and she stipulated with him** that he is obligated **to sustain her daughter** for **five years, is obligated to sustain her** for **five years. What, is it not** that the mishna is discussing **a case like this,** where he gave her a contract that lacks proper signatures and it is nevertheless legally binding, in accordance with the opinion of Rabbi Yoḥanan? If you say otherwise, where is the novelty in the teaching of the mishna?

NOTES

His word given through a contract is legally as authoritative – אַלִּימָא מִילְּתָא דִּשְׁטָרָא: Rashi and *Tosafot* explain that he actually gave the other individual a document saying he was obligated to pay. Rashi holds that he wrote the document but it was not signed, while *Tosafot* argue that it was written by a third party, and he merely handed it to the other individual (see Rabbeinu Tam, *Sefer HaYashar*).

An entirely different opinion is presented by Rabbeinu Ḥananel, who explains that no written document is changing hands in this case. Rather, the individual states that he owes the other individual money and that this obligation is recorded in a document. This confession is considered more significant than simply a statement of liability, and therefore, according to Rabbi Yoḥanan, he cannot claim that he was merely pretending to owe money so as not to look wealthy, or that he was simply joking. The Rivan offers a similar analysis in his second interpretation of the Gemara.

Perek **XII**
Daf **102** Amud **a**

לָא, בִּשְׁטָרֵי פְּסִיקְתָּא וְכִדְרַב גִּידֵּל.

The Gemara rejects this: **No,** the mishna is referring to a case **of documents of stipulation** that record the amounts that parents agree to provide to their son or daughter, **and** this is **in accordance with** the opinion of **Rav Giddel.**

דְּאָמַר רַב גִּידֵּל אָמַר רַב: ״כַּמָּה אַתָּה נוֹתֵן לִבְנְךָ״? – ״כָּךְ וְכָךְ״ – ״וְכַמָּה אַתָּה נוֹתֵן לְבִתְּךָ״? – ״כָּךְ וְכָךְ״. עָמְדוּ וְקִידְּשׁוּ – קָנוּ, הֵן הֵן הַדְּבָרִים הַנִּקְנִין בַּאֲמִירָה.

As Rav Giddel said that **Rav said:** When two families negotiate the terms of marriage for their respective children, one side says to the other: **How much do you give your son?**[H] And the second side answers: **Such and such** amount. **How much do you give your daughter?** And the first side responds: **Such and such** amount. Then, if the son and daughter **arose and performed the betrothal,** all of these obligations are **acquired** and therefore binding. **These are** among **the things that are acquired through words** alone, without the need for an additional act of acquisition. The mishna is referring to a document that records such an agreement.

תָּא שְׁמַע: כָּתַב לְכֹהֵן ״שֶׁאֲנִי חַיָּיב לְךָ חָמֵשׁ סְלָעִים״ – חַיָּיב לִיתֵּן לוֹ חָמֵשׁ סְלָעִים, וּבְנוֹ אֵינוֹ פָּדוּי!

Come and **hear** another challenge to the opinion of Reish Lakish, based upon the following mishna (*Bekhorot* 51a): If **he wrote to a priest**[H] with whom he wants to perform the redemption of his firstborn son: **I am obligated to** pay **you five *sela*,**[N] then **he is obligated to give him five *sela* and his son is not redeemed**[BN] even once he pays the money. This *baraita* apparently supports the opinion of Rabbi Yoḥanan.

שָׁאנֵי הָתָם, דִּמְשׁוּעְבַּד לֵיהּ מִדְּאוֹרַיְיתָא. אִי הָכִי אַמַּאי כָּתַב? כְּדֵי לְבָרֵר לוֹ כֹּהֵן.

The Gemara answers: **It is different there, because he is obligated** to give the five *sela* **to him by Torah** law in order to fulfill his obligation of redeeming his firstborn son, even without writing a contract. The Gemara asks: **If that is so, why did he write** the contract at all? The Gemara answers: **In order to select for himself** a specific **priest** with whom to perform the redemption of his son.

HALAKHA

How much do you give your son, etc. – כַּמָּה אַתָּה נוֹתֵן לִבְנְךָ וכו׳: A man and woman agree to marry, and he asks her how much she is bringing into the marriage. She tells him an amount, and then she asks him how much he is bringing in to the marriage and he tells her an amount. Alternatively, parents who are making marriage arrangements for their children stipulate a certain amount that they will be giving to the couple. In both cases, when the couple performs the betrothal, they acquire rights to the stated sums, even though no act of acquisition took place. These are acquisitions that are obtained verbally, in accordance with the view of Rav Giddel (Rambam *Sefer Kinyan, Hilkhot Zekhiya UMattana* 6:17; *Shulḥan Arukh, Even HaEzer* 51:1).

If he wrote to a priest, etc. – כָּתַב לְכֹהֵן וכו׳: If one wrote a contract to a priest stating that he was obligated to pay him five *sela* for the redemption of his firstborn son, he is obligated to give him the money, but his son is still not redeemed. This is in accordance with the mishna cited here (Rambam *Sefer Zera'im, Hilkhot Bikkurim* 11:7; *Shulḥan Arukh, Yoreh De'a* 305:4).

BACKGROUND

Redemption of the firstborn son – פִּדְיוֹן הַבֵּן: The mitzva to redeem a firstborn son is mentioned in several places in the Torah (Exodus 13:2; Numbers 3:11–13, 44–51). Following the plague of the firstborn, the Torah proclaims that a Jewish woman's firstborn son is holy to God. The boy's father must therefore redeem the son from a priest for a fixed sum of five *sela*. This mitzva is not performed on a firstborn son whose father is a Levite or a priest, or one whose mother is the daughter of a Levite or a priest.

NOTES

I am obligated to pay you five *sela* – שֶׁאֲנִי חַיָּיב לְךָ חָמֵשׁ סְלָעִים: As with the rest of the passage, two explanations are offered here. According to Rashi, the case is about someone who admits to a loan, and the question is whether an admission made through an improperly written promissory note is sufficient to actually obligate him. According to others, the discussion is about the basic question of whether one can obligate himself to pay money that he does not actually owe (see *Tosafot*).

And his son is not redeemed – וּבְנוֹ אֵינוֹ פָּדוּי: This expression indicates that even after the father gives the priest the money, the son is still not redeemed. This is so despite the fact that the father gave the priest the five *sela* for the sake of the redemption and he knows that the father doesn't owe him anything. Apparently, it must be explained that when the father wrote the contract stating that he was obligated to pay the priest five *sela*, that contract created an independent monetary obligation, in accordance with the opinion of Rabbi Yoḥanan. Consequently, when the father pays the priest, he is fulfilling that obligation rather than paying for the redemption of his son.

אִי הָכִי בְּנוֹ אַמַּאי אֵינוֹ פָּדוּי? כְּדְעוּלָּא. דְּאָמַר עוּלָּא: דְּבַר תּוֹרָה – פָּדוּי לִכְשֶׁיִּתֵּן, וּמַאי טַעְמָא אָמְרוּ: בְּנוֹ אֵינוֹ פָּדוּי – גְּזֵירָה שֶׁמָּא יֹאמְרוּ: פּוֹדִין בִּשְׁטָרוֹת.

The Gemara asks: **If that is so, why is his son not redeemed** once he pays the money? The Gemara answers: This is **in accordance with** the opinion of **Ulla. As Ulla said, by Torah law** a son is **redeemed when** the father **gives** the money. **And for what reason did** the **Sages say: His son is not redeemed?** It is a rabbinic **decree** that was enacted **lest** people **say** that **one can redeem** a firstborn son **with documents,** i.e., by giving a document allowing the priest to collect a debt from a third party. This is not effective, since the Torah requires that one redeem his son with actual money.

אָמַר רָבָא: כְּתַנָּאֵי, עָרֵב הַיּוֹצֵא אַחַר חִיתּוּם שְׁטָרוֹת – גּוֹבֶה מִנְּכָסִים בְּנֵי חוֹרִין.

Rava said: The dispute between Rabbi Yoḥanan and Reish Lakish is **like** a dispute between ***tanna'im*** over the same matter in the following mishna (*Bava Batra* 175b): In a case where **a guarantor appears after the signatures** in **contracts,** i.e., someone wrote that he is a guarantor for a loan after the contract was signed, the creditor **collects** only **from the unsold property**[N] of the guarantor. Since the guarantee is not viewed as though it were written in the document, it is like a loan by oral agreement, which is collected only from unsold property.

מַעֲשֶׂה בָּא לִפְנֵי רַבִּי יִשְׁמָעֵאל וְאָמַר: גּוֹבֶה מִנְּכָסִים בְּנֵי חוֹרִין. אָמַר לוֹ בֶּן נַנָּס: אֵינוֹ גּוֹבֶה לֹא מִנְּכָסִים בְּנֵי חוֹרִין וְלֹא מִנְּכָסִים מְשׁוּעְבָּדִים.

An incident came before Rabbi Yishmael, and he said: The creditor **collects from unsold property. Ben Nannas**[P] **said to him: He does not collect** from the guarantor at all; **not from unsold property, nor from liened property** that was sold, since what the guarantor wrote has no legal standing whatsoever.

אָמַר לוֹ: לָמָּה? אָמַר לוֹ: הֲרֵי שֶׁהָיָה חוֹנֵק אֶת חֲבֵירוֹ בַּשּׁוּק, וּמְצָאוֹ חֲבֵירוֹ וְאָמַר לוֹ: הַנַּח לוֹ וַאֲנִי אֶתֵּן לָךְ – פָּטוּר, שֶׁלֹּא עַל אֱמוּנָתוֹ הִלְוָהוּ.

Rabbi Yishmael **said to him: Why?** Ben Nannas **said to him:** If someone **was strangling another in the marketplace** and demanding money that is owed to him, **and a friend** of the victim **found him and said to** the strangler: **Leave him** alone **and I will give you** what you are demanding from him, the friend of the victim is **exempt** from having to make any payment. This is because the creditor **did not lend the money based on his trust** in the friend of the victim, as the friend promised to repay the loan only after the money had been loaned. The same should apply in the case of the guarantor who comes after the contracts were already signed.

לֵימָא רַבִּי יוֹחָנָן דְּאָמַר כְּרַבִּי יִשְׁמָעֵאל, וְרֵישׁ לָקִישׁ דְּאָמַר כְּבֶן נַנָּס?

Rava concludes: **Let us say** that **Rabbi Yoḥanan stated** his ruling **in accordance with** the opinion of **Rabbi Yishmael,** that the obligation that one accepts upon himself is binding, **and Reish Lakish stated** his ruling **in accordance with** the opinion of **ben Nannas.**[L]

אַלִּיבָּא דְּבֶן נַנָּס – כּוּלֵּי עָלְמָא לָא פְּלִיגִי,

The Gemara responds: **According to** the opinion **of ben Nannas, everyone agrees** that if he wrote in a contract: I owe you one hundred dinars, he is not obligated to pay.

Perek **XII**
Daf **102** Amud **b**

כִּי פְּלִיגִי – אַלִּיבָּא דְּרַבִּי יִשְׁמָעֵאל. רַבִּי יוֹחָנָן – כְּרַבִּי יִשְׁמָעֵאל. וְרֵישׁ לָקִישׁ – עַד כָּאן לָא קָאָמַר רַבִּי יִשְׁמָעֵאל הָתָם אֶלָּא דְּשַׁיָּיךְ לֵיהּ לְשִׁיעְבּוּדָא דְּאוֹרָיְיתָא, אֲבָל הָכָא – לָא שַׁיָּיךְ שִׁיעְבּוּדָא דְּאוֹרָיְיתָא.

When they disagree, it is in accordance with the opinion of **Rabbi Yishmael. Rabbi Yoḥanan** stated his ruling **in accordance with** the simple interpretation of the opinion of **Rabbi Yishmael. And Reish Lakish** holds that **Rabbi Yishmael states** his opinion **only there,** in the case of the guarantor, **which relates to an obligation of Torah** law, since a guarantor is obligated by Torah law to pay. **But here,** where the case **does not relate** to **an obligation of Torah** law, as the man did not owe any money until he accepted this obligation upon himself, even Rabbi Yishmael would exempt him from paying.

NOTES

The creditor collects only from the unsold property – **גּוֹבֶה מִנְּכָסִים בְּנֵי חוֹרִין:** There is a principle that one may not collect payment from liened property that was sold unless the debt is recorded in a contract. The reason for this is that through the contract and the witnesses who signed on it, word of the obligation becomes public knowledge. Therefore, anyone who subsequently purchases property from the debtor will realize that the property has a lien attached to it. Conversely, a creditor may not collect payment of a loan made by oral agreement from liened property that was sold, because it is likely that the buyer of the property did not have any knowledge of the loan when he purchased the property.

In the case under discussion, the contract was signed by the witnesses before the obligation of the guarantor was recorded. In such a case, the guarantee is viewed as a verbal agreement rather than an obligation recorded in a document (see *Tosafot*).

PERSONALITIES

Ben Nannas – **בֶּן נַנָּס:** This Sage, whose full name was Rabbi Shimon ben Nannas, was a contemporary of Rabbi Akiva and Rabbi Yishmael. We do not have information about the events of his life; we know only that his teachings and disputes with his contemporaries are found mainly in the Mishna. In the source of this passage (*Bava Batra* 175b), the following words of praise for him are stated by Rabbi Yishmael: One who wants to acquire wisdom should occupy himself with monetary law… and one who wants to occupy himself with monetary law should serve Shimon ben Nannas.

LANGUAGE

Ben Nannas – **בֶּן נַנָּס:** This is a Greek name. Some believe that it is from the word **νᾶνος**, *nanos*, meaning dwarf or midget. However, it is likely that the name derives from **νάννας**, *nannas*, meaning a maternal uncle.

גּוּפָא, אָמַר רַב גִּידֵּל אָמַר רַב: ״כַּמָּה אַתָּה נוֹתֵן לִבְנְךָ״? ״כָּךְ וְכָךְ״. ״וְכַמָּה אַתָּה נוֹתֵן לְבִתְּךָ״? ״כָּךְ וְכָךְ״. עָמְדוּ וְקִידְּשׁוּ – קָנוּ. הֵן הֵן הַדְּבָרִים הַנִּקְנִים בַּאֲמִירָה.

§ The Gemara continues to analyze **the** matter **itself** mentioned earlier: **Rav Giddel said** that **Rav said:** When two families negotiate the terms of marriage for their respective children and one side says to the other: **How much do you give your son?**[N] And the second side answers: **Such and such** amount. **How much do you give your daughter?** And the first side responds: **Such and such** amount. Then, if the son and daughter **arose and performed the betrothal,** all of these obligations are **acquired** and therefore binding. **These are** among **the things that are acquired through words** alone,[H] without the need for an additional act of acquisition. The mishna is referring to a document that records such an agreement.

אָמַר רָבָא: מִסְתַּבְּרָא מִילְּתָא דְּרַב – בְּבִתּוֹ נַעֲרָה, דְּקָא מָטֵי הֲנָאָה לִידֵיהּ. אֲבָל בּוֹגֶרֶת, דְּלָא מָטֵי הֲנָאָה לִידֵיהּ – לָא.

Rava said: Rav's statement is reasonable in a case of a father **whose daughter** is **a young woman, since** the father **derives benefit** from this betrothal. The money given by the groom for the betrothal, as well as the rights to the bride's marriage contract, belongs to the father of the bride. Consequently, he accepts through verbal agreement alone the obligation to pay the money he specified. **However,** in the case of **a grown woman,**[B] **where the** father **does not derive benefit** from the betrothal because the rights to the betrothal money and marriage contract belong to the woman herself, **no,** the father does not become obligated to pay the money he specified through verbal agreement alone.

וְהָאֱלֹהִים! אָמַר רַב אֲפִילּוּ בּוֹגֶרֶת. דְּאִי לָא תֵּימָא הָכִי – אֲבִי הַבֵּן מַאי הֲנָאָה אֲתָא לִידֵיהּ? אֶלָּא, בְּהַהִיא הֲנָאָה דְּקָמִיתַּחְתְּנִי אַהֲדָדֵי – גָּמְרֵי וּמַקְנֵי לַהֲדָדֵי.

Rava continues: **But by God! Rav said** his ruling **even** with regard to **a grown woman, as, if you do not say so,** in the case of **the father of the groom, what** monetary **benefit does he derive** from the betrothal? **Rather,** it must be explained that **in** exchange for **that benefit,** i.e., **that** the groom and bride **marry each other,** the fathers **fully transfer the rights** to the respective payments **to each other.**

אֲמַר לֵיהּ רָבִינָא לְרַב אַשִׁי: דְּבָרִים הַלָּלוּ נִיתְּנוּ לִיכָּתֵב? אוֹ לֹא נִיתְּנוּ לִיכָּתֵב? אֲמַר לֵיהּ: לֹא נִיתְּנוּ לִיכָּתֵב.

Ravina said to Rav Ashi: Are these matters, i.e., verbal agreements concerning an upcoming marriage, **allowed to be written** down[N] afterward in a proper contract, **or** are they **not allowed to be written** down afterward in a proper contract? Rav Ashi **said to him: They are not allowed to be written** down.[H]

אֵיתִיבֵיהּ: הַפִּקְחִין הָיוּ כּוֹתְבִין ״עַל מְנָת שֶׁאָזוּן אֶת בִּתֵּךְ חָמֵשׁ שָׁנִים כָּל זְמַן שֶׁאַתְּ עִמִּי״. מַאי ״כּוֹתְבִין״ – אוֹמְרִים.

Ravina **raised an objection to** this from the mishna: **The perspicacious** ones **would write**[N] an explicit stipulation into the agreement: I agree **on the condition that I will sustain your daughter for five years** only **as long as you are with me.** This indicates that one may document these verbal agreements. Rav Ashi responded: **What** is the meaning of the term **write** in this case? It means **say.**

HALAKHA

These are among the things that are acquired through words alone – הֵן הֵן הַדְּבָרִים הַנִּקְנִים בַּאֲמִירָה: If the fathers of a bride and a groom agree to provide their children with specific sums of money upon their marriage and the bride and groom then perform the betrothal, the fathers are required to provide the sums they specified in their verbal agreement. This applies whether the bride is a young woman or a grown woman. It applies only to the fathers of the bride and groom and not to other relatives. It is also limited to a case of a first marriage for both the bride and the groom (Jerusalem Talmud). The fathers can obligate themselves to pay these sums only if the funds are currently in their possession, since one cannot transfer ownership of something that has not yet come into the world (Rambam *Sefer Nashim, Hilkhot Ishut* 23:13; *Sefer Kinyan, Hilkhot Zekhiya UMattana* 6:17; *Shulḥan Arukh, Even HaEzer* 51:1).

They are not allowed to be written down – לֹא נִיתְּנוּ לִיכָּתֵב: The sums of money that parents allocate for their children are not meant to be written down, and therefore, even if the terms were recorded in writing, the sums may not be collected by repossessing liened property. This is in accordance with the view of Rav Ashi. The author of *Beit Shmuel* explains that if the two fathers wrote a document, it would certainly be treated like any other document and the sums could be collected by repossessing liened property. The Gemara here is discussing only a document written as a reminder of the verbal commitments (Rambam *Sefer Nashim, Hilkhot Ishut* 23:13 and *Sefer Kinyan, Hilkhot Zekhiya UMattana* 6:17; *Shulḥan Arukh, Even HaEzer* 51:1).

BACKGROUND

A young woman and a grown woman – נַעֲרָה וּבוֹגֶרֶת: Jewish law recognizes three distinct stages in the maturation of women from childhood to adulthood. A female minor is a girl who has not yet reached puberty, which is generally assumed to take place at the age of twelve. As long as she is a minor, her father may sell her as a Hebrew maidservant and may also accept betrothal on her behalf, even without her consent. Her father is also entitled to receive payment of his minor daughter's marriage contract, and he alone has the right to accept a bill of divorce on her behalf.

Once a girl reaches puberty she is legally considered a young woman. Although she is no longer considered a minor during this period, she is not yet considered an adult, and accordingly, her father retains a certain authority over her. Consequently, for example, whereas she may accept betrothal for herself, her father may also accept betrothal on her behalf, even without her consent.

Six months after reaching puberty, she is legally considered a grown woman. From this time onward she is considered an independent adult, and her father no longer has the authority to make any decisions on her behalf.

NOTES

How much do you give your son – כַּמָּה אַתָּה נוֹתֵן לִבְנְךָ: According to the Jerusalem Talmud, the verbal agreement is binding only between the fathers of the bride and groom, and only when the couple is entering a first marriage. The reason for this is apparently as explained by Rava, that it is due to the parents' joy over the union of their children that they accept these obligations as binding.

The Meiri writes that it would seem that this *halakha* applies as well when it is the husband and the wife that are themselves pledging and obligating to each other, as implied by the mishna, which the Gemara established earlier to be presenting the view of Rav. It is also understood from the mishna that in this case there is no difference between a first and a second marriage (see HALAKHA).

Allowed to be written down – נִיתְּנוּ לִיכָּתֵב: There are several ways to explain this expression, which result in different understandings of the entire passage. Although Rashi's comments here are somewhat cryptic, it seems that according to him the question is as follows: Is it permitted to write down these stipulations, in the same way that any transaction that was executed with an action of acquisition is recorded in writing, and then to collect payment even from liened property, or is it not permitted to write them down, and one may collect only from unsold property? This is how the Rivan, in one of his explanations, and *Tosefot Rid* understand the question as well. Conversely, Rabbeinu Ḥananel and Rabbeinu Tam explain that the question is this: Is it necessary to record these stipulations in a contract to permit collection even from unsold property? Perhaps even if a contract is not written one may collect from unsold property. According to this opinion, one may never repossess liened property unless a proper action of acquisition was employed, even if a contract was written in addition to the verbal agreement. Ra'avad and Razah explain that the question is as follows: May one write down these verbal agreements, which serve as a reminder of the terms of the agreement but do not create a lien on property, or would recording the agreements in writing produce a lien on property, in which case the agreements may not be recorded in writing without the agreement of both parties? It seems that the Rambam agrees with the interpretation of the Ra'avad.

The perspicacious ones would write – הַפִּקְחִין הָיוּ כּוֹתְבִין: The meaning of this objection depends upon the different interpretations of Ravina's question as to whether the agreement may be recorded in writing. According to Rabbeinu Ḥananel and Rabbeinu Tam, who understand Ravina's question to be whether it is necessary for the stipulations to be written as a formal contract in order for one side to collect, it must be explained why the perspicacious ones would allow the stipulation to be recorded in writing, thus exposing themselves to monetary liability. According to those who interpret Ravina's question to be whether writing down the verbal agreements creates a lien, it must be explained why writing down a verbal agreement can be regarded as clever, since by doing so one imposes upon himself a lien (see Rabbeinu Crescas Vidal and *Shita Mekubbetzet*).

וְקָרֵי לֵיהּ לַאֲמִירָה "כְּתִיבָה"? אִין, וְהָתְנַן: הַכּוֹתֵב לְאִשְׁתּוֹ "דִּין וּדְבָרִים אֵין לִי בִּנְכָסַיִיךְ" וְתָנֵי רַבִּי חִיָּיא: הָאוֹמֵר לְאִשְׁתּוֹ.

Ravina continued to ask: **Does the** *tanna* **refer to saying** as writing? Rav Ashi replied: **Yes. And so we learned** in the mishna (83a): **One who writes to his wife: I have no legal dealings or involvement in your properties, and Rabbi Ḥiyya taught** in explanation, that it means: **One who says to his wife.** This proves that verbal agreements are sometimes referred to in the Mishna as writing.

תָּא שְׁמַע: אֵין כּוֹתְבִין שְׁטָרֵי אֵירוּסִין וְנִשּׂוּאִין אֶלָּא מִדַּעַת שְׁנֵיהֶם. הָא מִדַּעַת שְׁנֵיהֶם – כּוֹתְבִין. מַאי לָאו – שְׁטָרֵי פְּסִיקְתָּא!

The Gemara suggests: **Come and hear** a proof from the following mishna (*Bava Batra* 167b): **One writes documents of betrothal and marriage only with the consent of both of them.**[H] It may be derived from here that **with the consent of both of them, one** may **write** the documents. **What, is it not** that this mishna is discussing **documents of stipulation** that specify the agreements accepted by each side before the marriage?

לָא שְׁטָרֵי אֵירוּסִין מַמָּשׁ, כִּדְרַב פַּפָּא וְרַב שֵׁרֵבְיָא. דְּאִיתְּמַר, כְּתָבוֹ לִשְׁמָהּ וְשֶׁלֹּא מִדַּעְתָּהּ, רַבָּה וְרָבִינָא אָמְרִי: מְקוּדֶּשֶׁת, רַב פַּפָּא וְרַב שֵׁרֵבְיָא אָמְרִי: אֵינָהּ מְקוּדֶּשֶׁת.

The Gemara rejects this: **No,** the discussion concerns **actual betrothal documents.** In other words, in a case where a man betroths a woman by giving her a document that states: You are hereby betrothed to me, the document must be written with the consent of both the man and the woman, **in accordance with** the opinions of **Rav Pappa and Rav Sherevya. As it was stated:** If the husband **wrote** a betrothal document **for the sake of** a specific woman and gave it to her, **but** he wrote it **without her consent,**[HN] **Rabba and Ravina say: She is betrothed** to this man. **Rav Pappa and Rav Sherevya say: She is not betrothed.**

תָּא שְׁמַע: מֵתוּ – בְּנוֹתֵיהֶן נִיזּוֹנוֹת מִנְּכָסִים בְּנֵי חוֹרִין, וְהִיא נִיזּוֹנֶת מִנְּכָסִים מְשׁוּעְבָּדִים, מִפְּנֵי שֶׁהִיא כְּבַעֲלַת חוֹב.

The Gemara suggests further: **Come and hear** another proof that verbal agreements may be written down, based upon the mishna: If the two husbands **died, their daughters are sustained from unsold property, and she,** their wife's daughter, whom they agreed to sustain for five years, **is sustained** even **from liened property** that was sold. This is **due to** the fact **that her** legal status is **like** that of **a creditor,** given that they are contractually obligated to pay her. The fact that she is able to repossess liened property indicates that the agreement is recorded in a document.

הָכָא בְּמַאי עָסְקִינַן בְּשֶׁקָּנוּ מִיָּדוֹ.

The Gemara rejects this proof: **Here, we are dealing with** a case **where** the woman **acquired from** each husband[H] the right to her daughter's sustenance, i.e., they performed an act of acquisition and did not suffice with a mere verbal agreement. Consequently, the agreement may be recorded in a document.

אִי הָכִי, בָּנוֹת נַמִי! בְּשֶׁקָּנוּ לָזוֹ וְלֹא קָנוּ לָזוֹ.

The Gemara asks: **If that is so,** that a proper mode of acquisition was employed, then let the husbands' own **daughters also** repossess liened properties that were sold. The Gemara answers: The case is such **where they acquired** the right to receive sustenance **for this** daughter of the wife, **and they did not acquire** this right **for that** daughter, i.e., they did not perform an act of acquisition confirming their obligations to provide sustenance for their own daughters.

וּמַאי פָּסְקָא? אִיהִי דַּהֲוַאי בִּשְׁעַת קִנְיָן – מְהַנֵּי לָהּ קִנְיָן, בָּנוֹת דְּלָא הָווּ בִּשְׁעַת קִנְיָן – לָא מְהַנֵּי לְהוּ קִנְיָן.

The Gemara asks: **What** makes it **necessary** to say that the case is one in which an acquisition was made on behalf of the wife's daughter and not on behalf of the husbands' own daughters? The Gemara answers: **She,** the wife's daughter from a previous marriage, **was present at the time of the transaction** when her mother was wed. Consequently, **for her the transaction is effective.** With regard to the **daughters** of the husbands, **who** were born after their parents' marriage and **were not present at the time of the transaction, for them the transaction is not effective.**

מִי לָא עָסְקִינַן דַּהֲוַאי בִּשְׁעַת קִנְיָן, וְהֵיכִי דָּמֵי – כְּגוֹן דְּגֵרְשָׁהּ וְאַהַדְרַהּ!

The Gemara asks: **Are we not** also **dealing with** a situation where the husband's daughters **were present at the time of the transaction? And what are the circumstances** that would allow for such a reality? This could occur in a situation **such as where** each one **divorced** his wife **and then took her back,** and they had a daughter from their first marriage.

HALAKHA

One writes documents of betrothal and marriage only with the consent of both of them – אֵין כּוֹתְבִין שְׁטָרֵי אֵירוּסִין וְנִשּׂוּאִין אֶלָּא מִדַּעַת שְׁנֵיהֶם: One does not write betrothal documents, marriage documents, or documents of allocation without first gaining the mutual consent of both parties (Rambam *Sefer Mishpatim, Hilkhot Malve VeLoveh* 24:1; *Tur, Even HaEzer* 51).

For the sake of a specific woman but without her consent – לִשְׁמָהּ וְשֶׁלֹּא מִדַּעְתָּהּ: The document with which one betroths a woman must be written with a specific woman in mind and it must be written with her consent. The Rambam rules that if it was written with a specific woman in mind but not with her consent, even if it was given to her with her consent in front of witnesses, she is not betrothed, in accordance with the views of Rav Pappa and Rav Sherevya. According to the *Shulḥan Arukh*, based upon the view of the Rosh, her betrothal is considered a matter of uncertainty, since the issue is disputed in the Gemara and among the early authorities (Rambam *Sefer Nashim, Hilkhot Ishut* 3:4; *Shulḥan Arukh, Even HaEzer* 32:1; see *Beit Shmuel*).

Where the woman acquired from each husband – בְּשֶׁקָּנוּ מִיָּדוֹ: In the case of one who obligates himself to support his wife's daughter, if a formal action of acquisition is conducted, or a contract is written, after he dies the daughter will be able to collect payment even from liened properties that had been sold. However, if no formal action of acquisition is conducted and no formal contract is written, the girl will be unable to repossess properties that had been sold (Rambam *Sefer Nashim, Hilkhot Ishut* 23:18; *Shulḥan Arukh, Even HaEzer* 114:4).

NOTES

For the sake of a specific woman but without her consent – לִשְׁמָהּ וְשֶׁלֹּא מִדַּעְתָּהּ: The basis for this dispute, which is primarily discussed in tractate *Kiddushin*, is how to understand the lesson derived from the verbal analogy between betrothal and divorce. Those who hold that a betrothal document may be written without a woman's consent derive this from the comparison to a bill of divorce, which can be written at the behest of a man and does not require the woman's consent. Those who argue that the betrothal document requires a woman's consent interpret the comparison to divorce differently: Just as in a divorce, the man gives up his hold on the woman and therefore his consent is required, so too, in the case of betrothal, since it is the woman who relinquishes control over herself to the man, her consent is required.

אֶלָּא, אִיהִי דְּלֵיתָא בִּתְנַאי בֵּית דִּין – מְהַנֵּי לַהּ קִנְיָן, בָּנוֹת דְּאִיתְנְהוּ בִּתְנַאי בֵּית דִּין – לָא מְהַנֵּי לְהוּ קִנְיָן.

Rather, the distinction is as follows: **She,** the wife's daughter, **is not included in the stipulation of the court** requiring a husband to support his daughters. Consequently, **for her the transaction is effective.** However, with regard to the husband's own **daughters, who are included in the stipulation of the court, for them the transaction is not effective.**

מִגְרַע גָּרְעִי?! אֶלָּא, בְּנוֹתָיו הַיְינוּ טַעְמָא: כֵּיוָן דְּאִיתְנְהוּ בִּתְנַאי בֵּית דִּין, אֵימַר צְרָרֵי אַתְפְּסִינְהוּ.

The Gemara wonders about this: Because they are included in the stipulation of the court **they are worse off?** On the contrary, since the stipulation of the court demands that they be supported, they should wield more power. **Rather, this is the reason** that **his** own **daughters** do not collect from liened property: **Since they are included in the stipulation of the court,** and it is therefore the norm for fathers to take care to provide their support, **say that** their father **gave them bundles of money** while he was still alive. Due to this concern, they cannot repossess liened property. However, in the case of the wife's daughter, who is not included in the stipulation of the court, there is no concern that the husband gave her anything prior to his death.

"לֹא יֹאמַר הָרִאשׁוֹן". אָמַר רַב חִסְדָּא: זֹאת אוֹמֶרֶת בַּת אֵצֶל אִמָּהּ.

§ We learned in the mishna that **the first** husband **may not say** that he will provide his wife's daughter with support only when she is with him. Rather, he must bring the sustenance to her in the place where her mother lives. **Rav Ḥisda said: That is to say** that in a case of divorce, a **daughter** lives **with her mother.**[H]

מִמַּאי דִּבְגְדוֹלָה עָסְקִינַן? דִּלְמָא בִּקְטַנָּה עָסְקִינַן, וּמִשּׁוּם מַעֲשֶׂה שֶׁהָיָה.

The Gemara asks: **From where** do we know that **we are dealing with** a case **of an adult woman** and there is a general guideline that in cases of divorce, a girl lives with her mother? **Perhaps we are dealing with** a case of **a minor girl, and** she lives with her mother because of concern for her safety, **due to an incident that occurred.**

דְּתַנְיָא: מִי שֶׁמֵּת וְהִנִּיחַ בֵּן קָטָן לְאִמּוֹ, יוֹרְשֵׁי הָאָב אוֹמְרִים: יְהֵא גָּדֵל אֶצְלֵנוּ, וְאִמּוֹ אוֹמֶרֶת: יְהֵא בְּנִי גָּדֵל אֶצְלִי – מַנִּיחִין אוֹתוֹ אֵצֶל אִמּוֹ, וְאֵין מַנִּיחִין אוֹתוֹ אֵצֶל רָאוּי לְיוֹרְשׁוֹ. מַעֲשֶׂה הָיָה וּשְׁחָטוּהוּ עֶרֶב הַפֶּסַח!

As it is taught in a *baraita*: In the case of **one who died and left a minor son to** the care of **his mother,** and **the heirs of the father say:** The son **should grow up with us, and his mother says: My son should grow up with me,** the *halakha* is that **one leaves** the child **with his mother, and one does not leave** the child **with** one who is **fit to inherit** from **him,** i.e., the father's heirs. **An incident occurred,** and the boy lived with his father's heirs, **and they slaughtered him on the eve of Passover.**[N] So too, a minor girl is not left in the care of those who are obligated to sustain her and who have a financial interest in her demise.

אִם כֵּן, לִיתְנֵי לְמָקוֹם שֶׁהִיא.

The Gemara answers: **If that is so, let** the mishna **teach** that the husband must bring the sustenance **to the place where she,** the daughter, is located.

HALAKHA

A daughter lives with her mother – בַּת אֵצֶל אִמָּהּ: If parents get divorced, a daughter stays with her mother permanently, even if her mother marries someone else. If her father has money, funds are taken from him in order to support her until she is grown. After he dies, she is supported from his estate in accordance with the conditions of the marriage contract. This is in accordance with the view of Rav Ḥisda. The Rema writes, based on Maharam Padua, that this is true only if the court sees that it is good for the daughter to be with her mother. If the court determines that it is not in her best interests to be with her mother, the mother cannot force the daughter to live with her, and she lives wherever the court deems it best for her (Rambam *Sefer Nashim, Hilkhot Ishut* 21:18; *Shulḥan Arukh, Even HaEzer* 82:7).

NOTES

And they slaughtered him on the eve of Passover – וּשְׁחָטוּהוּ עֶרֶב הַפֶּסַח: In manuscript editions of the Talmud, in the early commentaries and in some new printings of the Talmud, the text states, as it does here, that he was slaughtered on the eve of Passover. The *Ya'avetz* explains that this emphasizes that they were so eager to be rid of the child that they were not concerned about killing him on the eve of Passover and thereby becoming ritually impure. Other editions of the Talmud read: The eve of Rosh HaShana. Some explain that according to this version of the text, the point is that the heirs were not concerned that they would soon be standing in judgment before God (*Eshel Avraham*). It would appear that the original phrase was the eve of Passover, and it was changed due to the fear of blood libels.

Perek **XII**
Daf **103** Amud **a**

מַאי לְמָקוֹם שֶׁאִמָּהּ? שְׁמַעְתְּ מִינַּהּ: בַּת אֵצֶל הָאֵם, לָא שְׁנָא גְּדוֹלָה וְלָא שְׁנָא קְטַנָּה.

What is the purpose of emphasizing: **To the place where her mother** lives? **Conclude from here** that a **daughter** lives **with** her **mother;** it is **no different** if she is **an adult woman, and** it is **no different** if she is **a minor girl.**[N]

NOTES

It is no different if she is an adult woman, and it is no different if she is a minor girl – לָא שְׁנָא גְּדוֹלָה וְלָא שְׁנָא קְטַנָּה: Aside from the concern for the safety of the girl, another reason to leave a minor daughter with her mother is so that her mother can care for her. For this reason, minor boys also reside with their mothers in the event of a divorce or the death of the father.

Two reasons have been suggested for why an adult daughter stays with her mother in the case of her father's death. First, her mother is responsible for her education. Additionally, living with her father's family may very well lead to her transgressing the prohibition of seclusion with a man, whereas living with her mother will prevent such a circumstance (see Rivan).

״לֹא יֹאמְרוּ שְׁנֵיהֶם״ וכו׳.

§ It was taught in the mishna that if two men are obligated to support this girl, **both of them may not** jointly **say** that they will be partners in her support. Rather, each one fulfills his obligation independently.

הַהוּא גַּבְרָא דְּאוֹגַר לֵיהּ רֵיחַיָּא לְחַבְרֵיהּ לִטְחִינָה, לְסוֹף אִיעַתַּר, זַבֵּין רֵיחַיָּא וְחַמְרָא.

The Gemara relates that there was **a certain man who rented out a millstone to another for** the price of **grinding,** i.e., the one who rented the millstone was to pay the cost of the rental by grinding whatever the owner needed to be ground. **In the end,** the owner of the millstone **became rich,** and **he purchased** another **millstone and a donkey,**[B] and he no longer required the services of the renter to grind things for him.

אֲמַר לֵיהּ: עַד הָאִידָּנָא – הֲוָה טָחֵינְנָא גַּבָּךְ, הָשְׁתָּא – הַב לִי אַגְרָא. אֲמַר לֵיהּ: מִיטְחַן טָחֵינְנָא לָךְ.

The owner of the millstone **said to** the renter: **Until now I would** have what I needed **ground by you,** and the service that you provided was in place of payment for the rental of the millstone. **Now,** since I no longer require this service, **give me payment** for the millstone. The renter **said** back **to him: I will grind for you** because that is what I agreed to, but I did not agree to have to pay money.

סָבַר רָבִינָא לְמֵימַר: הַיְינוּ מַתְנִיתִין, לֹא יֹאמְרוּ שְׁנֵיהֶם ״הֲרֵי אָנוּ זָנִין אוֹתָהּ כְּאֶחָד״ אֶלָּא אֶחָד זָנָהּ וְאֶחָד נוֹתֵן לָהּ דְּמֵי מְזוֹנוֹת.

Ravina thought to say that **this is the same as the mishna** that states that **both of them may not** jointly **say: We will sustain** the girl **as one** in a partnership. **Rather, one sustains her,** providing her with food, while **the other gives her the monetary** value **of the sustenance.** In that case, although the original condition was to provide the girl with support in the form of food, when circumstances changed, the previous husband became obligated to pay her support in the form of money. So too here, due to the change in circumstances, the renter should pay the owner of the millstone with money.

אֲמַר לֵיהּ רַב עֲוִירָא: מִי דָּמֵי? הָתָם – חַד כְּרֵיסָא אִית לָהּ, תַּרְתֵּי כְּרֵיסָתָא לֵית לָהּ. הָכָא – מָצֵי אֲמַר לֵיהּ: טְחוֹן וְזַבֵּין, טְחוֹן וְאוֹתֵיב.

Rav Avira said to Ravina: **Are the** two cases **comparable? There,** in the case of the girl, **she has** only **one stomach; she does not have two stomachs.** Therefore, it is impossible for both of them to support her with food. **Here,** in the case of the millstone, the renter **is able to say to him: Grind and sell, grind and store** for later use, i.e., the owner of the millstone can use his new millstone to grind for others at a profit, and at the same time the renter will continue grinding the owner's grain as per their agreement. Therefore, the renter is not obligated to change the terms of the original agreement.

וְלָא אֲמָרַן אֶלָּא דְּלֵית לֵיהּ טְחִינָא לְרֵיחַיָּא. אֲבָל אִית לֵיהּ טְחִינָא לְרֵיחַיָּא – כְּגוֹן זוֹ כּוֹפִין אוֹתוֹ עַל מִדַּת סְדוֹם.

The Gemara notes: **We said** this **only** in a case **where** the renter **does not have** any other **grinding** to do **with the millstone** and without the grinding that the renter does for the owner the mill will remain inoperative. **However,** if **he has** other **grinding** to do **with the millstone,**[H] i.e., instead of grinding the owner's grain he can grind the grain of others for a fee and thereby pay money for his rental, in a case **such as this one forces him** to cease his **conduct** characteristic **of Sodom**[N] and to pay his rental fee in the form of money.

BACKGROUND

Millstone and donkey – רֵיחַיָּא וְחַמְרָא:

Relief of a donkey and a millstone from the first century

HALAKHA

However, if he has other grinding to do with the millstone, etc. – אֲבָל אִית לֵיהּ טְחִינָא לְרֵיחַיָּא וכו׳: If one rents out a millstone from another and agrees to grind a certain amount of grain for him as payment for the rental, and after a while the owner of the millstone becomes rich and acquires another millstone for himself, so that he no longer needs the renter to grind grain for him, the *halakha* is as follows: If the renter has grain that he can grind for himself or for others while he would have been grinding for the owner of the millstone, the renter is required to pay for the rental by giving the owner the monetary value of the service he had agreed to render him. However, if the renter does not have any other grain to grind, he can say to the owner that he does not have money for the rental and will continue grinding grain for him as payment. This is in accordance with Rav Avira and the conclusion of the Gemara (Rambam *Sefer Mishpatim, Hilkhot Sekhirut* 7:8; *Shulḥan Arukh, Ḥoshen Mishpat* 318:1).

NOTES

One forces him to cease his conduct characteristic of Sodom – כּוֹפִין אוֹתוֹ עַל מִדַּת סְדוֹם: If one denies another use of his possessions, even though by doing so he would incur no loss or damage, his conduct is considered characteristic of Sodom. The courts may sometimes, for the sake of equity, compel a person displaying behavior characteristic of Sodom to waive his legal rights. In the case under discussion, since collecting a fee from customers would allow the renter to benefit the owner and would not cause himself a loss, he is required to grind the grain of others and pay the owner his rental fee in the form of money.

מתני׳ אַלְמָנָה שֶׁאָמְרָה: אִי אֶפְשִׁי לָזוּז מִבֵּית בַּעְלִי – אֵין הַיּוֹרְשִׁין יְכוֹלִין לוֹמַר לָהּ: לְכִי לְבֵית אָבִיךְ וְאָנוּ זָנִין אוֹתָךְ. אֶלָּא זָנִין אוֹתָהּ וְנוֹתְנִין לָהּ מָדוֹר לְפִי כְּבוֹדָהּ.

MISHNA In the case of **a widow who said: I do not want to move from my husband's house,** but instead I wish to remain there, **the heirs are not able to say to her: Go to your father's house and we will sustain you. Rather, they sustain her** in her husband's house **and they give her living quarters befitting her dignity.**[N]

אָמְרָה: אִי אֶפְשִׁי לָזוּז מִבֵּית אַבָּא – יְכוֹלִין הַיּוֹרְשִׁין לוֹמַר לָהּ: אִם אַתְּ אֶצְלֵנוּ – יֵשׁ לֵיךְ מְזוֹנוֹת, וְאִם אֵין אַתְּ אֶצְלֵנוּ – אֵין לֵיךְ מְזוֹנוֹת.

However, if **she said: I do not want to move from my father's house,**[H] and you should bring me my support there, **the heirs are able to say to her: If you are** living **with us, you will have sustenance** from us, **but if you are not** living **with us, you will not have sustenance** from us.

אִם הָיְתָה טוֹעֶנֶת מִפְּנֵי שֶׁהִיא יַלְדָּה וְהֵן יְלָדִים – זָנִין אוֹתָהּ וְהִיא בְּבֵית אָבִיהָ.

If she argued that she does not wish to live in her deceased husband's house **because she is young,**[N] **and they,** the heirs, **are** also **young,** and it is improper for them to be living in the same house together, then **they sustain her and she** stays **in her father's house.**

גמ׳ תָּנוּ רַבָּנַן: מִשְׁתַּמֶּשֶׁת בְּמָדוֹר כְּדֶרֶךְ שֶׁמִּשְׁתַּמֶּשֶׁת בְּחַיֵּי בַעְלָהּ, בַּעֲבָדִים וּשְׁפָחוֹת כְּדֶרֶךְ שֶׁמִּשְׁתַּמֶּשֶׁת בְּחַיֵּי בַעְלָהּ, בְּכָרִים וּכְסָתוֹת כְּדֶרֶךְ שֶׁמִּשְׁתַּמֶּשֶׁת בְּחַיֵּי בַעְלָהּ, בִּכְלֵי כֶסֶף וּבִכְלֵי זָהָב כְּדֶרֶךְ שֶׁמִּשְׁתַּמֶּשֶׁת בְּחַיֵּי בַעְלָהּ, שֶׁכָּךְ כָּתַב לָהּ: וְאַתְּ תְּהֵא יָתְבַת בְּבֵיתִי וּמִיתְזְנָא מִנִּכְסַי כׇּל יְמֵי מֵגַר אַרְמְלוּתִיךְ בְּבֵיתִי.

GEMARA **The Sages taught:** A widow that remains in her husband's house **uses the living quarters**[H] **in the** same **manner that she** would **use** them **in her husband's lifetime.** She uses **the slaves and the maidservants in the** same **manner that she** would **use** them **in her husband's lifetime, the pillows and the sheets in the** same **manner that she** would **use** them **in her husband's lifetime,** and **the silver utensils and gold utensils in the** same **manner that she** would **use** them **in her husband's lifetime.** She maintains all the rights she had during her husband's lifetime **because this** is what **he wrote to her** in the text of the marriage contract: **And you will reside in my house and be sustained from my property all the days that you live in my house as a widow.**

תָּנֵי רַב יוֹסֵף: בְּבֵיתִי – וְלֹא בְּבִקְתִּי.

Rav Yosef taught: The husband stipulated in the marriage contract: You will reside **in my house,** with the implication: **And not in my hut.**[H] Therefore, if the house is too small, she cannot obligate the heirs to allow her to live in the house with them.

אָמַר רַב נַחְמָן: יְתוֹמִים שֶׁמָּכְרוּ מְדוֹר אַלְמָנָה – לֹא עָשׂוּ וְלֹא כְלוּם.

Rav Naḥman said: Orphans who sold the living quarters of a widow[H] **did not do anything,** i.e., the sale is invalid.

וּמַאי שְׁנָא מִדְּרַבִּי אַסִּי אָמַר רַבִּי יוֹחָנָן? דְּאָמַר רַבִּי אַסִּי אָמַר רַבִּי יוֹחָנָן: יְתוֹמִים שֶׁקָּדְמוּ וּמָכְרוּ בִּנְכָסִים מוּעָטִין, מַה שֶּׁמָּכְרוּ – מָכְרוּ.

The Gemara asks: **And in what** way is this case **different from that which Rabbi Asi** said that **Rabbi Yoḥanan said? As Rabbi Asi said** that **Rabbi Yoḥanan said:** With regard to **orphans who preemptively sold**[H] **from the small quantity of property** left to them by their father before the court appropriated it for the purpose of providing for female children, who do not inherit, **what they sold is sold,** even though they acted improperly. Why, then, is the sale of a widow's living quarters invalid?

NOTES

They give her living quarters befitting her dignity – וְנוֹתְנִין לָהּ מָדוֹר לְפִי כְּבוֹדָהּ: The Rashba and the Ritva infer that the widow does not continue to have the whole house at her disposal. Instead, specific rooms are designated for her use. Rabbeinu Crescas Vidal disagrees, based on what is stated in the Gemara that she uses the house in the same way that she did while her husband was alive.

Because she is young – מִפְּנֵי שֶׁהִיא יַלְדָּה: Most of the commentaries explain that she is not the mother of these children, and consequently there is a concern that they will engage in licentious behavior or that others will slander them, claiming that they have engaged in such behavior. *Talmidei Rabbeinu Yona* explain that the deceased did not leave behind any children, and the children discussed here that she is left with are his brothers or other heirs.

HALAKHA

I do not want to move from my father's house – אִי אֶפְשִׁי לָזוּז מִבֵּית אַבָּא: If a widow says that she does not wish to remain in her husband's house but would rather go and stay in her father's house, her husband's heirs can say to her that if she does not remain in their house, they will provide her only with the monetary value of the support she would have needed in their house, even if she requires more in her current location. However, if she argues that she is unable to stay with them because she is young and so are they, the heirs must provide her with her full level of support in her father's house. This ruling is in accordance with the mishna and the conclusion of the Gemara. The Rema writes that there are some who rule that this argument is legitimate only in a case where the woman is not their mother (Rambam *Sefer Nashim, Hilkhot Ishut* 18:4; *Shulḥan Arukh, Even HaEzer* 94:6).

Uses the living quarters, etc. – מִשְׁתַּמֶּשֶׁת בְּמָדוֹר וכו׳: A widow is supported from her husband's property. She is provided with clothing, utensils, and a place to live, or she may continue living in the same house she occupied during her husband's lifetime. The Rema writes that if she is in the same house as his heirs then she does not make use of the entire house but is provided with a place to use as her exclusive residence within the home (Rashba; Ran). Some say that they may provide her with appropriate living arrangements in another home (Mordekhai). She is not allowed to rent out her living quarters to others (Rashba). She may make use of the servants and the utensils of her husband's home in the same manner as she did during his lifetime when he was away overseas (Jerusalem Talmud). This ruling is in accordance with the *baraita* here (Rambam *Sefer Nashim, Hilkhot Ishut* 18:2; *Shulḥan Arukh, Even HaEzer* 94:1).

In my house and not in my hut – בְּבֵיתִי וְלֹא בְּבִקְתִּי: If the house collapsed, or if the husband did not have his own home but rented his house from others, the heirs provide the widow with living quarters befitting her dignity. If the house that the husband had was too small, she cannot force the heirs to allow her to live there. Instead they provide her with another place to live (*Be'er HaGola*; Rambam *Sefer Nashim, Hilkhot Ishut* 18:3; *Shulḥan Arukh, Even HaEzer* 94:5).

Orphans who sold a widow's living quarters – יְתוֹמִים שֶׁמָּכְרוּ מְדוֹר אַלְמָנָה: Orphans who sold the home of a widow have not accomplished anything, and the sale is void. This is in accordance with the view of Rav Naḥman (Rambam *Sefer Nashim, Hilkhot Ishut* 18:2; *Shulḥan Arukh, Even HaEzer* 94:4).

Orphans who preemptively sold – יְתוֹמִים שֶׁקָּדְמוּ וּמָכְרוּ: If a man left behind a small quantity of property that is sufficient only to provide for the support of his daughters, and the sons went ahead and sold it, the sale is upheld. This is in accordance with the view of Rabbi Yoḥanan (Rambam *Sefer Nashim, Hilkhot Ishut* 19:19; *Shulḥan Arukh, Even HaEzer* 112:14).

הָתָם לָא מִשְׁתַּעְבְּדִי לָהּ מֵחַיִּים, הָכָא – מִשְׁתַּעְבְּדִי לָהּ מֵחַיִּים!

The Gemara answers: **There,** in the case of orphans selling property that according to *halakha* should be retained in order to support the orphaned daughters, the property **is not mortgaged to** the orphaned daughters **from the lifetime** of their father, since the lien on the property arising from the obligation to provide support for the daughters occurs only after the father's death. **Here,** in the case of the widow's living quarters, the property is **mortgaged to her from** the **lifetime** of her husband, who was obligated even while he was alive to provide her with a place to live.

אֲמַר אַבַּיֵי: נְקִיטִינַן, מְדוֹר אַלְמָנָה שֶׁנָּפַל – אֵין הַיּוֹרְשִׁין חַיָּיבִין לִבְנוֹתוֹ.

Abaye said: We hold on the authority of tradition that in the case of **a widow's living quarters that collapsed,**[N] **the heirs are not obligated to rebuild it,** since they are obligated to maintain her in the residence that was mortgaged to her and are not required to provide her with a place to live.

תַּנְיָא נַמִי הָכִי: מְדוֹר אַלְמָנָה שֶׁנָּפַל – אֵין הַיּוֹרְשִׁין חַיָּיבִין לִבְנוֹתוֹ. וְלֹא עוֹד אֶלָּא, אֲפִילּוּ הִיא אוֹמֶרֶת: "הַנִּיחוּנִי וְאֶבְנֶנּוּ מִשֶּׁלִּי" – אֵין שׁוֹמְעִין לָהּ.

This is also taught in a *baraita*: In the case of **a widow's living quarters that collapsed,**[H] **the heirs are not obligated to rebuild it. And not only this, but** even **if she says: Leave me** be **and I will rebuild it from my own** funds, **one does not listen to her,** and the heirs do not have to let her rebuild it.

בָּעֵי אַבַּיֵי: שִׁיפְּצָה מַאי? תֵּיקוּ.

Abaye raised a dilemma: If **she repaired** the house, **what** is the *halakha*? Is it as though the house collapsed and was rebuilt, in which case she no longer has rights to it, or may she stay in the house as long as it remains standing? The Gemara concludes: The dilemma **shall stand** unresolved.

"אָמְרָה: אִי אֶפְשִׁי".

§ We learned in the mishna: If **she said: I do not want** to move from my father's house and you should bring me my support there, the heirs are not obligated to support her.

וְלֵיתְבוּ לָהּ כִּי יָתְבָה הָתָם! מְסַיַּיע לֵיהּ לְרַב הוּנָא, דְּאָמַר רַב הוּנָא: בִּרְכַּת הַבַּיִת בְּרוּבָּהּ.

The Gemara asks: **And** why is this so? **They should give her** support just **as** they would if **she were living there,** i.e., in her husband's house. The Gemara answers: This **supports** the view **of Rav Huna, as Rav Huna said: The blessing of the house is in its abundance** of residents. This means that the amount of blessing in a home is proportionate to the number of people who live there. When there are many people living together in one home, the expenses per capita are decreased. The heirs can say to her that if she stays with them in the house, the expense of her upkeep will be less than if she lives on her own.

וְלֵיתְבוּ לָהּ לְפִי בִּרְכַּת הַבַּיִת! הָכִי נַמִי.

The Gemara asks: **And they should give her** the support in her father's house **according to the blessing of the house,** i.e., according to the amount they would be required to pay if she lived with them. The Gemara answers: **Indeed,** the intent of the mishna is that they may pay her this amount, not that they may entirely avoid supporting her.

אָמַר רַב הוּנָא: לְשׁוֹן חֲכָמִים בְּרָכָה, לְשׁוֹן חֲכָמִים עוֹשֶׁר, לְשׁוֹן חֲכָמִים מַרְפֵּא. בְּרָכָה – הָא דַּאֲמָרַן.

Rav Huna said: The **language of the Sages** teaches **blessing,** the **language of the Sages** teaches **wealth,** and the **language of the Sages** teaches **healing.** One can learn important lessons about these matters from the manner in which the Sages formulated their halakhic rulings. How is this so? With regard to **blessing,** it is **that which we said** above about the blessings of the home.

עוֹשֶׁר – דִּתְנַן: הַמּוֹכֵר פֵּירוֹת לַחֲבֵירוֹ, מָשַׁךְ וְלֹא מָדַד – קָנָה, מָדַד וְלֹא מָשַׁךְ – לֹא קָנָה, וְאִם הָיָה פִּקֵּחַ – שׂוֹכֵר אֶת מְקוֹמוֹ.

The language of the Sages teaches about **wealth, as we learned** in a mishna (*Bava Batra* 84b): **One who sells produce to another,** if the buyer **pulled** the produce as an act of acquisition **but did not measure** it, **he has acquired** the produce. If **he measured** the produce **but did not pull** it, **he has not acquired** it. **And if** the buyer **was perspicacious** and wanted to ensure that the seller would not back out of the deal, he would **rent the place** where the produce was located,[H] and he would thereby acquire the produce immediately from the time he measures it. This mishna teaches good counsel in money-related matters.

NOTES

A widow's living quarters that collapsed – מְדוֹר אַלְמָנָה שֶׁנָּפַל: Under discussion here is a case in which the widow was provided with separate living quarters of her own. According to most authorities, if the house in which she was living collapses, although her rights to that home are annulled, the heirs are responsible to find her another place to live. Others disagree and argue that since only this residence was designated for her, if it collapses, she loses all rights to any kind of living arrangements (see Meiri).

HALAKHA

A widow's living quarters that collapsed – מְדוֹר אַלְמָנָה שֶׁנָּפַל: If a widow's living quarters collapsed, the heirs are not obligated to rebuild them for her. Even if she says that she is willing to rebuild them at her own expense, they are not obliged to allow her to do so. Also, she is not to reinforce the structure or to plaster it but must live there as is or move out, in accordance with the *baraita*. However, if she does make these renovations, she is not removed from the home (Rambam *Sefer Nashim*, *Hilkhot Ishut* 18:2; *Shulḥan Arukh*, *Even HaEzer* 94:2; *Beit Shmuel*).

If he was perspicacious, he would rent the place where the produce was located – אִם הָיָה פִּקֵּחַ שׂוֹכֵר אֶת מְקוֹמוֹ: Merchandise is acquired when it is lifted or pulled by the purchaser. Consequently, if the seller measured out a quantity of merchandise for the buyer, no sale has been transacted until the buyer pulls the merchandise. However, if the buyer rented the place in which the movable property is located using any one of the standard means of renting, then the buyer acquires the movable property located in that area provided that either he is standing there or the area is secured (Rambam *Sefer Kinyan*, *Hilkhot Mekhira* 3:6–7; *Shulḥan Arukh*, *Ḥoshen Mishpat* 198:5).

מַרְפֵּא – דִּתְנַן: לֹא יִלְעוֹס אָדָם חִטִּין וְיַנִּיחַ עַל גַּבֵּי מַכָּתוֹ בְּפֶסַח, מִפְּנֵי שֶׁמַּחְמִיצוֹת.

The language of the Sages teaches about **healing, as we learned** in a mishna (*Pesaḥim* 39b): **A person should not chew wheat**[H] **and** then **place it on his wound during Passover because** the wheat **will become leavened** as a result. This comment of the Sages indicates that chewed wheat is beneficial for treating a wound.

תָּנוּ רַבָּנַן: בִּשְׁעַת פְּטִירָתוֹ שֶׁל רַבִּי, אָמַר: לְבָנַי אֲנִי צָרִיךְ. נִכְנְסוּ בָּנָיו אֶצְלוֹ, אָמַר לָהֶם: הִזָּהֲרוּ בִּכְבוֹד אִמְּכֶם, נֵר יְהֵא דָּלוּק בִּמְקוֹמוֹ, שׁוּלְחָן יְהֵא עָרוּךְ בִּמְקוֹמוֹ, מִטָּה תְּהֵא מוּצַּעַת בִּמְקוֹמָהּ. יוֹסֵף חֵפָנִי, שִׁמְעוֹן אֶפְרָתִי – הֵם שִׁמְּשׁוּנִי בְּחַיַּי, וְהֵם יְשַׁמְּשׁוּנִי בְּמוֹתִי.

§ **The Sages taught: At the time of the passing of Rabbi** Yehuda HaNasi,[P] **he said: I need my sons. His sons entered his** room. **He said to them** as a last will and testament: **Be careful with the honor of your mother.** He said further: My **lamp should be lit in its** usual **place,** my **table should be set in its** usual **place,** and **the bed should be arranged in** its usual **place. Yosef Ḥeifani** and **Shimon Efrati;**[P] **they served me during my lifetime and they will serve me in my death.**

״הִזָּהֲרוּ בִּכְבוֹד אִמְּכֶם״. דְּאוֹרָיְיתָא הִיא, דִּכְתִיב ״כַּבֵּד אֶת אָבִיךָ וְאֶת אִמֶּךָ״! אֵשֶׁת אָב הֲוַאי.

The Gemara clarifies the various requests that he made of his sons: **Be careful with the honor of your mother.** The Gemara asks: Why would he need to say this? After all, **this** is required **by Torah law, as it is written: "Honor your father and your mother"** (Exodus 20:11)? The Gemara answers: **She was** their **father's wife.** She was not their mother, but their stepmother, and he therefore needed to caution them concerning her honor.

אֵשֶׁת אָב נַמִי דְּאוֹרָיְיתָא הִיא, דְּתַנְיָא: ״כַּבֵּד אֶת אָבִיךָ וְאֶת אִמֶּךָ״, ״אֶת אָבִיךָ״ – זוֹ אֵשֶׁת אָבִיךָ; ״וְאֶת אִמֶּךָ״ – זוֹ בַּעַל אִמֶּךָ; וָי״ו יְתֵירָה – לְרַבּוֹת אֶת אָחִיךָ הַגָּדוֹל.

The Gemara asks: Honoring **a father's wife is also** required **by Torah** law, **as it is taught** in a *baraita*: **Honor your father [*et avikha*] and your mother [*ve'et immekha*].** The preposition *et* in the phrase: **Your father; this** teaches that you must honor **your father's wife.**[H] Similarly, the preposition *et* in the phrase: **And your mother; this** teaches that you must honor **your mother's husband.** And **the extra** letter ***vav***, which is appended as a prefix in the phrase "*ve'et immekha*" is included in order **to add your older brother**[HN] to those who must be honored.

הָנֵי מִילֵּי – מֵחַיִּים, אֲבָל לְאַחַר מִיתָה – לָא.

The Gemara answers: **This** *halakha*, that one is obligated by Torah law to respect his father's wife, **applies** only **during** his father's **lifetime.** While the father is alive, out of respect for him, his wife must also be treated with respect. **However, following** his **death, no,** there is no longer any obligation to honor a stepmother. It was for this reason that Rabbi Yehuda HaNasi had to caution his sons in this matter.

״נֵר יְהֵא דָּלוּק בִּמְקוֹמוֹ, שׁוּלְחָן יְהֵא עָרוּךְ בִּמְקוֹמוֹ, מִטָּה תְּהֵא מוּצַּעַת בִּמְקוֹמָהּ״. מַאי טַעְמָא? כָּל בֵּי שִׁמְשֵׁי הֲוָה אָתֵי לְבֵיתֵיהּ.

Rabbi Yehuda HaNasi commanded his sons: My **lamp should be lit in its** usual **place,** my **table should be set in its** usual **place,** and **the bed should be arranged in its** usual **place.** The Gemara asks: **What is the reason** he made these requests? The Gemara explains: **Every Shabbat eve,** even after his passing, Rabbi Yehuda HaNasi **would come**[N] **to his house** as he had done during his lifetime, and he therefore wished for everything to be set up as usual.

HALAKHA

A person should not chew wheat, etc. – לֹא יִלְעוֹס אָדָם חִטִּין וכו׳: It is prohibited to chew wheat during Passover in order to place it on a wound because the wheat becomes leavened as a result of the saliva (Rambam *Sefer Zemanim, Hilkhot Hametz UMatza* 5:19; *Shulḥan Arukh, Oraḥ Ḥayyim* 466:1).

Your father; this teaches that you must honor your father's wife, etc. – אֶת אָבִיךָ, זוֹ אֵשֶׁת אָבִיךָ וכו׳: One is obligated to honor his father's wife even if she is not his mother, as long as his father is still alive. Similarly, one is obligated to honor his mother's husband as long as his mother is still alive. However, it is proper to continue to honor stepparents even after the death of one's own parent. This ruling is in accordance with the *baraita* and the instructions of Rabbi Yehuda HaNasi to his children (Rambam *Sefer Shofetim, Hilkhot Mamrim* 6:15; *Shulḥan Arukh, Yoreh De'a* 240:21).

To include your older brother – לְרַבּוֹת אֶת אָחִיךָ הַגָּדוֹל: One is obligated to honor his older brother, whether paternal or maternal. The Rema writes, based on the Rosh and *Sefer Mitzvot Gadol*, that this is true even if the younger brother is greater in Torah than the older brother (Rambam *Sefer Shofetim, Hilkhot Mamrim* 6:15; *Shulḥan Arukh, Yoreh De'a* 240:22).

NOTES

To add your older brother – לְרַבּוֹת אֶת אָחִיךָ הַגָּדוֹל: The Rambam's formulation of these *halakhot* indicates that it is an obligation by Torah law to honor a father's wife and a mother's husband, while honoring an older brother is an obligation by rabbinic law. The Meiri disagrees and is of the opinion that the obligation to honor all three is by rabbinic law. Some commentaries write that honoring an older brother is a mitzva that is independent of the obligation to honor one's parents and therefore applies even after one's parents have passed away (*Shita Mekubbetzet*). The later authorities discuss whether one is obligated to honor only the oldest of all the brothers or any older brother, and whether this obligation includes honoring an older sister.

Every Shabbat eve, Rabbi Yehuda HaNasi would come, etc. – כָּל בֵּי שִׁמְשֵׁי הֲוָה אָתֵי וכו׳: This story, as well as similar ones related about other righteous individuals, is quite enigmatic. The Maharsha writes that since Rabbi Yehuda HaNasi was known as *Rabbeinu HaKadosh*, our holy rabbi, it was fitting for him to appear at a holy time. The *Zohar* explains at length in several places (e.g., *Bereshit* 7a and *Vayeira* 115b) that the righteous have a spiritual likeness similar to their physical form and at times appear to others in these spiritual forms. This entire passage is explained metaphorically in *Pardes Rimonim*: The command that Rabbi Yehuda HaNasi's lamp was to remain lit alludes to his Torah teachings, which would continue to burn brightly; that his table should be set is referring to his students, who would continue to study his Torah teachings and be supported from his estate (see there for the interpretation of the rest of the passage).

PERSONALITIES

Rabbi Yehuda HaNasi – רַבִּי: Rabbi Yehuda HaNasi closed the period of the *tanna'im* with his redaction of the Mishna. The son of Rabbi Shimon ben Gamliel II, Rabbi Yehuda HaNasi lived from 135–220 CE. When he was thirty years old he was appointed as *Nasi*, and his great scholarship led him to be referred to in the Talmud simply as Rabbi. Rabbi Yehuda HaNasi spoke Greek, which was the language spoken by the elite in Eretz Yisrael, and he was friendly with the Roman emperor Antoninus. His knowledge of Hebrew was legendary, to the extent that the Sages learned the meaning of difficult words from servants who were employed in his household.

According to the Gemara (*Gittin* 59a), from Moses until Rabbi Yehuda HaNasi, there was no one who matched Rabbi Yehuda HaNasi's combination of prominence in both Torah scholarship and worldly affairs. Rabbi Yehuda HaNasi's lifework was the collection of oral traditions and opinions that he wove into the Mishna, which serves as the basis for the Talmud that is studied to this day.

His students were the Sages of the first generation of *amora'im*, including Rabbi Yoḥanan, Rabbi Ḥiyya, bar Kappara, and Rav.

Yosef Ḥeifani and Shimon Efrati – יוֹסֵף חֵפָנִי וְשִׁמְעוֹן אֶפְרָתִי: Little is known about these attendants of Rabbi Yehuda HaNasi, who are nicknamed for their places of origin. Yosef Ḥeifani, or Yosef of Haifa, is apparently Rabbi Yosei the Tall, mentioned in *Shemot Rabba*, of whom it was said that wherever he would arrive, Rabbi Yehuda HaNasi was sure to come shortly thereafter.

ההוא בי שמשא אתאי שבבתא, קא קריה אבבא. אמרה אמתיה: שתיקו, דרבי יתיב. כיון דשמע – שוב לא אתא, שלא להוציא לעז על צדיקים הראשונים.

The Gemara relates the following incident: It happened on a **certain Shabbat eve** that a **neighbor came** by and **called** and knocked **at the door. His maidservant said** to her: **Be quiet, for Rabbi** Yehuda HaNasi **is sitting. When he heard** his maidservant reveal his presence to the neighbor, **he did not come again, so as not to cast aspersions on earlier righteous** individuals who did not appear to their families following their death.

"יוסף חפני שמעון אפרתי הם שמשוני בחיי והם ישמשוני במותי". סבור מינה – בהדין עלמא הוא דקאמר. כיון דחזו דקדים ערסייהו לערסיה – אמרי: שמע מינה – להוא עלמא הוא דקאמר.

The Gemara elaborates on Rabbi Yehuda HaNasi's statement: **Yosef Ḥeifani and Shimon Efrati, they served me during my lifetime and they will serve me in my death.** It was **understood from** this statement that Rabbi Yehuda HaNasi **was speaking of this world,** that these two should serve him in his death and administer his burial. However, **when** the people **saw that their biers preceded his bier,** i.e., they died before him, **they said: Conclude from here that he was speaking of that world.** They will attend to him in the World-to-Come.

והאי דאמר הכי – דלא לימרו: מילתא הואי להו, ועד האידנא נמי זכותו דרבי הוא דאהניא להו.

And the reason **he said this** was so that **people should not say: There was something** wrong **with them, and until now, too, it was the merit of Rabbi** Yehuda HaNasi **that benefited them** and prevented them from dying due to their sins. Now that Rabbi Yehuda HaNasi is dying, his merit no longer protects them. Rabbi Yehuda HaNasi therefore clarified that the reason for their deaths was in order to enable them to escort him in death as in life.

אמר להן: לחכמי ישראל אני צריך. נכנסו אצלו חכמי ישראל, אמר להן: אל תספדוני בעיירות,

§ Rabbi Yehuda HaNasi **said** further **to** his attendants: **I need the Sages of Israel. The Sages of Israel entered** his room. **He said to them: Do not eulogize me in the** small **towns**

Perek **XII**
Daf **103** Amud **b**

והושיבו ישיבה לאחר שלשים יום. שמעון בני חכם, גמליאל בני נשיא, חנינא בר חמא ישב בראש.

and reconvene the study sessions at the **yeshiva after thirty days** of mourning. **My son Shimon is a Sage. My son Gamliel** should be the ***Nasi*. Ḥanina bar Ḥama**[P] **will sit at the head** of the yeshiva.

"אל תספדוני בעיירות". סבור מינה משום טרחא הוא דקאמר, כיון דחזי דקספדי בכרכים וקאתו כולי עלמא, אמרו: שמע מינה משום יקרא הוא דקאמר.

The Gemara explains the requests of Rabbi Yehuda HaNasi: **Do not eulogize me in the** small **towns.** They **understood from** this statement **that he said this due to the trouble** that would be caused for many if he were eulogized in every town, since they would have to travel from the outlying villages to take part in the eulogies. However, **when they saw that they were eulogizing him in the cities and everyone came** despite the trouble, **they said: Conclude from here that he said this due to** considerations of **honor.** Had they eulogized him in the towns, the gatherings would have been small and unfitting for a man of his stature. He therefore requested that they arrange things in a way that large crowds would gather.

PERSONALITIES

Ḥanina bar Ḥama – חנינא בר חמא: Rabbi Ḥanina bar Ḥama lived during the transitional generation between the *tanna'im* and the *amora'im*. He was considered to be among the sharpest minds of his generation and was also known for his righteousness and piety. Born in Babylonia, he came to Eretz Yisrael at a very young age and studied under Rabbi Yehuda HaNasi. Rabbi Yehuda HaNasi was very fond of Rabbi Ḥanina and said of him: This is not a man, but an angel. Rabbi Ḥanina also received Torah traditions from the great students of Rabbi Yehuda HaNasi, specifically from Rabbi Ḥiyya, although he was also considered a colleague of Rabbi Ḥiyya's, as demonstrated by their dispute here in the Gemara.

Rabbi Ḥanina lived in the town of Tzippori and made his living selling honey. His business thrived, and he used his wealth to build a large study hall.

Statements of Rabbi Ḥanina in the areas of *halakha* and *aggada* are found throughout both the Babylonian and the Jerusalem Talmuds. Due to the fact that he lived a long life with continued health through his advanced age, he taught multiple generations of disciples. Rabbi Yehoshua ben Levi was a disciple-colleague of Rabbi Ḥanina, and Rabbi Yoḥanan was another of Rabbi Ḥanina's prominent disciples.

It is possible that the *amora* Rabbi Ḥama, son of Rabbi Ḥanina, was his son.

"הוֹשִׁיבוּ יְשִׁיבָה לְאַחַר שְׁלֹשִׁים יוֹם" – דְּלָא עֲדִיפְנָא מִמֹּשֶׁה רַבֵּינוּ, דִּכְתִיב "וַיִּבְכּוּ בְנֵי יִשְׂרָאֵל אֶת מֹשֶׁה בְּעַרְבֹת מוֹאָב שְׁלֹשִׁים יוֹם", תְּלָתִין יוֹמִין סָפְדִין בִּימָמָא וְלֵילְיָא, מִכָּאן וְאֵילָךְ – סָפְדוּ בִּימָמָא, וְגָרְסִי בְּלֵילְיָא אוֹ סָפְדוּ בְּלֵילְיָא וְגָרְסִי בִּימָמָא, עַד דְּסָפְדֵי תְּרֵיסַר יַרְחֵי שַׁתָּא.

Rabbi Yehuda HaNasi further instructed: **Reconvene the** study sessions at the **yeshiva after thirty days** of mourning. This is **because I am not better than Moses, our teacher, as it is written: "And the children of Israel wept for Moses in the plains of Moab thirty days"** (Deuteronomy 34:8), which means that for **thirty days they eulogized** him **by day and night. From this** point **forward they eulogized** him **by day and they studied by night, or they eulogized** him **by night and studied by day, until they eulogized** him **for twelve months** of **the year.**[H]

הָהוּא יוֹמָא דְּאַשְׁכַּבְתֵּיהּ דְּרַבִּי נְפַקָא בַּת קָלָא וְאָמְרָה: כׇּל דַּהֲוָה בְּאַשְׁכַּבְתֵּיהּ דְּרַבִּי – מְזוּמָּן הוּא לְחַיֵּי הָעוֹלָם הַבָּא. הָהוּא כּוֹבֵס, כׇּל יוֹמָא הֲוָה אָתֵי קַמֵּיהּ, הָהוּא יוֹמָא לָא אֲתָא. כֵּיוָן דִּשְׁמַע הָכִי – סְלֵיק לְאִיגָּרָא וְנָפַל לְאַרְעָא וּמִית, יָצְתָה בַּת קוֹל וְאָמְרָה: אַף הָהוּא כּוֹבֵס מְזוּמָּן הוּא לְחַיֵּי הָעוֹלָם הַבָּא.

The Gemara relates that **on the day of the funeral of Rabbi** Yehuda HaNasi, **a Divine Voice emerged and said: Whoever** was present **at the funeral of Rabbi** Yehuda HaNasi **is destined for life** in **the World-to-Come.** There was **a certain launderer** who **would come before** Rabbi Yehuda HaNasi **every day. On that** particular **day, he did not come** and was therefore not present at the funeral. **When he heard this,** that Rabbi Yehuda HaNasi had died, he was so full of grief that **he ascended to the roof**[N] **and fell to the ground and died. A Divine Voice emerged and said: That launderer too is destined for life** in **the World-to-Come.**

"שִׁמְעוֹן בְּנִי חָכָם". מַאי קָאָמַר? הָכִי קָאָמַר: אַף עַל פִּי שֶׁשִּׁמְעוֹן בְּנִי חָכָם – גַּמְלִיאֵל בְּנִי נָשִׂיא.

§ Rabbi Yehuda HaNasi said: **My son Shimon is a Sage;** my son Gamliel should be the *Nasi.* **What** was **he saying,** i.e., what did he mean by these remarks? The Gemara explains: **This is what he** was **saying: Although my son Shimon is** a greater **Sage, my son Gamliel** should be the ***Nasi.***

אָמַר לֵוִי: צְרִיכָא לְמֵימַר? אָמַר רַבִּי שִׁמְעוֹן בַּר רַבִּי: צְרִיכָא לָךְ וּלְמִטַּלְעַתָּךְ. מַאי קַשְׁיָא לֵיהּ? הָא קְרָא קָאָמַר "וְאֶת הַמַּמְלָכָה נָתַן לִיהוֹרָם כִּי הוּא הַבְּכוֹר"!

Levi[P] **said: Need this be said?** After all, Gamliel was the firstborn. **Rabbi Shimon, son of Rabbi** Yehuda HaNasi, **said:** It is **necessary for you and for your limp.**[N] The Gemara asks: **What did** Rabbi Shimon find **difficult** with Levi's question that caused him to scoff? **Doesn't the verse state: "But the kingdom he gave to Jehoram because he was the firstborn"** (II Chronicles 21:3)? This indicates that the firstborn is the one who inherits his father's appointment, and so Levi legitimately asked why Rabbi Yehuda HaNasi had to leave specific instructions about this.

הָהוּא מְמַלֵּא מְקוֹם אֲבוֹתָיו הֲוָה, וְרַבָּן גַּמְלִיאֵל אֵינוֹ מְמַלֵּא מְקוֹם אֲבוֹתָיו הֲוָה.

The Gemara explains: **He,** Jehoram, **filled the place of his fathers,**[H] i.e., he was their equal in his personal attributes and leadership capabilities. However, **Rabban Gamliel did not fill the place of his fathers,** and for this reason Rabbi Yehuda HaNasi had to specifically command that he nevertheless be appointed as the *Nasi.*

וְרַבִּי מַאי טַעְמָא עָבֵד הָכִי? נְהִי דְּאֵינוֹ מְמַלֵּא מְקוֹם אֲבוֹתָיו בְּחׇכְמָה, בְּיִרְאַת חֵטְא – מְמַלֵּא מְקוֹם אֲבוֹתָיו הֲוָה.

The Gemara asks: **And** if that is so, **what is the reason** that **Rabbi** Yehuda HaNasi **did this?** Why did he choose this son to be his successor if he was unfit for the position? The Gemara answers: **Although he did not fill the place of his fathers with regard to wisdom,** as he was not as great a Torah scholar as his father, **he did fill the place of his fathers with regard to fear of sin** and was therefore fit to be appointed as the *Nasi.*

HALAKHA

Weeping and eulogizing – בְּכִיָּה וּמִסְפֵּד: One does not cry over a death for more than three days, and one does not eulogize the deceased for more than seven days. This applies with regard to the passing of an ordinary person. However, a Torah scholar is mourned for longer, as befits his honor. Nevertheless, even with regard to Torah scholars, one does not cry for more than thirty days and one does not eulogize them for more than twelve months, as there were no scholars greater than Moses and Rabbi Yehuda HaNasi, and even they were not mourned for longer than that (Rambam *Sefer Shofetim, Hilkhot Evel*, 13:10, *Shulḥan Arukh, Yoreh De'a* 394:1–2).

Filled the place of his fathers – מְמַלֵּא מְקוֹם אֲבוֹתָיו: All positions of authority among the Jewish people are bequeathed from father to son indefinitely, provided that the son is equal to his father in wisdom and in fear of sin. If a son is equal to his father in fear of sin but not in wisdom, he is appointed to take his father's place anyway, and he then receives instruction in order to increase his wisdom (Rambam *Sefer Avoda, Hilkhot Kelei HaMikdash* 4:20 and *Sefer Shofetim, Hilkhot Melakhim* 1:7; *Shulḥan Arukh, Yoreh De'a* 245:22, and in the comment of Rema).

NOTES

Ascended to the roof – סְלֵיק לְאִיגָּרָא: This is a puzzling incident, since it is taught that a person who commits suicide does not merit a share in the World-to-Come, and here a Divine Voice proclaimed that this launderer was destined for the World-to-Come. The Ya'avetz resolves this difficulty by explaining that the launderer did not willfully commit suicide; rather, due to his great grief he lost his mind and killed himself. Others explain that committing suicide is forbidden only when it is for personal reasons, but when one commits suicide in order to sanctify the name of God, it is permitted (*Eshel Avraham*). This understanding is also apparent from remarks made by the Sages in connection with Saul's suicide. During the Crusades there were many great Jewish leaders who committed suicide in order to sanctify the name of God.

It is necessary for you and for your limp – צְרִיכָא לָךְ וּלְמִטַּלְעַתָּךְ: At first glance, it seems that Rabbi Shimon was mocking Levi, who was lame. See *Ḥatam Sofer* and *Sefer Hafla'a*, where it is explained how this statement was an allusion to the fact that Rabban Gamliel was appointed *Nasi* because of his fear of sin and not merely because he was the older son.

PERSONALITIES

Levi – לֵוִי: This is Levi ben Sisi, one of the Sages of Eretz Yisrael who lived during the transitional generation between the *tanna'im* and the *amora'im*. Levi was a preeminent student of Rabbi Yehuda HaNasi and sat before him constantly, engaging in the study of the *halakha* together with Rabbi Yehuda HaNasi's other great disciples. Rabbi Yehuda HaNasi held Levi in great esteem, and he sent him to be the judge and preacher in the town of Simonias, even saying of Levi: He is a man like me. Several sources relate that Levi became lame after demonstrating for Rabbi Yehuda HaNasi how the High Priest would prostrate himself on Yom Kippur (see *Ta'anit* 25a). It is also explained that this came about as a punishment for speaking impertinently toward God in his prayers.

As a consequence of the uncomfortable personal relationships described here, Levi traveled to Babylonia in his later years. There he renewed his relationship with Rav, with whom he had studied together under Rabbi Yehuda HaNasi, and also became a close friend of Abba bar Abba, the father of Shmuel. Shmuel himself was a disciple-colleague of Levi.

Levi edited anthologies of *baraitot*. They are introduced with the phrase: They taught in the school of Levi.

The Rambam rules in accordance with the opinion of Levi even when his ruling disputes those of Rav and Shmuel, as, in his opinion, Levi was greater than they were. It is not clear whether Levi had any children. Some say that a Sage known in the Talmud as bar Livai is his son. Others say that the famous *amora* Rabbi Yehoshua ben Levi was his son.

״חֲנִינָא בַּר חָמָא יֵשֵׁב בָּרֹאשׁ״. לֹא קִיבֵּל רַבִּי חֲנִינָא, שֶׁהָיָה רַבִּי אָפֶס גָּדוֹל מִמֶּנּוּ שְׁתֵּי שָׁנִים וּמֶחֱצָה. יְתֵיב רַבִּי אָפֶס בְּרֵישָׁא, וִיתֵיב רַבִּי חֲנִינָא אַבָּרַאי, וַאֲתָא לֵוִי וִיתֵיב גַּבֵּיהּ.

§ Rabbi Yehuda HaNasi instructed: **Ḥanina bar Ḥama will sit at the head** of the yeshiva. The Gemara relates: **Rabbi Ḥanina did not accept** this appointment, **because Rabbi Afes**[LP] **was older than him** by **two and a half years** and he did not want to precede him in accepting this position. Consequently, **Rabbi Afes sat at the head** of the yeshiva, **and Rabbi Ḥanina sat outside,** as it was unbefitting for him to sit as a student before Rabbi Afes. **And Levi came and sat** and studied **with him** outside.

נָח נַפְשֵׁיהּ דְּרַבִּי אָפֶס, וִיתֵיב רַבִּי חֲנִינָא בְּרֵישָׁא, וְלָא הֲוָה לֵיהּ לְלֵוִי אִינִישׁ לְמֵיתַב גַּבֵּיהּ, וְקָאֲתָא לְבָבֶל. וְהַיְינוּ דְּאָמְרִי לֵיהּ לְרַב: גַּבְרָא רַבָּה אִקְלַע לִנְהַרְדְּעָא וּמִטְלַע, וְדָרֵישׁ: כְּלִילָא שָׁרֵי. אֲמַר: שְׁמַע מִינַּהּ נָח נַפְשֵׁיהּ דְּרַבִּי אָפֶס, וִיתֵיב רַבִּי חֲנִינָא בְּרֵישָׁא, וְלָא הֲוָה לֵיהּ לְלֵוִי אִינִישׁ לְמֵיתַב גַּבֵּיהּ, וְקָאֲתָא.

Rabbi Afes died, and Rabbi Ḥanina, taking his place, **sat at the head** of the yeshiva. **And Levi did not have anyone to sit** and study **with, and so he came to Babylonia. And this is** the background to the incident in which **they said to Rav: A great man came to Neharde'a, and he limps, and he taught:** It **is permitted** for a woman who is wearing a *kelila*, a tiara-like ornament, to go out into the public domain on Shabbat.[H] Rav then **said: Conclude from this** that **Rabbi Afes died and Rabbi Ḥanina,** taking his place, **sat at the head** of the yeshiva, **and Levi did not have anyone to sit** and study **with, and so he came** to Babylonia.

וְאֵימָא רַבִּי חֲנִינָא נָח נַפְשֵׁיהּ, וְרַבִּי אָפֶס כִּדְיָתֵיב יָתֵיב, וְלָא הֲוָה לֵיהּ לְלֵוִי אִינִישׁ לְמֵיתַב גַּבֵּיהּ, וְקָאֲתָא? אִיבָּעֵית אֵימָא: לֵוִי לְרַבִּי אָפֶס מֵיכַף הֲוָה כָּיֵיף לֵיהּ,

The Gemara asks: How did Rav know that it was Rabbi Afes who died? **Say that Rabbi Ḥanina** was the one who **died, and Rabbi Afes sat as he had sat,** i.e., he continued to sit at the head of the yeshiva, **and Levi did not have anyone to sit with, and so he came** to Babylonia. The Gemara answers: **If you wish, say** that **Levi was subordinate to Rabbi Afes** and would have sat before him as a student had Rabbi Afes still been alive, and the only reason why he sat outside in the first place was in deference to Rabbi Ḥanina, who sat outside because he did not consider himself subordinate to Rabbi Afes.

וְאִי בָּעֵית אֵימָא: כֵּיוָן דַּאֲמַר רַבִּי ״חֲנִינָא בַּר חָמָא יֵשֵׁב בָּרֹאשׁ״ – לָא סַגִּי דְּלָא מָלֵיךְ, דִּכְתִיב בְּהוּ בְּצַדִּיקִים ״וְתִגְזַר אוֹמֶר וְיָקָם לָךְ״.

And if you wish, say instead that **since Rabbi** Yehuda HaNasi had **said: Ḥanina bar Ḥama will sit at the head** of the yeshiva, **it is not possible that he will not** one day **rule** the yeshiva. Therefore, it must have been Rabbi Afes who died and Rabbi Ḥanina who took his place, **as it is written about the righteous: "You shall also decree a thing, and it shall be established unto you"** (Job 22:28).

וְהָא הֲוָה רַבִּי חִיָּיא! נָח נַפְשֵׁיהּ. וְהָאָמַר רַבִּי חִיָּיא: אֲנִי רָאִיתִי קִבְרוֹ שֶׁל רַבִּי וְהוֹרַדְתִּי עָלָיו דְּמָעוֹת! אֵיפוֹךְ.

The Gemara asks: **But wasn't Rabbi Ḥiyya**[P] there? Why didn't Rabbi Yehuda HaNasi appoint him as head of the yeshiva? The Gemara answers: **He died** before Rabbi Yehuda HaNasi. The Gemara asks: **But didn't Rabbi Ḥiyya say: I saw the grave site of Rabbi** Yehuda HaNasi **and I shed tears over it?** The Gemara answers: **Reverse** the names. It was Rabbi Yehuda HaNasi who said that he saw the grave site of Rabbi Ḥiyya.

LANGUAGE

Rabbi Afes – רַבִּי אָפֶס: Apparently from the Latin name Appius, with a slightly altered pronunciation.

HALAKHA

It is permitted for a woman who is wearing a *kelila* to go out into the public domain on Shabbat – כְּלִילָא שָׁרֵי: Although the Sages prohibited wearing certain types of accessories in the public domain on Shabbat due to a concern that one would remove them and carry them in the public domain, it is permitted for a woman who is wearing a *kelila* to go out into the public domain. Since only a distinguished woman wears this type of jewelry and she does not ordinarily remove it to show it to her friends, the Sages were not concerned that she would carry it in the public domain and therefore did not render it prohibited to wear it. This is in accordance with the opinion of Levi (Rambam *Sefer Zemanim, Hilkhot Shabbat* 19:10; *Shulḥan Arukh, Oraḥ Ḥayyim* 303:5).

PERSONALITIES

Rabbi Afes – רַבִּי אָפֶס: Rabbi Afes was Rabbi Yehuda HaNasi's scribe and, as described here, replaced him as head of the academy. Apparently his life overlapped with the lives of Rabbi Yoḥanan and Reish Lakish. Only a few of his halakhic teachings are cited in the Talmud, apparently because he and his colleagues were occupied principally with compiling collections of *baraitot* and the final editing of the Mishna, and their opinions are collectively referred to as the opinions of our Sages.

Rabbi Ḥiyya – רַבִּי חִיָּיא: Rabbi Ḥiyya ben Abba of the town of Kafri in Babylonia was one of the last of the *tanna'im* and was a disciple-colleague of Rabbi Yehuda HaNasi.

Rabbi Ḥiyya came from an illustrious family that traced its lineage back to King David and produced many great Torah scholars. He was a renowned scholar in Babylonia, and when he and his family moved to Eretz Yisrael it was said of him, hyperbolically, that the Torah might have been forgotten had he not come and reestablished it. Once in Eretz Yisrael he became a disciple and a colleague of Rabbi Yehuda HaNasi, with whom he was on very close terms. He was likewise close with Rabbi Yehuda HaNasi's son, Rabbi Shimon, who was also Rabbi Ḥiyya's business partner.

Rabbi Ḥiyya was one of the great Sages of his generation. Even Rabbi Yehuda HaNasi, the preeminent teacher of the Jewish people, received traditions in Torah from Rabbi Ḥiyya. As great as Rabbi Ḥiyya was in Torah, he was just as renowned for his righteousness, as related in this passage and many other places in the Talmud.

Rabbi Ḥiyya's great work was the collection and editing of *baraitot* as a supplement to the Mishna redacted by Rabbi Yehuda HaNasi. These collections, which he apparently labored on together with his friend and colleague, Rabbi Oshaya, were considered so authoritative that it was declared that any *baraita* not taught by Rabbi Ḥiyya and Rabbi Oshaya would not be considered authoritative. Some claim that Rabbi Ḥiyya was the redactor of the version of the *Tosefta* extant today.

It seems that upon arriving in Eretz Yisrael Rabbi Ḥiyya received some financial assistance from the family of the *Nasi*, but his main source of income was international commerce, particularly in the silk trade.

He had twin daughters, Pazi and Tavi, who established families that produced important Sages. He also had twin sons: Yehuda, the son-in-law of Rabbi Yannai, and Ḥizkiyya. Both of them were among the great Sages of the transitional generation between the *tanna'im* and the *amora'im* and apparently succeeded him at the head of his own yeshiva that he maintained in Tiberias, his town of residence.

All of the students of Rabbi Yehuda HaNasi were Rabbi Ḥiyya's friends, and he even made the acquaintance of the *tanna* Rabbi Shimon ben Ḥalafta. Rabbi Yehuda HaNasi's younger disciples, e.g., Rabbi Ḥanina, Rabbi Oshaya, and Rabbi Yannai, all received traditions in Torah from Rabbi Ḥiyya as well and were considered, to a certain extent, his students too. Rabbi Ḥiyya's nephews, Rabba bar Ḥana and Rav, were his outstanding disciples. He also appears as one of the central figures in the *Zohar*.

Rabbi Ḥiyya was buried in Tiberias, and later his sons were laid to rest alongside him.

וְהָאָמַר רַבִּי חִיָּיא: אוֹתוֹ הַיּוֹם שֶׁמֵּת רַבִּי בָּטְלָה קְדוּשָּׁה! אֵיפוּךְ.

The Gemara asks: **But didn't Rabbi Ḥiyya say:** On **that day that Rabbi** Yehuda HaNasi **died, sanctity ceased?**[N] The Gemara answers: **Reverse** the names. It was Rabbi Yehuda HaNasi who made this statement about Rabbi Ḥiyya.

וְהָתַנְיָא, כְּשֶׁחָלָה רַבִּי נִכְנַס רַבִּי חִיָּיא אֶצְלוֹ וּמְצָאוֹ שֶׁהוּא בּוֹכֶה, אָמַר לוֹ: רַבִּי מִפְּנֵי מָה אַתָּה בּוֹכֶה? וְהָתַנְיָא: מֵת מִתּוֹךְ הַשְּׂחוֹק – סִימָן יָפֶה לוֹ, מִתּוֹךְ הַבְּכִי – סִימָן רַע לוֹ, פָּנָיו לְמַעְלָה – סִימָן יָפֶה לוֹ, פָּנָיו לְמַטָּה – סִימָן רַע לוֹ, פָּנָיו כְּלַפֵּי הָעָם – סִימָן יָפֶה לוֹ, כְּלַפֵּי הַכּוֹתֶל – סִימָן רַע לוֹ, פָּנָיו יְרוּקִין – סִימָן רַע לוֹ, פָּנָיו צְהוּבִּין וַאֲדוּמִּים – סִימָן יָפֶה לוֹ, מֵת בְּעֶרֶב שַׁבָּת – סִימָן יָפֶה לוֹ, בְּמוֹצָאֵי שַׁבָּת – סִימָן רַע לוֹ, מֵת בְּעֶרֶב יוֹם הַכִּפּוּרִים – סִימָן רַע לוֹ, בְּמוֹצָאֵי יוֹם הַכִּפּוּרִים – סִימָן יָפֶה לוֹ, מֵת מֵחוֹלִי מֵעַיִים – סִימָן יָפֶה לוֹ, מִפְּנֵי שֶׁרוּבָּם שֶׁל צַדִּיקִים מִיתָתָן בְּחוֹלִי מֵעַיִים.

The Gemara asks: **But isn't it taught** in a *baraita*: **When Rabbi** Yehuda HaNasi **fell ill, Rabbi Ḥiyya entered** to be **with him and found him crying. He said to him: My teacher, for what** reason **are you crying? Isn't it taught** in a *baraita*:

If one **dies while laughing, it is a good sign for him; while crying, it is a bad sign for him.**

If one dies with **his face upward, it is a good sign for him;** with **his face downward, it is a bad sign for him.**

If one dies with **his face facing the people** standing around him, **it is a good sign for him;** with **his face facing the wall, it is a bad sign for him.**

If one's **face** is **sallow, it is a bad sign for him;** if **his face** is **yellow or ruddy, it is a good sign for him.**

If one **dies on the Shabbat eve it is a good sign for him,** because he is heading straight into the Shabbat rest; if one dies **at the conclusion of Shabbat it is a bad sign for him.**

If one **dies on the eve of Yom Kippur, it is a bad sign for him,** as his sins have not yet been forgiven; if one dies at **the conclusion of Yom Kippur it is a good sign for him,** because he died after his sins have been forgiven.

If one **dies due to an intestinal disease, it is a good sign for him, because most of the righteous die due to intestinal disease.**[N]

אֲמַר לֵיהּ: אֲנָא אַתּוֹרָה וּמִצְוֹת קָא בָּכֵינָא.

Rabbi Yehuda HaNasi **said to him: I am crying for the Torah and the mitzvot** that I will be unable to fulfill after I die. This indicates that Rabbi Ḥiyya was present at the time of Rabbi Yehuda HaNasi's death.

אִיבָּעֵית אֵימָא: אֵיפוּךְ, וְאִיבָּעֵית אֵימָא: לְעוֹלָם לָא תֵּיפוּךְ, רַבִּי חִיָּיא עָסוּק בְּמִצְוֹת הֲוָה, וְרַבִּי סָבַר: לָא אַפַּגְרֵיהּ.

The Gemara answers: **If you wish, say** that one must **reverse** the names and that it was Rabbi Yehuda HaNasi who came to visit Rabbi Ḥiyya prior to his death. **And if you wish, say** instead that **actually** we **do not** need to **reverse** the names in all of the above statements, but rather explain that **Rabbi Ḥiyya was occupied with** the performance of **mitzvot and Rabbi** Yehuda HaNasi **thought: I will not hold him back** from his performance of mitzvot by appointing him head of the yeshiva.

וְהַיְינוּ דְּכִי הָווּ מִינְצוּ רַבִּי חֲנִינָא וְרַבִּי חִיָּיא: אֲמַר לֵיהּ רַבִּי חֲנִינָא לְרַבִּי חִיָּיא בַּהֲדֵי דִּידִי מִינְצַתְּ, דְּאִם חַס וְשָׁלוֹם נִשְׁתַּכְּחָה תּוֹרָה מִיִּשְׂרָאֵל – מַהֲדַרְנָא לֵיהּ מִפִּלְפּוּלִי!

And this is the background to an exchange that took place **when Rabbi Ḥanina and Rabbi Ḥiyya argued. Rabbi Ḥanina said to Rabbi Ḥiyya: You are arguing with me? If, Heaven forfend, the Torah would be forgotten from the Jewish people, I would restore it through my analyses,** i.e., using my abilities of analysis I would be able to rediscover all that had been lost.

NOTES

Sanctity ceased – בָּטְלָה קְדוּשָּׁה: *Tosafot* explain, in accordance with the Rivan, that this is referring to the fact that Rabbi Yehuda HaNasi was called Rabbeinu HaKadosh, our sacred rabbi. However, the Ran, Ra'avad, and others explain in accordance with the Jerusalem Talmud, that on the day of Rabbi Yehuda HaNasi's passing, the sanctity of the priesthood ceased, since the priests were required to take part in the funeral and became ritually impure as a consequence. They argue that a *Nasi* is comparable to a corpse with no one to bury it, because the *Nasi* would not be given the honor due him without each individual participating in his funeral. Consequently, even priests were to participate (see *Tosafot*).

Die due to intestinal disease – מִיתָתָן בְּחוֹלִי מֵעַיִים: Commentaries explain, based upon the Jerusalem Talmud, that intestinal diseases cleanse the body of contaminating elements. Additionally, one who dies due to an intestinal disease retains his cognitive faculties until the end. Consequently, his personality is not affected and he is able to continue to study Torah.

אֲמַר לֵיהּ רַבִּי חִיָּיא: אֲנָא עָבְדִי דְּלָא מִשְׁתַּכְּחָה תּוֹרָה מִיִּשְׂרָאֵל, דְּאַיְיתִינָא כִּיתָּנָא וְשָׁדֵינָא, וּמְגַדַּלְנָא נִישְׁבֵּי, וְצָיְידְנָא טַבְיָא, וּמַאֲכִילְנָא בִּישְׂרָא לְיַתְמֵי, וַאֲרִיכְנָא מְגִילָּתָא מִמַּשְׁכֵי דְּטַבְיָא, וְסָלֵיקְנָא לְמָתָא דְּלֵית בָּהּ מַקְרֵי דַּרְדְּקֵי, וְכָתֵיבְנָא חַמְשָׁה חוּמְשֵׁי לְחַמְשָׁה יָנוּקֵי, וּמַתְנֵינָא שִׁיתָּא סִידְרֵי לְשִׁיתָּא יָנוּקֵי, לְכָל חַד וְחַד אָמְרִי לֵיהּ: אַתְנֵי סִידְרָךְ לְחַבְרָךְ.

Rabbi Ḥiyya said to Rabbi Ḥanina: **I am working** to ensure **that the Torah will not be forgotten from the Jewish people. For I bring flax and I plant it, and I** then **weave nets** from the flax fibers. I then go out and **trap deer, and I feed the meat to orphans, and I form scrolls from the skins of the deer. And I go to a town that has no teachers of children in it and I write the five books** of the Torah **for five children. And I teach the six orders** of the Mishna **to six children. To each and every one** of these children **I say: Teach your order to your friends.** In this way all of the children will learn the whole of the Torah and the Mishna.

וְהַיְינוּ דְּאָמַר רַבִּי: כַּמָּה גְּדוֹלִים מַעֲשֵׂה חִיָּיא! אֲמַר לֵיהּ רַבִּי שִׁמְעוֹן בְּרַבִּי: אֲפִילּוּ מִמְּךָ? אֲמַר לֵיהּ: אִין. אֲמַר לֵיהּ רַבִּי יִשְׁמָעֵאל בְּרַבִּי יוֹסֵי: אֲפִילּוּ מֵאַבָּא? אֲמַר לֵיהּ: חַס וְשָׁלוֹם! לֹא תְּהֵא כָּזֹאת בְּיִשְׂרָאֵל.

And this is what **Rabbi** Yehuda HaNasi referred to when he **said: How great are the actions of Ḥiyya. Rabbi Shimon, son of Rabbi** Yehuda HaNasi, **said to** his father: Even greater **than** your works? **He said to him: Yes. Rabbi Yishmael, son of Rabbi Yosei, said to** Rabbi Yehuda HaNasi: **Even** greater **than** the work of Rabbi Yosei, my **father?** Rabbi Yehuda HaNasi **said to him: Heaven forfend.** Such comments **should not be** made **among the Jewish people.**

אָמַר לָהֶן: לִבְנִי קָטָן אֲנִי צָרִיךְ. נִכְנַס רַבִּי שִׁמְעוֹן אֶצְלוֹ, מָסַר לוֹ סִדְרֵי חָכְמָה.

§ The Gemara returns to the narrative of the impending death of Rabbi Yehuda HaNasi: **He said to them: I need my younger son. Rabbi Shimon entered his** presence. **He transmitted to him the orders of wisdom,** including how he should conduct himself and the essential principles of the Torah.

אָמַר לָהֶן: לִבְנִי גָּדוֹל אֲנִי צָרִיךְ. נִכְנַס רַבָּן גַּמְלִיאֵל אֶצְלוֹ, וּמָסַר לוֹ סִדְרֵי נְשִׂיאוּת. אָמַר לוֹ: בְּנִי, נְהוֹג נְשִׂיאוּתְךָ בְּרָמִים, זְרוֹק מָרָה בַּתַּלְמִידִים.

He said to them: I need my older son. Rabban Gamliel entered his presence, and Rabbi Yehuda HaNasi **transmitted to him the procedures** of the office **of the** ***Nasi.*** Rabbi Yehuda HaNasi **said to** Rabban Gamliel: **My son, conduct your** term as ***Nasi*** **with assertiveness** and **cast fear upon** your **students,**[H] i.e., treat them in a firm manner so that they will fear you.

אִינִי?! וְהָא כְּתִיב ״וְאֶת יִרְאֵי ה׳ יְכַבֵּד״, וְאָמַר מָר: זֶה יְהוֹשָׁפָט מֶלֶךְ יְהוּדָה, כְּשֶׁהָיָה רוֹאֶה תַּלְמִיד חָכָם הָיָה עוֹמֵד מִכִּסְאוֹ, וּמְחַבְּקוֹ וּמְנַשְּׁקוֹ, וְקוֹרֵא לוֹ: רַבִּי רַבִּי, מָרִי מָרִי!

The Gemara asks: **Is that so** that it is correct to behave in such a manner? **But isn't it written: "But he honors those that fear the Lord"** (Psalms 15:4), **and the Master said: This** is referring to **Jehoshaphat, king of Judea. When he would see a Torah scholar he would rise from his throne and hug him and kiss him and call to him: My teacher, my teacher, my master, my master.** This demonstrates that it is appropriate even for a king to behave with affection toward Torah scholars.

לָא קַשְׁיָא, הָא – בְּצִינְעָא, הָא – בְּפַרְהֶסְיָא.

The Gemara answers: This is **not difficult. This** display of affection should be applied **in private,** when only the teacher and student are present, and **that** stern demeanor should be applied **in public,**[H] in order to ensure the teacher's authority.

HALAKHA

Cast fear upon your students – **זְרוֹק מָרָה בַּתַּלְמִידִים**: Although the Sages stated that one who is strict cannot teach, that is only where the students do not understand the material due to its complexity or ambiguity. If, however, the teacher sees that the students are being lazy in their Torah studies, he must express anger and rebuke them in order to motivate them, as per the instructions of Rabbi Yehuda HaNasi to his son (Rambam *Sefer HaMadda, Hilkhot Talmud Torah* 4:5; *Shulḥan Arukh, Yoreh De'a* 246:11).

This display of affection should be applied in private and that stern demeanor should be applied in public – **הָא בְּצִינְעָא הָא בְּפַרְהֶסְיָא**: It is incumbent upon the king to honor those who study the Torah, and when Torah scholars come before him he must stand up for them and seat them at his side. However, this applies only in the palace of the king and in private. In public, outside of the palace, the king does not rise for anyone, nor does he give anyone honor, so that everyone will fear him (Rambam *Sefer Shofetim, Hilkhot Melakhim* 2:5).

תַּנְיָא, רַבִּי מוּטָל בְּצִיפּוֹרִי, וּמָקוֹם מוּכָן לוֹ בְּבֵית שְׁעָרִים. וְהָתַנְיָא: ״צֶדֶק צֶדֶק תִּרְדֹּף״ – הַלֵּךְ אַחַר רַבִּי לְבֵית שְׁעָרִים:

It is taught in a *baraita*: **Rabbi** Yehuda HaNasi was **lying** ill in **Tzippori**[B] **and** a burial **site was ready for him in Beit She'arim.**[B] The Gemara asks: **But isn't it taught** in a *baraita*: **"Justice, justice shall you follow"** (Deuteronomy 16:20); **follow Rabbi** Yehuda HaNasi **to Beit She'arim,** i.e., one should seek to have his case adjudicated by Rabbi Yehuda HaNasi's court in Beit She'arim. This indicates that Beit She'arim, not Tzippori, was Rabbi Yehuda HaNasi's place of residence, and therefore he must have been lying ill in Beit She'arim.

רַבִּי בְּבֵית שְׁעָרִים הֲוָה, אֶלָּא כֵּיוָן דַּחֲלַשׁ – אַמְטְיוּהִי לְצִיפּוֹרִי,

The Gemara answers: **Rabbi** Yehuda HaNasi **was in Beit She'arim, but when he became ill they transferred him to Tzippori,**

Perek **XII**
Daf **104** Amud **a**

דִּמְדַּלְיָא, וּבְסִים אֲוִירָא.

which is situated at a **high** altitude **and** whose **air is scented.**

BACKGROUND

Tzippori – **צִיפּוֹרִי**: Tzippori was a large town in the Upper Galilee and the perennial rival of Tiberias for recognition as the religious capital of the Galilee. During the Second Temple period it enjoyed special status among the towns of the Galilee due to its large and learned Jewish community. Among the *tanna'im* who lived there were Rabbi Yoḥanan ben Nuri, Rabbi Ḥalafta, and the latter's famous son, Rabbi Yosei. Rabbi Yehuda HaNasi relocated to Tzippori toward the end of his life, and it became the seat of the Sanhedrin for approximately one generation. Some of Rabbi Yehuda HaNasi's disciples lived in Tzippori, including Rabbi Yishmael, son of Rabbi Yosei; Rabban Gamliel, son of Rabbi Yehuda HaNasi, who succeeded his father as *Nasi*; Rabban Gamliel's brother, Rabbi Shimon; Rabbi Ḥanina bar Ḥama, who eventually headed the yeshiva in Tzippori; and Rabbi Yannai. Even after the Sanhedrin relocated to Tiberias, Torah scholars continued to reside in Tzippori, including Rabbi Ḥanina of Tzippori and Rabbi Mana, who were prominent *amora'im*.

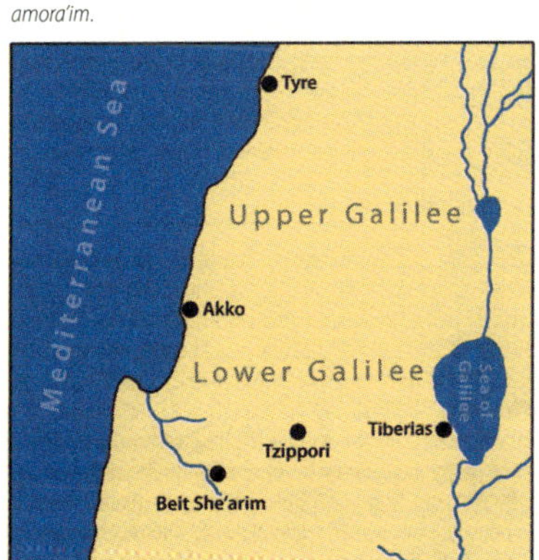

Map of the Galilee showing the location of Tzippori and Beit She'arim

Beit She'arim – **בֵּית שְׁעָרִים**: Beit She'arim was a small village in the Jezreel Valley known in modern times as Sheikh Abreik. It was the seat of the Sanhedrin in the days of Rabbi Yehuda HaNasi. Although Rabbi Yehuda HaNasi moved to Tzippori toward the end of his life for health reasons, he was nevertheless buried in Beit She'arim. Apparently for this reason the burial grounds at Beit She'arim gained importance, and for hundreds of years distinguished families in Eretz Yisrael and the Diaspora would bring their dead to be buried there. In recent times this large cemetery has been unearthed, with many of the ossuaries and epitaphs on the tombstones remaining intact.

Rabbi Yehuda HaNasi's burial site in Beit She'arim

Remains of ancient synagogue in Beit She'arim

הַהוּא יוֹמָא דְּנָח נַפְשֵׁיהּ דְּרַבִּי גָּזְרוּ רַבָּנַן תַּעֲנִיתָא, וּבָעוּ רַחֲמֵי, וְאָמְרִי: כׇּל מַאן דְּאָמַר ״נָח נַפְשֵׁיהּ דְּרַבִּי״ – יִדָּקֵר בַּחֶרֶב.

§ It is related that **on the day that Rabbi** Yehuda HaNasi **died, the Sages decreed a fast, and begged for** divine **mercy** so that he would not die. **And they said: Anyone who says that Rabbi** Yehuda HaNasi **has died will be stabbed with a sword.**

סְלִיקָא אַמְתֵיהּ דְּרַבִּי לְאִיגָּרָא, אָמְרָה: עֶלְיוֹנִים מְבַקְּשִׁין אֶת רַבִּי, וְהַתַּחְתּוֹנִים מְבַקְּשִׁין אֶת רַבִּי – יְהִי רָצוֹן שֶׁיָּכוֹפוּ תַּחְתּוֹנִים אֶת הָעֶלְיוֹנִים. כֵּיוָן דַּחֲזַאי כַּמָּה זִימְנֵי דְּעָיֵיל לְבֵית הַכִּסֵּא, וְחָלַץ תְּפִילִּין, וּמַנַּח לְהוּ, וְקָמִצְטַעֵר, אָמְרָה: יְהִי רָצוֹן שֶׁיָּכוֹפוּ עֶלְיוֹנִים אֶת הַתַּחְתּוֹנִים.

The maidservant of Rabbi Yehuda HaNasi[P] **ascended to the roof** and **said: The upper** realms **are requesting** the presence of **Rabbi** Yehuda HaNasi, **and the lower** realms **are requesting** the presence of **Rabbi** Yehuda HaNasi. **May it be** the **will** of God **that the lower** worlds **should impose** their will **upon the upper** worlds. However, **when she saw how many times he would enter the bathroom and remove** his **phylacteries,** and then exit **and put them** back on, **and** how **he was suffering** with his intestinal disease, **she said: May it be** the **will** of God **that the upper** worlds **should impose** their will **upon the lower** worlds.

וְלָא הֲווּ שָׁתְקִי רַבָּנַן מִלְּמִיבְעֵי רַחֲמֵי. שָׁקְלָה כּוּזָא שְׁדַיְיא מֵאִיגָּרָא [לְאַרְעָא], אִישְׁתִּיקוּ מֵרַחֲמֵי, וְנָח נַפְשֵׁיהּ דְּרַבִּי.

And the Sages, meanwhile, **would not be silent,** i.e., they would not refrain, **from begging for mercy** so that Rabbi Yehuda HaNasi would not die. So **she took a jug** [*kuza*][L] and **threw it from the roof to the ground.** Due to the sudden noise, the Sages **were** momentarily **silent** and refrained **from** begging for **mercy, and Rabbi** Yehuda HaNasi **died.**

אָמְרוּ לֵיהּ רַבָּנַן לְבַר קַפָּרָא: זִיל עַיֵּין. אֲזַל, אַשְׁכְּחֵיהּ דְּנָח נַפְשֵׁיהּ. קַרְעֵיהּ לִלְבוּשֵׁיהּ, וְאַהַדְרֵיהּ לְקִרְעֵיהּ לַאֲחוֹרֵיהּ. פְּתַח וְאָמַר: אֶרְאֶלִּים וּמְצוּקִים אָחֲזוּ בַּאֲרוֹן הַקֹּדֶשׁ, נִצְּחוּ אֶרְאֶלִּים אֶת הַמְּצוּקִים, וְנִשְׁבָּה אֲרוֹן הַקֹּדֶשׁ. אָמְרוּ לֵיהּ: נָח נַפְשֵׁיהּ? אֲמַר לְהוּ: אַתּוּן קָאָמְרִיתוּ, וַאֲנָא לָא קָאָמֵינָא.

The Sages said to bar Kappara:[P] **Go and ascertain** the condition of Rabbi Yehuda HaNasi. **He went** and **found that** Rabbi Yehuda HaNasi **had died. He tore his clothing and reversed** them so that **the tear** would be **behind him** and not be noticed. When he returned to the Sages **he opened** his remarks **and said:** The **angels** [*erelim*] **and righteous** mortals [*metzukim*][N] both **clutched the sacred ark. The angels triumphed** over **the righteous, and the sacred ark was captured. They said to him:** Has **he died? He said to them: You have said it and I did not say it,** as it had been decided that no one should say that he died.

בִּשְׁעַת פְּטִירָתוֹ שֶׁל רַבִּי זָקַף עֶשֶׂר אֶצְבְּעוֹתָיו כְּלַפֵּי מַעְלָה, אָמַר: רִבּוֹנוֹ שֶׁל עוֹלָם, גָּלוּי וְיָדוּעַ לְפָנֶיךָ שֶׁיָּגַעְתִּי בְּעֶשֶׂר אֶצְבְּעוֹתַי בַּתּוֹרָה, וְלֹא נֶהֱנֵיתִי אֲפִילּוּ בְּאֶצְבַּע קְטַנָּה, יְהִי רָצוֹן מִלְּפָנֶיךָ שֶׁיְּהֵא שָׁלוֹם בִּמְנוּחָתִי. יָצְתָה בַּת קוֹל וְאָמְרָה: ״יָבֹא שָׁלוֹם יָנוּחוּ עַל מִשְׁכְּבוֹתָם״.

It is further related: **At the time of the death of Rabbi** Yehuda HaNasi, **he raised his ten fingers toward Heaven** and **said** in prayer: **Master of the Universe, it is revealed and known before You that I toiled with my ten fingers in the Torah, and I have not derived any benefit** from the world **even with** my **small finger. May it be Your will that there be peace in my repose.**[N] **A Divine Voice emerged and said: "He enters in peace, they rest in their beds"** (Isaiah 57:2).

עַל מִשְׁכָּבְךָ מִיבְּעֵי לֵיהּ! מְסַיַּיע לֵיהּ לְרַבִּי חִיָּיא בַּר גַּמְדָּא. דְּאָמַר רַבִּי חִיָּיא בַּר גַּמְדָּא אָמַר רַבִּי יוֹסֵי בֶּן שָׁאוּל: בְּשָׁעָה שֶׁהַצַּדִּיק נִפְטָר מִן הָעוֹלָם, אוֹמְרִים מַלְאֲכֵי הַשָּׁרֵת לִפְנֵי הַקָּדוֹשׁ בָּרוּךְ הוּא: רִבּוֹנוֹ שֶׁל עוֹלָם צַדִּיק פְּלוֹנִי בָּא. אוֹמֵר לָהֶם: יָבוֹאוּ צַדִּיקִים וְיֵצְאוּ לִקְרָאתוֹ, וְאוֹמְרִים לוֹ: יָבֹא בְּשָׁלוֹם יָנוּחוּ עַל מִשְׁכְּבוֹתָם.

The Gemara asks: Why does it say: "They rest in their beds," in the plural? **It should have** said: **In your bed,** in the singular, as the beginning of the verse is phrased in the singular. The Gemara notes: This **supports** the opinion of **Rabbi Ḥiyya bar Gamda. As Rabbi Ḥiyya bar Gamda said** that **Rabbi Yosei ben Shaul said: At the time when a righteous individual departs from the world, the ministering angels say before the Holy One, Blessed be He: Master of the Universe, the righteous** individual so-and-so **is coming.** The Holy One, Blessed be He, then **says to them: The righteous should come** forth **and they should go out toward him. And** the righteous **say to** the newly deceased individual: **He enters in peace,** and subsequently, the righteous **rest in their beds.**

PERSONALITIES

The maidservant of Rabbi Yehuda HaNasi – אַמְתֵיהּ דְּרַבִּי: The maidservant of the household of Rabbi Yehuda HaNasi is mentioned here and in several other contexts in the Gemara. She famously spoke in the purest, most ancient form of the Hebrew language, including words with which the Sages themselves were no longer familiar. It seems that she was a unique servant who was perhaps raised in the family of the *Nesi'im*. The Gemara recounts her wise conduct and her witty and wise manner of speech.

Bar Kappara – בַּר קַפָּרָא: Bar Kappara was one of the Sages of Eretz Yisrael during the transitional generation between the *tanna'im* and the *amora'im*. Bar Kappara's first name is unknown, although some say that it was Shimon. His connection, if any, to Rabbi Elazar HaKappar is also unclear.

Bar Kappara was one of the leading disciples of Rabbi Yehuda HaNasi, and as a colleague of Rabbi Ḥiyya he collated a collection of *baraitot* cited many times in the Talmud. Also frequently quoted in the Talmud are his halakhic rulings. Bar Kappara was also known as one of the most prominent homilists of his generation, and several of his homilies and aggadic teachings are preserved in the Babylonian and Jerusalem Talmuds.

Bar Kappara was an expert in the written Torah; even Rabbi Yehuda HaNasi would ask him the interpretation of various verses. He was also known for his sharp analytical insights, as well as his sharp tongue. His tendency to make sharp comments caused embarrassment to Rabbi Yehuda HaNasi's family on several occasions, yet Rabbi Yehuda HaNasi still held him in high esteem. He in turn highly respected Rabbi Yehuda HaNasi and was even the first to eulogize him at his funeral.

Almost all of the first generation of *amora'im* were his students, including his sister's son, Rabbi Yehuda ben Padda, and they transmitted many *halakhot* in his name.

It would seem that bar Kappara lived in the Galilee, at least toward the end of his life, and was buried there, in the city of Parod.

LANGUAGE

Jug [*kuza*] – כּוּזָא: From the Persian koz, meaning jug.

NOTES

The angels [*erelim*] and righteous mortals [*metzukim*] – אֶרְאֶלִּים וּמְצוּקִים: *Erelim* refers to angels, as in the verse "Behold their valiant ones [*erelam*] cry without; the angels of peace weep bitterly" (Isaiah 33:7). The word *metzukim* refers to the righteous, as in the verse "For the pillars [*metzukei*] of the earth are the Lord's, and He has set the world upon them" (I Samuel 2:8). See Rashi and Rivan.

That there be peace in my repose – שֶׁיְּהֵא שָׁלוֹם בִּמְנוּחָתִי: Rabbi Yoshiya Pinto writes that the Sages say that sometimes a righteous person dies so that he should not witness the evils that are to befall the world in the near future, and sometimes he dies so as to atone for the sins of the generation. Rabbi Yehuda HaNasi prayed that he should have peace in his repose, meaning that his death should atone for the sins of his generation and that peace should reign in the world after his demise.

אָמַר רַבִּי אֶלְעָזָר: בְּשָׁעָה שֶׁהַצַּדִּיק נִפְטָר מִן הָעוֹלָם, שָׁלֹשׁ כִּיתּוֹת שֶׁל מַלְאֲכֵי הַשָּׁרֵת יוֹצְאוֹת לִקְרָאתוֹ, אַחַת אוֹמֶרֶת לוֹ ״בֹּא בְשָׁלוֹם״ וְאַחַת אוֹמֶרֶת ״הוֹלֵךְ נְכֹחוֹ״ וְאַחַת אוֹמֶרֶת לוֹ ״יָבֹא שָׁלוֹם יָנוּחוּ עַל מִשְׁכְּבוֹתָם״. בְּשָׁעָה שֶׁהָרָשָׁע נֶאֱבָד מִן הָעוֹלָם – שָׁלֹשׁ כִּיתּוֹת שֶׁל מַלְאֲכֵי חַבָּלָה יוֹצְאוֹת לִקְרָאתוֹ, אַחַת אוֹמֶרֶת ״אֵין שָׁלוֹם אָמַר ה׳ לָרְשָׁעִים״, וְאַחַת אוֹמֶרֶת לוֹ ״לְמַעֲצֵבָה יִשְׁכָּב״, וְאַחַת אוֹמֶרֶת לוֹ ״רְדָה וְהָשְׁכְּבָה אֶת עֲרֵלִים״.

Rabbi Elazar said: At the time when a righteous individual departs from the world, three contingents of ministering angels go out toward him. One says to him: Enter in peace; and one says to him: Each one **that walks in his uprightness; and one says to him: He enters in peace, they rest in their beds. At the time when a wicked person perishes from the world, three contingents of angels of destruction go out toward him. One says** to him: **"There is no peace, says the Lord concerning the wicked"** (Isaiah 48:22); **and one says to him: "You shall lie down in sorrow"** (Isaiah 50:11); **and one says to him: "Go down, and be laid with the uncircumcised"** (Ezekiel 32:19).

מתני׳ כָּל זְמַן שֶׁהִיא בְּבֵית אָבִיהָ – גּוֹבָה כְּתוּבָּתָהּ לְעוֹלָם, כָּל זְמַן שֶׁהִיא בְּבֵית בַּעְלָהּ – גּוֹבָה כְּתוּבָּתָהּ עַד עֶשְׂרִים וְחָמֵשׁ שָׁנִים, שֶׁיֵּשׁ בְּעֶשְׂרִים וְחָמֵשׁ שָׁנִים שֶׁתַּעֲשֶׂה טוֹבָה כְּנֶגֶד כְּתוּבָּתָהּ, דִּבְרֵי רַבִּי מֵאִיר, שֶׁאָמַר מִשּׁוּם רַבָּן שִׁמְעוֹן בֶּן גַּמְלִיאֵל.

MISHNA As long as a widow **is** living **in the house of her father** and is being supported by her husband's heirs, **she may always collect** payment of **her marriage contract,** even after many years. **As long as she is** living **in the house of her husband, she may collect** payment of **her marriage contract until twenty-five years** later, at which point she may no longer collect the payment. This is **because there is** enough time **in twenty-five years for her to do favors** and give to others, thereby spending the resources of the orphans, until what she has spent **equals** the value of **her marriage contract.** This is **the statement of Rabbi Meir, who said** it **in the name of Rabban Shimon ben Gamliel.**

וַחֲכָמִים אוֹמְרִים: כָּל זְמַן שֶׁהִיא בְּבֵית בַּעְלָהּ – גּוֹבָה כְּתוּבָּתָהּ לְעוֹלָם, כָּל זְמַן שֶׁהִיא בְּבֵית אָבִיהָ – גּוֹבָה כְּתוּבָּתָהּ עַד עֶשְׂרִים וְחָמֵשׁ שָׁנִים.

And the Rabbis say the opposite: **As long as she is** residing **in the house of her husband**[N] **she may always collect** payment of **her marriage contract,** since during this time the heirs are caring for her and she is therefore embarrassed to sue them for payment of her marriage contract. However, **as long as she is in the house of her father**[H] **she may collect** payment of **her marriage contract until twenty-five years** later, and if by then she has not sued for it, it is assumed that she has waived her rights to it.

מֵתָה – יוֹרְשֶׁיהָ מַזְכִּירִין כְּתוּבָּתָהּ עַד עֶשְׂרִים וְחָמֵשׁ שָׁנִים.

If **she died, her heirs mention her marriage contract**[N] up **until twenty-five years** later.[N]

גמ׳ אָמַר לֵיהּ אַבָּיֵי לְרַב יוֹסֵף: עֲנִיָּיה שֶׁבְּיִשְׂרָאֵל – עַד עֶשְׂרִים וְחָמֵשׁ שָׁנִים, וּמָרְתָא בַּת בַּיְיתוֹס – עַד עֶשְׂרִים וְחָמֵשׁ שָׁנִים?

GEMARA The mishna stated that according to Rabbi Meir, over a period of twenty-five years a woman will spend a sum equal to her marriage contract from the resources of the orphans. **Abaye said to Rav Yosef:** Is it true that **the poorest** woman **among the Jewish people,** whose marriage contract is of minimal value, will not spend this amount **until twenty-five years** have passed, **and Marta bat Baitos,**[P] who was very wealthy and whose marriage contract was worth a huge sum, will also spend a sum equal to her marriage contract **within twenty-five years?**

אֲמַר לֵיהּ: לְפוּם גַּמְלָא שִׁיחְנָא.

He said to him: According to the camel is the load, i.e., a wealthy woman, whose marriage contract is of greater value, will spend more money over a particular period of time than a poor woman, whose marriage contract is of lesser value.

NOTES

As long as she is in the house of her husband, etc. – **כָּל זְמַן שֶׁהִיא בְּבֵית בַּעְלָהּ וכו׳**: The Rabbis hold that there is no concern about the money the widow spent doing favors, since the heirs prefer that she do so, and they forgive such spending (Meiri).

Mention her marriage contract – **מַזְכִּירִין כְּתוּבָּתָהּ**: The Rivan explains that this means that the heirs must actually sue for the payment of her marriage contract within this time period. Others say, and so it is implied in a discussion in the Jerusalem Talmud, that the verb is to be understood literally. They need only mention the marriage contract to show they did not give up on claiming it, but they don't need to actually sue for it within this time period (Rabbeinu Crescas Vidal; Ran).

Her heirs…until twenty-five years later – **יוֹרְשֶׁיהָ...עַד עֶשְׂרִים וְחָמֵשׁ שָׁנִים**: Some explain that the counting of these twenty-five years starts from when the husband dies. Others say that the count starts twenty-five years from when the woman dies (see *Melekhet Shlomo*).

HALAKHA

As long as she is in the house of her father, etc. – **כָּל זְמַן שֶׁהִיא בְּבֵית אָבִיהָ וכו׳**: In a place where it is customary not to write a marriage contract, a widow who lives in her husband's house may collect payment of her marriage contract at any time. If she lives in her father's house, she has up to twenty-five years to collect it. If she sues for her marriage contract after twenty-five years, she receives nothing, as it is assumed that she would not have remained silent all these years had she not waived her rights to it. This is in accordance with the Rabbis in the mishna (Rambam *Sefer Nashim, Hilkhot Ishut* 16:21–23; *Shulḥan Arukh, Even HaEzer* 101:1).

PERSONALITIES

Marta bat Baitos – **מָרְתָא בַּת בַּיְיתוֹס**: Marta bat Baitos was one of the wealthiest women in Jerusalem. She was so affluent that her name is used as an example to describe great wealth. It is possible that she was one of the members of the Baitos family, which was counted among the families of High Priests (*Pesaḥim* 57a). After she was widowed she married Yehoshua ben Gamla, and her prosperity and influence ensured his appointment as High Priest. It seems that she lived until the days of the destruction of the Temple, as it is told that despite her wealth she died of starvation (*Gittin* 56a).

איבעיא להו: לרבי מאיר, מהו שתשלש? תיקו.

A dilemma was raised before the Sages: **According to Rabbi Meir,** the amount of benefit she gains is determined by the years that have passed. If so, **what is the** ***halakha*** with regard to whether **she divides**[N] the value of her marriage contract in accordance with the number of years that have gone by, such that if some of the twenty-five years passed, she forfeits the proportionate value of her marriage contract? No answer was found for this dilemma, and the Gemara concludes: The dilemma **shall stand** unresolved.

״וחכמים אומרים כל זמן״. אמר ליה אביי לרב יוסף: אתאי קודם שקיעת החמה – גובה כתובתה, לאחר שקיעת החמה – לא גביא, בההיא פורתא אחילתא?!

§ We learned in the mishna: **And the Rabbis say: As long as** she is in her husband's house she may collect payment of her marriage contract at any time, but while she is in her father's house she may collect it only within twenty-five years. **Abaye said to Rav Yosef: If she came before the setting of the sun** at the end of the twenty-five-year period, **she collects** payment of **her marriage contract,** but if she came **after the setting of the sun she may not collect** it? **In that slight** period of time **did she waive** her rights to the payment of her marriage contract?

אמר ליה: אין, כל מדת חכמים כן היא: בארבעים סאה – טובל, בארבעים סאה חסר קורטוב – אינו יכול לטבול בהן.

He said to him: Yes. All the measures of the Sages that prescribe specific parameters or sizes **are such** that if one oversteps the fixed limits, he has not accomplished anything as far as the *halakha* is considered. Consequently, **in** a ritual bath containing **forty** ***se'a***[B] of water, **one may immerse** and become ritually pure. However, **in** a ritual bath containing **forty** ***se'a*** **less one** ***kortov***, a small amount, **he is unable to immerse therein** and become ritually pure.

אמר רב יהודה אמר רב, העיד רבי ישמעאל ברבי יוסי לפני רבי, שאמר משום אביו: לא שנו אלא שאין שטר כתובה יוצא מתחת ידיה, אבל שטר כתובה יוצא מתחת ידיה – גובה כתובתה לעולם. ורבי אלעזר אמר: אפילו שטר כתובה יוצא מתחת ידיה – אינה גובה אלא עד עשרים וחמש שנים.

Rav Yehuda said that **Rav said: Rabbi Yishmael, son of Rabbi Yosei, testified before Rabbi** Yehuda HaNasi and **said in the name of his father,** Rabbi Yosei: **They taught** all of the above **only** in a case where **she does not have a marriage contract in her possession,** such as in a locale where the custom is not to write a marriage contract, **but** in a situation **where she does have a marriage contract**[H] **in her possession, she may collect** payment **of her marriage contract forever. And Rabbi Elazar said: Even if she has a marriage contract in her possession, she** still **collects** payment of her marriage contract **only within twenty-five years** after the death of her husband.

מתיב רב ששת: בעל חוב גובה שלא בהזכרה. היכי דמי? אי דלא נקט שטרא – במאי גבי? אלא דנקיט שטרא, ובעל חוב הוא דלאו בר אחולי הוא, הא אלמנה – אחילתא!

Rav Sheshet raised an objection against the opinion of Rabbi Yishmael, son of Rabbi Yosei, based upon the *Tosefta* (*Ketubot* 12:3): **A creditor may collect** the money he is owed even after a long time has passed **without** his having **mentioned** the debt.[H] The Gemara clarifies: **What are the circumstances? If he does not hold the document** that records the debt, **with what is he collecting** the debt? **Rather,** it must be that **he does hold the document.** It can be inferred that even so, it is specifically **a creditor, who** it could be assumed **is not one** to have **forgiven** his debt, who may continue to collect the debt after a long period of time. **But a widow** is presumed to have **waived** her rights to the payment of her marriage contract even if she has the marriage contract in her possession. This conclusion contradicts the statement of Rabbi Yishmael, son of Rabbi Yosei.

NOTES

What is the ***halakha*** **with regard to whether she divides – מהו שתשלש:** Many commentaries argue that if the reason for Rabbi Meir's opinion is that after twenty-five years she spends the equivalent of her marriage contract through the favors she performs for others, then obviously she should lose a proportionate amount of her marriage contract for each of those years. *Talmidei Rabbeinu Yona*, cited in *Shita Mekubbetzet*, explain that even according to Rabbi Meir it is not taken for granted that she spent the value of her entire marriage contract. Rather, since she may have spent that full amount, she forgives the value of the marriage contract that she has not yet spent. The Rid explains that one could argue that only after twenty-five years have passed, by which time she has spent a sum equivalent to her entire marriage contract, does she lose the right to demand payment. Before that time, since she can certainly demand payment of part of her marriage contract, she may demand payment of the entire marriage contract.

BACKGROUND

Forty ***se'a*** **– ארבעים סאה:** Forty *se'a* is the minimum quantity of water necessary for a ritual bath. It is the equivalent of eighty *hin* or 5,760 egg-bulks. The forty-*se'a* measure serves as the basis for all modern calculations of the various measures of volume, since the Talmud states that the dimensions of a ritual bath must be at least three cubits by one cubit by one cubit, which holds the volume of forty *se'a*. According to Rabbi Ḥayyim Na'e, the quantity of forty *se'a* is equivalent to 332 ℓ of water, and according to the *Ḥazon Ish*, 573 ℓ.

Remains of small ritual bath at Masada

HALAKHA

She does have a marriage contract, etc. – שטר כתובה יוצא וכו׳: A widow who is in possession of her marriage contract may swear that she has not yet collected payment for it, and she may then collect payment. This applies even many years after the death of her husband, in accordance with the opinion of Rabbi Yosei (Rambam *Sefer Nashim*, *Hilkhot Ishut* 16:21; *Shulḥan Arukh*, *Even HaEzer* 101:1).

A creditor may collect even after a long time has passed without his having mentioned the debt – בעל חוב גובה שלא בהזכרה: If a creditor produces an authenticated promissory note, the debtor must pay his debt even if years have passed since he took the loan and the creditor has not sued him for payment in the interval. It is assumed that the creditor has not forgiven the debt, as stated in the *baraita* of the Gemara. The same is true even if the creditor is not in possession of the promissory note, as long as the debtor admits to owing the money, in accordance with the opinion of Rav Sheshet. Even if it was heard that the creditor has despaired of ever retrieving his money, the debtor is required to pay (Maharik; *Shulḥan Arukh*, *Ḥoshen Mishpat* 98:1).

NOTES

A divorcée is like a creditor – גרושה הרי היא כבעל חוב: The Rivan writes that there are two reasons why a divorcée would presumably not waive her rights to claim payment of her marriage contract. First, since a divorcée generally leaves the home of her husband with animosity, she has no reason to forgive the debt. Second, since she is not supported by her husband after the divorce and does not gain any benefit from his property, she has no reason to forfeit her rights.

HALAKHA

A divorcée is like a creditor – גרושה הרי היא כבעל חוב: A divorcée is never assumed to have waived her rights to collect payment for her marriage contract, even after many years have passed, in accordance with the opinion of Rabbi Ela and the explanation of Rashi that she certainly has not renounced her claims (*Shulḥan Arukh, Even HaEzer* 101:4).

If she demanded payment of her marriage contract – תבעה כתובתה: If a widow demands payment of her marriage contract within twenty-five years of her husband's death, she thereby reserves the right to collect payment for another twenty-five years. Every time she makes mention of her marriage contract and explains that her keeping silent should not be construed as a renunciation of her claims, it is as though she sued for it (Ran). This is in accordance with the opinion of Rav Naḥman bar Yitzḥak (Rambam, *Sefer Nashim, Hilkhot Ishut* 16:23; *Shulḥan Arukh, Even HaEzer* 101:1).

הוּא מוֹתִיב לַהּ, וְהוּא מְפָרֵק לַהּ: לְעוֹלָם דְּלָא נְקִיט שְׁטָרָא, וְהָכָא בְּמַאי עָסְקִינַן – כְּשֶׁחַיָּיב מוֹדֶה.

The Gemara states that Rav Sheshet **raised the objection and he resolved it: Actually,** the case in the *Tosefta* is where the creditor **does not hold a document** that records the debt, **and** the reason he may collect the debt is because **here we are dealing with** a case **where the debtor admits** that he owes the creditor money. Consequently, it cannot be proven from this case that a widow who has a marriage contract in her possession is unable to collect its payment.

וְהָאָמַר רַבִּי אֶלְעָא, שׁוֹנִין: גְּרוּשָׁה הֲרֵי הִיא כְּבַעַל חוֹב. הֵיכִי דָּמֵי? אִי דְּלָא נְקִיטָא כְּתוּבָּה – בְּמַאי גָּבְיָא? אֶלָּא לָאו – דִּנְקִיטָא כְּתוּבָּה, וּגְרוּשָׁה הִיא דְּלָאו בַּת אַחוּלֵי הִיא, הָא אַלְמָנָה – אַחֵילְתָא!

The Gemara asks: **But didn't Rabbi Ela say:** The Sages **teach** in a *baraita*: **A divorcée is like a creditor**[NH] and may collect her marriage contract after a long period of time even if she has not made mention of it during the course of that time? The Gemara clarifies: **What are the circumstances? If she does not hold a marriage contract** in her possession, **with what is she collecting** payment? **Rather, is it not** that **she holds a marriage contract** in her possession, **and it is a divorcée** who may collect under these circumstances, **as she is not one** who could be assumed to have **waived** the rights to the payment owed to her, as she does not maintain a relationship with the family that would prompt her to waive the rights to her claims? **But a widow** is likely to **waive** the rights to her claim, even though she is in possession of a contract.

הָכָא נַמִי, כְּשֶׁחַיָּיב מוֹדֶה.

The Gemara answers: **Here too,** the case is one **where the debtor,** i.e., the husband, **admits** to owing the divorcée payment for her marriage contract, although she does not have the marriage contract in her possession.

אָמַר רַב נַחְמָן בַּר יִצְחָק, תָּנֵי רַב יְהוּדָה בַּר קָזָא בְּמַתְנִיתָא דְּבֵי בַּר קָזָא: תָּבְעָה כְּתוּבָּתָהּ

Rav Naḥman bar Yitzḥak said: Rav Yehuda bar Kaza teaches in a *baraita* **of the school of** bar Kaza: If the widow **demanded** payment of **her marriage contract,**[H]

Perek **XII**
Daf **104** Amud **b**

הֲרֵי הִיא כְּבַתְּחִלָּה. וְאִם הָיָה שְׁטַר כְּתוּבָּה יוֹצֵא מִתַּחַת יָדֶיהָ – גּוֹבָה כְּתוּבָּתָהּ לְעוֹלָם.

it is **as though she is at the beginning** of her period of widowhood, and she has another twenty-five years from that point during which she may demand payment of her marriage contract. **And if she has a marriage contract in her possession, she may collect** payment of **her marriage contract forever.**

שְׁלַח לֵיהּ רַב נַחְמָן בַּר רַב חִסְדָּא לְרַב נַחְמָן בַּר יַעֲקֹב: יְלַמְּדֵנוּ רַבֵּינוּ, כְּשֶׁשְּׁטַר כְּתוּבָּה יוֹצֵא מִתַּחַת יָדָהּ מַחְלוֹקֶת, אוֹ כְּשֶׁאֵין שְׁטַר כְּתוּבָּה יוֹצֵא מִתַּחַת יָדָהּ, וַהֲלָכָה כְּדִבְרֵי מִי?

The Gemara relates that **Rav Naḥman, son of Rav Ḥisda, sent** the following message **to Rav Naḥman bar Ya'akov: Our teacher, instruct us.** Does the **dispute** between Rabbi Meir and the Rabbis apply in a case **where she has a marriage contract in her possession, or** does it apply only in a case **where she does not have a marriage contract in her possession? And in accordance with the statement of whom is the** ***halakha*** decided?

שְׁלַח לֵיהּ: בְּשֶׁאֵין שְׁטַר כְּתוּבָּה יוֹצֵא מִתַּחַת יָדָהּ מַחְלוֹקֶת, אֲבָל שְׁטַר כְּתוּבָּה יוֹצֵא מִתַּחַת יָדָהּ – גּוֹבָה כְּתוּבָּתָהּ לְעוֹלָם, וַהֲלָכָה כְּדִבְרֵי חֲכָמִים.

Rav Naḥman bar Ya'akov **sent** back this answer **to him: When she does not have a marriage contract in her possession,** there is **a dispute,** but in a case **where she has a marriage contract in her possession,** all agree that **she may collect** payment of **her marriage contract forever.** And in a case where there is a dispute, the ***halakha*** **is in accordance with the statement of the Rabbis.**

כִּי אֲתָא רַב דִּימִי אָמַר רַבִּי שִׁמְעוֹן בֶּן פָּזִי אָמַר רַבִּי יְהוֹשֻׁעַ בֶּן לֵוִי מִשּׁוּם בַּר קַפָּרָא: לֹא שָׁנוּ אֶלָּא מָנֶה מָאתַיִם, אֲבָל תּוֹסֶפֶת – יֵשׁ לָהּ.

When Rav Dimi came from Eretz Yisrael to Babylonia, he cited a dispute: **Rabbi Shimon ben Pazi said** that **Rabbi Yehoshua ben Levi said in the name of bar Kappara: They taught** that a widow is presumed to have waived her rights to payment of her marriage contract after twenty-five years **only** with regard to **one hundred** dinars **or two hundred** dinars, which constitute the principal payment of the marriage contract. **However, she** still **has** the right to demand payment of **the additional** sum recorded in the marriage contract.

וְרַבִּי אַבָּהוּ אָמַר רַבִּי יוֹחָנָן: אֲפִילּוּ תּוֹסֶפֶת אֵין לָהּ. דְּאָמַר רַבִּי אַיְיבוּ אָמַר רַבִּי יַנַּאי: תְּנַאי כְּתוּבָּה – כִּכְתוּבָּה דָּמֵי.

And Rabbi Abbahu said that **Rabbi Yoḥanan** said: **She does not have** the right to demand payment **even of the additional** sum[H] recorded in the marriage contract, **as Rabbi Aivu said** that **Rabbi Yannai said: The stipulation** of an additional sum **in the marriage contract is like** the principal sum of **the marriage contract.** Consequently, if she waived her rights to the principal sum of the marriage contract, she has waived her rights to the additional sum as well.

אִתְּמַר נַמִי, אָמַר רַבִּי אַבָּא אָמַר רַב הוּנָא אָמַר רַב: לֹא שָׁנוּ אֶלָּא מָנֶה מָאתַיִם, אֲבָל תּוֹסֶפֶת – יֵשׁ לָהּ.

It **was also stated** that other *amora'im* debated this matter: **Rabbi Abba said** that **Rav Huna said** that **Rav said: They taught** that she is considered as having waived her rights to payment of her marriage contract **only** with regard to the principal payment of **one hundred** or **two hundred dinars, but she** still **has** the right to demand payment of **the additional** sum recorded in the marriage contract.

אֲמַר לֵיהּ רַבִּי אַבָּא לְרַב הוּנָא: אֲמַר רַב הָכִי? אֲמַר לֵיהּ: אִישְׁתִּיקַן קָאָמְרַתְּ אוֹ אַשְׁקְיַין קָאָמְרַתְּ? אֲמַר לֵיהּ: אִישְׁתִּיקַן קָאָמִינָא.

Rabbi Abba said to Rav Huna: Did **Rav** really **say so?** Rav Huna **said to** Rabbi Abba: **Did you say** that in order to **silence me,** because you disagree with this ruling? **Or did you say** that because you are so satisfied with this ruling that you would like to **give me** wine to **drink?** Rabbi Abba **said to him: I said** that in order to **silence** you. This indicates that Rabbi Abba disagrees with Rav and accepts the opinion of Rabbi Yoḥanan on this issue.

חַמְתֵיהּ דְּרַב חִיָּיא אֲרִיכָא אִינְתַּתְ אֲחוּהּ הֲוַאי, וְאַלְמָנָה בְּבֵית אָבִיהָ הֲוַאי, וְזָנָהּ עֶשְׂרִים וְחָמֵשׁ שְׁנִין בְּבֵי נָשָׁא.

§ The Gemara relates that **the mother-in-law of Rav Ḥiyya Arikha,** so named because of his height, as the word *arikha* literally means long, **was** also **the wife of his brother, and she was a widow** who resided **in the house of her father, and** Rav Ḥiyya **sustained her** for **twenty-five years in the house of her father,** from his brother's estate.

לְסוֹף אָמְרָה לֵיהּ: הַב לִי מְזוֹנֵי. אֲמַר לָהּ: לֵית לָךְ מְזוֹנֵי. הַב לִי כְּתוּבָּה! אֲמַר לָהּ: לָא מְזוֹנֵי אִית לָךְ, וְלָא כְּתוּבָּה אִית לָךְ.

At the end of the twenty-five years, **she said to him: Give me** my **sustenance. He said to her: You do not have** the right to continue to demand **sustenance.** She said to him: In that case, **give me** the payment of my **marriage contract. He said to her:** After twenty-five years, **you have no** right to demand **sustenance and you have no** right to demand payment of your **marriage contract.**

תְּבַעְתֵּיהּ לְדִינָא קַמֵּיהּ דְּרַבָּה בַּר שֵׁילָא. אֲמַר לֵיהּ: אֵימָא לִי אֵיזִי גּוּפָא דְּעוּבְדָּא הֵיכִי הֲוָה? אֲמַר לֵיהּ: זַנִּיתָהּ עֶשְׂרִים וְחָמֵשׁ שָׁנִים בְּבֵי נָשָׁא, בְּחַיֵּי דְּמָר דִּבְכַתְפַּאי אַמְטַאי לָהּ.

She summoned him for judgment before Rabba bar Sheila. He said to Rav Ḥiyya Arikha: **Tell me, then, what was the essence of the case?** Rav Ḥiyya Arikha **said to him: I sustained her** for **twenty-five years in the house of her father,** and I swear **by the life of the Master,** i.e., by your life, **that I delivered** her sustenance **to her** regularly **on my** own **shoulders.**

אֲמַר לֵיהּ: טַעְמָא מַאי אֲמוּר רַבָּנַן: כָּל זְמַן שֶׁהִיא בְּבֵית בַּעְלָהּ גּוֹבָה כְּתוּבָּתָהּ לְעוֹלָם – דְּאָמְרִינַן מִשּׁוּם כִּיסוּפָא הוּא דְּלָא תָּבְעָה, הָכָא נַמִי – מִשּׁוּם כִּיסוּפָא הוּא דְּלָא תָּבְעָה, זִיל הַב לָהּ.

Rabba bar Sheila **said to him: What is the reason** that **the Sages said** that **as long as** the widow **is in the house of her husband, she may always collect** payment of **her marriage contract?** It is **because we say** that **it is due to embarrassment that she did not demand** payment of her marriage contract, because she is in her husband's house and his heirs are treating her well. **Here too,** in this case, **it is due to embarrassment**[H] **that she did not demand** payment of her marriage contract, as you treated her with great respect despite the fact that she was living in her father's house. Therefore, **go** and **give her** the payment of her marriage contract.

HALAKHA

She does not have the right to demand payment even of the additional sum – אֲפִילּוּ תּוֹסֶפֶת אֵין לָהּ: If a widow loses the right to demand payment of her marriage contract because twenty-five years have gone by and she has not demanded its payment, she loses her right to the additional sum stipulated in the contract, in addition to the required one hundred or two hundred dinars. The *halakha* is in accordance with Rabbi Yoḥanan, as there is a policy that the *halakha* follows the opinion of Rabbi Yoḥanan in his disputes with Rav. Although this *halakha* is not written explicitly in the Rambam or *Shulḥan Arukh*, the commentaries on these works argue that it is implicit in their formulation of the *halakha* that a widow loses her right to demand payment of her wedding contract (*Maggid Mishne* and *Kesef Mishne* on Rambam *Sefer Nashim, Hilkhot Ishut* 16:22; *Ḥelkat Meḥokek* and *Beit Shmuel* on *Shulḥan Arukh, Even HaEzer* 101:3).

Due to embarrassment – מִשּׁוּם כִּיסוּפָא: If the husband's heir personally delivers sustenance to the widow in her father's house, she is able to sue for payment of her marriage contract even after twenty-five years. This is because it is assumed that she did not sue during that time, not because she had forgiven the debt but because she was embarrassed to sue the heir, who was treating her with great respect. This ruling is in accordance with the opinion of Rabba bar Sheila (Rambam *Sefer Nashim, Hilkhot Ishut* 16:24; *Shulḥan Arukh, Even HaEzer* 101:2).

לא אשגח. כתב לה אדרכתא אניכסיה. אתא לקמיה דרבא, אמר ליה: חזי מר היכי דנן! אמר ליה: שפיר דנך.

Rav Ḥiyya Arikha **did not heed** the ruling of Rabba bar Sheila and did not give her the payment of her marriage contract. Rabba bar Sheila **wrote an authorization**[N] **for her to** seize **his property** in payment of the debt. Rav Ḥiyya Arikha **came before Rava,** and **he said to him: Let the Master see how** Rabba bar Sheila has **judged me.** Rava **said to him: He has judged you well.**

אמרה ליה: אי הכי – ליזיל להדר לי פירי דמן ההוא יומא עד האידנא! אמר לה: אחוי לי אדרכתיך. חזייה דלא הוה כתוב בה "ואישתמודענא דנכסים אלו דמיתנא אינון". אמר לה: אדרכתא לאו שפיר כתיבא.

The woman **said to** Rava: **If so, he should go** and **return to me** the **produce** that has grown on the property that I have a right to receive as payment, **from that day** that I received authorization to seize his property **until today. He said to her: Show me your** document of **authorization. He saw that it was not written in it: And it is known to us**[H] **that these properties are** from the estate **of the deceased. Rava said to her: The authorization is not written well.** Consequently, the property is not considered as though it were yours from the time that the authorization was written, and you do not have a right to the produce.

אמרה ליה: תיזיל אדרכתא, אישקול מיומא דשלימי יומא אכרזתא עד השתא. אמר לה: הני מילי – היכא דלא כתיב טעותא באדרכתא, אבל היכא דכתיב טעותא באדרכתא – לית לן בה.

She said to him: Let the authorization go, i.e., even if I have no right to the produce that grew from the time the authorization was written, **I should** have the right to **take** the produce that grew **from the time when the days of announcement were completed,** after the court assessed the value of the property, **until now.**[H] **He said to her: This applies** only in a case **where there was no error written into the authorization, but where there was an error written into the authorization,**[H] **we have no** right to collect the debt **with it.** You therefore have no rights to any of the produce.

אמרה ליה: והא מר הוא דאמר: אחריות טעות סופר הוא!

She said to him: But wasn't it you, **Master, who said** that omission of the **guarantee** of the sale from the document **is a scribal error,** and it is considered as though the guarantee were written in the document? Here too, say that the omission of the above clause is regarded as a scribal error and is considered as though it were written in the authorization.

אמר לה רבא: בהא ליכא למימר טעות סופר הוא, דבהא אפילו רבה בר שילא טעי. מעיקרא הוא סבור: הני והני דידיה, מה לי מהני מה לי מהני?

Rava said to her: In this case, **it cannot be said** that the clause was meant to be included in the document and **it** was left out due to a **scribal error, because in this** case **even Rabba bar Sheila erred** and thought that the clause should not be included. **Initially,** Rabba bar Sheila **thought** as follows: Since **these** properties that always belonged to Rav Ḥiyya Arikha **and those** properties that had belonged to his deceased brother **are** all **his,** i.e., Rav Ḥiyya Arikha's, as he inherited his brother's property, **what** difference does it make **to me** if she collects **from these** properties, and **what** difference does it make **to me** if she collects **from those** properties? Although only the property of her deceased husband is liened for the payment of her marriage contract, it should not really matter whether she collects from this property or from other property belonging to the heir.

ולא היא; זימנין דאזלה ומשבחה להו, ודבעלה מכספי, ואמר לה: שקיל דידך והב לי דידי, ואתי לאפוקי לעז על בי דינא.

Rava continues: **But that is not so. Sometimes** the widow **will go and improve** the property of the heir, thinking that she will receive her payment from it, **and** the property **of her** deceased **husband** will **depreciate** due to neglect on the part of the heir, who knows that it is this property that is liened to ensure payment of the widow's marriage contract. **And** eventually, the heir will **say to her: Take your** property, i.e., the property that belonged to your husband, **and give me my** property. **And** people **will come to cast aspersion on the court** as not being concerned for the welfare of the woman, who will be left with the depreciated property. Consequently, the document of authorization to seize property must specify exactly which property belonged to the widow's deceased husband, which she is entitled to collect. Since Rabba bar Sheila erred and did not write this specification, the document of authorization he wrote was useless.

הדרן עלך חנושא

NOTES

Authorization – אדרכתא: When a court rules in favor of a claimant in a monetary case and the debtor refuses to pay his debt, the court writes a document authorizing the claimant to seize property in payment of the debt. Once property has been located that the claimant wishes to seize, the court assesses the value of the property. The court then makes an announcement publicizing the sale of the property in order to determine if there is a buyer willing to pay more than the value at which it had been assessed. Following the announcement period, the property is either sold or given to the claimant. There is a dispute among the *amora'im* as to the claimant's right to the property before it actually enters his possession (*Bava Metzia* 35b): Rabba holds that the claimant attains the right to the produce grown in the field from the time the document of authorization was written, whereas Rava holds that he attains this right only from the end of the announcement period. *Tosafot* discuss the correct text of the Gemara here in light of this debate.

HALAKHA

He saw that it was not written in it: And it is known to us, etc. – חזייה דלא הוה כתוב בה ואישתמודענא וכו׳: When a document is written authorizing a creditor to seize the property of orphans, whether adults or minors, it must include the clause: We acknowledge that these properties belonged to so-and-so, the deceased. If this clause is not included in the document, it is invalid. Consequently, the creditor does not attain the rights to produce that was grown in the field prior to his repossession of the property (Rambam *Sefer Mishpatim, Hilkhot Malve VeLoveh* 12:9; *Shulḥan Arukh, Ḥoshen Mishpat* 109:2).

From when does one who seizes property attain rights to the produce – מאימתי אוכל הטורף פירות: If the court authorizes a claimant to seize property from his debtor, the claimant attains the rights to the field's produce from the end of the announcement period of the authorization (Rambam *Sefer Mishpatim, Hilkhot Malve VeLoveh* 22:12; *Shulḥan Arukh, Ḥoshen Mishpat* 98:9).

An error written into the authorization – טעותא באדרכתא: If there was an error in the document of authorization, the claimant does not attain rights to produce that was grown in the field prior to his repossession of the field, in accordance with the opinion of Rava (Rambam *Sefer Mishpatim, Hilkhot Malve VeLoveh* 12:9; *Shulḥan Arukh, Ḥoshen Mishpat* 109:2).

Summary of **Perek XII**

The chapter began with a discussion of one who promises to support his wife's daughter from another marriage. The Gemara established that such a guarantee is treated like a gift that one is contractually obligated to give, and it is unrelated to the marital agreements between the husband and the mother of the girl. Consequently, even if the marriage to the girl's mother is terminated, the guarantee to her daughter remains binding.

With regard to the living quarters of a widow, it was established that a widow continues to reside in the residence of her husband, where she enjoys all of the amenities she had during the lifetime of her husband. The rights of a widow to her husband's residence are limited to the specific home in which they resided together. If he did not own a home or if it was destroyed, the heirs are obligated to find her a place to live but are not obligated to bring her into their own home. If the widow simply prefers to return to her father's home, the heirs may calculate the cost of her sustenance according to what it would have been had she been living as a member of their household, if the cost would be less under those circumstances. However, if she has legitimate reasons for wishing to return to her father's home, they may not make that deduction.

A widow who dwells in her father's home may claim payment of her marriage contract within twenty-five years of her husband's death. If she did not claim the payment within that time, it is assumed that she has decided to forgo her rights to her marriage contract. However, if she continues to reside in her husband's home, she may demand payment of her marriage contract even after more than twenty-five years have passed.

The chapter also related various incidents that occurred prior to and following the death of Rabbi Yehuda HaNasi, including the instructions he gave immediately before his passing.

Introduction to **Perek XIII**

This chapter completes the discussion of several *halakhot* involving the obligations of a marriage contract. In addition, as the chapter mentions a dispute between Sages of the Second Temple period, it proceeds to analyze other disagreements between those Sages on matters unrelated to the topic of the tractate.

One issue debated here is the case of a man who went overseas and left his wife without sustenance. If the woman comes to the court to claim her sustenance from her absent husband's estate, the court must determine that he did not in fact leave her money for this purpose, in which case she would be unlawfully claiming part of his property. Another question that arises in this situation concerns a third party who willingly pays for her sustenance. To what extent is the husband legally bound to repay the donor for his expenses upon his return?

Another issue involving marriage is a couple's place of residence. Under what circumstances can one spouse force the other to relocate? Yet another matter discussed in this chapter is the money for the payment of a marriage contract. In a case where the precise currency of this sum was not specified in the marriage contact, it must be determined whether the husband must pay in the currency of the place where the contract was written or the location where payment is made.

Among the other disputes mentioned in this chapter, only two are related to the topics of the tractate. One is the case of a man who died and left behind only a small estate that is not sufficient both to provide a livelihood for his daughters, in accordance with the conditions of the marriage contract, and to provide for his sons. Does the obligation toward the daughters take precedence over the claim of the legal heirs, the sons? The second case concerns a father-in-law who does not pay the dowry he promised. The Sages dispute whether the groom may delay the marriage as a result.

The other disputes recorded in this chapter involve various forms of imperfect admissions. The general question is whether conclusions may be drawn from indirect proofs, even when they can be explained away in other ways. The cases discussed include one who issues a partial admission of a different type from that claimed, but which is connected to the claim, e.g., he admits that he owes the container of the claimed item; one who claims that certain property definitely belongs to him but he is unable to sue a particular person for it, e.g., a lost path that ran through several fields; and one who performed an action or testified to a matter that apparently negates his own claim, e.g., if he signed as a witness to a contract that described a field as belonging to someone else but that he would later claim as his own.

Perek **XIII**
Daf **104** Amud **b**

מתני׳ שְׁנֵי דַיָּינֵי גְזֵירוֹת הָיוּ בִירוּשָׁלַיִם, אַדְמוֹן וְחָנָן בֶּן אֲבִישָׁלוֹם. חָנָן אוֹמֵר שְׁנֵי דְבָרִים, אַדְמוֹן אוֹמֵר שִׁבְעָה. מִי שֶׁהָלַךְ לִמְדִינַת הַיָּם וְאִשְׁתּוֹ תּוֹבַעַת מְזוֹנוֹת, חָנָן אוֹמֵר:

MISHNA There were two prominent **judges** who issued **decrees in Jerusalem,**[B] **Admon and Ḥanan ben Avishalom. Ḥanan states two matters** about which the Sages disagreed; **Admon states seven.** The mishna elaborates: With regard to the case of **one who went overseas and his wife is demanding sustenance,** claiming that her husband left her without funds and she is seeking a ruling that would provide for her from her husband's property, **Ḥanan says:**

BACKGROUND

There were two prominent judges who issued decrees in Jerusalem – שְׁנֵי דַיָּינֵי גְזֵירוֹת הָיוּ בִירוּשָׁלַיִם: Prior to the destruction of the Second Temple, there were many Jewish courts, study halls, and synagogues in Jerusalem, with many rabbis, teachers, and Sages. Among the judges who served at that time, only a small number had the authority to enact decrees and establish permanent public edicts in such matters as robbery or damages.

Perek **XIII**
Daf **105** Amud **a**

תִּשָּׁבַע בַּסּוֹף וְלֹא תִּשָּׁבַע בַּתְּחִלָּה, נֶחְלְקוּ עָלָיו בְּנֵי כֹהֲנִים גְּדוֹלִים, וְאָמְרוּ: תִּשָּׁבַע בַּתְּחִלָּה וּבַסּוֹף. אָמַר רַבִּי דוֹסָא בֶּן הַרְכִּינָס: כְּדִבְרֵיהֶם. אָמַר רַבָּן יוֹחָנָן בֶּן זַכַּאי: יָפֶה אָמַר חָנָן: לֹא תִּשָּׁבַע אֶלָּא בַסּוֹף.

She takes an oath at the end of their marriage, i.e., when she learns that her husband died. The oath is to the effect that he did not leave her any funds when he departed overseas, as she is claiming full payment of her marriage contract. **And she does not take an oath at the outset** of his trip overseas, when she demands support soon after his departure. **The sons of High Priests**[B] **disagreed with** Ḥanan's opinion **and said: She takes an oath** both **at the outset**[N] **and at the end. Rabbi Dosa ben Harkinas said:** The *halakha* is **in accordance with their statement,** i.e., that of the sons of the High Priests. **Rabban Yoḥanan ben Zakkai said** that **Ḥanan spoke well: She takes an oath only at the end.**

גמ׳ וּרְמִינְהִי: שְׁלֹשָׁה דַיָּינֵי גְזֵילוֹת הָיוּ בִירוּשָׁלַיִם: אַדְמוֹן בֶּן גַּדַּאי, וְחָנָן הַמִּצְרִי, וְחָנָן בֶּן אֲבִישָׁלוֹם. קַשְׁיָא תְּלָת אַתְּרֵין, קַשְׁיָא גְזֵירוֹת אַגְּזֵילוֹת!

GEMARA The mishna states that there were two judges who issued decrees [*gezeirot*] in Jerusalem. **And** the Gemara **raises a contradiction** from the following *baraita*: **There were three judges** who adjudicated cases **of theft** [*gezeilot*] **in Jerusalem: Admon ben Gaddai, Ḥanan the Egyptian, and Ḥanan ben Avishalom.** The fact that the *baraita* mentions **three** judges **is difficult, as** the mishna includes only **two;** and the fact that the judges are described in the mishna as those who issue **decrees** is also **difficult** as they are described in the *baraita* as judges who adjudicate cases of **theft.**

בִּשְׁלָמָא תְּלָת אַתְּרֵין לָא קַשְׁיָא, דַּחֲשִׁיב לֵיהּ – קָתָנֵי, דְּלָא חֲשִׁיב לֵיהּ – לָא קָתָנֵי. אֶלָּא גְזֵירוֹת אַגְּזֵילוֹת קַשְׁיָא!

The Gemara continues: **Granted,** the contradiction between the statement that there were **three** judges and the statement **that** there were **two is not difficult,** as those **who are important to him**[N] the *tanna* **teaches** in the mishna, **and** those **who are not important to him** the *tanna* **does not teach** in the mishna. Although there were other judges, the *tanna* mentioned only those pertinent to the topic at hand. **However,** the contradiction between the ruling that refers to **decrees** and the ruling that refers **to theft is difficult.**

אָמַר רַב נַחְמָן בַּר יִצְחָק: שֶׁהָיוּ גּוֹזְרִין גְּזֵירוֹת עַל גְּזֵילוֹת. כִּדְתַנְיָא: קִיטְמָה נְטִיעָה, רַבִּי יוֹסֵי אוֹמֵר: גּוֹזְרֵי גְזֵירוֹת שֶׁבִּירוּשָׁלַיִם אוֹמְרִים: נְטִיעָה בַּת שְׁנָתָהּ – שְׁתֵּי כֶסֶף, בַּת שְׁתֵּי שָׁנִים – אַרְבַּע כֶּסֶף.

Rav Naḥman bar Yitzḥak said: There is no contradiction, **as they would issue decrees**[N] **concerning** matters **of theft, as it is taught** in a *baraita*: With regard to an animal that **severed** a young **plant** in the field of another, **Rabbi Yosei says** that **those who issue decrees in Jerusalem said: For a plant one year old,** the animal's owner must pay **two silver** pieces; for a plant **two years old,** he pays **four silver** pieces.

וּרְמִינְהִי: שְׁלֹשָׁה דַיָּינֵי גְזֵירוֹת הָיוּ בִירוּשָׁלַיִם: אַדְמוֹן, וְחָנָן, וְנַחוּם! אָמַר רַב פַּפָּא: מַאן תְּנָא נַחוּם – רַבִּי נָתָן הִיא. דְּתַנְיָא, רַבִּי נָתָן אוֹמֵר: אַף נַחוּם הַמָּדִי מִגּוֹזְרֵי גְזֵירוֹת שֶׁבִּירוּשָׁלַיִם הָיָה, וְלֹא הוֹדוּ לוֹ חֲכָמִים.

The Gemara **raises a contradiction** between the *baraita* cited above and another *baraita*: **There were three** prominent **judges** who issued **decrees in Jerusalem: Admon, Ḥanan, and Naḥum.** In the previous *baraita*, Naḥum was not listed. **Rav Pappa said: Who is the** *tanna* who **taught** that the third judge was **Naḥum? It is Rabbi Natan, as it is taught** in a *baraita* that **Rabbi Natan says: Naḥum HaMadi was also among those who would issue decrees in Jerusalem, but the Sages did not agree with** his opinion.

BACKGROUND

Sons of High Priests – בְּנֵי כֹהֲנִים גְּדוֹלִים: In the last days of the Second Temple the position of High Priest was no longer hereditary but was given to certain families of priests. At times the position of the High Priest was sullied due to the presentation of bribes to the authorities or other unsavory tactics. During the dynasty of Herod the position of the High Priest was apparently granted to a small number of families who divided among themselves the various functions of the Temple (see *Pesaḥim* 57a). For this reason there was a group called the sons of High Priests, who dealt with halakhic matters, perhaps in the framework of a court for priests.

NOTES

She takes an oath at the outset, etc. – תִּשָּׁבַע בַּתְּחִלָּה וכו׳: Rashi and most authorities explain that the phrase: At the outset, refers to when she initially comes to seek her sustenance after her husband departs. She must swear that her husband did not leave her any funds with which she can support herself. The phrase: In the end, refers to when she comes to claim her marriage contract upon hearing of her husband's death. Others maintain that the phrase: In the end, means when the husband returns from abroad and claims that he did leave funds for her (Rambam's Commentary on the Mishna).

Those who are important to him – דַּחֲשִׁיב לֵיהּ: Some explain that the mishna lists only the most important judges, whereas the *baraita* is not particular in this regard and lists them all (Rivan). Others add that the *baraita* lists Ḥanan the Egyptian prior to Ḥanan ben Avishalom because Ḥanan the Egyptian had a more prestigious lineage, although Ḥanan ben Avishalom was the greater Torah scholar; this is similar to the order of Sages in *Yevamot* 16a (*Tosafot*). Alternatively, the mishna listed only those judges whose opinions were disputed by other Sages (Rabbeinu Tam in *Tosafot*).

Issue decrees, etc. – גּוֹזְרִין גְּזֵירוֹת וכו׳: Rashi explains that they would fine thieves. Others maintain that this does not necessarily refer to fines. Rather, the judges would establish fixed rates for various items so that it would not be necessary to estimate their value each time anew (Ritva). Yet others suggest that the judges would sometimes impose fines on thieves of more than the amount they stole, to deter them from wrongdoing (*Talmid HaRashba*, cited in *Shita Mekubbetzet*). In the Jerusalem Talmud it is explained that these judges were appointed to deal solely with cases of theft. Since there were relatively few cases of theft at that time, a small number of judges was more than enough to handle the caseload (Rabbeinu Yehonatan).

וְתוּ לֵיכָּא? וְהָאָמַר רַבִּי פִּנְחָס אָמַר רַבִּי אוֹשַׁעְיָא: שָׁלֹשׁ מֵאוֹת וְתִשְׁעִים וְאַרְבָּעָה בָּתֵּי דִינִין הָיוּ בִּירוּשָׁלַיִם, כְּנֶגְדָּן בָּתֵּי כְנֵסִיּוֹת, וּכְנֶגְדָּן בָּתֵּי מִדְרָשׁוֹת, וּכְנֶגְדָּן בָּתֵּי סוֹפְרִים! דַּיָּינִין – טוּבָא הָווּ, וְכִי קָאָמְרִינַן – אַגּוֹזְרֵי גְּזֵירוֹת קָאָמְרִינַן.

The Gemara asks: **And** were there **no more** judges? **Didn't Rabbi Pineḥas say** that **Rabbi Oshaya said: There were 394 courts in Jerusalem, and a comparable number of synagogues, and a comparable number of study halls, and a comparable number of houses of teachers** of schoolchildren. The Gemara answers: **There were many judges, but when we say** that there were a small number, it is specifically **concerning those who issue decrees** that **we say** so.

אָמַר רַב יְהוּדָה אָמַר רַב אַסִי: גּוֹזְרֵי גְּזֵירוֹת שֶׁבִּירוּשָׁלַיִם הָיוּ נוֹטְלִין שְׂכָרָן תִּשְׁעִים וְתֵשַׁע מָנֶה מִתְּרוּמַת הַלִּשְׁכָּה, לֹא רָצוּ – מוֹסִיפִין לָהֶם. לֹא רָצוּ? אַטּוּ בִּרְשִׁיעֵי עָסְקִינַן? אֶלָּא, לֹא סָפְקוּ אַף עַל פִּי שֶׁלֹּא רָצוּ – מוֹסִיפִין עֲלֵיהֶן.

§ **Rav Yehuda said** that **Rav Asi said: Those who issue decrees**[H] **in Jerusalem would take their wages, ninety-nine *maneh*,** equal to 9,900 dinars per year, **from the collection of the** Temple treasury **chamber.**[N] If **they did not wish** to do so, **one adds** to their wages. The Gemara asks: What is the meaning of the phrase: If **they did not wish** to do so? Does this mean that if they desired higher wages, they were paid more? **Is that to say** that **we are dealing with wicked** people who demand wages beyond what they need? **Rather,** on the contrary, Rav Asi said that if their wages were **insufficient** for their needs, then **even if they did not wish** to receive higher wages, **one adds to their** wages so that they may devote themselves to their communal service.

קַרְנָא הֲוָה שָׁקֵיל אִיסְתֵּירָא מִזַּכַּאי וְאִיסְתֵּירָא מֵחַיָּיב, וְדָאֵין לְהוּ דִּינָא, וְהֵיכִי עָבֵיד הָכִי? וְהָכְתִיב ״וְשׁוֹחַד לֹא תִקָּח״?

The Gemara relates: The Sage **Karna**[P] **would take an *istera*,**[L] a small coin, **from the innocent party, and an *istera* from the guilty party,** i.e., he would charge both parties that came to him for judgment, **and** then **he would judge their case.** The Gemara asks: **But how could he do so? Isn't it written: "And you shall take no bribe"** (Exodus 23:8), which indicates that a judge may not take money from either of the two litigants?

וְכִי תֵּימָא הָנֵי מִילֵּי – הֵיכָא דְּלָא שָׁקֵיל מִתַּרְוַויְיהוּ, דִּלְמָא אָתֵי לְאַצְלוֹיֵי דִּינָא. קַרְנָא, כֵּיוָן דְּשָׁקֵיל מִתַּרְוַויְיהוּ – לָא אָתֵי לְאַצְלוֹיֵי דִּינָא. וְכִי לָא אָתֵי לְאַצְלוֹיֵי דִּינָא מִי שָׁרֵי?

And if you say that **this** prohibition against taking a bribe **applies only when** a judge **does not take from both** parties, as there is a concern that **perhaps he may come to pervert the judgment** in favor of the party that gave him the bribe, whereas in the case of **Karna, since he took from both**[N] parties **he will not come to pervert the judgment,** who says that the verse is referring only to those circumstances? **Is it permitted** to take a bribe even in a case **when one will not pervert the judgment?**

וְהָתַנְיָא ״וְשׁוֹחַד לֹא תִקָּח״ מַה תַּלְמוּד לוֹמַר? אִם לְלַמֵּד שֶׁלֹּא לְזַכּוֹת אֶת הַחַיָּיב וְשֶׁלֹּא לְחַיֵּיב אֶת הַזַּכַּאי – הֲרֵי כְּבָר נֶאֱמַר ״לֹא תַטֶּה מִשְׁפָּט״. אֶלָּא אֲפִילּוּ לְזַכּוֹת אֶת הַזַּכַּאי וּלְחַיֵּיב אֶת הַחַיָּיב, אָמְרָה תוֹרָה ״וְשׁוֹחַד לֹא תִקָּח״!

But isn't it taught in a *baraita*: **"And you shall take no bribe"** (Exodus 23:8);[H] **what** is the meaning when **the verse states** this? **If** it comes **to teach that** one should **not acquit the guilty and** one should **not convict the innocent** due to a bribe, **it is already stated: "You shall not wrest judgment"** (Deuteronomy 16:19). **Rather,** this verse teaches that **even** if the purpose of the bribe is **to** ensure that one **acquit the innocent and convict the guilty, the Torah** nevertheless **says: "And you shall take no bribe."** This indicates that it is prohibited for a judge to receive anything from the litigants, even if there is no concern at all that justice will be perverted.

HALAKHA

Those who issue decrees, etc. – גּוֹזְרֵי גְּזֵירוֹת וכו׳: Those who amended the texts of scrolls and judges who presided over cases of theft in Jerusalem would draw their salary from the collection of the Temple treasury chamber. The Rambam states that their salary was ninety *maneh*, or 9,000 dinars per year; his statement is probably based on a different version of the Gemara. If that sum was insufficient for their needs they would be paid more, to enable them to support their household, regardless of their protests. The *halakha* is in accordance with the opinion of Rav Yehuda. This *halakha* served as a model for later generations, as various communities would establish a collection box from which the members of the court would receive their salaries. Money is collected and distributed for this purpose either in advance, at the beginning of the year, or afterward, at the end of the year. Some commentaries claim that it is better for the money to be collected at the start of the year so that the judges should not feel the need to flatter or favor anyone (Rambam *Sefer Zemanim*, *Hilkhot Shekalim* 4:7; *Shulḥan Arukh*, *Ḥoshen Mishpat* 9:3).

And you shall take no bribe – וְשׁוֹחַד לֹא תִקָּח: It is prohibited for a judge to take a bribe. This applies even if it was given to him as an encouragement to acquit the innocent and convict the guilty. One who takes the bribe violates a prohibition and is also in the category of "Cursed be he who takes a bribe" (Deuteronomy 27:25). Furthermore, he must return the bribe (Rambam *Sefer Shofetim*, *Hilkhot Sanhedrin* 23:1).

PERSONALITIES

Karna – קַרְנָא: This Sage, who was from the first generation of Babylonian *amora'im*, is sometimes referred to as Rav Karna. Together with his colleague Shmuel, he welcomed Rav when he came to Babylonia. The Gemara in *Sanhedrin* (17b) states that the phrase: Judges of the exile, refers to Karna, who served as a judge in Neharde'a. He edited a special collection of *baraitot* named after him: Torts of the academy of Karna. As stated here, Karna was employed as a wine taster.

LANGUAGE

Istera – אִיסְתֵּירָא: From the Greek, στατήρ, *statèr*, a Greek coin. When these coins were made of gold, they were called Tyrian money and were equal in value to a *sela*, or four dinars. When they were made of copper, they were called money of the state and were worth one-eighth of the value of the large coins, or a half-dinar.

NOTES

From the collection of the chamber – מִתְּרוּמַת הַלִּשְׁכָּה: The phrase: The collection of the chamber, refers to the money first set aside from shekels donated to the Temple each year. In tractate *Shekalim* of the Jerusalem Talmud it is stated that salaries would be taken from the money left in the Temple treasury, i.e., from coins that were not set aside from the collection, a fund that was generally used for those requirements of the city that were not connected to the Temple service.

He took from both – שָׁקֵיל מִתַּרְוַויְיהוּ: Many later authorities ask: If it is prohibited to take a bribe because it prevents a judge from maintaining an impartial stance, why is it prohibited to take a bribe from both sides (*Sma*)? One answer is that once a bribe has been accepted, even if the judge rules against the guilty party, he will not be as strict with him as required (*Ayyelet Ahavim*). Others cite a mishna in relation to this: When the litigants stand before you for judgment, let them be in your eyes as wicked (*Avot* 1:8). This means that a judge should suspect the litigants of lying and investigate the matter thoroughly. However, once a bribe has traded hands, it is no longer possible to view the litigants in this light and therefore he will fail to examine the issue carefully (*Likkutei Ḥover ben Ḥayyim*). Others explain similarly that as both of the litigants give him a bribe, he will waver back and forth between them and his eventual decision will not reflect the *halakha* accurately (Meiri).

הָנֵי מִילֵּי – הֵיכָא דְּשָׁקֵיל בְּתוֹרַת שׁוֹחַד, קַרְנָא – בְּתוֹרַת אַגְרָא הֲוָה שָׁקֵיל. וּבְתוֹרַת אַגְרָא מִי שָׁרֵי? וְהָתְנַן, הַנּוֹטֵל שָׂכָר לָדוּן – דִּינָיו בְּטֵלִין! הָנֵי מִילֵּי – אֲגַר דִּינָא, קַרְנָא – אֲגַר בְּטֵילָא הֲוָה שָׁקֵיל.

The Gemara answers: **This applies only when one takes the money in the form of a bribe,** even if he does not intend to pervert the judgment, whereas **Karna took** the money **in the form of a salary,** not a bribe. The Gemara asks: **But is it permitted** to take money from litigants **in the form of a salary? Didn't we learn** in a mishna (*Kiddushin* 58b): With regard to **one who takes a salary to judge**[N] cases, **his judgments are void?** The Gemara answers: **This applies only** when he took money as his **compensation for judging** the case, whereas **Karna** accepted the money **as compensation for unemployment,** i.e., as he could not engage in his usual work while dealing with the case, he would take compensation for this unemployment.

וַאֲגַר בְּטֵילָא מִי שָׁרֵי? וְהָתַנְיָא: מְכוֹעָר הַדַּיָּין שֶׁנּוֹטֵל שָׂכָר לָדוּן, אֶלָּא שֶׁדִּינוֹ דִּין. הֵיכִי דָּמֵי? אִילֵימָא אֲגַר דִּינָא – דִּינוֹ דִּין? וְהָתַנְיָא: הַנּוֹטֵל שָׂכָר לָדוּן – דִּינָיו בְּטֵילִין! אֶלָּא – אֲגַר בְּטֵילָא, וְקָתָנֵי: מְכוֹעָר הַדַּיָּין!

The Gemara asks: **And is** it **permitted** to take money **as compensation for unemployment? Isn't it taught** in a *baraita*: **Ugly is the judge who takes a salary to judge** cases; **however, his judgments are** valid **judgments?** The Gemara clarifies: **What are the circumstances** of this *baraita*? **If we say** that it is referring to one who accepted money as his **compensation for judging,** are **his judgments** valid **judgments? But didn't we learn** in a mishna (*Kiddushin* 58b): With regard to **one who takes a salary to judge**[H] cases, **his judgments are void? Rather,** it must certainly be referring to a situation where he takes money as **compensation for unemployment, and** yet the *baraita* **teaches: Ugly is the judge.**

הָנֵי מִילֵּי בְּטֵילָא דְּלָא מוֹכְחָא, קַרְנָא – בְּטֵילָא דְּמוֹכְחָא הֲוָה שָׁקֵיל, דַּהֲוָה תָּהֵי בְּאַמְבָּרָא דְּחַמְרָא, וְיָהֲבֵי לֵיהּ זוּזָא.

The Gemara answers: **This** statement that the judge is ugly **applies only** when the fact that he is taking a salary for his **unemployment is not evident,** as he was not engaged in some other type of work at the time. **Karna,** however, **would take** money for his **unemployment** when **it was evident** that he was taking time off work to judge the case, **as he was examining** his **wine stores** [*ambara*][L] to see which casks would last and which were going sour, **and they would pay him** one **dinar** as a salary. Consequently, when Karna paused from his work to deal with a case, it was clear that he was losing money.

כִּי הָא דְּרַב הוּנָא, כִּי הֲוָה אָתֵי דִּינָא לְקַמֵּיהּ, אֲמַר לְהוּ: הֲבוּ לִי גַּבְרָא דְּדָלֵי לִי בַּחֲרִיקַאי, וְאֵידוּן לְכוּ דִּינָא.

This **resembles** an incident involving **Rav Huna. When** people **would come** for **judgment before him,** he would **say to them:** As I am unable to take time off from my work, **give me a man who can draw water for me,** to irrigate the fields in my place, **and I will judge your case.**

אָמַר רַבִּי אַבָּהוּ: בֹּא וּרְאֵה כַּמָּה סְמוּיוֹת עֵינֵיהֶן שֶׁל מְקַבְּלֵי שׁוֹחַד; אָדָם חָשׁ בְּעֵינָיו – נוֹתֵן מָמוֹן לְרוֹפֵא, סָפֵק מִתְרַפֵּא סָפֵק אֵינוֹ מִתְרַפֵּא. וְהֵן נוֹטְלִין שָׁוֶה פְּרוּטָה, וּמְסַמִּין עֵינֵיהֶן. שֶׁנֶּאֱמַר ״כִּי הַשּׁוֹחַד יְעַוֵּר פִּקְחִים״.

Rabbi Abbahu said: Come and see how blind are the eyes of those who accept bribes, and how they ruin themselves. If **a person has pain in his eyes,** he **gives a doctor money,** and even then **it is uncertain** whether **he will be healed** or whether **he will not be healed. And** yet those judges **take** the **value** of a ***peruta***, a small amount of money as a bribe, **and** actively **blind their eyes, as it is stated: "For a bribe blinds those who have sight"** (Exodus 23:8).

תָּנוּ רַבָּנַן: ״כִּי הַשּׁוֹחַד יְעַוֵּר עֵינֵי חֲכָמִים״ – קַל וָחוֹמֶר לַטִּפְּשִׁין. ״וִיסַלֵּף דִּבְרֵי צַדִּיקִים״ – קַל וָחוֹמֶר לָרְשָׁעִים. מִידֵּי טִפְּשִׁים וּרְשָׁעִים בְּנֵי דִּינָא נִינְהוּ? אֶלָּא הָכִי קָאָמַר: ״כִּי הַשּׁוֹחַד יְעַוֵּר עֵינֵי חֲכָמִים״, אֲפִילּוּ חָכָם גָּדוֹל וְלוֹקֵחַ שׁוֹחַד – אֵינוֹ נִפְטָר מִן הָעוֹלָם בְּלֹא סְמִיּוּת הַלֵּב. ״וִיסַלֵּף דִּבְרֵי צַדִּיקִים״

The Sages taught: "For a bribe blinds the eyes of the wise" (Deuteronomy 16:19); ***a fortiori*** it will certainly blind the eyes **of fools. "And perverts the words of the righteous"** (Deuteronomy 16:19); ***a fortiori*** it will certainly pervert the statements **of the wicked.** The Gemara asks: **Are fools and the wicked suitable for judgment,** i.e., to be appointed as judges? **Rather, this is what** the *tanna* of the *baraita* **said: "For a bribe blinds the eyes of the wise"; even if** he were **very wise but he took a bribe,** he **will not leave** this **world without** suffering **blindness of the heart,** i.e., he will eventually turn foolish. **"And perverts the words of the righteous";**

NOTES

One who takes a salary to judge – הַנּוֹטֵל שָׂכָר לָדוּן: The prohibition against a judge accepting a salary for judging cases is based on the idea that just as God gave the Torah without receiving anything in exchange, so too, it is prohibited for Torah scholars to accept compensation for the Torah they teach and the judgments they issue (see 106a).

LANGUAGE

Wine stores [*ambara*] **– אַמְבָּרָא:** From the middle Persian anbar, meaning silo, a place for storing food.

HALAKHA

One who takes a salary to judge – הַנּוֹטֵל שָׂכָר לָדוּן: With regard to a judge who takes a salary, all of his decisions are void, apart from those concerning which it is known that he did not receive payment. However, if the judge receives compensation for his time and not for judging the case, i.e., wages for his unemployment, it is permitted. This is true only when it is clear to all that the salary is for the time that he would have otherwise devoted to his paid job. Furthermore, he has to receive this compensation from both litigants. However, if it is not evident that the salary is for his unemployment, e.g., if he does not have another job and argues that he should be paid in case he misses the chance of a job or a business opportunity, this is prohibited (Rambam *Sefer Shofetim, Hilkhot Sanhedrin* 23:5; *Shulḥan Arukh, Hoshen Mishpat* 9:5).

אֲפִילּוּ צַדִּיק גָּמוּר וְלוֹקֵחַ שׁוֹחַד – אֵינוֹ נִפְטָר מִן הָעוֹלָם בְּלֹא טֵירוּף דַּעַת.

even if he is completely righteous but he took a bribe, he will not leave this world without becoming demented.

כִּי אֲתָא רַב דִּימִי אָמַר: דָּרַשׁ רַב נַחְמָן בַּר כֹּהֵן: מַאי דִּכְתִיב ״מֶלֶךְ בְּמִשְׁפָּט יַעֲמִיד אָרֶץ וְאִישׁ תְּרוּמוֹת יֶהֶרְסֶנָּה״ אִם דּוֹמֶה דַּיָּין לְמֶלֶךְ, שֶׁאֵינוֹ צָרִיךְ לִכְלוּם – יַעֲמִיד אָרֶץ, וְאִם דּוֹמֶה לְכֹהֵן שֶׁמְּחַזֵּר עַל הַגְּרָנוֹת – יֶהֶרְסֶנָּה.

When Rav Dimi came from Eretz Yisrael to Babylonia, **he said** that **Rav Naḥman bar Kohen interpreted** a verse **homiletically** as follows. **What is** the meaning of that **which is written: "The king by justice establishes the land, but he who exacts gifts [*terumot*] overthrows it"** (Proverbs 29:4)? **If a judge is like a king,**[N] **in that he does not need anything** and is not dependent on anyone, **he establishes the land,** i.e., he can serve as a judge. **But if he is like a priest, who seeks out** his *terumot* **from** various **granaries,** as he is dependent on others, **he overthrows** the land.

אֲמַר רַבָּה בַּר רַב שֵׁילָא: הַאי דַּיָּינָא דְּשָׁאֵיל שְׁאֵילְתָּא – פָּסוּל לְמֵידַן דִּינָא. וְלָא אֲמַרַן – אֶלָּא דְּלֵית לֵיהּ לְאוֹשׁוֹלֵי, אֲבָל אִית לֵיהּ לְאוֹשׁוֹלֵי – לֵית לַן בַּהּ.

§ **Rabba bar Rav Sheila said: This judge who borrows**[H] items from others **is disqualified from rendering judgment** because it is as though he accepts a salary. **And we said this only** in a case **where he does not have** articles **to lend** out to others but is constantly borrowing without lending objects in turn. **However, if he has** items **to lend** out to others, **we have no** problem **with it.**

אִינִי? וְהָא רָבָא שָׁאֵיל שְׁאֵילְתָּא מִדְּבֵי בַּר מָרְיוֹן, אַף עַל גַּב דְּלָא שָׁיְילֵי מִינֵּיהּ! הָתָם לְאַחְשׁוּבִינְהוּ הוּא דְּבָעֵי.

The Gemara asks: **Is that so? But Rava** would **borrow** items **from the house of bar Maryon even though they would not borrow from him.** The Gemara answers: **There, he wanted to cause them to** be considered **more important** in the community. Rava was very wealthy and did not need to borrow for his own benefit. On the contrary, by borrowing from the house of bar Maryon he raised their standing in the community.

אֲמַר רָבָא: מַאי טַעְמָא דְּשׁוּחֲדָא? כֵּיוָן דְּקַבֵּיל לֵיהּ שׁוּחֲדָא מִינֵּיהּ – אִיקַּרְבָא לֵיהּ דַּעְתֵּיהּ לְגַבֵּיהּ, וְהָוֵי כְּגוּפֵיהּ, וְאֵין אָדָם רוֹאֶה חוֹבָה לְעַצְמוֹ. מַאי שׁוֹחַד – שֶׁהוּא חַד. אֲמַר רַב פַּפָּא: לָא לֵידוּן אִינִישׁ דִּינָא לְמַאן דְּרָחֵים לֵיהּ, וְלָא לְמַאן דְּסָנֵי לֵיהּ. דְּרָחֵים לֵיהּ – לָא חָזֵי לֵיהּ חוֹבָה, דְּסָנֵי לֵיהּ – לָא חָזֵי לֵיהּ זְכוּתָא.

Rava said: What is the reason for the prohibition against taking **a bribe? Once** a judge **accepts a bribe from** one party, **his thoughts draw closer to him and he becomes like his** own **self, and a person does not find fault in himself.** The Gemara notes that the term itself alludes to this idea: **What is** the meaning of ***shoḥad***, bribe? It can be read as: ***Shehu ḥad***, as he is one, i.e., at one mind with the litigant. **Rav Pappa said: A person should not judge**[H] **a case involving one whom he loves, nor involving one whom he hates.** He should not judge one **whom he loves,** as **he will not find any fault in him,** while with regard to one **whom he hates, he will not find any merit in him.**

אֲמַר אַבַּיֵי: הַאי צוּרְבָא מֵרַבָּנַן דִּמְרַחֲמִין לֵיהּ בְּנֵי מָתָא – לָאו מִשּׁוּם דְּמַעֲלֵי טְפֵי, אֶלָּא מִשּׁוּם דְּלָא מוֹכַח לְהוּ בְּמִילֵּי דִּשְׁמַיָּא.

Abaye said: With regard to **this Torah scholar who is beloved by the residents** of his town, **it is not because he is a superior** Sage than others; **rather,** it is **because he does not reprove them in Heavenly matters.** He is beloved because he is not strict with them with regard to the observance of mitzvot.

אֲמַר רָבָא: מֵרֵישׁ הֲוָה אָמֵינָא: הָנֵי בְּנֵי מְחוֹזָא כּוּלְּהוּ רַחֲמוּ לִי, כֵּיוָן דַּהֲוַאי דַּיָּינָא, אָמֵינָא: מִינַּיְיהוּ סָנוּ לִי, וּמִינַּיְיהוּ רַחֲמוּ לִי. כֵּיוָן דַּחֲזַאי דְּמַאן דְּמִיחַיַּיב לֵיהּ הָאִידָּנָא קָא זָכֵי לִמְחַר, אָמֵינָא: אִם מִרְחַם – כּוּלְּהוּ רַחֲמוּ לִי, אִי מִסְנוּ – כּוּלְּהוּ סָנוּ לִי.

Rava said: At first I would say that **all these residents of Meḥoza**[B] **love me;** however, **once I became a judge I said** that **some of them hate me and some of them love me,** as I assumed that their feelings toward me depended on the success of their case. **When I saw that the one I declared guilty today** would be **found innocent the following day,** I realized that my rulings do not determine their attitudes, and therefore **I said:** If they **love,** then **they all love me,** and **if they hate,** then **they all hate me,** regardless of what happens in the courtroom.

NOTES

If a judge is like a king – אִם דּוֹמֶה דַּיָּין לְמֶלֶךְ: This can mean that a judge is like a king in that he is not dependent on others for money, as he is financially independent. Rivan, who prefers that interpretation, nevertheless suggests that it might alternatively mean that the judge is likened to a king in that he is not dependent on others for Torah, as he knows all he requires. Others maintain that both interpretations are essential (Rabbeinu Tam in *Tosafot*). Yet others claim that this comparison of a judge to a king means that he acts as though he is independent of others, in that he does not chase after wealth or honor (Rambam's Commentary on the Mishna).

HALAKHA

A judge who borrows – דַּיָּין דְּשָׁאֵיל שְׁאֵילְתָּא: A judge who borrows an object may not preside over a case involving the one who lent it to him. This applies only if the judge does not have anything to lend to that person, but if he does have articles of his own to lend he may serve as his judge, as they both borrow from each other. The *halakha* is in accordance with the opinion of Rabba bar Rav Sheila. Some add that all this applies only when the judge is accustomed to borrowing from the same person all the time. However, if he happened to borrow from that individual and it is not apparent that the owner is lending the judge an article due to the pending case, the judge may preside over the case (Rema; Maharik). If the judge borrows from others so that those people will gain respect in the eyes of the community, he is allowed to preside over their cases, as indicated in the story involving Rava (*Shakh*, citing *Tur*; Rambam *Sefer Shofetim, Hilkhot Sanhedrin* 23:4; *Shulḥan Arukh, Ḥoshen Mishpat* 9:1).

A person should not judge, etc. – לָא לֵידוּן אִינִישׁ וכו׳: A judge should not preside over a case involving someone of whom he is fond, even if that litigant is not his closest companion. Likewise, a judge should not preside over a case involving someone he dislikes, even if he is not an enemy upon whom he wishes evil. Instead, the two litigants must be equal in the eyes and hearts of the judges. It is best if the judge does not know either of the two litigants. Some authorities rule that if a judge does preside over a case involving someone he likes or dislikes, the verdict is upheld (Rema; *Haggahot Asheri*). Others say that if he presided over a case involving someone he utterly detests to the extent that he has not spoken with this individual for three days due to the enmity he feels toward him, or alternatively, if he presided over a case involving someone he loves very much, his ruling is invalid (*Tur*). Yet others add that with regard to less extreme cases of like or dislike it is permitted for the judge to preside over the case, although as an act of piety he should be strict in this matter and withdraw from the trial. According to this opinion, it is permitted in such cases for the judge to participate in arbitration in which each litigant chooses a judge somewhat partial to him. All the more so a judge may preside over a case involving his disciple, for whom he is a figure of authority (Maharik; Rambam *Sefer Shofetim, Hilkhot Sanhedrin* 23:6; *Shulḥan Arukh, Ḥoshen Mishpat* 7:7).

BACKGROUND

Meḥoza – מְחוֹזָא: Meḥoza was a large city on the banks of the Tigris River, not far from the Malka River, which connects the Tigris with the Euphrates. Its location in the center of Babylonia led to its development as a wealthy commercial city. The people of Meḥoza were known for their great wealth, to the extent that even the male residents of the city would wear special, ornamented clothing. A large portion of the city's population was Jewish, including many converts. Rava was the head of the yeshiva in Meḥoza, which later merged with the yeshiva of Neharde'a-Pumbedita. He regularly rebuked the people of the city for their self-indulgence, dishonesty, and lack of fear of God.

תָּנוּ רַבָּנַן: "וְשׁוֹחַד לֹא תִקָּח" – אֵינוֹ צָרִיךְ לוֹמַר שׁוֹחַד מָמוֹן, אֶלָּא אֲפִילּוּ שׁוֹחַד דְּבָרִים נַמִי אָסוּר. מִדְּלָא כְּתִיב "בֶּצַע לֹא תִקָּח". הֵיכִי דָּמֵי שׁוֹחַד דְּבָרִים?

§ **The Sages taught: "And you shall take no bribe"** (Exodus 23:8). **It is not necessary to say** that this includes **bribery** by means of **money; however, even verbal bribery,**[H] assisting by means of speech, **is also prohibited.** The *halakha* that a bribe is not necessarily monetary is derived **from** the fact **that it is not written: And you shall take no profit.** The Gemara asks: **What are the circumstances of bribing with words?**

כִּי הָא דִּשְׁמוּאֵל הֲוָה עָבַר בְּמַבְרָא, אֲתָא הַהוּא גַּבְרָא יָהֵיב לֵיהּ יְדֵיהּ. אֲמַר לֵיהּ: מַאי עֲבִידְתֵּיךְ? אֲמַר לֵיהּ: דִּינָא אִית לִי. אֲמַר לֵיהּ: פְּסִילְנָא לָךְ לְדִינָא.

The Gemara explains: This can be demonstrated **by that** episode **involving Shmuel, who was** once **crossing** a river **on** a narrow **ferry. A certain man came** along **and gave him a hand** to help him out of the ferryboat. Shmuel **said to him: What are you doing** in this place? The man **said to him: I have a case** to present before you for judgment. Shmuel **said to him: I am disqualified from** presiding over **your case,** as you did me a favor. Although no money changed hands, a bond was formed between the pair.

אַמֵימָר הֲוָה יָתֵיב וְקָא דָאֵין דִּינָא פָּרַח גַּדְפָּא אַרֵישֵׁיהּ, אֲתָא הַהוּא גַּבְרָא שְׁקַלֵיהּ, אֲמַר לֵיהּ: מַאי עֲבִידְתֵּיךְ? אֲמַר לֵיהּ: דִּינָא אִית לִי. אֲמַר לֵיהּ: פְּסִילְנָא לָךְ לְדִינָא. מָר עוּקְבָא הֲוָה שְׁדִי רוּקָא קַמֵּיהּ, אֲתָא הַהוּא גַּבְרָא כַּסְיֵיהּ. אֲמַר לֵיהּ: מַאי עֲבִידְתֵּיךְ? אֲמַר לֵיהּ: דִּינָא אִית לִי. אֲמַר לֵיהּ: פְּסִילְנָא לָךְ לְדִינָא.

The Gemara relates a similar story. **Ameimar was sitting and judging a case** when **a feather floated** and landed **on his head. A certain man came** by and **removed it** from his head. Ameimar **said to him: What are you doing** here? **He said to him: I have a case** to present before you. Ameimar **said to him: I am disqualified from** presiding over **your case,** due to the favor you performed for me. The Gemara likewise relates: **There was spittle lying before Mar Ukva. A certain man came** by and **covered it. He said to him: What are you doing** here? **He said to him: I have a case** to present before you. Mar Ukva **said to him: I am disqualified from** presiding over **your case.**

רַבִּי יִשְׁמָעֵאל בְּרַבִּי יוֹסֵי הֲוָה רָגִיל אֲרִיסֵיהּ דַּהֲוָה מַיְיתֵי לֵיהּ כָּל מַעֲלֵי שַׁבְּתָא כַּנְתָּא דְּפֵירֵי. יוֹמָא חַד אַיְיתֵי לֵיהּ בְּחַמְשָׁה בְּשַׁבְּתָא. אֲמַר לֵיהּ: מַאי שְׁנָא הָאִידָּנָא? אֲמַר לֵיהּ: דִּינָא אִית לִי, וְאָמֵינָא: אַגַּב אוֹרְחִי אַיְיתֵי לֵיהּ לְמָר. לָא קַבֵּיל מִינֵּיהּ, אֲמַר לֵיהּ: פְּסִילְנָא לָךְ לְדִינָא.

The Gemara cites another incident. The **sharecropper of Rabbi Yishmael, son of Rabbi Yosei, was accustomed to bringing him a basket** [*kanta*][L] **full of fruits every Shabbat eve. One day, he brought him** the basket **on a Thursday.** Rabbi Yishmael **said to him: What is different** that you came early **now,** this week? The sharecropper **said to him: I have a case** to present before you, **and I said** to myself that **along my way I will bring to the Master** the basket of fruits, as in any case I am coming on Thursday, the day the courts are in session. Rabbi Yishmael **did not accept** the basket of fruits **from him,** and he **said to him: I am disqualified from** presiding over **your case.**

אוֹתֵיב זוּזָא דְּרַבָּנַן, וְקָדָיְינִין לֵיהּ. בַּהֲדֵי דְּקָאָזֵיל וְאָתֵי אָמַר: אִי בָּעֵי טָעֵין הָכִי, וְאִי בָּעֵי טָעֵין הָכִי, אָמַר: תִּיפַּח נַפְשָׁם שֶׁל מְקַבְּלֵי שׁוֹחַד! וּמָה אֲנִי, שֶׁלֹּא נָטַלְתִּי, וְאִם נָטַלְתִּי – שֶׁלִּי נָטַלְתִּי, כָּךְ, מְקַבְּלֵי שׁוֹחַד – עַל אַחַת כַּמָּה וְכַמָּה.

Rabbi Yishmael **seated a pair of rabbinic** scholars[N] **and they judged** the sharecropper's case. **As** Rabbi Yishmael **was coming and going, he said** to himself: **If he wants,** he could **claim this, and if he wants,** he could **claim that,** i.e., he kept thinking of all the ways in which the litigant who brought him the fruits could win his case. **He said** to himself: **Blast the souls of those who accept bribes. If I, who did not accept** anything, **and if I had accepted,** I would have **accepted my own** property, as it is my sharecropper and the fruits legally belong to me, am nevertheless in **this** state of mind due to the proposed gift, **all the more so** are **those who** actually **accept bribes** inevitably biased in favor of the one who bribed them.

רַבִּי יִשְׁמָעֵאל בַּר אֱלִישָׁע אַיְיתֵי לֵיהּ הַהוּא גַּבְרָא רֵאשִׁית הַגֵּז. אֲמַר לֵיהּ: מֵהֵיכָא אַתְּ? אֲמַר לֵיהּ: מִדּוּךְ פְּלָן. וּמֵהָתָם לְהָכָא לָא הֲוָה כֹּהֵן לְמֵיתְבָא לֵיהּ? אֲמַר לֵיהּ: דִּינָא אִית לִי, וְאָמֵינָא: אַגַּב אוֹרְחַאי אַיְיתֵי לֵיהּ לְמָר. אֲמַר לֵיהּ: פְּסִילְנָא לָךְ לְדִינָא. לָא קַבֵּיל מִינֵּיהּ,

The Gemara likewise relates with regard to **Rabbi Yishmael bar Elisha,** who was a priest, that **a certain man** once **brought him the first shearing.**[B] Rabbi Yishmael **said to him: From where are you?** The man **said to him:** I am **from such and such a place.** Rabbi Yishmael **said to him: And from there to here was there no priest to** whom you could **give** the first shearing? **He said to him: I have a case** to present before you, **and I said** to myself that **along my way I will bring to the Master** the first shearing. Rabbi Yishmael **said to him: I am disqualified from** presiding over **your case,** and he would **not accept** the first shearing **from him.**

HALAKHA

Verbal bribery – שׁוֹחַד דְּבָרִים: A judge must take excessive care not to accept a bribe of any kind. This includes verbal bribery and bribery performed by means of objects, including favors performed by the litigant for the judge, as in the incidents related in the Gemara (Rambam *Sefer Shofetim, Hilkhot Sanhedrin* 23:3; *Shulḥan Arukh, Ḥoshen Mishpat* 9:1).

LANGUAGE

Basket [*kanta*] – כַּנְתָּא: Some claim that this is from the Greek κανήτιον, *kanētion*, meaning a small reed basket. Apparently, this term itself is derived from the Semitic *kaneh*, meaning reed.

NOTES

He seated a pair of rabbinic scholars – אוֹתֵיב זוּזָא דְּרַבָּנַן: The commentaries ask why Rabbi Yishmael did not invite three judges, as there should not be a court of only two judges *ab initio*. Some suggest that he added a third judge. Alternatively, each of these men was an expert judge and was therefore authorized to hear the case on his own (Meiri). Others accept this interpretation and further state that Rabbi Yishmael was interested to see if they would both arrive at the same conclusion (Maharsha). The Maharsha also suggests that Rabbi Yishmael himself was the third judge, as he was merely disqualified from presiding over the case alone. Yet others claim that when Rabbi Yishmael subsequently realized that he was still more inclined toward this litigant, he excused himself from the case completely, which left two judges (*Sefer Hafla'a*).

BACKGROUND

The first shearing – רֵאשִׁית הַגֵּז: This refers to the obligation to give the priest the first portion of any fleece shorn from a flock of five sheep or more (see Deuteronomy 18:4). This donation must weigh at least five *sela*, and it becomes the personal property of the priest. The first shearing is not sacred.

אוֹתֵיב לֵיהּ זוּגָא דְּרַבָּנַן וְקָדַיְינִי לֵיהּ. בַּהֲדֵי דְּקָאָזֵיל וְאָתֵי אֲמַר: אִי בָּעֵי טָעֵין הָכִי, וְאִי בָּעֵי טָעֵין הָכִי, אֲמַר: תִּיפַּח נַפְשָׁם שֶׁל מְקַבְּלֵי שׁוֹחַד! וּמָה אֲנִי שֶׁלֹּא נָטַלְתִּי, וְאִם נָטַלְתִּי – שֶׁלִּי נָטַלְתִּי, כָּךְ, מְקַבְּלֵי שׁוֹחַד – עַל אַחַת כַּמָּה וְכַמָּה.

Rabbi Yishmael bar Elisha **seated a pair of rabbinic** scholars **and they judged his** case. As Rabbi Yishmael **was coming and going, he said** to himself: **If he wants, he** could **claim this, and if he wants, he could claim that. He said** to himself: **Blast the souls of those who accept bribes. If I, who did not accept** anything, **and if I had** accepted, I would have **accepted my own** property, as I am a priest and am entitled to receive the first shearing, am nevertheless in **this** state of mind, **all the more so are those who accept bribes.**

רַב עָנָן אַיְיתֵי לֵיהּ הַהוּא גַּבְרָא כַּנְתָּא דְּגִילְדָּנֵי דְּבֵי גִּילֵי, אֲמַר לֵיהּ: מַאי עֲבִידְתֵּיךְ? אֲמַר לֵיהּ: דִּינָא אִית לִי. לָא קַבֵּיל מִינֵּיהּ, אֲמַר לֵיהּ: פְּסִילְנָא לָךְ לְדִינָא.

The Gemara relates: There was **a certain man** who once **brought to Rav Anan a basket of small fish [*gildanei devei gilei*].[L] He said to him: What are you doing** here? The man **said to him: I have a case** to present before you. Rav Anan would **not accept** the basket **from him,** and **he said to him: I am disqualified from** presiding over **your case,** due to your actions.

אֲמַר לֵיהּ: דִּינָא דְּמָר לָא בָּעֵינָא, קַבּוּלֵי לְקַבֵּיל מָר, דְּלָא לְמַנְעַן מָר מֵאַקְרוּבֵי בִּכּוּרִים. דְּתַנְיָא: ״וְאִישׁ בָּא מִבַּעַל שָׁלִישָׁה וַיָּבֵא לְאִישׁ הָאֱלֹהִים לֶחֶם בִּכּוּרִים עֶשְׂרִים לֶחֶם שְׂעוֹרִים וְכַרְמֶל בְּצִקְלוֹנוֹ״, וְכִי אֱלִישָׁע אוֹכֵל בִּכּוּרִים הֲוָה? אֶלָּא לוֹמַר לְךָ: כָּל הַמֵּבִיא דּוֹרוֹן לְתַלְמִיד חָכָם – כְּאִילּוּ מַקְרִיב בִּכּוּרִים.

The man said to him: I do not need the Master's judgment. However, **let the Master accept my gift** anyway, **so that the Master does not prevent me from presenting first fruits.**[B] What does the mitzva of first fruits have to with this situation? **As it is taught** in a *baraita*: **"And there came a man came from Ba'al Shalisha, and he brought the man of God bread of the first fruits, twenty loaves of barley and fresh ears of corn in his sack"** (II Kings 4:42). **But did Elisha,** the recipient of these gifts, **eat first fruits?** After all, he was not a priest. **Rather,** this verse comes **to tell you: Whoever brings a gift to a Torah scholar, it is as though he has presented first fruits.** This visitor to Rav Anan wished to fulfill this mitzva.

אֲמַר לֵיהּ: קַבּוּלֵי לָא בָּעֵינַן דְּאִיקַּבֵּיל, הַשְׁתָּא דְּאָמְרַתְּ לִי טַעְמָא – מְקַבֵּילְנָא. שַׁדְרֵיהּ לְקַמֵּיהּ דְּרַב נַחְמָן, שְׁלַח לֵיהּ: נִידַיְינֵיהּ מָר לְהַאי גַּבְרָא, דַּאֲנָא עָנָן פְּסִילְנָא לֵיהּ לְדִינָא. אֲמַר: מִדְּשָׁלַח לִי הָכִי, שְׁמַע מִינָּהּ קָרֵיבֵיהּ הוּא, הֲוָה קָאֵים דִּינָא דְּיָתְמֵי קַמֵּיהּ, אֲמַר

Rav Anan **said to him: I do not want to take it from you,** but **now that you have explained to me the reason** that you wish to give it to me **I will accept it** from you. Rav Anan **sent** the man **to Rav Naḥman, and he** also **sent him** a letter: **Let the Master judge this man's** case **because I, Anan, am disqualified from judging his** cases. Rav Naḥman **said** to himself: **From the fact that he sent me this** letter, I can **conclude from here** that the reason he is disqualified from judging the case is because **he is his relative.** At that time, **a case involving orphans was** being heard **before** Rav Naḥman. **He said:**

LANGUAGE

Small fish [*gildanei devei gilei*] – גִּילְדָּנֵי דְּבֵי גִּילֵי: Some assert that *gildanei* is from the Greek χελιδών, *chelidon*, which means, among other things, a kind of fish, specifically one of the varieties of flying fish. However, in the language of the Sages this is apparently a name for different kinds of fish, large and small. This explains the addition of *devei gilei*, which means small fish.

BACKGROUND

First fruits – בִּכּוּרִים: The first fruits of the new harvest were given to the priests (Deuteronomy 26:1–11). When the Temple stood, a farmer would select the first fruits of the seven types of fruit with which Eretz Yisrael is specially favored (Deuteronomy 8:8). By rabbinic decree, at least one-sixtieth of the harvest must be brought as first fruits. The farmer would bring these fruits to the Temple in a basket, place them before the altar, and recite a prayer of appreciation to God (Deuteronomy 26:3–10). Afterward, the fruit was given to the priests and eaten under the same provisions that govern *teruma*. The first fruits were brought to the Temple between the festivals of *Shavuot* and *Sukkot*. If they were not brought within this period, an extension was granted until Hanukkah. An entire tractate of the Mishna, *Bikkurim*, is devoted to the *halakhot* and practices governing this mitzva.

Perek **XIII**
Daf **106** Amud **a**

הַאי עֲשֵׂה וְהַאי עֲשֵׂה! עֲשֵׂה דִּכְבוֹד תּוֹרָה עָדִיף. סַלְּקֵיהּ לְדִינָא דְּיָתְמֵי, וְאַחְתֵּיהּ לְדִינֵיהּ. כֵּיוָן דַּחֲזָא בַּעַל דִּינֵיהּ יְקָרָא דְּקָא עָבֵיד לֵיהּ – אִיסְתַּתַּם טַעֲנָתֵיהּ.

This is a positive mitzva, for judges to judge cases properly, **and this is a positive mitzva,**[N] to honor Torah scholars and their families. Rav Naḥman concluded that **the positive mitzva of** giving **honor to the Torah takes precedence.**[H] Therefore, **he put aside the case of the orphans and settled down to judge** the case of that man, under the mistaken assumption that he was a relative of Rav Anan. **Once the** other **litigant saw the honor being accorded to** that man by the judge, he grew nervous until his mouth, i.e., his ability to argue **his claim, became closed,** and he lost the case. In this manner, justice was perverted by Rav Anan, albeit unwittingly and indirectly.

NOTES

This is a positive mitzva and this is a positive mitzva – הַאי עֲשֵׂה וְהַאי עֲשֵׂה: Rashi states that one of these mitzvot has its source in the verse: "And judge righteously" (Deuteronomy 1:16). However, other commentaries wonder how it is inferred from this mitzva that a case involving orphans takes precedence over others. Perhaps the righteous way to behave is to take the cases in the order in which they come to the court. Others maintain that the positive mitzva referred to here is "You shall hear the small and the great alike" (Deuteronomy 1:17; Ritva). Yet others claim that this refers to the mitzva not to postpone the performance of mitzvot. Alternatively, some claim that there is a special mitzva to give preferential treatment to orphans and hear their case first (Rambam).

HALAKHA

The positive mitzva of giving honor to the Torah takes precedence – עֲשֵׂה דִּכְבוֹד תּוֹרָה עָדִיף: If many people were waiting in court to have their cases heard, the case of orphans is heard before that of widows, widows before Torah scholars, and Torah scholars before everyone else. However, some question the above order in light of on the Gemara here, in which Rav Naḥman granted preference over an orphan to someone whom he thought was a relative of a Torah scholar (see *Leḥem Mishne* and *Baḥ*). Some state that this incident serves as the source for the ruling of the Rambam that a relative of a Torah scholar should not receive special treatment (*Be'er HaGola*). Others claim that if a Torah scholar personally came before the judges, even if they have already started hearing another case, they should stop and grant him precedence so that he not lose time from his studies (Rema). However, if a relative of a Torah scholar comes to the court, they should not stop another case on his account, although if they have not yet started another case they should give precedence to the relative of the scholar out of respect for the scholar himself (*Beit Yosef*, citing the Ritva; Rambam *Sefer Shofetim*, *Hilkhot Sanhedrin* 21:6; *Shulḥan Arukh*, *Ḥoshen Mishpat* 15:2).

רַב עָנָן הֲוָה רָגִיל אֵלִיָּהוּ דְּאָתֵי גַּבֵּיהּ, דַּהֲוָה מַתְנֵי לֵיהּ סֵדֶר דְּאֵלִיָּהוּ. כֵּיוָן דַּעֲבַד הָכִי – אִיסְתַּלַּק. יְתֵיב בְּתַעֲנִיתָא וּבְעָא רַחֲמֵי, וַאֲתָא. כִּי אֲתָא הֲוָה מַבְעִית לֵיהּ בָּעוּתֵי,

Elijah the Prophet **was accustomed to come** and visit **Rav Anan,** as the prophet **was teaching him** the statements that would later be recorded in the volume ***Seder deEliyahu,***[B] the Order of Elijah. **Once** Rav Anan **did this** and caused a miscarriage of justice, Elijah **departed.** Rav Anan sat in observance of **a fast and prayed for mercy, and** Elijah **came** back. However, **when** Elijah **came** after that, **he would scare him,** as he would appear in frightening forms.

וַעֲבַד תֵּיבוּתָא וִיתֵיב קַמֵּיהּ, עַד דְּאַפֵּיק לֵיהּ סִידְרֵיהּ. וְהַיְינוּ דְּאָמְרִי: סֵדֶר דְּאֵלִיָּהוּ רַבָּה. סֵדֶר אֵלִיָּהוּ זוּטָא.

And Rav Anan **made a box** where he settled himself down **and he sat before** Elijah **until he took out for him,** i.e., taught him, all of **his** ***Seder.*** **And this is what** the Sages mean when **they say:** ***Seder deEliyahu Rabba,*** the Major Order of Elijah, and ***Seder Eliyahu Zuta,*** the Minor Order of Elijah, as the first order was taught prior to this incident and the second came after it.

בִּשְׁנֵי דְּרַב יוֹסֵף הֲוָה רִיתְחָא, אָמְרִי לֵיהּ רַבָּנַן לְרַב יוֹסֵף: לִיבְעֵי מָר רַחֲמֵי! אֲמַר לְהוּ: הָשְׁתָּא, וּמָה אֱלִישָׁע דְּכִי הָווּ רַבָּנַן מִיפַּטְרִי מִקַּמֵּיהּ הָווּ פָּיְישֵׁי תְּרֵי אַלְפָּן וּמָאתָן רַבָּנַן, בְּעִידַּן רִיתְחָא לָא הֲוָה בָּעֵי רַחֲמֵי – אֲנָא אִיבְּעֵי רַחֲמֵי?

§ The Gemara relates: **In the years of Rav Yosef there was** a divine **anger,** manifested by world hunger. **The Sages said to Rav Yosef: Let the Master pray for mercy** concerning this decree. **He said to them: Now, if** in the case of the prophet **Elisha, when the Sages would take their leave of him, 2,200 Sages would remain** behind whom he would support from his own pocket, and yet he **would not pray for mercy at a time of** divine **anger**[N] and famine, **should I pray for mercy?**

וּמִמַּאי דְּפָיְישֵׁי הָכִי? דִּכְתִיב ״וַיֹּאמֶר מְשָׁרְתוֹ מָה אֶתֵּן זֶה לִפְנֵי מֵאָה אִישׁ״. מַאי ״לִפְנֵי מֵאָה אִישׁ״? אִילֵּימָא דְּכוּלְּהוּ לִפְנֵי מֵאָה אִישׁ – בִּשְׁנֵי בַּצּוֹרֶת טוּבָא הָווּ! אֶלָּא, דְּכָל חַד וְחַד קַמֵּי מֵאָה אִישׁ.

The Gemara asks: **And from where** is it derived **that this** number of scholars **would remain** behind with Elisha? **As it is written: "And his servant said: How should I set this before a hundred men"** (II Kings 4:43). **What is the meaning of "before a hundred men"? If we say that all of** the gifts that he had received, i.e., the first fruits, twenty loaves of barley, and fresh ears of corn mentioned in the preceding verse, were meant to be placed **before one hundred men, in years of drought** and famine **this was a good** deal of food, which would have sufficed for them. **Rather,** it must mean **that each and every one** of the loaves was to be placed **before one hundred men.** Since he had twenty loaves plus two meals of first-fruits and ears of corn, there must have been 2,200 people present.

כִּי הָווּ מִיפַּטְרִי רַבָּנַן מִבֵּי רַב הָווּ פָּיְישֵׁי אַלְפָּא וּמָאתָן רַבָּנַן, מִבֵּי רַב הוּנָא – הָווּ פָּיְישֵׁי תְּמָנֵי מֵאָה רַבָּנַן. רַב הוּנָא הֲוָה דָּרֵישׁ בִּתְלֵיסַר אֲמוֹרָאֵי, כִּי הָווּ קָיְימִי רַבָּנַן מִמְּתִיבְתָּא דְּרַב הוּנָא וְנַפְצִי גְּלִימַיְיהוּ – הֲוָה סָלֵיק אֲבָקָא וְכָסֵי לֵיהּ לְיוֹמָא. וְאָמְרִי בְּמַעַרְבָא: קָמוּ לֵיהּ מִמְּתִיבְתָּא דְּרַב הוּנָא בַּבְלָאָה.

§ Incidentally, the Gemara relates: **When the Sages would take their leave from the school** of **Rav, 1,200 Sages would remain** behind to continue their studies. When the Sages would take their leave **from the school of Rav Huna, eight hundred Sages would remain** behind. **Rav Huna would expound** the lesson **by** means of **thirteen speakers,** who would repeat his statements to the crowds that had gathered to hear him. **When the Sages would arise** from listening to lectures **in the yeshiva of Rav Huna and dust off their cloaks, the dust would rise and block out the sun,** forming a dust cloud that could be seen from afar. **And they would say in the West,** in Eretz Yisrael: The scholars **have** just **arisen in the yeshiva of Rav Huna the Babylonian.**

כִּי מִיפַּטְרִי רַבָּנַן מִבֵּי רַבָּה וְרַב יוֹסֵף הָווּ פָּיְישֵׁי אַרְבַּע מֵאָה רַבָּנַן, וְקָרוּ לְנַפְשַׁיְיהוּ יַתְמֵי. כִּי הָווּ מִיפַּטְרִי רַבָּנַן מִבֵּי אַבַּיֵּי, וְאָמְרִי לָהּ מִבֵּי רַב פַּפָּא, וְאָמְרִי לָהּ מִבֵּי רַב אַשִׁי, הָווּ פָּיְישֵׁי מָאתָן רַבָּנַן, וְקָרוּ נַפְשַׁיְיהוּ יַתְמֵי דְּיַתְמֵי.

When the Sages would take their leave from the school of **Rabba and Rav Yosef, four hundred Sages would remain** behind, **and they would refer to themselves as orphans,** as they were the only ones left from the entire crowd. **When the Sages would take their leave from the school** of **Abaye, and some say from the school** of **Rav Pappa, and some say from the school** of **Rav Ashi, two hundred scholars would remain** behind, **and they would refer to themselves as orphans of orphans.**

אָמַר רַבִּי יִצְחָק בַּר רְדִיפָא אָמַר רַבִּי אַמִי: מְבַקְּרֵי מוּמִין שֶׁבִּירוּשָׁלַיִם הָיוּ נוֹטְלִין שְׂכָרָן מִתְּרוּמַת הַלִּשְׁכָּה. אָמַר רַב יְהוּדָה אָמַר שְׁמוּאֵל: תַּלְמִידֵי חֲכָמִים הַמְלַמְּדִין הִלְכוֹת שְׁחִיטָה לַכֹּהֲנִים הָיוּ נוֹטְלִין שְׂכָרָן מִתְּרוּמַת הַלִּשְׁכָּה.

§ The Gemara returns to the issue of those who receive their wages from public funds. **Rabbi Yitzḥak bar Redifa said** that **Rabbi Ami said: Inspectors of blemishes**[H] of consecrated animals **in Jerusalem,** who would examine all animals brought to be sacrificed in the Temple to verify that they were free of any blemishes that would disqualify them from being sacrificed on the altar, **would take their wages from the collection of the** Temple treasury **chamber. Rav Yehuda said that Shmuel said: Torah scholars**[N] **who teach the** ***halakhot*** **of slaughter to the priests** of the Temple **would take their wages from the collection of the chamber.**

BACKGROUND

Seder deEliyahu – סֵדֶר דְּאֵלִיָּהוּ: Elijah is frequently mentioned as appearing to the Sages in many places in the Gemara and *midrashim*. See II Chronicles 21:12, which states that King Jehoram received a letter from Elijah many years after he departed from the world. *Seder deEliyahu*, also known as *Tanna deVei Eliyahu*, is comprised of two parts: *Seder Eliyahu Rabba*, which contains either thirty-one or twenty-nine chapters, depending on the edition, and *Seder Eliyahu Zuta*, which in most versions is comprised of fifteen chapters. The entire book is written in Hebrew and contains many interpretations of verses, descriptions of events from the chronicles of the Jewish people from different eras, and several stories about Elijah himself, narrated in the first person, often beginning with: Abba Eliyahu said. Many passages from this book are quoted in the Talmud and introduced with the phrase: *Tanna devei Eliyahu*, the school of Elijah taught.

NOTES

At a time of anger, etc. – בְּעִידָּן רִיתְחָא וכו׳: The commentaries are puzzled by this statement, as many Sages prayed during famines, and it cannot be that they all had more students than Elisha (Maharsha). Consequently, some differentiate between a famine caused by drought, which merely causes distress, and a severe life-threatening famine for which prayers should always be offered (Maharsha). Others note that in a situation where the community itself is insensitive to the punishment it is receiving and undertakes no form of repentance, it is improper for the Sages to pray for the nullification of the decree (*Eshel Avraham*).

Torah scholars, etc. – תַּלְמִידֵי חֲכָמִים וכו׳: The commentaries note that there are differences between the various circumstances in which a scholar receives a salary (*Tosafot* on 105a). It is absolutely prohibited to receive a salary for teaching Torah or adjudicating cases. However, it is permitted to pay a scholar for the time that he would have spent working at his regular job, from which he is temporarily absent in order to teach or hear cases. Furthermore, with regard to scholars who are not otherwise engaged in work at all, but have devoted themselves to serving the public by teaching or judging, they may accept payment and support their households from communal funds. Others add that this serves as a source for the custom to pay a salary to community rabbis and heads of yeshivas (Rabbeinu Crescas Vidal).

HALAKHA

Inspectors of blemishes, etc. – מְבַקְּרֵי מוּמִין וכו׳: Inspectors of blemishes in Jerusalem, Torah scholars who instruct the priests in the *halakhot* of slaughtering and scooping the handful of the meal-offering, and women who raise their children for the ritual of the red heifer, all take their wages from the collection of the Temple treasury chamber, in accordance with the opinion of Rav and the unattributed statement in the *baraita* (Rambam *Sefer Zemanim, Hilkhot Shekalim* 4:4).

אָמַר רַב גִּידֵּל אָמַר רַב: תַּלְמִידֵי חֲכָמִים הַמְלַמְּדִים הִלְכוֹת קְמִיצָה לַכֹּהֲנִים נוֹטְלִין שְׂכָרָן מִתְּרוּמַת הַלִּשְׁכָּה. אָמַר רַבָּה בַּר בַּר חָנָה אָמַר רַבִּי יוֹחָנָן: מַגִּיהֵי סְפָרִים שֶׁבִּירוּשָׁלַיִם הָיוּ נוֹטְלִין שְׂכָרָן מִתְּרוּמַת הַלִּשְׁכָּה.

Rav Giddel said that **Rav said: Torah scholars who teach the** ***halakhot*** **of the removal of a handful**[B] **to the priests would take their wages from the collection of the chamber.** All these scholars were constantly engaged in work necessary for the functioning of the Temple, and therefore they would receive their wages from the Temple treasury. **Rabba bar bar Ḥana said** that **Rabbi Yoḥanan said: The proofreaders**[H] of the Torah **scrolls**[N] **in Jerusalem would take their wages from the collection of the chamber.**

אָמַר רַב נַחְמָן אָמַר רַב: נָשִׁים הָאוֹרְגוֹת בַּפָּרֹכוֹת נוֹטְלוֹת שְׂכָרָן מִתְּרוּמַת הַלִּשְׁכָּה. וַאֲנִי אוֹמֵר: מִקָּדְשֵׁי בֶּדֶק הַבַּיִת, הוֹאִיל וּפָרֹכוֹת תַּחַת בִּנְיָן עֲשׂוּיוֹת.

Rav Naḥman said that **Rav said: The women who weave the curtains**[H] that separate the Temple Sanctuary from the Holy of Holies **would take their wages from the collection of the chamber.** Rav Naḥman added: **But I say** that they would not be paid from the collection of the chamber; rather, their salary would come **from** the funds **consecrated for Temple maintenance. Why? Since the curtains served in place** of the solid construction of the **building,** they were part of the Temple itself. Therefore, any work performed for the curtains should be paid for from money allocated for building purposes, not from the funds collected to pay for offerings and the daily needs of the Temple.

מֵיתִיבֵי: נָשִׁים הָאוֹרְגוֹת בַּפָּרֹכוֹת, וּבֵית גַּרְמוּ עַל מַעֲשֵׂה לֶחֶם הַפָּנִים, וּבֵית אַבְטִינָס עַל מַעֲשֵׂה הַקְּטֹרֶת – כּוּלָּן הָיוּ נוֹטְלוֹת שְׂכָרָן מִתְּרוּמַת הַלִּשְׁכָּה.

The Gemara **raises an objection** to this: **The women who weave the curtains, and the house of Garmu,** who were in charge **of the preparation of the shewbread,**[B] **and the house of Avtinas,**[BL] who were in charge **of the preparation of the incense, all would take their wages from the collection of the chamber.** This contradicts Rav Naḥman's claim.

הָתָם בְּדַבֵּי, דְּאָמַר רַבִּי זֵירָא אָמַר רַב: שְׁלֹשָׁה עָשָׂר פָּרֹכוֹת הָיוּ בְּמִקְדָּשׁ שֵׁנִי, שִׁבְעָה כְּנֶגֶד שִׁבְעָה שְׁעָרִים, אֶחָד לְפִתְחוֹ שֶׁל הֵיכָל, וְאֶחָד לְפִתְחוֹ שֶׁל אוּלָם, שְׁנַיִם בַּדְּבִיר, שְׁנַיִם כְּנֶגְדָּן בַּעֲלִיָּה.

The Gemara answers: **There,** it is referring to the curtains **of the gates,**[B] which were not considered part of the actual Temple building but were decorative in purpose. **As Rabbi Zeira said** that **Rav said: There were thirteen curtains in the Second Temple, seven opposite,** i.e., on the inside of, **seven gates, one at the entrance to the Sanctuary, one at the entrance to the Entrance Hall, two** additional curtains **within the partition,** in the Holy of Holies in place of the one-cubit partition, **and two corresponding to them** above **in the upper chamber.**

BACKGROUND

Handful – קְמִיצָה: For most meal-offerings a priest must take a handful of the offering and burn it on the altar (see Leviticus 2:2). This service, which parallels the slaughter of an animal offering, could be performed only by a priest. According to many authorities, the priest would scoop out the flour with the three middle fingers of his right hand, using his thumb and little finger to remove any surplus flour. He would then consecrate the flour by placing it in a sacred vessel used in the Temple service. Since the priest had to scoop out an exact handful of flour, no more and no less, the removal of a handful was considered one of the more difficult services in the Temple.

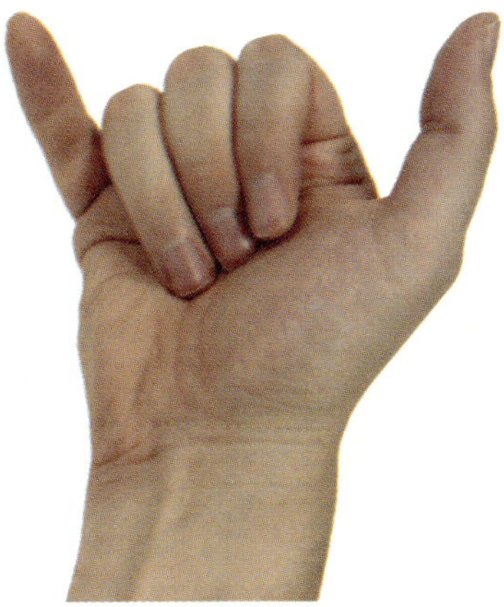

Position of priest's hand after removing surplus flour

The shewbread – לֶחֶם הַפָּנִים: By Torah law (Leviticus 24:5–9) there is a mitzva to bring as an offering the twelve loaves of shewbread that were placed on the sacred table in the Sanctuary each Shabbat. The bread of the previous week was divided among the priests, who ate it. The shewbread was unleavened and was placed on the table in two arrangements of six loaves each. Two bowls of frankincense were placed between them, or, according to some opinions, on top of them.

Priests changing the shewbread

The house of Garmu and the House of Avtinas – בֵּית גַּרְמוּ וּבֵית אַבְטִינָס: The Gemara discusses these two families elsewhere (*Yoma* 38a). The house of Avtinas guarded the secrets of the preparation of the incense, while the house of Garmu was appointed over the baking of the shewbread and the two loaves, whose preparation required special skill due to their complicated shapes. This art was kept in the family and passed down by oral tradition.

The gates of the Temple – שַׁעֲרֵי הַמִּקְדָּשׁ: The precise number of gates in the courtyard of the Temple is subject to a dispute between *tanna'im* (see *Tosafot*). Five, seven, eight, and even ten different gates are mentioned as the correct number of gates. Apparently this dispute does not concern the actual existence of the various gates; rather, the issue is which gates should be included in the different lists. The mishna indicates that certain main gates served as general entrances and exits, while smaller gates were used only for specific purposes and were possibly kept locked.

HALAKHA

Proofreaders of scrolls – מַגִּיהֵי סְפָרִים: Proofreaders of scrolls would take their wages from the collection of the Temple treasury chamber, in accordance with the opinion of Rabbi Yoḥanan (Rambam *Sefer Zemanim*, *Hilkhot Shekalim* 4:7).

Women who weave the curtains – נָשִׁים הָאוֹרְגוֹת בַּפָּרוֹכוֹת: The women who weaved the curtains used in the Sanctuary would take their wages from the money consecrated for Temple maintenance, in accordance with the opinion of Rav Naḥman. However, the funds for the curtains of the gates, and the salary of the women who weaved them, would come from the collection of the Temple treasury chamber (Rambam *Sefer Zemanim*, *Hilkhot Shekalim* 4:2).

NOTES

The proofreaders of scrolls – מַגִּיהֵי סְפָרִים: Some commentaries maintain that this refers to proofreaders of Torah scrolls (Rashi; Rivan). They explain that there were a large number of scrolls available, as every man was required to have his own personal Torah scroll. When the courts saw that people were growing lax in correcting fading letters or tears in the parchment, the courts decided to use Temple funds for this purpose. Some claim that this money came from the leftover funds (see *Shekalim* 4:4), in accordance with a condition of the court that the money could be used for this purpose. Others contend that it was from the collection of the Temple treasury chamber itself. No misuse of consecrated property was involved, as it was determined in advance that the money may be used for this purpose. Alternatively, the Gemara is referring to proofreaders of textbooks that priests would use for their studies (*Talmid HaRashba*, cited in *Shita Mekubbetzet*). It can be inferred from the Jerusalem Talmud that this refers to the book of Ezra, or the so-called books of the courtyard, *azara*, i.e., books belonging to the Temple itself, the emendations of which are part of the requirements of the Temple.

LANGUAGE

Avtinas – אַבְטִינָס: A Greek name of unclear origin. Some claim it is a combination of the Greek words εὐ-θύινος, *eu-thuinos*, meaning: Good incense. If so, the members of this household were named for their involvement in the preparation of incense. Others say that it is derived from the name εὔθυνος, *euthunos*, meaning a righteous judge who judges the public. According to this interpretation, it is possibly related to the Hebrew name Shefatya.

תָּנוּ רַבָּנַן: נָשִׁים הַמְגַדְּלוֹת בְּנֵיהֶן לְפָרָה הָיוּ נוֹטְלוֹת שְׂכָרָן מִתְּרוּמַת הַלִּשְׁכָּה. אַבָּא שָׁאוּל אוֹמֵר: נָשִׁים יְקָרוֹת שֶׁבִּירוּשָׁלַיִם הָיוּ זָנוֹת אוֹתָן וּמְפַרְנְסוֹת אוֹתָן.

The Sages taught: With regard to **the women who raise their children for** the red **heifer,** i.e., who would raise their children in special places so that they would live their entire lives up to that point in a state of ritual purity, enabling them to draw the water for the purposes of the ritual of the red heifer, these women **would take their wages from the collection of the chamber. Abba Shaul said:** Their wages would not come from the collection of the chamber. Instead, wealthy and **prominent women of Jerusalem would sustain them and provide them with a livelihood.**

בְּעָא מִינֵּיהּ רַב הוּנָא מֵרַב:

Rav Huna raised a dilemma before Rav:

Perek **XIII**
Daf **106** Amud **b**

כְּלֵי שָׁרֵת מַהוּ, שֶׁיֵּעָשׂוּ מִקָּדְשֵׁי בֶּדֶק הַבַּיִת? צוֹרֶךְ מִזְבֵּחַ נִינְהוּ – וּמִקָּדְשֵׁי בֶּדֶק הַבַּיִת אָתוּ, אוֹ צוֹרֶךְ קָרְבָּן נִינְהוּ – וּמִתְּרוּמַת הַלִּשְׁכָּה הָיוּ עוֹשִׂין אוֹתָן? אָמַר לֵיהּ: אֵין נַעֲשִׂין אֶלָּא מִתְּרוּמַת הַלִּשְׁכָּה.

Concerning Temple **service vessels, what is** the *halakha* with regard to the possibility **that they may be prepared by** using money **consecrated for Temple maintenance?** The Gemara explains the two sides of the dilemma: **Are they requirements of the altar,** and therefore they **came from** money **consecrated for Temple maintenance, or are they requirements of offerings, and** therefore **they were prepared from the collection of the** Temple treasury **chamber?**[N] Rav **said to him: They are prepared only from the collection of the chamber.**

אֵיתִיבֵיהּ: ״וּכְכַלּוֹתָם הֵבִיאוּ לִפְנֵי הַמֶּלֶךְ וִיהוֹיָדָע (הַכֹּהֵן) אֶת שְׁאָר הַכֶּסֶף וַיַּעֲשֵׂהוּ כֵלִים לְבֵית ה׳ כְּלֵי שָׁרֵת״ וגו׳.

Rav Huna **raised an objection to** this from a verse that deals with those in charge of maintaining the Temple structure: **"And when they had made an end, they brought the rest of the money before the king and Jehoiada, of which were made vessels for the house of the Lord, vessels with which to minister,** and buckets, and pans, and vessels of gold and silver" (II Chronicles 24:14). This indicates that vessels may be prepared with money consecrated for Temple maintenance.

אָמַר לֵיהּ: דְּאַקְרְיָיךְ כְּתוּבֵי לָא אַקְרְיָיךְ נְבִיאֵי ״אַךְ לֹא יֵעָשֶׂה בֵּית ה׳ סִפּוֹת וגו׳ כִּי לְעֹשֵׂי הַמְּלָאכָה יִתְּנֻהוּ״ –

Rav **said to him: Whoever taught you the Writings did not teach you the Prophets,** as you forgot about the parallel verse in the Prophets: **"But there were not made for the house of the Lord cups** of silver, snuffers, basins, trumpets, any vessels of gold, or vessels of silver, of the money that was brought into the house of the Lord; **for they gave that to those who did the work"** (II Kings 12:14–15). This verse proves that vessels were not prepared with the money donated for Temple maintenance.

אִי הָכִי קָשׁוּ קְרָאֵי אַהֲדָדֵי! לָא קַשְׁיָא: כָּאן – שֶׁגָּבוּ וְהוֹתִירוּ. כָּאן – שֶׁגָּבוּ וְלֹא הוֹתִירוּ.

The Gemara asks: **If so, the verses contradict each other,** as in one place it states that the Temple vessels may be funded with the money donated for Temple maintenance, while in the other verse it states that this money was used exclusively for those involved in the actual work of Temple maintenance. The Gemara answers: This is **not difficult; here** it is speaking of a case **where they collected** funds **and there was** money **left over.** These funds could be used for Temple vessels. Conversely, **here,** the verse is referring to a situation **where they collected** funds **and there was nothing left over,** and therefore all of the money was allocated to actual Temple maintenance.

וְכִי גָּבוּ וְהוֹתִירוּ מַאי הָוֵי? אָמַר רַבִּי אַבָּהוּ: לֵב בֵּית דִּין מַתְנֶה עֲלֵיהֶן, אִם הוּצְרְכוּ – הוּצְרְכוּ, וְאִם לָאו – יְהוּ לִכְלֵי שָׁרֵת.

The Gemara asks: **And if they collected** money **and there was** some **left over, what of it?** After all, that money was consecrated for another purpose. If the Temple vessels could not be prepared with money consecrated for Temple maintenance, how were they able to use any of these funds for this purpose? **Rabbi Abbahu said: The court** initially **sets a mental stipulation about the** money collected: **If it is required** for Temple maintenance, **it is required** and is allocated accordingly, **and if not, it will be** used **for the service vessels.**

NOTES

From the collection of the chamber – מִתְּרוּמַת הַלִּשְׁכָּה: The commentaries note that this does not refer to the collection of the chamber itself but to the money remaining in the Temple treasury, as can be inferred from the subsequent debate (*Tosafot*). This is also indicated by the fact that the collection of the chamber was earmarked for offerings, not for vessels.

תָּנָא דְּבֵי רַבִּי יִשְׁמָעֵאל: כְּלֵי שָׁרֵת בָּאִין מִתְּרוּמַת הַלִּשְׁכָּה, שֶׁנֶּאֱמַר ״אֶת שְׁאָר הַכֶּסֶף״, אֵיזֶהוּ כֶּסֶף שֶׁיֵּשׁ לוֹ שִׁירַיִים – הֱוֵי אוֹמֵר זֶה תְּרוּמַת הַלִּשְׁכָּה.

The school of Rabbi Yishmael taught: The funding for the **service vessels** of the Temple **comes from the collection of the** Temple treasury **chamber, as it is stated: "The rest of the money"** (II Chronicles 24:14). **Which money has a remainder?**[N] **You must say** that **this** is referring to **the collection of the chamber.** After the money was brought into the chamber, a certain portion of it would be set aside for the requirements of the offerings, while the remainder was used for other purposes.

וְאֵימָא שִׁירַיִים גּוּפַיְיהוּ! כְּדַאֲמַר רָבָא: ״הָעוֹלָה״ – עוֹלָה רִאשׁוֹנָה, הָכִי נַמִי – ״הַכֶּסֶף״ – כֶּסֶף רִאשׁוֹן.

The Gemara asks: **But** one can **say** that **the remainder itself** was used for the Temple vessels, and the phrase "the rest of the money" does not refer to the funds of which there is a remainder, but to the remainder of the donations left in the chamber after the first collection was removed. The Gemara answers: This is **as Rava said** elsewhere, that the phrase **"the burnt-offering"** (Leviticus 6:5), with the definite article, is referring to **the first burnt-offering; so too,** the term **"the money"** (II Chronicles 24:14) is referring to **the first money,** i.e., the money removed from the collection of the chamber.

מֵיתִיבֵי: הַקְּטוֹרֶת וְכָל קָרְבְּנוֹת צִבּוּר בָּאִין מִתְּרוּמַת הַלִּשְׁכָּה, מִזְבַּח הַזָּהָב וּלְבוֹנָה וּכְלֵי שָׁרֵת – בָּאִין מִמּוֹתַר נְסָכִים,

The Gemara **raises an objection** from the following source: The funds for **the incense**[B] **and all communal offerings**[H] **come from the collection of the** Temple treasury **chamber.** The funds for **the golden altar,** located inside the Sanctuary and upon which the incense was offered, **the frankincense,**[N] **and the service vessels** all **come from the leftover** money of the funds set aside for **the libations.**

מִזְבַּח הָעוֹלָה, הַלְּשָׁכוֹת וְהָעֲזָרוֹת – בָּאִין מִקָּדְשֵׁי בֶּדֶק הַבַּיִת, חוּץ לְחוֹמַת הָעֲזָרָה – בָּאִין מִשְּׁיָרֵי הַלְּשָׁכוֹת. זוֹ הִיא שֶׁשָּׁנִינוּ: חוֹמַת הָעִיר וּמִגְדְּלוֹתֶיהָ וְכָל צׇרְכֵי הָעִיר בָּאִין מִשְּׁיָרֵי הַלִּשְׁכָּה!

The funds for the upkeep of **the altar of burnt-offerings,**[H] which was located outside the Sanctuary and on which most offerings were burned, and for **the chambers, and** for **the** various **courtyards, come from** money **consecrated for Temple maintenance.** Funds for those matters that are **outside the walls of** the Temple **courtyard come from the remainder of the chambers. And** with regard to **this we learned: The wall of the city, its towers, and all of the requirements of the city** of Jerusalem likewise **come from the remainder of the chamber.**[N] According to this source, the funds for the sacred vessels came from the leftover money of the funds set aside for the libations, not the collection of the Temple treasury chamber.

תַּנָּאֵי הִיא; דִּתְנַן: מוֹתַר תְּרוּמָה מֶה הָיוּ עוֹשִׂין בָּהּ – רִיקּוּעֵי זָהָב צִיפּוּי לְבֵית קׇדְשֵׁי הַקֳּדָשִׁים. רַבִּי יִשְׁמָעֵאל אוֹמֵר: מוֹתַר פֵּירוֹת – לְקַיִץ הַמִּזְבֵּחַ, מוֹתַר תְּרוּמָה – לִכְלֵי שָׁרֵת.

The Gemara answers: **It is** a dispute between ***tanna'im*****, as we learned** in a mishna (*Shekalim* 6a): **What would they do with the leftover** funds **of the collection** of shekels that had not been spent on communal offerings? They would purchase **golden plates** as a **coating for** the walls and floor of **the Holy of Holies. Rabbi Yishmael says:** There were different types of remainders in the Temple, each of which had separate regulations. **The leftover produce** was used to purchase the **repletion** [***keitz***][L] **of the altar,** i.e., burnt-offerings sacrificed when the altar would otherwise be idle. **The leftover** funds **of the collection** were used **to** purchase **service vessels.**

BACKGROUND

Incense – קְטוֹרֶת: The incense was a mixture of ingredients placed on the golden altar in the Temple and burned each morning and evening. The incense contained eleven ingredients in fixed proportions. As with all other offerings, some salt was added to the incense. A special herb would smolder and emit a column of smoke that rose straight up. Generally the incense would be prepared in sufficient quantity for an entire solar year, including the amounts needed daily and the additional requirements for the Yom Kippur service. It is prohibited to prepare incense according to the Temple formula for use outside the Temple, and one who does so is liable to receive *karet*.

HALAKHA

Incense and all the communal offerings – קְטוֹרֶת וְכָל קָרְבְּנוֹת צִבּוּר: The funds for the daily offerings, the additional offerings, and all the communal offerings, together with their libations, as well as the incense and the wages paid to those preparing the incense, all came from the collection of the Temple treasury chamber (Rambam *Sefer Zemanim*, *Hilkhot Shekalim* 4:1).

The altar of burnt-offerings, etc. – מִזְבַּח הָעוֹלָה וכו׳: The Rambam rules that the altar of burnt-offerings, the Sanctuary, and the courtyards were constructed from the remnants of the collection of the chamber. The commentaries wonder why the Rambam rules in accordance with the version of this statement that appears in the Jerusalem Talmud rather than that of the Gemara here (*Kesef Mishne*). Everything outside the walls of the courtyard, e.g., the walls of Jerusalem, its towers, and the other requirements of the city, all come from the remnants of the collection of the chamber (Rambam *Sefer Zemanim*, *Hilkhot Shekalim* 4:8).

LANGUAGE

Repletion [*keitz*] – קֵיץ: In a *baraita* cited in *Shevuot* 12a, the Sages explain that this term is derived from *kayitz*, meaning figs. The idea is that just as people eat sweet foods, e.g., figs, after a meal, one likewise brings additional offerings to the altar to prevent it from remaining empty. The repletion of the altar was not fixed because if there were many visitors who brought offerings there was no need to add any more. However, on days when there were not many gift offerings, these burnt-offerings were sacrificed in addition to the daily ones.

NOTES

Which money has a remainder, etc. – אֵיזֶהוּ כֶּסֶף שֶׁיֵּשׁ לוֹ שִׁירַיִים וכו׳: This is problematic, as the verse speaks of donations for Temple maintenance, not of the collection of the Temple treasury chamber. Apparently, Rabbi Yishmael understood the verse as follows: They brought before the king leftover money that had been donated for Temple maintenance, as well as coins left over from other collections.

The golden altar and frankincense – מִזְבַּח הַזָּהָב וּלְבוֹנָה: The commentaries ask why frankincense is listed among the items paid for from the leftover money of that which is set aside for the libations. Since frankincense was placed on the shewbread table it should be considered an offering, and therefore it should be funded from the collection of the chamber (Rivan). In fact, some commentaries delete this term from the text (Vilna Gaon). One suggestion is that the frankincense was used irregularly, as it was placed on the table on Friday and not replaced until the following Friday, and unlike the shewbread was not eaten by the priests. Therefore it is not considered a proper offering.

The collection of the chamber and its leftovers – תְּרוּמַת הַלִּשְׁכָּה וּמוֹתָרָהּ: There were many ways to donate money to the Temple. As described in tractate *Shekalim*, there were thirteen collection baskets in the Temple, which served different purposes. These were in addition to the half-shekel donation required from every citizen annually, in the month of Adar. It is further described in *Shekalim* that all of the shekels were brought to a chamber where they were divided into three large baskets. This is known as the collection of the Temple treasury chamber, which was used for all of the communal offerings and for all direct requirements of those offerings, e.g., the wages of those skilled professionals who would prepare the incense and the shewbread. The money left in the chamber after the first coins were removed is called the remainder of the chamber. This was used for more general purposes, both for mending the Temple itself and for general requirements of the city of Jerusalem. Occasionally the collection of the chamber exceeded that which was needed for the Temple that year. Since each year the newly donated shekels must be used for that year, the money left over from the previous year would be put to other uses. Consequently, the remaining money from the collection of the chamber might not all be spent on the needs of the city, and this balance was referred to as the leftover remainder of the chamber.

רַבִּי עֲקִיבָא אוֹמֵר: מוֹתַר תְּרוּמָה – לְקֵיץ הַמִּזְבֵּחַ, מוֹתַר נְסָכִים – לִכְלֵי שָׁרֵת. רַבִּי חֲנִינָא סְגַן הַכֹּהֲנִים אוֹמֵר: מוֹתַר נְסָכִים – לְקֵיץ הַמִּזְבֵּחַ, מוֹתַר תְּרוּמָה – לִכְלֵי שָׁרֵת. וְזֶה וְזֶה לֹא הָיוּ מוֹדִים בְּפֵירוֹת.

Rabbi Akiva says: The leftover funds **of the collection** of shekels[H] were used to purchase the animals **for the repletion of the altar,** as they had originally been collected for offerings. **The leftover libations**[NH] were used **to purchase service vessels.**[H] **Rabbi Ḥanina, the deputy High Priest, says: The leftover libations** were used to purchase animals for **the repletion of the altar,** while **the leftover** funds **of the collection** of shekels were used **to purchase service vessels.** Both **this** Sage, Rabbi Akiva, **and that** Sage, Rabbi Ḥanina, **did not agree** with Rabbi Yishmael's opinion **with regard to** the leftover **produce.**

פֵּירוֹת מַאי הִיא? דְּתַנְיָא: מוֹתַר תְּרוּמָה מֶה הָיוּ עוֹשִׂין בָּהּ – לוֹקְחִין פֵּירוֹת בְּזוֹל, וּמוֹכְרִין אוֹתָם בְּיוֹקֶר, וְהַשָּׂכָר מְקַיְּצִין בּוֹ אֶת הַמִּזְבֵּחַ. וְזוֹ הִיא שֶׁשָּׁנִינוּ: מוֹתַר פֵּירוֹת לְקֵיץ הַמִּזְבֵּחַ.

The Gemara asks: **What is this produce? As it is taught** in a *baraita*: **What would they do with the leftover** funds **of the collection? They** would use it to **buy produce at a cheap** price **and** subsequently **sell** that produce **at an expensive** price, **and the profit** earned from this trade would be used **for the repletion of the altar. And** with regard to **this we learned: The leftover** funds **of produce** were used to purchase the animals **for the repletion of the altar.**

מַאי "זֶה וְזֶה לֹא הָיוּ מוֹדִין בְּפֵירוֹת"? דִּתְנַן: מוֹתַר שְׁיָרֵי לִשְׁכָּה מֶה הָיוּ עוֹשִׂין בָּהֶן – לוֹקְחִין בָּהֶן יֵינוֹת, שְׁמָנִים וּסְלָתוֹת, וְהַשָּׂכָר לַהֶקְדֵּשׁ, דִּבְרֵי רַבִּי יִשְׁמָעֵאל. רַבִּי עֲקִיבָא אוֹמֵר: אֵין מִשְׂתַּכְּרִין בְּשֶׁל הֶקְדֵּשׁ, אַף לֹא בְּשֶׁל עֲנִיִּים.

The Gemara asks: If so, **what** is the reason that both **this** Sage, Rabbi Akiva, **and that** Sage, Rabbi Ḥanina, **did not agree** with Rabbi Yishmael's opinion **with regard to the** leftover **produce?** The Gemara answers: Rabbi Akiva is consistent with his opinion elsewhere, **as we learned** in a mishna (*Shekalim* 6a): **What would they do with the leftover remainder of the chamber? They** would **purchase wine, oil, and fine flour** and sell them to those who needed them for their private offerings. **And the profit** from these sales would go **to consecrated** property, i.e., to the Temple treasury. This is **the statement of Rabbi Yishmael. Rabbi Akiva says: One may not generate profit by** selling **consecrated** property,[H] **nor** may one profit **from** funds set aside **for the poor.**[H]

בְּשֶׁל הֶקְדֵּשׁ מַאי טַעְמָא לָא – אֵין עֲנִיּוּת בִּמְקוֹם עֲשִׁירוּת. בְּשֶׁל עֲנִיִּים מַאי טַעְמָא לָא – דִּלְמָא מִתְרַמֵּי לְהוּ עַנְיָא, וְלֵיכָּא לְמֵיתְבָא לֵיהּ.

The Gemara explains the reason for Rabbi Akiva's ruling: **What is the reason** that one may **not** use **consecrated** property to generate a profit? It is because **there is no poverty in a place of wealth,** i.e., the Temple must always be run in a lavish manner. Therefore, one may not use Temple funds to generate small profits in the manner of paupers. **What is the reason** that one may **not** use funds set aside **for the poor** to make a profit? It is because **perhaps one will encounter a poor person and there will be nothing to give him,** as all of the money is invested in some business transaction.

"מִי שֶׁהָלַךְ לִמְדִינַת הַיָּם". אִיתְּמַר, רַב אָמַר:

§ The Gemara returns to the mishna, which deals with the case of **one who went overseas** and his wife is demanding sustenance. **It was stated** that *amora'im* debated the following issue. **Rav said:**

NOTES

The leftover libations – מוֹתַר נְסָכִים: Rashi cites the two conflicting opinions of *amora'im* with regard to this concept. According to one *amora*, this surplus resulted from the fact that the merchants who supplied wine to the Temple would be generous in their measurements of the amount sold, while the priests would have to be precise when they measured the requisite volume for the offerings in the service. The other *amora* maintains that there was an agreement between the Temple and the merchants supplying the wine that should prices rise, the merchants would continue to sell to the Temple at the old price. Conversely, if prices fell, the merchants would sell to the Temple at the new price. For example, if the Temple paid for a certain quantity of wine and prices decreased, they would now receive a greater quantity of wine for the same amount of money. Consequently, there would occasionally be a surplus of wine from libations and meal offerings.

HALAKHA

The leftover funds of the collection of the chamber – מוֹתַר תְּרוּמַת הַלִּשְׁכָּה: The leftover funds of the collection of the Temple treasury chamber would be used to purchase sheep that would be sacrificed on the altar as burnt-offerings. These offerings are known as the repletion of the altar. The *halakha* is in accordance with the opinion of Rabbi Akiva, as it is in all cases when a single colleague disagrees with his opinion (Rambam *Sefer Zemanim*, *Hilkhot Shekalim* 4:9).

The leftover libations – מוֹתַר נְסָכִים: The leftover funds for libations would be used for the preparation of Temple vessels. If there were no leftovers, money from the collection of the chamber would itself be used for this purpose. Although the Rambam rules in accordance with the opinion of Rabbi Akiva, he maintains that if are no leftovers Rabbi Akiva accepts the ruling of Rabbi Yishmael (*Kesef Mishne*; Rambam *Sefer Zemanim*, *Hilkhot Shekalim* 4:2).

Service vessels – כְּלֵי שָׁרֵת: The funding for the candelabrum and all the vessels used in the Temple service comes from the leftover libations. The *halakha* is in accordance with the opinion of Rabbi Akiva, as it is in all cases when a single colleague disagrees with his opinion (Rambam *Sefer Zemanim*, *Hilkhot Shekalim* 4:2).

One may not generate profit by selling consecrated property – אֵין מִשְׂתַּכְּרִין בְּשֶׁל הֶקְדֵּשׁ: Since the Rambam did not cite the opinion of Rabbi Yishmael with regard to what was done with the leftover remainder of the chambers, he evidently rules in accordance with the opinion of Rabbi Akiva. In fact, the Rambam explicitly states as much in his Commentary on the Mishna (Rambam *Sefer Zemanim*, *Hilkhot Shekalim* 4:4).

Nor from funds set aside for the poor – אַף לֹא בְּשֶׁל עֲנִיִּים: One may not conduct business with funds from charity set aside for immediate distribution to the poor, in case a pauper comes along and there are no available funds to give him. However, if only the profit of a charity collection is for distribution, not the principal, one may invest the principal in a business venture (*Beit Yosef*, citing *Sefer HaTerumot* and *Haggahot Maimoniyyot*; *Shulḥan Arukh*, *Yoreh De'a* 259:1, and in the comment of Rema).

NOTES

Abba – אַבָּא: Some commentaries explain that Rav was called Abba, meaning father, either due to his great wisdom, i.e., as he was a like a father in wisdom, or out of affection (Rivan; Rashi). Others state simply that there is a tradition that Abba was Rav's actual name (*ge'onim*). Consequently, while his students and others referred to him by the title Rav, his colleague Shmuel called him by his real name (see *Arukh* on Abaye).

פּוֹסְקִין מְזוֹנוֹת לְאֵשֶׁת אִישׁ, וּשְׁמוּאֵל אָמַר: אֵין פּוֹסְקִין מְזוֹנוֹת לְאֵשֶׁת אִישׁ. אָמַר שְׁמוּאֵל: מוֹדֶה לִי אַבָּא בִּשְׁלֹשָׁה חֳדָשִׁים הָרִאשׁוֹנִים, לְפִי שֶׁאֵין אָדָם מַנִּיחַ בֵּיתוֹ רֵיקָן.

The court **apportions sustenance for a married woman,**[H] i.e., if a husband went overseas and left behind nothing with which his wife could provide for her sustenance, the court withdraws money from his estate for this purpose. **And Shmuel said:** The court **does not apportion sustenance for a married woman. Shmuel** further **said: Abba,**[N] i.e., Rav, **concedes to me** that the court does not touch the husband's estate **for the first three months.** This is **because a person does not leave his house empty,** and therefore it is certain that he left something with which his wife can sustain herself at least in the short term.

בְּשֶׁשָּׁמְעוּ בּוֹ שֶׁמֵּת – כּוּלֵּי עָלְמָא לָא פְּלִיגִי. כִּי פְּלִיגִי – בְּשֶׁלֹּא שָׁמְעוּ בּוֹ שֶׁמֵּת; רַב אָמַר: פּוֹסְקִין, דְּהָא מְשׁוּעְבָּד לָהּ. וּשְׁמוּאֵל אָמַר: אֵין פּוֹסְקִין.

The Gemara comments: In a case **where they heard that** the husband **died, everyone agrees** that the court sustains his wife from his estate. **When they disagree** it is in a case **where they did not hear that he had died** abroad. **Rav said** that the court **apportions** sustenance for the wife, **as** his estate is legally **mortgaged to her** and must provide her with sustenance, **and Shmuel said** that in this case the court **does not apportion** sustenance for her.

מַאי טַעְמָא? רַב זְבִיד אָמַר: אֵימָא צְרָרֵי אַתְפְּסָהּ, רַב פַּפָּא אָמַר: חָיְישִׁינַן שֶׁמָּא אָמַר לָהּ ״צְאִי מַעֲשֵׂה יָדַיִךְ בִּמְזוֹנוֹתַיִךְ״.

The Gemara asks: **What is the reason** for Shmuel's ruling? **Rav Zevid said:** One can **say that he gave her a bundle** of money before he departed. **Rav Pappa said: We are concerned** that **perhaps he said to her** before his departure: **Spend your earnings to sustain yourself,** i.e., he renounced his rights to her earnings and in exchange he is no longer required to provide her with support.

מַאי בֵּינַיְיהוּ? אִיכָּא בֵּינַיְיהוּ גְּדוֹלָה וְלָא סָפְקָה,

The Gemara asks: **What is** the practical difference **between** these two explanations? The Gemara answers: **There is** a practical difference **between them** in a case where the woman is **an adult,** and therefore it is possible that he left her money, **and** the amount she earns is **not enough**[H] for her needs. According to the opinion of Rav Zevid, one can assume that he gave her money and therefore it is not necessary for the court to allocate her sustenance from his estate, whereas according to the opinion of Rav Pappa, as her earnings are not enough for her sustenance the court apportions more for her from his estate, despite the husband's possible stipulation.

אִי נַמִּי קְטַנָּה וְסָפְקָה.

Alternatively, there is a difference between them in the case of **a minor** wife, with whom the husband would not have left money, **but** her earnings are **enough** for her sustenance. Rav Zevid would claim that the court must provide for her from his estate, as he would not have left her money, whereas Rav Pappa would argue that he might have told her to sustain herself from her own earnings.

HALAKHA

The court apportions sustenance for a married woman – פּוֹסְקִין מְזוֹנוֹת לְאֵשֶׁת אִישׁ: If a man went overseas and his wife comes to the court to claim her sustenance from his estate, she does not receive any during the first three months after his departure, as it is presumed that a man does not leave his home empty. After this point in time, the court apportions sustenance for her from her husband's property. The *halakha* is in accordance with the opinion of Rav, as stated later in the Gemara (107b; Rambam *Sefer Nashim, Hilkhot Ishut* 12:16; *Shulḥan Arukh, Even HaEzer* 70:5).

She is an adult and the amount she earns is not enough – גְּדוֹלָה וְלָא סָפְקָה: When money is apportioned to a wife for her sustenance, her earnings are not taken into consideration until her husband returns. If he discovers that she has earned money, her earnings belong to him. The reason for this ruling is that the Gemara indicates that according to the opinion of Rav the court apportions money for the wife's sustenance even where her earnings suffice for her sustenance (*Maggid Mishne*). Others maintain that she is given money only if it is determined that she is unable to support herself with her own earnings (Rosh). The reason is that when the court collects payment from someone in his absence, they make an effort to protect his interests (*Ḥelkat Meḥokek*; Rambam *Sefer Nashim, Hilkhot Ishut* 12:16; *Shulḥan Arukh, Even HaEzer* 70:5, 70:10, and in the comment of Rema).

תְּנַן: מִי שֶׁהָלַךְ לִמְדִינַת הַיָּם, וְאִשְׁתּוֹ תּוֹבַעַת מְזוֹנוֹת, חָנָן אָמַר: תִּשָּׁבַע בַּסּוֹף, וְלֹא תִּשָּׁבַע בַּתְּחִלָּה. נֶחְלְקוּ עָלָיו בְּנֵי כֹּהֲנִים גְּדוֹלִים, וְאָמְרוּ: תִּשָּׁבַע בַּתְּחִלָּה וּבַסּוֹף. עַד כָּאן לָא פְּלִיגִי – אֶלָּא לְעִנְיַן שְׁבוּעָה, אֲבָל מְזוֹנֵי – יָהֲבִינַן לָהּ! תַּרְגְּמָהּ שְׁמוּאֵל – בְּשֶׁשָּׁמְעוּ בּוֹ שֶׁמֵּת.

§ **We learned** in the mishna: With regard to **one who went overseas and his wife is demanding sustenance, Ḥanan says: She takes an oath at the end,**[H] **and she does not take an oath at the outset. The sons of High Priests disputed** Ḥanan's opinion **and said: She takes an oath** both **at the outset and at the end.** The Gemara comments: **They disagree only with regard to an oath; however,** with regard to **sustenance** everyone agrees **that** the court **gives it to her.** This apparently contradicts the opinion of Shmuel. The Gemara explains that **Shmuel interpreted** the mishna in accordance with his opinion as referring to a case **when they heard concerning him that he died** overseas. In this scenario, everyone agrees that the court provides her with sustenance from the husband's estate.

תָּא שְׁמַע: מִי שֶׁהָלַךְ לִמְדִינַת הַיָּם וְאִשְׁתּוֹ תּוֹבַעַת מְזוֹנוֹת, בְּנֵי כֹּהֲנִים גְּדוֹלִים אוֹמְרִים: תִּשָּׁבַע. חָנָן אוֹמֵר: לֹא תִּשָּׁבַע. וְאִם בָּא וְאָמַר: פָּסַקְתִּי לָהּ מְזוֹנוֹת – נֶאֱמָן!

Come and hear a *baraita*: With regard to **one who went overseas and his wife is demanding sustenance, the sons of High Priests say: She takes an oath. Ḥanan says: She does not take an oath,** i.e., she receives sustenance without having to swear. **And if he came and said: I apportioned** money **for her sustenance** and left her with sufficient funds, **he is deemed credible**[H] and she must return all that she received from his estate through the court. This poses a difficulty for the opinion of Shmuel, who maintains that the court does not supply her with sustenance *ab initio*.

הָכָא נַמִי – בְּשֶׁשָּׁמְעוּ בּוֹ שֶׁמֵּת. וְהָא "אִם בָּא וְאָמַר" קָאָמַר! אִם בָּא לְאַחַר שְׁמוּעָה.

The Gemara answers: **Here, too,** it is referring to a case **where they heard concerning him that he died** abroad. The Gemara asks: **But** the *tanna* **said: If he came and said,** which indicates that the husband is not dead. The Gemara explains that the *baraita* means: **If he came after the rumor.** There was a rumor that he had died, and for this reason the court provided her with sustenance, and later it was determined that the rumor was false.

תָּא שְׁמַע: מִי שֶׁהָלַךְ לִמְדִינַת הַיָּם וְאִשְׁתּוֹ תּוֹבַעַת מְזוֹנוֹת וְאִם בָּא וְאָמַר צְאִי מַעֲשֵׂה יָדַיִךְ בִּמְזוֹנוֹתַיִךְ – רַשַּׁאי. קָדְמוּ בֵּית דִּין וּפָסְקוּ – מַה שֶּׁפָּסְקוּ פָּסְקוּ! הָכָא נַמִי, בְּשֶׁשָּׁמְעוּ בּוֹ שֶׁמֵּת.

Come and hear another *baraita*: With regard to **one who went overseas and his wife is demanding sustenance, if he came and said** that prior to his departure he told her: **Spend your earnings**[H] **to sustain yourself, he is permitted** to act accordingly. **If the court went ahead and apportioned**[H] sustenance for her, **what they apportioned is apportioned,** and she is not required to return it. Again, this poses a difficulty for the opinion of Shmuel. The Gemara answers: **Here, too,** it is referring to a case **where they heard concerning him that he died** abroad.

תָּא שְׁמַע: מִי שֶׁהָלַךְ לִמְדִינַת הַיָּם וְאִשְׁתּוֹ תּוֹבַעַת מְזוֹנוֹת – בֵּית דִּין יוֹרְדִים לִנְכָסָיו, וְזָנִין וּמְפַרְנְסִין לְאִשְׁתּוֹ, אֲבָל לֹא בָּנָיו וּבְנוֹתָיו, וְלֹא דָּבָר אַחֵר.

Come and hear another *baraita*: With regard to **one who went overseas and his wife is demanding sustenance,** the **court descends to his property**[H] **and feeds and provides a livelihood for his wife, but not for his sons and daughters, and** they do **not** give her **something else.**[H] Once again this presents a difficulty for the opinion of Shmuel.

אָמַר רַב שֵׁשֶׁת: בִּמְשַׁרֶה אֶת אִשְׁתּוֹ עַל יְדֵי שָׁלִישׁ. אִי הָכִי בָּנָיו וּבְנוֹתָיו נַמִי! כְּשֶׁהִשְׁרָה לָזוֹ, וְלֹא הִשְׁרָה לָזוֹ. מַאי פִּסְקָא?

Rav Sheshet said: This is referring **to one who feeds his wife by means of a third party.**[N] In this case, even if the husband was available he would not be providing her with her sustenance directly, as he appointed someone else to give her money in accordance with her needs. The Gemara asks: **If so, his sons**[N] **and daughters** should **also** receive this support. The Gemara answers: It is referring to a case **where he appointed** a third party **for this** purpose, his wife's sustenance, **but he did not appoint** a third party **for this** purpose, the sustenance of his children. The Gemara asks: If that is correct, **why** was it stated **without qualification?** There is no hint in the *baraita* that the husband differentiated in this manner.

NOTES

To one who feeds his wife by means of a third party – בִּמְשַׁרֶה אֶת אִשְׁתּוֹ עַל יְדֵי שָׁלִישׁ: In this case the husband appointed the third party prior to leaving on his journey to care for his family. Later that third party decides that he no longer wishes to pay the required sums (Rivan).

If so, his sons, etc. – אִי הָכִי בָּנָיו וכו׳: According to the opinion of Rav that this does not refer to one who appointed a third party to care for his family, it is obvious why his wife alone is entitled to sustenance, as his property is mortgaged only with regard to her requirements, whereas it is merely an optional mitzva for him to sustain his children, not an obligation. However, according to the opinion of Shmuel, who maintains that he appointed someone for this purpose, the difference between his wife and his children is unclear (Ritva; see *Tosafot*).

HALAKHA

She takes an oath at the end – תִּשָּׁבַע בַּסּוֹף: In the case of a woman whose husband went overseas, and instead of going to court she took the initiative and sold part of his estate to sustain herself, her sale is valid. She does not need to issue an announcement or take an oath unless her husband returns and claims that he left her money, or she comes to collect her marriage contract following his death, in which case she must swear that she sold his property only to provide herself with the necessary sustenance. The *halakha* is in accordance with the opinion of Ḥanan (Rambam *Sefer Nashim, Hilkhot Ishut* 12:16; *Shulḥan Arukh, Even HaEzer* 70:5).

And if he came and said I apportioned…he is deemed credible – וְאִם בָּא וְאָמַר פָּסַקְתִּי...נֶאֱמָן: If a woman did not file a claim for sustenance in court and did not sell her husband's estate but instead waited for his return, and he says that he left her funds with which to sustain herself while she claims that she had to borrow money in order to eat, the husband takes an oath of inducement and is exempt from any further obligation, and she must pay all her debts on her own (Rambam *Sefer Nashim, Hilkhot Ishut* 12:21; *Shulḥan Arukh, Even HaEzer* 70:10).

If he came and said, spend your earnings, etc. – אִם בָּא וְאָמַר צְאִי מַעֲשֵׂה יָדַיִךְ וכו׳: If a husband said to his wife prior to his departure: Spend your earnings to sustain yourself, and she remained silent, she is not entitled to sustenance from him or his estate, because if she did not agree to his stipulation she should have raised a claim against him or told him that her earnings are not enough. However, if she did protest the arrangement, he cannot force her to accept it (Rambam *Sefer Nashim, Hilkhot Ishut* 12:20 and *Maggid Mishne* there; *Shulḥan Arukh, Even HaEzer* 70:9).

If the court went ahead and apportioned – קָדְמוּ בֵּית דִּין וּפָסְקוּ: If a wife came to court in her husband's absence and the court apportioned funds for her sustenance, or if she sold property from his estate on her own initiative, and subsequently her husband came and said that he left her means for her sustenance, she must swear over a holy object, i.e., an oath by Torah law, that he did not leave her anything. The *halakha* is in accordance with the opinion of Ḥanan. However, if she sold movable property she must take an oath of inducement, by rabbinic law. The reason is that this property is legally in her possession, and therefore she is considered to have issued a full denial of a claim, not merely a partial one, and one who denies an entire claim does not swear by Torah law (Vilna Gaon; Rambam *Sefer Nashim, Hilkhot Ishut* 12:21–22; *Shulḥan Arukh, Even HaEzer* 70:10).

The court descends to his property – בֵּית דִּין יוֹרְדִים לִנְכָסָיו: When the court decides to apportion funds for a wife's sustenance, they sell properties from the estate of the husband to procure the requisite funds, as stated in the *baraita* (Rambam *Sefer Nashim, Hilkhot Ishut* 12:16; *Shulḥan Arukh, Even HaEzer* 70:5).

And not something else – וְלֹא דָּבָר אַחֵר: The court apportions funds for the sustenance of a wife whose husband has gone overseas. They use his estate to pay for food, clothes, household wares, and a place to live, but not for jewelry. The *halakha* is in accordance with the *baraita* and the opinion of Rav Ḥisda. The Vilna Gaon cites a tradition that Rav Ḥisda was Rav Yosef's teacher, and with regard to these first generations of *amora'im*, the *halakha* follows the earlier generation (Rambam *Sefer Nashim, Hilkhot Ishut* 13:7; *Shulḥan Arukh, Even HaEzer* 70:5).

NOTES

They may not descend – **לָא מָצוּ נָחְתֵי**: This *halakha* that the testimony of a single witness is accepted only with regard to a wife is based on the concern that she might end up a deserted wife if proper testimony were required. To ensure that the woman herself will examine the matter carefully, the Sages enacted several stringencies in this case. Although the testimony of this witness is legally valid not only to allow the woman to remarry but also to claim her marriage contract, nevertheless it is not considered full-fledged testimony. Consequently, it cannot be relied upon with regard to monetary matters, which means that the heirs do not inherit their father's property on the basis of that testimony.

אֶלָּא אֲמַר רַב פַּפָּא: כְּשֶׁשָּׁמְעָה בּוֹ שֶׁמֵּת בְּעֵד אֶחָד; הִיא, דְּאִי בָּעְיָא אִינְּסוּבֵי בְּעֵד אֶחָד, מָצֵי מִינַּסְבָא – מְזוֹנֵי נַמִּי יָהֲבִינַן לָהּ.

Rather, Rav Pappa said that Shmuel would explain this *baraita* as referring to a case **where she heard that he had died,** and she was told this **by one witness.** Therefore, as far as **she** is concerned, since this is a case **where if she wanted to remarry** based **on** the testimony of that **one witness she may marry,** as in this situation the Sages permitted her to rely on the account of a single witness so that she not end up a deserted woman, the court **also provides her with sustenance,** as she may claim her marriage contract based on this testimony.

בָּנָיו וּבְנוֹתָיו, דְּאִי בָּעוּ לְמֵיחַת לְנִכְסָיו בְּעֵד אֶחָד לָא מָצוּ נָחְתֵי – מְזוֹנֵי נַמִּי לָא יָהֲבִינַן לְהוּ.

However, with regard to **his sons and daughters,** since this is a case **where if they wanted to descend to his estate on** the basis of the testimony of **one witness, they may not descend**[N] and take the property, as two witnesses are required for matters of inheritance, the court **also does not provide them with sustenance.** As far as the children are concerned, there is still insufficient evidence for the death of their father.

מַאי "דָּבָר אַחֵר"? רַב חִסְדָּא אָמַר: תַּכְשִׁיט, רַב יוֹסֵף אָמַר: צְדָקָה. מַאן דַּאֲמַר תַּכְשִׁיט – כׇּל שֶׁכֵּן

Incidentally, the Gemara asks: **What is: Something else,** mentioned in the *baraita*? **Rav Ḥisda said:** This is a wife's **ornaments,** to which she is entitled in addition to her sustenance. **Rav Yosef said:** It is money for **charity.** The Gemara comments: According to **the one who said** that the court does not pay for her **ornaments** if the husband has gone overseas, **all the more so**

Perek **XIII**
Daf **107** Amud **b**

NOTES

The first three months – **שְׁלֹשָׁה חֳדָשִׁים הָרִאשׁוֹנִים**: For the first three months after her husband's death a *yevama* may neither enter into levirate marriage nor perform *ḥalitza*, as she might be pregnant by her late husband. Since the delay is caused by the first husband, she is entitled to sustenance from his property. After this stage, she is no longer treated like a regular widow, as she is bound to her *yavam* by the levirate bond. However, as the *yavam* has not yet entered into levirate marriage with her, her status is less than that of a betrothed woman. Consequently, she is not entitled to sustenance from him (see Rivan).

צְדָקָה, מַאן דַּאֲמַר צְדָקָה אֲבָל תַּכְשִׁיט – יָהֲבִינַן לָהּ, דְּלָא נִיחָא לֵיהּ דְּתִיתְּנַוַּול.

he maintains that she does not receive money from his property for **charity,** as the court does not take donations of charity from one's property without his knowledge. Conversely, **the one who said** that the court does not give money for **charity** would argue: **However, they do give her ornaments,** as it is assumed **that it is not satisfactory for him** for his wife **to be degraded** by a lack of jewelry.

תָּא שְׁמַע: הַיְבָמָה, שְׁלֹשָׁה חֳדָשִׁים הָרִאשׁוֹנִים – נִיזּוֹנֶת מִשֶּׁל בַּעְלָהּ,

The Gemara further suggests: **Come** and **hear:** With regard to **a *yevama*,** a woman whose husband died childless and he has a brother [*yavam*], and who is waiting either to enter into levirate marriage with the *yavam* or perform *ḥalitza*, for the **first three months**[N] after her husband's death **she is sustained from** the property of **her husband.**[H]

מִיכָּן וְאֵילָךְ – אֵינָהּ נִיזּוֹנֶת לֹא מִשֶּׁל בַּעְלָהּ וְלֹא מִשֶּׁל יָבָם. עָמַד בַּדִּין וּבָרַח – נִיזּוֹנֶת מִשֶּׁל יָבָם.

From then on, as long as she has not entered into levirate marriage, **she is not sustained, neither from** the property of **her husband nor from** that of the ***yavam*.** If the *yavam* **stood in judgment** and the court ruled that he should enter into levirate marriage, **and he fled, she is sustained from** the property of the ***yavam*.** This apparently contradicts Shmuel's ruling, as here the woman is provided with sustenance from the estate of the *yavam* in his absence, despite the fact that his obligation toward her is less than that of a husband.

HALAKHA

The sustenance of a *yevama* – **מְזוֹנוֹת יְבָמָה**: For the first three months after the death of her husband, a *yevama* receives her sustenance from his property. From that point onward, she is sustained neither from the property of the husband nor from that of the *yavam*. If her *yavam* stood in judgment and he was required to perform *ḥalitza* or enter into levirate marriage with her, and he agreed but was unable act upon the ruling due to circumstances beyond his control, e.g., an illness (Jerusalem Talmud) or if he had to flee the country, he is obligated to provide her sustenance (Rambam *Sefer Nashim*, *Hilkhot Ishut* 18:15; *Shulḥan Arukh*, *Even HaEzer* 106:1).

אָמַר לָךְ שְׁמוּאֵל: לְמַאי נֵיחוּשׁ לַהּ לְהַאי? אִי מִשּׁוּם צְרָרֵי – לָא מִיקַּרְבָא דַּעְתֵּיהּ לְגַבַּהּ, אִי מִשּׁוּם מַעֲשֵׂה יָדֶיהָ – לָא מִשְׁתַּעְבְּדָא לֵיהּ.

The Gemara answers that **Shmuel** could have **said to you: With regard to what** need **we be concerned in this** case? **If** the concern is **due to** the possibility that he gave her **a bundle** of money before his departure, **the mind of** the *yavam* **is not** that **close to** this woman that he would leave money with her; **if** the concern is **due to her earnings,** i.e., that he said to her: Spend your earnings to sustain yourself, **she is not** yet **obligated to** give **him** her earnings.

תָּא שְׁמַע: הָאִשָּׁה שֶׁהָלְכָה הִיא וּבַעְלָהּ לִמְדִינַת הַיָּם, וּבָאת וְאָמְרָה: מֵת בַּעְלִי, רָצְתָה – נִיזּוֹנֶת, רָצְתָה – גּוֹבָה כְּתוּבָּתָהּ. ״גֵּירְשַׁנִי בַּעְלִי״ – מִתְפַּרְנֶסֶת וְהוֹלֶכֶת עַד כְּדֵי כְתוּבָּתָהּ.

Come and hear: With regard to **a wife who went with her husband overseas, and she came**[H] back **and said: My husband died,** if **she wishes she is sustained** from his property, and if **she wishes she collects** payment of **her marriage contract.** If she said: **My husband divorced me,** but she does not present a bill of divorce, **she is continually sustained** from his property **up to the amount of her marriage contract.** The reason is that she may collect this money whether or not her claim is believed: If she is still married, she is entitled to her sustenance, and if she is divorced she receives the marriage contract. This once again presents a difficulty for the opinion of Shmuel, as she collects money from her husband's estate in his absence.

הָכָא נַמִי כְּשֶׁשָּׁמְעוּ בּוֹ שֶׁמֵּת. וּמַאי שְׁנָא עַד כְּדֵי כְתוּבָּתָהּ? דְּאִיהִי הִיא דְּאַפְסֵידָה אַנַּפְשַׁהּ.

The Gemara answers: **Here, too,** it is referring to a case where **they heard concerning** the husband **that he died.** The Gemara asks: **And what is different** about the sum **up to the amount of her marriage contract;** why is she given no more than this? If he is dead, she should be allowed to sustain herself from all his property until she weds another. The Gemara answers: The reason is **that she is** the one who **caused** the **loss to herself.** By claiming that she was divorced, she forfeits her right to more sustenance.

תָּא שְׁמַע: כֵּיצַד אָמְרוּ מְמָאֶנֶת אֵין לָהּ מְזוֹנוֹת? אִי אַתָּה יָכוֹל לוֹמַר בְּיוֹשֶׁבֶת תַּחַת בַּעְלָהּ – שֶׁהֲרֵי בַּעְלָהּ חַיָּיב בִּמְזוֹנוֹת. אֶלָּא כְּגוֹן שֶׁהָלַךְ בַּעְלָהּ לִמְדִינַת הַיָּם; לָוְתָה וְאָכְלָה, עָמְדָה וּמֵיאֲנָה. טַעְמָא – דְּמֵיאֲנָה, הָא לָא מֵיאֲנָה – יָהֲבִינַן לַהּ!

The Gemara further suggests: **Come** and **hear: How,** i.e., in what case, **did** the Sages **say** that a minor who **refuses** her husband **does not** receive **sustenance?**[H] **You cannot say** that this *halakha* applies **to** a young girl **who is living under** the authority of **her husband, as her husband is obligated in her sustenance. Rather,** it applies to a case **where her husband went overseas,** and **she borrowed** money **and sustained** herself for a while, and subsequently **she arose and refused** him. The Gemara infers: The **reason** is **that she refused** him, which indicates that if **she did not refuse** her husband, the court **gives** her sustenance. This apparently shows that a woman is sustained from her husband's property when he goes overseas.

אָמַר לָךְ שְׁמוּאֵל: הָכָא לְמַאי נֵיחוּשׁ לַהּ? אִי מִשּׁוּם צְרָרֵי – צְרָרֵי לִקְטַנָּה לָא מַתְפִּיס, וְאִי מִשּׁוּם מַעֲשֵׂה יָדֶיהָ – קְטַנָּה לָא סַפְקָה.

The Gemara answers that **Shmuel** could have **said to you: With regard to what** need **we be concerned here? If** the concern is **due to** the possibility that he left her **a bundle** of money before his departure, **one does not give a bundle** of money **to a minor. If** the concern is **due to** the possibility that he instructed her to subsist on **her earnings,** the earnings of **a minor** are **not enough** to cover the expenses of her sustenance. In summary, no resolution has been found for the dispute between Rav and Shmuel, notwithstanding the numerous sources cited by the Gemara.

מַאי הָוֵה עֲלַהּ? כִּי אֲתָא רַב דִּימִי אָמַר: מַעֲשֶׂה בָּא לִפְנֵי רַבִּי בְּבֵית שְׁעָרִים, וּפָסַק לָהּ מְזוֹנוֹת. לִפְנֵי רַבִּי יִשְׁמָעֵאל בְּצִפּוֹרִי, וְלֹא פָּסַק לָהּ מְזוֹנוֹת. תָּהֵי בָּהּ רַבִּי יוֹחָנָן: וְכִי מָה רָאָה רַבִּי יִשְׁמָעֵאל שֶׁלֹּא פָּסַק לָהּ מְזוֹנוֹת? הָא לָא נֶחְלְקוּ בְּנֵי כֹּהֲנִים גְּדוֹלִים וְחָנָן אֶלָּא לְעִנְיַן שְׁבוּעָה, אֲבָל מְזוֹנֵי – יָהֲבִינַן לַהּ!

The Gemara asks: **What is** the conclusion that was reached **about this** dispute? How should this case be treated in practice? **When Rav Dimi came** from Eretz Yisrael, **he said: An incident** of this kind **came before Rabbi** Yehuda HaNasi **in Beit She'arim, and he apportioned sustenance for her.** However, a similar incident came **before Rabbi Yishmael in Tzippori, and he did not apportion sustenance for her. Rabbi Yoḥanan wondered about this** ruling: **And what did Rabbi Yishmael see** such **that he did not apportion sustenance for her?** After all, **the sons of High Priests and Ḥanan disagreed** in the mishna **only with regard to** whether she is obligated to swear **an oath, but** as far as **sustenance** is concerned, they concur that the court **gives it to her.**

אָמַר לֵיהּ רַב שֶׁמֶן בַּר אַבָּא: כְּבָר תַּרְגְּמַהּ רַבֵּינוּ שְׁמוּאֵל בְּבָבֶל: כְּשֶׁשָּׁמְעוּ בּוֹ שֶׁמֵּת. אָמַר לֵיהּ: פְּתַרְיתוּ בָּהּ כּוּלֵּי הַאי?

Rav Shemen bar Abba said to Rabbi Yoḥanan: **Our Rabbi in Babylonia, Shmuel, already interpreted it** as referring to a case where **they heard concerning** the husband **that he died.** Rabbi Yoḥanan **said to him** in astonishment: **Have you gone that far**[N] in your analysis of this case that you were able to resolve this problem?

HALAKHA

A woman who came from overseas, etc. – **הָאִשָּׁה שֶׁבָּאָה מִמְּדִינַת הַיָּם וכו׳**: If a woman who traveled overseas with her husband returned alone, claiming that her husband died, she is believed. She may choose whether she wishes to receive her sustenance as a widow or to receive payment of her marriage contract. If she says that her husband divorced her, she is not believed, but she may take her sustenance up to the value of her marriage contract, as she is entitled to this sum in any case (Rambam *Sefer Nashim, Hilkhot Ishut* 18:24; *Shulḥan Arukh, Even HaEzer* 93:17).

One who refuses her husband does not receive sustenance – **מְמָאֶנֶת אֵין לָהּ מְזוֹנוֹת**: With regard to a minor girl who was married off by her mother or brothers, as long as she remains with her husband he is obligated to provide her sustenance and her redemption. However, if he went overseas, and she borrowed money for her sustenance or her redemption and subsequently refused him, he is not obligated to pay her debts, as stated in the *baraita* here (Rambam *Sefer Nashim, Hilkhot Ishut* 24:5; *Shulḥan Arukh, Even HaEzer* 116:5).

NOTES

Have you gone that far – **פְּתַרְיתוּ בָּהּ כּוּלֵּי הַאי**: Some commentaries suggest two explanations of this statement. It may be a rhetorical question: Were you able to analyze this case to such great depth? Alternatively, it may be a challenge: If you did in fact discuss this case, you should have reached a different conclusion (Rivan).

כי אתא רבין אמר: מעשה בא לפני רבי בבית שערים ולא פסק לה מזונות, לפני רבי ישמעאל בציפורי ופסק לה מזונות. אמר רבי יוחנן: מה ראה רבי שלא פסק לה? דהא לא נחלקו חנן ובני כהנים גדולים אלא לענין שבועה, אבל מזונות – יהבינן לה! אמר ליה רב שמן בר אבא: כבר תרגמה שמואל בבבל – כששמעו בו שמת. אמר ליה: פתריתו בה כולי האי?

When Ravin came from Eretz Yisrael, **he said** a different version of this discussion: **An incident came before Rabbi** Yehuda HaNasi **in Beit She'arim, and he did not apportion sustenance for her;** an incident came **before Rabbi Yishmael in Tzippori, and he apportioned sustenance for her. Rabbi Yoḥanan said: And what did Rabbi** Yehuda HaNasi **see** such **that he did not apportion sustenance for her? As, the sons of High Priests and Ḥanan disagreed only with regard to an oath, but** when it comes to **sustenance,** the court **gives it to her. Rav Shemen bar Abba said to** Rabbi **Yoḥanan: Shmuel in Babylonia already interpreted it** as referring to a case where **they heard concerning him that he died.** Rabbi Yoḥanan **said to him** in astonishment: **Have you gone that far** in your analysis of this case?

והלכתא כותיה דרב, ופוסקין מזונות לאשת איש. והלכתא כותיה דרב הונא אמר רב. דאמר רב הונא אמר רב: יכולה אשה שתאמר לבעלה: איני ניזונת ואיני עושה.

The Gemara concludes: **And the** ***halakha*** **is in accordance with** the opinion of **Rav, and** therefore **one apportions sustenance for a married woman**[H] whose husband went overseas. In passing, the Gemara mentions other rulings of *halakha*. **And the** ***halakha*** **is in accordance with** that which **Rav Huna** said that **Rav said. As Rav Huna said** that **Rav said: A woman can say to her husband: I will not be sustained** by you **and** in turn **I will not work,**[H] i.e., you will not keep my earnings. The reason is that this arrangement was enacted by the Sages for the wife's benefit. Consequently, she can relinquish her rights to her sustenance in this manner.

והלכתא כותיה דרב זביד בקוניא. דאמר רב זביד: הני מאני דקוניא, חיורי ואוכמי – שרו,

And the ***halakha*** **is in accordance with** the opinion of **Rav Zevid with regard to glazed** [***kunya***][L] **vessels. As Rav Zevid said:** With regard to **these glazed vessels** [***manei dekunya***],[NBH] i.e., earthenware vessels that are glazed over, the **white and black ones are permitted** after they have been washed, as the glazing prevents the vessels from absorbing the foods placed inside them. Some earthenware vessels absorb the food and drink that is cooked in them and are therefore rendered forbidden if at any time they contained forbidden food, e.g., wine poured as a libation or leaven on Passover. The white and black vessels are not considered like regular earthenware vessels, which are rendered permanently forbidden.

ירוקי – אסירי. ולא אמרן אלא דלית בהו קרטופני, אבל אית בהו קרטופני – אסירי.

Conversely, **green** ones **are forbidden,** as they absorb from the substances placed inside them. **And we said** that white and black ones are permitted **only if they do not have cracks; however, if they have cracks they are forbidden,** as the forbidden food is absorbed by the earthenware through the cracks.

מתני׳ מי שהלך למדינת הים, ועמד אחד ופירנס את אשתו. חנן אומר: איבד את מעותיו.

MISHNA In the case of a husband **who went overseas, and someone arose and sustained**[N] **his wife**[H] in his absence, and upon the husband's return the provider demands from him the money he spent on his wife, **Ḥanan says:** He has **lost his money,** i.e., the husband is not obligated to repay him, as the provider acted of his own free will and was not instructed to do so by the husband.

NOTES

Glazed vessels – מאני דקוניא: Rashi explains that these vessels are plated with lead, while others claim that this is referring to vessels glazed with glass (*Tosafot*; Rabbeinu Ḥananel; *Arukh*). Some commentaries contend that Rav Zevid's ruling refers only to cold liquids, e.g., wine used as a libation. In the case of hot substances, however, Rav Zevid concedes that these earthenware vessels remain prohibited (see *Tosafot*).

And someone arose and sustained – ועמד אחד ופירנס: Rashi and most authorities maintain that this does not apply if the woman borrows money. In that case, the lender sues her for the money, and she in turn claims payment from her husband, who must pay her. However, others contend that even in this situation, the man who funded her is not entitled to anything unless the husband agrees to pay him (*ge'onim*). The commentaries further note that although in many cases the Sages decreed that one who freely spent money in aid of another should be reimbursed, in this case the obligation to sustain the woman is a personal one that applies exclusively to her husband (*Nimmukei Yosef*). Furthermore, it can be argued that the provider's intervention was unnecessary, since if she limited her expenses she could presumably sustain herself through her own earnings.

LANGUAGE

Glazed [*kunya*] – קוניא: From the Greek κονία, *konya*, meaning dust, sand, or various powders. It can be used to refer to vessels covered with glaze, lime, or stucco.

BACKGROUND

Glazed vessels [*manei dekunya*] – מאני דקוניא: As described in the Gemara, *manei dekunya* are vessels glazed with different types of materials, which give the vessel various colors. Due to the variation in material, different types of glaze also affect the degree to which the contents of the vessel are absorbed into the vessel walls. Glazing is achieved by covering the earthenware vessel during its manufacture with certain materials, mainly salts. The quality of the glazing and the degree of its impermeability are largely dependent on the temperature achieved during its manufacture and the specific substances used. Even nowadays a lead base is often used for glazing (see Rashi), to which various salts are added. Certain types of glazing are likely to crack, in which case the vessels would absorb the liquids placed in them. In summary, the colors of the glazing mentioned here reflect the technique used for sealing the vessels, which affects both their impermeability and the potential for the appearance of holes and cracks.

HALAKHA

One apportions sustenance for a married woman – פוסקין מזונות לאשת איש: If a woman's husband went overseas, the court apportions sustenance for her, in accordance with the opinion of Rav. The Rambam adds that although the *ge'onim* dispute whether a woman who does not present her marriage contract is provided with sustenance, he rules that she is given sustenance during the husband's lifetime, as a husband's obligation to provide his wife with sustenance applies by Torah law (Rambam *Sefer Nashim, Hilkhot Ishut* 12:18; *Shulḥan Arukh, Even HaEzer* 70:8).

I will not be sustained and I will not work – איני ניזונת ואיני עושה: The Sages instituted that a woman must give her husband her earnings in exchange for her sustenance. Since this enactment is for her benefit, if she says: I will not be sustained by you and in turn I will not work, her request is accepted, and she cannot be compelled to give him her earnings. The *halakha* is in accordance with the opinion of Rav Huna (Rambam *Sefer Nashim, Hilkhot Ishut* 12:4; *Shulḥan Arukh, Even HaEzer* 69:4).

Glazed vessels – מאני דקוניא: With regard to vessels glazed with lead or with shards of glass (*Tosafot*), if they are green their status is like that of vessels made from natron, and they are rendered permanently forbidden if they had been used for forbidden food. With regard to white or black vessels, if they have no cracks then they have the status of metal vessels with regard to cleansing, but if they are cracked they are treated like other earthenware vessels. The *halakha* is in accordance with the opinion of Rav Zevid (Rambam *Sefer Kedusha, Hilkhot Ma'akhalot Assurot* 11:19; *Shulḥan Arukh, Yoreh De'a* 135:6).

And someone arose and sustained his wife – ועמד אחד ופירנס את אשתו: If a man went overseas and someone else sustained his wife, the husband is not obligated to repay him upon his return, as he did not instruct him to do so and she did not borrow the money from him. The *halakha* is in accordance with the opinion of Ḥanan (see 109a). Some commentaries write that if this provider owed money to the husband, the amount he gave the wife is deducted from his debt (Rema, based on *Mordekhai*), and similarly, if anyone sustained her from the husband's property he is exempt from payment (*Beit Shmuel*; *Ḥelkat Meḥokek*; Rambam *Sefer Nashim, Hilkhot Ishut* 12:19; *Shulḥan Arukh, Even HaEzer* 70:8).

נֶחְלְקוּ עָלָיו בְּנֵי כֹּהֲנִים גְּדוֹלִים, וְאָמְרוּ: יִשָּׁבַע כַּמָּה הוֹצִיא, וְיִטּוֹל. אָמַר רַבִּי דּוֹסָא בֶּן הַרְכִּינָס כְּדִבְרֵיהֶם. אָמַר רַבִּי יוֹחָנָן בֶּן זַכַּאי: יָפֶה אָמַר חָנָן: הִנִּיחַ מְעוֹתָיו עַל קֶרֶן הַצְּבִי.

The sons of High Priests disagreed with Ḥanan's opinion **and said:** The man **swears how much he spent** on behalf of the woman, **and he takes** that sum from the husband. **Rabbi Dosa ben Harkinas said** that the *halakha* is **in accordance with their statement. Rabbi Yoḥanan ben Zakkai said: Ḥanan spoke well** in this case, as this man is like one who **placed his money on the horn of a deer** in midflight, i.e., he has no reasonable expectation of reimbursement.

גמ׳ תְּנַן הָתָם: הַמּוּדָּר הֲנָאָה מֵחֲבֵירוֹ

GEMARA **We learned** in a mishna **there** (*Nedarim* 33a): With regard to **one** who is **prohibited by a vow** from **deriving benefit from another,**

שׁוֹקֵל לוֹ אֶת שִׁקְלוֹ, וּפוֹרֵעַ אֶת חוֹבוֹ, וּמַחֲזִיר לוֹ אֲבֵידָתוֹ. וּבְמָקוֹם שֶׁנּוֹטְלִין שָׂכָר – תִּפּוֹל הֲנָאָה לַהֶקְדֵּשׁ.

the other **may contribute his shekel for him,**[H] i.e., it is permitted for the second individual to donate the half-shekel from his own money to the Temple on behalf of the first one, who is prohibited by the vow from deriving benefit; **and he may repay his debt**[H] for him, i.e., if the one prohibited by the vow owes money to a third party, the one from whom he may not derive benefit may pay off that debt on his behalf. **And he may return to him his lost object,**[H] **and in a place where one takes a wage**[N] for returning a lost article, **the benefit** paid for the return of the item **goes to** the Temple treasury of **consecrated** property.[N]

בִּשְׁלָמָא שׁוֹקֵל לוֹ אֶת שִׁקְלוֹ – מִצְוָה קָעָבֵיד, דִּתְנַן: תּוֹרְמִין עַל הָאָבוּד וְעַל הַגָּבוּי וְעַל הֶעָתִיד לִגָּבוֹת.

The Gemara discusses this mishna: **Granted, he may contribute his shekel for him,** as **he** thereby **performs a mitzva.** The one prohibited by the vow from deriving benefit does not derive any direct benefit from this action, as even if he did not pay the half-shekel, all Jews have a share in the communal offerings brought in the Temple, **as we learned** in a *baraita*: **One** performs the **collection** of money from the chamber with the intention that the ceremony apply to money **that is lost,**[H] **and** money **that has** already **been gathered** but has not yet been brought to the Temple, **and** money **that will be gathered in the future.** This shows that even if one did not give a half-shekel, the communal offerings are nevertheless sacrificed in his name.

וּמַחֲזִיר לוֹ אֲבֵידָתוֹ – נַמִי מִצְוָה קָעָבֵיד. אֶלָּא פּוֹרֵעַ לוֹ אֶת חוֹבוֹ – הָא קָמִשְׁתַּרְשִׁי לֵיהּ!

And concerning the *halakha* that **he may return to him his lost object, he also performs a mitzva**[N] by means of this action. However, with regard to the statement that **he may repay his debt** for him, this is problematic because it **provides a gain for** the one prohibited by the vow from deriving benefit; if he did not repay the person's debt, that person would have to pay it from his own pocket. Consequently, it should be considered as though the one prohibited from deriving benefit received money.

HALAKHA

May contribute his shekel for him – שׁוֹקֵל לוֹ אֶת שִׁקְלוֹ: In a case where one is prohibited by a vow from deriving benefit from another, that other person may donate the half-shekel to the Temple treasury on his behalf (Rambam *Sefer Hafla'a, Hilkhot Nedarim* 6:4).

And he may repay his debt – וּפוֹרֵעַ אֶת חוֹבוֹ: In a case where one is prohibited by vow from deriving benefit from another, that other individual may pay off his debts. Even if the one who paid the debt was given the collateral the lender had previously taken, he must return it to the borrower. This is in accordance with the opinion of Ḥanan and the statement in the Jerusalem Talmud that this *halakha* refers not only to one who provides sustenance for a wife but to any case involving a creditor (see *Tosafot*). However, some authorities (*Baḥ*; *Sma*) dispute this and maintain that this *halakha* applies only to debts that are similar to sustenance (Rambam *Sefer Hafla'a, Hilkhot Nedarim* 6:4; *Shulḥan Arukh, Yoreh De'a* 221:2).

And he may return to him his lost object – וּמַחֲזִיר לוֹ אֲבֵידָתוֹ: In a case where one is prohibited by vow from deriving benefit from another, that other individual may return to him his lost object. If the two are mutually prohibited from benefiting from each other, and they are in a place where a reward is given to one who returns a lost article to its rightful owner, the one who found the lost object returns it to the other in fulfillment of the mitzva, and the reward is paid to the Temple treasury of consecrated property (Rambam *Sefer Hafla'a, Hilkhot Nedarim* 7:1; *Shulḥan Arukh, Yoreh De'a* 221:3).

One performs the collection for money that is lost, etc. – תּוֹרְמִין עַל הָאָבוּד וכו׳: When the treasurers take money from the chamber, they do so with the intention that this money represents those whose coins are in the chamber, those whose coins were collected but did not yet arrive to the chamber, and those whose coins are yet to be collected (Rambam *Sefer Zemanim, Hilkhot Shekalim* 2:9 and *Kesef Mishne* there).

NOTES

And in a place where one takes a wage – וּבְמָקוֹם שֶׁנּוֹטְלִין שָׂכָר: There is no obligation to give a reward to one who returned a lost object, as there is both a mitzva to return a lost article to its rightful owner and a prohibition against neglecting this duty. Nevertheless, in some places the owner of the lost article presents a small gift to the finder as a sign of his gratitude. In certain circumstances, the owner of the lost object must reimburse the finder if he had taken time from his work to restore the lost item to its owner.

The benefit goes to the Temple treasury of consecrated property – תִּפּוֹל הֲנָאָה לַהֶקְדֵּשׁ: The Gemara in *Nedarim* 33a asks why the finder cannot accept his reward; after all, it is the owner of the lost object who is prohibited from deriving benefit from the finder, not the reverse. One answer, cited by Rashi here, is that this refers to a case where each of them was prohibited by vow from deriving benefit from the other, which means that the finder may not derive benefit from the owner of the lost article either. Others explain that this refers to a place where it was customary to give something to the finder; however, this finder would rather not derive benefit from this type of favor. Under other circumstances, the finder could simply refuse the reward, but if he does so in this case he is providing benefit to the owner. Consequently, the money is given to a third party, the Temple treasury of consecrated property (*Nimmukei Yosef*).

He also performs a mitzva – נַמִי מִצְוָה קָעָבֵיד: The fact that he is performing a mitzva is not enough to render this action permitted, since if the other person is in need of charity he may not give him money, despite the fact that by doing so he would fulfill a mitzva. The difference between these two cases is that as opposed to one who donates to charity, one who returns a lost object does not give anything tangible of his own, as he merely returns to the owner that which belongs to him (Ritva).

אֲמַר רַב אוֹשַׁעְיָא: הָא מַנִּי? חָנָן הִיא, דַּאֲמַר: אִיבֵּד אֶת מְעוֹתָיו.

Rav Oshaya said: In accordance with **whose** opinion **is this** mishna? **It is** in accordance with the opinion of **Ḥanan, who said** in the mishna: He has **lost his money.** In other words, this is referring to a case in which he repays a debt that the other does not really have to repay at all, and therefore he is doing a favor to the creditor, not to the one who is prohibited from deriving benefit.

וְרָבָא אֲמַר: אֲפִילּוּ תֵּימָא רַבָּנַן, הָכָא בְּמַאי עָסְקִינַן – שֶׁלָּוָה עַל מְנָת שֶׁלֹּא לִפְרוֹעַ.

And Rava said: You can **even say** that this is in accordance with the opinion of **the Rabbis, and here we are dealing with** a situation where the borrower **borrowed** money **on the condition that he** need **not pay it back**[N] until he chooses to do so. In that case, if the one from whom this borrower may not derive benefit repaid the debt for him, he performed a favor only to the lender, not to the borrower.

בִּשְׁלָמָא רָבָא לָא אֲמַר כְּרַב אוֹשַׁעְיָא – דְּמוֹקֵים לַהּ כְּרַבָּנַן, אֶלָּא רַב אוֹשַׁעְיָא מַאי טַעְמָא לָא אֲמַר כְּרָבָא? אָמַר לָךְ רַב אוֹשַׁעְיָא: נְהִי דַּהֲנָאָה לֵית לֵיהּ,

The Gemara analyzes these opinions: **Granted, Rava did not say** his statement in accordance with the explanation **of Rav Oshaya, as he establishes** the mishna in *Nedarim* not only in accordance with the view of Ḥanan, but also **in accordance with** the opinion of **the Rabbis. However, what is the reason** that **Rav Oshaya did not say** that the mishna is referring to a loan that did not have to be repaid, **in accordance with** the explanation of **Rava?** The Gemara answers that **Rav Oshaya** could have **said to you: Although** in this type of loan **there is no benefit to** the borrower, as he need not repay it within a certain period of time,

Perek **XIII**
Daf **108** Amud **b**

כִּיסּוּפָא מִי לֵית לֵיהּ? הָתָם נַמִי אִית לֵיהּ הֲנָאָה – בְּהַהִיא הֲנָאָה דְּמִיכְסִיף מִינֵּיהּ.

doesn't he have shame due to his failure to repay the debt? **There too,** in the case of one prohibited by a vow, **he has benefit;** namely, the **benefit that he is ashamed before him** until the loan is repaid.

מתני׳ אַדְמוֹן אוֹמֵר שִׁבְעָה: מִי שֶׁמֵּת וְהִנִּיחַ בָּנִים וּבָנוֹת, בִּזְמַן שֶׁהַנְּכָסִים מְרוּבִּין – הַבָּנִים יוֹרְשִׁים וְהַבָּנוֹת נִזּוֹנוֹת. וּבִנְכָסִים מוּעָטִים – הַבָּנוֹת יִזּוֹנוּ, וְהַבָּנִים יַחְזְרוּ עַל הַפְּתָחִים. אַדְמוֹן אוֹמֵר: בִּשְׁבִיל שֶׁאֲנִי זָכָר הִפְסַדְתִּי? אָמַר רַבָּן גַּמְלִיאֵל: רוֹאֶה אֲנִי אֶת דִּבְרֵי אַדְמוֹן.

MISHNA Admon states a dissenting opinion to that of the Rabbis in **seven** cases. The mishna elaborates: With regard to **one who died and left** behind both **sons and daughters, when the estate is large**[H] **the sons inherit** the property **and the daughters are provided with sustenance** from it. **And with regard to a small estate,** which is insufficient to provide for both the sons and the daughters, **the daughters are provided with sustenance and the sons** have neither inheritance nor sustenance, and therefore, if they have no other means with which to support themselves, they must **go round** begging **at the doors. Admon says:**[N] **Because I am a male, will I lose out?**[N] **Rabban Gamliel said: I see** as correct **the statement of Admon.**

גמ׳ מַאי קָאָמַר? אֲמַר אַבָּיֵי, הָכִי קָאָמַר: בִּשְׁבִיל שֶׁאֲנִי זָכָר, וְרָאוּי לַעֲסוֹק בַּתּוֹרָה הִפְסַדְתִּי?

GEMARA With regard to Admon's statement: Because I am a male will I lose out, the Gemara asks: **What is he saying?** What is the significance of the fact that one is male? **Abaye said** that **this is what he is saying: Because I am a male and,** unlike women, I **am fit to engage in Torah** study, should **I lose out?**

אֲמַר לֵיהּ רָבָא: מַאן דְּעָסֵיק בַּתּוֹרָה הוּא דְּיָרֵית, מַאן דְּלָא עָסֵיק בַּתּוֹרָה לָא יָרֵית? אֶלָּא אֲמַר רָבָא הָכִי קָאָמַר: בִּשְׁבִיל שֶׁאֲנִי זָכָר וְרָאוּי לִירַשׁ בִּנְכָסִים מְרוּבִּין, הִפְסַדְתִּי בִּנְכָסִים מוּעָטִין?

Rava said to him: Is that to say that it is **one who is engaged in Torah** study **who inherits,** whereas **one who is not engaged in Torah** study **does not inherit?** What does the study of Torah have to do with the matter at hand? **Rather, Rava said** that **this is what** Admon **is saying: Because I am a male,** who has a greater right to the property by Torah law, **and** therefore **it is fitting** for me **to inherit when the estate is large,** will **I** now **lose out** entirely **in** a case of **a small estate?**

NOTES

On the condition that he need not pay it back – עַל מְנָת שֶׁלֹּא לִפְרוֹעַ: This does not mean that the money was given from the outset on condition that it need not be repaid, as that would be a gift, not a loan. Rather, as stated by Rashi, it means that no date was set for the repayment of the loan. Alternatively, the lender agreed that if the borrower fails to repay the loan he will not sue him in court (Rivan).

HALAKHA

When the estate is large, etc. – בִּזְמַן שֶׁהַנְּכָסִים מְרוּבִּין וכו׳: With regard to one who died and left behind sons and daughters, the sons inherit the estate and they provide sustenance to their sisters until the sisters mature or are betrothed. This arrangement applies when the estate is sufficient for both the sons and the daughters until they become grown women. However, if the estate is not that large, the court first extracts funds from it for the daughters' sustenance. If nothing remains from the estate, the daughters will be provided for while the sons must beg for their livelihood. The *halakha* is in accordance with the unattributed mishna, not the opinion of Admon, as the discussion in *Bava Batra* 139b is not in accordance with his ruling. All of this applies if the father left behind real estate. However, if he left behind only movable property, there is a later enactment that daughters must be sustained even from movable property, but this enactment does not apply if it would mean that the sons would forfeit their inheritance completely. Consequently, in that case the children would divide all the assets equally (Rambam *Sefer Nashim, Hilkhot Ishut* 19:17–18; *Shulḥan Arukh, Even HaEzer* 112:11–12).

NOTES

Admon says, etc. – אַדְמוֹן אוֹמֵר וכו׳: Some commentaries maintain that Admon does not disagree with the opinion of the Rabbis but is simply expressing his astonishment at this ruling (Rabbeinu Tam in *Tosafot*; Rosh).

I lose out – הִפְסַדְתִּי: Some maintain that Admon does not mean that the daughters' sustenance should be taken away from them entirely. Rather, he is saying that instead of the sons losing their entire inheritance, the sons and the daughters should divide the estate between them and live off of it for as long as they can (Rashbam on *Bava Batra* 139b).

מתני׳ הַטּוֹעֵן אֶת חֲבֵירוֹ כַּדֵּי שֶׁמֶן וְהוֹדָה בְּקַנְקַנִּים, אַדְמוֹן אוֹמֵר: הוֹאִיל וְהוֹדָה בְּמִקְצָת הַטַּעֲנָה – יִשָּׁבַע, וַחֲכָמִים אוֹמְרִים: אֵין הוֹדָאַת מִקְצָת מִמִּין הַטַּעֲנָה. אָמַר רַבָּן גַּמְלִיאֵל: רוֹאֶה אֲנִי אֶת דִּבְרֵי אַדְמוֹן.

MISHNA The mishna cites another case involving a dispute between Admon and the Rabbis. With regard to **one who claims** that **another** owes him **jugs of oil, and** the other **admits to** the claim of **pitchers**[N] but not the oil, **Admon says: Since he made a partial admission to the claim, he takes an oath** swearing that he owes only what he has admitted to and no more. **And the Rabbis say: The partial admission** in this case **is not of the same type as the claim,** as the claim specified oil and the admission referred to pitchers. **Rabban Gamliel said: I see** as correct **the statement of Admon.**

גמ׳ שְׁמַע מִינָּהּ לְרַבָּנַן: טְעָנוֹ חִטִּין וּשְׂעוֹרִין וְהוֹדָה בִּשְׂעוֹרִין – פָּטוּר.

GEMARA One can **conclude from here** that according **to** the opinion of **the Rabbis,** if one **claimed** that another owed him **wheat and barley, and** the other party partially **admitted** that the claim was true only with regard **to the barley,** he is **exempt,** just as he is exempt in this case when the claim was for jugs of oil and the admission referred only to jugs.

לֵימָא תֶּהֱוֵי תְּיוּבְתָּא דְּרַב נַחְמָן אָמַר שְׁמוּאֵל, דְּאָמַר רַב נַחְמָן אָמַר שְׁמוּאֵל: טְעָנוֹ חִטִּין וּשְׂעוֹרִים וְהוֹדָה לוֹ בְּאֶחָד מֵהֶן – חַיָּיב!

The Gemara suggests: **Let us say that it is a conclusive refutation** of the opinion that **Rav Naḥman** said that **Shmuel said. As Rav Naḥman said** that **Shmuel said:** If one **claimed against** another that he owed him **wheat and barley, and** the other **admitted to** owing **one**[H] of the types, **he is obligated** to take an oath, as he partially admitted to the claim.

אָמַר רַב יְהוּדָה אָמַר רַב: בְּטוֹעֲנוֹ מִדָּה. אִי הָכִי, מַאי טַעֲמָא דְּאַדְמוֹן?

Rav Yehuda said that **Rav said:** The mishna is not referring **to** a case where one claimed that another owed him oil and pitchers. Rather, **he claimed** that another owed him a certain **measure** of oil, i.e., an amount of oil that would fill a certain number of jugs, while he did not claim the jugs at all. Consequently, the admission was not of the same type as the claim at all. The Gemara asks: **If so, what is the rationale** for the ruling **of Admon** that he must take an oath? Clearly, the admission and the claim do not refer to the same objects.

אֶלָּא אֲמַר רָבָא: דְּכוּלֵּי עָלְמָא, הֵיכָא דַּאֲמַר לֵיהּ ״מְלֹא עֲשָׂרָה כַּדֵּי שֶׁמֶן יֵשׁ לִי בְּבוֹרְךָ״ – שֶׁמֶן קָטָעֵין לֵיהּ, קַנְקַנִּים – לָא קָטָעֵין לֵיהּ. ״עֲשָׂרָה כַּדֵּי שֶׁמֶן מְלֵאִים יֵשׁ לִי אֶצְלְךָ״ – שֶׁמֶן וְקַנְקַנִּים קָטָעֵין לֵיהּ.

Rather, Rava said: Everyone agrees that in a case **where he said to him: I have ten jugfuls of oil in your pit,**[N] **he is claiming oil from him** and **he is not claiming pitchers from him** at all. In this case, it is clear that admitting to owing pitchers is not a partial admission whatsoever that would lead to an obligation to take an oath. Similarly, if he said to him: **I have ten full jugs of oil with you, he is claiming from him** both **oil and pitchers,** and therefore if the other party concedes to owing pitchers, this is a partial admission to the claim and everyone agrees that he must take an oath.

כִּי פְּלִיגִי – הֵיכָא דַּאֲמַר לֵיהּ ״עֲשָׂרָה כַּדֵּי שֶׁמֶן יֵשׁ לִי אֶצְלְךָ״; אַדְמוֹן אוֹמֵר: יֵשׁ בַּלָּשׁוֹן הַזֶּה לְשׁוֹן קַנְקַנִּים, וְרַבָּנַן סָבְרִי: אֵין בַּלָּשׁוֹן הַזֶּה לְשׁוֹן קַנְקַנִּים.

When they disagree in the mishna is in a case **where he said to him** simply: **I have ten jugs of oil with you. Admon says: This expression includes** a reference to the **pitchers,** while **the Rabbis hold** that **this expression does not include** a reference to the **pitchers.**

אֶלָּא טַעְמָא – דְּאֵין בַּלָּשׁוֹן הַזֶּה לְשׁוֹן קַנְקַנִּים, הָא יֵשׁ בַּלָּשׁוֹן הַזֶּה לְשׁוֹן קַנְקַנִּים – חַיָּיב. לֵימָא תֶּיהֱוֵי תְּיוּבְתָּא דְּרַבִּי חִיָּיא בַּר אַבָּא, דְּאָמַר רַבִּי חִיָּיא בַּר אַבָּא: טְעָנוֹ חִטִּין וּשְׂעוֹרִים וְהוֹדָה לוֹ בְּאֶחָד מֵהֶם – פָּטוּר!

The Gemara infers: **Rather, the reason** for the ruling of the Rabbis **is** specifically **that the expression does not include** a reference to **pitchers,** which indicates that if **the expression includes** a reference to **pitchers,** one is **obligated** to take an oath. If so, **let us say** that **this is a conclusive refutation of** the opinion of **Rabbi Ḥiyya bar Abba. As Rabbi Ḥiyya bar Abba said:** If one **claimed** against another that he owed him **wheat and barley, and** the other **admitted to one of** the types, **he is exempt** from an oath.

NOTES

Jugs of oil, and he admits to pitchers – כַּדֵּי שֶׁמֶן וְהוֹדָה בְּקַנְקַנִּים: Some commentaries ask why the mishna initially spoke of jugs and subsequently referred to pitchers. They explain that the term jug can mean a measure of volume or a vessel, whereas the term pitcher invariably refers to a receptacle and never means a measure of volume. Therefore, the ambiguity in the claim does not occur in the admission, which refers solely to the receptacles (*Shita Mekubbetzet*; *Melekhet Shlomo*).

I have…in your pit – יֵשׁ לִי בְּבוֹרְךָ: The later commentaries note the textual variants here, as some omit the phrase: In your pit. Apparently, those who accept that reading maintain that the phrase: I have ten jugfuls of oil, is enough to indicate that one is referring only to oil, not to the containers, and there is no need to stress the fact that the oil is not in pitchers but is still in the pit (see Rambam).

HALAKHA

One claimed against another wheat and barley, and he admitted to one, etc. – טְעָנוֹ חִטִּין וּשְׂעוֹרִים וְהוֹדָה לוֹ בְּאֶחָד וכו׳: If one claims that another owes him two different types of items and the other admits that he owes him one of those types, this is considered an admission of debt of the same type that was claimed, and therefore the one who admitted must take an oath with regard to the rest of the debt. For example, if one claims that another owes him wheat and barley, and the other party concedes that he owes him wheat but not barley, he is obligated to take an oath to that effect. The *halakha* is in accordance with the opinion of Shmuel (Rambam *Sefer Mishpatim, Hilkhot To'en VeNitan* 3:11; *Shulḥan Arukh, Ḥoshen Mishpat* 88:12).

אָמַר רַב שִׁימִי בַּר אַשִׁי: נַעֲשָׂה כְּמִי שֶׁטְּעָנוֹ רִימּוֹן בִּקְלִיפָּתוֹ. מַתְקִיף לָהּ רָבִינָא: רִימּוֹן בְּלֹא קְלִיפָּתוֹ – לָא מִינְטַר, שֶׁמֶן – מִינְטַר בְּלֹא קַנְקַנִּים!

Rav Shimi bar Ashi said: The case of the mishna is not similar to that of wheat and barley, as those two types are not connected to one another. Rather, the case of jugs of oil **is** more **like** that of **one who claimed** that **the other** owed him **a pomegranate in its peel,** as the jugs are as necessary for the oil as the peel of a pomegranate protecting its fruit. **Ravina strongly objects to this:** The comparison between these cases does not bear close scrutiny. **A pomegranate without its peel cannot be preserved,** and therefore it is obvious that when one claims a pomegranate, he must be referring to the peel as well. By contrast, **oil can be preserved without** the **pitchers,** as it can be placed in another receptacle.

אֶלָּא הָכָא בְּמַאי עָסְקִינַן? דְּאָמַר לֵיהּ: עֲשָׂרָה כַּדֵּי שֶׁמֶן יֵשׁ לִי אֶצְלְךָ, וַאֲמַר לֵיהּ אִידָךְ: שֶׁמֶן – לֹא הָיוּ דְּבָרִים מֵעוֹלָם, קַנְקַנִּים נָמֵי – חֲמִשָּׁה אִית לָךְ, וַחֲמִשָּׁה לֵית לָךְ.

Rather, here we are dealing with a case where one **said to** another: **I have ten jugs of oil**[H] **with you, and the other said to him:** With regard to the **oil, these matters never occurred;** I never borrowed oil from you. Concerning the **pitchers as well, you do have five** of them with me and these I admit I took from you, **but you do not have** the other **five** you claim.

אַדְמוֹן אוֹמֵר: יֵשׁ בַּלָּשׁוֹן הַזֶּה לְשׁוֹן קַנְקַנִּים, וּמִגּוֹ דְּקָמִשְׁתַּבַּע אַקַּנְקַנִּים – מִשְׁתַּבַּע נָמֵי אַשֶּׁמֶן, עַל יְדֵי גִלְגּוּל, וְרַבָּנַן סָבְרִי: אֵין בַּלָּשׁוֹן הַזֶּה לְשׁוֹן קַנְקַנִּים, מַה שֶּׁטְּעָנוֹ – לֹא הוֹדָה לוֹ, וּמַה שֶּׁהוֹדָה לוֹ – לֹא טְעָנוֹ.

Admon says: This expression includes a reference to **pitchers, and since he takes an oath about the pitchers,** as he partially admitted to owing them, **he takes an oath about the oil as well, by means of an extension** of the first oath. **And the Rabbis hold** that **this expression does not include** a reference to the **pitchers,** and therefore **that which** the first person **claimed from him** the second person **did not admit to** at all, **and that which** the second person **admitted to,** the first person **had not claimed from him.** The second individual denied owing any oil, and as for his partial admission with regard to the pitchers, there was no claim about pitchers at all. Consequently, no oath is required whatsoever.

מתני׳ הַפּוֹסֵק מָעוֹת לַחֲתָנוֹ, וּפָשַׁט לוֹ אֶת הָרֶגֶל

MISHNA The mishna states another case involving a ruling of Admon. With regard to one who promises and **apportions money for his son-in-law** as a dowry, **and he went bankrupt,**[N] and he now claims that he does not have the money to fulfill his financial obligations,

HALAKHA

Ten jugs of oil, etc. – עֲשָׂרָה כַּדֵּי שֶׁמֶן וכו׳: If one said to another: I have ten jugfuls of oil in your pit, and the other admitted to the pitchers alone, he is exempt from an oath, as the claim referred to oil and he admitted to owing pitchers. However, if one claimed: I have ten jugs of oil in your possession, and the other concedes to the containers, he must take an oath. The *halakha* is in accordance with the opinion of Admon, as stated on 109a (*Maggid Mishne*). Some commentaries (Rema; *Tur*, based on Rosh) claim that if one said: Ten jugs of oil, this refers to oil alone, not to the containers (Rambam *Sefer Mishpatim*, *Hilkhot To'en VeNitan* 3:13; *Shulḥan Arukh*, *Ḥoshen Mishpat* 88:18).

NOTES

And he went bankrupt – וּפָשַׁט לוֹ אֶת הָרֶגֶל: This expression, which literally means: And he stretched his leg toward him, is interpreted in several ways. Rashi offers two possibilities, while the Rivan suggests three. One explanation is that it is a form of derision, as though one stretches his leg toward the other and says: Take the mud off the sole of my foot, as I will not give you any more. Alternatively, he is saying: Even if you hang me from a tree by my foot, I cannot give you anything (Rashi). A third possibility is: You can take my foot, but I do not have any money to give you (Rivan). Yet another suggestion is that it means that he has gone off to another place, i.e., the father has left the area and is no longer available to pay the promised sum (Rambam; Ra'avad; Ritva). Finally, it might mean that he stretched out his foot and died, i.e., an expression of death, similar to: He kicked the bucket (Meiri).

תֵּשֵׁב עַד שֶׁתַּלְבִּין רֹאשָׁהּ. אַדְמוֹן אוֹמֵר: יְכוֹלָה הִיא שֶׁתֹּאמַר: אִילּוּ אֲנִי פָּסַקְתִּי לְעַצְמִי – אֵשֵׁב עַד שֶׁתַּלְבִּין רֹאשִׁי, עַכְשָׁיו שֶׁאַבָּא פָּסַק – מָה אֲנִי יְכוֹלָה לַעֲשׂוֹת? אוֹ כְּנוֹס אוֹ פְּטוֹר. אָמַר רַבָּן גַּמְלִיאֵל: רוֹאֶה אֲנִי אֶת דִּבְרֵי אַדְמוֹן.

the betrothed woman can be left to **sit** unwed in her father's house **until her head turns white.**[N] If the groom does not wish to marry without a dowry he cannot be forced to do so, as the father failed to fulfill his promise. **Admon says** that **she can say:**[H] **Had I apportioned** the money **myself** and broken my promise, I would agree to **sit until my head turns white.** However, **now that** my **father** was the one who **apportioned** the dowry, **what can I do? Either marry** me **or release** me by a bill of divorce. **Rabban Gamliel said: I see** as correct **the statement of Admon.**

HALAKHA

She can say, etc. – יְכוֹלָה הִיא שֶׁתֹּאמַר וכו׳: With regard to one who apportions money for his son-in-law and then goes abroad (Rambam) or subsequently does not have the money to pay (Rashi), the bride may say to her groom: I did not apportion the money for myself, so what can I do? Either marry me without a dowry or release me by means of a bill of divorce. This *halakha* is in accordance with the opinion of Admon (Rambam *Sefer Nashim*, *Hilkhot Ishut* 23:16; *Shulḥan Arukh*, *Even HaEzer* 52:1).

NOTES

Sit until her head turns white – תֵּשֵׁב עַד שֶׁתַּלְבִּין רֹאשָׁהּ: The commentaries ask why the court does not force the father to pay his obligations (*Tosafot*). Some state that according to the interpretation that the mishna is referring to a father who has no money, it is impossible to extract any money from him even by force or by taking over his property. However, according to those who say that the case involves a father who does not want to pay, the question remains difficult (Ritva). Furthermore, the Gemara stated earlier in the name of Rav Giddel (102a) that the sum of money that the father of a bride apportions for his daughter is acquired by verbal promise, which means that the groom already owns this money.

Several responses have been suggested in response to this last point. Some maintain that this form of acquisition is binding only if the betrothal is performed without delay, whereas in this case the betrothal did not happen immediately after the father's promise (Rashbam in *Tosafot*). Alternatively, as stated in the Jerusalem Talmud, this verbal acquisition applies only in the case of a first marriage.

With regard to the question of whether or not the father has money, some maintain that if he does have the funds it is easier to understand the ruling that she can say to the groom: Either marry me or release me, as the groom can sue the father and force him to pay (*Penei Yehoshua*, citing Ran). The later commentaries further discuss whether a father who does not have enough money for the dowry is considered the victim of an unavoidable accident to the extent that it is as though he has fulfilled the condition.

גמ׳ מַתְנִיתִין דְּלָא כִּי הַאי תַּנָּא דְּתַנְיָא, אָמַר רַבִּי יוֹסֵי בְּרַבִּי יְהוּדָה: לֹא נֶחְלְקוּ אַדְמוֹן וַחֲכָמִים עַל הַפּוֹסֵק מָעוֹת לַחֲתָנוֹ, וּפָשַׁט לוֹ אֶת הָרֶגֶל, שֶׁיְּכוֹלָה הִיא שֶׁתֹּאמַר: אַבָּא פָּסַק עָלַי, מָה אֲנִי יְכוֹלָה לַעֲשׂוֹת?

GEMARA **The mishna is not in accordance with** the opinion of **this *tanna*, as it is taught** in the *Tosefta* (13:1) that **Rabbi Yosei, son of Rabbi Yehuda, said: Admon and the Rabbis did not disagree with regard to one who** promises and **apportions money for his son-in-law** as a dowry **and** subsequently **went bankrupt, that** the betrothed woman **can say: My father apportioned** money **for me; what can I do?**

עַל מָה נֶחְלְקוּ – עַל שֶׁפָּסְקָה הִיא עַל עַצְמָהּ. שֶׁחֲכָמִים אוֹמְרִים: תֵּשֵׁב עַד שֶׁתַּלְבִּין רֹאשָׁהּ, אַדְמוֹן אוֹמֵר: יְכוֹלָה הִיא שֶׁתֹּאמַר: כִּסְבוּרָה אֲנִי שֶׁאַבָּא נוֹתֵן עָלַי, וְעַכְשָׁיו שֶׁאֵין אַבָּא נוֹתֵן עָלַי – מָה אֲנִי יְכוֹלָה לַעֲשׂוֹת? אוֹ כְּנוֹס אוֹ פְּטוֹר. אָמַר רַבָּן גַּמְלִיאֵל: רוֹאֶה אֲנִי אֶת דִּבְרֵי אַדְמוֹן.

With regard to what did they disagree? It is **with regard to** a case **where she apportioned** money **for herself,**[H] **as the Rabbis say: Let her sit until her head turns white,** as she did not fulfill her promise. However, **Admon says** that **she can say: I thought that** my **father would give** the money **for me, and now that** my **father is not giving** the money **for me, what can I do? Either marry** me **or release** me. And it is with regard to this case that **Rabban Gamliel said: I see** as correct **the statement of Admon,** as the betrothed woman has no money of her own, and she was clearly relying on her father to provide the dowry.

תָּנָא: בַּמֶּה דְּבָרִים אֲמוּרִים – בִּגְדוֹלָה. אֲבָל בִּקְטַנָּה – כּוֹפִין. כּוֹפִין לְמַאן? אִילֵימָא לְאָב – אִיפְּכָא מִיבְּעֵי לֵיהּ! אֶלָּא אָמַר רָבָא: כּוֹפִין לַבַּעַל לִיתֵּן גֵּט.

§ It is **taught: In what** case **is this statement said?** It is said in the case **of an adult**[H] woman. **However,** with regard **to a minor** girl, the court **compels** payment.[N] The Gemara asks: **Whom do they compel? If we say** that they coerce the **father** to pay, the *tanna* **should have stated the opposite.** It is more reasonable to suggest that the father is compelled to pay when an adult woman promises the money, as the promises of an adult are legally valid, whereas a minor is not legally competent and therefore her promises are of no consequence. **Rather, Rava said:** In the case of a minor, the court **compels the groom** either **to give** her **a bill of divorce** or to marry her.

אָמַר רַבִּי יִצְחָק בֶּן אֶלְעָזָר מִשְּׁמֵיהּ דְּחִזְקִיָּה: כׇּל מָקוֹם שֶׁאָמַר רַבָּן גַּמְלִיאֵל ״רוֹאֶה אֲנִי אֶת דִּבְרֵי אַדְמוֹן״ – הֲלָכָה כְּמוֹתוֹ. אָמַר לֵיהּ רָבָא לְרַב נַחְמָן: אֲפִילּוּ בְּבָרַיְיתָא? אָמַר לֵיהּ: מִי קָאָמְרִינַן בְּמִשְׁנָה? בְּכׇל מָקוֹם שֶׁאָמַר רַבָּן גַּמְלִיאֵל קָאָמְרִינַן.

§ **Rabbi Yitzḥak ben Elazar said in the name of Ḥizkiyya: Anywhere** it is recorded **that Rabban Gamliel said: I see** as correct **the statement of Admon, the *halakha* is in accordance with his** opinion. **Rava said to Rav Naḥman:** Does this halakhic principle apply **even** when the debate between Admon and the Rabbis is recorded **in a *baraita*?**[B] Rav Naḥman **said to him: Did we** say: Anywhere it is recorded **in the Mishna? We said: Anywhere** it is recorded **that Rabban Gamliel said,** which means even in a *baraita*.

אָמַר רַבִּי זֵירָא אָמַר רַבָּה בַּר יִרְמְיָה: שְׁנֵי דְּבָרִים שֶׁאָמַר חָנָן – הֲלָכָה כַּיּוֹצֵא בּוֹ, שִׁבְעָה דְּבָרִים שֶׁאָמַר אַדְמוֹן – אֵין הֲלָכָה כַּיּוֹצֵא בּוֹ. מַאי קָאָמַר?

Rabbi Zeira said that **Rabba bar Yirmeya said:** With regard to the **two statements that Ḥanan said,** the ***halakha* is in accordance with** he who ruled **similarly to him,**[N] i.e., Rabban Yoḥanan ben Zakkai (see 107b); however, with regard to the **seven statements that Admon said,** the ***halakha* is not in accordance with** he who ruled **similarly to him,** i.e., Rabban Gamliel. The Gemara asks: **What is he saying?** What does this ruling mean?

אִילֵימָא הָכִי קָאָמַר: שְׁנֵי דְּבָרִים שֶׁאָמַר חָנָן הֲלָכָה כְּמוֹתוֹ וְכַיּוֹצֵא בּוֹ, וְשִׁבְעָה דְּבָרִים שֶׁאָמַר אַדְמוֹן – אֵין הֲלָכָה כְּמוֹתוֹ וְלֹא כַּיּוֹצֵא בּוֹ, וְהָאָמַר רַבִּי יִצְחָק בֶּן אֶלְעָזָר מִשְּׁמֵיהּ דְּחִזְקִיָּה: כׇּל מָקוֹם שֶׁאָמַר רַבָּן גַּמְלִיאֵל רוֹאֶה אֲנִי אֶת דִּבְרֵי אַדְמוֹן – הֲלָכָה כְּמוֹתוֹ!

If we say that **this is what** he **is saying:** With regard to the **two statements that Ḥanan said,** the ***halakha* is in accordance with his** opinion **and in accordance with** he who ruled **similarly to him, and** with regard to the **seven statements that Admon said,** the ***halakha* is not in accordance with his** opinion **and** also **not in accordance with** he who ruled **similarly to him, but didn't Rabbi Yitzḥak ben Elazar say in the name of Ḥizkiyya: Anywhere** it is recorded **that Rabban Gamliel said: I see** as correct **the statement of Admon, the *halakha* is in accordance with his** opinion.

אֶלָּא הָכִי קָאָמַר: שְׁנֵי דְּבָרִים שֶׁאָמַר חָנָן – הֲלָכָה כְּמוֹתוֹ וְכַיּוֹצֵא בּוֹ, שִׁבְעָה דְּבָרִים שֶׁאָמַר אַדְמוֹן – אֵין הֲלָכָה כַּיּוֹצֵא בּוֹ, הָא כְּמוֹתוֹ – הֲלָכָה בְּכוּלְּהוּ.

Rather, this is what Rabbi Zeira **is saying:** With regard to the **two statements that Ḥanan said,** the ***halakha* is in accordance with his** opinion **and is** also **in accordance with** he who ruled **similarly to him,** i.e., Rabban Yoḥanan ben Zakkai. With regard to the **seven statements that Admon said, the *halakha* is not** only **in accordance with** the ruling of Rabban Gamliel, who ruled **similarly to** Admon in three of these cases. Rather, **the *halakha* is in accordance with** Admon's ruling **in all** seven cases.

HALAKHA

She apportioned for herself – פָּסְקָה הִיא עַל עַצְמָהּ: If a woman negotiated her own dowry, for which she apportioned money, and now she is unable to pay, she may be left an unwed betrothed woman until she can raise the funds or until she dies. The groom is not obligated to release her by means of a bill of divorce. This *halakha* is in accordance with the opinion of the Rabbis in the *baraita* (Rambam *Sefer Nashim*, *Hilkhot Ishut* 23:16; *Shulḥan Arukh*, *Even HaEzer* 52:1).

This statement…is said of an adult, etc. – דְּבָרִים אֲמוּרִים בִּגְדוֹלָה וכו׳: The statement that a betrothed woman must sit unwed and wait until she comes into possession of the money owed to the groom relates to a case where she apportioned the sum of the dowry on her own behalf as an adult. However, if she is a minor, the court forces the groom to give her a bill of divorce if he is unwilling to marry her without a dowry. Some claim that this applies only if she cannot pay the promised sum, but if she has the available funds she must give the groom the money her father apportioned and may not say: Either marry me or release me (Rema, citing *Haggahot Alfasi*). Furthermore, these *halakhot* apply only prior to the wedding; after the wedding he cannot divorce her on the grounds that she did not give him the sum that was promised (*Haggahot Mordekhai*; Rambam *Sefer Nashim*, *Hilkhot Ishut* 23:16–17; *Shulḥan Arukh*, *Even HaEzer* 52:1).

NOTES

However, with regard to a minor girl the court compels – אֲבָל בִּקְטַנָּה כּוֹפִין: Some explain that in the case of a grown woman, she must have been aware that her father did not intend to pay the promised sum. However, a minor girl is certainly not guilty of deception, and therefore the court compels the groom to act (Meiri).

The *halakha* is in accordance with he who ruled similarly to him – הֲלָכָה כַּיּוֹצֵא בּוֹ: This translation follows Rashi, Rivan, and Ritva. Others explain: The *halakha* is in accordance with this opinion in all similar cases (Rabbeinu Ḥananel; Rif).

BACKGROUND

***Baraita* – בָּרַיְיתָא:** Literally, this term means external or outside, and refers to tannaitic material that was not included in the final compilation of the Mishna. When Rabbi Yehuda HaNasi redacted the collection of tannaitic material he decided to exclude much of it from the framework of the Mishna. These tannaitic statements, some of which are included in other collections, are known as *baraitot*. These *baraitot* contain variant texts and other important material.

וְהָאָמַר רַבִּי יִצְחָק בֶּן אֶלְעָזָר מִשְּׁמֵיהּ דְּחִזְקִיָּה: כׇּל מָקוֹם שֶׁאָמַר רַבָּן גַּמְלִיאֵל "רוֹאֶה אֲנִי אֶת דִּבְרֵי אַדְמוֹן" – הֲלָכָה כְּמוֹתוֹ. אָמַר – אִין, לֹא אָמַר – לָא!

The Gemara questions this interpretation: **Didn't Rabbi Yitzḥak ben Elazar say in the name of Ḥizkiyya: Anywhere** it is recorded **that Rabban Gamliel said: I see** as correct **the statement of Admon,** the ***halakha* is in accordance with his** opinion? It may be inferred from here that in those cases concerning which Rabban Gamliel **said** his statement, **yes,** the *halakha* is in accordance with Admon's ruling, but in those cases where Rabban Gamliel **did not say** his statement, **no,** the *halakha* is not in accordance with the opinion of Admon.

אֶלָּא הָכִי קָאָמַר: שְׁנֵי דְבָרִים שֶׁאָמַר חָנָן הֲלָכָה כְּמוֹתוֹ וְכַיּוֹצֵא בּוֹ, שִׁבְעָה דְּבָרִים שֶׁאָמַר אַדְמוֹן יֵשׁ מֵהֶן שֶׁהֲלָכָה כְּמוֹתוֹ וְכַיּוֹצֵא בּוֹ וְיֵשׁ מֵהֶן שֶׁאֵין הֲלָכָה כְּמוֹתוֹ אֶלָּא כַּיּוֹצֵא בּוֹ.

Rather, this is what Rabbi Zeira **is saying:** With regard to the **two statements that Ḥanan said,** the ***halakha* is in accordance with his** opinion **and** is also **in accordance with** he who ruled **similarly to him.** With regard to the **seven statements that Admon said, there are among** these rulings **those** in **which** the ***halakha* is in accordance with his** opinion **and in accordance with** he who ruled **similarly to him, and there are among** these rulings **those** in which the ***halakha* is not in accordance with his** opinion **but in accordance with** he who ruled **similarly to him.**

בְּכׇל מָקוֹם שֶׁאָמַר רַבָּן גַּמְלִיאֵל "רוֹאֶה אֲנִי אֶת דִּבְרֵי אַדְמוֹן" – הֲלָכָה כְּמוֹתוֹ, אִינָךְ – לָא.

The Gemara explains the above statement. In other words, **anywhere** it is recorded **that Rabban Gamliel said: I see** as correct **the statement of Admon,** the ***halakha* is in accordance with his** opinion, whereas in those **other** cases, where Rabban Gamliel remained silent, indicating that he did not agree with him, the *halakha* is **not** in accordance with Admon.

מתני׳ הָעוֹרֵר עַל הַשָּׂדֶה וְהוּא חָתוּם עָלֶיהָ בְּעֵד, אַדְמוֹן אוֹמֵר: "הַשֵּׁנִי נוֹחַ לִי וְהָרִאשׁוֹן קָשֶׁה הֵימֶנּוּ".

MISHNA With regard to **one who contests** ownership **of a field,**[H] claiming that a field under the control of someone else actually belongs to him, **and** the claimant himself **is signed as a witness on** the bill of sale to that other person, **Admon says:** His signature does not disprove his claim of ownership of the property, as it is possible that the claimant said to himself: **The second** person **is easier for me,** as I can reason with him, **but the first** owner, who sold the field to the current holder, **is more difficult** to deal with **than him.** The claimant might have been afraid to protest against the first one, who is perhaps violent, and therefore he was even willing to sign as a witness to transfer the field to the control of someone more amenable to his ensuing protest.

וַחֲכָמִים אוֹמְרִים: אִיבֵּד אֶת זְכוּתוֹ. עֲשָׂאָהּ סִימָן לְאַחֵר – אִיבֵּד אֶת זְכוּתוֹ.

And the Rabbis say: He has **lost his right** to contest ownership, as he signed a bill of sale that states that the field belongs to the present holder. If **he established** that field **as a marker for another**[H] field, everyone agrees that **he** has **lost his right.**[N] In other words, if the claimant wrote a document concerning another field and in that document he listed the first field as a boundary marker and described it as belonging to someone else, even Admon concedes that he has lost his right, as he had no reason to say it belonged to someone else other than his belief this was in fact the case.

גמ׳ אָמַר אַבָּיֵי: לֹא שָׁנוּ אֶלָּא עֵד, אֲבָל דַּיָּין – לֹא אִיבֵּד אֶת זְכוּתוֹ. דְּתָנֵי רַבִּי חִיָּיא: אֵין הָעֵדִים חוֹתְמִין עַל הַשְּׁטָר אֶלָּא אִם כֵּן קְרָאוּהוּ.

GEMARA Abaye said: They taught this dispute **only** with regard to **a witness**[H] who signed on a bill of sale. **However, a judge** who was contesting the ownership of a field and at the same time sat on a court that certified the bill of sale for that very tract of land **has not lost his right.** This is **as Rabbi Ḥiyya taught: Witnesses do not sign**[H] **a document unless they have read it,** which means that a witness cannot reasonably claim that he is certifying only part of document; it is assumed that he read and is aware of everything it contains.

HALAKHA

One who contests ownership of a field, etc. – הָעוֹרֵר עַל הַשָּׂדֶה וכו׳: The case is as follows; Reuven sold a field to Shimon, and Levi is one of the witnesses who signed the bill of sale. After the transaction Levi contests the ownership of the property, saying that this field that Reuven sold did not belong to him but rather belongs to Levi and that it had been stolen from him. In this case, the court pays no heed to him, nor to any evidence he may produce, as the fact that he signed the bill of sale is an admission on his part that the field belonged to Reuven at the time of the sale. This *halakha* is in accordance with the opinion of the Rabbis, but is effective only if he signed together with another witness; if he was the sole signatory on the bill he has not lost his right to contest ownership, as he knew that one witness on a contract is meaningless (Ritva). Likewise, if he added his signature as an honorary gesture in addition to those of the two witnesses who had already signed the document, he has not lost his right (Rivash). If the claimant leased the field from the one in control of the field it is as though he signed on the bill of sale (Rosh). If the guardian of orphans or the court signed in this manner for a field whose ownership is contested by the orphans, they have not lost their rights to it (Rivash; Rambam *Sefer Mishpatim, Hilkhot To'en VeNitan* 16:1; *Shulḥan Arukh, Ḥoshen Mishpat* 147:1).

He established it as a marker for another – עֲשָׂאָהּ סִימָן לְאַחֵר: If a claimant to the ownership of a field had previously signed a document which states that another field borders this one, which belongs to someone else, he has lost his right to protest, as explained in the Jerusalem Talmud. This is the case all the more so if the claimant himself writes a document which describes it as someone else's field (Rambam *Sefer Mishpatim, Hilkhot To'en VeNitan* 16:1 and *Maggid Mishne* there; *Shulḥan Arukh, Ḥoshen Mishpat* 147:4).

They taught only with regard to a witness – לֹא שָׁנוּ אֶלָּא עֵד: A witness may not contest the ownership of land listed in the document upon which he signed. However, if the claimant is a judge who happened to have certified that particular document, he retains the right to contest ownership of the land, as he can claim that he did not read the entire contents of the document prior to certifying it. This *halakha* is in accordance with the opinion of Abaye (Rambam *Sefer Mishpatim, Hilkhot To'en VeNitan* 16:2; *Shulḥan Arukh, Ḥoshen Mishpat* 147:4).

Witnesses do not sign, etc. – אֵין הָעֵדִים חוֹתְמִין וכו׳: Witnesses may sign a document only if they have read it and are familiar with its contents (Rambam *Sefer Mishpatim, Hilkhot To'en VeNitan* 16:1 and *Hilkhot Malve VeLoveh* 24:4; *Shulḥan Arukh, Ḥoshen Mishpat* 45:2, 5; see 68:2).

NOTES

He has lost his right – אִיבֵּד אֶת זְכוּתוֹ: The early commentaries write that he has lost all rights to this field, i.e., even if he brings witnesses testifying to his ownership of the land or that it was stolen, their testimony is not accepted, as listing a field as a boundary marker for another field is considered an admission that it does not belong to him (see Rambam).

אֲבָל הַדַּיָּינִין חוֹתְמִים אַף עַל פִּי שֶׁלֹּא קְרָאוּהוּ.

However, judges do sign[H] **a document even though they have not read it,** as they are merely certifying the signatures without relating to the content of the document at all.

״עֲשָׂאָהּ סִימָן לְאַחֵר״. אָמַר אַבַּיֵי: לֹא שָׁנוּ אֶלָּא לְאַחֵר, אֲבָל לְעַצְמוֹ – לֹא אִיבֵּד אֶת זְכוּתוֹ.

§ The mishna taught that if someone **established** a field **as a marker for another** field, everyone agrees that he has lost his right to contest its ownership. **Abaye said: They taught** this **only** in a case where he stated this in a document unrelated to the field in question, which was written **for another** person. **However,** if he established it as a marker **for himself,**[H] when he was buying a different field owned by the person who is in possession of the contested field, he has **not**[N] **lost his right.**

דַּאֲמַר: אִי דְּלָא עֲבַדִי לֵיהּ הָכִי – לָא הֲוָה מְזַבֵּין לָהּ נִיהֲלִי. מַאי אִית לָךְ לְמֵימַר – אִיבָּעֵי לִי לְמֵימְסַר מוֹדָעָא – חַבְרָךְ חַבְרָא אִית לֵיהּ, וְחַבְרָא דְּחַבְרָךְ חַבְרָא אִית לֵיהּ.

The reason is **that** the claimant can **say: Had I not done this** act of writing that the field belongs **to him, he would not have sold me this other** field. **What have you to say** against this argument? Will you say that **I should have put out a notice** and declared in the presence of witnesses that I am forced to write this way in the contract? I was concerned about doing this, as **your friend has a friend and your friend's friend has a friend.** In other words, it is hard to keep an announcement of this kind secret, and ultimately my notice would have become public knowledge and would have reached the owner of the field himself, and he would have refused to sell me the other tract of land.

הַהוּא דַּעֲשָׂאָהּ סִימָן לְאַחֵר, עִרְעֵר וּשְׁכִיב, וְאוֹקִים אַפּוֹטְרוֹפָּא. אֲתָא אַפּוֹטְרוֹפּוֹס לְקַמֵּיהּ דְּאַבַּיֵי. אָמַר לֵיהּ: עֲשָׂאָהּ סִימָן לְאַחֵר – אִיבֵּד אֶת זְכוּתוֹ.

§ The Gemara relates: There was **a certain** individual **who established** a field **as a marker for another** field, with ownership of the first field ascribed to someone else. Later he **contested** the ownership of the first field, claiming it as his own, **and** he subsequently **died. And** prior to his death he had **appointed a steward** to manage the properties of his orphans. **The steward came before Abaye.** Abaye **said to him:** The deceased **established** the field **as a marker for another, and** therefore **he has lost his right** to contest ownership of the land.

אֲמַר: אִי הֲוָה אֲבוּהוֹן דְּיַתְמֵי קַיָּים הֲוָה טָעֵין וַאֲמַר: תֶּלֶם אֶחָד עָשִׂיתִי לָךְ. אָמַר לֵיהּ: שַׁפִּיר קָאָמְרַתְּ, דְּאָמַר רַבִּי יוֹחָנָן: אִם טָעַן וְאָמַר תֶּלֶם אֶחָד עָשִׂיתִי לְךָ – נֶאֱמָן, זִיל הַב לֵיהּ מִיהַת תֶּלֶם אֶחָד.

The steward **said** to Abaye: **If the father of** these **orphans were alive he would have claimed and said: I established one furrow** for **you.** In other words, the marker I established by means of this field was not meant as a reference to the entire field but only to a furrow at the edge of the field. Abaye **said to him: You have spoken well, as Rabbi Yoḥanan said: If he claimed and said: I established one furrow for you,**[H] **he is deemed credible. Go and give him one furrow in any event,** as you freely admit that at least one furrow belongs to the one currently in control of the property.

הֲוָה עֲלַהּ רִיכְבָּא דְּדִיקְלֵי, אֲמַר לֵיהּ: אִי הֲוָה אֲבוּהוֹן דְּיַתְמֵי קַיָּים – הֲוָה טָעֵין וְאָמַר: חָזַרְתִּי וְלָקַחְתִּי מִמֶּנּוּ. אָמַר לֵיהּ: שַׁפִּיר קָאָמְרַתְּ, דְּאָמַר רַבִּי יוֹחָנָן: אִם טָעַן וְאָמַר חָזַרְתִּי וּלְקַחְתִּיו מִמֶּנּוּ – נֶאֱמָן. אֲמַר אַבַּיֵי: הַאי מַאן דְּמוֹקֵים אַפּוֹטְרוֹפָּא – נוֹקִים כִּי הַאי, דְּיָדַע לְאַפּוֹכֵי בִּזְכוּתָא דְּיַתְמֵי.

On that particular furrow **there was a row of palm trees,** which the steward did not want to lose. **He said to** Abaye: **If the father of** these **orphans were alive he would have claimed and said:** I did in fact sell the field to him, but **I went back and bought** it **from him**[H] sometime later. Abaye **said to him: You have spoken well, as Rabbi Yoḥanan said: If he claimed and said: I went back and bought it from him, he is deemed credible.** After the steward won his suit in court, **Abaye said: One who wants to appoint a steward**[H] **should appoint** someone **like this** person, **who knows how to look out for the rights of the orphans** and how to argue on their behalf.

מתני׳ מִי שֶׁהָלַךְ לִמְדִינַת הַיָּם וְאָבְדָה דֶּרֶךְ שָׂדֵהוּ, אַדְמוֹן אוֹמֵר: יֵלֵךְ לוֹ בַּקְּצָרָה. וַחֲכָמִים אוֹמְרִים: יִקְנֶה לוֹ דֶּרֶךְ בְּמֵאָה מָנֶה, אוֹ יִפְרַח בָּאֲוִיר.

MISHNA With regard to **one who went overseas and** in the meantime **the path** leading **to his field was lost,**[H] e.g., the path he used to reach his land was taken over by the owner of the field through which it passed, so that its exact position is now unknown, **Admon says: Let him go** to his field **by the shortest** possible route. **And the Rabbis say: Let him buy himself a path** from an owner of a neighboring field at whatever price he can, even if it is **one hundred dinars** [*maneh*], **or let him fly through the air.**

HALAKHA

However judges do sign, etc. – אֲבָל הַדַּיָּינִין חוֹתְמִים וכו׳: Judges certify a document simply by affirming the signatures affixed to it. There is no need for them to read and analyze the entire contents of the document (Rambam *Sefer Mishpatim, Hilkhot To'en VeNitan* 16:2 and *Sefer Shofetim, Hilkhot Edut* 6:8; *Shulḥan Arukh, Ḥoshen Mishpat* 46:20, 147:4).

Established it as a marker for himself – עֲשָׂאָהּ סִימָן...לְעַצְמוֹ: This *halakha* is not mentioned by the Rambam or the *Shulḥan Arukh*. Some suggest that it might have been omitted because it can be inferred from the phrase: He established it a marker for another, that the ruling is different if he did so for himself (*Beit Yosef*). The basic *halakha* is that if the contester sold or purchased a tract of land and marked the contested land as a landmark in the bill of sale, it is no proof of admission with regard to the disputed property and he has not lost his right to it (see Rashi and Rif; Rambam *Sefer Mishpatim, Hilkhot To'en VeNitan* 16:1, and *Maggid Mishne* there; *Tur, Ḥoshen Mishpat* 147, and *Beit Yosef* there; see *Arukh HaShulḥan, Ḥoshen Mishpat* 147:2).

I established one furrow for you – תֶּלֶם אֶחָד עָשִׂיתִי לָךְ: If the claimant claims that he did not intend for the entire field to serve as his landmark but only one furrow, his argument is accepted and he is permitted to contest the ownership of the entire field apart from that particular furrow, in accordance with the statement of Rabbi Yoḥanan (Rambam *Sefer Mishpatim, Hilkhot To'en VeNitan* 16:2; *Shulḥan Arukh, Ḥoshen Mishpat* 46:3)

I went back and bought it from him – חָזַרְתִּי וְלָקַחְתִּי מִמֶּנּוּ: In a case where the claimant said: I later bought back from him even the single furrow I had used as a land marker for the border, if there is no evidence in his own handwriting to the contrary, or if he was actually in possession of the piece of property, he is deemed credible, in accordance with the statement of Rabbi Yoḥanan (*Shulḥan Arukh, Ḥoshen Mishpat* 46:3, and in the comment of Rema).

One who wants to appoint a steward, etc. – הַאי מַאן דְּמוֹקֵים אַפּוֹטְרוֹפָּא וכו׳: When the court appoints a steward to conduct the business of orphans, they search for a trustworthy, conscientious individual who will care for the rights of the orphans and has connections in the business world, so that he can manage their estate properly and keep it profitable, as stated by Abaye (Rambam *Sefer Mishpatim, Hilkhot Naḥalot* 10:6; *Shulḥan Arukh, Ḥoshen Mishpat* 290:2).

One whose path to his field was lost – מִי...שֶׁאָבְדָה דֶּרֶךְ שָׂדֵהוּ: With regard to one who went abroad and the path to his field was lost, if the four fields surrounding his own belonged to four different people, or if they all belonged to one person but he had acquired them from four different owners, each can put him off, and he has no alternative but to buy himself a path. However, if the four fields always belonged to the same individual, the one whose path was lost chooses for himself the shortest route to his field. If he took possession of a certain path, claiming that it is his, he cannot be removed from it without clear evidence, as he acted on the basis of a definite claim (*Maggid Mishne*; Rambam *Sefer Mishpatim, Hilkhot To'en VeNitan* 15:11; *Shulḥan Arukh, Ḥoshen Mishpat* 148:1–2).

NOTES

However, for himself he has not – אֲבָל לְעַצְמוֹ לֹא: Rashi explains that the one in possession of the contested field sold to the claimant another tract of land that is adjacent to the first field. The version of the text in the Gemara is in accordance with Rashi's opinion. However, most early commentaries maintain that the Gemara is referring to the opposite case, i.e., the claimant sold a field to the one in control of the adjacent contested property (*ge'onim*; Rabbeinu Ḥananel; see *Tosafot*).

גמ׳ מַאי טַעֲמָא דְּרַבָּנַן? שַׁפִּיר קָאָמַר אַדְמוֹן! אָמַר רַב יְהוּדָה אָמַר רַב: כְּגוֹן שֶׁהִקִּיפוּהָ אַרְבָּעָה בְּנֵי אָדָם מֵאַרְבַּע רוּחוֹתֶיהָ. אִי הָכִי מַאי טַעְמָא דְּאַדְמוֹן?

GEMARA The Gemara asks: **What is the reason** for the opinion **of the Rabbis** that he is not automatically entitled to a path leading to his field? After all, **Admon speaks well,** as it was established that he owned a path beforehand. **Rav Yehuda said** that **Rav said:** The mishna is dealing with a case **where** the field **was surrounded on four sides by** the property of **four different people.** Each of the four properties adjoining his field belonged to a different person, each of whom denied that his path cut through his land. Since he is unable to prove his claim with regard to each one of them, he has no choice but to buy himself a new path. The Gemara asks: **If so, what is the reason** for the opinion **of Admon?**

אֲמַר רָבָא: בְּאַרְבָּעָה דְּאָתוּ מִכֹּחַ אַרְבָּעָה, וְאַרְבָּעָה דְּאָתוּ מִכֹּחַ חַד – כּוּלֵּי עָלְמָא לָא פְּלִיגִי, דְּמָצֵי מַדְחֵי לֵיהּ. כִּי פְּלִיגִי – בְּחַד דְּאָתֵי מִכֹּחַ אַרְבָּעָה.

Rava said: In a case **where** there are **four** owners of fields **who come by virtue of four** previous owners, **and** in a case where there are **four** owners **who come by virtue of one** previous owner of all four properties, **everyone agrees that they** may **put off** the claims of the owner of the field in the middle, as each can say: Your path did not cut through my property. **When they disagree** is in a case **where** there is **one** current owner of four fields **who comes by virtue of four** previous owners.

אַדְמוֹן סָבַר: מִכָּל מָקוֹם דַּרְכָּא אִית לִי גַּבָּךְ, וְרַבָּנַן סָבְרִי: אִי שָׁתְקַתְּ – שָׁתְקַתְּ, וְאִי לָא – מַהֲדַרְנָא שְׁטָרָא לְמָרֵייהוּ, וְלָא מָצֵית לְאִשְׁתַּעוּיֵי דִּינָא בַּהֲדַיְיהוּ.

Rava elaborates: **Admon holds** that the claimant can say to the landowner: **In any case, I have a path through your** property. Although he cannot prove where the path ran, it was certainly within the perimeter of the landowner's property that borders his own tract of land, and for this reason he selects the shortest route. **And the Rabbis hold** that the landowner can say to the man: **If you will stay silent,** then **stay silent** and we will compromise; **and if not, I will return the document** of each field **to its** previous **owner**[N] **and you will not be able to negotiate with them,** as you do not know through which field your path passed.

הַהוּא דַּאֲמַר לְהוּ: דִּיקְלָא לִבְרַת. אֲזוּל יַתְמֵי פְּלוּג לְנִכְסֵי, לָא יְהַבוּ לָהּ דִּיקְלָא. סְבַר רַב יוֹסֵף לְמֵימַר: הַיְינוּ מַתְנִיתִין.

§ The Gemara relates: There was **a certain** man **who said to** his heirs, in his will: I am leaving **a palm tree for my daughter.**[H] **The orphans went** and **divided up the property** and **they did not give** the daughter **a palm tree** at all. **Rav Yosef thought to say that this is** exactly like the case of **the mishna,** as each heir can say to her: The tree designated for you is not in my portion but in that of a different heir.

אָמַר לֵיהּ אַבַּיֵי: מִי דָּמֵי? הָתָם – כָּל חַד וְחַד מָצֵי מַדְחֵי לֵיהּ, הָכָא – דִּיקְלָא גַּבַּיְיהוּ הוּא. מַאי תַּקַּנְתַּיְיהוּ? לֵיתְבוּ לָהּ דִּיקְלָא, וְלִיהַדְרוּ וְלִיפַלְגוּ מֵרֵישָׁא.

Abaye said to him: Are the cases **comparable? There, each and every one** of the fields' owners **can put him off,** as in fact the path might not have passed through his property, whereas **here, the palm tree is in their** possession,[N] i.e., they all share the obligation to give her a tree, and each is illegally holding on to a share of it. Abaye adds: **What is their remedy? Let them give her a palm tree and go back and divide** the inherited property once again **from the outset.** Since the palm tree will be taken from one of the shares, they must redistribute the estate afresh.

הַהוּא דַּאֲמַר לְהוּ: דִּיקְלָא לִבְרַת. שְׁכֵיב, וְשָׁבֵיק תְּרֵי פַּלְגֵי דְּדִיקְלָא,

The Gemara relates a similar story: There was **a certain** man **who said to** his heirs, in his will: I am leaving **a palm tree for my daughter. He died and left behind two halves of palm trees,** as there had been two trees he had shared with different business partners. The heirs wished to give the girl these two halves, despite the fact that tending to them would involve considerably more trouble than taking care of a single tree.

יְתֵיב רַב אַשִׁי וְקָא קַשְׁיָא לֵיהּ: מִי קָרוּ אֱינָשֵׁי לִתְרֵי פַּלְגֵי דִּיקְלֵי דִּיקְלָא, אוֹ לָא? אֲמַר לֵיהּ רַב מָרְדֳּכַי לְרַב אַשִׁי, הָכִי אֲמַר אֲבִימִי מֵהַגְרוֹנְיָא מִשְּׁמֵיהּ דְּרָבָא: קָרוּ אֱינָשֵׁי לִתְרֵי פַּלְגֵי דִּיקְלֵי דִּיקְלָא.

Rav Ashi sat and posed a difficulty to the proposal of the heirs. **Do people refer to two halves of a palm tree** as a whole **palm tree or not?** If the statement of the dying father can reasonably be interpreted as referring to these two halves she is at a disadvantage, as the burden of proof rests upon the claimant. Alternatively, if this is an unreasonable explanation of his wishes, they must give her a whole tree. Which alternative is correct? **Rav Mordekhai said to Rav Ashi: Avimi of Hagronya said as follows in the name of Rava: People do** in fact **refer to two halves of a palm tree**[H] as a whole **palm tree.** Consequently, the heirs may fulfill their father's dying wish by giving the girl the two halves they inherited.

NOTES

I will return the document to its owner – מַהֲדַרְנָא שְׁטָרָא לְמָרֵייהוּ: The early commentaries are puzzled by this claim, as the contestant can simply say: If you wish, give back the deeds, but in the meantime you are in possession of the fields and I have a claim against you (Ritva). Some say that since he can freely give the deeds back, it is considered as though he has done so. Others contend that this is merely an expression, and the decisive factor is not the actual return of the deeds. Rather, the Gemara means that as he bought the properties from four separate owners, he acquired their rights as well, including the fact that this man cannot take a path without their consent.

Here the palm tree is in their possession – הָכָא דִּיקְלָא גַּבַּיְיהוּ הוּא: This observation alone is insufficient to establish a difference between the two cases, as one can also say that the path is in the possession of the owners of the other fields. Rather, in the case of the path he has a claim against only one of the four, whereas here they all benefit from the fact that she is not given a palm tree, as each received a slightly larger portion of the inheritance (see Rivan and *Talmidei Rabbeinu Yona*)

HALAKHA

Who said to them I am leaving a palm tree for my daughter – דַּאֲמַר דִּיקְלָא לִבְרַת: In a case where one wrote in his will that a palm tree or a field of his estate should go to a certain individual, and when the heirs divided up the estate they did not give that individual anything, the distribution is void. The individual is given what the deceased ordered and the remaining estate is redivided, in accordance with the opinion of Abaye. Some authorities (Rema; *Tur*, citing Rosh) rule that if one of the heirs wishes to maintain the existing division of the estate and volunteers to give up a tree from his own property while the other heirs will reimburse him with money, he may do so (Rambam *Sefer Mishpatim, Hilkhot Naḥalot* 10:2; *Shulḥan Arukh, Ḥoshen Mishpat* 288:2).

Two halves of a palm tree – תְּרֵי פַּלְגֵי דִּיקְלֵי: If a dying person bequeathed a palm tree to a certain individual, and he died, leaving behind two halves of different palm trees, the individual takes them, as these two halves can be called one whole tree, in accordance with the opinion of Avimi of Hagronya. Some write that even if the deceased left behind whole trees, the heirs can still say that he was referring to these two halves (*Tur*, based on Rosh). See the *Sma*, who maintains that the *Beit Yosef* disputes this ruling (Rambam *Sefer Kinyan, Hilkhot Zekhiya UMattana* 11:22; *Shulḥan Arukh, Ḥoshen Mishpat* 253:22).

Perek **XIII**
Daf **110** Amud **a**

מתני׳ המוציא שטר חוב על חברו, והלה הוציא שמכר לו את השדה. אדמון אומר: יכול הוא שיאמר: אילו הייתי חייב לך היה לך להפרע את שלך כשמכרת לי את השדה! וחכמים אומרים: זה היה פקח, שמכר לו את הקרקע, מפני שהוא יכול למשכנו.

MISHNA With regard to **one who produces a promissory note**[H] **against another, and this** borrower **produced** a bill of sale dated after the promissory note that states **that** the lender **sold him a field** of his, **Admon says** that the borrower **can say: Were I** really **indebted to you, you should have collected your** loan **when you sold me the field,** and you would not have needed to sell it. **And the Rabbis say:** This is no proof, as it is possible that **this** lender **was perspicacious, as he sold** the borrower **the land** for a good reason, **because now he can take** the field as **collateral from him** in lieu of the outstanding loan.

גמ׳ מאי טעמא דרבנן? שפיר קאמר אדמון! באתרא דיהבי זוזי והדר כתבי שטרא – כולי עלמא לא פליגי דמצי אמר ליה: היה לך לפרוע את שלך כשמכרת לי את השדה.

GEMARA The Gemara asks: **What is the rationale** for the opinion **of the Rabbis?** After all, **Admon is saying well.** The Gemara explains: **In a place where** people first **give money and** only **afterward they write the bill** of sale, **everyone agrees that** the borrower **can say to** the lender: **You should have collected your** debt **when you sold me the field,** i.e., when you received money from me you should have said that it is not for the field but is repayment of the debt I owed you.

כי פליגי – באתרא דכתבי שטרא והדר יהבי זוזי; אדמון סבר: איבעי ליה למימסר מודעא, ורבנן סברי: חברך חברא אית ליה, וחברא דחברך חברא אית ליה.

When they disagree is with regard **to a place where** people first **write out the bill** of sale **and** only **afterward they give money. Admon holds** that the lender **should have put out a** preemptive **declaration,** i.e., he should have earlier told witnesses that he is selling the field only so it can be used as collateral, and this transaction should not be taken as an indication that the buyer is not indebted to him. **And the Rabbis hold** that the lender may argue: **Your friend has a friend and your friend's friend has a friend,** i.e., word of my intention to use the field as collateral would have come back to the borrower and he would not have agreed to the transaction, and that is why I did not issue any declaration.

מתני׳ שנים שהוציאו שטר חוב זה על זה, אדמון אומר: אילו הייתי חייב לך כיצד אתה לוה ממני? וחכמים אומרים: זה גובה שטר חובו וזה גובה שטר חובו.

MISHNA With regard to **two** people **who** each **produced a promissory note**[H] of a monetary debt **against the other, Admon says:** The one holding the note with the later date can say to the first: **If I owed you** money, **how** is it that **you are borrowing from me?** You should have sued to collect your debt. This is proof that your document is a forgery. **And the Rabbis say: This one collects his promissory note, and that one collects his promissory note.**

HALAKHA

One who produces a promissory note, etc. – המוציא שטר חוב וכו׳: In a case where one produces a promissory note that another owes him money, and that other person produces a document that the lender sold him a field, if this occurred in a place where the buyer first gives the money and then the seller writes him a document of sale, this promissory note is nullified, as the lender should certainly have seized the money transferred to him as payment of the debt owed instead of as payment for the sale of the property. If, however, the due date on the promissory note had not yet arrived, this argument is rejected. If the borrower claimed that the promissory note was a forgery, some say that he is not deemed credible (Rosh), while others maintain that he is deemed credible (Ran).

If this occurred in a place where the document of sale is written first and the money is transferred afterward, the promissory note is valid, as the lender can argue that he sold the land so that he could collect from the borrower a known plot of land to which no other earlier claimant has rights. If he sold the land after the due date on the promissory note had passed, the borrower can say that he should have come and seized the land from him without delay, in accordance with the opinion of the Rabbis. Some write that these *halakhot* apply only to the sale of land, whereas the sale of movable property constitutes no evidence for the payment of debts (Rambam *Sefer Mishpatim, Hilkhot Malve VeLoveh* 24:11; *Shulḥan Arukh, Ḥoshen Mishpat* 85:1, and in the comment of Rema).

Two people who each produced a promissory note, etc. – שנים שהוציאו שטר חוב וכו׳: If two people each produce a promissory note against the other, the one holding the note with the later date cannot refuse to pay, saying to the other: If I owe you money, why did you borrow from me? Rather, each collects the debt owed him, in accordance with the opinion of the Rabbis in the mishna (Rambam). However, other authorities rule in accordance with the opinion of Admon that the argument of the later borrower is accepted (*Shulḥan Arukh*). Others (Rema, citing *Teshuvot HaRosh*) add that this is the case only if there are no problems with the document. However, if there is any claim against the authenticity of the document, the first lender can reply to the other that he borrowed money from him due to a concern that he would not be able to collect the money owed him from that promissory note (Rambam *Sefer Mishpatim, Hilkhot Malve VeLoveh* 24:10; *Shulḥan Arukh, Ḥoshen Mishpat* 85:3).

LANGUAGE

Pack [*matrata*] – מַטְרָתָא: Some claim that this is from the Greek μετρητής, *metrētēs*, meaning yardstick or measure. According to this opinion, the expression means that if two items are of the same measure, there is no reason to exchange them. Others explain that this refers to a saddlebag placed on a donkey, with two equal bags on either side. In this scenario, it does not matter which bag is on which side (*ge'onim*; see *Arukh*).

HALAKHA

Superior-quality land and superior-quality land – עִידִית וְעִידִית: If two individuals each produced a promissory note that the other owes him money, and the two notes bear the same amount, each retains his own property and no exchange need take place. This is the case regardless of whether both own superior-quality land, intermediate-quality land, or inferior-quality land, or even whether one has high- or intermediate-quality land and the other has inferior-quality land. The *halakha* is in accordance with the opinion of Rav Sheshet (Rambam *Sefer Mishpatim, Hilkhot Malve VeLoveh* 24:10; *Shulḥan Arukh, Ḥoshen Mishpat* 85:3).

גמ׳ אִתְּמַר, שְׁנַיִם שֶׁהוֹצִיאוּ שְׁטַר חוֹב זֶה עַל זֶה, רַב נַחְמָן אָמַר: זֶה גּוֹבֶה וְזֶה גּוֹבֶה, רַב שֵׁשֶׁת אֲמַר: הַפּוּכֵי מַטְרָתָא לָמָּה לִי? אֶלָּא זֶה עוֹמֵד בְּשֶׁלּוֹ וְזֶה עוֹמֵד בְּשֶׁלּוֹ.

GEMARA **It was stated** that *amora'im* disputed the case of **two** people **who** each **produced a promissory note against the other** for the same value. **Rav Naḥman said: This one collects** his debt **and that one collects** his debt. **Rav Sheshet said: Why do I** need **to shift** donkey **packs** [*matrata*][L] from one side to the other? **Rather,** as each will retain the same sum, let **this one stand with his** money **and** let **that one stand with his** money.

דְּכוּלֵּי עָלְמָא, עִידִית וְעִידִית, בֵּינוֹנִית וּבֵינוֹנִית, זִיבּוּרִית וְזִיבּוּרִית – וַדַּאי הַפּוּכֵי מַטְרָתָא הוּא.

The Gemara analyses this dispute: **Everyone** agrees that if the field of one of the parties, which served as guarantee for the promissory note, was **superior-quality land and** the other person also had **superior-quality land,**[H] or one had **intermediate-quality land and** the other had **intermediate-quality land,** or one had **inferior-quality land and** the other had **inferior-quality land,** this **is certainly** considered like **shifting** donkey **packs,** i.e., it is an exercise in futility, as there is no reason to exchange their money.

כִּי פְּלִיגִי – דְּאִית לֵיהּ לְחַד בֵּינוֹנִית וּלְחַד זִיבּוּרִית. רַב נַחְמָן סָבַר: זֶה גּוֹבֶה וְזֶה גּוֹבֶה, קָסָבַר: בְּשֶׁלּוֹ הֵן שָׁמִין,

When they disagree is in a case **where one has intermediate-quality land and** the other **one** has **inferior-quality land. Rav Naḥman holds** that **this one collects** his debt **and that one collect** his debt, as **he holds** that **one assesses** the quality of land **on** the basis of **his own** fields, i.e., if the borrower has different types of land, then his best land is classified as superior-quality land, the next best is considered intermediate-quality land, and his worst fields are called inferior-quality land.

אָתֵי בַּעַל זִיבּוּרִית וְגָבֵי לֵיהּ לְבֵינוֹנִית דַּהֲוָה גַּבֵּיהּ עִידִית, וַאֲתָא הַהוּא וְשָׁקֵיל זִיבּוּרִית.

Consequently, **the owner of inferior-quality land,** Reuven, **will come and collect** his debt from the **intermediate-quality land** of his debtor, Shimon, in accordance with the *halakha* that a creditor collects payment from intermediate-quality land. Since Shimon does not have any land that is inferior, Reuven necessarily takes his debt from that land. However, at this stage the land Reuven took from Shimon **is** considered **for him superior-quality land,** as all of his other fields are of lower quality than the field he took. **And** therefore, **that** other creditor, Shimon, **comes** to collect his debt from Reuven, **and takes from inferior-quality land,** as the intermediate-quality land that Reuven took from Shimon is now, relative to Reuven's other field, classified as superior-quality land. Consequently, each debtor will take different fields from the other, despite the fact that they owe the same sum.

וְרַב שֵׁשֶׁת אֲמַר: הַפּוּכֵי מַטְרָתָא לָמָּה לִי, קָסָבַר: בְּשֶׁל כׇּל אָדָם הֵן שָׁמִין. סוֹף סוֹף, כִּי אָתֵי הַהוּא בֵּינוֹנִית דְּנַפְשֵׁיהּ קָשָׁקֵיל.

And Rav Sheshet, who **said: Why do I** need **to shift** donkey **packs, holds** that the quality of the land is not assessed differently for each individual borrower. Rather, **one assesses** the quality of land **on** the basis of the lands of **all people,** i.e., there is a standard measure of land quality which applies to everyone. If so, then **ultimately, when that** second debtor, Shimon, comes to collect from Reuven he will take back his own **intermediate-quality land,** i.e., the field that Reuven took from him only a short while earlier. Consequently, no purpose is served by going through this process.

וּלְרַב נַחְמָן, מַאי חָזֵית דְּאָתֵי בַּעַל זִיבּוּרִית בְּרֵישָׁא? לֵיתֵי בַּעַל בֵּינוֹנִית בְּרֵישָׁא וְלִיגְבֵּי זִיבּוּרִית, וְלִיהֲדַר וְלִיגְבֵּי נִיהֲלֵיהּ!

The Gemara asks: **And according to** the opinion of **Rav Naḥman, what did you see that** led you to establish that **the owner of inferior-quality land** will **come** and collect his debt **first,** as described above? **Let the owner of intermediate-quality land come first and collect inferior-quality land** from the other party, as that is all he possesses. In this scenario, the intermediate-quality land in the possession of the one who collected his debt will be classified as high quality, while his inferior-quality field will be considered of intermediate quality. **And** therefore **let** the other **return and collect** the same portion of land that he took from **him.** Once again, this is an apparently unnecessary exchange.

לָא צְרִיכָא, דְּקָדֵים תְּבָעֵיהּ. סוֹף סוֹף, כִּי אָתוּ לְמִגְבֵּי בַּהֲדֵי הֲדָדֵי קָאָתוּ!

The Gemara answers: **No,** it is **necessary** only in a case **where** the owner of the low-quality land happened to **precede** the other **and claim** from him first. The Gemara raises a difficulty: **Ultimately, when they come to collect** their respective debts, **they come together,** which means that they will pass the same portion of land back and forth.

אֶלָּא לָא צְרִיכָא דְּאִית לֵיהּ לְחַד עִידִּית וּבֵינוֹנִית, וְאִית לֵיהּ לְחַד זִיבּוּרִית. מָר סָבַר: בְּשֶׁלּוֹ הֵן שָׁמִין, וּמָר סָבַר: בְּשֶׁל כׇּל אָדָם הֵן שָׁמִין.

Rather, the Gemara provides an alternative explanation: **No,** this dispute is **necessary** in a case **where one has superior-quality land and intermediate-quality land, and** the other **one has** only **inferior-quality land. One Sage,** Rav Naḥman, **holds** that **one assesses** the quality of land **on** the basis of **his own** fields. Consequently, the owner of the low-quality land stands to gain, as he collects intermediate-quality land from the other and pays low-quality land in return, regardless of the order of the claims. **And one Sage,** Rav Sheshet, **holds** that the court **appraises** the quality of land **on** the basis of the lands of **all people,** which means that they will be trading the same plot of land back and forth.[H]

תְּנַן: וַחֲכָמִים אוֹמְרִים: זֶה גּוֹבֶה וְזֶה גּוֹבֶה. תַּרְגְּמַהּ רַב נַחְמָן אַלִּיבָּא דְּרַב שֵׁשֶׁת: כְּגוֹן שֶׁלָּוָה זֶה לְעֶשֶׂר וְזֶה לְחָמֵשׁ.

We learned in the mishna: **And the Rabbis say: This one collects** his promissory note **and that one collects** his promissory note. This ruling apparently contradicts the opinion of Rav Sheshet. **Rav Naḥman** himself **interpreted** the mishna **in accordance with** the opinion of **Rav Sheshet:** This is referring to a situation, **for example, where this one borrowed for** a period of **ten** years **and that one** borrowed **for five** years.[H] In this case it makes sense to say that each collects as stated in the promissory note in his possession.

הֵיכִי דָּמֵי? אִילֵימָא: רִאשׁוֹן לְעֶשֶׂר וְשֵׁנִי לְחָמֵשׁ – בְּהָא לֵימָא אַדְמוֹן: אִילּוּ הָיִיתִי חַיָּיב לָךְ כֵּיצַד אַתָּה לֹוֶה מִמֶּנִּי? הָא לָא מְטָא זִמְנֵיהּ! אֶלָּא, רִאשׁוֹן לְחָמֵשׁ וְשֵׁנִי לְעֶשֶׂר.

The Gemara asks: **What are the circumstances** of this case? **If we say** that the **first** one borrowed **for ten** years **and the second for five,** is **this** the case in which **Admon would say: If I owed you** money, **how** is it that **you are borrowing from me?** After all, the due **date has not yet arrived** for the second person to pay his debt. Perhaps the other creditor needs money to sustain himself for the next five years. **Rather, the first** one borrowed **for five** years **and the second for ten** years.

הֵיכִי דָּמֵי? אִי דִּמְטָא זִמְנֵיהּ – מַאי טַעְמָא דְּרַבָּנַן, וְאִי דְּלָא מְטָא זִמְנֵיהּ – הָא לָא מְטָא זִמְנֵיהּ, וּמַאי טַעְמָא דְּאַדְמוֹן?

The Gemara continues to inquire: **What are the circumstances? If** this is referring to a case **where** the due **date** of the first promissory note **had** already **arrived** when the second loan was issued, **what is the rationale for** the ruling of **the Rabbis?** The second person should not have borrowed money from the first, as he should have instead collected payment on the debt owed to him. **And if** the due **date had not** yet **arrived,** the second person clearly cannot demand his money, as the due **date had not yet arrived,** and perhaps he simply was in need of available money. **And** if so, **what is the rationale for** the opinion of **Admon?**

לָא צְרִיכָא דְּאָתָא בְּהָהוּא יוֹמָא דְּמִשְׁלַם חָמֵשׁ. מָר סָבַר: עָבֵיד אִינִישׁ דְּיָזֵיף לְיוֹמֵיהּ, וּמָר סָבַר: לָא עָבֵיד אִינִישׁ דְּיָזֵיף לְיוֹמֵיהּ.

The Gemara answers: **No,** it is **necessary** in a case **where he came on** exactly **that day when the five years** of the first loan **were completed.**[H] The dispute is as follows: **One Sage,** the Rabbis, **holds** that **a person will take out a loan** even **for one day, and** one **Sage,** Admon, **holds** that **a person will not take out a loan for one day,** and therefore he would have waited one day to receive payment of the debt owed to him.

רָמֵי בַּר חָמָא אָמַר: הָכָא בְּיַתְמֵי עָסְקִינַן, דְּיַתְמֵי מִיגְבָּא גָּבֵי, אַגְּבוּיֵי לָא מַגְבִּינַן מִינַּיְיהוּ. וְהָא זֶה גּוֹבֶה וְזֶה גּוֹבֶה קָתָנֵי! זֶה גּוֹבֶה וְזֶה רָאוּי לִגְבּוֹת, וְאֵין לוֹ.

Rami bar Ḥama stated a different answer: **Here we are dealing with orphans,**[H] i.e., one of the debtors died without leaving any landed properties, **as orphans collect** debts owed to their father but others **do not collect from them** the debts their father owed. Consequently, the statement of the Rabbis that each collects based on the document in his possession has practical ramifications. The Gemara asks: **But** the mishna **teaches** that **this one collects** his promissory note **and that one collects** his promissory note, whereas according to this interpretation only the orphans collect the debts they are owed. The Gemara answers: The mishna means that **this one collects, and that one** has the **potential to collect but he does not have** any land from which he may legally collect his debt.

HALAKHA

Based on whose property does one assess – בְּשֶׁל מִי שָׁמִין: In a case where a borrower possesses only inferior- and intermediate-quality land, but he had superior-quality land at the time the loan was issued and subsequently sold it, he must repay from his intermediate-quality land. Some maintain that this is the ruling of the Rambam (*Beit Yosef*). If he never had superior-quality land at all, he repays his debt from his inferior-quality land, as the assessment of the quality of his land is relative to his own properties, in accordance with the opinion of Rav Naḥman (Rambam *Sefer Mishpatim, Hilkhot Malve VeLoveh* 19:4; *Shulḥan Arukh, Ḥoshen Mishpat* 102:4).

This one…for ten and that one for five – זֶה לְעֶשֶׂר וְזֶה לְחָמֵשׁ: Even if the promissory note produced by the first person was due prior to the note in the possession of the second person, each collects the sum of the note in his possession. If the due date of one was prior to the loan date of the other some argue that if the first document was authentic the lender should have collected on it prior to taking out a loan. However, some (*Shakh*) rule that in any event each collects the note in his possession, an opinion accepted by the majority of the early commentaries (*Shulḥan Arukh, Ḥoshen Mishpat* 85:3).

HALAKHA

On that day when the five years were completed – בְּהָהוּא יוֹמָא דְּמִשְׁלַם חָמֵשׁ: Even if the second person borrowed on the due date of the promissory note, i.e., Levi loaned money to Yehuda for five years, and on the day the loan was due Levi came and borrowed from him, Yehuda cannot say to him: Why did you obligate yourself for one day? Rather, each collects on the note in his possession (*Shulḥan Arukh, Ḥoshen Mishpat* 85:2).

Here we are dealing with orphans – הָכָא בְּיַתְמֵי עָסְקִינַן: If one of the two creditors died and left behind minor orphans, each party keeps what he has, even if the orphans' father left them with nothing. The reason is that if they try to collect from the other creditor, he may likewise collect what they took from him, in keeping with the ordinance of the *ge'onim* that a creditor may collect debts from the movable property of an orphan. This is in accordance with the conclusion of the Gemara that what a debtor has seized remains with him (*Shulḥan Arukh, Ḥoshen Mishpat* 85:4–5).

אֲמַר רָבָא: שְׁתֵּי תְּשׁוּבוֹת בַּדָּבָר; חֲדָא – דְּזֶה גּוֹבֶה וְזֶה גּוֹבֶה קָתָנֵי, וְעוֹד: לַגְבִּינְהוּ אַרְעָא לְיָתְמֵי, וְלִיהֲדַר וְלִיגְבִּינְהוּ מִינַּיְיהוּ, כִּדְרַב נַחְמָן, דְּאָמַר רַב נַחְמָן אָמַר רַבָּה בַּר אֲבוּהּ: יְתוֹמִים שֶׁגָּבוּ קַרְקַע בְּחוֹבַת אֲבִיהֶן – בַּעַל חוֹב חוֹזֵר וְגוֹבֶה אוֹתָן מֵהֶן, קַשְׁיָא!

Rava said: There are **two responses to this** explanation. **One** is **that** the mishna **teaches** that **this one collects** his promissory note **and that one collects** his promissory note, which indicates that each actually collects what is owed to him, not that one is entitled to collect it but may not do so in practice. **And furthermore, let him give land to the orphans and return and collect it from them, in accordance with** the opinion of **Rav Naḥman. As Rav Naḥman said** that **Rabba bar Avuh said:** With regard to **orphans who collected land in payment of their father's debt, a creditor may come back and collect it from them.** The Gemara comments: This does pose a **difficulty** for the explanation of Rami bar Ḥama.

וְלוֹקְמָהּ דְּאִית לְהוּ לְיָתְמֵי זִיבּוּרִית וְאִית לֵיהּ לְדִידֵיהּ עִידִּית וּבֵינוֹנִית, דְּאָזְלֵי יָתְמֵי גָּבוּ בֵּינוֹנִית וּמַגְבּוּ לֵיהּ זִיבּוּרִית. דְּאִי נַמִּי בְּשֶׁל כָּל אָדָם הֵן שָׁמִין – הָא אֵין נִפְרָעִין מִנִּכְסֵי יְתוֹמִים אֶלָּא מִזִּיבּוּרִית!

§ The Gemara asks: **And let us establish**[N] the mishna as referring to a case where **the orphans have inferior-quality land, and he himself,** the other creditor, **has** both **superior-quality land and intermediate-quality land. In** this scenario **the orphans go** and **collect intermediate-quality land** from him, **while they give** him **inferior-quality land** in payment of the debt owed to him by their father. The reason is **that even if** the *halakha* is that **one assesses** the quality of land **on** the basis of the lands of **all people,** and therefore the other creditor should be able to collect intermediate-quality land from the orphans, there is a principle that **one collects** a debt **from the property of orphans only from inferior-quality land.**

הָנֵי מִילֵּי הֵיכָא דְּלָא תָּפַס, אֲבָל הֵיכָא דְּתָפַס – תָּפַס.

The Gemara answers: **This applies only** to a case **where** the lender **has not as yet seized** any land from the orphans in payment of his debt. **However, where he has seized**[N] intermediate-quality land, **he has seized** that land. Since he is already in possession of a field, it is not taken from him. In these circumstances there is no significance to each party collecting from the other.

מתני׳ שָׁלֹשׁ אֲרָצוֹת לְנִשּׂוּאִין: יְהוּדָה, וְעֵבֶר הַיַּרְדֵּן, וְהַגָּלִיל. אֵין מוֹצִיאִין מֵעִיר לְעִיר וּמִכְּרַךְ לִכְרַךְ, אֲבָל בְּאוֹתָהּ הָאָרֶץ מוֹצִיאִין מֵעִיר לְעִיר וּמִכְּרַךְ לִכְרַךְ,

MISHNA Eretz Yisrael is divided into **three** separate **lands** with regard **to marriage:**[H] **Judea, Transjordan, and the Galilee.** If a man marries a woman in one of these lands he may **not remove**[H] her **from** one **town to** another **town** in another of these lands or **from** one **city to** another **city,** i.e., he cannot compel her to move to another land. **However, in the same land one may remove her from** one **town to** another **town** or **from** one **city to** another **city.**

---NOTES---

And let us establish, etc. – וְלוֹקְמָהּ וכו׳: Some explain that the Gemara is asking why Rami bar Ḥama's explanation is rejected, as he could establish the mishna in a different manner. Others maintain that this is a general question as to why the mishna is not explained in this fashion (see Rivan and Ritva).

Where he seized etc. – הֵיכָא דְּתָפַס וכו׳: Some explain that as he was able to collect intermediate-quality land from the father's estate while he was alive, it is not taken away from him at a later stage (Ra'avad). Others note that although by Torah law a creditor collects from inferior-quality land, nevertheless the Sages issued a decree that if one did seize intermediate-quality land from orphans it is not taken away from him, so that people not be discouraged from issuing loans (Ramban).

---HALAKHA---

Three lands with regard to marriage – שָׁלֹשׁ אֲרָצוֹת לְנִשּׂוּאִין: The entire inhabited area of Eretz Yisrael is divided into separate territories with regard to the *halakhot* of forced relocation after marriage: Judea, Transjordan, and the Galilee. The commentaries add that every kingdom constitutes its own land as far as these *halakhot* are concerned (Rivash). Furthermore, if one kingdom is subdivided into separate counties, even in name only, each is considered a separate land (*Be'er Heitev*; Rambam *Sefer Nashim, Hilkhot Ishut* 13:16; *Shulḥan Arukh, Even HaEzer* 75:1).

One may not remove, etc. – אֵין מוֹצִיאִין וכו׳: If a man from one of these three lands married a woman from another land, she must relocate to his place of residence, as she married him under this condition, even if it was not expressly stated. If they were from the same land, he cannot force her to relocate to a different country. However, he can compel her to move from one town to another, or from one city to another, within the same land. Some claim that with regard to moving from one town to another, each spouse can force the other to relocate (Rema). Some authorities (*Terumat HaDeshen*) claim that if he is unable to earn a living where they are, she must relocate with him, while others (*Beit Yosef*) dispute this (Rambam *Sefer Nashim, Hilkhot Ishut* 13:17; *Shulḥan Arukh, Even HaEzer* 75:1).

Perek **XIII**
Daf **110** Amud **b**

אֲבָל לֹא מֵעִיר לִכְרַךְ וְלֹא מִכְּרַךְ לְעִיר.

However, even within the same land one may **not** force his wife to move **from a town to a city, nor from a city to a town.**

מוֹצִיאִין מִנָּוֶה הָרָעָה לְנָוֶה הַיָּפָה, אֲבָל לֹא מִנָּוֶה הַיָּפָה לְנָוֶה הָרָעָה. רַבָּן שִׁמְעוֹן בֶּן גַּמְלִיאֵל אוֹמֵר: אַף לֹא מִנָּוֶה רָעָה לְנָוֶה יָפָה, מִפְּנֵי שֶׁהַנָּוֶה הַיָּפָה בּוֹדֵק.

The mishna adds: **One may remove** his wife **from a noxious residence to a pleasant residence,** even if it is in another land. **However,** one may **not** compel his wife to move **from a pleasant residence to a noxious residence. Rabban Shimon ben Gamliel says:** One may **also not** remove her **from a noxious residence**[H] **to a pleasant residence, because a pleasant residence tests** the individual, i.e., one accustomed to certain environments can suffer even in more comfortable living quarters.

גמ׳ בִּשְׁלָמָא מִכְּרַךְ לְעִיר – דִּבִכְרַךְ שְׁכִיחִי כָּל מִילֵּי, בְּעִיר לָא שְׁכִיחִי כָּל מִילֵּי. אֶלָּא מֵעִיר לִכְרַךְ מַאי טַעְמָא?

GEMARA With regard to the statement in the mishna that one may not force one's spouse to move from a city to a town or from a town to a city, the Gemara asks: **Granted,** one may not remove her **from a city to a town, as all items are** readily **available in a city,** whereas **in a town all items are not as available,** and therefore the wife can argue that living in a town is inconvenient for her. **However, what is the reason** that the husband cannot compel her to move **from a town to the city?**

---HALAKHA---

Also not from a noxious residence – אַף לֹא מִנָּוֶה רָעָה: When a man seeks to relocate with his wife from town to town or from city to city in the same land, he cannot take her from a pleasant to a noxious residence or vice versa, in accordance with the opinion of Rabban Shimon ben Gamliel (Rambam *Sefer Nashim, Hilkhot Ishut* 13:19; *Shulḥan Arukh, Even HaEzer* 75:2).

מְסַיַּיע לֵיהּ לְרַבִּי יוֹסֵי בַּר חֲנִינָא, דְּאָמַר רַבִּי יוֹסֵי בַּר חֲנִינָא: מִנַּיִן שֶׁיְּשִׁיבַת כְּרַכִּים קָשָׁה – שֶׁנֶּאֱמַר "וַיְבָרְכוּ הָעָם לְכֹל הָאֲנָשִׁים הַמִּתְנַדְּבִים לָשֶׁבֶת בִּירוּשָׁלָיִם".

The Gemara answers: **This supports** the opinion of **Rabbi Yosei bar Ḥanina, as Rabbi Yosei bar Ḥanina said: From where** is it derived **that dwelling in cities is difficult?**[N] **As it is stated: "And the people blessed all the men who willingly offered themselves to dwell in Jerusalem"** (Nehemiah 11:2). This shows that living in a city is difficult, due to the noise and the general hubbub of an urban area.

"רַבָּן שִׁמְעוֹן בֶּן גַּמְלִיאֵל אוֹמֵר" כו׳. מַאי בּוֹדֵק? כִּדְשְׁמוּאֵל, דְּאָמַר שְׁמוּאֵל: שִׁינּוּי וֶסֶת תְּחִלַּת חוֹלִי מֵעַיִם. כָּתוּב בְּסֵפֶר בֶּן סִירָא: "כָּל יְמֵי עָנִי רָעִים". וְהָאִיכָּא שַׁבָּתוֹת וְיָמִים טוֹבִים! כִּדְשְׁמוּאֵל, דְּאָמַר שְׁמוּאֵל: שִׁינּוּי וֶסֶת תְּחִלַּת חוֹלִי מֵעַיִם.

§ The mishna taught: **Rabban Shimon ben Gamliel says** that a pleasant residence tests the individual. The Gemara asks: **What is** the meaning of the term **tests** in this context? The Gemara explains: **This is in accordance with** the opinion of **Shmuel, as Shmuel said: A change in** one's eating **habits** [*veset*][LB] or in one's place of residence is **the start of intestinal disease.** Similarly, **it is written in** ***Sefer Ben Sira*****:**[B] **All the days of the poor are terrible. And** yet **there are** ***Shabbatot*** **and Festivals,** when even the poor eat well. Once again, the Gemara answers: **This is in accordance with** the opinion of **Shmuel, as Shmuel said: A change in** one's eating **habits** or in one's place of residence is **the start of intestinal disease,** and as a result the poor suffer even from a change for the better.

בֶּן סִירָא אוֹמֵר: "אַף לֵילוֹת, בְּשֵׁפֶל גַּגִּים גַּגּוֹ וּבִמְרוֹם הָרִים כַּרְמוֹ, מִמְּטַר גַּגִּים לְגַגּוֹ וּמֵעֲפַר כַּרְמוֹ לִכְרָמִים".

Since the Gemara quoted from *Sefer Ben Sira*, it cites the rest of the passage concerning the terrible days of the poor. **Ben Sira says: Even the nights** of the poor are bad. **His roof is at the low point of the roofs,** i.e., his residence is at the lowest point in the city, **and his vineyard is at the mountain peaks,** at the highest point of the slope, which means that **the rain of roofs** washes down **to his roof, and the soil of his vineyard to** other **vineyards,** i.e., the rain washes away the soil in his vineyard and carries it away to the vineyards below.

מתני׳ הַכֹּל מַעֲלִין לְאֶרֶץ יִשְׂרָאֵל וְאֵין הַכֹּל מוֹצִיאִין, הַכֹּל מַעֲלִין לִירוּשָׁלַיִם וְאֵין הַכֹּל מוֹצִיאִין, אֶחָד הָאֲנָשִׁים וְאֶחָד הַנָּשִׁים.

MISHNA **All** may force their family **to ascend to Eretz Yisrael,**[H] i.e., one may compel his family and household to immigrate to Eretz Yisrael, **but all may not remove** others from Eretz Yisrael, as one may not coerce one's family to leave. Likewise, **all** may force their family **to ascend to Jerusalem,**[H] **and all may not,** i.e., no one may, **remove** them from Jerusalem. **Both men and women** may force the other spouse to immigrate to Eretz Yisrael or to move to Jerusalem.

נָשָׂא אִשָּׁה בְּאֶרֶץ יִשְׂרָאֵל וְגֵרְשָׁהּ בְּאֶרֶץ יִשְׂרָאֵל – נוֹתֵן לָהּ מִמְּעוֹת אֶרֶץ יִשְׂרָאֵל. נָשָׂא אִשָּׁה בְּאֶרֶץ יִשְׂרָאֵל וְגֵרְשָׁהּ בְּקַפּוֹטְקִיָּא – נוֹתֵן לָהּ מִמְּעוֹת אֶרֶץ יִשְׂרָאֵל, נָשָׂא אִשָּׁה בְּקַפּוֹטְקִיָּא – וְגֵרְשָׁהּ בְּאֶרֶץ יִשְׂרָאֵל – נוֹתֵן לָהּ מִמְּעוֹת אֶרֶץ יִשְׂרָאֵל. רַבָּן שִׁמְעוֹן בֶּן גַּמְלִיאֵל אוֹמֵר: נוֹתֵן לָהּ מִמְּעוֹת קַפּוֹטְקִיָּא. נָשָׂא אִשָּׁה בְּקַפּוֹטְקִיָּא וְגֵרְשָׁהּ בְּקַפּוֹטְקִיָּא – נוֹתֵן לָהּ מִמְּעוֹת קַפּוֹטְקִיָּא.

The mishna lists other halakhic distinctions between various geographic locations: If one **married a woman in Eretz Yisrael and divorced her in Eretz Yisrael,** and the currency of the sum in the marriage contract was not specified, **he gives her** the sum of her marriage contract **in the currency of Eretz Yisrael.** If one **married a woman in Eretz Yisrael and divorced her in Cappadocia,**[B] where the currency holds greater value, **he gives her the currency of Eretz Yisrael.** If one **married a woman in Cappadocia and divorced her in Eretz Yisrael, he** likewise **gives her the currency of Eretz Yisrael. Rabban Shimon ben Gamliel says: He gives her the currency of Cappadocia.** Everyone agrees that if one **married a woman in Cappadocia and divorced her in Cappadocia, he gives her the currency of Cappadocia.**

NOTES

Dwelling in cities is difficult – יְשִׁיבַת כְּרַכִּים קָשָׁה: Some explain that this is due to the congested conditions of the city, the tight housing, the number of people, and the lack of open spaces and fresh air (Rivan; Rid). Others claim that the cost of living is higher in the cities (Rabbeinu Ḥananel). Yet others add that one must adopt a higher standard of living when residing in a city (*Talmidei Rabbeinu Yona*).

LANGUAGE

Habits [*veset*] – וֶסֶת: From the Greek ἔθος, *ethos*, meaning custom or habit.

HALAKHA

All may force their family to ascend to Eretz Yisrael, etc. – הַכֹּל מַעֲלִים לְאֶרֶץ יִשְׂרָאֵל וכו׳: All of these *halakhot* concerning the relocation of a married couple refer only to a move either within the borders of Eretz Yisrael or between different countries abroad. However, one can coerce a spouse to move from abroad to Eretz Yisrael, even from a pleasant residence to a noxious one, and even from a place in which the majority of residents are Jews to a place where the majority are gentiles. One cannot coerce a spouse to leave Eretz Yisrael even if it would be a move from a noxious residence to a pleasant one, or from a place where the majority of residents are gentiles to one where the majority is Jewish (Rambam *Sefer Nashim, Hilkhot Ishut* 13:19; *Shulḥan Arukh, Even HaEzer* 75:3).

All may force their family to ascend to Jerusalem – הַכֹּל מַעֲלִין לִירוּשָׁלַיִם: The same *halakha* that applies to Eretz Yisrael vis-à-vis other countries also applies with regard to Jerusalem vis-à-vis the rest of Eretz Yisrael: All may force their family to move to Jerusalem and none may coerce them to leave the city (Rambam *Sefer Nashim, Hilkhot Ishut* 13:20; *Shulḥan Arukh, Even HaEzer* 75:4).

BACKGROUND

A change in habits – שִׁינּוּי וֶסֶת: A sudden change in eating habits, e.g., a change in one's diet or the quantity of food consumed, may adversely affect one's digestion. Although this is unlikely to cause a full-fledged illness, it might lead to discomfort and even severe pain.

Sefer Ben Sira – סֵפֶר בֶּן סִירָא: *Sefer Ben Sira* is one of the books of the Apocrypha. It was added to the canon of biblical literature in the Septuagint. This book is unique in that it is cited by the Sages by name, at times with the same introductory language as the books of the Writings of the Bible. Since this book was not sanctified as part of the biblical canon, there were many different editions available, as can be seen from translations and manuscripts. It is possible that a different, and less reliable, book: The Alphabet of Ben Sira, was added to the apocryphal work mentioned above, which lead the Sages to treat the entire work with a measure of suspicion. The passage cited here does not appear either in the translations or in the Hebrew manuscripts of the book, although it does appear as a gloss in one manuscript. This passage is based on a verse in the Bible: "All the days of the poor are evil" (Proverbs 15:15), and it is followed by additional observations attributed to ben Sira.

Cappadocia – קַפּוֹטְקִיָּא: This refers to the province καππαδοκία, *Kappathokia*, located in Asia Minor, bordering the Euphrates. Cappadocia was once an independent country, which became a Roman province in the time of the Talmud. As mentioned here, the coins of Cappadocia were greater in value than those of Eretz Yisrael due to their higher content of precious metals.

גמ׳ ״הַכֹּל מַעֲלִין״ לְאֵתוֹיֵי מַאי? לְאֵתוֹיֵי עֲבָדִים.

GEMARA The mishna stated: **All** can force the members of their family **to ascend.** The Gemara asks: This inclusive phrase serves **to include what** case? The Gemara answers: It comes **to include slaves,**[NH] i.e., Hebrew slaves as well may be coerced to immigrate to Eretz Yisrael with their master's family against their will.

וּלְמַאן דְּתָנֵי עֲבָדִים בְּהֶדְיָא, לְאֵתוֹיֵי מַאי? לְאֵתוֹיֵי מִנָּוֶה הַיָּפָה לְנָוֶה הָרָעָה.

The Gemara asks: **And according to the one** whose text of the mishna **expressly teaches** the case of **slaves,** this phrase comes **to include what** case? As stated later in the Gemara, there are some editions of the mishna that state that this *halakha* applies equally to men, women, and slaves. The Gemara answers: It comes **to include** one who moves **from a pleasant residence to a noxious residence,** i.e., one may coerce his family to ascend to Eretz Yisrael even from a good residence abroad to an inferior one in Eretz Yisrael.

״וְאֵין הַכֹּל מוֹצִיאִין״ לְאֵתוֹיֵי מַאי? לְאֵתוֹיֵי עֶבֶד שֶׁבָּרַח מִחוּצָה לָאָרֶץ לָאָרֶץ, דְּאָמְרִינַן לֵיהּ: זַבְּנֵיהּ הָכָא וְזִיל, מִשּׁוּם יְשִׁיבַת אֶרֶץ יִשְׂרָאֵל.

§ The mishna further taught: **But all may not remove** others. Once again the Gemara asks: This phrase comes **to include what** case? The Gemara answers: It comes **to include a** Canaanite **slave who ran away** from his master and came **from outside Eretz** Yisrael **to Eretz** Yisrael, **as we say to** the master: **Sell** your slave **here,** in Eretz Yisrael, **and** then you may **go** and return abroad, but you may not take the slave abroad with you, **due to** the mitzva of **settling Eretz Yisrael.**

״הַכֹּל מַעֲלִין לִירוּשָׁלַיִם״ לְאֵתוֹיֵי מַאי? לְאֵתוֹיֵי מִנָּוֶה הַיָּפָה לְנָוֶה הָרָעָה.

§ The mishna taught: **All** may force others **to ascend to Jerusalem.** The Gemara asks once again: This phrase comes **to include what** case? The Gemara answers: It comes **to include** a move **from a pleasant residence** elsewhere in Eretz Yisrael **to a noxious residence** in Jerusalem.

״וְאֵין הַכֹּל מוֹצִיאִין״ לְאֵתוֹיֵי מַאי? לְאֵתוֹיֵי אֲפִילּוּ מִנָּוֶה הָרָעָה לְנָוֶה הַיָּפָה. וְאַיְּידֵי דְּתָנָא רֵישָׁא ״אֵין מוֹצִיאִין״, תָּנָא סֵיפָא נָמֵי ״אֵין מוֹצִיאִין״.

§ The mishna taught: **And all may not remove** them from Jerusalem. The Gemara asks: This phrase comes **to include what** case? The Gemara answers: It comes **to include even** a move **from a noxious residence to a pleasant residence.** The Gemara adds: **And since** the *tanna* of the mishna **taught: But one may not remove, in the first clause, he also taught: But one may not remove, in the latter clause,** despite the fact that this *halakha* could have been inferred from the first clause.

תָּנוּ רַבָּנַן: הוּא אוֹמֵר לַעֲלוֹת וְהִיא אוֹמֶרֶת שֶׁלֹּא לַעֲלוֹת – כּוֹפִין אוֹתָהּ לַעֲלוֹת, וְאִם לָאו – תֵּצֵא בְּלֹא כְּתוּבָּה. הִיא אוֹמֶרֶת לַעֲלוֹת וְהוּא אוֹמֵר שֶׁלֹּא לַעֲלוֹת – כּוֹפִין אוֹתוֹ לַעֲלוֹת, וְאִם לָאו – יוֹצִיא וְיִתֵּן כְּתוּבָּה.

§ **The Sages taught:** If the husband **says** that he wishes **to ascend,**[H] i.e., to immigrate to Eretz Yisrael, **and** his wife **says** that she does **not** wish **to ascend, one forces her to ascend. And if** she will **not** do so, as she resists all attempts to force her to make the move, **she is divorced without** receiving her **marriage contract,** i.e., she forfeits her rights to the benefits outlined in the marriage contract. If **she says** that she wishes **to ascend** to Eretz Yisrael **and he says that** he does **not** wish **to ascend, one forces him to ascend. And if** he does **not** wish to immigrate, **he must divorce** her **and give** her **the marriage contract.**

הִיא אוֹמֶרֶת לָצֵאת וְהוּא אוֹמֵר שֶׁלֹּא לָצֵאת – כּוֹפִין אוֹתָהּ שֶׁלֹּא לָצֵאת, וְאִם לָאו – תֵּצֵא בְּלֹא כְּתוּבָּה. הוּא אוֹמֵר לָצֵאת וְהִיא אוֹמֶרֶת שֶׁלֹּא לָצֵאת – כּוֹפִין אוֹתוֹ שֶׁלֹּא לָצֵאת, וְאִם לָאו – יוֹצִיא וְיִתֵּן כְּתוּבָּה.

If **she says** that she wishes **to leave** Eretz Yisrael, **and he says that** he does **not** wish **to leave, one forces her not to leave. And if** she does **not** wish to stay in Eretz Yisrael and resists all attempts to force her to stay, **she is divorced without** receiving her **marriage contract.** If **he says** that he wishes **to leave** Eretz Yisrael **and she says that** she does **not** wish **to leave, one forces him not to leave. And if** he does **not** wish to stay in Eretz Yisrael, **he must divorce** her **and give** her **the marriage contract.**

״נָשָׂא אִשָּׁה״ כו׳. הָא גּוּפָא קַשְׁיָא;

§ The mishna taught that if **one married a woman** in Eretz Yisrael and divorced her in Cappadocia, he must pay her the marriage contract in the currency of Eretz Yisrael. The same is true if he married her in Cappadocia and divorced her in Eretz Yisrael. The Gemara asks: **This matter itself is difficult,** i.e., there is an internal contradiction in the rulings provided by the mishna.

NOTES

To include slaves – לְאֵתוֹיֵי עֲבָדִים: Rashi explains that this refers to Hebrew slaves, while the statement later in the Gemara, that a slave is included in the *halakha* that none may force anyone to leave Eretz Yisrael, refers even to a Canaanite slave. However, others maintain that here, as elsewhere, the term slaves refers to Canaanite slaves (Ra'avad). Accordingly, as a Canaanite slave is obligated in the performance of mitzvot to the same degree as a woman, he must fulfill the mitzva of settling Eretz Yisrael, as discussed later in the Gemara. Consequently, he may coerce his master to resettle there or to emancipate him.

HALAKHA

To include slaves – לְאֵתוֹיֵי עֲבָדִים: If a Canaanite slave expressed a wish to immigrate to Eretz Yisrael, his master must either take the slave there himself or sell him to someone who will take him there. If they were living in Eretz Yisrael and the master wished to leave, he may not forcibly take his slave with him. This *halakha* applies at all times, even when Eretz Yisrael is under foreign control (Rambam *Sefer Kinyan, Hilkhot Avadim* 8:9; *Shulḥan Arukh, Yoreh De'a* 267:85).

He says to ascend, etc. – הוּא אוֹמֵר לַעֲלוֹת וכו׳: If a man wishes to ascend to Eretz Yisrael and his wife does not wish to do so, he may divorce her without paying the marriage contract. Similarly, if she wishes to ascend to Eretz Yisrael and the husband does not wish to do so, he must divorce her and pay her the marriage contract. Some say that this *halakha* applies only when the move does not entail danger (Rashbatz). In general, the halakhic authorities debate whether or not the mitzva to immigrate to Eretz Yisrael applies nowadays. Since this debate remains unresolved, one may not force an unwilling spouse to make the move (*Be'er HaGola*). Others (*Pitḥei Teshuva*) cite several responsa that conclude that there is a mitzva to immigrate to Eretz Yisrael even in contemporary times (Rambam *Sefer Nashim, Hilkhot Ishut* 13:20; *Shulḥan Arukh, Even HaEzer* 75:4–5).

קָתָנֵי: נָשָׂא אִשָּׁה בְּאֶרֶץ יִשְׂרָאֵל וְגֵרְשָׁהּ בְּקַפּוֹטְקִיָּא נוֹתֵן לָהּ מִמְּעוֹת אֶרֶץ יִשְׂרָאֵל – אַלְמָא בָּתַר שִׁיעְבּוּדָא אָזְלִינַן. אֵימָא סֵיפָא: נָשָׂא אִשָּׁה בְּקַפּוֹטְקִיָּא וְגֵרְשָׁהּ בְּאֶרֶץ יִשְׂרָאֵל נוֹתֵן לָהּ מִמְּעוֹת אֶרֶץ יִשְׂרָאֵל, אַלְמָא בָּתַר גּוּבַיְינָא אָזְלִינַן!

The Gemara elaborates: The mishna first **teaches** that if one **married a woman in Eretz Yisrael**[H] **and divorced her in Cappadocia, he gives her the currency of Eretz Yisrael. Apparently, one follows** the customs of the place of the **lien**, i.e., he pays with the currency of the location of the wedding, where the obligation came into force. Now, **say the latter clause** of the mishna: If one **married a woman in Cappadocia and divorced her in Eretz Yisrael, he** likewise **gives her currency of Eretz Yisrael. Apparently, one follows** the place of **the collection** of the money.

אָמַר רַבָּה: מִקּוּלֵּי כְּתוּבָּה שָׁנוּ כָּאן, קָסָבַר כְּתוּבָּה דְּרַבָּנַן.

Rabba said: The Sages **taught here** one **of the leniencies** that apply to **a marriage contract.** The leniency is that the husband pays with the less valuable currency of Eretz Yisrael in both cases, whether the wedding or the divorce occurred there. This is because the *tanna* of this mishna **holds** that **a marriage contract** applies **by rabbinic** law.

״רַבָּן שִׁמְעוֹן בֶּן גַּמְלִיאֵל אוֹמֵר: נוֹתֵן לָהּ מִמְּעוֹת קַפּוֹטְקִיָּא״. קָסָבַר: כְּתוּבָּה דְּאוֹרָיְיתָא.

§ The mishna taught that **Rabban Shimon ben Gamliel says** that if one married a woman in Cappadocia and divorced her in Eretz Yisrael, **he** pays her the marriage contract **in the currency of Cappadocia.** The Gemara explains that Rabban Shimon ben Gamliel **holds** that **a marriage contract** applies **by Torah** law, which means that its debt must be paid according to its highest possible value. Consequently, one follows the place in which the obligation was formed, which is the *halakha* for all deeds and contracts, and there is no room for leniency in this matter.

תָּנוּ רַבָּנַן: הַמּוֹצִיא שְׁטַר חוֹב עַל חֲבֵירוֹ, כָּתוּב בּוֹ בָּבֶל – מַגְבֵּהוּ מִמְּעוֹת בָּבֶל, כָּתוּב בּוֹ אֶרֶץ יִשְׂרָאֵל – מַגְבֵּהוּ מִמְּעוֹת אֶרֶץ יִשְׂרָאֵל. כָּתוּב בּוֹ סְתָם, הוֹצִיאוֹ בְּבָבֶל – מַגְבֵּהוּ מִמְּעוֹת בָּבֶל, הוֹצִיאוֹ בְּאֶרֶץ יִשְׂרָאֵל – מַגְבֵּהוּ מִמְּעוֹת אֶרֶץ יִשְׂרָאֵל. כָּתוּב בּוֹ כֶּסֶף סְתָם – מַה שֶּׁיִּרְצֶה לֹוֶה מַגְבֵּהוּ, מַה שֶּׁאֵין כֵּן בִּכְתוּבָּה.

§ **The Sages taught:** With regard to **one who produces a promissory note against another,**[H] if **Babylonia is written in it, he pays it with the currency of Babylonia;** if **Eretz Yisrael is written in it, he pays it with currency of Eretz Yisrael.** In a case where it is **written without specification** as to where the document was written, if **he produced it in Babylonia he pays it with the currency of Babylonia** and if **he produced it in Eretz Yisrael he pays it with currency of Eretz Yisrael.** If the note **mentions money without specification** of what type of coins are to be used, **the borrower may pay it with any** type of coin **he likes,** even the smallest denomination available. However, **this is not** the case with regard **to a marriage contract.**

אַהַיָּיא? אָמַר רַב מְשָׁרְשִׁיָּא: אַרֵישָׁא, לְאַפּוּקֵי מִדְּרַבָּן שִׁמְעוֹן בֶּן גַּמְלִיאֵל, דְּאָמַר כְּתוּבָּה דְּאוֹרָיְיתָא.

The Gemara asks: With regard to this last statement, that this is not the case with regard to a marriage contract: **To which** part of the *baraita* is this referring? **Rav Mesharshiyya said:** It is referring back to **the first clause,** that if the promissory note mentions Babylonia one pays with Babylonian currency. This indicates that one invariably pays based on the place where the document was written. The *tanna* adds that this principle does not apply to a marriage contract, as one pays based on the place where a marriage contract was written only if this would lead to a leniency, as explained above (Rid). This ruling comes **to exclude** the opinion **of Rabban Shimon ben Gamliel, who said** that that **a marriage contract** applies **by Torah** law and must always be paid in the currency of the place in which the obligation was first formed.

HALAKHA

One married a woman in Eretz Yisrael, etc. – נָשָׂא אִשָּׁה בְּאֶרֶץ יִשְׂרָאֵל וכו׳: In a case of one who married a woman in one place and divorced her elsewhere, and no specific currency was mentioned in the marriage contract, if the currency of the place where they were married is more valuable, he pays her with the currency of the place where they were divorced. This is the case only if she was with him at the time of the divorce; however, if he had to send her bill of divorce to the place where they were married, this *halakha* does not apply (*Beit Yosef*, citing Rashba). If the money of the place where they were divorced is more valuable, he pays her with the currency of the location where they were wed. The *halakha* is in accordance with the opinion of the Rabbis that a marriage contract applies by rabbinic law, and therefore the Sages were lenient in these matters. In any event, the husband may not pay her less than the minimum value of a marriage contract fixed by the Sages (*Maggid Mishne*). Needless to say, if a given currency was noted in the marriage contract she collects the money in that currency (Rambam *Sefer Nashim, Hilkhot Ishut* 16:6; *Shulḥan Arukh, Even HaEzer* 100:5).

One who produces a promissory note, etc. – הַמּוֹצִיא שְׁטַר חוֹב וכו׳: With regard to one who produces a promissory note against another, if it was written in Babylonia he pays the debt in Babylonian currency, and if it was written in Eretz Yisrael, he pays the debt in currency from Eretz Yisrael. If the location was not stated in the document, the debt is paid in the currency of the location where the document was produced by the creditor. If the note did not mention any specific denomination of currency or location, the borrower may pay with the currency of his choice, as stated in the *baraita* (Rambam *Sefer Mishpatim, Hilkhot Malve VeLoveh* 17:9; *Shulḥan Arukh, Ḥoshen Mishpat* 42:14).

HALAKHA

But one can say it refers to strips – וְאֵימָא נִסְכָא: If it is stated in a document that one borrowed silver from another, he may repay the loan with the smallest available weight of silver. If it is stated that he borrowed a silver coin, he may repay with the smallest silver coin available, even if it is a *peruta* (Rambam *Sefer Mishpatim*, *Hilkhot Malve VeLoveh* 17:9; *Shulḥan Arukh*, *Ḥoshen Mishpat* 42:13).

A person should always reside in Eretz Yisrael – לְעוֹלָם יָדוּר אָדָם בְּאֶרֶץ יִשְׂרָאֵל: One should always reside in Eretz Yisrael, even in a town which is populated predominantly by gentiles, rather than outside Eretz Yisrael, even in a predominantly Jewish town. All who leave Eretz Yisrael to reside elsewhere are considered as though they are engaged in idol worship (Rambam *Sefer Shofetim*, *Hilkhot Melakhim* 5:12).

״כָּתוּב בּוֹ כֶּסֶף סְתָם מָה שֶׁיִּרְצֶה לֹוֶה מַגְבֵּהוּ״. וְאֵימָא נִסְכָא? אָמַר רַבִּי אֶלְעָזָר: דִּכְתִיב בֵּיהּ מַטְבֵּעַ. וְאֵימָא פְּרִיטֵי? אָמַר רַב פָּפָּא: פְּרִיטֵי דְּכַסְפָּא לָא עָבְדִי אֱינָשֵׁי.

§ The Gemara continues to analyze the *baraita*, which teaches: If the note **mentions money** [*kesef*] **without specification, the borrower may pay it with any** type of coin **he likes.** The Gemara asks: **But** can't one **say** that perhaps the document was not speaking of coins but of silver [*kesef*] **strips?**[H] **Rabbi Elazar said:** The *baraita* is referring to a case in **which it is written in** the document: **Coins,** although it does not specify which ones. The Gemara further asks: **And** can't one **say** that one may pay off the debt with ***perutot***, a small denomination? **Rav Pappa said: People do not** ordinarily **mint *perutot* of silver,**[B] as they reserve silver for larger denominations.

תָּנוּ רַבָּנַן: לְעוֹלָם יָדוּר אָדָם בְּאֶרֶץ יִשְׂרָאֵל, אֲפִילּוּ בְּעִיר שֶׁרוּבָּהּ גּוֹיִם וְאַל יָדוּר בְּחוּצָה לָאָרֶץ וַאֲפִילּוּ בְּעִיר שֶׁרוּבָּהּ יִשְׂרָאֵל. שֶׁכׇּל הַדָּר בְּאֶרֶץ יִשְׂרָאֵל דּוֹמֶה כְּמִי שֶׁיֵּשׁ לוֹ אֱלוֹהַּ, וְכׇל הַדָּר בְּחוּצָה לָאָרֶץ דּוֹמֶה כְּמִי שֶׁאֵין לוֹ אֱלוֹהַּ, שֶׁנֶּאֱמַר ״לָתֵת לָכֶם אֶת אֶרֶץ כְּנַעַן לִהְיוֹת לָכֶם לֵאלֹהִים״.

§ In relation to the basic point raised by the mishna concerning living in Eretz Yisrael, **the Sages taught: A person should always reside in Eretz Yisrael,**[H] **even in a city that is mostly** populated **by gentiles, and he should not reside outside of Eretz** Yisrael, **even in a city that is mostly** populated **by Jews.** The reason is **that anyone who resides in Eretz Yisrael is considered as one who has a God, and anyone who resides outside of Eretz** Yisrael **is considered as one who does not have a God. As it is stated: "To give to you the land of Canaan, to be your God"** (Leviticus 25:38).

וְכׇל שֶׁאֵינוֹ דָּר בָּאָרֶץ אֵין לוֹ אֱלוֹהַּ?! אֶלָּא לוֹמַר לָךְ: כׇּל הַדָּר בְּחוּצָה לָאָרֶץ – כְּאִילּוּ עוֹבֵד עֲבוֹדָה זָרָה, וְכֵן בְּדָוִד הוּא אוֹמֵר ״כִּי גֵרְשׁוּנִי הַיּוֹם מֵהִסְתַּפֵּחַ בְּנַחֲלַת ה׳ לֵאמֹר לֵךְ עֲבֹד אֱלֹהִים אֲחֵרִים״, וְכִי מִי אָמַר לוֹ לְדָוִד: לֵךְ עֲבוֹד אֱלֹהִים אֲחֵרִים? אֶלָּא לוֹמַר לָךְ: כׇּל הַדָּר בְּחוּצָה לָאָרֶץ – כְּאִילּוּ עוֹבֵד עֲבוֹדָה זָרָה.

The Gemara expresses surprise: **And** can it really be said that **anyone who resides outside** of **Eretz** Yisrael **has no God? Rather,** this comes **to tell you that anyone who resides outside** of **Eretz** Yisrael is considered **as though he is engaged in idol worship. And so it says with regard to David: "For they have driven me out this day that I should not cleave to the inheritance of the Lord, saying: Go, serve other gods"** (I Samuel 26:19). **But who said to David: Go, serve other gods? Rather,** this comes **to tell you that anyone who resides outside** of **Eretz** Yisrael is considered **as though he is engaged in idol worship.**

רַבִּי זֵירָא הֲוָה קָמִשְׁתַּמֵּיט מִינֵּיהּ דְּרַב יְהוּדָה, דְּבָעֵא לְמִיסַּק לְאֶרֶץ יִשְׂרָאֵל. דְּאָמַר רַב יְהוּדָה: כׇּל הָעוֹלֶה מִבָּבֶל לְאֶרֶץ יִשְׂרָאֵל – עוֹבֵר בַּעֲשֵׂה, שֶׁנֶּאֱמַר

§ The Gemara relates: **Rabbi Zeira**[P] **was avoiding** being seen **by** his teacher, **Rav Yehuda,** as Rabbi Zeira **sought to ascend to Eretz Yisrael** and his teacher disapproved. **As Rav Yehuda said: Anyone who ascends from Babylonia to Eretz Yisrael transgresses a positive mitzva, as it is stated:**

BACKGROUND

Perutot of silver – פְּרִיטֵי דְּכַסְפָּא: Since the value of silver coins in the ancient world was approximately equal to the value of the precious metals they contained, silver coins of very low denominations were not useful. A *peruta* was worth less than half a gram of silver, and a coin of this value would have been very small in size. For a certain period of time small silver coins were used in Greece, but this practice was abandoned and copper coins were adopted instead.

PERSONALITIES

Rabbi Zeira – רַבִּי זֵירָא: Born in Babylonia, Rabbi Zeira, known in the Jerusalem Talmud as Rabbi Ze'ira, became one of the great third-generation *amora'im* of Eretz Yisrael. His father was a Persian government tax collector who was praised as one of the few who performed that function honestly. When Rabbi Zeira ascended to Eretz Yisrael he decided to identify himself entirely with the Torah of Eretz Yisrael. The Gemara relates that he undertook one hundred fasts to forget the Torah he studied in Babylonia.

Rabbi Zeira was renowned for his sharp intellect and authored many incisive *halakhot*. He was also known as an extremely God-fearing man, as attested by several stories. Due to his modesty, he did not even wish to be ordained with the title Rabbi. He relented only after being told that ordination atones for one's sins.

The Gemara relates that he undertook one hundred additional fasts so that the fire of Gehenna would not harm him, and he would test himself by entering a fiery furnace. On one occasion his legs were scorched, and from then on he was called: The little man with the scorched legs (*Bava Metzia* 85a). Rabbi Zeira was a contemporary of Rav Ḥisda, Rav Sheshet, and Rabba in Babylonia, and he was a contemporary of the disciples of Rabbi Yoḥanan in Eretz Yisrael, with whom he engaged in extensive halakhic discourse. Apparently, he was a flax merchant in Eretz Yisrael, and it is likely that for business reasons he returned to Babylonia several times.

The text of the beginning of Rabbi Zeira's eulogy is preserved in the Talmud: The land of Shinar, i.e., Babylonia, conceived and gave birth; the land of splendor, i.e., Eretz Yisrael, raised her delight. Woe to me, said Rakkath, i.e., Tiberias, as she has lost her beloved instrument (*Megilla* 6a).

Rabbi Zeira's son, Rabbi Ahava, was a Sage in the following generation.

״בָּבֶלָה יוּבָאוּ וְשָׁמָּה יִהְיוּ עַד יוֹם פָּקְדִי אוֹתָם נְאֻם ה׳״. וְרַבִּי זֵירָא – הַהוּא בִּכְלֵי שָׁרֵת כְּתִיב.

"**They shall be taken to Babylonia and there they shall remain until the day that I recall them, said the Lord**" (Jeremiah 27:22). Based on that verse, Rav Yehuda held that since the Babylonian exile was imposed by divine decree, permission to leave Babylonia for Eretz Yisrael could be granted only by God. The Gemara asks: **And** how does **Rabbi Zeira** interpret that verse? The Gemara answers that Rabbi Zeira maintains that **that** verse **is written about** the Temple **service vessels,** and it does not refer to the Jewish people, as the previous verse states: "Thus says the Lord of Hosts, the God of Israel, concerning the vessels that remain in the house of the Lord" (Jeremiah 27:21). Consequently, Rabbi Zeira sought to ascend to Eretz Yisrael.

וְרַב יְהוּדָה: כְּתִיב קְרָא אַחֲרִינָא ״הִשְׁבַּעְתִּי אֶתְכֶם בְּנוֹת יְרוּשָׁלַיִם בִּצְבָאוֹת אוֹ בְּאַיְלוֹת הַשָּׂדֶה״ וגו׳.

The Gemara asks: **And** how does **Rav Yehuda** respond to this argument? The verse is clearly referring to the Temple vessels, not to the people. The Gemara answers that **another verse is written: "I adjure you, O daughters of Jerusalem, by the gazelles and by the hinds of the field,** that you not awaken or stir up love, until it please" (Song of Songs 2:7). Rabbi Yehuda derived from here that no act of redemption should be performed until a time arrives when it pleases God to bring about the redemption.

וְרַבִּי זֵירָא: הַהוּא שֶׁלֹּא יַעֲלוּ יִשְׂרָאֵל בְּחוֹמָה. וְרַב יְהוּדָה: ״הִשְׁבַּעְתִּי״ אַחֲרִינָא כְּתִיב. וְרַבִּי זֵירָא:

And Rabbi Zeira maintains that the oath mentioned in **that** verse means **that the Jews should not ascend** to Eretz Yisrael **as a wall,**[N] i.e., en masse, whereas individuals may immigrate as they wish. The Gemara asks: **And** what does **Rav Yehuda** reply to this? The Gemara answers that this command is derived from **another** verse in which **"I adjure you"** (Song of Songs 3:5) is **written.** The Gemara asks: **And** how does **Rabbi Zeira** explain the repetition of this oath in these verses?

הַהוּא מִיבָּעֵי לֵיהּ לְכִדְרַבִּי יוֹסֵי בְּרַבִּי חֲנִינָא. דְּאָמַר: שָׁלֹשׁ שְׁבוּעוֹת הַלָּלוּ לָמָּה? אַחַת – שֶׁלֹּא יַעֲלוּ יִשְׂרָאֵל בְּחוֹמָה, וְאַחַת – שֶׁהִשְׁבִּיעַ הַקָּדוֹשׁ בָּרוּךְ הוּא אֶת יִשְׂרָאֵל שֶׁלֹּא יִמְרְדוּ בְּאוּמּוֹת הָעוֹלָם, וְאַחַת – שֶׁהִשְׁבִּיעַ הַקָּדוֹשׁ בָּרוּךְ הוּא אֶת הַגּוֹיִם שֶׁלֹּא יִשְׁתַּעְבְּדוּ בָּהֶן בְּיִשְׂרָאֵל יוֹתֵר מִדַּאי.

The Gemara explains: **That** verse **is necessary for that** which was taught by **Rabbi Yosei, son of Rabbi Ḥanina, who said: Why** are **these three oaths** (Song of Songs 2:7, 3:5, 8:4) needed? **One,** so **that the Jews should not ascend** to Eretz Yisrael **as a wall,** but little by little. **And** another **one, that the Holy One, Blessed be He, adjured the Jews that they should not rebel against** the rule **of the nations of the world. And** the last **one** is **that the Holy One, Blessed be He, adjured the nations** of the world **that they should not subjugate the Jews excessively.**

וְרַב יְהוּדָה: ״אִם תָּעִירוּ וְאִם תְּעוֹרְרוּ״ כְּתִיב. וְרַבִּי זֵירָא:

And how does **Rav Yehuda** respond? It is **written: "That you not awaken or stir up** love" (Song of Songs 2:7), which serves to amplify and include a prohibition against Jews immigrating to Eretz Yisrael. The Gemara asks: **And** how does **Rabbi Zeira** explain the extra emphasis of this phrase?

מִיבָּעֵי לֵיהּ לְכִדְרַבִּי לֵוִי, דְּאָמַר: שֵׁשׁ שְׁבוּעוֹת הַלָּלוּ לָמָּה? תְּלָתָא – הָנֵי דַּאֲמָרַן, אִינָךְ: שֶׁלֹּא יְגַלּוּ אֶת הַקֵּץ, וְשֶׁלֹּא יְרַחֲקוּ אֶת הַקֵּץ, וְשֶׁלֹּא יְגַלּוּ הַסּוֹד לְגוֹיִם.

The Gemara explains: **He needs** this phrase **for that** which was taught by **Rabbi Levi, who said: These six oaths,** i.e., the aforementioned three verses containing oaths, each of which contains the phrase "That you not awaken or stir up," **why** are they necessary? **Three are those that we said** and explained above. **The other** three oaths are as follows: **That** those who know **should not reveal the end** of days; **and that they should not distance the end** of days by saying that it is still distant; **and that they should not reveal the secret**[NB] of the Jews **to the nations.**

״בִּצְבָאוֹת אוֹ בְּאַיְלוֹת הַשָּׂדֶה״ אָמַר רַבִּי אֶלְעָזָר: אָמַר לָהֶם הַקָּדוֹשׁ בָּרוּךְ הוּא לְיִשְׂרָאֵל: אִם אַתֶּם מְקַיְּימִין אֶת הַשְּׁבוּעָה – מוּטָב, וְאִם לָאו – אֲנִי מַתִּיר אֶת בְּשַׂרְכֶם כִּצְבָאוֹת וּכְאַיְלוֹת הַשָּׂדֶה.

§ The Gemara discusses a phrase in the verse cited above. "I adjure you, O daughters of Jerusalem, **by the gazelles and by the hinds of the field"** (Song of Songs 2:7). **Rabbi Elazar said: The Holy One, Blessed be He, said to the Jewish people: If you fulfill the oath, it is good, and if not, I will abandon your flesh** and all will devour you **like the gazelles and like the hinds of the field.**

NOTES

The Jews should not ascend as a wall – שֶׁלֹּא יַעֲלוּ יִשְׂרָאֵל בְּחוֹמָה: Rashi explains that they should not immigrate all together, in a forceful manner. Others maintain that this refers to a literal wall, i.e., they should not engage in rebuilding the walls and the fortifications of the country without permission from the ruling authorities (Maharsha).

That they should not reveal the secret – שֶׁלֹּא יְגַלּוּ אֶת הַסּוֹד: Some explain that this refers to the secrets of the intercalation of the calendar (Rashi in his first interpretation; Rabbeinu Tam). The Ritva indicates that his text actually contained the phrase: The secret of the intercalation of the calendar, and he states, citing Rabbeinu Tam, that this must not be revealed to gentiles. Others interpret this statement homiletically, that one should not reveal the secret of these oaths to the nations of the world (*Eshel Avraham*).

BACKGROUND

To reveal the secret – לְגַלּוֹת אֶת הַסּוֹד: Most commentaries explain that this refers to secrets of the Torah, either secrets regarding the meaning of the Torah itself, which were exclusively for Jews, or the secrets of the calculation of the calendar, i.e., traditions and details that are not part of the basic calculations but are essential for the intercalation of the calendar. However, it is possible that this refers to other secrets that are not necessarily connected to the Torah. On an inscription discovered at Ein Gedi a curse is pronounced upon one who reveals the city's secrets. This possibly refers to matters of security, e.g., secret routes into the city and the like. Alternatively, the Gemara might be speaking of professional secrets, as it is stated elsewhere that Jewish artisans who revealed their professional trade secrets would be ousted from their trades, while those who kept trade secrets were allowed to remain in their professions.

Mosaic found in Ein Gedi pronouncing a curse upon one who reveals the city's secrets

אָמַר רַבִּי אֶלְעָזָר: כָּל הַדָּר בְּאֶרֶץ יִשְׂרָאֵל שָׁרוּי בְּלֹא עָוֹן, שֶׁנֶּאֱמַר ״וּבַל יֹאמַר שָׁכֵן חָלִיתִי הָעָם הַיּוֹשֵׁב בָּהּ נְשׂוּא עָוֹן״. אֲמַר לֵיהּ רָבָא לְרַב אַשִׁי: אֲנַן בְּסוֹבְלֵי חֳלָאִים מַתְנִינַן לָהּ.

Rabbi Elazar said: Anyone who resides in Eretz Yisrael dwells[H] without transgression, as it is stated: "And the inhabitant shall not say: I am sick; the people that dwell there shall be forgiven their iniquity" (Isaiah 33:24). Rava said to Rav Ashi: We learned this promise with regard to those who suffer from sickness. The phrase "I am sick" indicates that they are the ones who are forgiven their sins.

אָמַר רַב עָנָן: כָּל הַקָּבוּר בְּאֶרֶץ יִשְׂרָאֵל – כְּאִילּוּ קָבוּר תַּחַת הַמִּזְבֵּחַ, כְּתִיב הָכָא ״מִזְבַּח אֲדָמָה תַּעֲשֶׂה לִּי״ וּכְתִיב הָתָם ״וְכִפֶּר אַדְמָתוֹ עַמּוֹ״.

Rav Anan said: Anyone who is buried in Eretz Yisrael[H] is considered as though he is buried beneath the altar. It is stated here: "An altar of earth [*adama*] you shall make for Me" (Exodus 20:21), and it is stated there: "For He does avenge the blood of His servants, and renders vengeance to His adversaries, and atones for the land of [*admato*] His people" (Deuteronomy 32:43). This teaches that one who is buried in the earth of Eretz Yisrael is considered as though he is buried beneath the altar in the Temple.

עוּלָּא הֲוָה רְגִיל דַּהֲוָה סָלֵיק לְאֶרֶץ יִשְׂרָאֵל, נָח נַפְשֵׁיהּ בְּחוּץ לָאָרֶץ. אָתוּ אָמְרוּ לֵיהּ לְרַבִּי אֶלְעָזָר, אֲמַר: אַנְתְּ עוּלָּא ״עַל אֲדָמָה טְמֵאָה תָּמוּת״. אָמְרוּ לוֹ: אֲרוֹנוֹ בָּא. אָמַר לָהֶם: אֵינוֹ דּוֹמֶה קוֹלַטְתּוֹ מֵחַיִּים לְקוֹלַטְתּוֹ לְאַחַר מִיתָה.

§ The Gemara relates: Ulla[P] was accustomed to ascend to Eretz Yisrael from time to time. However, he died outside of Eretz Yisrael. They came and said to Rabbi Elazar that Ulla had passed away. He said: Woe for you Ulla, as through you a verse was fulfilled: "You shall die in an unclean land" (Amos 7:17). They said to him: But his coffin is coming for burial in Eretz Yisrael. He said to them: Even so, one who was absorbed by the soil of Eretz Yisrael while he was yet alive is not similar[H] to one who was absorbed only after death.

הַהוּא גַּבְרָא דְּנָפְלָה לֵיהּ יְבָמָה בֵּי חוֹזָאָה, אֲתָא לְקַמֵּיהּ דְּרַבִּי חֲנִינָא, אֲמַר לֵיהּ: מַהוּ לְמֵיחַת וּלְיַבְּמָהּ?

The Gemara relates with regard to a certain man from Eretz Yisrael that a *yevama*, i.e., a woman whose childless husband died and left a surviving brother, happened before him, the surviving brother, for levirate marriage. This *yevama* was living in the district of Bei Ḥoza'a, far away in southeast Babylonia. The man came before Rabbi Ḥanina and said to him: What is the *halakha* as to whether I may descend to Babylonia to enter into levirate marriage with this woman?

אָמַר לֵיהּ: אָחִיו נָשָׂא כּוּתִית וּמֵת – בָּרוּךְ הַמָּקוֹם שֶׁהֲרָגוֹ, וְהוּא יֵרֵד אַחֲרָיו?

Rabbi Ḥanina said to him: His brother married a Samaritan woman [*kutit*] and died. Rabbi Ḥanina described the man's late brother in these terms because he had left Eretz Yisrael to marry, and for the same reason he called his wife a Samaritan. Blessed be the Omnipresent who killed him. And yet the brother wishes to follow in his footsteps and descend after him? Better that he stay in Eretz Yisrael.

אָמַר רַב יְהוּדָה אָמַר שְׁמוּאֵל: כְּשֵׁם שֶׁאָסוּר לָצֵאת מֵאֶרֶץ יִשְׂרָאֵל לְבָבֶל – כָּךְ אָסוּר לָצֵאת מִבָּבֶל לִשְׁאָר אֲרָצוֹת. רַבָּה וְרַב יוֹסֵף דְּאָמְרִי תַּרְוַיְיהוּ: אֲפִילּוּ מִפּוּמְבְּדִיתָא לְבֵי כּוּבֵי. הַהוּא דְּנָפַק מִפּוּמְבְּדִיתָא לְבֵי כּוּבֵי, שַׁמְתֵּיהּ רַב יוֹסֵף. הַהוּא דְּנָפַק מִפּוּמְבְּדִיתָא לְאַסְתּוּנְיָא – שְׁכֵיב. אֲמַר אַבַּיֵי: אִי בָּעֵי הַאי צוּרְבָא מֵרַבָּנַן הֲוָה חַיֵּי.

§ Rav Yehuda said that Shmuel said: Just as it is prohibited to leave Eretz Yisrael and go to Babylonia, so too, is it prohibited to leave Babylonia[HN] for any of the other lands. Rabba and Rav Yosef both say: Even to go from Pumbedita to Bei Kuvei,[B] which is located beyond the border of Babylonia proper, is not permitted. The Gemara relates: A certain man left Pumbedita to live in Bei Kuvei, and Rav Yosef excommunicated him. A certain man left Pumbedita to live in Astonia,[B] which also lay beyond the borders of Babylonia proper, and he died. Abaye said: Had this Torah scholar wanted, he would still be alive, as he could have stayed in Babylonia.

HALAKHA

Anyone who resides in Eretz Yisrael dwells, etc. – כָּל הַדָּר בְּאֶרֶץ יִשְׂרָאֵל שָׁרוּי וכו׳: All those who live in Eretz Yisrael have their sins forgiven, as stated by Rabbi Elazar (Rambam *Sefer Shofetim*, *Hilkhot Melakhim* 5:11).

Anyone who is buried in Eretz Yisrael – כָּל הַקָּבוּר בְּאֶרֶץ יִשְׂרָאֵל: All those who are buried in Eretz Yisrael achieve atonement. The spot where the dead are laid to rest is likened to the altar of atonement, as stated by Rav Anan (Rambam *Sefer Shofetim*, *Hilkhot Melakhim* 5:11).

One who was absorbed while alive is not similar, etc. – אֵינוֹ דּוֹמֶה קוֹלַטְתּוֹ מֵחַיִּים וכו׳: The verse "You shall die in an unclean land" (Amos 7:17) teaches that one who was absorbed by Eretz Yisrael only after he died cannot be compared to a person who actually lived there, in accordance with the opinion of Rabbi Elazar. Nevertheless, the greatest of the Sages would bring their dead to Eretz Yisrael for burial, as can be derived from the instructions of Jacob and Joseph (Rambam *Sefer Shofetim*, *Hilkhot Melakhim* 5:11).

It is prohibited to leave Babylonia, etc. – אָסוּר לָצֵאת מִבָּבֶל וכו׳: Just as it is prohibited to leave Eretz Yisrael for other lands, so too, it is prohibited to leave Babylonia, as it is stated: "They shall be carried to Babylon and there they shall be" (Jeremiah 27:22). Some commentaries maintain that according to the opinion of the Rambam even Eretz Yisrael is included in the list of prohibited destinations (Rambam *Sefer Shofetim*, *Hilkhot Melakhim* 5:12, and *Kesef Mishne* there).

NOTES

So too, is it prohibited to leave Babylonia – כָּךְ אָסוּר לָצֵאת מִבָּבֶל: Rashi explains that this is because Babylonia was a place of Torah (see Meiri). Others contend that if this was the reason for the prohibition, when the schools of Babylonia closed, then that country should no longer have any advantage over other locations; conversely, this principle should apply to other places of Torah (Rabbi Ya'akov Emden). However, the Rambam indicates that the source of the prohibition is the special decree "They shall be carried to Babylon and there they shall be" (Jeremiah 27:22).

BACKGROUND

Bei Kuvei – בֵּי כּוּבֵי: Bei Kuvei was a village six parasangs, about 24 km, from Pumbedita.

Astonia – אַסְתּוּנְיָא: Some maintain that this is not the name of place but a term derived from the Persian ōstān, meaning province. Accordingly, it means the city that was host to the seat of the regional government. Based on the context, other commentaries suggest that it refers to the city Firuz Shabur, which was near Pumbedita.

PERSONALITIES

Ulla – עוּלָּא: Ulla was an *amora* of Eretz Yisrael and the most important of the emissaries of the Sages. Apparently, his full name was Ulla bar Yishmael. Ulla was a disciple of Rabbi Yoḥanan and a regular messenger who brought the Torah of Eretz Yisrael to Babylonia. He would likewise transfer innovative Torah ideas of the Babylonian Sages back to Eretz Yisrael. Ulla would journey to and from the two countries frequently and would even go from place to place to teach Torah. For this reason Yalta, wife of Rav Naḥman, would call him *mahadurei*, meaning peddler. Ulla was held in very high esteem by the Sages of Babylonia; Rav Hisda would call him: Our Sages who come from Eretz Yisrael, and Rav Yehuda sent his son to Ulla to learn from his customs. In the Jerusalem Talmud Ulla is usually called by his full name, Rabbi Ulla bar Yishmael, or Ulla Naḥuta, the one who descends. Many Sages of the next generation were his disciples. Little is known of Ulla's personal life, although it is possible that the *amora* Rabba bar Ulla was his son. Ulla passed away on one of his journeys to Babylonia, and he was brought back to be buried in Eretz Yisrael.

רַבָּה וְרַב יוֹסֵף דְּאָמְרִי תַּרְוַיְיהוּ: כְּשֵׁרִין שֶׁבְּבָבֶל – אֶרֶץ יִשְׂרָאֵל קוֹלַטְתָּן, כְּשֵׁרִין שֶׁבִּשְׁאָר אֲרָצוֹת – בָּבֶל קוֹלַטְתָּן. לְמַאי? אִילֵימָא לְיוּחֲסִין – וְהָאָמַר מָר: כׇּל הָאֲרָצוֹת עִיסָּה לְאֶרֶץ יִשְׂרָאֵל, וְאֶרֶץ יִשְׂרָאֵל עִיסָּה לְבָבֶל! אֶלָּא לְעִנְיַן קְבוּרָה.

Rabba and Rav Yosef both say: With regard to **the worthy of Babylonia, Eretz Yisrael absorbs them;** with regard to **the worthy of other lands, Babylonia absorbs them.** The Gemara asks: With regard **to what** matter did they issue this statement? **If we say** that they were referring **to** matters of **lineage, didn't the Master say:** Lineage of residents of **all lands** are **muddled** compared **to** that of **Eretz Yisrael, and** lineage of residents of **Eretz Yisrael is muddled** compared **to** that of **Babylonia.** This means that the lineage of Babylonians was purer than that of the residents of Eretz Yisrael. **Rather,** they taught this with regard **to matters of burial,** i.e., the worthy of Babylonia are buried in Eretz Yisrael.

אָמַר רַב יְהוּדָה: כׇּל הַדָּר בְּבָבֶל – כְּאִילּוּ דָּר בְּאֶרֶץ יִשְׂרָאֵל, שֶׁנֶּאֱמַר ״הוֹי צִיּוֹן הִמָּלְטִי יוֹשֶׁבֶת בַּת בָּבֶל״. אָמַר אַבָּיֵי: נְקִטִינַן, בָּבֶל לָא חָזְיָא חֶבְלֵי דְּמָשִׁיחַ. תַּרְגְּמָהּ אַהוּצַל דְּבִנְיָמִין וְקָרוּ לֵיהּ ״קַרְנָא דְּשֵׁיזַבְתָּא״.

Rav Yehuda said: With regard to **anyone who resides in Babylon,** it is **as though he is residing in Eretz Yisrael, as it is stated: "Ho Zion, escape, you who dwells with the daughter of Babylon"** (Zechariah 2:11). This verse equates the two countries. **Abaye said: We have a tradition** that **Babylonia will not see the pangs of the Messiah,** i.e., it will be spared the suffering that will be prevalent at the time of his arrival. Abaye **interpreted** this statement in reference **to** the city of **Hutzal deVinyamin**[B] in Babylonia, **and** as a result people **call it Karna deShizavta,** Horn of Salvation, as its residents will not endure the travails of the time of the Messiah.

אָמַר רַבִּי אֶלְעָזָר: מֵתִים שֶׁבְּחוּץ לָאָרֶץ אֵינָם חַיִּים, שֶׁנֶּאֱמַר ״וְנָתַתִּי צְבִי בְּאֶרֶץ חַיִּים״ אֶרֶץ שֶׁצְּבְיוֹנִי בָּהּ – מֵתֶיהָ חַיִּים, שֶׁאֵין צְבְיוֹנִי בָּהּ – אֵין מֵתֶיהָ חַיִּים.

§ **Rabbi Elazar said: The dead of** the lands **outside** of Eretz Yisrael will **not** come **alive** and be resurrected in the future, **as it is stated: "And I will set glory [*tzvi*] in the land of the living"** (Ezekiel 26:20). This teaches that with regard to **a land which contains My desire [*tzivyoni*], its dead** will come **alive;** however, with regard to a land **which does not contain My desire,** i.e., outside of Eretz Yisrael, **its dead** will **not** come **alive.**

מְתִיב רַבִּי אַבָּא בַּר מָמֶל: ״יִחְיוּ מֵתֶיךָ נְבֵלָתִי יְקוּמוּן״ מַאי לָאו ״יִחְיוּ מֵתֶיךָ״ – מֵתִים שֶׁבְּאֶרֶץ יִשְׂרָאֵל; ״נְבֵלָתִי יְקוּמוּן״ – מֵתִים שֶׁבְּחוּץ לָאָרֶץ, וּמַאי ״וְנָתַתִּי צְבִי בְּאֶרֶץ חַיִּים״ – אַנְּבוּכַדְנֶצַּר הוּא דִּכְתִיב, דְּאָמַר רַחֲמָנָא: מַיְיתִינָא עֲלַיְיהוּ מַלְכָּא דְּקַלִּיל כִּי טַבְיָא!

Rabbi Abba bar Memel raised an objection from a different verse: **"Your dead shall live; my dead bodies shall arise"** (Isaiah 26:19). **What, is it not** the case that the phrase **"Your dead shall live"** is referring to **the dead of Eretz Yisrael,** whereas the subsequent phrase **"My dead bodies shall arise"** is referring to **the dead** of the lands **outside** of Eretz Yisrael? **And** if so, **what** is the meaning of the verse **"And I will set glory [*tzvi*] in the land of the living"?** This verse **is written** with regard **to Nebuchadnezzar, as the Merciful One states: I will bring upon you a king who is as swift as a deer [*tzvi*].**

אָמַר לֵיהּ: רַבִּי מִקְרָא אַחֵר אֲנִי דּוֹרֵשׁ ״נוֹתֵן נְשָׁמָה לָעָם עָלֶיהָ וְרוּחַ לַהוֹלְכִים בָּהּ״. וְאֶלָּא הָכְתִיב ״נְבֵלָתִי יְקוּמוּן״? הַהוּא בִּנְפָלִים הוּא דִּכְתִיב.

Rabbi Elazar **said to** Rabbi Abba bar Memel: **My teacher, I teach** it from **a different verse,** as it is stated: **"He gives breath to the people upon it, and spirit to they who walk there"** (Isaiah 42:5). This indicates that the future resurrection is specifically for those who dwell in Eretz Yisrael. Rabbi Abba retorted: **But isn't it written: "My dead bodies shall arise"?** How do you interpret this verse? Rabbi Elazar replied: **That** verse is not referring to those living outside Eretz Yisrael; rather, **it is written** with regard to **stillborns,** as they too will merit resurrection.

וְרַבִּי אַבָּא בַּר מָמֶל, הַאי ״נוֹתֵן נְשָׁמָה לָעָם עָלֶיהָ״ מַאי עָבֵיד לֵיהּ? מִיבְּעֵי לֵיהּ לִכְדְרַבִּי אַבָּהוּ. דְּאָמַר רַבִּי אַבָּהוּ: אֲפִילּוּ שִׁפְחָה כְּנַעֲנִית שֶׁבְּאֶרֶץ יִשְׂרָאֵל מוּבְטָח לָהּ שֶׁהִיא בַּת הָעוֹלָם הַבָּא, כְּתִיב הָכָא ״לָעָם עָלֶיהָ״ וּכְתִיב הָתָם ״שְׁבוּ לָכֶם פֹּה עִם הַחֲמוֹר״ – עַם הַדּוֹמֶה לַחֲמוֹר.

The Gemara asks: **And what does Rabbi Abba bar Memel do with this verse "He gives breath to the people upon it"?** The Gemara answers: **He requires** that verse **for that** which was taught by **Rabbi Abbahu. As Rabbi Abbahu said: Even a Canaanite maidservant in Eretz Yisrael is assured** a place in **the World-to-Come. It is written here: "To the people [*la'am*] upon it," and it is written there: "Abide you here with [*im*] the donkey"** (Genesis 22:5). This verse in Genesis is traditionally interpreted to mean: **A people [*am*] that is similar to a donkey,** from which it may be inferred that even the members of this people merit a share in the world to come.

״וְרוּחַ לַהוֹלְכִים בָּהּ״ – אָמַר רַבִּי יִרְמְיָה בַּר אַבָּא אָמַר רַבִּי יוֹחָנָן: כׇּל הַמְהַלֵּךְ אַרְבַּע אַמּוֹת בְּאֶרֶץ יִשְׂרָאֵל מוּבְטָח לוֹ שֶׁהוּא בֶּן הָעוֹלָם הַבָּא.

With regard to the aforementioned verse **"And spirit to they who walk there"** (Isaiah 42:5), **Rabbi Yirmeya bar Abba said** that **Rabbi Yoḥanan said: Anyone who walks four cubits**[H] **in Eretz Yisrael is assured of** a place **in the World-to-Come.**

BACKGROUND

Hutzal deVinyamin – הוּצַל דְּבִנְיָמִין: The city of Hutzal was near Neharde'a, on the River Euphrates. This was an ancient city, as the Talmud states that it was walled in the days of Joshua and that it had a Jewish population from the days of Jehoiachin. It was called Hutzal deVinyamin, Hutzal of Benjamin, because its original settlers were exiles from the tribe of Benjamin. It has been said that the Divine Presence rests on its synagogue. For many generations, Hutzal was an important center of Torah and some of the last *tanna'im* were Hutzalites. Furthermore, in the times of the *amora'im* it Hutzal was apparently home to an independent school where several Sages studied.

HALAKHA

Anyone who walks four cubits, etc. – כׇּל הַמְהַלֵּךְ אַרְבַּע אַמּוֹת וכו׳: Even one who merely walks four cubits in Eretz Yisrael has earned for himself a place in the World-to-Come, as stated by Rabbi Yoḥanan (Rambam *Sefer Shofetim*, *Hilkhot Melakhim* 5:11).

וּלְרַבִּי אֶלְעָזָר צַדִּיקִים שֶׁבְּחוּץ לָאָרֶץ אֵינָם חַיִּים?! אָמַר רַבִּי אֶילְעָא: עַל יְדֵי גִּלְגּוּל. מַתְקִיף לָהּ רַבִּי אַבָּא סַלָּא רַבָּא: גִּלְגּוּל לַצַּדִּיקִים צַעַר הוּא! אָמַר אַבַּיֵי: מְחִילוֹת נַעֲשׂוֹת לָהֶם בַּקַּרְקַע.

The Gemara asks: **And according to** the opinion of **Rabbi Elazar,** will **the righteous outside** of **Eretz** Yisrael **not** come **alive** at the time of the resurrection of the dead? **Rabbi Ile'a said:** They will be resurrected **by means of rolling,** i.e., they will roll until they reach Eretz Yisrael, where they will be brought back to life. **Rabbi Abba Salla Rava strongly objects to this: Rolling is** an ordeal that entails **suffering for the righteous. Abaye said: Tunnels are prepared for them in the ground,** through which they pass to Eretz Yisrael.

"וּנְשָׂאתַנִי מִמִּצְרַיִם וּקְבַרְתַּנִי בִּקְבוּרָתָם" אָמַר קַרְנָא: דְּבָרִים בְּגוֹ, יוֹדֵעַ הָיָה יַעֲקֹב אָבִינוּ שֶׁצַּדִּיק גָּמוּר הָיָה, וְאִם מֵתִים שֶׁבְּחוּצָה לָאָרֶץ חַיִּים – לָמָּה הִטְרִיחַ אֶת בָּנָיו? שֶׁמָּא לֹא יִזְכֶּה לִמְחִילוֹת.

§ The verse states that Jacob commanded Joseph: **"You shall carry me out of Egypt and bury me in their burying-place"** (Genesis 47:30). **Karna said:** There are **inner matters** here, i.e., a secret meaning: **Our Patriarch Jacob knew that he was completely righteous, and if the dead of** the lands **outside** of **Eretz** Yisrael come **alive, why did he trouble his sons** to bring him to Eretz Yisrael? The reason is that he was concerned **lest he not merit the tunnels.**

כַּיּוֹצֵא בַּדָּבָר אַתָּה אוֹמֵר "וַיַּשְׁבַּע יוֹסֵף אֶת בְּנֵי יִשְׂרָאֵל" וגו׳. אָמַר רַבִּי חֲנִינָא: דְּבָרִים בְּגוֹ, יוֹדֵעַ הָיָה יוֹסֵף בְּעַצְמוֹ שֶׁצַּדִּיק גָּמוּר הָיָה, וְאִם מֵתִים שֶׁבְּחוּצָה לָאָרֶץ חַיִּים – לָמָּה הִטְרִיחַ אֶת אֶחָיו אַרְבַּע מֵאוֹת פַּרְסָה? שֶׁמָּא לֹא יִזְכֶּה לִמְחִילוֹת.

On a similar note, you say: "And Joseph took an oath of the children of Israel, saying: God will surely remember you, and you shall carry up my bones from here" (Genesis 50:25). **Rabbi Ḥanina said:** There are **inner matters** here. **Joseph knew concerning himself that he was completely righteous, and if the dead of** the lands **outside** of **Eretz** Yisrael come **alive, why did he trouble his brothers** to carry his coffin **four hundreds parasangs** to Eretz Yisrael? The reason is that he was concerned **lest he not merit the tunnels.**

שָׁלְחוּ לֵיהּ אֲחוּהִי לְרַבָּה: יוֹדֵעַ הָיָה יַעֲקֹב שֶׁצַּדִּיק גָּמוּר הָיָה וכו׳. אִילְפָא מוֹסִיף בָּהּ דְּבָרִים: מַעֲשֶׂה בְּאֶחָד שֶׁהָיָה מִצְטַעֵר עַל אִשָּׁה אַחַת וּבִיקֵּשׁ לֵירֵד, כֵּיוָן שֶׁשָּׁמַע כָּזֹאת – גִּלְגֵּל בְּעַצְמוֹ עַד יוֹם מוֹתוֹ.

§ **Rabba's brothers sent him** a letter to Babylonia from Eretz Yisrael, in which they mentioned this idea that **Jacob knew that he was completely righteous,** as detailed above. They continued by writing that **Ilfa adds matters to** this statement: **An incident** occurred **involving one who was suffering** through his love **for a certain woman** he desired to marry, **and he sought to descend** from Eretz Yisrael. **When he heard this** idea concerning the tremendous significance of living in Eretz Yisrael, **he suffered** without leaving the country **until the day he died.**

אַף עַל פִּי שֶׁחָכָם גָּדוֹל אַתָּה – אֵינוֹ דּוֹמֶה לוֹמֵד מֵעַצְמוֹ לַלּוֹמֵד מֵרַבּוֹ. וְאִם תֹּאמַר: אֵין לְךָ רַב – יֵשׁ לְךָ רַב, וּמַנּוּ – רַבִּי יוֹחָנָן.

Rabba's brothers further wrote in their letter: **And although you are a great Sage, one who studies by himself is not similar to one who studies from his teacher,** and therefore you should come to Eretz Yisrael. **And if you say** that **you do not have a teacher** in Eretz Yisrael, in fact **you do have a teacher. And who is he?** He is **Rabbi Yoḥanan.**

וְאִם אֵין אַתָּה עוֹלֶה – הִזָּהֵר בִּשְׁלֹשָׁה דְּבָרִים: אַל תַּרְבֶּה בִּישִׁיבָה – שֶׁיְּשִׁיבָה קָשָׁה לַתַּחְתּוֹנִיּוֹת, וְאַל תַּרְבֶּה בַּעֲמִידָה – שֶׁעֲמִידָה קָשָׁה לַלֵּב, וְאַל תַּרְבֶּה בַּהֲלִיכָה – שֶׁהֲלִיכָה קָשָׁה לָעֵינַיִם. אֶלָּא, שְׁלִישׁ בִּישִׁיבָה, שְׁלִישׁ בַּעֲמִידָה, שְׁלִישׁ בְּהִילּוּךְ.

And if you do not ascend to Eretz Yisrael, **be careful in three matters: Do not sit excessively, as sitting is harmful with regard to hemorrhoids; do not stand excessively, as standing is harmful with regard to heart** trouble; **and do not walk excessively, as walking is harmful with regard to eye** problems. **Rather,** divide your time: **One-third for sitting, one-third for standing, and one-third for walking.**

כָּל יְשִׁיבָה שֶׁאֵין עִמָּהּ סְמִיכָה – עֲמִידָה נוֹחָה הֵימֶנָּה. עֲמִידָה סָלְקָא דַּעְתָּךְ? וְהָאָמְרַתְּ: עֲמִידָה קָשָׁה לַלֵּב! אֶלָּא: יְשִׁיבָה

Rabba's brothers offered him more advice in their letter: With regard to **any sitting that is without support,** i.e., an object on which to lean, **standing is more comfortable than that** position. The Gemara asks: Can it **enter your mind** that **standing** is better than sitting? **Didn't you say that standing is harmful with regard to heart** trouble? **Rather,** with regard to **sitting**

Perek **XIII**
Daf **111** Amud **b**

שֶׁאֵין בָּהּ סְמִיכָה, עֲמִידָה שֶׁיֵּשׁ בָּהּ סְמִיכָה נוֹחָה הֵימֶנָּה.

without support, standing with a support, i.e. an object against which one can lean, **is better than it.**

וְכֵן אָמְרוּ: יִצְחָק וְשִׁמְעוֹן וְאוֹשַׁעְיָא אָמְרוּ דָּבָר אֶחָד: הֲלָכָה כְּרַבִּי יְהוּדָה בִּפְרָדוֹת. דְּתַנְיָא, רַבִּי יְהוּדָה אוֹמֵר: פִּרְדָּה שֶׁתָּבְעָה – אֵין מַרְבִּיעִין עָלֶיהָ לֹא סוּס וְלֹא חֲמוֹר, אֶלָּא מִינָהּ.

And so too, the brothers **said** to Rabba: **Yitzḥak, Shimon, and Oshaya all said the same statement:** The *halakha* **is in accordance with** the opinion of **Rabbi Yehuda with regard to female mules.**[H] **As it is taught** in a *baraita* that **Rabbi Yehuda says:** With regard to **a female mule in heat,**[B] **one** may **not mate a horse or a donkey with her,** due to the prohibition against crossbreeding of livestock. **Rather,** one mates her with **one of her kind,** another mule.

אָמַר רַב נַחְמָן בַּר יִצְחָק: יִצְחָק – זֶה רַבִּי יִצְחָק נַפָּחָא, שִׁמְעוֹן – זֶה רַבִּי שִׁמְעוֹן בֶּן פָּזִי. וְאָמְרִי לַהּ: רֵישׁ לָקִישׁ. אוֹשַׁעְיָא – זֶה רַבִּי אוֹשַׁעְיָא בְּרַבִּי.

Rav Naḥman bar Yitzḥak said, in explanation of this last statement of Rabba's brothers: **Yitzḥak is** to be identified with **Rabbi Yitzḥak Nappaḥa; Shimon is Rabbi Shimon ben Pazi. And some say** that he is **Reish Lakish,** i.e., Rabbi Shimon ben Lakish. **Oshaya is Rabbi Oshaya,** the Distinguished.

אָמַר רַבִּי אֶלְעָזָר: עַמֵּי הָאֲרָצוֹת אֵינָן חַיִּים, שֶׁנֶּאֱמַר ״מֵתִים בַּל יִחְיוּ״ וגו׳. תַּנְיָא נַמִי הָכִי: ״מֵתִים בַּל יִחְיוּ״, יָכוֹל לַכֹּל – תַּלְמוּד לוֹמַר ״רְפָאִים בַּל יָקוּמוּ״, בִּמְרַפֶּה עַצְמוֹ מִדִּבְרֵי תוֹרָה הַכָּתוּב מְדַבֵּר.

§ **Rabbi Elazar said: The common, uneducated people** will **not** come **alive** in the future, **as it is stated: "The dead live not"** (Isaiah 26:14). In other words, those who were already considered dead in their lifetimes will not come back to life afterward either. **This** idea **is also taught** in a *baraita*: **"The dead live not";** one **might** have thought that this is referring **to everyone,** i.e., none of the dead will live again. Therefore, **the verse states: "The shades** [*refa'im*] **rise not"** (Isaiah 26:14). This teaches that **the verse is speaking of one who weakens** [*merapeh*] **himself from matters of Torah.**

אָמַר לֵיהּ רַבִּי יוֹחָנָן: לָא נִיחָא לְמָרַיְיהוּ דְּאָמְרַתְּ לְהוּ הָכִי, הַהוּא בִּמְרַפֶּה עַצְמוֹ לַעֲבוֹדָה זָרָה הוּא דִּכְתִיב. אָמַר לֵיהּ: מִקְרָא אַחֵר אֲנִי דּוֹרֵשׁ, דִּכְתִיב ״כִּי טַל אוֹרוֹת טַלֶּךָ וָאָרֶץ רְפָאִים תַּפִּיל״, כׇּל הַמִּשְׁתַּמֵּשׁ בְּאוֹר תּוֹרָה – אוֹר תּוֹרָה מְחַיֵּיהוּ, וְכׇל שֶׁאֵין מִשְׁתַּמֵּשׁ בְּאוֹר תּוֹרָה – אֵין אוֹר תּוֹרָה מְחַיֵּיהוּ.

Rabbi Yoḥanan said to Rabbi Elazar: **Their master,** i.e. God, **is not pleased that you say this of** ordinary Jews. Rather, **that** verse **is written about one who weakens himself** and succumbs **to idol worship.** Those who commit this great sin do not merit to be resurrected in the future. Rabbi Elazar **said to him: I teach** it from **a different verse, as it is written: "For Your dew is as the dew of light, and the earth shall bring to life the shades"** (Isaiah 26:19). Rabbi Elazar explains: **Anyone who uses the light of Torah,** which is called the dew of light, **the light of Torah** will **revive him; and anyone who does not use the light of Torah, the light of Torah** will **not revive him.**

כֵּיוָן דַּחֲזָיֵיהּ דְּקָמִצְטַעֵר, אָמַר לֵיהּ: רַבִּי, מָצָאתִי לָהֶן תַּקָּנָה מִן הַתּוֹרָה ״וְאַתֶּם הַדְּבֵקִים בַּה׳ אֱלֹהֵיכֶם חַיִּים כּוּלְּכֶם הַיּוֹם״, וְכִי אֶפְשָׁר לִדְבוֹקֵי בַּשְּׁכִינָה? וְהָכְתִיב ״כִּי ה׳ אֱלֹהֶיךָ אֵשׁ אוֹכְלָה״!

Since Rabbi Elazar **saw that** Rabbi Yoḥanan **was grieved** over the distress of common, uneducated people, **he said to him: My teacher, I have found for them a remedy from the Torah** so that they will merit life in the World-to-Come, as it states: **"But You who cleave to the Lord your God, are alive every one of you this day"** (Deuteronomy 4:4). **But is it possible to cleave to the Divine Presence? Isn't it written: For the Lord your God is a devouring fire"** (Deuteronomy 4:24)?

אֶלָּא, כׇּל הַמַּשִּׂיא בִּתּוֹ לְתַלְמִיד חָכָם, וְהָעוֹשֶׂה פְּרַקְמַטְיָא לְתַלְמִידֵי חֲכָמִים, וְהַמְהַנֶּה תַּלְמִידֵי חֲכָמִים מִנְּכָסָיו – מַעֲלֶה עָלָיו הַכָּתוּב כְּאִילּוּ מִדַּבֵּק בַּשְּׁכִינָה.

Rather, this verse teaches that **anyone who marries his daughter to a Torah scholar, and one who conducts business** [*perakmatya*][L] **on behalf of Torah scholars,** by investing their money, **and one who** utilizes his wealth **to benefit Torah scholars with his property** in some other way, **the verse ascribes him** credit **as though he is cleaving to the Divine Presence.**[H]

BACKGROUND

A female mule in heat – פִּרְדָּה שֶׁתָּבְעָה: The Torah prohibits many types of mixtures, including mating different species of animals together (see Leviticus 19:19). The offspring of a horse and a donkey, *equus mullus*, will either be a mule, if its mother was a female horse, or a hinny, if its mother was a female donkey. Mules are strong, hardworking animals, which have served as work and pack animals for thousands of years. Hinnies are generally smaller than mules and are relatively uncommon. A mule can be either male or female, but although externally it appears to have fully formed sexual organs, a mule is infertile because it has an odd number of chromosomes.

Female horse with mule

Female donkey with hinny

LANGUAGE

Business [*perakmatya*] – פְּרַקְמַטְיָא: From the Greek πραγματεία, *pragmateia*, meaning conduct of business or trade.

HALAKHA

The *halakha* is in accordance with Rabbi Yehuda with regard to female mules – הֲלָכָה כְּרַבִּי יְהוּדָה בִּפְרָדוֹת: With regard to animals born from crossbreeding of species, one may mate them with each other, provided that their mothers are of the same species. For example, a mule who was born to a female donkey may be mated with a female mule who was also born to a female donkey. If the mothers were from different species, it is prohibited to mate the two together. If one mated them regardless, he is liable to be flogged. If he further mates the offspring of the forbidden mating with another animal whose mother was from the same species, he is flogged again, in accordance with the opinion of Rabbi Yehuda (Rambam *Sefer Zera'im*, *Hilkhot Kilayim* 9:6; *Shulḥan Arukh*, *Yoreh De'a* 297:6, 9).

Cleaving to the Divine Presence – מִדַּבֵּק בַּשְּׁכִינָה: It is a mitzva to cleave to Torah scholars and their students, to fulfill the verse: "And to Him you shall cleave" (Deuteronomy 10:20). Therefore, one must strive to marry the daughter of a Torah scholar, to eat and drink in the company of Torah scholars, to help them invest their money wisely, to engage in commerce with them, and to attach oneself to them in all possible ways (Rambam *Sefer HaMadda*, *Hilkhot Deot* 6:2; see *Shulḥan Arukh*, *Even HaEzer* 2:6).

כַּיּוֹצֵא בַּדָּבָר אַתָּה אוֹמֵר: "לְאַהֲבָה אֶת ה׳ אֱלֹהֶיךָ...וּלְדָבְקָה בוֹ" וְכִי אֶפְשָׁר לְאָדָם לִידָּבֵק בַּשְּׁכִינָה? אֶלָּא, כָּל הַמַּשִּׂיא בִּתּוֹ לְתַלְמִיד חָכָם, וְהָעוֹשֶׂה פְּרַקְמַטְיָא לְתַלְמִידֵי חֲכָמִים, וְהַמְהַנֶּה תַּלְמִידֵי חֲכָמִים מִנְּכָסָיו – מַעֲלֶה עָלָיו הַכָּתוּב כְּאִילּוּ מִדַּבֵּק בַּשְּׁכִינָה.

On a similar note, you say: The verse states: "To love the Lord your God, to hearken to His voice, **and to cleave to Him"** (Deuteronomy 30:20). **But is it possible for a person to cleave to the Divine Presence? Rather, anyone who marries his daughter to a Torah scholar, and one who conducts business on behalf of Torah scholars, and one who** utilizes his wealth **to benefit Torah scholars with his property, the verse ascribes him** credit **as though he is cleaving to the Divine Presence.**

אָמַר רַבִּי חִיָּיא בַּר יוֹסֵף: עֲתִידִין צַדִּיקִים שֶׁמְּבַצְבְּצִין וְעוֹלִין בִּירוּשָׁלַיִם, שֶׁנֶּאֱמַר "וְיָצִיצוּ מֵעִיר כְּעֵשֶׂב הָאָרֶץ", וְאֵין "עִיר" אֶלָּא יְרוּשָׁלַיִם, שֶׁנֶּאֱמַר "וְגַנּוֹתִי אֶל הָעִיר הַזֹּאת".

§ **Rabbi Ḥiyya bar Yosef said: In the future,** at the time of the resurrection of the dead, **the righteous will burst forth and arise in Jerusalem, as it is stated: "And may they blossom out of the city like the grass of the earth"** (Psalms 72:16), **and the** term **"city"** means **nothing other** than **Jerusalem, as it is stated: "For I will defend this city"** (II Kings 19:34).

וְאָמַר רַבִּי חִיָּיא בַּר יוֹסֵף: עֲתִידִים צַדִּיקִים שֶׁיַּעַמְדוּ בְּמַלְבּוּשֵׁיהֶן, קַל וָחוֹמֶר מֵחִטָּה. מַה חִטָּה שֶׁנִּקְבְּרָה עֲרוּמָה – יוֹצְאָה בְּכַמָּה לְבוּשִׁין, צַדִּיקִים שֶׁנִּקְבְּרוּ בִּלְבוּשֵׁיהֶן – עַל אַחַת כַּמָּה וְכַמָּה.

And Rabbi Ḥiyya bar Yosef said: In the future the righteous will stand up from their graves **in their clothes.** This is derived by an ***a fortiori*** inference **from** the example of **wheat: Just as wheat, which is buried naked,** i.e., the seed alone is planted, and yet it **emerges** from the ground **with several layers of garb,** including straw and chaff, in the case of **the righteous, who are buried** fully **clothed, all the more so** do they come out of the ground properly dressed.

וְאָמַר רַבִּי חִיָּיא בַּר יוֹסֵף: עֲתִידָה אֶרֶץ יִשְׂרָאֵל שֶׁתּוֹצִיא גְּלוּסְקָאוֹת וּכְלֵי מֵילַת, שֶׁנֶּאֱמַר "יְהִי פִסַּת בַּר בָּאָרֶץ".

And Rabbi Ḥiyya bar Yosef further **said: In the future Eretz Yisrael will produce cakes** [*geluskaot*][NL] **and** fine **wool clothing** [*meilat*][L] that will grow from the ground, **as it is stated: "Let abundant** [*pissat*] **grain** [*bar*] **be in the land"** (Psalms 72:16). The term *pissat* is interpreted in a similar manner to *ketonet passim*, Joseph's valuable clothing of many colors, while *bar* can mean bread.

תָּנוּ רַבָּנַן: "יְהִי פִסַּת בַּר בָּאָרֶץ בְּרֹאשׁ הָרִים", אָמְרוּ: עֲתִידָה חִטָּה שֶׁתִּתַּמֵּר כְּדֶקֶל, וְעוֹלָה בְּרֹאשׁ הָרִים. וְשֶׁמָּא תֹּאמַר יֵשׁ צַעַר לְקוֹצְרָהּ? תַּלְמוּד לוֹמַר "יִרְעַשׁ כַּלְּבָנוֹן פִּרְיוֹ" – הַקָּדוֹשׁ בָּרוּךְ הוּא מֵבִיא רוּחַ מִבֵּית גְּנָזָיו, וּמְנַשְּׁבָהּ עָלֶיהָ, וּמַשֶּׁרֶת אֶת סָלְתָּהּ, וְאָדָם יוֹצֵא לַשָּׂדֶה וּמֵבִיא מְלֹא פִיסַּת יָדוֹ, וּמִמֶּנָּה פַּרְנָסָתוֹ וּפַרְנָסַת אַנְשֵׁי בֵיתוֹ.

§ **The Sages taught** the following with regard to the verse **"Let abundant** [*pissat*] **grain be in the land upon the top of the mountains"** (Psalms 72:16). **They said: In the future, wheat will rise up, and grow** tall **like a palm tree, and ascend to the top of the mountains. And lest you say** that if wheat will grow this tall **its reaper** will suffer **discomfort, the** same **verse states: "May his fruit rustle like Lebanon." The Holy One, Blessed be He, will bring a wind from His treasury and blow across, and** this will thereby **induce the flour** to fall from the stalks of wheat, **and a person will go out to the field and bring back a palmful** [*pissat*] of flour, **from which he will** provide **his livelihood and the livelihood of the members of his household.**

"עִם חֵלֶב כִּלְיוֹת חִטָּה", אָמְרוּ: עֲתִידָה חִטָּה שֶׁתְּהֵא כִּשְׁתֵּי כְּלָיוֹת שֶׁל שׁוֹר הַגָּדוֹל. וְאַל תִּתְמַהּ, שֶׁהֲרֵי שׁוּעָל קִינֵּן בְּלֶפֶת, וּשְׁקָלוּהוּ וּמָצְאוּ בּוֹ שִׁשִּׁים לִיטְרִין בְּלִיטְרָא שֶׁל צִפּוֹרִי.

It is stated: **"With the kidney-fat of wheat"** (Deuteronomy 32:14). The Sages **said: In the future,** each and every kernel of **wheat will be as** big as **the two kidneys of the large ox. And do not be surprised** that this is possible, **as there was** an incident involving **a fox that nested inside a turnip,**[B] **and they weighed** this turnip, **and they discovered** that even discounting the space dug out by the fox, **it** still weighed **sixty** ***litra,*** as measured **by the** ***litra*** **of Tzippori.**

NOTES

Will produce cakes – שֶׁתּוֹצִיא גְּלוּסְקָאוֹת: The commentaries explain that the world was originally intended to produce food in this manner, but ever since the sin of Adam and Eve the earth was cursed. When humanity is entirely rectified, the earth will also bring forth all of its produce in a perfect and complete form. Some maintain that these ideas are symbolic descriptions of the great abundance in the world which will allow people to work less and to spend more time studying Torah (Introduction to Rambam's Commentary on the Mishna).

LANGUAGE

Cakes [*geluskaot*] – גְּלוּסְקָאוֹת: From the Greek κόλλιξ, *kollix*, meaning loaf of bread or roll.

Fine wool clothing [*meilat*] – מֵילַת: Apparently of Greek origin, although there are divergent opinions with regard to the origin of this term. Some assert that its source is μαλλός, *mallos*, meaning strand of wool, or it might be μηλωτή, *mēlotē*, sheep's wool. Others assert that it means thin, fine wool, named after the city of its manufacture, Μίλητος, *Milētos*. Based on the context, *meilat* is extra-fine wool taken from lambs and sheep raised for this specific purpose.

BACKGROUND

Turnip – לֶפֶת: *Brassica rapa* is a garden vegetable from the mustard and cabbage family, *Cruciferae*. Its dark, thick, generally spherical roots are still eaten nowadays, primarily boiled. Although turnip bulbs do not reach great sizes, usually just 1–2 kg, there are cases of bulbs of unusual proportions. There is even documentation of a turnip bulb larger than 12 kg and 70 cm in length. It is possible for a fox to prepare a nest in a turnip of this kind.

Large turnip

תניא, אמר רב יוסף: מעשה בשיחין באחד שהניח לו אביו שלשה בדי חרדל, ונפשח אחד מהן, ונמצאו בו תשעה קבין חרדל, ועציו סיככו בו סוכת יוצרין. אמר רבי שמעון בן תחליפא: קלח של כרוב הניח לנו אבא, והיינו עולים ויורדים בו בסולם.

Similarly, **it is taught** in a *baraita* that **Rav Yosef said:** There was **an incident** which occurred **in** the village of **Shiḥin,** in Eretz Yisrael, **involving one whose father had left him three branches of mustard,**[B] **one of which broke. And they discovered on** this one branch alone **nine *kav* of mustard. And with the wood of** its large branches **they roofed a booth for artisans.** Similarly, **Rabbi Shimon ben Taḥlifa said: Father left us a cabbage stalk and we would go up and down on it with a ladder,** due to its great height.

"ודם ענב תשתה חמר", אמרו: לא כעולם הזה העולם הבא; העולם הזה – יש בו צער לבצור ולדרוך, העולם הבא – מביא ענבה אחת בקרון או בספינה, ומניחה בזוית ביתו, ומספק הימנה כפטוס גדול, ועציו מסיקין תחת התבשיל. ואין לך כל ענבה וענבה שאין בה שלשים גרבי יין, שנאמר "ודם ענב תשתה חמר", אל תקרי "חמר" אלא חומר.

§ It is stated: **"And from the blood of the grape you drank foaming wine"** (Deuteronomy 32:14). The Sages **said: The World-to-Come is not like this world.** In **this world there is suffering** involved **in picking** grapes **and** in **pressing** them. By contrast, in **the World-to-Come** one will **bring one grape in a wagon or on a boat and set it down in a corner of his house and supply from it** enough to fill about the amount **of a large jug [*pitus*],**[LB] **and with its wood** one **will kindle** a fire **under a cooked dish. And every grape you have will produce no less** than **thirty full jugs of wine,** each with the capacity of a *se'a*. **As it is stated: "And from the blood of the grape you drank foaming wine [*ḥamer*]." Do not read** this term as ***ḥamer***; **rather,** read it as ***ḥomer***, which is a measure equaling thirty *se'a*.

כי אתא רב דימי אמר: מאי דכתיב "אוסרי לגפן עירה" – אין לך כל גפן וגפן שבארץ ישראל שאין צריך עיר אחת לבצור: "ולשורקה בני אתונו" – אין לך כל אילן סרק שבארץ ישראל שאינו מוציא משוי שתי אתונות. ושמא תאמר: אין בו יין – תלמוד לומר "כבס ביין לבושו", ושמא תאמר אינו אדום – תלמוד לומר "ודם ענב תשתה חמר".

§ **When Rav Dimi came** from Eretz Yisrael to Babylonia, **he said: What is** the meaning of that **which is written: "Binding his foal to the vine"** (Genesis 49:11), which is interpreted as a prophecy for the future? It means that **every grapevine**[B] **you have in Eretz Yisrael requires a foal to** carry the load of its **harvest.** The verse continues: **"And his donkey's colt to the choice vine [*soreka*]."** The Gemara explains: **Every barren [*serak*] tree** you have **in Eretz Yisrael will produce** sufficient fruit in the future **to load** upon **two donkeys. And lest you say** that these trees **do not contain wine, the** same **verse states: "He washes his garments in wine." And lest you say** that the wine **is not red, the verse states: "And from the blood of the grape you drank foaming wine"** (Deuteronomy 32:14).

LANGUAGE

Jug [*pitus*] – פטוס: From the Greek πίθος, *pithos*, meaning a very large clay jug.

BACKGROUND

Jug [*pitus*] – פטוס: The *pitus*, or in Greek, *pithos*, was the largest size of clay jug manufactured in the ancient world. Some jugs of this kind that have survived to this day are larger than a human being. The image depicts an ancient *pithos* about 1.5 m tall. A large *pithos* would have weighed close to two tons.

Pithos

BACKGROUND

Mustard – חרדל: Mustard is produced from several plants. It can be from white mustard, *Sinapis alba*, black mustard, *Brassica nigra*, or from a similar species. Generally, mustard is produced from a mixture of seeds from these species. These plants all come from the *Cruciferae* family, which grows wild in Eretz Yisrael. Black mustard has tangled branches and grows bunches of large, crowded flowers. Its seeds are used in the production of mustard spice. Black mustard is the largest plant of the *Cruciferae* family in Eretz Yisrael. It normally grows from 0.5–2 m in height, and in some uncommon cases can grow up to 5 m.

Mustard flowers in a field

Seeds of black and white mustard

Grapevine – גפן: Grapevines can survive for a very long time and grow to great sizes. Some grapevines have stems that reach 1.5 m in diameter, with a principal stem of over 40 m in length. Vines of these prodigious sizes will also bear a large number of clusters.

וְשֶׁמָּא תֹּאמַר אֵינוֹ מְרַוֶּה – תַּלְמוּד לוֹמַר "סוּתֹה", וְשֶׁמָּא תֹּאמַר אֵין בּוֹ טַעַם – תַּלְמוּד לוֹמַר "חַכְלִילִי עֵינַיִם מִיָּיִן" כָּל חֵיךְ שֶׁטּוֹעֲמוֹ אוֹמֵר: לִי לִי. וְשֶׁמָּא תֹּאמַר לִנְעָרִים יָפֶה וְלִזְקֵנִים אֵינוֹ יָפֶה – תַּלְמוּד לוֹמַר "וּלְבֶן שִׁנַּיִם מֵחָלָב", אַל תִּיקְרֵי "לְבֶן שִׁינַּיִם" אֶלָּא "לְבֶן שָׁנִים".

And lest you say that this wine **does not inebriate** those who drink it, **the verse states: "And his vesture [*suto*]** in the blood of grapes" (Genesis 49:11). This verse indicates that these wines will induce [*mesit*] a state of drunkenness. **And lest you say** that this wine **has no flavor, the verse states: "His eyes shall be red [*ḥakhlili*] with wine"** (Genesis 49:12). This unusual term is read homiletically as follows: **Each palate [*ḥeikh*] that tastes it says:** This is **for me, for me [*li li*]. And lest you say** that the wine **is good for the young but it is not good for the old, the verse states: "And his teeth white [*leven shinayim*] with milk"** (Genesis 49:12). **Do not read** this expression as ***leven shinayim*; rather,** read it as ***leven shanim*,** one of years, i.e., an elderly person.

פְּשָׁטֵיהּ דִּקְרָא בְּמַאי כְּתִיב? כִּי אֲתָא רַב דִּימִי אֲמַר: אָמְרָה כְּנֶסֶת יִשְׂרָאֵל לִפְנֵי הַקָּדוֹשׁ בָּרוּךְ הוּא: רִבּוֹנוֹ שֶׁל עוֹלָם, רְמוֹז בְּעֵינֶיךָ דִּבְסִים מֵחַמְרָא, וְאַחְוֵי לִי שִׁינֶּיךָ דִּבְסִים מֵחַלְבָא.

The Gemara asks: **To what does the plain meaning of** the aforementioned **verse refer? When Rav Dimi came** from Eretz Yisrael to Babylonia, **he said: The congregation of Israel said before the Holy One, Blessed be He: Master of the Universe: Hint with Your eyes** a love **that is sweeter than wine, and show me Your teeth** through a smile **that is sweeter than milk.**

מְסַיַּיע לֵיהּ לְרַבִּי יוֹחָנָן, דְּאָמַר רַבִּי יוֹחָנָן: טוֹב הַמַּלְבִּין שִׁינַּיִם לַחֲבֵירוֹ יוֹתֵר מִמַּשְׁקֵהוּ חָלָב, שֶׁנֶּאֱמַר "וּלְבֶן שִׁנַּיִם מֵחָלָב", אַל תִּקְרֵי "לְבֶן שִׁינַּיִם" אֶלָּא "לִבּוּן שִׁינַּיִם".

The Gemara comments: This interpretation **supports** the opinion **of Rabbi Yoḥanan. As Rabbi Yoḥanan said: One who whitens his teeth to his friend** by smiling at him **is better than one who gives him milk to drink, as it is stated: "And his teeth white [*leven shinayim*] with milk"** (Genesis 49:12). **Do not read** this expression as ***leven shinayim*; rather,** read it as ***libbun shinayim*,** the whitening of teeth. Likewise, the phrase: With milk, can be read as: Than milk.

רַב חִיָּיא בַּר אַדָּא מַקְרֵי דַּרְדְּקֵי דְּרֵישׁ לָקִישׁ הֲוָה, אִיפַּגַּר תְּלָתָא יוֹמֵי וְלָא אֲתָא. כִּי אֲתָא, אָמַר לֵיהּ: אַמַּאי אִיפַּגַּרְתְּ?

§ The Gemara relates further stories concerning the great bounty of Eretz Yisrael. **Rav Ḥiyya bar Adda was a school teacher of Reish Lakish.** On one occasion, Rav Ḥiyya bar Adda **was delayed for three days and did not come** to teach the children. **When he** finally **came,** Reish Lakish **said to him: Why were you delayed?**

אָמַר לֵיהּ: דָּלִית אַחַת הִנִּיחַ לִי אַבָּא, וּבָצַרְתִּי מִמֶּנָּה יוֹם רִאשׁוֹן שְׁלֹשׁ מֵאוֹת אֶשְׁכּוֹלוֹת אֶשְׁכּוֹל לְגָרָב, יוֹם שֵׁנִי בָּצַרְתִּי שְׁלֹשׁ מֵאוֹת אֶשְׁכּוֹלוֹת שְׁתֵּי אֶשְׁכּוֹלוֹת לְגָרָב, יוֹם שְׁלִישִׁי בָּצַרְתִּי מִמֶּנָּה שְׁלֹשׁ מֵאוֹת אֶשְׁכּוֹלוֹת שָׁלֹשׁ אֶשְׁכּוֹלוֹת לְגָרָב, וְהִפְקַרְתִּי יוֹתֵר מֶחֶצְיָהּ. אָמַר לֵיהּ: אִי לָאו דְּאִיפַּגַּרְתְּ – הֲוָה עָבְדָא טְפֵי.

Rav Ḥiyya bar Adda **said to him: Father left me one branch** of a grape vine, **and I harvested from it** on the **first day three hundred grape clusters,** and each **cluster** yielded a quantity of wine enough **to fill a jug.** On the **second day I harvested** another **three hundred grape clusters,** and every **two clusters** yielded enough wine **to fill a jug.** On **the third day I** once again **harvested three hundred grape clusters,** and every **three clusters** yielded enough **to fill a jug, and I declared ownerless more than half of it.** Reish Lakish **said to him: Had you not delayed** and thereby disrupted the Torah study of children, each grape cluster **would have produced more** wine. Due to your cancellation of Torah study, each cluster yielded progressively less.

רָמִי בַּר יְחֶזְקֵאל אִיקְלַע לִבְנֵי בְּרַק, חֲזָנְהוּ לְהָנְהוּ עִיזֵּי דְּקָאָכְלָן תּוּתֵי תְּאֵינֵי, וְקָנָטֵיף דּוּבְשָׁא מִתְּאֵינֵי, וְחַלְבָא טָיֵיף מִנַּיְיהוּ, וּמִיעֲרַב בַּהֲדֵי הֲדָדֵי. אֲמַר: הַיְינוּ "זָבַת חָלָב וּדְבַשׁ".

§ **Rami bar Yeḥezkel happened** to come **to Benei Berak.** He **saw those goats that were grazing beneath a fig** tree, **and there was honey oozing from the figs and milk dripping from** the goats, **and** the two liquids **were mixing together. He said: This is** the meaning of the verse "A land **flowing with milk and honey"** (Exodus 3:8).

אָמַר רַבִּי יַעֲקֹב בֶּן דּוֹסְתַּאי: מִלּוֹד לְאוֹנוֹ שְׁלֹשָׁה מִילִין, פַּעַם אַחַת קִדַּמְתִּי בַּנֶּשֶׁף וְהָלַכְתִּי עַד קַרְסוּלַּיי בִּדְבַשׁ שֶׁל תְּאֵינִים. אֲמַר רֵישׁ לָקִישׁ: לְדִידִי חֲזִי לִי זָבַת חָלָב וּדְבַשׁ שֶׁל צִפּוֹרִי, וַהֲוַי שִׁיתְּסַר מִילִין אַשִּׁיתְּסַר מִילִין. אֲמַר רַבָּה בַּר בַּר חָנָה: לְדִידִי חֲזִי לִי זָבַת חָלָב וּדְבַשׁ שֶׁל כָּל אֶרֶץ יִשְׂרָאֵל,

Rabbi Ya'akov ben Dostai said: There are three *mil* from Lud to Ono. Once I rose early in the morning and I walked in ankle-deep honey oozing **from fig trees. Reish Lakish said: I myself saw** a region called: The place **flowing with milk and honey by Tzippori, and it was** an area that covered **sixteen by sixteen *mil*,** 256 square *mil*. **Rabba bar bar Ḥana said: I myself saw** the region **flowing with milk and honey of all Eretz Yisrael,**

וְהָוְיָא כְּמִבֵּי מִיכְסִי עַד אַקְרָא דְּתוּלְבַּנְקִי, עֶשְׂרִין וְתַרְתֵּין פַּרְסֵי אוּרְכָּא, וּפוּתְיָא שִׁיתָּא פַּרְסֵי.

and it was the same in area **as** that which stretches **from** the city of **Bei Mikhsei until the fortress of Tulbanki: Its length twenty-two parasangs and its width six parasangs,** 132 square parasangs, which is 2,112 square *mil*.

רַבִּי חֶלְבּוֹ וְרַבִּי עֲוִירָא וְרַבִּי יוֹסֵי בַּר חֲנִינָא אִיקְלְעוּ לְהַהוּא אַתְרָא. אַיְיתוּ קַמַּיְיהוּ אַפַרְסְקָא דַּהֲוָה כְּאִילְפַּס כְּפַר הִינוֹ, וְאִילְפַּס כְּפַר הִינוֹ כַּמָּה הָוֵי – חָמֵשׁ סְאִין. אָכְלוּ שְׁלִישׁ, וְהִפְקִירוּ שְׁלִישׁ, וְנָתְנוּ לִפְנֵי בְהֶמְתָּן שְׁלִישׁ.

§ The Gemara relates that **Rabbi Ḥelbo, Rabbi Avira, and Rabbi Yosei bar Ḥanina happened** to come on one occasion **to a certain place.** The locals **brought before** these Sages **a peach** [*afarseka*][L] **that was as large as a stewpot** [*ilpas*][LB] **of Kefar Hino.** The Gemara asks: **And how big is a stewpot of Kefar Hino?** The Gemara answers: It has a capacity of **five** *se'a*. **They ate one-third** of it, **they declared ownerless one-third** of it, **and they placed before their animals one-third** of it.

לְשָׁנָה אִיקְלַע רַבִּי אֶלְעָזָר לְהָתָם וְאַיְיתוּ לְקַמֵּיהּ, נַקְטוֹ בִּידֵיהּ וַאֲמַר ״אֶרֶץ פְּרִי לִמְלֵחָה מֵרָעַת יוֹשְׁבֵי בָהּ״.

In the following year, **Rabbi Elazar happened** to come **to that** same place, **and they brought** a peach **before him. He held it in his hand,** as the peach was small enough for him to grasp in one hand, **and he said,** in reference to the change in size of the fruit from the previous year: **"A fruitful land into a salt waste, from the wickedness of they who dwell there"** (Psalms 107:34), i.e., their sins caused the drastic change in the yield of the produce.

רַבִּי יְהוֹשֻׁעַ בֶּן לֵוִי אִיקְלַע לְגַבְלָא, חֲזָנְהוּ לְהָנְהוּ קְטוּפֵי דְּהָווּ קַיְימֵי כִּי עִיגְלֵי, אֲמַר: עֲגָלִים בֵּין הַגְּפָנִים? אָמְרוּ לֵיהּ: קְטוּפֵי נִינְהוּ. אֲמַר: אֶרֶץ אֶרֶץ, הַכְנִיסִי פֵּירוֹתַיִךְ! לְמִי אַתְּ מוֹצִיאָה פֵּירוֹתַיִךְ – לַגּוֹיִם הַלָּלוּ שֶׁעָמְדוּ עָלֵינוּ בְּחַטָּאתֵינוּ?

§ Once **Rabbi Yehoshua ben Levi happened** to come **to Gavla,** in the Golan, and **he saw those clusters** of vines **that were standing** as large **as calves. He said** to the locals: **Calves are** standing **between the grapevines** and you are not concerned that they will cause damage? **They said to him: They are clusters.** Rabbi Yehoshua ben Levi **said: O earth, O earth! Gather in your fruit. For whom do you produce your fruit? For these gentiles who stand over us in our sins?** It would be preferable if you did not produce such large fruit.[B]

לְשָׁנָה אִיקְלַע רַבִּי חִיָּיא לְהָתָם, חֲזָנְהוּ דְּהָווּ קַיְימֵי כְּעִיזֵי. אֲמַר: עִזִּים בֵּין הַגְּפָנִים? אָמְרוּ לֵיהּ: זִיל, לָא תַּעֲבֵיד לַן כִּי חַבְרָךְ.

The following **year, Rabbi Ḥiyya happened** to come **to that** same place, and **he saw clusters that were standing** as large **as goats. He said: Goats are** standing **between the grapevines. They said to him: Go away; do not do to us what your colleague** has done. Rabbi Yehoshua ben Levi's curse was already fulfilled, as the fruit had shrunk from the previous year.

תָּנוּ רַבָּנַן: בְּבִרְכוֹתֶיהָ שֶׁל אֶרֶץ יִשְׂרָאֵל – בֵּית סְאָה עוֹשָׂה חֲמֵשֶׁת רִיבּוֹא כּוֹרִין. בִּישִׁיבָתָהּ שֶׁל צוֹעַן – בֵּית סְאָה עוֹשָׂה שִׁבְעִים כּוֹרִין. דְּתַנְיָא, אָמַר רַבִּי מֵאִיר: אֲנִי רָאִיתִי בְּבִקְעַת בֵּית שְׁאָן בֵּית סְאָה עוֹשָׂה שִׁבְעִים כּוֹרִין.

§ **The Sages taught: In** years of **blessings of Eretz Yisrael,** an area of land measuring **one** *beit se'a* **produces five thousand** *kor*. By way of comparison, **when Zoan,** a fertile region in Egypt, **was settled, one** *beit se'a* there **would produce** only **seventy** *kor*. **As it is taught** in a *baraita* that **Rabbi Meir said: I saw in the valley of Beit She'an**[N] that one *beit se'a* **produced seventy** *kor*, which teaches that the soil of a good-quality and irrigated stretch of land outside the borders of Eretz Yisrael will naturally yield this quantity of produce.

וְאֵין לְךָ מְעוּלָּה בְּכׇל אֲרָצוֹת יוֹתֵר מֵאֶרֶץ מִצְרַיִם, שֶׁנֶּאֱמַר ״כְּגַן ה׳ כְּאֶרֶץ מִצְרַיִם״, וְאֵין לְךָ מְעוּלָּה בְּכׇל אֶרֶץ מִצְרַיִם יוֹתֵר מִצּוֹעַן, דְּהָווּ מְרַבּוּ בָּהּ מְלָכִים, דִּכְתִיב ״כִּי הָיוּ בְצוֹעַן שָׂרָיו״. וְאֵין לְךָ טְרָשִׁים בְּכׇל אֶרֶץ יִשְׂרָאֵל יוֹתֵר מֵחֶבְרוֹן, דְּהָווּ קָבְרִי בָּהּ שִׁיכְבֵי,

And you have no more outstanding earth **among all the lands** other **than the land of Egypt, as it is stated: "Like the garden of the Lord, like the land of Egypt"** (Genesis 13:10). **And you have no more outstanding** region **in all of the land of Egypt than Zoan.** The superior quality of Zoan is derived from the fact **that they would raise kings there, as it is written: "For his princes are at Zoan"** (Isaiah 30:4). **And you have no rockier** terrain **in all of Eretz Yisrael than Hebron,** as people **would bury** their **dead there,** e.g., the Patriarchs in the Cave of Machpelah, because the land was not arable.

NOTES

In the valley of Beit She'an – בְּבִקְעַת בֵּית שְׁאָן: Rashi states that this was outside the border of Eretz Yisrael. Other commentaries write that in that case, Rabbi Meir maintains that Beit She'an was not within the boundaries of Eretz Yisrael as established by those who returned from the Babylonian exile, which means that it was not sanctified territory throughout the period of the Second Temple. Although this region was within the borders of the territory conquered in the days of Joshua, a blessing was not bestowed in an area that was not the principle region of settlement for Jews at the time.

LANGUAGE

Peach [*afarseka*] – אַפַרְסְקָא: Apparently from the Greek Περσικον, *persikon*, meaning Persian fruit, which is what the Greeks called the peach.

Stewpot [*ilpas*] – אִילְפַּס: From the Greek λοπάς, *lopas*, meaning a kind of pot primarily used for cooking.

BACKGROUND

Stewpot [*ilpas*] – אִילְפַּס: The descriptions in the talmudic sources indicate that the *ilpas* was a clay pot with a wide opening, resembling the Greek *lopas*. The *ilpas* had thin sides and a lid with sharp edges, which was sometimes perforated. Apparently, the *ilpas* sometimes served as an all-purpose cooking vessel, although it was primarily used either in the preparation of fast-cooking foods or for heating food that had already been cooked in a different pot.

Greek *lopas*

Grape clusters – אֶשְׁכּוֹלוֹת הַגֶּפֶן: Grape clusters usually grow to a length of 30–40 cm but have been known to reach larger sizes. In rare cases, incompletely formed clusters of grapes can reach a length of over 1 m, and there have even been documented cases of complete grape clusters reaching nearly 1 m. These clusters can be seen from afar and might be mistaken for a living creature.

NOTES

Seven years – שֶׁבַע שָׁנִים: The term *shanim*, years, is read as *shonim*, meaning multiples (Maharsha).

BACKGROUND

A *se'a* of flour – סְאָה קֶמַח: During the process of grinding wheat almost all of the grain and husk are ground together, especially in the process by which wheat was ground in talmudic times. Different kinds of flour were prepared by sifting the material left after grinding. The finest flour, called *solet*, contained a relatively large portion of the inner seed. The second finest was *kemah*, the fine part of the ground material. The least fine variety was *kibar*, which apparently contained part of the sprouts. Varieties such as *subin* and *mursan* are produced by grinding the husk. Most commentaries maintain that *subin* is comprised of the relatively finer parts, whereas *mursan* is from the coarser matter.

LANGUAGE

Cibarium [*kiburaya*] – קִיבּוּרַיָּא: From the Latin cibarius panis, meaning black bread, and in Greek κιβαρός, *kibaros*, meaning simple bread, black bread.

וַאֲפִילּוּ הָכִי – חֶבְרוֹן מְבוּנָּה עַל אַחַת מִשִּׁבְעָה בְּצוֹעַן, דִּכְתִיב ״וְחֶבְרוֹן שֶׁבַע שָׁנִים נִבְנְתָה לִפְנֵי צוֹעַן מִצְרַיִם״, מַאי ״נִבְנְתָה״? אִילֵּימָא נִבְנְתָה מַמָּשׁ – אֶפְשָׁר אָדָם בּוֹנֶה בַּיִת לִבְנוֹ קָטָן קוֹדֶם שֶׁיִּבְנֶה לִבְנוֹ גָּדוֹל? שֶׁנֶּאֱמַר ״וּבְנֵי חָם כּוּשׁ וּמִצְרַיִם וּפוּט וּכְנָעַן״ –

And even so, Hebron was more developed, i.e., more fertile, **than** Zoan **by sevenfold, as it is written: "Now Hebron was built** [*nivneta*] **seven years before Zoan in Egypt"** (Numbers 13:22). **What** is the meaning of the term: ***Nivneta***, in this verse? **If we say** it means **literally** that Hebron **was built** before Zoan, **would a person build a house for his younger son before building** one **for his older son? As it is stated: "And the sons of Ham: Cush, and Mizraim, and Put, and Canaan"** (Genesis 10:6), which indicates that Egypt, Mizraim, was older than Canaan, in whose territory Hebron was located.

אֶלָּא שֶׁמְּבוּנָּה עַל אַחַת מִשִּׁבְעָה בְּצוֹעַן. וְהָנֵי מִילֵּי – בִּטְרָשִׁים, אֲבָל שֶׁלֹּא בִּטְרָשִׁים – חֲמֵשׁ מֵאָה.

Rather, the meaning of the verse is that Hebron **was more developed** and more fertile **than Zoan** by **sevenfold,**[N] which means that Hebron produced 490 *kor*, seven times more than the seventy *kor* of regular fertile land, as stated above. **And this applies only to the rocky** terrain of Eretz Yisrael, e.g., Hebron, **whereas** those parts of Eretz Yisrael that were **not rocky** produced even more, up to **five hundred** *kor*.

וְהָנֵי מִילֵּי – שֶׁלֹּא בְּבִרְכוֹתֶיהָ, אֲבָל בְּבִרְכוֹתֶיהָ – כְּתִיב ״וַיִּזְרַע יִצְחָק בָּאָרֶץ הַהִיא״ וגו׳.

And this applies only **to** a year when Eretz Yisrael is **not blessed. However,** with regard to a year **when it was blessed, it is written: "And Isaac sowed in that land,** and found in the same year a hundredfold" (Genesis 26:12). Isaac's field produced one hundred times the normal yield, which according to the above calculations is five thousand *kor*, as stated in the *baraita*.

תַּנְיָא, אָמַר רַבִּי יוֹסֵי: סְאָה בִּיהוּדָה הָיְתָה עוֹשָׂה חָמֵשׁ סְאִין; סְאָה קֶמַח, סְאָה סֹלֶת, סְאָה סוּבִּין, סְאָה מוּרְסִין, וּסְאָה קִיבּוּרַיָּא. אָמַר לֵיהּ הַהוּא צְדוֹקִי לְרַבִּי חֲנִינָא: יָאֶה מַשְׁבְּחִיתוּ בָּהּ בְּאַרְעֲכוֹן; בֵּית סְאָה אַחַת הִנִּיחַ לִי אַבָּא; מִמֶּנָּה מִשַּׁח, מִמֶּנָּה חֲמַר, מִמֶּנָּה עִיבּוּר, מִמֶּנָּה קִיטְנִיּוֹת, מִמֶּנָּה רוֹעוֹת מִקְנָתִי.

§ **It is taught** in a *baraita* that **Rabbi Yosei said: A *se'a*** of wheat **in Judea would produce five *se'a*.** How so? It would yield **a *se'a* of flour;**[B] **a *se'a* of fine flour; a *se'a* of bran** fiber, from the outer layer of the grain; **a *se'a* of coarse bran,** i.e., flour mixed with bran fiber; **and a *se'a* of cibarium** [***kiburaya***],[L] inferior flour. **A certain Sadducee said to Rabbi Ḥanina: You are improving your land very well;** my **father left me one *beit se'a*** of land in Eretz Yisrael **and from it** I am able to produce **oil, from it** I produce **wine, from it** I grow **produce, from it** I grow **legumes,** and with it I provide pasture from which **my sheep graze.**

אָמַר לֵיהּ הַהוּא בַּר אֱמוֹרָאָה לְבַר אַרְעָא דְּיִשְׂרָאֵל: הַאי [תָּאלְתָא] דְּקַיְימָא אַגּוּדָא דְּיַרְדְּנָא – כַּמָּה גָּדְרִיתוּ מִינָּהּ? אָמַר לֵיהּ: שִׁיתִּין כּוֹרֵי. אָמַר לֵיהּ: אַכַּתִּי לָא עַיְילִיתוּ בָּהּ אַחֲרִיבְתּוּהָ! אֲנַן מֵאָה וְעֶשְׂרִים כּוֹרֵי הֲוָה גָּזְרִינַן מִינָּהּ. אָמַר לֵיהּ: אֲנָא נַמִי – מֵחַד גִּיסָא קָאָמִינָא לָךְ.

A certain Amorite once **said to** a resident **of Eretz Yisrael: That palm tree which stands on the banks of the Jordan, how many** dates **are you able to pick from it? He said to him: Sixty *kor*.** The Amorite **said to him: You have not yet** fully **entered** Eretz Yisrael and yet **you have** already succeeded in **destroying it. We would pick off that** tree **120 *kor*.** The resident **said to him: I too am speaking to you** about only **one side** of the tree, as I have not yet picked the fruit off the other side.

אָמַר רַב חִסְדָּא: מַאי דִּכְתִיב ״וְאֶתֶּן לָךְ אֶרֶץ חֶמְדָּה נַחֲלַת צְבִי״, לָמָּה אֶרֶץ יִשְׂרָאֵל נִמְשְׁלָה לִצְבִי – לוֹמַר לָךְ: מַה צְּבִי זֶה אֵין עוֹרוֹ מַחֲזִיק בְּשָׂרוֹ, אַף אֶרֶץ יִשְׂרָאֵל אֵינָהּ מַחֲזֶקֶת פֵּירוֹתֶיהָ. דָּבָר אַחֵר: מַה צְּבִי זֶה קַל מִכׇּל הַחַיּוֹת – אַף אֶרֶץ יִשְׂרָאֵל קַלָּה מִכׇּל הָאֲרָצוֹת לְבַשֵּׁל אֶת פֵּירוֹתֶיהָ.

§ **Rav Ḥisda said: What is** the meaning of that **which is written: "And give you a pleasant land, the goodliest** [***tzvi***] **heritage"** (Jeremiah 3:19)? **Why is Eretz Yisrael likened to a deer** [***tzvi***]? This comparison comes **to tell you** that **just as** with regard to **this deer, its skin cannot contain its meat** once it has been skinned, **so too, Eretz Yisrael cannot contain its fruit** once it has been picked, due to the great quantity of the produce. **Alternatively, just as this deer is swifter than all the** other **beasts, so too Eretz Yisrael is swifter to ripen its fruit than all** the other **countries.**

אִי מַה צְּבִי זֶה קַל וְאֵין בְּשָׂרוֹ שָׁמֵן – אַף אֶרֶץ יִשְׂרָאֵל קַלָּה לְבַשֵּׁל וְאֵין פֵּירוֹתֶיהָ שְׁמֵנִים? תַּלְמוּד לוֹמַר: ״זָבַת חָלָב וּדְבַשׁ״ – שְׁמֵנִים מֵחָלָב, וּמְתוּקִים מִדְּבַשׁ.

The Gemara asks: **If** so, one can suggest the following comparison: **Just as this deer is swift and its meat is not fatty, so too, Eretz Yisrael is swift to ripen** its fruit **but its fruit is not fat** and juicy. The Gemara explains: For this reason **the verse states: "Flowing with milk and honey"** (Exodus 3:8), to say that its fruit is **fat** and juicier **than milk and sweeter than honey.**

רַבִּי אֶלְעָזָר כִּי הֲוָה סָלֵיק לְאֶרֶץ יִשְׂרָאֵל אֲמַר: פְּלִטִי מֵחֲדָא, כִּי סַמְכוּהוּ אֲמַר: פְּלִטִי לִי מִתַּרְתֵּי, כִּי אוֹתְבוּהוּ בְּסוֹד הָעִיבּוּר, אֲמַר: פְּלִטִי לִי מִתְּלָת,

§ The Gemara relates that **when Rabbi Elazar ascended to Eretz Yisrael he said: I have been spared one** curse. **When they ordained him** and awarded him the title of Rabbi, **he said: I have been spared two. When they appointed him to sit in the council** of Sages who dealt with the **intercalation of the calendar, he said: I have been spared three.**

שֶׁנֶּאֱמַר ״וְהָיְתָה יָדִי אֶל הַנְּבִיאִים הַחוֹזִים שָׁוְא״ וגו׳. ״בְּסוֹד עַמִּי לֹא יִהְיוּ״ – זֶה סוֹד עִיבּוּר: ״וּבִכְתָב בֵּית יִשְׂרָאֵל לֹא יִכָּתֵבוּ״ – זֶה סְמִיכָה: ״וְאֶל אַדְמַת יִשְׂרָאֵל לֹא יָבוֹאוּ״ – כְּמַשְׁמָעוֹ.

As it is stated: "And My hand shall be against the prophets that see vanity, and that divine lies; they shall not be in the council of My people, neither shall they be written in the register of the house of Israel, neither shall they enter into the land of Israel; and you shall know that I am the Lord God" (Ezekiel 13:9). **"They shall not be in the council of My people," this** is referring to **the council** of the **intercalation of the calendar; "neither shall they be written in the register of the house of Israel," this** is referring to **ordination; "neither shall they enter into the land of Israel,"** this is understood **as per its plain meaning.** Rabbi Elazar merited that these three curses were not fulfilled in him.

רַבִּי זֵירָא כִּי הֲוָה סָלֵיק לְאַרְעָא דְיִשְׂרָאֵל לָא אַשְׁכַּח מַבָּרָא לְמִיעְבַּר, נְקַט בְּמִצְרָא וְקָעָבַר. אֲמַר לֵיהּ הַהוּא צְדוּקִי: עַמָּא פְּזִיזָא, דְּקַדְמִיתוּ פּוּמַיְיכוּ לְאוּדְנַיְיכוּ אַכַּתִּי בִּפְזִיזוּתַיְיכוּ קַיְימִיתוּ! אֲמַר לֵיהּ: דּוּכְתָּא דְּמֹשֶׁה וְאַהֲרֹן לָא זָכוּ לַהּ, אֲנָא מִי יֵימַר דְּזָכֵינָא לַהּ?

§ **When Rabbi Zeira ascended to Eretz Yisrael he could not find a ferry to cross** the Jordan River. **He took hold of a rope** that was strung across as a makeshift bridge **and crossed** the Jordan. **A certain Sadducee said to him: Hasty people who put your mouths before your ears,** when you said at the time of the giving of the Torah: "We will do" before "we will hear" (Exodus 24:7), **you remain hasty** to this day. Why couldn't you wait a little longer to cross the river on a ferry? Rabbi Zeira **said to him:** This is **a place where Moses and Aaron did not merit** entering; **who is to say that I will merit** seeing this land? I hurried across before anything might occur to prevent my entrance into Eretz Yisrael.

רַבִּי אַבָּא מְנַשֵּׁק כֵּיפֵי דְעַכּוֹ, רַבִּי חֲנִינָא מְתַקֵּן מַתְקַלְיָה, רַבִּי אַמִּי וְרַבִּי אַסִּי

§ **Rabbi Abba would kiss**[H] **the rocks of Akko,**[B] which was on the coast of Eretz Yisrael. **Rabbi Ḥanina would repair its stumbling blocks,** i.e., any potholes in the land, so that travelers would not fall and consequently speak ill of Eretz Yisrael. **Rabbi Ammi and Rabbi Asi**

HALAKHA

Rabbi Abba would kiss – רַבִּי אַבָּא מְנַשֵּׁק: The Sages adored Eretz Yisrael to the extent that they would kiss its frontiers and rocks and would roll in its dust (Rambam *Sefer Shofetim, Hilkhot Melakhim* 5:10).

BACKGROUND

Rocks of Akko – כֵּיפֵי דְעַכּוֹ:

Rocky shore of Akko

Perek **XIII**
Daf **112** Amud **b**

קַיְימִי מִשִּׁמְשָׁא לְטוּלָּא, וּמִטּוּלָּא לְשִׁמְשָׁא. רַבִּי חִיָּיא בַּר גַּמְדָּא מִיגַּנְדֵּר בְּעַפְרַהּ, שֶׁנֶּאֱמַר ״כִּי רָצוּ עֲבָדֶיךָ אֶת אֲבָנֶיהָ וְאֶת עֲפָרָהּ יְחוֹנֵנוּ״.

would stand and pass **from** a **sunny** spot **to** a **shady** one, **and from** a **shady** spot **to** a **sunny** one, so that they would always sit in comfort and never have cause to remark that they were uncomfortable in Eretz Yisrael. **Rabbi Ḥiyya bar Gamda would roll in the dust of** the land, **as it is stated: "For Your servants take pleasure in her stones, and love her dust"** (Psalms 102:15).

אָמַר רַבִּי זֵירָא אָמַר רַבִּי יִרְמְיָה בַּר אַבָּא: דּוֹר שֶׁבֶּן דָּוִד בָּא – קָטֵיגוֹרְיָא בְּתַלְמִידֵי חֲכָמִים. כִּי אֲמַרִיתָהּ קַמֵּיהּ דִּשְׁמוּאֵל אָמַר: צֵירוּף אַחַר צֵירוּף, שֶׁנֶּאֱמַר ״וְעוֹד בָּהּ עֲשִׂירִיָּה וְשָׁבָה וְהָיְתָה לְבָעֵר״. תָּנֵי רַב יוֹסֵף: בָּזוֹזֵי וּבָזוֹזֵי דְּבָזוֹזֵי.

The Gemara continues to discuss the messianic age. **Rabbi Zeira said that Rabbi Yirmeya bar Abba said: In the generation in which the son of David will come** there will be **indictments** [***kateigorya***],[L] i.e., denouncements and incitements **against Torah scholars. When I said this before Shmuel he said:** The generation will undergo **refinement after refinement,** i.e., several stages of cleansing, **as it is stated: "And if there be a tenth in it, it shall again be eaten up"** (Isaiah 6:13). **Rav Yosef taught** about the messianic era: **Despoilers and despoilers of despoilers**[N] will plunder Eretz Yisrael at that time.

אָמַר רַב חִיָּיא בַּר אַשִׁי אָמַר רַב: עֲתִידִין כׇּל אִילָנֵי סְרָק שֶׁבְּאֶרֶץ יִשְׂרָאֵל שֶׁיִּטְעֲנוּ פֵּירוֹת, שֶׁנֶּאֱמַר ״כִּי עֵץ נָשָׂא פִרְיוֹ תְּאֵנָה וָגֶפֶן נָתְנוּ חֵילָם״.

Rav Ḥiyya bar Ashi said that **Rav said: In the future all barren trees in Eretz Yisrael will bear fruit, as it is stated: "For the tree bears its fruit, the fig tree and the vine yield their strength"** (Joel 2:22). This verse indicates that every tree, not just the fig and vine, will produce fruit.

הדרן עלך שני דייני גזירות
וסליקא לה מסכת כתובות

LANGUAGE

Indictments [*kateigorya*] – קָטֵיגוֹרְיָא: From the Greek κατηγορία, *katēgoria*, meaning accusation or verbal attacks.

NOTES

Despoilers and despoilers of despoilers – בָּזוֹזֵי וּבָזוֹזֵי דְּבָזוֹזֵי: The initial despoilers will themselves be despoiled by others, who will at the same time despoil the Jews as well (*Arukh*).

Summary of **Perek XIII**

This chapter recorded several discussions concerning *halakhot* related to spouses' obligations toward one another. With regard to a husband who traveled overseas, the court apportions sustenance for his wife in all cases, and she is required to take an oath only when she comes to claim her marriage contract. This means that the court is obligated to sustain the wife from the husband's estate. However, if a third party willingly paid for her sustenance, he cannot force the husband to reimburse him unless he expressly stipulated at the time that that the money was given as a loan.

Concerning a couple's place of residence, one partner cannot compel the other to move to a different land. Furthermore, even within the same country, one cannot force one's spouse to move from one settlement to another, regardless of whether it is smaller, larger, inferior, or superior. However, there is one exception to this principle, and that is Eretz Yisrael. Either spouse may coerce the other to immigrate to Eretz Yisrael, even if this entails a lower standard of living. The same applies to a move to Jerusalem from elsewhere in Eretz Yisrael.

Returning to the topic of a marriage contract, one of the leniencies of these *halakhot* is that the husband may choose whether he will pay its sum in the currency of the place the contract was written or that of the location where it is actually paid, whichever is more convenient for him.

Another case discussed in this chapter is that of a man who died and left behind a small estate. The *halakha* is that the daughters receive their sustenance from his property, in accordance with the conditions of the marriage contract, while the sons are left to fend for themselves. With regard to a groom who did not receive the promised dowry from his father-in-law, provided that the wife is not responsible for the mishap, she can demand that he either marry her or release her with a bill of divorce.

As for the disputes concerning incomplete admission, in a case where it can be understood that the accused is admitting to part of the claim, he is considered to have made a partial admission and must take an oath. One who lost his path but does not know in whose field it ran is entitled to a new path only if he can issue a definitive claim to a particular person. If he is unable to do so, all the owners of the fields around him will defer his claim to the others until he can reach some sort of compromise with them. One who claims ownership over a field which is described as belonging to someone else in a document that he himself signed as a witness, forfeits his claim

to the field. However, if he lent money to another and subsequently borrowed from that same individual or sold a field to him, these acts do not constitute an admission that he never lent the money in the first place.

Incidental to these discussions, the Gemara analyzes the prohibition against a judge accepting any item from the litigants, not merely a bribe but any form of payment. A judge may receive only a sum which is clearly reimbursement for his lost work time, or a salary from the community if his only means of employment is in public service.

The aggadic material of this chapter deals with the praises of Eretz Yisrael. These praises apply even nowadays, and all the more so in the future era.

Image **Credits**

My Notes

My Notes

My Notes

My Notes